Geistiges Eigentum und Wettbewerbsrecht

herausgegeben von
Peter Heermann, Axel Metzger,
Ansgar Ohly und Olaf Sosnitza

190

Helmut Haberstumpf

Theorie des Werkbegriffs

Mohr Siebeck

Helmut Haberstumpf, geboren 1945; Studium der Rechtswissenschaften an der Universität Erlangen-Nürnberg; 1975 Promotion; 1974 zweites juristisches Staatsexamen; 1997 Bestellung zum Honorarprofessor an der Universität Bamberg; 1974–1980 Tätigkeit im bayerischen Justizdienst als Zivil-, Strafrichter und Staatsanwalt; 1980–1982 wissenschaftlicher Assistent an der Universität Erlangen-Nürnberg; 1982–2009 Zivilrichter am LG Nürnberg-Fürth und OLG Nürnberg, zuletzt als Vors. Richter am Landgericht; 1984–2008 Lehrbeauftragter an der Universität Bamberg; 1990–2017 Lehrbeauftragter an der Universität Erlangen-Nürnberg; 2009 Versetzung in den Ruhestand.

ISBN 978-3-16-163186-3 / eISBN 978-3-16-163187-0
DOI 10.1628/978-3-16-163187-0

ISSN 1860-7306 / eISSN 2569-3956 (Geistiges Eigentum und Wettbewerbsrecht)

Die Deutsche Nationalbibliothek verzeichnet diese Publikation in der Deutschen Nationalbibliographie; detaillierte bibliographische Daten sind über *https://dnb.dnb.de* abrufbar.

© 2024 Mohr Siebeck Tübingen. www.mohrsiebeck.com

Das Werk einschließlich aller seiner Teile ist urheberrechtlich geschützt. Jede Verwertung außerhalb der engen Grenzen des Urheberrechtsgesetzes ist ohne Zustimmung des Verlags unzulässig und strafbar. Das gilt insbesondere für die Verbreitung, Vervielfältigung, Übersetzung und die Einspeicherung und Verarbeitung in elektronischen Systemen.

Das Buch wurde von epline in Bodelshausen aus der Minion und Myriad gesetzt, von Gulde Druck in Tübingen auf alterungsbeständiges Werkdruckpapier gedruckt und dort gebunden.

Printed in Germany.

Vorwort

Die vorliegende Arbeit ist das Ergebnis eines langfristigen Forschungsprojekts, das ich mir für den Ruhestand nach meinem Ausscheiden aus dem aktiven Justizdienst vorgenommen hatte. Schon während meiner Tätigkeit als wissenschaftlicher Mitarbeiter am Lehrstuhl meines verehrten Lehrers Prof. Hubmann haben mich die um den urheberrechtlichen Werkbegriff rankenden sprachphilosophischen und wissenschaftstheoretischen Grundfragen insbesondere zum Schutz wissenschaftlicher Werke stark beschäftigt. Das Thema des Urheberrechts ließ mich auch als Zivilrichter in verschiedenen auf das Immaterialgüterrecht spezialisierten Spruchkörpern nicht los. Die überkommenen zum Werkbegriff entwickelten dogmatischen Grundsätze und Formeln, an denen ich meine Entscheidungen auszurichten hatte, empfand ich dabei häufig als teilweise widersprüchlich und nicht ausreichend aussagekräftig, die praktischen Streitfragen mit einer überzeugenden Begründung zu lösen. Primäres Ziel des mir gesetzten Forschungsprojekts war daher, diese Defizite zu beseitigen und eine widerspruchsfreie Theorie des urheberrechtlichen Werkbegriffs zu präsentieren, die sich auch im Alltag bewährt und intuitiv befriedigende Ergebnisse liefert. Daneben ging mein Bestreben dahin, durch die gewählte Vorgehensweise zu zeigen, dass eine wahrheitsfähige, rationale Diskussion auch in juristischen Wertfragen jenseits der gängigen juristischen Methodenlehre möglich ist, die den Vergleich zu den Methoden in den empirischen Wissenschaften nicht zu scheuen hat. Wenn ich dabei auch manche zum Thema des Werkbegriffs eingenommene Auffassungen aufgeben musste, glaube ich dennoch, dass die Ausgangsposition, über den Begriff des Geistigen dem Wesen des urheberrechtlichen Werkes und der anderen Schutzgegenstände des Immaterialgüterrechts näher zu kommen, ein durchaus tragfähiges Fundament bekommen hat, auf dem die weitere rechtswissenschaftliche Forschung aufbauen kann.

Mein besonderer Dank gilt meiner lieben Frau, die mir geduldig den Rücken freihielt und während der langen Arbeitssitzungen auf meine Anwesenheit verzichten musste. Ich danke auch Herrn Prof. Dr. Ansgar Ohly und den Mitherausgebern der Schriftenreihe „Geistiges Eigentum und Wettbewerbsrecht" sowie dem Verlag Mohr Siebeck, dass sie es für wert befunden haben, meine Arbeit in die Schriftenreihe aufzunehmen.

Nürnberg, im August 2023   Helmut Haberstumpf

Inhaltsübersicht

	Seite	Rn.
Vorwort	V	
Inhaltsverzeichnis	IX	
Abkürzungsverzeichnis	XVII	
A. Einführung	1	A1
I. Überblick	1	A1
II. Theoriengeschichtlicher Abriss	9	A15
B. Ontologie des Werkes	17	B1
I. Gesetzliche Ausgangslage	17	B1
II. Der Beitrag der Philosophie des Geistes	18	B4
III. Materialismus im Urheberrecht	23	B13
IV. Der subjektive Idealismus im Urheberrecht ..	45	B51
V. Werke als objektive, geistige Gegenstände	62	B82
C. Identität des Werkes	91	C1
I. Identität von Sprachwerken	93	C3
II. Identität von Bildwerken	112	C32
III. Identität von musikalischen und choreografischen Werken	132	C65
IV. Form und Inhalt, Idee und Ausdruck	158	C104
D. Persönliches Schaffen	251	D1
I. Persönlich, Geistig, Schöpferisch	251	D1
II. Starke Künstliche Intelligenz	257	D9
III. Künstliche Intelligenz als Rechtsperson im Urheberrecht	264	D19
E. Schöpfung	273	E1
I. Individualität	274	E2
II. Gestaltungshöhe	331	E74
III. Bearbeitungen und Sammelwerke	352	E103
F. Der Werkbegriff und die Schutzgegenstände der verwandten Schutzrechte	385	F1
I. Schutz von Lichtbildern, wissenschaftlichen Ausgaben und nachgelassenen Werken	387	F3
II. Schutz des ausübenden Künstlers und des Veranstalters	458	F99

Inhaltsübersicht

	Seite	Rn.
III. Recht des Tonträgerherstellers, des Sendeunternehmens und des Filmherstellers	488	F143
IV. Recht des Datenbankherstellers und des Presseverlegers	518	F187
G. Eine (kurze) Theorie des Werkbegriffs	551	G1

Literaturverzeichnis 561
Personen- und Stichwortverzeichnis 577

Inhaltsverzeichnis

	Seite	Rn.
Vorwort	V	
Inhaltsübersicht	VII	
Abkürzungsverzeichnis	XVII	
A. Einführung	1	A1
I. Überblick	1	A1
1. Forschungsgegenstand und Gang der Untersuchung	1	A1
2. Methodik des Vorgehens	8	A12
II. Theoriengeschichtlicher Abriss	9	A15
1. Privilegienwesen	9	A15
2. Theorie des geistigen Eigentums	10	A16
3. Theorie des Persönlichkeitsrechts und der Immaterialgüterrechte	12	A18
4. Der gegenwärtige Stand	13	A20
B. Ontologie des Werkes	17	B1
I. Gesetzliche Ausgangslage	17	B1
II. Der Beitrag der Philosophie des Geistes	18	B4
III. Materialismus im Urheberrecht	23	B13
1. Materialistische Auffassungen im Softwarerecht	23	B15
a) Computerprogramme als Sachen?	24	B16
b) Computerprogramme als Sacheinheiten oder -gesamtheiten?	28	B23
2. Kunstwerke als materielle Objekte?	31	B28
a) Werke der bildenden Künste und sonstige Werke	31	B28
b) Reduktion des Werkes auf das Original	32	B31
c) Die Differenz zwischen den Eigenschaften des Werkes, des Originals und sonstiger Werkvorkommnisse	36	B36
3. Werke als physische Eigenschaften?	37	B38
a) Die Identitätsthese	38	B40
b) Rückführung von Werkeigenschaften auf physische Eigenschaften	40	B43
c) Theoretische Begriffe und die Sprachen der Einzelwissenschaften	42	B46
IV. Der subjektive Idealismus im Urheberrecht	45	B51
1. Die Lehre Fichtes	47	B55
2. Das Privatsprachenargument Wittgensteins	50	B60
3. Sind Werke entäußerte mentale Zustände ihres Urhebers?	54	B67

Inhaltsverzeichnis

	Seite	Rn.
4. Werke als Teile eines komplexen neuronalen Netzwerks?	56	B73
V. Werke als objektive, geistige Gegenstände	62	B82
1. Objektivität von Werken	64	B85
a) Subjektunabhängigkeit von Werken?	64	B86
b) Das Reich der Ideen	67	B91
2. Merkmale des Geistigen	71	B98
a) Unkörperlichkeit, nicht sinnliche Wahrnehmbarkeit	71	B99
b) Zeitlosigkeit, Unveränderlichkeit	73	B102
aa) Unveränderlichkeit (Dauerhaftigkeit)	75	B106
bb) Zeitlosigkeit	80	B112
c) Nichtwirklichkeit, Nichtwirksamkeit	83	B118
aa) Zur Realität von geistigen Gegenständen	83	B118
bb) Zur Wirksamkeit geistiger Gegenstände	86	B123
C. Identität des Werkes	91	C1
I. Identität von Sprachwerken	93	C3
1. Syntaktische Kongruenz	93	C3
2. Übereinstimmung in den Formulierungen	95	C6
3. Bedeutung (Sinn) des Sprachwerks	97	C9
a) Bedeutung als Ergebnis regelhafter Sprechhandlungen	98	C11
b) Einführung neuer bedeutungsvoller Worte unter Rückgriff auf den allgemeinen Sprachgebrauch	100	C15
c) Einführung neuer bedeutungsvoller Worte durch Handeln	105	C22
II. Identität von Bildwerken	112	C32
1. Kongruenz der Bildeigenschaften	112	C32
2. Die Abbildungsbeziehung	114	C38
a) Bildwerkstheorie	115	C39
b) Fiktionale bildliche Darstellungen und Entwürfe	116	C42
3. Konventionalität von darstellenden Bildern	118	C45
a) Herstellungskonventionen	120	C47
b) Verwendung von darstellenden Bildern	123	C53
4. Nichtgegenständliche Bilder, Ornamente, Formen	128	C59
III. Identität von musikalischen und choreografischen Werken	132	C65
1. Musikwerke	133	C67
a) Das Musikwerk als in sich geschlossene geordnete Tonfolge	133	C67
b) Ästhetik, Kunst und Zweckfreiheit	138	C73
aa) Die Rolle von Ästhetik und Kunst	139	C75
bb) Ästhetische Zwecke	143	C80
c) Die Bedeutung von Musik in der menschlichen Kommunikation	144	C83
aa) Ausdruck in der Musik	145	C84
bb) Konventionalität von Musik	149	C90
2. Choreografische und pantomimische Werke	151	C93
a) Formale Eigenschaften von Bewegungsabläufen und Gebärden	151	C94
b) Konventionalität von Bewegungsabläufen und Gebärden	153	C98

Inhaltsverzeichnis

| | Seite | Rn. |

c) Verhältnis zu den anderen Werkgattungen 156 C101
IV. Form und Inhalt, Idee und Ausdruck 158 C104
  1. Sinnlich wahrnehmbare Form der materiellen Mitteilungsträger
    (Vorkommnisse)... 160 C107
  2. Äußere Form des geistigen Werkgehalts 163 C112
  3. Innere Form des geistigen Werkgehalts........................ 165 C116
    a) Innere Form als logische Struktur eines Sprachwerks 167 C120
    b) Darstellungsweisen.. 171 C124
      aa) Form und Inhalt bei darstellenden Werken 171 C124
      bb) Die Entscheidung des BGH „Perlentaucher" 174 C129
      cc) Einheit von Form und Inhalt 177 C135
    c) Dargestellte Welt in fiktionalen und nicht fiktionalen Werken .. 179 C137
  4. Schutzunfähigkeit von aus Form und Inhalt bestehenden
    Teileinheiten des geistigen Gehalts 182 C141
    a) Vorgegebenheit wissenschaftlicher Erkenntnisse 183 C144
      aa) Empirische Forschung 184 C145
      bb) Forschung in den formalen Wissenschaften 188 C151
      cc) Geisteswissenschaftliche Erkenntnisfindung in den
          Geschichtswissenschaften 189 C152
      dd) Rechtswissenschaftliche Erkenntnis- und
          Entscheidungsfindung 191 C154
    b) Urheberrecht versus Erfinderrecht 196 C160
    c) Monopolisierung von Erkenntnissen, Gedanken und Ideen
      durch das Urheberrecht?................................... 201 C165
      aa) Form der Darstellung 202 C166
      bb) Gewebetheorie 203 C167
  5. Idee und Ausdruck... 207 C171
    a) Zum Begriff der Idee 208 C173
    b) Die Idee-Ausdruck-Relation 212 C179
    c) Interessenabwägung....................................... 214 C183
      aa) Gemeingut und nicht erfasste Nutzungshandlungen 215 C186
      bb) Dogmatische Verortung der Interessenabwägung im
          deutschen Urheberrecht 221 C194
      cc) Schrankenbasierte Interessenabwägung im europäischen
          Urheberrecht 223 C197
          (1) Zitatausnahme 225 C199
          (2) Ausnahme für Karikaturen, Parodien oder Pastiches ... 230 C206
    d) Allgemeine Kriterien der Interessenabwägung 237 C213
      aa) Wiedererkennbarkeit 237 C214
      bb) Wesentlichkeit 240 C217
      cc) Schöpferischer Abstand 242 C221
      dd) Einfluss der Grundrechte 246 C226
    e) Interessenabwägung im Rahmen des Entstellungs- und
      Änderungsverbotes.. 249 C230

XI

Inhaltsverzeichnis

	Seite	Rn.
D. Persönliches Schaffen	251	D1
I. Persönlich, Geistig, Schöpferisch	251	D1
II. Starke Künstliche Intelligenz	257	D9
1. Ist Geist auf Gehirn reduzierbar?	258	D11
2. Kann starke KI den menschlichen Geist ersetzen?	260	D13
III. Künstliche Intelligenz als Rechtsperson im Urheberrecht	264	D19
1. Was spricht dafür?	264	D20
2. Was spricht dagegen?	266	D21
a) Der Maschineneinwand	266	D21
b) Die Church-Turing-These	267	D22
c) KI und der Zweck des Urheberrechts	269	D24
E. Schöpfung	273	E1
I. Individualität	274	E2
1. Prägung durch die Persönlichkeit des Urhebers	274	E3
2. Werkorientierte Deutungen des Individualitätsbegriffs	277	E7
a) Individuell, nicht kopiert	277	E8
b) Individuell, neu	278	E10
c) Individuell, einmalig, einzigartig	281	E13
d) Individuell, Urteil der Fachleute	284	E18
3. Der Schöpfungsprozess	289	E25
a) Individuell, nicht vorgegeben	290	E26
aa) Übernahme eines bereits existierenden geistigen Gehalts	291	E27
bb) Die Lehre vom Gestaltungsspielraum	292	E28
cc) Regelfolgen	295	E32
dd) Doppelschöpfung und unbewusste Entlehnung	301	E39
b) Die Lehre vom Gestaltungsspielraum neu interpretiert	307	E47
aa) Die Funktionstheorie	309	E50
bb) Technische und sonstige Zwänge	313	E53
c) Das Werk im Prozess	320	E61
d) Warum schützt das Urheberrecht individuelle Werke durch Gewährung von Ausschließlichkeitsrechten?	323	E63
aa) Die Bedeutung des Werkbegriffs für die Rechtfertigung des Urheberrechts	323	E64
bb) Förderung kreativen Handelns	325	E66
cc) Förderung kreativen Handelns durch Gewährung ausschließlicher Rechte	326	E68
II. Gestaltungshöhe	331	E74
1. Das Problem der kleinen Münze	333	E76
2. Abgrenzung zum Geschmacksmusterrecht	337	E80
a) Stufentheorie	337	E80
b) Prävalenztheorie, ästhetischer Gehalt und die Auffassung der mit Kunst vertrauten Kreise	338	E81
c) Die Lage nach der BGH-Entscheidung „Geburtstagszug"	341	E86

	Seite	Rn.
d) Das Verhältnis von Neuheit und Eigenart zur Individualität	343	E89
aa) Neuheit und Eigenart	343	E90
bb) Gestaltungsfreiheit und Musterdichte	345	E92
cc) Regelfolgen im Geschmacksmusterrecht	349	E98
III. Bearbeitungen und Sammelwerke	352	E103
1. Bearbeitungen	353	E105
a) Begriff der Bearbeitung oder anderen Umgestaltung in §§ 3, 23 UrhG	355	E107
b) Persönliche geistige Schöpfung des Bearbeiters	356	E108
c) Inhalt des Bearbeiterurheberrechts	360	E113
d) Verhältnis zum Urheberrecht an dem bearbeiteten Werk	360	E113
aa) Herstellungsfreiheit	360	E114
bb) Veröffentlichung und Verwertung	361	E115
cc) Freie Benutzung	363	E117
(1) Hinreichender Abstand zum benutzten Werk (§ 23 Abs. 1 S. 2 UrhG n. F.)	364	E119
(2) Ausnahme für Karikaturen, Parodien und Pastiches	367	E122
2. Sammelwerke und Datenbankwerke	369	E124
a) Begriff des Sammelwerks und Datenbankwerks	371	E126
aa) Sammelwerk	371	E126
bb) Datenbankwerk	373	E128
b) Schutzvoraussetzungen	374	E131
aa) Auswahl	375	E132
bb) Anordnung	378	E136
c) Schutzgegenstand	380	E140
d) Schutzumfang	381	E142
F. Der Werkbegriff und die Schutzgegenstände der verwandten Schutzrechte	385	F1
I. Schutz von Lichtbildern, wissenschaftlichen Ausgaben und nachgelassenen Werken	387	F3
1. Lichtbildschutz	387	F3
a) Die Abgrenzungsfrage	389	F5
b) Schutzuntergrenze beim Lichtbildschutz	391	F8
aa) Urbildtheorie	393	F10
bb) Mindestmaß an persönlicher geistiger Leistung	398	F16
cc) Schutz des wirtschaftlichen und organisatorischen Aufwands eines Lichtbildners	401	F19
c) Ausnahme für Fotografien von gemeinfreien Werken	407	F28
aa) Anwendungsbereich von § 68 UrhG	409	F30
bb) Konsequenzen für die Systeme der verwandten Schutzrechte	412	F34
cc) Ist der generelle Ausschluss des Lichtbildschutzes für Fotografien gemeinfreier Werke gerechtfertigt?	414	F37

Inhaltsverzeichnis

	Seite	Rn.
dd) § 68 UrhG und das Recht am geistigen Eigentum des Lichtbildners	420	F45
2. Schutz wissenschaftlicher Ausgaben	422	F48
a) Ausgabe urheberrechtlich nicht geschützter Werke oder Texte	424	F50
aa) Rekonstruktion des geistigen Gehalts eines nicht geschützten Werkes oder Textes	424	F51
bb) Abgrenzung zum Urheberrecht	425	F53
b) Wissenschaftlich sichtende Tätigkeit und Unterschiedlichkeit zu anderen Ausgaben	429	F58
aa) Wissenschaftlich sichtende Tätigkeit	429	F59
bb) Wesentliche Unterscheidbarkeit von bisher bekannten Ausgaben	431	F61
(1) Unterscheidbarkeit	431	F61
(2) Wesentlichkeit	432	F63
c) Schutzumfang	434	F66
d) Ausnahme für wissenschaftliche Ausgaben gemeinfreier visueller Werke	436	F69
e) Verhältnis zu den Schutzrechten des § 71 und § 72 UrhG	437	F71
3. Schutz nachgelassener Werke	438	F73
a) Nachgelassenes Werk	439	F74
b) Erstmaliges Erscheinen und erstmalige öffentliche Wiedergabe	441	F77
aa) Verschollene Werke	441	F78
bb) Begriff des Erscheinens	442	F79
cc) Begriff der öffentlichen Wiedergabe	444	F81
dd) Beweisprobleme	445	F82
ee) Qualifizierte Art der Verbreitung und der öffentlichen Wiedergabe	447	F85
c) Erlaubtes Erscheinen und erlaubte öffentliche Wiedergabe	452	F91
d) Schutzumfang	455	F94
e) Ausnahme für nachgelassene visuelle Werke?	456	F96
II. Schutz des ausübenden Künstlers und des Veranstalters	458	F99
1. Darbietung eines Werks oder einer Ausdrucksform der Volkskunst	459	F101
a) Darbietungsformen	459	F102
b) Gegenstand der Darbietung (Interpretationsgegenstand)	464	F108
aa) Werk	464	F108
bb) Ausdrucksformen der Volkskunst (Folklore)	468	F112
2. Künstlerische Darbietung	469	F113
a) Problemaufriss	469	F113
b) Gestaltungsspielräume für ausübende Künstler	470	F115
c) Wann ist eine Darbietung künstlerisch?	473	F118
d) Künstlerisch Mitwirkende	475	F121
3. Persönlichkeits- und Verwertungsrechte, Schutzumfang	477	F124
a) Zu den Rechten des ausübenden Künstlers	477	F124
aa) Aufnahme, Vervielfältigung und Verbreitung	478	F125

Inhaltsverzeichnis

	Seite	Rn.
bb) Öffentliche Wiedergabe	481	F129
b) Schutzumfang	483	F134
c) Ausnahme für Darbietungen gemeinfreier visueller Werke und Ausdrucksformen der Volkskunst	485	F138
4. Schutz des Veranstalters (§ 81 UrhG)	487	F140
III. Recht des Tonträgerherstellers, des Sendeunternehmens und des Filmherstellers	488	F143
1. Recht des Tonträgerherstellers (§ 85 UrhG)	488	F143
a) Schutzgegenstand	488	F144
aa) Erstmalige Festlegung von Tönen auf einem Tonträger	489	F145
bb) Maß des wirtschaftlichen, organisatorischen und technischen Aufwands	493	F150
b) Schutzumfang	495	F153
c) Verhältnis zu anderen Schutzrechten	499	F157
2. Schutz des Sendeunternehmens (§ 87 UrhG)	500	F158
a) Schutzgegenstand	500	F159
aa) Erstmalige Ausstrahlung einer Funksendung	501	F160
bb) Sendeunternehmen	503	F164
b) Schutzumfang	504	F166
aa) Aufzeichnung, Vervielfältigung und öffentliche Wiedergabe des Sendegutes	504	F167
bb) Schutzumfang bei Nutzung von Teilen oder in veränderter Form	507	F172
cc) Ausnahme für gemeinfreie visuelle Sendeinhalte	509	F173
c) Verhältnis zu den anderen Schutzrechten	509	F174
3. Schutz des Filmherstellers (§§ 94,95 UrhG)	510	F175
a) Schutzgegenstand	510	F176
aa) Erstmalige Fixierung auf einem Filmträger	511	F177
bb) Aufwand des Filmherstellers	512	F179
b) Schutzumfang	513	F180
c) Ausnahme für filmisch festgehaltene gemeinfreie Werke	516	F183
d) Verhältnis zu den anderen Schutzrechten	518	F186
IV. Recht des Datenbankherstellers und des Presseverlegers	518	F187
1. Schutz des Datenbankherstellers (§ 87a UrhG)	518	F187
a) Schutzgegenstand	519	F188
aa) Datenbank als immaterieller Gegenstand	519	F188
bb) Begriff der Datenbank	521	F190
b) Investition bei der Beschaffung, Überprüfung oder Darstellung des Inhalts	521	F191
aa) Berücksichtigungsfähige Investitionen	521	F191
bb) Wesentlichkeit der Investitionsleistung	525	F196
c) Neue Datenbank	528	F200
aa) Wesentliche Neuinvestition	528	F200
bb) Schutzgegenstand der neuen Datenbank	529	F202

XV

	Seite	Rn.
d) Schutzumfang des Herstellerrechts	530	F204
aa) Vervielfältigung (Entnahme), Verbreitung und öffentliche Wiedergabe (Weiterverwendung)	531	F205
bb) Nach Art oder Umfang wesentlicher Teil	533	F208
cc) Wiederholte und systematische Nutzung unwesentlicher Teile	537	F212
2. Schutz des Presseverlegers (§§ 87f, 87g UrhG)	540	F216
a) Presseveröffentlichung	540	F217
b) Schutzgegenstand	542	F219
c) Inhalt der Verwertungsrechte und Schutzumfang	545	F223
G. Eine (kurze) Theorie des Werkbegriffs	551	G1
Literaturverzeichnis	561	
Personen- und Stichwortverzeichnis	577	

Abkürzungsverzeichnis

a. A.	anderer Ansicht
a. a. O.	am angegebenen Ort
ABl.	Amtsblatt der Europäischen Gemeinschaft
a. F.	alte Fassung
Anh.	Anhang
Anm.	Anmerkung
ARSP	Archiv für Rechts- und Sozialphilosophie (Zeitschrift)
Art.	Artikel
Aufl.	Auflage
BeckRS	Beck-Rechtsprechung zum Gewerblichen Rechtsschutz
Bd.	Band
Begr.	Begründung
BGBl.	Bundesgesetzblatt
BGH	Bundesgerichtshof
BGHZ	Entscheidungen des Bundesgerichtshofs in Zivilsachen
BT-Drs.	Bundestagsdrucksache
BVerfG	Bundesverfassungsgericht
bzw.	beziehungsweise
CPU	Zentraleinheit
CR	Computer und Recht (Zeitschrift)
Datenbank-RL	Richtlinie 96/9/EG über den rechtlichen Schutz von Datenbanken
DesignG	Designgesetz
d. h.	das heißt
ders./dies.	derselbe/dieselbe
Diss.	Dissertation
DSM-RL	Richtlinie 2019/790 über das Urheberrecht und die verwandten Schutzrechte im digitalen Binnenmarkt
DZPhil	Deutsche Zeitschrift für Philosophie
Einf.	Einführung
Erw.grd.	Erwägungsgrund
etc.	et cetera
EuG	Gericht erster Instanz der Europäischen Gemeinschaften
EuGH	Gerichtshof der Europäischen Gemeinschaften
EU-GrCh	Charta der Grundrechte der Europäischen Union
EuZW	Europäische Zeitschrift für Wirtschaftsrecht
f., ff.	folgende/fortfolgende

Abkürzungsverzeichnis

Folgerechts-RL	Richtlinie 2001/84/EG über das Folgerecht des Urhebers des Originals eines Kunstwerks
Fn.	Fußnote
FS	Festschrift
GebrMG	Gebrauchsmustergesetz
GEMA	Gesellschaft für musikalische Aufführungs- und mechanische Vervielfältigungsrechte
GG	Grundgesetz
GGV	Gemeinschaftsgeschmacksmusterverordnung
GMV	Gemeinschaftsmarkenverordnung
GRUR	Gewerblicher Rechtsschutz und Urheberrecht (Zeitschrift)
GRUR Int.	Gewerblicher Rechtsschutz und Urheberrecht Internationaler Teil (Zeitschrift)
GRUR-Prax	Gewerblicher Rechtsschutz und Urheberrecht, Praxis im Immaterialgüterrecht und Wettbewerbsrecht (Zeitschrift)
GRUR-RR	Gewerblicher Rechtsschutz und Urheberrecht, Rechtsprechungsreport (Zeitschrift)
GRUR-RS	GRUR-Rechtsprechung
h. M.	herrschende Meinung
Hrsg.	Herausgeber
InfoSoc-RL	Richtlinie 2001/29/EG zur Harmonisierung bestimmter Aspekte des Urheberrechts und der verwandten Schutzrechte in der Informationsgesellschaft
i. S. v.	im Sinne von
IuKDG	Informations- und Kommunikationsdienstegesetz
i. Verb. m.	in Verbindung mit
KG	Kammergericht
KUG	Gesetz betreffend das Urheberrecht an Werken der bildenden Künste und Fotografie (Kunsturhebergesetz)
LG	Landgericht
LS	Leitsatz
LUG	Gesetz betreffend das Urheberrecht an Werken der Literatur und der Tonkunst
MarkenG	Markengesetz
Marken-RL	Richtlinie 2008/95/EG über die Marken
MMR	Zeitschrift für IT-Recht und Recht der Digitalisierung
m. w. N.	mit weiteren Nachweisen
n. F.	neue Fassung
NJW	Neue juristische Wochenschrift (Zeitschrift)
NJW-RR	NJW-Rechtsprechung Zivilrecht (Zeitschrift)
OGH	Österreichischer Oberster Gerichtshof
PatG	Patentgesetz
RBÜ	Revidierte Berner Übereinkunft zum Schutz von Werken der Literatur und Kunst
RegE	Regierungsentwurf

Abkürzungsverzeichnis

RG	Reichsgericht
RGBl.	Reichsgesetzblatt
RGZ	Entscheidungen des Reichsgerichts in Zivilsachen
RL	Richtlinie (EG bzw. EU)
Rn.	Randnummer
s.	siehe
S.	Satz, Seite
s. o., s. u.	siehe oben, siehe unten
Schutzdauer-RL	Richtlinie 2006/116/EG über die Schutzdauer des Urheberrechts und bestimmter verwandter Schutzrechte
Software-RL	Richtlinie 2009/24/EG über den rechtlichen Schutz von Computerprogrammen
sog.	so genannt(e)
StVO	Straßenverkehrsordnung
TRIPS	Übereinkommen über handelsbezogene Aspekte der Rechte des geistigen Eigentums
u. a.	unter anderem
UFITA	Archiv für Urheber-, Film-, Funk- und Theaterrecht (Zeitschrift)
UrhG	Urheberrechtsgesetz
UrhGÄndG	Gesetz zur Änderung des Urheberrechts
Urt.	Urteil
UWG	Gesetz gegen den unlauteren Wettbewerb
VerlG	Gesetz über das Verlagsgesetz
Vermiet- und Verleihrechts-RL	Richtlinie 2006/115/EG zum Vermietrecht und Verleihrecht sowie zu bestimmten dem Urheberrecht verwandten Schutzrechten im Bereich des geistigen Eigentums
Voraufl.	Vorauflage
WPPT	WIPO-Vertrag über Darbietungen und Tonträger
z.B.	zum Beispiel
ZGE	Zeitschrift für geistiges Eigentum
zit.	zitiert als
ZUM	Zeitschrift für Urheber- und Medienrecht
ZUM-RD	Zeitschrift für Urheber- und Medienrecht Rechtsprechungsdienst

A. Einführung

I. Überblick

1. Forschungsgegenstand und Gang der Untersuchung

Der Begriff des geschützten Werkes ist ein Zentralbegriff des Urheberrechts, dessen wirtschaftliche und soziale Bedeutung in den letzten Jahrzehnten enorm zugenommen hat. Mit der Vollendung des Schöpfungsakts entstehen für den Urheber die im Gesetz vorgesehenen Monopolrechte und Ansprüche, ohne dass es weiterer Förmlichkeiten bedarf. Diese Rechte sind gegenständliche Rechte, weil sie sich auf einen Gegenstand, ein Werk der Literatur, Wissenschaft oder Kunst (§ 1 UrhG) beziehen. Was unter einem Werk zu verstehen ist, wird in § 2 Abs. 1 beispielhaft, nicht abschließend aufgezählt und in § 2 Abs. 2 UrhG als „persönliche geistige Schöpfung" definiert. Auf europäischer Ebene geht der EuGH in ständiger Rechtsprechung davon aus, dass ein Werk urheberrechtlich geschützt ist, wenn es das Ergebnis der eigenen geistigen Schöpfung seines Urhebers ist.[1] Der in § 2 Abs. 2 UrhG definierte und vom EuGH entwickelte Werkbegriff enthält eine Reihe unbestimmter Rechtsbegriffe, die verschiedene Interpretationsmöglichkeiten offenlassen. Er hat daher stets im Zentrum intensiver wissenschaftlicher und gerichtlicher Auseinandersetzungen gestanden, ohne dass über seine Kriterien ein Konsens zustande gekommen ist. In meiner Tätigkeit als Zivilrichter in Urheberrechtssachen ist mir das gelegentlich schmerzlich bewusst geworden.

A1

Mit der vorliegenden Arbeit wird der Versuch unternommen, etwas Licht ins Dunkel zu bringen. Ausgangspunkt ist der in § 2 Abs. 2 UrhG definierte und vom EuGH entwickelte Werkbegriff, aus dem sich drei Merkmale herausschälen lassen, von denen jedes für sich notwendig und die zusammengenommen hinreichend dafür sind, dass ein urheberrechtlich geschütztes Werk entstanden ist: ein Merkmal, das auf die Person seines Urhebers hinweist, ein Merkmal, das hervorhebt, dass das Werk etwas Geistiges und schließlich ein Merkmal, dass es eine Schöpfung ist (→ Rn. B1). Der folgenden Diskussion dieser Merkmale liegt die Annahme zugrunde, dass sich der europäische und der Werkbegriff des deutschen Urheberrechts trotz der leicht unterschiedlichen Formulierung gleichen. Während den Merkmalen „persönlich" und „Schöpfung" in der aktuellen rechtswissenschaftlichen Forschung und Praxis größere Aufmerksamkeit ge-

A2

---

[1] Z. B. EuGH GRUR 2009, 1041 Rn. 35 – Infopaq/DDF; EuGH GRUR 2019, 73 Rn. 36 f. – Levola Hengelo; EuGH GRUR 2019, 1185 Rn. 29 f. – Cofemel.

widmet wird, wird dem Aspekt des Geistigen zu geringe Beachtung geschenkt. Der Grund mag darin liegen, dass man Geistiges als etwas nicht so leicht Greifbares wahrnimmt und sich lieber an den handfesten materiellen Dingen und Erscheinungen orientieren will, in denen geistige Gegenstände vorkommen. Vordringlichste Aufgabe wird es deshalb sein, dieses Defizit zu beseitigen und der Frage nach der Seinsweise des Geistigen nachzugehen. Gibt es überhaupt Geistiges oder ist es in Wahrheit mit den materiellen Dingen und Erscheinungen, in denen es vorkommt, gleichzusetzen oder wenigstens auf sie rückführbar? Die Antwort auf diese Fragen ist nicht nur für das Urheberrecht, sondern auch für die Bestimmung der Schutzgüter der anderen Immaterialgüterrechte, des Erfinder-, Marken- und Designrechts sowie der verwandten Schutzrechte relevant. Denn auch sie stellen geistige Leistungen unter Schutz und gewähren Ausschließlichkeitsrechte an verselbstständigten geistigen Gütern.

A3 Zur Klärung dieser Fragen, der Abschnitt B gewidmet ist, wird ein Blick auf die Probleme und Resultate der modernen Philosophie des Geistes unerlässlich sein. Durch den Verweis des Gesetzgebers auf den vorrechtlichen Begriff des Geistigen zwingt er die Rechtswissenschaft und Rechtsanwendung dazu, sich der Frage nach dem Verhältnis zwischen dem Menschen und seinen kulturellen Produkten in Literatur, Wissenschaft und Kunst zu stellen. Die in der Philosophie des Geistes vertretenen Positionen finden sich dementsprechend sämtlich – meist unausgesprochen – in Gerichtsurteilen und den Beiträgen der Urheberrechtswissenschaft wieder. Dabei geht es nicht darum, in der Philosophie erarbeitete Positionen ins Urheberrecht zu transformieren, sondern sie nach den vom Gesetzgeber gewählten Begrifflichkeiten in eine widerspruchsfreie, kohärente *juristische* Theorie einzufügen. Ergebnis der Überlegungen wird sein, dass Geistiges und Materielles jeweils selbstständige – wenn auch aufeinander bezogene – Kategorien des Seins sind. Wie materielle Gegenstände sind geistige Gegenstände objektiv identifizierbar, unterscheiden sich von jenen aber dadurch, dass sie sinnlich nicht wahrnehmbar, unveränderlich und kausal nicht wirksam sind. Vermischt man beide Kategorien des Seins miteinander, sind logische Paradoxien unvermeidlich. Als Beleg, dass diese Sicht auch die Seinsweise von Werken adäquat erfasst, kann angeführt werden, dass solche logischen Paradoxien im Urheberrecht nachweisbar sind (→ Rn. B81)[2]. Ein besonders augenfälliges Beispiel einer Kategorienvermischung bildet die Begründung der EuGH-Entscheidung „UsedSoft/Oracle"[3] zur Erschöpfung des Verbreitungsrechts an geschützten Computerprogrammen mittels Online-Übertragung, in der sich der Gerichtshof gleich zweimal in schwere logische Widersprüche verwickelt.[4]

A4 Wenn nun die geistigen Gegenstände des Urheberrechts und der anderen Systeme des Immaterialgüterrechts nicht mit den sinnlich wahrnehmbaren materiellen Dingen und Erscheinungen zusammenfallen, in denen sie vorkommen

---

[2] *Haberstumpf* ZGE 2012, 284, 291 ff.
[3] EuGH GRUR 2012, 904 Rn. 42, 46, 47, 55, 59, 78 – UsedSoft/Oracle.
[4] S. u. → Rn. B94; *Haberstumpf* ZGE 2014, 470, 481 ff., 494 ff.

und die sich in ihren Eigenschaften ganz erheblich voneinander unterscheiden können, müssen sie unabhängig davon einzeln identifizierbar sein. Es werden Kriterien benötigt, mittels derer sie in ihren Materialisierungen als dieselben *wiedererkennbar* sind. Ohne solche Kriterien ist es z. B. in einem Urheberrechtsstreit nicht möglich festzustellen, wann ein geschütztes Werk identisch oder ähnlich in einem körperlichen Gegenstand vervielfältigt oder in unkörperlichen Erscheinungen wiedergegeben wird. Die Identitätsfrage wird in Abschnitt C I bis III ausführlich erörtert und durch einen Exkurs zum Marken- und Kennzeichenrecht ergänzt. Hier komme ich zu dem Ergebnis, dass der geistige Gehalt eines Werkes oder eines anderen Immaterialgutes dadurch konstituiert wird, dass sein Produzent mittels Zeichen eines unserer sozial *geregelten* Kommunikationssysteme etwas ausdrückt, einen für unser menschliches Handeln und Verhalten relevanten Sinn erzeugt. Weil wir im Elternhaus, im Schulunterricht und im Umgang mit anderen Menschen gelernt haben, nach welchen Regeln, Konventionen, Gepflogenheiten geistige Gegenstände produziert und verwendet werden, sind wir nicht nur in der Lage, sie zu verstehen, sondern auch ständig neue zu produzieren (zusammenfassend → Rn. C103).

Die Klärung der Frage, wie der geistige Gehalt eines literarischen, wissenschaftlichen oder künstlerischen Werks identifiziert werden kann, präjudiziert allerdings noch nicht die juristische Frage, ob bestimmte Aspekte oder Teile des geistigen Gehalts eines Werkes vom Urheberrechtsschutz auszunehmen sind. Es geht um das viel diskutierte grundsätzliche Problem, ob der Werkschutz nur die Form oder auch den Inhalt eines Werkes umfasst und wie geschützter Ausdruck und ungeschützte Idee voneinander zu trennen sind. In der Praxis wird es vor allem bei der Beurteilung von wissenschaftlichen und technischen Werken relevant, hat aber bereichsübergreifende Bedeutung. In Abschnitt C IV werden die denkbaren Interpretationsweisen der beiden begrifflichen Gegensatzpaare Form und Inhalt und Idee und Ausdruck ausführlich dargestellt und diskutiert. Es wird sich auch hier zeigen, dass der geistige Gehalt eines Werkes, der dessen Identität konstituiert, aus in sich geschlossenen Sinneinheiten, aus Einheiten aus Form und Inhalt, besteht, mit denen der Urheber etwas für unseres menschliches Handeln und Verhalten Bedeutsames ausdrückt. Er ist inhaltlich gedeutete Form oder anders ausgedrückt geformter Inhalt (→ Rn. C136). Die Unterscheidung zwischen geschützter Form und ungeschütztem Inhalt ist deshalb nicht nur in Bereich von Literatur und Kunst aufzugeben, sondern erweist sich auch für wissenschaftliche und technische Werke als unhaltbar. Wissenschaftliche Erkenntnisse in den verschiedenen Wissenschaftszweigen einschließlich der formalen Wissenschaften und der Jurisprudenz sind durch den jeweiligen Forschungsgegenstand nicht vorgegeben, sondern erfordern bei der Theorien- und Hypothesenbildung und deren systematischer Überprüfung Erfindungskraft, die schöpferisch sein kann und in der Regel auch ist (→ Rn. C158 f.). Die Freiheit des Inhalts wissenschaftlicher und technischer Werke folgt auch nicht aus einer Zusammenschau mit den technischen Schutzrechten. Der Schutz des Urheberrechts und des Erfinderrechts schließt sich nicht gegenseitig aus, auch wenn er für dieselbe geistige Leistung, etwa die in einer Patentschrift beschriebene technische Lehre reklamiert wird. Beide Rechtssysteme gewähren Schutz vor unterschiedlich gearteten Handlungen (→ Rn. C163).

A6 Angesichts der Schwierigkeiten, die die urheberrechtliche Form-Inhalt-Dichotomie bereitet, rückt in der neueren Diskussion die Unterscheidung zwischen ungeschützter Idee und geschütztem Ausdruck verstärkt in den Vordergrund. Sie ist im angelsächsischen Rechtskreis unter dem Namen „idea/expression-dichotomy" bekannt und hat in Europa ihren gesetzlichen Ausdruck in Art. 1 Abs. 2 S. 2 der Software-RL (§ 69a Abs. 2 S. 2 UrhG) gefunden. Das Problem besteht vor allem darin, dass unklar bleibt, was man sich unter ungeschützter Idee überhaupt vorzustellen hat und wie sie sich von dem geschützten Ausdruck unterscheidet. Es wird sich herausstellen, dass der Begriff der freien Idee nicht als kategorialer begriffen werden kann, mit dem man schöpferische Ideen fein säuberlich in geschützte und nicht geschützte aufteilen kann, sondern ein relationaler ist. Durch die Verwendung des Ausdrucks „zugrundeliegend" in Art. 1 Abs. 2 S. 2 Software-RL (§ 69a Abs. 2 S. 2 UrhG) bringt der Gesetzgeber zum Ausdruck, dass mit freien Ideen und Grundsätzen Gedanken gemeint sind, die in einer bestimmten Relation zu einer geschützten Ausdrucksform stehen. Diese Idee-Ausdrucks-Relation, die für den Schutz von Computerprogrammen Eingang in das Gesetz gefunden hat, kann auf die anderen Werkarten erweitert werden. Wie ist sie aber inhaltlich auszufüllen? Die Relation muss zwei Grundbedingungen erfüllen: erstens darf die dem geistigen Gehalt eines Werkes zugrunde liegende Idee nicht geeignet sein, ihn zu einem geschützten Werk zu machen und zweitens darf die Übernahme einer zugrunde liegenden Idee in ein anderes Werk keine Urheberrechtsverletzung darstellen. Wann beide Bedingungen im Einzelfall erfüllt sind, kann nur durch eine umfassende Interessenabwägung festgestellt werden. Teilweise ist die erforderliche Interessenabwägung bereits in den gesetzlich umschriebenen Schrankenbestimmungen vorgenommen, die allerdings überwiegend identische oder wesentlich identische Nutzungen betreffen. Soweit sie nicht eingreifen, weil eine Verwertung in veränderter Form stattfindet, ist die Interessenabwägung innerhalb des Rechtsinstituts der freien Benutzung verortet, deren Kriterien trotz der scheinbar entgegenstehenden Rechtsprechung des EuGH in Sachen „Pelham/Hütter"[5] weder im deutschen noch im europäischen Urheberrecht obsolet geworden sind. Das hier vorgestellte Konzept einer „schrankenbasierten Interessenabwägung" wird in Abschnitt C IV ausführlich erläutert und verteidigt.

A7 Aus dem Merkmal, dass ein geschütztes Werk ein geistiger Gegenstand ist, folgt, dass es von einer menschlichen Person geschaffen sein muss. Das Umgekehrte gilt jedoch nicht. Nicht alles, was Menschen schaffen, ist geistig. Die Gewissheit, nur menschliche Personen könnten urheberrechtlich geschützte Werke schaffen, patentfähige Erfindungen machen, geschütztes Design entwerfen oder sonstige geistige Gegenstände produzieren, ist durch das Aufkommen der Syste-

---

[5] EuGH GRUR 2019, 929 Rn. 57 ff. – Pelham/Hütter.

me der Künstlichen Intelligenz (KI) ins Wanken geraten. Vertreter der KI-Forschung behaupten, dass Systeme der Künstlichen Intelligenz bereits jetzt oder zumindest in näherer Zukunft in der Lage sind, autonom, d. h. ohne direkte Einflussnahme durch einen Menschen, Objekte hervorzubringen, die wir gewöhnlich geistige Schöpfungen nennen. Für den Werkbegriff hätte das zur Folge, dass das Merkmal „persönlich" uminterpretiert werden und auch der Künstlichen Intelligenz der Status einer „elektronischen" Person zuerkannt werden müsste, die die Rechte an Immaterialgütern erwerben und ausüben könnte. Diese Behauptung der KI-Forschung wird in Abschnitt D ausführlich diskutiert. Die derzeit bekannten KI-Systeme bieten allerdings keinen Anlass, das Merkmal „persönlich" in seiner bisherigen Deutung aufzugeben. Ob das aber für die zukünftige Entwicklung aufrechterhalten werden kann, ist ungewiss. Gegen die Einführung einer elektronischen Person als Inhaber ausschließlicher Rechte an Immaterialgütern, auch wenn KI-Forschung ihre Behauptung wahrmachen sollte, spricht entscheidend, dass KI-Systeme keinen menschlichen Körper haben und deshalb nicht wissen können, wie es ist, ein Mensch zu sein. Die Beurteilung, ob geistige Gegenstände etwas für unsere menschliche Lebensform Bedeutsames zum Ausdruck bringen und deshalb schützenswert sind, muss deshalb nach wie vor Menschen überlassen bleiben.

Mit dem Begriff der Schöpfung („Originalität", „Individualität") ist das entscheidende Kriterium benannt, das schützenswerte Werke aus der großen Masse von Geistesprodukten heraushebt, die Menschen tagtäglich hervorbringen. Die Versuche, ihn näher zu umschreiben, sind zahlreich und vielfältig. Sie werden in Abschnitt E I dargestellt und diskutiert. Weder eine rein personalistische noch eine rein werkorientierte Deutung des Begriffs wird dem Wesen der Schöpfung gerecht. Es muss vielmehr der Schöpfungsprozess ins Blickfeld gerückt werden, der die exklusive Beziehung zwischen Urheber und seinem Werk herstellt. Auf dieser Grundlage definiert der EuGH den Begriff der Originalität (Schöpfung, Individualität) negativ, indem er ausschließt, dass ein geistiger Gegenstand, dessen Ausdruck durch technische Erwägungen, Regeln oder andere Zwänge bestimmt wird, eine Schöpfung ist.[6] Dabei wird allerdings übersehen, dass alles geistige Schaffen regelfolgendes Handeln ist. Menschliche Äußerungen haben Sinn, wenn es Regeln und Gepflogenheiten gibt, die die Bedeutung der verwendeten Ausdrucksmittel festlegen. Bestehende Normen und Konventionen auf den einzelnen Schaffensgebieten, die auch ästhetische sein können, schränken den Gestaltungsspielraum für schöpferische Personen nur dann ein, wenn sie sich von ihnen zwingen lassen. Lässt sich im Einzelfall ausschließen, dass der Schöpfer eines Werkes sich ausschließlich an bestehenden, üblichen und bekannten Techniken und Regeln orientiert hat, steht fest, dass er in größerem oder kleinerem Maße eigene Regeln gesetzt und nach ihnen gehandelt hat. Für den Vorschlag, den Begriff der Schöpfung durch ein negatives Ausschlusskriterium dieser Art zu bestimmen, spricht vor allem unser Alltagsverständnis, wonach derjenige als

---

[6] Z. B. EuGH GRUR 2020, 736 Rn. 23 f. – Brompton.

kreativ gilt, der nicht in vorgefertigten Schemata und Klischees denkt und handelt. Für es spricht auch, dass es im Gegensatz zu den alternativ in Betracht kommenden Begriffsbestimmungen die Unterscheidung zwischen Doppelschöpfung und unbewusster Entlehnung zu erklären vermag. Doppelschöpfung und unbewusste Entlehnung stimmen darin überein, dass jemand eine Erstschöpfung erneut hervorbringt, ohne sich bewusst zu sein, dass sein Werk einem bereits entäußerten Werk entspricht. Eine individuelle Doppelschöpfung wird geschaffen, wenn auszuschließen ist, dass der Zweitschöpfer nach den Regeln des Erstschöpfers gehandelt hat. Die Doppelschöpfung ist daher individuell. Bei einer unbewussten Entlehnung kann dies nicht ausgeschlossen werden. Sie ist daher nicht individuell. Der entwickelte Begriff der Schöpfung ist nicht nur für Originalwerke anwendbar, sondern bewährt sich auch bei der Beurteilung von Bearbeitungen und Umgestaltungen sowie von Sammelwerken. Welchen Schutzumfang das Urheberrecht im Fall von schöpferischen Veränderungen an einem geschützten Werk und bei der Schaffung eines Sammelwerkes bietet, wird in Abschnitt E III ausführlich behandelt.

A9 Der mittels eines negativen Ausschlusskriteriums präzisierte Schöpfungsbegriff präjudiziert nicht, ob zusätzlich eine besondere Schutzschwelle, eine bestimmte Gestaltungshöhe, zu fordern ist, wie es lange Zeit in Deutschland speziell für Werke der angewandten Kunst befürwortet wurde. Ob man sich für eine großzügigere Schutzgewährung entscheidet oder an den – vermeintlich – höheren Schutzanforderungen im Bereich der angewandten Kunst festhält, hängt davon ab, wie man sich zum Problem der kleinen Münze stellt und wie sich Urheberrecht und Designrecht (Geschmacksmusterrecht) zueinander verhalten. Nach der Grundsatzentscheidung des BGH „Geburtstagszug"[7] geht die Tendenz zwar eindeutig in Richtung einer großzügigen Haltung. Der Streitpunkt, ob eine bestimmte Gestaltungshöhe erreicht werden muss, ist dadurch jedoch nicht eindeutig geklärt, weil der BGH an seiner vorher verwendeten Kunstformel festhält. Die Problematik der kleinen Münze und der Abgrenzung zum Designrecht wird in Abschnitt E II dargestellt und erörtert. Es wird dafür plädiert, die Forderung nach einer bestimmten Gestaltungshöhe fallen zu lassen und die Kunstformel, wonach es auf die Auffassung der für Kunst empfänglichen und mit Kunstanschauungen einigermaßen vertrauten Kreise ankommen soll, ersatzlos aus der Urheberrechtsdogmatik zu streichen, weil sie weder dazu taugt, den Begriff der Schöpfung zu präzisieren noch eine bestimmte Gestaltungshöhe zu bestimmen.

A10 Ein Nebeneinander von Design- und Urheberschutz, wovon der BGH in der Entscheidung „Geburtstagszug" inzwischen ausgeht,[8] macht allerdings nur Sinn, wenn es Erscheinungsformen von Erzeugnissen gibt, die neu und eigenartig, aber nicht individuell sind. Das ist nicht selbstverständlich, da auch die zwei- oder dreidimensionale Erscheinungsform eines Erzeugnisses ein geistiger Gegenstand, ein Formtyp, ist, der in einer Vielzahl von unterschiedlichen ma-

---

[7] BGH GRUR 2014, 157 Leitsatz 1 – Geburtstagszug.
[8] BGH GRUR 2014, 157 Rn. 35 ff. – Geburtstagszug.

teriellen Vorkommnissen realisiert und schöpferisch sein kann. Kann man Individualität überhaupt von Neuheit und Eigenart trennen oder ist Individualität nur eine Steigerung von Neuheit und Eigenart, wie es der früheren vom Reichsgericht entwickelten Stufentheorie entspricht? Die Antwort auf diese Frage macht es erforderlich, zu den Grundlagen des Designrechts vorzustoßen. Es wird sich zeigen, dass Musterentwerfer und Urheber sich in ihrem Schaffen jeweils an Regeln orientieren, wobei der Urheber eigene Regeln setzt und danach handelt, während der Designer seine Gestaltungsspielräume dadurch ausfüllt, dass er im Rahmen vorhandener ästhetischer und technischer Regeln bleibt und sie so fortführt, dass ein Erzeugnis einer eigenen Art entsteht (→ Rn. E99 ff.). Das Urheberrecht und Designrecht sind deshalb unabhängig voneinander. Mit diesen Überlegungen kann auch erklärt werden, warum die Interpretationsleistungen ausübender Künstler in der Regel keine schöpferischen Leistungen sind, wenn sie urheberrechtlich geschützte Werke darbieten. Sie verlassen den Rahmen der vom Schöpfer gesetzten Regeln nicht, sondern füllen nur deren Unbestimmtheitsstellen aus (→ Rn. F115).

Eine Theorie des Werkbegriff wäre unvollständig, wenn sie nicht auch die Schutzgegenstände der verwandten Schutzrechte einbeziehen würde. Ihnen ist gemeinsam, dass sie nicht auf schöpferischem Schaffen beruhen und sich auf die Produktion und Verbreitung von materiellen Sachen und unkörperlichen Erscheinungen beziehen, die geistige Gegenstände enthalten. In Abschnitt F wird den Fragen nachgegangen: Wie verhalten sich ihre immateriellen Schutzgegenstände zum Begriff des schöpferischen Werkes? Welche Kriterien bestimmen jeweils die Schwelle zum Erwerb des Schutzrechts und treten an die Stelle des Merkmals der Schöpfung im Urheberrecht und der Eigenart im Geschmacksmusterrecht? Welchen Umfang haben die den Inhabern der Leistungsschutzrechte jeweils gewährten Ausschließlichkeitsrechte? Auch wenn sie nicht auf schöpferischem Schaffen beruhen, bestehen eine Reihe von strukturellen Gemeinsamkeiten zum Urheberrecht. Schutzgegenstand ist nicht die Leistung selbst, die der jeweilige Rechtsinhaber erbringt, sondern sein Leistungsergebnis. Dieses besteht wiederum nicht in dem materiellen Leistungsergebnis, etwa dem Bild-, Ton- oder Filmträger, sondern in dem geistigen Gut, das es enthält. Ob eine Verletzung des Schutzrechts vorliegt, entscheidet sich schließlich allein danach, ob in dem angegriffenen Verletzungsgegenstand dieser geistige Gehalt identisch oder verändert vorkommt. In allen Fällen muss der Rechtsinhaber eine qualifizierte wirtschaftliche, organisatorische und technische Leistung erbringen, die eine bestimmte Mindestschutzschwelle überschreitet. Teilweise ergibt sie sich wie im Beispiel des Datenbankherstellerrechts aus der gesetzlichen Umschreibung des Schutzrechts, teilweise muss sie wie im Fall des Lichtbildschutzes in den Schutztatbestand hineininterpretiert werden. Weil der Grund, das Leistungsergebnis zu schützen, in einer qualifizierten wirtschaftlichen, organisatorischen und technischen Leistung liegt, sind die verwandten Schutzrechte unabhängig vom Urheberrecht auch dann gegeben, wenn in ihren Leistungsergebnissen schöpferische Werke vorkommen. Beide Rechte können dann jeweils selbstständig und unabhängig voneinander von ihren Rechtsinhabern ausgeübt werden, was auch nach Ablauf der urheberrechtlichen Schutzfrist gilt. In das Schutzrecht wird eingegriffen, wenn das immaterielle Leistungsergebnis im Ganzen oder in Teilen identisch oder verändert so reproduziert wird, dass die Verwertungsinteressen des jeweiligen Rechtsinhabers spürbar beeinträchtigt werden. Wann dies im Einzelfall anzunehmen ist, ist auf der Grundlage einer Interessenabwägung nach den Grundsätzen der freien Benutzung zu beurteilen. Die Entnahme kleiner Textschnipsel, kleiner Bildausschnitte, ganz kurzer Ton- oder Videosequenzen genügt dazu in der Regel nicht.

2. Methodik des Vorgehens

A12 In dieser Arbeit wird darauf verzichtet, detaillierte Übersichten über die zum Werkbegriff vertretenen Auffassungen in Rechtsprechung und rechtswissenschaftlichem Schrifttum anzugeben und Linien aufzuzeigen, in welcher Weise sie sich entwickelt haben. Es ist auch nicht beabsichtigt, eine Gesamtdarstellung des Urheberrechts zu präsentieren. Es geht vielmehr um eine im Wesentlichen *zeitunabhängige* Erörterung des Werkbegriffs über die Grenzen der nationalen Urheberrechtsordnungen hinaus. Die anderen interessanten Fragen, welche Rechte im Einzelnen dem Urheber zuwachsen, wie sie im Rechtsverkehr ausgeübt und im Verletzungsfall durchgesetzt werden können, sowie wann sie wegen übergeordneter Allgemein- oder Partikularinteressen zu beschränken sind, bleiben weitgehend ausgeklammert. Auf sie wird nur dann eingegangen, wenn sie Rückschlüsse auf den Werkbegriff zulassen.

A13 Meine Herangehensweise ist eine analytische.[9] Das bedeutet erstens, die zentralen Fragen, die sich um den Werkbegriff ranken, so präzise wie möglich zu formulieren. Zweitens soll der Raum der möglichen Antworten so vollständig wie möglich ausgelotet werden, indem die Hauptpositionen, die man im Hinblick auf diese Fragen einnehmen kann, als hypothetische Annahmen vorgestellt und auf ihre Konsequenzen hin getestet werden, gleichgültig ob sie in Rechtsprechung und Literatur vertreten werden. Und drittens sollen die Argumente diskutiert werden, die für und gegen die einzelnen Positionen sprechen. Es erhält diejenige Position den Zuschlag, die die Tests am besten übersteht und die intuitiv befriedigendsten Ergebnisse liefert. Ziel ist, die begrifflichen Implikationen, die mit den zentralen Merkmalen des Werkbegriffs verbunden sind, und die argumentativen Zusammenhänge so klar wie möglich herauszuarbeiten.

A14 Was die Arbeit um den Werkbegriff einerseits so schwierig aber andererseits so reizvoll macht, ist, dass ständig über den Tellerrand des Urheberrechts hinausgeblickt und auf die Ergebnisse und Methoden aus anderen Wissenschaftszweigen namentlich der Kunst- und Wissenschaftstheorie, der Sprachphilosophie und der Geschichtswissenschaft zurückgegriffen werden muss. Große Aufmerksamkeit erfordert insbesondere das Verhältnis zu den anderen Systemen des Immaterialgüterrechts. Es wird allerdings nicht, wie ursprünglich geplant, im

---

[9] *Beckermann* (2008), S. VII ff., S. 461.

Rahmen eines eigenen Abschnitts beleuchtet, sondern in dem Zusammenhang behandelt, in dem die Abgrenzung zu dem jeweiligen Immaterialgüterrecht relevant wird. Als die Arbeit begonnen wurde, war nicht vorherzusehen, welche Ergebnisse sie haben wird. Rückblickend gesehen hätte die eine oder andere Argumentation etwas stringenter gefasst und manche Wiederholung vermieden werden können. Angesichts der gewählten Vorgehensweise war es ferner unvermeidlich, im Gang der Diskussion immer wieder auf frühere Überlegungen und spätere Ergebnisse zu verweisen, was mittels des Zeichens „→ Rn ..." geschieht. Insgesamt mag dadurch die Übersichtlichkeit etwas gelitten haben und manchmal der Eindruck der Weitschweifigkeit entstehen. Insoweit bitte ich den Leser um Nachsicht. Wer an einem schnellen Zugang zu den wesentlichen Ergebnissen interessiert ist, möge sich zunächst an der kurzen Zusammenfassung der vorgestellten Theorie des Werkbegriffs in Abschnitt G orientieren.

II. Theoriengeschichtlicher Abriss

1. Privilegienwesen

Zu den Gemeinplätzen in der Theorie- und Dogmengeschichte der Immaterialgüterrechte gehört es, auf den Beitrag zu verweisen, den die Aufklärung zur Rechtfertigung und für die Ausformungen dieser Rechte geleistet hat.[10] Die im 18. und 19. Jhdt. aufkommende naturrechtlich begründete liberale ökonomische und politische Theorie des geistigen Eigentums bildete einen wirkungsmächtigen Gegenentwurf zu dem im Ancien Régime politisch vom Absolutismus und wirtschaftlich vom Merkantilismus geprägten Schutz geistiger Leistungen durch Polizei und Privilegien.[11] In der rechtshistorischen Forschung zum Urheberrecht wird zwar vertreten,[12] dass in den Druckprivilegien, insbesondere den Autorenprivilegien bereits der Gedanke des Urheberrechtsschutzes zum Ausdruck gekommen sei.[13] Gegen die Auffassung, mit der Erteilung eines Autorenprivilegs sei die Anerkennung eines im Augenblick der Werkschöpfung entstandenen, dem Urheber zustehenden ausschließlichen Rechts auf wirtschaftliche Nutzung des privilegierten Werks verbunden gewesen,[14] spricht aber vor allem die stets mitverfolgte wirtschaftspolitische und polizeiliche Zielsetzung der Privilegienerteilung sowie die Druckbezogenheit[15] auch der Autorenprivilegien, die nur im Druck erschienene – einschließlich nach heutigem Recht nicht schützbare[16] – Werke gegen Nachdruck schützten. Der Gedanke, der hinter den Druckprivi-

---
[10] Vgl. z. B. *Luf* (1988), S. 9 ff.; *Dölemeyer/Klippel* (1991), S. 185 ff. Rn. 4, 15 ff.
[11] *Dölemeyer/Klippel* (1991), S. 185 ff. Rn. 3.
[12] Vor allem von *Pohlmann* (1961), S. 13 ff.; *Pohlmann* GRUR 1962, 9 ff.
[13] Dagegen vor allem *Bappert* (1962), S. 183 ff.; vgl. auch *Dölemeyer/Klippel* (1991), S. 185 ff. Rn. 11 ff. Dazu auch → Rn. E71.
[14] So *Pohlmann* (1961), S. 33 f.
[15] *Bappert* (1962), S. 186 ff.
[16] *Kohler* (1907), S. 33.

legien stand, war nicht: Der Autor verdient den Schutz, sondern, wer das Wagnis unternimmt, ein Schriftwerk zu drucken, und die Kosten daran setzt.[17] Wie insbesondere *Dölemeyer/Klippel*[18] überzeugend herausgearbeitet haben, stand bei der Privilegienerteilung die Gewerbeförderung im Vordergrund, an dessen Seite die Zensur und steuerliche Zweckverfolgung trat. Sie diente dem absolutistischen-merkantilistischen Wirtschafts- und Gesellschaftssystem dazu, nach den Vorstellungen des Souveräns mehr oder weniger willkürlich[19] wirtschaftliche Prozesse zu steuern und obrigkeitsrechtlich zu kontrollieren. Mit dem Zusammenbruch des Ancien Régime verloren die Privilegien ihre Legitimation, was in Frankreich darin gipfelte, dass sie im Zuge der Großen Revolution aufgehoben wurden. Mit dem neuen liberalen Gesellschaftsverständnis, das die Herstellung eines freien Marktes und die Zurückdrängung des Staates aus dem Wirtschaftsgeschehen forderte, waren die bisherigen Mittel gewerblichen Rechtsschutzes und des Schutzes von Autor und Verlegern durch Privilegien, Polizei- und Zunftordnungen nicht mehr vereinbar.

2. Theorie des geistigen Eigentums

Um deren Interessen weiterhin zu schützen, mussten deshalb neue rechtliche Lösungen gefunden werden. Die Antwort gab die naturrechtlich begründete Theorie des geistigen Eigentums. Die Theorie des geistigen Eigentums fußt auf der Lehre von *John Locke*,[20] nach der das Sacheigentum seine Grundlage und Rechtfertigung in der Neu- und Umgestaltung einer ursprünglich allen zugänglichen naturgegebenen Sache durch eigene Arbeit findet:

„Jeder Mensch hat Eigentum an seiner eigenen Person. Auf diese hat ein Recht nur er allein. Die Arbeit seines Körpers und das Werk seiner Hände sind im eigentlichen Sinn sein Eigentum. Was immer er dem Naturzustand entrückt, hat er mit seiner Arbeit gemischt und ihm etwas eigenes hinzugefügt, es somit zu seinem Eigentum gemacht, das das gemeinsame Recht der anderen ausschließt."

Obwohl Locke selbst seine Theorie nicht zur Begründung des geistigen Eigentums herangezogen hat,[21] konnten seine Gedanken unschwer auf das geistige Schaffen des Menschen übertragen werden.[22] Für die nachfolgende aufklärerische Rechtsphilosophie (z. B. Fichte, Schopenhauer, Hegel) zur Begründung der Rechte an immateriellen Gütern war wie bei Locke das normative Grundprinzip der Freiheit des Menschen grundlegend: Freiheit im Sinne von Autonomie, die den Menschen als Person unter die Anforderung vernünftiger Selbst-

---

[17] *Kohler* (1907), S. 33.
[18] *Dölemeyer/Klippel* (1991), S. 185 ff. Rn. 11 ff.
[19] Vgl. auch *Ulmer* (1980), S. 55.
[20] *Locke* (1960), II 5 § 27, deutsche Ausgabe, Zwei Abhandlungen über die Regierung, 1977, S. 215 ff.; dazu näher *Oberndörfer* (2005), S. 23 ff.; *Stallberg* (2006), S. 61 ff.
[21] *Oberndörfer* (2005), S. 38, 57 ff.
[22] Vgl. *Kersting* ARSP 67 (1981), 157, 168.

bestimmung unter seinesgleichen stellt.[23] Im Recht und durch dieses sollte der Mensch als Subjekt verantworteter Freiheit Anerkennung und in den von der Rechtsgemeinschaft konstituierten bzw. institutionalisierten Rechtsbeziehungen Beachtung finden. Mit der in der Personenqualität jedes Menschen gegründeten gleichen Freiheit als Basis des Rechts ist der Begriff des Eigentums unmittelbar und notwendig verknüpft. Freiheit bedarf der Kategorie des Eigentums, um im Recht durch Rechtsausübung real zu werden. Denn die Person bedarf einer intersubjektiv anerkannten äußeren Sphäre menschlichen Handelns, soll Freiheit geschichtlich wirklich sein. Diese äußere Sphäre wird als Eigentum gekennzeichnet. In ihr als Inbegriff exklusiver Herrschaft vergegenständlicht sich der menschliche Wille. Dieser Eigentumsbegriff konnte somit anders als der Sacheigentumsbegriff des gemeinen Rechts nicht nur als Vollrecht an einem körperlichen Gegenstand bezeichnet, sondern als die ganze Summe von wirksamen Körper- und Geisteskräften aufgefasst werden, welche die Persönlichkeit ausmachen, so dass letztlich alle Rechte als Eigentum erscheinen konnten.[24] In seiner 1793 erschienenen Schrift „Beiträge zur Berichtigung der Urteile des Publikums über die Französische Revolution"[25] drückt dies z. B. *Fichte* wie folgt aus:

„Wir sind unser Eigentum. [...] Das reine Ich in uns, die Vernunft, ist Herr unserer Sinnlichkeit, aller unserer geistigen und körperlichen Kräfte."

Diese Herleitung des Eigentums von seinem personellen Ursprung zeigt, wie der Vorgang der menschlichen Arbeit als eigentumsbegründendes Bindeglied zwischen der Person und den Sachgütern sowie den Ergebnissen menschlicher Geistestätigkeit in der Theorie des geistigen Eigentums fungiert.[26]

In Deutschland fanden die Gedanken des geistigen Eigentums ihren Widerhall in den heftigen Auseinandersetzungen über die Rechtmäßigkeit des Büchernachdrucks, die in der 2. Hälfte des 18. Jhdts. zwischen nord- und süddeutschen Verlegern geführt wurden. Allerdings standen dabei zunächst die Interessen der Verleger im Vordergrund. Die Theorie des geistigen Eigentums diente dazu, die Rechtsstellung des Verlegers gegenüber Nachdruckern zivilrechtlich zu begründen, deren Inhalt zu präzisieren und sie auf eine mit der Manuskriptablieferung erfolgende Eigentumsübertragung durch den Autor zurückzuführen.[27] Erst gegen Ende des 18. Jhdts. verschob sich der Blickwinkel auf den Autor. Die rechtswissenschaftliche Forschung[28] weist in diesem Zusammenhang auf den wegweisenden Einfluss hin, den die Abhandlung *Johann Gottlieb Fichtes* von

---

[23] Dazu und zum Folgenden *Luf* (1988), S. 10 f.
[24] *Dölemeyer/Klippel* (1991), S. 185 ff. Rn. 18.
[25] *Fichte* (1793a), S. 39, 117; vgl. auch *Hegel* (1979), § 45.
[26] *Dölemeyer/Klippel* (1991), S. 185 ff. Rn. 18.
[27] *Bappert* (1962), S. 256 f.; *Vogel* (1978), S. 64; *Luf* (1988), S. 14; *Dölemeyer/Klippel* (1991), S. 185 ff. Rn. 19; *Gieseke* (1957), S. 97 f.
[28] *Vogel* in Schricker/Loewenheim (2020), Einl. Rn. 121; *Kohler* (1907), S. 77; *Bappert* (1962), S. 270 ff., *Luf* (1988), S. 17 f.; *Stallberg*, (2006), S. 180 ff.; *Dölemeyer/Klippel* (1991), S. 185 ff. Rn. 20; *Vogel* (1978), S. 67 f.; *Gieseke* (1957), S. 97 f.; *Oechsler* GRUR 2009, 1101, 1102.

1793 „Beweis der Unrechtmässigkeit des Büchernachdrucks"[29] auf diesen Wechsel der Perspektive hatte. Fichte unterscheidet zwischen der körperlichen und geistigen Seite des Buches. Auch an der geistigen Form des Buches, der Form der Gedanken,[30] „die Ideenverbindung, in der, und die Zeichen, mit denen sie vorgetragen werden" entstehe ein Eigentumsrecht des Verfassers.[31] Daraus folgerte er, dass der Nachdruck nicht nur einen schädigenden Eingriff in das Recht des Verlegers darstellt, sondern das Recht des Verfassers „kränkt", welches sein „natürliches, angeborenes, unzuveräusserndes Eigenthumsrecht ist".[32] Um die von Fichte getroffenen Unterscheidungen kreisen im Urheberrecht die bis heute nicht geklärten Fragen nach dem Verhältnis zwischen dem körperlichen Exemplar eines Werkes und dem darin enthaltenen Geistigen, zwischen Form und Inhalt eines Werkes und nach der Reichweite des Grundsatzes von der Freiheit der Gedanken.

3. Theorie des Persönlichkeitsrechts und der Immaterialgüterrechte

A18 Auch wenn die Theorie des geistigen Eigentums geeignet war, die grundsätzliche Schutzbedürftigkeit von literarischen und künstlerischen Werken, Erfindungen, Marken usw. auch in einem liberalen wirtschaftlichen und politischen System zu rechtfertigen, stand ihrer Rezeption in den Rechtsalltag der Einwand der Rechtswissenschaft entgegen, dass es Eigentum nur an Sachen geben könne, und man sich deshalb nicht darauf einigen konnte, wie das naturrechtlich begründete geistige Eigentum positivrechtlich zu konstruieren sei.[33] An diesem Punkt setzten die sich Ende des 19. Jhdts. entwickelnden Theorien des Persönlichkeits- und Immaterialgüterrechts an. Wegweisend waren dabei die Gedanken, die *Josef Kohler* in zahlreichen Schriften entwickelte. Er unterschied zwischen den Immaterialgüterrechten, die Rechte „an einem außerhalb des Menschen stehenden, aber nicht körperlichen, nicht faß- und greifbaren Rechtsgute" begründen, und dem Persönlichkeitsrecht, dessen Rechtsgut innerhalb des Menschen steht „und von seinem Wesen grundsätzlich unzertrennlich, nur zufällig und ausnahmsweise ablösbar" ist.[34] Auf diese Weise konnten Persönlichkeits- und Immaterialgüterrecht vom Sacheigentum abgekoppelt und entsprechend der unterschiedlichen Natur der jeweiligen Schutzgegenstände[35] einer eigenständigen gesetzlichen Regelung zugeführt werden. Der heute international verwendete Begriff des „Intellectual Property" („Propriété Intellectuelle")[36] zur Sam-

---

[29] *Fichte* (1793b), S. 223 ff.; ursprünglich veröffentlicht in Berliner Monatsschrift, 1793, Bd. 21, S. 443–483.
[30] Zur ontologischen Frage, was Fichte unter der Form der Gedanken versteht, ausführlich unten → Rn. B55 ff.
[31] *Fichte* (1793b), S. 227 f.
[32] *Fichte* (1793b), S. 233.
[33] *Dölemeyer/Klippel* (1991), S. 185 ff. Rn. 14, 65.
[34] *Kohler* (1907), S. 1.
[35] Vgl. *Kohler* AcP 82 (1894), 141, 151 ff.
[36] Z. B. im Namen von WIPO und TRIPS.

melbezeichnung dieser Rechtssysteme knüpft zwar terminologisch noch an die Theorie des geistigen Eigentums an, indem er anzeigt, dass sie ausschließliche Rechte an intellektuellen Gütern wie Erfindungen, Werken, Marken, Unternehmenskennzeichen usw. gewähren, über die deren jeweiliger Inhaber ähnlich wie ein Sacheigentümer verfügen kann. Dabei wird aber implizit vorausgesetzt, dass die Legitimität und Ausformung dieser Rechte nicht von einem naturrechtlich begründeten Begriff des Eigentums abgeleitet werden können, sondern auf einer positivrechtlichen Entscheidung des Gesetzgebers beruhen.

In der 1. Hälfte des 20. Jhdts. stand die Klärung des Verhältnisses der materiellen zu den ideellen Interessen, d. h. der Nutzungs-(Verwertungs-)rechte zu den Persönlichkeitsrechten z. B. von Urhebern oder Erfindern im Mittelpunkt der wissenschaftlichen Erörterungen. Im Anschluss an Kohler vertrat ein Teil der Lehre die sog. dualistische Auffassung, die das Erfinderrecht ebenso wie das Urheberrecht in zwei selbstständige Bereiche trennt. Durchgesetzt hat sich in Deutschland indes die monistische Theorie, die das Urheberrecht und die gewerblichen Schutzrechte als jeweils einheitliche Rechte mit verwertungsrechtlichem und persönlichkeitsrechtlichem Inhalt betrachtet. Gemeinsame Klammer der verschiedenen Rechtssysteme ist, dass sie sich auf den Schutz geistiger Leistungen beziehen und Vermögensrechte an verselbstständigten verkehrsfähigen geistigen Gütern gewähren, teilweise mit persönlichkeitsrechtlichem Gehalt teilweise ohne.[37]

4. Der gegenwärtige Stand

Die Zeiten der großen Würfe, die die Schutzgegenstände des Immaterialgüterrechts und deren Legitimation aus einer einheitlichen Wurzel herzuleiten und zu erklären versuchen, sind passé. Zwar deutete der BGH in seiner Entscheidung „Grundig-Reporter"[38] von 1955 die Nutzungsrechte des Urhebers noch als Ausstrahlungen seines durch den Schöpfungsakt begründeten geistigen Eigentums: „Die Herrschaft des Urhebers über sein Werk [...] wird ihm hiernach nicht erst durch den Gesetzgeber verliehen, sondern folgt aus der Natur der Sache, nämlich aus seinem geistigen Eigentum, das durch die positive Gesetzgebung nur seine Anerkennung und Ausgestaltung findet."

Richtungsweisend für das Urheberrecht wurden demgegenüber die Grundsätze, die das BVerfG in mehreren Entscheidungen wie folgt formulierte:[39]

„Da es keinen vorgegebenen und absoluten Begriff des Eigentums gibt und Inhalt und Funktion des Eigentums der Anpassung an die gesellschaftlichen und wirtschaftlichen Verhältnisse fähig und bedürftig sind, hat die Verfassung dem Gesetzgeber die Aufgabe übertragen, den Inhalt und die Schranken des Eigentums zu bestimmen (Art. 14 Abs. 1 S. 2 GG). Das gilt auch für die vermögenswerten Rechte des Urhebers; sie bedürfen

---
[37] Dölemeyer/Klippel (1991), S. 185 ff. Rn. 80.
[38] BGH GRUR 1955, 492, 496; zustimmend Hubmann (1978), S. 50.
[39] Vor allem BVerfG GRUR 1972, 481, 483 – Kirchen- und Schulgebrauch; BVerfG GRUR 1980, 44, 46 – Kirchenmusik; BVerfG GRUR 2016, 690 Rn. 72 – Metall auf Metall.

ebenso wie das Sacheigentum der Ausgestaltung durch die Rechtsordnung. Der an das Grundgesetz gebundene Gesetzgeber kann aber hierbei nicht beliebig verfahren. [...] Im Einzelnen ist es Sache des Gesetzgebers, im Rahmen der inhaltlichen Ausprägung des Urheberrechts nach Art. 14 Abs. 1 S. 2 GG sachgerechte Maßstäbe festzulegen, die eine der Natur und der sozialen Bedeutung des Rechts entsprechende Nutzung und angemessene Vergütung sicherstellen".[40]

A22   Die Ausgestaltung des Urheberrechts – und der anderen Systeme des Immaterialgüterrechts – ist demnach nicht bloße Resultante des Kampfes der verschiedenen Interessen und Interessengruppen, der Urheber, Verwerter und Verbraucher, sondern muss die Natur und die soziale Bedeutung der jeweils gewährten Rechte angemessen berücksichtigen. Woher kommen aber die Maßstäbe, die den Inhalt des verfassungsmäßig garantierten Instituts des Privateigentums nach Art. 14 Abs. 1 S. 2 GG bestimmen?

A23   In der heutigen digital weltweit vernetzten Welt stellt sich dieses Problem besonders dringend. Geistige Gegenstände können überall, gleichzeitig und von jedermann, der die erforderlichen intellektuellen Fähigkeiten sie aufzunehmen besitzt, in einer gegenüber früher erheblich gesteigerten Weise genutzt werden, ohne dass der Gegenstand verbraucht wird. Das führt zu der Frage: Warum soll ein Gut, das von Natur aus nicht knapp ist, anderen entzogen und künstlich, d. h. mit den Mitteln des Rechts verknappt werden?[41] Bei dieser Frage setzt die zunehmend stärker werdende Kritik an den in der europäischen und nationalen Gesetzgebung erkennbaren Tendenzen zur Schutzerweiterung, Schutzverschärfung und härteren Durchsetzung namentlich des Urheberrechts an. Die dem Freiheitsgedanken des ursprünglichen Internet verhaftete Internetgemeinde lehnt entweder schon die Kommerzialisierung der im Internet verbreiteten Inhalte ab, was gelegentlich zur Forderung nach der Abschaffung des Urheberrechts führt,[42] oder bekämpft zumindest die rechtliche Ausgestaltung der derzeit geltenden Urheberrechtsordnungen[43], soweit sie der unbeschränkten Verfügbarkeit von Werken, Informationen, Wissen und Kultur entgegensteht, weil diese eine essentielle Grundvoraussetzung für die soziale, technische und wirtschaftliche Weiterentwicklung unserer Gesellschaft sei.[44]

A24   Die rechtliche Legitimation des traditionellen Urheberrechtsverständnisses und die Idee des geistigen Eigentums sind in eine Grundlagenkrise geraten. Die rechtswissenschaftliche Forschung der letzten Jahre beschäftigt sich daher zunehmend mit dem Problem, wie das Urheberrecht grundsätzlich und die aus ihm erwachsenden ausschließlichen Verwertungsrechte unter den Bedingungen der heutigen Informationsgesellschaft noch zu rechtfertigen sind. Zu nennen

---

[40] BVerfG GRUR 1972, 481, 483 – Kirchen- und Schulgebrauch.
[41] Vgl. *Stallberg* (2006), S. 26 f.
[42] Z. B. *Walleij* (2011), S. 249 ff., 257 ff.
[43] Vgl. *Dreier* in Dreier/Schulze (2022), Einl. Rn. 25.
[44] Aus dem Grundsatzprogramm der Piratenpartei Deutschland, www.piratenpartei.de/Parteiprogramm (abgerufen am 12.03.2023).

II. Theoriengeschichtlicher Abriss

sind namentlich die Arbeiten von *Stallberg*,[45] *Hansen*[46] und *Jakob*,[47] die das Legitimationsproblem mit verschiedenen Ansätzen vielfältig beleuchten. Wie *Stallberg* überzeugend ausführt, muss dabei jede plausible moralische Begründung des Urheberrechts[48] ihren Anfang in der besonderen Qualität geistiger Werke nehmen.[49] Denn darin liegt die Natur der Schutzgegenstände der Immaterialgüterrechte, die es nach der Rechtsprechung des BVerfG bei der Ausgestaltung der jeweils gewährten Rechte zu berücksichtigen gilt. Die Natur des urheberrechtlich geschützten Werkes herauszuarbeiten, ist Ziel dieser Arbeit.

---

[45] *Stallberg* (2006).
[46] *Hansen* (2009).
[47] *Jacob* (2010).
[48] Dies gilt auch für die anderen Schutzgegenstände des Immaterialgüterrechts. Zum Markenrecht vgl. *Haberstumpf* ZGE 2011, 151, 158 ff., 195 ff.
[49] *Stallberg* (2006), S. 26, 300 ff.

B. Ontologie des Werkes

I. Gesetzliche Ausgangslage

§ 2 Abs. 2 UrhG definiert das Werk des Urheberrechts als eine persönliche geistige B1
Schöpfung. Auf europäischer Ebene schützen die Software-RL, Datenbank-RL
und Schutzdauer-RL[1] die von ihnen betroffenen Werke, wenn sie das Ergebnis
der eigenen geistigen Schöpfung ihres Urhebers[2] sind. Diese Begriffsbestimmung hat der EuGH[3] auf alle nach europäischem Recht schutzfähigen Werke
ausgedehnt und legt sie seinen Entscheidungen zum Urheberrecht einheitlich
zugrunde. Das deutsche Schrifttum[4] und die Rechtsprechung[5] sind sich weitgehend einig, dass sich aus den etwas unterschiedlichen Formulierungen in den
Richtlinien und § 2 Abs. 2 UrhG keine Unterschiede in der Sache ergeben. Davon
wird auch in dieser Arbeit ausgegangen. Wenn im Folgenden auf den Wortlaut
von § 2 Abs. 2 UrhG Bezug genommen wird, sind deshalb die Formulierungen
in den genannten europäischen Richtlinien mitgemeint. Aus ihnen lassen sich
deutlich drei Merkmale herausschälen, die zusammen genommen hinreichend
dafür sein sollen, wann etwas ein nach dem Urheberrecht geschütztes Werk ist:

(M1) ein Merkmal, das auf die Person eines Urhebers hinweist („persönliche", „the author's own", „propre à son auteur"),
(M2) ein Merkmal, das hervorhebt, dass das Werk etwas Geistiges ist („geistige", „intellectual", „intellectuelle") und schließlich
(M3) ein Merkmal, das verlangt, dass das Werk eine „Schöpfung" („creation", „création") ist.

---

[1] Art. 1 Abs. 3 S. 1 Software-RL; Art. 3 Abs. 1 S. 1 Datenbank-RL; Art. 6 S. 1 Schutzdauer-RL.

[2] In der englischen Fassung: „if it is original in the sense that it is the author's own intellectual creation"; in der französischen Fassung: „s'il est original, en ce sens qu'il est la création intellectuelle propre à son auteur".

[3] EuGH GRUR 2009, 1041 Rn. 35 – Infopaq/DDF; EuGH GRUR 2019, 73 Rn. 36 f. – Levola Hengelo; EuGH GRUR 2019, 934 Rn. 19 f. – Funke Medien/Bundesrepublik Deutschland; EuGH GRUR 2019, 1185 Rn. 29, 35 – Cofemel.

[4] Z. B. *Spindler* in Schricker/Loewenheim (2020), UrhG § 69a Rn. 17 ff.; *Dreier* in Dreier/Schulze (2022), UrhG § 69a Rn. 25 f.; *Czychowski* in Fromm/Nordemann (2018), UrhG § 69a Rn. 14 ff.; *Grützmacher* in Wandtke/Bullinger (2022), UrhG § 69a Rn. 35 ff.; *Haberstumpf* in Büscher/Dittmer/Schiwy (2015), UrhG § 69a Rn. 12.

[5] Z. B. BGH GRUR 2005, 860, 861 – Fash 2000; BGH GRUR 1994, 39 f. – Buchhaltungsprogramm; OLG München CR 1999, 688; OLG Karlsruhe CR 1994, 607, 610.

B2 Die größten Gemeinsamkeiten zu den Schutzgegenständen der anderen Immaterialgüterrechte, die international als Intellectual Property bezeichnet werden, liegen zweifellos in (M2). Denn sie schützen ebenfalls geistige Leistungen. Auch wenn im Erfinderrecht strittig ist, ob patentfähige Erfindungen auch schöpferischen Charakter haben können,[6] wird jedenfalls im Marken- und Unternehmenskennzeichenrecht sowie im heutigen Geschmacksmusterrecht (Designrecht) das Merkmal der Schöpfung nicht als eine notwendige Bedingung für den Erwerb der jeweiligen Rechte angesehen.

B3 Deshalb sollen im Folgenden der Begriff des Geistigen und dessen Seinsweise im Vordergrund stehen. Daraus können Anhaltspunkte nicht nur für die Gemeinsamkeiten der verschiedenen Schutzrechte, sondern auch zur näheren Bestimmung der Merkmale (M1) und (M3) gewonnen werden, da sie ersichtlich in einem inneren Zusammenhang zu (M2) stehen. Zur Klärung dieser Fragen wird ein Blick auf die Probleme und die Resultate der modernen Philosophie des Geistes unerlässlich sein. Durch die Verweisung des Gesetzgebers auf den vorrechtlichen Begriff des Geistigen zwingt er die Urheberrechtswissenschaft und die Rechtsanwendung dazu, sich der Frage nach dem Verhältnis zwischen dem Menschen und seinen kulturellen Produkten in Literatur, Wissenschaft und Kunst zu stellen.[7] Da Philosophie nicht an die Stelle der Rechtsprechung und Rechtswissenschaft treten kann, geht es allerdings nicht um die Übernahme einer der philosophischen Positionen, die sich sämtlich meist unausgesprochen in Gerichtsurteilen und den Beiträgen der Urheberrechtswissenschaft wiederfinden, sondern um die Klärung, inwiefern sich deren Argumente und Begriffsbildungen für eine *juristische* Theorie des Werkbegriffs fruchtbar gemacht und zur Klärung juristischer Fragen herangezogen werden können.

II. Der Beitrag der Philosophie des Geistes

B4 Die Philosophie des Geistes zählt heute zu den aktivsten philosophischen Disziplinen.[8] Ihr derzeitiger Schwerpunkt liegt auf der Erörterung des sog. Leib-Seele-Problems, d. h. der Frage, ob und in welcher Hinsicht sich Psychisches von Physischem unterscheidet.[9] Unter Physischem wird dabei die Realität verstanden, wovon die Naturwissenschaften einschließlich der Neurologie handeln, während das Psychische im Gegensatz dazu den Inbegriff all der Zustände und Vorgänge bildet, die jeweils nur einem einzigen Subjekt bewusst sind.[10] Zum Themenspektrum der Philosophie des Geistes gehört aber auch die Welt des objektiv Geistigen, der Produkte menschlicher geistiger Aktivitäten, die sich in

---

[6] Vgl. *Götting* (2020), S. 51 Rn. 9, S. 143 Rn. 21.
[7] Vgl. *Troller* UFITA 50 (1967), S. 385 f.
[8] *v. Kutschera* (2009), S. 11.
[9] *Sturma* (2005), S. 9; *v. Kutschera* (2009), S. 12; einführend *Liske* in Kolmer/Wildfeuer (2011), Stichwort „Geist", S. 890 ff.
[10] *v. Kutschera* (2009), S. 15 f.

den Schöpfungen in Recht, Wissenschaft und Kunst manifestieren[11] und in der neueren Philosophie wieder zunehmend Beachtung finden.[12] Die Welt des objektiven Geistes wurde vor allem vom deutschen Idealismus thematisiert, der den Begriff des Geistes nicht bloß als Synonym für menschliches Bewusstsein oder die Dimension des Mentalen verwendet, sondern ihn auch auf Phänomene im Bereich der Natur und des Sozialen erstreckte.[13] Philosophiegeschichtlich haben sich drei grundlegende Positionen herausgebildet, die jeweils in verschiedenen Spielarten vertreten werden und sich teilweise überschneiden: der Materialismus, Idealismus und Dualismus.

Der *Materialismus* behauptet, die gesamte Wirklichkeit sei physischer Natur **B5** oder zumindest auf sie reduzierbar. Nicht nur alle Einzelgegenstände der Welt sind materiell oder physisch, sondern auch alle ihre Eigenschaften.[14] Auf das Leib-Seele-Problem gewendet, heißt das, dass sich auch Psychisches in letzter Analyse als etwas Physisches erweist, oder zumindest sich darauf reduzieren lässt: Geist reduziert sich auf Gehirn[15], d. h. auf Materie. Diese Position hat durch die moderne Neurowissenschaft und Gehirnforschung inzwischen wieder großen Auftrieb gewonnen.[16]

Die Gegenposition des philosophischen *Idealismus* behauptet dagegen, die **B6** ganze Wirklichkeit sei geistiger Natur: Alles ist subjektiv geistig oder objektiv geistig, d. h. alles ist mental (etwas Mentales) oder ideal (etwas Ideales).[17] Das Geistige bestehe aus Subjekten, deren mentalen Zuständen und Akten sowie den Produkten solcher Art. Derartige Produkte sind z. B. Vorstellungsinhalte, Theorien, Zahlen, Computerprogramme, Normen, Ideale usw. Subjekte sind Träger und Produzenten aller geistigen Realität, ohne Subjekte gibt es nichts Geistiges:[18] Die Wirklichkeit existiert letztlich nur in unseren Köpfen.

Als dritte klassische Position hat sich daneben der *Dualismus* etabliert, für **B7** den Seelisch-Geistiges und Physisches verschiedenartige und nicht aufeinander reduzierbare Bereiche der Wirklichkeit bilden. Überwiegend wird dabei aber angenommen, dass beide Bereiche wechselseitig aufeinander bezogen sind.[19] Eine solche Auffassung werden wir im Folgenden vertreten. Zu erwähnen ist in diesem Zusammenhang die *Drei-Welten-Lehre*, deren bedeutendste Vertreter *Frege*[20] und *Popper*[21] sind. Sie ist eine ontologische Position, die die Existenz dreier Welten annimmt: die physische Welt, deren Gegenstände man grundsätz-

---

[11] *v. Kutschera* (2009), S. 16, 130.
[12] Vgl. *Gabriel* (2013), 2013, vor allem S. 177 ff. (Vom Sinn der Religion) und 214 ff. (Vom Sinn der Kunst).
[13] *Sturma* (2005), S. 11; vgl. auch *Meixner* (2015), S. 69, 72 ff.
[14] *v. Kutschera* (2009), S. 146, 161.
[15] *v. Kutschera* (2009), S. 136.
[16] *Sturma* (2005), S. 31 ff., 112 ff.
[17] *Meixner* (2015), S. 69, 73 ff.
[18] *v. Kutschera* (2009), S. 171.
[19] *v. Kutschera* (2009), S. 205, 212 ff.
[20] *Frege* (1918), S. 58 ff.; auch abgedr. in *Künne* (2010), S. 87–112.
[21] *Popper* (1993), S. 75, 109 ff.; *Popper* (2004), S. 263–287.

lich mit den Sinnen wahrnehmen kann (Welt 1), die Welt dessen, was sich im Bewusstsein von Menschen abspielt bzw. Teil des Bewusstseins ist und der inneren Wahrnehmung (Introspektion) zugänglich ist (Welt 2) und die Welt der objektiven Gedankeninhalte, d. h. die gesamte Kultur in all ihren Manifestationen, die ausschließlich durch Verstandestätigkeiten erfasst werden (Welt 3).[22] Welt 2 bildet den Mittler zwischen Welt 1 und Welt 3.[23] Das folgende Beispiel mag dies verdeutlichen: Der Bauplan eines Hauses als Produkt der geistigen Tätigkeit des Architekten gehört Welt 3 an. Er wird vom Bewusstsein des Baumeisters (Welt 2) erfasst und von ihm in ein konkretes Haus der Welt 1 umgesetzt. Genaugenommen handelt es sich allerdings nur um eine Variante des Dualismus,[24] da man die Innenwelt des Menschen ebenfalls unter physischen und psychischen Gesichtspunkten betrachten kann und muss. Wenn in der folgenden Erörterung des Geistigen immer wieder auf das Bild der Drei-Welten-Lehre zurückgegriffen wird, dient dies nur der anschaulicheren Darstellung der Probleme. Eine Festlegung auf sie ist damit nicht verbunden.

B8 In der Literatur und Rechtsprechung zum urheberrechtlichen Schutzgegenstand sind sämtliche dieser Positionen vertreten, eher selten in Reinkultur, meistens jedoch in einer Form, die Gedanken des Idealismus und des Materialismus miteinander vermischt. Einen *subjektiven Idealismus* vertritt, wer das Werk ausschließlich als Ausdruck des individuellen Geistes des Urhebers und Spiegelbild seiner Persönlichkeit zum Zeitpunkt der Schöpfung begreift[25] und den sinnlich wahrnehmbaren Erscheinungen (Buchexemplar, Schallwellen, optische Signale usw.) die Funktion zuweist, als bloßes Ausdrucksmittel den individuellen Geist des Urhebers anderen zugänglich zu machen.[26] Diese Betrachtungsweise ist mit der expressionistischen Theorie der Kunst, die das Werk eines Menschen ausschließlich oder überwiegend als einen Ausdruck seiner Persönlichkeit oder seines inneren Zustandes betrachtet,[27] eng verwandt. Die Merkmale (M1) „Persönlichkeit" und (M3) „Schöpfung" wären danach in Merkmal (M2) bereits weitgehend begrifflich enthalten. Nach dieser Auffassung wäre das Werk ontologisch in der Welt 2 zu verorten. Einer ihrer prominenten Vertreter ist Fichte.

B9 In dieser Form hat der Idealismus im Urheberrecht heute keine Konjunktur mehr. Das Werk wird ausschließlich objektiv[28] gedeutet, und der individuelle Geist des Urhebers weitgehend ausgeblendet. Was allein in der Phantasie des Urhebers lebt, findet keinen urheberrechtlichen Schutz.[29] Das Werk ist also aus-

---

[22] *Popper* (2004), S. 285; vgl. auch *Reicher* (2010), S. 93 f.
[23] *Popper* (1993), S. 153 f.; *Popper* (2004), S. 269.
[24] *Popper* (2004), S. 273.
[25] Vgl. z. B. *Kohler* (1907), S. 135; *Hubmann* (1954), S. 29 f.; *Müsse* (1999), S. 62, 80, 82, 120 ff., 134.
[26] Zur Ausdruckstheorie im Bereich der Kunst allgemein vgl. *Reicher* (2010), S. 142 ff.; *Wollheim* (1982), S. 44 ff.
[27] *Popper* (2004), S. 83 ff., 286.
[28] Vgl. z. B. *A. Nordemann* in Fromm/Nordemann (2018), UrhG § 2 Rn. 16.
[29] Z. B. BGHZ 9, 237, 240 f. – Gaunerroman; BGH GRUR 1985, 1041, 1046 – Inkassoprogramm; *Ulmer* (1980), S. 130; *Bullinger* in Wandtke/Bullinger (2022), UrhG § 2 Rn. 19.

schließlich ein außerhalb des Menschen stehender objektiver Gegenstand. Versteht man es als geistiges Objekt, ist es dem Bereich der menschlichen Kulturleistungen und damit Welt 3 zuzuordnen. Der urheberrechtliche *Materialist* beheimatet es demgegenüber in der Welt 1. Er reduziert das Werk auf die sinnlich wahrnehmbaren Erscheinungen der physikalischen Außenwelt, in denen das Werk vorkommt,[30] und wird im rechtswissenschaftlichen Schrifttum neuerdings explizit von *Peukert*[31] vertreten. Materialistische Positionen sind in der Kunsttheorie bei Werken der bildenden Künste und vornehmlich im Software-Urheberrecht anzutreffen. Sie wurden durch die Entscheidung des BGH „ASP-Vertrag"[32] erheblich aufgewertet. Der BGH meint: Die der Steuerung des Computers dienenden Programme müssten, um ihre Funktion erfüllen zu können, in verkörperter Form vorhanden sein;[33] wie beim Erwerb eines Buches sei deshalb Gegenstand eines Software-Überlassungsvertrages stets die verkörperte geistige Leistung, also eine Sache.[34] Dem liegt letztlich ein in der Informatik weit verbreiteter Gedanke zugrunde, der den Computer als eine nicht zu Ende gedachte Maschine begreift, die durch Hinzufügen der Programme komplettiert wird:[35] Software reduziert sich also auf Hardware.[36]

Die herrschende Praxis steht irgendwie zwischen Materialismus und objektivem Idealismus. Auf der einen Seite wird daran festgehalten, dass das Werk einen objektiv fassbaren geistigen Gehalt hat und damit als kulturelle Leistung in Literatur, Wissenschaft und Kunst zu Welt 3 gehört, auf der anderen Seite aber verlangt, dass es eine sinnlich wahrnehmbare Formgestaltung besitzen muss,[37] also gleichzeitig in Welt 1 zu Hause ist.[38] Diese herrschende Auffassung ist jedoch nicht eindeutig und kann in verschiedener Weise interpretiert werden, was

---

[30] *Wollheim* (1982), S. 20 f.
[31] *Peukert* (2018), S. 34 f., 58 ff., 128 ff., 188.
[32] BGH CR 2007, 75 Rn. 16 – ASP-Vertrag.
[33] So explizit *Marly* (2009), Rn. 681: „Um jedoch die genannte Steuerungsfunktion übernehmen zu können, ist es nicht ausreichend, dass das Computerprogramm in irgendeiner nicht materiellen Form vorliegt, etwa als Computerprogramm als solches allein im Kopf ihres Schöpfers existiert." Die Möglichkeit, dass es die Welt 3 geben könnte, zieht *Marly* nicht in Betracht. Aus der zutreffenden Prämisse, dass ein Computerprogramm nicht allein im Kopf seines Schöpfers existiert, folgt deshalb nicht, dass es ein Objekt der physischen Außenwelt, geschweige denn eine Sache sein muss.
[34] *Hoeren* (1989), Rn. 72 ff.; *Marly* (2009), Rn. 679 ff., 698; *König* (1991), Rn. 269 ff. Ebenso allgemein im Hinblick auf den Begriff der Information *Zech* (2012), S. 16–18.
[35] So *König* (1991), Rn. 253 unter Hinweis auf *Gorny* CR 1986, 673 und *v. Hellfeld* GRUR 1989, 471 Fn. 6a.
[36] So der Medientheoretiker *Kittler* (1993), S. 225, 234 ff.
[37] Z. B. BGH GRUR 1959, 251, 252 – Einheitsfahrschein; *Loewenheim/Leistner* in Schricker/Loewenheim (2020), UrhG § 2 Rn. 47 ff.; *Schulze* in Dreier/Schulze (2022), UrhG § 2 Rn. 12, 13. Zur Frage, was es heißt, sich das Werk ohne sinnlich wahrnehmbare Form vorzustellen, vgl. *Haberstumpf* ZGE 2012, 284, 299 ff.
[38] Dezidiert anderer Ansicht in der Kommentarliteratur scheint nur *Rauer* in BeckOK UrhR (Stand 15.10.2022), UrhG § 2 Rn. 53, zu sein, der die sinnlich wahrnehmbare Formgestaltung eines Werkes nicht zum Werkbegriff rechnet, sondern ihr nur eine Bedeutung für das Entstehen des Urheberrechtsschutzes beimisst. *Rauer* weist sich damit als ein rein objektiver Idealist aus.

sich u. a. bei der Erörterung des Begriffs der äußeren Form zeigt,[39] die am Werkschutz teilnehmen soll. Unter äußerer Form wird dabei die am Ausdrucksmittel orientierte Gestaltung wie die Sätze eines Schriftwerkes, die Tonfolge und Tonverbindung eines musikalischen Werkes, die plastische Formung des Marmors[40] usw. verstanden.

B11 Für den Idealisten *Hubmann*[41] z. B. ist die äußere Form ausschließlich eine Eigenschaft des geistigen Werkes und zählt somit zur Welt 3.[42] Für den Materialisten ist die Sache ebenfalls klar. Da alle geistig- seelischen Eigenschaften mit physischen Eigenschaften identisch[43] bzw. auf sie reduzierbar sind,[44] kann die äußere Form wie das Werk selbst nur eine Eigenschaft des sinnlich erfahrbaren Mitteilungsträgers sein,[45] in dem das Werk dritten Personen entgegentritt. Nach überwiegendem Verständnis formt der individuelle Geist des Urhebers dagegen nicht nur die Gestalt des Mitteilungsträgers, sondern auch das darin geistig Ausgedrückte. Die am Ausdrucksmittel orientierte Gestaltung des Werkes wäre danach etwas, das sowohl der Welt 1 als auch der Welt 3 zuzuordnen ist. Im obigen Beispiel des Bauplanes wäre danach das Architektenwerk, konkretisiert in der Gestaltung des Hauses, sowohl ein materielles Objekt wie auch Ausdruck des geistigen Bauplanes. In diesem Sinne müsste man sich die äußere Form wie das Werk selbst als eine Mischung von geistigen und materiellen Eigenschaften vorstellen.

B12 Die herrschende Ansicht lässt sich allerdings auch in einem anderen Sinn interpretieren, wonach das Werk ein Kontinuum von Inhalt, innerer Form, äußerer Form und sinnlicher Erscheinungsweise der Vorkommnisse des Werkes ist. Die äußere Form bildet dabei das Bindeglied, das das Geistige des Werkes, je nach Werkart verschieden, in die materielle Form des Mitteilungsträgers umschlagen lässt oder nicht. Bei manchen Werkarten vornehmlich bei Sprachwerken bliebe sie der Welt 3 verhaftet, bei anderen Werkarten vornehmlich bei Werken der bildenden Kunst und Computerprogrammen wäre sie Bestandteil der Welt 1. Nach dieser Lesart wäre die äußere Form wie das Werk nicht aus Geistigem und Materiellem vermischt, sondern je nach Werkart ein geistiges oder ein materielles Objekt.

---

[39] Zur Problematik des Formbegriffs im Urheberrecht allgemein s. u. → Rn. C104 ff.
[40] *Hubmann* (1978), S. 31; *Müsse* (1999), S. 122.
[41] *Hubmann* (1978), S. 34; *Hubmann* (1954), S. 27 f., 72.
[42] Vgl. auch *Voigtländer/Elster/Kleine* (1952), § 1 Anm. II 2 c; *Kohler* (1888), S. 42, zum Verhältnis zwischen der Erfindung als etwas Geistigem und ihrer konkreten Darstellung, welche der Erfinder im Patent zu geben vermag.
[43] Vgl. näher *Beckermann* (2008), S. 65, 101.
[44] *Beckermann* (2008), S. 203 ff.
[45] *Troller* UFITA 50 (1967), S. 385, 401; *Berking* (2002), S. 35, 72; *Müsse* (1999), S. 121.

III. Materialismus im Urheberrecht

Für den Materialisten sind geistig-seelische Phänomene nichts anderes als komplexe physische Erscheinungen. Nicht nur alle Einzelgegenstände der Welt sind materiell oder physisch, sondern auch alle ihre Eigenschaften. Da für ihn Geistiges nicht existiert, kann es auch keine Rechte an Geistigem geben. In dieser extremen Form stellt der Materialismus die theoretischen Grundlagen der Immaterialgüterrechte einschließlich des Urheberrechts prinzipiell in Frage, indem er ihnen ihre spezifischen Schutzgegenstände wegnimmt.[46] Speziell für das Urheberrecht scheint er die weitere beunruhigende Konsequenz zu haben, dass nach ihm geistige *Schöpfungen* nicht möglich sind. Diese Konsequenz wird in der Literatur und Rechtsprechung zum urheberrechtlichen Schutz wissenschaftlicher Werke auch tatsächlich gezogen, wenn die Rede davon ist, dass solche Werke im Wesentlichen nur Fakten wiedergäben.[47] *Hubmann* schreibt z. B. explizit:

B13

„Die Wissenschaft ist der Wahrheit verpflichtet, wahr ist aber nur, was einem vorgegebenen Gegenstand entspricht. [...] Im Bereich des Wahren gibt es also keine schützenswerte Schöpferwürde, die Jünger der Wissenschaft sind auf die Entdeckerehre beschränkt."[48]

Von der physischen mit den Methoden der Naturwissenschaften beschreibbaren Welt nehmen wir nämlich gewöhnlich an, dass sie kausal geschlossen ist[49] und die Erhaltungssätze der Physik gelten,[50] d. h. jedes physische Phänomen hat eine physische Ursache und aus Nichts entsteht nichts. Der Gesetzesbegriff der Schöpfung impliziert aber offenbar die Möglichkeit, dass der Urheber etwas noch nicht Dagewesenes erschafft, was kausal nicht erklärbar ist. Hat der Materialismus recht, müsste die Theorie des Immaterialgüterrechts und des Urheberrechts nicht nur für die wissenschaftlichen Werke neu geschrieben werden.

B14

1. Materialistische Auffassungen im Softwarerecht

Obwohl Computerprogramme nach europäischem wie auch nach deutschem Urheberrecht als literarische Werke bzw. Sprachwerke geschützt werden, wenn sie das Ergebnis der eigenen *geistigen* Schöpfung ihres Urhebers sind (Art. 1 Abs. 3 S. 1 Software-RL, § 69a Abs. 3 S. 1 UrhG), hat der Materialismus im deutschen Softwarerecht eine gewichtige Zahl von Anhängern gefunden,[51] in die sich sogar der BGH[52] eingereiht hat. Nach dieser Ansicht sind Computerprogramme

B15

---

[46] So explizit der Medientheoretiker *Kittler* (1993), S. 235 f., wenn er unter Berufung auf die Church-Turing-These (dazu näher → Rn. B75) die Auffassung vertritt, dass „das Konzept des geistigen Eigentums unmöglich und bei Algorithmen am unmöglichsten geworden ist."
[47] BGH GRUR 1981, 352, 355 – Staatsexamensarbeit; OLG Frankfurt ZUM 2012, 574, 577 – Habilitationsschrift. Dazu *Haberstumpf* ZUM 2012, 529, 530 ff.
[48] *Hubmann*, UFITA 24 (1957), 1, 8.
[49] Vgl. *Beckermann* (2008), S. 116; *v. Kutschera* (2009), S. 221 f.; *Sturma* (2005), S. 18.
[50] Vgl. *Beckermann* (2008), S. 51 ff.
[51] Nachweise → Rn. B9 Fn. 34.
[52] BGH CR 2007, 75 Rn. 16 – ASP-Vertrag.

keine geistigen Gegenstände, sondern Sachen oder zumindest im Rechtsverkehr rechtlich wie Sachen zu behandeln. Auch die Auffassung des EuGH in der Entscheidung „UsedSoft/Oracle", dass beim Herunterladen eines Computerprogramms zum dauerhaften Gebrauch gegen ein adäquates Entgelt das Eigentum an einer körperlichen oder nichtkörperlichen Kopie des Programms übertragen wird,[53] könnte in diesem Sinne interpretiert werden.

a) Computerprogramme als Sachen?

B16 Einer der nachdrücklichsten Verfechter materialistischer Positionen im Softwarerecht ist *König*, der sich auch zu ihrer Konsequenz bekennt, dass der Schutz von Computerprogrammen durch das Urheberrecht der Systematik sowohl des UrhG als auch des gesamten Immaterialgüterrechts zuwiderläuft.[54] Seine Hauptthese, die im Folgenden stellvertretend für vergleichbare Ansichten diskutiert werden soll, lautet:

(K) Die zur Steuerung von Computern eingesetzten Programme sind Sachen im Sinne des § 90 BGB bzw. Bestandteile von Sachen – des Rechners, der Festplatte o. ä. Diese Qualifizierung betrifft sämtliche Programme, gleichgültig, ob sie zur Hardware, zur Software oder zur Firmware gezählt werden.[55]

Die Begründung dieser These nimmt ihren Ausgangspunkt beim Begriff der Sache im Sinne des § 90 BGB. Maßgebend zur Qualifizierung eines Gegenstandes als Sache ist für König die reale Existenz[56] des Gegenstandes in Abhängigkeit von dessen Körperlichkeit.[57] Im Hinblick auf das Kriterium der Realität führt er aus, es zeige sich ein deutlicher Unterschied zwischen Rechten und Immaterialgütern einerseits und Computerprogrammen andererseits. Rechte existierten nicht objektiv, sondern seien in ihrer Wirkung von der Existenz der jeweiligen Rechtsordnung abhängig. In ähnlicher Weise seien auch Immaterialgüter lediglich Reflexionen des menschlichen Geistes. Denke man sich die Menschheit weg, seien weder Rechte noch Immaterialgüter feststellbar. Demgegenüber seien Computerprogramme – einmal geschaffen – in ihrer Existenz von dem Weiterbestehen der Menschheit unabhängig; sie existierten nicht lediglich in der Vorstellung, sondern unzweifelhaft tatsächlich. Gerade hierdurch würden sie sich von den reinen Ideen und auch Rechten unterscheiden.[58]

B17 Da in dieser Argumentation die physische Existenz von Computerprogrammen bereits als Prämisse vorausgesetzt wird, kann man mit ihr sie weder beweisen noch die These, Computerprogramme seien geistige Gegenstände, wi-

---

[53] EuGH GRUR 2012, 904 Rn. 45, 46, 57, 58 – UsedSoft/Oracle.
[54] *König* (1991), Rn. 748.
[55] *König* (1991), Rn. 747.
[56] Zur Frage der Realität von Werken als geistigen Gegenständen s. u. → Rn. B118 ff.
[57] *König* (1991), Rn. 269.
[58] *König* (1991), Rn. 270 bis 272; ähnlich *Peukert* (2018), S. 188 (These 10).

derlegen. Die Vorstellung, Computerprogramme würden das Aussterben der Menschheit überleben, ist aber ebenso wenig plausibel wie die Vorstellung, den sonstigen sachlichen Hinterlassenschaften der Menschen wie Autos, Häusern usw. sei ein ewiges Leben beschieden. Der Natur ist es egal, ob ein bestimmter Atomhaufen ein Tisch, ein Flugzeug usw. ist; sie geht achtlos darüber hinweg, verändert und zerstört sie nach den Regeln von Ursache und Wirkung. Ist niemand mehr da, der Rechte oder Immaterialgüter feststellen könnte, gibt es auch niemanden mehr, der Häuser, Kühlschränke, Eisenbahnen usw. feststellen kann. Sollten allerdings wie Forscher, die auf Reste einer versunkenen Kultur stoßen, in fernen Zeiten außerirdische intelligente Wesen in unsere Galaxie gelangen, die in der Lage sind, unsere Hinterlassenschaften – falls noch vorhanden – in *ihrer Bedeutung für die ausgestorbene Menschheit* zu verstehen, dann bekommen diese Gegenstände ihren vorher gegebenen Sinn und können wieder z. B. als Tische, Bücher, Autos, Computer usw. gedeutet werden. Dann werden aber auch die in Bildern, Büchern, Datenträgern usw. zum Ausdruck kommenden geistigen Produkte der Menschen und die Regeln ihres sozialen Zusammenlebens wieder verstehbar.[59] Ein Unterschied zwischen sachlichen und geistigen Produkten der Menschheit lässt sich mit der diskutierten Überlegung nicht belegen.

Die Körperlichkeit und damit die Sachqualität von Computerprogrammen muss folglich ohne Rückgriff auf den Begriff der Realität begründet werden. Um diese darzulegen, zählt *König* zunächst eine Reihe von Erscheinungsformen von Computerprogrammen auf: gesteckte bzw. fest verdrahtete Schalttafeln, Lochkarten und -streifen, Magnetbänder/-platten und Disketten sowie integrale Maschinenteile in Form von Relais, Elektronenröhren und elektronischen Bauteilen.[60] Alle diese Erscheinungsformen seien körperlich und dienten wie Zahnrad-, Hebel- und Nockenschaltwerke in astronomischen Uhren oder Musikautomaten der technischen Steuerung eines anderen körperlichen Erzeugnisses.[61] Insoweit bestehe auch kein relevanter Unterschied zwischen fest verdrahteten Maschinenprogrammen und den Programmen, die zur Software gezählt würden. Dass letztere zur weiteren Verwendung im Hauptspeicher geladen werden müssten, betreffe nicht deren Körperlichkeit, sondern lediglich den Grad der Unmittelbarkeit der Steuerung.[62] Es fehle deshalb die immaterielle Komponente. Bei Immaterialgütern gelange dagegen nicht die Verkörperung zum Einsatz, sondern nur der nicht greifbare und damit auch nicht reale immaterielle Wert. Die Verkörperung eines Immaterialgutes diene lediglich zu deren Transport oder Aufbewahrung.[63] Während der geistige Gehalt einer Druckschrift vom materiellen Träger losgelöst und z. B. durch Vorlesen vermittelt werden könne, müsse ein Computerprogramm immer in einer bestimmten Verkörperung entweder als

---

[59] Vgl. *Popper* (1993), 1993, S. 119.
[60] *König* (1991), Rn. 273.
[61] *König* (1991), Rn. 275 ff., 276.
[62] *König* (1991), Rn. 294, 301.
[63] *König* (1991), Rn. 322.

Sache oder Sachbestandteil einer übergeordneten Sacheinheit[64] existieren, um als solches nämlich als Steuerungsmittel eines Rechners existent zu sein.[65]

B19   Diese Ausführungen lassen sich in folgendem Argument zusammenfassen, auf das sich auch die anderen Befürworter der Sachqualität von Computerprogrammen stützen:[66]

(K1)   Computerprogramme sind Mittel, die (mittelbar oder unmittelbar) fähig sind, einen Computer zu steuern.
(K2)   Nur körperliche Gegenstände sind (mittelbar oder unmittelbar) fähig, einen Computer zu steuern.
(K3)   Körperliche Gegenstände sind Sachen oder Sachbestandteile im Sinne von § 90 BGB.
(K4)   Also sind Computerprogramme Sachen oder Sachbestandteile im Sinne von § 90 BGB.

Das Argument ist logisch gültig.[67] Die Wahrheit der Konklusion (K4) ist also garantiert, wenn die Prämissen (K1) bis (K3) wahr sind. Da sich Computerprogramme unbestritten[68] durch ihre Befehls- und Steuerungsfunktion qualifizieren und dadurch von den anderen Software-Komponenten, wie z. B. Pflichtenheft, Anwenderhandbuch, Datenbankstrukturen und -inhalten abgrenzen, wird man an (K1) festzuhalten haben. Prämisse (K3) bringt zwar anders als der Wortlaut von § 90 BGB zum Ausdruck, dass die Körperlichkeit eines Gegenstandes eine hinreichende Bedingung[69] für dessen Sachqualität ist. Da aber Computerprogramme keine Tiere und keine Körper lebender Menschen sind, ist (K3) in diesem Zusammenhang ebenfalls zutreffend. Als problematisch könnte sich somit allenfalls Prämisse (K2) erweisen, auf die das Argument seine wesentliche Überzeugungskraft stützt. Um sie zu widerlegen, verwenden wir der Einfachheit halber einen indirekten Beweis, indem wir die Konklusion angreifen. Ist sie falsch, dann muss mindestens eine der Prämissen falsch sein.[70] Wenn man (K1) und (K3) nicht aufgeben will, kann also nur (K2) falsch sein.

B20   Sachen im Sinne des § 90 BGB sind „nur körperliche Gegenstände". Sind Computerprogramme keine körperlichen Gegenstände, dann sind sie keine Sachen. Auch wenn für die Beurteilung, ob ein körperlicher Gegenstand anzunehmen ist, nach allgemeiner Ansicht in erster Linie die Verkehrsauffassung maßgebend ist, ist als Mindestvoraussetzung zu fordern, dass der betrachtete

---
[64] *König* (1991), Rn. 403.
[65] *König* (1991), Rn. 365.
[66] BGH CR 2007, 75 Rn. 16 – ASP-Vertrag; *Marly* (2009), Rn. 680 ff.
[67] Es verwendet das logische Gesetz der Transitivität der Implikation, s. *Joerden* (2005), S. 31.
[68] Vgl. *Haberstumpf* in Büscher/Dittmer/Schiwy (2015), UrhG § 69a Rn. 4.
[69] Nach § 90 BGB ist die Körperlichkeit eine notwendige, aber keine hinreichende Bedingung für das Vorliegen einer Sache im Sinne dieser Vorschrift, da der Körper lebender Menschen (vgl. *Ellenberger* in Grüneberg [2023], BGB Überbl. v. § 90 Rn. 1, § 90 Rn. 3) und von Tieren (§ 90a BGB) nicht als Sachen angesehen werden.
[70] *Walther* (1990), S. 9 ff., 16.

Gegenstand räumlich abgrenzbar sein muss.[71] Nehmen wir von *einem* bestimmten Computerprogramm, z. B. Windows 10, an, es sei ein körperlicher Gegenstand, dann müsste man ihn also als *einen* Körper räumlich lokalisieren können. Da es ein sehr weitverbreitetes Betriebssystem ist, ist aber anzunehmen, dass es auf vielen Millionen von stationären Rechnern und mobilen Endgeräten wie Notebooks, Tablet-Computern oder Smartphones in aller Welt installiert und gleichzeitig im Einsatz ist. Es kann natürlich in Zukunft – theoretisch unendlich oft und lang – auch auf Rechnern installiert oder Datenträgern gespeichert werden, die es noch gar nicht gibt und damit als Körper noch nicht identifizierbar sind. Es wird ständig herauf- oder heruntergeladen und ist während dieser Zeit als elektronischer Strom in Kabelsystemen und/oder in Form von elektromagnetischen Wellen terrestrisch oder im All unterwegs. Computerprogramme, für die das genannte Betriebssystem nur ein Beispiel ist, sind also überall und gleichzeitig nutzbar.[72] Da aber räumliche Individuen nicht als Ganze an verschiedenen Orten zur selben Zeit sein können,[73] können Computerprogramme folglich keine körperlichen Gegenstände sein. Es ist nämlich schon begrifflich nicht erklärbar, wie *ein und derselbe* Körper, der eine bestimmte abgrenzbare Stelle im dreidimensionalen Raum einnimmt, gleichzeitig andere Raumstellen besetzen kann. Wenn Körper verschiedene räumlich abgrenzbare Stellen in der physischen Welt 1 einnehmen, sind sie verschiedene Körper, was natürlich nicht ausschließt, dass sie Körper gleicher Art sein können.

Aus diesem Grund sind Computerprogramme auch keine Bestandteile von übergeordneten Sachen, etwa von Computergeräten. Das macht zunächst der Vergleich mit Maschinenteilen, die wie Relais, Elektronenröhren oder elektronischen Bauteile die Maschine steuern,[74] deutlich. Wenn ein derartiger körperlicher Gegenstand mehrere unterschiedliche Sachen als deren Sachbestandteil steuern soll, muss er in der entsprechenden Anzahl hergestellt und mit der jeweiligen Sache so zusammengefügt werden, dass sie ihre gemeinsame Funktion erfüllen können. Ein einziges Computerprogramm ist dagegen in der Lage, eine potenziell unendliche Anzahl von raum-zeitlich abgrenzbaren Computergeräten zu steuern.

Dasselbe Problem ergibt sich, wenn man ein bestimmtes Programm in Bezug auf seinen *Einsatz in nur einem Computergerät* betrachtet. Computerprogramme sind Programme in jeder Gestalt, einschließlich des Entwurfsmaterials (§ 69a Abs. 1 UrhG; Art. 1 Abs. 2 S. 1, Abs. 1 S. 2 Software-RL). Computerprogramme sind somit nicht nur solche, die in einer Maschinensprache so formuliert sind, dass ihre Anweisungen direkt von der Zentraleinheit eines Computergerätes in-

---

[71] *Ellenberger* in Grüneberg (2023), BGB § 90 Rn. 1; *Stieper* in Staudinger (2017), BGB § 90 Rn. 2.
[72] Diese Ubiquität (Allgegenwärtigkeit) ist ein wichtiges Kriterium für Geistiges, s. *Troller* (1983), S. 55 ff.; *Schack* (2019), Rn. 19; *Pierson* in Pierson/Ahrens/Fischer (2010), S. 2; *Stallberg* (2006), S. 26. Dazu näher → Rn. B99 ff.
[73] *Meixner* (2004) S. 36.
[74] Vgl. *König* (1991), Rn. 275 ff.

terpretiert werden können, sondern natürlich auch ihre in einer höheren Programmiersprache abgefassten Vorstufen. Um diese ablauffähig zu machen, bedürfen sie eines Compilers oder Interpreters, der die Programmanweisungen in der höheren Programmiersprache in eine gleichwertige Folge von Anweisungen der Maschinensprache übersetzt, so dass die Zentraleinheit in der Lage ist, sie zu interpretieren und abzuarbeiten.[75] Das führt zu der Frage, welches Programm abläuft, wenn ein ursprünglich in einer höheren Programmiersprache abgefasstes Programm zum Einsatz kommt: das Programm höherer Stufe oder das Maschinenprogramm, das nach der Übersetzung in die Maschinensprache erzeugt wurde? Wenn man auf das Maschinenprogramm tippt, liegt man sicherlich richtig, man liegt aber genauso wenig falsch, wenn man sagt, dass das Programm höherer Stufe abläuft. Nichts spricht dagegen zu sagen: „im Augenblick führt die CPU einen SPRING-Befehl aus" anstatt „im Augenblick führt die CPU einen 111010000-Befehl aus"[76]. Wenn man also wahrheitsgemäß aussagen kann, dass ein Programm in einer höheren Programmiersprache gleichzeitig mit seiner maschinensprachlichen Version abläuft, dann hat der Materialist im Softwarerecht auch in diesem Zusammenhang ein gravierendes Problem. Durch die Behauptung, ein Computerprogramm sei zumindest ein Sachbestandteil einer übergeordneten Sache, des Computergeräts, ist er nämlich auf die Konsequenz festgelegt, dass das unmittelbar ablauffähige Maschinenprogramm und seine Vorstufen als verschiedene Sachbestandteile bzw. Sachen anzusehen sind. Die Verkörperungen eines Maschinenprogramms und eines in einer höheren Programmiersprache formulierten Programms unterscheiden sich nämlich nicht nur im Grad der Unmittelbarkeit, die Hardware zu steuern, sondern nehmen auch verschiedene raum-zeitlich lokalisierbare Stellen in der physischen Welt 1 ein. Wie ist es dann aber möglich, dass sie als verschiedene Sachen oder Sachbestandteile der Computeranlage gleichzeitig zum Einsatz kommen und diese in genau derselben Weise steuern können?

b) Computerprogramme als Sacheinheiten oder -gesamtheiten?

Ein Computerprogramm kann begrifflich keine Einzelsache sein, weil es zur Steuerung einer potenziell unendlichen Anzahl von Computermaschinen einsetzbar ist. Ein Computerprogramm kann aber in einer – theoretisch unendlichen – Vielzahl von Sachen, z. B. in gesteckten bzw. festverdrahteten Schalttafeln, Lochkarten und -streifen, Magnetbändern/-platten, Disketten, CD-ROM, DVD, Relais, Elektronenröhren, elektronischen Bauteilen, verkörpert sein, die jede für sich fähig sind, ein Computergerät zu steuern. Man könnte folglich an der Sachqualität eines bestimmten Programms festhalten, indem man es sich als die *Gesamtheit (Klasse) seiner Verkörperungen*[77] vorstellt. In diesem Sinne wäre

---

[75] Vgl. z. B. *Goldschlager/Lister* (1990), S. 17; *König* (1991), Rn. 134 ff.
[76] *Hofstadter* (2008), S. 313.
[77] Zu der Vorstellung, Sprach- und Musikwerke seien Klassen ihrer Vorkommnisse, vgl. ausführlich *Reicher* (2019), S. 21 ff., 25 f.

dann der Name für ein Computerprogramm kein Name für einen geistigen Gegenstand, wie es der herrschenden Anschauung zum Werktitelschutz nach § 5 Abs. 3 MarkenG entspricht,[78] sondern ein Name, der die Gesamtheit seiner Verkörperungen unter einer einheitlichen Bezeichnung zusammenfasst.[79]

Die Zivilrechtsdogmatik unterscheidet in diesem Zusammenhang zwischen Sacheinheiten und Sachgesamtheiten, die auch als Sachinbegriffe bezeichnet werden.[80] Als Beispiele für Sacheinheiten gelten dabei Getreide-, Kohlen- oder Sandhaufen. Sie bestehen aus einer Vielzahl von Einzelsachen, denen für sich genommen kein rechtserheblicher wirtschaftlicher Wert zukommt, die aber nach der Verkehrsanschauung als ein besonders bezeichneter und bewerteter einheitlicher Gegenstand angesehen wird.[81] Für sie ist typisch, dass ihre Teile räumlich und zeitlich unmittelbar benachbart sind.[82] Die Sacheinheit bildet *eine* Sache im Rechtssinn. In Sachgesamtheiten oder Inbegriffen von Sachen werden dagegen meist verschiedenartige Sachen zusammengefasst, die durch einen gemeinsamen wirtschaftlichen Zweck verbunden und mit einer einheitlichen Bezeichnung versehen sind.[83] Beispiele für Sachgesamtheiten sind vor allem Warenlager, Inventare und Sammlungen. Die Rechtsprechung hat es auch für möglich gehalten, dass Hardware und Software (Betriebssystem, Compiler und Interpreter) im Rechtssinne eine einheitliche Sache sein können,[84] wenn sie als zusammengehörig verkauft werden. Anders als bei einer Sacheinheit bleiben bei der Sachgesamtheit die Einzelsachen allerdings rechtlich selbstständig.[85]

Es ist leicht ersichtlich, dass mit diesen Begriffsbestimmungen die Sachqualität eines Computerprogramms nicht begründet werden kann. Sacheinheiten, die sich aus räumlich und zeitlich unmittelbar benachbarten Teilen zusammensetzen, nehmen wie diese bestimmte räumlich und zeitlich abgrenzbare Stellen in der physikalischen Welt 1 ein. Dies trifft allenfalls für jede einzelne Verkörperung eines Computerprogramms, nicht aber für das Programm selbst zu, die es verkörpert, wie bereits dargelegt wurde.

Der Begriff des Computerprogramms umfasst außerdem nicht nur die Verkörperungen eines Programms, sondern natürlich auch solche physikalischen Erscheinungen der Welt 1, die nicht körperlich sind, es aber enthalten. Zu denken ist dabei namentlich an raum-zeitlich identifizierbare elektromagnetische,

---

[78] BGH GRUR 2005, 959, 960 – FACTS II; BGH GRUR 1997, 902, 903 – FTOS; BGH GRUR 1998, 155, 156 – Powerpoint; *Fezer* (2009), MarkenG § 15 Rn. 244 ff.; *J. B. Nordemann/Nordemann-Schiffel* in Ingerl/Rohnke/Nordemann (2023), MarkenG § 5 Rn. 78.
[79] So *Peukert* (2018), S. 61, 66 ff., 188 (These 12).
[80] *Stieper* in Staudinger (2017), BGB § 90 Rn. 66 f.; *Grüneberg* in Grüneberg (2023), BGB § 260 Rn. 2.
[81] *Ellenberger* in Grüneberg (2023), BGB Überbl. v. § 90 Rn. 5; *Stieper* in Staudinger (2017), BGB § 90 Rn. 66.
[82] *Meixner* (2004) S. 46, bezeichnet solche Sacheinheiten als Massen.
[83] *Ellenberger* in Grüneberg (2023), BGB Überbl. v. § 90 Rn. 5; *Stieper* in Staudinger (2017), BGB § 90 Rn. 67; *Stresemann* in Münchener Kommentar (2021), BGB § 90 Rn. 39.
[84] BGHZ 102, 135, 149.
[85] *Stresemann* in Münchener Kommentar (2021), BGB § 90 Rn. 39.

optische oder sonstige Signale, mit denen Programme (oder andere Werke) etwa beim Herunter- oder Heraufladen drahtlos über mehr oder weniger große Distanzen transportiert werden.[86] Und selbstverständlich ist ein drahtlos übertragenes Programm – unmittelbar oder erst nach einer Umwandlung seiner physikalischen Erscheinungsweise – genauso fähig, die Computermaschine des Empfängers zu steuern wie seine Verkörperung in einer höheren Programmiersprache, die womöglich beim Sender zurückgeblieben ist. Dieser Befund belegt zum einen, dass ein Computerprogramm keine Sachgesamtheit sein kann, und beweist zum anderen direkt, dass Prämisse (K2) falsch ist. Auch unkörperliche Gegenstände haben somit die Fähigkeit, unmittelbar oder mittelbar ein Computergerät zu steuern.

B27   Dieser Befund könnte allerdings nahelegen, Computerprogramme als die Gesamtheit[87] und damit als Inbegriff aller Sachen und unkörperlicher Gegenstände aufzufassen,[88] in denen sie vorkommen. Mehrheiten von Sachen und sonstigen Wirtschaftsgütern bilden allerdings erst dann einen Inbegriff im Rechtssinne, wenn sie zum Gegenstand eines einheitlichen Rechtsverhältnisses gemacht werden können.[89] Es ist somit rechtlich möglich, eine Computeranlage mit verschiedenen Hardware-Komponenten, einem Betriebssystem, einem Compiler und Interpreter als eine Gesamtheit von Sachen und Rechten zum Gegenstand eines einheitlichen Kaufvertrages zu machen.[90] Das bedeutet aber, dass im Einzelfall zumindest bestimmbar sein muss, welche Einzelgegenstände zu einem solchen Inbegriff gehören,[91] da anderenfalls das betreffende Rechtsverhältnis nicht wirksam zustande kommt. Die Gesamtheit aller vergangener, gegenwärtiger und zukünftiger, körperlicher und unkörperlicher Vorkommnisse eines Computerprogramms oder eines sonstigen Werkes enthält aber zu keinem Zeitpunkt bestimmbare Einzelgegenstände, die einzelnen Rechtssubjekten zugeordnet und notfalls in einem Bestandsverzeichnis (vgl. §260 Abs. 1 BGB) aufgelistet werden könnten. Das vom Gesetz verwendete Wort „Computerprogramm" drückt vielmehr einen *Begriff* aus, der eine potenziell unendliche Zahl von Einzelgegenständen der Welt 1, die verschiedenste physikalische Eigenschaften aufweisen können, umfasst. Er bezeichnet daher keinen Inbegriff von Gegenständen. Wenn dagegen in einem Vertrag ein bestimmtes Computerprogramm zum Vertragsgegenstand gemacht wird, muss deshalb bestimmbar sein, was im Einzelnen gemeint ist, ein bestimmter Datenträger, der das Programm

---

[86] Vgl. *Haberstumpf* CR 2012, 561, 564; *Haberstumpf* GRUR Int. 2013, 627, 633.
[87] So *Rehbinder/Peukert* (2018), Rn. 30 f.; vgl. auch *Reicher* (2014), S. 182 ff., und *Reicher* (2019), S. 21 ff., 120 ff., zur Frage, ob Kunstwerke als die Gesamtheit aller physischen Gegenstände und Erscheinungen, in denen sie vorkommen, aufgefasst werden können.
[88] *Stresemann* in Münchener Kommentar (2021), BGB, §90 Rn. 42; *Grüneberg* in Grüneberg (2023), BGB §260 Rn. 2; *Stieper* in Staudinger (2017), BGB §90 Rn. 73.
[89] *Grüneberg* in Grüneberg (2023), BGB §260 Rn. 2; *Stresemann* in Münchener Kommentar (2021), BGB, §90 Rn. 42.
[90] BGHZ 102, 148 ff.
[91] BGH NJW 1962, 1161; BGH NJW-RR 1994, 1537.

verkörpert, ein Recht, das Programm in bestimmter Weise zu nutzen oder beides. Aus der im Ergebnis durchaus zutreffenden vertragstypologischen Einordnung eines Vertrages über die Überlassung von Standardsoftware auf Dauer als Kaufvertrag, wie es der herrschenden Meinung in der Praxis und Literatur entspricht,[92] kann daher nicht geschlossen werden, dass Computerprogramme im Sinne des Urheber- oder Patentrechts Sachen, Sachbestandteile oder Sachgesamtheiten sind[93] und welchen ontologischen Status sie haben.

2. Kunstwerke als materielle Objekte?

a) Werke der bildenden Künste und sonstige Werke

Nach unserem normalen Verständnis bereitet es keine Probleme, sich Werke der bildenden Künste als materielle Gegenstände vorzustellen. Ein Gemälde ist eine bemalte Leinwand, eine Skulptur ein Objekt, das z. B. aus Marmor oder Bronze besteht, und ein Werk der Architektur ein Gebilde aus Materialien wie Holz und Stein, das sich an einem bestimmten Ort befindet. Diese Gegenstände kann man anfassen, ansehen und raum-zeitlich identifizieren.[94] Bei den Werken der Dichtkunst und der Musik ist das schon erheblich schwieriger. Natürlich kann ich z. B. auf mein Exemplar von Goethe's Faust zeigen, das seit seiner Lektüre im Gymnasium eines meiner Bücherregale ziert, oder mich als Konzertabonnent auf eine Aufführung der 9. Symphonie von Beethoven freuen, die demnächst stattfinden wird. Damit aber jeweils den Faust oder die 9. Symphonie zu identifizieren, wäre aber augenscheinlich ebenso inadäquat wie einen Datenträger mit dem darauf gespeicherten Computerprogramm im Softwarerecht. Denn dasselbe Drama ist in vielen Büchern abgedruckt und wird zu den verschiedensten Zeiten und an den verschiedensten Orten vorgetragen. Ebenso besteht ein Musikwerk nicht aus einer bestimmten Aufführung, sondern kann vielfach aufgeführt und in Form von gedruckten Noten wiedergegeben werden.[95] Die hier zu diskutierende These, alle Kunstwerke seien materielle Objekte, scheint somit denselben Einwänden ausgesetzt zu sein wie die Annahme, alle Computerprogramme seien Sachen.

Um diese These, die mit *Wollheim*[96] als materielle Objekthypothese bezeichnet werden soll, dennoch zu retten, bieten sich zwei verschiedene Alternativen an:

(1)   Unterscheidung zwischen verschiedenen Arten von Kunstwerken, nämlich zwischen Werken der bildenden Künste, bei denen es sinnvoll er-

---

[92] Vgl. nur *Marly* (2009), Rn. 641 ff. mit umfangreichen Nachweisen in Fn. 161, 162. Dazu näher auch *Haberstumpf* NJOZ 2015, 793 ff.
[93] So auch z. B. *Zech* (2012), S. 346 ff. mit umfangreichen Nachweisen aus der Literatur.
[94] Vgl. *Wollheim* (1982), S. 18.
[95] Vgl. *Reicher* (2010), S. 97; *Reicher* (2019), S. 24.
[96] S. *Wollheim* (1982), S. 17. Zur Diskussion der materiellen Objekthypothese eingehend auch *Reicher* (2010), S. 115 ff.

scheint, sie mit bestimmten materiellen Gegenständen zu identifizieren, und sonstigen (Kunst-)Werken[97]

(2) Ausdehnung der materiellen Objekthypothese auf alle (Kunst-)Werke, was bedingt, dass man auch außerhalb der bildenden Kunst Objekte herausgreifen kann, die dieselbe Rolle spielen wie bei den Werken der bildenden Künste.

B30 Alternative (1) entspricht der früheren Konzeption der Urheberrechtsgesetzgebung in Deutschland, die es in den Gesetzen von 1871 und 1876 sowie im LUG von 1901 und dem KUG von 1907 für erforderlich hielt, zwischen Schriftwerken, Werken der Tonkunst, Abbildungen wissenschaftlicher oder technischer Art sowie choreographischen und pantomimischen Werken auf der einen Seite und Werken der bildenden Künste und der Photographie auf der anderen Seite zu differenzieren und jeweils eigenständige Regelwerke zu schaffen. Die neuere Gesetzgebung, die im UrhG und in den EU-Richtlinien ihren Ausdruck gefunden hat, hält an dieser Unterscheidung jedoch nicht mehr fest, sondern schützt auch Kunstwerke einheitlich dann, wenn sie persönliche *geistige* Schöpfungen bzw. wenn sie das Ergebnis der eigenen *geistigen* Schöpfung ihres Urhebers sind. Aus diesem Grund sollte auf Alternative (1) nur dann zurückgegriffen werden, wenn sie sich – wie nicht – aus anderen Gründen als zwingend erweist.

b) Reduktion des Werkes auf das Original

B31 Alternative (2) würde demgegenüber der gesetzgeberischen Konzeption eines einheitlichen Werkbegriffs Rechnung tragen. Wenn man auf ein bestimmtes Gemälde oder eine Skulptur zeigt und dieses als ein Kunstwerk bezeichnet, nimmt man normalerweise auf das Original Bezug, das der Künstler eigenhändig gefertigt hat. Im Kunstbetrieb macht es nicht nur im Hinblick auf den Marktwert, sondern auch in ästhetischer Hinsicht einen gravierenden Unterschied, ob es sich bei Kunstobjekten um ein Original, eine Kopie oder eine Reproduktion handelt, auch wenn sie selbst bei genauester Betrachtung nicht auseinandergehalten werden können. Dementsprechend könnte man auch bei anderen Kunstwerken das Werk mit dem Gegenstand gleichsetzen und identifizieren, in dem der Urheber es erstmals entäußert hat, etwa mit dem Originalmanuskript, der Originalpartitur[98] oder mit der Druckplatte im Fall der Druckgrafik[99].

B32 Reduziert man das Kunstwerk auf das Original, so impliziert das offenkundig, dass die Existenz des Werkes mit der Existenz des Originalgegenstandes verbunden ist. Was aber gilt, wenn das vom Urheber selbst gefertigte Original nicht

---

[97] Dazu eingehend *Goodman* (1998), S. 101 ff., 113 ff., der zwischen „autographischen" und „allographischen" Kunstwerken unterscheidet, d. h. zwischen Künsten, bei denen wie z. B. in der Malerei und Bildhauerei Original und Werk zusammenfallen, und solchen, in denen dies wie in der Literatur und Musik nicht der Fall sein muss. Dazu *Patzig* (2014), S. 116 f.; *Reicher* (2019), S. 114 ff.; vgl. auch *Ingarden* (1962), S. 211.

[98] *Reicher* (2010), S. 97; *Peukert* (2018), S. 61 ff., spricht insoweit von „Master-Artefakt".

[99] Ausführlich *Reicher* (2019), S. 32 ff.

mehr vorhanden ist? Beispiele dafür gibt es zuhauf: Den Papierstapel, auf den der Autor seinen Roman eigenhändig niedergeschrieben hat, hat er weggeworfen. Sein schöpferischer Stegreifvortrag oder seine spontane Musikdarbietung ist verklungen. Sein Originalgemälde wurde bei einem Brand im Atelier restlos zerstört. Zwar gibt es zweifellos Fälle, in denen das Original *und* das Werk verloren gegangen sind.[100] Der Verlust des originalen Gegenstands hat aber regelmäßig nicht den Verlust des Werkes zur Folge. Von dem Stegreifvortrag oder der spontanen Musikdarbietung können Aufzeichnungen, vom Manuskript Kopien oder vom Gemälde Fotografien angefertigt worden sein. Auch wenn das im heutigen Informationszeitalter für die jüngeren Generationen kaum mehr vorstellbar erscheint, gab es sehr lange Perioden der Menschheitsgeschichte, in denen Werke ausschließlich durch mündliche oder vokale Weitergabe bzw. Beschreibungen tradiert wurden.[101] Im Beispiel des im Atelier verbrannten Gemäldes könnte deshalb das Werk durchaus vom Künstler selbst aus seinem Gedächtnis heraus oder mittels Beschreibungen von Personen, die es gesehen haben, wieder rekonstruiert werden. Solange ein Kunstwerk, welcher Art auch immer, im Gedächtnis von Menschen verhaften bleibt, kann es folglich den vollständigen Verlust des Originalgegenstandes und selbst sämtlicher sonstiger Exemplare überleben.[102] Der Grund liegt darin, dass nicht nur körperliche oder unkörperliche physische Erscheinungen, sondern auch Personen als Träger von Werken in Frage kommen.[103]

Damit soll natürlich nicht geleugnet werden, dass der erstmaligen Originaläußerung des Urhebers im Verhältnis zu Kopien, Reproduktionen oder sonstigen physischen Erscheinungen, in denen das Werk vorkommt, eine besondere Rolle zukommt. Man könnte den gegen Alternative (2) geäußerten Bedenken entsprechen und gleichzeitig der besonderen Rolle des Originals gerecht werden, indem man das Kunstwerk nicht mit ihm identifiziert, sondern mit der Klasse derjenigen Gegenstände, die zum Original in der Relation der Gleichheit oder Ähnlichkeit stehen.[104] Diese Klasse kann den vollständigen Verlust einzelner ihrer Glieder und damit auch des Originalgegenstands überleben. Woher wissen wir aber, ob z.B. ein als Werkverkörperung präsentierter Gegenstand in diese Klasse fällt, wenn kein Original existiert oder wenn gerade kein Original zur Hand ist, mit dem wir diesen Gegenstand auf Gleichheit oder Ähnlichkeit vergleichen können? In einer solchen Situation befindet sich z.B. der Richter in einer Urheberrechtsstreitsache, dem zur Darlegung der Merkmale des Werkes üblicherweise nicht das Original, sondern irgendein anderes Exemplar oder gar nur eine Beschreibung des Werkes vorgelegt wird, und der entscheiden muss, ob der Gegenstand, gegen den der Kläger vorgeht, ein Verletzungsgegenstand ist

---

[100] *Wollheim* (1982), S. 20.
[101] Vgl. *Patzig* (2014), S. 111 ff.
[102] Näher *Reicher* (2010), S. 98 f., 101 ff.; *Ingarden* (1962), S. 210.
[103] Dazu näher unten → Rn. B71, B86.
[104] So aus dem urheberrechtlichen Schrifttum *Rehbinder/Peukert* (2018), Rn. 30 und ausführlich *Peukert* (2018), S. 58 ff.; dazu *Wollheim* (1982), S. 22.

oder nicht. Und selbst wenn ein Original noch existiert und greifbar ist, ist zu fragen, welche Kriterien dafür entscheidend sind, ob eine Dichterlesung durch einen Interpreten mit dem Papierstapel, auf dem der Dichter das Gedicht erstmals aufgeschrieben hat, oder die Beschreibung eines Gemäldes mit der vom Künstler bemalten Leinwand übereinstimmt. Die Dichterlesung, die in der Produktion von Schallwellen besteht, der vom Dichter beschriebene Papierstapel, der Papierstapel mit der Beschreibung des Gemäldes, die jeweils bestimmten Schwärzungen auf Papier aufweisen, und die bemalte Leinwand haben völlig verschiedene Eigenschaften. Welche dieser Eigenschaften sind aber relevant und entscheiden darüber, ob und wann sie ein bestimmtes Werk identisch oder ähnlich repräsentieren? Physische Erscheinungen dieser Art können sich ferner in fast allen Eigenschaften gleichen und dennoch in Bezug auf die Frage, ob sie ein Werk und welches enthalten, völlig verschieden sein. So ist es möglich, um ein Beispiel von *Goodman*[105] aufzugreifen, dass die Linien auf einer Zeichnung des Fujiyama von Hokusai den Linien eines Diagramms, das den Verlauf von Börsenkursen innerhalb einer Zeitspanne angibt, exakt gleichen. Und dennoch ist das eine eine Zeichnung, die als Werk der bildenden Kunst im Sinne von § 2 Abs. 1 Nr. 4, Abs. 2 UrhG regelmäßig schutzfähig ist, und das andere ein Diagramm, das zwar als Darstellung wissenschaftlicher oder technischer Art nach § 2 Abs. 1 Nr. 7 UrhG zu qualifizieren ist, aber normalerweise die erforderliche Individualität nicht aufweist. Um Originale, Kopien und sonstige Erscheinungen zusammenklassifizieren zu können, reicht es somit nicht aus, darauf zu blicken, ob sie sich in allen Eigenschaften oder einer Vielzahl von Eigenschaften gleichen oder ähneln. Erforderlich sind vielmehr vorgängige Kenntnisse und Fähigkeiten, etwas als Werk zu erkennen und zu verstehen.[106] Die Annahme, bestimmte Exemplare oder Aufführungen seien solche eines bestimmten Romans, eines bestimmten Gemäldes oder eines bestimmten Musikstücks, weil sie sich gleichen oder ähnlich sind, dreht unsere natürliche Denkrichtung um: Ihre Gleichheit oder Ähnlichkeit folgt nämlich nicht daraus, ob sie viele Eigenschaften gemeinsam haben, sondern aus der *einen* Eigenschaft, dass sie vom selben Roman, Gemälde oder Musikstück handeln.[107] Es wird also ein vorgängiger *Begriff des geistigen* (Kunst-)*Werkes* benötigt, wie sich bereits oben bei der Diskussion der Frage, ob Computerprogramme Sachen sind, ergeben hat.

B34 Daran kommt auch die von *Peukert* vertretene „rechtsrealistische, verhaltens- und artefaktbasierte IP-Theorie"[108] nicht vorbei. Denn wann etwas überhaupt ein „Master-Artefakt" (Original), ein sekundäres Artefakt (körperliches Vervielfältigungsstück, unkörperliche Erscheinung) oder etwas Anderes ist, hängt

---

[105] *Goodman* (1998), S. 212; vgl. auch *Scholz* (2004), S. 128.
[106] *Goodman* (1998), S. 104 ff.; *Haberstumpf* ZGE 2012, 284, 307.
[107] So *Wollheim* (1982), S. 22; *Woltersdorff* (2014), S. 54 ff.; *Haberstumpf* ZGE 2012, 284, 309 f. Das verkennen *Peukert* (2018), S. 34 f. und *Finke* (2022), S. 9 ff., die das Werk über die Identifizierung Ihres Tokens, d. h. über die sinnlich wahrnehmbaren Eigenschaften seiner Manifestation – gemeint ist wohl die Originaläußerung des Urhebers – identifizieren wollen.
[108] *Peukert* (2018), S. 128 ff., 183 ff.; *Rehbinder/Peukert* (2018), Rn. 30 f.

davon ab, ob und welchen einzeln identifizierbaren geistigen Gegenstand ihr jeweiliger Produzent hervorgebracht hat. Es ist dieser geistige Gegenstand, der darüber bestimmt, welche Artefakte als Vorkommnisse eines bestimmten Werks, einer bestimmten Erfindung oder Kennzeichnung in einer Identitäts- oder Ähnlichkeitsbeziehung zueinanderstehen. Die Prüfung des Richters etwa in einem Urheberrechtsstreit, ob das als rechtsverletzend angegriffene Artefakt das Urheberrecht des Klägers tatsächlich verletzt, bezieht sich deshalb üblicherweise nicht darauf, ob es eine ausreichende Beziehung zum Master-Artefakt (Original) aufweist, weil es entstehungsgeschichtlich und/oder aufgrund relevanter Ähnlichkeiten auf dieses verweist bzw. mit ihm verbunden ist,[109] sondern ob in dem Verletzungsgegenstand ein bestimmtes geistiges (abstraktes) Werk identisch oder ähnlich vorkommt. Er vergleicht also, wie in den Abschnitten C I bis III noch detaillierter herausgearbeitet werden soll, nicht Exemplare, Artefakte oder sonstige materielle Erscheinungen miteinander, sondern die geistigen Gegenstände, die in ihnen vorkommen. Eine artefaktbasierte Interpretation der Schutzobjekte des Immaterialgüterrechts leugnet zu Unrecht deren reale Existenz.[110] Sie bildet deshalb keine realistische Alternative zu der allgemein akzeptierten Vorstellung, sie seien geistige (abstrakte) Gegenstände, und bietet dementsprechend auch in der alltäglichen Rechtspraxis keine stabilere Grundlage für juristische Entscheidungen.

Das den Sammler, Museumsdirektor, Kunsthistoriker oder Kunsthändler brennend interessierende Problem, ob ein bestimmtes Objekt ein Original ist, hat im Urheberrecht seinen gesetzlichen Niederschlag nur in § 26 UrhG[111] gefunden. Das Folgerecht bezieht sich ausschließlich auf Originale von Werken der bildenden Künste und von Lichtbildwerken – unter Ausschluss der Werke der Baukunst und der angewandten Kunst. Es trägt dem Umstand Rechnung, dass für bildende Künstler und Urheber von Lichtbildwerken anders als für Schriftsteller und Komponisten der Nutzen aus der Vervielfältigung, Verbreitung und öffentlichen Wiedergabe ihrer Werke wirtschaftlich an Bedeutung zurücktritt, während das Werkoriginal besondere Bedeutung besitzt und beträchtliche Wert-

---

[109] Dem Verfasser dieses Buches, der jahrzehntelang als Zivilrichter auf den verschiedenen Gebieten des Immaterialgüterrechts einschließlich des Urheberrechts tätig war, ist aus seiner Praxis und aus den zur Begründung seiner Entscheidungen herangezogenen Gerichtsentscheidungen kein Fall erinnerlich, in dem es eine Rolle spielte, ob das vom Kläger vorgelegte Exemplar ein Originalexemplar oder auf es kausal zurückführbar ist. Die gegenteilige Behauptung von *Peukert* (2018), S. 131, 192 (These 30), ist daher ebenso unzutreffend wie seine Forderung (S. 138), der Klageantrag müsse das Master-Artefakt bestimmt angeben. Die alleinige Angabe des Master-Artefakts (Original) im Unterlassungsantrag führt vielmehr in der Regel zu dessen Unzulässigkeit wegen mangelnder Bestimmtheit (BGH GRUR 2003, 786, 787 – Innungsprogramm; *Haberstumpf* [2018], Kap. 7 Rn. 389, 400) und ist ansonsten, wenn gleichzeitig die konkrete Verletzungsform bestimmt beschrieben wird, entbehrlich. In der Praxis des Gerichtsalltags kommt somit dem „Master-Artefakt" nur eine ganz untergeordnete und keineswegs die „unverzichtbare, letztlich zentrale Rolle" zu.

[110] S. u. → Rn. B83: Thesen (G1), (G2) und → Rn. B118 ff.

[111] Art. 1, 2 der Folgerechts-RL 2001/84/EG (ABl. EU 2001 Nr. L 272, S. 32).

steigerungen erfahren kann.[112] Der im Verhältnis zu Kopien gesteigerte Marktwert von Originalen, der bei Veräußerungen im Kunsthandel realisiert werden kann, ist also der entscheidende Anknüpfungspunkt, um die wirtschaftlichen Nachteile der begünstigten Urheber gegenüber den anderen auszugleichen. Ansonsten macht das Urheberrecht in Bezug auf die Verwertungs- und Urheberpersönlichkeitsrechte keine Unterschiede zwischen Original und sonstigen Vervielfältigungsstücken.[113] Das ist natürlich kein Zufall. Denn für die Frage, in welchen physischen Erscheinungsformen ein bestimmtes Werk vorkommt und aus welchen es entnommen werden kann, spielt es keine Rolle, ob sie Originale sind und welchen Marktwert sie haben. Deshalb eignet sich z. B. im Urheberrechtsprozess jedes Exemplar, um die Eigenart des in ihm ausgedrückten Werkes darzulegen und in Erinnerung zu rufen. Das gilt auch für die Werke der bildenden Künste. Weder Alternative (1) noch Alternative (2) bieten somit belastbare Ansatzpunkte, die Seinsweise von Werken der Literatur, Wissenschaft und Kunst adäquat zu erfassen.

c) Die Differenz zwischen den Eigenschaften des Werkes, des Originals und sonstiger Werkvorkommnisse

B36 Das entscheidende Argument, weshalb auch im Bereich der bildenden Künste die materielle Objekthypothese aufgegeben werden muss, liegt darin, dass wir nicht über Originale oder sonstige Vorkommnisse von Werken reden, wenn wir über das in ihnen zum Ausdruck kommende Werk reden, und umgekehrt. Der Kunstkritiker, der ein bestimmtes Werk lobt, lobt nicht unbedingt eine bestimmte Aufführung oder ein bestimmtes Exemplar des Werkes. Und wer z. B. das Verblassen der Farben des originalen Wandbildes von Leonardos Abendmahl beklagt, äußert sich nicht negativ über das Abendmahl von Leonardo.[114] Über das Werk machen wir normalerweise andere Aussagen als über ihre Exemplare. Das an der Wand hängende Bild als materielles Ding hat zahlreiche Eigenschaften, die bei dem Bild als einem Kunstwerk der Malerei bzw. bei einem ästhetischen Gegenstand überhaupt nicht vorkommen und ihm gar nicht zugesprochen werden können.[115] Wenn beispielsweise auf der Webseite der Alten Pinakothek in München[116] über das Selbstportrait Dürers im Pelzrock zu lesen ist, der betonte Blick und die schöpferische Hand des Künstlers machten das Gemälde als künstlerisches Programmbild deutbar, dann ist nicht die Rede von der gerahmten Leinwand, die in den Räumen dieser Gemäldegalerie hängt. Denn diese hat

---

[112] *Schulze* in Dreier/Schulze (2022), UrhG § 26 Rn. 1; *Haberstumpf* in Büscher/Dittmer/Schiwy (2015), UrhG § 26 Rn. 1.

[113] § 17 Abs. 1, Abs. 2, Abs. 3 S. 2, § 18 UrhG; Art. 2 lit. d, Art. 3 Abs. 2 lit. c, Art. 4 Abs. 1, Abs. 2 InfoSoc-RL; Art. 1 Abs. 1, Abs. 2, Art. 3 Abs. 1 Vermiet- und Verleihrechts-RL.

[114] Vgl. *Wollheim* (1982), S. 19.

[115] *Ingarden* (1962), S. 139 f.

[116] www.pinakothek.de/albrecht-duerer/selbstbildnis-im-pelzrock (zuletzt aufgerufen am 21.7.2023).

keinen betonten Blick und besitzt keine schöpferische Hand.[117] Oft sind die Eigenschaften, die wir dem betrachteten Objekt zuschreiben, je nachdem, ob wir uns auf ein Exemplar oder das Werk beziehen, völlig konträr. So kann ein Kunstexperte über das Werk „Der heilige Georg" von Donatello,[118] das im Museo Nazionale del Bargello in Florenz zu besichtigen ist, sinnvoll und nachvollziehbar sagen, es sei von Leben erfüllt, obwohl der Marmorblock, der es präsentiert, unbelebt ist. Oder wir sagen, ein Stillleben habe Tiefe, doch die Leinwand ist flach;[119] ein Fresko habe eine Leerstelle in der Mitte, doch die Wand, auf die es gemalt ist, ist intakt.[120]

Die Betrachtung der Werke der bildenden Künste hat es bestätigt: Das Werk des Urheberrechts kann nicht mit materiellen Objekten identifiziert oder auf solche Gegenstände reduziert werden. Die sinnlich wahrnehmbaren Erscheinungen, die ein bestimmtes Werk repräsentieren, bilden vielmehr eine Klasse, die durch die ihnen gemeinsam zukommende Eigenschaft, eben dieses Werk zu enthalten, gebildet wird.

3. Werke als physische Eigenschaften?

Auch wenn das Werk des Urheberrechts nicht mit materiellen Objekten gleichgesetzt oder auf sie reduziert werden kann, bleibt festzuhalten, dass es eines materiellen, d.h. sinnlich wahrnehmbaren Trägers bedarf, damit es von anderen Personen aufgenommen und verarbeitet werden kann. Als Träger kommen dabei nicht nur Sachen, in denen das Werk verkörpert ist, sondern auch unkörperliche Ereignisse in Betracht, etwa das Aussenden von Schallwellen, mit denen ein Interpret ein Sprachwerk vorträgt oder ein Musikwerk aufführt. Hierher gehört ferner das Aussenden von elektromagnetischen Wellen oder von elektronischen Strömen in drahtgebundenen Systemen, die das Werk über mehr oder weniger große Distanzen zu einem Empfänger oder einer Vielzahl von Empfängern transportieren. Werke sind somit *immer* in physischen Erscheinungen fundiert.[121]

Es stellt sich nun die Frage, in welchen Beziehungen das Werk zu diesen Erscheinungen steht. Mit den bisherigen Überlegungen, die es als plausibel erscheinen lassen, das Werk als die gemeinsame Eigenschaft seiner Vorkommnisse

---

[117] *Haberstumpf* ZGE 2012, 284, 295.
[118] Beispiel von *Wollheim* (1982), S. 23.
[119] Eingehend dazu *Ziff* (2014), S. 11 ff. Seine Schlussfolgerung (S. 26), es gebe in diesem Fall nur zwei Beschreibungen, nicht zwei Objekte, erscheint jedoch nicht plausibel. Wenn man dieselben Aussagen im Hinblick auf eine Fotografie des Originalgemäldes macht, müsste man nämlich annehmen, dass auch hier nur ein Objekt zweimal verschieden beschrieben wird. Die Fotografie ist aber sicherlich ein anderes „Ding" als das Original. Deshalb kann z.B. die Aufführung eines Werkes ihrerseits – wie das aufgeführte Werk – in verschiedenen Dingen (vgl. §77 UrhG) und verschiedenen unkörperlichen physikalischen Erscheinungen materialisiert sein (vgl. §78 Abs. 1 UrhG); ebenso *Woltersdorf* (2014), S. 48 ff.
[120] *Wollheim* (1982), S. 31.
[121] *Ingarden* (1962), S. 207, bezeichnet z.B. das Gemälde als das physisches Seinsfundament des Bildes.

zu begreifen, ist diese Frage allerdings noch nicht beantwortet. Die Annahme einer Abhängigkeit des Werkes von seinen Vorkommnissen gibt nämlich noch keinen Hinweis darauf, *wie* beides miteinander verbunden ist. Es dürfte zwar klar geworden sein, dass wir zwischen dem Werk selbst und seinem jeweiligen Träger klar unterscheiden müssen. Daraus folgt aber noch nicht, dass es einen anderen ontologischen Status als seine Vorkommnisse hat. Die Position des Materialismus besagt nicht nur, dass alle Einzelgegenstände der Welt materiell oder physisch sind, sondern auch alle ihre Eigenschaften. Danach wären das Werk selbst und die Eigenschaften, die wir einem bestimmten Werk etwa in der Kunstkritik zuschreiben und mit denen wir es identifizieren und von anderen Werken abgrenzen, ebenfalls physischer Natur und könnten auf physische Eigenschaften reduziert werden. Im Folgenden werden wir diese Problematik zunächst von einem Standpunkt aus diskutieren, der die Person des Produzenten eines Werkes oder eines sonstigen „geistigen" Gegenstandes noch ausklammert, um dann im nächsten Abschnitt IV 4 (→ Rn. B74 ff.) auf das Spannungsverhältnis zwischen Materialismus und Idealismus aus der *subjektiven* Sicht des Urhebers wieder zurückzukommen.

a) Die Identitätsthese

B40 Will man die Frage erörtern, welche Beziehungen zwischen den Eigenschaften eines Werkes und denen seiner sinnlich wahrnehmbaren Vorkommnisse[122] vom Standpunkt des Materialismus aus bestehen, ist es erforderlich, sich klar darüber zu werden, was es heißt, eine Eigenschaft sei physisch. Geht man davon aus, dass der Gegenstandsbereich des Physischen in die Domäne der Naturwissenschaften fällt, dann sind physische Eigenschaften solche, die durch Beobachtung und Experiment gegebenenfalls mit Hilfe von Instrumenten erkennbar sind. Sätze, in denen wir bestimmten Gegenständen physische Eigenschaften zuschreiben, sind danach Aussagen, die allein durch Beobachtung der raum-zeitlichen Vorgänge in der Natur verifiziert oder falsifiziert werden können.[123] Indem der Materialist alle Eigenschaften mit physischen Eigenschaften gleichsetzt, müsste er also bezogen auf die Eigenschaften, mit denen wir Werke des Urheberrechts identifizieren und beschreiben, grob gesprochen folgende These vertreten:

(E) Jedes Prädikat, das eine Werkeigenschaft ausdrückt, drückt eine beobachtbare Eigenschaft aus, d. h. zu jedem Werkprädikat gibt es ein physisches Prädikat, so dass beide dieselbe Eigenschaft ausdrücken.[124]

---

[122] Zur Beschreibung der Abhängigkeit der Eigenschaften mentaler Zustände (z. B. *Beckermann* [2008], S. 204 ff.), moralischer Werteigenschaften (z. B. *Hare* [1972], S. 110) und ästhetischer Eigenschaften (z. B. *Reicher* [2010], S. 61 ff.) von physischen Eigenschaften hat sich in der zeitgenössischen Philosophie der Begriff der Supervenienz, der in verschiedenen Varianten erörtert wird, eingebürgert. Vgl. auch *v. Kutschera* (2009), S. 140 ff.

[123] *Beckermann* (2008), S. 3 ff.

[124] Vgl. *Beckermann* (2008), S. 65, 101; *Tretter/Grünhut* (2010) S. 88. In der Philosophie des Geistes wird diese „Identitätstheorie" auf das Verhältnis zwischen mentalen Zuständen und Er-

Die These kann in einem schwächeren und einem stärkeren Sinn interpretiert werden:

(E1) Jedes Werkprädikat lässt sich mit Hilfe von Ausdrücken der physikalischen Sprache definieren.

(E2) Jedem Werkprädikat kann ein physisches Prädikat zugeordnet werden, das zwar nicht synonym ist, aber dieselbe Eigenschaft ausdrückt.

(E1) entspricht dem semantischen Physikalismus, wie er ursprünglich von *Carnap* entwickelt wurde. Er geht davon aus, dass die physikalische Beobachtungssprache, mit der wir unmittelbare Erlebnisinhalte oder Phänomene wiedergeben, die einzige intersubjektive Sprache ist. Sie sei zudem in dem Sinne universal, als sich jeder Satz in sie übersetzen lasse.[125] So könnte nach einem Beispiel von Carnap das psychologische Prädikat „... ist aufgeregt", das einer Person A zugeschrieben wird, bedeutungsgleich wie folgt wiedergegeben werden: „Struktur des Leibes des Herrn A, insbesondere seines Zentralnervensystems, die dadurch gekennzeichnet ist, dass Frequenz von Atmung und Puls erhöht sind und auf gewisse Reize noch weiter erhöht werden, dass auf Fragen meist heftige und sachlich unbefriedigende Antworten gegeben werden, dass auf gewisse Reize hin erregte Bewegungen eintreten und dergl."[126] Ein Beispiel für die Variante (E2) wäre die Identitätsaussage, dass Wasser nichts anderes als H_2O ist.[127] Hier wird ein bestimmter Stoff, den wir gewöhnlich damit identifizieren, dass er in Seen, Flüssen, Meeren vorkommt, der den Zustand von Eis, Schnee oder Dampf annehmen kann, geruch- und geschmacklos ist, den Durst stillt usw., mit seiner chemischen Zusammensetzung gleichgesetzt, obwohl „Wasser" und „H_2O" nicht dieselbe Bedeutung haben. Während die Übersetzbarkeitsthese (E1), wie sie Carnap ursprünglich vertreten hat, nur das pragmatische Ziel hat, die Sprache der Physik als die für wissenschaftliche Zwecke am besten geeignete herauszustellen,[128] wird sie in der Identitätsthese (E2) insoweit verschärft, als den Eigenschaften, die wir mit Prädikaten aus anderen Wissenschaftssprachen und der Allgemeinsprache bestimmten Gegenständen zuschreiben, derselbe ontologische Status wie physischen Eigenschaften zugewiesen wird, so dass wir sie auch in der Beobachtungssprache der Physik ausdrücken können. Im Folgenden soll die These (E) in dieser stärkeren Version diskutiert werden. Können ihre

---

eignissen im Körper eines Menschen einschließlich des Urhebers bezogen. Da zu den mentalen Zuständen Vorstellungs-, Gefühls-, Gedankeninhalte usw. gezählt werden, kann die Identitätstheorie ohne Weiteres auf das Verhältnis zwischen dem Werk und seinen Vorkommnissen übertragen werden. Das Werk war ja schließlich einmal ein mentaler Zustand des Urhebers, der von ihm im originalen Vorkommnis entäußert wurde.

[125] *Carnap* Erkenntnis Bd. 2 (1931), 432, 448: Worte, die nicht in dieser Weise übersetzbar sind und in den sog. „Geisteswissenschaften" oder „Kulturwissenschaften" aufzufinden sind – Carnap nennt als Beispiele „objektiver Geist", „Sinn der Geschichte"–, enthalten danach Scheinbegriffe und sind bedeutungslos (S. 451).

[126] *Carnap* Erkenntnis Bd. 3 (1932), 107, 113, 114 f.

[127] Vgl. *Tretter/Grünhut* (2010) S. 85; *Beckermann* (2008), S. 133 ff.

[128] *v. Kutschera* Erkenntnis Bd. 35 (1991), 305 f.

ontologischen Implikationen erfolgreich in Frage gestellt werden, ist auch die schwächere Übersetzbarkeitsthese (E1) hinfällig.

B42 Für die praktische Rechtsanwendung hätte ein derartiges Reduktionsprogramm durchaus seinen Reiz. Zur Frage, wann ein Werk, insbesondere ein Werk der bildenden Künste vorliegt, und wann es in einer das Urheberrecht verletzenden Weise nachgeahmt wird, bräuchte man z. B. nicht auf die „Auffassung der für Kunst empfänglichen und mit Kunstanschauungen einigermaßen vertrauten Kreise"[129] oder darauf zu rekurrieren, ob es ein „Kunstwerk"[130] ist. Könnte man nämlich Werkeigenschaften bzw. -prädikate über geeignete Übersetzungs- oder Reduktionsregeln auf unmittelbar beobachtbare Eigenschaften zurückführen bzw. mit Prädikaten, die solche Eigenschaften ausdrücken, definieren, dann wären zur Beantwortung der Fragen, wodurch ein bestimmtes Werk gekennzeichnet ist und wann es in urheberrechtlich relevanter Weise gleich oder ähnlich reproduziert wurde, weder Kunstsachverstand noch sonstiges Wissen über die Gebiete des Werkschaffens erforderlich. Diese Fragen könnte, wie es *Kummer* einmal formuliert hat, dann der „Normalbetrachter im Rahmen seiner natürlichen Optik"[131] durch bloßes Beobachten der etwa im Rahmen einer Urheberrechtsstreitsache vorgelegten Exemplare beantworten, ohne dass die Anschauungen und Wertungen des Betrachters eine Rolle spielten.

b) Rückführung von Werkeigenschaften auf physische Eigenschaften

B43 Wie könnte aber die Rückführung von Werkprädikaten auf Prädikate für direkt beobachtbare Eigenschaften in concreto aussehen? Betrachten wir zunächst die folgende Liste von Werkprädikaten, mit denen wir uns normalerweise sinnvoll über Werke unterhalten können: Einem Roman schreiben wir beispielsweise zu, dass er spannend, langweilig, tragisch, erheiternd, witzig, grotesk, interessant, verworren, künstlich usw. ist. Von einer bildlichen Darstellung sagen wir häufig, sie sei symmetrisch, ausgewogen, ungestaltet, traurig, lebendig, dunkel, grauenhaft, elegant, obszön oder der Maler habe grelle, saftige, gebrochene Farben verwendet. Und bei Musikstücken ist oft die Rede von erregenden Rhythmen, von harten oder weichen, vollen oder dünnen Tönen, harmonischen Klängen oder Dissonanzen.[132] Um nun die These (E) zu testen, wollen wir aus dieser Liste die Prädikate „spannend" und „traurig" herausgreifen und annehmen, ersteres werde von einem bestimmten Roman und letzteres von einem bestimmten Gemälde ausgesagt. In Bezug auf den spannenden Roman könnte die Übersetzung in die Beobachtungssprache etwa wie folgt aussehen: Die Leser

---

[129] So z. B. BGH GRUR 2014, 175 Rn. 15 – Geburtstagszug; BGH GRUR 2012, 58 Rn. 17 – Seilzirkus; BGH GRUR 2011, 803 Rn. 31 – Lernspiele; BGH GRUR 1983, 377, 378 – Brombeer-Muster.
[130] Z. B. BGH GRUR 1957, 291, 292 – Europapost.
[131] *Kummer* (1968), S. 67.
[132] Vgl. *Ingarden* (1962), S. 166 ff.; *Sibley* (1979), S. 230 ff.; *Reicher* (2010), S. 57.

III. Materialismus im Urheberrecht

geben das Buch nicht aus der Hand, bis sie es ausgelesen haben; in zunehmendem Maße erhöht sich ihre Puls- und Herzfrequenz; sie sprechen in ihrem Bekanntenkreis darüber und empfehlen es; auf den Bestsellerlisten nimmt es für längere Zeiten vordere Plätze ein usw. Im Fall des Gemäldes könnte die Eigenschaft „traurig" z. B. damit beschrieben werden, dass der Maler überwiegend graue und schwarze Farben verwendet und diese auffällig im Zentrum des Bildes verteilt hat.

Schon an diesen einfachen Beispielen erkennt man, dass die mit (E) propagierte Übersetzungs- bzw. Identitätsthese eine Reihe von prinzipiellen Schwächen aufweist. So zeigt das Beispiel des spannenden Romans zweierlei: Die obige Liste der angegebenen empirischen Qualitäten ist ersichtlich nicht vollständig, und viele sinnvolle Werkprädikate kann man anscheinend nur dann in der Beobachtungsprache wiedergeben, wenn man, statt beobachtbare Eigenschaften von Werkvorkommnissen aufzuführen, auf Verhaltensweisen von Lesern, Betrachtern oder Zuhörern von Werken Bezug nimmt. Zwar ist es sicherlich richtig, dass die Eigenschaft eines Romans, spannend zu sein, meist mit einigen der aufgezählten Kriterien einhergeht. Notwendig oder hinreichend sind sie dafür aber nicht. So kann das Verhalten eines Teils der Leser, das Buch in Etappen und nicht atemlos in einem Zug zu lesen, durchaus damit erklärt werden, dass ihnen die dafür erforderliche Zeit einfach fehlt. Und ein auf den Bestsellerlisten auftauchendes Buch kann ausgesprochen langweilig sein und wird nur deshalb gekauft, weil der Autor ein bekannter ist und/oder weil es besonders aufwendig beworben wird. Selbst die bejahende Antwort eines Lesers auf die Frage, ob ein bestimmter Roman spannend sei, muss kein hinreichendes Kriterium dafür sein, dass er tatsächlich spannend ist. Die Antwort des Lesers kann nämlich auch dadurch motiviert sein, dass er, sich seines eigenen Urteils unsicher, den Roman als spannend bezeichnet, weil der Schriftsteller allgemein als Autor spannender Geschichten gilt. Im Beispiel des Gemäldes ist es zwar ebenfalls möglich, von beobachtbaren Eigenschaften seiner Vorkommnisse auf bestimmte Werkprädikate zu schließen, so dass die überwiegende Verwendung dunkler Farben in einem bestimmten Gemälde tatsächlich Traurigkeit ausdrückt. Dieser Effekt hätte aber auch durch grelle Farben oder durch andere Elemente wie z. B. durch ein bestimmtes Sujet herbeigeführt werden können.

Dem Mangel der Vollständigkeit der aufgeführten physikalischen Merkmale könnte man allerdings abhelfen, indem man die jeweilige Liste so erweitert, dass man eine hinreichende Zahl von Kriterien erhält, die für das Zutreffen des jeweiligen Werkprädikats sprechen. Doch welche sind relevant? Wie viele und welche der sich zum Teil widersprechenden Kriterien sind im Einzelnen maßgebend, ob wir von einem sinnlich wahrnehmbaren Gegenstand sagen können, er enthalte ein bestimmtes Werk und dieses werde durch bestimmte Prädikate zutreffend gekennzeichnet? Es bedarf keiner allzu großen Vorstellungskraft, dass der Versuch, bereits für die aufgezählten geläufigen Prädikate, mit denen wir mehr oder weniger problemlos über Werke des Urheberrechts sprechen, eine einigermaßen vollständige Liste geeigneter empirischer Kriterien aufzustellen, schon aus praktischen Gründen ein hoffnungsloses Unternehmen sein wird, das den Aufwand nicht lohnt.[133]

c) *Theoretische Begriffe und die Sprachen der Einzelwissenschaften*

B46 Der wesentliche Grund, weshalb die Übersetzbarkeits-[134] und Identitätsthese heute kaum mehr vertreten wird, wird darin gesehen, dass man selbst innerhalb der physikalischen Sprache sogenannte theoretische Begriffe anzuerkennen hat und Sätze über direkt Beobachtbares theorienbeladen sind.[135] In der Wissenschaftstheorie ist man sich nämlich inzwischen weitgehend einig, dass man auch solche Begriffe als Grundbegriffe benötigt, die besonders einfache und systematisch befriedigende Erklärungen ermöglichen und dies auch dann, wenn die betreffenden Prädikate nicht durch Definitionen oder Bedeutungspostulate auf Beobachtungsprädikate zurückführbar sind.[136] Beispiele für theoretische Begriffe sind „wasserlöslich", „zerbrechlich", „magnetisch", „Masse", „Elektron", „elektromagnetische Welle" usw. Sie erhalten ihre Bedeutung innerhalb der Theorie, in der sie verwendet werden. Die allgemeinen hypothetischen Sätze einer Theorie dienen nicht nur der Erklärung von physischen Phänomenen, sondern geben Maßkriterien für prognostische künftige Beobachtungssätze vor, mit deren Hilfe die Theorie überprüft und gegebenenfalls korrigiert werden kann, auch wenn sie in keiner irgendwelchen Ableitungsbeziehung zu vorhandenen Beobachtungsdaten stehen.[137] Werden in der Beobachtungssprache z. B. Messergebnisse für die Stärke elektronischer Felder oder über die Anzahl von Molekülen wiedergegeben, so werden bereits theoretische Begriffe (hier: „elektronisches Feld", „Molekül") verwendet, die nur im Rahmen einer bestimmten Theorie sinnvoll sind.[138] Ein allgemeiner Satz einer empirischen Hypothese oder Theorie wird nicht durch eine Beobachtung verifiziert oder falsifiziert, sondern durch einen Beobachtungssatz, der ihren Inhalt beschreibt. Damit ist die Beobachtung bereits auf eine spezifische Weise interpretiert und gedeutet. Die Bedeutung von Messergebnissen und Beobachtungsdaten ergibt sich somit aus ihrem Gebrauch im Sprachspiel[139] der übergeordneten Theorie. Wenn dies richtig ist, dann kann man wiederum nicht mehr behaupten, der elementare Erfahrungsbezug einer naturwissenschaftlichen Theorie sei durch unmittelbar beobachtbare und beschreibbare Tatsachen gewährleistet, da derartige Tatsachen eben nur im semantischen Rahmen der gewählten Theoriesprache auftreten. Jede erfahrungswissenschaftliche Tatsache, die ein einfacher zur Überprüfung der Theorie geeigneter und in der Beobachtungssprache formulierter Basissatz beschreibt, ist

---

[133] Näher *Sibley* (1979), S. 230, 233 ff.
[134] Auch Carnap selbst hat sie später immer mehr abgeschwächt, s. z. B. *v. Kutschera* Erkenntnis Bd. 35 (1991), 305, 307 ff.
[135] *Schurz* (2011), S. 72 f.
[136] *Beckermann* (2008), S. 96 f.
[137] *Lembeck* in Kolmer/Wildfeuer (2011), Stichwort „Theorie", S. 2184 ff.
[138] Vgl. auch *v. Kutschera* (2009), S. 199.
[139] Zum Begriff des Sprachspiels *Wittgenstein* (1971), §§ 23 ff. Näher unten → Rn. C145 ff.

deshalb bereits theoretisch imprägniert.¹⁴⁰ Theoretische Begriffe sind zunächst untereinander durch die Grundgesetze der jeweiligen Wissenschaften miteinander verbunden.¹⁴¹ Einige sind darüber hinaus über sogenannte Übersetzungs- oder Korrespondenzregeln¹⁴² – direkt oder indirekt über definierte Begriffe – mit Beobachtungsbegriffen verknüpft. Für die übrigen theoretischen Begriffe ist die Beziehung noch indirekter. Sie sind mit diesen nur auf dem Weg über andere theoretische Begriffe verbunden, die ihrerseits über Korrespondenzregeln mit Beobachtungsbegriffen in Verbindung stehen.¹⁴³ Wegen der Theorienbeladenheit selbst einfacher Begriffe gibt es keine direkt beobachtbaren, durch vorgängige Annahmen unbeeinflusste Feststellungen, sondern nur graduelle Unterschiede zwischen mehr oder minder Beobachtbarem.¹⁴⁴

Damit ist nicht nur die These von der Übersetzbarkeit aller Prädikate in Prädikate über beobachtbare Eigenschaften grundsätzlich in Frage gestellt, sondern auch der Gedanke von der Priorität der physikalischen Sprache.¹⁴⁵ Beispielsweise werden biologische oder psychologische Unterscheidungen und Begriffe nach ganz anderen Gesichtspunkten vorgenommen und gebildet als physikalische. „Herz" ist ein biologischer Begriff; wir unterscheiden Herzen von anderen Organen u. a. nach ihrer Funktion für den Blutkreislauf. Da sich die Herzen verschiedener Tierarten nach Größe, Gewicht und chemischer Zusammensetzung zum Teil erheblich unterscheiden, ist es zumindest praktisch unmöglich, eine physikalische Definition von „Herz" zu geben. Selbst wenn es gelänge, wäre sie viel zu kompliziert, als dass man sie in der Biologie verwenden könnte. Deshalb werden wir in biologischen Kontexten Biologisch und nicht Physikalisch reden.¹⁴⁶ Und deshalb werden wir uns auch in juristischen Kontexten, wenn wir über beobachtbare Dinge und Sachverhalte der physischen Welt 1 reden, der juristischen Sprache und der in ihr formulierten Gesetzmäßigkeiten bedienen.

Begriffen, die in den Einzelwissenschaften eine entscheidende Rolle spielen, können somit nicht in eindeutiger Weise Begriffe aus der Domäne der Physik zugeordnet werden. Die bereits herausgearbeitete Multirealisierbarkeit¹⁴⁷ von Werken des Urheberrechts unterstreicht dieses Ergebnis nachdrücklich. Dasselbe Werk kann in den verschiedensten physikalischen Erscheinungen realisiert sein: als Schallwellen, als Schwärzungen auf Papier, als elektromagnetische Wellen, aber auch als mentale Zustände im Kopf des Urhebers und anderer Personen, die das Werk in ihr Gedächtnis aufgenommen haben. Wie sollte es aber möglich sein, durch bloße Beobachtung diejenigen physischen Eigenschaften etwa von Tonsequenzen und Schwärzungen auf Papier sowie von Gehirnströ-

---

[140] *Lembeck* in Kolmer/Wildfeuer (2011), Stichwort „Theorie", S. 2185.
[141] *Hempel* (1974), S. 103.
[142] *Hempel* (1974), S. 103; *Beckermann* (2008), S. 97.
[143] *Beckermann* (2008), S. 97.
[144] *Hempel* (1974), S. 110 ff.
[145] Zum Folgenden *v. Kutschera* Erkenntnis Bd. 35 (1991), 305, 310, 318.
[146] *v. Kutschera* Erkenntnis Bd. 35 (1991), 305, 318.
[147] Vgl. dazu *Beckermann* (2008), S. 137; *Tretter/Grünhut* (2010), S. 92 f.

men eines Menschen zu erkennen, welche darüber bestimmen, ob jene das Gedicht A und nicht B enthalten und die untersuchte Person gerade das Gedicht A und nicht B denkt? Ersichtlich ist diese Frage nur zu beantworten, wenn man bereits über einen vorgängigen Begriff des Werkes verfügt und die Fähigkeit besitzt, Werke zu verstehen.

B49 Umgekehrt ist es ebenfalls ohne weiteres möglich, dass derselbe physische Gegenstand verschiedene geistige Gegenstände ausdrückt. Wie schon anhand des Beispiels einer gezeichneten Kurve gezeigt wurde, kann sie je nach dem Kontext, in dem sie verwendet wird – der Kontext ist kein beobachtbares Element der Zeichnung –, einmal den Fujiyama und andermal den Verlauf von Börsenkursen darstellen. Ein anderes bekanntes Beispiel ist das Umspringbild eines Hasen-Entenkopfs,[148] in dem man, je nachdem wie man die Zeichnung dreht, einen Entenkopf oder einen Hasenkopf erkennt.[149] Die Ähnlichkeiten von Tonaufzeichnungen des Vortrags eines Sprachwerks und der Aufführung eines Musikwerks in ihren physischen Eigenschaften sind regelmäßig erheblich größer als die Ähnlichkeiten zwischen der Tonaufzeichnung des Vortrags bzw. der Musikaufführung im Verhältnis zum gedruckten Buch des Sprachwerkes bzw. der gedruckten Partitur. Nicht alle Gegenstände, denen wir sinnvoll Eigenschaften wie schön, traurig, spannend usw. zusprechen, haben dieselben fundierenden physischen Eigenschaften.[150] Die Multirealisierbarkeit von Werken zieht der Identitätsthese (E) sozusagen den empirischen Boden unter den Füßen weg.[151]

B50 Das bedeutet nicht, dass Werkprädikate nicht näher bestimmt und definiert werden könnten, sondern nur, dass dies nicht mit dem Vokabular der physikalischen Sprache oder mittels eines Rückgriffs auf physische Eigenschaften der Werkvorkommnisse oder auf beobachtbare Verhaltensweisen von Lesern, Betrachtern oder Hörern möglich ist. Gegenstand dieser Arbeit ist der Versuch, auf der Grundlage des Gesetzes eine Theorie des Werkbegriffs zu präsentieren. Dazu wird es erforderlich werden, theoretische Begriffe zu verwenden bzw. einzuführen, damit notwendige und hinreichende Bedingungen formuliert werden können, was ein Werk des Urheberrechts konstituiert und in welchen sinnlich wahrnehmbaren Erscheinungen der Welt 1 es vorkommt. Wie sich insbesondere bei der Behandlung der materiellen Objekthypothese im Bereich der bildenden Künste herausgestellt hat, genügt es deshalb nicht, auf Exemplare von Werken zu blicken; denn ob etwas überhaupt ein Exemplar ist, richtet sich nicht nach dessen Eigenschaften,[152] die unter dem Blickwinkel der Physik oder einer anderen wissenschaftlichen Disziplin etwa der Psychologie relevant sind, sondern danach, ob es die Eigenschaft hat, ein Werk des Urheberrechts zu enthalten. Und

---

[148] *Wittgenstein* (1971), S. 309.
[149] Dazu näher *Reicher* (2010), S. 84 ff.
[150] *Reicher* (2010), S. 72.
[151] *Beckermann* (2008), S. 137.
[152] Deshalb kann etwas nur dann ein korrektes Exemplar eines Werkes sein, wenn es auch die Eigenschaften besitzt, die dem Werk wahrheitsgemäß zugeschrieben werden können, vgl. *Woltersdorff* (2014), S. 54 ff., 58; *Haberstumpf* ZGE 2012, 284, 310.

dies entscheiden wir nach den vom Gesetzgeber gewählten Begrifflichkeiten, die zu einer widerspruchsfreien, kohärenten Theorie zusammengefügt werden und gewährleisten müssen, dass sie in diesem Rahmen intuitiv befriedigende Ergebnisse liefern.

IV. Der subjektive Idealismus im Urheberrecht

Es hat sich als nicht vielversprechend erwiesen, den Standpunkt eines Beobachters einzunehmen, der sich allein auf die physischen Eigenschaften von Werkrealisierungen oder beobachtbaren Verhaltensweisen von Werkrezipienten konzentriert, um das Wesen des Werkes zu erfassen. Ein wesentlicher Mangel dieser rein objektiven materiellen Sicht neben den angeführten Einwänden könnte darin bestehen, dass sie den Urheber außer Betracht lässt. Als Schöpfer derjenigen Gegenstände, die wir Sprachwerke, Musikwerke, Werke der bildenden Künste usw. nennen, steht aber die Person des Urhebers im Vordergrund, wie es die amtliche Begründung zu § 1 UrhG explizit hervorhebt.[153] Wer, wenn nicht er, sollte schließlich darüber bestimmen dürfen, welchen geistigen Gehalt sein Werk hat, was es ausdrückt und zu verstehen gibt. Die Werke des Urheberrechts können deshalb nicht völlig subjektfrei interpretiert werden. Gerade diese Subjektbezogenheit allen Geistigen wird vom subjektiven Idealismus in das Zentrum der Betrachtung gestellt. Für ihn besteht das Geistige aus Subjekten, deren mentalen Zuständen und Akten einschließlich ihrer Produkte. Zu den Produkten des menschlichen Geistes zählen z. B. Vorstellungs-, Gedanken- und Gefühlsinhalte und damit auch Werke, in denen sie zum Ausdruck kommen. Subjekte sind Träger und Produzenten aller geistigen Gegenstände; ohne Subjekte gibt es nichts Geistiges.[154] Auf die Werke des Urheberrechts bezogen, würde dies bedeuten, dass sie nur in den Köpfen ihrer Urheber und damit in der Welt 2 existieren.

Vor allem in der Kunsttheorie sind derartige Auffassungen weit verbreitet. Das Kunstwerk wird als ein im Laufe des Schaffensprozesses entstandener mentaler Zustand, als ein inneres Bild, gedeutet.[155] Es ist also etwas, was sich im Bewusstsein des Künstlers abspielt bzw. Teil seines Bewusstseins ist. Als solches können wir es nicht wahrnehmen im üblichen Sinn des Wortes. Derartige psychische Gegenstände seien aber vielfach der Introspektion zugänglich, indem wir unsere Aufmerksamkeit darauf richten, was in uns vorgeht, also zum Beispiel auf unsere Vorstellungen, Überzeugungen, Wünsche und Gefühle.[156] Das Malen von Bildern, das Schreiben von Texten oder Musikwerken und deren Aufführung dienten dagegen nur der Veräußerlichung dieses mentalen Zustands, die

---
[153] Begr. RegE BT-Drs. IV/270, S. 37.
[154] v. Kutschera (2009), S. 171.
[155] Vgl. Wollheim (1982), S. 44 f.; v. Kutschera (1988), S. 83 f.; Patzig (2014), S. 117 f.; Kohler (1908), S. 39, 42, spricht insoweit von einem „imaginären Bild".
[156] Reicher (2010), S. 94.

allein für die Kommunikation erforderlich sei.[157] Für die Existenz des Kunstwerkes sei sie nicht nötig.[158] Die Werkeigenschaften, von denen im vorherigen Abschnitt die Rede war, wären danach keine Eigenschaften des Originals oder eines sonstigen Werkvorkommnisses, sondern dieses inneren Bildes im Bewusstsein des Künstlers.[159] Damit kann der subjektive Idealismus erklären, warum Werkeigenschaften nicht auf physische Eigenschaften von Werkvorkommnissen oder beobachtbare Verhaltensweisen von Werkrezipienten zurückgeführt werden können.[160] Der Betrachter, Hörer oder Leser eines Kunstwerks ist darauf angewiesen, ein vorliegendes Werkvorkommnis zu deuten und aus ihm das Werk so zu rekonstruieren, wie es gewissermaßen im Kopf des Künstlers existierte, indem er dessen Intentionen aus dem historischen Kontext zu ermitteln sucht, innerhalb dessen das Werk entstanden ist.[161]

B53 Sofern sich das urheberrechtliche Schrifttum näher mit dem ontologischen Status des Werkes beschäftigt, wird häufig in vergleichbarer Weise der interne Schaffensprozess im Kopf des Urhebers in den Mittelpunkt gerückt. So schreibt z. B. *Hubmann*:

„Nun beschränkt sich aber die Tätigkeit des menschlichen Geistes nicht auf die Rezeption und Produktion geistiger Inhalte. Seine schöpferische Kraft entfaltet sich erst so recht, indem er die verschiedenen Inhalte zueinander in Beziehung setzt, miteinander vergleicht und verbindet und ihnen so Form und Gestalt gibt. Dieser Formgebungsprozess vollzieht sich zunächst im eigenen Inneren, indem der Geist Gedanken und Eindrücke zu einem Gedankengebäude, Vorstellungen zu einem Vorstellungsbild und einzelne Erlebnisse zu einer zusammenhängenden Geschichte zusammenfügt.[162] [...] Diese Formgebung, die sich zunächst noch im eigenen Inneren vollzieht, wurde mit Recht schon von Fichte und Hegel als Eigentum des schöpferischen Geistes betrachtet."[163]

Für das Urheberrecht lässt sich somit die These des subjektiven Idealismus, die im Folgenden diskutiert werden soll, wie folgt formulieren:

(S) Das Werk des Urheberrechts ist ausschließlich ein psychischer Gegenstand, der im Bewusstsein des Urhebers existiert. Werkeigenschaften sind Eigenschaften dieses Gegenstandes.

B54 These (S) hat auf den ersten Blick ein gewisses Maß an Plausibilität für sich, entspricht sie doch unserer Alltagspsychologie. Absichtliche Handlungen erklären

---

[157] *v. Kutschera* (1988), S. 83.
[158] *Wollheim* (1982), S. 45, 47.
[159] *Müsse* (1999), S. 127; *Schramm* (1957), S. 62; *Troller* (1983), S. 361; *Troller* UFITA 50 (1967), 385, 390.
[160] *Reicher* (2010), S. 84 ff.; *Wollheim* (1982), S. 49 f.
[161] Vgl. *v. Kutschera* (1988), S. 83; *Wollheim* (1982), S. 51. *Müsse* (1999), S. 121, vergleicht in diesem Sinn das Erkennen des Werkes in einem konkreten Mitteilungsträger mit einer archäologischen Ausgrabung, die das wesentliche Ergebnis des Schöpfungsaktes, nämlich die Werkvorstellung, rekonstruiert.
[162] *Hubmann* (1954), S. 26; vgl. auch *Müsse* (1999), S. 35 f., 62, 80.
[163] *Hubmann* (1954), S. 27, 31 ff.

IV. Der subjektive Idealismus im Urheberrecht   B54–B56

wir gewöhnlich durch Bezugnahme auf mentale Zustände des Handelnden: Er wünscht, dass ein bestimmter Sachverhalt besteht, und glaubt, dass die Ausführung eines bestimmten Handlungstyps diesen Zustand herbeiführt. Also vollzieht er eine Handlung dieses Typs.[164] Das Malen von Bildern, Schreiben oder Aufsagen von Texten, die Niederschrift einer Partitur oder das Aufführen eines Musikstücks geschieht normalerweise nicht zufällig. Es handelt sich um Handlungstypen, die geeignet sind, Gefühle, Vorstellungen, Gedanken usw. auszudrücken. Daraus könnte geschlossen werden, dass Werke, die ein Urheber auf diese Weise entäußert, mentale Zustände sind.

1. Die Lehre Fichtes

Ob damit das Wesen des urheberrechtlichen Werkes zutreffend erfasst wird, soll anhand des Beweises der Unrechtmässigkeit des Büchernachdrucks, den Fichte 1793 vorlegte,[165] diskutiert werden. Fichte im Urheberrecht zu Wort kommen zu lassen, ist dadurch motiviert, dass er in seiner gleichnamigen Schrift eine subjektiv idealistische Position vertreten hat, die die Urheberrechtsliteratur stark beeinflusst hat und in vielfacher Weise heute noch nachhallt.[166] Auch die aktuelle Rechtsprechung des BGH nimmt auf seine Unterscheidung zwischen geschützter Form und ungeschütztem Inhalt eines Schriftwerkes Bezug.[167]

Ausgehend von dem Grundsatz, wir behielten notwendig das Eigentum eines Dings, dessen Zueignung durch einen anderen physisch unmöglich sei, unterscheidet Fichte an einem Buch zweierlei, das Körperliche desselben, das bedruckte Papier und sein Geistiges. Das Geistige wiederum sei einzuteilen in das Materielle, den Inhalt des Buches, die Gedanken, die es vortrage und die Form dieser Gedanken, die Art wie, die Verbindung in welcher, die Wendungen und Worte, mit denen es sie vortrage. Das Eigentum am Körperlichen gehe durch dessen Verkauf auf den Käufer über, das Materielle des Geistigen aber noch nicht. Um sich die Gedanken zuzueignen, gehöre noch eine Handlung dazu, das Buch zu lesen, seinen Inhalt zu durchdenken, ihn von mehreren Seiten anzusehen und so in unsere eigene Ideenverbindung aufzunehmen.[168] Mit der Bekanntmachung eines Buches höre das Materielle auf, ausschließendes Eigentum des ersten Herrn zu sein, bleibe aber sein mit Vielen gemeinschaftliches Eigentum.[169] Was sich aber schlechterdings niemand zueignen könne, weil dies physisch unmöglich sei, sei die Form dieser Gedanken, die Ideenverbindung, in der, und die Zeichen, mit denen sie vorgetragen würden. Jeder Schriftsteller müsse seinen Gedanken eine gewisse Form geben und könne ihnen keine ande-

---
[164] In der allgemeinen Handlungstheorie wird dieses auf Aristoteles zurückgehende Schema praktischer Schluss oder praktischer Syllogismus genannt. Vgl. *v. Wright* (1974), S. 93 ff.
[165] *Fichte* (1793b), S. 225 ff.
[166] S. o. → Rn. A17 Nachweise in Fn. 28.
[167] BGH GRUR 2011, 134 Rn. 36 – Perlentaucher. Dazu *Haberstumpf* ZUM 2011, 158, 159 f.
[168] *Fichte* (1793b), S. 225 f.
[169] Dieselbe Formulierung findet sich bei *Frege* (1969), S. 46 Fn. 8.

re geben als die seinige, weil er keine andere habe.[170] Die Form der Gedanken sei und bleibe auf immer ausschließendes Eigentum des Verfassers.[171] Daraus fließe auch das Recht des Schriftstellers zu verhindern, dass niemand in sein ausschließendes Eigentum an dieser Form eingreife und sich des Besitzes derselben bemächtige.[172] Das Recht, welches der Nachdrucker kränke, sei dieses natürliche, angeborene, unzuveräußernde Eigentumsrecht.[173] Der Beweis der Unrechtmäßigkeit des Büchernachdrucks aus der Sicht des Verfassers durch Fichte geschieht demnach in Form folgenden Schlusses:

(F1) Eigentum an einem Gegenstand ist etwas, dessen Zueignung durch einen anderen physisch unmöglich ist.

(F2) Die Form der Gedanken, die der Verfasser eines Buches in ihm vorträgt, ist etwas, was sich niemand anderer physisch zueignen kann.

(F3) Der Nachdrucker des Buches eignet sich die Form der Gedanken des Verfassers an.

(F4) Also verletzt der Nachdrucker das beim Verfasser verbleibende Eigentum.[174]

Ob durch Argumente dieses Typs der Nachdrucker moralisch ins Unrecht gesetzt und das Urheberrecht ohne Rückgriff auf eine bestimmte Rechtsordnung legitimiert werden kann,[175] sei hier dahingestellt. Das Augenmerk soll vielmehr auf Prämisse (F2) und die Frage gerichtet sein, wie sie mit (F3) zu vereinbaren ist. Offenbar stehen beide Sätze in Widerspruch zueinander. Wie sollte es nämlich einem Nachdrucker möglich sein, sich die Form der Gedanken, die in dem nachgedruckten Buch geäußert wurden, sich zuzueignen, wenn sie doch etwas ist, was sich neben dem Verfasser niemand zueignen kann?[176] Und dieser Widerspruch verschwindet nicht, wenn man der in Prämisse (F1) zum Ausdruck kommenden Eigentumslehre Fichtes nicht folgt.[177] In seinem Argument spielt (F2) jedenfalls eine zentrale Rolle. Sie enthält eine Behauptung über die Seinsweise eines geistigen Werkes und besagt, dass ein solches Werk teilweise, d. h. in Bezug auf die Form der vorgetragenen Gedanken derart beschaffen ist, dass sie ausschließend nur vom Urheber des Werkes angeeignet werden kann.[178]

---

[170] *Fichte* (1793b), S. 227.
[171] *Fichte* (1793b), S. 230.
[172] *Fichte* (1793b), S. 228.
[173] *Fichte* (1793b), S. 233.
[174] Genaugenommen müsste das Schlussschema durch eine normative Prämisse ergänzt werden, die Fichte unausgesprochen voraussetzt, nämlich, dass fremdes Eigentum nicht angeeignet werden *darf*.
[175] Dies ist Gegenstand der ausführlichen und außergewöhnlich stringenten Analyse von *Stallberg* (2006), S. 180 ff., die zu dem Ergebnis führt, dass damit sowohl die Position, jeder geäußerte Gedanke löse das Urheberrecht aus (S. 203), als auch die Position, die Werke des Urheberrechts seien keiner Person exklusiv zugewiesen (S. 199), begründet werden kann.
[176] Vgl. auch *Stallberg* (2006), S. 197.
[177] So aber *Oechsler* GRUR 2009, 1101, 1102, 1107.
[178] *Stallberg* (2006), S. 180.

IV. Der subjektive Idealismus im Urheberrecht

Was versteht Fichte unter „Form der Gedanken"? Sicherlich nicht die konkrete Abfolge der Zeichen und Worte,[179] die der Verfasser beim Abfassen seines Originalmanuskripts niedergeschrieben hat und mit denen er den Inhalt seiner Gedanken ausdrückt; denn diese ist jeder anderen Person unmittelbar zugänglich. Ersichtlich meint er vielmehr den inneren mentalen Zustand, der sich im Bewusstsein des Verfassers vor oder während der Niederschrift abgespielt hat.[180] Indem der Verfasser sich auf diese Weise seines Sprachwerkes entäußert, spricht er über dieses innere Vorstellungsbild.[181] Und dieses ist wiederum nichts anderes als der psychische Gegenstand, von dem in These (S) die Rede ist. Verbreitet charakterisiert man nämlich mentale Zustände u. a. damit, dass sie privat sind.[182] Derjenigen Person, die sich in einem bestimmten mentalen Zustand befindet, wird eine privilegierte Beziehung zu ihm zugesprochen, die kein anderer hat oder haben kann.[183] Dies drückt sich z. B. in Aussagen der folgenden Art aus: Meine Schmerzen (Gedanken[184]) kann nur ich haben (fassen), nur ich kann meine Schmerzen (Gedanken) fühlen (fassen), nur ich kann wissen, ob ich Schmerzen (Gedanken) habe (fasse), andere können dies höchstens vermuten. Von der Erfahrungsperspektive des Subjekts hängt es ab, wie es sich anfühlt, in einem bestimmten mentalen Zustand zu sein.[185] Fremde mentale Zustände sind uns nur indirekt zugänglich. Dabei wird in der Regel auf ein Analogieargument zurückgegriffen, das von einem Zusammenhang zwischen mentalen Zuständen und körperlichen Verhaltensweisen ausgeht. Weil die reflektierende Person an sich eine Entsprechung von Bewusstseinszustand und körperlichem Verhalten erfährt, folgert sie, dass bei vergleichbarem körperlichem Verhalten anderer Personen auch ähnliche Bewusstseinszustände unterstellt werden können.[186]

Vergleicht man dies mit den folgenden Passagen aus Fichtes Schrift, wird deutlich, dass er die Form der Gedanken, die ausschließendes Eigentum des Verfassers sein soll, in der Tat als einen rein privaten mentalen Zustand des Verfassers, als einen psychischen Gegenstand im Sinne von (S) versteht:

„Jeder hat seinen eigenen Ideengang, seine besondere Art, sich Begriffe zu machen und sie untereinander zu verbinden. [...] Alles was wir uns denken sollen, müssen wir uns

---

[179] Wenn *Jacob* (2010), S. 38, die Ausführungen Fichtes in diesem Sinne interpretiert, hat er sie missverstanden.
[180] *Stallberg* (2006), S. 183 f.
[181] Als zweiten Gewährsmann für diese Auffassung, der in der Entwicklung des Urheberrechts eine wichtige Rolle gespielt hat, können wir uns auch auf *John Locke* (1872), Chapter II § 2, berufen: „Zweck des Sprechens ist, durch Laute, als Zeichen, seine Vorstellungen dem Hörer bekannt zu machen. Also bezeichnen die Worte die Vorstellungen des Sprechenden, und Niemand kann sie unmittelbar für etwas Anderes als für seine eigenen Vorstellungen benutzen; denn sonst würden sie als Zeichen der eigenen Vorstellungen für andere Vorstellungen benutzt."
[182] Z. B. *Liske* in Kolmer/Wildfeuer (2011), Stichwort „Geist", S. 892; *v. Kutschera* (2009), S. 32 ff.; *Frege* (1918), S. 67 f. Vgl. dazu *Künne* (2010), S. 496 ff.
[183] Vgl. *Beckermann* (2008), S. 11.
[184] Dazu näher *Frege* (1918), S. 66 ff.
[185] *Beckermann* (2008), S. 11 f.
[186] *Sturma* (2005), S. 73 f.

nach der Analogie unserer übrigen Denkart denken; und bloß durch dieses Verarbeiten fremder Gedanken, nach der Analogie unserer Denkart, werden sie die unsrigen. [...] Es ist unwahrscheinlicher als das Unwahrscheinlichste, dass zwei Menschen über einen Gegenstand völlig das Gleiche, in eben der Ideenreihe und unter eben den Bildern, denken sollen, wenn sie nichts voneinander wissen, doch ist es nicht absolut unmöglich; dass aber der eine, welchem die Gedanken erst durch einen anderen gegeben werden müssen, sie in eben der Form in sein Gedankensystem aufnehme, ist absolut unmöglich. Da nun reine Ideen ohne sinnliche Bilder sich nicht einmal denken, vielweniger anderen darstellen lassen, so muss freilich jeder Schriftsteller seinen Gedanken eine gewisse Form geben, und er kann keine andere geben als die seinige, weil er keine andere hat; aber er kann durch die Bekanntmachung gar nicht Willens seyn, auch diese *Form* gemein zu machen: denn niemand kann seine Gedanken sich zueignen, ohne dadurch, dass er ihre Form verändere."[187]

Wie aber verhält sich diese Form der Gedanken zum Inhalt der in einem Werk vorgetragenen Gedanken? Wenn Fichte schreibt, jeder Schriftsteller müsse seinen Gedanken eine gewisse Form geben, weil reine Ideen ohne sinnliche Bilder sich nicht einmal denken und darstellen ließen, dann bedeutet dies, dass der Inhalt der Gedanken begrifflich immer in einer bestimmten Form im Bewusstsein des Schriftstellers gegeben ist.[188] Dann wäre aber der Gedankeninhalt genauso wie die Form ein privater mentaler Zustand, der wie diese anderen Personen unmittelbar nicht zugänglich ist und ebenfalls als exklusives Eigentum des Verfassers bewertet werden müsste. Akzeptiert man dagegen umgekehrt die Annahme, dass der Gedankeninhalt beispielsweise eines Sprachwerkes ein mit Vielen gemeinsames Eigentum ist, dann müsste man daraus schließen, dass dies auch für die mit ihm untrennbar verbundene Form gilt, was schließlich dadurch bestätigt wird, dass sich der Nachdrucker beides, Form und Inhalt, im Nachdruck aneignet. Je nachdem welchen der alternativen Standpunkte man einnimmt, folgt aus der Lehre Fichtes, dass es entweder keinen exklusiven urheberrechtlichen Schutz für geistige Werke geben kann, weil diese allen Personen zugänglich sind, oder aber, dass alle geistigen Produkte des Menschen, also auch unsere alltäglichen Gedanken- oder Gefühlsäußerungen, urheberrechtlichen Schutz genießen, weil in ihnen private mentale Zustände entäußert werden.[189]

2. Das Privatsprachenargument Wittgensteins

B60 Die Probleme, mit der These (S) im Licht der Lehre Fichtes konfrontiert ist, könnten beseitigt werden, wenn man sich von der Vorstellung verabschiedet, die Form der Gedanken eines Buches könne nur durch den Urheber zugeeignet werden oder mit anderen Worten ausgedrückt, sie sei rein privat. Sie wäre dann auch anderen Personen, z. B. einem Nachdrucker oder Plagiator, zugänglich und könnte von ihnen wiedergegeben werden. Der Widerspruch zwischen den Prä-

---

[187] *Fichte* (1793b), S. 227 f.
[188] *Stallberg* (2006), S. 190.
[189] So auch *Stallberg* (2006), S. 194 ff.

missen (F2) und (F3) wäre damit aufgelöst.¹⁹⁰ Dem könnte durch eine Umformulierung von (S) entsprochen werden, indem man das Wort „ausschließlich" streicht:

(S′) Das Werk des Urheberrechts ist ein psychischer Gegenstand, der im Bewusstsein des Urhebers oder anderer Personen existiert. Werkeigenschaften sind Eigenschaften dieses Gegenstands.

In der Tat sprechen gewichtige Argumente gegen die Privatheit von Empfindungen, Vorstellungen, Gedanken usw. in dem oben dargestellten Sinn. Zwar ist es sicherlich richtig, dass nur ich *meine* Schmerzen, meine Vorstellungen, meine Gedanken habe. Dennoch können andere Personen z. B. die gleichen pochenden, an- und abschwellenden Schmerzen innerhalb einer bestimmten Zeitspanne und innerhalb einer bestimmten Körperregion haben.¹⁹¹ Und derjenige, der solche Schmerzen hat oder gehabt hat, kann sich daran erinnern und darüber etwa bei einem Arztbesuch mit anderen Personen reden. Ebenso ist es möglich, dass verschiedene Personen, obwohl sie physisch verschieden sind, unabhängig voneinander die gleichen Gedanken fassen und die gleichen Vorstellungen entwickeln und sich darüber verständigen.

Mit den Problemen, die Prämisse (F2) in Fichtes Beweisführung aufwirft, hat sich *Wittgenstein* in seinem berühmt gewordenen Privatsprachenargument eingehend befasst.¹⁹² Er fragt, ob es eine Sprache geben könne, für die nur das Verständnis ihres einzigen Sprechers maßgeblich ist, weil sich die Ausdrücke dieser Sprache auf etwas beziehen, was nur der Sprecher kennen und von dem nur er wissen kann, ob es vorliegt oder nicht¹⁹³: „auf seine unmittelbaren privaten Empfindungen".¹⁹⁴ Ist Fichte darin recht zu geben, dass die Form der Gedanken eines Buches von anderen Personen nicht zugeeignet werden kann, weil nur der Verfasser sie hat und die anderen sie nicht kennen können, dann müssten die Worte, in denen der Verfasser des Buches die Form seiner Gedanken entäußert, Ausdrücke einer solchen Privatsprache des Verfassers sein. Wittgenstein meint, dass Privatsprachen in diesem Sinne unmöglich sind. Dies versucht er u. a. mit seinem Käferbeispiel zu belegen:

„Angenommen, es hätte Jeder eine Schachtel, darin wäre etwas, was wir ‚Käfer' nennen. Niemand kann je in die Schachtel des Anderen schauen; und jeder sagt, er wisse nur vom Anblick *seines* Käfers, was ein Käfer ist. – Da könnte es ja sein, daß Jeder ein anderes Ding in seiner Schachtel hätte. Ja, man könnte sich vorstellen, daß sich ein solches Ding fortwährend veränderte. [...] Das Ding in der Schachtel gehört überhaupt nicht zum Sprachspiel; auch nicht einmal als ein *Etwas*: denn die Schachtel könnte auch leer sein. Das heißt: Wenn man die Grammatik des Ausdrucks der Empfindung nach dem Muster

---
¹⁹⁰ Die Folge ist allerdings, dass das geistige Eigentum an einem Werk nicht mit der Exklusivitätsthese (F1) legitimiert werden kann. S. *Stallberg* (2006), S. 197 ff.; *Jacob* (2020), S. 37 f.
¹⁹¹ *Beckermann* (2008), S. 11.
¹⁹² *Wittgenstein* (1971), §§ 243–315.
¹⁹³ *Beckermann* (2008), S. 71.
¹⁹⁴ *Wittgenstein* (1971), § 243.

von ‚Gegenstand und Bezeichnung' konstruiert, dann fällt der Gegenstand als irrelevant aus der Betrachtung heraus."[195]

B63 Unabhängig davon, ob es Wittgenstein durch sein Privatsprachenargument gelungen ist, die Unmöglichkeit von Privatsprachen darzulegen,[196] zeigt das Käferbeispiel zumindest eines deutlich: Ausdrücke für private Empfindungen, Vorstellungen, Gedanken, die wie die Käfer in ihren geschlossenen Schachteln anderen nicht zugänglich sind, können ihre Bedeutung nicht mittels einer Hinweisdefinition erlangen,[197] etwa indem ein Sprecher auf ein Haus oder verschiedene rote Dinge mittels einer Zeigegeste hinweist und sagt: „dies ist ein Haus" oder „dies sind rote Dinge", um dem Hörer den *richtigen* Gebrauch des Wortes „Haus" oder „rot" zu erklären.[198] Wittgenstein verdeutlicht dies durch ein weiteres Gedankenexperiment:

„Stellen wir uns diesen Fall vor. Ich will über das Wiederkehren einer gewissen Empfindung ein Tagebuch führen. Dazu assoziiere ich sie mit dem Zeichen ‚E' und schreibe in einem Kalender zu jedem Tag, an dem ich die Empfindung habe, dieses Zeichen. – Ich will zuerst bemerken, daß sich eine Definition des Zeichens nicht aussprechen läßt. – Aber ich kann sie mir doch selbst als eine Art hinweisende Definition geben! – Wie? kann ich auf die Empfindung zeigen? – Nicht im gewöhnlichen Sinne. Aber ich spreche, oder schreibe das Zeichen, und dabei konzentriere ich meine Aufmerksamkeit auf die Empfindung – zeige also gleichsam im Inneren auf sie. – Aber wozu diese Zeremonie? denn nur eine solche scheint es zu sein. Eine Definition dient doch dazu, die Bedeutung eines Zeichens festzulegen.– Nun, das geschieht eben durch das Konzentrieren der Aufmerksamkeit; denn dadurch präge ich mir die Verbindung des Zeichens mit der Empfindung ein. – ‚Ich präge sie mir ein' kann doch nur heißen: dieser Vorgang bewirkt, daß ich mich in Zukunft *richtig* an die Verbindung erinnere. Aber in unserm Fall habe ich ja kein Kriterium für die Richtigkeit. Man möchte hier sagen: richtig ist, was mir als richtig erscheint. Und das heißt nur, daß hier von ‚richtig' nicht geredet werden kann."[199]

B64 Definitionen dienen dem Zweck, die Bedeutung von Ausdrücken, Begriffen, zu klären. Man kann sie benutzen, um die Bedeutung für den zu definierenden Ausdruck festzusetzen und dadurch einen neuen Sprachgebrauch einzuführen, oder aber auf einen vorhandenen Sprachgebrauch zurückgreifen und den Ausdruck mit ihm erklären.[200] Um den zweiten Fall geht es beim Aufbau einer Privatsprache nicht; denn hierbei hätten die übrigen Sprachbenutzer mitzureden.[201] Beim Aufbau einer Privatsprache, gegen die sich Wittgenstein wendet, geht es vielmehr um die autonome Festlegung der Bedeutung für private Emp-

---

[195] *Wittgenstein* (1971), § 293.
[196] Zur Kritik z. B. *Newen/Schrenk* (2008), S. 37 f.; *v. Kutschera* (1975), S. 187 ff.
[197] Vgl. auch *Frege* (1918), S. 66 Fn. 4.
[198] Zu den verschiedenen Möglichkeiten, jemandem ein Wort zu erklären, vgl. *v. Savigny* (1970), S. 27 ff.; *Künne* (2007), S. 200 f.
[199] *Wittgenstein* (1971), § 258.
[200] Vgl. *v. Savigny* (1970), S. 25 ff.
[201] *v. Savigny* (1994), Bd. I, S. 312.

IV. Der subjektive Idealismus im Urheberrecht

findungswörter durch denjenigen, der die Empfindung hat. Und dies kann in der Tat nur so geschehen, wie es Wittgenstein in seinem Tagebuchbeispiel schildert. Wenn der Tagebuchführer durch seine private Taufzeremonie die Bedeutung von „E" festgelegt haben soll, dann muss für die künftige Verwendung von „E" gelten: „E" bezeichnet die damit assoziierte Empfindung (a) genau dann, wenn der Tagebuchführer sich *richtig* daran erinnert, dass „E" (a) bezeichnet.[202] Nehmen wir an, die Empfindung, für die er das Wort „E" eingeführt hat, sei ein bohrender Zahnschmerz in einem Backenzahn rechts unten gewesen und es trete später ein gleicher Schmerz an einer anderen Stelle seiner Zahnreihe oder Kieferregion auf, ist es dann korrekt, auch hierfür die Bezeichnung „E" zu verwenden? Wenn ihn der zweite Schmerz an den ersten erinnert, woran hat er sich erinnert? An den bohrenden Schmerz in einem Backenzahn rechts unten, an alle Fälle von bohrenden Zahnschmerzen oder an bohrende Schmerzen allgemein? Das bloße Erinnern allein gibt ihm keinerlei Mittel an die Hand, zwischen diesen Alternativen zu entscheiden. Die geschilderte Situation reicht somit nicht aus, die Bedeutung von „E" festzulegen.[203] Privatsprachen in diesem Sinn kann es also nicht geben. Damit jemand für sich eine private Sprache[204] für private Empfindungen, Vorstellungen oder Gedanken aufbauen kann, muss er offenbar zusätzliche Fähigkeiten im Umgang mit der nichtmenschlichen Welt und mit anderen Personen, z. B. Sprachkompetenz, erworben haben, um zwischen den verschiedenen Qualitäten (Eigenschaften) von subjektiven Empfindungen[205] unterscheiden zu können.

Deshalb folgt daraus nicht, dass Worte für private Gegenstände, von denen nur jede Person wissen kann, ob sie vorliegen oder nicht, überhaupt keine Bedeutung haben, sondern nur, dass diese für die Bedeutung von Empfindungswörtern keine entscheidende Rolle spielen.[206] Um die Bedeutung von Wörtern festzulegen, sind wir nicht auf Hinweisdefinitionen angewiesen, sondern können auch auf bereits bestehende Sprachgepflogenheiten zurückgreifen und das zu klärende Wort explizit oder implizit mit den Bedeutungen von anderen Worten, deren Gebrauch bereits etabliert ist, gleichsetzen. Und wer allein schon die Kompetenz erworben hat, sprachlichen oder bildlichen Konventionen[207] zu folgen, ist auch in der Lage, von den bisherigen Gepflogenheiten abweichende Verwendungsregeln einzuführen, sie anzuwenden und anderen zu erläutern.[208] Dies erklärt, warum wir nicht nur über private Empfindungen, Vorstellungen oder Gedanken reden können, sondern auch über Gegenstände, die es noch nicht oder nicht mehr gibt, oder gar über fiktive Gegenstände, die es in der aktuel-

---

[202] *v. Savigny* (1994), Bd. I, S. 313.
[203] *Beckermann* (2008), S. 74.
[204] Nach *Kripke* (2014), S. 137 f., folgt die Unmöglichkeit einer privaten Sprache in dem von Wittgenstein kritisierten Sinne aus der Falschheit des privaten Sprach- und Regelmodells, ohne darauf Bezug zu nehmen, dass der Betreffende einer größeren Gemeinschaft angehört.
[205] S. u. → Rn. B76; eingehend dazu *Beckermann* (2008), S. 405 ff.
[206] *Beckermann* (2008), S. 74.
[207] Vgl. *Haberstumpf* ZGE 2012, 284, 306 ff.; ausführlich unten → Rn. C11 ff.
[208] Vgl. *Newen/Schrenk* (2008), S. 38 f.

len Welt überhaupt nicht gibt und auf die man ebenfalls nicht zeigen kann. Die Form der Gedanken, von der Fichte meint, sie sei in dem Sinne privat, dass sie außer dem Verfasser sich niemand zueignen kann, hindert diesen somit nicht, sie in einer für andere zugänglichen Weise zu entäußern, sie z. B. in der öffentlichen Sprache zu beschreiben.[209] Damit ist dann allerdings auch die von Fichte postulierte ontologische Differenz zwischen der privaten Form von Gedanken und dem Inhalt von Gedanken hinfällig.

B66   Zu vergleichbaren Auffassungen in der Kunsttheorie, die das Kunstwerk mit einem innerlich entwickelten Vorstellungsbild gleichsetzen, unabhängig davon, ob es irgendwelche Mittel der Entäußerung gibt, schreibt *Wollheim*:

„Die Auffassung vom Künstler als einem Menschen, dessen Kopf voll von Intuitionen ist, auch wenn er vielleicht kein Medium kennt, in dem er sie äußern kann, entspräche nämlich der Auffassung vom Denker als einem Menschen, der zwar den Kopf voll von Ideen hat, aber keine Sprache oder ein anderes Medium, um sie auszudrücken. Die zweite Auffassung ist offensichtlich absurd. Und wenn wir die Absurdität der ersten Auffassung auch nicht immer erkennen, liegt dies daran, daß wir die Parallele nicht zugeben. [...] Denn wenn wir Sprache haben, die wir innerlich verwenden, können wir sie, von körperlichen Defekten abgesehen, auch äußerlich verwenden: selbst wenn wir dies *de facto* niemals tun würden. Es könnte keine Sprache geben, bei der es für jemanden, der sie kennt, unmöglich wäre, sie zu sprechen. Deshalb ist die richtige Analogie zum Künstler [...] nicht der Denker, der ein Denkmedium hat, das er nur für sich selbst verwendet, sondern der Denker, der gar kein Medium des Denkens hat, was eine Absurdität ist, wie ich behaupte."[210]

3. Sind Werke entäußerte mentale Zustände ihres Urhebers?

B67   Mit den vorstehenden Überlegungen wurde allerdings nur ein mögliches Hindernis gegen die Annahme aus dem Weg geräumt, das Werk des Urheberrechts sei im Sinn von These (S') ein mentaler Zustand im Inneren des Urhebers, den er beim Malen eines Bildes, beim Schreiben oder Aufsagen eines Textes, bei der Niederschrift einer Partitur oder der Aufführung eines Musikstücks in einer für andere Personen zugänglichen Weise entäußert und der von anderen Personen in ihr Bewusstsein aufgenommen werden kann. Eine naheliegende Möglichkeit, These (S') zu retten, besteht darin, die Entäußerung sich so vorzustellen, dass der Urheber dabei unter Verwendung „öffentlicher" sprachlicher oder bildlicher Konventionen eben diesen Zustand beschreibt, womit auch andere Personen erfahren können, welchen er gehabt hat.[211] Ob man auf diese Weise dem Wesen des urheberrechtlichen Werkes näherkommt, ist allerdings sehr zweifelhaft.

---

[209] Im Käferbeispiel Wittgensteins ist es den Personen möglich, den jeweiligen Käfer in ihren jeweils verschlossenen Schachteln den anderen durch Beschreibung zugänglich zu machen und sich über ihn zu verständigen.
[210] *Wollheim* (1982), S. 112 f.
[211] Dem entspricht in etwa das Bild eines inneren Theaters, in dem der Geist jedes Menschen sich zuschaut, was er tut und was mit ihm geschieht, s. *Beckermann* (2008), S. 406.

Bei einer autobiografischen Erzählung mag es zwar noch einleuchtend erscheinen, dass der Autor als Ich-Erzähler die Leser in dieser Weise an seinem Innenleben teilhaben lassen will. Nimmt der Autor eines Buches in ihm aber auf reale Ereignisse oder Personen Bezug oder verfasst er ein Sachbuch bzw. ein wissenschaftliches Werk, dann intendiert er nicht einmal, über seine mentalen Zustände zu sprechen, sondern redet über die geschilderten Ereignisse oder Personen. Jemand, der ein heiteres Lied komponiert hat, muss dabei nicht selbst in heiterer Stimmung gewesen sein und umgekehrt muss sich ein Maler nicht in einer düsteren Stimmung befinden, wenn er ein düsteres Bild malt.[212]

Identifiziert man das Werk mit dem mentalen Zustand des Urhebers im Zeitpunkt der Entäußerung, müsste man annehmen, dass z. B. ein bestimmter Roman im Zeitpunkt seiner Fertigstellung aufgehört hat zu existieren. Denn im Moment der Fertigstellung des Romans ist die Serie der relevanten Bewusstseinsvorgänge im Bewusstsein des Verfassers zu Ende.[213] Man wäre ferner auf die Konsequenz festgelegt, dass der Roman als Sprachwerk immer wieder im Bewusstsein des Lesers neu entsteht, wenn er dessen Gedanken beim Lesen verarbeitet. Dann gäbe es aber nicht bloß *ein* bestimmtes Sprachwerk, sondern je nach der Zahl der Leser eine mehr oder weniger große Vielzahl. Und was wäre, wenn der Roman nur zeitweise eine Leserschaft findet oder gar nicht gelesen wird? Gibt es ihn dann nur periodenweise oder gar nicht?[214] Auf diese Bedenken könnte man zwar erwidern, dass das Werk nach seiner Entäußerung im Bewusstsein des Urhebers normalerweise nicht verschwunden ist, sondern wenigstens eine gewisse Zeit lang gespeichert bleibt, so dass er es später aus dem Gedächtnis heraus wieder reproduzieren könnte. Und im Verhältnis zur Außenwelt hätten wir ja eine vom Urheber entäußerte *Beschreibung seines mentalen Zustands* in Form eines sinnlich wahrnehmbaren Gegenstands, die die Identität des Werkes sichert, so dass deren Leser, Hörer oder Betrachter erkennen können, in welchem mentalen Zustand sich der Urheber befunden hat, ihn mittels der Beschreibung in ihrem Gedächtnis behalten und ebenfalls reproduzieren könnten.

Dieser Einwand rettet These (S') jedoch nicht. Wenn nämlich der Zustand des Gedächtnisses des Urhebers, die Eigenschaften des sinnlich wahrnehmbaren Vorkommnisses, in dem er sein Werk erstmals entäußert hat, und die Bewusstseinszustände von Werkrezipienten es ermöglichen, das Werk identisch zu reproduzieren, dann muss ihnen etwas gemeinsam zukommen, was dessen Identität herstellt. Und wenn die Beschreibung des mentalen Zustands des Urhebers bei der Entäußerung des Werkes diese Funktion übernehmen soll, dann könnte nur die Beschreibung das Werk sein, nicht aber jener mentale Zustand. Denn die Beschreibung eines Gegenstandes ist nicht der Gegenstand der Beschreibung.

---

[212] *Wollheim* (1982), S. 33 f.; *Reicher* (2010), S. 143 f.; *Patzig* (2014), S. 107, 118.
[213] *Reicher* (2010), S. 100.
[214] *Reicher* (2010), S. 99.

B71 Ein Werk des Urheberrechts ist ein einheitlicher Gegenstand, der zu einem bestimmten Zeitpunkt von seinem Urheber entäußert wurde und mehr oder weniger lang in seinem Gedächtnis fortbesteht. Nach seiner Entäußerung existiert es unverändert und auf Dauer zusätzlich in materiellen Vorkommnissen sowie im Gedächtnis von Rezipienten, die in der Lage sind, es aus solchen Vorkommnissen zu erkennen. Durch die Entäußerung ändert sich der ontologische Status des Werkes nicht. Aus den Überlegungen zum subjektiven Idealismus im Urheberrecht bleibt zwar festzuhalten, dass zur Bestimmung des Werkbegriffs die Person des Urhebers und die Personen von Werkrezipienten nicht ausgeklammert werden dürfen. Daraus folgt aber nicht, dass das Werk auf mentale Zustände in den Köpfen des Urhebers und von Rezipienten reduzierbar ist, da sonst nicht erklärbar wäre, wie es vom Urheber in das Bewusstsein dieser Personen gelangen kann. Als Träger des Werkes kommen nicht nur Personen, sondern auch materielle Vorkommnisse in Betracht. Das Werk kann folglich kein *rein psychischer* Gegenstand im Sinn von These (S') sein.

B72 Ein denkbarer Ausweg wäre, sich das Werk als einen kategorial gemischten Gegenstand vorzustellen, der sich aus materiellen und psychischen Bestandteilen zusammensetzt. In dieser Sicht würde das Werk die Gesamtheit aller materiellen Vorkommnisse (Original, körperliche und unkörperliche Erscheinungen) und aller Zustände im Bewusstsein des Urhebers und von Werkrezipienten bilden, die es in ihr Gedächtnis aufgenommen haben.[215] Werkeigenschaften wären demnach die Gesamtheit der Eigenschaften dieser Realisierungsformen. Ein solcher Gegenstand wäre allerdings ein Gegenstand, der einer ständigen Entwicklung und Veränderung unterworfen ist. Er würde sich mit dem Vergehen und Entstehen jedes Erlebnisses verändern, das sich bei einem Leser, Hörer oder Betrachter einstellt, wenn er es in sein Bewusstsein aufnimmt. Werke existieren aber auf Dauer und unverändert.[216] Das Werk und seine Eigenschaften können deshalb nicht mit der Gesamtheit der Eigenschaften identifiziert werden, die seinen materiellen Vorkommnissen und psychischen Zuständen in Personen zukommen. Es ist vielmehr die *eine* Eigenschaft, die diese in ihren physischen Eigenschaften völlig verschiedenen Werkrealisierungen in einer Klasse, die gegenüber den Überlegungen zum Materialismus im Urheberrecht (→ Rn. B23 ff.) lediglich um Bewusstseinszustände in Personen erweitert ist, zusammenfasst. Der aufgezeigte Ausweg ist denselben Einwänden ausgesetzt, die gegen die These, Werke seien materielle Objekte, vorgebracht werden konnten.

4. Werke als Teile eines komplexen neuronalen Netzwerks?

B73 Ist das Werk ontologisch kein materielles Objekt und auch kein psychischer Gegenstand, muss es etwas anders sein. Es muss immateriell und objektiv sein und damit zur Welt des objektiven Geistes (Welt 3) gehören. In diesem Zusammen-

---

[215] *Reicher* (2010), S. 100 f.
[216] *Reicher* (2010), S. 100 f.

hang spricht man häufig von abstrakten Gegenständen.[217] Beispiele sind Eigenschaften, Beziehungen, Propositionen, natürliche Arten, Typen, Zahlen, Klassen (Mengen).[218] Bevor wir uns allerdings der Frage zuwenden, ob Werke objektive geistige Gegenstände sind und in diesen Beispielskatalog fallen, soll auf das Verhältnis zwischen den Inhalten von Gedanken, Vorstellungen, Empfindungen und den körperlichen Vorgängen im Inneren von Personen, die sie haben, eingegangen werden. Es geht um die oben in Abschnitt B III 3 (→ Rn. B39) noch ausgeklammerte Frage, ob deren Fundiertheit in körperlichen Vorgängen, der Annahme entgegensteht, Werke seien objektive, geistige Gegenstände.

Mit diesem Problem befassen sich verschiedene wissenschaftliche Disziplinen, unter denen namentlich die experimentelle Hirnforschung eine „ausgeprägte Definitionsmacht" erlangt hat. Ihre zentrale materialistisch-monistische These lautet: Der Geist ist das Gehirn. Sie beschreibt letztlich den Menschen als eine determinierte biomolekulare Maschine[219] und erhebt den Anspruch, nicht nur die Philosophie, sondern auch die Psychologie ersetzen zu können.[220] Das Bild des Menschen in unserer Alltagspsychologie als einer Person, die grundsätzlich frei unter Abwägung von Gründen ihren Willen bilden und in die Tat umsetzen kann,[221] wäre danach ebenso eine Illusion wie die Vorstellung des Gesetzgebers des UrhG, es gebe Schöpfungen im Bereich der Literatur, Wissenschaft und Kunst.

Der Beitrag der Informatik und der Systemwissenschaften besteht in dem Versuch, das komplexe Netzwerk der Neuronen im Gehirn und die dort stattfindenden Verarbeitungsprozesse durch formale Modelle abzubilden und mittels Computeranlagen zu simulieren. In diesem Zusammenhang spielt die sog. Church-Turing-These[222] eine zentrale Rolle. Ganz vereinfacht besagt sie: Wann immer wir eine Methode anwenden, von der wir glauben, dass sie mechanisch ausgeführt werden kann, dann gibt es im Sinne der Informatik einen Algorithmus für die gleiche Aufgabe, der auf einem Computer abgearbeitet werden kann.[223] Wenn der Anspruch der Hirnforschung und allgemein der Neurowissenschaften, man könne den menschlichen Geist deterministisch, d. h. mit strengen naturwissenschaftlichen Gesetzen erklären, einlösbar sein soll, muss es also einen Algorithmus geben, mit dessen Hilfe geistige Prozesse jeder Art und deren Ergebnisse durch Computeranlagen simuliert werden können.[224] Ob dieses Ziel je erreicht werden kann, ist schon aus empirischen Gründen sehr fraglich.

---

[217] *Reicher* (2010), S. 101 ff.
[218] *Künne* (2007), S. 15.
[219] *Tretter/Grünhut* (2010) S. 24, 231.
[220] *Tretter/Grünhut* (2010) S. 2, 68 f.; *Sturma* (2005), S. 112 f.
[221] Vgl. *Tretter/Grünhut* (2010) S. 204 ff.; *v. Kutschera* (2009), S. 41 ff.
[222] Zu den verschiedenen Versionen der Church-Turing-These vgl. *Hofstadter* (2008), S. 598 ff.
[223] *Goldschlager/Lister* (1990), S. 81; nach *Hofstadter* (2008), S. 598, ist dies die Standardversion.
[224] *Hofstadter* (2008), S. 617: AI-(Artifizielle Intelligenz-)Version der Church-Turing-These.

Die derzeitigen Ergebnisse der experimentellen Hirnforschung[225] reichen trotz ihrer beachtlichen Erfolge nicht aus, um eine direkte Entsprechung zwischen Bewusstseinsinhalten und neuronalen Zuständen nachzuweisen.[226] Und die ungeheure Komplexität des Gehirns hat bislang jeder zufriedenstellenden Modellierung widerstanden.[227] Es gibt gute Gründe zu bezweifeln, dass es den Neuro- und Systemwissenschaften in Zukunft gelingen kann, diese Lücken zu schließen. Einige wurden bereits genannt (s. o. → Rn. B46 ff.).

B76   Mentale Zustände werden allgemein in zwei Haupttypen eingeteilt: in intentionale Zustände und Empfindungen.[228] *Intentionale Zustände* wie Beobachtungen, Überzeugungen, Wünsche, Befürchtungen, Erwartungen usw. sind dadurch gekennzeichnet, dass sie sich auf etwas, ein Objekt oder einen Sachverhalt, welche in bestimmter Hinsicht charakterisiert sind, richten. Sie haben also einen gegenständlich qualifizierten Inhalt. Im Deutschen drücken wir den Inhalt intentionaler Zustände bevorzugt mit *dass-Sätzen* aus. Man ist überzeugt, dass ..., glaubt, dass ...., wünscht, dass ..., befürchtet, dass ... usw.[229] In ihnen greifen wir einzelne Aspekte aus der Welt der Ereignisse heraus, ohne auf die Präsenz des jeweiligen Objekts angewiesen zu sein. Zum Gegenstand des intentionalen Bewusstseins können deshalb Gegenstände und Sachverhalte aus vergangenen Zeiten oder an fernen Orten, aber auch mögliche oder gar fiktive Welten gemacht werden. Intentionales Bewusstsein kann dementsprechend fehlgehen, etwa indem wir Personen oder Gegenstände für etwas halten, was sie nicht sind.[230] Bei *Empfindungen* kann zwar bezweifelt werden, dass sie sich auf etwas richten.[231] Sie haben aber ebenfalls einen qualitativen Erlebnischarakter.[232] Schmerz-, Farb-, Geräusch-, Geruchempfindungen usw. identifizieren und grenzen sich voneinander dadurch ab, dass wir ihnen bestimmte Eigenschaften zuschreiben, die sie jeweils charakterisieren, nämlich durch das, was man erlebt oder fühlt, durch die Art, wie es ist, wenn man eine solche Empfindung hat.[233]

B77   Wenn es nach der materialistischen These der Neurowissenschaften möglich sein soll, mit den naturwissenschaftlichen Methoden durch Beobachtung von neuronalen und sonstigen körperlichen Vorgängen im Inneren des Menschen

---

[225] Unter diesen ragen die berühmt gewordenen Libet-Experimente heraus, die Eingang in die allgemeine Mediendiskussion gefunden haben und die teilweise als Nachweis dafür gedeutet werden, dass der Mensch keinen freien Willen hat. Zur Darstellung der Experimente und Kritik an dieser Deutung *Sturma* (2005), S. 114 ff.; *Tretter/Grünhut* (2010), S. 200 ff.; *v. Kutschera* (2009), S. 50.
[226] *Tretter/Grünhut* (2010), S. 167.
[227] *Tretter/Grünhut* (2010), S. 178 ff., 231.
[228] *Beckermann* (2008), S. 13 ff.
[229] *Beckermann* (2008), S. 13; *v. Kutschera* (2009), S. 29; *Sturma* (2005), S. 82 f.; *Searle* (1991), S. 15 ff.
[230] *Sturma* (2005), S. 77.
[231] *v. Kutschera* (2009), S. 29.
[232] *Sturma* (2005), S. 93.; *Beckermann* (2008), S. 13, 15.
[233] *Beckermann* (2008), S. 13.

IV. Der subjektive Idealismus im Urheberrecht   B77–B78

unsere Bewusstseinszustände in isomorphen,[234] d. h. gleichgestalteten formalen Modellen abzubilden und durch einen geeigneten Algorithmus auf Computermaschinen zu simulieren, dann müssen die intentionalen Inhalte und Empfindungsqualitäten unseres Bewusstseins in den neuronalen Zuständen des Gehirns eindeutig repräsentiert sein und in diesen Algorithmus einfließen. Die derzeitigen empirischen Befunde der Hirnforschung belegen aber nur, dass Denkakte und Empfindungen mit neuronalen Zuständen im Gehirn von Personen einhergehen (korrelieren). Was die untersuchten Personen aber gerade denken bzw. wie sie etwas gerade empfinden oder fühlen, kann damit aber nicht – zumindest nicht eindeutig – dargestellt werden. Wir wissen heute vielmehr,[235] dass ein bestimmter Bewusstseinszustand bei verschiedenen Personen mit durchaus unterschiedlichen neuronalen Zuständen korreliert sein kann. Wenn man verschiedenen Personen eine bestimmte Aufgabe vorlegt und zugleich mit Hilfe eines Tomographen beobachtet, welche Gehirnregionen dieser Personen bei der Lösung der Aufgabe besonders aktiv sind, dann ergeben sich in der Regel zwar sehr ähnliche, aber kaum je dieselben Muster. Wir wissen weiter, dass sich sogar bei ein und derselben Person die Korrelation zwischen Bewusstseins- und Gehirnzuständen im Laufe ihres Lebens dramatisch verändern kann. Nach Gehirnverletzungen z. B. können andere Teile des Gehirns die Funktionen des geschädigten Gewebes übernehmen. Nur aufgrund dieser ungeheuren Plastizität des Gehirns sind wir überhaupt in der Lage, im Laufe unseres Lebens unsere geistigen Fähigkeiten trotz des täglichen Zugrundegehens tausender Nervenzellen zumindest einigermaßen zu erhalten. Bestimmte Inhalte von intentionalen Akten und Empfindungen können also in unterschiedlichen neuronalen Zuständen im Gehirn von Personen realisiert sein, und umgekehrt ist es möglich, dass gleiche neuronale Muster in den Gehirnen verschiedener Personen festgestellt werden können und jeder etwas anderes denkt oder fühlt.[236] Die Multirealisierbarkeit von Werken in verschiedenen physischen Gegenständen, die oben (→ Rn. B49) herausgearbeitet wurde, findet somit ihre Entsprechung in dem Verhältnis zwischen den Inhalten von Bewusstseinszuständen und ihren neuronalen Korrelaten im Inneren von Personen.

Die Inhalte intentionaler Bewusstseinszustände und von Empfindungen   B78
hängen nicht allein von dem ab, was im Kopf und Zentralnervensystem einer Person vor sich geht, sondern auch davon, wie diese Person aufgewachsen ist, in welcher Umwelt sie lebt und welcher Sprachgemeinschaft sie angehört. Es sind Personen, die in der Welt Erfahrungen machen und handeln.[237] Insofern ist es durchaus möglich, dass zwei physikalisch gleiche Personen unterschiedliche Wünsche und Überzeugungen haben, sofern sie nur unterschiedliche Biografien haben bzw. in unterschiedlichen Umgebungen und Sprachgemeinschaften

---

[234] Vgl. *Hofstadter* (2008), S. 606 ff.
[235] Dazu und im Folgenden *Beckermann* (2008), S. 137 f.
[236] Beispiele bei *Tretter/Grünhut* (2010), S. 167.
[237] *Sturma* (2005), S. 114.

leben.²³⁸ Modelle zur Abbildung und Algorithmen zur Simulierung menschlichen mentalen Verhaltens müssten dem Rechnung tragen. Sie müssten nicht nur die Biografien und Umweltsituationen der jeweils untersuchten Personen einbeziehen, sondern auch diejenigen anderer noch lebender und vergangener Personen, weil diese an der Entwicklung unseres geistigen Lebens und der Sprache mitwirken und mitgewirkt haben. Sie liefen deshalb letztlich auf den Entwurf eines deterministisch geschlossenen Weltmodells hinaus, das die Evolution der Menschheit und ihrer Kulturleistungen seit dem Urknall erklärt und berechnet.²³⁹ Entzieht sich aber schon die Komplexität des Neuronennetzwerks nur eines Gehirns sowohl den heutigen bildgebenden Techniken der Gehirnforschung als auch der rein gedanklichen Vorstellungskraft,²⁴⁰ so erscheint es erst recht kaum möglich zu sein, der Komplexität von Gehirnen aller durch gemeinsame Sprache und gemeinsame Umwelt vernetzter Personen durch geeignete Modelle beizukommen.

B79 Der materialistische Ansatz der Neuro- und Systemwissenschaften scheitert letztlich ebenso wie die bereits behandelten Materialismen daran, dass er zu paradoxalen Konsequenzen führt. Angenommen ein Materialist denkt gerade den Gedanken: Es gibt nur materielle Gegenstände. Dann ist dieser Gedanke aus seiner Sicht ein materieller mentaler Zustand. Wie kann er aber wissen oder glauben, dass sein Gedanke ein materieller Zustand und nicht bloß eine Einbildung ist?²⁴¹ Alles was er wissen kann, wenn er seine Aufmerksamkeit auf diesen Gedanken richtet, oder was die Neurowissenschaft, falls sie überhaupt einmal soweit sein sollte, durch Beobachtung seines Gehirns beitragen könnte, ist doch, dass er diesen Gedanken denkt und sich in einer bestimmten intentionalen mentalen Einstellung zu ihm befindet: Er ist überzeugt oder nicht, dass es nur materielle Gegenstände gibt, glaubt es oder nicht, zweifelt, ob es nur solche Gegenstände gibt usw. Nun ist aber für den Materialisten jede intentionale Einstellung zu einem Gedanken oder Sachverhalt ihrerseits ein materieller neuronaler Zustand, der sich auf den Gedanken oder Sachverhalt richtet²⁴² und ihm eindeutig zugeordnet ist. Selbst eine Illusion ist *als* Illusion eine wirkliche Illusion.²⁴³ Also kann sie keine bloße Einbildung sein. Ist jeder Gedanke und jede mentale Einstellung zu ihm keine Einbildung, dann folgt daraus, dass der Gedanke schon allein deshalb wahr ist, weil ihn jemand denkt und die Einstellung hat, ihn für wahr zu halten. Die Wahrheit eines Gedankens kann aber nicht damit identisch sein, dass sich jemand in einem bestimmten neuronalen Zustand befindet.²⁴⁴ Wir könnten uns danach nämlich niemals täuschen, was

---
[238] *Beckermann* (2008), S. 137 f.
[239] Vgl. *v. Kutschera* (2009), S. 229 ff., 233; *Tretter/Grünhut* (2010), S. 50 ff.
[240] *Tretter/Grünhut* (2010), S. 178 ff., 182.
[241] *Gabriel* (2013), S. 44.
[242] Vgl. *v. Kutschera* (2009), S. 165: Es gibt mehr mögliche Einstellungen zum Bestehen physikalischer Sachverhalte als physikalische Sachverhalte.
[243] *Popper* (1993), S. 314.
[244] *Gabriel* (2013), S. 46.

IV. Der subjektive Idealismus im Urheberrecht   **B79–B80**

völlig kontraintuitiv ist.²⁴⁵ Wer z. B. ein Urteil fällt, der erkennt stillschweigend auch zwei nicht-wirkliche Gegenstände an, das Wahre und das Falsche,²⁴⁶ ob er nun das Urteil äußert oder in seinem Inneren behält. Irren ist menschlich. Ein Romanschriftsteller und seine Leser wissen beispielsweise ziemlich genau, dass die erfundenen Personen und Geschichten in der materiellen Welt nicht vorkommen. Halten wir entsprechend unserer Alltagsintuition daran fest, dass es Einbildungen, Hirngespinste oder Fantasieprodukte gibt, denen nichts in der materiellen Welt entspricht, dann können sie nicht materiell sein.

In dieser paradoxalen Situation steckt auch die nahezu einmütig vertretene **B80** Ansicht in der urheberrechtlichen Rechtsprechung und Literatur, die einerseits fordert, dass das Werk des Urheberrechts eine sinnlich wahrnehmbare Form haben muss,²⁴⁷ und andererseits fiktionalen Figuren²⁴⁸ und Geschichten (Fabeln)²⁴⁹ den Werkschutz zubilligt. Zu der literarischen Figur der Pippi Langstrumpf führt der BGH beispielsweise aus:²⁵⁰

„Neben der Fabel, dem Handlungs- und Beziehungsgeflecht der Charaktere eines Romans können [...] auch einzelne Charaktere des Sprachwerkes selbstständigen Urheberrechtsschutz genießen. Für bildliche Darstellungen iSd § 2 I Nr. 4 UrhG ist ein solcher isolierter Figurenschutz in der Rechtsprechung des BGH bereits anerkannt. Dieser erstreckt sich nicht auf die konkreten zeichnerischen Darstellungen in verschiedenen Körperhaltungen mit der jeweils gleichbleibenden und der das Äußere in schöpferischer Weise prägenden Elemente. Schutz genießen auch die allen Einzeldarstellungen zu Grunde liegenden Charaktere als solche, wenn diese sich durch eine unverwechselbare Kombination äußerer Merkmale, Charaktereigenschaften, Fähigkeiten und typischen Verhaltensweisen auszeichnen, somit zu besonders ausgeprägten Persönlichkeiten geformt sind, und in den Geschichten jeweils in einer bestimmten charakteristischen Weise auftreten. [...] Diese Grundsätze gelten für in Sprachwerken iSd § 2 I Nr. 1 UrhG geschaffenen Personen gleichermaßen. [...] Vergleichbar dem Figurenschutz bei Darstellungen der bildenden oder angewandten Kunst kann auch eine literarische Beschreibung im geistigen Auge des Lesers ein ebenso deutliches ‚Bild' von einer handelnden Figur schaffen."²⁵¹

---

²⁴⁵ Näher *v. Kutschera* (2009), S. 167.
²⁴⁶ Vgl. *Künne* (2010), S. 322.
²⁴⁷ Z. B. *Loewenheim/Leistner* in Schricker/Loewenheim (2020), UrhG § 2 Rn. 32; *Dreyer* in Dreyer/Kotthoff/Meckel (2013), UrhG § 2 Rn. 13; *Bullinger* in Wandtke/Bullinger (2022), UrhG § 2 Rn. 19.
²⁴⁸ Z. B. BGH GRUR 1994, 206 – Alcolix; BGH GRUR 1994, 191, 192 – Asterix-Persiflagen; BGH GRUR 2004, 855, 856 – Hundefigur; BGH GRUR 2014, 258 Rn. 26 ff. – Pippi-Langstrumpf-Kostüm.
²⁴⁹ Z. B. BGH GRUR 2011, 134 Rn. 36 – Perlentaucher; BGH GRUR 1999, 984 – Laras Tochter.
²⁵⁰ BGH GRUR 2014, 258 Rn. 26 f. – Pippi-Langstrumpf-Kostüm.
²⁵¹ So schon noch deutlicher BGH GRUR 1958, 500, 502 – Mecki-Igel I: „Seinem Gesichtsausdruck nach vermittelt der kräftig konturierte ‚Mecki' insgesamt die Vorstellung eines markanten Charakteroriginals. Man könnte ihn als einen pfiffigen, allen Situationen gewachsenen Lebenskünstler von unerschütterlicher philosophischer Gemütsart beschreiben."

B81 Diese literarischen und bildlichen Figuren sind Ergebnisse von Abstraktionen, die von bestimmten Merkmalen der Personen absehen, die in einzelnen Passagen eines Romans oder einzelnen Bildern beschrieben oder gezeigt werden. Als solche sind sie nicht sinnlich wahrnehmbar, sondern erscheinen, wie der BGH zutreffend bemerkt, vor dem *geistigen* Auge des Lesers oder Betrachters. Sie haben deshalb auch *keine sinnlich wahrnehmbare Form*, was man immer darunter verstehen mag. Der herrschende Werkbegriff hat folgende paradoxale Konsequenz: Sind sie geschützt, dann können sie keine geschützten literarischen oder bildlichen Figuren als solche sein. Und umgekehrt: Sind sie geschützte Figuren als solche, dann sind sie keine geschützten Werke. Diese „urheberrechtliche Paradoxie der Form"[252] lässt sich – ebenso wie die entsprechenden Paradoxien, zu denen materialistische Positionen zum Verhältnis zwischen Körper und Geist führen[253] – nur vermeiden, wenn man die Existenz eines Bereiches geistiger Gegenstände und Sachverhalte anerkennt, die zwar in materiellen Gegenständen und Sachverhalten fundiert sind und mit ihnen in Beziehungen stehen, mit ihnen aber nicht identisch sind oder auf sie zurückgeführt werden können.

V. Werke als objektive, geistige Gegenstände

B82 In seinen Werken verhält sich der Urheber zur Welt. Er kann sich in ihnen auf Gegenstände oder Sachverhalte der aktualen Welt beziehen, aber auch auf mögliche, zukünftige oder gar fiktive Welten. Regelmäßig drückt er auch aus, wie er etwas erlebt oder welche emotionalen oder intellektuellen Einstellungen er zu diesen Gegenständen und Sachverhalten hat. In den vorangegangenen Abschnitten haben wir Argumente zusammengetragen, die dafür sprechen, dass die Inhalte intentionaler Bewusstseinszustände und Empfindungen von Personen einschließlich ihrer Einstellungen dazu nicht auf Dinge und Ereignisse der materiellen Welt 1 und auch nicht auf materielle neuronale (subjektive) Zustände im Inneren dieser Personen (Welt 2) zurückgeführt werden können. Wir müssen somit einen Bereich des Seins annehmen, den wir oben mit Welt 3[254] bezeichnet haben, also annehmen, dass Gedanken über Gegenstände und Sachverhalte mit demselben Recht objektiv existieren, wie die Gegenstände und Sachverhalte der Welt 1 und 2, über die wir nachdenken.[255] Jeder Gedanke über die Welt ist ein Gedanke *in* der Welt.[256] Deshalb können wir uns nicht nur Gedanken über materielle Dinge und Ereignisse machen und bestimmte Einstellungen zu ihnen einnehmen, sondern auch über diese Gedanken und Einstellungen selbst,

---

[252] Zu dieser „urheberrechtlichen Paradoxie der Form" und ihrer Überwindung *Haberstumpf* ZGE 2012, 284, 289 ff.
[253] Vgl. *v. Kutschera* (2009), S. 115 ff., 130 ff., 164.
[254] Vgl. *Frege* (1918), S. 69: „Ein drittes Reich muss anerkannt werden."
[255] *Gabriel* (2013), S. 15 ff.
[256] Gabriel (2013), S. 104, 23; *Sturma*, (2005), S. 114.

V. Werke als objektive, geistige Gegenstände B82–B84

indem wir sie unterscheiden, vergleichen, in größere Zusammenhänge bringen und sie als wahr oder falsch, gut oder verabscheuungswürdig, gerecht oder ungerecht, schön oder hässlich[257] usw. werten und empfinden. Die menschliche Fähigkeit zur Reflexion über eigene Denkakte, Empfindungen und deren Inhalte ist eine wichtige Bedingung für die Entwicklung unseres geistigen Lebens.[258] Auf diese Weise sind wir in der Lage und tun dies auch ständig, immer weiter geistige Gegenstände zu produzieren. Daraus ergibt sich ein hierarchischer Aufbau der geistigen Welt. Diese Hierarchie ist offen, sie lässt sich grundsätzlich immer erweitern.[259] Die Offenheit der geistigen Welt ebenso wie ihr hierarchischer Charakter sind Grundbedingungen für die Möglichkeit kreativen Schaffens.[260]

Wir haben deshalb gute Gründe, der Konzeption des Gesetzgebers (s. o. → Rn. B1: (M2)) zu folgen und folgende Thesen zu akzeptieren: B83

(G1) Nur geistige Gegenstände sind Werke des Urheberrechts.[261]
(G2) Der Schutz des Urheberrechts bezieht sich nur auf geistige Gegenstände, die, wenn die übrigen Merkmale des § 2 Abs. 2 UrhG erfüllt sind, den Urheber davor schützen, dass materielle Gegenstände, Vorkommnisse, ohne seine Zustimmung hervorgebracht werden, die den geschützten geistigen Gegenstand enthalten.

Die bisherigen Überlegungen entheben uns allerdings nicht der Aufgabe, Rechenschaft darüber abzugeben, was es heißt, etwas sei ein geistiger (oder synonym: immaterieller) Gegenstand. Ob ein Gegenstand in diese Kategorie fällt, wissen wir nämlich erst, wenn wir seine Eigenschaften kennen, anhand derer man ihn von anderen Gegenständen unterscheiden und woran man ihn als denselben wiedererkennen kann.[262] Der in (G1) und (G2) verwendete Ausdruck „Gegenstand" wird dabei wie auch sonst in diesem Buch in seinem allgemeinsten Sinn verstanden, als alles, worauf man im Denken und Sprechen Bezug nehmen kann.[263] Das können materielle Dinge, Eigenschaften und Sachverhalte wie B84

---

[257] Zur Frage der ästhetischen Einstellung eingehend *Reicher* (2010), S. 39 ff.
[258] *Liske* in Kolmer/Wildfeuer (2011), Stichwort „Geist", S. 892 ff.; *v. Kutschera* (2009), S. 35 ff.
[259] Vgl. auch Gabriel (2013), S. 178 f.
[260] *v. Kutschera* (2009), S. 130, 133; *Gabriel* (2013), S. 107 ff.
[261] Diese Position wird aus philosophischer Sicht von *Reicher* (2019), S. 31 ff., ausführlich dargelegt und begründet. Die von *Peukert* (2018) vertretene Gegenposition, zusammengefasst auf S. 183 ff., steht dem sachlich nicht entgegen. Wenn er nämlich davon spricht, dass der Urheber durch Entäußerung seines Werkes ein „Master-Artefakt" produziert, der den Schutzgegenstand bildet, lässt sich diese Aussage mühelos eins-zu-eins dahingehend übersetzen, dass der Urheber einen materiellen Gegenstand produziert, der infolge der regelhaften Verwendung der benutzten Zeichen eines konventionalen Kommunikationssystems einen geistigen, d. h. abstrakten Gegenstand ausdrückt; s. dazu Abschnitt C I bis III. Aus der Annahme, Werke seien einzeln identifizierbare geistige Gegenstände, folgt nicht, dass sie an sich existieren; s. u. → Rn. B91 ff.
[262] *Gabriel* (2013), S. 70 ff.; *Künne* (2007), S. 20, 225 ff.
[263] Vgl. *Künne* (2007), S. 43 f.; *v. Kutschera* (2009), S. 29 Fn. 18; *Kamlah/Lorenzen* (1973), S. 44; *Gabriel* (2013), S. 264.

auch psychische Akte, deren Eigenschaften und Ergebnisse, Eigenschaften, Zahlen und damit auch Werke sein.[264]

1. Objektivität von Werken

B85 Der Gegenbegriff zu „objektiv" ist „subjektiv". Im allgemeinen Sprachgebrauch hat das Wort „subjektiv" eine negative Färbung, indem man es im Sinne von *bloß* subjektiv, von Vorurteilen und Gefühlen bestimmt, unsachlich, parteiisch im Gegensatz zu „objektiv" im Sinne von gesichert, sachlich, unparteiisch usw. verwendet. Versteht man das Begriffspaar „subjektiv-objektiv" auf diese Weise, trägt es zur Bestimmung der gemeinsamen Eigenschaften von Werken nichts bei. Selbst innerhalb desselben Werkes kann nämlich sein Urheber hoch emotional und gleichzeitig sachlich sein, sich in die Rolle eines neutralen Beobachters versetzen und gleichzeitig Partei ergreifen. Und auch in wissenschaftlichen Werken werden nicht nur gesicherte Erkenntnisse wiedergegeben, sondern sehr häufig auch mehr oder weniger hochspekulative Theorien und Hypothesen präsentiert und sachlich diskutiert.

a) Subjektunabhängigkeit von Werken?

B86 Unter „subjektiv" wird deshalb wie im Abschnitt über den subjektiven Idealismus etwas verstanden, das ein psychischer Akt oder Zustand einer Person ist oder daraus besteht. Etwas ist dann objektiv, wenn es nicht subjektiv ist. Das bedeutet, dass die Existenz eines subjektiven Akts oder Zustands notwendigerweise mit der Existenz des Subjekts zusammenfällt,[265] das sich in einem solchen Zustand befindet oder einen solchen Akt vollzieht.[266] Geht man von diesem Begriffsverständnis aus, dann sind die Werke des Urheberrechts und die anderen Schutzgegenstände des Immaterialgüterrechts objektiv, da ihre Existenz nicht von einem *bestimmten* Subjekt abhängt und dessen Existenz überleben kann. Derselbe Gedanke kann unabhängig voneinander von vielen gedacht werden und ist fähig, wie es bereits Fichte formuliert hat,[267] gemeinschaftliches Eigentum von vielen zu sein.[268] Ebenso können verschiedene Subjekte etwas in derselben Weise empfinden oder fühlen. Sind die Träger subjektiver Vorstellungen, Empfindungen und Gefühle nicht identisch, dann folgt daraus nur, dass ihre Inhalte Inhalte desselben menschlichen Bewusstseins, nicht aber, dass sie für Menschen unvergleichbar sind.[269] Wäre es nämlich so, dann wäre ein Teil des Vokabulars, mit dem eine Person über seine Gedanken, Gefühle und Empfindungen spricht, im Prinzip nur ihr allein verständlich. Wenn, wie oben (→ Rn. B60 ff.) erörtert wurde, Wittgenstein der Nachweis gelungen ist, dass es ein solches Privatspra-

---

[264] Vgl. *Popper* (1993), S. 163; *Strawson* (1972), S. 175.
[265] So *Hubmann* (1954), S. 34.
[266] *Künne* (2010), S. 372, 519.
[267] *Fichte* (1793b), S. 227.
[268] Ebenso *Frege* (1969), S. 46 Fn. 5; dazu *Künne* (2010), S. 516 ff.
[269] *Künne* (2010), S. 494 ff., 524 ff., gegen *Frege* (1918), S. 69 ff.

chenvokabular nicht geben kann, dann ist die These von der Unvergleichbarkeit von Empfindungsqualitäten, Gedanken- oder sonstigen Vorstellungsinhalten nicht haltbar.[270] Dass ein Gedanke intersubjektiv zugänglich ist, impliziert nicht, dass auch das Denken dieses Gedankens intersubjektiv zugänglich ist. Und umgekehrt impliziert die Subjektivität des Denkens (Empfindens) nicht, dass das Gedachte (Empfundene) nicht intersubjektiv zugänglich ist.[271]

Die Systeme der Immaterialgüterrechte des Gewerblichen Rechtsschutzes gehen dementsprechend davon aus, dass verschiedene Personen unabhängig voneinander dieselbe Erfindung (vgl. z. B. § 6 S. 3 PatG) – manchmal liegt sie ja geradezu in der Luft – machen oder unabhängig voneinander gleiche Namen für Produkte (Marken) oder Unternehmen kreieren können, und führen deshalb das *rechtliche* Prinzip der Priorität ein, um nicht miteinander konkurrierende Ausschließlichkeitsrechte entstehen zu lassen. Auch im Urheberrecht ist anerkannt, dass verschiedene Urheber gleiche oder wesentlich gleiche Werke schaffen können, ohne dass der eine bewusst oder unbewusst auf das Werk des anderen zurückgegriffen hat.[272] Das Problem der Doppelschöpfung im Urheberrecht wird allerdings nicht nach dem Prioritätsgrundsatz gelöst, sondern dadurch, dass jedem der unabhängig voneinander schaffenden Urheber ein selbstständiges Urheberrecht zugebilligt wird, über das er autonom verfügen und das er gegen Dritte durchsetzen kann. Nur in ihrem gegenseitigen Verhältnis zueinander müssen sie das Urheberrecht des jeweils anderen respektieren.[273] Die unterschiedliche rechtliche Behandlung von Doppelschöpfung und Doppelerfindung erklärt sich nicht damit, dass Erfindungen und Werke einen unterschiedlichen ontologischen Status hätten,[274] sondern damit, dass Werke der Literatur, Wissenschaft und Kunst regelmäßig sehr komplexe Gegenstände sind und der Gesetzgeber mit dem Begriff der Schöpfung trotz Anerkennung der kleinen Münze hinreichend anspruchsvolle Schutzvoraussetzungen vorgegeben hat, die die Doppelschöpfung im Urheberrecht zu einem selten auftretenden Phänomen machen,[275] so dass in der Rechtspraxis das Zusammentreffen von verschiedenen Ausschließlichkeitsrechten an gleichen oder im wesentlichen gleichen Werken als hinnehmbar erscheint.[276]

---

[270] *Künne* (2010), S. 500.
[271] *Künne* (2010), S. 497, 518. Vgl. auch *Kripke* (2014), S. 72 f.: „Gegenstände der Mathematik sind nicht psychischer Natur." Der Sinn der Additionsfunktion ist für alle Subjekte, die sie auf normale Weise verwenden der gleiche. Die Additionsfunktion wiederum wird durch den ‚Sinn' *bestimmt* als der durch das ‚+'-Zeichen *bezeichnete Gegenstand*.".
[272] BGH GRUR 1971, 266, 268 – Magdalenienarie; LG Mannheim NJW-RR 1998, 45, 46 f. – Happy Hippos; *Loewenheim* in Schricker/Loewenheim (2020), UrhG § 23 Rn. 33 ff.; *Haberstumpf* in Büscher/Dittmer/Schiwy (2015) UrhG § 23 Rn. 19. Das verkennt *Troller* UFITA 50 (1967), 385, 390.
[273] *Loewenheim* in Schricker/Loewenheim (2020), UrhG § 23 Rn. 36.
[274] So auch *Jacob* (2010), S. 205 f.
[275] Vgl. BGH GRUR 1971, 266, 268 – Magdalenienarie; BGH GRUR 1988, 810, 811 – Fantasy; BGH GRUR 1988, 812, 814 – Ein bißchen Frieden; OLG Köln GRUR 2000, 43, 44 – Klammerpose.
[276] Zum Problem der Doppelschöpfung aus ökonomischer Sicht vgl. *Stallberg* (2006), S. 249 f.

B88 Die Annahme, die Werke des Urheberrechts, Erfindungen, Marken, Namen etc. seien ebenso wie Gedankeninhalte und Empfindungsqualitäten unabhängig von der Existenz eines bestimmten (menschlichen) Trägers, wirft jedoch eine Reihe von klärungsbedürftigen Fragen auf: Gibt es solche objektiven geistigen Gegenstände auch dann, wenn sie niemand denkt oder empfindet? Bilden sie ein selbstständiges Reich des idealen Seins, das dem menschlichen Geist wie die materielle Welt der Erscheinungen objektiv gegenübersteht?[277] Können die Werke des Urheberrechts überhaupt schöpferisch sein, wenn sie nicht vom individuellen Geist eines *bestimmten* Urhebers geprägt sein müssen?

B89 Grundsätzlich bereitet es keine großen Schwierigkeiten, sich Gedanken vorzustellen, die bislang von niemandem gedacht (und ausgesprochen) wurden.[278] Die Wahrscheinlichkeit, dass der Inhalt des Gedankens: Das Sandkorn (sk) auf dem Himmelskörper H 567 besteht zu 30 % aus Silizium, zu 60 % aus Sauerstoff und zu 10 % aus Wasser, jemals gedacht wurde, dürfte bei Null liegen. Und doch ist es möglich – wir tun dies gerade –, ihn zu denken, beispielsweise wenn ein von der Erde ausgesandter Roboter auf einem „H 567" genannten Himmelskörper landet und ein Sandkorn, das den Namen (sk) erhält, zur chemischen Analyse in sein Labor aufnimmt. In derselben Weise ist es sinnvoll anzunehmen, es gebe eine natürliche Zahl, die so groß ist, dass niemand sie je gedacht hat. Und doch können wir sie bilden, indem wir der höchsten bisher gedachten Zahl einfach die Zahl 1 hinzufügen. Und nichts berechtigt uns zu der Annahme, die Umfänge von Empfindungsqualitäten seien so begrenzt, dass wir uns und unsere Umwelt nicht in einer neuen Weise erleben und erfahren könnten.

B90 Aus der plausiblen Annahme, es gebe Gedanken, Empfindungsqualitäten oder Werke, ohne dass sie eine bestimmte Person denkt, fühlt oder schafft, folgt allerdings nicht notwendig, dass es sie auch dann gibt, wenn es überhaupt keine denkenden und fühlenden Subjekte gäbe, die sie fassen, erleben oder schaffen könnten. Die Gegenstände und Sachverhalte, die das Universum einschließlich der unbelebten und belebten Natur der Welt 1 bilden, können wir uns völlig subjektfrei vorstellen – schließlich ist das Universum nach unserem derzeitigen Kenntnisstand mehr als 13 Milliarden Jahre lang ohne Menschen ausgekommen –, unser geistiges Leben dagegen nicht. Die Gegenstände und Sachverhalte der Welt 1 sind uns offenbar nicht in derselben Weise objektiv gegeben wie die Inhalte von Gedanken und Empfindungen. *Künne*[279] nennt sie „super-objektiv" und kontrastiert sie beispielsweise mit einer Partitur des „Don Giovanni" und einer Aufführung dieser Oper, die zwar objektiv sind, weil sie etwas allen Lesern bzw. Zuhörern gleicherweise Gegenüberstehendes sind, aber nicht existieren könnten, wenn es keine beseelten Wesen gäbe. Anders als die Bewohner der Welt 1 sind uns Gedanken- und Empfindungsinhalte nämlich nur als *bloße Möglichkeiten* gegeben, solange sie nicht gedacht oder erfahren werden.

---

[277] *Hubmann* (1954), S. 19.
[278] *Künne* (2010), S. 520.
[279] *Künne* (2010), S. 373 f., 519.

Die nur als möglich gegebenen Inhalte von Gedanken und Empfindungen und damit auch von Werken des Urheberrechts realisieren sich aber, wenn ein Subjekt einen Denk- oder Gefühlsakt vollzieht (oder erleidet) und sie denkt, fühlt oder schafft.[280] Auf diese Weise wird ein Gedanke über die Welt zu einem Gedanken in der Welt, den auch andere Personen denken, über den sie nachdenken und zu dem sie bestimmte Einstellungen einnehmen können, etwa indem sie ihn für wahr oder falsch halten. Und das Ergebnis des Nachdenkens oder Nachempfindens kann zum Objekt weiteren Nachdenkens gemacht werden usw., woraus sich die hierarchische Struktur des menschlichen geistigen Lebens ergibt.[281]

b) Das Reich der Ideen

Dagegen könnte man einwenden, dass sich unter den möglichen Inhalten von Denkakten anscheinend welche befinden, die eine besondere Stellung einnehmen: *die wahren Gedanken*. Gedanken werden zu den intentionalen mentalen Zuständen gezählt (s. o. → Rn. B76). Sie richten sich auf einen Gegenstand oder Sachverhalt. Ihren Inhalt drücken wir sprachlich in Aussagesätzen oder Dass-Sätzen aus. In der Sprachphilosophie und Ontologie spricht man üblicherweise von *Proposition*, um den Gedankeninhalt von Sätzen zu bezeichnen.[282] Mit Aussagesätzen oder Dass-Sätzen drücken wir sowohl eine Proposition wie auch einen Sachverhalt aus, wobei die Proposition den durch den Satz ausgedrückten Sachverhalt eindeutig bestimmt.[283] Nach der berühmt gewordenen Wahrheitskonvention von *Tarski*[284] ist die in einem Satz ausgedrückte Proposition genau dann wahr, wenn der in ihr ausgedrückte Sachverhalt besteht.[285] Wenn es also der Fall ist, dass das Sandkorn (sk) auf dem Himmelskörper H 567 zu 30 % aus Silizium, zu 60 % aus Sauerstoff und zu 10 % aus Wasser besteht, dann ist der Gedanke, den die gleichlautende Proposition ausdrückt, wahr unabhängig davon, ob er jemals gedacht und von irgendjemanden für wahr gehalten wird. Und das gilt nicht nur, wenn wir über Phänomene der Natur nachdenken und reden. *Frege* führt zu dieser Frage aus:[286]

„So ist z. B. der Gedanke, den wir im pythagoräischen Lehrsatz aussprachen, [...] unabhängig davon wahr, ob ihn irgendjemand für wahr hält. Er bedarf keines Trägers. Er ist wahr nicht erst, seitdem er entdeckt worden ist, wie ein Planet, schon bevor jemand ihn gesehen hat, mit anderen Planeten in Wechselwirkung gewesen ist. [...] Eine Tatsache ist

---

[280] Vgl. *Woltersdorff* (2014), S. 70 ff., zur Frage, ob ein musikalisches Werk erst existiert, wenn der Komponist ein Vorkommnis, eine Aufzeichnung (z. B. Partitur), geschaffen hat oder – richtigerweise – schon dann, wenn er es sich ausgedacht hat.
[281] Vgl. auch *Popper* (1993), S. 118 ff.
[282] *Künne* (2007), S. 17; *Meixner* (2004), S. 113 ff., 165.
[283] *Meixner* (2004), S. 152.
[284] *Tarski* (1977), S. 140 ff. Die Wahrheitskonvention ist der Versuch, den Gebrauch des Wortes „wahr" und damit seine Bedeutung herauszuarbeiten. Eine Definition des Begriffs der Wahrheit wird nicht gegeben, vgl. *Tugendhat* (1977), S. 211.
[285] *Meixner* (2004) S. 114 f.; *Künne* (2007), S. 17.
[286] *Frege* (1918), S. 69, 74; dazu *Künne* (2010), S. 519 ff.

ein Gedanke, der wahr ist. [...] Die Arbeit der Wissenschaft besteht nicht in einem Schaffen, sondern in einem Entdecken von wahren Gedanken."

B92 Analoge Argumente finden sich auch auf dem Gebiet der Ästhetik und der Ethik. Aus der Prämisse, dass wir (zumindest manchmal) wahre ästhetische Urteile wie „dieses Bild ist schön"[287] oder wahre Werturteile[288] wie „Verträge sind zu halten" fällen, wird geschlossen, dass es ästhetische und moralische Werteigenschaften und -sachverhalte gibt, die wertvoll sind, unabhängig davon, ob sie irgendeine Person erfasst[289] und sie für wertvoll erachtet. In der Urheberrechtsliteratur hat vor allem *Hubmann* auf der Grundlage der Ontologie *Nicolai Hartmanns*[290] einen solchen Standpunkt vertreten:[291]

„Neben der realen Welt der Erscheinungen bietet sich dem menschlichen Geist das Reich der Ideen dar [...]. Die Ideen gehören nicht von vornherein zur menschlichen Bewusstseinssphäre, sondern sie bilden eine außerhalb des Menschen bestehende Welt von geistigen Gegenständen. [...] Zu ihrem Reich gehören [...] die mathematischen und logischen Gebilde, die Wesenheiten der Dinge und die Werte. Sie sind nicht bloße Gedankeninhalte; denn sie sind in der Wirklichkeit, in der Natur sowie in der menschlichen Person und ihren Akten enthalten. [...] Zu ihnen hat der menschliche Geist unmittelbar Zugang [...] Die Wesenheit der Dinge, ihre Wesenszüge, Wesensgesetze und Wesenszusammenhänge werden durch eine intuitive Schau erfaßt [...] Auch das Reich der Werte, nämlich das Wahre, das Schöne und das Gute, wird dem Wertgefühl in der Antwort, die dieses unwillkürlich auf wertvolle oder wertwidrige Sachverhalte gibt, bewußt. [...] Von diesem Reich gilt der in der Urheberrechtsliteratur immer wieder betonte Satz, daß Ideen frei sind; denn sie sind jedem Menschen, der sie zu fassen vermag, gegeben und aufgegeben. Aber ihre Aufnahme in den Geist ist nicht ohne besonderen Einsatz möglich. Der Mensch muß von sich, von seinen eigenen Kräften hinzutun, um sie aus ihrer idealen Indifferenz, aus ihrer Verborgenheit herauszuholen und zum Bewußtseinsinhalt zu machen."

Das bedeutet: Die Inhalte von wahren Gedanken drücken die an sich seienden, super-objektiven Ideen aus. Wenn eine Person sie aus dem Verborgenen herausholt und zum Inhalt ihres Bewusstseins macht, macht sie nur eine Entdeckung[292] und ist nicht schöpferisch tätig. Ein Urheberrechtsschutz für eine solche geistige Leistung, so wertvoll sie auch für die Menschheit sein mag, kommt für sie nicht in Betracht.[293]

B93 Doch wie verhält es sich mit falschen Gedanken oder Inhalten von Empfindungen, die die Idee des ästhetisch Schönen und des moralisch Guten verfehlen? Wenn das objektive Sein eines Gedankens in seinem Wahrsein besteht, dann

---

[287] *Reicher* (2010), S. 64 ff.
[288] Vgl. *Priester* (1971), S. 43.
[289] *Hartmann* (1962), S. 141, 148 ff.; *Scheler* (1954), S. 67, 269 f.
[290] *Hartmann* (1965), S. 264 ff.
[291] *Hubmann* (1954), S. 19 ff.; ebenso *Troller* UFITA 50 (1967), 385, 389 ff.
[292] *Frege* (1918), S. 74.
[293] So explizit *Hubmann* UFITA 24 (1957), S. 8. Davon geht auch die aktuelle Rechtsprechung des BGH aus, wenn er (GRUR 2011, 134 Rn. 36 – Perlentaucher) den gedanklichen Inhalt eines Schriftwerkes mit der ihm zugrundeliegenden nicht geschützten Idee gleichsetzt.

wären falsche Gedanken nicht objektiv und könnten allenfalls psychische Akte oder Zustände sein, mit denen und in denen der Denkende den Inhalt seines Gedankens verneint. Das Verneinen eines falschen Gedankens kann aber nicht aus etwas, das ein psychischer Akt oder Zustand ist, etwas machen, das kein psychischer Akt oder Zustand, sondern ein wahrer Gedanke ist.[294] Der Sinn eines Fragesatzes hat auch dann seinen Sinn, wenn die Frage mit Nein zu beantworten ist. Das Sein des Inhalts/Sinns einer Frage besteht gewiss nicht in seinem Wahrsein.[295] Jeder Sachverhalt ist auch ein negativer Sachverhalt; denn jeder Sachverhalt ist mit einem negativen Sachverhalt identisch, nämlich mit dem Sachverhalt, der die Negation seiner Negation ist.[296] Die Gesetze der Logik lehren uns ferner, dass alle konjunktiven Sachverhalte Negationen von Disjunktionen von Sachverhalten und alle disjunktiven Sachverhalte Negationen von Konjunktionen von Sachverhalten sind.[297] Alle Notwendigkeitssachverhalte sind Negationen von Möglichkeitssachverhalten und alle Möglichkeitssachverhalte sind Negationen von Notwendigkeitssachverhalten.

Und es gibt zweifelsfrei Gedankeninhalte, die Unmöglichkeitssachverhalte ausdrücken, die in keiner wirklichen (kontingenten) oder fiktiven Welt bestehen können. Aus der Unmöglichkeit eines Sachverhalts folgt nicht, dass es unmöglich ist, ihn zu denken. Markante Beispiele hierfür sind die berühmt gewordenen Zeichnungen Eschers, die etwas visualisieren, was nicht sein kann.[298] Ein anderes Beispiel ist das Denken in Widersprüchen. Wenn z. B. der EuGH in der Entscheidung „UsedSoft/Oracle" in Rn. 78[299] den Gedanken äußert, dass der Ersterwerber eines Computerprogramms die auf seinen Computer heruntergeladene Kopie des Programms, wenn er sie weiterverkauft, d. h. das Eigentumsrecht an ihr an eine andere Person abtritt,[300] unbrauchbar machen muss, stellt er für ihn ein Gebot auf, das dieser in keiner realen oder fiktiven Rechtsordnung erfüllen kann. Denn kein Normadressat kann gleichzeitig verpflichtet sein, das Eigentumsrecht an einem Gegenstand welcher Art auch immer abzutreten und ihn unbrauchbar zu machen. Denn wer einen Kaufvertrag erfüllt, macht den Kaufgegenstand nicht unbrauchbar und wer den Kaufgegenstand unbrauchbar macht, erfüllt den Kaufvertrag nicht (vgl. § 275 Abs. 1 BGB). Unmöglichkeitssachverhalte spielen nicht nur in der Logik eine wichtige Rolle, sondern tragen auch zum Wissenschaftsfortschritt wesentlich bei. Nach der logischen Regel der Negationseinführung kann die Wahrheit (Falschheit) einer Aussage A und damit das Bestehen (Nichtbestehen) des Sachverhalts A bewiesen werden, wenn man die Aussage Nicht-A annimmt und einen Widerspruch ableitet.[301] Der Blick

---

[294] *Frege* (1919), S. 147; dazu eingehend *Künne* (2010), S. 553 f.
[295] *Künne* (2010), S. 547.
[296] Dazu *Meixner* (2004), S. 122 f.; *Frege* (1919), S. 147 f.; *Künne* (2010), S. 563.
[297] Zu den de Morgan'schen Gesetzen vgl. z. B. *Barwise/Etchemendy* (2005) Bd. I, S. 85 f.
[298] *Hofstadter* (2008), Abb. 5, 6 (S. 13 f.), 22 (S. 107), 23 (S. 118), 56 (S. 303), 135 (S. 734); vgl. dazu auch *Künne* (2007), S. 149.
[299] EuGH GRUR 2012, 904 – UsedSoft/Oracle.
[300] EuGH GRUR 2012, 904 Rn. 42 – UsedSoft/Oracle.
[301] *Barwise/Etchemendy* (2005) Bd. I, S. 139 ff.

in die Wissenschaftshistorie zeigt, dass der Fortschritt in den Einzelwissenschaften weniger durch das emsige Sammeln von Tatsachen, mit denen wir die inzwischen zahllos gewordenen Datenbanken füllen, vorangetrieben wird, sondern durch kühne Theorien einschließlich der falschen.[302]

B95 Was von wahren Gedanken gesagt werden kann, kann folglich auch von falschen Gedanken gesagt werden. Aus der Falschheit eines Gedankens können wir mit Recht schließen, dass der in ihm ausgedrückte Sachverhalt nicht besteht, unabhängig davon, ob eine bestimmte Person ihn denkt oder für falsch hält. Wenn alle wahren Gedanken super-objektiv sind, dann sind es auch alle falschen. Das an sich seiende Reich der Ideen umfasst somit alle falschen sowie wahren Gedanken und alle ästhetischen und moralischen Werte und Unwerte. Es bildet den Supersachverhalt bzw. Supergegenstand,[303] der alles einschließlich sich selber enthält. Denn auch auf dieses Reich kann man Bezug nehmen, wie wir es in diesem Abschnitt tun, und über es Aussagen treffen. Zu ihm gehört deshalb auch der super-objektive Gedanke: Es gibt ein Reich an sich seiender Ideen, aber auch der ebenfalls super-objektive Gedanke, dass es ein Reich an sich seiender Ideen nicht gibt. Das aber ist ein Widerspruch; beides kann nicht wahr sein und die jeweils ausgedrückten Sachverhalte können nicht gleichzeitig bestehen. Der Hinweis auf die „intuitive Schau", die uns die wahren Gedanken und Werte bewusst werden lassen soll, ist nicht geeignet, diesen Widerspruch aufzulösen. Nach aller menschlicher Erfahrung sind unsere Intuitionen keineswegs so sicher, dass sie uns stets das Wahre und Richtige erkennen lassen. Irrtümer sind immer möglich, so dass die Intuition allein nicht angeben kann, welcher der beiden konträren super-objektiven Gedanken der richtige ist.

B96 Es ist bezeichnend, dass vergleichbare Widersprüche (Paradoxien) in den Disziplinen, die sich mit geistigen Gegenständen befassen,[304] auftauchen. Sie werfen nicht nur für die Semantik, d. h. für die Lehre von der Bedeutung sprachlicher Ausdrücke, fundamentale Probleme auf, sondern haben die Mathematik und die naive Mengenlehre[305] in eine tiefe Grundlagenkrise gestürzt. Das Auftreten von Widersprüchen in der Mathematik und Logik, die letztlich Varianten der Paradoxie des kretischen Lügners sind, beruht unter anderem auf der Annahme eines vorgegebenen Gegenstandsbereichs, d. h. einer Klasse von Gegenständen, die unabhängig von unseren logischen Konstruktionen gegeben sind. Dieser Gegenstandsbereich ist die Menge aller Mengen, die alle Gegenstände einschließlich sich selber enthält.[306] Die Mengenlehre schließt aus den auftretenden Widersprüchen, dass es diese Allmenge nicht gibt.[307] In mengentheoretischer Hinsicht entspricht das Reich der an sich seienden Ideen der Allmenge, so

---

[302] *Popper* (1993), S. 193.
[303] Zur Idee, dass es den Supergegenstand gibt, näher *Gabriel* (2013), S. 75 ff.
[304] Sie lassen sich deshalb auch im Urheberrecht aufweisen, s. *Haberstumpf* ZGE 2012, 284, 291 f.
[305] Vgl. z. B. *Bartel/Anthes* (1975), S. 14, 180 ff.; *v. Kutschera* (2009), S. 109 ff.
[306] *v. Kutschera* (2009), S. 122.
[307] *Bartel/Anthes* (1975), S. 180 ff.

dass der Schluss gerechtfertigt ist, dass es ein solches Reich ebenfalls nicht gibt. Aus der Annahme, dass geistige Gegenstände und damit auch Werke objektiv sind, folgt nicht, dass sie an sich existieren.

Damit ist der Weg frei, Inhalte von Gedanken und Empfindungen als objektive Möglichkeiten aufzufassen, die ihre *reale* Existenz Denkakten und Empfindungsakten von Menschen verdanken. Das Mögliche gebiert nicht aus sich selbst heraus das Wirkliche.[308] Wenn aus der unendlichen Zahl von Möglichkeiten einzelne zum Inhalt eines menschlichen Bewusstseins gemacht werden, bedeutet dies deshalb nicht, dass die Person nur etwas bislang Verborgenes entdeckt, sondern dass sie einen geistigen Gegenstand produziert. Dies erklärt, weshalb diese geistige Tätigkeit eine kreative Schöpfung sein kann. Weil die objektiven Denk- und Empfindungsmöglichkeiten allen Menschen gegeben sind, ist die Konstruktion neuer geistiger Gegenstände nicht nur bestimmten einzelnen – genialen – Schöpfern vorbehalten, sondern Ergebnis unseres gemeinsamen Ringens um Gedanken und Ideen.

2. Merkmale des Geistigen

Als Ergebnis der Diskussion von materialistischen Positionen im Urheberrecht kann festgehalten werden: Werke sind nicht materiell. Also müssen sie immaterielle oder geistige[309] Gegenstände sein. Aus dem begrifflichen Gegensatz zwischen Materiellem und Immateriellem hat vor allem *Kohler*[310] die Theorie des Immaterialgüterrechts entwickelt, die grundlegend für die Ausdifferenzierung der verschiedenen Rechtssysteme wurde, die sich dem Schutz von geistigen Gütern widmen. Doch was heißt es konkret, etwas sei immateriell? Um geistige Gegenstände von materiellen abzugrenzen, wird eine Reihe von Kriterien aufgeführt, die nur jenen zukommen sollen: Unkörperlichkeit, nicht sinnliche Wahrnehmbarkeit, Zeitlosigkeit, Dauerhaftigkeit, Unveränderlichkeit, Nichtwirklichkeit. Diese sollen im Folgenden näher erörtert werden. Angestrebt wird dabei allerdings nicht, eine vollständige Liste hinreichender und notwendiger Bedingungen für Geistiges anzugeben und darzustellen, ob und inwiefern diese Kriterien begrifflich genau zusammenhängen und aufeinander reduzierbar sind. Für unsere Zwecke reicht es aus, die wichtigsten Aspekte geistiger Gegenstände herauszustellen.

a) Unkörperlichkeit, nicht sinnliche Wahrnehmbarkeit

Kohler selbst bezeichnet das Immaterialgüterrecht als ein Recht „an einem außerhalb des Menschen stehenden, aber nicht körperlichen, nicht faß- und greifbaren" Rechtsgut.[311] Nach dieser Begriffsbestimmung sind immaterielle Güter

---

[308] *Meixner* (2004), S. 146.
[309] Die Begriffe „immateriell" und „geistig" werden synonym verwendet.
[310] Z. B. *Kohler* (1880), S. 41 ff.; *Kohler* (1888), S. 41 ff.; *Kohler* AcP 82 (1894), 141 ff., 157, 161 f.
[311] *Kohler* (1907), S. 1.

dadurch charakterisiert, dass sie unkörperlich sind, d. h. dass man sie nicht anfassen bzw. allgemein nicht mittels des Tastsinns begreifen kann.[312] Es liegt auf der Hand, dass dieses Kriterium nicht hinreichend sein kann. Die Schutzgegenstände des Immaterialgüterrechts einschließlich des Urheberrechts lassen sich zwar nicht anfassen. Aber nicht alles, was unkörperlich ist, ist immateriell. Ein Regenbogen oder ein Donner ist es zum Beispiel nicht.[313] Wie wir oben gesehen haben, müssen wir namentlich bei Werken unterscheiden zwischen dem Werk selbst und den materiellen, körperlichen oder unkörperlichen Gegenständen oder Erscheinungen, in denen es vorkommt.

B100 Dem entspricht eine Unterscheidung, die *Peirce*[314] in die Zeichentheorie eingeführt hat und zu einem Allgemeinplatz geworden ist, nämlich zwischen „type" (Zeichentyp) und „token" (Zeichenvorkommnis).[315] Man kann diese allgemeine Unterscheidung für Zeichen z. B. für Buchstabenzeichen ohne Weiteres auch auf komplexere Gebilde wie Worte, Sätze, Zahlen, Namen, Handlungen und damit auch auf Werke anwenden. Wort-Tokens z. B. sind konkrete einzelne Zeichenvorkommnisse, welche als zu abstrakten Gegenständen, den „types" oder Typen, zugehörig gedacht werden. So enthält dieser Absatz dieses Buches insgesamt 6 Mal die konkrete Zeichenfolge „und", die jeweils aus Schwärzungen auf dem weißen Papier dieser Buchseite besteht. Den Typ des Wortes „und" gibt es aber nur einmal. Jedes dieser Vorkommnisse des Worttyps „und" ist materiell; man kann es sehen. Wenn es in einer Rede erzeugt wird, kann man es hören. Der Typ selber ist immateriell; ihn kann man nicht anfassen, greifen, sehen, hören, riechen oder schmecken. Man kann ihn aber mit Verstandestätigkeiten im weitesten Sinne erfassen,[316] wenn man versteht, was die einzelnen Vorkommnisse bedeuten, d. h. wenn man eine Regel gelernt hat, die es ermöglicht, solche hervorzubringen und zu gebrauchen.[317]

B101 Die Unterscheidung zwischen geistigem Typ und materiellem Vorkommnis kann somit auf das Verhältnis zwischen Werk und seinen materiellen Erscheinungen,[318] zwischen Erfindung und seinen patentgemäßen Erzeugnissen, zwischen Marke und ihrer Verwendung auf Waren oder in der Werbung übertragen

---

[312] Vgl. *Strawson* (1972), S. 49.

[313] *Reicher* (2010), S. 93 f.

[314] *Peirce* in Collected papers, hrsg. von Ch. Hartshorne und P. Weiss, 1931 ff., 2.143, 4.423, 4.537.

[315] Vgl. *v. Kutschera* (1975), S. 17 f., *Künne* (2007), S. 16; *Reicher* (2010), S. 94; *Meixner* (2004), S. 86; *Beckermann* (2008), S. 479 f.; *Schmücker* (2014), S. 151 ff.; *Wollheim* (1982), S. 77 ff., 81 ff. Zu einer Typenontologie der Kunst ausführlich *Reicher* (2014), S. 180 ff. In der urheberrechtlichen Literatur wird in zunehmendem Maße auf die Type-Token-Differenzierung zurückgegriffen; z. B. *Jacob* (2010), S. 94; *Peukert* (2018), S. 28 ff.; *Finke* (2022), S. 8 ff.

[316] *Reicher* (2010), S. 94; *Künne* (2010), S. 528, 541; vgl. auch *Kohler* (1888), S. 42, der festhält, dass bei Urheberrechten „der Gegenstand nur mit den Geisteskräften erkannt" werden kann.

[317] Vgl. *Haberstumpf* ZGE 2012, 284, 302 ff.

[318] *Wollheim* (1982), S. 77 ff.; *Margolis* (1979), S. 212 ff.; *Künne* (2007), S. 230 f.; *Reicher* (2010), S. 104. Aus der Urheberrechtsliteratur: *Haberstumpf* ZGE 2012, 284, 302 ff.; *Jacob* (2010), S. 94; *Finke* (2022), S. 8.

werden: Der Urheber produziert im Original ein materielles Werkvorkommnis, das als Beispiel oder Muster[319] den immateriellen Werktyp *exemplifiziert*[320] und dazu dienen kann, eine beliebige Anzahl weiterer Vorkommnisse zu produzieren. In einer Markenanmeldung bringt der Anmelder ebenfalls ein Zeichenvorkommnis hervor, das als Beispiel für den Zeichentyp, die Marke, dient, sie also exemplifiziert.[321] Da aber nicht nur die Herstellung von Sachen (z. B. Buchexemplar, Notenhandschrift), sondern auch die Produktion von unkörperlichen Gegenständen (Vortrag eines Textes, Aufführung eines Musikstücks) geeignet ist, das darin enthaltene immaterielle Gut als Typ zu exemplifizieren, kann die Abgrenzung zwischen geistigem Werk und seinen materiellen Vorkommnissen nicht anhand des Gegensatzpaares unkörperlich-körperlich vorgenommen werden. Wenn der EuGH in der Entscheidung „UsedSoft/Oracle"[322] von unkörperlichen Kopien („intangible copies", „copies immatérielles") eines Computerprogramms spricht, dann wird der kategoriale Unterschied zwischen dem geistigen Programmwerk und den materialen Vorkommnissen, in denen es vorkommt, verwischt, sodass unklar bleibt, wovon er überhaupt spricht.[323] Ein immaterieller Gegenstand muss vielmehr in Kontrast zu allen seinen Vorkommnissen gesetzt werden, die mit den menschlichen Sinnen durch Hören, Sehen, Riechen, Schmecken oder Tasten unmittelbar oder wenigstens mittelbar mittels eines Wiedergabegerätes (CD-Player, Bildschirm, Lautsprecher, Diaprojektor usw.) wahrgenommen werden können. Für abstrakte Gegenstände, zu denen *Künne* auch Typen zählt,[324] hat er sprachanalytisch nachgewiesen, dass die mangelnde sinnliche Wahrnehmbarkeit eines Gegenstandes notwendige Bedingung für dessen Abstraktheit ist.[325] Also ist kein geistiges Werk (Erfindung, Marke) *als Typ* sinnlich wahrnehmbar. Es hat keine sinnlich wahrnehmbare Form.[326]

b) Zeitlosigkeit, Unveränderlichkeit

Immaterielle Güter lassen sich nicht anhand einer raum-zeitlichen Position unterscheiden. Während ihre materiellen Vorkommnisse mit typgleichen, aber räumlich und zeitlich verschiedenen Gegenständen koexistieren können, ist dies bei immateriellen Gütern nicht der Fall.[327] Durch Produktion von körperlichen oder unkörperlichen Vorkommnissen ist es möglich, ein geistiges Werk überall und zeitlich unbegrenzt identisch zu nutzen, ohne dass es verbraucht

---

[319] *Jacob* (2010), S. 94.
[320] Zum relationalen Begriff der Exemplifikation allgemein *Künne* (2007), S. 33 ff.; *Meixner* (2004) S. 89 ff.; *Goodman* (1998), S. 59 ff.
[321] *Haberstumpf* ZGE 2011, 151, 160.
[322] EuGH GRUR 2012, 904 Rn. 58 – UsedSoft/Oracle.
[323] Dazu näher *Haberstumpf* ZGE 2014, 470, 481 ff.
[324] *Künne* (2007), S. 15 ff.
[325] *Künne* (2007), S. 60 ff., 66 ff.
[326] *Frege* (1918), 58, 69; *Haberstumpf* ZGE 2012, 284, 299; zustimmend *Obergfell* in Büscher/Dittmer/Schiwy (2015) UrhG § 2 Rn. 6.
[327] *Jacob* (2010), S. 94.

wird.³²⁸ Die Lokalisation und Identifikation eines Gegenstandes im dreidimensionalen Raum ist nur durch sinnliche Wahrnehmung ggfs. unter Zuhilfenahme von geeigneten Instrumenten, die den Gegenstand für die normalen Sinne des Menschen wahrnehmbar machen, möglich. Durch Denken allein ist schwerlich erkennbar, *wo* sich ein Objekt befindet bzw. ein Einzelereignis stattfindet oder stattgefunden hat. Wenn es zutrifft, dass geistige Werke als Typen nicht sinnlich wahrnehmbar sind, wofür oben plädiert wurde, sind sie räumlich nicht lokalisierbar. Diese räumlichen Implikationen des Werkbegriffs wurden bereits in dem vorhergehenden Abschnitt behandelt.

B103 In diesem Abschnitt soll es nun um die zeitlichen Aspekte des Werkbegriffs gehen. Aus der bereits angesprochenen Ubiquität immaterieller Güter werden zwei Eigenschaften abgeleitet, die allen Werken (Erfindungen, Marken) und geistigen Gegenständen allgemein in dieser Hinsicht zukommen sollen: Unveränderlichkeit³²⁹ (Dauerhaftigkeit) und Zeitlosigkeit. Begrifflich hängen sie miteinander zusammen, da jede Veränderung einen zeitlichen Aspekt besitzt. Es ist klar, dass den sinnlich wahrnehmbaren Vorkommnissen von immateriellen Gütern diese Eigenschaften nicht zugesprochen werden können. Sie werden zu bestimmten Zeitpunkten hergestellt, existieren vorübergehend³³⁰ oder über mehr oder weniger lange Zeitspannen hinweg (vgl. § 16 Abs. 1 UrhG) und vergehen dann. Während der Dauer ihres Vorhandenseins verändern sich häufig ihre Eigenschaften; die Farben eines Gemäldes verblassen, die Oberflächen von Sandsteinskulpturen zerbröseln, die Buchstaben einer Handschrift verlieren ihre Leserlichkeit usw.

B104 Doch ist es bei den Typen, die solche Vorkommnisse exemplifizieren, nicht ebenso oder zumindest ähnlich? Auch von Werken, Erfindungen und Marken kann man wahrheitsgemäß aussagen, dass sie zu einem bestimmten Zeitpunkt von ihrem Urheber geschaffen, von ihrem Erfinder gemacht oder von einer bestimmten Person, die auch eine juristische sein kann, angemeldet oder in Benutzung genommen wurden. Insbesondere Urheber sind vor „Änderungen des Werkes" (§§ 39, 14 UrhG; Art. 6bis Abs. 1 RBÜ) geschützt, was anscheinend impliziert, dass es Änderungen *des Werkes* gibt. Heißt dies, dass bei Immaterialgütern nicht von Zeitlosigkeit und Unveränderlichkeit gesprochen werden kann? Andererseits ist aber nicht zu leugnen, dass sich die immateriellen Güter des gewerblichen Rechtsschutzes und Urheberrechts und die nicht geschützten geistigen Gegenstände allgemein in ihrer Beständigkeit doch ganz erheblich von ihren zugehörigen materiellen Vorkommnissen unterscheiden, indem sie offenbar deren Veränderungen und Verlust unbeschadet überstehen können. Daraus resultieren zwei Fragen, denen jetzt näher nachgegangen werden soll: Sind Zeitlosigkeit und Unveränderlichkeit eines Gegenstandes überhaupt not-

---

³²⁸ *Stallberg* (2006), S. 26 f.
³²⁹ Vgl. *Ingarden* (1960), S. 7; *Ingarden* (1962), S. 7 ff.
³³⁰ Zum Begriff der vorübergehenden Vervielfältigung i. S. v. § 16 Abs. 1 UrhG, Art. 2 lit. a InfoSoc-RL näher *Haberstumpf* in Büscher/Dittmer/Schiwy (2015), UrhG § 16 Rn. 5, § 15 Rn. 4 ff.

wendige Bedingungen dafür, dass er ein geistiger ist? Oder muss man innerhalb der Domäne des Geistigen zwischen solchen Gegenständen unterscheiden, die zwar unveränderlich, aber zeitgebunden sind?

In den neueren Beiträgen, die sich der Ontologie von Kunstwerken widmen, wird überwiegend die erste Frage verneint und die zweite bejaht.[331] In seiner tiefgreifenden Untersuchung zur Ontologie abstrakter Gegenstände, differenziert *Künne*[332] in diesem Sinne zwischen freien und gebundenen *Idealitäten*. Freie Idealitäten sind solche, die rein begrifflich identifizierbar sind; d. h. die Bezugnahme auf sie enthält keine raumzeitliche Position.[333] Als Beispiele nennt er Eigenschaften, Propositionen, Typen und Zahlen. Literarische und musikalische Werke hält er dagegen für gebundene Idealitäten, da ihre Identität nicht nur durch eine bestimmte Ton- oder Satzsequenz, sondern *auch* durch die positionale Eigenschaft, *dann-und-dann von dem-und-dem geschaffen worden zu sein*, begründet werde.[334] Ob verschiedene Objekte Vorkommnisse desselben Werkes sind, hängt dementsprechend auch davon ab, ob zwischen ihnen eine entstehungsgeschichtliche Verwandtschaft besteht, die sich kausal auf einen bestimmten Schöpfer bzw. auf das von ihm geschaffene Original zurückführen lässt.[335] Künne wendet sich dabei explizit gegen *Strawson*,[336] der die Klangfolge eines Musikwerks als einen allgemeinen Gegenstand (Typ) auffasst, der unabhängig von der konkreten Person ihres Schöpfers besteht: Wer ihn geschaffen hat, ist letztlich kontingent,[337] d. h. er hätte auch von einer anderen Person geschaffen werden können. Obwohl es nach unserem intuitiven Verständnis sehr einleuchtend erscheint, dass ein bestimmtes Werk generisch auf einen bestimmten Urheber zurückführbar sein muss, will ich mich im Folgenden auf die Seite Strawsons schlagen, und dafür plädieren, dass die erste der obigen Fragen zu bejahen und die zweite zu verneinen ist.

aa) Unveränderlichkeit (Dauerhaftigkeit)

Es entspricht einer allgemeinen Grundüberzeugung, dass z. B. ein Roman oder eine Komposition, einmal geschaffen, von ihrer Schöpfung an als Ganzes, unverändert und ohne Unterbrechung existiert.[338] Die These von der Unveränder-

---

[331] Vgl. *Reicher* (2014), S. 180, 182; *Schmücker* (2014), S. 149, 155 ff. Auch *Goodman*'s Unterscheidung zwischen autographischen Kunstwerken, bei denen der Unterschied zwischen dem Original und selbst dem exaktesten Duplikat bedeutsam ist (z. B. Malerei), die nicht zu fälschen sind, und allographischen Kunstwerken (1998, S. 113 f.), gehört hierher.
[332] *Künne* (2007), S. 50 ff. Er greift damit eine Unterscheidung auf, die schon *Husserl* (1938, S. 319 f.) – ihm insoweit folgend *Ingarden* (1960, S. 6) – verwendete, um reale und ideale Gegenstände voneinander abzugrenzen. Dazu näher *Jacob* (2010), S. 94 ff.
[333] *Künne* (2007), S. 87.
[334] *Künne* (2007), S. 91 f.
[335] *Künne* (2007), S. 231 f.; *Schmücker* (2014), S. 149, 156 ff.; *Wollheim* (2014), S. 76, 83; *Peukert* (2018), S. 20.
[336] *Strawson* (1971), S. 50 f.; vgl. auch *Newen* (1996), S. 119.
[337] Dazu *Jacob* (2010), S. 96 ff., 198 ff.; *Woltersdorff* (2014), S. 47, 71.
[338] *Reicher* (2010), S. 96 ff.; *Reicher* (2014), S. 180, 182 ff.; *Reicher* (2019), S. 54 ff.

lichkeit geistiger Gegenstände scheint deshalb zumindest im Hinblick auf die Werke des Urheberrechts auf ziemlich sicherem Boden zu stehen. Bevor wir uns aber mit diesem Ergebnis zufriedengeben, muss ein naheliegender Einwand beiseite geräumt werden: Wieso sehen die Urheberrechtsordnungen (z. B. Art. 6bis Abs. 1 RBÜ) das Recht des Urhebers vor, sich grundsätzlich jeder Änderung seines Werkes zu widersetzen,[339] wenn es nicht verändert werden kann? Dieser Widerspruch kann aufgelöst werden, wenn die *„Änderung des Werkes"*, von der das Gesetz spricht, nicht das Werk als Typ, sondern nur seine Vorkommnisse betrifft, so dass Änderungen ihrer physischen Eigenschaften die Integrität des Werkes nicht tangieren. Ein Blick auf die in der Rechtspraxis erörterten Fälle,[340] in denen das urheberrechtliche Änderungsverbot zum Zuge kam, legt dies zumindest nahe. Mit dieser Lösung wäre eine deutliche Parallele zu anderen geistigen Gegenständen wie Eigenschaften und Zahlen hergestellt, die mehr oder weniger unbestritten als unveränderlich gelten.[341] Wenn wir uns beispielsweise fragen, was sich verändert hat, wenn wir Sätze etwa der folgenden Art äußern:

(a) die Farbe des Himmels hat sich von einem tiefen Blau in ein helles Rot verwandelt oder
(b) seit heute morgen ist die Zahl von Philipps Kinder nicht mehr 2, sondern 3,

ist die Antwort ziemlich klar. In beiden Beispielen haben sich weder die Eigenschaften Blau und Rot noch die Zahlen 2 und 3 geändert, sondern jeweils der Gegenstand, hier der Himmel, dem die Farben Blau und Rot zugeschrieben bzw. die Gruppe der Personen, hier Philipps Kinder, die mit den Zahlen 2 und 3 belegt wurden.

B107 Theoretisch lassen sich vier verschiedene Fälle unterscheiden, in denen die Frage relevant wird, ob eine Veränderung bei Werkvorkommnissen auch eine Änderung des Werkes nach sich zieht:[342]

(i) Es gibt mehrere physische Vorkommnisse, die Veränderung betrifft alle. Ein Beispiel hierfür wäre, wenn von einem Werk nur eine Serie von Drucken oder plastischen Abgüssen, die der Künstler von einer eigenhändig hergestellten Vorlage angefertigt hat, vorhanden ist. Die Vorlage hat aber einen Defekt, so dass das Ergebnis des Druck- oder Abgussverfahrens von den Vorstellungen des Künstlers abweicht.

(ii) Es gibt mehrere physische Vorkommnisse, die Veränderung betrifft nicht alle. Diese Fallgestaltung bildet den Standardfall. Es werden Veränderungen an vorhandenen Vorkommnissen vorgenommen oder Vorkommnisse produziert, die das Werk zwar noch erkennen lassen, es aber objektiv

---

[339] Vgl. BGH GRUR 1999, 230, 231 – Treppenhausgestaltung.
[340] Vgl. *Peukert* in Schricker/Loewenheim (2020), UrhG § 14 Rn. 35 ff.; *Haberstumpf* in Büscher/Dittmer/Schiwy (2015), UrhG § 14 Rn. 14.
[341] Näher *Künne* (2007), S. 50 ff.
[342] *Schmücker* (2014), S. 149, 162.

nachweisbar in einem anderen als vom Urheber geschaffenen Gesamteindruck präsentieren.³⁴³ Beispiele aus der Rechtsprechung: Ein Fresko-Bild im Treppenflur eines Hauses wird vom Eigentümer des Hauses teilweise übermalt.³⁴⁴ In einer Operetteninszenierung entsprechen die Charaktere von handelnden Personen nicht mehr dem Textbuch, die Operettenmusik ist durch Streichung wesentlicher Teile und Einfügung größerer fremder Musikeinlagen verändert.³⁴⁵ Ein Gemälde wird in Form von Kunstdrucken in Rahmen vertrieben, deren Bemalung als Fortsetzung oder Vergrößerung des Gemäldes erscheint.³⁴⁶

(iii) Es gibt mehrere physische Vorkommnisse, die Veränderung betrifft nur das Original. Ein Beispiel wurde bereits genannt (oben → Rn. B32): Das vom Künstler geschaffene Originalgemälde wird bei einem Brand im Atelier beschädigt. Es existieren aber Fotografien davon, die der Künstler oder andere Personen angefertigt haben.

(iv) Es gibt nur ein physisches Vorkommnis und die Veränderung betrifft nur dieses. Diese Fallgestaltung kann allenfalls dann vorkommen, wenn das originale Werkvorkommnis, ohne dass jemals irgendwelche Reproduktionen existiert haben, verändert wird.

Keiner dieser Fälle nötigt dazu, die These von der Unveränderlichkeit eines Werkes oder geistiger Gegenstände allgemein aufzugeben. Betrachten wir zunächst den Standardfall (ii), dann ist klar, dass die Veränderungen nur einzelne physische Vorkommnisse des Werkes betreffen, nicht aber dieses.³⁴⁷ Wenn z. B. ein Gericht die Feststellung trifft, dass das inmitten stehende Werk i. S. v. §§ 14, 39 UrhG entstellt oder verändert worden ist, dann setzt es vielmehr begrifflich voraus, dass es ein geistiges Werk mit bestimmten Eigenschaften gibt, das in dem angegriffenen Gegenstand, hier im Fresko-Bild, in der Operettenaufführung bzw. im Kunstdruck mit Rahmen, verändert vorkommt. Ebenso liegt es im Fall (iii). Hier existieren noch Vorkommnisse, aus denen der geistige Gehalt des Werkes entnommen werden kann, um ihn als Vergleichsgrundlage zur Beurteilung der Frage heranziehen zu können, ob das beschädigte Originalobjekt das Werk identisch, ähnlich oder gar nicht mehr verkörpert. Deshalb muss der geistige Gehalt, den ein verändertes oder beschädigtes Originalvorkommnis eines Kunstwerks verkörpert, nicht ebenfalls ein Kunstwerk sein.³⁴⁸ Urheberrechtlich gesprochen geht es in den Fällen (ii) und (iii) nicht um die Identität des Werkes, sondern um die ganz andere Frage, welchen Schutzumfang ein *geschütztes* Werk im Einzelfall genießt.

---

³⁴³ BGH GRUR 1989, 106, 107 – Oberammergauer Passionsspiele II; OLG München ZUM 1992, 307, 310 – Christoph Columbus; *Peukert* in Schricker/Loewenheim (2020), UrhG § 14 Rn. 13.
³⁴⁴ RGZ 79, 397 – Felseneiland mit Sirenen.
³⁴⁵ BGH GRUR 1971, 35, 38 – Maske in Blau.
³⁴⁶ BGH GRUR 2002, 532, 533 – Unikatrahmen.
³⁴⁷ *Reicher* (2019), S. 55 ff.
³⁴⁸ Vgl. *Schmücker* (2014), S. 149, 162.

B109 Aus Fallgestaltung (iv) kann nur dann ein Gegenargument abgeleitet werden, wenn das geistige Werk mit der Originalentäußerung seines Schöpfers zusammenfällt oder auf sie reduziert werden kann. Dafür plädiert *Schmücker*[349] mit folgendem Beispiel: Ein Komponist nimmt in hohem Alter in der Originalpartitur eines noch niemals zu Gehör gebrachten Jugendwerks einige nicht unwesentliche Veränderungen vor. Die von Schmücker daraus gezogene Folgerung, der Komponist habe damit das Werk selbst verändert und die veränderte Partitur repräsentiere nunmehr allein das Werk, überzeugt deshalb nicht, weil aus ihr immer noch der Charakter des Frühwerks erkennbar ist. Viel näher liegt es, das Beispiel ganz einfach so zu deuten, wie es auch der in § 3 UrhG zum Ausdruck kommenden Konzeption des Urheberrechts entspricht, dass der Komponist sein Jugendwerk bearbeitet und damit zwei Werke[350] hervorgebracht hat, die jeweils für sich beurteilt werden und geschützt sein können. Die Überarbeitung durch den Komponisten stellt nicht in Frage, dass das Jugendwerk immer noch aufgeführt werden kann.[351] Dass sich in der Praxis eher selten die Notwendigkeit einstellt, zwischen Vorstufen eines Werkes und seiner endgültigen Version zu unterscheiden, wenn sie jeweils von derselben Person produziert wurden,[352] heißt nicht, dass sie nicht unterschieden werden könnten und sollten. Das Komponistenbeispiel belegt deshalb lediglich, dass sich das materielle Originalvorkommnis geändert hat, nicht aber das Ursprungswerk, das in der geänderten Partitur unverändert verkörpert bleibt.[353] Es bietet somit keinen Anlass, ein Werk auf den materiellen Gegenstand zu reduzieren, in dem es erstmals entäußert wurde. Dagegen wurde bereits oben (→ Rn. B31 ff.) eingehend argumentiert, so dass hierauf Bezug genommen werden kann.

B110 Betrachtet man dagegen Fall (i) näher, wird schnell deutlich, dass er eigentlich nicht hierher gehört. Anders als vorher drücken nämlich die verschiedenen materiellen Objekte, die der Künstler produziert hat, keinen verschiedenen geistigen Gehalt aus, da die Abgüsse bzw. Abdrucke nur Kopien der Vorlage sind. Aus (i) kann folglich ebenfalls kein Argument gegen die These von der Unveränderlichkeit geistiger Werke und Gegenstände hergeleitet werden. Wovon Vorlage und Kopien abweichen, ist vielmehr der Inhalt der Vorstellungen des Künstlers. Das wirft die Frage auf, *worin* das unveränderliche Werk besteht: im Inhalt seiner Vorstellungen oder im Inhalt dessen, was Vorlage und Kopien zum Ausdruck bringen?[354] Diese Frage ist nicht so leicht zu beantworten. Wer das Original in den Vordergrund der Betrachtung rückt, müsste die erste Alterna-

---

[349] *Schmücker* (2014), S. 149, 163, der meint, dass sich das Werk fürderhin nur noch als dasjenige manifestiert, das sich in der veränderten Manifestation manifestiert.
[350] Ebenso *Reicher* (2019), S. 59 ff.; *Patzig* (2014), S. 114; vgl. auch *Meixner* (2004), S. 51, zur Gestaltveränderung eines Gegenstands.
[351] *Reicher* (2019), S. 58.
[352] Vgl. BGH GRUR 1985, 1041, 1047 – Inkassoprogramm.
[353] Wird eine Bearbeitung eines Originalwerkes verwertet, wird deshalb nach § 23 UrhG auch dieses verwertet.
[354] In der Urheberrechtsdiskussion spiegelt sie sich in der Streitfrage wider, ob bei Werken der Druckgrafik das Original i. S. v. § 26 UrhG die Druckform ist oder die vom Künstler auto-

tive verneinen, die zweite bejahen und sagen, dass die Vorlage das Werk verkörpert; denn sie ist zweifellos die erste materielle Form, in der der Künstler das Werk entäußert hat.[355] Dafür spricht zwar, dass nach allgemein akzeptierter Auffassung[356] im Urheberrecht eine in der Fantasie des Urhebers lebende Gedankenfolge noch kein Werk ist und keines urheberrechtlichen Schutzes bedarf. Dagegen spricht aber, dass man den Urheber als Produzenten des geistigen Gegenstandes schwerlich ausblenden und ihm die Entscheidung aus der Hand nehmen kann, welche materiellen Dinge und Erscheinungen sein Werk enthalten und denselben geistigen Gehalt ausdrücken oder nicht.[357] Wer anders als der Schöpfer sollte schließlich darüber bestimmen können, welche Eigenschaften sein Werk hat?[358] Der Urheber wie jeder andere Produzent eines geistigen Gegenstandes genießt – innerhalb gewisser Grenzen – vielmehr das konventionale Privileg, seine Äußerung authentisch interpretieren zu dürfen.[359] Hierauf werden wir weiter unten (→ Rn. C25, C50) bei der Frage nach der Identität eines Werkes mehrfach näher zurückkommen. Auch wenn das Urheberrecht nur entäußerte Werke unter Schutz stellt, folgt daraus nicht, dass Vorstellungsinhalte, Gedankeninhalte, Erlebnisinhalte usw. erst dann relevant sind, wenn sie in einem materiellen Originalvorkommnis entäußert wurden (→ Rn. B71).[360]

Die Unveränderlichkeit geistiger Gegenstände wird auch nicht dadurch in Frage gestellt, dass wir ihnen häufig eine Geschichte zuschreiben. In einer etymologischen Untersuchung spüren wir beispielsweise dem Bedeutungswandel eines bestimmten Ausdrucks nach. Wir stellen fest, dass die Wirkung eines Werkes im Laufe der Zeit eine andere geworden ist als zur Zeit seiner Entstehung. Moralische und rechtliche Normen, die lange Zeiten als unumstößlich gegolten haben, werden als nicht mehr zeitgemäß angesehen und werden obsolet. Gedanken und Theorien, die als wahr geglaubt wurden, werden später wieder verworfen und umgekehrt. Anders als in den obigen Fällen tritt hier keine Änderung in den materiellen Vorkommnissen ein, die den betreffenden geistigen Gegenstand enthalten, sondern in unseren Auffassungen oder Einstellungen zu ihm.

---

risierten und unter seiner Leitung hergestellten Abdrucke bzw. Abgüsse sind; dazu *Katzenberger/Schierholz* in Schricker/Loewenheim (2020), UrhG § 26 Rn. 27.

[355] So *Schmücker* (2014), S. 149, 163.

[356] BGH GRUR 1953, 497, 498; *Loewenheim/Leistner* in Schricker/Loewenheim (2020), UrhG § 2 Rn. 47; *Schulze* in Dreier/Schulze (2022), UrhG § 2 Rn. 13; *Ulmer* (1980), S. 130.

[357] Vgl. *Voigtländer/Elster/Kleine* (1952), § 1 Anm. II 2 b: „Der Akt der *Geburt der Form* des Geisteswerkes ist aus der leicht entstandenen Veräußerlichung [...] zurückzuverlegen auf eine frühere innere Etappe der geistigen Formung."

[358] *Reicher* (2014), S. 188.

[359] Vgl. *v. Savigny* (1983), S. 272.

[360] Das Urheberrecht trägt dem Rechnung, indem es dem Urheber in § 12 UrhG das ausschließliche Recht zuweist, darüber zu entscheiden, ob, wann und in welcher Fassung sein Werk der Öffentlichkeit zugänglich gemacht wird. Dies schließt das Recht ein, sich überhaupt nicht zu entäußern. Darauf beruht die moralische Rechtfertigung des Urheberrechts, rechtliche Anreiz- und Belohnungsmechanismen bereit zu stellen, damit Schöpfer kreativer Werke sie nicht in ihren Köpfen behalten, sondern sie auch tatsächlich entäußern.

Dieser bleibt unberührt.³⁶¹ Deshalb bedeutet es im Fall des Bedeutungswandels eines Ausdrucks nicht, dass sich seine Ursprungsbedeutung geändert hat, sondern dass er neue oder zusätzliche Bedeutungen erhalten hat, so dass er auf diese Weise nunmehr einen neuen oder anderen Begriff ausdrückt.³⁶²

bb) Zeitlosigkeit

B112 Wenn man versucht, sich klar darüber zu werden, ob Werke oder allgemein geistige Gegenstände zeitlos sind, stößt man auf die Schwierigkeit, dass es verschiedene Verwendungsweisen für „zeitlos" gibt. Häufig sprechen wir Werken Zeitlosigkeit in dem Sinn zu, dass sie *bleibende* Wahrheiten bzw. bleibende ästhetische oder moralische Werte vermitteln. Ein solches Urteil mag zwar auf einige wenige Werke zutreffen, aber sicherlich nicht auf die große Masse der geistigen Gegenstände, geschützte Werke des Urheberrechts eingeschlossen, die Menschen produziert haben und täglich neu produzieren. In diesem Sinn drückt der Ausdruck „zeitlos" keine notwendige Eigenschaft eines geistigen Werkes, sondern lediglich eine bestimmte Einstellung aus, die der Urteilende zu ihm einnimmt. Diese kann sich, wie wir gerade gesehen haben, jederzeit ändern, ohne dass sich das Werk selbst ändert.

B113 In einer anderen Verwendungsweise bedeutet der Ausdruck „zeitlos", dass der Gegenstand, dem er zugesprochen wird, immer, in aller Zeit, d.h. *ewig* existiert. In diesem Sinn könnte man geistige Gegenstände als zeitlos charakterisieren, wenn sie mit den ewigen platonischen Ideen, die weder entstehen noch vergehen und keinem Wandel unterworfen sind, gleichsetzbar wären. Wie oben (→ Rn. B90) dargelegt wurde, steht einer solchen Gleichsetzung aber der Einwand entgegen, dass wir uns Geistiges nicht sinnvoll vorstellen können, ohne vorauszusetzen, dass es denkende und fühlende Subjekte gibt.³⁶³ Diese sind nach unserem derzeitigen Kenntnisstand nur Menschen, was zwar nicht ausschließt, dass es in fernen Galaxien des Universums ebenfalls Subjekte gibt oder auf unserem Planeten einmal Roboter geben wird, die denken und fühlen können. Da es aber denkende und fühlende Subjekte jedenfalls erst lange Zeit nach dem Urknall gegeben haben kann und nach aller Erfahrung nichts dafür spricht, dass es sie in Ewigkeit geben wird, folgt daraus, dass es ihre geistigen Produkte (Zahlen, Begriffe, Theorien, Normen, Werke, Fiktionen, Erfindungen, Namen usw.) ebenfalls nicht immer schon gegeben hat und nicht immer geben wird. Dies ist eine Konsequenz aus der Fundiertheit von Gedanken- und Erlebnisinhalten im Inneren von Personen.³⁶⁴

B114 Zeitlosigkeit könnte man deshalb geistigen Gegenständen nur dann zutreffend zusprechen, wenn man sie in einem schwächeren Sinne versteht, nämlich als „unzeitlich" (oder synonym: „zeitlich invariant"):

---

³⁶¹ *Patzig* (2014), S. 114f., 119.
³⁶² *Künne* (2010), S. 534ff.
³⁶³ *Künne* (2010), S. 534; *Künne* (2007), S. 350.
³⁶⁴ Vgl. auch *Patzig* (2014), S. 107, 111.

(UZ) Etwas ist unzeitlich, wenn es keine zeitliche Position und keine zeitliche Extension hat.[365]

Auf die Werke des Urheberrechts angewandt, würde dies bedeuten, dass sie zu keinem *bestimmten* Zeitpunkt zu existieren beginnen, sich im Laufe der Zeit nicht verändern und nicht vergehen. Die Bedenken, die gegen die ewige Existenz von geistigen Gegenständen ins Feld geführt werden konnten, stehen dieser Begriffsbestimmung nicht entgegen.[366] Ewige Existenz schließt zwar zeitlich invariante Existenz ein, nicht aber umgekehrt.[367] Dass Werke unveränderlich sind, d. h. keine zeitliche Extension haben, wurde bereits dargelegt. Haben sie aber keine zeitliche Position? Das wäre in der Tat zu verneinen, wenn ihnen die notwendige Eigenschaft zukäme, dann-und-dann-von-dem-und-dem geschaffen worden zu sein, wie *Künne*[368] meint. Am Beispiel von „Chopins Trauermarsch" führt er aus, die Beschreibung derselben Tonsequenz, die jeder Pianist zu Gehör bringe, der Chopins Trauermarsch korrekt spiele, bezeichne keineswegs genau ein Werk. Es könnte nämlich sein, dass ein gestern von einer anderen Person, z. B. einem Marsmenschen, komponiertes Werk aus derselben Tonsequenz bestehe. Unter solchen Umständen sei es legitim, von *zwei* Werken zu sprechen. Warum sollte aber diese Deutung des Beispiels zwingend sein? Mindestens ebenso legitim ist es, davon auszugehen dass wir es nur mit *einem* Werk zu tun haben, das unabhängig voneinander von zwei Personen komponiert wurde, wie es auch der Sichtweise des Urheberrechts entspricht.[369] Würde nämlich die zweite Person für ihre Komposition, ihr Werk der bildenden Kunst oder ihr literarisches Werk vor einem Gericht den Urheberrechtsschutz reklamieren, würde das Gericht vielmehr zunächst im Wege des Anscheinsbeweises annehmen, dass die zweite Person bewusst oder unbewusst das frühere Werk kopiert hat[370] und, wenn wie im Beispiel des Marsmenschen die ernsthafte Möglichkeit besteht, dass das jüngere Werk ohne Kenntnis des anderen komponiert, gemalt oder geschrieben wurde, von einer Doppelschöpfung ausgehen.[371] Die in den Systemen des Immaterialgüterrechts als selbstverständlich vorgesehene Möglichkeit, dass dasselbe Werk, dieselbe Erfindung unabhängig voneinander von verschiedenen Personen und zu verschiedenen Zeiten geschaffen bzw. gemacht werden kann

---

[365] So *Künne* (2007), S. 59.
[366] Dass es die Spezies „Mensch" bzw. „denkende oder fühlende Subjekte" nicht immer gegeben hat und sie aussterben kann, ist somit kein echtes Gegenbeispiel für die Annahme, ihre geistigen Produkte seien unzeitlich. Zum Entstehen und Vergehen natürlicher Arten, wozu die Spezies Mensch gezählt wird, näher *Künne* (2007), S. 48 f. Fn. 4.
[367] *Meixner* in Kolmer/Wildfeuer (2011), Stichwort „Sein/Seiendes", S. 1970, 1977 f.
[368] *Künne* (2007), S. 91 f., 231 f. Vgl. dazu *Jacob* (2010), S. 96 ff., 198 ff.
[369] So auch *Reicher* (2019), S. 99 ff.
[370] BGH GRUR 1988, 810, 811 – Fantasie; BGH GRUR 1988, 812, 814 – Ein bisschen Frieden; OLG Frankfurt GRUR 2000, 43, 44 – Klammerpose.
[371] So LG Mannheim NJW-RR 1998, 45, 46 f. – Happy Hippos. Diese nicht bloß theoretische Möglichkeit ziehen *Wollheim* (2014), S. 76, 83, und *Schmücker* (2014), S. 149, 156, für ihre gegenteilige Ansicht nicht in Betracht.

(→ Rn. B87)³⁷², ist ein deutlicher Beleg dafür, dass zu den *notwendigen* Eigenschaften der hier untersuchten geistigen Gegenständen nicht gehört, dann-und-dann-von-dem-und-dem geschaffen worden zu sein.³⁷³ Sie nehmen anders als ihre materiellen Vorkommnisse keine zeitliche Position im Raum ein. Wenn wir uns Werke als Gegenstände vorstellen, die unveränderlich und zeitlos sind, dann heißt das folglich nicht, dass sie *notwendig* dann-und-dann-von-dem-und-dem geschaffen wurden und *notwendig* existieren.³⁷⁴

B115   Warum dagegen Künnes Beispiel auf den ersten Blick so überzeugend erscheint, liegt daran, dass in „Chopins Trauermarsch"³⁷⁵ der Name des Komponisten Chopin vorkommt. Mit dieser Bezeichnung wird somit nicht nur auf die spezifische Tonfolge, die dieses Werk ausmacht, referiert, sondern gleichzeitig zum Ausdruck gebracht, dass es von Chopin komponiert wurde. Es handelt sich somit nicht bloß um den Namen (Titel) des Werkes, sondern um eine Kennzeichnung, die nicht rein referentiell gebraucht wird, sondern auch eine prädikative, beschreibende Bedeutung hat.³⁷⁶ Wenn diese Kennzeichnung zutrifft, dann hat in der Tat Chopin die Tonsequenz komponiert. Dies kann aber auch falsch sein.³⁷⁷ Er könnte sie anlässlich der Aufführung eines unbekannt gebliebenen Pianisten gehört und niedergeschrieben haben oder die Partitur eines unbekannt gebliebenen Kollegen gefunden und verwendet haben. Es gibt genügend Beispiele aus der Literatur- und Kunstgeschichte, in denen die Urheberschaft an einem bestimmten Werk einer Person fälschlich zu- oder abgesprochen wurde. Wird in vergleichbarer Weise auf ein Sprachwerk eines Stars am Sport-, Schlager- oder Filmhimmel Bezug genommen, dann ist es sogar sehr wahrscheinlich, dass diese Kennzeichnung des Werkes falsch ist, weil es in Wahrheit von einem Ghostwriter geschrieben wurde. Schließlich ist es auch möglich, dass bereits längere Zeit vor Chopin dasselbe nie aufgeführte Werk komponiert wurde und die Partitur im Nachlass des verstorbenen Komponisten verschwunden ist und sich niemand mehr an sie erinnert. Dann müssten wir das Werk Chopins als Doppelschöpfung³⁷⁸ werten, die das vorher einmal existierende und vergessene Werk des verstorbenen Komponisten zur *Wiederexistenz* gebracht hat. Auch diese Überlegungen belegen: Die Tatsache – die wir hier mangels gegenteiliger Anhaltspunkte natürlich nicht anzweifeln wollen –, dass Chopin der wahre Komponist seines Trauermarsches ist und ihn zu einer bestimmten Zeit geschaffen hat, ist keine notwendige Eigenschaft seines Trauermarsches, sondern nur eine kontingente, die auch falsch sein könnte. Notwendig ist vielmehr nur, dass irgendein Mensch zu irgendeiner Zeit den Gedanken

---

³⁷² Vgl. *Jacob* (2010), S. 205 f.
³⁷³ So auch *Reicher* (2019), S. 28 ff.; *Reicher* (2014), S. 188.
³⁷⁴ In der Terminologie von *Kripke* (1981), S. 59, wären Namen (Titel) von Werken starre Bezeichnungsausdrücke, die aber nicht auf „starke Weise starr" sind, weil ihre Gegenstände nicht notwendig existieren.
³⁷⁵ Ein vergleichbares Beispiel wäre der „Satz des Pythagoras".
³⁷⁶ Vgl. *Newen/Schrenk* (2008), S. 90 ff., 94 f.
³⁷⁷ *Strawson* (1971), S. 50; *Woltersdorff* (2014), S. 71.
³⁷⁸ Siehe dazu ausführlich unten → Rn. E39 ff.

oder den Empfindungsinhalt, um den es geht, gedacht oder gefühlt bzw. wiedergedacht oder wiedergefühlt hat. Das schließt nicht aus, dass geistige Gegenstände in einer Tradition stehen.

Um in der Kommunikation erfolgreich identifizierend auf ein Sprachwerk, ein Musikstück oder ein Gemälde Bezug nehmen zu können, ist es folglich nicht erforderlich, dass Sprecher und Hörer an die Person des Schöpfers denken oder seinen Namen nennen oder mitdenken. Die Referenz gelingt auch dann, wenn beide keine Ahnung oder verschiedene Vorstellungen darüber haben, wann es geschaffen wurde und wer der Schöpfer des Werkes ist, über das sie gerade reden.[379]

Ein wesentlicher Grund, weshalb man intuitiv geneigt ist, ein bestimmtes Kunstwerk generisch auf einen bestimmten Schöpfer und das von ihm entäußerte Original zurückzuführen, dürfte darin liegen, dass der Begriff des Kunstwerkes und des Künstlers stark mit der Vorstellung des Einmaligen und Einzigartigen konnotiert und von der Aura des Genies[380] umgeben ist. Die Beispiele, die in der Diskussion aufgeführt werden, zählen dementsprechend nahezu ausschließlich zu den großen Schöpfungen in Literatur und Kunst. Blickt man dagegen auf die ganze Bandbreite der geistigen Produkte der Menschen, urheberrechtlich geschützte Werke und patentfähige Erfindungen eingeschlossen,[381] deren Schöpfer nicht bekannt sind, dann verliert diese Vorstellung weitgehend seine Überzeugungskraft. Die großen Schöpfungen der Menschheit bilden dann nur Ausnahmeerscheinungen, was aber ebenfalls nicht ausschließt, dass sie unabhängig von einem bekannt gewordenen Schöpfer bereits vorher geschaffen wurden und erneut geschaffen werden können.

c) Nichtwirklichkeit, Nichtwirksamkeit

aa) Zur Realität von geistigen Gegenständen

In den vorhergehenden Abschnitten haben wir die Auffassung vertreten, dass geistige Gegenstände und damit auch die Werke des Urheberrechts wirklich existieren. Wie verhält es sich aber mit fiktionalen Geschichten und Figuren wie Pegasus, Sherlock Holmes, Obelix und Co., die in Romanen, Filmen und Bildern erzählt oder dargestellt werden und einen großen Teil der geschützten Werke abdecken? Von ihnen sagt man gewöhnlich, dass es sie nicht wirklich gibt,[382] weil sie bloß ausgedacht sind. Auch die urheberechtliche Rechtspraxis und Literatur machen einen Unterschied zwischen Fiktion und Nichtfiktion, indem sie der auf der Phantasie des Schöpfers beruhenden Fabel, etwa dem Gang der Handlung, der Charakteristik der Personen oder der Ausgestaltung von Szenen einen

---

[379] *Newen/Schrenk* (2008), S. 105, 107 ff.
[380] Vgl. *Kant* (1963), S. 235 ff. (Überschrift zu § 46: „Schöne Kunst ist Kunst des Genies").
[381] *Schmidt* DZPhil 52 (2004), 755, 767 f., meint, dass sich aus der Überhöhung des Geniekults in Verbindung mit dem Eigentumsparadigma die paradoxe Situation ergebe, dass die Bedingungen für echte Kreationen zunehmend eingeengt würden.
[382] Z. B. *Künne* (2007), S. 281: „Fiktive Gegenstände wie Sherlock Holmes existieren nicht".

Sonderstatus insoweit einräumen, als für sie anders als für die Inhalte sonstiger Werke der Grundsatz von der Freiheit der Gedanken und Ideen nicht gelten soll.[383]

B119 Dennoch kann man mit Recht darauf beharren, etwa Sätze wie: Obelix ist dick und übermenschlich stark, seine Lieblingsbeschäftigung besteht darin, Wildschweine zu jagen und gebraten zu verzehren, für wahr und Sätze wie: Obelix hat schwarze Haare, für falsch zu halten. Wenn wir über einen Gegenstand wahre und falsche Aussagen machen können, wird vorausgesetzt, dass es diesen Gegenstand gibt, so dass wir in Bezug auf Obelix schließen können: Obelix existiert, was im Widerspruch zu unserer gewöhnlichen Redeweise über Fiktionales steht.[384] Ein echter Widerspruch ist das allerdings nicht ohne Weiteres.[385] Wenn nämlich von Obelix gesagt wird, es gebe ihn nicht wirklich, er sei nur ausgedacht, dann wird seine Existenz nicht schlechthin,[386] sondern nur in der physischen Welt, in der es Menschen aus Fleisch und Blut gibt, verneint. Nicht verneint wird dagegen seine Existenz in einer anderen nicht wirklichen (virtuellen) Welt, eben in den Comic-Serien von Goscinny und Uderzo, in Parodien auf ihn,[387] in Filmen usw.[388] Ein echter Widerspruch tut sich erst dann auf, wenn man wie hier die Meinung vertritt, dass auch die im Geist von Menschen existierenden möglichen Welten und die in ihnen vorkommenden Sachverhalte und Gegenstände *wirklich existieren* und sich *insoweit* nicht von den Gegenständen und Sachverhalten unterscheiden, die in der physischen Welt 1 vorkommen.[389]

B120 Der gewöhnlichen Rede über Fiktionales liegt der Gedanke zugrunde, es gebe nur *eine reale Welt,* alle anderen möglichen Welten seien nur gedankliche (begriffliche) Konstruktionen.[390] Der „realen" Welt wird auf diese Weise ein ontologischer Vorrang vor den von Menschen entworfenen möglichen Welten zugesprochen.[391] Ein wesentliches Motiv, diese Haltung einzunehmen, dürfte darin liegen, dass uns im Alltagsleben körperliche Bedürfnisse meist näherliegen als unsere geistigen, was Brecht in der Dreigroschenoper besonders drastisch zum Ausdruck gebracht hat: Erst kommt das Fressen, dann die Moral. Daraus jedoch zu schließen, die Moral oder moralisches Handeln gebe es nicht wirklich, wäre ziemlich verfehlt. Zu jeder moralischen oder rechtlichen Norm, ob sie faktisch in Geltung ist oder nicht, denken wir uns immer zwei unterschiedliche Welten, eine Ist-Welt, die die Welt beschreibt, wie sie beschaffen ist, und eine mögliche Soll-Welt, die beschreibt, wie die Welt aussehen würde, wenn die Norm erfüllt

---

[383] BGH GRUR 2011, 134 Rn. 36 – Perlentaucher; so noch *Schulze* in Dreier/Schulze, UrhG, 4. Aufl. 2013, UrhG § 2 Rn. 43.
[384] Vgl. *Reicher* (2010), S. 122 ff.
[385] *Reicher* (2014), S. 197 f.; *Gabriel* (2013), S. 116 ff.
[386] S. auch *Donellan* (1985), S. 277 ff., 280 f.; *Searle* (1977), S. 123 f.
[387] Vgl. BGH GRUR 1994, 191 ff. – Asterix-Persiflagen; BGH GRUR 1994, 206 – Alcolix.
[388] *Gabriel* (2013), S. 116 ff.
[389] *Goodman* (1990), S. 126 ff.; vgl. auch *Searle* (1991), S. 327.
[390] *Meixner* in Kolmer/Wildfeuer (2011), Stichwort „Sein/Seiendes", S. 1975 f.
[391] Dazu *Meixner* (2004), S. 199 ff.

ist.³⁹² Beide fallen nicht notwendig zusammen. Wäre dies nämlich der Fall, dann bestünde kein Bedürfnis für die Norm. In dieser Differenz drückt sich der Satz aus, dass aus einem Sein nicht auf ein Sollen geschlossen werden darf und umgekehrt.³⁹³ Gibt es nur eine reale Welt wirklich, dann käme als Kandidat allein die Ist-Welt in Frage; die Soll-Welt wäre nur eine nicht wirkliche gedankliche Konstruktion.

Nehmen wir als Beispiel die Norm: Du sollst nicht rauchen! Dann ist in der Soll-Welt allein die Aussage: niemand raucht, wahr. Wir wollen nun annehmen, es gebe drei Gemeinden. In der Gemeinde A rauchen alle, in der Gemeinde B raucht keiner und in der Gemeinde C raucht die Hälfte der Bewohner. In Gemeinde A ist nur die Ist-Welt, in Gemeinde B nur die Soll-Welt und in Gemeinde C sind beide verwirklicht. Welche Situation in den drei Gemeinden beschreibt nun die wirkliche Welt wirklich? Da es wenig plausibel ist, hier eine oder zwei der Gemeinden herauszugreifen und gegen die anderen oder die andere auszuspielen, dürfte der Schluss gerechtfertigt sein, dass weder die Ist-Welt noch die Soll-Welt wirklicher ist als die jeweils andere. In unserem alltäglichen Handeln haben wir ständig alternative Ziele und Handlungsmöglichkeiten vor Augen, zwischen denen wir etwa in folgender Weise abwägen: Ich könnte *dies* verwirklichen, ich könnte aber im Gegenteil auch *das* verwirklichen und ich könnte dies oder das auf *die eine oder andere Weise* verwirklichen. Diese sich in jeder Situation bietenden Handlungsalternativen sind regelmäßig sehr real und konkret und bleiben es, auch wenn sie sich nicht oder nur teilweise aktualisieren.³⁹⁴ Etwas, das unser alltägliches Handeln und Unterlassen so massiv beeinflusst, wird man schwerlich als nicht wirklich bezeichnen können. Es wäre sonst auch unerklärlich, warum wir uns seit jeher in echten Verträgen gegen echtes Geld verpflichten können, geistige Gegenstände ebenso wie materielle herzustellen, zu verkaufen und in deren Vollzug zu übertragen.³⁹⁵

Doch zurück zu den fiktionalen Sachverhalten und Figuren. Wir stellen uns einen der derzeit sehr beliebten historischen Romane vor, in dem der historischen Hauptperson eine dramatische Liebesgeschichte mit einer anderen historischen Person aus seinem Umfeld angedichtet wird. Im Nachwort heißt es dementsprechend, dass die Liebesgeschichte frei erfunden, während der Rest des Romans historisch verbürgt sei. Wir nehmen an, einige Zeit später würden in einem verstaubten Archiv Briefe des Helden oder der Heldin gefunden, aus denen hervorgeht, dass es tatsächlich eine Liebesbeziehung zwischen beiden Personen gegeben hat und einige der als historisch verbürgten Begebenheiten sich anders darstellen, so dass die Geschichtsbücher insoweit überarbeitet werden müssen. Was hat sich geändert? Wer von einem ontologischen Vorrang des

---

³⁹² Vgl. *Joerden* (2005), S. 204 Fn. 12.
³⁹³ *Joerden* (2005), S. 204 ff.; vgl. auch *Essler* (1979), S. 204 ff. Das bedeutet aber nicht, dass keine Wechselbeziehungen zwischen beiden Welten bestünden (s. § 275 Abs. 1 BGB); vgl. auch *Haberstumpf* ARSP 1981, 407, 420 ff.
³⁹⁴ *Meixner* in Kolmer/Wildfeuer (2011), Stichwort „Sein/Seiendes", S. 1976.
³⁹⁵ Näher *Haberstumpf* NJOZ 2015, 793 ff.

Realen vor dem Fiktiven ausgeht, müsste das Beispiel so interpretieren, dass durch die Entdeckung der Briefe die Liebesgeschichte wirklich und historisch Verbürgtes nicht wirklich geworden ist. Dagegen lässt sich aber einwenden, dass etwas, das in der Vergangenheit wirklich (wahr) war, auch in der Gegenwart und in aller Zukunft wirklich (wahr) ist.[396] Das Rad der Geschichte lässt sich nicht zurückdrehen. Einleuchtender ist es daher zu sagen: diejenigen Sachverhalte, die vorher als Fiktion angesehen wurden, haben sich aus der *Sicht eines Historikers*, der Vergangenes beschreibt, als wahr und diejenigen, die als historische Tatsachen bezeichnet wurden, als falsch herausgestellt. Die Beschreibungen der betroffenen Sachverhalte sind dieselben geblieben, sie haben nur in der Welt der Fiktion und der Welt des Historikers jeweils einen anderen Wahrheitswert als vorher erhalten. Dementsprechend verwandelt sich ein Science-Fiction-Roman nicht nachträglich in die Prognose eines Zukunftsforschers, wenn die geschilderten Sachverhalte aus dem Roman einmal wahr werden sollten. Wirklichsein (Nichtwirklichsein) und Wahrsein (Falschsein) fallen nicht zusammen (→ Rn. B93 ff.). Wenn dieselbe Aussage in verschiedenen möglichen Welten verschiedene Wahrheitswerte hat und diese jederzeit in ihr Gegenteil umschlagen können, dann erscheint es nicht gerechtfertigt, die eine Welt gegenüber der anderen ontologisch zu bevorzugen. Dass die Schilderung eines fiktionalen Handlungsgeschehens einschließlich der in ihm handelnden fiktiven Personen nicht bloß unsere Unterhaltungsbedürfnisse befriedigt, sondern auch das Handeln von Menschen massiv beeinflussen kann – man denke nur an einen sozialkritischen Roman, der Menschen im wörtlichen Sinn auf die Barrikaden bringt –, braucht im Einzelnen nicht weiter dargelegt werden. Dem steht nicht entgegen, dass vor allem in der Kunst vielfach Grenzüberschreitungen zwischen Fiktion und Nichtfiktion stattfinden[397] und auch sonst in unserer täglichen Rede[398] beides häufig verwechselt wird.[399]

bb) Zur Wirksamkeit geistiger Gegenstände

Wie Materielles ist auch Geistiges wirklich, es wirkt aber auf eine andere Weise. *Frege* gibt auf die Frage, wie der Inhalt eines Gedankens, der eine wahrheitsfähige Proposition[400] ausdrückt (→ Rn. B91), wirkt, folgende Antwort:

„Dadurch, dass er gefaßt und für wahr gehalten wird. Das ist ein Vorgang in der Innenwelt eines Denkenden, der weitere Folgen in dieser Innenwelt haben kann, die, auf das Gebiet des Willens übergreifend, sich auch in der Außenwelt bemerkbar machen. [...] So werden unsere Taten gewöhnlich durch Denken und Urteilen vorbereitet. Und so können Gedanken auf Massenbewegungen mittelbar Einfluß haben. Das Wirken von Mensch auf Mensch wird zumeist durch Gedanken vermittelt. Man teilt einen Gedanken mit. Wie ge-

---

[396] *Essler* (1979), S. 196 ff.
[397] *Gabriel* (2013), S. 216 ff.
[398] Eingehend *Künne* (2007), S. 279 ff.; vgl. auch *Reicher* (2010), S. 122 ff.
[399] *Gabriel* (2013), S. 118.
[400] *Frege* (1918), 58, 60 f.

schieht das? Man bewirkt Veränderungen in der gemeinsamen Außenwelt, die, von dem Anderen wahrgenommen, ihn veranlassen sollen, einen Gedanken zu fassen und ihn für wahr zu halten. [...] Der Gedanke verlässt bei der Mitteilung das Machtgebiet des Mitteilenden nicht; [...] Indem der Gedanke gefaßt wird, bewirkt er Veränderungen zunächst nur in der Innenwelt des Fassenden; doch bleibt er selbst im Kerne seines Wesens davon unberührt [...] Es fehlt hier das, was wir im Naturgeschehen überall erkennen: die Wechselwirkung. Die Gedanken sind nicht durchaus unwirklich, aber ihre Wirklichkeit ist ganz anderer Art als die der Dinge. Und ihr Wirken wird ausgelöst durch ein Tun des Denkenden, ohne das sie wirkungslos wären"[401]

Damit deutet Frege eine weitere wichtige Eigenschaft an, in der sich geistige Gegenstände von materiellen Gegenständen der Welt 1 unterscheiden. Diese ist eine Welt, in der Dieses auf Jenes wirkt, es verändert und selbst wieder Gegenwirkungen erfährt und dadurch verändert wird.[402] Die Gegenstände der geistigen Welt 3 sind dagegen nicht kausal wirksam[403] und erfahren keine Gegenwirkungen. Wenn eine Person den Inhalt einer der objektiven Denkmöglichkeiten erfasst oder sich des Inhalts einer Empfindungsqualität bewusst wird, dann verändert sie ihn nicht. Dieser erleidet keine Wirkungen.[404] Ebenso ist es, wenn sie den Inhalt eines gefassten Gedankens oder einer gehabten Empfindung anderen Personen mitteilt; auch dabei bleibt er unverändert (→ Rn. B106 ff.) und verlässt den Machtbereich des Mitteilenden nicht.[405]

Doch wie steht es mit der schwieriger zu beantwortenden Frage, ob geistige Gegenstände die Fähigkeit haben, ihrerseits Wirkungen hervorzurufen und dadurch andere Gegenstände zu verändern? Frege scheint sie bejahen zu wollen, wenn er ausführt, dass ein Gedanke, indem er gefasst wird, zunächst in der Innenwelt des Fassenden Veränderungen bewirkt. Nimmt man an, Gedankeninhalte oder Inhalte von Empfindungen hätten die Fähigkeit, Veränderungen im Inneren des Denkenden oder Empfindenden kausal hervorzurufen, müsste man folglich annehmen, dass die neuronalen Zustände im Inneren des Denkenden oder Empfindenden, in denen die Gedanken- bzw. Empfindungsinhalte materialisiert sind, eine Wirkung von ihnen ist, d. h. von ihnen verursacht wurden. Eine solche Annahme ist jedoch wenig plausibel. Sie würde nämlich bedeuten, dass der Inhalt eines Gedankens oder einer Empfindung immer bereits vorhanden sein müsste, bevor eine Person einen Denk- oder Gefühlsakt vollzieht, dessen Ergebnis eben dieser Inhalt des Gedankens oder der Empfindung ist.[406] Wenn aber die Person, z. B. ein Urheber, die erste ist, die den Gedanken

---

[401] *Frege* (1918), 58, 76 f.
[402] *Frege* (1918), 58, 76. Dazu eingehend *Künne* (2007), S. 66 ff., 139 ff., 281; *Künne* (2010), S. 536 ff.
[403] Die gegenteilige Position vertritt *Popper* (2004, S. 268 ff. und 1993, S. 160 f.), der die Wechselbeziehungen zwischen den Welten 1 bis 3 als kausale Beziehungen auffasst. Dagegen *Künne* (2007), S. 142 ff.
[404] *Künne* (2007), S. 141.
[405] Näher *Haberstumpf* NJOZ 2015, 793, 800.
[406] *v. Wright* (1974), S. 70, weist darauf hin, dass zwischen einer Handlung und ihrem Er-

denkt oder die Empfindung hat, dann ist nichts von dieser Person Unabhängiges vorhanden, was den Vorgang in ihrem Inneren hätte verursachen können. Die immer gegebenen objektiven Denk- und Empfindungs*möglichkeiten* können diese Rolle nicht übernehmen, weil sie allen Menschen in gleicher Weise und zu jeder Zeit gegeben sind und in allen vergangenen, gegenwärtigen und zukünftigen Menschen vergleichbare neuronale Veränderungen kausal hervorrufen müssten (→ Rn. B90), was sie aber ersichtlich nicht tun. Viel einleuchtender ist es daher, sich Gedankeninhalte und Inhalte von Empfindungen nicht als Ursachen, sondern als Ergebnisse, als Produkte[407] menschlicher Denk- und Empfindungsakte, also eines inneren Tuns, vorzustellen, die, wenn sie entäußert werden, sich in einem äußeren Handlungsergebnis manifestieren.[408] Welche Ergebnisse die inneren Aktivitäten des Gehirns und des restlichen Zentralnervensystems eines Menschen haben, wenn er einen geistigen Gegenstand produziert, hängt von den Regeln und Konventionen ab, in denen zu denken und zu empfinden er im Laufe seines Lebens gelernt hat.[409]

Aber auch die Mitteilung eines bereits gedachten oder empfundenen Gedanken- oder Gefühlsinhalts bewirkt nicht kausal, dass der Mitteilungsempfänger ihn hat. Hierauf wies bereits *Fichte* im Jahre 1793 im Hinblick auf die Übertragung des Inhalts eines verkauften Buches hin:[410]

Das Materielle, der Inhalt des Buches, die Gedanken, die es vorträgt, „wird durch die bloße Übergabe des Buches an uns offenbar noch nicht unser Eigenthum. Gedanken übergeben sich nicht von Hand zu Hand, werden [...] nicht dadurch unser, dass wir ein Buch, worin sie stehen, an uns nehmen, es nach Hause tragen und in unserem Bücherschrank aufstellen. Um sie uns zuzueignen, gehört noch eine Handlung dazu: wir müssen das Buch lesen, seinen Inhalt, wofern er nicht ganz gemein ist, durchdenken, ihn von mehreren Seiten ansehen, und so in unsere eigene Ideenverbindung aufnehmen."

Damit also der Mitteilungsempfänger den Inhalt eines mitgeteilten Gedankens oder eines ausgedrückten Gefühls in sein Bewusstsein aufnehmen kann, ist es erforderlich, dass er seine Aufmerksamkeit auf ihn richtet[411] und ihn versteht. Es bedarf somit auch hier einer inneren Handlung des Mitteilungsempfängers, um ihn nachzudenken oder nachzuempfinden. Die Mitteilung allein bewirkt dies nicht.

---

gebnis ein innerer (also logischer) und kein kausaler (also äußerer) Zusammenhang besteht. Wenn das Ergebnis nicht zustande kommt, ist die Handlung nicht vollzogen worden.

[407] Vgl. *Popper* (2004), S. 271 f.

[408] Daraus folgt aber nicht, wie *Peukert* (2018), S. 32 f., meint, dass sich der Schutz der Immaterialgüterrechte auf die physische Erscheinungsweise des Äußerungsergebnisses beschränkt.

[409] S. o. → Rn. B78 und unten → Rn. C11 ff., C45 ff., C90 ff., C99. Die Beziehung zwischen den Aktivitäten des Gehirns und seinen geistigen Produkten ist daher keine kausale (so *Searle* [1991], S. 328), sondern eine konventionale.

[410] *Fichte* (1793b), S. 225 f.

[411] *Troller* UFITA 50 (1967), 385, 387: „Das ästhetisch teilnahmslose Betrachten oder Hören ist nicht auf das Wesen des Objekts zurückzuführen, sondern darauf, daß der Sehende oder Hörende nicht darauf achtet, daß er es nicht wahrnimmt."

V. Werke als objektive, geistige Gegenstände

Geistige Gegenstände sind Produkte des menschlichen Geistes. Mit ihnen werden nicht *an sich* vorhandene Gegenstände und Sachverhalte sprachlich, visuell oder akustisch wiedergegeben, sondern Sinn erzeugt. Ihre Wirkungen bestehen darin, dass sie als – gute oder schlechte – *Gründe für menschliches Handeln bzw. Unterlassen* dienen können. Menschliche Handlungen erklären wir gewöhnlich damit, dass wir nach den Gründen fragen, warum der Handelnde so gehandelt hat, wie er gehandelt hat, ohne dass er sich ihrer aktuell bewusst gewesen sein muss. Der Handelnde wünscht, dass ein bestimmter Sachverhalt besteht und glaubt, dass die Ausführung eines bestimmten Handlungstyps diesen Zustand herbeiführt. Also führt er eine Handlung dieses Typs aus. Überall kommen hier geistige Gegenstände ins Spiel. Unsere geistigen Erkenntnisbemühungen im Alltag, in den verschiedenen Wissenschaften, in Literatur und Kunst, im Recht und in der Moral zielen darauf ab, die Welt, uns selber, unsere Lebensäußerungen und -formen zu deuten, Ziele vor Augen zu führen, auf die wir uns hinbewegen können oder sollen, und Möglichkeiten aufzuzeigen, wie wir sie verwirklichen können. Die Ergebnisse dieser Bemühungen schlagen sich in immateriellen Gegenständen, Theorien, Fiktionen, Bildern, Tonfolgen, Erfindungen, aber auch in einfachen Handlungsanweisungen, Informationen, Nachrichten, Tipps usw. nieder. Gründe sind aber keine Ursachen. Sie bewirken keine Handlungen; denn selbst wenn jemand gute Gründe hat, etwas zu tun, tut er es nicht in jedem Fall; Willensschwäche, Kraftlosigkeit oder irrationale Impulse z. B. können das verhindern. Handlungen sind Ersturssachen. Wir bewirken nicht Handlungen, sondern bewirken etwas durch sie.[412]

Die mangelnde kausale Wirksamkeit geistiger Gegenstände markiert einen wichtigen Unterschied zwischen den Gegenständen der Immaterialgüterrechte und ihren materiellen Vorkommnissen. Ein Buchexemplar z. B. erleidet eine physische Veränderung, wenn es verbrannt, übergeben und in ein Bücherregal gestellt wird. Es ruft eine physische Veränderung in einem anderen Gegenstand hervor, wenn es z. B. aus dem Bücherregal herausfällt, auf den Fuß eines Menschen trifft und dieser daraufhin einen Schmerz empfindet. Auch unkörperliche Vorkommnisse wie Schallwellen oder sonstige elektromagnetische, elektronische, optische Signale erleiden Veränderungen, wenn sie physikalisch gestört werden. Ihre Wirkungen können darin bestehen, dass sie z. B. anlässlich eines Rockkonzerts bei Besuchern, die zu nahe an den Lautsprechern stehen, vorübergehende Taubheit hervorrufen. Oder sie füllen Speichermedien, indem sie beispielsweise beim Herauf- oder Herunterladen von digitalen Inhalten aus dem Internet in ihnen Zustände erzeugen, die einen geistigen Gehalt materialisieren. Von all diesen Wechselwirkungen, die zwischen materiellen Vorkommnissen der Welt 1 stattfinden, bleiben die betroffenen, der Welt 3 angehörigen geistigen Gegenstände und damit auch die betroffenen Werke des Urheberrechts unberührt.

Eine für die alltägliche Rechtspraxis wichtige Folge betrifft die Frage, wie Verträge, die einen geistigen Gegenstand zum Gegenstand haben, vollzogen werden

---
[412] *v. Kutschera* (2009), S. 45; vgl. auch *v. Wright* (1974), S. 69 ff.

können. Der Verkäufer oder Vermieter einer Sache kann bewirken, dass er durch Übergabe der Sache den Besitz verliert und nun der Käufer oder Mieter Besitzer ist. Der Lieferant unkörperlicher Gegenstände wie Strom, Wasser, Wärme oder Gas kann bewirken, dass diese ihre kausalen Wirkungen nicht mehr bei ihm, sondern bei seinem Abnehmer entfalten. Die Verschaffungspflichten des Verkäufers, Vermieters oder Herstellers eines geistigen Gegenstandes können zwar ebenfalls dadurch erfüllt werden, dass körperliche oder unkörperliche materielle Vorkommnisse produziert werden, die dem Vertragspartner übergeben oder übermittelt werden. Das bewirkt aber weder, dass die überlassende Vertragspartei den geistigen Gegenstand verliert, noch dass der Empfänger ihn hat. Es bedarf vielmehr dessen Zutun, wenn er ihm zugeeignet sein soll. Verträge über geistige Gegenstände können deshalb nicht darauf abzielen, das geistige Gut einer Person faktisch zu übermitteln, sondern nur darauf, ihr die Möglichkeit zu verschaffen, es sich geistig zuzueignen und zu nutzen, d. h. als Grund für ihr Handeln wirken zu lassen.[413]

---

[413] Näher *Haberstumpf* NJOZ 2015, 793, 798 ff. Vgl. auch *Zech* ZGE 2013, 368, 381 ff.; *Stieper* (2014), S. 729, 734 ff.

C. Identität des Werkes

In den vorangegangenen Abschnitten wurde dafür plädiert, die geistigen Werke des Urheberrechts als wirklich existierende Gegenstände aufzufassen, die sich von materiellen Dingen und Erscheinungen dadurch unterscheiden, dass sie unkörperlich, nicht sinnlich wahrnehmbar, unveränderlich, unzeitlich und kausal nicht wirksam sind. Damit sind wir aber nur einen Teil des Weges zur Explikation des Werkbegriffs vorangekommen. Was nun unter folgenden Abschnitten I bis III näher zu erörtern ist, betrifft die Frage, wie wir Werke identifizieren, untereinander und von anderen Werken und Produkten des menschlichen Geistes abgrenzen können. Ihre Beantwortung wird auch einige Fingerzeige zur Behandlung des Problems geben, wann ein geistiger Gegenstand eine Schöpfung ist. Geistiges bedarf materieller Träger, die in ihren physischen Eigenschaften sehr verschieden sind. Um die in ihnen vorkommenden geistigen Gegenstände zu identifizieren, müssen wir über Kriterien verfügen, mittels derer wir sie in ihren Materialisierungen (Realisierungen) *als dieselben wiedererkennen* können.[1] Die Klärung der Identitätsfrage präjudiziert allerdings noch nicht die sich daran unmittelbar anschließende *juristische* Frage, ob der gesetzlich gewährte urheberrechtliche Schutz alles umfasst, was den geistigen Gehalt eines Werkes konstituiert, oder ob einzelne Elemente oder Teileinheiten davon vom Urheberrechtsschutz auszunehmen sind. Ihre Diskussion bleibt Abschnitt IV (→ Rn. C104 ff.) vorbehalten. C1

Die Schutzgegenstände des Immaterialgüterrechts und die Werke des Urheberrechts können als Typen gedeutet werden (→ Rn. B100 ff.). Da es üblich geworden ist, den Begriff „Typ" auf so heterogene Gegenstände wie Buchstaben, Wörter, Sätze, Töne, Namen, Werke und allgemein auf Handlungen[2] anzuwenden, ist es notwendig, näher darauf einzugehen, welche Arten von Typen Werke sind. In jedem halbwegs komplizierten Urheberrechtsstreit, in dem die Herstellung oder Verwertung von konkreten materiellen körperlichen oder unkörperlichen Verletzungsgegenständen,[3] die das Werk des klagenden Urhebers irgendwie enthalten, verboten werden soll, spielen folgende Fragen eine Rolle: Inwieweit C2

---

[1] *Künne* (2007), S. 225; ähnlich *Finke* (2022), S. 17. Nach der neueren Rechtsprechung des EuGH spielt das Kriterium der Wiedererkennbarkeit eine wichtige Rolle bei der Beurteilung, wann ein geschütztes Werk oder geschützte Teile von ihm rechtsverletzend vervielfältigt werden, s. EuGH GRUR 2019, 929 Rn. 31 ff., 72 – Pelham/Hütter. Dazu näher u. → Rn. C214 ff.

[2] *v. Kutschera* (1975), S. 17 f.

[3] Im Verletzungsrechtsstreit bilden sie die „konkrete Verletzungsform", auf die sich ein Unterlassungsantrag beziehen soll.

weist der geistige Gehalt des angegriffenen Gegenstandes Übereinstimmungen mit dem Werk des Klägers auf, so dass die Annahme einer Urheberrechtsverletzung in Betracht zu ziehen ist? Sind die Abweichungen so bedeutend, dass das in dem Verletzungsgegenstand vorkommende Werk ein eigenständiges ist, das nicht mehr in den Schutzbereich des anderen fällt? Diese Fragen kann der Richter nicht dadurch entscheiden, indem er seine Aufmerksamkeit allein auf die sinnlich wahrnehmbaren physikalischen Eigenschaften des vom Kläger vorgelegten Werkexemplars[4] und des angegriffenen Verletzungsgegenstands richtet. Jenes kann z. B. die Partitur eines Musikwerks, dieser eine von ihm nicht autorisierte musikalische Aufführung sein, von der der klagende Urheber behauptet, sie verletze sein Urheberrecht an dem in der Partitur verkörperten Musikwerk. Jenes kann das Exemplar eines deutschsprachigen Romans, dieser ein Text oder ein Vortrag in französischer Sprache sein, von dem der Urheber behauptet, er enthalte eine Übersetzung seines Romans. Um solche Behauptungen zu überprüfen und zu einer Entscheidung zu kommen, muss der Richter vielmehr – notfalls unter Einsatz eines Sachverständigen oder Übersetzers – die in den ihm präsentierten Vorkommnissen jeweils enthaltenen geistigen Gehalte miteinander auf Gleichheit, Ähnlichkeit oder Unähnlichkeit vergleichen. Er muss *verstehen*, was in ihnen jeweils zum Ausdruck kommt. Der im Folgenden diskutierte Begriff der Identität soll deshalb nicht in einem strengen Sinn, sondern als komparativer Begriff verwendet und als Grenzfall im Sinn von großer Ähnlichkeit aufgefasst werden. Bei der Prüfung, ob der im Verletzungsgegenstand vorkommende geistige Gehalt den geschützten geistigen Gehalt des Werks des Klägers rechtsverletzend übernimmt oder ob er in *freier Benutzung* dieses Werks geschaffen wurde und damit dessen Urheberrecht nicht mehr verletzt, geht demgemäß die Rechtspraxis davon aus, dass es bei diesem Vergleich nicht auf die Verschiedenheiten, sondern auf die Übereinstimmungen[5] zwischen den gegenüberstehenden Werken und auf den Standpunkt eines Betrachters ankommt, der die Vorlage kennt, aber auch das für das neue Werk erforderliche *intellektuelle Verständnis* besitzt.[6]

---

[4] Zur Darlegung und Nachweis der schutzbegründenden Voraussetzungen des § 2 Abs. 2 UrhG reicht es regelmäßig aus, dass der Urheber ein Exemplar oder insbesondere bei Computerprogrammen, die für den Richter nicht unmittelbar lesbar sind, eine verständliche Beschreibung seines Werkes vorlegt, BGH GRUR 1981, 820, 822 – Stahlrohrstuhl II; GRUR 1991, 449, 451 – Betriebssystem; näher u. → Rn. E61 f.

[5] Z. B. BGH GRUR 2003, 786, 787 – Innungsprogramm; BGH GRUR 1994, 191, 193 – Asterix-Persiflagen; BGH GRUR 1991, 533, 534 – Brown Girl II; BGH GRUR 1988, 812, 814 – Ein bißchen Frieden.

[6] Z. B. BGH GRUR 2004, 855, 857 – Hundefigur; BGH GRUR 1994, 206, 209 – Alcolix.

I. Identität von Sprachwerken

1. Syntaktische Kongruenz

Für Sprachwerke i. S. v. § 2 Abs. 1 Nr. 1 UrhG könnte es naheliegen, deren Identität wie folgt zu bestimmen:

(Sp1) Das Sprachwerk, von dem x ein Exemplar (Vorkommnis) ist, ist genau dann identisch mit dem Werk, von dem y ein Exemplar (Vorkommnis) ist, wenn x genauso buchstabiert wird wie y.[7]

Das Werk wäre so als eine bestimmte Abfolge (Anordnung) von Buchstabentypen identifiziert. Die Definition schließt nicht nur Typen von Schriftzeichen, sondern auch die ihnen entsprechenden Lauttypen ein; auch ein gesprochenes Wort kann man buchstabieren und es insoweit identifizieren. Damit hätte man wenigstens für Werke der Literatur ein klares und leicht zu handhabendes Kriterium; denn richtiges Buchstabieren haben wir in der Schule gelernt.[8] Es ist aber im Kontext des Urheberrechts unbrauchbar, auch wenn man es nach *Künne*[9] wie folgt verschärft:

(Sp2) Das Sprachwerk, von dem x ein Exemplar (Vorkommnis) ist, ist genau dann identisch mit dem Werk, von dem y ein Exemplar (Vorkommnis) ist, wenn x und y gleich buchstabiert werden, zur selben Sprache gehören und x textgeschichtlich mit y verwandt ist.

Der Anordnung von Buchstabentypen eines Wortes oder Textes sieht man nicht an, was sie zu verstehen gibt. Der Austausch von Buchstaben kann auf Tippfehlern beruhen oder den Ausdruckscharakter des Textes, z. B. eines Gedichts, entscheidend ändern. Die Herstellung und Verwertung einer Übersetzung ist gem. § 23 UrhG[10] normalerweise gleichzeitig auch die Reproduktion und Verwertung des Originalwerkes,[11] und der Austausch von Worten und Satzstrukturen durch bedeutungsgleiche kann ein handfestes Plagiat sein,[12] obwohl die jeweiligen Buchstabenfolgen deutlich verschieden sind und im Fall der Übersetzung auch noch eine andere Sprache verwendet wird. Der reine Buchstabenvergleich ermöglicht es nicht zu entscheiden, ob und wann der geschützte geistige Gehalt eines Werkes in einem Vorkommnis, das nicht dasselbe ausdrückt, wiederkehrt. Die urheberrechtlichen Vorschriften, die selbst schöpferische Bearbeitungen und Umgestaltungen in den Schutzbereich eines Werkes einbeziehen, zwingen uns aber dazu.

---

[7] *Goodman* (1998), S. 115, 195; *Künne* (2007), S. 229 f.
[8] Vgl. *Scholz* (1991), S. 94; *Haberstumpf* ZGE 2012, 284, 302 ff.
[9] *Künne* (2007), S. 232; *Künne* (2014), S. 141 ff.
[10] Ebenso nach europäischem und internationalem Recht: Art. 4 Abs. 1 lit. b Software-RL, Art. 5 lit. b Datenbank-RL, Art. 8, 12, 14 RBÜ.
[11] BGH GRUR 2016, 1157 Rn. 17 – auf fett getrimmt; *Loewenheim* in Schricker/Loewenheim (2020), UrhG § 23 Rn. 3, 7.
[12] S. dazu mit Beispielen *Rieble* (2010), S. 17 f.

C4 Zwei Exemplare sind miteinander textgeschichtlich verwandt, wenn zwischen ihnen eine kausale Beziehung besteht, so dass das eine eine Abschrift (Kopie) von dem anderen ist oder beide letztlich nach derselben Vorlage angefertigt wurden.[13] Käme es auf textgeschichtliche Verwandtschaft an, hätte dies z. B. in einem Urheberrechtsstreit über ein Sprachwerk sehr unangenehme Konsequenzen. Der klagende Urheber müsste nämlich darlegen und notfalls beweisen, dass der Verletzungsgegenstand von einer Kopie des Werkes, die letztlich kausal auf das womöglich nicht mehr vorhandene Original zurückführbar ist, hergestellt wurde.[14] Abgesehen davon, dass eine solche Beweisführung insbesondere dann, wenn der Verletzungsgegenstand eine andere Buchstabenfolge aufweist, allein aus praktischen Gründen kaum durchführbar sein dürfte, stößt sie jedenfalls dann auf ihre Grenzen, wenn der Prozessgegner des Urhebers sich dahingehend einlässt, er habe überhaupt keine Kopie des Werkes benutzt, sondern seinen angegriffenen Text unabhängig von einer Vorlage niedergeschrieben. Wie sollte aber der Urheber in der Praxis eine solche Einlassung widerlegen[15] und dartun können, es handele sich um keine zulässige Doppelschöpfung,[16] sondern um eine unbewusste Entlehnung, die aus dem Urheberrechtsschutz nicht herausführt?[17] In beiden Fällen fehlt es an einer kausalen Verbindung zwischen dem Verletzungsgegenstand und einem Exemplar (Vorkommnis) des Werkes. In dieser Hinsicht sind sie also ununterscheidbar (s. o. → Rn. B105).

C5 Glücklicherweise bedarf es jedoch weder eines Buchstabenvergleichs noch eines Eingehens auf die textgeschichtliche Verwandtschaft des Verletzungsgegenstands. Die Identität eines Textes kann nicht nur von der Person seines Produzenten, sondern auch von seiner Entstehungsgeschichte losgelöst werden. Wer nämlich – wie im Normalfall der Richter in einem Urheberrechtsstreit – die durch bestimmte Buchstabenfolgen gebildeten Worte des vom Urheber vorgelegten Exemplars und des Verletzungsgegenstands versteht, weil er die jeweils verwendete Sprache[18] beherrscht, weiß unmittelbar, erfasst gleichsam mit einem Schlag,[19] ob beide Vorkommnisse dasselbe Werk identisch oder verändert oder gar nicht enthalten. Beide Buchstabe für Buchstabe zu vergleichen oder sich Gedanken darüber zu machen, welche Vorlage der Beklagte im Einzelfall tatsäch-

---

[13] *Künne* (2007), S. 231 f.
[14] So aber *Rehbinder/Peukert* (2018), Rn. 30; *Peukert* (2018), S. 230, 138. Dazu näher oben → Rn. B34 Fn. 109.
[15] Vgl. *Schricker* GRUR 1988, 815, 816.
[16] S. o. → Rn. B114 f., s. u. → Rn. E62.
[17] Die Praxis versucht, derartige Beweisschwierigkeiten mit Hilfe eines Anscheinsbeweises zu meistern; BGH GRUR 1971, 266, 268 – Magdalenenarie; BGH GRUR 1981, 267, 269 – Dirlada – III 2a der Urteilsgründe; BGH GRUR 1988, 812, 814 – Ein bißchen Frieden. Dazu näher unten → Rn. E39 ff.
[18] Ist ein spezielles Fachgebiet betroffen, muss auch die jeweilige Fachsprache beherrscht werden.
[19] *Wittgenstein* (1971), § 197, § 138: „Nun verstehen wir aber die Bedeutung eines Wortes, wenn wir es hören oder aussprechen; wir erfassen sie mit einem Schlag".

lich benutzt hat, wäre demgegenüber ein sehr ungewöhnliches Vorgehen.[20] Die Kette von Weitergabehandlungen, angefangen von den Bewusstseinsinhalten, die ein Urheber in materiellen Vorkommnissen entäußert, ihre Verarbeitung in den Köpfen von Rezipienten und deren Reproduktion in weiteren Vorkommnissen, ist keine kausale Kette von Ereignissen, sondern wird durch Übereinkunft hergestellt.

2. Übereinstimmung in den Formulierungen

Syntaktische Kongruenz gewährleistet also keine Werkidentität. Ohne Berücksichtigung der semantischen Bedeutung von Buchstabenkombinationen wird es nicht möglich sein, dasselbe Werk in verschiedenen Vorkommnissen wiederzuerkennen. Geht man davon aus, dass jedes Sprachwerk aus bedeutungsvollen Worten einer bestimmten Sprache besteht, könnte man die Identität eines Sprachwerkes wie folgt definieren: C6

> (Sp3) Das Sprachwerk, von dem x ein Exemplar (Vorkommnis) ist, ist genau dann identisch mit dem Werk, von dem y ein Exemplar (Vorkommnis) ist, wenn x und y denselben Verlauf von bedeutungsvollen Worttypen einer Sprache enthalten.[21]

Ersichtlich entspricht diese Definition dem, was der BGH in der Entscheidung „Perlentaucher"[22] mit *Formulierung* eines Schriftwerkes gemeint hat. Danach ist das Urheberrecht an einem solchen Werk, soweit es keine auf der Phantasie des Autors beruhende fiktionale Fabel enthält, nur dann verletzt, wenn dessen Formulierungen, dessen *„Wörter oder Wortfolgen",*[23] in dem Verletzungsgegenstand wiederkehren. Die Übernahme des Inhalts eines solchen Schriftwerks in eigenen Worten, also in anderen Formulierungen, stelle demnach keine Urheberrechtsverletzung dar, sondern sei als eine grundsätzlich urheberrechtlich unbedenkliche freie Benutzung im Sinne des damaligen § 24 Abs. 1 (jetzt § 23 Abs. 1 S. 2 UrhG) zu werten.[24]

Gegen (Sp3) und damit auch gegen die Auffassung des BGH kann allerdings ins Feld geführt werden, dass es nicht genügt, auf den Wortverlauf zu blicken und zu wissen, dass die Formulierungen aus bedeutungsvollen Worten einer bestimmten Sprache bestehen, wie es z. B. der Fall ist, wenn wir mit einem fremdsprachlichen Text konfrontiert werden, die verwendete Sprache aber nicht beherrschen. Jede Übersetzung ist daher ein schlagendes Beispiel gegen die Be- C7

---

[20] Die Anpreisungen der Hersteller von Plagiatssoftware, ihre Produkte könnten Plagiate und Urheberrechtsverletzungen aufdecken, obwohl sie doch nur in der Lage sind, Textübereinstimmungen und -ähnlichkeiten festzustellen, versprechen daher etwas, was sie nicht halten können. Das Lesen der gegenüberstehenden Texte und deren geistige Verarbeitung können sie nicht ersetzen. S. *Miljković* GMS Med Bibl Inf. 2015, 15 (1–2).
[21] *Haberstumpf* ZGE 2012, 284, 304.
[22] BGH GRUR 2011, 134 Rn. 36 f.
[23] BGH GRUR 2011, 134 Rn. 39 ff. – Perlentaucher.
[24] BGH GRUR 2011, 134 Rn. 37 – Perlentaucher.

griffsbestimmung in (Sp3) und gegen die in der Entscheidung „Perlentaucher" geäußerte Auffassung.[25] Die Kenntnis des Wortverlaufs bzw. Wortlauts eines Textes ohne Kenntnis seines Inhalts reicht nicht aus, um zu erkennen, was er zu verstehen gibt.[26] Insbesondere Worte der natürlichen Sprache sind manchmal mehrdeutig, haben oft ein breites Bedeutungsspektrum, um ihren Bedeutungskern gruppieren sich mehr oder weniger zahlreiche Nebenbedeutungen. Mit vielen Wörtern verbinden sich ferner anschauliche Vorstellungen und emotionale oder valuative Komponenten.[27] In welcher Weise sie jeweils verwendet werden, erschließt sich deshalb nicht ohne Weiteres aus ihnen, sondern aus dem sprachlichen und situativen Kontext,[28] in dem sie geäußert werden.

C8 Ob beispielsweise ein Schüler einen bestimmten Text verstanden hat, wird normalerweise nicht danach beurteilt, ob er ihn im vollen Wortlaut aufsagen kann, sondern ob er in der Lage ist, den Inhalt des Textes in anderen Worten oder eigenen Worten wiederzugeben.[29] Nur derjenige hat den Text wirklich verstanden, der seinen Inhalt referieren kann, und auch dann dazu in der Lage ist, wenn er den Wortlaut und Wortverlauf des Textes vergessen hat. Dass dies möglich ist, liegt daran, dass wir als Mitglieder einer bestimmten Sprachgemeinschaft gelernt haben, die Worte der Sprache als regelhafte Handlungsschemata zu verwenden und zu sinnvollen Sätzen und Satzgebilden zu kombinieren. Dadurch wird man von bestimmten Formulierungen unabhängig. Wenn nämlich in einem komplexen sprachlichen Ausdruck einzelne Bestandteile durch bedeutungsgleiche ersetzt werden, so bleibt die Bedeutung des komplexen sprachlichen Ausdrucks erhalten (Substitutionsprinzip für Bedeutung).[30] Von diesem Prinzip machen wir ständig Gebrauch. Wir ersetzen einzelne Worte durch schon vorhandene Synonyma, verwenden für komplexe Satzkonstruktionen bedeutungsgleiche, ersetzen längere Wortfolgen durch kürzere, die wir vorher mit jenen definiert haben oder übersetzen den Ausgangstext in eine andere Sprache. Die Auswechslung von Worten durch naheliegende Synonyma oder sonstige Sprachglättungen, die den Charakter, Inhalt oder Aussagegehalt eines Sprachwerks unberührt lassen, werden deshalb in der urheberrechtlichen Literatur[31] und Rechtsprechung[32] nicht einmal als schöpferische Bearbeitungen angesehen, geschweige denn als freie Benutzung. Ein Sprachwerk bloß umzuformulieren, kann im Normalfall jeder, der die betreffende Sprache beherrscht und ggfs. zur Unterstützung ein Synonymwörterbuch zu Rate zieht oder dazu eine

---

[25] Näher dazu unten → Rn. C129 ff.; *Haberstumpf* ZUM 2011, 158, 159 f.; vgl. auch *Kummer* (1968), S. 9.
[26] Zum Folgenden *Haberstumpf* ZGE 2012, 284, 304 ff.
[27] Vgl. *v. Kutschera* (1988), S. 44.
[28] *Kamlah/Lorenzen* (1973), S. 64 ff.
[29] *Kamlah/Lorenzen* (1973), S. 129 ff.
[30] *Newen/Schrenk* (2008), S. 21.
[31] Z. B. *Loewenheim* in Schricker/Loewenheim (2020), UrhG § 3 Rn. 16; *Ahlberg/Lauber-Rönsberg* in BeckOK UrhR (Stand 1.5.2023), UrhG § 3 Rn. 12.
[32] So unmissverständlich BGH GRUR 1972, 143, 145 – Biografie: Ein Spiel; vgl. auch OLG Nürnberg GRUR-RR 2001, 225, 227 – Dienstanweisung.

entsprechende Software einsetzt, ohne individuelle Entscheidungen treffen zu müssen. Ein probates und vielfach angewandtes Mittel im Wissenschaftsbereich, ein urheberrechtliches Plagiat zu verdecken, besteht darin, eine oder mehrere Vorbildveröffentlichungen in eigenen Worten zu paraphrasieren[33] oder diese aus einer weniger geläufigen Wissenschaftssprache in eine gängige Sprache zu übersetzen und das Produkt als eigenes auszugeben.[34] Was eine Umformulierung oder Übersetzung zu einer Urheberrechtsverletzung macht, sind nicht die Übereinstimmungen im Wortverlauf, sondern Übereinstimmungen in der Gesamtbedeutung oder in der Bedeutung in sich geschlossener Teile der gegenüberstehenden Texte. Das in (Sp3) formulierte Identitätskriterium ist deshalb auch außerhalb der Darstellung fiktionaler Handlungen und Figuren weder notwendig noch hinreichend, das Wesen eines Sprachwerkes zu erfassen.

3. Bedeutung (Sinn) des Sprachwerks

Auf der Suche nach einem geeigneten Identitätskriterium für Sprachwerke müssen wir folglich auch von dessen Wortverlauf oder Wortlaut absehen, um in einem weiteren Abstraktionsschritt auf die Ebene der sprachlichen Bedeutung, des Sinns, vorzustoßen:

(Sp4) Das Sprachwerk, von dem x ein Exemplar (Vorkommnis) ist, ist genau dann identisch mit dem Werk, von dem y ein Exemplar (Vorkommnis) ist, wenn die in x und y vorkommenden Verläufe von Worten einer Sprache dieselbe Bedeutung (Sinn) haben (dasselbe ausdrücken, dasselbe zu verstehen geben,[35] denselben Inhalt haben).[36]

Das Sprachwerk erscheint somit als ein komplexer Megatyp,[37] der vom Wortlaut und Wortverlauf eines geschriebenen oder gesprochenen Textes absieht. Gleichheit in der Bedeutung, im Sinn, wird in (Sp4) als *Gleichheit im Verstehen* aufgefasst.[38] Es ist als dasjenige charakterisiert, was ein Text sprachlich zum Ausdruck bringt. In der urheberrechtlichen Rechtsprechung und Literatur ist in diesem Zusammenhang häufig vom *Gesamteindruck* des Werkes[39] die Rede – besser: *Gesamtausdruck* –, was natürlich nicht ausschließt, dass er in sich geschlossene Sinneinheiten zerlegt werden kann und diese für sich genommen die Schutzvoraussetzungen des § 2 Abs. 2 UrhG erfüllen.

---

[33] *Rieble* (2010), S. 18.
[34] *Rieble* (2010), S. 15.
[35] Vgl. *Kamlah/Lorenzen* (1973), S. 87; *v. Savigny* (1983), S. 24 ff.
[36] *Haberstumpf* (2000), Rn. 75; *Haberstumpf* ZGE 2012, 284, 305.
[37] Dazu näher *Margolis* (1979), S. 209, 213 ff.; *Künne* (2007), S. 230.
[38] *Künne* (2007), S. 262, nennt diese Gleichstellung „kognitive Gleichwertigkeit".
[39] Z. B. BGH GRUR 2011, 803 Rn. 47 – Lernspiele; BGH GRUR 1993, 34, 36 – Bedienungsanweisung; BGH GRUR 1991, 531 – Brown Girl I; BGH GRUR 1987, 704, 705 – Warenzeichenlexika; *Loewenheim/Leistner* in Schricker/Loewenheim (2020), UrhG § 2 Rn. 55, § 24 Rn. 16; *Schulze* in Dreier/Schulze (2022), UrhG § 2 Rn. 67; *Dreyer* in Dreyer/Kotthoff/Meckel (2013), UrhG § 24 Rn. 16. Vgl. auch *Finke* (2022), S. 13 Fn. 50.

C10 Man könnte einwenden, dass die Definition (Sp4) zu unscharf ist, weil es einen exakten Begriff der Bedeutungsgleichheit (Synonymie) und Übersetzungsgenauigkeit[40] allenfalls in streng normierten Wissenschaftssprachen gibt. Typen legen normalerweise die Eigenschaften ihrer Vorkommnisse nicht vollständig fest.[41] Dieser zutreffende Einwand mindert jedoch die grundsätzliche Brauchbarkeit von (Sp4) für die urheberrechtliche Praxis nicht.[42] Geht es nämlich in einem Urheberrechtsstreit darum, ob der Text des Beklagten das Urheberrecht an dem Text des klagenden Urhebers verletzt, reicht es aus, eine mehr oder weniger große *Bedeutungsähnlichkeit* zwischen ihnen zu konstatieren. Die sich anschließende Frage, ob die festgestellte Bedeutungsähnlichkeit für die Annahme einer Urheberrechtsverletzung groß genug ist oder nicht, ist keine ontologische Frage mehr, sondern betrifft die nach rein urheberrechtlichen Gesichtspunkten zu beurteilende Frage, wieweit der Schutzumfang reicht, der für ein bestimmtes Werk in Anspruch genommen werden kann. Darauf wird weiter unten näher in Abschnitt C IV einzugehen sein.

a) Bedeutung als Ergebnis regelhafter Sprechhandlungen

C11 Wie ist es aber möglich, Bedeutungsgleichheit und -ähnlichkeit im Verstehen von Worten und Wortverläufen zu erkennen? Die Antwort ergibt sich aus dem Wesen der Sprache: Weil wir mit dem Erwerb einer Sprache gelernt haben, Worte und Wortkombinationen als *regelhafte* (bedeutungsvolle) Handlungsformen hervorzubringen, sie gleichförmig beliebig oft zu verschiedenen Zwecken zu gebrauchen[43] und in ihren Handlungsvollzügen wiederzuerkennen. Die sprachlichen Handlungsformen (Handlungsschemata, -typen) sind normative Maßstäbe zur Beurteilung ihrer möglichen Realisierungen. Indem man weiß, was es heißt, eine bestimmte Handlung des Typs A auszuführen, verfügt man über eine Norm, A zu tun; man weiß dann auch, was es heißt, A mehr oder weniger *gut* zu tun[44] und welche Handlungen noch unter die Norm fallen. Bedeutungsvolle Worte und Wortverläufe einer Sprache sind somit nicht bloß Typen von Lautfolgen oder Buchstabenreihen, sondern gewinnen ihre Bedeutung vielmehr erst im Rahmen eines Systems von Regeln, die besagen, wie sie einzeln und in Verbindung, in bestimmten Situationen und zu bestimmten Zwecken zu verwenden sind.[45] Verschiedene Vorkommnisse von Worten und Wortfolgen drücken dasselbe Sprachwerk aus, wenn sie nach denselben Regeln verwendet werden.

---

[40] Die Begriffe der Synonymie und Übersetzungsgenauigkeit sind komparative Begriffe; dazu eingehend *v. Kutschera* (1975), S. 100 ff.

[41] *Reicher* (2014), S. 180, 188 f.

[42] Mangelnde Exaktheit eines Begriffs heißt nicht ohne Weiteres, dass er unbrauchbar ist, das mit ihm verfolgte Ziel zu erreichen; s. *Wittgenstein* (1971), § 88.

[43] Vgl. *Wittgenstein* (1971), § 43: „Die Bedeutung eines Wortes ist sein Gebrauch in der Sprache."

[44] Vgl. *Müller* (2015), S. 263, 267.

[45] *v. Kutschera* (1975), S. 19. Vgl. auch *Strawson* (1971), S. 9.

Worte[46] sind nicht naturgegeben, sie müssen erlernt werden. Viele Worte lernen wir mit dem Erwerb der Muttersprache, etwa indem Eltern ihren Kindern anhand von Beispielen und Gegenbeispielen deren Gebrauch demonstrieren und sie korrigieren oder bestätigen, je nachdem ob sie die Worte falsch oder richtig verwenden.[47] Dies könnte beispielsweise so aussehen, dass ein Kind, das das Wort „Miau" („Katze") am Beispiel einer Katze, die man gefahrlos streicheln kann, gelernt hat, wenn es mit dem freudigen Ausruf „Miau" auf einen Hund losstürmt, von den Eltern mit erschreckten Gesten und den Worten zurückgehalten wird: Vorsicht! Das ist keine „Miau" („Katze"), sondern ein „Wauwau" („Hund"), der beißt vielleicht. Daneben oder stattdessen kann der Gebrauch dieser Worte natürlich auch in anderen Lernsituationen etwa anhand eines Bilderbuchs gelehrt und eingeübt werden. Hat das Kind auf diese Weise seine Lektion gelernt, wird es von den Lernsituationen, den gegebenen Beispielen und Gegenbeispielen unabhängig und kann die eingeübten Worte beliebig oft und in neuen Situationen korrekt, d. h. in Übereinstimmung mit unserem allgemeinen Sprachgebrauch, den Gepflogenheiten, aussprechen und verwenden.[48] Es hat ein regelhaftes Handlungsschema (einen Handlungstyp, eine Handlungsform) gelernt, das es in die Lage versetzt, in konkreten Sprechhandlungsvollzügen materielle Vorkommnisse des eingeübten Wortes hervorzubringen, die es in derselben Bedeutung enthalten. Sofern dies übereinstimmend mit den Gepflogenheiten der Sprachgemeinschaft geschieht, wird es auch in dieser Weise verstanden.

Lernsituationen der genannten Art sind nicht nur geeignet, dem Kind den korrekten Gebrauch der Worte „Miau" („Katze") und „Wauwau" („Hund") beizubringen, sondern auch zwischen Katzen und Hunden zu unterscheiden. Spracherwerb trägt dazu bei, dass wir für unsere Lebenspraxis relevante Unterscheidungen machen können. Das Kind wird deshalb auch zu begreifen lernen, dass dasselbe Wort gleichförmig in verschiedenen Sprechhandlungen eingesetzt werden kann, um unterschiedliche Zwecke zu erreichen. Im geschilderten Lernbeispiel wurde das Wort „Wauwau" beispielsweise verwendet, um das Kind zu warnen.[49] In der Bilderbuchszene stehen dagegen eher die Sprachspiele des Fragens: „Ist das eine Miau" (Katze)? und des Bestätigens: „Ja, das ist ein Wauwau" (Hund), sowie des Beschreibens, Erklärens und Behauptens[50] im Vordergrund, indem den gezeigten Tieren unter Verwendung von schon erlernten Eigenschaftswörtern (Prädikaten) Eigenschaften zugeschrieben und ihre Lebensweisen beschrieben werden. Sprechhandlungen, mit denen wir durch den

---

[46] Wenn im Folgenden von „Worten" die Rede ist, dient das lediglich der Vereinfachung. Mitgemeint sind dabei auch Sätze, die nach den Kombinationsregeln der verwendeten Sprache aus Worten erzeugt werden können.
[47] Zu einer solchen Unterrichtssituation bemerkt *Wittgenstein* (1971), § 208: „ich beeinflusse ihn durch Äußerung der Zustimmung, der Ablehnung, der Erwartung, der Aufmunterung. Ich lasse ihn gewähren oder halte ihn zurück; usw."; § 5: „Das Lehren der Sprache ist hier kein Erklären, sondern ein Abrichten".
[48] *v. Kutschera* (1975), S. 139 ff., 152 ff.; *v. Savigny* (1983), S. 27 ff.
[49] Zum Sprechakt des Warnens s. *Searle* (1977), S. 105.
[50] *Searle* (1977), S. 100, 102.

gleichförmigen Gebrauch von Worten jeweils spezifische Zwecke verfolgen, basieren ebenfalls auf sprachlichen Konventionen. Diese sind generelle Regeln, die sich auf Handlungstypen beziehen und festlegen, welche Rolle die verwendeten Worte im kommunikativen Prozess jeweils spielen.[51] Sie setzen uns in die Lage, mit anderen sprechend das zu erreichen, was wir erreichen wollen, etwa jemanden dazu zu bewegen, dass er durch Tun etwas herbeiführt (Auffordern, Befehlen), wiederzugeben, wie etwas ist (Beschreiben, Behaupten, Feststellen) oder die Verpflichtung zu übernehmen, etwas zu tun (Versprechen), Gefühlsinhalte auszudrücken, bestimmte Zustände herbeizuführen (Benennen, Bezeichnen) usw.[52]

C14   Doch wie verhält es sich, wenn sich jemand über Gegenstände und Sachverhalte verständigen will, für die es keinen etablierten Sprachgebrauch gibt und für die man einen solchen auch nicht *demonstrativ* anhand von Beispielen und Gegenbeispielen einführen kann, weil es sich beispielsweise um private Empfindungs- und Gefühlsinhalte oder Inhalte von Gedanken handelt, die anderen Personen nicht zugänglich sind oder weil es derartige Beispiele in unserer gerade aktualen Welt überhaupt nicht, nicht mehr oder noch nicht gibt? Urheberrechtlich geschützte Sprachwerke müssen Schöpfungen sein. Ohne der näheren Diskussion dieses Merkmals des Werkbegriffs vorzugreifen, impliziert das, dass mit der Schaffung eines solchen Werkes ein geistiger Gegenstand hervorgebracht werden muss, der in irgendeinem Sinn etwas Neues[53] bedeutet, etwas Neues zum Ausdruck bringt. Die Schöpferkraft eines Autors spiegelt sich häufig auch in besonders aussagekräftigen und originell formulierten Wendungen wider.[54] Gerade im Kontext des Urheberrechts ist es deshalb wichtig, sich klar darüber zu werden, wie es gelingt, in Sprachwerken Empfindungs-, Gefühls- und Gedankeninhalte zu präsentieren, für die – noch – kein passendes Vokabular zur Verfügung steht, und dazu neue bedeutungsvolle Worte und Wortfolgen in die allgemeine Sprache einzuführen. Es geht um die Frage, wie sprachliche Bedeutung überhaupt zustande kommt.[55]

b) Einführung neuer bedeutungsvoller Worte unter Rückgriff auf den allgemeinen Sprachgebrauch

C15   Sich mit ihr auseinanderzusetzen, wird nicht nur hilfreich dafür sein, das Identitätskriterium für Sprachwerke (Sp4) näher zu präzisieren, sondern auch Kriterien zur Abgrenzung gegenüber anderen Arten von Werken und anderen geisti-

---

[51] v. *Kutschera* (1975), S. 167 ff., 183.
[52] *Searle* (1982), S. 18 ff. Die von *Austin* (1972), und *Searle* (1977), begründeten Sprechakttheorie versucht, die Regeln, die die Typen von Sprechhandlungen konstituieren, systematisch zu untersuchen und explizit zu formulieren.
[53] Der Ausdruck „neu" wird hier ganz allgemein gebraucht und ist nicht mit dem Begriff der Neuheit im Erfinder- und Designrecht gleichzusetzen.
[54] BGH GRUR 2011, 134 Rn. 39 – Perlentaucher. Zur Frage, wann bestimmte Formulierungen aussagekräftig und originell sind, s. u. → Rn. C129 ff.
[55] Vgl. v. *Kutschera* (1975), S. 149 ff.

gen Gegenständen zu gewinnen. Gleichzeitig soll der Boden für die Erörterung des Problems der Schöpfung vorbereitet werden. Dazu erscheint es mir zweckmäßig, das Feld des Urheberrechts kurz zu verlassen und den Blick auf das Marken- und Kennzeichenrecht zu richten. Es bezieht sich nämlich auf einen Bereich menschlichen Verhaltens, wo ständig neue Worte bzw. allgemein neue Zeichen mit neuen Bedeutungen hervorgebracht werden und Eingang in den allgemeinen Sprachgebrauch finden. Wegen der relativ geringen inneren Komplexität von Marken und Kennzeichen lässt sich hier die Problematik etwas einfacher illustrieren. Marken und geschäftliche Bezeichnungen im Sinne der §§ 4, 5 MarkenG können rechtlichen Schutz auf zweierlei Weise erhalten: zum einen durch Anmeldung einer Marke im Rahmen eines gesetzlich geregelten Verfahrens und zum anderen durch Tun, d. h. durch Aufnahme der Benutzung eines Zeichens. Es soll gezeigt werden, dass in sprachlicher Hinsicht der zweite Erwerbsgrund der primäre ist. Auch die Festlegung der Bedeutung eines Zeichens durch Anmeldung zum Markenregister ist nur deshalb sinnvoll, weil sie eingebettet ist in eine regelhafte menschliche Praxis, die dafür sorgt, dass das Zeichen in der gegebenen Weise identisch gebraucht und wiedererkannt werden kann.

Indem der Anmelder einer *Wortmarke* das amtliche Anmeldeformular ausfüllt, produziert er ein aus bestimmten Buchstabenkombinationen bestehendes Wortvorkommnis, das als Beispiel oder Muster für die angemeldete Wortmarke als Zeichentyp im Sinne obiger Definition (Sp1) dient, ihn also exemplifiziert. Jeder, der richtiges Buchstabieren gelernt und Einsicht in das Register des Markenamts genommen hat oder dem sonstwie ein Vorkommnis dieses Worttyps begegnet, kann ihn beliebig oft und auf die verschiedenste Weise identisch reproduzieren und als solchen wiedererkennen. Mit der Einführung eines bestimmten Wortzeichentyps ist es allerdings auch im Fall der Markenanmeldung nicht getan. Ihm muss zusätzlich eine Bedeutung zugeordnet werden, damit es überhaupt als Sprach*zeichen* eine Rolle spielen kann; andernfalls würde es nur als sinnloses Geschreibsel oder Geräusch wahrgenommen. Seinen Sinn erhält er dadurch, dass der Anmelder durch Angabe von Waren oder Dienstleistungen bestimmter Art die *Regel* festlegt, dass mit dem exemplifizierten Wortzeichentyp von nun an auf Produkte der angegebenen Art aus einem bestimmten Unternehmen Bezug genommen und es in dieser Weise verwendet werden *soll*. Um welches Unternehmen es sich dabei handelt, wird allerdings durch die Anmeldung allein noch nicht festgelegt. Der sprachliche Zweck der Anmeldung besteht darin, ein Zeichen hervorzubringen, mit dessen Hilfe man auf Gegenstände verweisen (referieren) kann. Das Ergebnis der Anmeldehandlung ist ein bedeutungsvoller geistiger Gegenstand, der als *Name*[56] für Unternehmensprodukte eingeführt werden kann und von nun an gleichförmig in konkreten (Sprech-)Handlungen zu *den verschiedensten Zwecken* einsetzbar ist.[57] Die Be-

---

[56] *Fezer* (2009) Einl D Rn. 27, 29, MarkenG § 3 Rn. 13.
[57] Die im Marken- und Kennzeichenrecht weit verbreitete Funktionenlehre versucht, die verschiedenen Funktionen zu beschreiben, in denen Marken und geschäftliche Bezeichnungen Verwendung finden (vgl. statt aller *Fezer* (2009), Einl. D Rn. 29, MarkenG § 3 Rn. 15 ff.). Sie

deutung bzw. der Gebrauch des neuen Wortzeichentyps wird hier mit der bekannten Bedeutung bzw. dem etablierten Gebrauch anderer Wörter gleichgesetzt und erklärt. In gleicher Weise kann natürlich nicht nur die Bedeutung und der Gebrauch eines neuen Namens, sondern allgemein auch anderer Worte, z. B. eines neuen Prädikats,[58] eingeführt werden, die keine namensmäßige Funktion erfüllen. Nicht nur der Anmelder, sondern jeder sprachkompetente Angehörige der Sprachgemeinschaft kann deshalb jederzeit Vorkommnisse des angemeldeten Wortzeichens in dieser Bedeutung hervorbringen und mit ihm über Unternehmensprodukte der angegebenen Art reden. Die eingeführte Regel liefert gleichzeitig auch ein Kriterium für den korrekten Gebrauch des Zeichens, so dass z. B. der Richter in einer Kennzeichenstreitsache in der Lage ist zu beurteilen, wann das Zeichen richtig oder nicht richtig gebraucht wird, etwa weil es auf andere Produkte oder auf Produkte eines anderen Unternehmens, dem der Inhaber eines exklusiven Markenrechts die Benutzung des Zeichens nicht erlaubt hat (→ Rn. C29), angewendet wird. Ob es im Einzelfall für den richtigen oder nicht richtigen Gegenstand benutzt wurde, ist allerdings keine Sache einer Konvention, sondern eine Tatsachenfrage.[59]

C17 Die Anmeldung einer Marke zum Register bildet einen Teil eines vom Gesetzgeber festgelegten förmlichen Verfahrens, in dessen Rahmen nicht nur neue bedeutungsvolle Worttypen, sondern auch beliebige andere Zeichen wie Buchstaben-, Zahlen- und Bildtypen sowie Typen von Lautfolgen (Hörzeichen), von Farben, dreidimensionalen Gestaltungen usw. hervorgebracht werden können. Nach den einschlägigen gesetzlichen Vorschriften über die zulässigen Markenformen (z. B. § 3 Abs. 1 MarkenG, Art. 4 GMV) müssen sie geeignet sein, Waren oder Dienstleistungen aus einem Unternehmen von denjenigen anderer Unternehmen zu unterscheiden. Es dürfte klar geworden sein, dass die damit umschriebene *abstrakte* bzw. theoretische[60] *Unterscheidungseignung* des Zeichens keine ihm innewohnende Eigenschaft[61], sondern etwas ist, das der Anmelder *festlegt*.[62] Ihm steht kein endlicher Vorrat von unterscheidungsgeeigneten Zeichen

---

betont zutreffend, dass die Benutzung einer Marke nicht bloß der ordnenden Unterscheidung zwischen Unternehmensprodukten untereinander, sondern vornehmlich dazu dient, am Markt mit Abnehmern, mit Konkurrenten, zwischen Verbrauchern oder in der allgemeinen Diskussion über die bezeichneten Produkte zu kommunizieren, z. B. sie imagefördernd herauszustellen oder zu kritisieren, zu beschreiben, mit anderen Produkten zu vergleichen, zu empfehlen oder vor ihnen zu warnen, sie zu verbieten usw. Es wäre allerdings ein Fehlschluss, aus der Kenntnis, in welcher Funktion ein geschütztes Zeichen im Einzelfall benutzt wird, darauf zu schließen, ob eine Kennzeichenverletzung vorliegt oder nicht, s. *Haberstumpf* ZGE 2011, 151, 156 ff., 165 ff., 196; *Ingerl/Rohnke* Markengesetz 3. Aufl. 2010, Einl. Rn. 73.

[58] Dazu näher *v. Kutschera* (1975), S. 152 ff.
[59] *v. Kutschera* (1975), S. 154, 164 f.
[60] Vgl. *Nordemann-Schiffel* in Ingerl/Rohnke/Nordemann (2023), MarkenG § 3 Rn. 10; *Schalk* in Büscher/Dittmer/Schiwy (2015), MarkenG § 3 Rn. 10.
[61] So aber z. B. BGH GRUR 2014, 872 Rn. 12 – Gute Laune Drops; BGH GRUR 2002, 1070, 1071 – Bar jeder Vernunft; BGH GRUR 2000, 321, 322 – Radio von hier, für den Begriff der konkreten Unterscheidungskraft gemäß § 8 Abs. 1 Nr. 1 MarkenG.
[62] Dem entspricht, wie der BGH (z. B. BGH GRUR 2016, 283 Rn. 10 – BSA/DSA; BGH GRUR

gegenüber, aus dem er ein passendes bloß heraussucht, sondern bildet ein solches und verleiht ihm die Unterscheidungseignung, indem er von der menschlichen Fähigkeit Gebrauch macht, mittels Zeichen auf Einzelgegenstände oder Klassen von Einzelgegenständen verweisen, auf sie referieren zu können.

Dabei kann er allerdings bereits bei der Wahl des Zeichens und der Angabe von Waren oder Dienstleistungen Fehler machen, die so schwer sind, dass sie in allen denkbaren Anwendungsfällen eine gelingende Referenz ausschließen. Beispiele sind in § 3 Abs. 2 MarkenG genannt. Ihnen ist gemeinsam, dass etwas als Zeichen gewählt wird, das von den Gegenständen, auf die es referieren soll, nicht unterscheidbar ist. Die Bedeutung eines Namens kann nämlich nicht mit dem Namensträger gleichgesetzt werden.[63] Ein ebenso gravierender Fehler wird gemacht, wenn ein Zeichen gewählt wird, das im allgemeinen Sprachgebrauch bereits eine Bedeutung hat, die es ausschließt, es als Name für Produkte aus einem bestimmten Unternehmen zu verwenden. Ein Beispiel wäre die Buchstabenkombination „Pkw", die als Synonym bzw. Abkürzung für die im Waren- und Dienstleistungskatalog enthaltene Produktbezeichnung „Personenkraftwagen" gilt.[64] In einem solchen Fall kann die Einführung und Verwendung des Zeichens „Pkw" nicht als *Festsetzung* der Referenz, mit der Personenkraftwagen aus einem Unternehmen herausgegriffen und unterschieden werden sollen, dienen, sondern würde als die triviale *Feststellung* über die Sprache verstanden werden, wonach „Pkw" und „Personenkraftwagen" gleichbedeutend sind.

C18

Die Einführung des neuen Zeichens mit zugehöriger Gebrauchsregel hat normativen Charakter, weil sie es ermöglicht, zwischen richtigem und unrichtigem Gebrauch zu differenzieren.[65] Der Anmelder legt sich *verbindlich* darauf fest, das Zeichen in dieser Weise zu gebrauchen, wenn er es gebraucht. Sie begründet aber noch keine rechtlich sanktionierte Verwendungsberechtigung zu seinen Gunsten. Dies kann erst die Eintragung im Markenregister bewirken (§§ 4 Nr. 1, 41 MarkenG). Mit dem richtigen oder unrichtigen Gebrauch einer eingetragenen Marke durch andere ist daher nicht notwendig eine Markenrechtsverletzung verbunden (→ Rn. C29); dies richtet sich – wie im Urheberrecht (→ Rn. C10) – allein nach den in § 14 MarkenG aufgeführten markenrechtlichen

C19

2015, 1127 Rn. 10 – ISET/ISETsolar) den Begriff der originären Kennzeichnungskraft definiert, nämlich als die Eignung der Marke, sich *unabhängig von jeder Benutzungslage* als Unterscheidungsmittel für Waren und Dienstleistungen eines Unternehmens einzuprägen.

[63] Sind Name und benannter Gegenstand identisch, verliert der Begriff des Nennens und Hinweisens seinen Sinn, so *Searle* (1977), S. 119. Zu der von J. S. Mill vertretenen Theorie, die Bedeutung eines Namens bestehe in dem bezeichneten Objekt, vgl. *Newen/Schrenk* (2008), S. 101 ff.

[64] Dies schließt weder aus, dass das Zeichen für andere Produkte aus dem Waren-/Dienstleistungskatalog kennzeichnungskräftig ist, noch dass es Elemente aufweist, die nach dem allgemeinen Verkehrsgebrauch bereits eine bestimmte Bedeutung haben und die originäre Kennzeichnungskraft des Zeichens mindern oder eine bestehende originäre Kennzeichnungskraft im Laufe des Verkehrsgebrauchs verloren geht.

[65] Daher kann auch der Markeninhaber seine Marke unrichtig benutzen, s. *Haberstumpf* ZGE 2011, 151, 155 f.

Kriterien. Solange keine exklusiven Rechte an einem Zeichen bestehen, ist niemand daran gehindert, dasselbe Zeichen für dieselben oder andere Gegenstände zu benutzen und insoweit einen abweichenden ebenfalls richtigen Gebrauch einzuführen. Das kennzeichenrechtliche Prioritätsprinzip des § 6 MarkenG ist nämlich ein rein rechtliches Prinzip, das regelt, welchem exklusiven *Recht* der Vorrang gebührt, wenn es mit einem anderen zusammentrifft. Da es hier nur um die sprachlichen Aspekte einer Markenanmeldung geht, werden uns jedoch die Fragen, wann und unter welchen Umständen ein exklusives Markenrecht entsteht und dieses verletzt wird, nicht interessieren.

C20 Am Beispiel der Markenanmeldung lassen sich nun einige Charakteristika des Gebrauchs von Sprachzeichen illustrieren. Es zeigt zunächst, dass auch eine einzelne Person problemlos die Bedeutung von Worten und Zeichen festlegen kann, wenn sie dies im Einklang mit den allgemeinen Sprachgepflogenheiten tut. Die Funktionsfähigkeit einer Konvention über den Gebrauch eines Wortes hängt nicht von der Zahl derer ab, die die Konvention treffen.[66] Dafür ist es nicht einmal notwendig, dass der Anmelder das Zeichen tatsächlich benutzt, auf die Gegenstände, auf die es anzuwenden ist, demonstrativ hinweisen kann oder sie in der gerade aktualen Welt überhaupt existieren. Der Anmelder ist ferner nicht gezwungen, Produkte der im Waren- und Dienstleistungsverzeichnis bezeichneten Art herzustellen und zu vertreiben. Er braucht nicht einmal ein Unternehmen an der Hand zu haben, in dem sie produziert werden könnten, und zwar auch dann nicht, wenn nach Abschluss des Anmeldungs- und Prüfungsverfahrens das Zeichen im Markenregister eingetragen wird und er dadurch ein exklusives Benutzungsrecht i. S. v. § 14 MarkenG erwirbt. Der markenrechtliche Benutzungszwang ist nämlich wiederum nur eine *rechtliche* Obliegenheit,[67] deren Missachtung innerhalb der fünf-jährigen Benutzungsschonfrist ihren rechtlichen Schutz gemäß §§ 25, 26 MarkenG anfechtbar macht, die sprachliche Bedeutung der Marke aber nicht berührt. Sie bleibt konstant unabhängig davon, ob die Gegenstände, auf die mit dem Zeichen Bezug genommen werden soll, in der von uns bewohnten Welt schon, noch nicht oder niemals existieren.

C21 Weil uns die Praxis des Benennens und der Verwendung von Namen wohlvertraut ist, können wir diese Akte nicht nur in äußeren Sprechhandlungen, sondern auch allein in unserem Inneren vollziehen. Nehmen wir an, ein Anmelder habe den Buchstaben „E" für „Kraftfahrzeuge" angemeldet[68] und erinnern uns an das Tagebuchbeispiel aus dem Privatsprachenargument Wittgensteins, das oben (→ Rn. B63) bei der Diskussion der Position des subjektiven Idealismus bereits eine wichtige Rolle gespielt hat. Warum gelingt es dem Anmelder problemlos, die Bedeutung von „E" festzulegen, dem privaten Tagebuchführer dagegen nicht? Die Antwort ergibt sich aus Folgendem: Dieser verfügt über keine

---

[66] *v. Kutschera* (1975), S. 187 f.
[67] *Fezer* (2009), MarkenG § 25 Rn. 8.
[68] Vgl. den Fall der missbräuchlichen Anmeldung der Marke „Classe E", BGH GRUR 2001, 242 – Classe E. Ob eine solche Marke „E" eintragungsfähig wäre, spielt für dieses Beispiel keine Rolle.

Ausdrücke, die er auf seine Empfindung anwenden und mit denen er sie näher spezifizieren und von anderen unterscheiden könnte, jener dagegen schon, weil er den der allgemeinen Sprache angehörenden Ausdruck „Kraftfahrzeuge" und dessen Bedeutung kennt und versteht. Er weiß, dass es Unternehmen gibt und kann sich wenigstens ein solches in Gedanken vorstellen, in denen Kraftfahrzeuge hergestellt werden, mit denen er die E-Kraftfahrzeuge verbinden kann. Ist der private Tagebuchführer dagegen jemand, der z. B. die Worte „Zahnschmerz", „bohrend", „Backenzahn", „rechts unten" im Einklang mit den allgemeinen Sprachgepflogenheiten zu verwenden gelernt hat, dann kann er seine Aufmerksamkeit auf seinen bohrenden Zahnschmerz in einem Backenzahn rechts unten richten, die Qualität dieser Empfindung von der anderer unterscheiden und innerlich über sie sprechen.[69] Dann ist es ihm auch ohne weiteres möglich, den privaten Entschluss zu fassen, den Inhalt dieser Empfindung mit dem gewählten Zeichen „E" zu verknüpfen, somit eine für ihn verbindliche Gebrauchsregel für es einzuführen, sein privates Tagebuch im Einklang mit dieser Regel korrekt zu führen, um gegebenenfalls später seinem Zahnarzt zu berichten, wie oft, wie lange jeweils, in welchen Intervallen und mit welcher Intensität er diesen E-Schmerz gehabt hat. Die Beherrschung der allgemeinen Sprachgepflogenheiten erlaubt es somit nicht bloß, neue bedeutungsvolle Worte hervorzubringen, sondern auch in innerlichen und äußerlichen Sprechhandlungsvollzügen sich des Inhalts von privaten Empfindungen, Gefühlen und Gedanken bewusst zu werden und sie zu äußern. Das erklärt, warum einfache Gedanken- und Gefühlsinhalte wie auch komplexe Sprachwerke identisch sowohl in den Köpfen verschiedener Personen als auch in äußeren materiellen Gegenständen und Erscheinungen vorkommen können.[70] Für die *Existenz* von Gedanken-, Gefühls- oder Empfindungsinhalten ist es allerdings nicht notwendig, dass sie entäußert werden. Wenn ein im Inneren eines Subjekts verbleibender bedeutungsvoller geistiger Gegenstand anderen Personen nicht zugänglich ist, heißt dies nicht, dass er nicht existiert und nicht bedeutungsvoll ist. Das Beispiel der Markenanmeldung gibt letztlich auch Fingerzeige darauf, wie es gelingen kann, sich fiktive Gegenstände und Personen, die es in der aktualen Welt nicht gibt,[71] mit bestimmten äußeren Merkmalen, inneren Charaktereigenschaften, Fähigkeiten und typischen Verhaltensweisen vorzustellen, ihnen einen Namen zu geben, sie in einer Niederschrift oder einem Vortrag zu entäußern und anderen verständlich darzustellen.

c) Einführung neuer bedeutungsvoller Worte durch Handeln

Das Beispiel der Markenanmeldung wurde gewählt, um eine vorläufige und ungefähre Vorstellung davon zu vermitteln, wie neue bedeutungsvolle Worte und allgemein Zeichen als regelhafte Handlungsschemata von jedem sprachkom-

---

[69] *Kamlah/Lorenzen* (1973), S. 60 f.
[70] Siehe oben → Rn. B71 ff.
[71] Vgl. BGH GRUR 2014, 258 Rn. 26 f. – Pippi-Langstrumpf-Kostüm.

petenten Sprecher einer bestimmten Sprache hervorgebracht werden können, die ihn und andere in die Lage versetzen, das Zeichen jederzeit in konkreten Sprechhandlungen zu verwenden und es in solchen wieder zu erkennen. Mit diesem Beispiel haben wir jedoch nur einen Sonderfall herausgegriffen, der zudem ein unvollständiges Bild abgibt. Man kann das angemeldete Zeichen zwar dazu einsetzen, um auf Produkte eines bestimmten Unternehmens zu verweisen. Um welches Unternehmen es sich aber dabei handelt, ist noch nicht festgelegt. Damit es Eingang in den allgemeinen Sprachgebrauch findet, bedarf es einer zusätzlichen Handlung, die das exemplifizierte Produktzeichen mit einem einzelnen Unternehmen verknüpft. Es bedarf einer Art *Tauf*handlung, die bewirkt, dass im obigen Beispiel des Zeichens „E" Kraftfahrzeuge eines individualisierten Unternehmens den *Namen* „E" haben.[72] Erst mit ihr wird die Einführung eines Zeichens als Name für Unternehmensprodukte vervollständigt. Ebenso bedarf es einer solchen Taufhandlung, wenn ein Zeichen als Name für ein bestimmtes Unternehmen oder ein geistiges Werk im Sinne von § 5 MarkenG eingeführt werden soll. Damit ein Unternehmensprodukt, ein Unternehmen oder ein geistiges Werk einen Namen hat, setzt also in sprachlicher Hinsicht dreierlei voraus:

(1) Bildung und Exemplifizierung eines Zeichentyps,
(2) Festsetzung der Regel, dass das Zeichen auf bestimmte Arten von Unternehmensprodukten bzw. auf ein bestimmtes Unternehmen oder geistiges Werk angewendet werden soll, und
(3) Identifizierung des Unternehmens bzw. geistigen Werks, um das es dabei geht.

C23 Das Benennen von einzelnen Gegenständen und die Einführung von Zeichen zum Zweck des Benennens sind ebenso wie die Einführung und Verwendung anderer Worte und Zeichen selbstverständlicher Teil unserer alltäglichen Lebenspraxis.[73] Beides ist eingebettet in die Wirklichkeit des Miteinanderhandelns, in der wir als Menschen uns zueinander und miteinander verhalten.[74] Bereits mit den Anfängen des Spracherwerbs werden wir mit der Verwendung von Namen vertraut. Jeder dürfte schon einmal an einer der feierlichen Zeremonien wenigstens als Zuschauer teilgenommen oder sie in Filmen gesehen haben, in denen der Pfarrer in der Kirche einen Säugling tauft oder die Reedersgattin am Bug eines Schiffes eine Flasche Champagner zerschmettert und dabei jeweils die Worte ausgesprochen werden: „Ich taufe dich auf den Namen....." Es muss aber nicht immer so förmlich zugehen wie bei einer feierlichen Taufe. Im Laufe un-

---

[72] In der Terminologie von *Searle* (1982), S. 36 ff., gehören derartige Sprechhandlungen zu der Gruppe der Deklarativen, die, wenn sie erfolgreich vollzogen werden, eine Änderung im Status oder der Lage desjenigen Gegenstands bzw. derjenigen Gegenstände herbeiführen, über den oder die gesprochen wird.

[73] *Wittgenstein* (1971), § 241: „Richtig und falsch ist, was Menschen *sagen*; und in der *Sprache* stimmen die Menschen überein. Das keine Übereinstimmung der Meinungen, sondern der Lebensform." Dazu auch *McDowell* Synthese 58 (1984), 325, 352 ff.

[74] *Müller* (2015), S. 263, 287.

seres Lebens lernen wir die Namen unzähliger Personen, Dinge, Institutionen, Unternehmen, Staaten, Ereignisse, geistiger Gegenstände usw. Uns ist geläufig, dass dieselben Gegenstände nicht selten mehrere Namen haben und umgekehrt etwa im Fall von Allerweltsnamen verschiedene Personen oder Gegenstände mit demselben Namen verknüpft sind. Es kann natürlich auch genügen, dass jemand auf einen Gegenstand zeigt und dabei einen Namen nennt, etwa wenn ein Einheimischer einem Touristen seine Bergwelt wie folgt erklärt: Dies ist das Nebelhorn und dort sehen Sie die Mädelegabel.[75] Weil im Bereich des Marken- und Kennzeichenrechts der Akt der Namensgebung nach (1) bis (3) regelmäßig im Hinblick auf ein Publikum erfolgt, das beim ursprünglichen Namensgebungsakt nicht anwesend ist, wird sie meistens dadurch vollzogen, dass der gemeinte Gegenstand etwa in der Werbung identifizierend beschrieben oder gezeigt, ihm ein Namensetikett, Titel oder Schildchen angeheftet oder er direkt mit dem Zeichen versehen wird, wie wir es beispielsweise aus Wildwestfilmen kennen, wo der Rancher seinen Rindern ein Brandzeichen aufdrückt.

Mit der Verwendung von Namen verbinden wir die Regel, denjenigen Gegenstand zu bezeichnen, der weder im Äußerungskontext durch Blicke oder Gesten herausgehoben wird, noch mittels einer identifizierenden Beschreibung festgelegt wird.[76] Die einzigartige Bedeutung und der große praktische Vorteil von Namen in unserer Sprache beruhen darauf, dass sie es uns ermöglichen, uns im Gespräch auf Gegenstände zu beziehen, ohne uns darüber streiten und einigen zu müssen, welche Eigenschaften es genau sind, die die Identität des Gegenstandes konstituieren. Namen fungieren nicht als Beschreibungen, sondern als Nägel,[77] an denen Beschreibungen aufgehängt werden.[78] Bei der Verwendung von Namen kommt es uns oft nicht sonderlich darauf an, mit welchem deskriptiven Gehalt der Gegenstand identifiziert wird, solange er nur den richtigen Gegenstand identifiziert. Nun sind wir aber in den allerseltensten Fällen Teilnehmer oder Zeuge eines Tauf- oder Einführungsaktes, mit dem ein Gegenstand einen Namen bekommt. Üblicherweise lernt man ihn von anderen Menschen. Und der richtige Gegenstand ist einfach der, über den andere Personen mit dem Namen sprechen.[79]

Woher wissen wir aber, welches der richtige Gegenstand ist, über den andere Leute mit einem Namen oder allgemein mit einem Zeichen sprechen? Da ein Name – wie andere geistige Gegenstände – nicht naturgegeben ist, wissen wir zunächst, dass er von einem Menschen kreiert und durch eine menschliche Handlung in den Sprachgebrauch eingeführt sein muss. Die wichtigste und ver-

---

[75] S. *Wittgenstein* (1971), § 43: „Die Bedeutung eines Wortes ist sein Gebrauch in der Sprache. Und die *Bedeutung* eines Namens erklärt man manchmal dadurch, daß man auf seinen Träger zeigt." Vgl. auch *Wittgenstein* (1973), S. 97.
[76] *Newen* (1996), S. 234.
[77] In der Kommunikation mit einer Marke können ihr und ihren Produkten dann positive oder negative Eigenschaften, d. h. ein bestimmtes Image, angehängt werden, s. *Fezer* (2009), Einl D Rn. 10; *Haberstumpf* ZGE 2011, 151, 197 f.
[78] *Searle* (1977), S. 257 f.; *Searle* (1991), S. 321.
[79] *Searle* (1991), S. 303, 311, 323.

breiteste Verwendung von Namen hat mit Menschen, Orten, Dingen, Ereignissen usw. zu tun, mit denen wir täglich oder zumindest häufig verkehren[80] und umgehen müssen. Wenn ein Name in den allgemeinen Sprachgebrauch eingeführt ist, dann können wir deshalb annehmen, dass eine Person dies in Bezug auf einen Gegenstand getan hat, der für sie bedeutsam ist und zu dem sie in einer besonderen Beziehung steht. Dazu reicht es allerdings nicht aus, dass sie bestimmte Worte ausspricht oder Dinge tut, die in einer Taufzeremonie oder einer Einführungssituation gewöhnlich geäußert oder getan werden.[81] Es müssen auch außersprachliche Regeln, die wir hier *Hintergrundkonventionen* nennen wollen, im Spiel sein, die den Namensgeber in eine besondere Beziehung zu dem benannten Gegenstand bringen.[82] Wichtige Quellen solcher Regeln finden sich in Institutionen wie Staat, Kirche, Eigentums- und Besitzordnung usw. Im Fall des bürgerlichen Personennamens sind es Verwandtschafts- und Abstammungsverhältnisse, die beispielsweise nach den Regeln der §§ 1616 ff., 1355 BGB den engsten Verwandten die Position zuweisen, innerhalb des gesetzlich gewährten Rahmens den Namen zu bestimmen. Handelt es sich um Sachen, die normalerweise von jemandem besessen werden, dann sind es die Eigentums- und/oder Besitzverhältnisse, die dem Eigentümer oder Besitzer das *konventionale*[83] Privileg geben (→ Rn. B110), solche Sachen zu benennen. Bei Orten, Ereignissen, Dingen usw., die von niemandem besessen werden, sind es diejenigen Personen, die in örtlicher und/oder zeitlicher Hinsicht dem jeweiligen Gegenstand am nächsten sind, etwa weil sie sich in seiner Umgebung orientieren müssen oder ihn als erste entdeckt haben und ihre Aufmerksamkeit auf ihn richten. Sind es Gegenstände, materielle oder geistige, die jemand hergestellt oder geschaffen hat, dann schließen wir gewöhnlich aus der Existenz eines Namens für sie, dass es der Produzent oder Schöpfer war, der ihn eingeführt hat, um mit ihm auf *seine* Produkte zu referieren. Damit ein Namensgebungsakt sein konventionales (regelhaftes) Ergebnis hat, muss es also – wie allgemein im Fall sprachlicher Deklarationen[84] – ein übliches konventionales Verfahren geben, innerhalb dessen bestimmte Personen eine besondere Position einnehmen und das Verfahren korrekt ausführen.[85]

C26 Eine solche Einführungshandlung können wir zwar, wie bereits dargestellt, erfolgreich in unserem Inneren vollziehen, ohne den Namen zu äußern. Um ihn aber in den allgemeinen Sprachgebrauch einzuführen und mit ihm die Ziele zu erreichen, die der Namensgeber im Umgang mit anderen Personen erreichen will, bedarf es einer äußeren Benutzungshandlung, die die Adressaten der Zei-

---

[80] *Searle* (1991), S. 323.
[81] Vgl. *Austin* (1972), S. 42 f.
[82] *Searle* (1982), S. 37 f.
[83] Dieses konventionale Benennungsprivileg fließt nicht aus dem Eigentumsrecht des Eigentümers nach § 903 BGB, weil sein *Eigentums*recht nicht verletzt wird, wenn andere Personen den gewählten Namen für andere Gegenstände oder einen anderen Namen verwenden.
[84] *Searle* (1982), S. 36 ff.
[85] Vgl. *Austin* (1972), S. 35.

chenverwendung in die Lage versetzt, den richtigen Gebrauch des Zeichens als Muster für künftige Verwendungen anhand dieses Beispiels zu lernen und in der Kommunikation weiter zu geben. Ist ein Name auf diese Weise einmal Bestandteil des Sprachgebrauchs geworden, weil der Namensgeber ihn wiederholt gleichförmig gebraucht und/oder andere Personen ihn in einer mehr oder weniger langen Namensverwendungskette[86] weitergeben, wird man von der ursprünglichen Einführungssituation unabhängig und kann über den jeweiligen Gegenstand korrekt reden, auch wenn Sprecher und Hörer den Gegenstand nicht vor sich haben, keine identifizierende Beschreibung angeben können und unterschiedliche Vorstellungen über den Träger des Namens haben, weil der verwendete Name kraft seiner eingeführten und weitergegebenen Bedeutung auf diesen – richtigen – Gegenstand referiert.

Im Fall der Einführung und Verwendung von Zeichen für Unternehmensprodukte, für Unternehmen und Werke i. S. v. §§ 4, 5 MarkenG regeln die erwähnten außersprachlichen Hintergrundkonventionen, dass der Namensgeber der Produzent der zu benennenden Produkte bzw. Inhaber des Unternehmens ist, weil er in der engsten Beziehung zu ihnen steht.[87] Zu den Verfahrensregeln gehört, dass er ein Zeichen wählen und exemplifizieren muss, das abstrakt geeignet ist (→ Rn. C17), auf die gemeinten Gegenstände angewendet zu werden. Er muss ferner den gemeinten Gegenstand herausgreifen und auffällig machen und das Zeichen in dieser Weise gleichförmig anwenden.[88] Diese Regeln bestimmen, wann für den Namensgeber, die Adressaten und eventuell für Dritte sein Verhalten korrekt ist. Er kann dabei Fehler machen, die es ausschließen, dass der gemeinte Gegenstand den gewählten Namen bekommt oder bewirken, dass er nicht in der intendierten Weise verstanden wird. Neben den oben (→ Rn. C18) schon angesprochenen Fehlern misslingt die Namensgebung z. B., wenn der Namensgeber den oder die gemeinten Gegenstände nicht so auffällig macht, dass

---

[86] Anders als ich in *Haberstumpf* ZGE 2011, 151, 163 f., im Anschluss an *Kripke* und *Donellan* vertreten habe, ist die Namensverwendungskette keine kausale, in der ein Name in der Absicht weitergegeben wird, dasjenige Objekt zu bezeichnen, dem ursprünglich der Name verliehen wurde, sondern eine konventionale, die darauf aufsetzt, dass eine konventional befugte Person eine Regel zum richtigen Gebrauch des Namens eingeführt hat. Wir brauchen deshalb nicht die Namensverwendungskette zurück zu verfolgen, um herauszubringen, über wen oder was andere Leute mit dem Namen reden. Normalerweise genügt es, nachzufragen, in Enzyklopädien und Registern nachzuschlagen oder heutzutage den Namen in eine Suchmaschine im Internet einzugeben. Dazu eingehend *Searle* (1991), S. 191 ff., 308 ff. Vgl. auch oben → Rn. C3 f. und Rn. B114 ff. zu den vergleichbaren Fragen, ob es für die Identität eines Werkes notwendig ist, dass es generisch auf einen bestimmten Urheber oder textgeschichtlich auf das Original zurückführbar ist.

[87] In Bezug auf das Recht an einem Werktitel nach § 5 Abs. 3 MarkenG wird daraus geschlossen, dass der Autor eines Buches, der Regisseur eines Filmes, der Komponist eines Musikstücks, der Herausgeber bzw. Verleger von Zeitungen, Zeitschriften usw. genuine Inhaber dieses Rechts sind. So BGH GRUR 2019, 535 Rn. 31, 36 ff. – Das Omen; *Schalk* in Büscher/Dittmer/Schiwy (2015), MarkenG § 5 Rn. 56.

[88] Die hier genannten Regeln sind allerdings nur grobe Annäherungen, die bei konkreten Sprechhandlungen je nach Äußerungskontext erheblich feiner charakterisiert werden müssten. Dazu eingehend *v. Savigny* (1983), S. 197 ff.

die Adressaten erkennen können, auf welche Objekte sich das Zeichen bezieht oder wenn er es nicht gleichförmig verwendet, weil er dann keine *Regel* zum richtigen Gebrauch des Zeichens begründet.[89]

C28   Die für die Einführung und Verwendung von Namen maßgebenden Regeln schließen nicht aus, dass derselbe Gegenstand mehrere Namen hat, etwa weil eine Person von Personen ihres persönlichen Umfelds einen Spitz- oder Übernamen bekommt oder weil sie sich als Künstler ein Pseudonym zulegt. In diesen Fällen haben wir verschiedene Tauf- oder Einführungshandlungen vor uns, die, wenn sie korrekt ausgeführt wurden, jeweils eine *eigene* Regel zum Gebrauch einführen und den verschiedenen Namen einen unterschiedlichen Sinn geben. Dies erklärt, warum z. B. die Aufdeckung eines bislang unbekannten Pseudonyms eine wichtige Erkenntnis sein kann, obwohl der – sozusagen offizielle – bürgerliche Name und das Pseudonym jeweils auf dieselbe Person referieren.[90] Deshalb kann auch derselbe Name für unterschiedliche Gegenstände korrekt eingeführt und benutzt werden, wie wir das z. B. von Allerweltsnamen wie Müller und Schmidt kennen, weil die jeweilige Namensgebung auf verschiedenen Akten beruht. Dasselbe Namenszeichen hat damit jeweils einen anderen Sinn.

C29   Im Marken- und Kennzeichenrecht bildet gerade diese Möglichkeit den Standardfall einer Verletzung des exklusiven Rechts an einer Marke oder geschäftlichen Bezeichnung: Eine mit dem Inhaber des Ausschließlichkeitsrechts nicht identische – natürliche oder juristische – Person nimmt die Benutzung eines Zeichens auf, das mit der geschützten Marke bzw. geschützten geschäftlichen Bezeichnung identisch oder ähnlich ist, und verwendet es in üblicher Weise, um auf andere gleichartige oder ähnliche Unternehmensprodukte bzw. auf ein gleichartiges oder ähnliches Unternehmen bzw. auf ein anderes geistiges Werk Bezug zu nehmen (§§ 14 Abs. 2 Nr. 1, 2, 15 Abs. 2 MarkenG). Aufgrund der dabei in Anspruch genommenen Hintergrundkonventionen schließen die Adressaten der Zeichenverwendung, dass der *Verwender* des Namens auf Gegenstände referiert, die er produziert oder geschaffen hat bzw. dass er Inhaber des benannten Unternehmens ist. Auch wenn er dabei in Übereinstimmung mit den Bedingungen (1) bis (3) sprachlich völlig korrekt handelt, kann er das einer anderen Person zustehende exklusive Marken- bzw. Kennzeichnungsrecht verletzen, wenn er ohne deren Zustimmung handelt. In *rechtlicher* Hinsicht steht nämlich nur dieser die Befugnis zu, die Bedeutung und Referenz des Zeichens festzulegen und zu bestimmen, welche Gegenstände in den Referenzbereich seines geschützten Zeichens fallen,[91] auch wenn er es selbst noch nicht benutzt oder

---

[89] Der Inhaber einer Marke oder geschäftlichen Bezeichnung kann deshalb auf diese Weise sein geschütztes Zeichen selbst beschädigen oder verwässern, indem er neben ihm eine größere Zahl anderer ähnlicher Zeichen benutzt, s. *Haberstumpf* ZGE 2011, 151, 179.

[90] Vgl. *Newen/Schrenk* (2008), S. 22 ff., 103, 105 ff. unter Bezugnahme auf den berühmt gewordenen Aufsatz von *Frege* (1969), S. 40 ff.

[91] Daraus folgt, dass eine Marken- oder Kennzeichenverletzung ausnahmsweise dann ausgeschlossen ist, wenn das geschützte Zeichen im Einzelfall – nicht markenmäßig – so benutzt wird, dass es genau auf diejenigen Objekte Bezug nimmt, für die es Schutz genießt. Das setzt allerdings voraus, dass der Rechtsinhaber es unter den Bedingungen (1) bis (3) selbst eingeführt

einem Dritten erlaubt hat, es zu benutzen. Ein ohne Zustimmung des Rechtsinhabers handelnder Namensgeber oder Benutzer des Zeichens begründet die Gefahr, dass die angesprochenen Verkehrsteilnehmer die Gegenstände, auf die er referiert, mit denen verwechseln, für die der Rechtsinhaber den Gebrauch des geschützten Zeichens tatsächlich erlaubt hat oder erlaubt hätte, wenn er ihn erlauben würde bzw. ihn selbst eingeführt hat.

Produktnamen und geschäftliche Bezeichnungen sind somit genuine geistige Gegenstände, die eine bestimmte Bedeutung haben, etwas Bestimmtes zu verstehen geben. Verschiedene Vorkommnisse solcher Zeichen drücken deshalb nicht notwendig dasselbe aus, wenn sie im Sinne obiger Definitionen (Sp1) bis (Sp3) gleichlauten oder gleich aussehen, sondern wenn die in ihnen exemplifizierten Zeichentypen entsprechend der Definition (Sp4) auf dieselben Gegenstände referieren. Wann sie das tun, richtet sich nach den Gepflogenheiten, die unseren Umgang mit Namen leiten. Diese Gepflogenheiten[92] bestimmen, wann ein Name und allgemein die Worte und Ausdrücke der Sprache einer bestimmten Gemeinschaft richtig verwendet werden. Sie sind Teil unserer Lebensform,[93] in der wir mehr oder weniger erfolgreich versuchen, uns in einer Wirklichkeit zu orientieren, die uns ständig vor praktische Probleme stellt.[94] Wenn wir beim Erwerb der Muttersprache abgerichtet wurden, bestimmte Worte regelhaft in Übereinstimmung mit den Sprachkonventionen zu verwenden, dann haben wir nicht nur gelernt, diese zu verstehen, sondern lernen gleichzeitig, was es überhaupt heißt, Regeln zu befolgen. Wir erwerben damit auch die Fähigkeit, neue Worte regelhaft einzuführen und sie anderen verständlich zu machen.[95]

C30

Diese Überlegungen sollen in folgender – gegenüber (Sp4) etwas präzisierten – Definition des Sprachwerks zusammengefasst werden:

C31

(Sp5) Das Sprachwerk, von dem x ein Exemplar (Vorkommnis) ist, ist genau dann identisch mit dem Werk, von dem y ein Exemplar (Vorkommnis) ist, wenn die in x und y vorkommenden Wortverläufe eines sozial geregelten Sprachsystems dieselbe Bedeutung (Sinn) haben (dasselbe ausdrücken, dasselbe zu verstehen geben, denselben Inhalt haben).

In (Sp5) wird implizit vorausgesetzt, dass wir wissen, wann soziale Gruppen über ein Sprachsystem verfügen.[96] Da das Urheberrecht nach § 64 UrhG auf einen Zeitraum von 70 Jahren nach dem Tod des Urhebers beschränkt ist, kann dies für geschützte Sprachwerke ohne Weiteres angenommen werden.

---

oder einem Dritten gestattet hat, dies zu tun. Zum Ganzen eingehend *Haberstumpf* ZGE 2011, 151, 165 ff., 195 ff.

[92] *Wittgenstein* (1971), § 198 Abs. 3, § 199 Abs. 2.
[93] *Wittgenstein* (1971), § 19, 241.
[94] *Kertscher/Müller* (2015), S. 121.
[95] *Wittgenstein* (1971), §§ 143 ff., 185 ff., 198, 208, erläutert dies u. a. am Beispiel einer Lernsituation, in der der Lehrer einem Schüler beibringt, eine Reihe von Zahlen richtig fortzuführen; s. u. → Rn. E34 ff.
[96] Dazu eingehend *v. Savigny* (1983), S. 87 ff.

II. Identität von Bildwerken

1. Kongruenz der Bildeigenschaften

C32 Bilder sind vielgestaltig. Im Laufe der Jahrhunderte hat nicht nur die Zahl der Bilder zugenommen, die uns geradezu täglich überfluten, sondern auch die Art der Objekte, auf die man den Begriff des Bildes ausgedehnt hat. Sie geraten als Gemälde, Zeichnungen, Skulpturen, Fotografien, Computerbilder, Filme, Pläne, Karten, Diagramme, Piktogramme, Darstellungen[97] wissenschaftlicher oder technischer Art gem. § 2 Abs. 1 Nr. 4 bis 7 UrhG in den Fokus des Urheberrechts. Nicht alle dieser urheberrechtlich relevanten Bilder sind schöpferisch und nicht alle sind künstlerische Bilder. Deshalb kommt es bei der Frage nach der Identität von Bildwerken – und sonstigen Werken (→ Rn. C74 ff.) – nicht darauf an, ob und wann sie Kunstwerke[98] sind. Ebenso braucht in diesem Abschnitt noch kein Unterschied zwischen einem einfachen Bild und einem geschützten Bildwerk gemacht werden. Auf beides werden wir weiter unten bei der Erörterung des Begriffs der Schöpfung zurückkommen. Wenn im Folgenden von „Bild" bzw. „Bildwerk" die Rede ist, ist nicht ein bestimmtes materielles Objekt, das z. B. in einer Galerie hängt, oder ein sonstiges materielles Ereignis (z. B. Ausstrahlen von optischen Signalen durch einen Projektor) gemeint, sondern wie im Fall des Sprachwerks der Bildtyp, der in solchen Objekten und Erscheinungen vorkommt.

C33 Wie sprachliche Zeichen stehen Bilder für etwas von ihnen Verschiedenes. Sie nehmen meistens auf einen bestimmten Gegenstand Bezug, präsentieren ihn aber ersichtlich in anderer Weise. Eine sprachliche *Darstellung* beispielsweise beschreibt den dargestellten Gegenstand, indem der Sprecher mit Wortzeichen auf ihn referiert und ihm Prädikate, die Eigenschaften bedeuten, zuordnet. Die Beziehung zwischen der sprachlichen Darstellung und dem dargestellten Gegenstand wird dabei, wie im vorangegangenen Abschnitt herausgearbeitet wurde, durch Konventionen hergestellt,[99] die den Gebrauch der verwendeten Worte regeln. Der Verwender einer bildlichen Darstellung eines Gegenstands *zeigt* ihn dagegen; er macht ihn visuell anschaulich. Bildhafte Zeichensysteme haben kein Alphabet und kein Grundvokabular, das eigens gelernt werden muss und vergleichbar den Kombinationsregeln einer Sprache zusammengesetzt werden kann. Während nicht jedes Gekritzel ein Vorkommnis eines Buchstabens ist und nicht jede Aneinanderreihung von Buchstaben Wörter und Sätze ergeben, lässt sich eine klare Aufteilung in syntaktisch wohlgeformte (zulässige) und nicht wohlgeformte (unzulässige) Zeichentypen, die z. B. die Funktionen eines Namens für einen Einzelgegenstands und eines ihn charakterisierenden Prädikats

---

[97] In § 1 Abs. 1 Nr. 3 LUG vom 19.6.1901 war noch von „Abbildungen" die Rede.

[98] Zu den verschiedenen Theorien, die versuchen, die notwendigen und hinreichenden Bedingungen dafür anzugeben, wann etwas ein Kunstwerk ist, vgl. ausführlich *Reicher* (2010), S. 128 ff.

[99] *Reicher* (2010), S. 133.

einnehmen könnten, bei Bildern nicht durchführen.¹⁰⁰ Jede Nuance kann einen Unterschied machen.¹⁰¹ Daraus folgt zunächst, dass die Identität eines Bildwerkes nicht nach dem für Sprachwerke diskutierten Kriterium (Sp3) bestimmt und auch die Definition (Sp4) nicht unmittelbar auf Bildwerke übertragen werden kann.

Auch wenn bildhafte Zeichensysteme kein Alphabet und kein Grundvokabular besitzen, sind Bilder dennoch in *elementare* Bestandteile, Bildeigenschaften, auflösbar, aus denen sie sich zusammensetzen. Diese elementaren Bildeigenschaften kann man als mehr oder weniger ausgedehnte Bildpunkte, z. B. Pixel eines digitalen Bildes, charakterisieren, die angeben, welche Farbe das Bild an welchen Stellen hat.¹⁰² Bei einer dreidimensionalen Skulptur könnte man die Bildeigenschaften durch ihre geometrisch beschreibbare Oberfläche ergänzen. Die Identität eines Bildwerkes ließe sich – parallel zu (Sp1) – dann wie folgt definieren: C34

(Bi1) Das Bildwerk, von dem x ein Exemplar (Vorkommnis) ist, ist genau dann identisch mit dem Werk, von dem y ein Exemplar (Vorkommnis) ist, wenn x und y dieselben Bildeigenschaften haben.

Das Bildwerk ist damit nicht als eine bestimmte Abfolge von Zeichentypen, sondern als ein einheitlicher Bildtyp identifiziert, der durch eine bestimmte Verteilung von Farben auf einem zwei- oder dreidimensionalen Untergrund konstituiert wird und als solcher in materiell verschiedenen Vorkommnissen wiedererkannt werden kann.

Als Identifikationskriterium für ein Bildwerk ist (Bi1) aber ebenso ungeeignet wie (Sp1) oder (Sp2), auch wenn man seine Entstehungsgeschichte mit einbezieht. Je mehr man sich auf die elementaren Bildeigenschaften eines Objekts konzentriert, desto mehr verschwindet das Bild aus dem Blickfeld. Wir können dann nicht mehr erkennen, was zu dem Bild oder was zur Umgebung, z. B. zum Rahmen des betrachteten Objekts gehört.¹⁰³ Bildeigenschaften haben nicht nur Bilder, sondern auch natürliche Gegenstände wie Menschen und die belebte oder unbelebte Natur. Ein sehr realistisches Gemälde oder eine exakte Farbfotografie hat mit dem dargestellten Gegenstand mehr oder weniger viele *Bild*eigenschaften gemeinsam. Dennoch ist das Gemälde oder die Fotografie ein Bild, der dargestellte Gegenstand jedoch nicht. C35

Gegen (Bi1) sprechen vor allem die bereits mehrfach erwähnten Beispiele einer Kurve, die je nach Kontext, in dem sie verwendet wird, als die Silhouette eines Berges oder als Darstellung des Verlaufs von Börsenkursen verstanden wird. Oder das Beispiel des Hasenkopf-Entenkopf-Umspringbildes, das man, je nachdem wie sehr man mit Hasen- oder Enten-Bildern vertraut ist und wie man es dreht, als Hasenkopf- oder Entenkopfbild erkennt. Wie identisch buchstabier- C36

---

¹⁰⁰ *Scholz* (2004), S. 114 ff.; *Sachs-Hombach* (2013), S. 101 ff., 111, 264.
¹⁰¹ *Scholz* (2004), S. 126; *v. Kutschera* (1988), S. 57.
¹⁰² *Goodmann* (1998), S. 50.
¹⁰³ Vgl. *Reicher* (2010), S. 134 f.

te Wortzeichentypen können auch Bildtypen mit identischen Bildeigenschaften je nach Verwendungszusammenhang Verschiedenes bedeuten.[104] Zu den Bildeigenschaften, die ein Objekt besitzt, muss also etwas hinzukommen, damit es überhaupt als ein Bild und als ein Bild bestimmter Art erkennbar ist.

C37　Die rein *formale* Beschreibung eines Bildes, die sich darauf beschränkt, die Farben, die sich in mannigfacher Nuancierung gegeneinander absetzen, miteinander zu verbinden und zu Formkomplexen zusammenzuziehen, wäre nach den Worten von *Panofsky* „praktisch ein Ding der Unmöglichkeit: Jede Deskription wird – gewissermaßen noch ehe sie überhaupt anfängt – die rein formalen Darstellungsfaktoren bereits zu Symbolen von etwas Dargestellten umgedeutet haben müssen; und damit wächst sie bereits, sie mag es machen wie sie will, aus einer rein formalen Sphäre schon in eine Sinnsphäre hinauf."[105] Bilder setzen sich zwar aus ihren elementaren Bildeigenschaften zusammen, die strukturiert sind und in bestimmter Weise kombiniert sein können. Wann aber die Bildeigenschaften oder Komplexe von ihnen ein Bild ergeben oder innerhalb eines Gesamtbildes eine eigenständige Bedeutung besitzen, hängt wesentlich von der Interpretation des Bildzusammenhangs ab, d. h. welcher Bildinhalt dem Bild zugeschrieben wird.[106]

2. Die Abbildungsbeziehung

C38　Gewöhnlich wird das charakterisierende Merkmal eines Bildes darin gesehen, dass es etwas von ihm Verschiedenes abbildet und zum Abgebildeten in einer besonderen (Abbildungs-)Beziehung steht. In der allgemeinen Zeichentheorie (Semiotik) gelten Bilder als Musterbeispiele für sog. ikonische Zeichen.[107] Darunter versteht man Zeichen, die auf Gegenstände Bezug nehmen, welche zumindest eine gewisse Anzahl von Eigenschaften wie es selbst aufweisen.[108] Die für Bilder charakteristische Abbildungsbeziehung soll danach in einer mehr oder weniger großen *natürlichen* Ähnlichkeit zwischen den Eigenschaften eines Bildes und denen des abgebildeten Gegenstands bestehen.[109] Da solche Ähnlichkeiten unmittelbar wahrnehmbar seien, könne man – bis zu einem gewissen Grad jedenfalls – erkennen, wofür ein Bild steht, ohne dass man dazu etwas lernen müsste.[110] Dieser Gedanke bezieht einen Großteil seiner intuitiven Plausibilität daraus, dass selbst kleine Kinder und Personen verschiedener Sprachgemeinschaften meist spontan und problemlos erkennen, ob etwas ein Bild ist

---

[104] *Wittgenstein* (1971), § 140.
[105] *Panofsky* (1979a), S. 187.
[106] *Sachs-Hombach* (2013), S. 117 ff., 153 f.
[107] Vgl. z. B. *Peirce* (2000), S. 204 f.
[108] *Morris* (1979), S. 274.
[109] Dazu auch *Wollheim* (1982), S. 28 f., 119; *v. Kutschera* (1988), S. 51 f.; *Wittgenstein* (1969), 2.161 ff. In seiner Spätphilosophie, hat *Wittgenstein* diese Auffassung jedoch als Irrtum bezeichnet, so explizit in (1973), S. 163, 212 f.
[110] *Reicher* (2010), S. 133 f.; *Patzig* (1981), S. 40.

und was es darstellt.¹¹¹ Deshalb sind Bilderbücher besonders geeignet, Kindern den Gebrauch von Worten für Gegenstände einzutrichten, die sie anschaulich zeigen, ohne sie vor Augen zu haben. Dementsprechend könnte man die Identität eines Bildes über diese Abbildungsbeziehung zwischen ihm und dem jeweils Abgebildeten wie folgt definieren:

(Bi2) Das Bildwerk, von dem x ein Exemplar (Vorkommnis) ist, ist genau dann identisch mit dem Werk, von dem y ein Exemplar (Vorkommnis) ist, wenn x und y denselben Gegenstand in derselben Weise abbilden.

Das Bildwerk wird hier ebenfalls als ein einheitlicher Bildtyp aufgefasst, dessen Sinn (Bedeutung Inhalt, Ausdruck) mit den Eigenschaften des Gegenstands übereinstimmt, auf den in ihm Bezug genommen wird.

a) Bildwerkstheorie

Vergleichbare Vorstellungen liegen der im älteren urheberrechtlichen Schrifttum vertretenen „Bildwerkstheorie" zu Grunde. Ihre Hauptvertreter sind *Kohler* und *Schanze*.¹¹² Beide versuchen, den Begriff des Werkes der bildenden Künste und der Photographie nach § 1 KUG¹¹³ zu definieren und Kriterien zur Abgrenzung des Kunsturheberschutzes vom Geschmacksmusterrecht zu gewinnen. *Schanze* schreibt:¹¹⁴

„Das Werk der bildenden Künste ist nicht bloß ein Gebilde, es ist ein Bildwerk, es ist nicht bloß künstlerisch hergestellt, sondern stellt künstlerisch etwas dar. Wird die ästhetische Empfindung durch ein Bildwerk angeregt, so liegt ein Werk der bildenden Künste vor; ist das ästhetisch wirkende Gebilde kein Bildwerk, so kann nur von einem Geschmacksmuster die Rede sein. [...] Bild ist die Darstellung eines Gegenstands, der außer uns in der Wirklichkeit oder wenigstens in unserer Vorstellung existiert. Dem Bilde gegenüber steht das Ornament. Durch bloße Zusammenstellung von Farben oder durch das reine Formenspiel der Arabeske kann man gewiss eine ästhetische Wirkung erzielen [...] Die Arabeske sagt uns zu wenig, sie erreicht nicht die ausdrucksvolle Bestimmtheit eines äußeren benennbaren Gegenstands."

Wie die in (Bi2) formulierte Abbildungstheorie geht also auch die Bildwerkstheorie davon aus, dass sich das Wesen eines Bildwerkes nicht in einer bestimmten Anordnung von elementaren Bildeigenschaften erschöpft, sondern durch die Übereinstimmung mit einem Gegenstand charakterisiert ist, der in der realen Außenwelt oder, wenn es sich um einen fingierten Gegenstand handelt, in der Vorstellung des Künstlers und von Betrachtern existiert. Das Wesen eines Bildwerkes erschließt sich danach aus einem Vergleich zwischen dem, was

---
[111] *Reicher* (2010), S. 130 ff.; *Scholz* (2004), S. 21 f.
[112] *Kohler* (1908), S. 25 ff. und ausführlich *Schanze* GRUR 1929 I, 168 ff. mit weiteren Nachweisen; s. auch *Haberstumpf* (1991), Bd. II, S. 1169 f. Rn. 65 f.
[113] Gesetz betreffend das Urheberrecht an Werken der bildenden Künste und der Photographie vom 9.1.1907 (RGBl. S. 7).
[114] *Schanze* GRUR 1929 I, 168.

es darstellt, und einem wirklichen oder vorgestellten Gegenstand, den es darstellt.

C41 Ein Manko der Abbildungs- und Bildwerkstheorie besteht zunächst darin, dass beide sich auf bildliche *Darstellungen* beschränken. Sie schließen einen großen Teil von Gestaltungen aus, die wir ebenfalls Bilder nennen, etwa die moderne nichtgegenständliche Kunst, ästhetisch gestaltete Gebrauchsgegenstände, sofern sie nicht mit einer bildlichen Darstellung versehen sind,[115] ornamentale Gebilde sowie Karten Diagramme, Darstellungen wissenschaftlicher oder technischer Art, die ohne Beifügung eines Interpretationsschlüssels (z. B. Kartenlegende) nicht unmittelbar verständlich sind. Da aber § 2 KUG ausdrücklich Erzeugnisse des Kunstgewerbes zu den Werken der bildenden Künste zählte, fand die Bildwerkstheorie aus diesen Gründen[116] in der Rechtsprechung von Anfang an keine Gefolgschaft[117] und wird auch in der neueren Literatur nicht mehr vertreten. Im Überschneidungsbereich zum Geschmacksmusterrecht ging es nach ständiger Rechtsprechung für den Erwerb des Urheberrechtsschutzes nicht um eine Unterscheidung zwischen darstellenden und nicht darstellenden Gebilden, sondern vielmehr darum, ob ihr geistiger Gehalt einen solchen Grad erreicht, dass nach den im Leben herrschenden Auffassungen noch von Kunst gesprochen werden kann.[118] Auch wenn es natürlich unbestreitbar ist, dass nichtgegenständliche Bilder in den Schutzbereich des Urheberrechts einbezogen werden müssen, folgt daraus allerdings nicht, dass ein einheitlicher urheberrechtlicher Begriff des Bildwerkes nur mittels einer Unterscheidung zwischen Kunst und Nichtkunst gewonnen werden kann. Es ist deshalb vorweg zu fragen, ob der Gedanke, der hinter Definition (Bi2) und der Bildwerkstheorie steckt, adäquate Identitätskriterien wenigstens für Bildwerke darstellenden Charakters liefert.

b) Fiktionale bildliche Darstellungen und Entwürfe

C42 Das kann mit guten Gründen bezweifelt werden. Ein schlagkräftiger Einwand gegen die Abbildungs- und Bildwerkstheorie besteht zunächst darin, dass beide mit fiktionalen Bildern nicht zurechtkommen.[119] In unseren Kinderzimmern tummeln sich Bilder in Büchern, auf Kärtchen oder Aufklebern und dreidimensionale Figuren von Feen, Zauberern, Hexen, Einhörnern, Märchenprinzessinnen und -prinzen oder Monsterwesen. Comic-Hefte, in denen die Abenteuer

---

[115] *Schanze* GRUR 1929 I, 168, 169, 173.
[116] So explizit RGZ 76, 339, 344 – Schulfraktur.
[117] S. OLG Dresden GRUR 1908, 305, 306; RGSt 43, 330; RGZ 76, 339, 343 f. Dazu eingehend *Haberstumpf* (1991), Bd. II, S. 1157 ff. Rn. 50 ff.
[118] Z. B. RG GRUR 1932, 751; RG GRUR 1934, 133; RG GRUR 1938, 450; BGH GRUR 1957, 291, 292 – Europapost; BGH GRUR 1958, 562 – Candida-Schrift; BGH GRUR 1959, 290 – Rosenthal-Vase; BGH GRUR 1972, 39 – Vasenleuchter; BGH GRUR 1983, 377, 378 – Brombeer-Muster; BGH GRUR 1987, 903, 904 – Le Corbusier-Möbel; BGH GRUR 2014, 175 Rn. 15 – Geburtstagszug.
[119] Zu den Schwierigkeiten, die die Integration fiktionaler Handlungen und Figuren in den herrschenden Werkbegriff bereitet, näher *Haberstumpf* ZGE 2012, 284, 287 ff., 293 ff.

II. Identität von Bildwerken C42–C43

von Obelix und Asterix, der Schlümpfe oder von Walt-Disney-Figuren[120] gezeichnet sind, finden nicht nur bei Kindern eine begeisterte Leserschaft. Allen diesen Wesen ist gemeinsam, dass sie in der aktuellen Welt nicht existieren und ihre Schöpfer nicht intendieren, dass sie in ihr vorkommen. Und das wissen in der Regel auch die Kleinen. Gibt es aber die dargestellten Figuren nicht in der realen Welt, dann können wir deren Eigenschaften nicht mit denjenigen auf Identität oder Ähnlichkeit vergleichen, welche die Darstellung im Bild zeigt.[121]

Die urheberrechtliche Bildwerkstheorie versucht, diese Schwierigkeiten bei fiktionalen Bildern zu meistern, indem sie nach der Version von Schanze[122] einen in unserer subjektiven Vorstellung existierenden Gegenstand postuliert, oder nach Kohler[123] ihm den Status einer an sich seienden objektiven Idee zuweist, mit dem jeweils seine Darstellung im Bild auf Übereinstimmung verglichen werden könnte. Die erste Version der Bildwerkstheorie wurde bereits oben (B IV) bei der Erörterung des subjektiven Idealismus im Urheberrecht angesprochen. Ihr Problem ist nicht, dass wir kein inneres Bild einer fiktionalen Figur vor unserem „geistigen Auge"[124] haben können, sondern wie es sich zu dem Bild verhält, das eine Person beim Malen oder Zeichnen entäußert. Denn auch ein inneres Bild ist ein Bild. Wenn die Abbildungstheorie stimmt, dann muss das innere Bild in der Vorstellung seines Herstellers und des Betrachters, der ein Vorkommnis des entäußerten Bildes anschaut, eine Abbildung von etwas anderem sein, das es darstellt und ihm in den wesentlichen Eigenschaften gleicht. Da aber auch innere fiktionale Bilder keine Gegenstücke in der realen Außenwelt haben, kann das in ihnen Abgebildete ebenfalls nur ein Bild sein, das in der Vorstellung des Malers oder Zeichners wie auch des Betrachters existiert. Hinter das äußere Bild wird also ein ihm entsprechendes inneres Bild und hinter dieses ein ebensolches gesetzt und so fort. Die erste Version der Bildwerkstheorie führt auf diese Weise zu einem unendlichen Regress.[125] Die Kohler'sche Version der Bildwerkstheorie vermeidet zwar diesen Regress, indem sie einem fiktionalen Bild eine Idee gegenüberstellt, die „objektiv wirklich sein könnte"[126] und – wie man unterstellen muss – unmittelbar erkennbar ist. Diese Sicht ist aber wiederum den Einwänden ausgesetzt, die oben (→ Rn. B91 ff.) ausführlich dargelegt wurden. Markante Gegenbeispiele sind beispielsweise die Zeichnungen Eschers, die Unmöglichkeits-

---

[120] In der Rechtsprechung genießen derartige fiktionalen Figuren unabhängig von ihrer konkreten zeichnerischen Darstellung in verschiedenen Körperhaltungen, Kostümierung und Haartracht usw. als solche in der Regel urheberrechtlichen Schutz; z. B. BGH GRUR 1994, 191, 192 – Asterix-Persiflagen; BGH GRUR 2014, 258 Rn. 26 – Pippi-Langstrumpf-Kostüm. Weitere Nachweise bei *Schulze* in Dreier/Schulze (2022), UrhG § 2 Rn. 163.
[121] Dazu eingehend *Scholz* (2004), S. 30 f.; *Goodman* (1998), S. 31 ff.
[122] *Schanze* GRUR 1929 I, 168.
[123] *Kohler* (1908), S. 27, 39, spricht in diesem Zusammenhang von einem „imaginären Bild", das genetisch seiner Verwirklichung in einem Kunstwerk vorausgehe. Dagegen *Kummer* (1968), S. 11 ff.
[124] Vgl. BGH GRUR 2014, 258 Rn. 27 – Pippi-Langstrumpf-Kostüm.
[125] *Scholz* (1991), S. 180 f.
[126] *Kohler* (1908), S. 27.

sachverhalte darstellen, die auch in fiktiven Welten objektiv nicht wirklich sein können, so etwa die Darstellung eines Wasserfalls, der sich durch das herabfallende Wasser ohne Einsatz einer Pumpe selber speist, oder einer zeichnenden Hand, die sich selber zeichnet.[127] Es fällt schwer, sich z. B. die fiktionale Figur des Obelix als eine realisierte Idee vorzustellen, die schon objektiv existierte, bevor der Comic-Zeichner sie sich ausdachte und zu Papier brachte.

C44   Die Schwierigkeiten der Abbildungstheorie bleiben nicht auf die Fiktion beschränkt. Sie treten in gleicher Weise auf, wenn ein Maler oder Zeichner sich außerhalb der Fiktion bewegt und Vergangenes oder Zukünftiges darstellt. Auch hier besteht keine Möglichkeit, den jeweiligen Gegenstand oder Sachverhalt mit dem Inhalt seines Bildes zu vergleichen. Dennoch können wir normalerweise erkennen, was es darstellt, und es von anderen Darstellungen unterscheiden, selbst wenn es sich auf dasselbe Objekt oder denselben Sachverhalt bezieht.[128] Für Architekten, Ingenieure, Designer usw. gehört es zum täglichen Geschäft, Bilder von zukünftigen Dingen und Sachverhalten zu entwerfen. Sie bilden nicht Vorhandenes ab, sondern fertigen eine Darstellung an, nach der man den dargestellten Gegenstand herstellen oder Sachverhalt verwirklichen kann. Auch wenn er nie verwirklicht wird, behält ein Architektenplan für den Bau eines Gebäudes seinen eigenen Sinn unabhängig davon, ob er urheberrechtlich geschützt ist oder nicht. Die Abbildungsrelation ist eine Beziehung, die von einem Gegenstand zum Bild führt. Bei Bildern, die Zukünftiges entwerfen, ist es genau umgekehrt. Etwas kann ein Bild sein, bevor oder ohne dass es eine Ähnlichkeitsbeziehung zu einem Gegenstand gibt.[129] Eine befriedigende Definition des Bildwerkes im Urheberrecht darf aber diese besonders interessanten Beispiele von Bildern nicht ausschließen.

3. Konventionalität von darstellenden Bildern

C45   Die Abbildungstheorie beruht auf dem Gedanken, dass ein wesentlicher Unterschied zwischen bildlichen und sprachlichen (rein symbolischen) Darstellungen besteht. Um letztere zu verstehen, müsse man etwas gelernt haben, bei ersteren dagegen nicht. Wie wir gesehen haben, erschließt sich der Sinn eines Sprachwerkes in der Tat daraus, dass wir mit dem Erwerb von Sprachkompetenz gelernt haben, die verwendeten Sprachzeichen als regelhafte Handlungsformen hervorzubringen, zu verwenden und als solche zu verstehen. Ist dies aber bei Bildern anders? Auch Bilder stehen nicht isoliert für sich. Etwas wird nicht durch eine besondere innere (intrinsische) Eigenschaft zum Bild, sondern durch seine Einordnung in ein spezifisches Zeichensystem, das es wie die Systeme der Sprache erlaubt, immer neue Bilder zu produzieren, zu interpretieren und zu den verschiedensten Zwecken zu verwenden. Insoweit besteht eine klare Parallele zur Einführung neuer bedeutungsvoller Worte in den allgemeinen Sprachgebrauch,

---

[127] S. *Hofstadter* (2008), Abb. 5 (S. 13) und Abb. 135 (S. 734).
[128] *Haberstumpf* ZGE 2012, 284, 297.
[129] *Scholz* (2004), S. 38 f.

wie oben am Beispiel von Marken und Unternehmenskennzeichen demonstriert wurde. Dass manche Bilder auf einen vorhandenen Gegenstand, manche auf viele und wieder andere auf gar keinen Bezug nehmen, versteht sich nicht von selbst. Die Fähigkeit, zwischen diesen Arten von Bildern zu differenzieren und sie überhaupt als Zeichen für etwas anderes zu erkennen, ist ebenso wie der Erwerb von Bildkompetenz[130] allgemein nicht naturgegeben, sondern muss erlernt werden.[131]

Bei der Herstellung, Verwendung und beim Verstehen von Bildern kommen auf verschiedenen Ebenen Konventionen ins Spiel. Diese sind nicht vom Himmel gefallen und werden meistens auch nicht explizit festgelegt, sondern sind in der Regel historisch gewachsen, wie wir es von den natürlichen Sprachen kennen.[132] Da diese Konventionen mehr oder weniger fest in unserem Leben und unseren Gewohnheiten verankert und uns selbstverständlich geworden sind, übersehen wir leicht, dass auch eine realistische bildliche Darstellung das in ihr Dargestellte nur kraft eines konventionellen Interpretationsschlüssels vermittelt.[133] Dass wir Bilder meistens unmittelbar verstehen, bedeutet deshalb nicht, dass beides eine Ähnlichkeitsbeziehung verbindet. *Goodman*[134] weist daraufhin, dass das bildliche Symbolsystem, das für eine gegebene Kultur oder eine Person zu einer gegebenen Zeit die *Norm* ist, festlegt, wann ein Bild als realistisch angesehen wird. Realismus ist keine Frage irgendeiner konstanten oder absoluten Beziehung zwischen einem Bild und seinem Gegenstand, sondern eine Frage der Beziehung zwischen dem im Bild verwendeten Repräsentationssystem und dem Standardsystem. Meist wird natürlich das traditionelle System als Standard genommen, und das realistische oder naturalistische System ist schlicht das herkömmliche. Ein weiterer Grund, weshalb die Regelhaftigkeit bildlicher Zeichensysteme oft übersehen wird, dürfte darin liegen, dass sich der Blickwinkel zu einseitig auf den Bereich der bildenden Künste verengt, wo die Künstler im Laufe der Kunstgeschichte immer größere künstlerische Freiheiten in Anspruch genommen und sich in ihren Arbeiten immer häufiger bewusst über die traditionellen Darstellungsweisen hinweggesetzt haben, was allerdings nicht bedeutet, dass das Schaffen bildender Künstler keinen Regeln unterliegt. Ein Großteil der Bilder entsteht aber nicht in einem künstlerischen Umfeld und hängt in Galerien oder Museen, sondern dient propagandistischen, politischen, wissenschaftlichen, technischen, religiösen, kommerziellen oder alltagspraktischen Zwecken.

---

[130] Zum Begriff der Bildkompetenz als Parallelbegriff zur Sprachkompetenz vgl. *Scholz* (2004), S. 163 ff.
[131] *Scholz* (2004), S. 40 ff.; *Scholz* in Kolmer/Wildfeuer (2011), Stichwort „Bild", S. 460 ff.
[132] *Scholz* (2004), S. 138 und eingehend S. 148 ff.
[133] *v. Kutschera* (1988), S. 51; vgl. auch *Wollheim* (1982), S. 117.
[134] *Goodman* (1998), S. 45 ff.

a) Herstellungskonventionen

C47 Der Hersteller eines Bildes produziert es normalerweise nicht zweckfrei und nur für sich, sondern will mit ihm etwas zu verstehen geben und es im Umgang mit anderen Personen verwenden. Wenn er ein Vorkommnis seines Bildes anderen Personen zugänglich macht, kann ihm daher das Interesse unterstellt werden, dass die Betrachter dieses als Bild erkennen und in ihm sehen können, was es darstellt. Und der Betrachter eines Bildes ist typischerweise daran interessiert, es so gut wie möglich zu verstehen. Auch als Besucher eines Museums oder einer Gemäldegalerie gibt er sich nicht damit zufrieden, die Gemälde bloß anzuschauen, sondern verlangt eine Erläuterung oder Erklärung. Der Hersteller des Bildes wird sich deshalb an Darstellungskonventionen halten, von denen er annehmen kann, dass sie den Betrachtern geläufig sind und diese wissen, wie und worauf sie angewendet werden. Zu solchen Konventionen gehört z. B. die Verwendung von Strichen oder Farben, um die Umrisse von Körpern und Figuren zu beschreiben und diese vom Bildhintergrund abzuheben. Dazu gehören auch Regeln, die die Frage betreffen, wie eine bestimmte Art von Gegenständen (z. B. ein Baum, ein Gesicht, ein Pferd, eine Hand) abzubilden ist. Quelle solcher Herstellungskonventionen sind die zahllosen Anleitungen zum Malen und Zeichnen, mit denen sie im schulischen und akademischen Unterricht explizit tradiert, gelehrt und gelernt werden. Für viele Darstellungsschwierigkeiten haben sich bevorzugte Lösungen herausgebildet und in kleineren oder größeren Gruppen eingebürgert. Diese Konventionen haben wie Sprachregeln normativen Charakter. Weichen Mitglieder dieser Gruppen von solchen Darstellungsregeln ab, gilt dies als inkorrekt,[135] als Schüler bekommen sie eine schlechte Note.

C48 In bildlichen wie auch in sprachlichen Darstellungen kommen vielfach Sinnbilder, Allegorien und Metaphern vor. So sagen wir, der Baum sei ein Sinnbild des Lebens, der Löwe ein Symbol der Stärke und der Adler ein Herrschaftssymbol.[136] Typische allegorische Gestaltungen sind z. B. die Justitia und die Avaritia als Personifizierungen der Tugend der Gerechtigkeit und des Lasters der Habsucht.[137] Der spezifische Inhalt solcher Darstellungsmittel ergibt sich erst durch die Art und Weise ihrer Verwendung in Kunst, Religion und Sprache, und darin liegt ebenfalls eine konventionelle Komponente,[138] die nicht nur in verschiedenen Kulturen unterschiedlich sein kann, sondern auch innerhalb derselben Kulturgemeinschaft einem ständigen Kommen und Gehen unterworfen ist.[139] Nehmen wir das Beispiel der Renaissancekunst. Ihr Schönheitsideal forderte eine möglichst naturgetreue Wiedergabe der sichtbaren Erscheinungen, wie sie beim Sehvorgang im Auge eines Betrachters wahrgenommen werden können. Dies führte u. a. zur Entdeckung der Zentralperspektive und zu den mannigfa-

---

[135] *Scholz* (1991), S. 120 f.
[136] Vgl. *v. Kutschera* (1988), S. 58.
[137] *v. Kutschera* (1988), S. 62.
[138] *v. Kutschera* (1988), S. 59.
[139] *Goodman* (1988), S. 92.

chen Studien der Proportionen des menschlichen Körpers, mit denen sich u. a. Dürer intensiv befasst hat. Die ihnen zugrunde liegenden und teilweise explizit formulierten Regeln ermöglichten es, in Abkehr von den mittelalterlichen Stilepochen Körper und Sachverhalte in räumlicher Perspektive mathematisch und geometrisch präzise zu rekonstruieren und in der Sicht des Betrachters optisch korrekt zu malen oder zu zeichnen.[140]

Indem wir bereits ab dem Kindesalter anhand von Malbüchern und (Vor-) Bildern, im Mal- und Zeichenunterricht unter der Anleitung eines Lehrers usw. mit verschiedenen Darstellungsmitteln vertraut werden, erwerben wir nicht nur die Fähigkeit, bestimmte Bilder korrekt anzufertigen, sondern auch fortsetzbare *projizierbare* Kenntnisse und Fähigkeiten, weitere Bilder zu produzieren, sie als Bilder zu deuten und sie inhaltlich zu interpretieren.[141] Die Fähigkeit, Bilder herzustellen und zu verstehen, ist also eine komplexe Fähigkeit, die sich überwiegend aus erworbenen Fähigkeiten zusammensetzt. Sie versetzt uns nicht nur in die Lage, Vorhandenes naturgetreu abzubilden, sondern auch Gegenstände realistisch darzustellen, die es in der realen Welt nicht gibt. Wer z. B. gelernt hat, Pferdekörper, Männerbüsten und Vogelschwingen zu malen oder zu zeichnen, kann auch für andere erkennbar ein mehr oder weniger gutes Bild eines Pferdemenschen oder eines geflügelten Pferdes hervorbringen. Ob er damit auch ein gutes Kentaur- bzw. Pegasus-Bild geschaffen hat, hängt allerdings davon ab, wie sehr er und die Betrachter seines Bildes in der griechischen Mythologie bewandert sind.

Bestehende Normen sprachlicher und bildlicher Symbolsysteme garantieren nicht, dass jemand, der ein Sprach- oder Bildwerk entäußert, immer auch richtig verstanden wird. Er kann sie nicht richtig angewendet, die gegebenen Spielräume in überraschender Weise genutzt oder eigene Konventionen zugrunde gelegt haben, die es den Adressaten seiner Äußerung schwer machen zu erkennen, was er zum Ausdruck bringt. Um solche Kommunikationsschwierigkeiten zu reduzieren, wird einem Sprecher wie auch dem Hersteller eines Bildes das Recht eingeräumt, seine Äußerungen authentisch zu interpretieren. Ihm kommt das *konventionell* verankerte Privileg zu (→ Rn. B110), durch eine Erklärung darüber, was mit seiner Äußerung gemeint ist, entscheiden zu können, was sie bedeutet bzw. was das Bild darstellt und wie es zu verstehen ist. Nach einer solchen Erklärung verlangen wir insbesondere bei Werken der modernen bildenden Kunst, die dem Betrachter uninterpretiert oft als eine sinnlose Anordnung von Farbklecksen oder von Alltagsgegenständen vorkommt. Eine solche Erläuterung kann z. B. darin bestehen, dass der Künstler seinem Werk einen bestimmten Titel gibt, der Vieldeutigkeiten reduziert und die Art des Bildes und dessen Sachbezug festlegt,[142] oder im Zusammenhang einer Präsentation des

---
[140] *Scheer* (1997), S. 29 f.
[141] *Scholz* (1991), S. 165 f.; *Wollheim* (1982), S. 64 f.
[142] Siehe dazu das von *Kummer* (1968), S. 16, präsentierte Beispiel des Gemäldes „Der Pfeifer" von Manet. Hätte der Maler das Bild mit „Der Knabe" betitelt, müsste es statt eines Pfeifer-Bildes als Knaben-Bild interpretiert werden. Vgl. dazu auch *Goodman* (1998), S. 36 ff.

Werkes erklärt, was er sich gedacht oder vorgestellt hat, als er das Bild herstellte. Dieses Privileg hat allerdings Grenzen. Auch wenn wir bildenden Künstlern ein hohes Maß an künstlerischer Freiheit zubilligen, müssen wir ihnen nicht alles abnehmen.[143] Legt sich ein Künstler beispielsweise durch Angabe eines Titels, einer Bildunterschrift oder durch Beifügung einer Erläuterung darauf fest, dass sein hergestelltes und präsentiertes Objekt ein Pferde-Bild sein soll, dann muss er sicherstellen, dass es von anderen Personen als ein – wenigstens abstraktes – Pferde-Bild erkannt und verwendet werden kann. Misslingt ihm dies, dann hat er nicht etwa ein misslungenes Pferde-Bild[144] geschaffen, sondern gar keines. Sein Produkt kann daher nicht einmal als Muster oder Beispiel für ein schlechtes Pferde-Bild dienen.

C51 Mit dem Erwerb der Fähigkeit, ein Bild bestimmten Inhalts anzufertigen und zu verstehen, wird wie im Fall des Spracherwerbs ein regelhaftes *Handlungsschema* erlernt, das jeden, der diese Fähigkeiten besitzt, in die Lage versetzt, in konkreten Handlungsvollzügen materielle Vorkommnisse hervorzubringen, die diesen Bildtyp enthalten, etwa indem er ihn aus einem vorhandenen Vorkommnis nachmalt, ihn aus dem Gedächtnis nachzeichnet, sich anderer Reproduktionstechniken (z. B. Fotografie) bedient oder ihn in einem anderen Medium wiedergibt. Beispiele für Letzteres sind die Niederschrift der Charakterstudie einer Person anhand ihres Portraits im Werk eines Literaten oder die literarische Beschreibung einer Romanfigur, ihre Darstellung in den beigefügten Illustrationen und ihre Verkörperung in den Romanverfilmungen durch einen Schauspieler.[145] Dass wir im Umgang mit Bildern und deren Umsetzung in anderen Bildern und anderen Darstellungssystemen häufiger als im Fall von Sprachwerken mit *Übersetzungs*problemen zu kämpfen haben, heißt nicht, dass eine sinnerhaltende Umsetzung eines Bildes in verschiedenen Symbolsystemen nicht möglich ist und wir es in ihnen nicht als dasselbe wiedererkennen können.

C52 Die Bindung an traditionelle Darstellungskonventionen, denen Bildhersteller und Künstler einer bestimmten Epoche unterworfen sind, schließt natürlich nicht aus, dass einzelne Personen oder -gruppen einen eigenen Stil entwickeln oder in Abkehr von den Traditionen neue Bildsysteme und neue Sehgewohnheiten etablieren. Bei der Entwicklung und Ausarbeitung neuer Bildsysteme kristallisieren sich neue Schemata und Darstellungsweisen heraus, mit denen wir die Wirklichkeit neu wahrnehmen und neu begreifen lernen können. Wenn wir z. B. eine Ausstellung von impressionistischen oder kubistischen Bildern studiert haben, fällt es uns leichter, weitere Werke des Impressionismus und Kubismus zu deuten. Ist man anhand einzelner Beispiele mit einer bestimmten Mal- oder Darstellungsweise vertraut geworden, ist man in der Regel in der Lage, viele verwandte Bilder als Zeichen desselben Systems zu verstehen. Darüber hinaus

---

[143] *Scholz* (2004), S. 146 f.; *Reicher* (2010), S. 137 ff.
[144] So aber *Reicher* (2010), S. 140; wie hier *Scholz* (2004), S. 145.
[145] Vgl. BGH GRUR 2014, 258 Rn. 42 – Pippi-Langstrumpf-Kostüm und OLG Köln ZUM-RD 2012, 256 ff., zur Umsetzung der literarischen Figur der Pippi Langstrumpf in einer Abbildung.

haben wir ein Stück weit gelernt, Dinge anders zu sehen und – bei entsprechender Übung – anders zu zeichnen oder zu malen.[146]

b) Verwendung von darstellenden Bildern

Wer Bildkompetenz in diesem Sinne erworben hat, kann nicht nur Bilder herstellen und sie gleichförmig zu verschiedensten Zwecken gebrauchen, sondern auch etwas, das kein Bild ist, zu einem Bild machen und als solches verwenden. Verwender und Hersteller eines Bildes müssen nicht dieselben Personen sein, und ihre Zwecke und Absichten brauchen nicht übereinzustimmen. Der Verwendungs- und Verstehenszusammenhang kann sich vom Entstehungs- oder Herstellungszusammenhang ablösen.[147] Von *Kummer*[148] stammt ein in der Urheberrechtsliteratur vieldiskutiertes, hierzu passendes Beispiel: Eine in der Natur gefundene Föhrenwurzel wird von einem Künstler als Kunstwerk präsentiert, weil sie die Illusion einer Tänzerin hervorzurufen vermag. Die in diesem Zusammenhang von Kummer vertretene Ansicht, die Präsentation eines solchen Objekts *als Kunstwerk* sei bereits ausreichend, um eine persönliche *Schöpfung* anzunehmen, wird zwar im Schrifttum mit Recht fast einhellig abgelehnt, weil der Erwerb des Urheberrechts nicht davon abhängen kann, dass jemand dessen Schutz für sich in Anspruch nimmt.[149] Diese Kritik, die sich allein auf den Aspekt der Schutzfähigkeit des präsentierten Objekts fokussiert, verfehlt aber zu einem Gutteil den Witz des Beispiels. Dieser besteht nämlich nicht darin, dass der Künstler ein aufgefundenes Naturobjekt in den Rang eines Kunstwerkes erhebt, sondern dass er ihm einen Sinn gibt, es als bedeutungsvolles Zeichen[150] in den Kunstbetrieb einführt und als *Bild einer Tänzerin* verwendet, etwa indem er der Föhrenwurzel den Titel „Die Tänzerin" hinzufügt oder die Erklärung abgibt, dass sie eine Tänzerin darstellen soll. Er hat dadurch das Objekt zu einem Vorkommnis (Exemplar) gemacht, das den Bildtyp „Tänzerin" exemplifizieren soll und als Muster oder Vorbild für die Herstellung und Verwendung gleichförmiger oder ähnlicher Gebilde dienen und von jedermann, der Bildkompetenz besitzt, regelhaft in der Kommunikation eingesetzt werden kann. Er hat also vergleichbar der Einführung von neuen Namenszeichen im Marken- und Kennzeichenrecht (s. o. → Rn. C16, C22 ff.) einen geistigen Gegenstand hervorgebracht. Dieser Bildtyp kann auch in Vergleich zu anderen Tänzerinnen-Bildtypen, etwa einer Bronzeskulptur, gesetzt und daraufhin überprüft werden, ob es dem Künstler gelang, besondere Aspekte, Merkmale oder Posen einer Tänzerin hervorzuheben, und damit eine Leistung erbracht hat, die wir als schöpferisch ansehen können. Mit der Einführung eines neuen bedeutungsvollen Objekts in

---

[146] *Scholz* (1991), S. 165 f.
[147] *Scholz* (2004), S. 140, 143, 154; vgl. auch oben → Rn. C12.
[148] *Kummer* (1968), S. 75 f., 103 ff.
[149] *Ulmer* (1980), S. 145; *Haberstumpf* (2000), Rn. 93; *Loewenheim/Leistner* in Schricker/Loewenheim (2020), UrhG § 2 Rn. 44; *Schulze* in Dreier/Schulze (2022), UrhG § 2 Rn. 154; *Dreyer* in Dreyer/Kotthoff/Meckel (2013), UrhG § 2 Rn. 23, jeweils m. w. N.
[150] Vgl. *Schulze* (1983), S. 150.

den Kunstbetrieb ist somit noch nicht ausgemacht, dass es eine Schöpfung enthält: Nicht alle geistigen Gegenstände sind schöpferisch, und Neuheit ist nicht gleichzusetzen mit Schöpfung.[151]

C54 Positiv gewendet zeigt das Beispiel der Föhrenwurzel, dass auch die Verwendung natürlich entstandener oder von anderen Personen hergestellter Objekte (objets trouvés, ready mades,[152] appropriation art[153]) ein urheberrechtlich geschütztes Werk hervorbringen kann, vorausgesetzt jedoch, der Verwender verleiht dem jeweiligen Gegenstand durch einen Akt der Sinngebung einen geistigen Gehalt, der darauf überprüft werden kann, ob er schöpferisch ist. Er kann dies dadurch bewirken, dass er das Objekt in einen anderen Sinnzusammenhang stellt, indem er es beispielsweise vor einem bestimmten Hintergrund erscheinen lässt, es in einem Rahmen hervorhebt, in einer anderen Umgebung zusammen mit anderen Objekten präsentiert oder mit einem Untertitel versieht. Ein Anhänger der appropriation art, der eine Kopie eines fremden Bildwerkes anfertigt, diese ausdrücklich als Kopie in den Kunstbetrieb einführt, indem er sie zusätzlich mit seinem Namen signiert, produziert zwar ein weiteres Vorkommnis eines geistigen Bildwerks. Dieses ist aber kein eigenständiges Bild, sondern mit dem identisch, das er als Vorbild nahm. Wenn gesagt wird, der Sinn eines Kunstwerks dieser Kunstrichtung liege darin, das Wesen der Originalität und die Aura des Künstlerischen überhaupt oder eines bestimmten bekannten Künstlers in Frage zu stellen, dann wird nur eine Aussage über es gemacht, die in ihm jedoch keinen Ausdruck findet. Wollte man Gegenteiliges annehmen, wäre man auf die Konsequenz festgelegt, dass jedes Werk dieser Kunstrichtung dasselbe ausdrückt, also mit allen anderen identisch ist, was wenig plausibel ist und auch kaum den erkennbaren Intentionen ihrer Anhänger entsprechen dürfte. Unabhängig vom Merkmal der Schöpfung kann ein solcher Künstler den Urheberrechtsschutz also schon allein deswegen nicht erwerben, weil er wie jeder andere Kopist einen bereits vorhandenen geistigen Gegenstand bloß reproduziert. Durch die Anwendung einer Kopiertechnik[154] und Signierung mit seinem Namen macht er nämlich nur explizit, dass das präsentierte Objekt kausal auf ein anderes Vorkommnis desselben Bildwerks zurückgeführt wurde.[155]

C55 Wie derjenige, der ein selbst hergestelltes Objekt zum Gegenstand der allgemeinen Kommunikation macht, kann allerdings auch der Verwender eines vorgefundenen Gegenstands Fehler begehen, die es ausschließen, dass die Adressaten in ihm einen geistigen Gegenstand erkennen. Eine Föhrenwurzel, die auch nicht abstrakt an eine Tänzerin oder an Bilder von einer Tänzerin erinnert, bleibt eine Föhrenwurzel und exemplifiziert keinen Bildtyp „Tänzerin", auch

---

[151] Näher unten → Rn. E10 ff.
[152] Beispiele bei *Schulze* in Dreier/Schulze (2022), UrhG § 2 Rn. 154 und *Loewenheim/Leistner* in Schricker/Loewenheim (2020), UrhG § 2 Rn. 173.
[153] Dazu *Schack* (2004), S. 107 ff.
[154] *Schack* (2004), S. 111 ff.
[155] Vgl. oben → Rn. C3 f. zur Frage der textgeschichtlichen Verwandtschaft von Exemplaren eines Sprachwerks.

II. Identität von Bildwerken   C55

wenn ein Künstler sie mit dem Titel „Die Tänzerin" versieht. Er begründet keine Regel zur korrekten Herstellung, Verwendung und zum Verstehen eines Tänzerinnen-Bildes. Ein anderes Beispiel, in dem es dem betroffenen Künstler nicht gelang, einem vorgefundenen Objekt einen bestimmten Sinn zu geben, bildet die skandalumwitterte Beuys'sche Badewanne. Sie war 1960 von *Joseph Beuys* mit einigen Pflastern, Mullstücken und einem Fettklumpen versehen und später auf einer Ausstellung als Kunstobjekt zusammen mit einer Schrifttafel präsentiert worden, auf der stand, dass in dieser Badewanne Joseph Beuys gebadet worden war. Nach Beendigung der Ausstellung kam die Wanne zur Zwischenlagerung in einen Magazinraum und wurde anlässlich einer Feier des lokalen SPD-Ortsvereins von nichtsahnenden Teilnehmerinnen gereinigt, ausgescheuert und zum Bierkühlen und Gläserspülen verwendet. Nach Rückgabe an den Kunstsammler und Eigentümer, der sie leihweise für die Ausstellung zur Verfügung gestellt hatte, verklagte dieser die Veranstalterin der Ausstellung wegen Verletzung der Rückgabepflicht gemäß § 604 Abs. 1 BGB auf Schadensersatz.[156] Wie der allein unter schuld- und sachenrechtlichen Gesichtspunkten geführte Prozess ausging,[157] soll uns hier nicht interessieren, sondern vielmehr die Frage, ob urheberrechtliche Ansprüche des Künstlers etwa auf Schadensersatz wegen Entstellung gem. §§ 14, 97 Abs. 2 S. 4 UrhG denkbar gewesen wären. Dies hätte vorausgesetzt, dass das materielle Ausstellungsobjekt einen geistigen Gegenstand verkörperte, also etwas Bestimmtes ausdrückte bzw. von Beuys mit einem bestimmten Sinn, Inhalt versehen wurde, der durch seine Reinigung verändert wurde. Der Titel „Badewanne" und die Inschrift auf der Schrifttafel legten zwar fest, dass das Objekt als Beispiel oder Muster für eine Badewanne, in der Joseph Beuys gebadet wurde, präsentiert wird und zu interpretieren ist. Diesen Sinn hatte das Objekt jedoch schon immer. Er wurde weder durch die Drapierungen und seine Präsentation auf der Ausstellung noch durch die Säuberungsaktion und die originalgetreue Restaurierung, die Beuys nach dem Ende des Prozesses für den Sammler eigenhändig vornahm, tangiert. Da Badewannen wie andere Gebrauchsgegenstände im Laufe der Zeit verschiedenste Gebrauchsspuren aufzuweisen pflegen, verwundert es deshalb nicht, dass die Teilnehmerinnen der Feier in der Wanne nur ein *verschmutztes,* ein schlechtes Exemplar einer Badewanne sahen und womöglich sogar meinten, eine gute Tat zu tun, indem sie die abgestellte alte Wanne in neuem Glanz zurückließen. So wie die Identität einer Skulptur nicht dadurch in Frage gestellt wird, dass ihr Originalexemplar mit Taubenkot verschmutzt ist, wird sie nicht berührt, wenn man ihn wieder entfernt. Ob aber die drapierte und ausgestellte Wanne etwas anderes – und wenn

---

[156] Zu diesem Fall und dem Prozessverlauf ausführlich *Braun* (1995), S. 51 ff.

[157] Bemerkenswert ist allerdings die Begründung, mit der das OLG Düsseldorf in zweiter Instanz die Möglichkeit einer originalgetreuen Naturalrestitution gemäß § 249 BGB durch Beuys selbst verneinte: Das Objekt werde „als Träger im Einzelnen hier nicht zu erörternden und zu bewertender subjektiver Anschauungen gesehen..." (zitiert nach *Braun* (1995), S. 60). Das OLG vertritt damit unverkennbar die oben (→ Rn. B53 ff.) bereits ausführlich diskutierte und abgelehnte These (S) des subjektiven Idealismus.

ja was – anschaulich machte, als Titel und Schrifttafel verrieten, bleibt im Dunkeln.

C56 Der Erwerb von Bildkompetenz setzt nicht notwendig die Fähigkeit voraus, *korrekte* Bilder im Sinn eines bestimmten Bildsystems, eines bestimmten Stils, *selbst* herzustellen. Die wenigsten von uns sind gute Maler, Zeichner, Fotografen oder Filmemacher. Bildkompetenz beruht zu einem Großteil darauf, dass wir von Kindesbeinen anhand von unzähligen Beispielen und Mustern gelernt haben, was Bilder sind und wie sie in der Kommunikation zu welchen Zwecken verwendet werden können. Darstellende Bilder veranschaulichen Gegenstände und Sachverhalte. Was sie veranschaulichen, hängt oft von der Art ihrer Verwendung ab. Bringt jemand unter Angabe seiner Adresse und Telefonnummer die Fotografie einer Katze im öffentlichen Raum an, dann hat diese Handlung die Bedeutung von: Meine Katze sieht so aus. Wer sie findet, bringe sie bitte zu mir zurück oder verständige mich wenigstens, wo sie sich aufhält. Wird dagegen dieselbe Fotografie in einem Bilderbuch für Kinder verwendet, dann fungiert sie als generelles Symbol, das unterschiedslos alle Katzen bzw. die Eigenschaft, eine Katze zu sein, veranschaulicht.[158] Wenn jemand am Gartenzaun das Bild eines Hundes mit spitzen Zähnen anbringt, dann gilt seine Handlung nicht als Information, dass sein Hund so aussieht, sondern als Warnung vor seinem bissigen Hund. Die Übergabe der Zeichnung eines Hauses an einen Baumeister durch einen Architekten im Rahmen eines Auftrages, bedeutet nicht, dass dieser dem Baumeister beschreibt, wie ein bestimmtes Haus oder Typen von Häusern beschaffen sind, sondern dass er ihn anweist, ein Haus nach dieser Zeichnung zu errichten. In der markenrechtlichen Rechtsprechung ist anerkannt, dass Bildnisse lebender oder verstorbener Personen, deren Aussehen dem Publikum normalerweise gut bekannt ist, als Namen für Unternehmensprodukte eingeführt werden und Markenschutz erwerben können.[159] Namensfunktion besitzen auch Passfotos, in denen auf die Person des Ausweisinhabers Bezug genommen und gleichzeitig gezeigt wird, wie sie ausschaut.[160] Mit darstellenden Bildern können wir wie mit Sprachzeichen die verschiedensten Dinge tun,[161] z. B. Inhalte von Gefühlen ausdrücken, jemanden mitteilen, wie etwas aussieht oder beschaffen ist, wie etwas sein soll oder nicht sein soll, eine Person oder einen Ort suchen, etwas gebieten oder verbieten, vor etwas warnen, für etwas werben, etwas empfehlen, zeigen, wie man sich etwas vorstellt, und so weiter.[162] Für das Verstehen der Botschaft eines Bildes, seiner kommunikativen Bildbedeutung, spielen nicht nur die erwähnten Herstellungsgepflogenheiten, sondern auch erlernte regelhafte *Verwendungsformen* eine maßgebliche Rolle.

---

[158] *Scholz* (2004), S. 162 f., 178 ff.; *Sachs-Hombach* (2013), S. 165, 175 f.

[159] BGH GRUR 2008, 1093 – Marlene-Dietrich-Bildnis; näher *Fezer* (2009), MarkenG § 8 Rn. 292, 291 auch zur Streitfrage, ob Abbildungen bekannter Kunstwerke wie das der Mona Lisa eintragungsfähig sind.

[160] *Sachs-Hombach* (2013), S. 113.

[161] Vgl. *Wittgenstein* (1971), §§ 23, 280, 291; *Wittgenstein* (1973), S. 171, 212 f.

[162] *Scholz* (2004), S. 158 ff.

II. Identität von Bildwerken C57–C58

Bild- und Sprachsysteme haben insoweit ihre jeweils spezifischen Vor- und C57
Nachteile. Bilder können mehr sagen als 1000 Worte, während mit Worten meist
sehr viel detaillierter ausgedrückt werden kann, worüber man sich verständigen will. Häufig kann es vorteilhaft sein, sprachliche (rein symbolische) und
abbildende Darstellungsweisen miteinander zu kombinieren, um einen einheitlichen geistigen Gehalt hervorzubringen, wie es z. B. bei Landkarten, Diagrammen und Darstellungen wissenschaftlicher oder technischer Art i. S. v. § 2
Abs. 1 Nr. 7 UrhG der Fall ist.[163] Ein weiteres typisches Beispiel hierfür bildet
eine Patentanmeldung, in der sich die Patentansprüche oder die Beschreibung
der Erfindung auf Zeichnungen beziehen (§ 34 Abs. 3 Nr. 5 PatG). Die in der
Urheberrechtsliteratur diskutierte Frage, ob solche Gebrauchszwecken dienenden Zeichnungen und Darstellungen wissenschaftlicher oder technischer Art im
Hinblick auf ihre Schöpfungshöhe mehr den für Sprachwerke oder für Bildwerke geltenden Regeln unterworfen werden sollten,[164] hat inzwischen ihre praktische Relevanz weitgehend verloren, nachdem die Rechtsprechung bei Werken
der angewandten Kunst keine besondere Schöpfungshöhe für den Erwerb des
Urheberrechtsschutzes mehr fordert,[165] so dass das Merkmal der Schöpfung für
alle Werkarten nach einheitlichen Standards beurteilt werden kann (näher dazu
→ Rn. E86 ff.).

Auch mit Bildern können wir uns also des Inhalts von Empfindungen, Wün- C58
schen und Vorstellungen bewusst werden, Wege aufzeichnen, wie wir sie verwirklichen können, und sie so zu Gründen für unser persönliches, gesellschaftliches und politisches Handeln machen (→ Rn. B126). Diese Macht der Bilder
ist gerade in der heutigen Medienkultur allgegenwärtig. Auch der Umgang mit
Bildern ist Teil unserer menschlichen Lebensform.[166] Die Definition des Sprachwerkes in (Sp5) ist zwar nicht unmittelbar auf Bildwerke übertragbar. Man kann
aber ein analoges Identitätskriterium für Bildwerke – Lichtbild-, Filmwerke
sowie Darstellungen wissenschaftlicher oder technischer Art eingeschlossen –
angeben:

(Bi3) Das Bildwerk, von dem x ein Exemplar (Vorkommnis) ist, ist genau identisch mit dem Werk, von dem y ein Exemplar (Vorkommnis) ist, wenn
der in x und y vorkommende Bildtyp als Zeichen eines sozial geregelten
Bildsystems dieselbe Bedeutung (Sinn) hat (dasselbe ausdrückt, dasselbe
zu verstehen gibt, denselben Inhalt hat).

Im Hinblick auf die derzeit noch und künftig geschützten Bildwerke des Urheberrechts kann ebenfalls unterstellt werden, dass die für sie maßgebenden Bild-

---

[163] Vgl. *Patzig* (1981), S. 40 f.
[164] Vgl. BGH GRUR 1993, 34, 36 – Bedienungsanweisung; *Schulze* in Dreier/Schulze (2022),
UrhG § 2 Rn. 225; *Obergfell* in Büscher/Dittmer/Schiwy (2015), UrhG § 2 Rn. 60; *Haberstumpf*
(1982), S. 19, 40.
[165] BGH GRUR 2014, 175 Rn. 26 ff. – Geburtstagszug.
[166] In Anlehnung an den von *Wittgenstein* geprägten Begriff des „Sprachspiels" (1971, §§ 7,
23) kann man hier von „Bildspielen" sprechen, *Scholz* (2004), S. 158.

127

4. Nichtgegenständliche Bilder, Ornamente, Formen

C59 Die Definition (Bi3) umfasst auch darstellende Bilder, die einen Gegenstand in einem hohen Abstraktionsgrad anschaulich machen. Obwohl z. B. in einer Strichmännchen-Zeichnung von fast allen Eigenschaften eines Menschen abgesehen wird, ist sie in der Regel als Bild eines stehenden oder sich bewegenden Menschen verstehbar.[168] Wird aber die Abstraktion so weit geführt, dass schließlich auch die minimalen Eigenschaften fehlen, die eine gegenständliche Interpretation erlauben, dann bleiben nur noch die elementaren Bildeigenschaften als Eigenwerte des Bildes übrig.[169] Beispiele sind etwa die monochromen Bilder von Yves Klein, Kasimir Malewitsch oder Robert Rauschenberg, die Schnittbilder von Lucio Fontana, die kubische Form eines durchgehenden Stahlrohrzuges, aus der im Bauhaus die berühmten freischwingenden Stühle entwickelt wurden,[170] oder rein geometrisch beschreibbare Linien und Ornamente, wie wir sie vom gotischen Maßwerk her kennen. In der urheberrechtlichen Literatur und Rechtsprechung ist es nahezu unbestritten, dass nichtgegenständliche Bilder und Gebilde dieser Art Werke im Sinne von § 2 Abs. 2 UrhG sein können.[171] Die Diskussion dreht sich dabei allerdings mehr um die Frage, wann sie das Merkmal der Schöpfung erfüllen.[172] Ob sie geistige Gegenstände sind, wird regelmäßig nicht problematisiert, sondern implizit vorausgesetzt. Inwieweit ist dies aber gerechtfertigt? Wenn sie nichts darstellen und ihre Eigenart sich allein aus ihren elementaren Bildeigenschaften im Hinblick auf Farbe und Form ergibt, spräche einiges dafür, ungegenständliche Bilder, Formen und Ornamente von der Definition (Bi3) auszunehmen, auf das Identitätskriterium (Bi1) zurückzugreifen und dieses durch die Forderung zu verschärfen, dass sie von einem Menschen geschaffen sein müssen, um natürliche Gegenstände, die ebenfalls Bildeigenschaften besitzen, auszuschließen.

C60 Einer solchen Sonderbehandlung ungegenständlicher Gebilde steht jedoch eine Reihe von Einwänden entgegen. Der Übergang von einer abstrakten Darstellung zu einem nichtgegenständlichen Bild ist fließend, so dass es zumindest äußerst schwierig erscheint, die Grenze mit hinreichender Trennschärfe

---

[167] Zur Frage, wann es in einer sozialen Gruppe Bilder gibt, vgl. näher *Scholz* (2004), S. 188 ff.
[168] Vgl. *Wittgenstein* (1973), S. 171.
[169] *Sachs-Hombach* (2013), S. 208; *Goodman* (1990), S. 77 ff. Zur Position des kunstästhetischen Formalismus, der versucht, den Begriff der Kunst primär über die formalen Qualitäten von Kunstwerken, d. h. über deren Linien, Flächen, Farben, Tönen und deren Beziehungen zueinander, zu definieren, *Reicher* (2010), S. 151 ff. und unten → Rn. C67 f.
[170] *Schulze* (1983), S. 225 ff.; Abbildungen befinden sich in BGH GRUR 1961, 635 – Stahlrohrstuhl.
[171] Vgl. auch *Haberstumpf* (2017), S. 3 ff.
[172] Vgl. *Loewenheim/Leistner* in Schricker/Loewenheim (2020), UrhG § 2 Rn. 173.

II. Identität von Bildwerken   C60–C61

zu markieren. Die wenigsten visuell wahrnehmbaren Ergebnisse menschlichen Handelns sind Bilder. Die durch einen Menschen verursachte sichtbare Ortsveränderung eines materiellen Objekts ist beispielsweise keines. In der Niederschrift eines Textes, die in sichtbaren Schwärzungen auf weißem Papier besteht, ein ungegenständliches Bild zu sehen, wäre sehr ungewöhnlich und würde den Sinn des Textes ebenso verfehlen wie die Fokussierung auf die Reihenfolge der Buchstaben (→ Rn. C3). Viele monochrome oder mehrfarbige Flächen, Linien und Formen haben in der menschlichen Kommunikation eine genau geregelte Bedeutung, die über die Bildeigenschaften der betrachteten Objekte hinausweist. So bedeutet Rot an einer Verkehrsampel, dass keine Einfahrerlaubnis besteht. Ein rotes Kreuz auf weißem Hintergrund steht für die Hilfsorganisation „Rotes Kreuz", und die Kombination der Farben Schwarz, Rot und Gold ist je nach Anordnung und Verwendungszusammenhang das Hoheitszeichen für Deutschland oder Belgien. Farben oder Farbkombinationen können ferner die Bedeutung eines Namens für Unternehmensprodukte haben und Markenschutz erwerben.[173] Diese Beispiele belegen, dass von Menschen hervorgebrachte visuell wahrnehmbare Objekte nicht allein deswegen als Bilder behandelt werden, weil sie Bildeigenschaften besitzen, sondern erst dann, wenn sie als Zeichen eines sozial geregelten Bildsystems hergestellt oder verwendet werden.

Das gilt auch für die erwähnten monochromen Bilder der modernen nichtgegenständlichen Kunst. Dass sie nichts darstellen, heißt nicht, dass sie keine Bedeutung, keinen Sinn haben. Ein bildender Künstler, der mit reinen Farben und Formen experimentiert, nimmt zwar auf keinen bestimmten Gegenstand Bezug und macht ihn in einer bestimmten Weise anschaulich. Er setzt sich aber mit den Möglichkeiten und Grundlagen bildhaften Gestaltens selbst auseinander. Er thematisiert die Darstellungsmittel und -formen, von denen bei der Herstellung und Verwendung von Bildern Gebrauch gemacht werden kann und die immer schon eingesetzt wurden, um bestimmte Effekte hervorzurufen und verschiedene Zwecke zu verfolgen.[174] Die Isolierung der bildeigenen Eigenschaften, die innerhalb der modernen ungegenständlichen Kunst betrieben wird, ist der Versuch, mit den Mitteln der bildnerischen Gestaltung eine anschauliche Verständigung über eben diese Mittel herbeizuführen.[175] Nicht selten gelingt es dem Künstler dabei, einen neuen Farb- oder Formtyp isoliert oder in einer bestimmten Kombination hervorzubringen, in einem Gemälde oder einer Skulptur zu exemplifizieren und dabei neue Weisen farblichen und räumlichen Sehens zu etablieren.[176] Man muss sich nicht auf die häufig wenig nachvollziehbaren metaphysischen, esoterischen, mystischen Gedanken einlassen, mit denen Kunstkritik und Künstler der modernen abstrakten und ungegenständlichen Kunst

C61

---

[173] BGH GRUR 2016, 1167 – Sparkassenrot; BGH GRUR 1999, 491 – Farbmarke gelb/schwarz; BGH GRUR 1999, 730 – Farbmarke magenta/grau; *Fezer* (2009), MarkenG §3 Rn. 536 ff.
[174] *Sachs-Hombach* (2013), S. 205 ff.
[175] *Sachs-Hombach* (2013), S. 213.
[176] *Sachs-Hombach* (2013), S. 209 ff., am Beispiel der Schnittbilder Fontanas.

ihre Objekte befrachten[177] – das Privileg der authentischen Interpretation hat, wie bereits gesagt, Grenzen –, um die Feststellung treffen zu können, dass auch sie in den meisten Fällen Bilder sind, die einen Inhalt haben und etwas zu verstehen geben.

C62   Betrachten wir als Beispiel die Flächen und Objekte, die der Künstler *Ives Klein* mit einem eigens entwickelten und unter der Bezeichnung „International Klein Blue", abgekürzt: „IKB", bekannt gewordenen Ultramarinblau versah. Dieser Blauton ist durch eine besondere Leuchtkraft charakterisiert, deren farbpsychologischer Effekt darin besteht, den Betrachter gleichsam in die Tiefe des Bildes hineinzuziehen. Mit diesem Blauton experimentierte er in vielfältiger Weise, indem er ihn auf unstrukturierten oder strukturierten Leinwänden und Wandflächen auftrug, mit ihm materielle Gegenstände, z. B. Schwämme, durchtränkte, beleuchtete oder ihn mittels eines sich schnell drehenden Rotationskörpers zum Schwingen brachte.[178] Es mag diskussionswürdig sein, ob es dem Künstler damit gelang, „das Immaterielle", „Raum ohne Grenzen in Raum und Zeit", „die Prinzipien: Materie und Geist, Körperlichkeit und Spiritualität, Zeit und Unendlichkeit" zu verkörpern oder „Das Blau als das sichtbar werdende Unsichtbare"[179] anschaulich zu machen. Die Feststellung jedoch, dass er überhaupt etwas Immaterielles, etwas Geistiges, hervorgebracht hat, dürfte kaum bestreitbar sein. Er hat die Flächen und sonstigen Objekte nämlich nicht bloß wie ein Anstreicher mit der Farbe IKB-Blau versehen, sondern sie in einer für *Bild*kunstwerke typischen Umgebung ausgestellt und auf diese Weise bestimmt, dass sie als Bilder zu interpretieren sind. Indem er sich ganz auf einen bestimmten Farbton konzentrierte, machte er zunächst deutlich, dass seine präsentierten Objekte als Muster oder Proben für eben diesen Farbton fungieren, ihn exemplifizieren sollen.[180] Er hat einen eigenen Farbbildtyp in unsere geläufigen Bildsysteme eingeführt und ihm mit der Bezeichnung „International Klein Blue" einen Namen gegeben. Jeder, der Bildkompetenz besitzt, kann ihn durch geeignete Kopiertechniken reproduzieren und auch in anderen Zusammenhängen, z. B. im Produkt- oder Modedesign, verwenden, auch wenn er die chemische Zusammensetzung[181] der eingesetzten Malfarbe nicht kennt. Die Intentionen des Künstlers beschränken sich aber nicht darauf, nur einen eigenen Blaufarbtyp zu kreieren, sondern gingen für andere erkennbar dahin, beim Betrachter eine besondere Sensibilität für ihn zu entwickeln und ihn unter anderem mit der Vorstellung von Meer und Himmel[182] zu verknüpfen, mit der die Farbe Blau gewöhnlich

---

[177] Zur Kritik vgl. *v. Kutschera* (1988), S. 315 ff.
[178] *Weitemeier* (2001), S. 15 ff., 37 ff.
[179] Vgl. *Weitemeier* (2001), S. 19, 31, 28, 40.
[180] *Scholz* (2004), S. 185; vgl. eingehend *Goodman* (1998), S. 63 ff., 57 ff., 87 ff., auch zur Frage, wann z. B. ein in düsteren Grautönen gemaltes Bild Traurigkeit (metaphorisch) exemplifiziert.
[181] Interessanterweise hat Yves Klein die chemische Zusammensetzung der Farbe beim französischen Patentamt INI unter der Nummer 63471 zum Patent angemeldet, s. *Weitemeier* (2001), S. 17. Zu einer Patenterteilung ist es jedoch nicht gekommen.
[182] *Weitemeier* (2001), S. 28.

mehr oder weniger locker assoziiert ist. Dass es dem Künstler Yves Klein gelang, zumindest mit einem Großteil seiner präsentierten Objekte Inhalte von Gedanken wie räumliche Unbestimmtheit oder Inhalte von unbestimmten Gefühlen wie Schwerelosigkeit, Ruhe[183] usw. auszudrücken, dürfte auch für einen den intellektuellen Übertreibungen der modernen Kunst skeptisch gegenüberstehenden Betrachter durchaus nachvollziehbar sein. Auch Flächen, die mit nur einer Farbe versehen sind, und reine geometrische Linien und Formen können also Bilder enthalten und etwas ausdrücken, das über ihre Bildeigenschaften hinausgeht

Es hindert uns also nichts daran, auch das bloße Experimentieren mit Farben und Formen als eine geistige Tätigkeit zu begreifen, mit der wir uns der Möglichkeiten und Mittel bildhaften Gestaltens bewusst werden, durch die wir an und mit materiellen Objekten ausprobieren, welche Effekte mit ihnen jeweils erzielt werden und was wir in diesen Objekten sehen können. Die moderne ungegenständliche bildende Kunst bildet ein eindrucksvolles Beispiel für dieses Bemühen. Sie markiert aber weder einen revolutionären Anfang noch das Ende der Bildkunst.[184] Denn nicht nur in der traditionellen darstellenden Kunst, sondern auch außerhalb künstlerischer Kontexte wurde immer schon mit Farben und Formen experimentiert. Auch das Handeln der Anhänger der modernen ungegenständlichen Kunst ist eingebettet in unsere alltägliche Lebenspraxis, mit Hilfe bildhafter Zeichen Dinge, Sachverhalte, Gedanken-, Vorstellungs- und Gefühlsinhalte anschaulich zu machen. Ohne Rückgriff auf überkommene Gepflogenheiten bildhaften Gestaltens sind ihre Arbeiten nicht verständlich. Analog zur Sprachkompetenz ist der Erwerb von Bildkompetenz Voraussetzung dafür, Regeln zur korrekten Herstellung, Verwendung und zum Verstehen von neuen Bildzeichen zu entwickeln und zu etablieren. Mit Bild- und Sprachzeichen können wir Inhalte ausdrücken und sie zu den verschiedensten Zwecken gebrauchen.

Es gibt somit keinen überzeugenden Grund, ungegenständliche Bilder aus der Definition (Bi3) auszunehmen und von der urheberrechtlichen Praxis abzugehen, auch sie in den Bereich der schutzfähigen Werke einzubeziehen. Zu beachten ist allerdings, dass nicht alle Gegenstände, die Bildeigenschaften besitzen, Vorkommnisse eines geistigen Gegenstands sind und, wenn sie das sind, auch das Merkmal der Schöpfung erfüllen. Die große Masse der hergestellten und verwendeten Bilder sind keine Schöpfungen. Zur Feststellung ihrer Identität kommt es auf die Unterscheidung zwischen Kunst und Nichtkunst nicht an.

---

[183] *Weitemeier* (2001), S. 19, 38.
[184] *Sachs-Hombach* (2013), S. 211.

III. Identität von musikalischen und choreografischen Werken

C65 Die Rechtswissenschaft unterscheidet Musikwerke, pantomimische und choreografische Werk i. S. v. § 2 Abs. 1 Nr. 2 und 3 UrhG nach dem jeweils verwendeten Ausdrucksmittel und grenzt sie danach von den anderen Werkarten ab. Im Fall der Musik sind es akustisch wahrnehmbare Töne jeglicher Art,[185] im Fall der Pantomime und der Choreografie visuell wahrnehmbare Gebärden und körperliche Bewegungen,[186] die einen geistigen Gehalt vermitteln sollen. Doch ganz so einfach liegen die Dinge nicht. Ein Schauspieler, der auf der Bühne mehr oder weniger gestenreich seinen Text vorträgt, produziert ebenfalls Töne und vollzieht Körperbewegungen, die in verschiedener Hinsicht, etwa in Tempo, Klangfarbe, Rhythmus moduliert sind und etwas Geistiges zum Ausdruck bringen. Dennoch bietet er kein Werk der Musik und normalerweise auch kein choreografisches Werk dar, weil seine Gesten in der Regel dazu dienen, den Inhalt der gesprochenen Worte zu unterstreichen. Ein Gebärdendolmetscher agiert demgegenüber nur mit Gesten; dennoch ist seine Wiedergabe keine Pantomime. Zur Fixierung von Musikstücken und choreografischen Werken[187] gibt es zum Teil hochentwickelte Notationssysteme, mit denen Töne und Tanzbewegungen[188] schriftlich festgehalten werden können. Die Partitur eines Musikstücks und die Notation menschlicher Bewegungen in einer Tanzschrift verkörpern aber kein Schriftwerk und kein Bildwerk, weil deren Zeichen weder Elemente eines Sprach- noch Bildsystems sind.[189] Mit einem solchen Notationssystem kann man zwar Töne, Bewegungen, Tonfolgen und Bewegungsabläufe mehr oder weniger exakt festhalten, nicht jedoch unmittelbar wiedergeben, was wir in ihnen hören bzw. sehen und wie wir sie beim Hören bzw. Sehen empfinden. Erforderlich ist vielmehr, dass die in der Notation verwendeten Zeichen verstanden werden, so dass sie ihr Leser bestimmten Tonfolgen und Bewegungsabläufen zuordnen kann. Und das Verstehen einer Partitur oder Tanzschrift garantiert nicht, dass in ihnen ein geistiger Gehalt zum Ausdruck gebracht wird, da auch natürliche Bewegungen und Geräusche, die wir nicht zu den Gegenständen des Urheberrechts rechnen, in einer Notation festgehalten werden können.[190] Zwischen Typen von Zeichen und den menschlichen Sinnen besteht also

---

[185] *Loewenheim/Leistner* in Schricker/Loewenheim (2020), UrhG § 2 Rn. 144; *Schulze* in Dreier/Schulze (2022), UrhG § 2 Rn. 134; *Obergfell* in Büscher/Dittmer/Schiwy (2015), UrhG § 2 Rn. 30.

[186] *Loewenheim/Leistner* in Schricker/Loewenheim (2020), UrhG § 2 Rn. 153; *Schulze* in Dreier/Schulze (2022), UrhG § 2 Rn. 143 f.; *Obergfell* in Büscher/Dittmer/Schiwy (2015), UrhG § 2 Rn. 39 f.; *Ulmer* (1980), S. 143.

[187] Die Fixierung eines choreografischen oder pantomimischen Werkes in schriftlicher Form oder in anderer Weise, wie sie § 1 Abs. 2 LUG forderte, ist nach deutschem Recht keine Schutzvoraussetzung mehr (BGH GRUR 2014, 65 Rn. 32 – Beuys-Aktion).

[188] Am bekanntesten ist die nach ihrem Erfinder Rudolf v. Laban benannte Tanzschrift „Labanotation" (*v. Laban* UFITA 2 (1929), 631 ff.) geworden. Vgl. dazu auch *Goodman* (1998), S. 200 ff.; *Murza* (2012), S. 20 ff.

[189] *Sachs-Hombach* (2013), S. 47 f.

[190] *Goodmann* (1998), S. 199.

keine Eins-zu-Eins-Zuordnung. Da Zeichentypen auf verschiedene Weisen und in verschiedenen materiellen Gegenständen und Erscheinungen realisiert sind, können für ihr perzeptives Verstehen in der Regel mehrere menschliche Sinne zuständig sein.[191] Der Qualifizierung einer Skulptur als Verkörperung eines Bildwerks oder eines in Blindenschrift abgefassten Textes als Exemplar eines Sprachwerks steht deshalb nicht entgegen, dass beides jeweils angesehen bzw. ertastet werden kann.

Man könnte einwenden, dass es angesichts der Tendenz in der neueren Rechtsentwicklung, einheitliche Kriterien für das Merkmal der Schöpfung zu entwickeln und anzuwenden, nicht mehr so wichtig erscheint, ob und wie die einzelnen Werkarten trennscharf voneinander abgrenzbar sind. Die Aufzählung der in §2 Abs. 1 UrhG genannten Werkarten ist schließlich nur beispielhaft und nicht abschließend. Dieser durchaus zutreffende Einwand enthebt uns jedoch nicht der Antwort auf die vorgängige Identitätsfrage, d.h. auf die Frage, wie Töne, Gebärden und menschliche Bewegungen als musikalische, pantomimische und choreografische Werke einen geistigen Gehalt bekommen, der darauf überprüft werden kann, ob er schöpferisch ist und ob er in sinnlich wahrnehmbaren Objekten und Erscheinungen wiederkehrt, um zu beurteilen, wann eine Urheberrechtsverletzung vorliegt. Da diese Ausdrucksmittel nicht als Elemente eines geläufigen Sprach- oder Bildsystems interpretierbar sind, können die in §2 Abs. 1 Nr. 2 und 3 UrhG genannten Werke zumindest nicht ohne Weiteres wie Sprach- oder Bildwerke im obigen Sinn behandelt werden. Eine für die Urheberrechtspraxis relevante Konsequenz davon ist, dass nach dem Verständnis des Gesetzgebers die Verbindung eines Werks der Musik oder eines Werks der bildenden Künste mit einem Werk der Literatur (Lied, Oper, Illustration eines Romans) oder einem choreografischen Werk (Ballett) kein einheitliches Werk hervorbringt, sondern regelmäßig als eine rechtsgeschäftlich begründete Verbindung zweier selbstständiger Werke i. S. v. §9 UrhG zu beurteilen ist.[192]

1. Musikwerke

a) Das Musikwerk als in sich geschlossene geordnete Tonfolge

In der urheberrechtlichen Rechtsprechung und Literatur kursieren verschiedene Definitionen, mit denen versucht wird, das Wesen musikalischer Werke zu umschreiben.[193] Aus ihnen kann gleichsam als kleinster gemeinsamer Nenner herausgefiltert werden, dass der geistige Gehalt eines Musikwerkes nicht in einzelnen Tönen, sondern in einer in sich geschlossenen und geordneten Tonfolge zum Ausdruck kommen muss. Die Forderung, ein Musikstück müsse eine gewisse innere Struktur und Abgeschlossenheit der Töne besitzen, wird zwar in erster Linie für den Rechtsbegriff der Melodie i. S. v. §24 Abs. 2 UrhG a. F. er-

---

[191] *Scholz* (2004), S. 106 f.
[192] Begr. RegE BT-Drs. IV/270, S. 42.
[193] Einen Überblick gibt z. B. *Dieth* (2000), S. 54 f.

hoben, kann aber allgemein auch auf Tonfolgen erweitert werden, die nicht oder nicht allein durch Melodien geprägt sind.[194] Dies legt folgende Definition nahe:

(Mu1) Das Musikwerk, von dem x ein Exemplar (Vorkommnis) ist, ist genau identisch mit dem Werk, von dem y ein Exemplar (Vorkommnis) ist, wenn x dieselbe in sich geschlossene Tonfolge enthält wie y.

Das Musikwerk ist danach als ein einheitlicher Klangtyp, als ein einheitlicher musikalischer Formtyp,[195] charakterisiert, der sich aus elementaren Tönen zusammensetzt, die bestimmte Eigenschaften haben und in bestimmter Weise strukturiert sind. Da wir im Bereich der Musik über sehr ausgeklügelte Notationssysteme verfügen, lassen sich die elementaren Toneigenschaften und die Struktur eines Klanggebildes häufig ziemlich präzise festhalten. Mittels geeigneter Geräte kann man sie auch aufzeichnen und etwa in einem Sonagramm visuell darstellen. Die Beschreibung oder Darstellung einer Klangstruktur bezieht sich ganz vereinfacht darauf, wie die Töne in ihrer Höhe aufsteigend, absteigend oder gleichbleibend verlaufen, wie lange sie andauern und in welchen Zeitintervallen sie hörbar sind. Neben ihrer Beschreibung in einer Notenschrift oder ihrer visuellen Darstellung in einem Sonagramm kann sie natürlich auch von einem Orchester oder durch die menschliche Stimme in einer Aufführung wiedergegeben oder auf einem Datenträger gespeichert und durch Abspielen wahrnehmbar gemacht werden. Klangtypen können wie alle anderen geistigen Gegenstände beliebig oft und in den verschiedensten materiellen Objekten und Erscheinungen materialisiert sein.

Wer sich zur Identifizierung eines Musikstücks allein auf dessen *elementaren Toneigenschaften*, d. h. auf die durch seine Klangfolge geprägte Tonstruktur konzentriert, nimmt in musiktheoretischer Hinsicht die Position des kunstästhetischen Formalismus ein: Entscheidend ist danach nicht, ob und was ein Musikstück darstellt oder ausdrückt – dies wird zwar nicht ausgeschlossen, ist aber Nebensache –, sondern dass es formale Eigenschaften der genannten Art besitzt.[196] Seine Plausibilität zieht der kunstästhetische Formalismus in der Musik im Wesentlichen daraus, dass strukturierte Klangfolgen anders als die meisten Bilder und Sprachwerke überwiegend keinen darstellenden Charakter haben, sondern ungegenständlich sind.[197] Formalistische Positionen spielen in Urheberrechtsstreitigkeiten insofern eine praktische Rolle, als die herangezogenen Gutachter die gegenüber stehenden Musikstücke oder Teile von solchen häu-

---

[194] Z. B. BGH GRUR 1988, 810, 811 – Fantasy; BGH GRUR 1988, 812, 814 – Ein bißchen Frieden; *Otto-Friedrich v. Gamm* (1968), UrhG § 2 Rn. 19; *Loewenheim* in Schricker/Loewenheim (2020), UrhG § 24 Rn. 35; *Schulze* in Dreier/Schulze (2022), UrhG, § 23 Rn. 61; *Obergfell* in Büscher/Dittmer/Schiwy (2015), UrhG § 2 Rn. 31. Aus dem musiktheoretischen Schrifttum vgl. *Kühn* (2007), S. 13.

[195] *Haberstumpf* (2017), S. 5 ff.; vgl. auch *Reicher* (2014), S. 180, 186 ff.

[196] *Reicher* (2010), S. 152 f.; *v. Kutschera* (1988), S. 482 ff., in Auseinandersetzung mit *Hanslick*, Vom musikalisch Schönen, 1894.

[197] *Haberstumpf* (2017), S. 5 ff.

fig ausschließlich oder wenigstens überwiegend mittels formaler Kriterien miteinander vergleichen.[198]

Das in (Mu1) formulierte Identitätskriterium unterscheidet sich von den parallelen Definitionen (Sp1), (Sp3) und (Bi1) dadurch, dass die geordneten Einzelelemente nicht aus Buchstaben, Worten, Farben oder Linien bestehen, sondern Töne sind. Wie dort greift aber (Mu1) zu kurz. Die Schwierigkeiten beginnen schon bei der Frage, wann wir eine Tonfolge als in sich geschlossen ansehen können. Eine Tonsequenz setzt sich nämlich keineswegs nur aus irgendwie geordneten Tönen zusammen, sondern enthält auch mehr oder weniger kurze Pausen der Stille, durch die Einzeltöne, zusammengezogene oder gleichzeitig erklingende Töne oder längere Tonfolgen voneinander getrennt werden. Sie haben verschiedene Funktionen und spielen verschiedene Rollen. Deshalb können gleich lange, d. h. identische Pausen der Stille selbst innerhalb desselben Stücks verschiedene Bedeutungen haben. Manchmal dienen sie einfach dazu, Sängern und Bläsern Zeit zum Luftholen zu geben. Sie haben großen Einfluss auf den Rhythmus und das Tempo der Musik, markieren Schlusspunkte für einzelne Abschnitte, z. B. für Melodien, für Sätze oder das gesamte Musikstück. Oder sie gaukeln dem Hörer das Ende eines Themas vor, um dieses dann entgegen seinen Erwartungen wieder aufzunehmen.[199] Welche Bedeutung eine Pause für das Verstehen eines Musikwerkes hat, kann man aus ihr allein nicht heraushören. Man muss schon einiges über Musik gelernt und entsprechendes Wissen erworben haben. Der Teilnehmer an einer klassischen Konzertaufführung, der die eintretende Stille innerhalb eines Satzes einer Sinfonie nutzt, um seine Atemwege zu reinigen oder mit seinem Sitznachbar ein paar Worte zu wechseln, hat den Sinn dieser Pause missverstanden, zieht böse Blicke und Reaktionen seiner Umgebung auf sich und gilt als Banause. Ebenso liegt es, wenn er während einer Satzpause seiner Begeisterung durch heftiges Klatschen Ausdruck verleiht; denn solche Pausen dienen der Sammlung der Musiker und der Konzentration auf den nächsten Abschnitt und sind deshalb verpönt. Er muss warten, bis die Schlussakkorde verklungen sind und der Dirigent etwa durch langsames Senken des Taktstocks anzeigt, dass nun Beifallskundgebungen erwünscht sind. Lässt bei einem Soloklavierkonzert der Pianist – wie im John Cages Stück *4'33"* – eine Pause von etwa einer Minute eintreten und klappt dann den Klavierdeckel herunter, dann hat sie zweifellos die Bedeutung, dass die vorher gehörte Klangsequenz abgeschlossen und das Konzert zu Ende ist.

Das Ergebnis dieser Überlegungen ist allerdings wenig erhellend: Eine Klangfolge ist jedenfalls dann in sich geschlossen, wenn vor und nach dem Er-

---

[198] So deutlich in BGH GRUR 1991, 533, 534 – Brown Girl II; BGH GRUR 1988, 810, 811 – Fantasy – II 2 b 2. Absatz der Urteilsgründe; vgl. auch BGH GRUR 1988, 812, 815 – Ein bißchen Frieden – II 2 c dd der Urteilsgründe, wo der BGH es allerdings für unerheblich erachtete, dass der Gutachter sich nicht auf die „herkömmliche strukturelle Analyse" beschränkt habe. *Dieth* (2000), S. 91 Fn. 222, bemerkt treffend, dass Plagiatsprozesse meist ein „Krieg der Sachverständigengutachter" sind.
[199] Beispiel bei *Kühn* (2007), S. 196.

klingen von Tönen eine Pause eintritt, die so lang ist, dass sie nicht mehr als ein relevantes Element der Tonfolge selbst interpretierbar ist. Häufig ist es aber auch so, dass innerhalb eines Musikstücks ein eigenständiges Motiv, eine Melodie usw. noch erklingt, während gleichzeitig ein neues Motiv, eine neue Melodie schon hörbar ist. Innerhalb eines andauernden Donnergrollens während eines heftigen Gewitters können wir durchaus die in sich geschlossenen Klangereignisse unterscheiden, die ein einzelner Donner erzeugt. Einzeln identifizierbare Klangereignisse können durch signifikante Pausen getrennt sein, müssen es aber nicht. Die formale Analyse der vom Komponisten eingesetzten formgebenden Mittel allein, auch wenn man den Rhythmus, das Tempo, Arrangement, die Art der Instrumentierung und der Orchestrierung usw. als sie prägende Elemente einbezieht,[200] vermag deshalb nicht anzugeben, ob und welche Tonfolgen innerhalb eines Klangereignisses in sich eigenständig sind, welchen Beitrag sie dazu leisten, dass ein geschlossenes musikalisches Ganzes entstanden ist[201] und welche Relevanz feststellbare Abweichungen und Übereinstimmungen beim Vergleich verschiedener Musikstücke im Einzelfall haben. Musikstücke sind in Tönen fundiert, aber nicht auf sie reduzierbar. Aus diesen Gründen hat die Position des kunstästhetischen Formalismus auch auf dem Bereich der Musik nur wenige Anhänger gefunden, da er in letzter Konsequenz, so der berechtigte Vorwurf seiner Kritiker,[202] auf ein bedeutungsloses, sinnleeres Formenspiel hinausläuft. Musikalische Formen sind *gedeutete* Formen. Zu ihnen schreibt der Musiktheoretiker *Kühn*:[203]

„Der harmonische Nachvollzug ist nicht schon Deutung, sondern *Voraussetzung* für eine Deutung. Jedes Schema bedarf, um zu sprechen zu beginnen, der konkreten Interpretation: Ein Schema selbst ist noch keine Erkenntnis: Es *ermöglicht Erkenntnis*. Formale Modelle [...] sind *nachträgliche* Abstraktionen. Sie sind von den Werken aufgrund gemeinsamer Merkmale abgezogen, die „das" Bild eines bestimmten Formverlaufs ergeben: [...] Der Vorwurf also, Schemata seien musikferne Konstruktionen, verkennt ihren eigentlichen Wert. Sie bilden keine abgehobene Kontrollinstanz, an der ein Werk sich zu bewähren hat. Sie sind ein *Hilfsmittel der Orientierung*, das ermöglicht, die Eigenart des einzelnen konkreten Werks zu ermessen: Das Besondere des erwähnten Beethoven-Rondos wird erst vor dem Hintergrund der Norm erkennbar, daß ein Refrain „stets" in der Grundtonart wiederkehrt."

C71 Als Beispiel möge die Tonfolge „a-h-cis" dienen, die in der BGH-Entscheidung „Dirlada"[204] das übereinstimmende und prägende Merkmal der gegenüber stehenden Melodien bildete, aber metrisch, d. h. im Takt, unterschiedlich ausgearbeitet war. Während der eine Gutachter diese metrische Verschiebung als irrele-

---

[200] BGH GRUR 2015, 1189 – Goldrapper; BGH GRUR 1991, 533, 535 – Brown Girl II; BGH GRUR 1968, 321, 325 – Haselnuß; vgl. auch *Schulze* (1983), S. 206.
[201] Vgl. *Kühn* (2007), S. 13.
[202] v. *Kutschera* (1988), S. 478 ff., 172 ff., 179; *Reicher* (2010), S. 152 f.
[203] *Kühn* (2007), S. 8.
[204] BGH GRUR 1981, 267, 269 – Dirlada – III 2 b der Urteilsgründe.

III. Identität von musikalischen und choreografischen Werken   C71–C72

vant ansah und zu einer völligen Übereinstimmung kam, was unabhängig vom Grad der für die klägerische Melodie aufgewendeten schöpferischen Leistung zur Verurteilung der Beklagten hätte führen müssen, wurden die Abweichungen von einem anderen Gutachter für so beachtlich gewertet, dass das ihm folgende Berufungsgericht eine Urheberrechtsverletzung wegen der vom Berufungsgericht unterstellten niedrigen Schöpfungshöhe der klägerischen Melodie verneinte. Abgesehen davon, dass Letzteres positiv hätte festgestellt werden müssen, hat der BGH das Berufungsurteil schon allein deshalb mit Recht aufgehoben, weil die vergleichende Beurteilung zweier Tonfolgen in einem Urheberrechtsstreit notwendig die Prüfung beinhaltet, ob in ihnen ein geistiger Gehalt identisch oder ähnlich vorkommt, d. h. welche Relevanz formalen Übereinstimmungen und Abweichungen im Einzelfall zukommt. Melodien sind eben mehr als eine Abfolge von Tönen. Abweichungen in der Aufführung eines Musikstücks gegenüber einer Partitur oder anderen Aufführungen können darauf beruhen, dass die Musiker ihre Instrumente nicht fehlerfrei beherrschen, was die Identität des Stücks nicht berührt,[205] oder aber den Charakter des Werkes so sehr verändern, dass die Aufführung als eine bearbeitete Version oder gar als Vorkommnis eines anderen Werkes aufzufassen ist. Erst wenn wenigstens eine relevante Ähnlichkeit bezüglich des *geistigen* Charakters der gegenüberstehenden Tonfolgen festgestellt werden kann, spielen die nach urheberrechtlichen Gesichtspunkten zu beurteilenden Fragen eine Rolle, ob die Übereinstimmungen und Abweichungen auf nicht schützbarem Allgemeingut beruhen[206] oder ein für die Annahme einer freien Benutzung nach § 23 Abs. 1 S. 2 UrhG (§ 24 UrhG a. F.) genügender Abstand zu der benutzten geschützten Tonfolge vorliegt.[207]

Unabhängig von diesen Schwierigkeiten leidet das Identitätskriterium (Mu1)   C72
vor allem aber an dem grundsätzlichen Makel, dass es nicht geeignet ist, überhaupt Musikstücke von natürlich entstandenen Geräuschen, etwa dem Zwitschern eines Vogels oder einem Donner zu unterscheiden. Denn auch diese haben eine Klangstruktur, die in einem Sonagramm oder theoretisch in einer Notenschrift formal darstellbar und einzeln identifizierbar ist. Musikwerke sind sie jedoch nicht. Man könnte diesem Einwand zwar entgehen, indem man nur von Menschen erzeugte Klangstrukturen zu den Musikwerken im Sinne des Urheberrechts zählt. Eine echte Verbesserung wäre damit aber nicht erreicht. Denn nicht alle von Menschen bewusst hervorgebrachten Tonfolgen sind Musikstücke. Ein markantes Gegenbeispiel bilden die Laute, die bei einer mündlichen Rede geäußert werden. Bei einem Hupkonzert, das ein Autofahrer produziert, auch wenn es aus einer längeren und akzentuierten Tonfolge besteht, läge es ausgesprochen fern, es als die Aufführung eines Musikstücks aufzufassen. Mit der Betätigung der akustischen Hupe, deren Funktionen im Einzelfall oft auch die visuelle Lichthupe oder sichtbare Gesten übernehmen könnten, kann der Auto-

---
[205] Zu diesem Problem vgl. *Goodman* (1998), S. 176 ff.; *Woltersdorff* (2014), S. 63 ff.
[206] Vgl. BGH GRUR 1988, 810, 812 – Fantasy.
[207] BGH GRUR 1981, 267, 269 – Dirlada – IV 1. Absatz der Urteilsgründe; *Schricker* GRUR 1988, 816.

fahrer, wie es § 16 StVO vorsieht, andere Verkehrsteilnehmer warnen, aber auch je nach Verkehrssituation verschiedenste andere Dinge tun, wie z. B. andere Verkehrsteilnehmer zu einem bestimmten Verhalten auffordern, ein Angebot machen, dieses annehmen oder ablehnen, eine Bitte äußern, ihr entsprechen oder ihre Erfüllung verweigern, danken, sich entschuldigen, jemanden tadeln, beschimpfen, ihm mitteilen, dass etwas nicht in Ordnung ist, der Freude Ausdruck geben, dass die Nationalmannschaft gewonnen hat und so weiter. In diesen Fällen wird die erzeugte Klangfolge ganz ersichtlich als Zeichen eines Sprachsystems verwandt.[208] Auch wenn die lautstarken auf- und abschwellenden knatternden Geräusche ihrer Motorräder, die Biker an schönen Wochenenden auf ihren beliebten kurvigen Rennstrecken bewusst erzeugen, in ihren Ohren wie Musik erklingen mögen, weigern wir uns ebenfalls mit Recht, sie als Musikstücke zu bezeichnen und als solche zu interpretieren.

b) Ästhetik, Kunst und Zweckfreiheit

C73   Um musikalische Werke i. S. v. § 2 Abs. 1 Nr. 2 UrhG zu identifizieren und natürlich entstandene oder von Menschen erzeugte Tonsequenzen, die nicht nur nach dem Willen des Gesetzgebers, sondern auch nach unserem Alltagsverständnis keine musikalischen Werke sind, auszuschließen, bedarf es somit wie im Fall von Sprach- und Bildwerken Kriterien, die mittels einer Beschreibung oder Darstellung der verwendeten formgebenden Elemente eines Musikstücks allein nicht adäquat erfassbar sind. Zu den klanglichen Eigenschaften einer Tonfolge einschließlich ihrer Pausen der Stille muss etwas hinzukommen, damit es überhaupt als eine in sich geschlossene Tonfolge einer bestimmten Art erkennbar ist. Dass ein Bedarf für ein solches Kriterium besteht, wird in der Urheberrechtsliteratur und -praxis durchaus gesehen. Man trifft daher eine Reihe von Formulierungen an, die dazu dienen sollen und geeignet sein könnten, es anzugeben. Der in diesem Zusammenhang häufig erwähnte Begriff der Individualität[209] kann diese Rolle allerdings nicht übernehmen. Denn damit wird üblicherweise der Rechtsbegriff der Schöpfung umschrieben. Bei der Frage nach der Identität eines Musikwerkes geht es aber wie im Fall eines Sprach- oder Bildwerkes darum, erst denjenigen geistigen Gegenstand herauszuarbeiten, der auf Individualität zu überprüfen ist. Das Vorliegen einer Schöpfung ist eine notwendige Bedingung dafür, dass etwas ein urheberrechtlich geschütztes Werk, nicht aber dafür, dass es ein einzeln identifizierbarer geistiger Gegenstand ist.

C74   In den älteren Urheberrechtsgesetzen wurde mehrfach auf die *Zwecke* abgestellt, die mit der Schaffung eines Werkes verfolgt werden. So war in § 1 Nr. 1 und Nr. 3 LUG die Rede davon, dass Urheber von Schriftwerken, Vorträgen oder Reden, welche dem Zweck der Erbauung, der Belehrung oder der Unterhaltung

---

[208] *v. Savigny* (1983), S. 127 ff., 185 ff.
[209] Z. B. *Ulmer* (1980), S. 142; BGH GRUR 2015, 1189 Rn. 44 – Goldrapper; BGH GRUR 1988, 810, 811 – Fantasy; BGH GRUR 1988, 812, 814 – Ein bißchen Frieden; BGH GRUR 1981, 267, 269 – Dirlada.

III. Identität von musikalischen und choreografischen Werken **C74–C75**

dienen, und von Abbildungen wissenschaftlicher oder technischer Art, welche nicht ihrem Hauptzweck nach als Kunstwerke zu betrachten sind, geschützt werden. Nach § 2 Abs. 1 KUG sollten Bauwerke den Schutz des Gesetzes genießen, soweit sie künstlerische Zwecke verfolgen. Im UrhG und in den modernen europäischen und internationalen Regelwerken sind zwar derartige Formulierungen nicht mehr enthalten. Die aktuelle Rechtsprechung und das Schrifttum verwenden aber vor allem zur Definition von Werken der bildenden Künste und der Musik nach wie vor Formeln, in denen die Prädikate „*künstlerisch*" oder „*ästhetisch*" vorkommen, um diejenigen Gegenstände vom Anwendungsbereich des Urheberrechts auszuschließen, die keine solchen Werke sind. Für Musikwerke fordert der BGH beispielsweise, dass sie ästhetische Ausdruckskraft[210] bzw. einen ästhetischen Gehalt[211] besitzen müssen. Bei der Beurteilung von Werken der bildenden Künste greift er auch heute noch auf die Formel des Reichsgerichts zurück, wonach eine persönliche geistige Schöpfung dann vorliegt, wenn deren ästhetischer Gehalt einen solchen Grad erreicht hat, dass „nach Auffassung der für Kunst empfänglichen und mit Kunstanschauungen einigermaßen vertrauten Kreise von einer künstlerischen Leistung gesprochen werden kann".[212] In anderen Entscheidungen definierte der BGH den Begriff des Kunstwerks als eine Schöpfung, die durch formgebende Tätigkeit hervorgebracht und vorzugsweise für die Anregung des ästhetischen Gefühls durch Anschauung bestimmt ist.[213] Die Kommentarliteratur stellt teilweise darauf ab, dass Werke eine geistig-ästhetische Wirkung oder Funktion haben müssen.[214]

aa) Die Rolle von Ästhetik und Kunst

Im vorhergehenden Abschnitt zur Identität von Bildwerken wurde der Begriff des Ästhetischen und des Künstlerischen ausgeklammert, weil viele Bilder zweifellos keine Kunstwerke bzw. keine ästhetischen Bilder sind und die große Masse der Bilder darstellenden Charakter hat, was im Übrigen noch mehr auf Sprachwerke zutrifft. Wir konnten deshalb unsere Überlegungen darauf konzentrieren, was sie wie darstellen oder anschaulich machen; ungegenständliche Bilder erschienen danach als Grenzfälle. Bei Werken der Musik geht das nicht so leicht. Es ist zwar nicht so, dass es keine Darstellung in der Musik gäbe. Man denke nur an die Tonmalerei in Beethovens Pastoralsymphonie Nr. 6.[215] Die meisten Musikstücke sind aber ungegenständlich und erhalten ihre Prägung durch die Struktur der Töne als ihre elementaren Bestandteile. Darstellende Tonfolgen **C75**

---
[210] BGH GRUR 2015, 1189 Rn. 44 – Goldrapper; BGH GRUR 1981, 267, 268 – Dirlada; *Otto-Friedrich v. Gamm* (1968), UrhG § 2 Rn. 19.
[211] BGH GRUR 1988, 810, 811 – Fantasy; BGH GRUR 1988, 812, 814 – Ein bißchen Frieden.
[212] BGH GRUR 2014, 175 Rn. 15 – Geburtstagszug m. w. N.; vgl. zur Entwicklung dieser und anderer Formeln *Haberstumpf* (1991), Bd. II, S. 1142, 1163 ff. Rn. 29, 56 ff.
[213] Z. B. BGH GRUR 1957, 291, 292 – Europapost.
[214] *Schulze* in Dreier/Schulze (2022), UrhG § 2 Rn. 12; *Schulze* (1983), S. 149 ff., 155, 202, 221 ff. Dazu *Loewenheim* in Schricker/Loewenheim (2020), Einl. Rn. 6.
[215] *v. Kutschera* (1988), S. 493.

sind hier vergleichsweise seltener anzutreffen. Anders als bei Bildern sind wir ferner geneigt, auch die alltäglich konsumierte Unterhaltungsmusik mehr dem Bereich der Kunst als der Nichtkunst zuzuordnen. Es besteht somit Veranlassung, sich spätestens jetzt der Frage nach der Rolle von Ästhetik und Kunst für die Bestimmung der Identität von Musikwerken und der anderen Werke des Urheberrechts etwas näher zu widmen und eine Begründung nachzuliefern, weshalb beide Begriffe zur Beantwortung dieser Frage nichts Entscheidendes beitragen können.

C76   Vorweg sei bemerkt, dass man ihr nicht mit Argumenten der folgenden Art ausweichen kann: Jedes Urteil über den ästhetischen Gehalt sei ein subjektives Qualitätsurteil über den Wert des betrachteten Werkes und den Wandlungen des Zeitgeschmacks unterworfen.[216] Der Begriff des Ästhetischen sei von größter Konturlosigkeit geprägt, der denjenigen des Künstlerischen nicht auszuschöpfen vermöge.[217] Was Kunst sei, lasse sich urheberrechtlich ohnehin nicht definieren. Deshalb seien beide Begriffe generell unbrauchbar. Darauf lässt sich erstens erwidern, dass es beim Vergleich zweier Musikstücke auf Identität oder Ähnlichkeit nicht darauf ankommt, ob sie als ästhetisch besonders wertvoll oder als gute Kunst zu bewerten sind; ein ästhetisches oder künstlerisches Qualitätsurteil müssen wir dabei nicht fällen. Wenn wir zweitens einem Gegenstand ein ästhetisches Prädikat wie „schön", „hässlich", „harmonisch", „kitschig", „fröhlich", „heroisch", „anmutig", „erhaben", „leidenschaftlich" usw. zusprechen, heißt das nicht, dass wir damit nur unsere jeweilige subjektive Einstellung zu diesem Gegenstand etwa im Sinne von: „*Ich finde* ihn hässlich", zum Ausdruck bringen, über die Wahrheit oder Falschheit eines solchen Urteils nicht diskutieren und uns darüber nicht intersubjektiv verständigen könnten.[218] Normalerweise sind wir uns sogar relativ schnell einig, dass eine bestimmte Tonfolge harmonisch oder beschwingt ist. Oft setzen Komponisten und bildende Künstler ihre Ausdrucksmittel auch bewusst ein, um Disharmonien zu erzeugen und Hässliches, etwa das Grauen des Krieges, auszudrücken. Und meistens haben die Rezipienten keine Probleme, die Tonfolge in diesem Sinne zu verstehen,[219] insbesondere wenn der Künstler einen entsprechenden Titel wählt oder eine in diese Richtung weisende Erklärung beifügt. Wie wir oben (→ Rn. B111) gesehen haben, wird drittens die Objektivität eines geistigen Gegenstandes und seine Identität nicht in Frage gestellt, wenn sich unsere Einstellungen im Laufe der Zeit zu ihm ändern. Und natürlich können wir mit guten Gründen und Gegengründen auch über diese Einstellungen objektiv diskutieren. Wir besitzen also bereits ein gewisses intuitives Vorverständnis von Kunst und Ästhetik, auf das in den aufgezählten Formeln der Rechtsprechung und Literatur und auch in diesem Buch

---

[216] Z. B. *Weissthanner* (1974), S. 33; *Ulmer* GRUR 1968, 527, 528 f.
[217] *Dieth* (2000), S. 62; *Ulmer* (1980), S. 145
[218] Zur Objektivität ästhetischer Urteile vgl. *Reicher* (2010), S. 38 ff., 63 ff.
[219] *Reicher* (2010), S. 14 f.

III. Identität von musikalischen und choreografischen Werken C76–C78

rekurriert wird und das in einer wissenschaftlichen Begriffsexplikation näher präzisiert werden könnte,[220] um über ästhetische oder künstlerische Gegenstände, Eigenschaften und Einstellungen sinnvoll zu reden.

Davon ausgehend erscheint es nicht von vorneherein aussichtslos, die Identität eines Musikwerkes unter Verwendung dieser Begriffe zu bestimmen: C77

> (Mu2) Ein Musikwerk, von dem x ein Exemplar (Vorkommnis) ist, ist genau identisch mit dem Werk, von dem y ein Exemplar (Vorkommnis) ist, wenn x dieselbe in sich geschlossene Tonfolge enthält wie y und diese ästhetisch oder künstlerisch ist.

Es ist aber zu fragen, ob wir damit das gesuchte Kriterium gefunden haben. Ästhetische Wirkungen rufen auch natürlich entstandene oder von Menschen erzeugte Geräusche hervor, die wir nicht als Musikwerke ansehen. Jeden beliebigen Gegenstand, selbst naturwissenschaftliche Theorien,[221] kann man in ästhetischer Hinsicht betrachten und ihm ästhetische Prädikate in einer intersubjektiv nachvollziehbaren Weise zusprechen. Wenn in physischen Erscheinungen vorkommende Tonfolgen mit Recht als harmonisch oder anmutig bezeichnet werden, folgt daraus nicht notwendig, dass sie sich gleichen oder ähneln.[222] Damit der Begriff des Ästhetischen die ihm in (Mu2) zugedachte Rolle spielen kann, muss er also eingeschränkt werden.

Eine erfolgversprechende Strategie könnte sein, Ästhetik mit Kunst gleichzusetzen oder sie auf Kunst zu reduzieren. Sie hätte den Vorteil, dass sie mit der traditionellen Auffassung im Einklang steht, wonach Ästhetik die Theorie der Kunst ist oder sie zumindest als Teilgebiet umfasst.[223] Damit wäre zwar ein geeignetes Kriterium gegeben, um natürlich entstandene Tonfolgen, Motorengeknatter oder sonstige Geräusche unseres Alltagslebens, die gewöhnlich nicht als künstlerisch angesehen werden, aus dem Anwendungsbereich des Urheberrechts auszunehmen. Eine solche Lösung hat aber ihre Tücken. Wie lässt sie sich beispielsweise damit vereinbaren, dass die sog. konkrete Musik[224] nach herrschender Meinung zu den Musikwerken im Sinne von § 2 Abs. 1 Nr. 2 UrhG C78

---

[220] Gegenstand der philosophischen Ästhetik ist der Versuch, unser allgemeines intuitives Vorverständnis von Kunst und Ästhetik mittels Begriffsexplikation in eine befriedigende Definition zu überführen, die die Vagheiten und Vieldeutigkeiten dieser Begriffe beseitigt. Dazu *Reicher* (2010), S. 22 ff., 26 ff., 128 ff., 164. Vgl. auch *v. Kutschera* (1988), S. 170 f.

[221] *Kuhn* (1967), S. 166 ff., weist daraufhin, dass ästhetische Gründe manchmal dafür entscheidend sind, dass Wissenschaftler eine wissenschaftliche Revolution einleiten, obwohl ihre neuen Theorien im Anfangsstadium gegenüber den traditionellen Rivalen nicht oder nur geringfügig überlegen sind.

[222] So auch EuGH GRUR 2019, 1185 Rn. 53 f. – Cofemel: „Gleichwohl ermöglicht der Umstand, dass ein Modell eine ästhetische Wirkung hat, für sich genommen nicht die Feststellung, ob es sich bei diesem Modell um eine geistige Schöpfung und einen mit hinreichender Genauigkeit identifizierbaren Gegenstand handelt." Vgl. auch EuGH GRUR 2020, 736 Rn. 25 – Brompton.

[223] Vgl. *Reicher* (2010), S. 13 ff.

[224] S. *Weissthanner* (1974), S. 8 f.

gezählt wird,²²⁵ obwohl sie gerade mit Geräuschen dieser Art experimentiert? Das damit aufgeworfene Problem wurde oben (→ Rn. C53 f.) für Bildwerke am Beispiel der Föhrenwurzel, die das Bild einer Tänzerin hervorruft, bereits diskutiert. Es spricht nichts dafür, dass die Antwort im Bereich der Musik anders ausfallen sollte. Natürlich entstandene Klanggebilde oder sonstige Alltagsgeräusche werden nicht allein dadurch zu einem geistigen Gegenstand, dass ein anerkannter bzw. selbsternannter Künstler oder die Kunstwelt, d. h. die für Kunst empfänglichen und mit Kunstanschauungen einigermaßen vertrauten Kreise, sie als Kunstwerke bezeichnen. Der Gesang einer Nachtigall bleibt der Gesang einer Nachtigall, auch wenn ein Musikschaffender sie in einem Vogelbauer auf eine Bühne bringt und singen lässt. Zu einem geistigen Gegenstand kann ein Geräusch vielmehr erst werden, wenn ihm ein über ihn hinausgehender Sinn gegeben wird.

C79 Wie im Fall der Einführung vorhandener visuell erfahrbarer Gegenstände in den Kunstbetrieb kann dies dadurch geschehen, dass ein Musikschaffender vorhandene Geräusche und Töne auswählt, ändert, in einen anderen Sinnzusammenhang stellt, mit anderen Klängen kombiniert²²⁶ oder mit einem Titel versieht, so dass das Resultat als eine von Menschen gestaltete Tonfolge erkennbar und interpretierbar ist. Ferner haben viele Tonfolgen in der menschlichen Kommunikation eine genau geregelte Bedeutung und fungieren wie Sprach- und Bildzeichen als Symbole für etwas anderes. So bedeutet der Pfiff des Schiedsrichters auf dem Fußballfeld, dass das Spiel unterbrochen ist und je nach Spielsituation Freistoß, Eckball, Abstoß oder Einwurf gegeben wird. Das Ertönen eines Handyklingeltons hat die Bedeutung, dass der Besitzer des Gerätes angerufen wird oder eine Nachricht eingegangen ist. Im Fall der Anmeldung eines Hörzeichens zum Markenregister führt der Anmelder das Zeichen als Name für Unternehmensprodukte ein. Es gibt also eine Reihe von Möglichkeiten, Geräuschen und Klanggebilden einen Sinn zu geben und sie damit zu einem geistigen Gegenstand zu machen, der darauf überprüft werden kann, ob er das Merkmal der Schöpfung im Einzelfall erfüllt. Kunstwerke müssen sie nicht sein. Signifikante Beispiele sind als Hörzeichen oder Handyklingeltöne komponierte Tonfolgen, für die nach zutreffender herrschender Meinung ein urheberrechtlicher Schutz in Betracht kommen kann.²²⁷ Üblicherweise werden sie aber nicht zu den Kunstwerken gerechnet. Die Gleichsetzung von Ästhetik mit Kunst oder deren Reduzierung auf Kunst erweist sich somit als zu eng. In den Anwendungsbereich des Urheberrechts fallen auch nichtkünstlerische Tonfolgen.

---

²²⁵ *Schulze* in Dreier/Schulze (2022), UrhG § 2 Rn. 139; *Kummer* (1968), S. 143 ff.; *Schulze* (1983), S. 202 f.; *Dieth* (2000), S. 57 ff.

²²⁶ Vgl. *Weissthanner* (1974), S. 9.

²²⁷ OLG Hamburg ZUM 2002, 480, 481 – Handy-Klingelton; *Schulze* in Dreier/Schulze (2022), UrhG § 2 Rn. 137; *Loewenheim/Leistner* in Schricker/Loewenheim (2020), UrhG § 2 Rn. 144; *Bullinger* in Wandtke/Bullinger (2022), UrhG § 2 Rn. 73; *Staudt* (2005), Kap. 10 Rn. 203.

bb) Ästhetische Zwecke

Ein weiterer nicht nur im urheberrechtlichen Schrifttum viel diskutierter Vorschlag, den Begriff der Ästhetik einzugrenzen, damit er als Definitionsmerkmal für Werke fungieren kann, richtet seine Aufmerksamkeit auf die Zwecke und Einstellungen, zu denen namentlich Werke der Musik und der bildenden Künste geschaffen, verwendet und in denen sie rezipiert werden.[228] Den oben aufgeführten Vorschriften aus dem LUG und KUG liegen solche Vorstellungen zugrunde. Gemeint ist nicht, dass diese Werke völlig zweckfrei geschaffen und verwendet werden müssen,[229] sondern dass mit Hilfe des Begriffs der Ästhetik Leistungen, mit denen technische, wirtschaftliche, funktionale, organisationstechnische oder sonstige praktische Zwecke verfolgt werden, ausgegrenzt werden sollen.[230] Die Tauglichkeit eines Gebildes zu solchen Zwecken stehe dem Schutz des Urheberrechts zwar nicht entgegen, begründe ihn aber nicht. Daraus wird gefolgert, dass Schutz nur dann gewährt werden kann, wenn der zu prüfende Gegenstand nicht ausschließlich von einem außerästhetischen Gebrauchszweck bestimmt oder geprägt wird.[231] Positiv gewendet könnte man diesen Vorschlag so formulieren, dass nur solche geistigen Gegenstände Werke der Musik und der Kunst sind, die *auch um ihrer selbst willen* geschaffen, verwendet und wahrgenommen werden.[232] Gerade für Musikwerke hat dieser Gedanke einiges für sich. Anders als Sprach- und Bildwerke eignen sich Musikwerke in geringerem Maße, außerästhetische Gebrauchszwecke zu verfolgen, etwa darüber zu informieren, wie etwas beschaffen ist oder sein soll, was man tun kann, um etwas Bestimmtes zu erreichen, etwas zu empfehlen, etwas zu gebieten oder zu verbieten und so weiter.

C80

Leider gibt auch dieser Gedanke keine Antwort auf die Frage nach der Identität von Musik- und anderen Werken. Wenn nämlich die (Mit-)Verfolgung ästhetischer Zwecke zu einem Definitionsmerkmal für ein Werk der Musik gemacht wird, dann folgt daraus, dass eine Tonfolge, die ausschließlich zu außerästhetischen Gebrauchszwecken geschaffen oder verwendet wird, kein geschütztes Werk sein kann, auch wenn sie das Merkmal der Schöpfung erfüllt. Nehmen wir das Beispiel einer Tonfolge, die zur Verwendung als Handyklingelton in schöpferischer Weise komponiert wurde. In einem solchen Fall könnte also der Komponist kein Urheberrecht erwerben und nicht verhindern, dass eine andere Person sie identisch z. B. als Melodie für einen Schlager verwendet. Ein solches Ergebnis wäre wenig überzeugend. In dem umgekehrten Fall, in dem eine Tonfolge ausschließlich um ihrer selbst willen komponiert wurde, ist niemand daran gehindert, sie ausschließlich zu außerästhetischen Zwecken ein-

C81

---

[228] Aus der Sicht der philosophischen Ästhetik eingehend *Reicher* (2010), S. 43 ff.
[229] Eine solche Forderung wäre auf Unmögliches gerichtet, s. *Reicher* (2010), S. 46 ff., 50 ff.
[230] *Leistner* in Schricker/Loewenheim (2020), UrhG § 2 Rn. 6; *Schulze* in Dreier/Schulze (2022), UrhG § 1 Rn. 6; *Schulze* (1983), S. 129 ff.
[231] *Schulze* (1983), S. 132, 154, 203.
[232] Dazu *Reicher* (2010), S. 52 f.

zusetzen, beispielsweise eine geschützte Schlagermelodie als Handyklingelton zu vermarkten. Da sie hier als ein rein funktionales Erkennungszeichen zum Einsatz kommen und „keinen zweckfreien Musikgenuss" vermitteln soll,[233] müsste man den Handyklingelton als etwas von der Melodie Verschiedenes werten, dessen Verwendung das Urheberrecht an der Schlagermelodie nicht verletzt. Das aber widerspricht unseren Intuitionen, weshalb die Rechtsprechung ihn zu Recht als Entstellung oder andere Beeinträchtigung i. S. v. § 14 UrhG und gemäß § 23 UrhG als Verwertung einer bearbeiteten oder umgestalteten Version der benutzten geschützten Schlagermelodie einstuft.[234] Wenn von zwei Tonfolgen die eine in den Schutzbereich einer anderen fällt, weil beide identisch oder ähnlich sind, dann fällt auch die andere in den Schutzbereich der einen. Identität und Ähnlichkeit sind nämlich symmetrische Relationen. Ob die jeweils früher geschaffene schöpferische Tonfolge zu rein funktionalen Zwecken oder auch zu ästhetischen Zwecken geschaffen wurde, spielt somit keine Rolle. Bei Sprach- und Bildwerken haben wir schon festgestellt (s. o. → Rn. C13, C53), dass deren Identität nicht berührt ist, wenn sie zu verschiedenen Zwecken verwendet werden. Bei Musikwerken ist es nicht anders. Das Urheberrecht ist zweckneutral.[235]

C82 Der Versuch, mit den Begriffen von Ästhetik und Kunst die Identität von Musikwerken näher zu bestimmen, scheitert also schon daran, dass sie sich als zu eng erweisen und damit – wie bei den anderen Werkarten – Gebilde ausgeschlossen werden, die auch nach unserem intuitiven Alltagsverständnis geistige Gegenstände sind und eine Schöpfung sein können. Noch gewichtiger ist jedoch der Einwand, dass sie keinen Beitrag dazu leisten, wie wir strukturierte Tonfolgen als in sich geschlossen identifizieren und von anderen unterscheiden. Das heißt allerdings nicht, dass ästhetische Eigenschaften, die wir Musikstücken zuschreiben, keine Relevanz für ihre Identifizierung hätten. Ein heiteres Musikstück ist kein trauriges.[236]

c) Die Bedeutung von Musik in der menschlichen Kommunikation

C83 Die rein formale Betrachtung von Tonfolgen gewährleistet dies allerdings auch nicht. Es drängt sich deshalb auf, an die Überlegungen anzuknüpfen, die zu Sprach- und Bildwerken angestellt wurden und die Musikwerke des Urheberrechts als Tonfolgen zu deuten, die eine Bedeutung, einen Sinn haben, etwas ausdrücken. Denn auch Musik ist ein Teil unserer menschlichen Lebensform. Wer eine Tonfolge komponiert, spielt normalerweise kein zweckfreies, bedeutungsleeres Spiel mit Tönen oder Geräuschen nur für sich allein, sondern will sie im Umgang mit anderen verwenden und ihnen etwas vermitteln. Und dass Mu-

---

[233] So OLG Hamburg ZUM 2002, 480, 482 f.
[234] BGH GRUR 2010, 920 Rn. 13 f. – Klingeltöne für Mobiltelefone II; BGH GRUR 2009, 395 Rn. 14 f. – Klingeltöne für Mobiltelefone I.
[235] Allgemeine Ansicht z. B. *Loewenheim/Leistner* in Schricker/Loewenheim (2020), UrhG § 2 Rn. 66 m. w. N.
[236] *Goodman* (1998), S. 74 f.

III. Identität von musikalischen und choreografischen Werken   C83–C85

sikstücke auf das Denken, Fühlen und Handeln von Personen, die sie verwenden und konsumieren, großen Einfluss haben, braucht nicht näher betont zu werden. Wenn aber ein Komponist den Adressaten seines Stücks etwas erfolgreich vermitteln will, dann muss er es so gestalten, dass sie etwa in einer Aufführung dasjenige hören, was er ausgedrückt hat. Doch inwiefern drücken Musikwerke tatsächlich etwas aus? Wenn ja, was ist dafür entscheidend, dass sie es tun?

aa) Ausdruck in der Musik

Dass Musik nicht bloß Töne ausdrückt, sondern *mit ihnen* etwas Darüberhinausgehendes, wird vor allem in der Vokalmusik, Tonmalerei und Programmmusik deutlich, wo die verwendeten musikalischen Formen dazu dienen, außermusikalische Gegenstände, Gefühle, Zustände oder Ereignisse *darzustellen*, d. h. auf sie Bezug zu nehmen und sie akustisch zu schildern.[237] Hier kann ein Zweivierteltakt den Schritt eines Wanderers bedeuten, der Klang einer Flöte das Zwitschern eines Vogels und der eines Holzblasinstruments das Brausen des Windes. In solchen Fällen muss der Komponist allerdings, wie gesagt, sicherstellen, dass seine Hörer zum Beispiel in den Flötenklängen den Gesang eines Vogels hören.[238] Das ist nicht selbstverständlich. In einem anderen Kontext können dieselben Flötenklänge die Sehnsucht nach Frieden und Idyll ausdrücken oder in dem Gesamtcharakter des Werkes ganz aufgehen.   C84

In der Vokalmusik kommt vor allem dem Inhalt des verwendeten Textes die Rolle zu, mehr oder weniger genau zu konkretisieren, wie die mit ihm verbundene Musik zu interpretieren ist, ob und auf welche Gegenstände, Gefühle, Zustände und Ereignisse sie sich bezieht und wie sie sie schildert. Text und Musik haben dabei jeweils nicht immer dasselbe Gewicht. Oft gibt der Text auch nur ein allgemeines Thema an, das durch die Musik erst ausgeformt wird.[239] Derselbe Text kann deshalb in verschiedenen Tonfolgen vertont werden und dieselbe Musik mit unterschiedlichen Texten verbunden sein, wie es z. B. bei einem aus mehreren Strophen bestehenden Lied der Fall ist. In allen Fällen muss aber der Inhalt des Textes mit dem zusammenpassen, was die Musik ausdrückt und umgekehrt. Der Text und die Tonfolge eines Schlafliedes beispielsweise müssen sanft und beruhigend sein. Hektische Rhythmen und schwungvolle Melodien würden den Sinn eines solchen Liedes verfehlen, so dass es als ein anderes Werk, bestenfalls als eine antithematische Parodie auf das Schlaflied aufzufassen ist. Die Verbindung einer Komposition mit einem zu ihr nicht passenden Text kann eine nach § 14 UrhG zu beurteilende Entstellung des Musikwerks[240] und umgekehrt sein.   C85

---

[237] Zur musikalischen Darstellung näher *v. Kutschera* (1988), S. 493 ff.
[238] *Reicher* (2014), S. 193.
[239] *v. Kutschera* (1988), S. 503 ff., 511.
[240] LG Hamburg ZUM-RD 2017, 221, zum Fall der Verbindung mit einem Text rechtsextremen Inhalts.

C86　　In der Instrumentalmusik kann der Komponist u. a. dazu beitragen, seinem Werk einen darstellenden Charakter zu verleihen, indem er ihm oder seinen Teilen einen bestimmten Titel gibt oder sie mit Überschriften versieht. Als Beispiel wollen wir hier die symphonische Dichtung Nr. 11 „Hunnenschlacht" von Franz Liszt betrachten. Auch ohne sich vorher im Programmheft informiert oder sich auf andere Weise auf dieses Werk vorbereitet zu haben, kann der Besucher einer Aufführung dem Titel entnehmen, dass damit auf die große Schlacht angespielt wird, die, wie wir im Geschichtsunterricht gelernt haben, der Expansion der Hunnen unter Attila nach Westeuropa ein Ende setzte. Schon nach den ersten Tonsequenzen wird erkennbar, dass kein blutiges Gemetzel geschildert, sondern ein tosendes Schlachtengemälde gezeichnet wird. Mit Fanfarenklängen wird zur Attacke geblasen, man hört das rhythmische Dröhnen von Pferdehufen, aufgeregte Streicher steigern die Dramatik des Kampfes. Es wogt hin und her. Einige Takte eines christlichen Chorals klingen an. Die Musik wird zu einem triumphalen Höhepunkt geführt. Plötzlich Ruhe. Sanfte Melodien, kurzzeitig unterbrochen von dem vorher schon gehörten Triumphthema, stimmen auf Frieden ein, bis der wiederaufgenommene Choral als Dankgebet an Gott, dass er dem christlichen Heer den Sieg über die heidnischen Hunnen gegeben hat, die Schlussakkorde setzt. Es ist nicht entscheidend, ob die gerade gegebene Interpretation des Verfassers die Intentionen des Komponisten voll ausleuchtet oder ob die Kenntnis, dass sich Liszt von dem gleichnamigen Wandgemälde Wilhelm von Kaulbachs (Berlin, Neues Museum) inspirieren ließ, eine abweichende Deutung nach sich zieht. An diesem Beispiel soll vielmehr gezeigt werden, dass der Titel zwar einen gegenständlichen Bezug herstellen kann, aber Spielräume lässt, die durch die Musik inhaltlich ausgeformt werden müssen. Wie im Fall einer literarischen oder bildnerischen Darstellung der Schlacht hätten auch hier alternative Möglichkeiten bestanden, sie zu beschreiben etwa durch Wiedergabe der Schlachtrufe, des Sirrens der Pfeile, des Lärms beim Zusammenstoß der Heere, des Dröhnens beim Aufschlag der Schwerter auf die Schilder der Feinde, der Schmerzensschreie der getroffenen Krieger, des Röchelns der zu Boden gehenden Pferde usw. In Liszt's Tondichtung fehlt jeder Hinweis auf die Gewalttätigkeit der Auseinandersetzung. Er lässt vielmehr ein dramatisches Geschehen ohne Dissonanzen und Disharmonien heroisierend ablaufen. Im Mittelpunkt steht nicht die Schlacht in ihrem Verlauf, sondern der Triumph des christlichen Heeres, der Dank für den Sieg und die Freude über den eintretenden Frieden. Eine Aufführung, die genau diese Inhalte zum Ausdruck bringt, bleibt deshalb auch dann eine Aufführung der Hunnenschlacht von Liszt, wenn sie eine miserable Aufführung ohne jeden Glanz ist und die Musiker mehrfach falsche Noten spielen.[241] Um das Werk in diesem Sinn zu verstehen, bedarf es keiner detaillierten formalen Analyse der Noten der Partitur und ihres Verhältnisses zueinander. Erforderlich zum Verständnis sind hier allerdings geschichtliches Standardschulwissen und eine gewisse Vertrautheit mit unseren musika-

---

[241] Vgl. *Goodman* (1998), S. 177.

lischen Traditionen und Konventionen, u. a. mit Kirchenmusik, um in diesem Beispiel zu erkennen, welchen Beitrag der Schlusschoral zur Gesamtbedeutung des Musikwerkes leistet. Voraussetzung für das Verstehen ist also, dass die vom Komponisten verwendeten musikalischen Formen bereits als inhaltlich gedeutet erkannt werden können.[242]

Das ist auch dann der Fall, wenn ein Musikstück keine Bezüge auf bestimmte außermusikalische Gegenstände aufweist. Für die weitverbreitete *Gefühlsausdruckstheorie* ist es gerade das Wesensmerkmal von (reiner) Musik, dass sie unbestimmte Gefühle und Empfindungen ausdrückt, also beispielsweise nicht die Trauer über den Verlust eines Freundes oder die Freude über das Wiedersehen mit der Geliebten, sondern die Trauer oder Freude als solche.[243] Es geht ihr nicht um die Gefühle und Empfindungen, die der Komponist während des Schaffensprozesses hatte oder die eine Aufführung des Stücks bei den Zuhörern bewirkt, sondern um diejenigen, die er objektiv ausdrückt. Jemand, der ein heiteres Lied komponiert, muss sich nicht in heiterer Stimmung befunden haben, und ein trauriges Musikstück muss die Hörer nicht traurig machen.[244] Ob mit der Gefühlsausdruckstheorie das Wesen der Musik vollständig erfasst wird,[245] können wir dahingestellt sein lassen, weil es hier nicht um die Abgrenzung zwischen Kunst und Nichtkunst geht. Unzweifelhaft dürfte jedenfalls sein, dass sehr viele Musikstücke rein expressive Qualitäten haben, d. h. die Eigenschaft besitzen, Gefühls- und Empfindungsinhalte auszudrücken. Klare Hinweise darauf sind allein schon die mit Emotionen assoziierten verbalen Vorgaben, mit denen Komponisten bestimmen, wie die Musiker das Stück oder Teile davon zu spielen haben: beispielsweise „amabile" (lieblich), „appassionato" (leidenschaftlich), „dolorosa" (schmerzlich), „furioso" (rasend, wütend), „lamentoso" (traurig klagend) usw. Wüssten die Musiker nicht, wie sich ein leidenschaftlich zu spielendes Stück anhört, könnten sie diese Angaben nicht verstehen. Und ein Konzertbesucher, dem ein Stück als „leidenschaftlich" angekündigt wird, lernt dieses als Beispiel oder Muster für ein leidenschaftliches Musikwerk kennen. Musikwerke drücken aber nicht nur Gefühle in diesem Sinne aus, sondern auch Haltungen und allgemeine seelisch-geistige Inhalte wie Einsamkeit und Angst, Verzweiflung, Langeweile usw.[246] Ein Werk kann majestätisch („maestoso") daherkommen, entschlossen („deciso") wirken oder Bewegtheit, Frieden, Harmonie usw. ausdrücken.[247]

Doch wie steht es mit den Werken der sog. Neuen Musik (serielle Musik, konkrete Musik, elektronische Musik, aleatorische Musik, Computermusik, experimentelle Musik),[248] bei denen es manchmal schwerfällt, sie als Ausdruck von

---

[242] *Kühn* (2007), S. 8 f.; *v. Kutschera* (1988), S. 486: Erleben eines Musikwerks „heißt nicht, das Werk passiv auf sich wirken und sich von subjektiven Assoziationen anregen lassen, sondern es geht darin auch um ein Verstehen der formalen Prinzipien der Komposition."
[243] *v. Kutschera* (1988), S. 190 ff., 473 ff.
[244] *Reicher* (2010), S. 143 f.; *Goodman* (1998), S. 54 f., 80 ff.
[245] Zu den Einwänden *Reicher* (2010), S. 147 f.
[246] *Reicher* (2010), S. 148.
[247] *v. Kutschera* (1988), S. 524 f.; vgl. auch *Goodman* (1990), S. 80 ff.
[248] *Weissthanner* (1974), S. 5 ff.; *Weissthanner* GRUR 1974, 377 ff.; *Dieth* (2000), S. 58.

Gefühlen, Empfindungen, Haltungen oder sonstiger geistiger Inhalte zu verstehen? Dass sie meist experimentellen Charakter haben und teils durch bewussten Traditionsbruch neuartige Verfahren und Instrumente zur Klangerzeugung einsetzen, Geräusche einbinden und Zufallselemente vorsehen, steht dem allerdings nicht entgegen. Wie im Fall der ungegenständlichen modernen bildenden Kunst lassen sich solche Werke zwanglos als Versuche interpretieren, sich der Möglichkeiten und Grundlagen akustischen Gestaltens bewusst zu werden, sich mit ihnen auseinanderzusetzen und dabei neue Weisen des akustischen Wahrnehmens und Erlebens in die menschliche Kommunikation einzuführen.

C89 Das gelingt aber nicht immer, wie am Beispiel der seriellen Musik gezeigt werden kann. Serielle Musik entwickelte sich aus der Zwölftonmusik, die ursprünglich nur mit Reihen von zwölf verschieden hohen aufeinander bezogenen Tönen operierte,[249] indem sie alle anderen musikalischen Elemente, also nicht nur die Tonhöhe, sondern auch die Dauer, Dynamik, Lautstärke, Artikulation und Klangfarbe usw. einbezog und diese durch Verknüpfungsgesetze in gegenseitige Abhängigkeit brachte. Zum zentralen Problem wurde dabei die Strukturierung von Zeit, um Tonhöhe, Tondauer, Rhythmus, Klangfarbe usw. in ein festes Verhältnis zueinander bringen zu können.[250] Serielles Komponieren – ohne Halt an Tonalität, an Themen, Motiven, Rhythmus – sucht, ein Werk bis ins Detail durchzuorganisieren, mit je einem individuellen *Strukturplan*. Ein serielles Musikwerk wird daher eher als Lösung eines einmaligen künstlerischen Problems verstanden.[251] Es fragt sich aber, ob mit der Konstruktion einer solchen Zeitstruktur im Einzelfall nicht bloß ein theoretisches Problem gelöst, sondern auch die Lösung eines *musikalischen* Problems präsentiert wird. Es geht den seriellen Komponisten erkennbar nicht in erster Linie darum, mittels mathematisch beschreibbarer Relationen – wie etwa mit der Regel des goldenen Schnitts oder der Proportionenlehre in der Renaissancekunst oder in der Baukunst[252] – harmonische Klänge oder korrekte musikalische Darstellungen hervorzubringen, sondern um die Formulierung der Konstruktionsregeln selbst. Andernfalls würde sich serielles Komponieren nicht von den traditionellen Kompositionstechniken unterscheiden.[253] Ebenso wenig wie aus der Präsentation einer logischen Struktur folgt, dass der Text, der sich durch das Einsetzen zulässiger sprachlicher Ausdrücke in sie entsteht, immer einen für unsere menschliche Praxis relevanter Sinn ergibt, folgt aus der Zusammenstellung einer seriellen Tonstruktur, dass den Hörern auch gleichzeitig ein bedeutungsvolles Klangereignis geboten wird. Das Experimentieren mit seriellen Tonreihen schließt das natürlich nicht aus, muss es aber nicht. Viele serielle Werke ähneln einander, in ihrer Aufsplitterung

---

[249] *Kühn* (2007), S. 86 ff.; *Weissthanner* (1974), S. 5 f.
[250] *Kühn* (2007), S. 93; *Weissthanner* (1974), S. 8.
[251] *Weissthanner* (1974), S. 2.
[252] Aus der Architekturgeschichte wären die Symmetrie- und Proportionsregeln zur Anlage griechischer Tempel (*Vitruv*, De architctura libri decem, 3. Buch), um einen anmutigen Anblick zu bieten, ein weiteres Beispiel.
[253] *Kühn* (2007), S. 7 ff.

des Satzes zu einzelnen Tonpunkten, ihrer Reihung wechselnd dichter Felder, ihrer Einebnung von Rhythmus. Was auf rigoroser Organisation beruht, klingt für den Hörer oft gleich und wie zufällig, und die ausführenden Musiker können die Nuancen der Komposition kaum mehr entsprechend präzise darstellen.[254] Seit Mitte der 1970ger Jahre tastet sich deshalb eine neue Generation von Komponisten wieder an Tonalität heran, erlaubt sich wieder Themen, Motive, greifbare Rhythmen und sucht den unmittelbaren individuellen *Ausdruck*.[255] Die Erscheinungsformen der Neuen Musik bilden also ebenfalls weder einen revolutionären Neuanfang noch das Ende der musikalischen Kunst; denn mit Tönen und Klängen wurde schon immer experimentiert.[256] Sie zwingen uns nicht, von der Forderung abzugehen, dass die Musikwerke des Urheberrechts einzeln identifizierbare geistige Gegenstände sind, durch die der Komponist etwas ausdrückt und anderen etwas zu verstehen gibt.

bb) Konventionalität von Musik

Doch wie gelingt es einem Musikschaffenden, etwas für andere verständlich auszudrücken? Nach dem bisher zu Sprach- und Bildwerken Gesagten kann die Antwort nicht mehr sehr überraschen. Es dürfte kaum bestreitbar sein, dass die in Musikwerken verwendeten Formen kommunikativen Charakter haben. Damit die Kommunikation eines Komponisten mit seinen Hörern erfolgreich ist, muss er sich an die Konventionen und Gepflogenheiten[257] halten, die die Bedeutung der musikalischen Ausdrucksmittel festlegen. Ihre regelhafte Verwendung in Übereinstimmung mit den Gepflogenheiten ist dafür verantwortlich, dass die Adressaten in ihnen dasjenige erkennen können, was der Komponist ausdrückt. Dazu bedarf es allerdings besonderer Kenntnisse und Fähigkeiten, die – parallel zur Sprach- und Bildkompetenz – unsere Musikkompetenz ausmachen. Musikkompetenz offenbart sich im Vollzug konventioneller Handlungsformen und -schemata, die es ermöglichen, einzeln identifizierbare Musikstücke zu schaffen, gleichförmig zu verwenden, zu deuten und sie in unserem Inneren nachzuvollziehen. Sie ist jedoch nicht naturgegeben, sondern muss erworben werden. Von Kindesbeinen an lernen wir durch Zuhören, beim gemeinsamen Singen, im Schul- und Instrumentenunterricht, bei Konzertbesuchen usw. anhand von unzähligen Beispielen, was Melodien und Musikstücke sind, wie sie sich anhören und voneinander unterscheiden. Mit dem Erwerb von Musikkompetenz, die wie im Fall der Sprach- und Bildkompetenz je nach Übung und Vertrautheit unterschiedlich ausgeprägt ist, sind wir nicht nur in der Lage, Musikstücke im

---

[254] *Kühn* (2007), S. 205, 95 f.
[255] *Kühn* (2007), S. 205.
[256] *Kühn* (2007), S. 208.
[257] Der Komponist und die Hörer müssen sich dabei nicht bewusst sein, welche musikalischen Formen jeweils verwendet werden. Die Fähigkeit, einer Regel zu folgen, setzt nicht voraus, sie formulieren oder Gründe für sie angeben zu können; man muss nur nach ihr handeln können; vgl. *Newen/Schrenk* (2008), S. 35; *Wittgenstein* (1973), S. 47 ff., 62 ff., 72, 168 ff.

Rahmen der Gepflogenheiten korrekt herzustellen, zu verwenden und richtig zu verstehen, sondern besitzen auch die Fähigkeit, die Beispielsfälle, an denen wir die Regel gelernt haben, auf viele noch nicht gelernte hin fortzusetzen.[258] Die damit verbundene Gewöhnung an harmonische und rhythmische Muster, etwa dass der Refrain eines Liedes in derselben Grundtonart wiederkehrt, trägt maßgebend dazu bei, wann Tonfolgen als in sich geschlossen empfunden werden.[259] Ihre Identität kann daher wie folgt bestimmt werden:

> (Mu3) Das Musikwerk, von dem x ein Exemplar (Vorkommnis) ist, ist genau identisch mit dem Werk, von dem y ein Exemplar (Vorkommnis) ist, wenn der in x und y vorkommende Klangtyp als Zeichen eines sozial geregelten Klangsystems dieselbe Bedeutung (Sinn) hat (dasselbe ausdrückt, dasselbe zu verstehen gibt, denselben Inhalt hat).

C91 Die Bindung an traditionelle Formen, denen Musikschaffende einer bestimmten Epoche unterworfen sind, bedeutet ebenso wenig wie in den anderen Bereichen des Werkschaffens, dass sie den aus Gewohnheiten entspringenden Hörererwartungen immer entsprechen müssen, um etwas Bedeutungsvolles verständlich auszudrücken. Häufig werden die Erwartungen der Hörer bewusst durchkreuzt, um zu überraschen, zu provozieren, zu foppen. Dennoch können auch so geformte Tonfolgen als zueinander gehörig und abgeschlossen verstanden werden.[260] Wenn wir nämlich im Umgang mit musikalischen Formen gelernt haben, sie regelhaft zu verwenden, sind wir auch in der Lage, davon abweichend neue Regeln zu ihrem Gebrauch einzuführen und sie anders zu deuten.[261] Zu den musikalischen Formen bemerkt *Kühn*:[262] „Und als Besonderes fällt andererseits auf, was sich Normen entzieht; ein Verstoß braucht die Regel, um als bewusste, sinnbezogene Abweichung verständlich zu werden: als ein Stück Individualität." Der Gedanke, Werkschaffen und Formgebung als Teil regelgeleiteter, systembezogener menschlicher Kommunikation aufzufassen, gibt somit gleichzeitig auch Fingerzeige darauf, was wir uns unter Schöpfung (Individualität) vorzustellen haben. Die Konventionalität musikalischer Formen bindet zwar, ist aber gleichzeitig eine Bedingung dafür,[263] überhaupt musikalisch schöpferisch tätig werden zu können.

C92 Um ein individuelles Werk hervorzubringen, reicht es allerdings nicht aus, von den traditionellen Formregeln nur abzuweichen und gegen sie zu verstoßen; darin läge eine fehlerhafte Anwendung der Regel. Es reicht ferner nicht aus, sie lediglich auf neue Objekte fortzusetzen, wie es z. B. bei der Bildung neuer konkreter Ausdrucksformen anhand traditioneller Formungsregeln geschieht. Der Schöpfer eines geschützten Werkes muss vielmehr *abweichende Regeln* explizit

---

[258] Vgl. *Wittgenstein* (1971), §§ 208 ff.; *Scholz* (2004), S. 47.
[259] Vgl. auch *Canaris* (2012), S. 63 ff.
[260] *Canaris* (2012), S. 64; Beispiel bei *Kühn* (2007), S. 195 f., 13.
[261] *Haberstumpf* ZGE 2012, 284, 311 f. S. o. → Rn. C21, C30.
[262] *Kühn* (2007), S. 195.
[263] *Stallberg* (2006), S. 313 f., 324, bezeichnet dies als regelhaften Regelbruch.

III. Identität von musikalischen und choreografischen Werken **C92–C95**

oder implizit in das jeweils in Anspruch genommene Sprach-, Bild- oder Musiksystem *einführen* und verständlich machen, dass seine Formgebung etwas für unsere menschliche Praxis Bedeutsames ausdrückt.

2. Choreografische und pantomimische Werke

Während die Pantomime in erster Linie vom nonverbalen Spiel durch Gesten und Mimik lebt, stehen bei Choreografie und Tanz Schrittkombinationen, Drehungen, Sprünge und Hebungen usw. im Vordergrund.[264] Ihr gemeinsames Merkmal ist, dass sie einen geistigen Gehalt durch visuell wahrnehmbare Bewegungen oder Gebärden zum Ausdruck bringen sollen. Da beides meistens in einem konkreten Werk zusammenfällt, kommt es hier auf eine genauere Abgrenzung nicht an. Der Einfachheit halber wollen wir deshalb im Folgenden den Schwerpunkt auf Choreografie und Tanz legen.[265] Es stellen sich dieselben Fragen, wie sie in den vorangegangenen Abschnitten erörtert wurden: Besteht ihr geistiger Gehalt allein in einer bestimmten Abfolge von Bewegungen und Gebärden, die formal in einer Tanzschrift, z. B. in der Labanotation, festgehalten werden kann,[266] oder in einem darüberhinausgehenden Ausdruck (Sinn)? Wenn Letzteres zu bejahen ist, was konstituiert die Identität eines solchen Werkes, so dass es in physisch verschiedenen Vorkommnissen als dasselbe wiedererkannt werden kann? **C93**

a) Formale Eigenschaften von Bewegungsabläufen und Gebärden

In Rechtsprechung und Literatur wird nahezu einhellig verlangt, dass ein choreografisches Werk einen über die bloße Körperbeherrschung hinausgehenden Gedanken- oder Gefühlsinhalt zum Ausdruck bringen muss, um den Schutz des Urheberrechts erwerben zu können.[267] Dagegen hat *Murza* zu bedenken gegeben, dass bei rein abstrakten choreografischen Werken – als Beispiel nennt sie die „Sinfonie in C" von George Balanchine – kaum Gedanken- oder Gefühlsäußerungen feststellbar seien. Auch „Tanz als Selbstzweck" sei urheberrechtsschutzfähig, weil sich dessen geistiger Gehalt in Form von Körperbewegungen bzw. Bewegungsabläufen ausdrücke.[268] Wesentlich sei vielmehr, dass Bewegungsabläufe die Anforderungen über die notwendige Individualität erfüllten.[269] **C94**

Es ist unverkennbar, dass insoweit eine formalistische Position bezogen wird, die das choreografische Werk auf formal beschreibbare *Bewegungstypen* redu- **C95**

---

[264] *Obergfell* in Büscher/Dittmer/Schiwy, (2015), UrhG § 2 Rn. 38; *Murza* (2012), S. 56.
[265] Vgl. *Obergfell* in Mestmäcker/Schulze (Ausgabe Dezember 2005), UrhG § 2 Rn. 93 f.
[266] Dazu *Goodman* (1998), S. 198 ff.
[267] Z. B. LG Essen UFITA 18 (1954), 243, 247 f. – Der grüne Tisch; *Schulze* in Dreier/Schulze (2022), UrhG § 2 Rn. 143, 147; *Obergfell* in Büscher/Dittmer/Schiwy (2015), UrhG § 2 Rn. 39; *Ulmer* (1980), S. 144; *Schlatter-Krüger* GRUR Int. 1985, 299, 307 f.; *Wandtke* ZUM 1991, 175, 118.
[268] *Murza* (2012), S. 66 ff., 340.
[269] *Murza* (2012), S. 130, 68.

ziert. Ihr stehen jedoch dieselben Einwände entgegen, wie sie oben im Bereich der Sprache, der bildenden Kunst und der Musik diskutiert wurden, so dass wir uns in diesem Meinungsstreit auf die Seite der herrschenden Auffassung schlagen müssen. Menschliche Gebärden und Bewegungsabläufe verkörpern nicht nur dann einen geistigen Gegenstand, wenn sie die Darstellung eines Handlungsverlaufes enthalten, sondern auch dann, wenn in ihnen Inhalte von unbestimmten Gefühlen, Empfindungen oder allgemeine seelisch-geistige Inhalte wie Grazie, Hässlichkeit, Eleganz[270] usw. zum Ausdruck kommen.[271] Und das ist auch bei den sog. abstrakten choreografischen Werken – zumindest bei den in der Urheberrechtsliteratur aufgeführten Beispielen – ganz offenkundig der Fall.[272]

C96 Die formal-ästhetische Betrachtung von Werken der Tanzkunst und Pantomime liefert vor allem aber keine Kriterien zur Abgrenzung gegenüber Gebärden und Bewegungsabläufen, die wir nicht als solche Werke ansehen. Die Spielzüge oder Sprünge, die beispielsweise der Trainer einer Fußballmannschaft oder einer Equipe von Bodenturnerinnen einüben lässt, unterliegen ebenfalls einer Choreografie, die wie im Ballett hohe Körperbeherrschung, Perfektion und hartes Training voraussetzt.[273] Anzunehmen, die Schinderei des eigenen Körpers sei im Fall eines Leistungssportlers durch das Streben nach Höchstleistung, Sieg, Ruhm, Anerkennung und finanziellem Gewinn motiviert, im Fall einer Primaballerina dagegen nur um des Tanzes willen, erscheint wenig lebensnah. Selbstverständlich können sportliche und akrobatische Darbietungen ebenfalls formal beschrieben oder visuell anschaulich gemacht werden. Dennoch verkörpern sie auch nach unserem Alltagsverständnis grundsätzlich keine choreografischen Werke.[274] Der Polizist, der im Glanze seiner Uniform auf einer Straßenkreuzung den Verkehr regelt, bewegt und gebärdet sich gleichfalls in einer festgelegten Weise, die man als choreografisch bezeichnen könnte. Dennoch ist er kein Tän-

---

[270] Für *Murza* (2012), S. 64, ist hingegen Grazie oder Anmut der Bewegungen für den Charakter eines choreografischen Werkes irrelevant. Dass ein Bewegungsablauf ästhetische Eigenschaften dieser Art hat, bedeutet zwar nicht notwendig, dass er ein – möglicherweise schöpferisches – choreografisches Werk ist (s. o. → Rn. C75 ff.). Für seine Identifizierung und Unterscheidung von anderen Werken spielt es dagegen sehr wohl eine Rolle, *ob und welche* dieser Eigenschaften er besitzt, d. h. welche er exemplifiziert und ausdrückt (vgl. *Goodman* (1990), S. 130 f.): Die Aufführung einer provozierenden oder unharmonischen Choreografie ist nun einmal etwas anderes als die einer anmutigen.
[271] *Goodman* (1998), S. 93.
[272] *Obergfell* ZUM 2005, 621, 624; *Obergfell* (2013), S. 71, 73 f.; *Schlatter*-Krüger GRUR Int. 1985, 299, 307 f.
[273] Das Streben nach perfekter Körperbeherrschung ist somit kein geeignetes Unterscheidungsmerkmal. So auch *Murza* (2012), S. 130; anders *Schulze* (1983), S. 213.
[274] Im Urheberrecht ist das ganz h. M.: z. B. OLG Köln GRUR-RR 2007, 263 f. – Arabeske; *Schulze* in Dreier/Schulze (2022), UrhG § 2 Rn. 146; *Loewenheim/Leistner* in Schricker/Loewenheim (2020), UrhG § 2 Rn. 154; *Obergfell* in Büscher/Dittmer/Schiwy (2015), UrhG § 2 Rn. 41; zu Fußballspielen speziell EuGH GRUR 2012, 156 Rn. 98 f. – Football Association Premier League, allerdings mit der falschen Begründung, deren Spielregeln ließen keine künstlerische Freiheit zu.

zer und kein Pantomime, weil seine Bewegungen und Gesten Elemente eines *sprachlichen* Symbolsystems sind.²⁷⁵

Dem Abgrenzungsproblem entgeht man nicht, wenn man es auf das Merkmal der Schöpfung verschiebt, wie wir bereits oben bei den nichtgegenständlichen Werken der bildenden Kunst und Musik gesehen haben. Wer eine Sequenz von außergewöhnlichen und beeindruckenden Bewegungen erstmals präsentiert, präsentiert nicht ohne Weiteres ein geschütztes choreografisches Werk. Nehmen wir an, ein bislang nicht besonders in Erscheinung getretener Sportler – als Beispiel könnte man den Hochspringer Dick Fosbury anführen – tüftelt einen detaillierten und ungewöhnlichen Bewegungsablauf aus, der ihn nicht nur zu Weltrekord und Olympiasieg in seiner Disziplin führt, sondern auch elegant aussieht und zum Standard wird. Die Fachwelt zeigt sich begeistert und belegt ihn etwa mit folgenden Prädikaten, wie sie auch den großen Schöpfungen in Literatur, Wissenschaft und Kunst zugesprochen werden: revolutionär, genial, epochal, einzigartig, stilbildend usw. Angesichts dessen wird man kaum umhinkommen, den von ihm ausgedachten und in Vorkommnissen während des Trainings und der Wettkämpfe exemplifizierten *konkreten Bewegungsabfolgetyp* ebenfalls als schöpferische Leistung anzuerkennen. Dennoch kommt in ihnen kein urheberrechtlich geschütztes Werk vor. Wollte man dies annehmen, wäre man auf die inakzeptable Konsequenz festgelegt, dass dem Sportler das exklusive Recht zuwachsen würde, einen solchen konkreten Bewegungstyp allein anzuwenden, mit ihm sportliche Erfolge zu erzielen und ihn auch nach seiner aktiven Zeit durch Lizenzierung zu Gunsten anderer wirtschaftlich zu verwerten.

C97

b) Konventionalität von Bewegungsabläufen und Gebärden

Was aber macht den urheberrechtlich relevanten Unterschied zwischen den Bewegungen eines Sportlers und denen eines Balletttänzers aus, auch wenn sie äußerlich gleich aussehen? Für jenen liegt ihr Wert in ihnen selbst; er muss sich voll auf sie konzentrieren und kommuniziert nicht mit den Zuschauern; die kleinste Unachtsamkeit, der kleinste Fehler kann ihn um alle Siegchancen bringen. Dieser ist dagegen Interpret, der nicht nur darauf zu achten hat, dass er die eingeübten Bewegungsabläufe korrekt vollzieht, sondern auch darauf, dass er in ihnen dasjenige ausdrückt, was der Choreograf ihm vorgegeben hat. Insoweit besteht eine deutlich größere Fehlertoleranz: Auch eine schlampige Ausführung wird als Aufführung des dargebotenen choreografischen Werkes verstanden und tangiert dessen Identität nicht.²⁷⁶ Während die Handlung des Sportlers im Wettkampf nur den antrainierten Bewegungsablauf exemplifiziert, exemplifiziert

C98

---

²⁷⁵ S. o. → Rn. C72. Zur Bedeutung von Gesten im System der deutschen nichtverbalen *Autofahrersprache* „NIVEAU" instruktiv *v. Savigny* (1983), S. 273 ff.

²⁷⁶ So auch *Obergfell* (2013), S. 71, 74, die zutreffend darauf hinweist, dass es aus urheberrechtlicher Sicht ohne Bedeutung ist, ob die tänzerischen Fähigkeiten eines nachtanzenden Tänzers qualitativ ausreichend sind: „Die Kopie in unzureichender Qualität bleibt dennoch Kopie."

die Handlung eines Mimen oder Tänzers gewöhnlich nicht die Handlung, der sie unterfällt. Ein Mime, der Bewegungen vollzieht, wie sie etwa beim Hinaufsteigen einer Leiter vorkommen, steigt die Leiter nicht hinauf, sondern drückt Leitersteigen aus. Bei einer Tanzaufführung dienen die Bewegungen und Sprünge der Tänzer nicht dazu, beispielhaft zu zeigen, wie man sie macht, sondern exemplifizieren u. a. Rhythmen und dynamische Figuren.[277] Der entscheidende Unterschied liegt also darin, dass die Bewegungen und Gebärden eines Tänzers oder Pantomimen kommunikative Funktion haben, womit ein Sinn vermittelt werden soll. Welcher das ist, sieht man ihnen allein nicht an. Man muss wie in den anderen Bereichen des Werkschaffens die Gewohnheiten kennen, die bestimmen, wie einzelne Gesten oder komplexe Bewegungsabläufe zu deuten sind. Diese Konventionen sind nicht starr und überall gleich. Sie haben eine Geschichte[278] und variieren je nach Ort, Zeit und Kultur zum Teil beträchtlich. Tänze und Gebärden, die beispielsweise in einem Kulturkreis als heiter gelten, drücken in einem anderen Trauer aus.[279]

C99   Wenn es zutrifft, dass die in choreografischen und pantomimischen Werken verwendeten Ausdrucksformen durch ihre kommunikative Funktion charakterisiert sind, dann müssen wir sie deshalb ebenfalls als Elemente eines eigenständigen regelgeleiteten Kommunikationssystems auffassen:

(P1)   Das choreografische oder pantomimische Werk, von dem x ein Exemplar (Vorkommnis) ist, ist genau identisch mit dem Werk, von dem y ein Exemplar (Vorkommnis) ist, wenn der in x und y vorkommende Bewegungs- oder Gebärdentyp als Zeichen eines sozial geregelten Kommunikationssystems dieselbe Bedeutung (Sinn) hat (dasselbe ausdrückt, dasselbe zu verstehen gibt, denselben Inhalt hat).

Die Präsentation einer Folge von Bewegungen oder Gesten, ob auf einer Bühne[280] oder anderswo, bringt folglich nur dann einen – möglicherweise schöpferischen – geistigen Gegenstand hervor, wenn sie mit einem Akt der Sinngebung zusammenfällt. Durch einen solchen Akt können deshalb auch sportliche Sprungsequenzen, die üblicherweise in wettkampfartigen Kontexten abgefragt werden, vergleichbar der Verwendung natürlicher Geräusche oder vorgefundener Gegenstände in der Musik und bildenden Kunst (→ Rn. C53 f., C88) zu Elementen eines choreografischen Werkes werden.[281] Das ist nicht nur dann der Fall, wenn wie z. B. bei einer Eislaufrevue mehrere Eisläufer sich zu Musik bewegen und einen Handlungsverlauf darstellen, sondern auch, wenn in ihnen Inhalte von unbestimmten Gefühlen und Empfindungen oder sonstige

---

[277] *Goodman* (1998), S. 69 f.
[278] Zur Geschichte des Tanzes und ihrer Formen vgl. z. B. *Murza* (2012), S. 11 ff.
[279] *Goodman* (1998), S. 56 f., 92 f.
[280] Die Eignung zur bühnenmäßigen Darstellung ist daher entgegen *Otto-Friedrich v. Gamm* (1968), UrhG § 2 Rn. 20, keine Voraussetzung für das Vorliegen eines choreografischen Werkes; so auch *Schlatter-Krüger* GRUR Int. 1985, 299, 306 f.
[281] *Obergfell* (2013), S. 71, 73 f.

III. Identität von musikalischen und choreografischen Werken C99–C100

geistig-seelische Inhalte zum Ausdruck kommen.[282] Das gilt auch für die Formen überlieferter Volkstänze, von Gesellschaftstänzen oder Formationstänzen. Dass sie in der Urheberrechtsliteratur zu dem grundsätzlich frei benutzbaren Allgemeingut gezählt werden,[283] heißt nicht, dass ihnen ein Sinngehalt fehlt.[284] Im Gegenteil. In ihnen spiegeln sich gerade die traditionellen Ausdruckskonventionen wider, die wiederum die Grundlage der modernen Tanzformen bilden und ohne die diese nicht verständlich wären. Ihre grundsätzliche Gemeinfreiheit resultiert vielmehr daraus, dass wegen des Ablaufs der Schutzfrist ein etwa gegebener Urheberrechtsschutz erloschen ist oder ihnen ein Urheber überhaupt nicht zugeordnet werden kann. Wie in den übrigen Bereichen des Werkschaffens können selbstverständlich auch traditionelle Bewegungstypen durch Komposition[285] und Zerlegung, Gewichtung und Ordnung, Tilgung und Ergänzung[286] in neue Sinneinheiten übergeführt werden, die im Einzelfall das Merkmal der Schöpfung erfüllen.[287]

In Rechtsprechung und Literatur wird vielfach angenommen, dass als Ausdrucksmittel für die Werke des § 2 Abs. 1 Nr. 3 UrhG nur *menschliche* Körperbewegungen und Gesten in Frage kommen, woraus u. a. geschlossen wird, dass Tierdressuren generell aus dem Anwendungsbereich des Urheberrechts herausfallen.[288] Definition (P1) verlangt eine solche Einschränkung nicht. Die Produktion eines geistigen Gegenstandes setzt zwar notwendig voraus, dass ein Mensch ihn hervorgebracht hat, nicht aber, dass beim Werkschaffen und in der Kommunikation mit ihm immer persönliche Körperbewegungen oder Handlungen im Spiel sind. Der Urheber kann sein Werk in physikalisch verschiedensten Vorkommnissen entäußern und dabei seinen eigenen Körper einsetzen, aber auch sich fremder menschlicher oder tierischer Körper, Maschinen, Apparate oder sonstiger materieller Gegenstände bedienen. Es gibt keinen triftigen Grund anzunehmen, in Bewegungen von Marionetten, Puppen, Tieren oder in materiellen Produkten künstlicher Intelligenz, z. B. Robotern, könne kein geistiger Gehalt zum Ausdruck gebracht werden. Weshalb Tierdressuren allenfalls in äußerst seltenen Ausnahmefällen als choreografische oder pantomimische Werke geschützt sein können, liegt nicht daran, dass man mit Bewegungen von intelligenten Tieren nichts ausdrücken könnte, sondern daran, dass sie sich – z. B. in dem

C100

---

[282] *Murza* (2012), S. 130; näher *Obergfell* in Büscher/Dittmer/Schiwy (2015), UrhG § 2 Rn. 41. Anders *Schulze* (1983), S. 216.

[283] *Obergfell* in Büscher/Dittmer/Schiwy (2015), UrhG § 2 Rn. 41; *Bullinger* in Wandtke/Bullinger (2022), UrhG § 2 Rn. 80; *Loewenheim/Leistner* in Schricker/Loewenheim (2020), UrhG § 2 Rn. 154.

[284] So aber *Schlatter-Krüger* GRUR Int. 1985, 299, 307; wie hier *Bullinger* in Wandtke/Bullinger (2022), UrhG § 2 Rn. 80.

[285] OLG München UFITA 74 (1975), 320, 322 – Brasiliana.

[286] Vgl. *Goodman* (1999), S. 20 ff.; *Goodman* (1998), S. 70.

[287] Die Frage nach dem Schutz überlieferter Folkloreformen (dazu *Murza* (2012), S. 118 ff.) ist daher keine Frage des Urheberrechts, sondern des Denkmalschutzes.

[288] So LG München I UFITA 54 (1969), 320, 323; *Obergfell* in Büscher/Dittmer/Schiwy (2015), UrhG § 2 Rn. 41, 41; differenzierend *Schulze* (1983), S. 219.

einer Entscheidung des LG München zugrundeliegenden Fall des „Wunderelefanten Moni"[289] – ein artfremdes menschliches Kommunikationsverhalten nur auf einem sehr niedrigen Niveau andressieren lassen können, was regelmäßig ausschließt, dass der Dompteur von den pantomimischen oder tänzerischen Traditionen abweichende neue Ausdrucksformen begründet und einführt.

c) Verhältnis zu den anderen Werkgattungen

C101 Nicht alle Bewegungsabläufe und Gesten, die etwas für unser menschliches Verhalten und Handeln Bedeutsames ausdrücken, sind choreografische oder pantomimische Werke. Wie im Beispielsfall des Verkehrspolizisten oder des Gebärdendolmetschers sind sie manchmal Teil eines *sprachlichen* Symbolsystems, d. h. eines Systems, das ein Alphabet, ein syntaktisch und semantisch interpretiertes Grundvokabular und genaue Kombinationsregeln besitzt, die bestimmen, wann eine Abfolge von bedeutungsvollen Einzelelementen des Systems einen Sinn und, wenn ja, welchen ergibt. Vergleichbares fehlt bei choreografischen und pantomimischen Werken, weshalb die häufig gemachte Aussage, ihr geistiger Gehalt werde durch die Bewegungs- und Gebärden*sprache* ausgedrückt,[290] nicht wörtlich genommen, sondern nur in dem übertragenen Sinne verstanden werden sollte, dass ihre Ausdrucksformen wie diejenigen der Sprache Teile *regelhafter* Systeme sind und wie Prädikate einer Sprache funktionieren können. Wegen des Fehlens eines Alphabets und Grundvokabulars sind sie vielmehr näher den Bildwerken verwandt (→ Rn. C34), können aber ebenfalls nicht mit ihnen gleichgesetzt werden. Weil Bilder keine Zeitstruktur besitzen, ist z. B. mit einer fotografischen Momentaufnahme der geistige Gehalt eines komplexen Ablaufs von Bewegungen und Gebärden kaum reproduzierbar.[291] Auch das Zeigen eines Bewegungsablaufs in den bewegten Bildern eines Films oder einer Fotoserie ist nicht dieser selbst. Eine Aneinanderreihung von Einzelbildern kann aber den geistigen Gehalt des Bewegungsablaufs, falls dieser überhaupt einen hat, identisch oder ähnlich wiedergeben und wäre aus der Sicht des Urheberrechts ein bloßes Vervielfältigungsstück, ein Vorkommnis einer bearbeiteten Version (vgl. § 23 Abs. 1 S. 1 UrhG) oder eines in freier Benutzung nach § 23 Abs. 1 S. 2 UrhG geschaffenen selbstständigen Werkes.[292] Die Ausdrucksformen von Tanz und Pantomime eignen sich besonders dazu, rhythmische Muster und dynamische Figuren zu exemplifizieren. Diese Eignung teilen sie mit den ebenfalls zeitlich strukturierten musikalischen Klang- und Tonfolgen, weshalb Tanz und Musik besonders häufig aufeinandertreffen. Gegenüber diesen besitzen sie aber den Vorteil, dass mit ihnen ein bewegtes Handlungsgeschehen un-

---

[289] LG München I UFITA 54 (1969), 320 f.
[290] LG München I GRUR 1979, 852, 853 – Godspell; *Obergfell* in Büscher/Dittmer/Schiwy (2015), UrhG § 2 Rn. 38; *Murza* (2012), S. 64; *Schulze* in Dreier/Schulze (2022), UrhG § 2 Rn. 143.
[291] BGH GRUR 2014, 65 Rn. 44 ff. – Beuys-Aktion; LG München I GRUR 1979, 852, 853 – Godspell; näher *Murza* (2013), S. 61, 63 ff.
[292] Siehe BGH GRUR 2014, 65 Rn. 35 ff. – Beuys-Aktion.

mittelbar visuell *darstellbar* ist, was mit Tönen und Klängen erheblich schwerer bewerkstelligt werden kann. Die meisten Musikstücke sind deshalb ungegenständlich.[293] Choreografische und pantomimische Werke, Sprach-, Bild- und Musikwerke grenzen sich also untereinander nicht bloß nach den jeweils zum Einsatz kommenden formal beschreibbaren Ausdrucksmitteln ab, sondern danach, vor dem Hintergrund und auf der Grundlage welchen Kommunikationssystems sie geschaffen, verwendet und verstanden werden. Innerhalb dieser Regelsysteme haben sich jeweils eigenständige spezifische Handlungsschemata und Formen entwickelt und etabliert, mit denen wir geistige Gegenstände zum Ausdruck bringen können.

Darin dürfte auch der entscheidende Grund liegen, weshalb wir zögern, Kombinationen von unterscheidbaren Geruchs- und Geschmacksinhalten[294] zu den urheberrechtlich schutzfähigen Werken zu zählen.[295] Da geschützte Werke des Urheberrechts sehr wohl dadurch charakterisiert sein können, dass sie unbestimmte Gefühle wie Trauer, Freude, Leidenschaft, Haltungen wie Entschlossenheit und allgemeine seelische Inhalte wie Bewegtheit und Frieden ausdrücken, und der Beispielskatalog des § 2 Abs. 1 UrhG offen ist für die Anerkennung neuer Werkarten, stünde der Aufnahme von Geschmacks- und Geruchswerken in diesen Katalog zwar grundsätzlich nichts im Wege.[296] Dagegen spricht aber, dass sich hier bislang noch keine annähernd dichten Regelsysteme ausgebildet haben, die uns in die Lage versetzen, mit Gerüchen und Geschmäckern zu kommunizieren. Der Satz, über Geschmack lässt sich nicht streiten, ist symptomatisch dafür. Das muss aber nicht für alle Zeiten so sein und kann sich ändern.

C102

Die Grenzen sind aber offen. Musik beeinflusst das Sehen, ein Bild das Hören; beides hat Einfluss auf Tanzbewegungen und wird von diesen beeinflusst. Der Inhalt eines Sprach- oder Bildwerks kann vertont oder in einem Bewegungsablauf umgesetzt werden. Ein statisches Gemälde kann ein bewegtes Handlungsgeschehen darstellen, während ein Tanz- oder Musikstück Ruhe und Frieden ausdrückt. Der bedeutungserhaltende Transfer von Ausdrucksformen und Handlungsschemata in ein anderes Kommunikationssystem ist möglich. Er gestaltet sich allerdings nicht so leicht wie bei der Ersetzung von Worten durch Synonyma und Satzstrukturen durch bedeutungsgleiche innerhalb derselben Sprache oder im Fall der Übersetzung in eine andere Sprache. Hier bewegen wir uns noch innerhalb eng verwandter Regelsysteme. Die Übertragung des geistigen Gehalts eines bestimmten Werkes in eine andere Werkgattung läuft dagegen

C103

---

[293] S. o. → Rn. C67 ff., Rn. C75 ff.; *Haberstumpf* (2017), S. 3 ff.
[294] Anders als der Name nahelegt schützt ein eingetragenes Geschmacksmuster nicht Geschmacksinhalte, sondern die Erscheinungsform eines Erzeugnisses, die sich aus dessen Linien, Konturen, Farben, der Gestalt, Oberflächenstruktur oder deren Werkstoffe ergibt (Art. 1 lit. a GeschmMVO, § 1 Nr. 1 DesignG).
[295] Vgl. EuGH GRUR 2019, 73 Rn. 42 – Levola/Smilde – zur Frage der Schutzfähigkeit des Geschmacks von Lebensmitteln; *Rehbinder/Peukert* (2018), Rn. 191.
[296] *Schulze* (2009), S. 275 ff.

nicht auf die bloße Erweiterung von Ausdrucksformen und Handlungsschemata auf neue Dinge oder Erscheinungen hinaus, sondern entspricht, um eine anschauliche Formulierung von *Goodman* aufzugreifen, eher einer „Expedition in fremde Länder".[297] Sie steht zwar unter der Leitung ihres gewohnheitsmäßigen Gebrauchs in der heimatlichen Sphäre, bedingt aber normalerweise eine neue Ordnung und Sortierung in der fremden. Die Gesten und Körperhaltung einer bunt gekleideten Person mögen tiefe Traurigkeit ausdrücken. Um dasselbe in einer Zeichnung zum Ausdruck zu bringen, ist es aber weder notwendig noch hinreichend, diese Person einfach nachzuzeichnen. Das entstehende Bild muss kein trauriges Bild und könnte z. B. eine humorvolle Karikatur dieser Person sein. Bei der Diskussion der Abbildungstheorie (→ Rn. C42 ff.) haben wir bereits festgestellt, dass es für das Verstehen von Bildern nicht entscheidend ist, ob zwischen den Bildeigenschaften des Bildes und des in ihm dargestellten Gegenstandes eine Ähnlichkeitsbeziehung besteht. Die tiefe Traurigkeit, die bestimmte Gesten und Körperbewegungen einer Person ausdrücken, lässt sich oft besser mittels anderer Ausdrucksformen wiedergeben, beispielsweise in einem in düsteren Grautönen gehaltenen Landschaftsgemälde, obwohl strenggenommen nur empfindende Wesen traurig sein können.[298] Um das Ergebnis einer Ausdruckshandlung in ein anderes Kommunikationssystem, in ein Werk einer anderen Werkgattung, erfolgreich zu transferieren, ist es daher erforderlich, sich der dort etablierten Gebrauchsweisen zu bedienen oder, wenn solche fehlen, neue Regeln einzuführen und verständlich zu machen, dass mit ihnen ein identischer oder ähnlicher Sinn zum Ausdruck kommt. In der Urheberrechtspraxis findet dieser Sachverhalt seinen Widerhall in dem allgemein akzeptierten Grundsatz, dass die Übertragung des schöpferischen geistigen Gehalts eines Werkes in eine andere Werkgattung typischerweise eine selbstständige Schöpfung hervorbringt, die als freie Benutzung des Ausgangswerkes i. S. v. § 23 Abs. 1 S. 2 UrhG zu beurteilen ist.[299]

IV. Form und Inhalt, Idee und Ausdruck

C104 Die als Gegensatzpaar aufgefassten Begriffe von Form und Inhalt bzw. Idee und Ausdruck eines Werkes prägen bis heute die Diskussion um den Werkbegriff. Beeinflusst von der Lehre Fichtes (→ Rn. B55 ff.) ging die im älteren Schrifttum vorherrschende Meinung von dem Grundsatz aus, den wir im Folgenden mit (F-I) abkürzen wollen, dass das Werk nur in seiner Form, die wiederum in eine äußere und eine innere Form aufgespalten wurde,[300] nicht dagegen in seinem

---

[297] *Goodman* (1998), S. 77, zum Ganzen näher S. 76 ff.
[298] *Goodman* (1998), S. 59 ff.
[299] Z. B. *Haberstumpf* in Büscher/Dittmer/Schiwy (2015), UrhG § 24 Rn. 18; *Schulze* in Dreier/Schulze (2022), UrhG § 23 Rn. 53; *Loewenheim* in Schricker/Loewenheim (2020), UrhG § 24 Rn. 24.
[300] Vor allem *Kohler* (1880), S. 166 ff.; *Kohler* (1907), S. 128 ff., 155; *de Boor* (1917), S. 72 ff.

IV. Form und Inhalt, Idee und Ausdruck

Inhalt Gegenstand des Urheberschutzes sei. Diese Lehre scheint heute zumindest teilweise überwunden. Es ist anerkannt, dass jedenfalls im Grundsatz auch inhaltliche Werkelemente dem Urheberrechtsschutz zugänglich sind.[301] In der amtlichen Begründung zum Urhebergesetz von 1965 heißt es, dass als persönliche geistige Schöpfungen solche Erzeugnisse anzusehen sind, „die durch ihren Inhalt oder durch ihre Form oder durch Verbindung von Inhalt und Form etwas Neues und Eigentümliches darstellen".[302] In seiner aktuellen Rechtsprechung zu Schriftwerken hält der BGH jedoch an der Dichotomie von Inhalt und Form nach wie vor fest:[303]

„Soweit die schöpferische Kraft eines Schriftwerkes dagegen allein im innovativen Charakter seines Inhalts liegt, kommt ein Urheberrechtsschutz nicht in Betracht [...] Der gedankliche Inhalt eines Schriftwerkes muss einer freien geistigen Auseinandersetzung zugänglich sein [...] Die einem Schriftwerk zu Grunde liegende Idee ist daher urheberrechtlich grundsätzlich nicht geschützt [...] Anders kann es sich verhalten, wenn diese Idee eine individuelle Gestalt angenommen hat, wie dies beispielsweise bei der eigenschöpferischen Gestaltung eines Romanstoffs der Fall ist. Dann kann die auf der individuellen Phantasie des Schöpfers beruhende Fabel wie etwa der Gang der Handlung, die Charakteristik der Personen oder die Ausgestaltung von Szenen urheberrechtlich geschützt sein."

Konsequent weitergedacht heißt dies, dass alle Werke darstellenden Charakters, also nicht nur Sprachwerke, sondern auch Bild-, Musik-, choreografische und pantomimische Werke, in denen nicht auf fiktionale Geschichten, Figuren, Dinge, Ereignisse, Gefühle usw. Bezug genommen wird, nur in ihrer Form den Schutz des Urheberrechts erwerben können und das, was sie inhaltlich zum Ausdruck bringen, ungehindert benutzt werden darf.

Eine im deutschen Schrifttum verbreitete Gegenposition weist dagegen darauf hin, dass namentlich bei ungegenständlichen Werken Form und Inhalt nicht trennbar seien und vertritt die Ansicht, dass stattdessen zwischen den individuellen Zügen des Werkes und dem in ihm enthaltenen Gemeingut unterschieden werden müsse.[304] Die Dichotomie von Form und Inhalt scheint zwar verbal aufgelöst, indem sie auf das Merkmal der Schöpfung verschoben wird, taucht aber in neuem Gewand bei der Frage wieder auf, was unter nicht schutzfähigem Gemeingut zu verstehen ist.[305] Besonders deutlich zeigt sich dies bei der Behandlung wissenschaftlicher Werke, deren Inhalte, auch wenn sie schöpferisch sind, schlechthin[306] oder wenigstens im Kern[307] zum frei benutzbaren

---

[301] Vgl. statt aller *Loewenheim/Leistner* in Schricker/Loewenheim (2020), § 2 Rn. 78 ff.
[302] Begr. RegE BT-Drs. IV/270, S. 38.
[303] BGH GRUR 2011, 134 Rn. 36 – Perlentaucher; zur Kritik *Haberstumpf* ZUM 2011, 159 ff.
[304] Ulmer (1980), S. 120 ff.; Hubmann (1954), S. 102; Hubmann (1978), S. 32, 34.
[305] Vgl. z. B. *Loewenheim/Leistner* in Schricker/Loewenheim (2020), UrhG § 2 Rn. 80; *Sellnick* (1995), S. 33, bemerkt zutreffend, dass diese Ansicht auf die Trivialität hinausläuft, dass nicht geschützt ist, was durch das Urheberrecht nicht geschützt ist.
[306] So die h. M. in Rechtsprechung, z. B. BGH GRUR 1979, 464, 465 – Flughafenpläne, BGH GRUR 1985, 1041, 1047 – Inkassoprogramm; BGH GRUR 2011, 134 Rn. 36, 51 – Perlentaucher,

Allgemeingut gezählt werden. Der Frage, ob ein Werk schöpferisch ist, geht jedoch die Beantwortung der Frage voraus, worauf sich der Werkschutz bezieht: auf die individuelle Form oder den individuellen Inhalt eines Gebildes oder auf beides.

C106 Im Schrifttum wird vermehrt die Sinnfälligkeit der Dichotomie von Form und Inhalt generell in Zweifel gezogen. *Kummer* meint beispielsweise, die Versuche, aus diesen Begriffen Kriterien herzuholen, die Geschütztes und Ungeschütztes trennen, müssten samt und sonders scheitern; je nachdem wie man sie verstehe, werde man in die Irre geführt oder es werde Triviales gesagt.[308] Die Zweifel sind berechtigt. Wenn es stimmt, wofür in den vorangegangenen Abschnitten argumentiert wurde, dass die – möglicherweise schöpferischen – Gegenstände des Urheberrechts *inhaltlich gedeutete Formen* oder, wie man auch gleichbedeutend sagen könnte, *geformte Inhalte* sind, dann spricht viel dagegen, die Form eines Werkes generell in einen Gegensatz zu seinem Inhalt zu bringen. Die Hartnäckigkeit, mit der die Debatte seit über hundert Jahren geführt wird, legt die Vermutung nahe, dass dabei mit unterschiedlichen Begriffen operiert wird und verschiedene Probleme unter einem falschen Etikett in einen Topf geworfen werden. Es ist deshalb zu fragen, in welchem Sinn Form und Inhalt eines Werkes voneinander trennbar sind und inwiefern ihre unterschiedliche Behandlung zur Lösung von urheberrechtlichen Problemen beitragen könnte. Die Antwort auf diese Fragen hängt zwar eng mit den im vorangegangenen Abschnitt angestellten Überlegungen zur Identität von Werken und geistigen Gegenständen allgemein zusammen, wird aber durch sie noch nicht abschließend beantwortet. Wenn wir auch geistige Werke danach identifizieren, was in Ihnen inhaltlich ausgedrückt wird, bedeutet dies nicht zwingend, dass der *gesetzlich gewährte Schutz* alles umfassen muss. Rechtliche Erwägungen könnten es erforderlich machen, einzelne Elemente oder bestimmte abgeschlossene Teile des geistigen Gehalts eines Werkes vom Schutz auszunehmen. Es geht somit jetzt nicht mehr nur um ontologische, ästhetische oder sprachphilosophische Fragen, sondern um *rechtliche* Abwägungsentscheidungen zum Umfang des gesetzlichen Werkschutzes.

1. Sinnlich wahrnehmbare Form der materiellen Mitteilungsträger (Vorkommnisse)

C107 In seiner Originaläußerung produziert der Urheber ein materielles Vorkommnis, das in einem körperlichen Gegenstand, einem Ereignis oder in einer unkörperlichen Erscheinung bestehen kann. Dieses ist sinnlich wahrnehmbar und ver-

---

und Literatur, s. die Nachweise bei *Loewenheim/Leistner* in Schricker/Loewenheim (2020), UrhG § 2 Rn. 81 Fn. 373.

[307] BGH GRUR 1991, 449, 453 – Betriebssystem; *Ulmer* (1980), S. 121 f.; *Waiblinger* UFITA 2011/II, 378 ff.

[308] *Kummer* (1968), S. 20 f.; *Hilty* (2011), Rn. 120, will die Dichotomie von Form und Inhalt gar in die „Mottenkiste überkommener urheberrechtlicher Dogmen" verbannen.

IV. Form und Inhalt, Idee und Ausdruck   C107–C109

änderlich. Ein körperliches Bild, ein Buchexemplar oder eine Bewegungsabfolge kann man anfassen und anschauen, Töne kann man hören. Körperliche Exemplare gehen verloren, werden physisch zerstört und verändern ihre Substanz. Die Klangfolge eines Musikstücks und der Bewegungsablauf eines choreografischen Werkes sind verschwunden, wenn die Abfolge der relevanten Ereignisse ihr Ende gefunden hat. Die Formgebung des Urhebers bezieht sich aber nicht allein auf die sinnlich wahrnehmbare Beschaffenheit der originalen Werkentäußerung, die er hervorgebracht hat, sondern auch auf das geistig Ausgedrückte, das das Originalvorkommnis exemplifiziert und aus dem es abstrahiert werden kann. Dieses ist, wie oben (→ Rn. B99 ff., Rn. B102 ff.) dargelegt wurde, nicht sinnlich wahrnehmbar und unveränderlich. Auf dieser Grundlage könnte man geschützte Form und ungeschützten Inhalt wie folgt auseinanderhalten:

(F-I 1) Die geschützte Form eines Werkes ist das Veränderliche, d. h. die sinnlich wahrnehmbare Erscheinungsweise des Originalvorkommnisses, nicht geschützter Inhalt das Unveränderliche, das identisch in unterschiedlichen physischen Erscheinungsformen materialisiert sein kann.[309]

Unter geschützter Form hätte man sich danach die Eigenschaften des materiellen Originalvorkommnisses und unter Vervielfältigung die Reproduktion dieser Eigenschaften in anderen physischen Dingen und Ereignissen vorzustellen. Ungeschützter Inhalt wären demgegenüber die Eigenschaften des geistigen Gegenstandes, der in ihnen zum Ausdruck kommt. (F-I 1) hätte damit die absurde Konsequenz, dass genau derjenige Gegenstand, der nach dem Wortlaut von § 2 Abs. 2 UrhG und dem Willen des Gesetzgebers sowie der einschlägigen europäischen Richtlinien, falls er schöpferisch ist, zu schützen ist, ungeschützt bleiben müsste. Man müsste also annehmen, dass jede Veränderung oder Vernichtung des Werkoriginals[310] bereits eine Urheberrechtsverletzung wäre und die Produktion eines materiellen Gegenstands, das sich irgendwie von dem Originalvorkommnis unterscheidet, bereits aus dem Urheberrechtsschutz herausführt, selbst wenn er das Werk identisch wiedergibt. In dieser Version hat die Form-Inhalt-Dichotomie keinen vernünftigen Sinn.

Dennoch beeinflusst der in (F-I 1) steckende Gedanke die Diskussion um den Werkbegriff stark. In Rechtsprechung und Literatur wird nahezu einhellig gefordert, dass ein geschütztes Werk eine sinnlich wahrnehmbare Form aufweisen muss.[311] Diese Forderung ist aber trivial und bringt keinen Erkenntnisgewinn, wenn man sie dahingehend versteht, dass der Urheber sich seines Werkes in einer für andere Personen wahrnehmbaren Kommunikationshandlung

C108

C109

---

[309] Vgl. *Wollheim* (1982), S. 71; *Elster* UFITA II (1929), 595 f.
[310] So jetzt aber die neueste Rechtsprechung des BGH zum Entstellungsschutz nach § 14 UrhG; dazu näher u. → Rn. C231.
[311] Z. B. *Loewenheim/Leistner* in Schricker/Loewenheim (2020), UrhG § 2 Rn. 32, 47 ff.; *Schulze* in Dreier/Schulze (2022), UrhG § 2 Rn. 13, *Obergfell* in Büscher/Dittmer/Schiwy (2015), UrhG § 2 Rn. 1, 6; zur Rechtsprechung des BGH zusammenfassend *Erdmann* CR 1986, 249, 251 ff.

entäußern muss. Es ist deshalb noch niemals ernsthaft erwogen worden, dasjenige, was er in seinem Inneren zurückbehält, unter den Schutz des Urheberrechts zu stellen.[312] Wir erinnern uns an die Lehre Fichtes. Wenn er darin Recht hat – ich habe jedenfalls keinen Zweifel daran (→ Rn. B71) –, dass reine Ideen ohne sinnliche Bilder sich nicht einmal denken lassen, dann muss nicht nur jeder Schriftsteller, sondern jeder Urheber seinen Gedanken-, Gefühls- und Empfindungsinhalten eine gewisse Form geben und sie in dieser Form anderen zugänglich machen, wenn er mit ihnen kommunizieren will. Die Dichotomie zwischen Inhalt und Form im Sinne von (F-I 1) trägt deshalb auch nichts Entscheidendes zur Unterscheidung zwischen ungeschützter Idee und dem in einem Werk geschützten konkreten Ausdruck bei.[313] Denn dieses Problem tritt in der Praxis nur dann auf, wenn eine in einem materiellen Vorkommnis *entäußerte* Idee in Konflikt zu einem entäußerten konkreten Ausdruck gerät (→ Rn. C175 f.).

C110 Die Forderung, ein Werk müsse eine sinnlich wahrnehmbare Form haben, wird aber höchst problematisch, wenn man sie zu einem Definitionsmerkmal für ein geschütztes Werk macht, weil damit eine zu logischen Widersprüchen führende Vermischung der Kategorien des Geistigen und des Materiellen verbunden ist. Sie hätte nämlich u. a. die Konsequenz, dass fiktionale Figuren, erfundene Geschichten und sonstige Phantasieprodukte, die nach unbestrittener Ansicht unabhängig von ihrer konkreten zeichnerischen, sprachlichen oder musikalischen Darstellung als solche[314] zu schützen sind, keine geschützten Werke sein können.[315] Denn diese können nicht angeschaut, angefasst oder angehört werden. Sie haben keine sinnlich wahrnehmbare Form, sondern erscheinen „im geistigen Auge"[316] des Lesers, Betrachters oder Hörers. Bei darstellenden Werken, die im Sachbezug nicht leer sind, und bei ungegenständlichen Werken ist es genauso. Den Vorkommnissen von Werken allein sieht und hört man nicht an, was sie formal und inhaltlich zum Ausdruck bringen, auch wenn wir uns präziser Untersuchungsgeräte wie z. B. Mikroskope oder Röntgenapparate bedienen.

C111 Sinnlich wahrnehmbare Gegenstände der Außenwelt und damit auch Exemplare von Werken können unter den verschiedensten Gesichtspunkten betrachtet und zusammenklassifiziert werden. Ein solcher Gesichtspunkt wäre z. B. der Marktwert: Originale erzielen in der Regel im Kunsthandel einen höheren Preis als andere Kopien. Ein anderer Gesichtspunkt wäre, Exemplare von Werken des Urheberrechts danach einzuteilen, ob sie real existierende oder fiktionale Gegenstände darstellen, wie es der BGH in der zitierten Entscheidung „Perlentaucher" tut. Haben sie einen realen Sachbezug, könnte man auf die Ähnlichkeit mit den Gegenständen der Darstellung abstellen und so zwischen Portraits (bestimm-

---

[312] *Kummer* (1968), S. 8.
[313] So aber *Obergfell* in Büscher/Dittmer/Schiwy (2015), UrhG § 2 Rn. 6.
[314] BGH GRUR 2014, 258 Rn. 26 – Pippi-Langstrumpf-Kostüm; BGH GRUR 1994, 191, 192 – Asterix-Persiflagen; BGH GRUR 1994, 206 – Alcolix; BGH GRUR 2004, 855, 856 – Hundefigur.
[315] Eingehend *Haberstumpf* ZGE 2012, 284, 287 ff. und oben → Rn. B118 ff.
[316] BGH GRUR 2014, 258 Rn. 27 – Pippi-Langstrumpf-Kostüm.

ter Personen), Landschaftsschilderungen oder -ansichten, Stillleben, Bildern oder Erzählungen von Begebenheiten usw. unterscheiden. Wir können ferner Werkvorkommnisse nach dem verwendeten Material oder danach klassifizieren, welche Sinnesmodalitäten (Auge, Ohr, Geruch, Geschmack, Tastsinn) in erster Linie angesprochen werden. Letzteres spiegelt z. B. der Beispielskatalog des § 2 Abs. 1 UrhG wider, wonach die Werke des Urheberrechts nach dem jeweils verwendeten Ausdrucksmittel eingeteilt werden. Ein anderes in der Gerichtspraxis und im Schrifttum häufig herangezogenes Einteilungskriterium besteht darin, ob in physischen Gebilden und Erscheinungen ein Kunstwerk materialisiert ist. Derartige Gesichtspunkte spielen zwar im Kontext des Urheberrechts durchaus eine Rolle, sind aber für die Frage, ob der fragliche Gegenstand ein Werk enthält und in welchem Umfang es geschützt ist, nicht entscheidend. Betrachten wir nämlich ein in Raum und Zeit erfahrbares Objekt, sind für seine Identität alle seine Eigenschaften oder zumindest ein Bündel charakteristischer Eigenschaften,[317] die es exemplifiziert, maßgebend. Ob es aber die Eigenschaft besitzt, überhaupt ein Werk der Literatur, Wissenschaft oder Kunst oder gar ein nach dem Urheberrecht geschütztes Werk zu sein, sagt es uns nicht. Was wir wissen, ist lediglich, dass raum-zeitlich unterscheidbare Erscheinungen, die sich augenscheinlich in allen Eigenschaften gleichen, auch dasselbe schöpferische Werk enthalten, falls sie einen geistigen Gehalt haben und dieser eine Schöpfung ist. Unter dem Blickwinkel des Werkbegriffs konzentriert sich das Urheberrecht jedoch nur auf diejenigen Eigenschaften, die den ausgedrückten geistigen Gehalt konstituieren. Wenn wir über ein Werk des Urheberrechts reden, reden wir deshalb über diese Eigenschaften und nicht über die sonstigen Eigenschaften von Originalen oder anderen Vorkommnissen, die sie exemplifizieren (→ Rn. B101). Und auf diesen zum Ausdruck kommenden geistigen Gehalt können wir wie allgemein auf andere geistige Gegenstände (Mengen, Zahlen, Begriffe, Bild-, Tontypen usw.) denkend und sprechend Bezug nehmen, über ihn sinnvolle Aussagen machen und ihn in verschiedenster Weise einteilen und klassifizieren. Die um die Form-Inhalt-Dichotomie rankenden Fragen sind deshalb im Rahmen der Bestimmung des geistigen Gehalts eines Werkes zu erörtern.[318] Die Frage lautet also: Kann man aus ihm Elemente herauslösen, die die geschützte Form bilden?

2. Äußere Form des geistigen Werkgehalts

Unter äußerer Form wird nach allgemeiner Auffassung[319] die am Ausdrucksmittel orientierte Gestaltung wie die Sätze eines Schriftwerkes, die Tonfolge und Tonverbindungen eines musikalischen Werkes, die Linienführung und Farbzusammenstellung eines Gemäldes, die plastische Formung eines Marmors oder

C112

---
[317] Vgl. *Strawson* (1972), Teil I.
[318] So auch *Sellnick* (1995), S. 27 ff.
[319] Z. B. *Rehbinder* (1998), Rn. 44.

die Abfolge von Bewegungen eines choreografischen Werkes verstanden.[320] Sie können, wie insbesondere von den in der Tradition des deutschen Idealismus stehenden Autoren *Kohler*[321] und *Hubmann*[322] vertreten wird, als Elemente des geistigen Gehalts eines Werkes aufgefasst werden, wenn man solche Gestaltungsformen als *Formtypen* von Buchstaben, Worten, Linien, Farbverteilungen, Tönen, Bewegungen und Gesten sowie Kombinationen aus ihnen deutet. Auch Formtypen sind geistige Gegenstände.[323] Ihre Eigenschaften können formal beschrieben werden, ohne darauf zu achten, ob sie etwas und was sie ausdrücken, etwa nach der Zahl der in einem Text vorkommenden Buchstaben- und Worttypen oder nach den elementaren Bild-, Ton- oder Bewegungseigenschaften eines Bildwerkes, eines Musikwerkes oder eines choreografischen oder pantomimischen Werkes und ihrer Zuordnung zueinander. Ein besonders anschauliches Beispiel bilden die Werke des Künstlers *Ursus Wehrli*, der aus bekannten Werken deren elementare Formtypen identisch herauszieht und sie nach Farben, Strichen und Umrissen geordnet, d. h. „ordentlich aufgeräumt", jenen gegenüberstellt.[324] In diesem Sinne entspricht der Begriff der äußeren Form denjenigen Identitätskriterien, die wir oben in den Definitionen (Sp1) bis (Sp3), (Bi1) und (Mu1) formuliert haben:

(F-I 2) Geschützte Form sind die in einem Werk verwendeten elementaren Formtypen und deren Zuordnung zueinander, nicht geschützter Inhalt dasjenige, was sie ausdrücken.

C113　Gegenüber (F-I 1) stellt diese Version des Satzes (F-I) insoweit eine Verbesserung dar, als sie einem Werkschutz durch das Urheberrecht überhaupt einen Anwendungsbereich eröffnet. Unterstellt man, eine bestimmte Abfolge oder Zusammenstellung von elementaren Formtypen sei eine Schöpfung, verletzt das daran bestehende Urheberrecht, wer ohne Zustimmung des Urhebers eine identische Zeichenfolge oder -zusammenstellung in einem materiellen Vorkommnis reproduziert. Die Reduzierung des Werkschutzes auf die in (F-I 2) beschriebene äußere Form hat für die Urheberrechtspraxis den Vorteil, dass verhältnismäßig leicht und sicher beurteilt werden kann, wann eine Urheberrechtsverletzung vorliegt. Sie erweist sich aber gerade in den interessanten Fällen als unbrauchbar, wenn es um die Frage geht, welche Veränderungen, die die äußere Form des Werkes betreffen, noch in dessen Schutzbereich fallen.

C114　Verwendet der Urheber ein sprachliches Zeichensystem, das ein Alphabet besitzt, oder ein anderes Notationssystem, um sein Werk etwa in einer Partitur oder Tanzschrift niederzuschreiben, bestehen für ihn und einen Kopierer durchaus Freiheiten, um dessen äußere Form in einem Vorkommnis zu reali-

---

[320] *v. Kutschera* (1988), S. 177, 370, bezeichnet dies als „Form im engeren Sinn".
[321] *Kohler* (1907), S. 140 f.
[322] *Hubmann* (1978), S. 34.
[323] *Haberstumpf* (2017), S. 4.
[324] S. *Wehrli*, Kunst Aufräumen, Kein und Aber Verlag Königstein i. Ts., 2004.

sieren und vollkommen identisch zu reproduzieren.[325] Die konstitutiven Merkmale eines Alphabets bestehen im Wesentlichen in den grafischen und akustischen Eigenschaften seiner Zeichentypen. Keine Rolle für das Buchstabieren bzw. Gleichbuchstabieren spielen dagegen die Farbe und die absolute Größe von Buchstaben. Ein „A" kann man in Blockbuchstaben oder kursiv, mit Tinte auf Bütten, mit Kreide auf eine Tafel, mit einem Taschenmesser in einen Baum oder mit einem Stock in den Sand usw. schreiben. Hat man einen Text Buchstabe für Buchstabe abgeschrieben – wozu man ihn nicht zu verstehen braucht –, hat man ihn vollständig und gleichwertig reproduziert, gleichgültig mit welchem Material und in welcher Schriftart.[326] Entsprechende Spielräume bestehen auch bei der lautlichen Realisierung. Hieraus resultiert ein verhältnismäßig großer Schutzbereich für Werke, die in einem Zeichensystem mit Alphabet oder einem vergleichbaren Notationssystem fixiert sind. Bei Bildern gibt es dagegen keine Alphabete, keine endlichen Listen von differenzierten und sich gegenseitig ausschließenden Zeichentypen. Jeder noch so feine Unterschied in einer elementaren Bildeigenschaft kann eine Rolle spielen, keine Abweichung in der äußeren Form kann grundsätzlich als unbedeutend außer Acht gelassen werden.[327] Bei darstellenden Bildern würde z. B. die Änderung der Farbe oder im Grauwert eine kleine Änderung des dargestellten Gegenstandes ergeben. Eine kleine Verlängerung einer gekrümmten Linie kann bewirken, dass nun plötzlich ein Gesicht erkennbar wird usw. Bei Bildern ist deshalb eine Reproduktion trotz verbesserter Techniken nur annäherungsweise möglich. Hier gewährt die äußere Form in Sinne von (F-I 2) nur einen ganz engen Schutzbereich, weil aus ihr allein keine Kriterien entnommen werden können, wann Änderungen relevant sind.

Der Schutz des Urheberrechts reicht aber in allen Fällen weiter. Er beschränkt sich nicht auf die äußere Form, sondern umfasst nach §§ 14, 23 UrhG, unabhängig davon, ob das betreffende Werk einen realen Sachbezug hat oder auf fiktionale Gegenstände und Sachverhalte referiert, auch Umformulierungen, Übersetzungen, sonstige Bearbeitungen und andere Umgestaltungen, selbst wenn sie schöpferisch sind.

3. Innere Form des geistigen Werkgehalts

Um diese Schwierigkeiten zu meistern, sahen sich die Anhänger der Form-Inhalt-Dichotomie gezwungen, den Formschutz auf die „innere Form" eines Werkes zu erweitern. *Kohler* sieht sie in der Eigenart jedes Denkers, etwa in der verständnisvollen Auswahl der Worte, in der geschmackvollen Satzbildung und der Art und Weise, wie die Einzelgebilde in die verschiedensten Zusammenset-

---

[325] Dazu näher *Scholz* (2004), S. 112 ff.
[326] Das schließt natürlich nicht aus, dass es manchmal schwierig ist, zu entscheiden, zu welchem Buchstabentyp ein bestimmtes Zeichenvorkommnis gehört; vgl. *Goodman* (1998), S. 130 ff.
[327] *Goodman* (1998), S. 116; *Scholz* (2004), S. 114 f., 126.

zungen treten. Diese Eigenart bleibe, auch wenn das Werk eine andere Sprachform erhalte und übersetzt werde.[328] *Hubmann* präzisiert diesen Begriff als innere Ordnung, die im Plan, in der Gedankenfolge und Beweisführung eines wissenschaftlichen Werkes, im Geschehensablauf und in der Gestaltung der Personen eines Romans, in der Szenen- und Bildfolge eines Dramas, eines Filmes, in der Konzeption und Komposition eines Gemäldes, in der Architektonik, in den Sätzen und Takten eines musikalischen Werkes bestehe. Bei ihm nimmt die innere Form eine Art Zwitterstellung zwischen äußerer Form und Inhalt ein.[329] In der Kunsttheorie wird der Begriff der Form häufig in einem engeren und in einem weiteren Sinn verwandt.[330] Im engeren Sinn besteht die Form etwa eines Gedichts in der Lautgestalt, die durch Sprachmelodie, Rhythmus und Reim bestimmt wird, bei einem Gemälde in der Verteilung von Farben und Linien auf einer Leinwand. Zur Form im weiteren Sinn eines gegenständlichen Gemäldes rechnet man dagegen gewisse Eigenschaften des Dargestellten, beispielsweise die Komposition der Figuren im Raum oder die Behandlung von Farben und Licht. In den Literaturwissenschaften verwendet man den Begriff „Form" vielfach so, dass ihm auch inhaltliche Elemente unterfallen, etwa der ironische oder distanzierte Charakter der gemachten Aussagen in einem Sprachwerk, die Anordnung und Gliederung der Gedanken, die Komposition und Disposition der Darstellung eines Romans oder die Verwendung von sprachlichen Bildern in Form von Vergleichen, Gleichnissen, Metaphern, Symbolen und Allegorien, die der Veranschaulichung des Gemeinten insbesondere des geistig-seelischen Gehalts dienen.[331]

C117 Ähnliche Formulierungen finden sich in der Gerichtspraxis. Der BGH geht in ständiger Rechtsprechung davon aus, dass bei Sprachwerken die geschützte individuelle geistige Schöpfung sowohl in der von der Gedankenführung geprägten Gestaltung der Sprache[332] als auch in der Sammlung, Auswahl, Einteilung und Anordnung des *Stoffes* zum Ausdruck kommen könne.[333]

C118 Der Gedanke, der hinter diesen Grundsätzen und Begriffsbildungen steckt, ist offensichtlich der folgende: Es reicht nicht aus, sich darauf zu beschränken, *dass* der Urheber entsprechend (F-I 2) bestimmte elementare Formen für sein Werk auswählt und/oder miteinander kombiniert, sondern *wie* er sie auswählt und/oder anordnet. Dieser Gedanke findet seinen gesetzlichen Niederschlag insbesondere in § 4 Abs. 1 UrhG, der Sammlungen von Werken, Daten

---

[328] *Kohler* (1907), S. 143, 139, 145; vgl. auch *de Boor* (1917), S. 84 f.
[329] *Hubmann* (1978), S. 31, 34.
[330] S. dazu *v. Kutschera* (1988), S. 177, 370 f.
[331] *v. Kutschera* (1988), S. 370 ff.
[332] Die Sonderproblematik bei Werken wissenschaftlichen und technischen Inhalts, s. *Loewenheim/Leistner* in Schricker/Loewenheim (2020), UrhG § 2 Rn. 81 ff., kann hier noch ausgeklammert werden.
[333] Z. B. BGH GRUR 2011, 134 Rn. 36 – Perlentaucher; BGH GRUR 2002, 958, 959 – Technische Lieferbedingungen; BGH GRUR 1999, 923, 924 – Tele-Info-CD; BGH GRUR 1997, 459, 460 f. – CB-Infobank I; OLG Frankfurt ZUM 2012, 574, 577 – Habilitationsschrift; vgl. *Loewenheim/Leistner* in Schricker/Loewenheim (2020), UrhG § 2 Rn. 83.

oder anderen unabhängigen Elementen unter Schutz stellt, wenn sie aufgrund der Auswahl oder Anordnung der Elemente eine persönliche Schöpfung sind. Das Problem aber ist, dass unklar bleibt, worauf sich die innere Form, d. h. die Ordnung des *Stoffes*, beziehen soll: auf den Inhalt des Werkes oder auf seine äußere Form. Nimmt man Ersteres an, dann geben die angeführten Begriffsbestimmungen zu Zweifeln Anlass, ob die innere Form eines Werkes von dem durch sie ausgedrückten Inhalt überhaupt getrennt werden kann.[334] Daraus zu schließen, dass die Form-Inhalt-Problematik nur innerhalb des Gesetzesbegriffs der Schöpfung gelöst werden könne,[335] wäre allerdings im derzeitigen Stand der Diskussion voreilig. Diesen Ansatz wollen wir deshalb zunächst zurückstellen. Denn auch die Arten und Weisen, wie die elementaren Formtypen von Werken ausgewählt und angeordnet werden, kann man unter formalen Gesichtspunkten sinnvoll zusammenklassifizieren und in einen Gegensatz zu dem Inhalt bringen, der in einem bestimmten Werk ausgedrückt wird.

In diesem Sinn könnte man die Form-Inhalt-Dichotomie wie folgt umreißen:

(F-I 3) Geschützte Form ist die Art und Weise (Struktur), wie die elementaren Formtypen eines Werkes ausgewählt und/oder geordnet sind, nicht geschützter Inhalt dasjenige, was mit ihr ausgedrückt wird.

Anders als vorher könnte mit dem in (F-I 3) formulierten Kriterium der formale Werkschutz auch auf Umformulierungen, Übersetzungen, Bearbeitungen und andere Umgestaltungen ausgedehnt werden. Der Urheber wäre auch davor geschützt, dass jemand ohne seine Zustimmung die Worte und Wortfolgen seines Sprachwerks bzw. die elementaren Formeigenschaften seines Bild-, Musik- oder Tanzwerkes in einem anderen Werk irgendwie verändert reproduziert, sofern deren Ordnung unberührt bleibt. Das ist z. B. bei einer Übersetzung der Fall, wo der Übersetzer bestrebt sein muss, auch die Struktur des Ausgangswerkes in der Zielsprache möglichst identisch wiederzugeben.

a) Innere Form als logische Struktur eines Sprachwerks

Bei Sprachwerken liegt es nahe, deren innere Ordnung mittels der logischen Struktur ihrer Worte, Sätze und Satzfolgen abzubilden. An ihr besteht nicht nur in den Einzelwissenschaften, sondern auch im Alltagsdiskurs ein gesteigertes Interesse, weil die Logik als Theorie des korrekten Schließens von gewissen Urteilen auf andere Grundlage allen rationalen Argumentierens ist. Der große Fortschritt, den die moderne Logik seit Beginn des letzten Jahrhunderts gemacht hat, besteht darin, dass Kunstsprachen entwickelt wurden, mit denen die Strukturen von Texten transparent dargestellt werden und in die auch Alltagstexte übersetzt werden können. Sie erlauben es, einige wichtige Merkmale bestimmter Worte und Wortfamilien widerspruchsfrei hervorzuheben. Auf der anderen

---

[334] Vgl. *Sellnick* (1995), S. 31; *Haberstumpf* (1982), S. 59 f.; *Kopp* (2014), S. 122 ff.
[335] So z. B. *Berking* (2002), S. 29 ff.; dazu *Kopp* (2014), S. 126 ff.

Seite verschärfen sie das Bewusstsein für die Feinheiten der natürlichen Sprache und die Mehrdeutigkeiten, die in fast jedem Satz stecken.

C121 Um zu demonstrieren, wie die logische Struktur einer Beweisführung, die allgemein zur inneren Form eines wissenschaftlichen Werkes oder Sachtextes gezählt wird, aussehen könnte, greifen wir auf den oben dargestellten Beweis der Unrechtmäßigkeit des Büchernachdrucks zurück, den *Fichte* vorgestellt hat. Wir verwenden dazu eine einfache prädikatenlogische Sprache, die folgendes Vokabular besitzt:

1. die Prädikate E, NZ, F, und N. „E" steht dabei für „steht im Eigentum einer Person", „NZ" für „durch andere physisch nicht zueigenbar", „F" für „Form der Gedanken eines Buches" und „N" für „Nachdrucker",[336]
2. die Gegenstandsvariable (x) für jeden beliebigen Gegenstand,
3. die aussagenlogischen Konstanten $\wedge$ (= „und"), $\rightarrow$ (= „immer wenn, dann") und den Allquantor $\wedge$ (= „alle").

In sie übersetzt kann *Fichtes* Beweis wie folgt formuliert werden:

(F1 formal) $\wedge (x)\,(NZ\,(x) \rightarrow E\,(x))$ [Alles durch andere physisch nicht Zueigenbare steht im Eigentum einer Person]
(F2 formal) $\wedge (x)\,(F\,(x) \rightarrow NZ\,(x))$ [Jede Form der Gedanken eines Buches ist durch andere physisch nicht zueigenbar]
(F3 formal) $\wedge (x)\,(N\,(x) \rightarrow F\,(x))$ [Jeder Nachdrucker eignet sich die Form der Gedanken eines Buches an]
(F4 formal) $\wedge (x)\,(N\,(x) \rightarrow E\,(x))$ [Also eignet sich jeder Nachdrucker das Eigentum einer Person an].

Die logische Struktur dieses Beweises lautet somit: $\wedge(x)\,((NZ(x) \rightarrow E(x)) \wedge (F(x) \rightarrow NZ(x)) \wedge (N(x) \rightarrow F(x))) \rightarrow (N(x) \rightarrow E(x))$. Dieses Schlussschema ist formal-logisch gültig,[337] d. h. die Wahrheit von (F4 formal) ist garantiert, wenn die Prämissen (F1 formal) bis (F3 formal) wahr sind.[338] Für die Struktur des Beweises und dessen Gültigkeit kommt es nur auf die Bedeutung der logischen Konstanten an, nicht aber auf den Inhalt der Prädikatausdrücke.[339] An ihre Stelle könnte man deshalb beliebige andere Prädikate einsetzen, ohne dass sich dessen Struktur und Gültigkeit ändert. Das Schema gilt z. B. auch für folgenden Schluss, wenn man für NZ „Säugetiere", für E „sterblich", für F „Menschen" und für N „Griechen" einsetzt:

(1) Alle Säugetiere sind sterblich.
(2) Alle Menschen sind Säugetiere.

---

[336] Der Umstand, dass es sich bei „E" und „NZ" nicht um einstellige Prädikate, sondern um mehrstellige Relationen handelt, kann hier vernachlässigt werden.

[337] S. v. *Kutschera/Breitkopf* (1974), Aufgabe 2a auf S. 128 mit Beweis auf S. 167.

[338] Es ist aber inkorrekt, weil, wie wir oben gesehen haben, die Prämisse (F2) bzw. (F2 formal) falsch ist.

[339] *Tetens* (2006), S. 27 ff., 282 ff.

IV. Form und Inhalt, Idee und Ausdruck C121–C122

(3) Alle Griechen sind Menschen.
(4) Also sind alle Griechen sterblich.

Das Beispiel belegt zunächst, wie es bewerkstelligt werden kann, die formale C122
logische Struktur eines Textes herauszuarbeiten und sie in einen Gegensatz zu
seinem Inhalt zu setzen, indem man sie mit anderen Inhalten ausfüllt. Versteht
man unter Struktur eines Sprachwerkes die logische Ordnung seiner Worte und
Sätze, würde (F-I 3) in diesem Beispiel bedeuten, dass es nur in der Form (F1
formal) bis (F4 formal) geschützt ist und diese nicht zu einem Argument nach
Art von (1) bis (4) in einem anderen Werk benutzt werden dürfte. Beides ist
jedoch nicht akzeptabel. Das Beispiel zeigt nämlich auch, dass die Analyse der
logischen Struktur eines geschützten sprachlichen Werkes eher selten dazu beitragen kann, dasjenige herauszuarbeiten, was an ihm geschützt ist. Sie kann zwar
mehr oder weniger komplizierte Strukturen freilegen. Ob aber ein Argument
innerhalb einer wissenschaftlichen Beweisführung überzeugt, ob es ein gutes
und raffiniertes Argument ist oder nicht, hängt weitgehend von anderen Dingen ab, die nicht mehr Thema der formalen Logik sind.[340] Die Wertung, Fichtes
Gedankenfolge und Beweisführung sei ein schöpferischer Akt gewesen, dürfte
kaum Widerspruch ernten. Dafür ist aber am wenigsten verantwortlich, dass sie
auf dem altehrwürdigen Schlussschema des modus barbara der aristotelischen
Syllogistik beruht. Der Witz seines Beitrages liegt vielmehr darin, welche Aussage er mit ihm beweisen wollte, auf welchen Gegenstandsbereich er es anwendete und wie er seine Prämissen formulierte und begründete. Auch die in Gerichtsentscheidungen und rechtswissenschaftlichen Arbeiten vorkommenden
Argumentationsformen wie etwa des Analogie- und Umkehrschlusses, des argumentum a fortiori und ad absurdum lassen sich auf gültige logische Formen
bringen.[341] Diese haben aber ebenfalls eine lange Tradition und können die Individualität einer Argumentation, in der beispielsweise mit Analogieschlüssen
gearbeitet wird, die ebenfalls auf der Grundlage des modus barbara rekonstruierbar sind,[342] nicht begründen. Die Analyse der logischen Struktur einer juristischen Argumentationsform ersetzt die eigentliche juristische Arbeit nicht, macht
aber deutlich, welcher Begründungs- und Formulierungsaufwand erforderlich
ist, um im Einzelfall den Analogieschluss korrekt zu vollziehen.[343] Meistens ist
die logische Struktur eines Sachtextes sogar ganz trivial und erst recht nicht geeignet, seine individuelle Eigenart zu begründen. Bei Sammlungen von Daten,
Werken oder anderen unabhängigen Elementen im Sinn von § 4 Abs. 1 UrhG
besteht sie regelmäßig in der kumulativen Anhäufung von Einzelinhalten der
Form: „$D_1 \land D_2 \land D_3 \land ....$" Setzt man in die Symbole D_1, D_2, D_3 usw. die Ver-

---

[340] *Tetens* (2006), S. 9 f., 51.
[341] *Alexy* (1983), S. 320 ff., 341 ff.; *Joerden* (2005), S. 327 ff.
[342] *Joerden* (2005), S. 329.
[343] *Neumann* (1986), S. 30 ff., macht in diesem Sinne darauf aufmerksam, dass die Regeln vernünftigen juristischen Argumentierens nicht mit den Regeln des verwendeten Logikkalküls verwechselt werden dürfen.

knüpfung einer Telefonnummer mit einem Namen oder eines Begriffs mit der Seitenzahl eines Buches ein, kommt Unterschiedliches heraus, nämlich ein Telefonverzeichnis bzw. ein Sachregister des Buches. Wenn wir der Gedankenfolge und Beweisführung eines wissenschaftlichen Werkes das Merkmal, schöpferisch zu sein, zusprechen wollen, müssen wir folglich auch die jeweils behandelten Gegenstandsbereiche und die in den betreffenden wissenschaftlichen Einzeldisziplinen anzutreffenden Argumentations- und Begründungsmuster berücksichtigen.[344] Und dabei kommen zwangsläufig inhaltliche Elemente mit ins Spiel. Denn selbst die logische Analyse eines Textes zielt nicht darauf ab, dessen reine Form herauszuarbeiten, sondern die Bedeutung bestimmter in ihm verwendeter Worte und Wortfamilien zu fixieren. In den Logiksystemen der Aussagenlogik geht es beispielsweise um die Bedeutung von Satzverknüpfungen wie „und", „oder", „wenn-dann" und deren Beziehungen zueinander. Die Prädikatenlogik konzentriert sich auf die Bedeutung der Worte „alle" und „einige", die Modallogik auf „können" und „müssen" („es ist möglich, dass", „es ist notwendig, dass", „es ist unmöglich, dass") und die deontische Logik auf „sollen," und „dürfen" („es ist geboten, dass", „es ist erlaubt, dass", „es ist verboten, dass").[345] Die logische Struktur eines Textes bestimmt immer dessen Bedeutung mit. Deshalb hat auch eine Beweisführung in den formalen Wissenschaften der Logik und Mathematik einen Inhalt, der schöpferisch sein kann.[346]

C123 Vergleichbares kann man bei darstellenden Werken der Literatur und Kunst, die den größten Teil der geschützten Werke ausmachen, konstatieren. So vollzieht sich beispielsweise die Schilderung des Handlungsablaufs einer Erzählung oder eines Dramas, der charakteristischen Merkmale der handelnden Personen und des Umfelds, in dem sie agieren, vom Standpunkt der Logik aus gesehen typischerweise in einer Aneinanderreihung von Aussagesätzen, die lediglich kumulativ miteinander verbunden sind.[347] Weder in ästhetischer Hinsicht noch für die urheberrechtliche Beurteilung ist aber deren logische Struktur kaum von Interesse.

---

[344] Siehe auch oben → Rn. B46 ff.

[345] S. *Stegmüller* (1979), S. 147 ff.

[346] S. das Logikerbeispiel in *Haberstumpf* (1982), S. 3 f., 60 f., unter Bezugnahme auf den berühmt gewordenen Aufsatz von *Gödel* Monatshefte für Mathematik und Physik Bd. 37 (1930), 349 – 360. Dessen Beweis bezog sich auf das prädikatenlogische System, das Whitehead und Russell in ihrem Werk „Principia Mathematica" entwickelt hatten. In der Terminologie schloss er sich einer Arbeit von Hilbert und Ackermann an. Der zu beweisende Satz, dass jede prädikatenlogische gültige Formel aus den Axiomen des betreffenden Systems logisch folge, war als Problem und selbstverständliche Forderung an jedes logische Axiomensystem nichts Neues. Zu behaupten, dieser Beweis sei reine Form ohne Inhalt und ihm fehle überhaupt die Individualität des Inhalts und der Form (so *Müsse* (1999), S. 132), ist angesichts seiner bahnbrechenden Wirkung absurd.

[347] Vgl. die deskriptive Paraphrasierung einiger Zeilen aus Goethes Gedicht „Willkommen und Abschied" in *v. Kutschera* (1988), S. 42.

b) Darstellungsweisen

aa) Form und Inhalt bei darstellenden Werken

In einem darstellenden Werk nimmt der Darstellende auf bestimmte Gegenstände oder Sachverhalte materieller oder immaterieller Art (Personen, fiktionale Figuren, Landschaften, Ereignisse, soziale Phänomene, Gedanken-, Vorstellungs-, Empfindungsinhalte usw.) Bezug und charakterisiert sie, schildert sie oder macht sie in bestimmter Weise visuell oder akustisch anschaulich. Beispielsweise stellen Gemälde oder Bilder von verschiedenen realen oder fiktionalen Personen Verschiedenes dar, während umgekehrt dieselbe Person in unterschiedlicher Weise dargestellt werden kann. Der Autor eines Romans will im Allgemeinen seinen Lesern nicht nur eine Vorstellung von einer bestimmten Geschichte, einer dargestellten – fiktionalen oder realen – Welt, vermitteln, sondern auch, dass sie eine bestimmte Vorstellung[348] von ihr bekommen, d. h. dass sie sie unter einer bestimmten Perspektive[349], in einer bestimmten emotionalen, valuativen, bedeutungsmäßigen Beleuchtung[350] sehen.

In den Disziplinen, die sich mit der Interpretation und Deutung von literarischen oder anderen Kunstwerken beschäftigen, wird dementsprechend verbreitet zwischen dem Inhalt eines Werkes, also demjenigen, *was* eine Beschreibung der dargestellten Dinge, Personen, Handlung (Fabel), Gefühle und Ziele der handelnden Personen angeben würde, und der Form unterschieden, der die Funktion zugewiesen wird, diejenigen Werkelemente herauszulösen, die bestimmen, *wie* dieser Inhalt präsentiert wird.[351] Die formale Untersuchung eines Gedichts bezieht sich beispielsweise auf die Lautgestalt der verwendeten Worte, das Versmaß, die Anordnung der Strophen, den Reim, den Rhythmus, die Verwendung von Metaphern und anderen rhetorischen Figuren usw.[352] Zu den formalen Darstellungsweisen von Erzählungen zählt man u. a. die Erzählperspektive (Ich- oder Er-Erzählung), das Verhältnis von Erzählzeit und erzählter Zeit, der Sprachstil (Hochsprache oder Regionalsprache).[353] Bei Werken der bildenden Künste konzentriert sich die formale Analyse etwa auf die Perspektive (Zentral-, Vogelperspektive), die Anordnung der dargestellten Figuren im Raum (Komposition), die Lichtführung, das gegenständlich aufgefasste Kolorit.[354] Im Bereich der Musik geht es um die Instrumentierung im Gegensatz zur Vokalmusik, um die Bestimmung eines Werkes als Sonate oder Sinfonie, die Art des Rhyth-

---

[348] Unter Vorstellung wird hier nicht wie bei *Frege* (1969), S. 43 ff., der subjektive mentale Zustand verstanden, den der Urheber bei Schaffung seines Werkes gehabt hat oder sich bei den Rezipienten seines Werkes einstellt, sondern der objektive Vorstellungsinhalt, den jener geäußert hat. S. dazu *Künne* (2010), S. 444 ff.
[349] *Reicher* (2019), S. 140 ff.
[350] v. *Kutschera* (1988), S. 42 ff.; *Frege* (1969), S. 40 ff., versteht unter Sinn eines Zeichens die Art des Gegebenseins des bezeichneten Gegenstands.
[351] Z. B. v. *Kutschera* (1988), S. 40 ff., 370 ff.
[352] Vgl. auch *Kayser* (1982), Kap. III, S. 82 ff. und IV, S. 100 ff.; v. *Kutschera* (1988), S. 380 ff.
[353] v. *Kutschera* (1988), S. 399 ff.; vgl. auch *Reicher* (2019), S. 138 f.
[354] v. *Kutschera* (1988), S. 246.

mus, den Aufbau der Sätze, die Themen und ihre Variationen usw.³⁵⁵ Mit solchen Problemen befasst sich u. a. die Stilforschung, die versucht, einzelne Werke und Werkgruppen nach formalen Gesichtspunkten einzuteilen und zu vergleichen.

C126 Zu den Fragen der inhaltlichen Analyse eines literarischen Werks gehört im Wesentlichen, welchen Stoff, d. h. welche Quellen aus der Welt der Sagen, Mythen oder anderer Werke ein Literat oder Künstler verarbeitet hat, von welcher typischen bedeutungsvollen Situation als Motiv er sich hat leiten lassen und welche Fabel im Sinn einer verkürzten Inhaltsangabe des Geschehnisablaufs er erzählt.³⁵⁶ Innerhalb der Kunsttheorie hat sich ein spezieller Forschungszweig, die Ikonografie und Ikonologie,³⁵⁷ herausgebildet, der sich mit dem Sujet (Bildgegenstand) bzw. der Bedeutung eines gegenständlichen Bildwerkes im Gegensatz zu dessen Form befasst. *Panofsky* als bedeutendster Vertreter dieser Richtung versucht, die gesamte Bedeutungsstruktur eines darstellenden Kunstwerkes durch Zergliederung in drei Sinn- oder Bedeutungsschichten, an der sich dessen Interpretation zu orientieren hat, aufzuhellen: einer primären Schicht, die sich auf die Welt der künstlerischen Motive bezieht, einer sekundären Schicht, die aus der Welt von Bildern, Anekdoten und Allegorien besteht, und einer eigentlichen Bedeutungsschicht, die die Welt symbolischer Werte bildet.³⁵⁸ Wenn auch in den verschiedenen Interpretationsansätzen, die sich einem bestimmten Kunstwerk mehr aus einer formalen oder inhaltlichen Sicht nähern, vieles umstritten ist und kein Konsens über die jeweils verwendeten Grundbegriffe besteht,³⁵⁹ kann jedenfalls festgehalten werden, dass es grundsätzlich möglich ist und sinnvoll erscheint, einerseits Typen von Darstellungs-, Erzählweisen, Stilen usw. zu isolieren, die sich identisch in Werken unterschiedlichen Inhalts manifestieren können, und andererseits innerhalb des Inhalts von Kunstwerken Gemeinsamkeiten herauszuarbeiten, die identisch in unterschiedlicher Weise präsentiert sein können.³⁶⁰

C127 Darauf aufbauend könnte der Form-Inhalt-Dichotomie folgender Sinn gegeben werden:

(F-I 4) Geschützte (innere) Form eines darstellenden Werkes ist die Art und Weise (Perspektive), in der die dargestellte Welt präsentiert wird, nicht geschützter Inhalt dagegen die in ihm dargestellte Welt.

Der Urheber, der sich in bestimmter individueller Weise gegenüber seiner Umwelt verhält, wäre danach davor geschützt, dass andere Personen sich seiner Sichtweise bemächtigen und sie auf andere Inhalte anwenden. Das Dargestell-

---

³⁵⁵ *v. Kutschera* (1988), S. 247; einen Überblick über Formen der Musik gibt *Kühn* (2007).
³⁵⁶ Vgl. *Kayser* (1982), Kap II, S. 55 ff.
³⁵⁷ S. dazu den Sammelband von *Kaemmerling* (Hrsg.), Ikonographie und Ikonologie, 1979.
³⁵⁸ *Panofsky* (1979a), S. 185 ff.; *Panofsky* (1979b), S. 207 ff.
³⁵⁹ Vgl. z. B. *Anderegg* (1977), S. 7 ff.
³⁶⁰ Dazu *Reicher* (2019), S. 142 ff.; vgl. auch *Kopp* (2014), S. 12 f., im Hinblick auf die Trilogie „Herr der Ringe" von John R. R. Tolkien, die für das Genre des modernen Fantasy-Romans vorbildhaft wurde.

te könnten sie dagegen jederzeit übernehmen, sofern sie es unter einer anderen Perspektive schildern oder anschaulich machen. Auf den ersten Blick ist diese Version von (F-I) intuitiv einleuchtend. Wer würde schließlich ernsthaft bestreiten wollen, dass ein Literat oder Künstler, der eine eigenständige individuelle Darstellungsweise, einen persönlichen Stil, entwickelt und damit in einem konkreten Werk einen Stoff oder ein Motiv bearbeitet oder einen Geschehensablauf schildert, den Schutz des Urheberrechts für sein Werk in Anspruch nehmen kann? Versteht man andererseits unter dargestellter Welt einen in der Realität vorhandenen Gegenstand oder einen *bestehenden* komplexen (wahren) Sachverhalt, so impliziert dies augenscheinlich, dass sie dem Urheber vorgegeben ist und nicht schöpferisch sein kann. Dem entspricht es, wenn der BGH in der zitierten Entscheidung „Perlentaucher"[361] ausführt, dass der gedankliche Inhalt eines Schriftwerkes grundsätzlich frei zu halten ist und nur ausnahmsweise schutzbegründend wirkt, wenn er sich in einer auf der Phantasie des Dichters beruhenden Fabel niederschlägt.

Dennoch kann die Trennung von Form und Inhalt in der Version (F-I 4) nicht aufrechterhalten werden. Eine unangenehme Konsequenz wäre nämlich zunächst, dass der Urheber, der in seinem Werk erstmals einen individuellen Stil, eine eigenständige Darstellungsweise entwickelt, eine Monopolstellung daran hätte und anderen Personen verbieten könnte, sie auf andere Gegenstände, Stoffe oder Motive anzuwenden. So wären beispielsweise die impressionistischen Maler, denen es nicht so sehr auf die gemalte Szenerie ankam, sondern darauf, den unmittelbaren flüchtigen optischen Eindruck von ihr unter verschiedenen Beleuchtungsbedingungen in Farben festzuhalten, durch das Urheberrecht gehindert gewesen, diese von ihren frühen Meistern kreierten und für eine ganze Kunstrichtung charakteristisch gewordenen stilistischen Merkmale zu übernehmen und an anderen Objekten auszuprobieren.[362] Um solche Konsequenzen zu vermeiden, stehen die urheberrechtliche Praxis und das Schrifttum in selten anzutreffender Einmütigkeit auf dem Standpunkt, dass die Methode des Schaffens, der Stil, die Manier und die Technik der Darstellung nicht Gegenstand des urheberrechtlichen Schutzes sind und ihre Übernahme in ein anderes Werk keine Urheberrechtsverletzung begründet.[363] Als Beispiele für nicht schützbare Werkelemente werden in diesem Zusammenhang Versformen, Versmaß und -metrik, musikalische Tonskalen und Klangfärbungen, Melodik, Rhythmus und Harmonik, Maltechniken und Pinselführung usw. genannt, also dasjenige, womit sich z. B. die formale Analyse eines bestimmten Werkes in einer Rezension oder der

---

[361] GRUR 2011, 134 Rn. 36.

[362] *A. Nordemann* in Fromm/Nordemann (2018), UrhG § 2 Rn. 45, im Hinblick auf die Malweisen von Lionel Feininger, Oskar Kokoschka und die von Arnold Schönberg eingeführte Zwölftonmusik.

[363] Z. B. BGH GRUR 1952, 516, 517 – Hummel-Figuren; *Loewenheim/Leistner* in Schricker/ Loewenheim (2020), UrhG § 2 Rn. 71; *A. Nordemann* in Fromm/Nordemann (2018), UrhG § 2 Rn. 37; *Obergfell* in Büscher/Dittmer/Schiwy (2015), UrhG § 2 Rn. 15, jeweils mit weiteren Nachweisen.

Kunstkritik beschäftigt. Diese Werkaspekte beziehen sich nicht auf *allgemeine Darstellungsweisen* bzw. Stiltypen, mit denen etwa die Kunst- und Literaturgeschichte Kunstepochen (Romanik, Gotik, Barock usw.) oder Gruppen von Werken (Impressionismus, Expressionismus, Kubismus usw.) zusammenfasst, sondern auf *konkrete* Eigenschaften eines bestimmten Werkes,[364] die in ihm manifestiert sind und wiederum solche allgemeinen Darstellungsweisen oder Stiltypen exemplifizieren.[365] Wir stehen vor einem Dilemma. Darf die zweifellos schutzbegründende individuelle Handschrift eines Literaten oder Künstlers durch das Urheberrecht nicht monopolisiert werden und ist die mit ihr dargestellte Welt schutzlos, dann bleibt nichts mehr übrig, was der Urheber als sein geistiges Eigentum für sich reklamieren könnte.

bb) Die Entscheidung des BGH „Perlentaucher"

C129 Das Dilemma, in das (F-I 4) führt, lässt sich anschaulich anhand des BGH-Urteils vom 1.12.2010 – I ZR 13/08[366] –, der Parallelentscheidung zur Entscheidung „Perlentaucher", illustrieren. Es ging u. a. um die Beurteilung einer Buchrezension „Geölte Teppiche fliegen nicht", die in der Süddeutschen Zeitung erschienen war. Zu prüfen war, ob deren stark verkürzte Zusammenfassung (Abstract) im Magazin Perlentaucher der Beklagten das Urheberrecht an der Originalrezension verletzt. Der BGH führt zunächst zutreffend aus, dass eine Buchrezension keine auf der individuellen Phantasie des Dichters beruhende Fabel enthalte, sondern sich regelmäßig in einer Darstellung und Beurteilung des besprochenen Werkes erschöpfe. Denn diese existiert in der aktuellen Welt wirklich, auch wenn sein Autor selbst ausgedachte Geschichten erzählt.[367] Daraus folgert der BGH, dass die urheberrechtliche geschützte Eigenart einer Buchrezension in aller Regel nicht in ihrem Inhalt, sondern in ihrer Form und insbesondere in ihren Formulierungen, d. h. in bestimmten Worten oder Wortfolgen, liege (Rn. 36, 39). Eine Urheberrechtsverletzung durch den Abstract sieht er und ihm weitgehend folgend das OLG Frankfurt, an das er den Streitfall zurückverwiesen hatte,[368] in der Übernahme der Worte „multiethnisches und multireligiöses Idyll", „Wust von Handlungssträngen", „pseudo-orientalische Fabulierfreude", „weltanschauliches Anliegen", „ostentative trauernde Gutmenschen", „ornamental", „überparfümiert", „geölt" (Rn. 40) und der übereinstimmenden Reihenfolge der übernommenen Stellen (Rn. 42).[369] Diese Formulierungen seien nicht rein beschreibend

---

[364] Sie können deshalb nicht mit der freien zugrundeliegenden Idee gleichgesetzt werden, wovon *Schulze* in Dreier/Schulze (2022), UrhG § 2 Rn. 37, ausgeht.
[365] *Goodman* (1990), S. 47 ff.
[366] ZUM 2011, 242.
[367] S. o. → Rn. B118 ff.; vgl. auch *Reicher* (2019), S. 159.
[368] OLG Frankfurt ZUM 2012, 153, 156 f., mit Anm. *Haberstumpf* ZUM 2012, 159 ff. Ähnlich OLG Frankfurt ZUM 2012, 574, 578 im Hinblick auf die Formulierung „Krebsgeschwür in der Moral der deutschen Nation" in einer wissenschaftlichen Arbeit. Siehe dazu *Haberstumpf* ZUM 2012, 529, 535.
[369] Was übrigens nicht stimmt. Wenn man die Vorkommnisse der genannten Worte und

und nicht vollkommen gebräuchlich, ungewöhnlich, einprägsam und daher originell (Rn. 40). Das OLG Frankfurt ergänzt, dass der Abstract im Übrigen kaum eigenständige Formulierungen aufweise, die zudem teilweise als beschreibende Zusammenfassung des Inhalts anzusehen und folglich nicht geeignet seien, dem Abstract den Charakter einer freien Benutzung nach § 24 UrhG (jetzt § 23 Abs. 1 S. 2 UrhG) zu verleihen.

Wenn an einem Sprachwerk, das auf Gegenstände und Sachverhalte einer nicht fiktionalen Welt referiert, nur ungebräuchliche, ungewöhnliche, einprägsame und daher originelle Worte und Wortfolgen, unabhängig davon, ob etwas und was mit ihnen gesagt wird, geschützt sind, dann werden sie durch das Urheberrecht für den Autor monopolisiert und die freie geistige Auseinandersetzung mit dem Werk eingeschränkt. Ein anderer Autor, der ein solches Sprachwerk bespricht, rezensiert oder sich sonstwie mit ihm befasst, wäre daran gehindert, solche Worte identisch in sein Werk zu übernehmen. Im vorliegenden Fall wäre er z. B. daran gehindert, unter Verwendung der acht genannten Formulierungen die fragliche Rezension zu besprechen.[370] Die Aufgabe eines Rezensenten oder Kunstkritikers besteht aber gerade darin, das betreffende Werk in inhaltlicher und formaler Hinsicht zu analysieren, zu interpretieren und zu bewerten.[371] Und dazu reicht es selten aus, nur mit eigenen Worten Aussagen über es zu machen. Um dem Leser, Betrachter oder Hörer ein lebendiges Bild und ein tieferes Verständnis von ihm zu vermitteln, wird es vielfach erforderlich sein, auch den Autor oder Künstler selbst *zu Wort kommen* zu lassen, indem Textpassagen aus dem Werk verwendet, Teile eines Musikstücks vorgespielt, Teile der Partitur oder Abbildungen des besprochenen Gemäldes vorgezeigt werden usw.[372] Und es muss möglich und grundsätzlich zulässig sein, in gleicher Weise mit Werken der Sekundärliteratur und der Kunstkritik umzugehen, auch wenn im Einzelfall die Grenzen der Zitatfreiheit überschritten werden.

Ist es aber tatsächlich zutreffend, dass allgemein gebräuchliche Worte der Umgangs- und Bildungssprache, mit denen etwas beschrieben wird, keine Ausdruckskraft oder Originalität besitzen und die Individualität eines Sprachwerkes nicht oder nur ausnahmsweise begründen können? Kommt diese Eignung nur neuen Wortschöpfungen oder für sich genommen unverständlichen Formulierungen zu? Würde man diese Fragen bejahen, dann könnte z. B. der Inhaber einer eingetragenen Wortmarke, der mit der Markenanmeldung ein neues bedeutungsvolles und unterscheidungskräftiges Wort kreiert und in den allgemei-

---

Wortfolgen in der Rezension mit den Zahlen 1 bis 8 belegt, kommen sie in der Rezension in der Reihenfolge 5, 3, 8, 1, 2, 7, 4, 6 und dem beanstandeten Abstract in der Reihenfolge 2, 3, 7, 8, 4, 5, 6, 1 vor.

[370] S. meine Rezension der Rezension unter Verwendung sämtlicher vom BGH und OLG Frankfurt als urheberrechtsverletzend beanstandeten Wörter und Wortfolgen in *Haberstumpf* ZUM 2012, 159, 161.
[371] *v. Kutschera* (1988), S. 242 ff.
[372] *v. Kutschera* (1988), S. 244 f.

nen Sprachgebrauch eingeführt hat, immer gleichzeitig auch den Schutz des Urheberrechts in Anspruch nehmen.

C132 In der Entscheidung „Germania 3" betont das BVerfG nachdrücklich,[373] dass ein Künstler urheberrechtlich geschützte Texte, auch ohne sie als Beleg im Rahmen des Zitatzwecks des § 51 Abs. 1 S. 2 Nr. 2 UrhG anzuführen, in sein Werk aufnehmen dürfe, soweit sie als solche Gegenstand und Gestaltungsmittel seiner eigenen künstlerischen Aussage seien. Wo es darum gehe, den fremden Autor (hier Bertolt Brecht) selbst als Person der Zeit- und Geistesgeschichte kritisch zu würdigen, könne es ein von der Kunstfreiheit gedecktes Anliegen sein, diesen Autor, seine Haltung, die Intention und Wirkungsgeschichte seines Werkes dadurch zu kennzeichnen, dass er selbst mittels Zitate zu Wort komme. Die Verschränkung fremder und eigener Texte könne ferner ein durchgängiges Stilmittel sein, mit der ein Künstler fremde Texte funktional in die künstlerische Gestaltung und Intention seines Werkes einfüge und sie zu einem integralen Bestandteil einer eigenständigen künstlerischen Aussage mache. Ihre Einordnung als (bloßes) formales Stilmittel, dem in dem angegriffenen Urteil Begriffe wie „Kollagetechnik" oder „Technik der zitierten Kombination" zugeordnet worden seien, sage über die künstlerische Bedeutung des Zitats nichts aus.

C133 Daraus können zwei für die Form-Inhalt-Dichotomie bemerkenswerte Feststellungen abgeleitet werden. Erstens bedeutet die Übernahme individueller Worte und Wortfolgen bzw. Formulierungen oder sonstiger formaler Werkeigenschaften nicht automatisch, dass der Übernehmende fremdes Urheberrecht verletzt. Sie kann vielmehr auch jenseits der grundsätzlich eng auszulegenden Schrankenbestimmungen im Lichte der Kunstfreiheit gem. Art. 5 Abs. 3 S. 1 GG[374] gerechtfertigt sein, wenn die übernommenen Formulierungen in eine eigenständige künstlerische Aussage des Übernehmenden integriert werden. Zweitens ist es nicht entscheidend, dass der Übernehmende andere formale Stilmittel oder Techniken verwendet als der Urheber des benutzten Werkes. Mit anderen Worten: Die Übernahme geschützter Formelemente begründet nicht immer eine Urheberrechtsverletzung, während umgekehrt eine Änderung im formalen Aufbau, in der Struktur, Darstellungsweise usw. nicht immer aus dem Urheberrechtsschutz herausführt. Aus beidem folgt wiederum, dass der gesetzliche Schutz des Urheberrechts nicht auf Darstellungsweisen, auf Stilmerkmale und sonstige formale Elemente eines Werkes beschränkt werden kann, sondern auch die in ihm dargestellte Welt einbeziehen muss. Diese auszublenden, hätte

---

[373] BVerfG GRUR 2001, 149, 152 – Germania 3.

[374] Es spricht nichts dafür, der Freiheit von Wissenschaft, Forschung und Lehre nach Art. 5 Abs. 3 S. 1 GG bei der urheberrechtlichen Beurteilung von wissenschaftlichen und technischen Werken grundsätzlich einen anderen Stellenwert einzuräumen und demgegenüber Kunstwerken einen Sonderstatus zuzubilligen, wie der BGH GRUR 2012, 819 Rn. 14 – Blühende Landschaften – unter Berufung auf die Entscheidung „Germania 3" des BVerfG meint; ebenso *Obergfell* in Büscher/Dittmer/Schiwy (2015), UrhG § 51 Rn. 10. Eine andere Frage ist es jedoch, wo man die im Einzelfall erforderliche Abwägung zwischen den Interessen von Urhebern am Schutz ihres geistigen Eigentums und den Belangen der Kunst- und Wissenschaftsfreiheit dogmatisch verortet. Zum Ganzen näher unten → Rn. C194 ff.

z. B. die absurde Konsequenz, dem Gedicht „Wandrers Nachtlied" („Über allen Gipfeln ist Ruh...") von Goethe Individualität abzusprechen. Das Gedicht enthält keine Fabel, seine schöpferische Eigentümlichkeit kann also laut BGH nur in den Formulierungen begründet sein. Seine Worte sind aber keine Neuschöpfungen, sondern rekrutieren sich sämtlich aus der Umgangssprache, werden in ihrer gewöhnlichen Bedeutung verwendet und sind in einer Folge angeordnet, die von den Regeln der Grammatik nur unwesentlich abweichen. Sie haben zweifellos beschreibenden Charakter und vermitteln in den ersten drei Verszeilenpaaren das Bild der Nachtruhe in der unbelebten, pflanzlichen und tierischen Natur. Entscheidend ist vielmehr die Komposition der Worte, die hier „eine perfekte Einheit von Sinn und Form, von Bildern und Gedanken mit sprachlichem Rhythmus und Klang" hervorbringt.[375] Ohne Einbeziehung dessen, was sie in dem jeweiligen Verwendungszusammenhang inhaltlich bedeuten, sind Formulierungen blind.

Für sich genommen sind auch die von BGH und OLG Frankfurt als originell eingestuften Formulierungen der Originalrezension so ungewöhnlich nicht, sondern stammen aus der Sprache des durchschnittlichen Bildungsbürgers. Um den Stil und den Inhalt des besprochenen Romans zu charakterisieren und ihre Bewertung zu illustrieren, spielt die Rezensentin auf ein bekanntes Märchenmotiv an und zeichnet das metaphernreiche Bild eines kleinteilig ornamentierten orientalischen fliegenden Teppichs, in den der Romanautor einen Wust von Handlungssträngen eingeknüpft habe und den er mit einer derartigen Überdosis von Weihrauch und Rosenwasser, Moschus und Ambra, Knoblauch und honiggesüßter Kamelmilch parfümiert und so ausgiebig in Krokodilstränen getränkt habe, dass er zum Fliegen zu schwer geworden sei. Dieses Bild des Teppichs, das den wesentlichen geistigen Gehalt der Rezension ausmacht, wird man sicherlich als Ergebnis eines schöpferischen Akts werten können. Ihre Ausdrucksstärke erlangen die fraglichen Formulierungen aber erst in diesem Zusammenhang. Im vorliegenden Fall hätten es BGH und OLG Frankfurt deshalb nicht dabei bewenden lassen dürfen, dass einige Worte aus der Rezension im Abstract wiederkehren, sondern prüfen müssen, ob mit ihrer Übernahme der geistige Gehalt oder eines in sich geschlossenen Teils der Rezension reproduziert wurde und somit eine Urheberrechtsverletzung in Betracht zu ziehen ist.[376]

cc) Einheit von Form und Inhalt

Form und Inhalt eines Werkes mögen mehr oder weniger klar trennbar sein. Das heißt aber nicht, dass sie aus der Sicht des Urheberrechts getrennt werden müssten. Nicht nur Werkvorkommnisse, sondern auch die in ihnen vorkommenden Sprach- und Kunstwerke kann man unter den verschiedensten (formalen und inhaltlichen) Gesichtspunkten betrachten. Was für einen Kunsthistoriker im Zentrum seines Interesses steht, muss für den Interpreten und Kritiker eines

---

[375] *v. Kutschera* (1988), S. 534 f.
[376] Vgl. *Haberstumpf* ZUM 2012, 159, 161.

bestimmten Einzelwerkes nicht ebenfalls relevant sein oder denselben Stellenwert haben und umgekehrt. Für diesen steht vielmehr im Vordergrund, welchen Beitrag die herausgelösten formalen und inhaltlichen Einzelelemente zum Verstehen des geistigen Gehalts des Ausgedrückten leisten. Zu musikalischen Formen bemerkt *Kühn*:[377]

„Formale Modelle [...] sind *nachträgliche Abstraktionen*. Sie sind von Werken aufgrund gemeinsamer Merkmale abgezogen, die „das Bild eines bestimmten Formenverlaufs ergeben [...] Sie bilden keine abgehobene Kontrollinstanz, an der sich ein Werk zu bewähren hat. Sie sind ein *Hilfsmittel der Orientierung*, das ermöglicht, die Eigenart des einzelnen konkreten Werkes zu ermessen"

Nach *Kayser*[378] richtet sich die literaturwissenschaftliche Arbeit auf die Erfassung und Deutung eines literarischen Werkes:

„Sie untersucht also nicht jede sprachliche Form als solche, sondern ihren Beitrag zum Aufbau des dichterischen Werkes. Sie fragt ständig danach, was die sprachlichen Formen in dieser Hinsicht leisten. Es geschieht in der Absicht, die Ganzheit des Werkes einsichtig zu machen. Sie strebt mithin zur Synthese."

Ebenso beschränkt sich die literaturwissenschaftliche Stilforschung nicht darauf, einzelne stilistische Eigenschaften des betrachteten Werkes zu beschreiben, sondern bezieht sich auf die Erhellung von Sinneinheiten, auf das Verstehen von Zeichen, welche *„auf die im Gebrauch der Sprache je wieder neu vollzogene Relationierung zwischen Sprecher und Adressat und der sie umgebenden Welt"* hinweisen.[379]

C136　Wie oben unter den Abschnitten I bis III herausgearbeitet wurde, besteht der geistige Gehalt eines Werkes, der dessen Identität konstituiert, aus in sich geschlossenen Sinneinheiten, aus Einheiten von Form und Inhalt, mit denen der Urheber etwas für unser menschliches Handeln und Verhalten Bedeutsames zum Ausdruck bringt. Einzelne charakteristische Merkmale eines Werkes abstrahierend herauszulösen, d. h. sie als Vorkommnisse bestimmter formaler oder inhaltlicher Stiltypen zu behandeln, und nur sie für schutzfähig zu erachten, führt in die Irre. Sie können und dürfen nicht durch das Urheberrecht monopolisiert werden.[380] Die Grenzlinie zwischen Geschütztem und Ungeschützten verläuft nicht entlang der Grenze zwischen Form und Inhalt. Im urheberrecht-

---

[377] *Kühn* (2007), S. 8.
[378] *Kayser* (1983), S. 100.
[379] *Anderegg* (1977), S. 54, 65 ff, 73. Vgl. auch *Goodman* (1990), S. 42.
[380] So z. B. BGH GRUR 1958, 500, 501 f. – Mecki-Igel I, der im Hinblick auf die Figur des Mecki-Igels ausführt, dass die schutzfähige künstlerische Eigenart der „Mecki"-Darstellung nicht in dem Motiv eines vermenschlichten Igels als solchem gesucht werden könne, da andernfalls „die allgemeine künstlerische Entwicklung und Schaffensfreiheit in einer nicht zu billigenden Weise gehemmt würde". Von einer erschöpfenden Aufgliederung der Gestaltungsmittel für die Erzielung des Gesichtsausdrucks des Mecki-Igels müsse abgesehen werden, „da Kunstwerke ein durch eine Einzelaufgliederung der künstlerischen Elemente nicht erfaßbares, unteilbares Ganzes darstellen".

lichen Schrifttum hat hierauf vor allem *Kummer*[381] mit einer Vielzahl von Beispielen aus allen Bereichen der Kunst nachdrücklich hingewiesen.

c) Dargestellte Welt in fiktionalen und nicht fiktionalen Werken

Der zweite bislang nicht behandelte Aspekt der Form-Inhalt-Dichotomie im Sinne von (F-I 4), der den BGH in der Perlentaucher-Entscheidung dazu motiviert hat, zwischen fiktionalen und nichtfiktionalen Werken zu unterscheiden, betrifft die in darstellenden Werken dargestellte Welt.[382] Der Gedanke, der hinter dieser Unterscheidung steckt, besteht ersichtlich aus dem Argument: Wenn ein Autor oder Künstler auf in der aktuellen Welt existierende Gegenstände oder bestehende Sachverhalte Bezug nimmt und sie wahrheitsgetreu beschreibt oder realistisch abbildet, gibt er vorgegebene Fakten wieder. Also kann eine solche Wiedergabe nicht schöpferisch sein und begründet keine Urheberrechtsverletzung.

C137

Mit diesem Argument wird in der urheberrechtlichen Praxis[383] und im Schrifttum[384] vor allem dann operiert, wenn die Schutzunfähigkeit von Inhalten wissenschaftlicher Sprachwerke und sonstiger Sachtexte oder Darstellungen wissenschaftlicher oder technischer Art gem. § 2 Abs. 1 Nr. 1 und Nr. 7 UrhG begründet werden soll. So plausibel es auf den ersten Blick erscheinen mag, so wenig überzeugt es. In ihm wird nämlich die in einer Darstellung dargestellte Welt mit den Gegenständen und Sachverhalten verwechselt, auf die in ihr referiert wird. Die Darstellung, Beschreibung oder Abbildung eines Gegenstands ist nicht gleichzusetzen mit dem Gegenstand, der beschrieben oder abgebildet wird. Dieser bildet auch nicht den Inhalt der Darstellung oder Beschreibung. Der schützbare geistige Gehalt einer Darstellung fällt, wie bei der Frage nach der Identität von Sprach-, Bild-, Musik- und choreografischen Werken ausführlich dargelegt wurde, vielmehr mit dem zusammen, was der Darstellende unter Verwendung der von den traditionellen Kommunikationssystemen bereitgestellten Formen ausdrückt. Stellt der Urheber etwas dar, dann produziert er somit eine aus *Form und Inhalt* bestehende Sinneinheit. Die Welt, auf die er in ihr bloß referierend Bezug nimmt, gehört nicht dazu. Sie bleibt deshalb trivialerweise immer außerhalb des konkreten Werkschutzes.[385] Es ist nicht einmal erforder-

C138

---

[381] *Kummer* (1968), S. 8 ff., 47 ff., 57 ff.
[382] Dazu ausführlich *Reicher* (2019), S. 144 ff.
[383] Z.B. BGH GRUR 1981, 352, 355 – Staatsexamensarbeit; BGH GRUR 2002, 958, 959 – Technische Lieferbedingungen; besonders pointiert OLG Frankfurt GRUR 1990, 124, 126 – Unternehmen Tannenberg und OLG Frankfurt ZUM 2012, 574, 577 – Habilitationsschrift, im Hinblick auf die sachliche Darstellung historischer Ereignisse. Zur Kritik an diesen beiden Entscheidungen des OLG Frankfurt *Haberstumpf* UFITA 96 (1983), 44 ff. und ZUM 2012, 529 ff.; vgl. auch *Obergfell* in Büscher/Dittmer/Schiwy (2015), UrhG § 2 Rn. 25; *Götting* (2004), S. 15; *Waiblinger* UFITA 2011/II, 323, 348.
[384] Z.B. *Schulze* in Dreier/Schulze (2022), UrhG § 2 Rn. 41; *A. Nordemann* in Fromm/Nordemann (2018), UrhG § 2 Rn. 49, 212; *Bullinger* in Wandtke/Bullinger (2022), UrhG § 2 Rn. 38; *Obergfell* in Büscher/Dittmer/Schiwy (2015), UrhG § 2 Rn. 19.
[385] Daraus folgt nicht, dass eine Buchbesprechung oder ein Abstract, in denen notwendi-

lich, dass in einem geschützten Werk überhaupt auf etwas Bezug genommen wird. Schließlich haben auch nichtgegenständliche Werke einen Sinn, obwohl sie auf Nichts referieren (s. o. → Rn. C59 ff.).

C139 Kein Gegenstand ist durch eine Beschreibung, eine Abbildung oder Fotografie in seiner Gesamtheit erfassbar. Selbst ein kleiner Sandhaufen in der Wüste kann unter den verschiedensten Gesichtspunkten betrachtet werden, etwa nach der chemischen Zusammensetzung seiner Sandkörner oder nach seinen räumlichen Beziehungen zu anderen Gesteinsformationen oder Lebewesen, was wiederum Aufschluss geben kann über die klimatischen Bedingungen seiner Umgebung, über geologisch oder archäologisch relevante Sachverhalte usw. In juristischen Arbeiten wird derselbe Sachverhalt unter anderen Aspekten beschrieben als in einer wirtschaftswissenschaftlichen, soziologischen, physikalischen, chemischen, oder biologischen Abhandlung.[386] Die Gestaltungsspielräume für Forscher und Wissenschaftler sind insoweit ebenso wenig wie im Bereich der Kunst begrenzt, weshalb die Ergebnisse ihrer Arbeiten schöpferisch sein können und zum großen Teil auch sind. In seiner für die Entwicklung der modernen Sprachphilosophie wegweisenden Arbeit „Über Sinn und Bedeutung"[387] hat *Frege* dargelegt, dass der Sinn eines Eigennamens, einer individualisierenden Kennzeichnung oder eines Aussagesatzes nicht im Träger des Namens bzw. in dem Gekennzeichneten oder im Wahrheitswert des Satzes liegt, sondern in der *Art des Gegebenseins*, d. h. aus welcher Perspektive der bezeichnete Gegenstand betrachtet und wie die Bezeichnung verwendet wird. Der Sinn eines Aussagesatzes besteht nicht in seinem Wahrsein (→ Rn. B93 f.), sondern darin, welcher Gedanke mit ihm formuliert wird und in welchem Verwendungszusammenhang er auftaucht. Selbst einander logisch widersprechende Aussagen können jeweils wahr sein, wenn sie innerhalb verschiedener Bezugsrahmen geäußert werden.[388] Die Kennzeichnungen „Morgenstern" und „Abendstern" haben jeweils einen anderen Sinn, obwohl sie auf denselben Gegenstand, nämlich den Planeten Venus referieren. Deshalb kann auch eine Fotografie als Lichtbildwerk gem. § 2 Abs. 1 Nr. 5 UrhG geschützt sein, wenn der Fotograf den abgelichteten Gegenstand aus einer bestimmten Perspektive, in einer bestimmten Beziehung zu anderen Gegenständen oder in einem bestimmten Ausschnitt usw. zeigt.

C140 Insoweit unterscheiden sich fiktionale Werke nicht von nicht fiktionalen Werken.[389] Ob ein Werk fiktional ist, hängt nicht davon ab, dass die in ihm dargestellte

---

gerweise auf das besprochene geschützte Werk Bezug genommen wird, das Urheberrecht an diesem nicht verletzen kann, wie *Sellnick* (1995), S. 86, meint, da es häufig erforderlich ist, zumindest Teile des geschützten geistigen Gehalts des Bezugsgegenstands zu übernehmen, was im Einzelfall allerdings unter dem Gesichtspunkt der Kunst- und Wissenschaftsfreiheit gerechtfertigt sein kann. S. u. → Rn. C165.

[386] Zu Darstellungen in Karten und Plänen näher *Haberstumpf* (1982), S. 40 ff.
[387] *Frege* (1969), 40 ff. Dazu *Newen/Schrenk* (2008), S. 24 ff. Anders als Frege unterscheide ich in dieser Arbeit terminologisch nicht zwischen Sinn und Bedeutung, sondern verwende die Begriffe „Bedeutung", „Sinn" und „Ausdruck" synonym.
[388] *Goodman* (1990), S. 14 ff.
[389] *Haberstumpf* ZGE 2012, 284, 296 ff.

IV. Form und Inhalt, Idee und Ausdruck   C140

Welt realisiert ist, war oder sein wird. Die in einer Fiktion dargestellte Welt kann realisiert sein, wie in den obigen Beispielen eines historischen Romans oder im Fall der Science-Fiction (→ Rn. B122) gezeigt wurde. Das in einem zeitkritischen Roman geschilderte Geschehen mag ebenso wie die in ihm handelnden Personen erfunden sein, kann aber ein besseres und tieferes Verständnis der Zeitumstände vermitteln als eine umfangreiche korrekte historische Abhandlung.[390] Umgekehrt muss die in einem nicht fiktionalen Werk dargestellte Welt nicht realisiert sein. In einem wissenschaftlichen Werk vorgestellte Erkenntnisse, Hypothesen oder Theorien können sich als falsch herausstellen, was das Werk aber nicht zu einem fiktionalen macht. Falsifizierte Erkenntnisse oder Theorien sind keine reinen Phantasieprodukte, wie *Hubmann*[391] meint, sondern haben einen Sinn und können den Wissenschaftsfortschritt wesentlich fördern. Für Personen, die etwas planen wie Ingenieure, Architekten, Designer, Mitarbeiter in Verwaltungen (z. B. auch der Gesetzgeber) usw. gehört es zum täglichen Geschäft, Bilder von zukünftigen Dingen und Sachverhalten zu zeichnen oder sprachlich zu entwerfen. Ihre Entwürfe behalten ihren Sinn und bleiben geschützte Werke, auch wenn sie niemals verwirklicht werden. Wie in wissenschaftlichen Arbeiten, in denen ein real existierender Gegenstand unter einer bestimmten Forschungsperspektive untersucht und dargestellt wird, können wir auch mit Fiktionen neue Tatsachen erzeugen und präsentieren.[392] Ob ein Werk nicht fiktional ist oder nicht, hängt vielmehr davon ab, ob sein Schöpfer einen Wahrheitsanspruch erhebt und deutlich macht, dass die in ihm dargestellte Welt realisiert ist, war oder sein wird oder nicht.[393] Fiktionale Gegenstände und Sachverhalte sind kontingente Schöpfungen von Literaten oder Künstlern in der aktualen Welt. Einmal ausgedacht und entäußert, existieren sie wirklich. Die Fiktion operiert in wirklichen Welten sehr ähnlich wie die Nicht-Fiktion.[394] Wie reale Gegenstände und Sachverhalte sind sie nicht in ihrer Gesamtheit vollständig bestimmt.[395] Wie auf reale Gegenstände und Sachverhalte kann man auf sie Bezug nehmen und sie deshalb in verschiedenster Weise charakterisieren. Sie können ihre Identität bewahren, auch wenn sie in einer anderen Welt als von ihrem Schöpfer bestimmt vorkommen. Ein sehr schönes Beispiel aus der Rechtsprechung bildet die Entscheidung „Mecki-Igel II".[396] Der BGH charakterisierte die bekannte Figur des Mecki-Igels als einen „pfiffigen, allen Situationen gewachsenen Lebenskünstler von unerschütterlicher heiterer philosophischer Gemütsart" und wertete eine Postkartenserie, in der diese „Igel-Persönlichkeit" mit wechselnden Gefühlsregungen, wie z. B. Zufriedenheit, Freude, Angst oder Schmerz und wechselnden Landschaftsausschnitten gezeichnet wurde, mit Recht als Verletzung des Urheberrechts dessen Schöpfers.

---

[390] *v. Kutschera* (1988), S. 222 ff.
[391] *Hubmann* UFITA 24 (1957), 1, 8.
[392] *Goodman* (1990), S. 126 ff.
[393] So *Reicher* (2019), S. 144, 179, 185 ff.
[394] *Goodman* (1990), S. 130.
[395] *Reicher* (2019), S. 181 f.
[396] BGH GRUR 1960, 251 ff.

Ein anderes markantes Beispiel ist der Fortsetzungsroman „Laras Tochter", in dem die Geschichte von Lara und Dr. Schiwago unter vielfältiger Bezugnahme auf sie aus der Sicht von Laras Tochter weitergesponnen wurde.[397] In diesem Zusammenhang ist auch die Entscheidung „Asterix-Persiflagen"[398] zu einer Reihe teils parodistischer Darstellungen der Figuren des Asterix und Obelix, in der zu entscheiden war, wann diese das Urheberrecht an den Originalfiguren der bekannten Comic-Serie verletzten, sehr aufschlussreich. Im Kontrast zu diesen Entscheidungen hat der BGH dagegen die fotografische Präsentation eines Karnevalskostüms, in der eine Frau und ein Kind mit den Kleidern von Pippi Langstrumpf verkleidet gezeigt wurden, mit Recht nicht als Übernahme der von Astrid Lindgren geschaffenen literarischen Figur angesehen, weil nicht diese dargestellt wurde, sondern nur ihre Kleider.[399] Ebenso wenig wird der geistige Gehalt der Romanfiguren des Sherlock Holmes und Dr. Watson in einem Film reproduziert, wenn die beiden Hauptdarsteller in ihrer äußeren Aufmachung den anderen Personen der Filmhandlung – für die Filmzuschauer von Beginn an erkennbar – nur vorspiegeln, sie seien mit Sherlock Holmes und Dr. Watson identisch.[400] Wir haben also keinen Grund, fiktionalen und nichtfiktionalen Werken einen unterschiedlichen urheberrechtlichen Schutzstatus zuzuweisen.

4. Schutzunfähigkeit von aus Form und Inhalt bestehenden Teileinheiten des geistigen Gehalts

C141 Die Annahme, die Werke des Urheberrechts seien aus Form und Inhalt bestehende Sinneinheiten, schließt allerdings nicht aus, dass bestimmte in sich geschlossene Teileinheiten des insgesamt ausgedrückten geistigen Gehalts eines Werkes vom Schutz auszunehmen sind. Im urheberrechtlichen Schrifttum und Rechtsprechung wird dies ziemlich einhellig für in wissenschaftlichen oder technischen Werken präsentierte Erkenntnisse, Lehren und Theorien befürwortet. Mit diesen Werken wollen wir uns im Folgenden vordringlich befassen. Ein Vorschlag geht dahin, zwischen gemeinfreien Bestandteilen und den individuellen Zügen eines Werkes zu unterscheiden.[401] Mit diesem Vorschlag wird das Form-Inhalt-Problem aber nicht gelöst. Dass nur individuelle Bestandteile eines geschützten Werkes geschützt sind, ist eine nichtssagende Trivialität.[402] Andererseits zählt man die in wissenschaftlichen Arbeiten vorgestellten Erkenntnisse, Lehren und Theorien auch dann zum frei benutzbaren Allgemeingut, wenn sie schöpferisch sind.[403] Es geht also darum zu bestimmen, ob und welche

---

[397] BGH GRUR 1999, 984, 986 ff. – Laras Tochter; vgl. BGH GRUR 2014, 258 Rn. 28 – Pippi-Langstrumpf-Kostüm.
[398] BGH GRUR 1994, 191 ff.
[399] BGH GRUR 2014, 258 Rn. 46 f. – Pippi-Langstrumpf-Kostüm.
[400] BGH GRUR 1958, 354, 355 f. – Sherlock Holmes.
[401] *Ulmer* (1980), S. 120 ff; *Hubmann* (1978), S. 32.
[402] *Sellnick* (1995), S. 33.
[403] BGH GRUR 1979, 464, 465 – Flughafenpläne; BGH GRUR 2011, 803 Rn. 50 – Lernspiele; *Rehbinder/Peukert* (2018), Rn. 197.

IV. Form und Inhalt, Idee und Ausdruck   C141–C144

schöpferische Teileinheiten dieser Werke vom Schutz auszuschließen sind. Der Forderung der herrschenden Meinung, das inhaltliche Gedankengut wissenschaftlicher oder technischer Werke sei frei benutzbar, könnte durch folgende Umformulierung von (F-I 4) Rechnung getragen werden:

(F-I 5) Geschützte Form eines darstellenden Werkes ist die Art und Weise (Perspektive), in der die dargestellte Welt präsentiert wird, nicht geschützter Inhalt sind dagegen Erkenntnisse, Lehren und Theorien, mit denen die dargestellte Welt erklärt (gedeutet) wird, oder Handlungsanweisungen, wie sie zur Erreichung praktischer Ziele zur menschlichen Bedürfnisbefriedigung eingesetzt werden können.

Um (F-I 5) zu rechtfertigen, werden im Wesentlichen drei verschiedene Begründungsansätze herangezogen: C142

Argument (I)   Mit wissenschaftlichen Erkenntnissen, Lehren, Theorien werden im Wesentlichen nur Fakten, d.h. wahre Sachverhalte, wiedergegeben; diese sind vorgegeben und können daher nicht schöpferisch sein.[404]

Argument (II)   Der Schutz des schöpferischen Gehalts einer wissenschaftlichen oder technischen Darstellung widerspricht dem Wesen des Urheberrechts und seiner Abgrenzung gegenüber den technischen Schutzrechten.[405]

Argument (III)   In wissenschaftlichen Werken präsentierte Erkenntnisse oder inhaltlich geschlossene Teileinheiten sonstiger Werke dürfen nicht in der Person eines Urhebers monopolisiert werden, sondern müssen der freien geistigen Auseinandersetzung zugänglich sein.[406]

Zu Argument (III) ist anzumerken, dass es nicht wie die beiden anderen nur für Werke der Wissenschaft, sondern auch für die Werke der Literatur und Kunst Geltung beansprucht; denn auch hier darf das Urheberrecht nicht dazu eingesetzt werden, die künstlerische Auseinandersetzung mit Werken oder Teilen von ihnen unangemessen zu behindern. Keines dieser Argumente ist jedoch geeignet, die *generelle* Schutzlosigkeit von Inhalten wissenschaftlicher bzw. technischer Werke oder sonstiger Werke zu belegen.   C143

a) Vorgegebenheit wissenschaftlicher Erkenntnisse

Argument (I) liegen fundamentale Missverständnisse über das Wesen wissenschaftlicher Forschung und Theorienbildung zugrunde. Das oberste Erkenntnisziel einer Wissenschaft besteht zwar in der Findung möglichst vieler wahrer Aussagen über einen bestimmten Gegenstandsbereich. Wie ein ernsthafter   C144

---

[404] Z. B. BGH GRUR 1981, 352, 355 – Staatsexamensarbeit; OLG Frankfurt ZUM 2012, 574, 577 – Habilitationsschrift.
[405] Z. B. BGH GRUR 1979, 464, 465 – Flughafenpläne; BGH GRUR 2011, 803 Rn. 50 – Lernspiele.
[406] Statt aller *Loewenheim/Leistner* in Schricker/Loewenheim (2020), UrhG § 2 Rn. 81 ff.

Künstler seine Aufgabe nicht darin sieht, irgendwelche Formen zu kreieren und zu präsentieren, besteht aber auch die Tätigkeit eines Forschers nicht darin, sämtliche oder wenigstens eine große Anzahl von Daten und Fakten auf seinem Forschungsgebiet zu sammeln. Er käme nie zu einem Ende und sein Ergebnis brächte keinen entscheidenden Erkenntniszuwachs.[407] Manche dieser Wahrheiten sind trivial, unerheblich, unverständlich oder redundant, zu umfassend, zu eng, zu langweilig, zu abwegig, zu kompliziert usw.[408] Wir erwarten von ihm vielmehr, dass er *relevante Fakten* liefert. Um überhaupt zu Erkenntnissen auf irgendeinem Wissensgebiet zu gelangen, bedarf es also Kriterien, die angeben, welche dieser Fakten und Daten erheblich oder unerheblich sind. In den empirischen Wissenschaften geht es darum, Erklärungen zu finden, warum etwas so ist, war oder sein wird.[409] In den normativen Wissenschaften wie Ethik[410] und Jurisprudenz geht es darum, Antworten auf die Frage zu geben, warum etwas so sein soll. Antworten auf Warum-Fragen befriedigen nicht bloß die menschliche Neugier, sondern sollen als Orientierungshilfen dienen, damit wir in der Lebenswirklichkeit zurechtkommen. Sie können uns z. B. in die Lage versetzen, sich einem prognostizierten Ereignisablauf, etwa den Folgen des Klimawandels, anzupassen, und kausal in den Ereignisablauf einzugreifen, um ihn unseren Wünschen anzupassen, etwa um den Klimawandel umzukehren oder abzuschwächen.

aa) Empirische Forschung

C145 Die zentrale Arbeit eines Naturwissenschaftlers besteht darin, das vorhandene oder von ihm erst geschaffene Datenmaterial zu erklären und zu systematisieren, indem er versucht, es mittels Gesetzeshypothesen zu verallgemeinern und diese in Theorien zusammenzufassen.[411] Die drei Phasen empirischer Forschung, Beschreibung und Klassifizierung einzelner Objekte und Phänomene des Gegenstandsbereichs, die empirische Generalisierung durch Hypothesenbildung und deren Systematisierung durch Theorienkonstruktion kennzeichnen nicht eine zeitliche Abfolge in der Entwicklung einer Wissenschaft; es besteht vielmehr eine enge wechselseitige Beziehung zwischen den drei Stufen der empirischen Erkenntnis. Mit der Hypothesenbildung bzw. Theorienkonstruktion hören die Beschreibung und die Bildung weiterer Hypothesen nicht auf, und das Beobachten und Beschreiben setzen schon den Entwurf von Hypothesen und Theorien voraus.[412] Empirische Theorien stellen nicht nur Annahmen über die Welt dar, die aufgrund einer vorgegebenen Bedeutung ihrer Ausdrücke wahr oder falsch

---

[407] *Hempel* (1974), S. 22 ff.
[408] *Goodman* (1990), S. 147.
[409] Vgl. *Stegmüller* (1974), S. 75 ff. Eine leicht verständliche Erläuterung gibt *Seiffert* (1971), Bd. 1, S. 139 ff.
[410] Zu den Fragen, ob und wie moralische Werturteile rational gerechtfertigt werden können, vgl. z. B. *Frankena* (1972), S. 114 ff.; *v. Kutschera* (1982), S. 227 ff.
[411] Vgl. *Schurz* (2011), S. 31.
[412] *v. Kutschera* (1972), S. 253.

IV. Form und Inhalt, Idee und Ausdruck   C145–C147

sind, sondern legen auch die Bedeutung der in ihnen vorkommenden (theoretischen) Terme fest (s. o. → Rn. B46). Empirische Wissenschaft zu betreiben, besteht nicht darin, Gesetze einfach aus der Natur abzulesen und auf Sachverhalte anzuwenden.

Das wissenschaftliche Erkenntnisziel steht ferner unter dem Vorbehalt, dass jede Behauptung, angefangen von Sätzen über unmittelbar Beobachtbares bis hin zu allgemeinen hypothetischen und theoretischen Aussagen, grundsätzlich fehlbar (fallibel) ist.[413] Oft beruhen Aussagen über Beobachtetes auf Sinnestäuschungen oder sind gar bewusst gefälscht. Einzelphänomene und Ereignisse können ebenso wie allgemeine Gesetzesaussagen stets auf verschiedene Weise erklärt werden. Woher wissen wir aber, welche der alternativen Erklärungsansätze in die richtige Richtung weist? Von einem Wissenschaftler, der Erkenntnisse in Form von allgemeinen Gesetzesaussagen und Theorien präsentiert, erwarten wir deshalb auch, dass er Antworten, d. h. Gründe, gibt, warum wir glauben sollen, dass sie die untersuchten Phänomene zutreffend erklären und verlässliche Prognosen über die künftigen Anwendungsfälle seiner Erkenntnisse ermöglichen. Er muss nicht nur Realgründe für bestimmte Sachverhalte, sondern auch Glaubensgründe angeben, sie als bestehend anzuerkennen.   C146

Wie beides zusammenspielt, illustriert *Hempel*[414] anschaulich am Beispiel der Arbeiten von Ignaz Semmelweis, die zur Entdeckung der Ursache für das Kindbettfieber führten. Ausgangspunkt für dessen Überlegungen war die beunruhigende Tatsache, dass in seiner 1. Geburtshilflichen Abteilung die Todesrate von entbindenden Frauen signifikant höher lag als in der benachbarten 2. Geburtshilflichen Abteilung desselben Krankenhauses. Er erwog zunächst eine Reihe von möglichen Erklärungen wie epidemische oder witterungsbedingte Einflüsse von außen, schlechte Verpflegung oder überbelegte Betten, die er jedoch ausschließen konnte, weil diese Umstände in beiden Abteilungen übereinstimmend gegeben waren. Er bemerkte, dass in der 1. Abteilung die Frauen auf dem Rücken entbunden wurden, in der 2. Abteilung dagegen bevorzugt auf der Seite, dass die Priester zu den Frauen seiner Abteilung später kamen als in der anderen Abteilung und dass die Untersuchungen dort durch Hebammen und nicht wie bei ihm durch Medizinstudenten durchgeführt wurden. Er veranlasste, dass die Frauen seiner Abteilung in derselben Weise behandelt und untersucht wurden. Am Ergebnis änderte sich jedoch nichts, so dass auch diese Erklärungsversuche ausgeschlossen werden konnten. Ein Unfall eines Kollegen brachte ihn schließlich auf die Idee, dass er und seine Medizinstudenten, die vor den Untersuchungen Sektionen durchführten, die Ursache des Kindbettfiebers sein und die Frauen mit Leichengift infiziert haben könnten. Er ordnete deshalb an, dass vor den Untersuchungen die Hände nicht bloß gewaschen, sondern mit einer Chlorkalklösung chemisch desinfiziert wurden. Die Sterblichkeitsrate in seiner Abteilung   C147

---

[413] Vgl. *Schurz* (2011), S. 23, 26 f. Die Frage, ob wir angesichts der grundsätzlichen Fallibilität menschlicher Erkenntnis überhaupt etwas wissen können, bildet eines der Hauptprobleme der philosophischen Erkenntnistheorie, vgl. *Ernst* (2011), S. 8.

[414] *Hempel* (1974), S. 11 ff.; vgl. dazu auch *Schurz* (2011), S. 131 ff.

begann prompt zu sinken. Seine auf diese Weise bestätigte Hypothese testete er durch zusätzliche Überlegungen und kam letztlich zu dem Schluss, dass sie auf andere Fälle zu erweitern ist, nämlich dass das Kindbettfieber nicht nur durch Leichensubstanz, sondern auch durch „verfaulende Materie aus lebendigen Organismen" verursacht werden kann.[415] Die Arbeiten von Semmelweis trugen wesentlich zur Entwicklung von Desinfektionsmitteln und zum Fortschritt der bakteriologischen Medizin bei.

C148   An diesem Beispiel lassen sich einige wichtige Aspekte empirischer Erkenntnisfindung erläutern. Sie wird vorangetrieben durch vorläufig aufgestellte Hypothesen und Theorien, die angeben, welche Tatsachen oder Befunde für sie relevant sind.[416] Da man stets eine Reihe von konkurrierenden erklärenden Hypothesen und Theorien für wiederkehrende Einzelphänomene finden kann, steht man vor dem Problem, die richtige auszuwählen. Dies geschieht dadurch, dass man sie strengen Testverfahren unterwirft und die aus ihnen jeweils logisch ableitbaren Aussagen auf Wahrheit oder Falschheit überprüft. Erweisen sie sich wie bei der letzten von Semmelweis geprüften Hypothese als wahr, ist sie bestätigt, treffen sie wie in den anderen Erklärungsversuchen nicht zu, dann sind sie falsifiziert. Da es aber unmöglich ist, alle Implikationen einer vorgeschlagenen Theorie oder Gesetzeshypothese auf Wahrheit oder Falschheit zu überprüfen, müssen wir uns damit begnügen, diejenige auszuwählen und zur Grundlage unseres Handelns zu machen, die solche Prüfungsverfahren am besten überstanden hat.[417] Eine Garantie, dass sie wahr ist, ist aber nicht gegeben. Es können bei der Prüfung relevante Umstände übersehen, Fehler gemacht worden sein[418] oder Phänomene und Beispiele gefunden werden, die eine als gut bestätigt akzeptierte Gesetzesaussage falsifizieren.[419] Solche widerstrebenden Erfahrungen zwingen allerdings nicht dazu, sie gänzlich zu verwerfen. Ohne sie aufzugeben, kann man auf Gegenbeispiele in verschiedener Weise reagieren, etwa indem man versucht, sie durch bessere Instrumente, genauere Beobachtungen, besonders aufwendige, noch raffiniertere Experimente und Ausschaltung von Fehlerquellen doch noch in Einklang mit der leitenden Theorie bringen zu können.[420] Normalerweise führen falsifizierende Erfahrungen aber dazu, eine neue Theorienversion zu formulieren, die mit ihr gerade noch verträglich ist, indem die ursprüngliche Version im Anwendungsbereich eingeschränkt oder auf andere Bereiche ausgedehnt[421] wird. Eine Theorienversion ist akzeptierbar, wenn sie hinreichend

---

[415] *Hempel* (1974), S. 14.
[416] Vgl. *Hempel* (1974), S. 22 f.; *Kuhn* (1967), S. 30 f.; *Popper* (1976), S. 71, 378; *Popper* (1993), S. 9 ff.; *Essler* (1973), S. 130 f.
[417] Vgl. *Popper* (1993), S. 13 ff., 22.
[418] Zu den vielfältigen Fehlerquellen bei der Überprüfung statistischer Hypothesen vgl. *Schurz* (2011), S. 143 ff.
[419] *Popper* (1976), S. 7, 47 ff.
[420] Hierauf zielen die Bemerkungen von *Kuhn* (1967), S. 49 ff., ab, ein Widerstreit zwischen Theorie und falsifizierenden Erfahrungen würden nicht auf die Theorie, sondern auf den Wissenschaftler zurückfallen.
[421] S. *Hempel* (1974), S. 17, im Hinblick auf die spätere Erkenntnis von Semmelweis, dass

bewährt ist und keine alternative Version zur Verfügung steht, die deutlich empirisch erfolgreicher ist. Sie ist zurückzuweisen, wenn sie stark geschwächt ist und zumindest eine deutlich erfolgreichere alternative Version existiert.[422] Zur vollständigen revolutionären Auswechslung von Theorien, die ganze Forschungstraditionen begründen und leiten, kommt es dagegen erst dann, wenn sie in die Krise geraten, etwa weil sich die Erfolge nicht in dem gewünschten Maße einstellen, durch ständige Anpassungen unübersichtlich werden und deshalb die beteiligten Forscher ihr Vertrauen in sie verlieren.[423]

Auf allen Stufen empirischer Erkenntnisfindung besteht Spielraum für schöpferisches Gestalten. Es gibt keine allgemein anwendbaren Regeln, mit denen man Hypothesen und Theorien aus empirischen Daten mechanisch ableiten oder erschließen kann. Der Wissenschaftstheoretiker *Hempel*[424] schreibt: C149

„Der Übergang von den Daten zu einer Theorie erfordert schöpferische Erfindungskraft. Wissenschaftliche Hypothesen oder Theorien werden nicht aus beobachtbaren Tatsachen *abgeleitet*, sondern in der Absicht *erfunden*, sie zu erklären. Sie stellen Vermutungen über mögliche Zusammenhänge zwischen den zu untersuchenden Phänomenen dar und Vermutungen über die Gesetzmäßigkeiten und Strukturen, die ihrem Auftreten zugrunde liegen könnten. »Glückliche Vermutungen« dieser Art erfordern dann große Erfindungskraft, wenn sie eine radikale Abkehr von der gängigen wissenschaftlichen Denkweise zur Folge haben, wie zum Beispiel bei der Relativitäts- und Quantentheorie. [...] Dennoch wird die wissenschaftliche Objektivität durch das Prinzip gesichert, dass Hypothesen und Theorien – auch wenn sie in der Wissenschaft frei *erfunden* und *vorgeschlagen* werden – als wissenschaftliche Erkenntnis nur dann *akzeptiert* werden können, wenn sie kritischer Prüfung unterzogen werden;"

Ebenso ist Phantasie bei der kritischen Prüfung vorgeschlagener Erklärungen gefragt. Wie die Arbeiten Semmelweis' zeigen, müssen regelmäßig erst besondere experimentelle Testbedingungen (hier Waschen der Hände mit Chlorkalklösung) ausgedacht und künstlich geschaffen werden, unter denen sie bestätigt oder falsifiziert werden können. Bestätigende oder falsifizierende Beispiele fallen nicht vom Himmel. Und schließlich beruhen Theorienvergleiche anhand ihrer Erfolge und Misserfolge auf pragmatischen Abwägungsentscheidungen, deren Ergebnis weder durch logische Ableitungen noch durch empirische Befunde allein vorgegeben ist,[425] sondern wesentlich davon abhängt, mit welchem Grad an Gewissheit wir uns zufriedengeben wollen, wenn wir einen der alternativen Theorienvorschläge bevorzugen. Das wichtigste Kriterium dafür ist deren Brauchbarkeit für die Erkenntnis der Zusammenhänge, die zwischen den Ge- C150

Kindbettfieber auch durch faulende Substanz von lebenden Organismen verursacht werden kann, wodurch seine ursprüngliche engere Hypothese widerlegt wurde und insofern erweitert werden musste.

[422] *Schurz* (2011), S. 206.
[423] *Kuhn* (1967), S. 104 ff.; dazu *Stegmüller* (1979), S. 743 ff.
[424] *Hempel* (1974), S. 27 f. Aus dem urheberrechtlichen Schrifttum z. B. *Waiblinger* UFITA 2011/II, 323, 353 ff.; *v. Moltke* (1992), S. 67 ff.
[425] Dazu näher *Schurz* (2011), S. 199 ff.

genständen des Bereichs bestehen, und der technischen Verwertung dieser Erkenntnisse im Hinblick auf die Probleme unseres Lebens.[426]

bb) Forschung in den formalen Wissenschaften

C151 In den formalen Wissenschaften der Logik und Mathematik spielen Einbildungskraft und freie Erfindung eine ganz analoge Rolle. Die Regeln des deduktiven Schließens in der Logik stellen ebenfalls keine mechanisch anwendbaren Regeln zur Entdeckung logischer Lehrsätze dar. Sie liefern nicht einmal Verfahren für die Konstruktion von Beweisen oder Widerlegungen. Die Entdeckung eines wichtigen fruchtbaren mathematischen oder logischen Theorems erfordert erfinderische Schöpfungskraft; „sie verlangt phantasievolles, scharfsinniges Raten".[427] Es gibt nicht *die Logik,* aus der sich alles ableiten ließe, sondern nur die *verschiedenen Logiksysteme,* die sich im Hinblick auf ihre Mächtigkeit, abhängig von der semantischen Interpretation ihrer zugrunde gelegten logischen Konstanten,[428] oder auf ihre intuitive Einsichtigkeit und Lernbarkeit[429] unterscheiden und insoweit ihre spezifischen Vor- und Nachteile haben. Jedes vorgeschlagene System der Logik oder Mathematik muss gewährleisten, dass alle in ihm beweisbaren Sätze logisch wahre Sätze (Widerspruchsfreiheit oder Korrektheit) und alle logisch wahren Sätze in ihm beweisbar (Vollständigkeit) sind. Es ist zwar möglich, die Widerspruchsfreiheit und Vollständigkeit eines bestimmten Logiksystems zu beweisen,[430] wie es *Gödel* als erstem für das prädikatenlogische System aus dem monumentalen Werk „Principia Mathematica" von *Whitehead/Russell* gelungen ist.[431] Es ist aber unmöglich, ein widerspruchsfreies und vollständiges Axiomensystem zu entwickeln, das den gesamten Bereich der Mathematik oder Logik abdeckt: Ist es widerspruchsfrei, dann ist es nicht vollständig; d.h. in einem beliebigen widerspruchsfreien axiomatischen System gibt es immer wahre Sätze, die aus ihm nicht abgeleitet werden können. Und ist es vollständig, dann ist seine Widerspruchsfreiheit innerhalb des Systems nicht beweisbar. Diese Erkenntnis verdanken wir ebenfalls *Gödel,* der in seinem berühmt gewordenen Aufsatz „Über formal unentscheidbare Sätze der Principia Mathematica und verwandter Systeme I"[432] einen Beweis für beide Sätze vorlegte, und damit die grundsätzlichen Grenzen der axiomatischen Methode in den

---

[426] *Essler* (1971), S. 116.
[427] *Hempel* (1974), S. 29.
[428] Vgl. oben → Rn. C121; *Stegmüller* (1979), S. 148 ff.
[429] Insoweit erweisen sich die Kalküle des natürlichen Schließens (Beispiel: *Barwise/Etchemendy* (2005), S. vii ff./Vorwort der Übersetzer, S. 145 ff.) gegenüber axiomatischen Systemen (Beispiel: *v. Kutschera/Breitkopf* (1974), S. 56 ff., 96 ff.) als deutlich überlegen.
[430] Z. B. *v. Kutschera/Breitkopf* (1974), S. 58 ff., 103 ff., für ihre axiomatischen aussagenlogischen und prädikatenlogischen Kalküle K und L.
[431] *Gödel* Monatshefte für Mathematik und Physik Bd. 37 (1930), 349 – 360. Vgl. dazu auch das Logikerbeispiel in *Haberstumpf* (1982), S. 3 ff.
[432] Monatshefte für Mathematik und Physik, Bd. 38 (1931), 173 – 198. Aus der unübersehbaren Zahl von Veröffentlichungen zu Gödels Unvollständigkeitssätzen s. *Nagel/Newman* (1964), S. 59 ff.

formalen Wissenschaften aufwies. Für die allgemeine Algorithmustheorie der Informatik bedeutet dies z. B., dass es keinen Algorithmus gibt, der jedes mathematisches Problem löst.[433] Daraus kann gefolgert werden: Wir können immer wieder neue logische und mathematische Systeme und formale Beweisverfahren finden. Der Schöpferkraft der auf diesen Gebieten tätigen Forscher sind insoweit ebenso wenig prinzipielle Grenzen gesetzt wie in den Naturwissenschaften.

cc) Geisteswissenschaftliche Erkenntnisfindung in den Geschichtswissenschaften

Wenn sich Argument (I) schon in den sog. exakten Wissenschaften als unhaltbar erweist, könnte man den Schluss ziehen, dass dies in den anderen geisteswissenschaftlichen Disziplinen erst recht gilt. Bevor wir uns aber mit einem solchen Erst-Recht-Schluss zufriedengeben, wollen wir einen Blick auf die Arbeit von Historikern werfen, weil in der Gerichtspraxis mit Argument (I) deren Forschungsergebnissen mehrfach der urheberrechtliche Schutz explizit verweigert oder so abgeschwächt wurde, dass davon praktisch nichts mehr übrigblieb. Als markante Beispiele greifen wir die beiden Entscheidungen des OLG Frankfurt „Unternehmen Tannenberg" und „Habilitationsschrift" heraus. In der ersten Entscheidung verweigerte das Gericht den Schutz für ein 50-seitiges Manuskript, in dem ein Historiker die von den Nationalsozialisten vorgetäuschten Zwischenfälle am Vorabend des Zweiten Weltkriegs schilderte, mit der Begründung, es folge „in seinem Aufbau im Wesentlichen nur der zeitlichen Abfolge des historischen Geschehens" und gebe „dies sachlich und mit nüchternen Worten wieder." Eine sachliche Darstellung historischer Ereignisse in der Reihenfolge ihres zeitlichen Verlaufs sei in Schriftwerken zur Geschichte aus wissenschaftlichen Gründen geboten, zumindest aber in den Geschichtswissenschaften weitgehend üblich.[434] In der zweiten Entscheidung konzedierte das OLG Frankfurt zwar, dass die 425-seitige Habilitationsschrift der klagenden Historikerin mit dem Titel „Deutsch als internationale Wissenschaftssprache und der Boykott nach dem Ersten Weltkrieg" ein urheberrechtlich geschütztes Sprachwerk i. S. v. § 2 Abs. 1 Nr. 1 UrhG sei,[435] schränkte den Schutz aber weitgehend mit dem Argument ein, die Arbeit gebe weit überwiegend historische Tatsachen wieder, auch wenn sie vor der Veröffentlichung durch die Historikerin nicht bekannt gewesen seien. Der in Fachkreisen gelobte Fakten- und Materialreichtum ihrer Arbeit habe per se nichts mit einer persönlichen geistigen Schöpfung i. S. v. § 2 Abs. 2 UrhG zu tun, da nicht der Arbeitsaufwand als solcher, sondern allein die kreative Tätigkeit maßgeblich sei. Die Übernahme derselben Tatsachen in die Schrift eines Fachkollegen verletze daher deren Urheberrecht nicht. Damit zeichnet das

---

[433] *Goldschlager/Lister* (1990), S. 80, 82 f.
[434] OLG Frankfurt GRUR 1990, 124, 126 – Unternehmen Tannenberg. Zur Kritik *Haberstumpf* UFITA Bd. 96 (1983), 41 ff.
[435] OLG Frankfurt ZUM 2012, 574, 577 – Habilitationsschrift – mit Anmerkung *Haberstumpf* ZUM 2012, 529 ff.

OLG Frankfurt ein grob verfälschendes Zerrbild der eigentlichen Tätigkeit eines Historikers. Wie jedes beobachtbare Phänomen kann auch jeder noch so kleine historische Zeitabschnitt unter den verschiedensten Gesichtspunkten, die aus historischen Zeugnissen nicht einfach abgelesen werden können, untersucht werden. Das alleinige Ziel eines Historikers kann daher nicht sein, irgendwelche historische Tatsachen in ihrer zeitlichen Abfolge zu präsentieren. Er käme ebenfalls nie zu einem Ende und könnte nie sicher sein, wenigstens die wichtigen gefunden zu haben. Wie sein naturwissenschaftlicher Kollege muss er sich vielmehr eine Konzeption zurechtlegen, die bestimmt, welche Tatsachen *relevant* sind.[436] Hinsichtlich des Registers einer Sammlung mittelalterlicher Briefe bringt der BGH diesen Umstand klar auf den Punkt:[437]

„Dies zeigt, dass die Erstellung des Registers im vorliegenden Fall keine bloße Zusammenstellung einzelner Fakten ist, sondern auf einer Konzeption beruht, welche die wissenschaftliche Bearbeitung der gesammelten und kommentierten Briefe unter den verschiedensten Gesichtspunkten bereits berücksichtigt. Das ist aber eine urheberrechtsschutzfähige persönliche geistige Leistung."

C153 Hat ein Historiker seinen Forschungsgegenstand und das Ziel seiner Arbeit umrissen, kann er ferner nicht ohne Weiteres davon ausgehen, dass ihm eine bestimmte abgegrenzte Menge vorhandener historischer Quellen und Zeugnisse zur Verfügung steht, aus der er bloß eine Auswahl zu treffen hat, sondern wird vielfach gezwungen sein, sich zumindest einen Teil der für seine Konzeption relevanten Sachverhalte und Daten erst zu erarbeiten. Er muss schließlich die vorhandenen und von ihm etwa bei Ausgrabungen geschaffenen oder sonstwie herbeigeschafften Zeugnisse deuten und in einen Sinnzusammenhang bringen mit dem Ziel, eine bestimmte (zeitlich, räumlich oder sozial definierte) historische Situation in ihrer Eigenart möglichst genau und angemessen zu durchschauen.[438] Von einem Geschichtswissenschaftler erwarten wir deshalb nicht nur, dass er eine Erklärung liefert, warum etwas so war, sondern auch, dass er Gründe angibt, warum wir glauben sollen, dass es so war, wie er behauptet. Und dies geschieht, indem er Hypothesen aufstellt, wie die von ihm ausgewerteten Quellen interpretiert werden könnten, zwischen alternativen Deutungsmöglichkeiten abwägt und sie daraufhin überprüft, ob und in welchem Maße sie mit den vorhandenen oder gefundenen historischen Zeugnissen und den damals herrschenden sozialen, klimatischen, wirtschaftlichen Verhältnissen usw. in Einklang stehen. Das schließt einerseits nicht aus, dass etwa schriftliche Quellen anders interpretiert werden müssen, als sie aussagen.[439] Sie könnten gefälscht sein oder nur die rein subjektive Sicht des jeweiligen Verfassers wiedergeben. Ande-

---

[436] Vgl. *Seiffert* (1971) Bd. 2, S. 86 ff.
[437] BGH GRUR 1980, 227, 231 – Monumenta Germaniae Historica; ähnlich BGH GRUR 1982, 37, 38 f. – WK-Dokumentation.
[438] *Seiffert* (1971) Bd. 2, S. 108.
[439] Zur quellenkritischen Analyse siehe das von *Seiffert* (1971) Bd. 2, S. 110, diskutierte Beispiel des „Privilegium Majus".

rerseits kommt es natürlich auch vor, dass selbst eine bestens bestätigte historische Erklärung nachträglich falsifiziert wird, weil bislang unbekannte Zeugnisse auftauchen, die sie über den Haufen werfen.[440] Abgesehen davon, dass die in historischen Arbeiten verwendeten Erklärungsmodelle sich nicht auf allgemeine Naturgesetze beziehen, die sich in der Zukunft bewähren müssen, sondern auf abgeschlossene Ereignisse und Sachverhalte, die nicht mehr durch manipulierte Experimente überprüft werden können, weist die Erkenntnisgewinnung in beiden Wissenschaftsbereichen große Ähnlichkeiten auf,[441] die auch hier den Schluss rechtfertigen, dass die historische Forschungstätigkeit eine grundsätzlich schöpferische Tätigkeit ist.

dd) Rechtswissenschaftliche Erkenntnis- und Entscheidungsfindung

Um die vorstehenden Überlegungen weiter abzurunden, wollen wir abschließend noch auf die rechtswissenschaftliche Erkenntnis- und Entscheidungsfindung eingehen. Das Ziel praktischer Rechtsfindung, wie sie als Prototyp der Richter etwa mit einem Urteil in einem Zivil- oder Strafprozess vollzieht, besteht in der Gewinnung konkreter rechtlicher Sollensurteile. Ein solches Urteil könnte z. B. wie folgt lauten: Der Beklagte B wird verurteilt, an den Kläger A 1000 Euro zu zahlen. Es ist keine bloße Willensäußerung des entscheidenden Richters, sondern erhebt den Anspruch auf Wahrheit oder Richtigkeit[442] und muss begründet werden. In einer höheren Instanz ist beides zu überprüfen. Die wichtigste Art der Rechtfertigung eines solchen Sollensurteils ist die Begründung aus dem Gesetz, die sich in Form eines Schlusses, der unter dem Namen „juristischer Syllogismus" bekannt ist,[443] vollzieht. Er hat allgemein folgende Gestalt:[444]

(J1) Für alle x gilt: Wenn x ein Sachverhalt ist, der die Tatbestandsvoraussetzungen $V_1, V_2, V_3 \ldots V_m$ einer generellen Gesetzesnorm G erfüllt, sollen[445] die in G angeordneten Rechtsfolgen $R_1, R_2, R_3 \ldots R_n$ eintreten.

(J2) a ist ein Sachverhalt, der die Tatbestandsvoraussetzungen $V_1, V_2, V_3 \ldots V_m$ von G erfüllt.

(J3) Also sollen für a die Rechtsfolgen $R_1, R_2, R_3 \ldots R_n$ eintreten.

Es fällt auf, dass dieses Schlussschema genau dem deduktiv-nomologischen Erklärungs- und Begründungsmodell entspricht, das in den empirischen Wissen-

---

[440] S. das obige Beispiel eines historischen Romans (→ Rn. B122).
[441] *Essler* (1971), S. 52 ff.
[442] Dazu näher *Alexy* (1978), S. 264 ff.
[443] *Joerden* (2005), S. 320 ff.; *Alexy* (1978), S. 273; *Neumann* (1986), S. 17 ff.
[444] Vgl. dazu z. B. *Klug* (1966), S. 60 (5.12).
[445] Man könnte statt „sollen" auch die Wendungen „es ist geboten, dass" oder „es ist gerecht, dass" verwenden, um damit deutlicher auszudrücken, dass die Gesetzesnorm G nicht bloß einen Imperativ eines Gesetzgebers ausspricht, sondern eine allgemeine Wertaussage macht, über deren Wahrheit oder Richtigkeit man rational diskutieren kann.

schaften zur Erklärung von Einzelereignissen oder singulären Sachverhalten herangezogen wird:[446]

(E1) Für alle x gilt: Wenn x ein Sachverhalt ist, der die Antecedenzbedingungen $A_1, A_2, A_3 \ldots A_m$ eines generellen Naturgesetzes G erfüllt, dann treten die Ereignisse $E_1, E_2, E_3 \ldots E_n$ ein.
(E2) a ist ein Sachverhalt, der die Antecedenzbedingungen $A_1, A_2, A_3 \ldots A_m$ von G erfüllt.
(E3) Also treten für a die Ereignisse $E_1, E_2, E_3 \ldots E_n$ ein.

In beiden Fällen garantiert die Anwendung dieses Schlussschemas die Wahrheit oder Richtigkeit der jeweiligen Konklusion, wenn die beiden jeweils benutzten Prämissen wahr sind. Anders als in der allgemeinen Wissenschaftstheorie wird jedoch in der juristischen Methodenlehre dem juristischen Syllogismus als Argumentationsmuster mit der Begründung, er sei letztlich trivial[447] und zirkulär[448] kein hoher Stellenwert eingeräumt. An dieser Kritik ist natürlich richtig, dass die Konklusion inhaltlich nichts hinzufügt, was nicht schon in den beiden Prämissen steckt. Vorausgesetzt der Gesetzgeber hat die Tatbestandsvoraussetzungen und Rechtsfolgen der in Prämisse (J1) herangezogenen Norm G begrifflich hinreichend präzisiert, dann bedarf es in der Tat nur noch der Feststellung, dass Prämisse (J2) wahr ist, was im Zweifelsfall *empirisch* etwa in einer Beweisaufnahme zu klären ist.[449] *Juristische* Phantasie ist dabei – noch – nicht gefragt. Das bedeutet aber keineswegs, dass die Begründung aus dem Gesetz eine triviale Angelegenheit ist oder auf Zirkelschlüssen beruht. Ein konkretes Sollensurteil aus einer Norm korrekt deduktiv ableiten zu können, ist nämlich keine Selbstverständlichkeit, sondern erfordert Expertenwissen, um die einschlägigen Normen erst einmal herausfinden zu können, zu bestimmen, wie sie zusammenspielen und wie ihre Begriffe zu verstehen sind. Professionelle Juristen, die zur Rechtsanwendung und -beratung zugelassen sind, müssen mindestens ein mehrsemestriges Hochschulstudium erfolgreich abgeschlossen haben, in dem ihnen dieses Wissen beigebracht wird. In zivilrechtlichen Übungen und Klausuren haben sie beispielsweise gelernt, wie man einen konkreten Fall bei einem gegebenen (wahren) Sachverhalt korrekt löst: Es wird nach einer gesetzlichen Rechtsfolge gesucht, die dem Begehren eines Anspruchstellers entspricht, um dann anhand von Gruppen unterschiedlicher, gesetzlich normierter Anspruchsgrundlagen systematisch zu prüfen, ob der Tatbestand wenigstens einer dieser Anspruchsgrundlagen erfüllt ist. Diese Tätigkeit kann mehr oder weniger gut ausgeübt werden. Hat ein Student in einer Klausur eine relevante Anspruchsgrundlage übersehen oder sie nicht im Sinne der anerkannten juristischen Nomenklatur angewandt, bekommt er eine schlechte Note. Ein Zivilrichter, dem

---

[446] *Schurz* (2011), S. 223 ff.; *Hempel* (1974), S. 72 ff.
[447] Z. B. *Joerden* (2005), S. 321.
[448] *Neumann* (1986), S. 19.
[449] Zu den Fragen, die die Rechtfertigung von Prämisse (J2) aufwirft und die im Kontext der Form-Inhalt-Dichotomie ausgeklammert werden können, näher *Alexy* (1978), S. 285 ff.

IV. Form und Inhalt, Idee und Ausdruck   C155–C157

ein entsprechender Fehler unterläuft, muss damit rechnen, dass sein Urteil in einer höheren Instanz korrigiert wird.

Der juristische Syllogismus ist auch vom Vorwurf der Zirkularität freizusprechen. Die Schwurgerichtskammer, die nach einer korrekt durchgeführten Beweisaufnahme zu der Überzeugung gelangt, dass der Angeklagte den Tatbestand des § 211 StGB erfüllt hat, kann mit Recht schließen, dass er mit lebenslanger Freiheitsstrafe bestraft werden soll.[450] Aus dem Umstand, dass die Schwurgerichtskammer in einem Einzelfall zu einem aus § 211 StGB unmittelbar ableitbaren, das Rechtsgefühl der entscheidenden Richter befriedigenden Ergebnis gekommen ist, folgt jedoch nicht, dass alle Mörder mit dieser Strafe belegt werden sollen.[451] Diesen Beweis muss die Schwurgerichtskammer nicht führen und tut es auch nicht. Die Last, den als Prämisse (J1) genommenen Obersatz seinerseits zu begründen, hat ihr der Gesetzgeber abgenommen, was allerdings nicht ausschließt, dass in Zweifelsfällen auch die Gesetzesnorm G kritisch unter die Lupe genommen und modifiziert werden muss (s. u. Fall (d)). Ein vergleichender Blick auf das deduktiv-nomologische Erklärungs- und Begründungsmodell der empirischen Wissenschaften mag dies zusätzlich verdeutlichen. Auch die Konklusion (E3) bringt inhaltlich nur zum Vorschein, was in den Prämissen (E1) und (E2) bereits enthalten ist. Dennoch ist es weder trivial noch zirkulär. Ein Gerichtssachverständiger, der z. B. ein unfallanalytisches Gutachten zu der Frage, wie ein bestimmter Verkehrsunfall abgelaufen ist und welche Ursachen ihn herbeigeführt haben, zu erstellen hat, erledigt seine Aufgabe ebenfalls einwandfrei, wenn er sein Ergebnis logisch auf ein *anerkanntes, gut bestätigtes Naturgesetz G* zurückführen kann, das das Unfallgeschehen erklärt. Auch er muss also die auf seinem Gebiet geltenden Naturgesetze kennen, wissen, was ihre Formeln bedeuten und sie korrekt anwenden. Dieses in seiner Ausbildung erworbene Wissen garantiert aber nur in einfach gelagerten Fällen ein eindeutiges Ergebnis. Oft sind nicht alle relevanten Umstände bekannt oder verschiedene Erklärungsmöglichkeiten und Ursachen kommen in Betracht, die experimentell nachvollzogen und gegeneinander abgewogen werden müssen, wie es beispielsweise Ignaz Semmelweis bei der Suche nach der Ursache des Kindbettfiebers getan hat.

Die Anwendung einer Gesetzesnorm G durch Subsumtion eines konkreten Einzelfalls unter ihre normativ relevante generelle Beschreibung von Sachverhalten ist zwar ein völlig einwandfreies und hinreichendes Begründungsverfahren. Als Argumentationsmuster taugt es allerdings nur in unproblematischen Standardfällen. Es funktioniert nicht mehr, wenn die Sache komplizierter wird, beispielsweise, wenn (a) die in G verwendeten Begriffe unbestimmt,[452] nur ge-

---

[450] In der Praxis bedarf es allerdings einer Reihe von Zwischenschritten, um diesen Schluss vollständig vollziehen zu können; vgl. dazu ausführlich *Alexy* (1978), S. 276 ff.

[451] So aber *Neumann* (1986), S. 21 ff.

[452] Häufig beschränkt sich der Gesetzgeber auf die Nennung einzelner Beispiele und überlässt es der Rechtsprechung sogar ausdrücklich, die Reichweite der Gesetzesbegriffe näher zu präzisieren.

neralklauselartig umschrieben sind[453] oder der Gesetzgeber den zur Rechtsanwendung Berufenen einen Ermessensspielraum einräumt, (b) alternative Gesetzesnormen oder dogmatische Grundsätze vorhanden sind, aus denen widersprüchliche konkrete Sollensurteile ableitbar sind und deren logisches Verhältnis nicht geklärt ist,[454] (c) es gerecht erscheint, eine bestimmte Rechtsfolge eintreten zu lassen, aber keine Norm existiert, aus dem sie ableitbar ist[455] oder (d) eine bestimmte Rechtsfolge korrekt aus der Norm G deduziert werden kann, sie aber auf Ablehnung stößt. Wie Naturgesetze und empirische Theorien sind auch Gesetzesnormen und dogmatische Grundsätze nicht sakrosankt, sondern grundsätzlich fallibel. Sie haben hypothetischen (vorläufigen) Charakter und müssen sich in der Rechtspraxis bewähren, indem sie intuitiv befriedigende Ergebnisse gewährleisten und Falsifikationsversuchen durch aus ihnen korrekt ableitbare konkrete Sollensurteile standhalten. Anders als im Fall der unproblematischen Subsumtion eines Sachverhalts unter eine bewährte Gesetzesnorm gibt es kein mechanisch anwendbares Verfahren, wie in den Fällen (a) bis (d) die Begriffe der herangezogenen Norm zu präzisieren, wie Gesetzeslücken zu schließen und welche Grundsätze und Normen an die Stelle von traditionellen, die sich in der Rechtspraxis nicht hinreichend bewähren, zu setzen sind. Es geht um die Präzisierung und Formulierung von generellen Gesetzesaussagen, die die Funktion des Obersatzes (J1) im juristischen Syllogismus erfüllen können. Und diese müssen ihrerseits begründet und gerechtfertigt werden.[456] Insbesondere die klassischen Auslegungsmethoden, die sog. Canones der Auslegung nach dem Wortsinn (semantische Auslegung), nach der Entstehungsgeschichte der auszulegenden Norm (historische Auslegung), nach dem systematischen Zusammenhang (logisch-systematische Auslegung) und nach dem Gesetzeszweck (teleologische Auslegung) können diese Rolle nicht übernehmen,[457] da sie regelmäßig zu unterschiedlichen Interpretationsergebnissen führen und nicht klar ist, welchem im Einzelfall der Vorzug gebührt. Welches das richtige ist, hängt von *Abwägungsentscheidungen* ab, die jeweils gesondert begründet und gerechtfertigt werden müssen. Abwägungsentscheidungen sind das Ergebnis von komplexen kognitiven Überlegungen, die den Prozess des Suchens, ggfs.

---

[453] Ein Beispiel ist der Begriff der „Sittenwidrigkeit" in §§ 138, 826 BGB und des früheren § 1 UWG: s. *Haberstumpf* (1976), S. 22 ff., 73 ff.

[454] Ein Gegenbeispiel ist das im Bereich des Immaterialgüterrechts geltende Kumulationsprinzip. Es besagt, dass die jeweiligen Schutzsysteme nebeneinander anwendbar sind, soweit ihre jeweiligen Schutzvoraussetzungen gegeben sind und die gesetzlich gewährten Rechte reichen. Wenn aus ihren Normen, bezogen auf denselben geistigen Schutzgegenstand, unterschiedliche konkrete Sollensurteile deduzierbar sind, widersprechen diese sich deshalb nicht; s. u. → Rn. C164 f.

[455] Beispiele sind die Tatbestände der Entziehung elektrischer Energie (§ 248c StGB) und die Erschleichung von Leistungen eines Automaten (§ 265a StGB), die nicht unter die §§ 242 und 263 StGB subsumierbar waren und ein Eingreifen des Gesetzgebers erforderten, um nicht gerechtfertigte Freisprüche zu verhindern. S. *Engisch* (1968), S. 46 f.

[456] *Alexy* (1978), S. 283 ff., nennt sie externe Rechtfertigung, die die Richtigkeit des Obersatzes (J1) gewährleisten soll.

[457] Vgl. eingehend *Alexy* (1978), S. 288 ff.

IV. Form und Inhalt, Idee und Ausdruck C157–C158

des Neu-Ansetzens, des Fingierens alternativer Verläufe und des hypothetischen Räsonierens umfasst, die nicht nur eine Richtung haben.[458] Wie die eigentliche juristische Erkenntnisfindung, die sich nicht in der bloßen Anwendung präzise formulierter Gesetzesnormen erschöpft, vonstattengeht, soll am Beispiel der urheberrechtlichen Form-Inhalt-Dichotomie illustriert werden.

Der Satz (F-I), ein Werk des Urheberrechts sei generell oder in Teilbereichen nur in seiner Form nicht aber im Inhalt geschützt, ist ein *theoretischer* Grundsatz der Urheberrechtsdogmatik,[459] der dazu dienen soll, den Werkbegriff zu erhellen und den Schutzumfang zu umreißen, den ein geschütztes Werk im Einzelfall genießt. (F-I) wird in einem Urheberrechtsstreit praktisch relevant, wenn etwa gem. § 97 UrhG zu entscheiden ist, ob der klagende Urheber wegen Verletzung eines seiner Verwertungsrechte gegen den Beklagten einen Anspruch auf Beseitigung, Unterlassung oder Schadensersatz besitzt. Diese Rechtsfolgen treten ein, wenn der Beklagte die in § 97 UrhG beschriebenen Anspruchsvoraussetzungen erfüllt hat. (F-I) modifiziert dabei den Begriff der Verletzung einschränkend, indem er besagt, dass die Tatbestandsvoraussetzungen des § 97 UrhG um den Satz: Nur wenn die Form des Werkes vervielfältigt, verbreitet, öffentlich wiedergegeben wird usw., dann wird das Urheberrecht verletzt, zu ergänzen sind. (F-I) formuliert somit eine weitere notwendige Bedingung für den Eintritt der Rechtsfolgen, die an die Seite der gesetzlich angeführten Tatbestandsvoraussetzungen tritt. Ist sie nicht erfüllt, treten die gesetzlichen Rechtsfolgen nicht ein. Die Einbindung des dogmatischen Satzes (F-I) in die Tatbestandsvoraussetzungen des § 97 UrhG verleiht ihm seinen normativen Gehalt,[460] was die Möglichkeit eröffnet, ihn anhand konkreter Sollensurteile, die mit ihm aus § 97 UrhG unmittelbar ableitbar sind, zu überprüfen.[461] In Rechtsprechung und urheberrechtlichem Schrifttum besteht jedoch kein Konsens, wie die *theoretischen Begriffe* „Form" und „Inhalt" zu deuten sind. Da (F-I) in keiner Bestimmung des UrhG formuliert ist, führt die wortsinngemäße Auslegung seiner Begriffe und die systematische Auslegung seiner Normen nicht weiter. Der historische Gesetzgeber meinte einerseits, dass als persönliche geistige Schöpfungen „Erzeugnisse anzusehen sind, die durch ihren Inhalt oder durch ihre Form oder durch die Verbindung von Inhalt und Form etwas Neues und Eigentümliches darstellen",[462] machte andererseits aber deutlich, dass nur die persönliche Formgebung wissenschaftlicher Werke dem Urheberrechtsschutz unterliege, der Gedankeninhalt frei bleibe.[463] Wie er die Begriffe Form und Inhalt verstanden wissen woll-

---

[458] *Hahn* in Kolmer/Wildfeuer (2011), Bd. 1, Stichwort „Abwägung (Überlegung)", S. 35 ff.
[459] Zur Rolle der Dogmatik bei der Rechtsfindung vgl. *v. Savigny* (1976a), S. 7 ff., 100 ff. Vgl. auch *Alexy* (1978), S. 307 ff.
[460] S. o. → Rn B50; *v. Moltke* (1992), S. 41 ff.
[461] Zur Frage, ob und inwiefern das Popper'sche Falsifikationsmodell (*Popper* (1976), S. 7 ff., 47 ff.) auf die juristische Erkenntnisfindung übertragen und für sie fruchtbar gemacht werden kann, s. *Neumann* (1986), S. 38 ff.; *v. Savigny* (1967), S. 82 ff.; *v. Savigny* (1976b), S. 120 ff.; *Haberstumpf* (1976), S. 98 ff.
[462] Begr. RegE. BT-Drs. IV/270, S. 38.
[463] Begr. RegE. BT-Drs. IV/270, S. 37.

te und wie beide Aussagen miteinander zu vereinbaren sind, hat er allerdings nicht verraten. Nach § 11 UrhG besteht der Zweck des Urheberrechts darin, den Urheber in seinen geistigen und persönlichen Beziehungen zum Werk und in der Nutzung zu schützen, was einschließt, dass ihm eine angemessene Vergütung für die Nutzung des Werkes zu sichern ist. Daraus folgt nicht, dass es zur Erreichung dieses Ziels einer Einschränkung des Schutzumfangs auf die Form des Werkes bedarf, eher das Gegenteil.

C159 Vorstehend haben wir versucht, verschiedene vorgeschlagene und denkbare Interpretationshypothesen von (F-I) begrifflich zu präzisieren und durch Angabe von entschiedenen und ausgedachten Beispielsfällen bei der Gewinnung konkreter Sollensurteile in Urheberrechtsstreitsachen zu testen. Der Weg zur Findung solcher Hypothesen und deren systematische Überprüfung sind wie im Fall empirischer Forschung nicht vorgegeben. Der Vergleich der Versionen (F-I 2) bis (F-I 4) hat zwar gezeigt, dass sie untereinander gewisse Vorteile besitzen und in Ausschnitten befriedigende Ergebnisse liefern können. Die angeführten falsifizierenden Beispiele bzw. Beispielsgruppen wiegen aber so schwer, dass diese Theorienversionen als für den gesamten Anwendungsbereich des UrhG geltende Sätze zu verwerfen sind. Was die laufende Diskussion von (F-I 5) angeht, ist als Zwischenergebnis festzuhalten: Die eigentliche juristische Erkenntnisfindung – man spricht üblicherweise von Interessenabwägung – besteht in der Formulierung von allgemeinen hypothetischen Gesetzesaussagen, die den geltenden Normen hinzugefügt werden, sie modifizieren oder korrigieren und möglichst vielen Tests durch aus ihnen ableitbare Sollensurteile standhalten müssen; beides geht Hand in Hand. Unter alternativ in Betracht kommenden Versionen gebührt derjenigen der Vorzug, die die Tests am besten überstanden hat. Die juristische Erkenntnisfindung weist insoweit starke Parallelen zu unseren Erkenntnisbemühungen in den anderen wissenschaftlichen Disziplinen auf und ist ebenfalls eine grundsätzlich schöpferische Tätigkeit. Argument (I) betrachte ich daher als widerlegt.

b) Urheberrecht versus Erfinderrecht

C160 Argument (II), ein Schutz des schöpferischen Inhalts eines wissenschaftlichen oder technischen Werkes widerspreche dem Wesen des Urheberrechts und seiner Abgrenzung zu den technischen Schutzrechten, ist ein rechtssystematisches Argument. In der Rechtsprechung des BGH wurde es erstmals explizit in der Entscheidung „Flughafenpläne"[464] verwendet. Im älteren urheberrechtlichen Schrifttum führte es vor allem *Kohler*[465] auf den „tiefgreifenden Unterschied zwischen Entdeckung und Erfindung" zurück, der das gesamte Gebiet der Immaterialgüterrechte beherrsche. Unter Entdeckung versteht er das Aufdecken von

---

[464] BGH GRUR 1979, 464, 465 – Flughafenpläne; ebenso BGH GRUR 1984, 659, 660 – Ausschreibungsunterlagen, mit kritischer Anm. *Rojahn*; BGH GRUR 2011, 803 Rn. 50 – Lernspiele; dazu ausführlich *v. Moltke* (1992), S. 59 ff.

[465] *Kohler* (1907), S. 128 ff.

vorgegebenen Fakten, etwa die Ermittlung der Hausbewohner und Hauseigentümer eines Ortes oder die Ankunfts- und Abfahrtszeiten von Zügen. Deren Kundgabe müsse jedem gestattet sein.

Argument (II) zerfällt in zwei Teilbehauptungen: Erstens aus dem Gesamtzusammenhang der Normen des Urheberrechts, und zweitens aus der Zusammenschau mit den technischen Schutzrechten des Patent- und Gebrauchsmusterrechts ergebe sich, dass der Inhalt dieser Werke nicht geschützt sei. Die erste Teilbehauptung hat sich als falsch erwiesen. Wenn die eigentliche Arbeit eines Forschers darin besteht, neue Erkenntnisse zu gewinnen, sie in Sprachwerken oder Darstellungen wissenschaftlicher oder technischer Art vorzustellen und diese Tätigkeit eine grundsätzlich schöpferische ist, dann ergibt sich gerade aus dem Wesen des Urheberrechts gem. §§ 1 und 2 UrhG, dass ihre Ergebnisse grundsätzlich Schutz genießen müssen. Entdeckungen im Kohler'schen Sinn sind keine Erfindungen (s. § 1 Abs. 3 Nr. 1 PatG);[466] da hat er sicherlich Recht. Sie sind aber auch nicht gleichzusetzen mit Erkenntnissen und deren Präsentation in Sprachwerken oder Darstellungen i. S. v. § 2 Abs. 1 Nr. 1 und 7 UrhG. Ein Entdecker, der etwas sucht und findet, weiß in der Regel, was er sucht.[467] Ein Erfinder oder Wissenschaftler, der nach einer Lösung für eine bestimmte Aufgabe bzw. nach einer Erklärung für ein bestimmtes Phänomen sucht, kennt dagegen die Lösung bzw. Erklärung nicht, sondern muss Vermutungen in Form von Hypothesen anstellen und diese daraufhin überprüfen, welche am besten passt. Ein Entdecker, der etwas Unerwartetes oder bislang Unbekanntes findet und seinen Fund dem staunenden Publikum vorführt, präsentiert ebenfalls noch keine Erkenntnis und wird nicht schöpferisch tätig.[468] Sein Fund kann aber ihn und andere Personen anregen, sich schöpferisch mit ihm zu beschäftigen und ihn in das vorhandene Wissen einzufügen.[469] Weder durch das Urheberrecht noch durch das Erfinderrecht sind er und andere daran gehindert, das zu tun. Aus der von Kohler gemachten Unterscheidung zwischen Entdeckung und Erfindung lässt sich somit kein Argument für die urheberrechtliche Freiheit von wissenschaftlichen Inhalten, Erkenntnissen, Theorien und Lehren gewinnen.

Um die zweite Teilbehauptung zu überprüfen, bedarf es zunächst einer Präzisierung, was damit gemeint sein könnte. In der Entscheidung „Ausschreibungsunterlagen"[470] führt der BGH dazu aus, bei einem urheberrechtlichen Schutz der technischen Lehre werde in das bestehende Ordnungssystem der technischen Schutzrechte mit ihren anders gearteten formellen und materiellen Schutzvoraussetzungen und ihrer wesentlich kürzeren Schutzdauer ein-

---

[466] *Mes* (2020), PatG § 1 Rn. 106.
[467] Vgl. *Wittgenstein* (1973), S. 363 f.
[468] Vgl. OLG Frankfurt ZUM 2012, 574, 577 – Habilitationsschrift, das insoweit zutreffend ausführt, dass das bloße Auffinden von nicht allgemein zugänglichen Informationen keine persönliche geistige Schöpfung sei.
[469] Entdeckung und Erkenntnis sind oft miteinander verschlungen, vgl. anschaulich *Kuhn* (1967), S. 66 ff., zur Frage, wer als erster und wann den Sauerstoff entdeckt hat.
[470] BGH GRUR 1984, 659, 660. Ebenso *Kopp* (2014), S. 214 ff.

gegriffen. Das technische Gedankengut eines Werkes – die technische Lehre als solche – könne danach nicht Gegenstand des Urheberrechtsschutzes sein und könne daher auch nicht zur Begründung der Schutzfähigkeit von Schriftwerken, die die Lehre enthielten, herangezogen werden. Die Urheberrechtsschutzfähigkeit solcher Schriftwerke könne ihre Grundlage allein in der – notwendig schöpferischen – Form der Darstellung finden. Auch diese Begründung kann nicht überzeugen. Aus der Unterschiedlichkeit der Systeme des Urheberrechts und des Erfinderrechts (Patent- und Gebrauchsmusterrecht) folgt nämlich gerade nicht, dass Schriftwerke, die eine technische Lehre im Sinn des Erfinderrechts enthalten, nicht auch Gegenstände des Urheberrechts sein können. Der Schutz des Patent- und Gebrauchsmusterrechts bezieht sich nach § 1 Abs. 1 PatG bzw. § 1 Abs. 1 GebrMG auf Erfindungen. Unter Erfindung wird dabei allgemein eine Lehre zum planmäßigen Handeln unter Einsatz beherrschbarer Naturkräfte zur Erreichung eines kausal übersehbaren Erfolgs verstanden, mit der ein technisches Problem (auch Aufgabe genannt) gelöst wird.[471] Der Begriff der Technik wird benötigt, um Erfindungen von andersartigen menschlichen Leistungen abzugrenzen, die ebenfalls Handlungsanweisungen, z. B. Kochrezepte,[472] enthalten. Keine Erfindungen sind daher nach §§ 1 Abs. 3 und 4 PatG bzw. § 1 Abs. 2 und 3 GebrMG, weil ihnen regelmäßig die Technizität fehlt, Entdeckungen sowie wissenschaftliche Theorien und mathematische Methoden, ästhetische Formschöpfungen, Pläne, Regeln und Verfahren für gedankliche Tätigkeiten, für Spiele oder für geschäftliche Tätigkeiten sowie Programme für Datenverarbeitungsanlagen und die Wiedergabe von Informationen. Für diese Ergebnisse menschlicher Tätigkeiten tritt also eine Kollision zwischen Urheberrecht und dem Erfinderrecht schon von voneherein nicht auf.[473]

C163 Zu einer Kollision könnte es allenfalls dann kommen, wenn eine patentfähige Lehre in einem Schriftwerk präsentiert wird. Wir nehmen an, ein Erfinder reiche nach § 34 PatG eine formell ordnungsgemäße Patentschrift, die zusammen mit den beigefügten Zeichnungen die Erfindung beschreibt, für ein Erzeugnis ein, das auf militärischem Gebiet einsetzbar ist. Für diese Erfindung wird ihm ohne Veröffentlichung ein Geheimpatent[474] gem. §§ 50 ff. PatG erteilt. Kurz danach wird dem Erfinder anlässlich von Lizenzverhandlungen bekannt, dass ein Konkurrent Kopien der Patentschrift besitzt und konkrete Anstalten

---

[471] Z. B. BGH GRUR 2000, 1007 f. – Sprachanalyseeinrichtung; *Mes* (2020), PatG § 1 Rn. 10, 12.

[472] Vgl. dazu RGZ 81, 120 – Kochrezepte.

[473] *Haberstumpf* (1982), S. 72; *v. Moltke* (1992), S. 61 f.; vgl. auch BGH GRUR 1991, 449, 450 – Betriebssystem, zur Vereinbarkeit des urheberrechtlichen und patentrechtlichen Schutzes für Computerprogramme.

[474] Das Beispiel wurde deshalb auf ein Geheimpatent bezogen, weil bei einer normalen Patentanmeldung mit der Veröffentlichung der Offenlegungs- und Patentschriften gem. § 32 PatG durch das Patentamt diese nach § 5 Abs. 2 UrhG zu amtlichen Werken werden, die in urheberrechtlicher Hinsicht ungehindert benutzt werden dürfen (z. B. *Katzenberger/Metzger* in Schricker/Loewenheim (2020), UrhG § 5 Rn. 65), so dass im Normalfall eine Konfliktsituation nicht auftritt.

IV. Form und Inhalt, Idee und Ausdruck   C 163

trifft, das patentierte Erzeugnis herzustellen, Interessierten anzubieten und dazu Kopien mit Auszügen der Patentschrift, die die Erfindung beschreiben, verwendet. Könnte der Erfinder im Wege der einstweiligen Verfügung dem Konkurrenten dies verbieten lassen, um zu verhindern, dass seine Erfindung bekannt wird und nach dem Patent geschützte Erzeugnisse in den Verkehr gelangen? Als Verfügungsanspruch kommt hier zunächst § 139 Abs. 1 S. 2 PatG in Betracht, der dem Patentinhaber einen vorbeugenden Unterlassungsanspruch gewährt, wenn eine Zuwiderhandlung gegen seine Rechte gem. §§ 9 bis 13 PatG erstmalig droht. Nach § 9 Abs. 1 Nr. 1 PatG ist es jedem Dritten u. a. verboten, ohne Zustimmung des Patentinhabers ein Erzeugnis, das Gegenstand des Patents ist, herzustellen, anzubieten oder in Verkehr zu bringen. Zuwiderhandlungen gegen diese Verbote stehen in unserem Beispiel drohend bevor, so dass ein Antrag auf Erlass einer einstweiligen Verfügung insoweit begründet wäre. Wie steht es aber mit dem ebenfalls berechtigten Begehren des Erfinders, bereits vorhandene Kopien zu vernichten und zu verhindern, dass sein Konkurrent weitere Kopien der Patentschrift anfertigt und verwendet? Das Patentrecht gibt ihm dazu keine Handhabe. Denn mit der Herstellung des patentierten Erzeugnisses und dessen Verbreitung wird der Inhalt der Patentschrift nicht vervielfältigt und in den Verkehr gebracht. Das Erzeugnis drückt die technische Lehre, die zu seiner Herstellung benutzt wurde, nämlich nicht aus;[475] für einen Fachmann wäre sie allenfalls mehr oder weniger gut rekonstruierbar. Insoweit könnte aber das Urheberrecht helfen, das in den §§ 97 Abs. 1, 98 Abs. 1 UrhG ebenfalls entsprechende Verbots- und Vernichtungsansprüche gewährt. Da die beschriebene technische Lehre nur dann patentfähig ist, wenn sie sich gem. § 4 PatG für den Fachmann in nicht nahe liegender Weise aus dem Stand der Technik ergibt, d. h. wenn sie für den Fachmann aus den in der Öffentlichkeit zugänglich gemachten technischen Lehren und Regeln nicht mechanisch ableitbar ist, wird man ihre sprachliche und visuelle Beschreibung in der Patentschrift regelmäßig auch als ein schöpferisches Schriftwerk und eine schöpferische Darstellung technischer Art gem. § 2 Abs. 1 Nr. 1, Nr. 7 UrhG ansehen können. Denn auch die wiedergegebene technische Lehre muss mit einer Begründung versehen sein, warum sie das fragliche Problem auf neue Art löst, was regelmäßig eine Abwägung zwischen verschiedenen Lösungsalternativen voraussetzt. Geht man davon aus, dann steht dem Erfinder in unserem Beispiel gem. §§ 16, 97 Abs. 1, 98 Abs. 1 UrhG auch der Verfügungsanspruch zu, die Anfertigung von weiteren Kopien der Patentschrift zu verbieten und die vorhandenen zu vernichten; in deren Besitz kann sein Prozessgegner hier nur in rechtswidriger Weise gelangt sein. Die aus den genannten Anspruchsgrundlagen des Patent- und Urheberrechts für den Beispielsfall ableitbaren konkreten Sollensurteile widersprechen sich nicht, sodass auch hier keine Kollision der Schutzrechte auftritt. Damit ist auch die zweite Teilbehauptung von Argument (II) falsifiziert.

---

[475] Vgl. *Götting* (2020), § 1 Rn. 9.

C164 Urheberrecht und die technischen Schutzrechte schließen sich folglich nicht gegenseitig aus, auch wenn sie sich auf denselben geistigen Gegenstand, eine technische Lehre, beziehen, sondern ergänzen sich. Sie gewähren jeweils Schutz vor verschiedenen Handlungen.[476] Dem steht nicht entgegen, dass sich der Schutzumfang eines Patents auch auf technisch gleichwirkende Lösungen (sog. Äquivalenz) erstreckt, also auf Anwendungen der Lehre, die die Aufgabe mit gleichwirkenden Mitteln lösen.[477] Würde man die Wiedergabe von schöpferischen Handlungsanweisungen technischer oder nichttechnischer Art vom Urheberrecht ausschließen, wäre es eines wichtigen Teils seines genuinen Anwendungsbereichs beraubt.[478] Jedes nach § 69a Abs. 2, 3 UrhG geschützte Computerprogramm enthält in seiner Ausdrucksform mechanisch durch eine Maschine ausführbare Verfahrensregeln (Algorithmen),[479] die festlegen, wie bestimmte Aufgaben auf den verschiedensten Bereichen menschlicher Betätigung zu lösen sind. Niemand darf sie ohne Zustimmung des Programmschöpfers vervielfältigen, bearbeiten, verbreiten oder öffentlich wiedergeben (§ 69c UrhG). Die durch den Ablauf eines Programms erzielbaren Ergebnisse und deren Verwertung werden dagegen vom Urheberrechtsschutz nicht erfasst, weil in ihnen die Ausdrucksform des Programms nicht reproduziert wird, sondern etwas anderes.[480] Der Urheberrechtsschutz für ein Programm schließt deshalb nicht aus, dass daneben auch Schutzansprüche nach dem Erfinderrecht gegeben sind, wenn nämlich die Verfahrensregeln eines bestimmten Computerprogramms dazu dienen, ein konkretes technisches Problem mit technischen Mitteln zu lösen.[481] Im Softwareurheberrecht wird daraus mit Recht geschlossen, dass die Ausdrucksform eines geschützten Programms nicht dessen Funktionalität umfasst.[482] Dieser Satz gilt nicht bloß im Verhältnis zu computerimplementierten Erfindungen, sondern für alle Werke des Urheberrechts, die eine Gebrauchsfunktion besitzen.[483] Wer z. B. eine besonders geformte Gießkanne, die als Werk der angewandten Kunst geschützt ist, zum Gießen von Blumen verwendet, greift nicht in die an ihr bestehenden urheberrechtlichen Verwertungsrechte ein. Und

---

[476] *Ulmer* (1980), S. 139; *Haberstumpf* (1982), S. 73; *v. Moltke* (1992), S. 62; *Altenpohl* (1987), S. 154, 158; *Götting* (2004), S. 21 f.

[477] Z. B. *Mes* (2020), PatG § 14 Rn. 62 ff. Darin sieht *Kopp* (2014), S. 213, allerdings zu Unrecht einen Beleg für die urheberrechtliche Freiheit von technischen Gedanken, Ideen und Inhalten.

[478] S. *Obergfell* in Büscher/Dittmer/Schiwy (2015), UrhG § 2 UrhG Rn. 2: „Neben dem Wesenskern als Kulturrecht besitzt das Urheberrecht eine bedeutende technische Facette".

[479] S. o. → Rn. B75 zur sog. Church-Turing-These.

[480] Zum Form-Inhalt-Problem bei der Schaffung von Computerprogrammen ausführlich *Haberstumpf* (1993), II Rn. 40 ff.

[481] BGH GRUR 2009, 479 Rn. 11 f. – Steuerungseinrichtung für Untersuchungsmodalitäten; näher *Mes* (2020), PatG § 1 Rn. 125 ff.

[482] EuGH GRUR 2011, 220 Rn. 29 ff. – BSA/Kulturministerium; EuGH GRUR 2012, 814 Rn. 35 ff. – SAS Institute. Vgl. auch § 69d Abs. 3 UrhG, das eine Ausnahme vom Vervielfältigungsrecht eines Programmschöpfers vorsieht, wenn ein zur Vervielfältigung berechtigter Nutzer versucht, die Funktionen des Programms zu ermitteln.

[483] *Haberstumpf* ZGE 2015, 425, 439; *Haberstumpf* UFITA 2018, 495, 542.

IV. Form und Inhalt, Idee und Ausdruck   C164–C165

umgekehrt macht niemand von ihrer Funktionalität Gebrauch, wenn er ein weiteres Vervielfältigungsstück oder eine Fotografie der Gießkanne anfertigt. Von der Frage, wie Urheber- und Erfinderrecht voneinander abzugrenzen sind, sind allerdings die Fragen zu unterscheiden, in welchem Umfang auf technischem Gebiet die Spielräume für schöpferisches Gestalten beschränkt sind, technisch bedingte Merkmale eines Gegenstands mit Gebrauchsfunktion zu dessen Urheberrechtsschutzfähigkeit beitragen können und vom Schutz umfasst sind. Diese Fragen gehören nicht zum Form-Inhalt-Problem, sondern sind erst weiter unten bei der Diskussion des Begriffs der Schöpfung zu erörtern (→ Rn. E30 ff.). Zur Widerlegung von Argument (II) reicht es jedenfalls aus zu konstatieren, dass auch hier generell Spielräume vorhanden sind, die in individueller Weise ausgefüllt werden können.

c) Monopolisierung von Erkenntnissen, Gedanken und Ideen durch das Urheberrecht?

Argument (III), wissenschaftliche Inhalte, Erkenntnisse, Theorien und Lehren   C165
müssten der freien geistigen Auseinandersetzung zugänglich sein und dürften in der Person eines Urhebers nicht monopolisiert werden, ist ein sehr starkes Argument, dem man kaum etwas entgegensetzen kann. Es spielt zwar gleichfalls für die künstlerische Auseinandersetzung in den Bereichen von Literatur und Kunst eine Rolle, hat aber nicht die gleiche Brisanz, weil hier allgemein anerkannt ist, dass grundsätzlich auch inhaltliche Werkelemente dem Urheberrechtsschutz zugänglich sind.[484] Bei der Diskussion von (F-I 4) haben wir dieses Argument bereits in die Waagschale geworfen, um die Vorstellung zurückzuweisen, der Urheber könne einzelne charakteristische formale oder inhaltliche Eigenschaften seines Werkes exklusiv für sich beanspruchen. In Argument (III) wird es nun auf das gesamte Gedankengut eines wissenschaftlichen oder technischen Werkes bzw. auf den gesamten Inhalt eines künstlerischen Werkes ausgedehnt. Wie ausführlich dargelegt wurde, besteht die eigentliche schöpferische Tätigkeit eines Wissenschaftlers darin, neue Erkenntnisse zu gewinnen oder sich neue Lösungen, wie man bestimmte Ziele erreichen kann, auszudenken. Löst man diejenigen Teile, in denen sie ihren Ausdruck finden, heraus, dann bleiben, wenn überhaupt, mehr oder weniger uninteressante Belanglosigkeiten übrig, die den Schutz dieser Werke begründen könnten und vom Schutz umfasst wären.[485] Argument (III) gewinnt damit auf dem Gebiet der wissenschaftlichen Werke die Wirkung eines Totschlagarguments, das das Potenzial hat, wissenschaftliche und technische Werke gänzlich aus dem Anwendungsbereich des Urheberrechts zu verbannen. Ein solches Ergebnis widerspricht aber dem Wortlaut und der Konzeption des deutschen[486] und internationalen Urheberrechts und kann so nicht akzeptiert werden.

---
[484] Z. B. *Loewenheim/Leistner* in Schricker/Loewenheim (2020), UrhG § 2 Rn. 78.
[485] Näher *Haberstumpf* ZUM 2012, 529 ff.
[486] Vgl. z. B. §§ 1, 2 Abs. 1 Nr. 1, Abs. 1 Nr. 7, 69a Abs. 3 S. 1 UrhG.

aa) Form der Darstellung

C166 Die Rechtsprechung und ihr folgend die herrschende Meinung in der Literatur[487] versuchen, den Urheberrechtsschutz für wissenschaftliche, technische und sonstige Werke, die einen sachlichen Inhalt haben, mit der Forderung nach freier wissenschaftlicher Auseinandersetzung in Einklang zu bringen, indem sie ihn auf die „Form der Darstellung"[488], d. h. auf die verwendeten Worte und Wortfolgen (Formulierungen)[489], auf die von der Gedankenführung geprägte Gestaltung der Sprache und auf die Sammlung, Auswahl, Einteilung und Anordnung des Stoffes beschränken.[490] In manchen Entscheidungen[491] schließt der BGH noch weiter einschränkend sogar die Gedankenführung und -formung des dargestellten Inhalts weitgehend vom Schutz aus, soweit diese aus wissenschaftlichen Gründen in der gebotenen Form und durch die Verwendung der im fraglichen Bereich üblichen Ausdrucksweise üblich seien. Wie bei der vorstehenden Diskussion der Form-Inhalt-Dichotomie (F-I) in ihren Versionen (F-I 2) bis (F-I 5) dargelegt wurde, ist dieser Weg nicht gangbar, um das aufgezeigte Dilemma aufzulösen. Die wesentlichen Einwände können wie folgt zusammengefasst werden: In Sprachwerken verwendete Worte und Wortfolgen haben ebenso wie ihre Auswahl und Anordnung immer einen konventional bestimmten Inhalt, der über die Inhalte der einzelnen Worte und Wortfolgen hinausgeht. Zieht man ihn ab, bleiben nur sinnleere (bedeutungsleere) Zeichen übrig. Auch die in wissenschaftlichen oder technischen Werken ausgedrückten Inhalte sind *inhaltlich gedeutete Formen*. Aus der regelhaften Verwendung der Worte einer Sprache einschließlich der Wissenschaftssprachen und ihrer Kombination folgt weiter, dass wir von bestimmten Formulierungen unabhängig werden[492] und denselben Sinn mit anderen Worten und Wortfolgen innerhalb derselben Sprache sowie durch Übersetzung in eine andere Sprache ausdrücken können und dies auch ständig tun. Wie §§ 23 und 3 UrhG beweisen, umfasst der Schutz des Urheberrechts auch Umformulierungen, Umstellungen im Wortverlauf und sogar die Verwendung völlig verschiedener Worte im Fall einer Übersetzung, auch wenn sie ihrerseits schöpferisch sind, sofern dadurch der Inhalt (Sinn, Bedeutung) des umformulierten oder übersetzten Sprachwerkes im Wesentlichen erhalten bleibt. Die freie wissenschaftliche Auseinandersetzung verlangt aber, dass jeder Inhalt und damit auch die Form einer wissenschaftlichen Arbeit, jede These einschließ-

---

[487] Vgl. *Loewenheim/Leistner* in Schricker/Loewenheim (2020), UrhG § 2 Rn. 81 mit Nachweisen in Fn. 373.

[488] Z. B. BGH GRUR 1979, 464, 465 – Flughafenpläne; BGH GRUR 1984, 659, 660 – Ausschreibungsunterlagen.

[489] BGH GRUR 2011, 134 Rn. 36, 39 – Perlentaucher.

[490] Ständige Rechtsprechung z. B. BGH GRUR 2011, 134 Rn. 36 – Perlentaucher;

[491] BGH GRUR 1985, 1041, 1047 – Inkasso-Programm; BGH GRUR 1981, 352, 353 – Staatsexamensarbeit; BGH GRUR 1981, 520, 522 – Fragensammlung.

[492] Zwei wissenschaftliche Regelsysteme bzw. Axiomensysteme, die die Grundbegriffe des Systems festlegen, können deshalb identisch sein, auch wenn sie verschiedene Ausdrücke enthalten, s. *Essler* (1971), S. 32 ff.

lich der Gedankenführung, mit der sie gerechtfertigt und überprüft wird, diskutierbar und angreifbar sein muss.[493] Das wiederum bedingt, dass ein Wissenschaftler, der sich mit dem Inhalt oder Teilinhalten des Werkes eines Kollegen auseinandersetzt, auch grundsätzlich befugt sein muss, sie hinreichend genau wörtlich oder sinngemäß wiederzugeben, um deutlich zu machen, womit er sich auseinandersetzt.[494] Entsprechendes gilt für die inhaltliche Auseinandersetzung auf den Gebieten von Literatur und Kunst.[495]

bb) Gewebetheorie

Der weitgehende Ausschluss des Gedankeninhalts wissenschaftlicher oder technischer Werke vom Urheberrechtsschutz durch die herrschende Meinung ist indes nicht unwidersprochen geblieben. Die wohl gewichtigste Gegenposition bildet die von Ulmer begründete „Gewebetheorie". *Ulmer* führt in Bezug auf wissenschaftliche Werke aus:[496]   C167

„Auch hier ist aber der Inhalt nicht schlechthin frei. Den einzelnen Gedanken stehen die Gedanken in ihrer Fülle und in ihrer Beziehung zueinander, den Lehren und Theorien steht die wissenschaftliche Begründung in der Vielheit der gewählten Beispiele, der inneren Bezüge und Schlußfolgerungen gegenüber. [...] Und soweit in literarischen und wissenschaftlichen Werken Sachverhalte, Gedanken und Lehren zur Darstellung kommen, ist die Individualität des Werkes angesichts der Freiheit der einzelnen inhaltlichen Elemente in der Vielheit der Gesichtspunkte, in der Beziehung, in der sie zueinanderstehen, und in der Art der Darstellung, bildlich gesprochen im „Gewebe" des Werkes, zu sehen."

Die Gewebetheorie hat im Schrifttum eine Reihe von Anhänger[497] gefunden. In einer vereinzelt gebliebenen Entscheidung zum Softwareurheberrecht[498] hat sich ihr der BGH ebenfalls angeschlossen. In ihrem Ausgangspunkt ist ihr zuzustimmen. Sie bekräftigt zunächst, dass der geistige Gehalt eines wissenschaftlichen oder technischen Werkes mit dem zusammenfällt, was sein Autor mittels Worten und Wortverläufen eines sozial geregelten Sprachsystems, d. h. hier unter Verwendung seiner Fachterminologie oder einer Kunstsprache, ausdrückt, zu

---

[493] *Haberstumpf* ZUM 2012, 529, 532.
[494] S. o. → Rn. B55 ff.: Bei der Darstellung der Lehre Fichtes in seiner Schrift „Beweis der Unrechtmäßigkeit des Büchernachdrucks" habe ich es für erforderlich gehalten, ihren Autor besonders ausführlich wörtlich und sinngemäß zu Wort kommen lassen, ohne dass man sagen könnte, ich hätte sein – unterstellt noch bestehendes – Urheberrecht an der Schrift verletzt.
[495] Vgl. z. B. BGH GRUR 1994, 191, 193, 194 – Asterix-Persiflagen; BGH GRUR 1994, 206, 208 – Alcolix.
[496] *Ulmer* (1980), S. 121 ff.
[497] *Schricker* (1991), S. 1109 ff. Rn. 37, 43; *Loewenheim/Leistner* in Schricker/Loewenheim (2020), UrhG § 2 Rn. 83; *Katzenberger* Naturwissenschaften Bd. 62 (1975), 555, 557; *Reimer* GRUR 1980, 572, 578; *Haberstumpf* ZUM 2001, 819, 821 f.; *Waiblinger* UFITA 2011/II, 323, 378 ff.
[498] BGH GRUR 1991, 449, 453 – Betriebssystem; ebenso OLG Nürnberg ZUM-RD 2001, 398, 401 – Dienstanweisung.

verstehen gibt.⁴⁹⁹ Sie vermag ferner zutreffend zu erklären, warum diese Werke regelmäßig geschützt sind. Wissenschaftliche oder technische Erkenntnisse lassen sich nämlich nicht auf einzelne Lehrsätze, theoretische Grundsätze, Formeln usw. reduzieren. Von einer Erkenntnis sprechen wir vielmehr erst dann, wenn sie mit Gründen versehen ist, die angeben, warum wir glauben sollen, dass sie wahre oder richtige Aussagen wiedergibt. Dies wiederum bedingt, dass sie einer Überprüfung anhand ihrer logischen Konsequenzen unterzogen und mit anderen Erkenntnissen, Theorien und Lehren in Beziehung gesetzt und verglichen werden. Eine wertvolle Erkenntnis kann deshalb auch daraus resultieren, dass sie dabei falsifiziert werden und aus dem Kreis des gesicherten Wissens auszuscheiden sind. Erkenntnisse drücken sich somit immer in einem Gewebe von Sätzen, Argumenten und Testbeispielen aus. Und diese Erkenntnistätigkeit ist eine grundsätzlich schöpferische Tätigkeit.

C168　Dennoch vermag die Gewebetheorie letztlich nicht zu überzeugen, weil sie im Dunkeln lässt, was man sich unter freien Gedanken, Lehren und Theorien „als solchen"⁵⁰⁰, „an sich"⁵⁰¹ oder dem „Kern der wissenschaftlichen Aussage"⁵⁰² im Gegensatz zum geschützten Gewebe vorzustellen hat. Eine denkbare Interpretationsmöglichkeit könnte sein, die in einem Werk präsentierten freien Gedanken als an sich seiende Wesenheiten aufzufassen, die dem Reich der platonischen Ideen angehören und unabhängig von ihrer sprachlichen Einkleidung existieren.⁵⁰³ Damit ist aber das Problem nicht gelöst, sondern folgenlos in dieses Reich verschoben, von dem wir nicht wissen, ob es überhaupt existiert und wie die in ihm enthaltenen „freien" Gedanken, Lehren, Theorien usw. ausschauen.⁵⁰⁴

C169　Etwas besser steht es dagegen mit der Aussage, der „Kern" der wissenschaftlichen Aussage sei freies Allgemeingut. Man könnte darunter dasjenige verstehen, was der Autor als wichtig heraushebt und etwa als Fazit, Quintessenz oder Abstract seiner Abhandlung vor- oder nachstellt und von dem sonstigen Gewebe umlagert und vervollständigt wird. Warum sollten aber ausgerechnet diejenigen Gedanken, die der Autor nicht ins Zentrum seiner Überlegungen rückt oder in der Fachwelt keine Beachtung finden, den Urheberrechtsschutz genießen, die wichtigen dagegen nicht? Nehmen wir wieder als Beispiel die vorstehende Diskussion des Form-Inhalt-Problems (F-I). Was ich mit den Versionen (F-I 1) bis (F-I 5), den Argumenten, die für und wider sie sprechen, und den angegebenen Testbeispielen ausgebreitet habe, wird man sicherlich als ein Gewebe im Sinn der Gewebetheorie ansehen können. Doch was ist ihr freier Kern? Es liegt nahe, auf das Ergebnis der Überlegungen zu tippen, nämlich dass (F-I) im Allgemeinen und seine Versionen (F-I 2) bis (F-I 5) im Besonderen falsifiziert und aus

---

⁴⁹⁹ Vgl. die oben (→ Rn. C31) für die Identität eines Sprachwerks gegebene Definition (Sp5).
⁵⁰⁰ BGH GRUR 1991, 449, 453 – Betriebssystem; *Schricker* (1991), S. 1109 ff. Rn. 43.
⁵⁰¹ *Waiblinger* UFITA 2011/II, 323, 381 f.
⁵⁰² *Ulmer* (1967), S. 3; *Loewenheim/Leistner* in Schricker/Loewenheim (2020), UrhG § 2 Rn. 85; *Waiblinger* UFITA 2011/II, 323, 380.
⁵⁰³ Dazu näher oben → Rn. B91 ff.; *Haberstumpf* UFITA 2018, 495, 520 ff.
⁵⁰⁴ Vgl. auch *Haberstumpf* ZGE 2012, 284, 315 f.

dem dogmatischen Grundgerüst der Urheberrechtsordnung zu streichen sind. Diese Aussage allein ist aber weder schöpferisch noch neu. Um den Grundsatz (F-I) und seine Verneinung wird schon seit mehr als einem Jahrhundert gestritten. Wer ihn für richtig hält und für ihn argumentiert, hält sein Gegenteil für falsch und argumentiert dagegen und umgekehrt. Ihn und seine Verneinung zum freien Allgemeingut zu zählen, liefe hier auf eine bloße Trivialität hinaus. Man könnte sich natürlich auf die Suche nach anderen Kernaussagen, etwa auf die in (F-I 1) bis (F-I 5) formulierten Versionen von (F-I) begeben und diese für frei erklären. Aber auch dies wird nicht viel weiterhelfen, da auch ihr Sinn sich aus dem Gewebe der Gedanken ergibt, der sie umlagert; ohne es sind sie wenig interessant. Manchmal ist es aber auch so, dass sich ein Autor nicht auf bestimmte Kernaussagen festnageln lässt oder sie unbewusst so versteckt, dass sie auf Anhieb nicht zu entdecken sind. Ein Beispiel sind die „Philosophischen Untersuchungen" des Philosophen *Wittgenstein*,[505] deren Gedankengänge sehr ungeordnet und sprunghaft sind. Um zum Kern seiner späten Philosophie vorzudringen, bedarf es einer Interpretation des Gewebes dieser Gedanken, um sie zu ordnen und einige wenige Leitlinien heraus zu isolieren, zu denen sich die einzelnen Gedankengänge mit Gewinn in Beziehung setzen lassen.[506] Und selbstverständlich kann man durchaus verschiedener Meinung darüber sein, was die Kernaussage einer wissenschaftlichen Arbeit ist. Es wäre höchst fatal, dem Richter in einer Urheberrechtsstreitsache die Last aufzubürden, sich erst mühsam in das jeweils betroffene Fachgebiet einarbeiten zu müssen, um zu erkennen, worin die Kernaussagen des klägerischen Werkes liegen könnten. Den Kern einer wissenschaftlichen Arbeit herauszuarbeiten, ist Aufgabe von Rezensenten, der universitären und außeruniversitären Forschung und Lehre sowie der Sekundärliteratur, nicht der Justiz. Das Manko der Gewebetheorie liegt also nicht so sehr darin, dass der Begriff des Gewebes zu unscharf sei,[507] sondern darin, dass sie nicht angibt, wie auf die Herausforderung von Argument (III) adäquat zu reagieren ist. Es geht nicht darum, einzelne Elemente oder einzelne Aussagen eines wissenschaftlichen Werkes herauszulösen und diese für frei zu erklären, sondern darum, ob und wann es zulässig ist, das geschützte Gewebe oder Teile dieses Gewebes in ein anderes Werk zu übernehmen.

Anders als die Gewebetheorie versucht *Sellnick*,[508] mit Hilfe eines strukturalistischen Theorienkonzepts die gemeinfreien Elemente von wissenschaftlichen Arbeiten zu identifizieren. Theorien seien abstrakte Gegenstände, die klar von linguistischen Entitäten wie Bedeutungen zu unterscheiden seien. Er setzt somit eine Theorie in einen Gegensatz zu der Bedeutung von Äußerungen einzelner Wissenschaftler, in der sie dargestellt wird. Sie sei die „gemeinsame Struktur", die verschiedene wissenschaftliche Sprachwerke gemeinsam hätten, und bezeichne das Wissen, das ein Wissenschaftler mit dem Namen der Theo-

---

[505] *Wittgenstein* (1971).
[506] *v. Savigny* (1969), S. 15 f.
[507] So die Kritik von *Altenpohl* (1987), S. 114.
[508] *Sellnick* (1995), S. 144 ff.

rie zwangsläufig verbinde.[509] Der Vorteil der strukturalistischen Sichtweise sei, dass man mit ihr eine Lösung gefunden habe, verschiedene Theorien angesichts unterschiedlicher begrifflicher Grundlagen trotz des Vorkommens theoretischer Begriffe miteinander zu vergleichen.[510] Sellnick stützt sich dabei im Wesentlichen auf die Arbeiten *Stegmüllers*,[511] in denen das strukturalistische Theorienkonzept weiter ausgebaut und verfeinert wurde. Hinter diesem Konzept steckt die Idee, wissenschaftliche Theorien besser als mengentheoretische Modellsysteme anstatt als Aussagensysteme zu rekonstruieren.[512] Abgesehen davon, dass das strukturalistische Theorienkonzept viel zu kompliziert ist – von einer näheren Darstellung wird hier deshalb abgesehen –, um für die praktische juristische Arbeit fruchtbar gemacht werden zu können, erweist sich auch der Vorschlag von Sellnick aus mehreren Gründen als unbrauchbar. Es ist natürlich richtig, dass das Wissen, das die Fachwelt mit einer bestimmten Theorie verbindet, nicht mit der Bedeutung von Äußerungen einzelner Forscher, die an und mit ihr arbeiten, gleichgesetzt werden kann. Theorien sind keine statischen Gebilde, sondern evolutionären oder gar revolutionären Entwicklungsprozessen unterworfen.[513] Daran sind nicht einzelne Wissenschaftler beteiligt, sondern viele. Es wäre in der Tat abwegig, selbst einem genialen Forscher, der in einem Werk eine bahnbrechende Theorie entwickelt hat, über sein Urheberrecht auch die Erkenntnisse von Vorgängern, deren Arbeiten in seine Theorie einfließen, und Nachfolgern, die sie weiterentwickeln, ausschließlich zuzuordnen. Eine im Anfang ihrer Entwicklung begriffene Theorie kann ebenso wie eine ausgereifte immer in verschiedener Weise strukturalistisch modelliert werden.[514] Welches dieser Modelle bildet aber die gemeinfreien Elemente eines bestimmten Werkes ab? Umgekehrt ist es natürlich ebenfalls möglich, ein Modell von hoher Abstraktionsstufe in einer Vielzahl von Anwendungsfällen zu konkretisieren, ohne dass man sagen kann, sie seien durch das Modell vorgegeben.[515] Schließlich sind auch ein kleines Gipsmodell als Entwurf für eine große Bronzeplastik (§ 2 Abs. 1 Nr. 4 UrhG) und deren maßstabsgetreue Verkleinerungen oder Vergrößerungen Modelle, ohne dass man sagen kann, sie seien gemeinfrei.[516] Es ist aber unrichtig, die Struktur einer Theorie in einen scharfen Gegensatz zu linguistischen

---

[509] *Sellnick* (1995), S. 144 f., 156, 155.
[510] *Sellnick* (1995), S. 145.
[511] Zuletzt in *Stegmüller* (1986); *Stegmüller* (1979), S. 468 ff.
[512] *Schurz* (2011), S. 18.
[513] *Stegmüller* (1979), S. 490 ff.
[514] Vgl. *Essler* (1971), S. 39 ff., der systematisch zwischen strukturellen, idealisierten, semantischen und theoretischen Modellen unterscheidet, die ihrerseits in verschiedener Weise untergegliedert und häufig ineinander übergeführt werden können.
[515] *Sellnick* (1995), S. 156 ff., nennt als Beispiel einen allgemeinen Algorithmus, der in verschiedenen Computerprogrammen implementiert ist; ausführlich dazu *Haberstumpf* GRUR 1986, 225 ff.
[516] Nach *Essler* (1971), S. 40, gehören diese Beispiele zu den strukturellen Modellen. Theorien sind dagegen semantische Modelle, die durch ihre theoretischen Grundbegriffe ihren Gegenstandbereich strukturieren.

Einheiten, d. h. zu den Bedeutungen, die den geistigen Gehalt eines bestimmten wissenschaftlichen Werks ausmachen, zu bringen. Denn die abstrakten mengentheoretischen Prädikate, die die Anwendungsbereiche einer bestimmten Theorie festlegen und beschreiben, sind ebenfalls linguistische Gebilde, d. h. *Aussagen* in einer mengentheoretischen Sprache.[517] Und umgekehrt sind auch die Bedeutungen wissenschaftlicher Sprachwerke abstrakte Gegenstände, nämlich Zeichentypen und ihre Kombinationen. Insoweit können wir auf die obigen Abschnitte I bis III verweisen. Die Auffassung von Sellnick beseitigt somit nicht die Defizite der Gewebetheorie, sondern fällt hinter sie zurück. Wenn nämlich die in einer mengentheoretischen oder einer anderen wissenschaftlichen Kunstsprache ausgedrückten Strukturen eines wissenschaftlichen Werkes ebenso wie Bedeutungen der in einem anderen Werk verwendeten sprachlichen oder nichtsprachlichen Zeichen (Worte, Bilder, Töne, menschliche Bewegungen usw.) gemeinfreie kulturelle Einheiten sind,[518] dann sind alle von Menschen produzierte geistige Gegenstände unabhängig davon gemeinfrei,[519] welchen Komplexitätsgrad sie haben und ob sie schöpferisch sind. Dann gibt es nicht nur keinen Urheberrechtsschutz für Werke der Wissenschaft, sondern gar keinen. Damit halte ich auch Satz (F-I 5) für widerlegt.

5. Idee und Ausdruck

Die bisher erörterten Vorschläge, den Schutz des Urheberrechts für ein bestimmtes Werk mit Argument (III) in Einklang zu bringen, haben sich als erfolglos erwiesen. In der Diskussion rückt deshalb inzwischen ein anderes Begriffspaar in den Vordergrund, nämlich die Unterscheidung zwischen nicht geschützter Idee und geschütztem Ausdruck. In neuerer Zeit hat sich vor allem *Kopp*[520] ausführlich mit ihr auseinandergesetzt. Sie stammt aus dem angelsächsischen Rechtskreis, wo sie unter dem Stichwort „idea/expression-dichotomy" diskutiert wird, und hat anders als das Form-Inhalt-Problem Eingang in die internationalen, europäischen und deutschen Regelwerke[521] gefunden. Nach Art. 1 Abs. 2 der deutschen Fassung der Software-RL (§ 69a Abs. 2 S. 1 UrhG) gilt der gewährte Schutz für alle „Ausdrucksformen" eines Computerprogramms. Diese Formulierung könnte nahelegen, als sei damit die *Form des Ausdrucks* eines Computerprogramms gemeint und mit „zugrunde liegenden Ideen und Grundsätze" dasjenige, was die Form inhaltlich ausdrückt. In dieser Sicht würde sich die Idee-Ausdruck-Unterscheidung von der Form-Inhalt-Dichotomie (F-I) nur dadurch abheben, dass die Worte „Form und Inhalt" durch die Worte „Idee und Ausdruck" ausgetauscht sind, ohne dass sich sachlich etwas ändert. Dass dies ein

---

[517] *Schurz* (2011), S. 18; so auch *Stegmüller* (1979), S. 485 ff.
[518] So *Sellnick* (1995), S. 164 f., Thesen 3.1 bis 3.3.
[519] S. o. die Definitionen (Sp5) → Rn. C31, (Bi3) → Rn. C58, (Mu3) → Rn. C90, (P1) → Rn. C99.
[520] *Kopp* (2014).
[521] Vgl. Art. 9 Abs. 2 TRIPS, Art. 1 Abs. 2 Software-RL, § 69a Abs. 2 UrhG.

Fehlschluss wäre, verrät allerdings ein Blick auf die englische Originalfassung der Richtlinie, wo es heißt, dass der Schutz sich auf „the expression in any form of a computerprogram" beziehen soll. Es wird damit auf den Begriff des Computerprogramms in Art. 1 Abs. 1 S. 2 und Erwägungsgrund 7 der Software-RL referiert, der alle Formen – besser gesagt: alle Arten – von Computerprogrammen, auch solche, die in die Hardware integriert sind, und das Entwurfsmaterial in den Schutz einbezieht. In Erwägungsgrund 11 der englischen und französischen Fassung der Richtlinie heißt es dementsprechend, dass der *Ausdruck der zugrundeliegenden Ideen und Grundsätze* („the expression of those ideas and principles" bzw. „l'expression de ces idées et principes") urheberrechtlich zu schützen ist. Die Form des Ausdrucks eines Computerprogramms ist etwas anderes als der Ausdruck eines Computerprogramms in jeder Form. Und der Ausdruck einer Idee ist nicht gleichzusetzen mit einer Idee, die einer ausgedrückten Idee zugrunde liegt. Diese Idee-Ausdruck-Unterscheidung, die wir im Folgenden mit (I-A) abkürzen wollen, bringt somit gegenüber (F-I) etwas substanziell Neues. Der Gedanke, der hinter dem Grundsatz (I-A) steht, kann auf literarische Werke, von denen Computerprogramme nach Art. 1 Abs. 1 S. 1 Software-RL eine Unterklasse bilden, und auf alle sonstigen künstlerischen Werke verallgemeinert werden. Davon ausgehend könnte man dem Monopolisierungsargument (III) mit folgender Formulierung Rechnung tragen:

(I-A 1) Geschützt ist, was die in einem Werk verwendeten Zeichen eines sozial geregelten Kommunikationssystems ausdrücken (bedeuten, zu verstehen geben, welchen Inhalt sie haben), nicht geschützt sind dagegen Ideen oder Grundsätze, die dem Werk zugrunde liegen.

C172 Der erste Halbsatz von (I-A 1) besagt zunächst, dass Ideen nicht schlechthin frei sind, sondern geschützt sein können, wenn sie von einer Person in einem Kommunikationsakt zum Ausdruck gebracht werden. Was der Urheber nicht zum Ausdruck bringt, ist folglich nicht von seinem Urheberrecht umfasst. Personen, die den Kopf voller Ideen haben und sie nicht äußern oder überhaupt keine eigenen Ideen haben, sind keine Urheber. (I-A 1) erhält auf diese Weise einerseits die Vorzüge der Gewebetheorie auf wissenschaftlichem Gebiet und könnte andererseits einen Weg aufzeigen, mit Hilfe des Begriffs der *zugrunde liegenden Idee* allgemein den Bereich des menschlichen Schaffens zu umreißen, der im Interesse der kulturellen Fortentwicklung urheberrechtsfrei zu bleiben hat.

a) Zum Begriff der Idee

C173 Der in (I-A 1) formulierte Grundsatz der Ideenfreiheit steht und fällt jedoch mit der Definition des Begriffs der zugrundeliegenden Idee – den Begriff des Grundsatzes wollen wir der Einfachheit halber im Folgenden synonym zum Begriff der Idee verwenden und daher weglassen. Wie allerdings nicht anders zu erwarten ist, findet man in der urheberrechtlichen Rechtsprechung und Literatur einen bunten Strauß an Umschreibungen, was unter einer freien Idee zu verstehen sei.⁵²² Die folgende Aufzählung erhebt nicht den Anspruch auf Vollständigkeit:

(i) Ideen bilden den Bereich idealen Seins.⁵²³ Sie sind Modelle oder Urbilder, denen in ihrer gedanklichen Vollkommenheit keine adäquate Entsprechung in der realen Welt zukommt.⁵²⁴
(ii) Ideen sind die beim Urheber in seinem Inneren existierenden Gedanken-, Vorstellungs- und Empfindungsinhalte.⁵²⁵
(iii) Ideen sind bloße Gedankensplitter, Einfälle, Geistesblitze.⁵²⁶
(iv) Ideen sind gedankliche Inhalte von Schriftwerken, sofern diese keine Phantasieprodukte enthalten.⁵²⁷
(v) Ideen sind etwas Abstraktes.⁵²⁸
(vi) Ideen sind aus Einzelwerken abstrahierbare Gedanken, Konzepte, Theorien usw. höherer Allgemeinheitsstufe oder bereits vorhandene Gedanken solcher Art, die in Einzelwerken konkretisiert werden.⁵²⁹
(vii) Ideen sind die innovativen Kernelemente eines Werkes.⁵³⁰

Von diesen Begriffsbestimmungen verdient nur (vi) eine nähere Betrachtung. C174
Die übrigen sind bereits teilweise in anderen Zusammenhängen zur Sprache gebracht worden und können für die Diskussion von Argument (III) als irrelevant oder unbrauchbar ausgeschieden werden. (i) ist unbrauchbar, weil wir per definitionem nicht wissen, wie die an sich seienden Ideen aussehen.⁵³¹ (ii) ist irrelevant, da sich das Urheberrecht erst dann für im Inneren eines Urhebers existierende Ideen, Gedanken-, Vorstellungs- und Empfindungsinhalte⁵³² interessiert, wenn er sie entäußert (s. o. → Rn. C109). Mit den in (iii) genannten Gedankensplittern sind ganz einfache Ideen gemeint, die mangels hinreichender Komplexität keine Individualität aufweisen.⁵³³ Unschöpferisches Material kann die Schutzfähigkeit eines bestimmten Werkes nicht begründen und kann ohnehin ungehindert benutzt werden. Das mit Argument (III) umschriebene Pro-

---

⁵²² Vgl. *Kopp* (2014), S. 30 ff. Ein ähnliches Bild gibt die Entwicklung des philosophischen Ideenbegriffs ab, s. *Eichler* in Kolmer/Wildfeuer (2011), S. 1186 ff., Stichwort „Idee", der darauf aufmerksam macht, dass – anders als im Urheberrecht – in den Debatten der Gegenwart dem Begriff der Idee mit Misstrauen begegnet und vielmehr versucht wird, ihn zu vermeiden.
⁵²³ *Hubmann* (1954), S. 20.
⁵²⁴ *Eichler* in Kolmer/Wildfeuer (2011), S. 1189 f., Stichwort „Idee".
⁵²⁵ Z. B. *Loewenheim/Leistner* in Schricker/Loewenheim (2020), UrhG § 2 Rn. 73; s. o. → Rn. B67 ff.
⁵²⁶ *Loewenheim* in Schricker/Loewenheim, Urheberrecht, 5. Aufl. 2017, UrhG § 2 Rn. 73.
⁵²⁷ BGH GRUR 2011, 134, Rn. 36 – Perlentaucher.
⁵²⁸ *Kopp* (2014), S. 33.
⁵²⁹ *Haberstumpf* (1993), II Rn. 60.
⁵³⁰ Dazu *Kopp* (2014), S. 34 ff.
⁵³¹ S. o. → Rn. B95 f., C168.
⁵³² Diese Begriffe werden im Zusammenhang der Erörterung von Argument (III) synonym gebraucht.
⁵³³ *Loewenheim* in Schricker/Loewenheim, Urheberrecht, 5. Aufl. 2017, UrhG § 2 Rn. 73; dazu auch *Kopp* (2014), S. 31 f.

blem tritt überhaupt nicht auf. Die in (iv) vorgenommene Gleichsetzung von ungeschützter Idee mit ungeschütztem Inhalt ist verfehlt. Sie wurde bei der Besprechung der BGH-Entscheidung „Perlentaucher" bereits ausführlich kritisiert und zurückgewiesen.[534] Die Aussage (v) allein markiert keinen Unterschied zwischen geschütztem Ausdruck und ungeschützter Idee. Beide sind, wenn sie entäußert werden, abstrakte Gegenstände, Typen, die von den materiellen Objekten getrennt werden müssen, in denen sie vorkommen. Wenn schließlich nach (vii) die schöpferischen Kernelemente eines Werkes vom Schutz ausgenommen sein sollen, wird die Frage aufgeworfen, ob es dann überhaupt einen urheberrechtlichen Schutz für Werke der Literatur, Wissenschaft und Kunst geben kann.

C175 Dass Aussage (vi) einen Weg aufzeigen kann, sinnvoll zwischen ungeschützter Idee und geschütztem Ausdruck zu unterscheiden, leuchtet ein. Ein Autor oder Künstler, der ein konkretes Werk, einen konkreten Ausdruck, hervorbringt, macht etwas anderes als derjenige, der ein solches Werk formal oder inhaltlich analysiert und sie z. B. in ein bestimmtes Genre,[535] in allgemeine Stiltypen, Darstellungsweisen, Theorien usw. einordnet.[536] Beispiele: Die Arbeiten von Ignaz Semmelweis zur Ursache des Kindbettfiebers werden mit anderen Erkenntnissen verknüpft und in eine übergreifende Theorie der Bakteriologie eingebaut. An Kunstwerken und ihren Elementen werden gemeinsame formale oder inhaltliche Strukturen herausgearbeitet und diese als Werke einer bestimmten Stilrichtung ausgewiesen und dargestellt. Umgekehrt ist die Entwicklung einer Theorie oder einer allgemeinen Konzeption etwas anderes als ihre Konkretisierung auf einem bestimmten Anwendungsgebiet oder ihre Umsetzung in einem konkreten Werk. Ein Beispiel wäre die Darstellung eines allgemeinen Algorithmus in einem Informatiklehrbuch, der durch Programmentwickler im Wege der schrittweisen Verfeinerung unter Berücksichtigung der maßgebenden Rahmenbedingungen und gegebenenfalls unter Einbeziehung anderer Algorithmen zu einem ablauffähigen Programm konkretisiert wird.[537] Ein weiteres Beispiel bildet die im Fall „Flughafenpläne"[538] strittige Konzeption, die den fraglichen Plänen des dortigen Klägers zugrunde lag. Der Vergleich seiner Pläne mit denen des Beklagten zeigte, dass sie verschiedene Inhalte hatten, weil der dargestellte Gegenstand, geplanter Großflughafen München II, jeweils anders dargestellt wurde. Aus beiden Plänen war aber der gemeinsame Grundgedanke rekonstruierbar, die Abfertigungsgebäude quer zu den Pisten anzuordnen, sie durch Umfassungsstraßen zu erschließen und ein unterirdisches Massenverkehrsmittel in die Mitte des Komplexes der Abfertigungsgebäude einzuführen. Dieser aus beiden Plänen abstrahierbare Grundgedanke wurde von beiden Parteien in unterschiedlicher

---

[534] S. o. → Rn. C129 ff. Vgl. auch *Kopp* (2014), S. 36 f.
[535] Zum Genre eines literarischen Werkes näher *Kopp* (2014), S. 12. Eingehend zum Begriff des Genres *Döhl* UFITA 2020, 236, 261 ff.
[536] S. o. → Rn. C124 ff.
[537] *Haberstumpf* (1993), II Rn. 26.
[538] BGH GRUR 1979, 464 ff. – Flughafenpläne.

Weise konkretisiert. Auch die im Fall „Forsthaus Falkenau"[539] umstrittene Idee für eine Vorabendfernsehserie kann als typisches Beispiel angeführt werden: Das in einem Exposé beschriebene und von der Beklagten nicht angenommene Konzept der Kläger sah vor, einen verwitweten Förster mit zwei erwachsenen Kindern vor dem Hintergrund einer überwältigenden bayerischen Alpenlandschaft agieren zu lassen und nicht nur die schönen Seiten, sondern auch die Probleme und Nöte eines Försters im Konflikt zwischen Umweltschutz und Ökologie zur Sprache zu bringen. Die Charaktere der Hauptpersonen waren dabei nicht ausgearbeitet und die möglichen Konfliktthemen nur angedeutet. Das OLG München hat deshalb mit Recht, die von der Beklagten hergestellten Filme der Serie „Forsthaus Falkenau" gemäß § 24 UrhG a. F. als freie Benutzung des Exposés gewertet, weil sie zwar Anklänge und Ähnlichkeiten zu ihm aufwiesen, dessen Inhalte aber nicht übernahmen. Eine ähnliche Rolle spielt die Frage des Ideenschutzes in der Rechtspraxis vor allem bei der Beurteilung von Fernsehshowformaten,[540] Spielideen[541] und Werbekonzepten.[542]

Dennoch vermag die mit (vi) vorgenommene Präzisierung von (I-A 1) nicht voll zu befriedigen. Sie verspricht nur in den aufgeführten klaren Beispielen einigermaßen eindeutige Ergebnisse. In der Rechtspraxis stehen dagegen Fallgestaltungen im Vordergrund, in denen Werkausdruck und zugrunde liegende Idee enger zusammenhängen.[543] In einem Werk ausgedrückte Ideen können immer in verschiedenster Weise generalisiert oder konkretisiert werden. Ab welchem Allgemeinheits- bzw. Konkretisierungsgrad beginnt eine ausgedrückte Idee, eine freie zu werden? Um diese Frage beantworten zu können, bedarf es zusätzlicher Kriterien, die Satz (I-A 1) nicht bereithält, auch wenn man ihn im Sinne von (vi) präzisiert.

C176

Zu bedenken ist schließlich, dass es grundsätzlich auch möglich sein muss, in Werken ausgedrückte Ideen identisch in andere Werke zu übernehmen, um sich mit ihnen wissenschaftlich oder künstlerisch auseinander zu setzen. Auf die obige Diskussion der Entscheidungen des BGH „Perlentaucher" und des BVerfG „Germania 3" (s. o. → Rn. C129 ff.) sowie der Gewebetheorie (s. o. → Rn. C167 ff.) wird Bezug genommen. Die I-A-Unterscheidung beschreibt deshalb kein reines Konkretisierungs- bzw. Verallgemeinerungsproblem.[544]

C177

Im US-amerikanischen Rechtskreis wird versucht, dieses Problem mit Hilfe der sog. *merger-doctrin* zu lösen. Sie besagt, dass ein Werk nicht schutzfähig ist, wenn Ausdruck und Idee derart miteinander verschmolzen sind, dass sie nicht voneinander getrennt werden und andere Urheber nicht oder nur begrenzt auf

C178

---

[539] OLG München GRUR 1990, 674 ff. – Forsthaus Falkenau.
[540] Z. B. BGH GRUR 2003, 876 ff. – Sendeformat, mit kritischer Anm. *Berking* GRUR 2004, 109 ff.
[541] Z. B. BGH GRUR 2011, 803 Rn. 40 ff., 50 – Lernspiele. Vgl. auch *Oechsler* GRUR 2009, 1101, 1106 ff.; *Schricker* GRUR Int. 2008, 200, 203 f.
[542] *Schricker* GRUR 1996, 815, 824 ff. Zum Ganzen näher *Kopp* (2014), S. 18 ff., 23 ff. mit weiteren Nachweisen.
[543] Dazu *Kopp* (2014), S. 237 ff.
[544] So aber noch *Haberstumpf* (1993), II Rn. 26 f.

andere Gestaltungen zurückgreifen können. Die merger-doctrin nimmt insoweit eine konträre Gegenposition zu (I-A 1) ein.⁵⁴⁵ Als generelles Prinzip ist sie ebenso wie die bisher diskutierten Versuche, die freie Idee begrifflich zu fassen, ungeeignet, der Herausforderung von Argument (III) zu begegnen. Wenn nämlich eine Idee mit dem Ausdruck eines konkreten Werks verschmolzen ist, ist sie unmittelbarer Inhalt des Ausdrucks.⁵⁴⁶ Jeder Urheber, der im Lauf des Schaffensprozesses mit seinen Ideen, Gedanken, Empfindungs-, Erlebnisinhalten usw. ringt, sie ordnet und sein Ergebnis, wenn er es für gelungen und abgeschlossen hält, in einem Kommunikationsakt entäußert, drückt es so und nicht anders aus. Wenn es schöpferisch ist, muss es urheberrechtlich geschützt sein. Angesichts der Unbegrenztheit unseres geistigen Lebens ist niemand gezwungen, in vorhandenen Werken ausgedrückte Ideen Eins-zu-Eins zu übernehmen, wenn er sich mit ihnen auseinandersetzen will. Argument (III) soll gewährleisten, dass sich unser geistiges und kulturelles Leben entwickelt, nicht aber dass es stagniert. Falls sich das Bedürfnis einstellt, in Werken verschmolzene Ideen ganz oder teilweise mehr oder weniger unverändert in andere Werke zu integrieren oder sonstwie wiederzugeben, kann dies daher nicht immer zulässig sein. Welche Kriterien dafür aber entscheidend sind und wann eine andere Person auf diese Gestaltung und keine andere zurückgreifen darf, sagt die merger-doctrin nicht.

b) Die Idee-Ausdruck-Relation

C179 Mit einem kategorialen Begriff der freien Idee, der individuelle Ideen säuberlich in geschützte und nicht geschützte aufteilt, kann dem in Argument (III) aufgeworfenen Problem somit nicht beigekommen werden. Der Wortlaut von Art. 1 Abs. 2 Software-RL (§ 69a Abs. 2 S. 2 UrhG), der in (I-A 1) auf alle Werke des Urheberrechts verallgemeinert wurde, verlangt aber gerade nicht, dass man über einen solchen Begriff verfügt. Durch Verwendung des Ausdrucks „zugrundeliegend" wird vielmehr klar zum Ausdruck gebracht, dass mit freien Ideen und Grundsätzen Gedanken gemeint sind, die in einer bestimmten Relation zu einer konkreten Ausdrucksform stehen: Ein geistiger Gehalt (a) wird mit einem anderen geistigen Gehalt (b) in ein bestimmtes Verhältnis gesetzt.⁵⁴⁷ Daraus ergeben sich genau vier theoretische Möglichkeiten, diese Relation, die den Namen *Idee-Ausdruck-Relation* erhalten soll, formal zu bestimmen:

(α) Der zugrundeliegende Gehalt (a) ist ebenso wie (b) geschützt,
(β) der zugrundeliegende Gehalt (a) ist geschützt, (b) dagegen nicht,
(γ) der zugrundeliegende Gehalt (a) ist nicht geschützt, (b) dagegen schon,
(δ) die Gehalte (a) und (b) sind jeweils nicht geschützt.

---

⁵⁴⁵ Zur Diskussion der merger-doctrin und der gegen sie erhobenen Einwände näher *Kopp* (2014), S. 267 ff.

⁵⁴⁶ *Haberstumpf* (1993), II Rn. 59.

⁵⁴⁷ *Haberstumpf* ZGE 2012, 284, 317 ff.; ebenso *Kopp* (2014), S. 204. Vgl. auch *Obergfell* in Büscher/Dittmer/Schiwy (2015), UrhG § 2 Rn. 14.

IV. Form und Inhalt, Idee und Ausdruck   C180–C181

Damit die Idee-Ausdruck-Relation ihre zugedachte Rolle spielen kann, kommt   C180
es allerdings nicht darauf an, dass der Gehalt (a) irgendwie einem anderen Gehalt (b) zugrunde liegt, sondern dass er *im Verhältnis zu (b) frei* ist. Die Relation muss daher zwei Grundbedingungen erfüllen: Erstens darf die dem geistigen Gehalt (b) zugrundeliegende Idee (a) nicht geeignet sein, (b) zu einem geschützten Werk zu machen. Der Ideenanreger, der nur eine zugrunde liegende freie Idee beisteuert, ist kein Urheber des mit ihr entwickelten Werkes.[548] Zweitens darf die Übernahme einer zugrunde liegenden Idee in ein anderes Werk keine Urheberrechtsverletzung darstellen. Diese beiden Bedingungen sind nur in den Konstellationen (δ) und (γ) voll erfüllt. In diesen Fallkonstellationen tritt aber das urheberrechtliche Problem der Ideenfreiheit überhaupt nicht auf. Sie stehen außerhalb des Kontextes des Urheberrechts. Unschöpferische und wegen des Ablaufs der Schutzfrist nicht mehr geschützte Ideen, Gedanken, Empfindungs- oder Erlebnisinhalte usw. des sog. Gemeingutes[549] können immer von anderen Personen verarbeitet werden, gleichgültig, ob damit ein geschütztes Werk hervorgebracht wird oder nicht. Sie sind nicht nur in Relation zu bestimmten Werken frei, sondern im Verhältnis zu allen. Wer ausschließlich Ideen des Gemeingutes beisteuert, ist nicht Urheber eines mit ihnen geschaffenen Werkes. Die Frage, was zum jederzeit benutzbaren Gemeingut gehört, darf deshalb nicht mit der Frage verwechselt werden, was eine zugrundeliegende freie Idee ist.[550]

Konstellation (α) umfasst die interessantesten Fallgruppen, in denen ge-   C181
schützte Ideen in geschützten Werken verallgemeinert, konkretisiert, ganz oder teilweise in sie übernommen werden. Sie deckt einen Großteil der Fälle ab, in denen die I-A-Unterscheidung praktisch relevant wird. Die beiden Grundbedingungen sind hier aber im Unterschied zu (γ) und (δ) nicht immer erfüllt. Wenn nämlich die in einem schöpferischen Ausdruck verschmolzene Idee ihrerseits schöpferisch bearbeitet oder umgestaltet wird, wird die Individualität der Bearbeitung sowohl vom Ersturheber wie vom Bearbeiter geprägt. Letzterer erwirbt nach §§ 3, 23 UrhG daher nur ein vom Ersturheber abhängiges Urheberrecht und bewegt sich innerhalb dessen Schutzumfangs.[551] In noch stärkerem Maße gilt dies für Fallkonstellation (β). In ihren Anwendungsfällen wird nämlich im Regelfall das Urheberrecht verletzt, wenn schöpferische Gedanken, die ein Urheber in einem Werk entäußert hat, kopiert oder mehr oder weniger unverändert in ein nicht geschütztes Werk einverleibt werden. Das muss aber nicht immer so sein. Ein Gegenbeispiel haben wir bei der Erörterung des deduktiv-nomologischen Erklärungsschemas und des juristischen Syllogismus bereits kennengelernt. Die bloße Anwendung einer empirischen Gesetzesaussage, die

---

[548] *Loewenheim/Peifer* in Schricker/Loewenheim (2020), UrhG § 7 Rn. 7, m. w. N.
[549] Was darunter im Einzelnen zu verstehen ist, näher unten → Rn. C187.
[550] Vgl. *Kopp* (2014), S. 259 ff.
[551] Vgl. *Haberstumpf* ZGE 2015, 425, 426 ff. Die in *Haberstumpf* ZGE 2012, 284, 318, gemachte Aussage, der konkrete schöpferische Gehalt eines Werkes könne die Individualität eines anderen Werkes, dem jener zugrunde liegt, nicht begründen, kann somit nicht aufrechterhalten werden.

sich in den heutigen ausgereiften physikalischen Theorien in mathematischen Formeln niederschlägt, sowie von sonstigen allgemeinen Gesetzesaussagen einschließlich der normativen und der zu ihrer Auslegung heranzuziehenden dogmatischen Grundsätze ist keine schöpferische Tätigkeit.[552] Sie setzt sich nicht mit den Erkenntnissen auseinander, die mit den Gesetzesaussagen in Verbindung stehen, sondern wendet sie an. Dies muss zulässig sein, auch wenn die Formulierung der Gesetzesaussage und des angewendeten Grundsatzes Teil eines schöpferischen Sprachwerks ist. Andere Beispiele sind bloße Auflistungen, die den jeweiligen Stand der Forschung darstellen, ohne sich mit ihm auseinanderzusetzen.[553] Oder Abstracts oder Rezensionen, die ohne eigene Schöpferkraft nur die individuellen Gedankengänge eines fremden Werkes gekürzt zusammenfassen.

C182   Damit Argument (III) überhaupt zum Zuge kommt, können zugrunde liegende Ideen also nur solche sein, die alle Merkmale eines geschützten Werkes i. S. v. § 2 Abs. 2 UrhG aufweisen. Für die in wissenschaftlichen oder technischen Werken präsentierten Erkenntnisse, Theorien und Lehren folgt daraus zwingend, dass sie vom Urheberrechtsschutz nicht ausgeschlossen werden dürfen. Zählt man sie entsprechend der herrschenden Auffassung zum jederzeit benutzbaren Gemeingut, läuft das Monopolisierungsargument (III) ins Leere. Wir halten es deshalb ebenfalls für falsifiziert.

c) Interessenabwägung

C183   Mit der dargestellten Idee-Ausdruck-Relation haben wir zwar den Anwendungsbereich des Satzes (I-A 1) grob umrissen, noch nicht aber die Frage beantwortet, *wann* eine zugrundeliegende schöpferische Idee in den Fallkonstellationen (α) und (β) eine *freie Idee* ist, auf die die beiden Grundbedingungen zutreffen. Insoweit muss die Relation inhaltlich weiter angereichert werden. Man könnte versuchen, Unterfallgruppen zu bilden, um das Problem in den Griff zu bekommen. Zur groben Orientierung wäre das sicherlich hilfreich. Ab welchem Konkretisierungs- bzw. Allgemeinheitsgrad eine zugrunde liegende Idee im Verhältnis zu einem bestimmten Werk eine freie ist, wird man aber kaum ein- für allemal festlegen können. Es kommt vielmehr auf die Umstände des Einzelfalls an.

C184   Hieran knüpft eine im neueren Schrifttum vertretene Auffassung an, die den *Grundsatz der Ideenfreiheit als die Ausprägung einer Interessenabwägung* zwischen Urheberrechtsschutz auf der einen Seite und dem Interesse an der Freiheit der wissenschaftlichen und künstlerischen Auseinandersetzung auf der anderen Seite sieht.[554] Ich werde mich ihr anschließen. Sie könnte wie folgt formuliert werden:

---

[552] S. o. → Rn. C155 f.
[553] *Waiblinger* UFITA 2011/II, 323, 375.
[554] *Kopp* (2014), S. 179 ff., 192 f., m. w. N. auf S. 199 Fn. 105; *Haberstumpf* ZGE 2012, 284, 319 f.; *Haberstumpf* (2000), Rn. 90. Speziell zu wissenschaftlichen Werken *Götting* (2004), S. 7, 23; *Altenpohl* (1987), S. 194 ff., 233, 275; *Obergfell* in Büscher/Dittmer/Schiwy (2015), UrhG

IV. Form und Inhalt, Idee und Ausdruck   C185–C187

(A-I 2) Geschützt ist, was die in einem Werk verwendeten Zeichen eines sozial geregelten Kommunikationssystems ausdrücken (bedeuten, zu verstehen geben, welchen Inhalt sie haben), nicht geschützt sind dagegen Ideen oder Grundsätze, die dem Werk zugrunde liegen und aufgrund einer umfassenden Interessenabwägung zu Gunsten der Freiheit der wissenschaftlichen und künstlerischen Auseinandersetzung vom Urheberrechtsschutz auszunehmen sind.

Mit diesem relationalen Begriff der *zugrunde liegenden freien Idee* ist der Interessenkonflikt theoretisch widerspruchsfrei auflösbar. Er ermöglicht es, einerseits dem Monopolisierungsargument (III) Geltung zu verschaffen und gleichzeitig einen effektiven Urheberrechtsschutz aufrecht zu erhalten. Er trägt insbesondere dem Umstand Rechnung, dass dieselbe zugrundeliegende Idee (a), die im Verhältnis zu einem geistigen Gehalt (b) frei ist, weil dieser z. B. in freier Benutzung von (a) geschaffen wurde, im Verhältnis zu einem anderen geistigen Gehalt (c) jedoch, der sie bloß reproduziert, geschützter Ausdruck sein kann.[555] Dennoch besteht kein Anlass, sich mit der juristischen Standardantwort, es komme auf den Einzelfall an, wenn man nicht mehr weiter weiß, zufrieden zu geben. Was jetzt benötigt wird, sind Kriterien, in welchem rechtlichen Rahmen die erforderliche Interessenabwägung stattzufinden hat und wie sie durchzuführen ist. Bevor wir uns aber daran machen, solche zu entwickeln, ist es erforderlich, einen genaueren Blick auf die Fallkonstellationen zu werfen, in denen der Interessenskonflikt von vornherein nicht auftritt.   C185

aa) Gemeingut und nicht erfasste Nutzungshandlungen

Die Freiheit der wissenschaftlichen und künstlerischen Auseinandersetzung wird durch die Monopolrechte des Urhebers nicht berührt, wenn ungeschützte Materialien und Stoffe verarbeitet werden oder Nutzungshandlungen vorgenommen werden, die nicht den geistigen Gehalt eines geschützten Werkes reproduzieren.[556]   C186

Die erste Gruppe bildet das sog. Gemeingut. Es umfasst zunächst alle Gegenstände, die nicht von Menschen geschaffen wurden. Es sind dies Dinge und Vorgänge der Natur, historische oder zeitgenössische Personen, historische Zeitabschnitte und Geschehnisse, aber auch tägliche Ereignisse und Gegebenheiten usw. Zum beliebig benutzbaren Gemeingut gehören ferner von Menschen geschaffene geistige Gestaltungen, die das Merkmal der Schöpfung nicht erfüllen oder für die ein urheberrechtlicher Schutz wegen Ablaufs der Schutzfrist gem.   C187

---

§ 2 Rn. 25; *Schricker* (1991), S. 1112 Rn. 43; *Loewenheim/Leistner* in Schricker/Loewenheim (2020), UrhG § 2 Rn. 85.

[555] *Haberstumpf* ZGE 2012, 284, 318 ff.

[556] Ebenso hält *Kopp* (2014), beide Fallgruppen, die sie als „Individualitätsproblem" (S. 259 ff.) und „Formproblem" (S. 217 ff.) bezeichnet, für keine Anwendungsfälle einer reiner Interessenabwägung, da sie durch die tatbestandlichen Voraussetzungen des § 2 Abs. 2 UrhG vorgeprägt sind (S. 200).

§§ 64 ff. UrhG nicht mehr gegeben ist. Gemeint ist vor allem das überkommende kulturelle Geistesgut, dem ein Urheber überhaupt nicht zugeordnet werden kann. Es besteht vornehmlich aus den Sagen, Märchen, Volksliedern oder Werken alter Meister. Die Nachbildung einer aus dem 15. Jahrhundert stammenden Madonna kann daher ein Urheberrecht an der Nachbildung nicht begründen und keine Urheberrechtsverletzung sein, wenn jemand die Nachbildung nachbildet.[557] Das Gemeingut ist nicht nur im Verhältnis zu bestimmten geistigen Gegenständen frei, sondern gegenüber allen. Urheberrechtlich relevant wird die Verwendung des Gemeingutes erst dann, wenn es seinerseits schöpferisch bearbeitet oder umgestaltet wird.[558] Auch die Abbildung des Exemplars eines gemeinfrei gewordenen Werkes in einer Fotografie kann ein nach § 2 Abs. 1 Nr. 5 UrhG geschütztes Lichtbildwerk hervorbringen oder ein verwandtes Schutzrecht nach § 72 UrhG für den Fotografen begründen.[559] Letzteres gilt ebenfalls für die erstmalige Herausgabe eines gemeinfrei gewordenen Werkes nach § 71 UrhG.[560]

C188 Zur zweiten interessanteren Gruppe gehören Ideen und Gedanken, die zwar irgendwie mit dem geistigen Gehalt und der Individualität eines bestimmten Werkes zusammenhängen, in ihm aber keinen Ausdruck finden. Der Urheberrechtsschutz bezieht sich nur auf *einzeln identifizierbare Sinneinheiten*, in denen ihr Schöpfer etwas für unser menschliches Handeln Bedeutsames ausdrückt. Handlungen, die diesen Sinngehalt weder identisch noch in veränderter Gestalt reproduzieren, tangieren deshalb den durch § 2 Abs. 2 UrhG bestimmten Schutzgegenstand nicht. Ein besonders charakteristisches Beispiel für diese Fallgruppe bildet die BGH-Entscheidung „Einheitsfahrschein", in der es um die Schutzfähigkeit eines Fahrscheinformulars ging. Der BGH führt in diesem Zusammenhang aus:[561]

„Bedarf es zum Verständnis oder zur zweckmäßigen Verwendung des Formulars besonderer, außerhalb des Formulars liegender Anweisungen, so muß sich der etwa aus diesen zusätzlichen Lehren ergebende Ideengehalt, über den das Formular selbst nichts aussagt, bei der Beurteilung der urheberrechtlichen Schutzfähigkeit außer Betracht bleiben. Denn der Gedankeninhalt, der in dem Formular selbst durch Sprachzeichen niedergelegt und sinnlich wahrnehmbar gemacht worden ist, muß unterschieden werden von der geistigen Tätigkeit, die dem Entwurf des Formulars vorausgegangen ist, aus ihm selbst aber nicht erkennbar ist."

Das fragliche Fahrscheinformular gehörte zu einem vom Kläger entwickelten Fahrgastabfertigungssystem für Nahverkehrsbetriebe. Es informierte den mit

---

[557] BGH GRUR 1966, 503, 506 – Apfelmadonna.
[558] BGH GRUR 1991, 533 – Brown Girl II.
[559] BGH GRUR 2019, 284 Rn. 26 ff. – Museumsfotos. Zu dieser Frage aus der Sicht von Art. 14 DSM-RL s. u. → Rn. F28 ff.
[560] Dazu *Stieper* GRUR 2012, 1083 ff.
[561] BGH GRUR 1959, 251, 252 – Einheitsfahrschein. Ebenso BGH GRUR 1963, 633, 634 – Rechenschieber – und schon RG GRUR 1934, 375, 378 – Taylorix-System.

IV. Form und Inhalt, Idee und Ausdruck   C188–C189

dem System nicht vertrauten Betrachter, dass hier eine Fahrstrecke durch parallel nebeneinanderliegende, durch Striche voneinander abgeteilte, durchlaufend nummerierte gleich große Leerfelder versinnbildlicht ist, wobei jedes Feld einer Einstiegstelle zugeordnet ist. Der Kläger sah das Besondere an seinem Einheitsfahrschein darin, dass dieser nicht eine konkrete, sondern eine gedachte Fahrstrecke zeige und daher auf jeder Fahrstrecke Verwendung finden könne. Der BGH ging zunächst davon aus, dass auch ausschließlich für praktische Gebrauchszwecke geschaffene Formulare, auch wenn sie zusammen mit Zahlen, Stichworten und Buchstaben nur aus nummerierten Feldern bestehen,[562] und bloße Zahlenwerke[563] Schriftwerke sind, die etwas sprachlich mitteilen, verweigerte aber den Urheberrechtsschutz, weil es vergleichbare Fahrscheinformulare schon gab. Die Entwicklung des Gesamtsystems, das der Kläger zusammen mit einer Anleitung zur Verwendung des Fahrscheins eingehend erläutert hatte, spielte für den BGH keine Rolle, auch wenn es eine schöpferische Geistestätigkeit erfordert haben sollte, weil es aus dem Fahrschein eben nicht erkennbar war. Die Begründung dieser Entscheidung, der in allen Punkten zuzustimmen ist, kann auf alle Werke verallgemeinert werden, aus ihr ergeben sich wichtige Konsequenzen für das Problem der sog. Ideenfreiheit.

Im Sinne der skizzierten I-A-Relation lässt sich die Begründung der Entscheidung zwanglos so interpretieren: Die Beschreibung des Fahrgastabfertigungssystems samt Anleitung zum Gebrauch des Fahrscheinformulars hat einen geistigen Gehalt (a), der dem geistigen Gehalt des Formulars (b) zugrunde liegt. Gleichgültig, ob (a) für sich genommen urheberrechtlich schutzfähig ist, ist (a) im Verhältnis zu (b) eine zugrundeliegende freie Idee, d. h. (a) begründet die Schutzfähigkeit von (b) nicht, und (b) verletzt das etwa an (a) bestehende Urheberrecht nicht, weil es den in (a) ausgedrückten schöpferischen geistigen Gehalt nicht übernimmt, ihn nicht reproduziert. Die beiden Grundbedingungen für die I-A-Relation sind hier ebenso wie bei der Benutzung des Gemeingutes gegeben, und zwar auch dann, wenn wir unterstellen, dass die Gestaltung des Fahrscheinformulars[564] selbst Ergebnis einer schöpferischen Handlung ist. Im Verhältnis zum Gesamtsystem würde sich dies nämlich nicht auswirken, sondern könnte nur im Verhältnis zu einem weiteren geistigen Gehalt (c) eine Rolle spielen, der den im Fahrschein zum Ausdruck kommenden Gehalt (b) übernimmt. Die Bestimmung der I-A-Relation muss deshalb weiter präzisiert und ergänzt werden: C189

---

[562] Anders dagegen zu Unrecht BGH GRUR 1963, 633, 634, in Bezug auf die Skaleneinteilung eines Rechenschiebers, mit insoweit kritischer Anm. *Reimer* GRUR 1963, 636f. Wie z. B. Pausen in Musikstücken (s. o. → Rn. C69) haben die Skalenstriche eines Rechenschiebers und die Abstände zwischen ihnen eine Bedeutung und sagen etwas aus. Das unterscheidet sie nicht von Tabellen, deren Werte meistens zeilenweise abgelesen werden können. Das muss aber nicht so sein, s. *Wittgenstein* (1971), § 86; *Wittgenstein* (1973), S. 93 f.
[563] Vgl. RG GRUR 1928, 718 ff. – Rechentabellen.
[564] Formulare, Rechenwerke, Tabellen usw. können nach § 2 Abs. 2 UrhG geschützt sein; s. statt aller *Loewenheim/Leistner* in Schricker/Loewenheim (2020), UrhG § 2 Rn. 118 m. w. N.; OLG Nürnberg GRUR-RR 2001, 225, 227 – Dienstanweisung.

(A-I 3) Geschützt ist, was die in einem Werk verwendeten Zeichen eines sozial geregelten Kommunikationssystems ausdrücken (bedeuten, zu verstehen geben, welchen Inhalt sie haben), nicht geschützt sind dagegen Ideen oder Grundsätze, die dem Werk zugrunde liegen, wenn sie unschöpferisch sind, nicht in das Werk übernommen werden oder aufgrund einer umfassenden Interessenabwägung zu Gunsten der Freiheit der wissenschaftlichen und künstlerischen Auseinandersetzung vom Urheberrechtsschutz auszunehmen sind.

C190 (A-I 3) kann mit folgender Tabelle, die den Namen *I-A-Matrix* bekommen soll, veranschaulicht werden:

	Spalte 1 (b) enthält (a)	Spalte 2 (a) ist geschützt	Spalte 3 (b) ist geschützt	Spalte 4 Interessenabwägung
Zeile 1	ja	ja	ja	ja
Zeile 2	ja	ja	nein	ja
Zeile 3	ja	nein	ja	nein
Zeile 4	ja	nein	nein	nein
Zeile 5	nein	ja	ja	nein
Zeile 6	nein	ja	nein	nein
Zeile 7	nein	nein	ja	nein
Zeile 8	nein	nein	nein	nein

Zeilen 1 und 2 bilden die Fallkonstellationen (α) und (β) ab. In den Fällen der Zeilen 3 und 4 sind die in (a) ausgedrückten Ideen zugrundeliegende freie Ideen, weil jeweils Gegenstände des Gemeingutes übernommen werden. Die zugrundeliegenden Ideen sind in den Fällen der Zeilen 5 und 6 ebenfalls frei, weil sie in dem geistigen Gehalt (b) nicht wiederkehren. In den Zeilen 7 und 8 ergibt sich ihre Freiheit aus beidem. Die Tabelle kann linear weitergeführt werden, wenn es um das Verhältnis zwischen (b), das einem anderen Gehalt (c) zugrunde liegt, geht usw. Der vom BGH entschiedene Fall „Einheitsfahrschein" ist in Zeile 6 einzugruppieren.

C191 Bevor wir aber zu den Fallkonstellationen übergehen, in denen es nach Zeilen 1 und 2 der I-A-Matrix zu einer Interessensabwägung kommt, bedürfen Zeilen 5 und 6 einer näheren Erläuterung. Zwei Einwände liegen nahe: Wieso kommt das dem Einheitsfahrschein zugrundeliegende System in ihm nicht zum Ausdruck, wenn er doch Teil des Systems ist und es zu seinem Verständnis und seiner bestimmungsgemäßen Verwendung der Kenntnis des Systems bedarf? Legt nicht die Bedeutung des Systems auch die Bedeutung des Fahrscheins fest? Diesen Einwänden kann man zunächst entgegensetzen, dass nicht jede in sich geschlossene Teileinheit eines geschützten Werkes automatisch an dessen Schutzfähigkeit teilhat; sie kann z. B. aus dem Gemeingut stammen oder wie im Fall „Einheitsfahrschein" mit bereits vorhandenen Werken oder Werkteilen übereinstimmen und aus diesem Grund nicht für den Urheber des Gesamtsystems geschützt sein. Ganz wesentlich sind aber vor allem die Überlegungen, die wir

IV. Form und Inhalt, Idee und Ausdruck   C191–C192

bereits zum Verhältnis von Urheberrecht und Erfinderrecht angestellt haben. Das Fahrscheinformular ist zwar kein Gegenstand des Erfinderrechts, aber ein Gegenstand, der für praktische Gebrauchszwecke bestimmt ist.[565] Der Schutz des Urheberrechts für Werke, die eine *Gebrauchsfunktion* besitzen, umfasst niemals deren Funktionalität, also auch hier nicht. Das Ergebnis der Anwendung einer Lehre, die die Funktionen eines Gegenstands beschreibt, drückt die Beschreibung der Lehre nicht aus. Und umgekehrt drückt ein Gebrauchsgegenstand nicht aus, welche Lehren zu seiner Herstellung benutzt wurden. Er kann eine Maschine oder eine Vorrichtung, mit deren Anwendung kausal übersehbare Wirkungen hervorgerufen werden, aber auch ein Nachschlagewerk, eine Tabelle oder eine Formelsammlung usw. sein, in denen ein geistiger Gehalt verkörpert ist, welcher kausal nicht wirkt. Auch hier werden mit der Wiedergabe der in ihnen enthaltenen Informationen und deren Verwendung die zugrundeliegenden Handlungsanweisungen nicht reproduziert. Ein typisches Beispiel haben wir bereits oben beim Schutz von Computerprogrammen (→ Rn. C164) kennen gelernt: Das Urheberrecht an einem Computerprogramm erfasst nur die Wiedergabe seiner sprachlichen Ausdrucksform, nicht aber die Ergebnisse seiner funktionalen Ausführung im Programmlauf.[566]

Wie bereits festgestellt, umfasst der Schutz eines konkreten Werkes auch nicht die Methoden, Stilrichtungen, Darstellungstechniken usw., die verwendet werden, um es hervorzubringen.[567] Die obige Schlussfolgerung kann offenbar sogar auf Werke, die *keine Gebrauchsfunktion* besitzen, erweitert werden. Warum ist das so? Die Antwort ergibt sich daraus, dass das geistige Werk des Urheberrechts Produkt eines regelgeleiteten menschlichen Kommunikationsverhaltens ist. Regelkonformes Handeln setzt voraus, dass der Handelnde gelernt hat, überhaupt Regeln zu folgen und dies in Übereinstimmung mit den sprachlichen, bildnerischen, musikalischen und tänzerischen Konventionen der Gemeinschaft, in der er lebt, richtig zu tun (→ Rn. C11, E32). Regeln zum Gebrauch von Wörtern können natürlich so gelernt werden, dass der Lernende in einem Wörterbuch oder einem Grammatiklehrbuch nachschaut oder ein Lehrer sie ihm vorsagt und darauf achtet, dass er sie richtig anwendet. Das ist aber nicht der Regelfall. Kinder lernen z. B. den Gebrauch der Wörter ihrer Muttersprache, indem ihnen Beispiele gegeben werden und ihnen eingetrichtert wird, wie sie richtig zu verwenden sind,[568] ohne mit einem Grammatiklehrbuch oder Wörterbuch konfrontiert worden zu sein. Aber auch Erwachsene, die eine Schule besucht haben, können korrekt sprechen, auch wenn sie die zugrundeliegenden grammatikalischen Regeln vergessen haben und nicht mehr wiedergeben können. Habe ich gelernt, einer Regel zu folgen, folge ich ihr *blind*.[569] Ich bin nicht verpflichtet, mich zu

C192

---

[565] BGH GRUR 1959, 251 – Einheitsfahrschein.
[566] *Haberstumpf* in Büscher/Dittmer/Schiwy (2015), UrhG § 16 Rn. 6.
[567] S. o. → Rn. C126 ff.
[568] *Wittgenstein* (1971), §§ 5 ff.
[569] *Wittgenstein* (1971), §§ 219, 198, 206; vgl. auch *Searle* (1991), S. 194 f.

rechtfertigen, dass mein Verhalten mit der Regel übereinstimmt,[570] und muss sie nicht aufsagen oder schriftlich niederlegen können.[571] Eines ist, eine Regel festzusetzen und sie in ein Regelverzeichnis aufzunehmen,[572] ein Anderes sie anzuwenden und umgekehrt. Um Regeln zu folgen, braucht man Wissen, wie man etwas tun kann (knowing how); es ist zu unterscheiden vom Wissen, dass ein bestimmter Satz wahr ist (knowing that).[573] *Wissen Wie* ist nicht auf *Wissen Dass* reduzierbar und umgekehrt.

C193   Diese Überlegungen können nun auch für die Lösung von wichtigen Teilaspekten des Problems der Freiheit wissenschaftlicher Ideen, Theorien, Gedanken und Lehren fruchtbar gemacht werden, die offenbar dazu geführt haben, diese schlechthin für frei erklären zu müssen. Die in empirischen Theorien enthaltenen allgemeinen Gesetzesaussagen sind heutzutage weit überwiegend in mathematischen Formeln formuliert. Um sie anwenden zu können, bedarf es Expertenwissens, welche Bedeutungen die Formelausdrücke haben und wie man mit mathematischen Formeln umzugehen hat. Ihr Anwender muss dagegen nicht wissen, ob die Theorie den betreffenden Gegenstandsbereich zutreffend erfasst und inwieweit die Theorie gesicherte Wahrheiten ausdrückt. Dies wird bei ihrer Anwendung vielmehr ungeprüft vorausgesetzt.[574] Man kann mit den Formeln erfolgreich operieren, ohne genauere Klarheit darüber zu haben, was die Theorie aussagt. In den Rechen- und Messergebnissen, die die Anwendung ihrer Gesetzesaussagen zeitigt, werden die Aussagen der Theorie nicht wiedergegeben. Sie können zwar Anlass zu Zweifeln geben, ob deren Aussagen aufrechterhalten werden können oder modifiziert oder ganz verworfen werden müssen. Dies ist aber eine andere Tätigkeit. Die praktische Anwendung von theoretischen Erkenntnissen, von Ideen oder Lehren vervielfältigt sie nicht und gibt sie nicht wieder. Ihre Anwendungsergebnisse und deren Verwendung sind folglich im Verhältnis zu den zugrundeliegenden Ideen, Gedanken Erkenntnissen, Theorien und Lehren immer frei. Das folgt bereits aus dem ersten Halbsatz von (I-A 3). Der urheberrechtliche Grundsatz von der Freiheit von Ideen und Gedanken braucht in diesem Zusammenhang nicht bemüht zu werden.

---

[570] *Wittgenstein* (1971), §§ 201, 188, 211, 217; vgl. auch *v. Savigny* (1983), S. 171.
[571] *Wittgenstein* (1973), S. 115: „Es ist mir erlaubt, das Wort „Regel" zu verwenden, ohne erst die Regeln des Gebrauchs dieses Wortes zu tabulieren", d. h. festzusetzen, s. auch S. 61 f.
[572] Welche Schwierigkeiten damit verbunden und welcher Aufwand erforderlich ist, um die Regeln selbst der ganz einfachen, mit Gesten und Fahrweisen operierenden, nicht verbalen Sprache der deutschen Autofahrer zu formulieren, zeigt anschaulich *v. Savigny* (1983), S. 119 ff. Auch die von der Sprechakttheorie (z. B. *Searle* 1977) entwickelten Regeln zur Beschreibung der Sprachspiele, die wir täglich spielen, sind in keinem Grammatiklehrbuch niedergelegt.
[573] *Ryle* (1969), Kap. II; dazu *v. Savigny* (1969), S. 98 ff.; *v. Savigny* (1983), S. 171 ff.
[574] S. o. → Rn. C156.

bb) Dogmatische Verortung der Interessenabwägung im deutschen Urheberrecht

In welchem rechtlichen Rahmen in den Fallkonstellationen (α) und (β) die erforderliche Einzelabwägung der beteiligten Interessen zu erfolgen hat, wird in der urheberrechtlichen Diskussion nur vereinzelt vertieft thematisiert. Version (I-A 3) der I-A-Relation legt nahe, sie innerhalb der gesetzlichen Schrankenbestimmungen zu verorten. Von einem Teil des Schrifttums, dem ich mich angeschlossen habe, wird dementsprechend speziell zur Vereinbarkeit des Interesses wissenschaftlicher Urheber, vor der Übernahme und Verwertung ihrer schöpferischen Gedanken und Ideen durch andere geschützt zu sein, mit dem Interesse anderer Forscher und der Allgemeinheit an der freien wissenschaftlichen Auseinandersetzung die Auffassung vertreten, dass der Gesetzgeber in den Vorschriften zum Zitatrecht nach § 51 UrhG, zur freien Benutzung nach § 23 Abs. 1 S. 2 UrhG (früher § 24) und mittels eines Umkehrschlusses aus § 12 Abs. 2 UrhG bereits die maßgebenden Grundentscheidungen zur Auflösung des Interessenskonflikts getroffen habe.[575] Es reiche daher aus, sie in einer den Bedürfnissen der wissenschaftlichen und künstlerischen Auseinandersetzung entsprechenden Weise auszulegen und anzuwenden. Im Ergebnis bedeutet diese Auffassung, dass die Kriterien der Interessenabwägung in erster Linie eine Frage der Gesetzesanwendung sind, also mit den jeweiligen Tatbestandsvoraussetzungen der Schrankenbestimmungen zusammenfallen, und nur dann zum Zuge kommen, wenn keine spezifische Schrankenvorschrift eingreift oder deren Fassung Auslegungsspielräume eröffnet[576] und die juristische Erkenntnis- und Entscheidungsfindung einsetzt. Wir wollen dieses Konzept *schrankenbasierte Interessenabwägung* nennen.

C194

Nach ihm kommt vor allem dem Rechtsinstitut der freien Benutzung die Aufgabe zu, die wörtliche, formidentische oder sinngemäße Reproduktion geschützter Ideen in einer sie *verändernden* Weise in einem *geschützten* Werk zuzulassen. § 23 Abs. 1 S. 2 UrhG (früher § 24) kann insoweit als eine allgemeine inhaltliche Schranke aufgefasst werden.[577] Die ausfüllungsbedürftigen Formulierungen ihrer Tatbestandsvoraussetzungen lassen Raum für eine Interessenabwägung im Einzelfall. Damit wären die Fallgruppen von Zeile 1 der I-A-Matrix abgedeckt. Das Zitatrecht erlaubt unter den in § 51 UrhG und Art. 5 Abs. 3 lit. d InfoSoc-RL beschriebenen Bedingungen die wörtliche oder formidentische

C195

---

[575] *Haberstumpf* (1982), S. 77 ff., 82 (Thesen 4 bis 7); *Haberstumpf* ZUM 2001, 819, 822 ff.; *Haberstumpf* ZGE 2012, 284, 319 f. Ebenso *Altenpohl* (1987), S. 194 ff., 275; *Buchmüller* (1986), S. 49 f.; *Götting* (2004), S. 7, 20 f.; *Obergfell* in Büscher/Dittmer/Schiwy (2015), § 2 UrhG Rn. 25.

[576] Dies scheint auch der neueren Rechtsprechung des EuGH zur Frage zu entsprechen, ob und inwieweit die in Art. 5 InfoSoc-RL aufgezählten Ausnahmen den Mitgliedstaaten Umsetzungsspielräume eröffnen, s. EuGH GRUR 2019, 940 Rn. 25 ff. – Spiegel Online; EuGH GRUR 2019, 934 Rn. 41 ff. – Funke Medien/Bundesrepublik Deutschland; dazu *Stieper* ZUM 2019, 713, 714 ff. Vgl. auch *Stieper* in Schricker/Loewenheim (2020), UrhG vor §§ 44a ff. Rn. 24.

[577] BGH GRUR 2009, 403 Rn. 21 – Metall auf Metall I; *Haberstumpf* in Büscher/Dittmer/Schiwy (2015), UrhG § 24 Rn. 1; *Schulze* (2018), 504, 507 ff.

Übernahme schöpferischer Ideen in geschützte und ungeschützte Gestaltungen (s. u. → Rn. C199 ff.). Auch hier sind Auslegungsspielräume für eine Interessenabwägung im Einzelfall gegeben. Daneben könnte natürlich auch auf die sonstigen Schrankenbestimmungen z. B. zugunsten des privaten und sonstigen eigenen Gebrauchs nach § 53 UrhG oder zugunsten der Nutzung für Unterricht, Wissenschaft und Institutionen nach §§ 60a ff. UrhG, die den Zugang zu geschützten Werken ermöglichen oder erleichtern sollen, zurückgegriffen werden. Diese Schrankenbestimmungen beziehen sich ebenfalls nur auf formidentische, allenfalls ganz geringfügig geänderte (§ 62 UrhG) Reproduktionen geschützter Ideen, womit auch die relevanten Fälle aus Zeile 2 der I-A-Matrix berücksichtigt wären. Der Umkehrschluss aus § 12 Abs. 2 UrhG würde es schließlich gestatten, geschützte Inhalte aus veröffentlichten Werken sinngemäß in *nicht geschützten* Abstracts oder Rezensionen gekürzt zusammen zu fassen, sofern dadurch die Lektüre, Anhörung und Betrachtung des Werkes nicht ersetzt wird.[578] Dem Interesse des Urhebers, dass so auf sein Werk aufmerksam gemacht wird, wäre ebenso Genüge getan wie dem Interesse der Allgemeinheit, darüber informiert zu werden, wie der Stand der Forschung ist und was sich in der Kulturszene abspielt.

C196 Dieses Konzept ist allerdings im deutschen Schrifttum auf Widerspruch gestoßen. Einige Autoren[579] wenden ein, die genannten Vorschriften könnten zwar in einigen Fällen die mit dem Inhaltsschutz verbundene Monopolisierung wissenschaftlichen Gedankengutes verhindern bzw. einschränken, das Monopolisierungsargument lebe aber wieder auf, sobald die tatbestandlichen Voraussetzungen dieser Vorschriften nicht mehr gegeben seien. Den Kritikern kann zwar entgegengehalten werden, dass sie mit ihren eigenen Vorschlägen zur Auflösung des Dilemmas sämtliche Fehler der auch von ihnen abgelehnten herrschenden Meinung, Ideen, Theorien und Lehren seien gemeinfrei, wiederholen. *Waiblinger*[580] z. B. verweist auf die Gewebetheorie, *Sellnick*[581] auf sein strukturalistisches Theorienkonzept – auf beides sind wir bereits ausführlich eingegangen (s. o. → Rn. C168 ff., C170) –, während *v. Moltke* durch eine teleologische Reduktion von § 11 UrhG wissenschaftlichen Urhebern ihre gesetzlich gewährten Verwertungsrechte mit der geradezu abenteuerlichen Begründung aus der Hand schlagen will, sie hätten kein Interesse an der wirtschaftlichen Verwertung ihrer Werke.[582] Sind nämlich die Tatbestandsvoraussetzungen der genannten Schrankenvorschriften gegeben, liegt keine Urheberrechtsverletzung vor, greifen sie dagegen nicht ein, gilt nach dem Dogma der Freiheit wissenschaftlicher Erkenntnisse dasselbe mit der Folge, dass es keinen Urheberrechtsschutz für wissenschaftliche Werke gibt. Die Unhaltbarkeit ihrer Therapievorschläge hat aber nicht automatisch zur Folge, dass auch ihre Diagnose unrichtig ist. Das Ziel,

---

[578] Näher *Haberstumpf* in Büscher/Dittmer/Schiwy (2015), UrhG § 12 Rn. 13.
[579] *v. Moltke* (1992), S. 98 ff.; *Waiblinger* UFITA 2011/II, 323, 365 ff.; *Sellnick* 1995, S. 131 ff.
[580] *Waiblinger* UFITA 2011/II, 323, 378 ff.
[581] *Sellnick* (1995), S. 155 f.
[582] *v. Moltke* (1992), S. 152 ff., 111 ff. 116 ff.

die unerwünschte Monopolisierung der Inhalte von geschützten Werken zu verhindern, kann nicht dadurch erreicht werden, dass man den Grundsatz der Ideenfreiheit uneingeschränkt zur Geltung bringt und die Interessen der Urheber beiseiteschiebt. Stattdessen ist zu fragen, ob dem Grundsatz der Ideenfreiheit durch eine im Rahmen der genannten Vorschriften, die den Schutzbereich des Urheberrechts begrenzen, angesiedelte Interessenabwägung Rechnung getragen werden kann und welche Kriterien hierfür maßgeblich sind.

cc) Schrankenbasierte Interessenabwägung im europäischen Urheberrecht

Diese Frage hat durch die aktuelle Rechtsprechung des EuGH erhebliche Brisanz gewonnen. In drei Entscheidungen vom 29.7.2019 stellt er fest, dass die Abwägung der Rechte und Interessen der Rechteinhaber am Schutz ihres geistigen Eigentums (Art. 17 Abs. 2 EU-GrCh) auf der einen Seite und dem Schutz der Interessen und Grundrechte der Nutzer von Schutzgegenständen, insbesondere ihrer Meinungs-, Informations- und Kunstfreiheit (Art. 11, 13 EU-GrCh), sowie dem Interesse der Allgemeinheit auf der anderen Seite bereits in der InfoSoc-RL selbst verankert sei.[583] Einer frei schwebenden Güter- und Interessenabwägung außerhalb der Anwendungsbereiche der in Art. 5 Abs. 2 und 3 InfoSoc-RL vorgesehenen Ausnahmen und Beschränkungen wird damit eine Absage erteilt, was auch im Einklang mit der Rechtsprechung des BVerfG und des BGH steht.[584] Im deutschen Schrifttum ist diese Klarstellung begrüßt worden.[585] Dem deutschen und europäischen Urheberrecht liegt die Konzeption zugrunde, dass umfassende, weit gefasste Verwertungsrechte gewährt werden, die durch eine Reihe erschöpfend aufgezählter Schrankenbestimmungen eingeschränkt werden. Sie dienen dem Ausgleich der Interessen der Urheber und der Inhaber verwandter Schutzrechte einerseits und denen der Werkvermittler und Endnutzer andererseits. Der lange Zeit in Rechtsprechung[586] und Literatur[587] einhellig vertretenen Auffassung, sie seien als Ausnahmebestimmungen grundsätzlich eng auszulegen und einer analogen Anwendung nicht zugänglich, wird zwar zu Recht entgegen gehalten, dass es einen allgemeinen Grundsatz der engen Auslegung von Ausnahmebestimmungen in der juristischen Methodenlehre nicht gibt, so dass

C197

---

[583] EuGH GRUR 2019, 934 Rn. 58, 62 ff. – Funke Medien/Bundesrepublik Deutschland; EuGH GRUR 2019, 940 Rn. 43, 47 ff. – Spiegel Online; EuGH GRUR 2019, 929 Rn. 57 ff. – Pelham/Hütter. So auch BGH GRUR 2002, 605, 606 – Verhüllter Reichstag: Die urheberrechtlichen Schranken „stellen das Ergebnis einer vom Gesetzgeber vorgenommenen, grundsätzlich abschließenden Güterabwägung dar".
[584] BVerfG GRUR 2012, 389 Rn. 14 – Kunstausstellung im Online-Archiv; BGH GRUR 2003, 956, 957 – Gies-Adler; BGH GRUR 2017, 901 Rn. 42 – Afghanistan-Papiere; BGH GRUR 2017, 1027 Rn. 31 – Reformistischer Aufbruch. Vgl. auch *Stieper* in Schricker/Loewenheim (2020), UrhG vor §§ 44a ff. Rn. 36 ff.
[585] *Stieper* ZUM 2019, 713, 715; *Dreier* GRUR 2019, 1003, 1005.
[586] Z. B. EuGH GRUR 2014, 972 Rn. 22 – Vrijheidsfonds/Vandersteen; BGH GRUR 2012, 819 Rn. 28 – Blühende Landschaften.
[587] Vgl. dazu *Stieper* in Schricker/Loewenheim (2020), UrhG vor §§ 44a ff. Rn. 36 ff.; *Dreier* in Dreier/Schulze (2018), UrhG vor § 44a Rn. 7.

auch eine richterliche Rechtsfortbildung durch analoge Anwendung einzelner Schranken nicht ausgeschlossen ist.[588] In einem System konkret formulierter, abschließend aufgeführter Schranken treten nämlich etwa durch technischen Wandel unausweichlich Einzelfälle auf, die vom Wortlaut der Bestimmung nicht erfasst werden. Die dann einsetzende juristische Erkenntnis- und Entscheidungsfindung hat sich an dem durch den Gesetzgeber vorgezeichneten Rahmen zu halten (Art. 20 Abs. 3 GG). Geboten ist also eine sich in diesem Rahmen bewegende und gleichzeitig verfassungskonforme Auslegung der Schranken, die sich an deren jeweiligem Privilegierungszweck orientieren muss.[589] Dies stellt nun der EuGH auch für das europäische Recht klar und verweist in diesem Zusammenhang ausdrücklich auf den Drei-Stufentest des Art. 5 Abs. 5 InfoSoc-RL, der dazu beiträgt, dass die Interessen der Inhaber von Urheber- und verwandten Schutzrechten auf Schutz ihres geistigen Eigentums gem. Art. 17 Abs. 2 EU-GrCH auf der einen Seite und die Interessen und Grundrechte von Nutzern der Schutzgegenstände sowie der Allgemeinheit auf der anderen Seite in einen angemessenen Ausgleich gebracht werden.[590]

C198 Hat damit die oben propagierte schrankenbasierte Interessenabwägung ihren Segen aus Luxemburg bekommen? Die Antwort bleibt ambivalent. In der Pelham-Entscheidung statuiert der EuGH nämlich, dass ein Mitgliedstaat in seinem nationalen Recht keine Ausnahme oder Beschränkung vorsehen dürfe, die nicht in Art. 5 InfoSoc-RL vorgesehen sei; Art. 5 InfoSoc-RL enthalte keine § 24 UrhG a. F. entsprechende Ausnahme. Im deutschen Schrifttum ist deshalb verbreitet die Streichung dieser Vorschrift befürwortet worden.[591] In seiner Entscheidung „Metall auf Metall IV" hat sich der BGH dieser Ansicht angeschlossen.[592] Fällt diese Vorschrift als Basis und Rahmen einer Interessenabwägung weg, wäre das obige Konzept einer schrankenbasierten Interessenabwägung einer tragenden Säule beraubt. Die Last einen angemessenen Rechts- und Interessenausgleich zwischen den verschiedenen Kategorien von Rechtsinhabern und Nutzern herbeizuführen, wie es die InfoSoc-RL in ihren Erwägungsgründen 31 bis 45 fordert, läge danach allein auf der Auslegung und Anwendung der erschöpfend aufgeführten Ausnahmebestimmungen des Art. 5 der Richtlinie. Der deutsche Gesetzgeber hat auf die Rechtsprechung des EuGH reagiert und § 24 UrhG mit Wirkung zum 7.6.2021[593] aufgehoben, ohne allerdings das Rechtsinstitut der freien Benutzung aufzugeben. Dessen Inhalt wurde vielmehr teilweise in die neu eingeführte Vorschrift des § 23 Abs. 1 S. 2 UrhG verschoben und soll sich im Übrigen in der neu geschaffenen Schranke des § 51a UrhG als gesetzliche Nut-

---

[588] *Stieper* ZUM 2019, 713, 715.
[589] So *Schack* (2005), 511, 515.
[590] EuGH GRUR 2019, 929 Rn. 62, 32 – Pelham/Hütter.
[591] *v. Ungern-Sternberg* GRUR 2015, 533, 537 ff.; *Ohly* GRUR 2017, 964, 968; *Dreier* GRUR 2019, 1003, 1005; *Leistner* GRUR 2019, 1008, 1011; *Stieper* GRUR 2020, 699, 708; a. A. *Schulze* GRUR 2020, 128 ff.; *Haberstumpf* ZGE 2015, 425, 457 f.; *ders.* ZUM 2020, 809 ff.; *ders.* ZUM 2022, 795 ff.
[592] BGH GRUR 2020, 843 Rn. 36 – Metall auf Metall IV.
[593] Gesetz vom 31.5.2021, BGBl. I 2021, S. 1204.

IV. Form und Inhalt, Idee und Ausdruck   C198–C199

zungserlaubnis wiederfinden.[594] Das vorgeschlagene Konzept einer schrankenbasierten Interessenabwägung steht mit der neuen Gesetzeslage im Einklang: Soweit die Schranke des § 51a UrhG eingreift, ist die Interessenabwägung im Rahmen dieser Bestimmung vorzunehmen. Soweit dies nicht der Fall ist, ist auf das Rechtsinstitut der freien Benutzung gem. § 23 Abs. 1 S. 2 UrhG zurückzugreifen. Steht sie aber auch im Einklang mit dem europäischen Recht?[595] Um diese Frage zu beantworten, soll hier nicht näher diskutiert werden, welche Auswirkungen die neue Gesetzeslage in Deutschland im Einzelnen hat; dies bleibt der ausführlichen Erörterung in Abschnitt E III 1 (→ Rn. E105 ff.) vorbehalten. Was uns jetzt interessiert ist vielmehr, ob die Ausnahmen und Beschränkungen des Art. 5 InfoSoc-RL flexibel genug sind, um dem Monopolisierungsargument (III) (→ Rn. C142 f.) angemessen begegnen und insbesondere den Regelungsgehalt des früheren § 24 UrhG ersetzen zu können? Diese Frage kann nach dem derzeitigen Stand der EuGH-Rechtsprechung nicht beantwortet werden. Von den Ausnahmebestimmungen der InfoSoc-RL, die an die Stelle der §§ 24 a. F., 51, 12 Abs. 2, 53, 60a ff. UrhG in unserem Zusammenhang treten könnten, kommen namentlich die Freiheit der Vervielfältigung und öffentlichen Wiedergabe für Zitate zu Zwecken wie Kritik oder Rezensionen (Art. 5 Abs. 3 lit. d), für Zwecke der wissenschaftlichen Forschung (Art. 5 Abs. 3 lit. a) und für die Nutzung zum Zwecke von Karikaturen, Parodien oder Pastiches (Art. 5 Abs. 3 lit. k) in Betracht.

(1) Zitatausnahme

Wir wollen uns zunächst der Ausnahme für Zitate zuwenden. Nach Ansicht des EuGH bestehen die wesentlichen Merkmale eines „Zitats" gemäß dem gewöhnlichen Sprachgebrauch darin, ein Werk oder allgemein einen Auszug aus einem Werk zu nutzen, um Aussagen zu erläutern, eine Meinung zu verteidigen oder eine geistige Auseinandersetzung zwischen dem Werk und den Aussagen des Nutzers zu ermöglichen. Der Nutzer müsse das Ziel verfolgen, mit dem geschützten Werk zu *interagieren*, was nicht der Fall sei, wenn das zitierte Werk in dem zitierenden nicht wiedererkennbar sei.[596] Ob letzteres urheberrechtlich geschützt ist oder nicht, sei nicht erheblich.[597] Die Wendung in Art. 5 Abs. 3 lit d InfoSoc-RL „sofern die Nutzung den anständigen Gepflogenheiten entspricht und in ihrem Umfang durch den besonderen Zweck gerechtfertigt ist" eröffne den Mitgliedstaaten einen erheblichen Umsetzungsspielraum, innerhalb dessen allerdings darauf zu achten sei, dass ein Zitat nach Art. 5 Abs. 5 InfoSoc-RL nicht so umfangreich sein dürfe, dass es die normale Verwertung des Werkes oder

C199

---

[594] Begr. RegE, BT-Drs. 19/27426, S. 78, 79.
[595] *Lauber-Rönsberg* in BeckOK UrhR (Stand 1.5.2023), UrhG § 23 Rn. 35 (ebenso in ZUM 2020, 733, 736 f.), hat Zweifel, ob diese Regelung mit den Vorgaben des EuGH vereinbar ist.
[596] EuGH GRUR 2019, 929 Rn. 71 ff. – Pelham/Hütter.
[597] EuGH GRUR 2019, 940 Rn. 78 – Spiegel Online; EUGH GRUR 2012, 166 Rn. 136 – Painer.

eines sonstigen Schutzgegenstandes beeinträchtige oder die berechtigten Interessen des Rechtsinhabers ungebührlich verletze[598] sowie nicht mit den Grundrechten der EU-GrCh oder anderen Grundsätzen des Unionsrechts kollidiere.[599] Auch wenn der genaue Inhalt des Begriffs „Zitat" unbestimmt bleibt, wird aus den vom EuGH formulierten Grundsätzen zumindest deutlich, dass man einen nicht ganz unerheblichen Teil der Anwendungsfälle von Zeilen 1 und 2 der I-A-Matrix erfassen und im Rahmen einer Interessenabwägung zu *Art und Umfang des zulässigen Zitats* auch die Belange der Kunst- und Wissenschaftsfreiheit nach Art. 13 EU-GrCh bzw. Art. 5 GG zur Geltung bringen könnte.[600]

C200   Der Anwendungsbereich der Zitatausnahme wird aber verlassen, wenn geschützte Ideen und Gedanken wörtlich oder formidentisch, sinngemäß oder verändert in ein anderes geistiges Produkt so eingefügt werden, dass sie integraler Bestandteil eines eigenen künstlerischen oder wissenschaftlichen Ausdrucks des Übernehmenden werden.[601] Nach ganz h. M. gehört nämlich zum Wesen eines Zitats i. S. v. § 51 UrhG, dass es als fremde Zutat erkennbar gemacht wird und nicht in einer Bearbeitung oder Umgestaltung des Werkes aufgeht.[602] Beispiele für Letzteres sind die Fortsetzung und Weiterentwicklung von geschützten Ideen, ihre Konkretisierung oder Verallgemeinerung,[603] ihr bedeutungserhaltender Transfer in eine andere Werkgattung,[604] ihre Verwendung in einer Parodie oder Satire usw. Hier werden die übernommenen Ideen nicht wiedergegeben, um sie einer eigenen Aussage gegenüber zu stellen, sondern gehören zum Inhalt dessen, was der Übernehmende ausdrückt. Wer fremde Gedanken in ein eigenes Werk integriert, interagiert nicht mit ihnen, sondern verwendet sie. Von einem Zitat gemäß dem gewöhnlichen Sprachgebrauch kann man insoweit nicht sprechen.

C201   Als konkretes Beispiel sei die obige[605] Erörterung von Fichtes „Beweis der Unrechtmäßigkeit des Büchernachdrucks" angeführt. Das wesentliche Gewebe seiner zweifellos schöpferischen Beweisführung habe ich dabei ganz überwiegend wortgleich in indirekter Rede und nur zu einem geringen Teil in Form eines wörtlichen Zitats wiedergegeben. Mein Ziel war nicht, seinen Gedankengang bloß darzustellen und ihn mit eigenen Aussagen zu konfrontieren oder sonstwie mit ihm zu interagieren. Ich habe vielmehr aus Fichtes Gedanken die für unsere Argumentation wichtigen herausgegriffen, sie geringfügig verkürzt und so ge-

---

[598] EuGH GRUR 2019, 940 Rn. 79 – Spiegel Online.
[599] EuGH GRUR 2019, 940 Rn. 28 ff., 37 f., 54 ff., 79 – Spiegel Online.
[600] Die vom BVerfG GRUR 2001, 149, 151 f. – Germania 3, mit Recht eingeforderte kunstspezifische Betrachtung am Maßstab von Art 5 Abs. 3 S. 1 GG sollte allerdings auf den Anwendungsbereich der Zitatausnahme beschränkt bleiben.
[601] Vgl. BGH GRUR 2000, 703 f. – Mattscheibe.
[602] OLG Köln ZUM 2009, 961, 962 – Klaus Kinski; *Spindler* in Schricker/Loewenheim (2020), UrhG § 51 Rn. 12, 31; *Dreier* in Dreier/Schulze (2022), UrhG, § 51 Rn. 3, 7; *Brauns* (2001), S. 29; *Waiblinger* UFITA 2011/II, 323, 412.
[603] S. o. → Rn. C173 (vi), C175 ff.
[604] S. o. → Rn. C103.
[605] S. o. → Rn. B56, C121.

IV. Form und Inhalt, Idee und Ausdruck   C201–C202

ordnet, dass sie in ein logisch gültiges Schlussschema eingepasst werden konnten, um sie anhand ihrer logischen Konsequenzen zu testen. Sie wurden also rekonstruiert und in geänderte Sinneinheiten übergeführt. Meine Auseinandersetzung mit seiner Schrift hat keinen zitierenden, sondern *bearbeitenden Charakter*. Wenn wir unterstellen, die Schutzfrist für Fichtes Aufsatz sei noch nicht abgelaufen, dürfte die Feststellung, ich hätte durch diese Art der wissenschaftlichen Verarbeitung seines schöpferischen Gedankenguts sein Urheberrecht nicht verletzt, kaum auf Widerspruch stoßen. Aber nicht alle Bearbeitungen und Umgestaltungen schöpferischer Ideen und Gedanken sind urheberrechtsfrei. Ein Gegenbeispiel bildet der Sachverhalt der Entscheidung des OLG Frankfurt „Habilitationsschrift".[606] Dort hatte der Beklagte in einer 101 Textseiten umfassenden Schrift in zwei Kapiteln mit den Überschriften „Deutsch als internationale Wissenschaftssprache" und „Der Erste Weltkrieg, der Wissenschafts- und Sprachboykott" die Habilitationsschrift der Klägerin mit dem Titel „Deutsch als internationale Wissenschaftssprache und der Boykott nach dem Ersten Weltkrieg" im Umfang von 437 Textseiten[607] verarbeitet, indem er deren Gewebe einschließlich hervorgehobener Beispiele und Schlussfolgerungen auf 37 Textseiten stark verkürzt, teilweise wörtlich und teilweise durch Verwendung synonymer oder angelehnter Formulierungen wiedergab. Die Forschungsergebnisse der Klägerin wurden dabei weder in eine eigene wissenschaftliche Aussage eingebettet noch mit eigenen Aussagen konfrontiert, eine Auseinandersetzung mit ihnen fand nicht statt. Die übrigen Kapitel der Arbeit des Beklagten zur Bedeutung der deutschen Sprache als Wissenschaftssprache bezogen sich nur auf historische Zeiträume, die in der Habilitationsschrift der Klägerin nicht zur Sprache kamen. Hier wird man kaum annehmen können, diese Art der Verarbeitung fremden schöpferischen Gedankengutes, mit der sich der Beklagte eigene Forschungsarbeit ersparte, sei unter Berufung auf die Wissenschaftsfreiheit ohne Weiteres gerechtfertigt. Das BVerfG nahm zwar die gegen das klageabweisende rechtskräftige Urteil des OLG Frankfurt gerichtete Verfassungsbeschwerde nicht zur Entscheidung an, rügte aber in einem obiter dictum zu Recht, dass das OLG nicht geprüft habe, „inwieweit dieses partielle Kopieren des Ertrages der wissenschaftlichen Arbeit der Beschwerdeführerin eine eigene Schöpfungshöhe aufweist und damit eine Verletzung von Urheberrechten der Beschwerdeführerin ausschließt".[608]

Dass das Urheberrecht auch *schöpferische* Bearbeitungen und Umgestaltungen eines geschützten Werkes umfasst, ergibt sich aus § 23 UrhG, im europäischen Recht explizit aus Art. 4 lit. b der Software-RL und im internationalen Urheberrecht aus Art. 8, 12, 14 Abs. 1 Nr. 1 RBÜ, deren Bestimmungen als „integraler Bestandteil der Unionsordnung" zu beachten sind.[609] Wo liegt die Grenze?   C202

---

[606] OLG Frankfurt ZUM 2012, 574; zur Kritik *Haberstumpf* ZUM 2012, 529 ff.
[607] Beide Arbeiten liegen dem Verfasser vor.
[608] BVerfG, Beschluss vom 1.8.2013 – 1 BvR 2515/12, BeckRS 2013, 55260.
[609] EuGH GRUR 2012, 593 Rn. 39 – SCF; EuGH GRUR 2012, 156 Rn. 189 – Football Association Premier League.

Im deutschen Recht wurde sie in ständiger und unangefochtener Rechtspraxis durch das Institut der freien Benutzung gem. § 24 UrhG a. F. gesetzt, deren Anwendung stets eine Interessenabwägung im Einzelfall voraussetzt, in die auch die Belange der Kunst- und Wissenschaftsfreiheit einfließen. Wenn aber nach der Rechtsprechung des EuGH diese Vorschrift nicht anwendbar sein soll, müsste die Grenze zwischen unfreier Bearbeitung und freier Benutzung dem Katalog der Ausnahmen und Beschränkungen nach Art. 5 Abs. 2 und 3 InfoSoc-RL direkt entnommen werden können.

C203 Eine denkbare Lösung könnte darin bestehen, den Begriff des Zitats soweit zu überdehnen, dass er sämtliche Fälle der Zeilen 1 und 2 der I-A-Matrix umfasst, in denen fremde geschützte Ideen und Gedanken *wiedererkennbar*[610] in ein anderes geistiges Produkt übernommen werden, womit auch ihre Integration in einen eigenen künstlerischen oder wissenschaftlichen Ausdruck einbezogen wäre. Einen solchen Ansatz hat das BVerfG in der Entscheidung „Germania 3" verfolgt, wo gefordert wird, das Zitat von einzelnen Stellen aus anderen Werken i. S. v. § 51 Abs. 1 S. 2 Nr. 2 UrhG über die bloße Belegfunktion hinaus als Mittel künstlerischen Ausdrucks und künstlerischer Gestaltung anzuerkennen.[611] In Abwägung zu den Grundrechten und Interessen von Nutzern blieben die Rechte und Interessen der Rechtsinhaber insoweit gewahrt, als nach Art. 5 Abs. 3 lit. d und Art. 5 Abs. 5 InfoSoc-RL das Zitieren anständigen Gepflogenheiten entsprechen und in seinem Umfang durch den besonderen Zweck gerechtfertigt sein muss, sowie die normale Verwertung des Werkes nicht beeinträchtigen und die berechtigten Interessen des Rechtsinhabers nicht ungebührlich verletzen darf.[612]

C204 Gegen eine solche Lösung sprechen aber mehrere Gründe. Zitiert werden darf nur aus mit Zustimmung des Urhebers veröffentlichten Werken, und die Quelle einschließlich des Namens des Urhebers muss angegeben werden. Kunst und Wissenschaftsfreiheit verlangen aber, dass man sich grundsätzlich auch mit *nicht veröffentlichten* Werken auseinandersetzen können darf, etwa wenn sich Gruppen von Künstlern zusammenfinden oder Forschungsgemeinschaften bilden, die ihre Ideen und Vorstellungen vor der Veröffentlichung ihrer Werke miteinander austauschen. Auch der Zwang zur *Quellenangabe* kann die Kunst- und Wissenschaftsfreiheit ungebührlich einschränken. Ein Künstler oder Wissenschaftler setzt sich normalerweise nicht nur mit einem bestimmten Werk eines Urhebers auseinander, sondern mit vielen. Die Frage, ob er im Verhältnis zu den benutzten Quellen ein unabhängiges Werk hervorgebracht hat, entscheidet sich nicht danach, dass er sie alle hinreichend deutlich angegeben oder vielleicht die eine oder andere übersehen hat oder sich einfach nicht mehr bewusst war, aus welcher der vielen Quellen er genau geschöpft hat.[613] Die Zitiergepflogenheiten

---

[610] So anscheinend EuGH GRUR 2019, 929 Rn. 72 f. – Pelham/Hütter. Vgl. auch *Ohly* GRUR 2017, 964, 968.
[611] BVerfG GRUR 2001, 149, 151 f.; dazu *Raue* (2004), S. 327, 335 ff.
[612] Vgl. *Spindler* in Schricker/Loewenheim (2020), UrhG § 51 Rn. 49 ff.
[613] Umgekehrt schließt die korrekte Angabe der Quelle die Urheberrechtsverletzung nicht aus, z. B. dann, wenn zwar ein kleiner Textteil als Zitat mit Anführungszeichen und in einer

IV. Form und Inhalt, Idee und Ausdruck **C204**

und -standards in den verschiedenen Bereichen des Werkschaffens und Kulturkreisen sind nicht einheitlich. Welche sollen maßgebend sein? Im Bereich der bildenden und der angewandten Kunst ist es mit Ausnahme der „appropriation art" (→ Rn. C54) beispielsweise ganz unüblich, die Quelle eines als Vorbild benutzten Werkes anzugeben, da dies den künstlerischen Gesamtausdruck stören würde.[614] Die hierzulande für juristische Arbeiten eingebürgerten hohen Zitierstandards, nach denen die Zahl der Fußnoten und die Genauigkeit der Quellenangaben offenbar als wesentlicher Gradmesser für die wissenschaftliche Qualität der Arbeit gilt, sagen nur bedingt etwas über die Eigenständigkeit und schöpferische Qualität der Arbeit aus; in anderen Wissenschaftsbereichen und im angelsächsischen Sprachraum ist man insoweit deutlich großzügiger und pragmatischer. Dehnt man das Zitatrecht auch auf Bearbeitungen oder Umgestaltungen übernommener geschützter Ideen und Gedanken aus, ergibt sich im europäischen Recht ferner ein deutlicher Wertungswiderspruch zur Ausnahme für Karikaturen, Parodien und Pastiches nach Art. 5 Abs. 3 lit. k InfoSoc-RL,[615] wo keine Rede davon ist, dass diese nur dann zulässig sind, wenn veröffentlichte Werke benutzt und die Quellen angegeben werden. Die Zitatausnahme sollte deshalb auf identische Wiedergaben geschützter Werke und Werkteile beschränkt bleiben. Hier haben wir es mit einer Art der Werknutzung zu tun, die unbestreitbar immer im Schutzbereich liegt. Hier ist es auch gerechtfertigt, das Veröffentlichungsrecht, das Namensnennungsrecht und das Recht auf Werkintegrität bereits in den Tatbestand der Zitatausnahme zu integrieren und sie damit zu begrenzen. Die vom BVerfG eingeforderte kunstspezifische Betrachtung des Urheberrechts im Fall der *bearbeitenden Textkollage von wörtlichen Stellen aus anderen Werken* sollte deshalb dogmatisch nicht innerhalb der Zitatausnahme[616] verortet werden, weil sie nicht zitiert, sondern so in ein eigenständiges Werk eingearbeitet werden, dass sie einen veränderten geistigen Gehalt erzeugen. Sie sollte vielmehr im Rahmen der freien Benutzung erforderlichen Interessenabwägung Berücksichtigung finden.[617] Vergleichbares wird man auch für die Ausnahme zugunsten des Unterrichts und der wissenschaftlichen Forschung gem. Art. 5 Abs. 3 lit. a InfoSoc-RL annehmen müssen, die nur die wesentlich identische (§ 62 UrhG) Vervielfältigung, Verbreitung und öffentliche Wiedergabe unter Angabe der Quelle (§ 63 UrhG) erlaubt, um den *Zugang* zu den verwendeten Werken zu ermöglichen oder zu erleichtern.[618] Wenn die Wissenschaftsfreiheit es erfordert, den Zugang zu Werken zu ermöglichen und zu erleichtern, heißt das nicht, dass sie auch beliebig benutzt und verändert werden dürfen.

Fußnote mit einer Quellenangabe versehen, aber damit verschleiert wird, dass die Passagen vorher und nachher ebenfalls abgeschrieben wurden; s. dazu mit Beispielen *Rieble* (2010), S. 20 ff.

[614] *Spindler* in Schricker/Loewenheim (2020), UrhG § 63 Rn. 15a.
[615] Hierauf macht *Homar* ZUM 2019, 731, 736, aufmerksam.
[616] Dazu *Rehbinder/Peukert* (2018), Rn. 528, unter Bezugnahme auf BVerfG GRUR 2001, 149, 151 f. – Germania 3.
[617] So BVerfG GRUR 2016, 690 Rn. 91 ff. – Metall auf Metall, für die Kunstform des Sampling.
[618] S. Begr. RegE zum Urheberrechts-Wissenschafts-Gesetz, BT-Drs. 18/12329, S. 19 f.

C205 Die Werknutzung besitzt eine andere Qualität, wenn geschützte Ideen und Gedanken nicht bloß wiedergegeben, sondern in einem eigenen künstlerischen oder wissenschaftlichen Ausdruck wiedererkennbar verarbeitet werden. Mit zunehmendem Abstand von dem benutzten Werk gewinnen die Interessen eines solchen Nutzers stärkeres Gewicht. Hier muss eine *Grenzlinie* gezogen werden, die sich nicht aus den Tatbeständen[619] der Ausnahmeregelungen ergibt. Denn diese betreffen mit Ausnahme der Schranke für Karikaturen, Parodien und Pastiches nach § 51a UrhG nur identische oder wesentlich identische Nutzungen, die zweifellos immer innerhalb des Schutzbereichs liegen, weil sie keinen Abstand von dem Schutzgegenstand wahren, es sei denn, der Tatbestand einer der gesetzlichen Schrankenbestimmungen ist gegeben. Soweit diese Auslegungsspielräume eröffnen, sind sie mittels einer Interessenabwägung zu füllen. Innerhalb dieses Bereichs sind stets auch die Urheberpersönlichkeitsrechte zu beachten. Im Anwendungsbereich einer Schrankenregelung spiegelt sich dies darin wider, dass in der Regel nur veröffentlichte Werke benutzt werden dürfen, nach § 62 Abs. 1 UrhG ein grundsätzliches Änderungsverbot besteht und gem. § 63 die Quelle deutlich angegeben werden muss. Die verändernde und wiedererkennbare Nutzung eines geschützten Werkes liegt dagegen nicht immer innerhalb des Schutzbereichs. Hier dient die Interessenabwägung dazu, die äußerste Grenze zu bestimmen, an der die Ausschließlichkeitsrechte enden. *Jede Urheberrechtsordnung* einschließlich der verwandten Schutzrechte *setzt eine Regel implizit voraus,* die angibt, wann der Schutzbereich des jeweils betroffenen geschützten Leistungsergebnisses inhaltlich endet, und zwar nicht nur im Hinblick auf die Verwertungsrechte, sondern auch auf die urheberrechtlichen Persönlichkeitsrechte. Bei allem Verständnis für die Belange von Urhebern und Inhabern von Leistungsschutzrechten irgendwo muss nicht nur in zeitlicher Hinsicht Schluss sein! Diese Grenze wird im deutschen Urheberrecht traditionell durch das Rechtsinstitut der freien Benutzung markiert.

(2) Ausnahme für Karikaturen, Parodien oder Pastiches

C206 Wenn nun aber die Zitatausnahme, die Ausnahme zugunsten des Unterrichts und der wissenschaftlichen Forschung und die sonstigen Schranken diese Grenze nicht bestimmen und das Rechtsinstitut der freien Benutzung im System des europäischen Urheberrechts keinen Platz mehr hat, dann bleibt nur noch die Ausnahme zum Zweck von Karikaturen, Parodien und Pastiches gemäß Art. 5 Abs. 3 lit. k InfoSoc-RL (§ 51a UrhG) übrig, diese Aufgabe zu übernehmen. Der EuGH definiert den *Begriff der Parodie* nach dem gewöhnlichen Sprach-

---

[619] Vgl. z. B. EuGH GRUR 2014, 972 Rn. 25 ff. – Vrijheidsfonds/Vandersteen; BGH GRUR 2012, 819 Rn. 28 – Blühende Landschaften. Das schließt allerdings nicht aus, dass im Einzelfall eine enge, am Gesetzeswortlaut orientierte Auslegung der Schrankenregelung einer großzügigeren, dem Informationsinteresse der Allgemeinheit genügenden Interpretation weichen muss, s. BGH GRUR 2017, 1027 Rn. 30 – Reformistischer Aufbruch; BGH GRUR 2017, 901 Rn. 41 – Afghanistan Papiere.

IV. Form und Inhalt, Idee und Ausdruck C206–C207

gebrauch dahingehend, dass sie an ein bestehendes Werk erinnere, gleichzeitig ihm gegenüber wahrnehmbare Unterschiede aufweise und zum anderen einen Ausdruck von Humor oder Verspottung darstelle.[620] Überträgt man diese Definition auf die *Begriffe der Karikatur und des Pastiche*, ist der Anwendungsbereich der Vorschrift auch für die nicht humoristische Verarbeitung geschützter Werke in Form der Karikatur sowie allgemein für die Entlehnung der eigenschöpferischen Züge einer Vorlage eröffnet, die als künstlerisches Stilmittel des Anklangs, Kontrasts oder der Hommage dazu dient, eine gedankliche Verbindung zu den benutzten Werken bzw. deren Urhebern herzustellen, ohne dass die für ein Zitat charakteristische Belegfunktion vorliegt.[621] Die Ausnahme für Karikaturen, Parodien und Pastiches könnte auf diese Weise als Muster oder Vorbild dienen, wie die verändernde und wiedererkennbare Übernahme geschützter Ideen und Gedanken zu behandeln ist. In all diesen Fällen wird nämlich das benutzte Werk nicht identisch übernommen, sondern irgendwie verändert, bearbeitet oder umgestaltet in ein anderes Werk integriert. Das bedeutet aber, dass man in den Anwendungsbereich der Ausnahmevorschrift auch die Bearbeitung und Umgestaltung fremder geschützter Werke in wissenschaftlichen Arbeiten und Texten der Sachprosa sowie in Darstellungen wissenschaftlicher oder technischer Art einbeziehen müsste. Da solche Texte und Darstellungen normalerweise keine Parodien oder Karikaturen sind, müsste man folglich dem Begriff des Pastiche eine Auffangfunktion zuweisen, der jede wiedererkennbare und verändernde Bearbeitung und Umgestaltung fremder Werke umfasst.[622] Ob der Wortlaut und die Zielsetzung von Art. 5 Abs. 3 lit. k InfoSoc-RL eine derart weite Auslegung zulässt, obliegt letztlich der Entscheidung des EuGH. Wie er sich entscheiden wird, ist zum Zeitpunkt der Fertigstellung des Manuskripts dieses Buches nicht prognostizierbar. Wahrscheinlich wird der Gerichtshof sich dafür aussprechen, den Begriff des Pastiches auf literarische und künstlerische Gestaltungen zu beschränken, weil er aus den Literaturwissenschaften und der Kunstgeschichte stammt.[623] Da aber nicht ausgeschlossen ist, dass er die umfassende Auslegungsvariante wählt, wird für die folgende Diskussion unterstellt, dass der Begriff des Pastiches in dem dargestellten Sinn weit auszulegen ist.

Laut EuGH gehören zu den Merkmalen einer Parodie nicht, dass sie einen eigenen ursprünglichen Charakter hat, dass sie vernünftigerweise einer anderen Person als dem Urheber des ursprünglichen Werkes zugeschrieben werden kann, dass sie das ursprüngliche Werk selbst betrifft, oder dass sie das parodierte

---

[620] EuGH GRUR 2014, 972 Rn. 20 – Vrijheidsfonds/Vandersteen; BGH GRUR 2016, 1157 Rn. 25 – Auf fett getrimmt.

[621] So *Stieper* ZUM 2019, 713, 720. Vgl. auch Begr. RegE zum Gesetz vom 31.5.2021, BT-Drs. 19/27426, S. 90.

[622] *Haberstumpf* ZUM 2020, 809, 814.

[623] Zur kulturgeschichtlichen Entwicklung des Pastiches *Pötzlberger* GRUR 2018, 675, 677 ff.; vgl. auch Begr. RegE zum Gesetz vom 31.5.2021, BT-Drs. 19/27426, S. 91; *Dreier* in Dreier/Schulze (2022), UrhG § 51a Rn. 18; *Lüft/Bullinger* in Wandtke/Bullinger (2022), UrhG § 51a Rn. 14.

Werk angibt.[624] Für die Parallelbegriffe der Karikatur und des Pastiches folgt daraus, dass auch sie keinen eigenen ursprünglichen (schöpferischen) Charakter haben müssen und es nicht notwendig ist, auf das benutzte Werk zu referieren und es als Quelle anzugeben. Es ist jedoch ein schwerer Denkfehler, aus diesen durchaus zutreffenden Begriffsbestimmungen unmittelbare Rückschlüsse auf die urheberrechtliche Zulässigkeit einer Parodie, einer Karikatur oder eines Pastiches zu ziehen. Wenn auch der *Begriff* der Parodie, der Karikatur und des Pastiches nicht voraussetzt, dass sie einen ursprünglichen (schöpferischen) Charakter haben, heißt das keineswegs, dass dies keine Relevanz für die Begrenzung des Schutzbereichs des benutzten Werkes hätte, wie der BGH in der Entscheidung „auf fett getrimmt" meint.[625] Da in den Schutzumfang eines Werkes auch schöpferische Bearbeitungen und Umgestaltungen fallen, macht es vielmehr einen gewaltigen Unterschied, ob sich der Bearbeiter etwas Eigenes hat einfallen lassen oder nicht, auch wenn er seiner Bearbeitung eine humoristische oder karikierende Färbung gibt oder das Ausgangswerk sonstwie verarbeitet. Der weite Anwendungsbereich der Ausnahme muss reduziert werden.

C208 Nach der EuGH-Entscheidung „Vrijheidsfonds/Vandersteen" ist die Parodieausnahme deshalb einschränkend so anzuwenden, dass in einem konkreten Einzelfall ein angemessener Ausgleich zwischen den Rechten und Interessen von Urhebern auf der einen und der freien Meinungsäußerung des Nutzers eines geschützten Werkes, der sich auf die Ausnahme für Parodien beruft, auf der anderen Seite gewahrt wird.[626] Im vorliegenden Fall handelte es sich um ein von einer rechtsextremen belgischen Partei herausgegebenes Pamphlet, das unter Verwendung einer bekannten Comic-Zeichnung den Bürgermeister von Gent zeigt, der als „De Wilde Welldoener" zum Entsetzen zweier Kindern einen Münzenregen über jubelnde Personen niedergehen lässt, die durch ihre Bekleidung und Verschleierung als Muslime erkennbar gemacht wurden.[627] Sollte es tatsächlich der Fall sein, was laut EuGH das vorlegende Gericht zu beurteilen habe, dass die angegriffene Zeichnung gegen das Verbot der Diskriminierung auf Grund der Rasse, der Hautfarbe oder der ethnischen Herkunft nach der Gleichbehandlungs-Richtlinie 2000/43/EG und Art. 21 Abs. 1 der EU-GrCh verstoße, habe der Urheber der benutzten Comic-Zeichnung grundsätzlich ein berechtigtes Interesse daran, dass sein Werk nicht mit einer solchen Aussage in Verbindung gebracht werde, und das gegenüber der Meinungsfreiheit des Nutzers abgewogen werden müsse.[628]

C209 Gegen diese Art der Interessenabwägung ist im deutschen Schrifttum deutliche Kritik geäußert worden, da sie auf eine „Political-Correctness-Kontrolle"

---

[624] EuGH GRUR 2014, 972 Rn. 21 – Vrijheidsfonds/Vandersteen.
[625] BGH GRUR 2016, 1157 Rn. 28. So auch *Lauber-Rönsberg* ZUM 2015, 658, 666.
[626] EuGH GRUR 2014, 972 Rn. 27, 34 – Vrijheidsfonds/Vandersteen; ebenso BGH GRUR 2016, 1157 Rn. 25, 37 – auf fett getrimmt.
[627] Abbildungen finden sich bei *Rehbinder/Peukert* (2018), Rn. 527.
[628] EuGH GRUR 2014, 972 Rn. 27, 30 f. – Vrijheidsfonds/Vandersteen; ebenso BGH GRUR 2016, 1157 Rn. 39 – auf fett getrimmt.

IV. Form und Inhalt, Idee und Ausdruck   C209–C210

hinauslaufe.⁶²⁹ Die Kritik ist berechtigt. Wenn zwischen dem benutzten Werk und einer freien Parodie kein *schöpferischer* Abstand bestehen muss und sich die Problematik allein darauf verlagert, ob die Parodie ein außerhalb des Urheberrechts bestehendes Verbot verletzt, Rechte Dritter wie z. B. deren allgemeines Persönlichkeitsrecht oder sonstige wichtige Belange des Gemeinwohls beeinträchtigt,⁶³⁰ wird die Parodieausnahme nicht begrenzt. Den Verwertungsrechten werden vielmehr zusätzliche Verbotsrechte hinzugefügt, die nicht in der Info-Soc-RL vorgesehen sind. Dazu sind weder der EuGH noch die Gerichte der Mitgliedstaaten befugt, sondern allein der europäische und nationale Gesetzgeber.⁶³¹ Dieser hat Urhebern und Inhabern verwandter Schutzrechte aber nur das Recht eingeräumt, gegen die von ihnen nicht erlaubte Reproduktion des geschützten geistigen Gehalts ihrer Werke bzw. ihrer Leistungen vorzugehen, nicht aber die Befugnis, das Interesse anderer Personen, der Allgemeinheit oder des Staates durchzusetzen, um bestimmte Meinungsäußerungen und Aussagen auf dem Feld der politischen, gesellschaftlichen künstlerischen oder wissenschaftlichen Auseinandersetzung zu verbieten, auch wenn damit ein Bezug zu ihren geschützten Leistungsergebnissen hergestellt wird. Der Urheber darf sich nicht als Meinungszensor oder nicht bestellter Sachwalter öffentlicher Interessen oder Rechter Dritter aufspielen können. Diese Art der Interessenabwägung ist also gründlich missglückt und zeigt die Gefährlichkeit einer frei schwebenden Interessenabwägung, die den Bereich der Ausnahmebestimmungen oder gar des Urheberrechts überhaupt verlässt, exemplarisch auf.⁶³² In seinen oben zitierten Entscheidungen vom 29.7.2019 hat sie deshalb der EuGH den nationalen Gerichten und damit auch sich selber (!) mit Recht untersagt. Eine Interessenabwägung, die im Einzelfall einerseits die berechtigten Interessen von Urhebern berücksichtigt und andererseits der Karikatur, der Parodie oder des Pastiche ihren angemessenen Freiraum gibt, muss deshalb allein nach *urheberrechtlich relevanten Kriterien* erfolgen. Solche gibt der EuGH in der Entscheidung „Vrijheidsfonds/Vandersteen" aber nicht an.

Die erforderliche Interessenabwägung kann auch nicht auf das Entstellungsverbot des § 14 UrhG verschoben werden, worauf der BGH ergänzend abstellt.⁶³³ Diese Bestimmung steht in einem engen Regelungszusammenhang mit einer Reihe von Vorschriften wie §§ 39, 93, 23, 37 Abs. 1, 55a S. 1, 69c Nr. 2, 88 Abs. 1, 89 Abs. 1, 62 Abs. 2 bis 4 UrhG, § 44 VerlG, die dem Interesse des Urhebers, die schöpferische Eigenart seines Werkes rein zu halten, Rechnung tragen. Die herrschende Literaturmeinung interpretiert diese Normen im Rahmen einer Gesamtschau und lehnt zu Recht ein Nebeneinander zwischen Entstellungs- und

C210

---

⁶²⁹ *Haberstumpf* ZGE 2015, 425, 452 ff.; *Unseld* EuZW 2014, 914, 915; *Haedicke* GRUR Int. 2015, 664, 668 ff.; *v. Becker* GRUR 2015, 336, 339; eher zustimmend *Lauber-Rönsberg* ZUM 2015, 658, 663 ff.
⁶³⁰ So BGH GRUR 2016, 1157 Rn. 39 – auf fett getrimmt.
⁶³¹ EuGH GRUR 2008, 604 Rn. 38 f. – Le Corbusier-Möbel.
⁶³² Hierauf macht *Schack* (2005), S. 511, 517 f., nachdrücklich aufmerksam.
⁶³³ BGH GRUR 2016, 1157 Rn. 38 – auf fett getrimmt.

Änderungsverbot ab.[634] § 14 UrhG bezieht sich auf alle Handlungen und Maßnahmen, die auf materielle Objekte oder Erscheinungen einwirken oder solche hervorbringen, so dass in ihnen das betroffene Werk in einem anderen als vom Urheber geschaffenen Gesamteindruck, d. h. *sinnändernd,* vorkommt.[635] Sein Anwendungsbereich reicht somit auch in den Bereich der wiedererkennbaren und verändernden Nutzung von geschützten Werken hinein, geht aber über ihn insoweit hinaus, als er auch Eingriffe in die materielle Substanz von Werkexemplaren erfasst. Die Interessenabwägung, die § 14 UrhG fordert, dient der Bestimmung, wann ein sinnändernder Eingriff oder eine sinnändernde Wiedergabe geeignet ist, die berechtigten geistigen oder persönlichen Interessen des Urhebers am Werk zu gefährden. Ihr Fokus liegt auf der Wahrung der Interessen des Urhebers. Das persönlichkeitsrechtlich geprägte Entstellungs- und Änderungsverbot findet aber seine Grenze im Recht jedermanns, ein geschütztes Werk frei benutzen zu dürfen. Hier liegt der Schwerpunkt bei den Interessen der Nutzer. Ist diese Grenze überschritten, kann kein widerstreitendes Ergebnis begründet werden.[636]

C211 Wie hat aber eine korrekte, allein an urheberrechtlich relevanten Kriterien orientierte Interessenabwägung im Rahmen von Art. 5 Abs. 3 lit. k InfoSoc-RL (§ 51a UrhG) auszusehen? Der Wortlaut der Vorschrift und die verwendeten Begriffe geben hierzu keine Antwort. Entscheidend ist vielmehr, worauf der EuGH in der Entscheidung „Pelham/Hütter"[637] ausdrücklich hinweist, dass die Anwendung der Ausnahmebestimmungen der InfoSoc-RL unter dem Vorbehalt steht, den sog. Drei-Stufen-Test des Art. 5 Abs. 5 InfoSoc-RL bestehen zu müssen. Sie dürfen *erstens* nur in bestimmten Sonderfällen angewandt werden. Das heißt hier, dass nicht alle Sachverhalte, die unter den Tatbestand des Art. 5 Abs. 3 lit. k InfoSoc-RL subsumiert werden können, freie Benutzungen sind. Sie dürfen *zweitens* nur in Fällen angewandt werden, in denen die normale Verwertung des Werkes oder eines sonstigen Schutzgegenstands nicht beeinträchtigt wird. Zur normalen Verwertung eines geschützten Werkes gehört auch im Unionsrecht, dass der Urheber grundsätzlich das Recht hat, die Veröffentlichung und Verwertung von schöpferischen Bearbeitungen und Umgestaltungen seines Werkes zu erlauben oder zu verbieten (→ Rn. E104, C202). Dieses Recht wäre weitgehend entwertet, wenn jeder ein geschütztes Werk wiedererkennbar verändern könnte, ohne selbst schöpferisch tätig zu sein. Unkreativen Personen würde auf diese Weise die Herrschaftsmacht über die Leistungsergebnisse von Urhebern eingeräumt. Das widerspricht dem Konzept des Urheberrechts und

---

[634] *Peukert* in Schricker/Loewenheim (2020), UrhG § 14 Rn. 5 ff.; *Haberstumpf* in Büscher/Dittmer/Schiwy (2015), § 14 UrhG Rn. 3 f.; *Schulze* in Dreier/Schulze (2022), UrhG § 14 Rn. 2; *Dustmann* in Fromm/Nordemann (2018), UrhG § 14 Rn. 9 ff.; *Bullinger* in Wandtke/Bullinger (2022), UrhG § 14 Rn. 3.

[635] S. o. → Rn. B108; BGH GRUR 1989, 106, 107 – Oberammergauer Passionsspiele II; *Haberstumpf* in Büscher/Dittmer/Schiwy (2015), UrhG § 14 Rn. 5.

[636] *Haberstumpf* in Büscher/Dittmer/Schiwy (2015), UrhG § 14 Rn. 10, § 24 Rn. 1.

[637] EuGH GRUR 2019, 929 Rn. 62 – Pelham/Hütter.

kann nicht akzeptiert werden. Für den Fall der Karikatur, der Parodie und des Pastiches heißt das, dass die mit ihnen verbundenen Veränderungen des benutzten Werkes ebenfalls schöpferisch sein müssen, damit sie freie Benutzungen sein können. Die Ausnahmen der InfoSoc-RL dürfen schließlich *drittens* nur in einer Weise angewandt werden, die die berechtigten Interessen des Rechtsinhabers nicht ungebührlich verletzt. Das bedeutet, dass den Interessen und Grundrechten von Karikaturisten, Parodisten und Pastichisten auf Ausübung ihrer Meinungs-, Kunst- und Wissenschaftsfreiheit kein genereller Vorrang vor den Interessen und Rechten von Urhebern, auch schöpferische Bearbeitungen und Umgestaltungen ihrer Werke kontrollieren zu können, zukommen darf. Da sie nach der zweiten Stufe des Drei-Stufen-Tests einen schöpferischen Abstand von dem benutzten Werk einhalten müssen, reicht es nicht aus, dass sie überhaupt schöpferisch tätig werden. Sie müssen deshalb einen *hinreichend großen schöpferischen Abstand* von dem benutzten Werk einhalten, damit die berechtigten Interessen und Rechte von Urhebern gewahrt bleiben. Wann der schöpferische Abstand erreicht wird, hängt maßgebend davon ab, welchen Umfang und welche schöpferische Qualität die übernommenen Teile des benutzten Werkes haben, wie groß die Veränderungen sind, welches Maß an Individualität sie aufweisen und ob Nutzer überhaupt in Ausübung ihrer Grundrechte handeln oder nur kommerzielle Zwecke verfolgen. Je ausgeprägter die schöpferische Eigenart der übernommenen Gedanken und Ideen ist, desto weniger treten sie gegenüber der Individualität der Umgestaltung zurück, während umgekehrt aus einem geringen Maß an Individualität ein entsprechend engerer Schutzbereich für das benutzte Werk folgt.

Die Konsequenzen, die sich aus der Anwendung des Drei-Stufen-Tests auf die Ausnahme des Art. 5 Abs. 3 lit. k InfoSoc-RL ergeben, erinnern nicht bloß zufällig an die Grundsätze und Kriterien, nach denen der BGH in ständiger Rechtsprechung die Zulässigkeit von Parodien und Karikaturen unter der Ägide des früheren § 24 UrhG beurteilte.[638] Die Kriterien, die im Rahmen des Rechtsinstituts der freien Benutzung entwickelt wurden und die im folgenden Abschnitt ausführlich erörtert werden, sind nämlich keine Besonderheit des deutschen Rechts, sondern formulieren Grundsätze, die jeder Urheberrechtsordnung einschließlich der europäischen als immanente Begrenzung der Persönlichkeits- und Verwertungsrechte implizit zugrunde liegen.[639] Sie werden deshalb nicht obsolet, wenn man die Vorschrift des § 24 UrhG a. F. streicht, sondern ergeben sich aus der Logik jedes immaterialgüterrechtlichen Systems, das bestimmten Rechtsinhabern Ausschließlichkeitsrechte zuweist.[640] Die freie Benutzung bestimmt die *äußerste inhaltliche Grenze* des Urheberrechts. Beim Ausgleich der

---

[638] Paradigmatisch BGH GRUR 1994, 191, 193, 194, 202, 205 – Asterix-Persiflagen; BGH GRUR 1994, 206, 208 f. – Alcolix; BGH GRUR 1971, 588, 589 f. – Disney-Parodie.
[639] So auch mit Recht BGH GRUR 2017, 895 Rn. 22 – Metall auf Metall III; BGH GRUR 2022, 899 Rn. 48 f. – Porsche 911; ebenso *Schulze* (2018), S. 504 ff.; v. *Ungern-Sternberg* GRUR 2022, 1777, 1779.
[640] *Haberstumpf* ZUM 2022, 795, 797 ff.

Interessen, den auch das Unionsrecht fordert, geht es folglich gerade nicht um eine außerhalb der Verwertungsbefugnisse und Schrankenbestimmungen angesiedelte frei schwebende Interessenabwägung. Die Kriterien der freien Benutzung müssen vielmehr richtlinienkonform über den Drei-Stufen-Test in die Schrankenvorschriften und damit auch in die Ausnahme für Karikaturen, Parodien und Pastiches hineingelesen werden. Wo dies nicht möglich ist, wenn der EuGH den Begriff des Pastiches auf den Bereich der sprachlichen, bildnerischen und musikalischen Kunst beschränkt, muss es deshalb bei der unmittelbaren Anwendung des Instituts der freien Benutzung verbleiben, was der deutsche Gesetzgeber mit der Neufassung von § 23 Abs. 1 S. 2 UrhG inzwischen vollzogen hat.[641] Die Zulässigkeit der freien Benutzung rechtfertigt sich letztlich aus dem Interesse der Allgemeinheit am wissenschaftlichen und künstlerischen Fortschritt.[642] Sie steht mit den allgemeinen Zielsetzungen der InfoSoc-RL durchaus im Einklang und widerspricht dem Harmonisierungsziel nicht, weil sie den Ausnahmebestimmungen selbst als schutzrechtsbegrenzendes Element immanent ist. Der gegen eine andere Person vorgehende Urheber hat ja schließlich nicht im luftleeren Raum gearbeitet, sondern regelmäßig auch auf schöpferischen Vorarbeiten aufgebaut und davon profitiert, dass er sie frei benutzen durfte.[643] Am Konzept einer schrankenbasierten Abwägung, das die freie Benutzung einbezieht und auch für die Schutzgegenstände der verwandten Schutzrechte maßgebend ist, kann und muss daher auch im harmonisierten Urheberrecht festgehalten werden. Es kann mit folgendem Bild veranschaulicht werden:

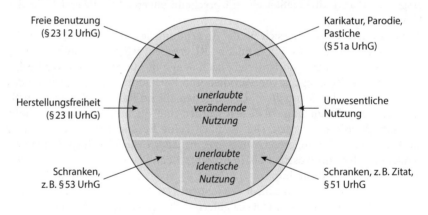

Die äußere Kreislinie markiert den Bereich, innerhalb dessen eine Verletzung des Urheberrechts überhaupt möglich ist (Zeilen 1 und 2 der I-A-Matrix

---

[641] Näher *Haberstumpf* ZGE 2015, 425, 452 ff.; *ders.* ZUM 2020, 809, 818 f.; *ders.* ZUM 2022, 795, 804 ff.; vgl. auch *Leistner* GRUR 2014, 1145, 1149.
[642] So BVerfG GRUR 2016, 690 Rn. 66 ff. – Metall auf Metall.
[643] So auch BGH GRUR 2017, 895 Rn. 22 – Metall auf Metall III; *Loewenheim* in Schricker/Loewenheim (2020), UrhG § 24 Rn. 2.

→ Rn. C190). Außerhalb liegen die Sachverhalte, in denen geschützte Werke nicht wiedererkennbar oder nicht oder nicht mehr geschützte Gestaltungen benutzt werden (Zeilen 3 bis 8 der I-A-Matrix). Die zweite Kreislinie beschreibt den Bereich, in dem zwar eine wiedererkennbare Nutzung stattfindet, die aber die Interessen des Urhebers nur unwesentlich berührt (→ Rn. C217 ff.) und deshalb frei ist. Der innere Bereich zerfällt in zwei Teile. Er erfasst die Fallgruppen, in denen geschützte Werke identisch oder verändert genutzt werden. Hier ist die Rechtsverletzung angesiedelt, es sei denn, eine der Schrankenbestimmungen oder die freie Benutzung i. S. v. § 23 Abs. 1 S. 2 UrhG greift ein. Im Gegensatz zu der äußeren Kreislinie sind die inneren Grenzlinien nicht starr, sondern flexibel, weil sie durch eine Interessenabwägung im Einzelfall bestimmt werden.

d) Allgemeine Kriterien der Interessenabwägung

An welchen Kriterien und Maßstäben sollte die erforderliche Interessenabwägung ausgerichtet werden? Ich schlage vier allgemeine Kriterien vor. Sie sind weder neu noch revolutionär, sondern spielen immer schon mehr oder weniger explizit eine Rolle. Das Kriterium (1) „Wiedererkennbarkeit" bestimmt die jeweilige Schutzuntergrenze,[644] oberhalb der die Ausschließlichkeitsrechte des Urhebers und der Inhaber der verwandten Schutzrechte einsetzen. Kriterium (2) „Wesentlichkeit" soll den Bereich bestimmen, in dem die Eingriffe deren Interessen nicht oder so geringfügig tangieren, dass die Nutzerinteressen generell überwiegen. Kriterium (3), das wir „schöpferischer Abstand" nennen wollen, hat die Funktion, die äußerste inhaltliche Grenze des Urheberrechts und damit auch der Schranken und Ausnahmen abzustecken. Es betrifft die Abgrenzung zwischen unfreier Bearbeitung und freier Benutzung. Das Kriterium (4) „Einfluss der Grundrechte" soll gewährleisten, dass die Abwägung nach den vorstehenden Kriterien im Einklang mit den Grundrechten der Beteiligten steht. Die folgende Skizze richtet ihr Augenmerk in erster Linie auf die Kunst- und Wissenschaftsfreiheit und die Frage, inwieweit mit den vorgeschlagenen Abwägungskriterien dem Monopolisierungsargument (III) adäquat entgegengetreten werden kann.

aa) Wiedererkennbarkeit

Das Kriterium (1) der Wiedererkennbarkeit spielt in der Pelham/Hütter-Entscheidung des EuGH eine entscheidende Rolle. Ihr Kernsatz lautet:[645]

„Entnimmt jedoch ein Nutzer in Ausübung der Kunstfreiheit einem Tonträger ein Audiofragment, um es in geänderter und beim Hören nicht wiedererkennbarer Form in einem

---

[644] Nach *Mezger* (2017), S. 27 Abb. 2, verläuft die Schutzschwelle für den Erwerb des Urheberrechts dagegen in einem „Zickzack", je nachdem welche Werkart betroffen ist. Die Schutzschwelle ergibt sich aber aus dem Begriff der Individualität und aus der Frage, ob ein bestimmtes Maß an Individualität zu fordern ist (→ Rn. E74 ff.). Die Untergrenze, die den jeweiligen Schutzumfang absteckt, ergibt sich aus dem Kriterium der Wiedererkennbarkeit. Beides muss nicht zusammenfallen.
[645] EuGH GRUR 2019, 929, Rn. 31, 36 – Pelham/Hütter.

neuen Werk zu nutzen, stellt eine solche Nutzung keine „Vervielfältigung" i. S. v. Art. 2 lit. c der Richtlinie 2001/29 dar."

Diese Aussage bezieht sich im vorliegenden Fall zwar nur auf das Recht des Tonträgerherstellers (§ 85 UrhG), ist aber für das Vervielfältigungsrecht des Urhebers nach Art. 2 lit. a InfoSoc-RL gleichfalls heranzuziehen, da der Vervielfältigungsbegriff für das Urheberrecht und die verwandten Schutzrechte einheitlich harmonisiert ist. Schutzgegenstand des Rechts des Tonträgerherstellers ist der Inhalt des Tonmaterials, das der Hersteller mittels einer wirtschaftlichen, technischen und organisatorischen Leistung auf einen Tonträger aufspielt (→ Rn. F144). Ist dieses für einen Urheber geschützt, wird durch die Vervielfältigung des bespielten Tonträgers nicht nur die wirtschaftliche und organisatorische Leistung dessen Herstellers verwertet, sondern gleichzeitig auch die schöpferische Leistung des Urhebers des in ihm verkörperten Musikwerkes. Die Amortisationsinteressen des Urhebers und des Tonträgerherstellers werden dadurch in gleichem Umfang tangiert. Die Identität zweier bespielter Tonträger wird nämlich durch die Identität dessen hergestellt, was die jeweils verkörperten Musikstücke ausdrücken und das bemisst sich danach, ob ihre Töne als Zeichen eines sozial geregelten Klangsystems dasselbe zu verstehen geben, denselben Sinn haben.[646] Bei der Beurteilung, wann ein Musikstück, ein Text, ein Bild, eine Bewegungsabfolge oder Teile davon in andere wiedererkennbar übernommen werden, kommt es deshalb auf den Standpunkt eines Betrachters oder Hörers an, der den benutzten geistigen Gegenstand kennt, aber auch das für das benutzende Werk erforderliche intellektuelle Verständnis besitzt.[647] Zu diesen Personenkreisen gehören auch die erkennenden Richter in einer Urheberrechtsstreitsache, da sie wie die Personen, an die sich der Produzent des geistigen Gegenstands in einem Äußerungsakt richtet, die Fähigkeit erworben haben, geistige Gegenstände hervorzubringen, zu verwenden und zu verstehen,[648] nicht aber Sachverständige, Techniker und andere Experten oder Hersteller von Plagiats- oder Filtersoftware, die die gegenüberstehenden geistigen Gehalte nach rein formalen Gesichtspunkten miteinander vergleichen und damit deren Sinn verfehlen.

C215   Obwohl die zitierte Aussage des EuGH ziemlich klar formuliert ist, kann gerätselt werden, was unter dem Kriterium der Wiedererkennbarkeit zu verstehen ist. Versteht man es, wie wir es tun, als ein Kriterium, das die Schutzuntergrenze sowohl des Rechts des Urhebers als auch des Rechts des Tonträgerherstellers und der anderen in Art. 2 lit. b, d und e InfoSoc-RL genannten Rechteinhaber beschreibt, hat es den Charakter einer *notwendigen*, nicht aber hinreichenden Bedingung für das Vorliegen einer Verletzung dieser Rechte. Ist die Bedingung nicht erfüllt, ist auch der Anwendungsbereich einer der gesetzlichen Schrankenvorschriften nicht eröffnet, wie der EuGH im Hinblick auf die Zitatausnahme

---

[646] S. o. → Rn. C90: Definition (Mu3) für Musikwerke.
[647] Z. B. BGH GRUR 2004, 855, 857 – Hundefigur.
[648] S. o. → Rn. C12 f., C46, C49, C56, C90; vgl. auch *Leistner* GRUR 2019, 1008, 1010.

insoweit zutreffend ausführt.[649] In dieser Sicht deckt es lediglich die Sachverhalte ab, die unter Spalte 1, Zeilen 1 bis 4, der I-A-Matrix fallen. Wann die wiedererkennbare Vervielfältigung, Verbreitung oder öffentliche Wiedergabe eines geistigen Gehalts (a) in einem anderen geistigen Gehalt (b) das Urheberrecht oder eines verwandten Schutzrechts verletzt, richtet sich aber in den Fällen der hier relevanten Zeilen 1 und 2 danach, ob (a) geschützt ist und letztlich nach einer Interessenabwägung. Insoweit drückt das Kriterium der Wiedererkennbarkeit eine mehr oder weniger triviale Selbstverständlichkeit aus.

Es bestehen aber Zweifel, dass der EuGH seine Aussage in diesem Sinne verstanden haben wollte. In seinem Vorlagebeschluss vom 1.6.2017[650] hatte der BGH nämlich nicht nur gefragt, ob die Entnahme und Übertragung kleinster Tonfetzen auf einen anderen Tonträger eine Vervielfältigung i.S.v. Art. 2 lit. c InfoSoc-RL sei, sondern auch, ob der Schutzbereich des ausschließlichen Rechts des Tonträgerherstellers in der Weise gem. § 24 UrhG immanent beschränkt sei, dass ein selbstständiges in freier Benutzung eines Tonträgers geschaffenes Werk ohne seine Zustimmung verwertet werden dürfe. Die erste dieser Fragen hat der EuGH bejaht, die zweite mit der Begründung verneint, dass eine Beschränkung wie § 24 UrhG nicht in Art. 5 InfoSoc-RL vorgesehen sei.[651] Der Tonträgerhersteller könne sich dagegen wehren, dass ein Dritter ein – auch nur sehr kurzes – Audiofragment seines Tonträgers nutze, um es in einen anderen Tonträger einzufügen, es sei denn, dass dieses Fragment in den anderen Tonträger in geänderter und beim Hören nicht wiedererkennbarer Form eingefügt werde.[652] Daraus wird deutlich, dass der Gerichtshof das Kriterium der Wiedererkennbarkeit als eine *hinreichende* Bedingung für die Verletzung der Ausschließlichkeitsrechte des Rechtsinhabers auffasst. Er verbaut damit allerdings den Weg zu einem angemessenen Ausgleich mit den Interessen und Grundrechten der Nutzer, den er gleichzeitig fordert. Er konzediert zwar, dass die hier angewandte Technik des Sampling eine künstlerische Ausdrucksform sei, die unter die durch Art. 13 EU-Grundrechtscharta geschützte Freiheit der Kunst falle. In Ausübung dieser Freiheit könne der Nutzer eines Samples bei der Schaffung eines neuen Werkes das dem Tonträger entnommene Fragment so ändern, dass es in dem neuen Werk beim Hören nicht wiedererkennbar sei.[653] Diese Antwort des EuGH entspricht aber nicht dem Sinn der Vorlagefrage. Selbstverständlich *kann* ein Nutzer immer entnommene Werke oder Teile so in sein neues Werk integrieren, dass sie *nicht* mehr *wiedererkennbar* sind. Darum geht es aber nicht, sondern darum, ob und wann er dies in *wieder erkennbarer Weise tun darf*. Die Erläuterungen des EuGH klingen zwar so, als habe er das Recht des Tonträgerherstellers gegen die Kunstfreiheit von Nutzern abgewogen. In Wahrheit findet aber eine Abwä-

---

[649] EuGH GRUR 2019, 929 Rn. 66 ff. – Pelham/Hütter.
[650] BGH GRUR 2017, 895 – Metall auf Metall III: Frage 3.
[651] EuGH GRUR 2019, 929 Rn. 63 ff. – Pelham/Hütter.
[652] EuGH GRUR 2019, 929 Rn. 39 – Pelham/Hütter.
[653] EuGH GRUR 2019, 929 Rn. 35, 36 – Pelham/Hütter.

gung nicht statt.⁶⁵⁴ Denn wenn in ein Musikwerk fremde nicht wiedererkennbare Tonsequenzen integriert werden, werden sie in ihm weder körperlich noch unkörperlich vervielfältigt. Und wenn es sie nicht vervielfältigt, werden die Verwertungsrechte nicht verletzt. Diese Konsequenz folgt bereits logisch aus der oben zitierten Aussage, unabhängig davon, ob der Nutzer sich auf die Kunstfreiheit oder irgendein anderes Grundrecht berufen kann. Erkennt ein Betrachter oder Hörer, der die jeweils verwendeten Ausdrucksformen versteht, beim Vergleich zweier geistiger Gegenstände nicht, dass der eine den anderen oder Teile davon enthält, dann kann er keine Ähnlichkeit oder gar Identität feststellen. Urheberrechtlich gesehen haben beide nichts miteinander zu tun, so dass allein deshalb von einer Urheberrechtsverletzung keine Rede sein kann. Das Merkmal der Wiedererkennbarkeit bzw. Nichtwiedererkennbarkeit entscheidet nicht darüber, ob eine Urheberrechtsverletzung gegeben ist, sondern ob in verschiedenen materiellen Dingen oder Erscheinungen derselbe geistige Gegenstand identisch oder verändert vorkommt (→ Rn. C1 f.). In seinem Vorlagebeschluss wollte der BGH in diesem Zusammenhang vielmehr wissen, wann das neue Werk zu der aus dem benutzten Tonträger entlehnten Tonfolge einen so großen Abstand hält, dass es seinem Wesen nach als selbstständig anzusehen ist.⁶⁵⁵ Diese Frage hat der EuGH nicht beantwortet. Sie kann ohne eine Interessenabwägung im Einzelfall, die den Umfang und die Intensität des Eingriffs ebenso berücksichtigt wie die Kunstfreiheit oder ein anderes Grundrecht des Nutzers, nicht richtig beantwortet werden. Hierauf hat das BVerfG im vorliegenden Fall nachdrücklich und ausführlich begründet hingewiesen.⁶⁵⁶ Das Kriterium der Wiedererkennbarkeit kann deshalb nur eine notwendige Bedingung für eine Urheberrechtsverletzung sein. Wann die wiedererkennbare Entnahme von Elementen eines geschützten Werkes oder Leistungsergebnisses im Ergebnis eine Verletzungshandlung ist, hängt nach Spalte 4, Zeilen 1 und 2, der I-A-Matrix von einer Interessenabwägung ab.

bb) Wesentlichkeit

C217 Mit Kriterium (2) „Wesentlichkeit" können Fallgestaltungen ausgeschieden werden, in denen dem allgemeinen Interesse von Werkrezipienten an der Aufnahme und Verarbeitung geistiger Gegenstände, die andere hervorgebracht haben, keine ernsthaften Gegeninteressen der Rechteinhaber entgegenstehen. Der Ge-

---

⁶⁵⁴ *v. Ungern-Sternberg* GRUR 2022, 1777, 1779, weist mit Recht darauf hin, dass die geforderten Grundrechtserwägungen mit einem wörtlichen Verständnis des Merkmals der Wiedererkennbarkeit unvereinbar sind. Er meint deshalb, dass der Begriff „wiedererkennbar" nicht im Wortsinn zu verstehen sei, sondern im Sinne von Wiedererkennbarkeit der schutzbegründenden Elemente, was aufgrund einer Interessenabwägung zu entscheiden sei. Abgesehen davon, dass die Aussage des EuGH allgemein nicht so verstanden wird, ist dem entgegen zu halten: Die Wiedererkennbarkeit ist notwendige Voraussetzung, in die Verletzungsprüfung einzusteigen, bestimmt aber nicht ihr Ergebnis.
⁶⁵⁵ BGH GRUR 2017, 895 Rn. 25 – Metall auf Metall III.
⁶⁵⁶ BVerfG GRUR 2016, 690 Rn. 67 ff., 84 ff. – Metall auf Metall.

IV. Form und Inhalt, Idee und Ausdruck   C217–C219

setzgeber hat dieses Kriterium in mehrfacher und unterschiedlicher Weise berücksichtigt: auf der Ebene des Schutzgegenstands, der Verwertungsrechte und der Schrankenvorschriften.[657] Es kann von quantitativer oder auch qualitativer Art sein.

Auf der Ebene des Schutzgegenstands findet man es in § 3 S. 2 UrhG, der bestimmt, dass unwesentliche Bearbeitungen nicht geschützter Werke der Musik nicht als selbstständige Werke geschützt werden (näher u. → Rn. E111f.). Ein Wesentlichkeitskriterium enthält auch § 70 Abs. 1 UrhG, der dem Verfasser einer wissenschaftlichen Ausgabe nur dann ein Schutzrecht gewährt, wenn sie sich wesentlich von den bisher bekannten Ausgaben der gesichteten Werke oder Texte unterscheidet. Das Recht des Datenbankherstellers entsteht gem. § 87a Abs. 1 UrhG erst, wenn die Beschaffung, Überprüfung oder Darstellung der gesammelten Daten eine nach Art oder Umfang wesentliche Investition erfordert (näher u. → F196ff.). Auf den Schutzgegenstand des *Rechts des Urhebers* wirkt es sich allerdings nicht aus. Hier ist auch die „Kleine Münze" geschützt. Insbesondere taugt das Dogma von der Freiheit wissenschaftlicher Erkenntnisse, Theorien und Ideen nicht dazu, einen Interessensausgleich bereits im Rahmen des Werkbegriffs herbeizuführen.[658] Am Werkbegriff ist nicht zu deuten.   C218

Auf der Ebene der Verwertungsrechte ist es beispielsweise insoweit berücksichtigt, als das Verbreitungsrecht und das Recht der öffentlichen Wiedergabe sich generell nicht auf private Verbreitungs- und Wiedergabehandlungen erstreckt, weil ihre wirtschaftliche Bedeutung im Verhältnis zu diesen Rechten gering ist.[659] Das Ausschließlichkeitsrecht des Presseverlegers nach § 87g Abs. 2 Nr. 4 UrhG umfasst nicht die Vervielfältigung und öffentliche Zugänglichmachung einzelner Worte oder sehr kurzer Auszüge aus einer Presseveröffentlichung (→ Rn. F226). In seiner Entscheidung „Metall auf Metall" verwendet das BVerfG[660], u. a. gestützt auf den Wortlaut von Art. 1 lit. c des Genfer Tonträger-Übereinkommens, ein entsprechendes Kriterium, um den Interessen von Nutzern den Vorrang gegenüber den Ausschließlichkeitsrechten des Tonträgerherstellers einzuräumen, wenn der Eingriff so geringfügig ist, dass seine wirtschaftlichen Amortisationsinteressen nicht erheblich berührt werden. Mit diesen Überlegungen kann auch das Problem der Zulässigkeit von kurzen Zusammenfassungen, die geschützte Werkteile fremder Werke übernehmen und   C219

---

[657] Damit kann der Interessenausgleich systematisch strukturiert werden, s. *Franz Hofmann* ZUM 2018, 641, 645ff.

[658] Der gegenteiligen Auffassung von *Franz Hofmann* ZUM 2018, 641, 645, ist jedoch aus den ausführlich dargelegten Gründen nicht zu folgen.

[659] *Franz Hofmann* ZUM 2018, 641, 646. Trotz der Privilegierung der privaten Vervielfältigung nach § 53 Abs. 1 UrhG gilt dies im Verhältnis zum Vervielfältigungsrecht nicht. Der grundgesetzlich garantierte Kern des Urheberrechts soll sichern, dass der Urheber tunlichst angemessen an jeder Nutzung zu beteiligen ist, auch wenn sie keinen wirtschaftlichen Ertrag abwirft und in der Privatsphäre stattfindet (BGH GRUR 1955, 492, 496f. – Grundig-Reporter; BVerfG GRUR 2014, 169 Rn. 87 – Übersetzerhonorare). Als Ausgleich für die privilegierte private Vervielfältigung erhalten die Rechteinhaber daher einen Vergütungsanspruch nach §§ 54ff. UrhG.

[660] Z. B. BVerfG GRUR 2016, 690 Rn. 101 ff., 111 – Metall auf Metall.

etwa in Form von Abstracts, Rezensionen, Snippets, Tonfetzen oder kurzen Videosequenzen in Suchmaschinen oder in der Werbung für Werke über ihren wesentlichen Inhalt informieren, adäquat gelöst werden. In ihnen findet regelmäßig keine inhaltliche Auseinandersetzung mit dem zusammengefassten Werk statt. Sie erreichen mangels ausreichender Individualität meist die Qualität eines selbstständig geschützten Werkes[661] oder eines zulässigen Zitats nicht, weil kein Zitatzweck verfolgt wird. Es besteht aber ein starkes Interesse der Allgemeinheit, Nachweise zu erhalten, welche Werke mit welchem Inhalt im Bereich von Literatur, Wissenschaft und Kunst zur Verfügung stehen. Ohne sie kann die heutige Informationsflut nicht mehr bewältigt werden. Dieses Interesse deckt sich mit dem der Urheber, dass auf ihre Werke aufmerksam gemacht wird und sie gefunden werden, auch wenn die Zusammenfassung die Qualität einer freien Benutzung nicht erreicht. Die Interessen der Urheber, vor der unerlaubten Aneignung ihrer geschützten Geistesprodukte geschützt zu sein, werden erst dann wesentlich berührt, wenn eine Zusammenfassung einen Umfang annimmt, der ihre Lektüre oder Betrachtung weitgehend ersetzt.[662]

C220 Auf der Ebene der Ausnahme- und Schrankenbestimmungen trifft man ebenfalls Formulierungen an, die Wesentlichkeitskriterien enthalten. So sind nach Art. 5 Abs. 1 InfoSoc-RL (§ 44a UrhG) vorübergehende Vervielfältigungen ausgenommen, wenn sie flüchtig oder begleitend sind und keine eigenständige wirtschaftliche Bedeutung haben. § 57 UrhG spricht von unwesentlichem Beiwerk. § 46 UrhG erlaubt nur die Aufnahme von Teilen eines Werkes, von Sprachwerken oder von Werken der Musik von geringem Umfang, von einzelnen Werken der bildenden Kunst oder einzelnen Lichtbildwerken. Nach §§ 47 und 53 Abs. 1 UrhG dürfen nur einzelne Vervielfältigungsstücke oder kleine Teile (§ 53 Abs. 2 S. 1 Nr. 4 a) hergestellt werden. Ein quantitatives Element ist in §§ 60a Abs. 1, 60c Abs. 1 und 60b Abs. 1 eingebaut, wo nur 15 % bzw. 10 % von veröffentlichten Werken zu den genannten Zwecken verwendet werden dürfen.

cc) Schöpferischer Abstand

C221 Die verändernde Übernahme eines geistigen Gegenstands in einen anderen bedingt schon rein begrifflich, dass zwischen ihnen ein Abstand besteht. Es bedarf in diesen Fällen also eines zusätzlichen Kriteriums (3), mit dem man bestimmen kann, wie groß der Abstand sein und welche Qualität er haben muss, damit

---

[661] Der BGH GRUR 2011, 134 Rn. 37, 51 – Perlentaucher (mit kritischer Anm. *Haberstumpf* ZUM 2011, 158, 160 f.), nimmt dagegen zu Unrecht an, dass die Verwendung eigener Worte durch den Autor der Rezension bereits aus dem Schutzbereich des zusammengefassten Werkes herausführt. Dazu oben → Rn. C133.

[662] Näher *Haberstumpf* in Büscher/Dittmer/Schiwy (2015), UrhG § 12 Rn. 13 f. Entgegen der inzwischen h. M. (z. B. *Peukert* in Schricker/Loewenheim (2020), UrhG § 12 UrhG Rn. 29) ist dieses Ergebnis allerdings dogmatisch überzeugender mittels eines Umkehrschlusses aus § 12 Abs. 2 UrhG begründbar, weil damit an das Veröffentlichungsrecht des Urhebers angeknüpft und deutlich gemacht wird, dass selbstverständlich nur veröffentlichte Werke in dieser Weise zusammengefasst werden dürfen.

IV. Form und Inhalt, Idee und Ausdruck   C221–C222

das benutzende Werk nicht mehr in den Schutzbereich des benutzten fällt. Wir wollen es schöpferischen Abstand nennen. Nach ständiger Rechtsprechung des BGH kommt es für die Frage, ob die Übernahme gestalterischer Elemente eine Vervielfältigung, eine unfreie Bearbeitung oder eine freie Benutzung darstellt, dementsprechend entscheidend auf den Abstand an,[663] den das neue Werk zu den entlehnten eigenpersönlichen Zügen des benutzten Werkes hält. Der Abstand müsse so groß sein, dass diese angesichts der Eigenart des neuen Werkes „verblassen".[664] Der vielfach kritisierte metaphorische Begriff des Verblassens ist allerdings missverständlich – wir werden ihn deshalb im Folgenden nicht mehr verwenden – und darf nicht überbewertet werden. Er bedeutet nämlich nicht, dass die aus dem älteren Werk entlehnten schöpferischen Gedanken und Ideen im neuen Werk so zurücktreten müssen, dass sie nur noch schwach in urheberrechtlich nicht mehr relevanter Weise durchschimmern.[665] Schimmern sie nämlich in urheberrechtlich nicht relevanter Weise durch, sind sie entweder nicht mehr wiedererkennbar oder scheitern an der Wesentlichkeitsgrenze. Insoweit ist schon nach Kriterien (1) oder (2) eine Urheberrechtsverletzung ausgeschlossen. Die Frage, ob eine bloße Vervielfältigung vorliegt, eine Schrankenregelung eingreift, eine unfreie Bearbeitung oder eine freie Benutzung anzunehmen ist, stellt sich folglich nicht.

Der Abstand, der bei jeder verändernden Reproduktion eines schöpferischen geistigen Gehalts vorhanden ist, nimmt seinen Ausgangspunkt also dort, wo dieser mehr oder weniger deutlich wiedererkennbar in ein anderes Geistesprodukt eingearbeitet wird. Besteht kein Abstand, wird er in Form einer unschöpferischen körperlichen Vervielfältigung oder unkörperlichen Wiedergabe identisch reproduziert. Eine solche Handlung ist nur dann frei, wenn der Tatbestand einer der Schrankenbestimmungen erfüllt ist. Wird er dagegen sinnändernd wiedergegeben, ist diese Handlung entweder nicht schöpferisch oder schöpferisch. Im ersten Fall bewegt sich der Handelnde zweifellos ebenfalls innerhalb des Schutzbereichs, es sei denn, die Übernahme fällt nicht ins Gewicht und er überschreitet die Wesentlichkeitsgrenze nach Kriterium (2) nicht. Ein Beispiel wäre die rein private Tätigkeit oder die Erstellung einer Zusammenfassung, die den Inhalt des zusammengefassten Werkes nur andeutet und seine Lektüre oder Betrachtung aber nicht ersetzt. Im zweiten Fall kann es sich um eine schöpferische Bearbeitung oder andere Umgestaltung i. S. v. § 23 Abs. 1 UrhG handeln, die ebenfalls in den Schutzbereich des bearbeitenden Werkes fällt, oder um eine freie Benutzung, die ihn verlässt. Beachtenswert ist, dass der Gesetzgeber bereits in § 23   C222

---

[663] Überwiegend bezeichnet der BGH ihn als „inneren" Abstand (z. B. BGH GRUR 2016, 1157 Rn. 22 – auf fett getrimmt), manchmal aber auch als „äußeren" Abstand (BGH GRUR 2011, 134 Rn. 37 – Perlentaucher). Ein sachlicher Unterschied ergibt sich daraus jedoch nicht, weil die Übernahme schöpferischer Züge aus einem Werk immer eine Übernahme von aus Form und Inhalt bestehenden Sinneinheiten ist.

[664] Z. B. BGH GRUR 2022, 899 Rn. 43 – Porsche 911; BGH GRUR 2016, 1157 Rn. 19 ff. – auf fett getrimmt; BGH GRUR 2011, 249 Rn. 33 ff. – Perlentaucher; BGH GRUR 1994 206, 208 – Alcolix.

[665] Vgl. z. B. BGH GRUR 2016, 1157 Rn. 22 – auf fett getrimmt.

UrhG insoweit ein Wesentlichkeitskriterium eingebaut hat, als gem. § 23 Abs. 1 S. 1 UrhG die Herstellung schöpferischer Bearbeitungen oder Umgestaltungen innerhalb der privaten Sphäre zulässig sind,[666] sofern nicht die in Absatz 2 aufgeführten Ausnahmen eingreifen. Die freie Benutzung, die den Schutzbereich verlässt, stellt sich somit als eine gesteigerte Art der schöpferischen Bearbeitung dar, die einen so großen Abstand zum benutzten Schutzgegenstand erreicht, dass dessen Individualität trotz der Übereinstimmungen von der Individualität des neuen Werkes überlagert wird und dieses in einer wertenden Gesamtschau als selbstständig anzusehen ist.[667] Es muss also ein hinreichender Abstand in *schöpferischer* Hinsicht vorhanden sein. Daraus folgt zwingend, dass ein in freier Benutzung geschaffenes Werk alle Merkmale eines geschützten Werkes nach § 2 Abs. 2 UrhG erfüllen muss (→ Rn. C211). Die Prüfung, ob ein Werk gem. § 23 Abs. 1 S. 2 UrhG frei benutzt wurde, beinhaltet somit nicht nur, dass es insgesamt oder in einem in sich geschlossenen individuellen Teil verändert und wiedererkennbar übernommen wurde, sondern auch dass es sich in einem schöpferischen Werk wiederfindet.[668]

C223 Das gilt auch für die Karikatur, Parodie und den Pastiche. Auch wenn die dazu vom EuGH in der Entscheidung „Vrijheidsfonds/Vandersteen"[669] entwickelten Begriffsbestimmungen nicht verlangen, dass die neue Gestaltung einen eigenen ursprünglichen Charakter hat (→ Rn. C207), folgt daraus nicht, dass jeder Abstand, den eine Karikatur, Parodie oder ein Pastiche notwendig zu dem benutzten Werk einhält, genügt. Es kann einfach nicht sein, dass ein Plagiator ohne eigene schöpferische Leistung ein schöpferisches Werk allein deshalb frei benutzen darf, indem er ihm eine lustige, bösartige oder satirische Färbung verleiht oder sich als Parodist bezeichnet, um seine Urheberrechtsverletzung unter dem Deckmantel der Parodie zu verbergen.[670] Der neueren Rechtsprechung des BGH[671] und ihr folgend dem Schrifttum,[672] die für die freie Karikatur, Parodie und den Pastiche auf das Kriterium des schöpferischen Abstands verzichten wollen, ist daher nachdrücklich zu widersprechen. Ihre Auffassung steht mit der allgemeinen Zielsetzung nach Erwägungsgründen 9 und 11 der InfoSoc-RL, kreative Prozesse in Gang zu setzen und zu erhalten, nicht im Einklang und

---

[666] Begr. RegE BT-Drs. IV/270, S. 51. Zur Herstellungsfreiheit näher *Haberstumpf* in Büscher/Dittmer/Schiwy (2015), UrhG § 23 Rn. 9 f.

[667] So BGH GRUR 1999, 984, 988 – Laras Tochter.

[668] → Rn. C201; BVerfG BeckRS 2013, 55260. Diese Prüfung lässt die BGH-Entscheidung „Vitrinenleuchte" (GRUR 2023, 571 Rn. 32) vermissen, indem sie es schon ausreichen lässt, dass der angegriffene Verletzungsgegenstand einen abweichenden Gesamteindruck als das Klagemuster aufweist.

[669] EuGH GRUR 2014, 972 Rn. 20 f.

[670] So nach wie vor zu Recht BGH GRUR 1971, 588, 589 – Disney-Parodie; BGH GRUR 1994, 191, 193, 196, 199, 202 – Asterix-Persiflagen; BGH GRUR 2000, 703, 704 – Mattscheibe.

[671] BGH GRUR 2016, 1157 Rn. 28 – auf fett getrimmt.

[672] Vor allem *v. Ungern-Sternberg* GRUR 2015, 533, 537 f.; *Loewenheim* in Schricker/Loewenheim (2020), UrhG § 24 Rn. 30, 32; *Dreier* in Dreier/Schulze (2022), UrhG § 51a Rn. 13; *Lüft/Bullinger* in Wandtke/Bullinger (2022), UrhG, § 51a Rn. 6.

IV. Form und Inhalt, Idee und Ausdruck　　C223–C225

schiebt das Grundrecht des Urhebers an seinem geistigen Eigentum nach Art. 17 Abs. 2 EU-GrCh (Art. 14 GG) beiseite, obwohl es innerhalb des Drei-Stufentests gem. Art. 5 Abs. 5 InfoSoc-RL zu berücksichtigen ist (→ Rn. C211). Wenn nämlich jemand ein geschütztes Werk oder geschützte Teile eines solchen in eine nicht geschützte Gestaltung übernimmt, hat er keine eigene kreative Leistung erbracht. Er nimmt am erwünschten kulturellen Wettstreit um neue Ideen und Gedanken nicht teil, sondern bedient sich der Schöpfung eines anderen, indem er sich eigenes persönliches Schaffen erspart,[673] und verdient die Privilegierung der Parodieausnahme nicht.[674]

Bei den verwandten Schutzrechten, die keine Schöpfungen betreffen, ist zwar kein schöpferischer Abstand zu fordern. Hier wird in den Schutzbereich eingegriffen, wenn Handlungen vorgenommen werden, die das Geistesprodukt, das Ergebnis ihrer jeweils schutzwürdigen Leistung ist, wiedererkennbar verwenden und die Interessen der Rechteinhaber, insbesondere die Amortisationsinteressen der Tonträgerhersteller, Sendeunternehmen, Datenbankhersteller und Presseverleger wesentlich berühren. Gleichwohl bedarf es auch hier einer Regel, die den dadurch eröffneten Schutzbereich nach außen begrenzt. Die h. M. in Deutschland wendet deshalb die Kriterien der freien Benutzung im Sinn des früheren § 24 UrhG analog an,[675] weil eine vergleichbare Interessenlage besteht.[676] Es ist somit auch hier zu prüfen, ob ein Produkt, das Sprach-, Ton- oder Bildbestandteile aus einem geschützten Leistungsergebnis übernimmt, einen so großen Abstand hält, dass es seinem Wesen nach als selbstständig anzusehen ist. Wann dieser Abstand erreicht wird, richtet sich nach denselben Maßstäben wie im Fall der Übernahme schöpferischer Ideen. Sinn und Zweck des Rechtsinstituts der freien Benutzung im Urheberrecht ist es, Freiraum für eine schöpferische Auseinandersetzung zu schaffen und damit eine kulturelle Fortentwicklung zu ermöglichen. Dem liefe es zuwider, wenn der Urheber der übernommenen Ton- oder Bildsequenzen eine freie Benutzung hinnehmen müsste, der Inhaber des verwandten Schutzrechts, in dessen Leistung sie verkörpert sind, dagegen nicht.[677]　　C224

Kriterium (3) gibt auch den Maßstab vor, an dem auszurichten ist, ob der gegebene Abstand in urheberrechtlicher Hinsicht hinreichend groß ist. Die ständige und gefestigte Rechtsprechung geht von dem Grundsatz aus: Je ausgeprägter die schöpferische Eigenart der übernommenen Ideen und Gedanken ist, desto weniger wird sie gegenüber der Individualität des neu geschaffenen Werkes zurücktreten, während umgekehrt aus einem geringen Maß an Individualität ein entsprechend engerer Schutzbereich folgt. Dabei legt sie zwar einen strengen　　C225

---

[673] Vgl. z. B. BGH GRUR 1958, 500, 502 – Mecki-Igel I; BGH GRUR 1978, 305, 306 – Schneewalzer; BGH GRUR 1981, 267, 269 – Dirlada.

[674] Dazu ausführlich *Haberstumpf* ZGE 2015, 425, 454 f.

[675] Z. B. BGH GRUR 2017, 895 Rn. 24 f. – Metall auf Metall III; BVerfG GRUR 2016, 690 Rn. 76 ff. – Metall auf Metall.; *Schulze* in Dreier/Schulze (2022), UrhG § 23 Rn. 43.

[676] S. u. → Rn. F21, F67, F95, F136 f., F154 f., F172, F181.

[677] So BGH GRUR 2017, 895 Rn. 24 – Metall auf Metall III.

Maßstab an.⁶⁷⁸ Es darf aber nicht übersehen werden, dass die dem Urheberinteresse entgegenstehenden Interessen der Nutzer und der Allgemeinheit auf den verschiedenen Schaffensgebieten nicht dasselbe Gewicht haben. Wird ein Werk im Rahmen einer künstlerischen oder wissenschaftlichen Auseinandersetzung benutzt, ist der erforderliche Abstand schneller erreicht als im Fall eines neuen Werks, mit dem versucht wird, sich am wirtschaftlichen Erfolg des benutzten Werks zu beteiligen, da hier nach Kriterium (4) zugunsten von Nutzern das Grundrecht der Kunst- und Wissenschaftsfreiheit ins Spiel kommt.

dd) Einfluss der Grundrechte

C226 Kriterium (4) soll gewährleisten, dass die Interessenabwägung im Einklang mit den Grundrechten der EU-Grundrechtscharta und der insoweit gleichlaufenden des Grundgesetzes steht. Speziell zu den Ausnahmen nach Art. 5 Abs. 3 lit. c und d InfoSoc-RL (§§ 50, 51 UrhG) hat der EuGH nachdrücklich darauf hingewiesen, dass das nationale Gericht im Rahmen der Abwägung, die es zwischen den ausschließlichen Rechten des Urhebers auf der einen Seite und den Rechten der Nutzer von Schutzgegenständen auf der anderen Seite vorzunehmen hat, sich auf eine Auslegung dieser Bestimmungen stützen muss, die unter Achtung ihres Wortlauts und unter Wahrung ihrer praktischen Wirksamkeit mit den durch die EU-GrCh gewährleisteten Grundrechten voll und ganz im Einklang steht.⁶⁷⁹ Mit Ausnahme von Art. 5 Abs. 3 lit. k regeln die in Art. 5 Abs. 2 und 3 InfoSoc-RL erschöpfend aufgeführten Bestimmungen nur die wesentlich identische Übernahme geschützter Werke und Werkteile. Insoweit darf eine an den Grundrechten der Beteiligten orientierte Interessenabwägung erst dann erfolgen, wenn ihr Wortlaut Auslegungsspielräume eröffnet. Was das für die Einzelvorschriften bedeutet, soll hier jedoch nicht näher vertieft werden. Im Zusammenhang mit dem Problem des Ideenschutzes interessiert uns vor allem, welchen Einfluss die Grundrechte in den Fällen der sinnändernden Verarbeitung schöpferischer Ideen und Gedanken haben, wo ein schöpferischer Abstand zu fordern ist. Es geht also um die Fälle, in denen sie in anderen Werken konkretisiert, verallgemeinert, in eine andere Werkgattung übergeführt, weiterentwickelt, weitergesponnen, einer kritischen Analyse unterzogen werden oder um die Fälle der Karikatur, Parodie und des Pastiche usw.

C227 In der Entscheidung „Vrijheidsfonds/Vandersteen" hält der EuGH⁶⁸⁰ es in Bezug auf die Parodieausnahme für geboten, dass ein angemessener Ausgleich zwischen den Rechten und Interessen der Rechtsinhaber und der freien Meinungsäußerung des Nutzers hergestellt wird. Er konfrontiert also das Recht auf Schutz des geistigen Eigentums nach Art. 17 Abs. 2 EU-GrCh *allein* mit dem

---

⁶⁷⁸ Z. B. BGH GRUR 1958, 500, 502 – Mecki-Igel I; BGH GRUR 1981, 267, 269 – Dirlada; BGH GRUR 1999, 984, 987 – Laras Tochter.
⁶⁷⁹ EuGH GRUR 2019, 940 Rn. 59 – Spiegel Online; EuGH GRUR 2019, 934 Rn. 76 – Funke Medien/Bundesrepublik Deutschland.
⁶⁸⁰ EuGH GRUR 2014, 972 Rn. 34.

Recht der freien Meinungsäußerung gem. Art. 11 Abs. 1 S. 1 EU-GrCh. Dabei übersieht er allerdings, dass der Gesetzgeber diesen Konflikt bereits zugunsten der Rechteinhaber gelöst hat, indem er ihnen Ausschließlichkeitsrechte an ihren geistigen Werken und Leistungen gewährt. Das Recht auf freie Meinungsäußerung findet seine Schranken in den Vorschriften der allgemeinen Gesetze, wozu auch das Urheberrecht zählt: Wer seine Meinung äußert, indem er von anderen geschaffene Geistesprodukte verwendet, darf dies nicht in urheberrechtsverletzender Weise tun.[681] Denn die Urheber haben ja in gleichem Maße wie die Nutzer das Grundrecht auf ihrer Seite, ihre Meinungen, Vorstellungs- und Empfindungsinhalte durch Entäußerung von schöpferischen Gedanken und Ideen kund zu geben. Wenn aber die Berufung auf das Recht der freien Meinungsäußerung allein schon genügt, dem Nutzer eines geschützten Leistungsergebnisses den Vorrang vor dem Eigentumsgrundrecht des Urhebers einzuräumen, dann kann von einem angemessenen Ausgleich nicht mehr gesprochen werden.[682] Entweder muss der Nutzer stärkere Geschütze auffahren können oder dem Urheber wird zusätzlich auch die Wahrung außerhalb des Urheberrechts angesiedelter Verbote, Rechte und Interessen zugeordnet, damit sie sich im Einzelfall gegen die Meinungsfreiheit von Nutzern ihrer Leistungen durchsetzen können.[683] In der EuGH-Entscheidung war es das Verbot der Diskriminierung auf Grund der Rasse, der Hautfarbe oder der ethnischen Herkunft, in der Entscheidung des BGH „auf fett getrimmt"[684] das allgemeine Persönlichkeitsrecht der auf den strittigen Fotografien abgebildeten Personen. Wählt man diese Alternative, kommt es, wie oben kritisiert wurde, zu einer frei schwebenden Interessenabwägung, die den Kontext des Urheberrechts verlässt und die der EuGH den nationalen Gerichten und damit auch sich selber mit Recht untersagt.

Wir müssen deshalb fragen, welche Grundrechtspositionen den Nutzern zusätzlich zu ihrem Recht auf freie Meinungsäußerung zu Gute kommen. Die Antwort liegt auf der Hand. Nach ihrem Erwägungsgrund 9 verfolgt die InfoSoc-RL das Ziel, mit der Gewährung ausschließlicher Verwertungsrechte die Erhaltung und Entwicklung kreativer Tätigkeiten im Interesse der Urheber, ausübenden Künstler, Hersteller, Verbraucher, von Kultur und Wirtschaft sowie der breiten Öffentlichkeit sicher zu stellen. Dieses Ziel bedingt einerseits ein hohes Schutzniveau, weil ein effektiver Urheberschutz andere Personen dazu zwingt, durch Entwicklung eigener Gedanken zur kulturellen Entwicklung unseres geistigen Lebens beizutragen und vorhandene Werke nicht bloß zu kopieren oder unwesentlich zu verändern. Dieses Ziel bedingt aber auch, dass der Urheber durch Ausübung seiner Rechte die kreative Auseinandersetzung mit seinem Werk durch andere nicht verhindern oder unangemessen erschweren darf, weil kein Schöpfer im luftleeren Raum arbeitet und seine Schöpfung auf den Leistungen anderer aufbaut. Er muss die Kunst- und Wissenschaftsfreiheit anderer (Art. 13

---

[681] So schon BGH GRUR 1971, 588, 590 – Disney-Parodie.
[682] So BVerfG GRUR 2016, 690 Rn. 72 – Metall auf Metall.
[683] Dazu näher *Haberstumpf* ZGE 2015, 425, 452 ff.
[684] BGH GRUR 2016, 1157 Rn. 39 ff. – auf fett getrimmt.

EU-GrCh, Art. 5 Abs. 3 GG) respektieren. Die Kunst- und Wissenschaftsfreiheit schützt nämlich nicht nur die künstlerische und wissenschaftliche Betätigung selbst, sondern darüber hinaus auch die Darbietung und Verbreitung des Kunstwerks bzw. wissenschaftlichen Werks.[685]

C229 Damit sich ein Künstler, Literat oder Wissenschaftler, der fremde schöpferische Gedanken und Ideen wiedererkennbar und wesentlich in einem eigenen Werk verarbeitet, erfolgreich auf seine Kunst- oder Wissenschaftsfreiheit berufen kann, reicht es allerdings allein nicht aus, sich künstlerischer Mittel etwa der „Kollagetechnik",[686] des Sampling[687] oder der Parodie zu bedienen oder sie in ein wissenschaftliches Werk zu integrieren. Sie müssen vielmehr versuchen, von den Konventionen des jeweils in Anspruch genommenen Kommunikationssystems abweichende Hör-, Seh- oder Lesegewohnheiten zu etablieren und deutlich zu machen, dass sie mit den eingesetzten Ausdrucksformen etwas für unsere menschliche Praxis Bedeutsames zum Ausdruck bringen. Gelingt ihnen das nicht, dann wiederholen sie in mehr oder weniger starkem Maße, was andere vor ihnen schon ausgedrückt haben, und tragen zur kulturellen Entwicklung nichts oder nichts Nennenswertes bei. Ein besonders signifikantes Beispiel im Bereich der bildenden Künste ist die Kunstform der „appropriation art" (→ Rn. C54). Unter die Wissenschaftsfreiheit fällt alles, was „nach Inhalt und Form als ernsthafter Versuch zur Ermittlung von Wahrheit anzusehen ist".[688] Der Grundrechtsschutz eines Wissenschaftlers erstreckt sich deshalb nicht zwingend auf jeden Bestandteil eines als wissenschaftlich einzuordnenden Werkes. Ein Beispiel haben wir oben (→ Rn. C152) in der Entscheidung des OLG Frankfurt „Habilitationsschrift" kennengelernt: Die stark verkürzte und inhaltlich geringfügig veränderte Zusammenfassung des Gewebes der Habilitationsarbeit der dortigen Klägerin im wissenschaftlichen Werk des Beklagten diente dazu, eigene Forschungsarbeiten zu ersparen. Sie brachte insoweit gegenüber der zusammengefassten Arbeit keinen nennenswerten Erkenntnisgewinn. Auch wenn sie als eine schöpferische Bearbeitung zu werten wäre, ist die eigene Leistung des beklagten Wissenschaftlers zu gering, um einen hinreichend großen schöpferischen Abstand gegenüber der individuellen Leistung der Schöpferin der Habilitationsschrift einzuhalten. Die Schöpferkraft eines nachschaffenden Urhebers muss also auch unter Berücksichtigung seiner Kunst- und Wissenschaftsfreiheit relativ zur Individualität des übernommenen Werkes oder Werkteiles Gewicht haben, um unser geistiges Leben bereichern zu können. Dies wird man z. B. annehmen können, wenn ein Wissenschaftler die im Werk eines Kollegen entwickelte Theorie oder Lehre in einer eigenen Publikation mit neuen Argumenten untermauert, durch neuartige Experimente bestätigt oder falsifiziert, mit anderen Erkenntnissen verknüpft oder weiterentwickelt und ihr neue An-

---

[685] Z. B. BVerfG GRUR 2016, 690 Rn. 68 – Metall auf Metall; BVerfG NJW 1973, 1176, 1177; BVerfG NJW 1985, 261, 262; BVerfG ZUM-RD 2000, 220.
[686] BVerfG GRUR 2001, 149, 152 – Germania 3.
[687] BVerfG GRUR 2016, 690 Rn. 90 – Metall auf Metall.
[688] BVerfG ZUM-RD 2000, 220; BVerfGE 90, 1, 11 f.

wendungsbereiche eröffnet. Der Schwerpunkt seiner Publikation liegt nicht auf der Wiedergabe der Theorie oder Lehre, sondern auf seinen eigenen Erkenntnissen. Da die wissenschaftliche Erkenntnisfindung eine grundsätzlich schöpferische Tätigkeit ist, wie oben (→ Rn. C149 f.) ausführlich dargestellt wurde, wird in solchen Fällen der schöpferische Abstand regelmäßig erreicht. Er kann auch in populärwissenschaftlichen Werken erreicht werden, in denen versucht wird, Theorien und Erkenntnisse dem Publikum verständlich zu machen. Eine solche Darstellung setzt nämlich eine erhebliche schöpferische Interpretationsleistung voraus, um die heutzutage überwiegend in Formeln vorliegenden Theorien in verständliche Bilder zu übersetzen, mit den Alltagserfahrungen zu verknüpfen und praktische Anwendungsmöglichkeiten aufzuzeigen. Durch die skizzierte einzelfallbezogene Interessenabwägung kann also dem Monopolisierungsargument (III) adäquat begegnet werden, ohne die Rechte der Urheber und Inhaber der Leistungsschutzrechte unangemessen zu schmälern.

e) Interessenabwägung im Rahmen des Entstellungs- und Änderungsverbotes

Der Schutz des urheberpersönlichkeitsrechtlich geprägten Integritätsinteresses, den § 14 UrhG und die anderen änderungsrechtlichen Vorschriften des UrhG bezwecken, wird ebenfalls nicht unbedingt und absolut gewährt, sondern macht regelmäßig eine Interessenabwägung erforderlich, sofern der Urheber vorgenommene konkrete Änderungen nicht ausdrücklich oder stillschweigend gestattet. Soweit der Ändernde sich innerhalb des Anwendungsbereichs einer der Schrankenbestimmungen bewegt, ist der Interessenkonflikt in § 62 UrhG geregelt. Jenseits ihrer Anwendungsbereiche ist auf die dargestellten allgemeinen Kriterien zurückzugreifen.

C230

Die Produktion oder Manipulation eines körperlichen Objekts oder einer unkörperlichen Erscheinung gibt ein geschütztes Werk nur dann verändert wieder, wenn es in ihnen *wiedererkennbar* vorkommt. Daran fehlt es entgegen der neueren BGH-Rechtsprechung[689] bei der vollständigen Vernichtung eines originalen oder sonstigen Werkexemplars. In einem vernichteten Werkstück kommt das Werk nämlich weder entstellt noch sonstwie verändert, sondern überhaupt nicht mehr vor. Das Argument, die Vernichtung eines Werkoriginals sei die schärfste Form der Beeinträchtigung i. S. v. § 14 UrhG, verkennt den kategorialen Unterschied zwischen dem unveränderlichen geistigen Gegenstand und seinen materiellen Vorkommnissen.[690] Wenn der Urheber sicher stellen will, dass der Eigentümer oder Besitzer eines Werkstücks es nicht vernichtet und dessen natürlichem Verfallsprozess entgegentritt, muss er dies vertraglich regeln.[691]

C231

---

[689] BGH GRUR 2019, 609 – HHole (for Mannheim); BGH GRUR 2019, 619 – Minigolfanlage; BGH BeckRS 2019, 5358 – PHaradise; ebenso *Schulze* in Dreier/Schulze (2022), UrhG § 14 Rn. 27 f. m. w. N.; *Bullinger* in Wandtke/Bullinger (2022), UrhG § 14 Rn. 22 ff.; a. A. OLG Schleswig ZUM 2006, 426; *Peukert* in Schricker/Loewenheim (2020), UrhG § 14 Rn. 20 ff.; *Haberstumpf* in Büscher/Dittmer/Schiwy (2015), UrhG § 14 Rn. 7.

[690] S. o. → Rn. B32, B109; ebenso *Peukert* ZUM 2019, 567 ff.

[691] BGH GRUR 2019, 609 Rn. 43, 54 ff. – HHole (for Mannheim).

In Ausnahmefällen kann dem Interesse des Urhebers an der Erhaltung einzelner Werkstücke entgegengekommen werden, indem man ihm das Recht zuspricht, die Vernichtung von hochwertigen Originalen zu verhindern und sie zum Materialwert zu übernehmen, sich gem. §§ 826, 1004 BGB einer rechtsmissbräuchlichen Vernichtung des Originalexemplars zu widersetzen oder Ansprüche wegen rechtswidriger Verletzung des Zugangsrechts gem. § 25 UrhG oder einer schuldrechtlichen Vereinbarungen geltend zu machen. In keinem dieser Fälle können solche Ansprüche auf die Ausschließlichkeitsrechte des Urhebers gestützt werden. Eines Rückgriffs auf § 14 UrhG bedarf es somit nicht.

C232 Maßnahmen, die dazu führen, dass der schöpferische Gehalt des Werkes ohne Zustimmung des Urhebers geändert wiedergegeben wird, sind zwar grundsätzlich geeignet, seine geistigen und persönlichen Interessen am Werk zu gefährden. Die Formulierung von § 14 UrhG schließt aber nicht aus, dass in Ausnahmefällen die Eignung fehlt. Insoweit ist der eigentlichen Abwägung der involvierten Grundrechtspositionen der Beteiligten ein Wesentlichkeitskriterium vorgeschaltet. Aus der Herstellungsfreiheit des § 23 Abs. 1 S. 1 UrhG kann die Wertung entnommen werden, dass die Eignung fehlt, wenn sich die Änderung lediglich und auf Dauer im privaten Bereich abspielt und praktisch ausgeschlossen werden kann, dass die Öffentlichkeit von ihr Kenntnis erlangt.[692] Aus §§ 39 Abs. 2 UrhG, 62 Abs. 2 und 3 UrhG kann der Schluss gezogen werden, dass auch außerhalb von Nutzungsrechtsverhältnissen geringfügige Änderungen vorgenommen werden dürfen, die den geistigen Gehalt nicht wesentlich berühren.

C233 Das Kriterium „schöpferischer Abstand" wird im Rahmen von § 14 UrhG relevant, wenn der Ändernde sich auf sein Recht auf Kunst- und Wissenschaftsfreiheit berufen kann. Es setzt auch der Wahrung der persönlichkeitsrechtlichen Befugnisse des Urhebers Grenzen und schließt den Schutzumfang nach außen ab. Ein Anwendungsschwerpunkt des Entstellungs- und Veränderungsverbotes liegt jedoch in den Fällen, in denen nicht Vorkommnisse produziert werden, die schöpferische Ideen und Gedanken verändert präsentieren, sondern in denen auf Originalexemplare oder Vervielfältigungsstücke physisch so eingewirkt wird, dass in ihnen das Werk in einem anderen Gesamteindruck vorkommt. Solche Eingriffe werden meist nicht in Ausübung der Kunst- und Wissenschaftsfreiheit vorgenommen, sondern stoßen auf das Grundrecht des Eigentümers des Objekts, mit ihm so zu verfahren wie es ihm beliebt. Seine Interessen müssen aber Gewicht haben, wenn er wesentliche Änderungen vornimmt. Auch hier gilt: Je intensiver der Eingriff und je stärker die Individualität des Werkes ist, desto gravierender müssen seine Gegeninteressen sein. Insoweit ist das Problem der Ideenfreiheit nicht betroffen.

---

[692] *Dustmann* in Fromm/Nordemann (2018), UrhG § 14 Rn. 16; *Bullinger* in Wandtke/Bullinger (2022), UrhG § 14 Rn. 8; s. RGZ 79, 397, 402 – Felseneiland mit Sirenen.

D. Persönliches Schaffen

I. Persönlich, Geistig, Schöpferisch

Nach der amtlichen Begründung zu § 1 UrhG steht nicht das Werk, auf das sich der Schutz bezieht, sondern die *Person des Urhebers* im Vordergrund.[1] Auf sie wird in der Werkdefinition des § 2 Abs. 2 UrhG mit dem Merkmal „persönlich" (M1) Bezug genommen. Ihr wachsen die urheberrechtlichen Rechte und Befugnisse kraft Gesetzes zu. Gemäß § 7 UrhG sind Urheber nur natürliche Personen, also Menschen. Juristische Personen können diese Befugnisse erst dann ausüben, wenn sie ihnen vom Urheber eingeräumt worden sind.[2] In der modernen Philosophie gelten trotz unterschiedlicher methodischer Ansätze zur Bestimmung des *Begriffs der Person* eine Reihe von Annahmen als unkontrovers: Mit ihm werden Akteure bezeichnet, die sich im Raum der Ursachen zu Gründen verhalten und in der Welt der Erscheinungen unter bestimmten Bedingungen autonom – nach selbst auferlegten Regeln und Gesetzmäßigkeiten – handeln können.[3] Soweit wir das uns bekannte Universum überblicken können, haben solche Fähigkeiten nur Menschen. Davon geht auch Merkmal (M1) aus. Damit etwas ein geschütztes Werk ist, muss es also von einer menschlichen Person geschaffen worden sein, die sich allerdings technischer Hilfsmittel oder Maschinen bedienen darf. Reine Natur-, Zufalls- oder Maschinenprodukte enthalten dagegen ebenso wenig schutzfähige Werke wie Gebilde, die von Tieren produziert werden.[4] Auch der europäische Werkbegriff, den der EuGH aus dem Wortlaut von Art. 1 Abs. 3 S. 1 Software-RL, Art. 3 Abs. 1 S. 1 Datenbank-RL und Art. 6 S. 1 Schutzdauer-RL ableitet, kennt ein auf die Person des Urhebers bezogenes Merkmal. In ständiger Rechtsprechung des EuGH ist ein Gegenstand ein geschütztes Werk, wenn es sich um eine geistige Schöpfung ihres Urhebers handelt.[5] Er muss die Persönlichkeit seines Urhebers widerspiegeln, indem er dessen freie kreative Entscheidungen zum Ausdruck bringt.[6]

D1

---

[1] Begr. RegE BT-Drs. IV/270, S. 37.
[2] Begr. RegE BT-Drs. IV/270, S. 41.
[3] *Sturma* in Kolmer/Wildfeuer (2011), Bd. 2, Stichwort „Person", S. 1728, 1733, 1736.
[4] S. z. B. *Loewenheim/Leistner* in Schricker/Loewenheim (2020), UrhG § 2 Rn. 38 ff.; *Schulze* in Dreier/Schulze (2022), UrhG § 2 Rn. 8; *A. Nordemann* in Fromm/Nordemann (2018), UrhG § 2 Rn. 21; *Obergfell* in Büscher/Dittmer/Schiwy (2015), UrhG § 2 UrhG Rn. 3.
[5] EuGH GRUR 2009, 1041 Rn. 35 – Infopaq/DDF.
[6] So aus der neueren Rspr. des EuGH GRUR 2019, 1185 Rn. 30 – Cofemel.

D2 Die Vorstellung, nur menschliche Personen könnten urheberrechtlich geschützte Werke schaffen, patentfähige Erfindungen machen, geschütztes Design entwerfen oder sonstige geistige Gegenstände produzieren, scheint uns selbstverständlich zu sein. Mit dem Aufkommen selbstlernender Systeme der „Künstlichen Intelligenz" („artificial intelligence", im Folgenden abgekürzt mit KI) gerät diese Gewissheit jedoch ins Wanken. KI boomt. Kluge Maschinen, virtuelle oder reale, finden Eingang in unser Leben, Arbeiten, unsere Kommunikation, unser Denken, in unser Weltbild.[7] Sie stellen medizinische Diagnosen, geben Rechtsberatung und automatisieren juristische Entscheidungen, managen die Energieversorgung und den Wertpapierhandel. Sie malen, dichten, dolmetschen und komponieren. Welche Bedeutung ihre Erzeugnisse innerhalb der Kunstszene erlangen können, zeigt das Beispiel des „Portrait of Edmond de Belamy", das am 25. Oktober 2018 im Kunstauktionshaus Christie's zum sagenhaften Preis von 432.500 US-Dollars versteigert wurde, exemplarisch auf.[8] Sie treffen eigene Entscheidungen und dringen in Lebensbereiche vor, von denen wir bisher glaubten, sie seien nur Menschen zugänglich. Vertreter der KI-Forschung und Robotik gehen von einer strukturellen Ähnlichkeit zwischen menschlicher und künstlicher Intelligenz aus und entwerfen Szenarien, die die Überbietung der Intelligenzleistungen menschlicher Personen durch neue Robotergenerationen bereits für die nähere Zukunft voraussagen.[9] Die Systeme der KI nehmen uns nicht nur schmutzige, gefährliche oder langweilige Arbeiten ab, sondern zwingen uns dazu, auch über uns selbst nachzudenken. Was genau ist Intelligenz? Was ist Autonomie? Was ist Kreativität?[10] Diese Fragen lassen auch die Rechtssysteme des Geistigen Eigentums nicht unberührt. Die Weltorganisation für Geistiges Eigentum (WIPO) lässt prüfen,[11] ob im Erfinder-, Urheber- und Designrecht daran festzuhalten ist, dass als Erfinder, Urheber oder Designer nur natürliche Personen in Betracht kommen, oder daneben auch der Künstlichen Intelligenz als „elektronische Person" oder „E-Person"[12] ein besonderer rechtlicher Status zugebilligt werden sollte und welche Konsequenzen sich daraus für die genannten Rechtssysteme ergeben.

D3 Zwingt uns also KI auch im Urheberrecht dazu, das bislang Undenkbare zu denken, und auf Merkmal (M1) innerhalb der gesetzlichen Werkdefinition zu verzichten oder es umzuinterpretieren? Um darauf antworten können, wird es erforderlich sein, sich zunächst klar darüber zu werden, welche Rolle (M1) neben den Merkmalen des Geistigen (M2) und der Schöpfung (M3) nach traditioneller Auffassung spielt. Sind Systeme der KI jetzt oder zukünftig in der Lage,

---

[7] *Lenzen* (2019), S. 10 ff.
[8] de.wikipedia.org/wiki: Portrait of Edmond de Belamy (aufgerufen am 2.4.2023); dazu *Ory/Sorge* NJW 2019, 710 ff.
[9] *Sturma* (2005), S. 120.
[10] *Lenzen* (2019), S. 20.
[11] Dokument WIPO/IP/AI/2/GE/20/1 vom 13. Dez. 2019; s. auch *Zech* GRUR Int. 2019, 1145, 1147; *Oster* UFITA 2018, 14, 16.
[12] *Lenzen* (2019), S. 139 ff.

autonom, d. h. ohne direkte Einflussnahme durch einen Menschen, Objekte hervorzubringen, die wir gewöhnlich geistige Schöpfungen nennen, und ist Merkmal (M1) in den Merkmalen (M2) und (M3) begrifflich enthalten, wird man in der Tat nicht mehr daran festhalten können, dass geistige Gegenstände nur dann geschützt sind, wenn sie ein Mensch geschaffen hat. Es soll deshalb zunächst versucht werden, folgende Frage zu beantworten: Welche Beziehungen bestehen zwischen den Merkmalen „persönlich", „geistig" und „Schöpfung"? Unter „persönlich" wird dabei im Einklang mit der herrschenden urheberrechtlichen Nomenklatur etwas verstanden, das von einer menschlichen Person geschaffen ist. Erst nach Klärung dieser Fragen scheint es sinnvoll zu sein, sich Gedanken zu machen, ob man in die Systeme des Immaterialgüterrechts die Rechtsfigur einer „elektronischen Person" einführen kann oder sollte.

In den vorangegangenen Abschnitten habe ich dafür argumentiert, dass wir uns die objektiven geistigen Gegenstände, also unsere gesamten Kulturleistungen in all ihren Manifestationen, nicht vorstellen können, ohne dass es empfindende und denkende menschliche Personen gibt, die sie hervorbringen.[13] Persönliches und Geistiges hängen eng miteinander zusammen. Ihr Verhältnis könnte in zweierlei Weise charakterisiert werden:

(PG1) Immer, wenn etwas von einer menschlichen Person hervorgebracht ist, ist es geistig (Alles Persönliche ist geistig).
(PG2) Nur wenn etwas von Menschen hervorgebracht ist, ist es geistig (Alles Geistige ist persönlich).

(PG1) ist offenkundig falsch. Nicht alle Ergebnisse menschlichen Handelns sind geistige Gegenstände. Dies trifft nicht nur für die Produktion von materiellen Dingen wie Tische, Autos, Kühlschränke etc. und unkörperlichen Erscheinungen wie z.B. der Aussendung von elektromagnetischen und Schallwellen zu, sondern auch für neuronale Zustände und Vorgänge in unserem Inneren, die z.B. Gehbewegungen und die damit verbundene Ortsveränderung etwa anlässlich eines Spaziergangs oder Armbewegungen bewirken, mit denen jemand z.B. einen Stein schleudert. Es muss etwas hinzukommen, damit äußere oder innere Handlungen und Vorgänge etwas Geistiges hervorbringen. Die geistigen Gegenstände sprachlicher, bildnerischer, musikalischer und choreografischer Werke sind Ergebnisse von *spezifischen* Handlungen, die in Form von Zeichen regelhafter Kommunikationssysteme etwas für unser menschliches Handeln und Verhalten Bedeutsames ausdrücken, zu verstehen geben.

Menschliches Schaffen allein kann deshalb nicht hinreichend für geistiges Schaffen sein. Folgt daraus aber schon, dass (PG2) zu akzeptieren und (M1) eine notwendige Bedingung für Geistiges ist? Die in der Urheberrechtsliteratur als typische Gegenbeispiele zur Erläuterung des Merkmals (M1) angeführten Fälle[14] sprechen jedenfalls nicht dagegen. Erzeugnisse von malenden Affen,

---

[13] S. o. → Rn. B90; *Haberstumpf* UFITA 2018, 495, 519.
[14] Z. B. *Loewenheim/Leistner* in Schricker/Loewenheim (2020), UrhG § 2 Rn. 38 ff.; *Schulze*

auch wenn sie in ihrer Form menschlichen Geistesprodukten ähneln, sehen wir nicht als geistige Gegenstände an, weil sie keine Ergebnisse von Kommunikationsakten sind, die etwas für unsere menschliche Lebenspraxis Bedeutsames ausdrücken. Wie sonstige Dinge und Vorgänge in der unbelebten und belebten Natur erhalten sie einen geistigen Gehalt erst dann, wenn Menschen in ihnen einen Sinn sehen oder ihnen durch die Art der Präsentation einen Sinn verleihen.[15] Ein sehr schönes Beispiel für Ersteres gibt die Empfehlung von Leonardo da Vinci ab, alte Mauern zu betrachten und darauf göttliche Landschaften, Schlachtenszenen und fremdartige Gestalten in heftiger Aktion zu sehen, um die Phantasie von angehenden Malern anzuregen.[16] Seit altersher unterscheiden wir beispielsweise bei Bildern klar zwischen natürlichen Bildern, die ohne menschliches Hinzutun zustande kommen, und artifiziellen Bildern, die als Elemente eines spezifischen, sozial kultivierten Zeichensystems etwas ausdrücken.[17] Eine Unterscheidung, die auch für die Trennung zwischen natürlichen Geräuschen und Musik, zwischen sportlichen oder akrobatischen Leistungen und Choreografie oder Pantomime wesentlich ist.[18] Damit vorhandene Dinge und Erscheinungen einen über sie hinausgehenden geistigen Gehalt bekommen, muss also eine menschliche Person dazwischentreten.

D6   Der herrschenden Auffassung in Lehre und Praxis bereitet es dementsprechend keine grundsätzlichen Probleme, Maschinen- und sonstige Zivilisationsprodukte, wie z. B. den bekannten Flaschentrockner von Marcel Duchamp, in derselben Weise zu behandeln[19] und ihnen erst dann einen spezifischen geistigen Gehalt zuzuschreiben, wenn ein Mensch ihnen einen solchen gegeben hat. Der Einsatz von Maschinen einschließlich von Computersystemen als Hilfsmittel beim Werkschaffen, wie dies beim Schreiben unter Verwendung von Textverarbeitungsprogrammen, bei der Erstellung von Plänen, Grafiken oder Designs mit Hilfe von CAD-, Zeichen- oder Malprogrammen oder beim computergestützten Komponieren geschieht, steht deshalb der menschlich-gestalterischen Betätigung nicht im Wege.[20] Unabhängig von dem dabei verwendeten Computerprogramm, das nach § 69a Abs. 3 UrhG einen gesonderten urheberrechtlichen Schutz für dessen Ersteller genießen kann,[21] haben die Erzeugnisse

---

in Dreier/Schulze (2022), UrhG § 2 Rn. 8; *A. Nordemann* in Fromm/Nordemann (2018), UrhG § 2 Rn. 21.

[15] S. o. → Rn. C53 f.; *Haberstumpf* (2017), S. 3, 8 ff.
[16] *Wollheim* (1982), 1982, S. 27 f.
[17] *Sachs-Hombach* (2013), S. 90 f.; vgl. auch *Scholz* (2004), S. 8 f., 50 f., 96 ff.
[18] S. o. → Rn. C72, C98 f.; *Haberstumpf* UFITA 2018, 495, 534 ff.
[19] *Reicher* (2010), S. 155 ff., macht darauf aufmerksam, dass es auch im Hinblick, auf die Frage, was Kunst sei, keinen Unterschied machen kann, ob der Gegenstand, den ein Künstler durch den Akt der Auswahl und dessen Zurschaustellen in einem geeigneten Kontext in den Rang eines Kunstwerkes erhebt, ein von Menschen gemachtes Artefakt (z. B. Flaschentrockner, Pissoirbecken) oder ein natürliches Objekt (z. B. Föhrenwurzel, Stein) ist.
[20] Z. B. *Loewenheim/Leistner* in Schricker/Loewenheim (2020), UrhG § 2 Rn. 40.
[21] Der Schutz des Programms umfasst nicht die mit seinem Ablauf erzielbaren Ergebnisse und umgekehrt; s. o. → Rn. C164, 188 f.; *Haberstumpf* in Büscher/Dittmer/Schiwy (2015), UrhG § 69a Rn. 8.

der Computergrafik, der Computermusik und -literatur einen – möglicherweise individuellen – geistigen Gehalt erst, wenn ein Mensch steuernd eingreift, selbst wenn in die Software aleatorische Elemente eingebaut sind, die nach dem Zufallsprinzip Ergebnisse auswerfen. Denn auch in diesen Fällen ist es erforderlich, dass der *Verwender des eingesetzten Programms* einen Rahmen vorgibt, innerhalb dessen der Zufallsgenerator arbeiten soll, aus der unbegrenzten Zahl der per Zufall entstandenen Erzeugnisse eine Auswahl trifft und schließlich seiner Auswahl durch die Art ihrer Präsentation einen geistigen Sinn verleiht, etwa indem er ihnen einen Titel oder durch eine Erklärung zu verstehen gibt, wie sie zu interpretieren sind.[22] Weitere Beispiele, wie dies geschehen kann, wurden oben angeführt (→ Rn. C54).

Ebenso schließt die Verwendung eines selbstlernenden KI-Systems durch einen Künstler oder sonstigen Werkschaffenden nicht aus, dass dessen Ergebnisse ihm als Person zugeordnet werden können und schöpferisch sind. Damit ein solches System die gewünschten Leistungen erbringen kann, muss nämlich ein Mensch einen Rahmen setzen, in dem es das Lernen lernt. Und das erfolgt bei den wichtigsten und erfolgreichsten Systemen weniger dadurch, dass man ihnen genaue Verfahrensregeln vorgibt, die dann Schritt für Schritt abgearbeitet werden, sondern ihnen Ziele setzt. Wie das System zu diesen Zielen gelangt, lernt es in einer Trainingsphase durch viele Beispiele und Rückmeldungen, ob und in welchem Maße es die vom Menschen gesteckten Ziele erreicht.[23] Hierbei versucht es, Muster oder Regelmäßigkeiten zu finden, die es einsetzen kann, um neue Daten in diese Muster einzuordnen oder nach ihnen zu erzeugen. Dies setzt wiederum voraus, Lernverfahren zu entwickeln, die durch Feedbacksignale dem System angeben, ob es in geänderten Situationen richtig klassifiziert hat und wieweit es daneben lag. Die Parallele zum menschlichen Lernen mittels Lob und Tadel ist nicht zu übersehen. Im Laufe einer großen Anzahl von Versuchen lernt es, auf welche Eigenschaften es ankommt, sein Verhalten so zu ändern, dass es möglichst viele positive Rückmeldungen erhält, und erfährt, welche Merkmalskombinationen die besten Ergebnisse liefern, um das vorgegebene Ziel zu erreichen.[24] Auch die vorliegenden und entwickelten KI-Systeme, die im Bereich der Kunst zum Einsatz kommen, gehen so vor. Ihre Programme analysieren normalerweise große Mengen von einschlägigen Daten, sprachlichen Informationen,[25] Gedichten, Bildern, Musik- und Theaterstücken, und versuchen, darin Strukturen zu erkennen. Dann setzen sie die einzelnen Elemente so zusammen, dass etwas Neues entsteht, das der bekannten Struktur entspricht. Es können

---

[22] Letzteren Aspekt heben *Ory/Sorge* NJW 2019, 710, 711, hervor; vgl. auch *Reicher* (2019), S. 132 ff. und *Schulze* in Dreier/Schulze (2022), UrhG § 2 Rn. 154. In der Kommentarliteratur (*Loewenheim/Leistner* in Schricker/Loewenheim [2020], UrhG § 2 Rn. 40 f.; *Bullinger* in Wandtke/Bullinger [2022], UrhG § 2 Rn. 17, 91) wird er dagegen eher vernachlässigt.
[23] *Ramge* (2018), S. 18.
[24] Zu den verschiedenen Arten, wie KI-Systeme lernen und ihre Ergebnisse testen, näher *Lenzen* (2019), S. 44 ff.; *Ramge* (2018), S. 24, S. 43 ff.
[25] Zu den verschiedenen Arten der Kommunikations-KI vgl. *Oster* UFITA 2018, 14, 21 ff.

dadurch Werke zahlreicher Stilrichtungen und Genres, etwa Choräle im Stil von Bach, Gemälde à la Chagall oder Monet oder Science-Fiktion-Filme hervorgebracht werden. Für Werkschaffende eröffnet die Anwendung eines KI-Systems besondere Möglichkeiten, in Interaktion mit ihm neue Formen zu finden und auszuprobieren.[26] Dabei sind durchaus Räume für persönliche Einflussnahme und Entfaltung von Kreativität gegeben. Durch Auswahl der Trainingsdaten, Festsetzung des Ziels, das mit der KI-Anwendung erreicht werden soll, und Wahl des algorithmischen Lernverfahrens können Künstler so die möglichen Ergebnisse entscheidend beeinflussen.[27] Und sie sind natürlich nicht gezwungen, die Vorschläge des Systems einfach zu übernehmen, sondern können ihnen etwa durch Nachbearbeitungen, durch ein besonderes Arrangement mit anderen Gegenständen, durch Angabe eines Titels oder einer Erklärung darüber, was das Ergebnis der KI-Anwendung ausdrücken soll, einen spezifischen Sinn verleihen, der als schöpferisch gewertet werden kann. Wie der Webseite des Auktionshauses Christie's[28] zu entnehmen ist, ist genau dies im Beispielsfall des aus 15.000 Porträtbildern vom 14. bis 20. Jhdt. erzeugten „Portrait of Edmond de Belamy" geschehen. Es zeigt das abstrahierende Bildnis eines fiktiven Herren im dunklen Mantel mit weißem Kragen, der, wie allein schon der Titel ausweist, von adliger Herkunft ist. Nachdrücklich unterstrichen wird dies dadurch, dass das Porträt des Edmond de Belamy nicht als ein Einzelbild geschaffen wurde, sondern sich in eine Ahnengalerie einreiht, die den Porträtierten als letzten Spross einer fiktiven adligen Familie zeigt, die bis in die Zeit des Rokoko zurückreicht. Und das alles hat zweifellos nicht allein der Algorithmus gemacht, dessen Formel auf dem Bild rechts unten anstelle eines Künstlerzeichens angebracht und nichts anderes als ein Pseudonym ist, sondern kann dem aus drei Personen bestehenden Autorenkollektiv ohne weiteres zugerechnet werden. Der Eindruck, den die Schöpfer dieses Werkes durch Angabe der Formel des eingesetzten Algorithmus erweckt haben, als habe es eine Künstliche Intelligenz autonom geschaffen, trügt.

D8   Die diskutierten Beispiele einschließlich der Ergebnisse der vorhandenen KI-Systeme geben somit – noch – keine Veranlassung, Merkmal (M1) innerhalb der gesetzlichen Werkdefinition aufzugeben und die Aussage (P2) anzuzweifeln. Persönliches Schaffen ist notwendige Bedingung dafür, dass etwas Geistiges hervorgebracht wird. Nur Geistiges ist eine Schöpfung.[29] Also ist persönliches Schaffen auch notwendig, dass eine Schöpfung entsteht. Schöpfung impliziert Geistiges und Geistiges impliziert Persönliches, nicht umgekehrt.

---

[26] *Lenzen* (2019), S. 120 ff.
[27] *Ory/Sorge* NJW 2019, 710, 711.
[28] Is artificial intelligence set to become art's next medium?, www.christies.com/features/A-collaboration-between-two-artists-one-human-one-a-machine-9332-1.aspx (aufgerufen am 16.4.2020).
[29] S. o. These (G1) → Rn. B83.

II. Starke Künstliche Intelligenz

Die Lage würde sich allerdings entscheidend ändern, wenn ein KI-Anwender alle relevanten Entscheidungen ohne persönliche Einflussnahme ausschließlich durch das System treffen lässt und damit etwas erzeugt, das für einen Betrachter oder Hörer, der den Entstehungsprozess nicht kennt, von vergleichbaren als schöpferisch anerkannten Werken nicht zu unterscheiden ist. Im Unterschied zu den derzeit existierenden KI-Systemen (sog. schwache KI), die als außerordentlich leistungsfähige Werkzeuge fähig sind, in einem bestimmten Anwendungsbereich von Menschen definierte Ziele zu erreichen, spricht man hier von „starker KI".[30] Ob es aber der Forschung gelingen wird, überhaupt solche Systeme zu entwickeln und, wenn ja, ob man einem weitgehend autonom arbeitenden System die Ausschließlichkeitsrechte des Urheberrechts und der anderen Immaterialgüterrechte gewähren sollte, sind andere Fragen, denen jetzt nachgegangen werden soll.

Die Entwickler moderner KI-Systeme setzen darauf, dass zwischen dem Funktionieren des menschlichen Gehirns und dem Funktionieren digitaler Computer Analogien bestehen. Sie versuchen, das komplexe Netzwerk der Neuronen im menschlichen Gehirn und die dort stattfindenden Verarbeitungsprozesse durch strukturierte Modelle in Form von *künstlichen neuronalen Netzwerken* (KNN) abzubilden und mit Hilfe von Computeranlagen zu simulieren. Das Prinzip der KNN lehnt sich dabei an die neurobiologischen Befunde an, dass Nervenzellen von mehreren anderen Nervenzellen Signale als Input empfangen und ab einem gewissen Schwellenwert dann selbst aktiv werden, wobei vielfache Rückkoppelungseffekte eintreten, die die Aktivitäten der Nervenzellen verstärken oder hemmen, weil jede Zelle nach mehreren Verschaltungen wieder ihren eigenen Output in transformierter Weise zurückbekommt.[31] Die künstlichen Neuronen eines KNN haben mit den Nervenzellen des menschlichen Gehirns nur die (vereinfachte) Struktur gemeinsam. Sie sind keine Zellen, sondern mathematische Gleichungen, formale Modelle von Neuronen und ihrer Aktivität. Die Verbindungen zwischen den künstlichen Neuronen sind nicht gleich stark, d. h. nicht jedes aktive Neuron leistet den gleichen Beitrag zur Erregung und Hemmung des nächsten Neurons. Wenn eine Vielzahl von hemmenden und aktivierend aktiven Neuronen nach dem biologischen Vorbild in einem Netzwerk modelliert werden, dann können in Form von computerisierten Modellen mit den entsprechenden numerischen Werten der Kopplung der Neuronen Wahrnehmungs- und Gedächtnisprozesse einschließlich ihrer Störungen simuliert werden. Eine zentrale Eigenschaft künstlicher neuronaler Netze ist ihre Lernfähigkeit. Mit Hilfe geeigneter Lernalgorithmen können sie dazu gebracht werden, auf bestimmte Input-Muster mit bestimmten Output-Mustern zu reagieren.

---

[30] Die Unterscheidung zwischen „schwacher KI" und „starker KI" geht auf die Arbeiten des Sprachphilosophen *Searle*, The Behavioral And Brain Sciences, 3 (1980), 417 und *ders.* (2016), S. 27, zurück; s. *Ramge* (2018), S. 18 ff.

[31] *Tretter/Grünhut* (2010), S. 173 ff.

Dabei werden die Gewichte der Verbindungen zwischen den Einheiten schrittweise so lange verändert, bis das gewünschte Ergebnis erreicht ist.[32] Viele KI-Forscher vertreten die Auffassung, dass es nur noch eine Frage der Zeit sei, bis sie Hardware und Computerprogramme entwickeln, die nicht nur den Intelligenzleistungen menschlicher Personen in jeder Hinsicht gleichkommen, sondern sie sogar überbieten.[33] Der Sprachphilosoph *Searle*[34] nennt ihr Projekt „starke KI".

1. Ist Geist auf Gehirn reduzierbar?

D11   Ein wesentliches Antriebsmotiv für die Entwickler von KI-Systemen ist die in der Hirnforschung und den Neurowissenschaften verbreitete materialistisch-monistische Grundauffassung, der Geist sei mit dem menschlichen Gehirn identisch oder wenigstens auf es reduzierbar. Sie beschreibt den Menschen letztlich als eine determinierte biomolekulare Maschine[35] und erhebt den Anspruch, nicht nur die Philosophie, sondern auch die Psychologie ersetzen zu können.[36] Das Bild des Menschen in unserer Alltagspsychologie als einer Person, die grundsätzlich frei unter Abwägung von Gründen ihren Willen bilden und in die Tat umsetzen kann,[37] wäre danach nur eine *Illusion*.[38] Wie oben (→ Rn. B73 ff.) ausführlich erörtert wurde, ist dieser Auffassung zwar zuzugeben, dass die Inhalte unserer Überzeugungen, Wünsche, Befürchtungen, Erwartungen – man spricht insoweit von intentionalen Zuständen[39] – sowie von Schmerz-, Farb- oder Geräuscherlebnissen – sog. Qualia[40] – in neuronalen Zuständen des Zentralnervensystems fundiert sind. Die derzeitigen empirischen Befunde der Hirnforschung belegen aber nur, dass Denkakte und Empfindungen mit neuronalen Zuständen im Gehirn von Personen einhergehen (korrelieren). Was die untersuchten Personen aber gerade denken bzw. wie sie etwas gerade empfinden oder fühlen, kann damit aber nicht – zumindest nicht eindeutig – dargestellt werden. Wir wissen heute vielmehr,[41] dass ein bestimmter Bewusstseinszustand bei verschiedenen Personen mit durchaus unterschiedlichen neuronalen Zuständen korreliert sein kann. Es ist aber umgekehrt auch möglich, dass gleiche neuronale

---

[32] *Beckermann* (2008), S. 321 ff.; *Tretter/Grünhut* (2010), S. 175 f.; ausführlich *Lenzen* (2019), S. 52 ff.
[33] Vgl. *Kurzweil* (2005), S. 25 ff.; *Sturma* (2005), S. 119 ff.
[34] *Searle* (2016), S. 27.
[35] *Tretter/Grünhut* (2010), S. 24, 231.
[36] *Tretter/Grünhut* (2010), S. 12, 68 f. m. w. N.; *Sturma* (2005), S. 112 f.: Insoweit versucht die Neurobiologie, auf alte philosophische Fragen eine weitere naturwissenschaftliche Antwort zu geben.
[37] Vgl. *Tretter/Grünhut* (2010), S. 204 ff.; *v. Kutschera* (2009), S. 41 ff.
[38] Z. B. *Markowitsch* Psychologische Rundschau 55 (2004), 163, 167. In diesem Zusammenhang spielen die sog. Libet-Experimente eine große Rolle, deren Deutung allerdings strittig ist; vgl. *Tretter/Grünhut* (2010), S. 199 ff.; *v. Kutschera* (2009), S. 50.
[39] *Beckermann* (2008), S. 13; *Sturma* (2005), S. 82 f.; *v. Kutschera* (2009), S. 29.
[40] *Beckermann* (2008), S. 409 ff.
[41] Dazu *Beckermann* (2008), S. 137 f.

Muster in den Gehirnen verschiedener Personen festgestellt werden können und jeder etwas anderes denkt oder fühlt.[42] Letztlich scheitert der materialistische Ansatz der Neuro- und Systemwissenschaften daran, dass er die Kategorien des Materiellen und des Geistigen nicht auseinanderhält und deshalb zu paradoxalen Konsequenzen führt.[43]

Dasselbe Bild ergibt sich, wenn eine Person die Inhalte ihrer Bewusstseinszustände in einem sprachlichen, bildnerischen, musikalischen oder choreografischen Kommunikationsakt entäußert. Der geistige Gehalt eines solchen Entäußerungsaktes ist zwar ebenfalls in einem materiellen Artefakt, einem Originalexemplar oder einer unkörperlichen Erscheinung, z. B. in einem originalen Stegreifvortrag, fundiert, nicht aber auf diesen und die Klasse der materiellen Vorkommnisse, die ihn enthalten, reduzierbar.[44] Geistige Gegenstände können identisch in den verschiedensten materiellen Dingen und Erscheinungen, in denen sie vorkommen, materialisiert sein. Geistiges und Materielles bilden verschiedene, wechselseitig aufeinander bezogene Kategorien des Seins. Werden beide Kategorien vermischt, sind paradoxale Ergebnisse auch im Immaterialgüterrecht unvermeidbar. In einer paradoxalen Situation steckt beispielsweise die nahezu einmütig vertretene Ansicht in der urheberrechtlichen Rechtsprechung und Literatur (s. o. → Rn. B80f.), die einerseits fordert, dass das Werk des Urheberrechts eine sinnlich wahrnehmbare Form haben muss,[45] und andererseits nicht sinnlich wahrnehmbaren fiktionalen Figuren[46] und Geschichten (Fabeln)[47] den Werkschutz zubilligt.[48] Eine noch offenkundigere paradoxale Vermischung von Geist und Materie findet namentlich im Softwareurheberrecht statt. In der Entscheidung „UsedSoft/Oracle" postuliert der EuGH,[49] dass in Vollzug eines Kaufvertrages, der die Online-Überlassung eines Computerpro-

---

[42] Beispiele bei *Tretter/Grünhut* (2010), S. 167, 180 ff.
[43] S. o. → Rn. B79 ff.; Dieses Paradoxon konstatiert auch *Searle* (2016), S. 37, indem er die Parteigänger der KI kritisiert, sie würden einerseits gegen einen sog. „Dualismus" wettern und andererseits die Idee ablehnen, dass der Geist einfach ein biologisches Phänomen wie jedes andere in der Welt sei.
[44] Ausführlich *Haberstumpf* UFITA 2018, 495, 502 ff. Daran kommt auch die von *Peukert* (2018), S. 128 ff., 183 ff. vertretene „rechtsrealistische, verhaltens- und artefaktbasierte IP-Theorie" nicht vorbei, → Rn. B34.
[45] Z. B. *Loewenheim/Leistner* in Schricker/Loewenheim (2020), UrhG § 2 Rn. 47; *A. Nordemann* in Fromm/Nordemann (2018), UrhG § 2 Rn. 23; *Bullinger* in Wandtke/Bullinger (2022), UrhG § 2 Rn. 19.
[46] Z. B. BGH GRUR 1994, 206 – Alcolix; BGH GRUR 1994, 191, 192 – Asterix-Persiflagen; BGH GRUR 2004, 855, 856 – Hundefigur; BGH GRUR 2014, 258 Rn. 26 ff. – Pippi Langstrumpf-Kostüm.
[47] Z. B. BGH GRUR 2011, 134 Rn. 36 – Perlentaucher; BGH GRUR 1999, 984, 985 – Laras Tochter.
[48] *Haberstumpf* ZGE 2012, 284, 287 ff.
[49] EuGH GRUR 2012, 904 Rn. 42; ebenso BGH GRUR 2014, 264 Rn. 34 f. – UsedSoft II. Die Kommentarliteratur stimmt dem überwiegend zu, z. B. *Spindler* in Schricker/Loewenheim (2020), UrhG § 69c Rn. 34; *Dreier* in Dreier/Schulze (2022), UrhG § 69c Rn. 24; *Grützmacher* in Wandtke/Bullinger (2022), UrhG § 69c Rn. 36.

gramms⁵⁰ zur zeitlich unbegrenzten Nutzung bezweckt, die eine Person ihre Eigentumsrechte an einer ihr gehörenden unkörperlichen Kopie gegen Zahlung eines Entgelts an eine andere Person abtritt. Bei der Online-Übermittlung eines Computerprogramms – oder jedes anderen Werkes – wird aber keine Kopie des verkauften Programmwerkes übertragen, geschweige denn zu Eigentum abgetreten. Übermittelt wird vielmehr das geistige Programmwerk. Als „Kopie" könnten nämlich nur die mannigfachen vorübergehenden Vervielfältigungsvorgänge i. S. v. § 44a UrhG angesehen werden, die bei der Werkübertragung über drahtlose oder drahtgebundene Netze und bei den erforderlichen Zwischenspeicherungen im Netz anfallen. Diese materiellen Vervielfältigungsakte sind aber nicht Gegenstand der Übertragung, sondern bewirken sie. Haben sie ihre Transportfunktion erfüllt, wandeln sie sich in einen anderen physischen Zustand, etwa in einen magnetischen Speicherungszustand auf der Festplatte des Erwerbers um. Nach der vom EuGH gegebenen Definition des Kaufvertrages kann also ein Online-Kaufvertrag über ein Computerprogramm oder ein anderes Werk *kein Kaufvertrag* sein, mit der Folge, dass der Erschöpfungsgrundsatz nicht eingreifen kann.

2. Kann starke KI den menschlichen Geist ersetzen?

D13   Aus der Kritik der materialistischen Auffassung der Neuro- und Systemwissenschaften folgt allerdings nicht, dass man die *Kategorie des Geistigen*, d. h. die Formen unseres geistigen Lebens, unabhängig davon, in welchen physischen Systemen und Organismen sie materialisiert werden, nicht mit hinreichend starken KI-Systemen modellieren und simulieren könnte. Die Frage lautet also: Kann starke KI den *menschlichen Geist* ersetzen?

D14   *Searle* hält dies für unmöglich und das Projekt der starken KI für undurchführbar. Nach ihrem Anspruch sei der entsprechend programmierte Computer tatsächlich ein Geist in dem Sinne, dass von Computern mit den richtigen Programmen im wörtlichen Sinne gesagt werden könne, dass sie verstünden und andere kognitive Zustände hätten.⁵¹ Für das Urheberrecht hätte Searles Kritik an der starken KI die angenehme Konsequenz, dass nur menschliche Personen geistige Schöpfungen hervorbringen können⁵² und wir uns über die Herausforderungen der Künstlichen Intelligenz insoweit keine tiefgreifenden Gedanken mehr machen müssten. Sein Argument lautet wie folgt:

1.   Syntax reicht nicht für Semantik aus.
2.   Computerprogramme sind vollständig durch ihre formale (oder syntaktische) Struktur definiert.
3.   Ein Geist hat geistige Inhalte, und zwar semantische Inhalte.

---

⁵⁰ Im Hinblick auf die kaufrechtliche Online-Überlassung anderer Werke hält der EuGH (GRUR 2020, 179 Rn. 50 ff. – NUV/Tom Kabinet) diese Auffassung allerdings nicht aufrecht.
⁵¹ *Searle* The Behavioral And Brain Sciences, 3 (1980), 417; *ders.* (2016), S. 28 ff.
⁵² Vgl. *Tetens* (1994), S. 117.

Daraus zieht er den Schluss, kein Computerprogramm könne aus eigener Kraft einem System einen Geist geben; ein Programm sei, kurz gesagt, kein Geist und reiche – für sich genommen – nicht hin, um einen Geist zu haben. Und dieser Schluss gelte unabhängig vom Stand der Technik oder der Komplexität des Programms.[53] „Bei jedem Artefakt mit Geisteszuständen, die denen eines Menschen gleichkommen, würde es allein nicht ausreichen, daß es ein Computerprogramm ausführt. Vielmehr müßte das Artefakt über Kräfte verfügen, die denen des menschlichen Hirns gleichkommen", so seine weitere Schlussfolgerung.[54] Hat Searle damit nachgewiesen, dass das Projekt der starken KI scheitern muss?

Zweifel sind angebracht. Sie beziehen sich auf die Annahme in der 2. Prämisse. Es ist natürlich richtig, dass die Algorithmen von Computerprogrammen, die die auszuführenden Arbeitsschritte präzise beschreiben, und die zu verarbeitenden Daten jeweils spezifische Strukturen besitzen.[55] Diese sind zwar in dem Sinne formal, dass bei der Verarbeitung der in Zeichenketten aufgelösten Daten durch ein Computergerät nicht deren Bedeutungen, sondern ihre Strukturen eine Rolle spielen. Diese sind aber keine rein syntaktischen Gebilde, sondern semantisch interpretiert. Die Aufgabe von Informatikern besteht darin, in der Umgangssprache beschriebene und gestellte Aufgaben schrittweise in problemorientierte Programmiersprachen bis hinunter in Maschinensprachen zu übersetzen. Dabei verschaffen sie den Ausdrücken einer Programmiersprache durch Interpretation eine Bedeutung.[56] Gerade die in den Bereichen von Literatur, Wissenschaft und Kunst eingesetzten KI-Systeme arbeiten mit Trainingsdaten, die eine Bedeutung haben, und versuchen, in ihnen Muster zu erkennen, mittels derer neue Phänomene richtig eingeordnet und neue Daten erzeugt werden können, die ebenfalls semantisch interpretiert sind. Es stimmt deshalb nicht, wie *Ory* und *Sorge* im Hinblick auf das Porträt des Edmond de Belamy meinen, dass im Vergleich zu menschlichem Schaffen maschinelles Lernen die inhaltliche Ebene der Werke, die als Trainingsdaten analysiert werden, nicht erfasse.[57]

Mit KI-Systemen können nicht nur technische Wirkungen erzielt, sondern auch geistige Gegenstände erzeugt werden, die sich von Ergebnissen menschlicher Kommunikationsakte nicht unterscheiden, was letztlich nicht allzu sehr verwunderlich ist; denn diese werden ebenfalls durch regelhaft verwendete Zeichen eines unserer Kommunikationssysteme hervorgebracht. Um herauszufinden, ob Maschinen sprechen und denken können, hat der Begründer der modernen Informatik *Alan Turing* einen Dialogtest vorgeschlagen, der heute seinen Namen trägt.[58] Er besteht darin, dass ein Mensch mit zwei Dialogpartnern, einem Menschen und einem KI-System, die er nicht hören oder sehen

---

[53] *Searle* (2016), S. 38 f.
[54] *Searle* (2016), S. 40.
[55] Zu den Datenstrukturen s. z. B. *Goldschlager/Lister* (1990), S. 68 ff.
[56] Vgl. *Goldschlager/Lister* (1990), S. 24 ff.
[57] *Ory/Sorge* NJW 2019, 710, 712.
[58] Was mit dem Turing-Test überhaupt gezeigt wird, ist umstritten; dazu *Hofstadter* (2008), S. 633 f.

kann, kommuniziert und durch Fragen heraus zu bringen versucht, welcher der Mensch und welcher das System ist. Dass der Dialog zwischen Mensch und Maschine wenn auch in sehr rudimentärer Form grundsätzlich funktionieren kann, zeigte z. B. das Programm „ELIZA", das der Computerpionier und -kritiker *Joseph Weizenbaum* 1966[59] vorstellte. Es mimte einen Psychotherapeuten, der ein Vorgespräch mit einem angehenden Patienten führte, indem es Sätze des Patienten aufnahm, umformulierte und gelegentlich eine neue Frage stellte. Viele der Patienten nahmen „ELIZA" als Gesprächspartnerin ernst und vertrauten ihr ihre Geheimnisse an. Dass dies umgekehrt auch funktioniert, zeigte der Psychiater Colby mit seinem Programm „PARRY", das einen paranoiden Patienten spielte. Auch hier sahen sich viele Psychiater, die mit dem System kommunizierten, nicht in der Lage, den simulierten von einem echten Patienten zu unterscheiden.[60] Seit 1991 findet sogar ein jährlicher Wettbewerb für den Turing-Test statt, der sog. Loebner-Preis, der in drei Kategorien ausgetragen wird. Der mit einer Bronzemedaille dotierte Preis für das System, das sich am besten schlägt, wurde bislang jährlich vergeben. Die Silbermedaille mit 25.000 US-Dollar Preisgeld, wird dem System verliehen, das 30 Prozent der Tester (Juroren) nach einer Fragezeit von 5 Minuten überzeugt, es sei ein Mensch, während die Goldmedaille für eine erweiterte Version winkt. Silber- und Goldmedaillen konnten zwar noch nicht vergeben werden, die Ergebnisse solcher Dialogsysteme sind aber dennoch ziemlich beeindruckend.[61] Auch den Schöpfern des Porträts des Edmond de Belamy kam es darauf an, einen Art visuellen Turing-Test durchzuführen und den Output des eingesetzten Algorithmus menschlichen Bewertern zu präsentieren und sie zu fragen, ob sie den Unterschied zu einem von einem menschlichen Künstler gemalten Bild angeben können.

D17 Wenn geistige Gegenstände Ergebnisse *konventioneller* Kommunikationshandlungen sind, deren Regeln erlernt werden müssen, und schöpferisches Handeln darauf beruht, dass von den traditionellen Konventionen abweichende Regeln in unsere Kommunikationssysteme eingeführt werden, die neue Sichtweisen auf die Welt eröffnen oder neue Lösungen für unsere Lebenspraxis präsentieren, warum sollten dann nicht auch hinreichend starke KI-Systeme irgendwann einmal ohne Einflussnahme von Menschen, d. h. *autonom*, schöpferisch sprechen, malen, dichten oder komponieren können? Die lapidare Antwort, die Searle auf die Frage gibt, lautet: weil sie keinen Geist haben, weil sie die Bedeutung der verarbeiteten Zeichen und Symbole nicht verstehen.[62] Damit trifft er allerdings nicht den Kern der starken KI.[63] Ihre Verfechter beanspruchen nämlich nicht, Computerprogramme zu entwickeln und auf geeigneten Maschinen so zu realisieren, dass sie den menschlichen Organismus und das Innenleben

---

[59] *Weizenbaum* (2018), S. 14 ff.
[60] *Lenzen* (2019), S. 26.
[61] *Lenzen* (2019), S. 27; *Ramge* (2018), S. 41.
[62] *Searle* (2016), S. 30 ff., versucht dies mit seinem inzwischen berühmt gewordenen Gedankenexperiment des Chinesischen Zimmers zu verdeutlichen.
[63] So die Kritik von *Tetens* (1994), S. 113 ff.

von Menschen nachbilden, die sprechen und Gesprochenes oder Geschriebenes verstehen. Ihre Programme und Maschinen sollen sich vielmehr nur so verhalten, wie wir Menschen uns nach unserer Alltagspsychologie verhalten, weil wir Geist haben, weil wir Personen sind, die sich zu Gründen verhalten, nach selbst auferlegten Regeln und Gesetzmäßigkeiten handeln und qualitativ verschiedene Wahrnehmungs- und Empfindungserlebnisse wie Freude, Empörung, Trauer, Reue oder Scham usw. haben. Die Inhalte von Gedanken und Empfindungen als Typen müssen nicht in unseren menschlichen Organismen materialisiert sein, sondern können auch in anderen physischen Dingen und Erscheinungen vorkommen. Wenn somit die 2. Prämisse des Searle'schen Arguments erfolgreich angegriffen werden kann, ist die Wahrheit seiner Schlussfolgerungen nicht garantiert. Es ist nicht a priori begründbar, dass es keine Systeme geben könnte, die ohne ein biologisches Gehirn zu besitzen, alle Leistungen erbringen, die ein Mensch erbringen kann.[64] Ob diese These der starken KI richtig ist oder nicht, ist vielmehr eine empirische Frage, die letztlich nur von der KI-Forschung beantwortet werden kann und muss.

Derzeit sind wir von einer fundierten Antwort allerdings noch weit entfernt.[65] Zwei mögliche Antworten sind denkbar: Die Künstliche Intelligenz könnte am Ende vielleicht doch zu dem Resultat kommen, dass sich eine Maschine nur dann wie ein Mensch, der Geist hat, verhalten kann, wenn sie in ihren physikalischen Eigenschaften vollständig einem menschlichen Organismus gleicht, also insbesondere ein menschliches biologisches Gehirn hat.[66] Dann würde Searle letztlich recht behalten. Es ist aber auch möglich, wie die Verfechter der starken KI glauben, dass die Weiterentwicklung von KI-Systemen und Robotern zu künstlichen Personen führt, die sich genauso wie Menschen verhalten, auch wenn sie sich in ihren physikalischen Eigenschaften erheblich von einem menschlichen Organismus unterscheiden,[67] also zu künstlichen Personen, wie wir sie aus der Science-Fiction-Szene kennen, denen wir zuschreiben, sie würden sich bewusst auf Sachverhalte beziehen, Wünsche haben, sich nach selbst gesetzten Regeln verhalten oder Einstellungen wie Freude, Empörung, Reue und Scham einnehmen. Solche Wesen dürften dann aber nicht länger wie Maschinen oder technische Sklaven behandelt, sondern müssten als Träger von Rechten und Pflichten anerkannt werden. Selbstbewusstsein und die Fähigkeit, sich eigene Ziele zu setzen und nach Gründen zu handeln, sind hinreichende Bedingung für moralische Verpflichtungen und Entfaltung von Kreativität. Dann dürften ihnen auch die Ausschließlichkeitsrechte der Immaterialgüterrechte einschließlich des Urheberpersönlichkeitsrechts[68] nicht verweigert werden. Sollen aber ernsthaft

---

[64] *Tetens* (1994), S. 116 ff.
[65] *Tetens* (1994), S. 112 f., 116.
[66] *Tetens* (1994), S. 117.
[67] *Tetens* (1994), S. 118.
[68] Der Vorschlag von *Ory/Sorge* NJW 2019, 710, 713, der dem Urheberrecht innewohnende Bezug zum Persönlichkeitsrecht eines Schöpfers solle auf der Ebene des Umgangs mit Daten keine Rolle bei der Begründung von Exklusivität spielen, ist nicht konsequent: Entweder er-

Projekte der künstlichen Erzeugung von Bewusstsein erwogen werden, müsste zunächst nach rechtfertigungsfähigen Gründen für die technische Erzeugung solcher Bewusstseinsformen gefragt werden.[69]

III. Künstliche Intelligenz als Rechtsperson im Urheberrecht

D19 Wenn auch starke KI derzeit noch Science-Fiction ist, wirft sie doch ihre Schatten auf die aktuellen gesellschaftlichen, ethischen und juristischen[70] Probleme, die mit den langfristigen Folgen der Einführung mehr oder weniger autonom agierender KI-Systeme verbunden sind. Wie werden sie die Möglichkeiten des Wissenserwerbs und der Kommunikation, unser soziales Zusammenleben und unsere Arbeitswelt verändern?[71] Bedarf es der Einführung spezieller ethischer Regeln für Roboter, die man ihnen vorgeben sollte?[72] Und vor allem wie ist es mit der Haftung und Verantwortlichkeit bestellt, wenn die Ergebnisse von KI-Anwendungen unerwünschte Folgen zeitigen?[73] Daneben scheint die Frage, ob man in die Rechtssysteme des Immaterialgüterrechts die Rechtsfigur einer elektronischen Person einführen sollte, eher ein Randproblem zu betreffen. Dennoch besteht keine Veranlassung, sich zurückzulehnen und die Klärung dieser Frage einer ferneren Zukunft zu überlassen. Wie immer, wenn tiefgreifende technische Neuerungen ins Haus stehen, wird es auch im Urheberrecht notwendig, sich über seine Aufgabe in den modernen Gesellschaften zu vergewissern und zu fragen, wie die Gewährung von Ausschließlichkeitsrechten, deren Ausübung einer unbeschränkten freien Kommunikation entgegensteht, zu rechtfertigen ist.

1. Was spricht dafür?

D20 Zunächst natürlich die Erfolgsverheißung der KI-Forschung, sie könnte mit der Entwicklung teil- oder vollautonomer Systeme neue Sichten auf die Welt eröffnen, neue Lösungen für unsere drängenden Probleme erarbeiten und damit die Lebensbedingungen der Menschheit verbessern oder gar ihr Überleben sichern. Dafür spricht vor allem, dass wir das Verhalten von Maschinen und Robotern nicht nur in einer physikalischen Sprache, sondern mehr oder weniger selbst-

---

kennt man ein KI-System als Schöpfer an, dann hat es auch die Rechte des Urheberpersönlichkeitsrechts, oder nicht, dann stehen ihm weder die persönlichkeitsrechtlichen Befugnisse noch die Verwertungsrechte zu. Bei einem Menschen ist das nicht anders.

[69] So *Sturma* (2005), S. 122.
[70] Die juristische Diskussion steht noch am Anfang. Vgl. dazu *Borges* NJW 2018, 977 ff.; *Jakl* MMR 2019 711 ff.; *Schwintowski* NJOZ 2018, 1601 ff.
[71] Vgl. dazu *Lenzen* (2019), S. 147 ff.
[72] *Lenzen* (2019), S. 142 ff.
[73] Ausführlich dazu *Oster* UFITA 2018, 14, 24 ff. In seinem Fazit hält er die Aufregung um die Einführung einer elektronischen Person jedenfalls im Hinblick auf die Kommunikations-KI, die Informationen generiert und gegenüber Menschen kommuniziert, für unbegründet und das deutsche Deliktsrecht grundsätzlich gut gerüstet, die Haftungsfragen zu meistern.

verständlich auch mit einem Vokabular beschreiben, erklären und vorhersagen, mit dem wir über das Verhalten von Menschen reden, indem wir ihnen Empfindungen, Gefühle, Wünsche und Überzeugungen zuschreiben, an denen sie ihr Verhalten ausrichten.[74] Sehr interessante Beispiele finden sich in dem Buch „Künstliche Wesen" von *Valentin Braitenberg*.[75] Seine Grundidee ist, komplexere Wesen (Maschinen, Vehikel) wie eine Ansammlung von lebendigen Tieren zu betrachten und ihr Verhalten mit psychologischen Ausdrücken zu beschreiben. Er beginnt mit ganz einfach konstruierten Wesen, zwei Fahrzeugen, deren Räder auf zwei gegenüber liegenden Seiten von zwei unabhängigen Motoren angetrieben werden. Die Vehikel sind außerdem mit Sensoren ausgestattet, die auf Umwelteinflüsse (z. B. Licht, Wärme) reagieren. Die Motoren sind auf jeweils verschiedene Weise mit den Sensoren verschaltet. Lässt man die beiden Vehikel eine Weile herumfahren, so zeigt sich, dass sich das eine von der Lichtquelle, auf die es zufährt, abwendet, während das andere auf sie auffährt. Braitenberg beschreibt das Verhalten beider Wesen zunächst technisch-physikalisch und wechselt dann in die psychologische Sprache, indem er es dahingehend charakterisiert, dass beide Vehikel Licht „VERABSCHEUEN". Beide werden in der Nähe der Quelle unruhig. Das eine verhält sich wie ein „FEIGLING", das der Reizquelle entflieht, bis es einen sicheren Ort erreicht, wo ihr Einfluss kaum noch zu spüren ist, während das andere resolut auf sie zufährt und heftig rammt, als ob es sie zerstören wollte. „Es ist ganz offensichtlich AGGRESSIV".[76] Nach einem Bonmot in der IT-Szene sind in Europa Roboter Feinde, in Amerika Diener, in China Kollegen und in Japan Freunde.[77] Schachcomputern sagen wir nach, dass sie planvoll vorgehen und kritisieren sie, wenn sie Fehler machen.[78] Kommunikationssysteme und Roboter sollen Emotionen vermitteln und ihren menschlichen Gesprächspartnern Aufmerksamkeit und Zuneigung zeigen.[79] Schon diese wenigen Beispiele zeigen, dass wir uns bereits sehr weit daran gewöhnt haben, auch das Verhalten von Robotern und anderen technischen Systemen alltagspsychologisch zu erklären, wie umgekehrt z. B. die Algorithmen von Google oder Amazon unser Markt- und Konsumverhalten analysieren, um daraus individuell angepasste Kaufvorschläge abzuleiten. Solche Beschreibungen haben für den normalen Anwender eines KI-Systems in der Regel einen erheblich größeren Erklärungswert als diejenigen, die in der physikalisch-technischen Sprache abgefasst sind, die er als Laie ohnehin kaum versteht.[80] Jeder beliebige Gegenstand und damit auch das Verhalten von Wesen kann unter den verschiedensten Gesichtspunkten betrachtet und analysiert

---

[74] Vgl. *Lenzen* (2019), S. 229 f.
[75] *Braitenberg* (1986), S. 2 f.
[76] *Braitenberg* (1986), S. 10 ff. Vgl. dazu auch *Tetens* (1994), S. 131 ff.
[77] *Ramge* (2018), S. 20.
[78] *Beckermann* (2008), S. 318, 343, 385 ff.
[79] *Lenzen* (2019), S. 232 ff.
[80] Zur Rolle der Alltagspsychologie in der Philosophie des Geistes *Beckermann* (2008), S. 273 ff., 277 ff.

werden. Die physikalisch-technische Betrachtungsweise der Naturwissenschaften hat zwar bedeutende Erfolge erzielt, ist aber nur eine davon, und ihre Sprache besitzt keine Priorität gegenüber derjenigen anderer Einzelwissenschaften, etwa der Psychologie oder der Rechtswissenschaft.[81] Es ist deshalb nicht sinnwidrig, einerseits den menschlichen Geist und geistige Vorgänge als chemisch-biologische Phänomene zu begreifen, wobei u. a. über Nervenzellen, Synapsen und Aktionspotentialen usw. geredet wird, und sich ihnen gleichzeitig aus einer geistigen Beschreibungsperspektive, in „intentionaler Einstellung",[82] zu nähern, etwa indem wir fragen, welchen Einfluss Überzeugungen, Wünsche, Biografie, soziales Umfeld usw. auf Inhalte von Gefühlen und Wahrnehmungserlebnissen von Menschen und umgekehrt haben.[83] Gedanken-, Vorstellungs- und Empfindungsinhalte sind zwar immer in materiellen Dingen und Erscheinungen fundiert, nicht aber auf sie reduzierbar. Wenn wir über sie sprechen, sprechen wir nicht notwendig über die materiellen Dinge und Erscheinungen, in denen sie vorkommen. Es ist deshalb auch nicht sinnwidrig, genügend starke KI-Systeme und Roboter ebenfalls in intentionaler Einstellung zu betrachten und ihnen intentionale Zustände und Empfindungen zuzuschreiben, wenn man damit ihr Verhalten besser beschreiben, erklären und voraussagen kann, als dies eine physikalisch-technische Erklärung vermag.[84] In dieser Sicht hätte die Einführung der Rechtsfigur einer elektronischen Person die Bedeutung, eine sich abzeichnende Entwicklung, die in technischer und sprachlicher Hinsicht bereits sehr weit vorangekommen ist und zu künstlichen Personen mit Rechten und Pflichten führt, juristisch vorwegzunehmen.

2. Was spricht dagegen?

a) Der Maschineneinwand

Ein Standardeinwand ist, dass mehr oder weniger autonom agierende Algorithmen, Maschinen und Roboter keine individuellen kreativen Entscheidungen treffen können, so dass von vorneherein ein Urheberrechtsschutz für die von ihnen hervorgebrachten Gestaltungen nicht in Betracht kommt, auch wenn diese von menschlichen Schöpfungen praktisch nicht zu unterscheiden sind.[85] Dieser Einwand läuft zunächst auf den Vorwurf hinaus, sie gäben nur vor, als würden sie kommunizieren und kreativ tätig sein, in Wahrheit könnten sie das nicht, weil sie bloß *Maschinen* sind, die keinen Geist haben. Der Turing-

---

[81] *Haberstumpf* UFITA 2018, 495, 507 ff.
[82] S. *Beckermann* (2008), S. 333 ff.
[83] *Searle* (2016), S. 52 f.
[84] Anders als *Tetens* (1994), S. 122 ff., bin ich nicht der Meinung, dass dies ein Beleg für den Naturalismus ist und wir mit alltagspsychologischen Ausdrücken über den physischen Zustand des Gehirns reden. Ich verstehe diesen Sprachgebrauch im Sinne des hier vertretenen Dualismus vielmehr als Reden über geistige Gegenstände, d. h. über Inhalte von Wünschen, Überzeugungen und Empfindungen.
[85] Z. B. *Loewenheim/Leistner* in Schricker/Loewenheim (2020), UrhG § 2 Rn. 41.

Test, mit dem die Leistungsfähigkeit von Kommunikationssystemen herausgestellt werden soll und der eher darauf angelegt ist, Menschen hinters Licht zu führen,[86] sollte nicht über den urheberrechtlichen Status ihrer Ergebnisse bestimmen.[87] Dass dieser Vorwurf die Kernthese weder der starken noch der schwachen KI trifft, hat die Diskussion des Searle'schen Arguments gezeigt. Die Behauptung, das Verhalten einer Maschine komme per definitionem nur aufgrund physikalischer Mechanismen zustande und könne daher nicht schöpferisch sein, widerlegt die These der KI deshalb nicht.[88] Nehmen wir an, ihr gelinge es, Systeme zu entwickeln und deren Algorithmen so zu trainieren, dass sie die Fähigkeit erwerben, sich ohne Einflussnahme von Menschen eigene Ziele zu setzen, Lösungen zu kreieren, wie sie erreicht werden können, und kraft eigener Entscheidung danach zu handeln. Dann müssten sie, wie gesagt, wie Personen behandelt werden, die sich im Raum der Ursachen zu Gründen verhalten und autonom handeln können. Dann könnten wir nicht mehr dogmatisch darauf beharren, ihr Verhalten komme allein aufgrund *kausaler physikalischer Mechanismen* zustande.

b) Die Church-Turing-These

Wenden wir nun den Blickwinkel von den physikalisch-technischen Aspekten der KI-Systeme auf die „geistige" Ebene der Algorithmen, dann besagt der Standardeinwand, dass diese per definitionem nicht kreativ sein können, weil Algorithmen nur Verfahren beschreiben, die *mechanisch* auf einem Computer ausgeführt werden. Für diese Ansicht könnte die sog. Church-Turing-These ins Feld geführt werden, die innerhalb der Algorithmustheorie der Informatik als grundlegend angesehen wird. Sie beruht auf der Intuition, dass wir uns Handlungsanweisungen ausdenken können, deren Ausführung einer menschlichen Person oder einer Maschine zur rein mechanischen Ausführung überlassen werden kann. Ganz vereinfacht besagt sie in ihrer *Standardversion*:[89] Wann immer wir als vernunftbegabte Wesen eine Methode anwenden, von der wir glauben, dass sie mechanisch ausführbar ist, gibt es einen Algorithmus für die gleiche Aufgabe, der auf einem Computer abgearbeitet werden kann.[90] Darauf aufbauend haben Mathematiker und Informatiker Beweisverfahren erarbeitet und etabliert, um herauszufinden, welche Aufgaben für einen solchen Algorithmus lösbar, d. h. berechenbar sind und welche nicht. Zu letzteren gehört z. B. das sog. Halteproblem.[91] Steckt ein Computerprogramm infolge widersprüchlicher Programmie-

D22

---

[86] *Lenzen* (2019), S. 26 f.
[87] So *Gervais* GRUR Int. 2020, 117.
[88] *Tetens* (1994), S. 115.
[89] Nach *Hofstadter* (2008), S. 461, 598 ff., werden daneben eine Reihe von alternativen Versionen der Church-Turing-These von verschiedener Stärke diskutiert, darunter in ihrer stärksten Fassung die KI-Version.
[90] Vgl. *Goldschlager/Lister* (1990), S. 81.
[91] Einen Beweis für die Unlösbarkeit des Halte-Problems legte Turing 1937 vor, s. *Hofstadter* (2008), S. 632. Zum Halteproblem näher *Goldschlager/Lister* (1990), S. 82.

rung oder fehlerhafter Bedienung in einer Endlosschleife fest – eine Erfahrung, die schon jeder Benutzer gemacht hat –, dann kommt es aus eigener Kraft nicht mehr heraus. Es muss dann von außen in das System eingegriffen werden, um etwa den Fehler durch Nachprogrammierung zu beseitigen oder seinen Neustart in der Hoffnung zu erzwingen, dass das Problem nicht mehr auftaucht. Es gibt eine große Vielzahl von Aufgaben, die nicht mechanisch ausführbar sind, insbesondere solche, für deren Lösung schöpferische Phantasie erforderlich ist. Das spräche für die Auffassung, dass Algorithmen keine kreativen Lösungen anbieten können, weil sie selber nicht kreativ tätig werden können.[92]

D23 Ein solcher Algorithmusbegriff entspricht aber nicht dem Anspruch der KI. Ihre Version der Church-Turing-These behauptet dagegen, dass geistige Prozesse jeder Art durch einen Algorithmus simuliert und auf einem Computer realisiert werden können.[93] Das schließt ein, dass dieser auch kreativ tätig sein kann. Diese These der KI muss ernst genommen werden, weil KI-Systeme in begrenzten Bereichen bereits jetzt den Nachweis geliefert haben, dass sie dazu in der Lage sind. Die Lernalgorithmen von KI-Systemen vermögen schon heute, mit Hilfe einer Anzahl von elementaren Formen beispielsweise in Bildern Muster zu erkennen, auf neue Situationen anzuwenden und sie schrittweise zu verändern. *Hofstadter*[94] beschreibt den Vorgang der Mustererkennung, gleichgültig ob ein Mensch oder eine Maschine im Spiel ist, zusammenfassend so: Bei der Suche nach Mustern werden Schablonen (einheitliche Raster für die Beschreibung des Problems) hergestellt, versuchsweise wieder auseinandergenommen, wieder zusammengesetzt; Schlitze (Unterrahmen) werden von einem Verallgemeinerungsniveau zu einem anderen verschoben; es wird gefiltert und fokussiert, d. h. Merkmale weggelassen und andere in den Blickpunkt genommen usw. Auf allen Komplexitätsstufen werden Entdeckungen gemacht. Diese Beschreibung des Verfahrens zur Mustererkennung durch selbstlernende Algorithmen zeigt ganz enge Parallelen zu den Weisen auf, mit denen wir in Literatur, Wissenschaft und Kunst Welten erzeugen und sie in Kommunikationsakten entäußern. Sie erinnert nicht bloß zufällig an das wissenschaftliche Vorgehen[95] und das Experimentieren mit Farben und Formen in der Kunst. Wie *Goodman* schreibt,[96] besteht Welterzeugung aus Zerlegung und Zusammensetzung, aus der Aufteilung von Ganzem in Teile und der Unterteilung von Arten in Unterarten, der Analyse von Komplexen und darin, Unterscheidungen zu treffen, sowie aus der Zusammensetzung von Ganzheiten und Arten aus Teilen, Gliedern und Unterklassen, aus der Kombination von Merkmalen zu Komplexen und dem Herstellen von Verbindungen. Sie besteht aus der Gewichtung, mit der bestimmte Aspekte hervorgehoben werden, im Weglassen und Ergänzen usw. All diese Tätigkeiten können schöpferisch sein, woraus folgt, dass auch durch den Einsatz von nur

---

[92] *Lenzen* (2019), S. 121.
[93] S. *Hofstadter* (2008), S. 617: „CHURCH-TURING-THESE; AI-VERSION".
[94] *Hofstadter* (2008), S. 687 ff., 703.
[95] *Haberstumpf* UFITA 2020, 36, 61 ff.
[96] *Goodman* (1990), S. 20 ff.

teilautonom agierenden, selbstlernenden Algorithmen geschützte Werke hervorgebracht werden können. Das Porträt des Edmond de Belamy ist ein Beispiel dafür.

c) KI und der Zweck des Urheberrechts

Wenn KI-Systeme in umgrenzten Teilbereichen schon heute in der Lage sind, auch geistige Schöpfungen hervor zu bringen, woher kommt dann das allgemeine Unbehagen, sie als Personen des Urheberrechts anzuerkennen? Wir wissen zwar nicht, ob die Neuro- und Systemwissenschaften ihre Erfolgsverheißung gänzlich einlösen werden. Eines ist aber gewiss. KI-Systemen mögen zwar mentale Zustände, intentionale Einstellungen und Empfindungsqualitäten zugeschrieben werden können, mit denen ihr Verhalten zutreffend erklärt und voraussagbar ist. Einen menschlichen Körper haben sie aber nicht; denn das ist ja ein essenzieller Teil der Kernthese der KI. Wir können dann aber nicht annehmen, dass ihr physikalischer Mechanismus auf die Umwelt so reagiert wie ein menschlicher Organismus. Dass sie keinen menschlichen Körper haben, wird speziell in der Robotik gerade als ein großer Vorteil angesehen, um sie z. B. in gefährlichen Situationen etwa im Katastrophenfall oder zu militärischen Zwecken einsetzen zu können, bei denen es Menschen nicht wagen, sich in Gefahr zu begeben oder man es ihnen nicht zumuten will. Sie haben keine Skrupel, ermüden nicht, brauchen weder Pausen noch Urlaub, müssen nicht entlohnt werden und kennen keine posttraumatische Belastungsstörung.[97]

Thomas Nagel hat in seinem berühmt gewordenen Essay „What is it like to be a bat?" den perspektivischen Charakter der Erfahrung für den Organismus, der sie hat, nachdrücklich herausgehoben. Er demonstriert dies anhand von Fledermäusen, von denen wir glauben, dass sie Erlebnisse haben, wir uns aber nicht vorstellen können, wie es für eine Fledermaus ist, eine Fledermaus zu sein. Insoweit befinden wir uns in der gleichen Lage, in der sich intelligente Fledermäuse oder Marsmenschen – oder Künstliche Intelligenzen – befinden würden, wenn sie versuchten, sich einen Begriff zu machen, wie es ist, *wir* zu sein. Nagel schreibt, man müsse die Perspektive einer Fledermaus übernehmen, „um eine *Konzeption* davon zu entwickeln, wie es ist, eine Fledermaus zu sein (und *a fortiori* zu wissen, wie es ist, eine Fledermaus zu sein)".[98] Es sind unsere menschlichen Wahrnehmungserlebnisse und Erfahrungen, die darüber entscheiden, welche Annahmen über die Welt wir als wahr oder falsch akzeptieren wollen. Systemen der KI kann natürlich ebenso wie Tieren antrainiert bzw. andressiert werden, bei ihrem Verhalten die Perspektiven von uns Menschen einzunehmen. Es ist aber alles andere als sicher, dass sie das in unerwarteten Situationen immer tun; nicht umsonst sieht das BGB in § 833 S. 1 eine Gefährdungshaftung für Halter von Luxustieren vor. Deshalb muss bei der Entwicklung und Anwendung *autonomer* KI-Systeme stets damit gerechnet werden, dass sie sich der Kontrolle

---

[97] *Lenzen* (2019), S. 211 ff.
[98] *Nagel* (2016), S. 9 f., 19.

des Menschen entziehen und ein Verhalten zeigen, das aus menschlicher Perspektive nicht hinnehmbar oder gar für das Überleben der Menschheit gefährlich ist. Beim Umgang mit selbstlernenden autonomen KI-Systemen geht es nicht um einen Wettstreit, wer schlauer ist, der Mensch oder die entsprechend programmierte Maschine, sondern um die moralische Verantwortung und Verantwortlichkeit für die Folgen ihrer Entwicklung und ihres Einsatzes. Dieser Verantwortung dürfen wir uns nicht mit dem Hinweis entziehen, das habe die Maschine gemacht, wenn etwas schiefgelaufen ist. Wir dürfen deshalb die Kontrolle über sie nicht aus der Hand geben und nur so viel an Autonomie zulassen, wo man mit dem zu erwartenden Spektrum an Verhaltensweisen leben kann. Und im schlimmsten Fall muss jederzeit die Möglichkeit gegeben sein, KI-Systeme abzuschalten.

D26 Doch zurück zum Urheberrecht. Nach Erwägungsgrund 9 der europäischen InfoSoc-RL dient der Schutz des Urheberrechts und der verwandten Schutzrechte dazu, die Erhaltung und Entwicklung kreativer Tätigkeit im Interesse der Urheber, ausübenden Künstler, Hersteller, Verbraucher, von Kultur und Wirtschaft sowie der breiten Öffentlichkeit sicherzustellen. Die Sicherstellung einer angemessenen Vergütung für Urheber und Inhaber verwandter Schutzrechte für die Nutzung ihrer Leistungen, wie sie in Erwägungsgrund 10 zur InfoSoc-RL gefordert wird, ist nur Mittel zu diesem Zweck. Wie insbesondere *Stallberg*[99] überzeugend herausgearbeitet hat, liegt der Grund, warum Urheberrecht sein soll, im Wesen geistiger Gegenstände. Geistige Gegenstände sind Produkte des menschlichen Geistes. Sie wirken als – gute oder schlechte – Gründe für unser menschliches Handeln und Verhalten. Unsere Erkenntnisbemühungen im Alltag, in den verschiedenen Wissenschaften, in Literatur und Kunst, im Recht und in der Moral zielen darauf ab, die Welt, uns selber, unsere Lebensäußerungen und -formen zu deuten, Ziele vor Augen zu führen, auf die wir uns hinbewegen können oder sollen, und Möglichkeiten aufzuzeigen, wie wir sie verwirklichen können.[100] Sie sind mehr- oder weniger erfolgreiche Versuche, sich in der Wirklichkeit zurecht zu finden, die uns beständig vor praktische Probleme stellt.[101] Werke sind geistige Gegenstände, die unter Verwendung eines unserer konventionellen Kommunikationssysteme etwas für *unsere menschliche Praxis Bedeutsames* ausdrücken. Verharren aber einzelne Personen, Gruppen oder Gemeinschaften in den überkommenen Konventionen und Gepflogenheiten, indem sie sich, um eine Anleihe aus der Computersprache zu benutzen, gleichsam in einer Endlosschleife bewegen, verarmt ihr geistiges Leben. Reagieren sie auf neuartige Probleme in dogmatischer Weise nur mit ihren traditionellen Regeln, Rezepten und Lösungen, auch wenn diese sich bislang bewährt haben, werden sie auf längere Sicht gegenüber anderen Gemeinschaften, die flexibler reagieren, weniger Erfolg haben. Mit neuen innovativen Ideen und Konzepten

---

[99] *Stallberg* (2006), S. 26, 300 ff.
[100] *Haberstumpf* UFITA 2018, 495, 528 f.
[101] *Kertscher/Müller* (2015), S. 121.

können aber solche Defizite beseitigt werden. Das ist der Grund, weshalb das Urheberrecht die kreative Betätigung von Menschen unter besonderen rechtlichen Schutz stellt.

Aus diesen Überlegungen schließe ich, dass die Rechtsfigur einer elektronischen Person *nicht eingeführt werden darf*.[102] Die Ergebnisse autonom agierender KI-Systeme mögen Kreationen sein. Ohne Einflussnahme und Kontrolle durch Menschen ist aber nicht zu erwarten, dass sie die Welt aus der Perspektive der Menschen sehen, weil sie keinen menschlichen Körper haben. Es ist auch nicht zu erwarten, dass ihre autonom festgesetzten Ziele, Entscheidungen und Problemlösungen mit denen von Menschen konvergieren. Woher sollten sie auch wissen, was für uns das Beste ist, wenn sie unsere Lebensform nicht verstehen? Darum müssen wir uns schon selber bemühen. Die Beurteilung, ob geistige Gegenstände, die von solchen Systemen hervorgebracht werden, etwas für unsere menschliche Lebensform Bedeutsames zum Ausdruck bringen, muss deshalb nach wie vor Menschen überlassen bleiben, also beispielsweise Urhebern, die sich der KI bedienen und deren Ergebnisse in der Kommunikation mit anderen Menschen verwenden, sowie von Rezipienten, die sie aufnehmen, sich mit ihnen auseinandersetzen und sie als Gründe oder Gegengründe für eigenes Handeln wirken lassen. Es muss Menschen überlassen bleiben zu bestimmen, ob Ergebnisse von KI-Anwendungen für unsere menschliche Lebensform überhaupt etwas und was bedeuten oder ob es sich um mehr oder weniger sinnleere Anordnungen von Worten, Farben, Formen, Geschreibseln, Gekritzeln oder Geräuschen handelt.

Personen, die bei der Entwicklung oder mit der Anwendung von KI-Systemen schöpferische Leistungen erbringen, bleiben dabei nicht schutzlos. Programmierer, die schöpferische Lernalgorithmen entwickeln, finden urheberrechtlichen Schutz nach §§ 69a ff. UrhG, der sich allerdings nicht auf deren Ergebnisse erstreckt.[103] Insoweit kommt daneben ein patentrechtlicher Schutz in Frage, wenn mit Hilfe von KI-Systemen computerimplementierte Erfindungen gemacht werden. Werden Inhalte von Datenbanken oder -werken als Trainingsdaten verwendet, muss das Urheberrecht an ihnen beachtet werden, wenn sie selbstständigen Schutz genießen.[104] Sind sie nicht geschützt, können sich die Hersteller von Datenbanken auf das sui-generis-Recht nach §§ 87a ff. UrhG (Art. 7 ff. Datenbank-RL) berufen, wenn für eine KI-Anwendung die Gesamtheit oder wesentliche Teile des Inhalts einer Datenbank entnommen und/oder weiterverwendet werden. Wie wir gesehen haben, ist schließlich auch der Urheberechtsschutz für die Ergebnisse einer KI-Anwendung gegeben, wenn der Anwender mittels eines KI-Systems eine schöpferische Leistung erbringt. Eine andere rechtspolitische Frage ist, ob es der Einführung eines gesonderten Schutzrechts für KI-Systeme

---

[102] So auch *Lauber-Rönsberg*, GRUR 2019, 244, 250 ff.
[103] Absolut h. M.; vgl. z. B. *Haberstumpf* in Büscher/Dittmer/Schiwy (2015), UrhG § 69a Rn. 4, 7; ausführlich *ders*. UFITA 2020, 36, 74 ff.
[104] Zu wissenschaftlichen Forschungszwecken ist ihre Verwendung nach Maßgabe von § 60d UrhG allerdings zulässig.

D. Persönliches Schaffen

bedarf, damit sich der organisatorische und wirtschaftlichen Aufwand amortisieren kann, der mit der Entwicklung solcher Systeme verbunden ist.[105] Dieser Frage soll hier jedoch nicht weiter nachgegangen werden.

---

[105] Vgl. dazu z. B. *Hetmank/Lauber-Rönsberg*, GRUR 2018, 574, 579 ff.

E. Schöpfung

Das Merkmal (M3) „Schöpfung" in § 2 Abs. 2 UrhG benennt das entscheidende Kriterium, das geschützte Werke aus der großen Masse von Geistesprodukten heraushebt, die Menschen alltäglich hervorbringen. Es bildet die normative Grundlage, warum Urheberrecht sein soll, warum alle Urheberrechtsordnungen bestimmten Personen Ausschließlichkeitsrechte an ihren geistigen Erzeugnissen zuweisen.[1] Es entscheidet nicht nur über die Schutzfähigkeit von Originalwerken i. S. v. § 2 Abs. 1 UrhG, sondern auch von Bearbeitungen und Sammelwerken gem. §§ 3 und 4 UrhG. Im europäischen Recht entspricht ihm der Begriff der Kreation („creation", „création"). In der deutschen Urheberrechtsdogmatik hat sich der Sprachgebrauch herausgebildet, den Gesetzesbegriff der Schöpfung mit „Individualität" gleichzusetzen.[2] Im europäischen Urheberrecht[3] und anderen nationalen Rechtsordnungen spricht man dagegen häufiger von „Originalität".[4] Nicht immer wird allerdings klar, ob es sich hier nicht um einen bloßen Streit um Worte handelt. Ich halte es deshalb nicht für zweckmäßig, aus diesen Ausdrücken unmittelbare Folgerungen abzuleiten, sondern möchte stattdessen versuchen zu analysieren, was mit ihnen im Einzelnen inhaltlich gemeint sein könnte. Deshalb sollen die Worte „Schöpfung", „Kreation", „Originalität" und „Individualität" und die ihnen zugehörigen Adjektive im Folgenden synonym verwendet werden. Merkmal (M3) dient nicht nur der Abgrenzung der nicht geschützten Geistesprodukte von den geschützten Gebilden, sondern grenzt auch den Schutzbereich letzterer ein. Nur die individuellen Bestandteile des Schutzgegenstandes sind vor unerlaubter Nachahmung geschützt. Die Individualität des Urhebers kann in geschützten Werken in unterschiedlichem Maß zutage treten. Daraus resultiert die alte Streitfrage, ob zum Erwerb des Urheberrechts ein bestimmter Grad an Individualität, eine bestimmte Gestaltungs-, Schöpfungs- oder Leistungshöhe, zu fordern ist, oder ob einfache Individualität genügt. Von dem jeweils zutage tretenden Maß an Individualität hängt ab, wann im Einzelfall eine freie Benutzung i. S. v. § 23 Abs. 1 S. 2 (früher § 24) UrhG vorliegt, d. h.

E1

---

[1] So *Stallberg* (2006), S. 23 ff., in seiner großangelegten Arbeit über die verschiedenen Modelle zur moralischen Begründung des Urheberrechts. S. auch oben → Rn. A24 und unten E65 ff.

[2] Z. B. *Loewenheim/Leistner* in Schricker/Loewenheim (2020), UrhG § 2 Rn. 50; *Schulze* in Dreier/Schulze (2022), UrhG § 2 Rn. 18.

[3] Z. B. EuGH GRUR 2019, 1185 Rn. 29 – Cofemel: Bei einem Werk müsse es sich um ein „Original in dem Sinne handeln, dass es eine eigene Schöpfung seines Urhebers darstellt".

[4] Vgl. *Knöbl* (2002), S. 196 ff. zum französischen Recht und S. 241 ff. zum US-amerikanischen Recht. Zum britischen Recht vgl. z. B. *Marly* (1995), S. 87 f. Eingehend *Leistner* ZGE 2013, 4, 23 ff.

wann ein nachschaffender Werkschöpfer einen hinreichend großen schöpferischen Abstand zu dem benutzten Werk einhält, so dass sein Werk nicht mehr in dessen Schutzbereich fällt (s. o. → Rn. C221 ff.). Das Kriterium der Individualität bestimmt schließlich auch, wer Schöpfer gem. § 7 UrhG ist. Nur diejenigen Personen, die einen schöpferischen Beitrag zum Entstehen eines Werkes geleistet haben, können Urheber sein.

Wir werden uns daher mit zwei Fragen zu befassen haben: Was ist Individualität und wie stellt man im Einzelfall fest, ob der zu beurteilende geistige Gegenstand individuell ist? Ist ein bestimmter Grad an Individualität zu fordern, damit ein schutzfähiges Werk entsteht?

I. Individualität

E2   Das Merkmal der Schöpfung begründet eine exklusive Rechtsbeziehung zwischen Urhebern und ihren geistigen Werken. Die Versuche, diese Beziehung begrifflich zu erfassen und näher zu präzisieren, sind zahlreich und unterschiedlich. Sie lassen sich grob vorsortiert in zwei Gruppen einteilen, je nachdem worauf der Schwerpunkt gelegt wird. Zur ersten Gruppe sind Auffassungen zu zählen, die den Begriff der Individualität durch Bezugnahme auf die Person des jeweiligen Schöpfers bestimmen; sie sollen „personalistisch" heißen. Zur zweiten Gruppe können Positionen gerechnet werden, die den Blickwinkel stärker auf das hervorgebrachte geistige Werk und seine Eigenschaften richten; wir wollen sie „werkorientiert" nennen. Beide Ansatzpunkte stehen sich nicht diametral gegenüber, sondern gewichten die beiden Relata der Urheber-Werk-Beziehung anders. Aus der Ablehnung einer personalistischen Interpretation des Individualitätsbegriffs folgt deshalb nicht schon die Richtigkeit eines rein werkorientierten Ansatzes und umgekehrt.

1. Prägung durch die Persönlichkeit des Urhebers

E3   Personalistische Ansätze haben, ausgehend von der naturrechtlichen Theorie des geistigen Eigentums und befeuert durch die Philosophie des deutschen Idealismus, lange Zeit die Diskussion um den Werkbegriff in Deutschland beherrscht. Schon sehr früh hat vor allem *v. Gierke*[5] das Werk als „Bestandteil der Persönlichkeitssphäre" des Urhebers bezeichnet und das Urheberrecht zu einem Persönlichkeitsrecht erklärt.[6] Das Werk wird als ein „selbstständig gewordener Teil der Persönlichkeit seines Schöpfers"[7], „seines eigenen Selbst"[8] gesehen. Es müsse ein „eigenpersönliches Gepräge", eine „persönliche Note" haben, so

---

[5] *v. Gierke* (1895), S. 748 ff.
[6] Was auf heftigen Widerspruch von *Kohler* (1907), S. 3 ff., gestoßen ist.
[7] *v. Moltke* (1992), S. 179.
[8] *Neustetel* (1824), S. 50. In dieser Arbeit (S. 49) wurde erstmals der Ausdruck „Individualität" in die urheberrechtliche Diskussion eingeführt; vgl. *v. Moltke* (1992), S. 178.

I. Individualität

dass „es gleich einer Person als geistige Sache einmalig und nicht wiederholbar ist".[9] In ihm spiegele sich die Persönlichkeit seines Schöpfers wider.[10] *Hubmann* schreibt:[11]

„Im lebendigen Geist sind also allgemeinmenschliche und individuelle Züge zu unterscheiden, sie sind deutlich voneinander abgehoben. Und doch sind sie zugleich aufs engste miteinander verbunden und verwoben, sie bilden zusammen die untrennbare Einheit der Persönlichkeit. Während das Allgemeinmenschliche kein einzelner für sich allein in Anspruch nehmen kann, bilden die individuellen Züge das Ureigenste jedes Menschen, sie sind ihm um seiner selbst willen, um seiner sittlichen Aufgabe willen vom Schöpfer gegeben, sie gehören ihm zu als ein ursprüngliches, unveräußerliches und natürliches Wesen."

Aus diesen und anderen ähnlichen Wendungen, wie sie im urheberrechtlichen Schrifttum[12] und in der Rechtsprechung auch noch in neuerer Zeit anzutreffen sind, wird deutlich, dass die Exklusivität der Urheber-Werk-Beziehung aus der unverwechselbaren Eigenart der Person des Urhebers als Individuum abgeleitet werden soll. Im Werkschaffen transferiert er seine Gedanken- und Empfindungsinhalte, seinen Geist, in das Werk. Seine je individuelle Bewusstseinsform, die jedem Menschen eigen ist und ihm allein gehört, wird auf diese Weise in das Werk derart integriert, das das Recht an diesem Bestandteil seiner Persönlichkeit auf das Werk übergeht und sich darauf erstreckt.[13] Am klarsten hat dies wohl *Fichte* in seinem Beweis der Unrechtmäßigkeit des Büchernachdrucks (→ Rn B55 ff.) in Bezug auf die Form des geäußerten Gedankeninhalts eines Sprachwerkes ausgedrückt: Weil jeder seinen eigenen Ideengang, seine besondere Art, sich Begriffe zu machen und sie miteinander zu verbinden, habe und seinen Gedanken keine andere Form geben könne als die seine, weil er keine andere habe, stehe dem Schriftsteller das natürliche, angeborene, unzuveräußernde ausschließende Eigentum an dieser Form zu.

Die personalistische Interpretation des Individualitätsbegriffs könnte mit folgender Definition erfasst werden:

(Ind1) Ein Werk ist individuell, d. h. schöpferisch, wenn sein Urheber in ihm seine unverwechselbare Persönlichkeit entäußert, zum Ausdruck bringt.

Wie wir schon bei der Diskussion von Fichtes Beweis gesehen haben, verfehlt eine rein personalistische Interpretation des Individualitätsbegriffs jedoch dessen Zweck, aus der großen Masse von geistigen Produkten diejenigen herauszuheben, die Schöpfungen sind. Dass eine Person als Schriftsteller, Maler,

---

[9] *Troller* UFITA 50 (1967), 385, 411, 390.
[10] *Müsse* (1999), S. 80, 82. Vgl. auch EuGH GRUR 2019, 1185 Rn. 30 – Cofemel; EuGH 2020, 736 Rn. 23 – Brompton.
[11] *Hubmann* (1954), S. 17.
[12] Mit der personalistischen Interpretation des Individualitätsbegriffs, die er „Prägetheorie" nennt, setzt sich *Barudi* (2013), S. 19 ff. ausführlich mit Nachweisen aus dem neueren Schrifttum auseinander.
[13] *Stallberg* (2006), S. 112.

Komponist, Choreograf immer ihre je eigenen privaten mentalen Bewusstseinszustände vor, während des Werkschaffens und natürlich auch danach hat, heißt nämlich nicht, dass die geistigen Gegenstände, die sie hervorbringt, ebenfalls individuell sind. Wollte man dies annehmen, wäre man auf die inakzeptable Konsequenz festgelegt, dass alle menschlichen Geistesprodukte schöpferisch sind.[14] Denn auch die Normalsterblichen haben ihre je eigenen privaten mentalen Zustände, wenn sie kommunizieren. Jeder Produzent eines geistigen Gegenstands wäre damit gleichzeitig ein Urheber. Das würde zwar gut zu dem von Joseph Beuys geprägten Programmsatz: Jeder Mensch ist ein Künstler, passen, nicht aber zum Zweck des Urheberrechts. Werke sind weder mit den Gegenständen des Bewusstseins ihrer Schöpfer noch mit deren Erlebnissen im Inneren identifizierbar.[15] Im Rahmen des Werkbegriffs impliziert Schöpferisches zwar Geistiges, aber nicht umgekehrt.

E6 Eine personalistische Deutung des Individualitätsbegriffs könnte somit allenfalls dann plausibel vertreten werden, wenn die Personen von Urhebern spezifische Eigenschaften, Anlagen und Fähigkeiten besäßen, die sie gegenüber anderen Personen auszeichnen. Nun ist sicherlich nicht zu bestreiten, dass zumindest die großen Schöpfungen in Literatur, Wissenschaft und Kunst eine unverwechselbare persönliche Note besitzen, an der die auf den jeweiligen Schaffensgebieten Bewanderten erkennen können, dass sie von einem bestimmten Urheber stammen. Dies stellen wir aber nicht dadurch fest, dass wir etwa psychologische oder soziologische Befunde über die genetische Herkunft, Lebensumstände, Verhaltensweisen, das soziales Umfeld usw. der betreffenden Urheber erheben[16] oder gar ihre Gehirne neurologisch untersuchen. Nicht alle Urheber sind Stürmer und Dränger, Bohemiens oder sonstwie auffällige Persönlichkeiten (→ Rn. B117), sondern kommen vielfach aus der Mitte der bürgerlichen Gesellschaft, was z. B. Wagner so ausdrückt, indem er den Schuster Hans Sachs in den Meistersingern von Nürnberg singen lässt: „Verachtet mir die Meister nicht und ehrt mir ihre Kunst." Nicht selten kommt es aber auch vor, dass ihre Lebensumstände nicht oder kaum bekannt sind oder sie nicht wollen, dass ihre Persönlichkeit bekannt wird, und sie hinter einem Pseudonym verstecken. Ein Beispiel für Ersteres wäre der Naumburger Meister, dessen Wirken von Nordfrankreich aus über Mainz bis hin zum Naumburger Dom nur anhand des charakteristischen Stils und des Ausdrucks seiner Skulpturen verfolgt werden kann. *Ulmer* sagt treffend: „Das Verhältnis des Urhebers zum Werk ist nicht das Verhältnis zu sich selbst, sondern das Verhältnis zu einem geistigen Kinde, das seine eigene Bestimmung und seine eigenen Schicksale hat."[17] Es wäre ziemlich abwegig, in einem Urheberrechtsstreit von dem klagenden Urheber zur Darlegung der Schutzfähigkeit seines Werkes zu verlangen, seinen Lebenslauf und Werdegang

---

[14] S. o. → Rn. B59; so auch *Stallberg* (2006), S. 198.
[15] *Reicher* (2019), S. 25, 27 f.
[16] So die zutreffende Kritik von *Barudi* (2013), S. 148 ff.
[17] *Ulmer* (1980), S. 111.

detailliert darzulegen und sich psychologisch begutachten zu lassen.[18] Um den Individualitätsbegriff adäquat zu erfassen, kommt man deshalb an einer werkorientierten Interpretation schon allein deshalb nicht vorbei, weil Urheber ihre geistigen Schöpfungen mittels Zeichen eines sozial geregelten, d. h. eines anderen Personen zugänglichen öffentlichen Kommunikationssystems entäußern.[19]

2. Werkorientierte Deutungen des Individualitätsbegriffs

Um die Individualität eines bestimmten Werkes festzustellen, müssen also zumindest auch dessen Eigenschaften ins Blickfeld genommen werden. Doch welche Merkmale sind relevant und bestimmen darüber, ob und wann es sich aus der großen Masse menschlicher Geistesprodukte als Schöpfung auszeichnet? Dieser Begriff impliziert, dass ein geschütztes Werk *irgendwie etwas Neues und Besonderes* enthält.[20] Was aber die individuelle Eigenart eines Werkes ausmacht, darüber gehen die Meinungen auseinander. Diesen wollen wir jedoch nicht im Einzelnen nachspüren, sondern versuchen, sie nach ihren Grundmustern zu systematisieren und zu analysieren. Die Bandbreite reicht von der Vorstellung, für das Vorliegen von Originalität reiche es aus, dass das Werk nicht von einem anderen Werk kopiert worden sei, bis hin zur Forderung, es müsse etwas objektiv Einmaliges, Einzigartiges sein. Im Bereich der Kunst wird vielfach versucht, ein objektives Kriterium im Urteil der Fachleute zu finden, das darüber entscheiden soll, wann ein solches Werk ein schöpferisches Werk ist.

a) Individuell, nicht kopiert

In der Gerichtspraxis des anglo-amerikanischen Copyright werden traditionell geringe Anforderungen an die Individualität gestellt. Erforderlich sei, dass das Werk, für das eine Person um Rechtsschutz nachsucht, von ihr unabhängig in dem Sinne geschaffen worden sei, dass sie nicht ein anderes Werk kopiert habe. Es müsse ein Produkt der eigenen Arbeit des Urhebers und nicht eines anderen sein:[21]

(Ind2) Ein Werk ist individuell, wenn sein Urheber es nicht von einem anderen Werk kopiert hat.

Doch was heißt es, der um Rechtsschutz nachsuchende Urheber habe ein anderes Werk nicht kopiert? Ersichtlich bedeutet das Kriterium des „Nicht-Kopiert-Seins", dass der Urheber bei seinem Schaffen kein Vorkommnis eines anderen Werks als Vorlage benutzt, dieses also nicht abgeschrieben, abgemalt oder nachkomponiert hat. Der Begriff der Kopie ist aber zu unterscheiden vom Begriff des Exemplars und der Vervielfältigung. Die Beziehung eines materiellen Exemplars

---

[18] *Haberstumpf* (1982), S. 29; *v. Moltke* (1992), S. 181.
[19] S. o. Abschnitt C I bis III.
[20] *Schulze* in Dreier/Schulze (2022), UrhG § 2 Rn. 17 und 18.
[21] *Knöbl* (2002), S. 244 ff., mit umfangreichen Nachweisen aus der US-amerikanischen Rechtsprechung und Literatur; *Marly* (1995), S. 87 f. zum britischen Recht.

zu dem (geistigen) Gegenstand, von dem es ein Exemplar ist, ist eine andere als die Beziehung einer Kopie zu dem Gegenstand, vom dem sie eine Kopie ist, da materielle Vorkommnisse eines Werkes aus kategorialen Gründen keine Exemplare haben können. Kopien eines Werkes können daher nur Reproduktionen sein, zu deren Herstellung materielle Vorkommnisse (Originalexemplar oder sonstige Vervielfältigungsstücke und Erscheinungen) als Vorlage benutzt wurden.[22] Nicht-Kopiert-Sein heißt also, dass ein geistiges Produkt nicht geschützt ist, wenn es nicht auf ein Vorkommnis eines anderen Werks zurückführbar ist. Speziell für Sprachwerke würde dies bedeuten, dass ein Werk mit keinem anderen Werk textgeschichtlich verwandt sein darf (→ Rn. C4). Das Kriterium reduziert sich somit auf ein Verbot des plagiatorischen Kopierens.[23]

E9 Es liegt auf der Hand, dass dieses Kriterium nicht ausreicht, um das Wesen der Schöpfung zu erfassen, auch wenn man es wie im anglo-amerikanischen Copyright durch ein zweites zusätzliches Element ergänzt und ein gewisses Mindestmaß an eigenständiger Arbeit oder eigenständigem Können[24] bzw. ein Minimum an Kreativität[25] fordert. Aus (Ind2) folgt nämlich logisch, dass ein Werk, bei dessen Schaffen ein anderes als konkrete Vorlage benutzt wurde, nicht individuell und daher nicht geschützt ist. Damit schränkt es den Bereich des Urheberrechts einerseits viel zu sehr ein, indem es schöpferische Bearbeitungen, denen ja in der Regel ein Originalwerk zugrunde liegt, vom Schutz ausschließt. Es ist andererseits insoweit viel zu weit, als es alle unbewussten Entlehnungen[26] aus anderen bereits existierenden Werken, ohne dass diese als Vorlage benutzt werden, zu geschützten Werken macht. Nicht alle Werke, die keine Kopien sind, verdienen den Schutz. Und nicht alle Werke, in die fremde Werke ganz oder teilweise, bewusst oder unbewusst übernommen werden, verletzen das Urheberrecht an jenen. Sie können Doppelschöpfungen sein oder freie Benutzungen darstellen.[27]

b) Individuell, neu

E10 Schöpfung impliziert, dass irgendetwas Neues geschaffen wird. Das legt die Annahme nahe, Individualität mit Neuheit gleichzusetzen. Der Begriff der Neuheit kommt – anders als in den Urheberrechtsordnungen – in den Gesetzen zum

---

[22] *Reicher* (2019), S. 35 f.
[23] *Knöbl* (2002), S. 245.
[24] *Marly* (1995), S. 87 f.
[25] *Knöbl* (2002), S. 248.
[26] Vgl. *Loewenheim* in Schricker/Loewenheim (2020), UrhG § 23 Rn. 32 f.
[27] Interessanterweise verwendet der BGH (GRUR 2009, 403 Rn. 23 – Metall auf Metall I – und GRUR 2013, 614 Rn. 15 – Metall auf Metall II) ein vergleichbares Kriterium, um seine Ansicht zu rechtfertigen, das Recht des Tonträgerherstellers werde schon dann verletzt, wenn es im Fall des Sampling dem Benutzer fremder Tonsequenzen möglich ist, diese *selbst* nachzuspielen. Das bedeutet in diesem Zusammenhang: Wenn er nicht kopiert, sondern selbst einspielt, kann er in freier Benutzung ein gegenüber dem benutzten Werk bzw. gegenüber dem geschützten Tonträger *selbstständiges* Werk schaffen bzw. eine selbstständige Leistung erbringen. Dem ist das BVerfG (GRUR 2016, 690 Rn. 97 ff. – Metall auf Metall) mit Recht entgegengetreten.

Erfinderrecht (§ 3 PatG, § 3 GebrMG, Art. 54 EPÜ) und zum Geschmacksmusterrecht (§ 2 Abs. 2 DesignG; Art. 4 GeschmM-RL; Art. 4 GGV) explizit vor. Im Erfinderrecht dient der Neuheitsbegriff dazu, eine geschützte Erfindung vom vorbekannten Stand der Technik abzugrenzen, was durch einen Einzelvergleich mit bereits offenbarten technischen Lehren festgestellt wird.[28] Im Geschmacksmusterrecht ergibt sich die Neuheit eines geschützten Designs/Geschmacksmusters aus einem Vergleich mit vorher der Öffentlichkeit zugänglich gemachten identischen oder wesentlich identischen Mustern. In vergleichbarer Weise beantwortet der BGH in einigen Entscheidungen die Frage des Eigentümlichkeitsgrades eines Werkes anhand eines Vergleiches zwischen dem Gesamteindruck der konkreten Gestaltung des zu beurteilenden Werks gegenüber den vorbekannten Gestaltungen.[29] Dabei wird zwischen objektiver und subjektiver Neuheit differenziert. Um die Möglichkeit von Doppelschöpfungen[30] nicht auszuschließen, sei der Begriff der Neuheit nicht so zu verstehen, dass etwas objektiv bisher nicht Vorhandenes geschaffen werden müsste; das Werk müsse für den Urheber neu gewesen sein, d. h. er dürfe ein bereits existierendes Werk weder bewusst noch unbewusst übernommen haben.[31] Dementsprechend könnte der Begriff der Individualität wie folgt umschrieben werden:

(Ind3) Ein Werk ist individuell, wenn es gegenüber den bereits existierenden geistigen Gegenständen neu ist, d. h. sich von ihnen objektiv aus der Sicht eines unabhängigen Betrachters oder wenigstens subjektiv aus der Sicht der Person seines Urhebers unterscheidet.

Gegenüber (Ind2) stellt das Kriterium der Neuheit insoweit eine deutliche Verbesserung dar, als es schöpferische Bearbeitungen vom Urheberrechtsschutz nicht ausschließt; denn Bearbeiter verändern ja die bearbeiteten Werke und bringen objektiv und subjektiv von diesen und anderen Werken unterscheidbare neue geistige Gegenstände hervor. Daraus resultiert aber noch nicht, dass die neue Bearbeitung auch urheberrechtlich geschützt ist. Um das Urteil treffen zu können, etwas Neues sei schöpferisch, muss deshalb etwas dazukommen, das das Neue als etwas Besonderes qualifiziert. Der Handwerksgeselle, der ein nach den erlernten Verarbeitungstechniken und Formungsregeln perfektes Gesellenstück der angewandten Kunst abliefert, das sich von den bereits vorhandenen Gestaltungen merkbar unterscheidet, mag dafür Geschmacksmusterschutz nach § 2 DesignG erwerben, eine schöpferische Leistung hat er damit nicht automatisch erbracht. Die deutsche Urheberrechtsdogmatik ist sich darin einig, dass die rein handwerksmäßige oder routinemäßige Leistung, auch wenn sie noch so

---

[28] *Benkard* (2015), PatG § 3 Rn. 21 ff.
[29] Z. B. BGH GRUR 1985, 1041, 1047 – Inkasso-Programm.
[30] S. o. → Rn. B115.
[31] *A. Nordemann* in Fromm/Nordemann (2018), UrhG § 2 Rn. 26; *Obergfell* in Büscher/Dittmer/Schiwy (2015), UrhG § 2 Rn. 12; *Loewenheim/Leistner* in Schricker/Loewenheim (2020), UrhG § 2 Rn. 64; vgl. auch BGH GRUR 1981, 820, 822 – Stahlrohrstuhl II; BGH GRUR 1988, 812, 813 f. – Ein bißchen Frieden.

solide und fachmännisch erbracht wurde, noch nicht den Stempel der Individualität trägt.[32]

E12   Dasselbe Bild ergibt sich, wenn man den Begriff der subjektiven Neuheit näher unter die Lupe nimmt. Sein Vorteil ist, dass er die unbewusste Entlehnung, die objektiv nichts Neues beinhaltet, in den Schutz, den das entlehnte Werk genießt, einbezieht: Die unbewusste Entlehnung begründet kein Urheberrecht für den Entlehnenden und verletzt das Urheberrecht an dem entlehnten Werk, sofern keine Schrankenvorschrift eingreift. Darin liegt aber gleichzeitig die entscheidende Schwäche des subjektiven Neuheitsbegriffs, weil er nicht zu erklären vermag, worin sich unbewusste Entlehnung und schutzfähige Doppelschöpfung unterscheiden. In beiden Fällen bringt ihr Urheber ein gegenüber einem bereits existierenden Werk identisches oder zumindest ähnliches Werk hervor, ohne jenes als Vorlage kopiert zu haben. Eine sehr hemdsärmelige Strategie, mit diesem Dilemma umzugehen, wäre, das Phänomen der Doppelschöpfung einfach wegzudiskutieren[33] und sie zu einem „weißen Raben"[34] zu erklären, die im realen Leben nicht vorkommt. Abgesehen davon, dass dies nicht der herrschenden Auffassung entspricht, lässt sich bereits die ihr zugrunde liegende empirische Behauptung in Frage stellen. Was berechtigt uns denn zu der Annahme, es sei unmöglich oder ganz unwahrscheinlich, dass bereits geäußerte schöpferische Gedanken- oder Empfindungsinhalte nicht nur nachgedacht oder nachempfunden, sondern auch wieder selbstständig neu gedacht und neu empfunden werden? Vielleicht hat der eine oder andere Leser dieses Buches auch schon die Erfahrung gemacht, dass dieselben Gedanken zu einem bestimmten Thema, die er vor längerer Zeit zu Papier gebracht hatte, von einem anderen Kollegen veröffentlicht wurden, bevor er sie zu einem veröffentlichungsreifen Manuskript verarbeiten konnte. Solange der erste Autor keine Anhaltspunkte hat, dass der Kollege Kenntnis von seinem Text erlangt haben könnte, wird er dessen Urheberschaft an der Publikation ernsthaft nicht in Zweifel ziehen können und hinnehmen müssen, dass dieser ihm zuvorgekommen ist. Die Frage, ob eine Doppelschöpfung vorliegt, hat also durchaus praktische Relevanz. Dass sie in der Gerichtspraxis zum Urheberrecht selten anzutreffen ist, liegt nicht daran, dass sie nur ein theoretisches Konstrukt sei, die es in Wahrheit gar nicht gebe, sondern daran, dass Werkschaffenden, die für ihre Geistesprodukte das Urheberrecht für sich reklamieren, nicht ohne Weiteres abgenommen werden kann, sie hätten nicht auf früher Geschaffenes zurückgegriffen. Von einem auf einem bestimmten Gebiet Schaffenden nehmen wir vielmehr an, dass er wenigstens einen gewissen Überblick über die dort existierenden Formen hat.[35]

---

[32] Z. B. *Loewenheim/Leistner* in Schricker/Loewenheim (2020), UrhG § 2 Rn. 53 m. w. N.
[33] So offenbar *Troller* UFITA 50 (1967), 385, 412.
[34] S. *Schricker* GRUR 1988, 815 f.
[35] *A. Nordemann* in Fromm/Nordemann (2018), UrhG § 24 Rn. 62, weist auf das Phänomen der Kryptomnesie hin, bei dem aufgenommene Eindrücke in das Halbdämmer des Unterbewusstseins absinken, um dann später als eigene Empfindung, als Intuition wieder aufzutauchen. Vgl. auch BGH GRUR 1971, 266, 267 – Magdalenenarie.

Das gilt sowohl für den Kläger, der in einer Urheberrechtsstreitsache behauptet, er habe ein geschütztes Werk geschaffen, wie auch für den Beklagten, der ihm den Einwand der Doppelschöpfung entgegensetzt (→ Rn. E62). Das Problem der Unterscheidung zwischen unbewusster Entlehnung und Doppelschöpfung ist kein empirisches, sondern ein juristisches. Was unterscheidet nun aber die unbewusste Entlehnung von der Doppelschöpfung? Die lapidare, aber dennoch richtige Antwort der herrschenden Auffassung lautet: Die Doppelschöpfung ist individuell,[36] die unbewusste Entlehnung ist es nicht.[37] Weder mit einem objektiven noch subjektiven Begriff der Neuheit lässt sich somit das Wesen der Schöpfung hinreichend erfassen.

c) Individuell, einmalig, einzigartig

Das gesuchte zusätzliche Kriterium, mit dem sich die Besonderheit einer Schöpfung erfassen ließe, könnte damit umschrieben werden, dass sie nicht bloß neu ist, sondern etwas Einmaliges oder Einzigartiges ausdrückt. Mit beiden Begriffen ist nicht notwendig ein Urteil über die künstlerische oder wissenschaftliche Qualität eines bestimmten Werkes verbunden. Um die Entscheidung über die Individualität von jedem ästhetischen Werturteil zu befreien und ein für den Gerichtsgebrauch praktikables Merkmal bereitzustellen, hat *Kummer*[38] den vieldiskutierten Begriff der „statistischen Einmaligkeit" geprägt:

E13

„Nach dem Individuellen fahnden, heisst also nicht wägen, sondern heisst *vergleichen*; vergleichen mit dem, was da ist; aber auch mit dem, was da sein *könnte*. Wir verfügen nämlich [...] über die aus immenser Erfahrung gezogene Befähigung, im Allgemeinen recht rasch und präzis zu erkennen, was individuell ist, selbst dort, wo wir nicht mit Hervorgebrachtem und schon Bestehendem vergleichen, sondern *nur gedanklich die Streubreite der Möglichkeiten ausmessen*."[39]

Einmaligkeit in diesem Sinne wird somit nicht allein im Vergleich mit dem bereits Gegebenem gemäß (Ind3) festgestellt, sondern auch im Vergleich zu dem „virtuell Möglichen".[40] Wenn auch jedermann nach der nämlichen Methode Gedichte verfertigen könne, „keiner wird unabhängig auf das genau gleiche <<Gedicht>> kommen".[41] Individuelle Werke im Kummer'schen Sinn sind danach *singuläre* Werke, die es nur einmal gibt.[42] Die Lehre Kummers hat eine lebhafte

---

[36] *Jacob* (2010), S. 205 f., ist dagegen der Meinung, dass die Doppelschöpfung in der Regel nicht mehr originell sei, weil das immaterielle Gut im Zeitpunkt der Zweitkreation schon veröffentlicht worden sei. Dabei verkennt er, dass dies auch auf die unbewusste Entlehnung zutrifft mit der Folge, dass in Widerspruch zu seiner eigenen Ansicht im Urheberrecht der Prioritätsgrundsatz eben doch gelten würde.
[37] Z. B. *Loewenheim/Leistner* in Schricker/Loewenheim (2020), UrhG § 2 Rn. 65.
[38] *Kummer* (1968), S. 80.
[39] *Kummer* (1968), S. 30.
[40] *Kummer* (1968), S. 36.
[41] *Kummer* (1968), S. 35. Vgl. auch *Troller* (1983), S. 360 ff.
[42] Vgl. *Knöbl* (2002), S. 170.

Diskussion ausgelöst. Im deutschen Schrifttum wird sie von der ganz h. M. abgelehnt.⁴³

E14 Interessanterweise wird in der philosophischen Ästhetik ebenfalls die Frage diskutiert, ob es in der Kunst singuläre Werke gibt.⁴⁴ Die Diskussion wurde vor allem von *Nelson Goodman* angestoßen, der Kunstwerke in zwei Klassen einteilt: in Werke, die nicht gefälscht werden könnten, weil selbst das exakteste Duplikat nicht als echt gelte – diese nennt er *autografisch* – und in Werke, bei denen das nicht der Fall sei – diese nennt er *allografisch*.⁴⁵ Malerei sei autografisch, weil keine pikturale Eigenschaft, die ein Bild als solches besitze, als konstitutiv ausgezeichnet sei, d. h. kein solches Merkmal könne als kontingent und keine Abweichung als unbedeutend außer Acht gelassen werden.⁴⁶ Werke der Literatur und der Musik seien dagegen allografisch, weil sie in einer Notation festgehalten werden können, die in qualitativ verschiedenen Gegenständen, z. B. in Aufführungen eines Musikstücks oder Inszenierungen eines Dramas, materialisiert sind. Später hat er dies dahingehend akzentuiert, dass die Unterscheidung zwischen autografischen und allografischen Kunstwerken nicht entlang der Grenze zwischen Malerei auf der einen Seite und Musik und Literatur auf der anderen Seite verlaufe, sondern sich danach richte, ob die Identifizierung des einen oder anderen Einzelfalls abhängig von der Entstehungsgeschichte erfolge oder nicht.⁴⁷ Autografische Werke sind demnach singuläre Werke, die notwendigerweise nur einmal im Original realisiert sind und zu deren wesentlichen Eigenschaften ihr Eingebundensein in einen einzigartigen historischen und/oder geografischen Kontext gehört.⁴⁸ Sie sind also Werke, die einzigartig sind,⁴⁹ weil sie nur dann-und-dann-von-dem-und-dem geschaffen wurden⁵⁰ und somit nicht in qualitativ verschiedenen Gegenständen realisiert sein können. Diese Unterscheidung könnte zur Definition des Begriffs der Individualität fruchtbar gemacht werden. Die personalistische Interpretation gemäß (Ind1) entspricht ihr im Ergebnis weitgehend. Aber auch aus werkorientierter Sicht haben Überlegungen Eingang in die Rechtspraxis gefunden, die in diese Richtung gedeutet werden könnten. In der Entscheidung „Perlentaucher" argumentiert der BGH,⁵¹ dass sich bei einem Schriftwerk die urheberrechtlich geschützte, schöpferische

---

⁴³ Z. B. *A. Nordemann* in Fromm/Nordemann (2018), UrhG § 2 Rn. 29. In der Schweiz war die Resonanz dagegen deutlich positiver, s. *Knöbl* (2002), S. 169 ff.
⁴⁴ *Reicher* (2019), S. 38 ff.
⁴⁵ *Goodman* (1998), S. 113.
⁴⁶ *Goodman* (1998), S. 116.
⁴⁷ *Goodman* (2014), S. 102 ff.
⁴⁸ *Reicher* (2019), S. 43.
⁴⁹ Z. B. *Troller* UFITA 50 (1967), 385, 412.
⁵⁰ Dazu s. o. → Rn. B114. Ein Beispiel wäre die von einem Hausmeister der Düsseldorfer Kunstakademie entfernte Fettecke von Joseph Beuys. Keine singulären Werke sind dagegen ortsgebundene Werke wie z. B. Rauminstallationen, Beispiel: BGH GRUR 2019, 609 Rn. 39 – HHole for (Mannheim), auch wenn nur ein Exemplar existiert, weil sie an anderen vergleichbaren Orten reproduziert werden könnten und vor allem weil für Ihre Identität nicht konstitutiv ist, von dem-und-dem Urheber und dort-und-dort geschaffen worden zu sein.
⁵¹ BGH GRUR 2011, 134 Rn. 36 f. – Perlentaucher.

I. Individualität

Eigenart in ihrer Form und insbesondere in ihren Formulierungen liege; werde der gedankliche Inhalt eines Schriftwerkes von einem anderen in eigenen Worten, also in einer anderen Form wiedergegeben, so stelle dies grundsätzlich ein *selbstständiges* Werk und damit eine urheberrechtlich unbedenkliche freie Benutzung dar. Diese Überlegungen münden in folgende Umschreibung des Individualitätsbegriffs ein:

(Ind4) Ein Werk ist individuell, wenn es ein singuläres Werk in dem Sinne ist, dass es der Zahl nach (statistisch) einmalig oder seiner Art nach einzigartig ist.

Auch diese Interpretation des Individualitätsbegriffs ist gewichtigen Einwänden ausgesetzt. Teilweise überschneiden sie sich mit denen, die gegen (Ind1) bis (Ind3) vorgebracht wurden. Teilweise haben wir sie bereits in anderen Zusammenhängen zur Sprache gebracht. Ein Einwand resultiert daraus, dass sie mit dem Problem der Doppelschöpfung und der unbewussten Entlehnung nicht zurechtkommt. Ein singuläres Werk ist dadurch gekennzeichnet, dass es von ihm *notwendigerweise* nur ein Exemplar gibt. Angenommen, es gebe neben einem Gemälde – Beispiel Mona Lisa – ein weiteres Gemälde, das von dem ersten durch kein wahrnehmbares Merkmal zu unterscheiden ist. Dann hätten wir es nicht mit zwei Exemplaren desselben Werkes zu tun, sondern entweder mit zwei Werken oder mit einem Werk und einer Kopie des Werkes.[52] Nach der ersten Alternative wäre jedes materielle Vorkommnis, das ein geschütztes Werk identisch oder verändert enthält, keine urheberrechtliche Vervielfältigung, sondern ein Vorkommnis jeweils eines eigenständigen Werks. Jede Vervielfältigung wäre danach eine zulässige Doppelschöpfung oder eine freie Benutzung, die das Urheberrecht am ersten Werk nicht verletzt. Nach der zweiten Alternative könnten Vervielfältigungen zwar rechtsverletzende Kopien sein, die der Kopierende von der Originaläußerung des Schöpfers abgeschrieben, abgemalt oder nachkomponiert hat oder die generisch, d. h. kausal, auf sie zurückführbar sind. Unbewusste Entlehnungen sind aber keine Kopien, weil sie ohne eine solche konkrete Vorlage hervorgebracht werden. Sie wären somit stets zulässig.

Werke sind geistige Gegenstände, die infolge der regelhaften Verwendung von Zeichen eines unserer Kommunikationssysteme etwas zu verstehen geben. Wegen ihrer Regelhaftigkeit lösen sie sich von ihrer Entstehungsgeschichte ab und werden das gemeinschaftliche Eigentum von Vielen, wie Fichte im Hinblick auf den Inhalt eines Buches zutreffend formuliert hat. Sie sind unabhängig von ihr einzeln identifizierbar (→ Rn. B86). Bei den meisten Werken ist die Entstehungsgeschichte unbekannt oder es existieren keine Originale mehr. Wir erinnern uns an das Beispiel des bei einem Atelierbrand vernichteten einzigen Originalexemplars eines Gemäldes (s. o. → Rn. B32). Dennoch existiert normalerweise das Werk im Gedächtnis des Malers oder eines Betrachters weiter und kann von ihnen originalgetreu erneut realisiert werden. Dies erklärt, warum in

---
[52] *Reicher* (2019), S. 36.

Urheberrechtsstreitigkeiten die Entstehungsgeschichte des Werks des klagenden Urhebers keine entscheidende Rolle spielt ebenso wie die Frage, ob der in Anspruch genommene Beklagte das Original als Vorlage unmittelbar oder mittelbar kopiert hat (→ Rn. B105, C4).

E17 Der von Kummer geprägte Begriff der statistischen Einmaligkeit beruht zwar auf der zutreffenden Prämisse, dass die Möglichkeiten für geistiges Schaffen unbegrenzt, ja sogar überunendlich sind. Daraus folgt aber nicht, dass jeder, der ein geistiges Werk hervorbringt, ein einmaliges Werk schafft. Eine solche Annahme ist schon nicht für die Werke der großen Meister zutreffend und für den weitaus größten Teil der geschützten Werke insbesondere der kleinen Münze erst recht unplausibel.

d) Individuell, Urteil der Fachleute

E18 Der ständigen Rechtsprechung des Reichsgerichts folgend, verwendet der BGH bis in die neueste Zeit bei Werken der bildenden Künste ein anderes werkorientiertes Kriterium: „Eine persönliche geistige Schöpfung ist eine Schöpfung individueller Prägung, deren ästhetischer Gehalt einen solchen Grad erreicht, dass nach Auffassung der für Kunst empfänglichen und mit Kunstanschauungen einigermaßen vertrauten Kreise von einer künstlerischen Leistung gesprochen werden kann."[53] Dieses Kriterium soll im Folgenden mit „Kunstformel" abgekürzt verwendet werden. Es handelt sich um ein Kriterium, das zwar nicht die intrinsischen Eigenschaften des betreffenden Werkes in den Fokus nimmt, aber dessen Kunstwerkeigenschaft und Individualität vom Urteil der Kunstwelt abhängig macht.[54] Eine solche Formel zu entwickeln, war ursprünglich dadurch motiviert, ein Merkmal zu finden, das es ermöglicht, Ergebnisse des Kunstgewerbes, also Werke der bildenden Kunst nach § 2 Abs. 2 KUG, von Erzeugnissen abzugrenzen, die nach dem Musterschutzgesetz von 1871 Schutz fanden, weil die materiellen Voraussetzungen für den Erwerb des Geschmacksmusterrechts sich mit dem Kriterium der Individualität weitgehend deckten.[55] Als ein rein rechtssystematisches Kriterium diente es in erster Linie dazu, eine bestimmte Gestaltungshöhe, einen bestimmten Grad an Individualität zu bestimmen, wo der Schutz des Geschmacksmusterrechts aufhört und das Urheberrecht für Produkte des Kunstgewerbes beginnt. Nach der Neufassung des Geschmacksmustergesetzes vom 12.3.2004[56] ist jedoch die Notwendigkeit einer solchen graduellen Abgrenzung entfallen, was der BGH in der Entscheidung „Geburtstags-

---

[53] Z. B. BGH GRUR 2023, 571 Rn. 13 – Vitrinenleuchte; BGH GRUR 2014, 175 Rn. 15, 26 – Geburtstagszug; BGH GRUR 2012, 58 Rn. 17 – Seilzirkus; BGH GRUR 1988, 690, 692 – Kristallfiguren; BGH GRUR 1983, 377, 378 – Brombeermuster; BGH GRUR 1972, 38, 39 – Vasenleuchter; RG GRUR 1938, 450; RG GRUR 1937, 823; RG GRUR 1932, 751.
[54] In der philosophischen Ästhetik entspricht die Formel der Rechtsprechung der Institutionstheorie der Kunst; vgl. näher *Reicher* (2010), S. 154 ff.
[55] Grundlegend RGZ 76, 339 ff.; BGH GRUR 1995, 581, 582 – Silberdistel. Dazu eingehend *Haberstumpf* (1991), 1125, 1159 ff., Rn. 53 ff.
[56] BGBl. I 2004, S. 390.

zug"⁵⁷ zutreffend bekräftigt hat. Es sind daher auch im Bereich der angewandten Kunst an das Maß der Individualität die gleichen Anforderungen zu stellen wie bei Werken der sog. zweckfreien Kunst und den anderen Werkarten. Die zitierte Formel selbst hat der BGH aber nicht aufgegeben. Man könnte sie über den Bereich der bildenden Künste hinaus auf die Gebiete der Literatur und Wissenschaften wie folgt verallgemeinern:

(Ind5) Ein Werk ist individuell, wenn es nach dem Urteil der auf dem jeweiligen Schaffensgebiet tätigen Fachleute als schöpferisch gilt, d. h. als schöpferisch anerkannt ist.

Dieses Kriterium hat gegenüber den bisher diskutierten mancherlei Vorteile. Es ist ein objektives Kriterium, das die Entscheidung über die Individualität eines geistigen Gegenstands in die Hände derjenigen legt, die sich auf den betroffenen Schaffensgebieten auskennen, einen gewissen Überblick über die Spannbreite der vorhandenen Werke und der verwendeten Formen haben sowie beurteilen können, mit welchen Problemen sich deren Produzenten herumschlagen müssen, um sie hervorzubringen.⁵⁸ Die Einwände, die gegen (Ind1) bis (Ind4) vorgebracht werden konnten, treffen es nicht. Insbesondere böte es für den Richter in einer Urheberrechtsstreitsache den bequemen Vorteil, dass er sich eines eigenen Urteils enthalten und den Sachverstand der Fachleute zunutze machen könnte. Deren Meinungen und Expertisen würden dann entscheiden, ob das zu beurteilende Werk ein schöpferisches ist oder nicht.

Dennoch kann es nicht befriedigen. Der große Schwachpunkt der obigen Kunstwerkdefinition und ihrer Verallgemeinerung in (Ind5) ist zunächst, dass unklar bleibt, welche Personen zu den für Kunst empfänglichen und mit Kunstanschauungen einigermaßen vertrauten Kreise bzw. zu den maßgebenden Fachleuten zu zählen sind. Man kann eine großzügigere Haltung einnehmen und in den Kreis der relevanten Personen alle einbeziehen, die sich für das betreffende Schaffensgebiet interessieren und sich mit ihren Problemen und Fragen einigermaßen vertraut gemacht haben, oder aber ihn auf die echten Experten beschränken, die durch ihre Ausbildung und Befassung mit diesen Problemen besondere Fachkenntnisse erworben haben. Gleichgültig für welche Variante man sich entscheidet, die Konsequenzen sind jeweils kontraintuitiv.⁵⁹

Nach der großzügigeren Variante von (Ind5) gehören zu den maßgebenden Kreisen auf künstlerischem Gebiet, für die die Formel entwickelt wurde, Kritiker, Theoretiker, Historiker, Händler, Sammler, Galeristen, Museumskuratoren, allgemein das interessierte Publikum und natürlich auch die Künstler und Urheber selbst. Sie wird von der zitierten Rechtsprechung ersichtlich favorisiert.

---

⁵⁷ BGH GRUR 2014, 175 Rn. 26, 34 ff. – Geburtstagszug; im deutschen Schrifttum ist diese Entscheidung überwiegend auf Zustimmung gestoßen; z. B. *Loewenheim/Leistner* in Schricker/Loewenheim (2020), UrhG § 2 Rn. 185 m. w. N.; *Schulze* in Dreier/Schulze (2022), UrhG § 2 Rn. 153, 160. Ebenso auch BGH GRUR 2023, 571 Rn. 17 – Vitrinenleuchte
⁵⁸ Vgl. *Schulze* (1983), S. 168 f.
⁵⁹ S. *Reicher* (2010), S. 157 ff.

In der Entscheidung „Brombeerleuchte"[60] führt der BGH aus, dass nicht die geschmacklichen Feinheiten, die ein auf dem gleichen Fachgebiet arbeitender Fachkenner aus den strittigen Leuchten herausfühle, entscheidend seien, sondern der ästhetische Eindruck, den das Werk nach dem *durchschnittlichen Urteil des für Kunst empfänglichen und mit Kunstdingen einigermaßen vertrauten Menschen* vermittle. Es sei daher nicht zu beanstanden, dass die Richter der Vorinstanz, die sich zu diesen Menschen rechneten,[61] ihr Urteil über den ästhetischen Gehalt der Leuchten auf ihren eigenen Eindruck gestützt hätten. Wenn nun aber die in einer Urheberrechtssache erkennenden Richter zu den relevanten Kreisen gehören und sich deshalb für berechtigt halten, das strittige Werk als individuell zu erklären, wird ihre Begründung zirkulär: Sie halten das Werk für schöpferisch und schließen daraus, dass es individuell ist. Aufgrund einer empirischen Studie durch Befragung von 323 Teilnehmern mit und ohne Urheberrechtskenntnissen kommt *Bisges*[62] zu dem Ergebnis, dass die Entscheidung über die urheberrechtliche Schutzfähigkeit eines geistigen Erzeugnisses nicht auf der Basis einer komplexen Abwägung bestimmter Merkmale erfolge,[63] sondern auf eine unbewusste Intelligenz oder *Intuition* zurückgehe, der in Gerichtsurteilen nur eine Begründung nachgeschoben, „konfabuliert" werde.[64] Die Auffassung der Teilnehmenden habe weitgehend den von den Richtern gefällten Urteilen entsprochen.[65] Die Intuition entscheide relativ sicher, könne aber ihre Entscheidung nicht gut erklären.[66] Dieser Sicht ist zuzugeben, dass man sich über die Ergebnisse von Gerichtsentscheidungen anscheinend leichter einigen kann als über ihre Begründung und das Rechtsgefühl, das Judiz, von Richterinnen und Richtern eine ganz wichtige Rolle bei der Urteilsbildung spielt.[67] Ebenso wie Wahrnehmungserlebnisse in den empirischen Wissenschaften verbürgt aber das Rechtsgefühl (Werterfahrung) keine Evidenz und kann im Einzelfall sehr schwankend sein. Das richterliche Evidenzerlebnis, das sich bei der Lektüre einer gut begründeten Klageschrift einstellt, kann schon durch die Klageerwiderung über den Haufen geworfen werden und im Laufe des Verfahrens etwa unter dem Eindruck der Hauptverhandlung wechseln, auch wenn der Sachverhalt unstreitig ist. Von einem Gerichtsurteil erwarten wir nicht eine aus dem Bauch heraus gefällte salomonische Einzelfallentscheidung, auch wenn ihr Ergebnis überwiegend auf Zustimmung stößt, sondern auch, dass sie Orientierung gibt, was in einem vergleichbaren Sachverhalt gilt. Von den erkennenden Richterin-

---

[60] BGH GRUR 1979, 332, 336 – Brombeerleuchte.
[61] So auch OLG München GRUR 1977, 555, 556 – Eddi.
[62] *Bisges* (2022), S. 80 ff., 255 ff.
[63] Wie es z. B. *Schulze* (1983), S. 148 ff., befürwortet.
[64] *Bisges* (2022), S. 81, 213, 234, 256.
[65] *Bisges* (2022), S. 241.
[66] *Bisges* (2022), S. 255; vgl. auch *Kummer* (1968). S. 30: „Wir verfügen nämlich, weil lebenslang von der gesamten Natur nur mit Individuellem umgeben, über die aus immenser Erfahrung gezogene Befähigung, im allgemeinen recht rasch und präzise zu erkennen, was individuell ist".
[67] *Haberstumpf* (1976), S. 99 f., 85 ff.

I. Individualität

nen und Richtern wird vielmehr verlangt, dass sie eine unabhängige und nachprüfbare Begründung liefern,[68] die ihre intuitive Einstellung zu dem fraglichen Werk rechtfertigt.[69]

Eine weitere Konsequenz der großzügigen Variante von (Ind5) ist, dass ein Künstler, der ja zweifellos ein Mitglied der maßgebenden Kreise ist und einen beliebigen Gegenstand in den Kunstbetrieb einführt, ihn nicht nur in den Rang eines Kunstwerkes erheben, sondern auch darüber bestimmen könnte, dass es ein urheberrechtlich geschütztes Werk ist. Diese Konsequenz entspricht ziemlich genau der von *Kummer*[70] vertretenen Präsentationstheorie (→ Rn. C53), die jedenfalls im deutschen Schrifttum einhellig und mit Recht abgelehnt wird. Das konventionell verankerte Privileg jedes Produzenten eines geistigen Gegenstands, seine Äußerung authentisch zu interpretieren, gibt ihm noch nicht die Kompetenz, beliebige Gegenstände zu Kunstwerken zu erklären,[71] und erst recht nicht die Befugnis, über die juristische Frage, ob sie schöpferisch sind, zu befinden. E22

Man könnte eine Verbesserung von (Ind5) erzielen, indem man das Kriterium auf eine breitere empirische Basis stellt und die Mehrheit der maßgebenden Fachleute oder eines repräsentativen Ausschnitts von ihnen entscheiden ließe. Im Justizalltag liefe das darauf hinaus, deren Meinung zur Schutzfähigkeit des strittigen Werkes zu erfragen.[72] Das könnte dadurch geschehen, dass das zuständige Gericht ein von einer Prozesspartei vorgelegtes Gutachten verwendet oder selbst in Auftrag gibt. Abgesehen von den praktischen Problemen, dass Meinungsforschungsgutachten sehr zeitaufwendig und teuer sind, so dass normal bemittelte Prozessparteien kaum die Kosten dafür aufbringen können oder wollen, wirft ein solches Vorgehen grundsätzliche Fragen auf. Wir nehmen an, es läge ein solches Gutachten vor, in dem die Mehrheit der Befragten das strittige Werk als ein schöpferisches bewertet und des Urheberrechtsschutzes für würdig erachtet. Wir nehmen weiter an, die Befragung sei methodisch korrekt durchgeführt worden, d. h. es sei ein repräsentativer Querschnitt der maßgeblichen Personen zutreffend gewählt und die Meinung der Befragten nicht durch Suggestivfragen oder durch falsche Fragestellungen beeinflusst worden.[73] Was sagt nun das Ergebnis einer solchen korrekt durchgeführten Befragung aus? Nach (Ind5) entscheidet es verbindlich über die urheberrechtliche Schutzfähigkeit des beurteilten Werkes. Eine Überprüfung kann nicht stattfinden, da Kriterien E23

---

[68] BGH GRUR 2023, 571 Rn. 19 – Vitrinenleuchte.
[69] Zur allgemeinen Frage, warum ethische Werturteile begründet werden müssen und wie sie begründet werden können, s. *Quante* (2017), S. 143 ff., 161 f.
[70] *Kummer* (1968), S. 75 ff., 103 ff.
[71] So *Reicher* (2010), S. 160 f., anhand eines einfachen Besens, der zusammen mit einem Aufsatz zur Ästhetik des Besens unter besonderer Berücksichtigung seiner symbolischen Aspekte der Kunstwelt präsentiert wird.
[72] *Schulze* (1983), S. 162.
[73] Zur Problematik von Meinungsforschungsgutachten zur Feststellung der Auffassung der maßgeblichen Verkehrskreise im Wettbewerbsprozess vgl. *Köhler* in Köhler/Bornkamm/Feddersen (2023), UWG § 12 Rn. 1.76 ff.

vorliegen müssten, anhand derer sie gemessen werden könnte. (Ind5) soll ja gerade das entscheidende Kriterium sein und alternativ in Betracht kommende ersetzen. Die befragten Personen berichten somit nicht nur darüber, welche Einstellungen zu dem Werk in den maßgebenden Kreisen herrschen, sondern schaffen mit ihrem Votum erst die soziale Tatsache, dass der betreffende geistige Gegenstand ein urheberrechtlich geschütztes Werk ist (oder nicht). Das Gericht müsste ihr Votum ungeprüft übernehmen. Das bedeutet, dass sich die befragten Fachleute niemals über die Schutzfähigkeit des Werkes irren und ihre Einstellung zu ihm irreversibel ist.[74] Das ist aber ganz unplausibel. Es gibt genügend Beispiele aus Kunst und Wissenschaft, in denen Werke ursprünglich keine Anerkennung fanden, später aber gefeiert wurden und umgekehrt.[75] Ob ein geistiger Gegenstand ein geschütztes Werk ist und bleibt, solange die Schutzfrist läuft, muss spätestens in der letzten Gerichtsinstanz endgültig bejaht oder verneint werden können und kann nicht von wechselnden Einsichten der auf den jeweiligen Schaffensgebieten tätigen Personen und des interessierten Publikums, an die sich sein Produzent in einem Kommunikationsakt richtet, abhängen. Ist die Mehrheitsmeinung der befragten Personen das allein entscheidende Kriterium, dann kann aus ihrem Votum über ein bestimmtes Werk auch nicht auf die Schutzfähigkeit anderer vergleichbarer Werke geschlossen werden, so dass in jedem Streitfall immer wieder neu ihre Ansicht erfragt werden müsste.

E24   Nach der strengeren Version von (Ind5) käme die Befugnis, über die Schutzfähigkeit von Werken zu entscheiden, nur den Experten zu, die über besonderes Fachwissen, etwa Kenntnisse über die Theorie und Geschichte des betreffenden Schaffensgebietes verfügen. Das klingt auf den ersten Blick plausibel.[76] In einer Urheberrechtssache hätte sie die Konsequenz, dass die erkennenden Richter die unabhängige Expertise eines sachverständigen Experten einholen müssten. Gegenüber einem Meinungsforschungsgutachten hätte eine solche Vorgehensweise nicht nur einen deutlich geringeren Aufwand an Zeit und Kosten zur Folge, sondern auch den Vorteil, dass die Expertise überprüft werden könnte, weil ein Gutachten nicht nur bloß die fachliche Meinung des Gutachters wiederzugeben, sondern natürlich auch eine Begründung zu enthalten hat, warum er sie vertritt. So hat beispielsweise der BGH in der Entscheidung „Dirlada"[77] das Urteil der Vorinstanz, das sich auf ein gerichtliches Gutachten gestützt hatte, mit Recht aufgehoben und die Sache zur erneuten Verhandlung und Entscheidung zurückverwiesen, weil der Sachverständige aufgrund der eng begrenzten Beweisfrage die Schutzfähigkeit der strittigen Melodie Dirlada lediglich unterstellt, ihre eigenschöpferische Gestaltung und deren Grundlage aber nicht untersucht habe. Die Vorinstanz habe sich ferner nicht mit den Einwendungen des von der

---

[74] *Reicher* (2010), S. 160.
[75] *Reicher* (2010), S. 159 mit Beispielen.
[76] *Schulze* (1983), S. 168 f., misst dem Urteil von Experten, die sich in Sachverständigengutachten, Preisverleihungen, Wertschätzungen durch den Kunsthandel, Empfehlungen von Fachgremien usw. äußert, eine starke Indizwirkung für das Vorliegen von Individualität zu.
[77] BGH GRUR 1981, 267, 268 – Dirlada.

Beklagtenseite vorgelegten Privatgutachtens gegen das Gerichtsgutachten auseinandergesetzt. Wenn nun aber das Gericht das Ergebnis eines Gutachtens zur Schutzfähigkeit eines Werkes nicht blind übernehmen darf, sondern auf seine Richtigkeit überprüfen muss, dann bedarf es der Entwicklung von Kriterien, anhand derer die Überprüfung stattzufinden hat. Diese kann es aber dem Gutachten nicht einfach entnehmen, sondern muss dem eingeschalteten Sachverständigen im Beweisbeschluss vorgeben, auf welche Merkmale es bei der Begutachtung ankommt. Und diese Kriterien müssen Gründe angeben, die unabhängig von der Anerkennung oder Nichtanerkennung durch die in (Ind5) angesprochenen Fachleute sind.[78] Erst recht gilt dies, wenn Gutachten vorliegen, die zu unterschiedlichen Ergebnissen kommen. Damit erweist sich Kriterium (Ind5) als unbrauchbar, den Begriff der Schöpfung zu bestimmen. Die Frage, ob ein bestimmter geistiger Gegenstand auf einem schöpferischen Akt beruht, ist daher keine Tatsachen-,[79] sondern eine Rechtsfrage (→ Rn. E61). Der Rückgriff auf die Kunstformel bedeutet letztlich die Kapitulation der Rechtsprechung, diese ihr vom Gesetzgeber aufgegebene Aufgabe zu erfüllen.

3. Der Schöpfungsprozess

Es dürfte klar geworden sein, dass weder eine rein personalistische noch eine rein werkorientierte Deutung den Begriff der Individualität hinreichend erfasst. Er konstituiert die exklusive Beziehung zwischen Urheber und seinem Werk. Deshalb muss beides ins Blickfeld gerückt werden. Als Ausgangspunkt für die weiteren Überlegungen wollen wir die Definition des Werkbegriffs durch den EuGH zugrunde legen, der in ständiger Rechtsprechung[80] einen Gegenstand erst und bereits dann als Original ansieht, wenn er die Persönlichkeit seines Urhebers widerspiegele, indem er dessen freie kreative Entscheidungen zum Ausdruck bringe. Werde dagegen die Schaffung eines Gegenstandes durch technische Erwägungen, durch Regeln oder andere Zwänge bestimmt, die der Ausübung künstlerischer Freiheit keinen Raum gelassen hätten, könne nicht davon ausgegangen werden, dass dieser Gegenstand die für die Einstufung als Werk erforderliche Originalität aufweise.[81] Die Formulierung, das Werk müsse die Persönlichkeit seines Urhebers widerspiegeln, könnte zwar dahingehend verstanden werden, als werde der Individualitätsbegriff personalistisch interpretiert. Dem steht aber entgegen, dass der EuGH in seinen weiteren Erläuterungen

---

[78] Vgl. *Reicher* (2010), S. 160 in Bezug auf die Frage, ob ein bestimmtes Werk ein Kunstwerk ist oder nicht.
[79] So aber BGH GRUR 2023, 571 Rn. 19 – Vitrinenleuchte.
[80] Im deutschen Schrifttum wird diese Werkdefinition unabhängig von der Frage, ob dadurch der Werkbegriff europaweit harmonisiert ist, im Wesentlichen akzeptiert, z. B. *Leistner* in Schricker/Loewenheim (2020), UrhG § 2 Rn. 6 ff., 50; *Schulze* in Dreier/Schulze (2022), UrhG § 2 Rn. 23; *Bullinger* in Wandtke/Bullinger (2022), UrhG § 2 Rn. 14; ausführlich *Leistner* ZGE 2013, 4 ff.
[81] EuGH GRUR 2019, 1185 Rn. 30 f. – Cofemel; EuGH GRUR 2020, 736 Rn. 23 f. – Brompton; EuGH GRUR 2012, 386 Rn. 39 – Football Dataco/Yahoo.

deutlich auf den jeweiligen Schaffensprozess und die dem Urheber im Einzelfall zur Verfügung stehenden Gestaltungsspielräume abstellt.[82] Welche Konsequenzen sich aus dieser Rechtsprechung im Einzelnen ergeben,[83] soll zunächst nicht weiter vertieft werden. Für die folgende Diskussion ist vielmehr wichtig, dass der EuGH die Problematik auf den konkreten Schaffensprozess verlagert[84] und damit bisher nicht behandelte Aspekte des Individualitätsbegriffs jenseits seiner personalistischen und werkorientierten Deutung anspricht. Diese sollen nun näher unter die Lupe genommen werden. Keine Rolle wird dabei aber die Forderung spielen, die freien Entscheidungen des Urhebers müssten kreative sein. Wann freie Entscheidungen einer Person kreativ sind, wollen wir ja gerade herausfinden. Eine Begriffserklärung, die den zu erklärenden Begriff mit sich selber erklärt, ist inkorrekt (Zirkelverbot).[85]

a) Individuell, nicht vorgegeben

E26 Der EuGH definiert den Begriff der Originalität (Schöpfung, Individualität, Kreativität) negativ, indem er ausschließt, dass ein geistiger Gegenstand, dessen Ausdruck durch technische Erwägungen, Regeln oder andere Zwänge bestimmt wird, eine Schöpfung ist. Geben bestehende Regeln zwingend vor, wie Werkschaffende auf einem bestimmten Gebiet zu arbeiten haben, bestehen insoweit keine Gestaltungsspielräume. Die Entfaltung von Individualität ist dann nicht möglich. Der EuGH formuliert auf diese Weise ein negatives Ausschlusskriterium, das eine objektive Beurteilung ermöglicht, weil es darauf abstellt, nach welchen Regeln der Urheber eines bestimmten Werkes gearbeitet hat. Ob er sich von ihnen bewusst oder unbewusst hat leiten lassen und ob er sie angeben kann, spielt keine Rolle. Hat dagegen eine Person etwas Geistiges geschaffen, ohne durch vorgegebene Regeln auf ihr Ergebnis festgelegt worden zu sein, könnte man daraus schließen, dass etwas, mag es im Einzelfall auch von geringem Umfang sein, von ihr selbst hinzugegeben wurde, was wiederum den Schluss nahelegt, dass sie irgendwo mindestens ein schöpferisches Element dem Werk beigefügt hat[86]. Eine solche Deutung des Individualitätsbegriffs würde sowohl die großen Schöpfungen in Literatur, Wissenschaft und Kunst als auch die gerade schon schutzfähigen Werke der kleinen Münze umfassen. Für sie spricht zunächst, dass sie mit unserer Alltagsintuition übereinstimmt, wonach rein handwerkliche oder routinemäßige Leistungen nicht den Stempel der Individualität tragen.[87] Ihr liegt die Annahme zugrunde, dass grundsätzlich Gestaltungsspielräume gegeben sind, die der Urheber nutzen und durch eigene Entscheidungen ausfüllen kann.[88] Wie wir oben gesehen haben (→ Rn. B82, B97), sind der

---

[82] *Metzger* GRUR 2012, 118, 122.
[83] Dazu eingehend *Leistner* ZGE 2013, 4, 23 ff.
[84] Vgl. auch *Barudi* (2013), S. 32 ff.
[85] *v. Savigny* (1970), S. 116, 126.
[86] *Haberstumpf* (1982), S. 30; ebenso *v. Moltke* (1992), S. 182 f.; *Finke* (2022), S. 76 f.
[87] *Loewenheim/Leistner* in Schricker/Loewenheim (2020), UrhG § 2 Rn. 53.
[88] Vgl. z. B. *Leistner* ZGE 2013, 4, 16.

I. Individualität

geistigen Betätigung des Menschen keine Grenzen gesetzt. Die Möglichkeiten, neue geistige Gegenstände hervorzubringen, sind unendlich. Gestaltungsspiele sind somit auf allen Schaffensgebieten immer vorhanden. Ob und welche der unendlichen Möglichkeiten eine Person in ihrem Werk eigenständig realisiert hat, dürfte allerdings nur sehr schwer positiv festzustellen sein, zumal sie häufig nicht einmal selbst weiß, warum sie sich für die eine oder die andere entschieden hat. Um positiv feststellen zu können, ob und wo sich der Produzent eines geistigen Gegenstands von den vorhandenen Konventionen abgesetzt hat, würde es erforderlich machen, die selbst gesetzte Regel zu formulieren und anzugeben, an welchen Stellen und in welchen Elementen des Werkes ihre Anwendung sich ausgewirkt hat. Dies herauszuarbeiten, ist aber nicht Aufgabe eines Urhebers und der erkennenden Richter in einem Urheberrechtsstreit, weil sie damit überfordert wären (→ Rn. E62), sondern der Kunst-, Wissenschaftskritik und ihrer Historie. Den Schöpfungsprozess daraufhin zu analysieren, ob der Urheber sich ausschließlich an Vorgegebenem orientiert und die Spielräume nicht durch eigene Entscheidungen ausgefüllt hat, fällt demgegenüber erheblich leichter,[89] weil die Frage, welche Konventionen, Gepflogenheiten und Regeln auf den betreffenden Schaffensgebieten praktiziert werden, auch von den in Urheberrechtssachen spezialisierten Richtern grundsätzlich selbst und ggfs. empirisch mittels eines Gutachtens beantwortet werden kann. Ein negatives Ausschlusskriterium zur Bestimmung der Individualität eines Werkes hat daher auch den Vorteil, praxistauglich zu sein. Wir wollen diesen Gedanken wie folgt formulieren und uns dann auf die Suche nach den Fallgestaltungen begeben, in denen der Produzent eines geistigen Gegenstands die immer gegebenen Spielräume für sein geistiges Schaffen nicht nutzt:[90]

(Ind6) Ein Werk ist individuell, wenn die Umstände, die bestimmen, was der Urheber in seinem Werk ausdrückt (zu verstehen gibt, welchen Inhalt er ihm gibt), ihm nicht vollständig vorgegeben waren.

aa) Übernahme eines bereits existierenden geistigen Gehalts

Der Produzent eines geistigen Gegenstands entfaltet im Normalfall keine schöpferische Tätigkeit, wenn er materielle Dinge und Erscheinungen hervorbringt, die einen bereits existierenden Gehalt zum Ausdruck bringen. Er wendet die diesem Gegenstand zugrunde liegenden Regeln an und produziert lediglich ein weiteres Vorkommnis, das ihm unterfällt.[91] Ein unproblematisches Beispiel bildet die Wiedergabe des sog. Gemeingutes (→ Rn. C187), aber auch die Reproduktion des geistigen Gehalts, den eine andere Person vor ihm hervorgebracht hat. Ist er für die andere Person urheberrechtlich geschützt, vervielfältigt er ihn in einem körperlichen Exemplar oder mittels einer unkörperlichen Wiedergabe.

---

[89] *Haberstumpf* (2018), Kap 7 Rn. 73.
[90] In diese Richtung gehend schon *Strömholm* GRUR Int. 1989, 15, 18 ff.
[91] S. o. → C Abschnitt I bis II.

Dies kann nicht nur dadurch geschehen, dass er ein Vorkommnis des anderen Werkes Buchstabe für Buchstabe abschreibt oder Strich für Strich nachmalt, also kopiert (→ Rn. E8, E12), sondern auch andere Zeichen und Ausdrucksmittel wählt, die es identisch reproduzieren. Insoweit drückt das Kriterium des Nicht-Vorgegeben-Seins eine urheberrechtliche Binsenweisheit aus, die nicht auf Widerspruch stoßen dürfte. Das spezielle Problem der Unterscheidung zwischen Doppelschöpfung und unbewusster Entlehnung ist damit aber noch nicht gelöst. Auf es werden wir später gesondert zurückkommen müssen.

bb) Die Lehre vom Gestaltungsspielraum

E28 Interessanter und schwieriger zu behandeln sind die Fallgestaltungen, in denen eine Person ein schon existierendes materielles Vorkommnis eines Geistesprodukts nicht kopiert, sondern einen neuen geistigen Gehalt hervorbringt, und wir uns dennoch weigern, ihn als schöpferisch anzuerkennen. Als typisches Beispiel kann der schon angesprochene Handwerksgeselle dienen, der ein nach den erlernten Verarbeitungstechniken und Formungsregeln perfektes neues Gesellenstück der angewandten Kunst gefertigt hat. Nach (Ind6) müsste dessen Schutzfähigkeit mit folgendem Argument verneint werden: Weil dem Gesellen die angewendeten Techniken und Regeln vorgegeben waren, hat er keine freien Entscheidungen während des Schaffensprozesses getroffen. Also ist sein Werk nicht individuell. Diesem Ergebnis dürfte zwar durchaus zuzustimmen sein. Mit dieser Begründung hätte man sich aber die Sache zu leicht gemacht. Schöpferisches Schaffen impliziert nämlich geistiges Schaffen, das wiederum in der *regelhaften* Verwendung von Zeichen eines unserer traditionellen Kommunikationssysteme besteht. Der Satz, die Orientierung an Techniken[92] und Regeln beim Werkschaffen schließe schöpferisches Gestalten aus, könnte daher Sprengkraft in sich bergen. Nimmt man ihn wörtlich, dann hat er anscheinend die Konsequenz, dass es schöpferisches Schaffen und damit ein Urheberrecht nicht geben kann. Wie ist es möglich, dass ein Werkschaffender sich an Regeln hält und dennoch schöpferisch tätig wird?

E29 Die zitierte Rechtsprechung des EuGH wird von einigen Stimmen im deutschen Schrifttum so interpretiert, als stelle der Gerichtshof einen direkten Zusammenhang zwischen dem Gestaltungsspielraum, der einem Werkschaffenden im Einzelfall zur Verfügung steht, und der Individualität seines Produkts her, das er in Ausübung seiner Gestaltungsfreiheit schafft.[93] Ist die Form eines Erzeugnisses ausschließlich durch seine technische Funktion bestimmt, ist es urheberrechtlich schutzlos.[94] Besteht hinsichtlich seiner Form eine Wahlmöglichkeit, d. h. kann seine Funktion bzw. sein Gebrauchszweck auch durch andere tech-

---

[92] Vgl. *Wittgenstein* (1971), § 199: „Einen Satz verstehen, heißt, eine Sprache verstehen. Eine Sprache verstehen, heißt, eine Technik beherrschen."
[93] Vor allem *Leistner* ZGE 2013, 4, 18 ff., 23 f.; *Zech* ZUM 2020, 801, 803 f.
[94] EuGH GRUR 2020, 736 Rn. 33 – Brompton; BGH GRUR 2023, 571 Rn. 15 – Vitrinenleuchte.

nische Lösungen erfüllt werden, sind die Gestaltungsspielräume eingeschränkt. Das heißt: technisch notwendige und zwar frei wählbare, aber technisch bedingte Merkmale definieren den Gestaltungsspielraum erst („spannen ihn auf").[95] Einem Produktgestalter verbleibt dann nur noch die – geringe – Möglichkeit, innerhalb des verbleibenden Spielraums mit seiner Wahl freie und eigene Entscheidungen zu treffen.[96] Diese Auffassung läuft auf folgende Formel hinaus: Die Anwendung technischer Regeln in einem Produkt schließt Individualität aus, während die Anwendung nichttechnischer Regeln sie begründet. Für die Darlegung der urheberrechtlichen Schutzfähigkeit vor allem von Werken mit Gebrauchsfunktion bedeutet dies, dass der Urheber im Verletzungsprozess konkret vortragen muss, dass die Gestaltungselemente seines Werkes überhaupt und gegebenenfalls welche über die Verwirklichung einer technischen Lösung hinausgehen.[97]

Diese Auffassung, die als „Lehre vom Gestaltungsspielraum"[98] bezeichnet werden soll, begegnet jedoch einer Reihe von Einwänden. Sie kann sich zwar auf einige Passagen insbesondere aus der EuGH-Entscheidung „Brompton" stützen, steht aber letztlich mit ihr und der übrigen Rechtsprechung des Gerichtshofs nicht in Einklang. Nimmt man sie ernst, müsste man nämlich konsequenterweise annehmen, dass allein das Ausfüllen eines nicht durch technische Erwägungen eingeschränkten Gestaltungsspielraums bereits eine individuelle Leistung darstellt,[99] was nicht nur unplausibel ist, sondern auch mit der Rechtsprechung des EuGH nicht zu vereinbaren ist. Die Frage, ob und wann technische Erwägungen, Regeln oder andere Zwänge die menschliche Gestaltungsfreiheit ausschließen oder beschränken, spielt nämlich nicht nur im Urheberrecht, sondern auch im Geschmacksmusterrecht und Markenrecht[100] eine Rolle. Nach Art. 6 Abs. 2, Art. 8 Abs. 1 GMV (§ 2 Abs. 3 S. 2, § 3 Abs. 1 Nr. 1 DesignG) ist für die Beurteilung der Eigenart eines Erzeugnisses im Geschmacksmusterrecht der Grad der Gestaltungsfreiheit des Entwerfers bei der Entwicklung des Musters zu berücksichtigen; sie ist dann nicht gegeben, wenn die Erscheinungsmerkmale des Erzeugnisses *ausschließlich* durch dessen technische Funktion bedingt sind. Dem Schutz als Marke nicht zugänglich sind Zeichen, die ausschließlich aus einer Form bestehen, die zur Erreichung einer technischen Wirkung erforderlich ist (Art. 7 Abs. 1 lit. e ii GGV, § 3 Abs. 2 Nr. 2 MarkenG). Nach der grundlegenden Entscheidung des EuGH „DOCERAM" zum Geschmacksmusterrecht muss die technische Funktion der einzige Faktor sein, der die Erscheinungsmerkmale des betreffenden Erzeugnisses bestimmt,[101] um den Schutz

---

[95] *Zech* ZUM 2020, 801, 804.
[96] EuGH GRUR 2020, 736 Rn. 34 – Brompton; BGH GRUR 2012, 58 Rn. 20, 22 – Seilzirkus.
[97] So explizit BGH GRUR 2023, 571, Rn. 21, 29 – Vitrinenleuchte; BGH GRUR 2012, 85 Rn. 23 f. – Seilzirkus.
[98] Dazu ausführlich *Haberstumpf* GRUR 2021, 1249, 1250 ff.
[99] So explizit *Zech* ZUM 2020, 801, 802.
[100] Die Gestaltungsfreiheit hat auch Einfluss auf die wettbewerbliche Eigenart im Wettbewerbsrecht, s. *Köhler* in Köhler/Bornkamm/Feddersen (2023), UWG § 4 Rn. 3.28 ff.
[101] EuGH GRUR 2018, 612 Rn. 32 – DOCERAM; EuGH GRUR-RS 2023, 2900 Rn. 20 –

auszuschließen. Diese Auslegung von Art. 8 Abs. 1 GMV hat der EuGH inzwischen in der Brompton-Entscheidung auch auf das Urheberrecht übertragen[102] und insoweit für einen Gleichlauf von Marken-, Geschmacksmuster- und Urheberrecht gesorgt.[103] Wenn aber technische Erwägungen, Regeln oder andere Zwänge den Gestaltungsspielraum im Urheber-, Design- und Markenrecht gleichlaufend definieren, dann kann die Individualität keine bloße Resultante davon sein, dass der Produzent eines geistigen Gegenstands einen vorhandenen Gestaltungsspielraum nutzt. Urheber, Designer und Markenentwerfer müssen vielmehr die jeweiligen materiellen Kriterien erfüllen, um Schutz nach diesen Systemen zu erwerben. Das heißt: Sie müssen die Gestaltungsspielräume so ausfüllen, dass ein schöpferisches Werk, ein neues und eigenartiges Muster oder ein unterscheidungsgeeignetes Kennzeichen herauskommt. Die Lehre vom Gestaltungsspielraum trägt somit zur Bestimmung, wann ein geistiger Gegenstand individuell ist, nichts Entscheidendes bei. Es ist bezeichnend, dass sich der EuGH[104] vor einer Antwort auf die Frage drückt, wann vorhandene Spielräume genutzt werden, um ein aus einer geistigen Schöpfung entspringendes Originalwerk hervorzubringen, sondern sie den nationalen Gerichten überlässt.

E31   Die Lehre vom Gestaltungsspielraum basiert auf zwei Annahmen: Die Erscheinungsform (Ausdrucksform) eines Erzeugnisses folge aus seiner Funktion, und technische Regeln seien so strikt, dass ihre Anwendung eine bestimmte Form erzwinge. Wie wir bei der weiteren Diskussion sehen werden, ist die erste Annahme falsch, weil dieselbe Funktion durch verschiedenartige Formen erfüllt werden und derselbe geformte Gegenstand verschiedenartige Funktionen haben kann.[105] Die zweite Annahme betrifft nur relativ uninteressante Sonderfälle. Es ist natürlich möglich, dass technische Lehren und Regeln die Erscheinungsform eines ihnen unterfallenden Erzeugnisses ganz genau festlegen. Ein Beispiel wäre die Beschreibung des Patentgegenstands in einer Patentanmeldung, die zusammen mit beigefügten Zeichnungen unter Angabe exakter Zahlen- und Maßangaben das Aussehen des patentgemäßen Erzeugnisses so genau beschreibt, dass sich das erstrebte Patent allein auf diese Ausführungsform bezieht.[106] Normalerweise sind die Beschreibungen und Zeichnungen in einer Patentschrift aber nicht so gefasst, sondern dienen dazu, den Sinn der Patentansprüche beispielhaft zu erläutern, was auch dann gilt, wenn exakte Zahl- und Maßangaben ver-

---

Packing Device; BGH GRUR 2021, 473 Rn. 10 – Papierspender; BGH GRUR 2023, 887 Rn. 17 f. – Tellerschleifgerät. Zum Markenrecht EuGH GRUR 2010, 1008 Rn. 48 ff. – Lego; EuG GRUR-RS 2021, 18330 Rn. 50 – Guerlain/EUIPO.

[102] EuGH GRUR 2020, 736 Rn. 38 – Brompton.

[103] Der in der Praxis sehr beliebte Technikeinwand (*Späth* GRUR-Prax 2020, 329 f.) hat damit seine Attraktivität weitgehend verloren. Aus meiner jahrzehntelangen Tätigkeit als Zivilrichter auf den verschiedenen Gebieten des Gewerblichen Rechtsschutzes ist mir auch kein Fall erinnerlich, in dem er durchschlagenden Erfolg gehabt hätte.

[104] EuGH GRUR 2020, 736 Rn. 38 – Brompton.

[105] *Haberstumpf* GRUR 2021, 1249, 1251 ff.

[106] *Haberstumpf* GRUR 2021, 1249, 1253 ff.

wendet werden.¹⁰⁷ Die Ansprüche, Beschreibungen und Zeichnungen einer Patentschrift, sofern sie sich auf die visuelle Erscheinung des patentgemäßen Erzeugnisses beziehen, geben daher im Normalfall nur Aufschluss darüber, dass sie zumindest *auch* technisch bedingt, nicht aber dass sie *ausschließlich* technisch bedingt ist.¹⁰⁸ Die Lehre vom Gestaltungsspielraum legt ihren Fokus einseitig auf technische Sachverhalte und übersieht, dass natürlich auch *ästhetische Konventionen und Normen* so gefasst sein können, dass sie Künstlern, Schriftstellern, Wissenschaftlern und Komponisten keine Gestaltungsspielräume lassen und schöpferisches Gestalten ausschließen, wenn sie sich an Ihnen orientieren. Es macht keinen Unterschied, ob sie sich in ihrem Schaffen von technischen oder nichttechnischen Regeln zwingen lassen.

cc) Regelfolgen

Mit der Frage, was es heißt, Regeln und insbesondere Sprachregeln zu folgen, hat sich *Wittgenstein* in seinen „Philosophischen Untersuchungen"¹⁰⁹ eingehend befasst. Für die Festlegung der Bedeutung von Worten und Äußerungen in einer Sprache spielen Regeln und Gepflogenheiten die zentrale Rolle. Äußerungen haben Sinn, weil es eine institutionelle Gepflogenheit gibt, mit ihnen umzugehen, sie zu verstehen. Das Verhalten, welches im Umgang mit der Regel als durch sie sanktioniert anerkannt wird, bestimmt, wie die Regel zu verstehen ist, bestimmt also ihre Bedeutung.¹¹⁰ „Einer Regel folgen, eine Mitteilung machen, einen Befehl geben, eine Schachpartie spielen sind *Gepflogenheiten* (Gebräuche, Institutionen)."¹¹¹ Um einer Regel zu folgen, braucht man sich nicht die Regel, nach der man sich verhalten soll, vor Augen zu führen oder sie gar formulieren zu können (s. o. → Rn. C192). Regelfolgendes Verhalten ist vielmehr dadurch gekennzeichnet, dass es erlernbar ist, und wenn es erlernt ist, selbstverständlich ist. Einer Regel zu folgen heißt, einer Gepflogenheit gemäß zu handeln, und dies setzt keinerlei Rechtfertigungen, Begründungen oder Überlegungen voraus, sondern einfach die Kompetenz, auf einen Regelausdruck, ein Symbol für eine Regel,¹¹² in der erlernten, üblichen und selbstverständlichen Weise zu reagieren.¹¹³ „Was hat der Ausdruck der Regel – sagen wir der Wegweiser – mit meinen Handlungen zu tun? [...] Nun, etwa diese: ich bin zu einem bestimmten Reagieren auf dieses Zeichen abgerichtet worden, und so reagiere ich nun".¹¹⁴ „Einer

---

¹⁰⁷ BGH GRUR 2002, 511, 512 – Kunststoffrohrteil; BGH GRUR 2002, 515, 517 – Schneidmesser I; vgl. auch *Mes* (2020), PatG § 14 Rn. 126 ff.
¹⁰⁸ BGH GRUR 2021, 473 Rn. 25, 31 – Papierspender; EuGH GRUR 2020, 736 Rn. 29, 32 – Brompton. Das verkennt BGH GRUR 2012, 58 Rn. 27, 30 – Seilzirkus.
¹⁰⁹ *Wittgenstein* (1971), §§ 54, 82 – 86, 198 – 207, 217, 228 – 242.
¹¹⁰ v. *Savigny* (1969), S. 68.
¹¹¹ *Wittgenstein* (1971), § 199.
¹¹² *Wittgenstein* (1971) erörtert als Beispiele Wegweiser (§§ 85, 198), Tabellen (§ 86), Befehle (§§ 199, 206), arithmetische Formeln (§§ 151, 152).
¹¹³ *Newen/Schrenk* (2008), S. 35.
¹¹⁴ *Wittgenstein* (1971), § 198.

Regel folgen, ist analog dem: einen Befehl befolgen. Man wird dazu abgerichtet und man reagiert auf ihn in bestimmter Weise."[115] „Wenn ich einer Regel folge, wähle ich nicht. Ich folge der Regel *blind*."[116] Wenn es stimmt, dass sprachliches Äußerungsverhalten regelkonformes Handeln ist, das dem Sprecher keinen Raum für eigene Entscheidungen lässt,[117] will er von den übrigen Mitgliedern seiner Sprachgemeinschaft verstanden werden,[118] dann wird in der Tat die Frage dringlich, inwiefern und wann dennoch schöpferisches Handeln möglich ist.

E33 Die Rechtsprechung des EuGH nimmt ihren Ausgangspunkt in einer Bemerkung des Gerichtshofs in der Entscheidung „Football Association Premier League":[119]

„Sportereignisse können jedoch nicht als geistige Schöpfung angesehen werden, die sich als Werke im Sinne der Urheberrechtsrichtlinie einordnen ließen. Das gilt insbesondere für Fußballspiele, die Spielregeln unterliegen, die für eine künstlerische Freiheit im Sinne des Urheberrechts keinen Raum lassen."

Fußballspiele sind danach keine schöpferischen Werke, weil sie nach Spiel*regeln* gespielt werden, die für kreative Entscheidungen keinen Raum lassen. Die Crux dieser Aussage ist aber, dass Letzteres schon für Fußballspiele angezweifelt werden kann und erst recht nicht richtig ist, wenn man sie auf andere Spiele wie z. B. die regelhaften „Sprachspiele",[120] die wir täglich spielen und mit denen wir ständig geistige Gegenstände hervorbringen, verallgemeinert.[121] Die Regeln des Fußballspiels, Schachspiels oder eines unserer Sprachspiele bestimmen, welches Spiel gespielt wird, nicht aber die Art und Zahl der möglichen Spielzüge. Die Spielregeln des Fußballs z. B. regeln etwa die Größe des Spielfeldes und der Tore, die Zahl der gegeneinander antretenden Spieler und deren Ausstattung, die Rolle des Schiedsrichters, wann Freistoß oder Strafstoß gegeben wird, wann ein Tor erzielt wird, wie sich die Spieler zu verhalten haben, wenn der Schieds-

---

[115] *Wittgenstein* (1971), § 206.

[116] *Wittgenstein* (1971), § 219.

[117] Die Überlegungen, die oben in Abschnitt C IV 4 zur Erkenntnis- und Entscheidungsfindungen in den verschiedenen Wissenschaften führen ebenfalls zu dem Ergebnis, dass die bloße Anwendung von Gesetzesaussagen keine schöpferische Tätigkeit ist, s. o. → Rn. C193.

[118] S. *Kripke* (2014), S. 116 f.: Wer sich in ausreichend vielen Fällen an die Regeln hält, wird als normaler Sprecher der Sprache und Mitglied der Gemeinschaft anerkannt. Wer anormal verfährt, wird verbessert. Wer sich in ausreichend vielen Hinsichten unverbesserlich abweichend verhält, kann weder am Leben der Gemeinschaft noch an der Verständigung teilnehmen.

[119] EuGH GRUR 2012, 156 Rn. 98 – Football Association Premier League.

[120] Der Begriff des Sprachspiels stammt ebenfalls von *Wittgenstein* (1971), § 7 ff. Um seine These, die Bedeutung von Wörtern bestehe im Gebrauch der Sprache, und den Ausdruck „Sprachspiele" zu erläutern, weist er in bezeichnender Weise immer wieder auf Parallelen beim Gebrauch von technischen Werkzeugen wie Hammer und Sägen oder von Schachfiguren hin (z. B. §§ 11, 12, 14, 15, 17).

[121] Im deutschen Schrifttum wird die zitierte Aussage des EuGH teilweise als Konkretisierung der urheberrechtlichen Schutzvoraussetzung eines individuellen geistigen Gehalts angesehen, s. *Leistner* ZGE 2013, 4, 19 f., der allerdings mit Recht davor warnt, diese Aussage über den in der Entscheidung entschiedenen Sachverhalt zu verallgemeinern.

richter das Spiel durch seinen Pfiff unterbricht usw. Man kann sie in Anlehnung an die sprachphilosophische Sprechakttheorie konstitutive Regeln nennen.[122] Zu meinen, das Bestehen von solchen konstitutiven Regeln schließe freie Entscheidungen der beteiligten Spieler aus, wäre allerdings ein Fehlschluss. Jeder Fußballspieler hat in jeder Spielsituation verschiedene Optionen, wie er sich verhalten kann. Als ballführender Spieler kann er z. B. den sicheren Pass zum nächsten freistehenden Mitspieler spielen, einen Diagonalpass schlagen, um das Spielgeschehen auf die andere Seite zu verlagern, den Ball in die Tiefe des Raumes passen in der Hoffnung, einer seiner Mitspieler werde seine Idee erkennen und dorthin sprinten oder auf Abwehrspieler zulaufen und versuchen, sie zu umspielen oder wenigstens einen Strafstoß herauszuholen, wenn sie ihn an einem Durchbruch durch ein Foul im Strafraum hindern. Und dies gilt natürlich ebenfalls für die Bewegungen der Spieler, die gerade nicht im Besitz des Balles sind. Nun werden im Mannschaftstraining nicht nur die körperliche Fitness und Ballfertigkeit der Spieler optimiert, sondern natürlich auch Spielzüge intensiv eingeübt. Bestes Training garantiert aber nur dann nachhaltigen Erfolg des jeweiligen Teams, wenn es nicht wenigstens einige Kreativspieler in seinen Reihen hat, die das Spielgeschehen intuitiv überblicken, nicht ausrechenbar sind und etwas Überraschendes tun, womit die Gegenspieler nicht gerechnet haben. Die peinliche Befolgung der Spielregeln und das intensive Einüben von Spielzügen schließt somit die Entfaltung von Kreativität auf dem Spielfeld nicht aus. Warum bei sportlichen Ereignissen normalerweise dennoch keine schöpferischen Leistungen im Sinne des Urheberrechts erbracht werden, liegt nicht daran, dass Sportler und Spieler nicht kreativ sein könnten, sondern daran, dass sie – anders als z. B. Balletttänzer – ihren Körper nicht dazu einsetzen, einen geistigen Gehalt hervorzubringen (→ Rn. C98). Mit diesem kleinen Exkurs zur Welt des Sports und insbesondere des Fußballspiels sollte eines gezeigt werden: Selbst auf einem begrenzten Gebiet menschlicher Betätigung bestehende und weitgehend befolgte Regeln, Techniken, Gepflogenheiten, institutionelle Gebräuche usw. regeln eben nicht alles. Das könnte einen Weg aus dem Dilemma aufzeigen.

Die Frage, wie wir den regelhaften Gebrauch eines Ausdrucks, d. h. seine Bedeutung, aus einer endlichen Zahl von Beispielen erlernen können, erörtert *Wittgenstein*[123] in zwei typischen Lehrer-Schüler-Situationen anhand der Bildung von Zahlenreihen. Nehmen wir an, der Lehrer gibt dem Schüler die Zahlen 0, 1, 2, 3, 4, 5 vor und fordert ihn auf, die Reihe fortzusetzen, um ihm die Bildung natürlicher Zahlen im Dezimalsystem beizubringen. Der Schüler hat das Gesetz zur Bildung natürlicher Zahlen verstanden, wenn er in der Lage ist, nach der Regel: Zähle der Anfangszahl und den Nachfolgezahlen jeweils die Zahl 1 dazu, die vorgegebene Reihe richtig, so wie wir es gewöhnlich tun, fortzusetzen und damit neue Zahlen zu erzeugen, an die er nicht gedacht hat. Die Anfangszahl zusammen mit der „+ 1 Regel" legt für beliebig viele neue Fälle in der Zu-

---

[122] *Searle* (1977), S. 54 ff.
[123] *Wittgenstein* (1971), §§ 143 ff.

kunft eine eindeutige Lösung fest. Die Situation ändert sich aber, wenn der Lehrer abweichend von der Reihung der natürlichen Zahlen die Zahlen 1, 5, 11, 19, 29 niederschreibt und den Schüler auffordert, sie fortzusetzen. Hier geht es nicht mehr darum, ein bestimmtes Bildungsgesetz einzuüben, sondern darum, in der Reihe Regelmäßigkeiten zu entdecken, d. h. ein solches Gesetz zu finden.[124] Für den Lehrer könnten die Zahlen 41, 55 die richtigen Fortsetzungszahlen sein, wenn man die Anfangszahl gemäß dem Gesetz $a_n = n^2 + n - 1$ gebildet denkt, welches *Wittgenstein* [125] angibt. Dem Schüler könnten dagegen die Differenzen zwischen den vorgegebenen Zahlen auffallen und meinen, der Lehrer habe an die Reihe 4, 6, 8, 10 gedacht und würde mit 12, 14 antworten.[126] Für diese Reihe ist man also nicht auf eine bestimmte Regel festgelegt. Das Problem ist nicht, ob man eine Regel für die (richtige) Fortsetzung dieser Reihe finden, sondern dass man eine Vielzahl von Regeln angeben kann. Die Szenarien in den beiden Lernbeispielen haben gemeinsam, dass der Schüler jeweils einer bestimmten Regel folgt, die er, wenn er sie erfasst hat, blind anwendet. Sie unterscheiden sich darin, dass er im ersten Beispiel eine ihm vorgegebene und eingetrichterte Regel anwendet, während er im zweiten Beispiel eine solche erst finden muss, um sie anwenden zu können.

E35 Die Unterschiede zwischen beiden Lernbeispielen können mittels zweier urheberrechtlicher Beispiele aus der Rechtsprechung verdeutlicht werden:

Beispiel (1): Der geistige Gehalt eines Telefon- oder Adressenverzeichnisses besteht in der kumulativen Anhäufung von einzelnen Sinneinheiten, d. h. von Daten. Im Fall eines Telefonbuches kann man ihn mit einem riesigen Satz von Daten identifizieren, in denen die Namen der jeweiligen Telefonteilnehmer mit ihrer Telefonnummer verknüpft und diese mit der Konjunktion „und" verbunden sind.[127] Der Hersteller eines solchen Verzeichnisses für eine neue Stadt oder Region produziert gegenüber den bereits vorhandenen Telefonbüchern einen deutlich unterschiedlichen neuen geistigen Gehalt, weil es naturgemäß andere Inhalte enthält. Er trifft aber keine eigenen Entscheidungen,[128] wenn er sich an die Regel hält: Sammle alle Nummern von Telefonteilnehmern der betreffenden Stadt oder Region und ordne sie nach der alphabetischen Reihe der Telefonteilnehmer. Das konventionelle Thema ist ihm ebenso vorgegeben wie die zu sammelnden Daten – er kann sie selber erheben oder von den Telefonunternehmen erfragen – und die üblichen Auswahlkriterien der Vollständigkeit und der alphabetischen Ordnung (→ Rn E132).

---

[124] *v. Savigny* (1969), S. 63 Fn. 1.
[125] *Wittgenstein* (1971), § 151.
[126] *v. Savigny* (1969), S. 63 Fn. 1, nennt als weiteres Beispiel eine Regel, die das Anfangsstück als eine Auswahl aus der Reihe der Primzahlen betrachtet, die mit 1 beginnend abwechselnd zwei und eine Primzahl auslässt; danach wären die Zahlen 41, 47 die richtigen Fortsetzungszahlen. Vgl. auch *v. Kutschera* (2009), S. 68 f.
[127] Vgl. *Czychowski* in Fromm/Nordemann (2018), UrhG § 4 Rn. 26.
[128] RGZ 116, 295 ff.; BGH GRUR 1961, 631, 633 – Fernsprechbuch; ausführlich BGH GRUR 1999, 923, 925 – Tele-Info-CD; unrichtig dagegen RG GRUR 1932, 743.

Gegenbeispiel (2): Das Register zu einer Sammlung mittelalterlicher Briefe in lateinischer Sprache umfasste u. a. einen Index, der in den Briefen vorkommende Vokabeln und Begriffe auflistete.[129] Dieser sollte eine etymologische Untersuchung über den Bedeutungswandel eines lateinischen Idioms in mittelalterlichen Texten ermöglichen. Die Erstellung eines Sachregisters etwa für ein Lehrbuch ist normalerweise keine schöpferische Tätigkeit, weil sie nach der Regel erfolgt: Suche die im Buchtext hervorgehobenen oder näher erläuterten Worte und Begriffe, verknüpfe sie mit den Seitenzahlen, in denen sie vorkommen, und ordne sie nach ihrer alphabetischen Reihenfolge. Der Ersteller des Registers muss den Text verstehen, aber keine individuellen Entscheidungen treffen. Im Fall des Registers für die Sammlung mittelalterlicher Briefe war die Sachlage dagegen eine andere. Die aufgeführten Vokabeln und Begriffe waren für den Verfasser des Index zwar in den Texten vorgegeben. Die Briefe, die zu verschiedenen Zeiten und von verschiedenen Autoren geschrieben wurden, bildeten aber keine einheitlichen Texte. Um zu einer Auswahl für eine etymologische Untersuchung geeigneter Vokabeln und Begriffe zu gelangen, bedurfte es daher nicht bloß des Verstehens, sondern auch der Interpretation der Texte und der Erarbeitung einer wissenschaftlichen Konzeption, die die Auswahl der indexierten Begriffe leitete. Diese war in den gesammelten Briefen nicht vorgegeben, weshalb der BGH hier mit Recht eine individuelle Leistung als gegeben ansah. Der Index-Verfasser musste also erst bestimmte Regeln finden, um sie zur Auswahl der für seine Konzeption relevanten Vokabeln und Begriffe anwenden zu können. Um diesen Schluss ziehen zu können, ist es nicht erforderlich zu wissen, wie die zugrundeliegende Regel gefasst ist.

Bei der Erlernung der Bedeutung von Prädikaten stellt sich das entsprechende Problem. Es werden nur endlich viele Beispiele und Gegenbeispiele für den Gebrauch des Prädikats angegeben und die Schwierigkeit besteht auch hier darin, dass es viele Möglichkeiten gibt, ein Prädikat über die Klasse der angegebenen Beispiele hinaus fortzusetzen.[130] Vorhandene Sprach- und Darstellungskonventionen legen die Bedeutung eines Ausdrucks nicht für alle künftigen Fälle fest. Es ist folglich wie im zweiten Lernbeispiel möglich, jederzeit durch eine neue Praxis für neue Situationen eine Verwendung zu etablieren und für neue Situationen festzulegen, was es heißt, einer Regel zu folgen.[131] Wer im Umgang mit traditionellen Formen gelernt hat, sie regelhaft zu verwenden, ist auch in der Lage, davon abweichende Regeln zu ihrem Gebrauch einzuführen und sie anders zu deuten. Ihre Regelhaftigkeit bedeutet deshalb nicht, dass die Gestaltungsmöglichkeiten für Schöpfer eingeschränkt wären, sondern ermöglicht neues für andere Personen verständliches Gestalten. Ein Werkschaffender ist nicht gezwungen, sich an die eingeführten und praktizierten Gestaltungsregeln zu halten. Vor

---

[129] BGH GRUR 1980, 227, 231 – Monumenta Germaniae Historica.
[130] *v. Kutschera* (2009), S. 69; *Newen/Schrenk* (2008), S. 39 f.
[131] *Newen/Schrenk* (2008), S. 40. S. o. → Rn. C21, C30, C91.

diesem Problem steht auch der Richter, der einen Gesetzesbegriff, der vom Gesetzgeber mit einigen Beispielen erläutert wird, über diese Beispiele hinaus anwenden muss. Wie die Diskussion des juristischen Syllogismus gezeigt hat (s. o. → Rn. C154ff.), verspricht die in der Ausbildung eingeübte Subsumtionstechnik nur in unproblematischen Standardfällen ein eindeutiges Ergebnis. Wird die Sache jedoch komplizierter, weil der Gesetzgeber ihm keine hinreichend genauen Vorgaben gemacht hat oder das Ergebnis auf Widerspruch stößt, kann er sich nicht mehr an Vorgegebenem orientieren, sondern muss erst eine Regel finden, die angibt, ob und wie die Bedeutung des betreffenden Gesetzesbegriffs zu erweitern oder zu reduzieren ist, so dass sein neuer Fall unter die Norm fällt oder nicht. Die juristische – grundsätzlich schöpferische – Entscheidungs- und Erkenntnisfindung beginnt. Hier stehen ihm eine Fülle von Wahlmöglichkeiten offen. Die Richtigkeit seiner Entscheidung muss er dann aber gesondert begründen und kann überprüft werden.

E37 Für unsere urheberrechtliche Fragestellung folgt daraus, dass der Produzent eines geistigen Gegenstands die ihm gegebenen Gestaltungsspielräume nicht nutzt, wenn er sich an vorgegebenen und bekannten Techniken und Regeln orientiert und sie in einem neuen Objekt umsetzt. Er wird nicht schöpferisch tätig. Dies erklärt auch, warum in den Fällen, die wir als Übernahme eines bereits existierenden geistigen Gehalts bezeichnet haben, regelmäßig keine schöpferischen Tätigkeiten entfaltet werden, weil der Übernehmende nach den gleichen Regeln wie sein Vorgänger schafft. Zu einem schöpferischen Werk wird sein geistiges Produkt somit erst und nur dann, wenn er von vorhandenen und praktizierten Formungsgepflogenheiten abweichende Regeln in das jeweils in Anspruch genommene Kommunikationssystem explizit oder implizit einführt und danach handelt, indem er ein materielles Vorkommnis produziert, das als Beispiel oder Muster für seine selbstgesetzte Regel dienen kann.[132] Der Urheber hält sich zwar an vorhandene Vorgaben, aber nicht ausschließlich, sondern setzt mit seinem Werkschaffen wenigstens an irgendeiner Stelle eigene Standards. Revolutionär müssen sie nicht sein. Kreativ ist auch der Produzent eines geistigen Gegenstands, der geringfügig von den Konventionen abweicht. Unter Berufung auf *Kant*[133] bezeichnet *Stallberg*[134] diesen Sachverhalt als *regelhaften Regelbruch*:

„Der Begriff des geistigen Werks erfasst dann jene Akte, die sich teils den bisherigen Regeln der Sprachgemeinschaft entziehen, jene Regeln aber doch soweit befolgen, als sie notwendig sind, um die Möglichkeit zu wahren, überhaupt als Sprechakt gelten zu können.

---

[132] Vgl. oben → Rn. C16ff., C22ff., zur Einführung neuer bedeutungsvoller Worte in den allgemeinen Sprachgebrauch.

[133] *Kant* (1963), S. 251, 236: Das Vermögen des künstlerischen Genies besteht darin, „das schnell vorübergehende Spiel der Einbildungskraft aufzufassen und in einen Begriff (der eben darum original ist, und zugleich eine neue Regel eröffnet, die aus keinen vorhergehenden Prinzipien oder Beispielen hat gefolgert werden können) zu vereinigen, der sich ohne Zwang der Regeln mitteilen läßt." Mit der Metapher des regelhaften Regelbruchs ist man allerdings nicht auf die Kant'sche Genieästhetik festgelegt.

[134] *Stallberg* (2006), S. 313f.

Dadurch bleibt zugleich die Anschlussfähigkeit an jene neue Sprachregel gewahrt, die durch den Regelbruch des Sprechers implizit eröffnet wird."

Die Metapher des regelhaften Regelbruchs macht zwar sehr schön anschaulich, worum es bei der Bestimmung des Begriffs der Schöpfung geht, bedarf aber einiger Klarstellungen. Wer eigene Regeln innerhalb eines größeren Systems von Regeln entwickelt, bricht sie nicht. Wer lediglich gegen bestehende Normen und Konventionen verstößt und Tabus bricht, ohne eigene einzuführen, ist noch lange kein kreativer Mensch; er setzt sich zwar über sie hinweg, bleibt aber in ihnen gefangen.

Wir wollen das Kriterium (Ind6) präzisieren und vorstehende Überlegungen wie folgt zusammenfassen:

(Ind7) Ein Werk ist individuell, wenn auszuschließen ist, dass der Urheber sein Geistesprodukt, d. h. das, was er unter Verwendung von Zeichen eines sozial geregelten Kommunikationssystems ausdrückt (was er zu verstehen, welche Bedeutung, welchen Inhalt, Sinn, er ihm gibt), allein nach bestehenden, üblichen und bekannten Techniken und Regeln geschaffen hat.

dd) Doppelschöpfung und unbewusste Entlehnung

Die Begriffsbestimmung (Ind7) formuliert ein negatives Ausschlusskriterium. Um zu dem Ergebnis zu kommen, der Urheber habe während des Schöpfungsprozesses eigene freie Entscheidungen getroffen, muss danach ausgeschlossen werden können, dass sich sein Schaffen ausschließlich an vorgegebenen Regeln, Techniken, Gepflogenheiten orientiert hat. Für es spricht entscheidend, dass es mit unserem Alltagsverständnis im Einklang steht, wonach derjenige als kreativ gilt, der nicht in vorgefertigten Schemata und Klischees denkt und handelt. Bevor wir uns mit ihm jedoch zufriedengeben können, ist es erforderlich, die Definition (Ind7) daraufhin zu testen, ob es anders als die vorher diskutierten Kriterien (Ind2) und (Ind3) mit dem Problem der Unterscheidung zwischen Doppelschöpfung und unbewusster Entlehnung zurechtkommt.

Die absolut herrschende Auffassung in Rechtsprechung und Literatur behandelt es als ein Beweisproblem im Rahmen des Zwei-Parteien-Verhältnisses einer Urheberrechtsstreitsache. Sie geht davon aus, dass angesichts der Vielfalt der individuellen Schaffensmöglichkeiten auf literarischem und künstlerischem Gebiet eine weitgehende Übereinstimmung von Werken, die auf selbstständigem Schaffen beruhen, nach menschlicher Erfahrung nahezu ausgeschlossen erscheint. Aus weitgehenden Übereinstimmungen könne man daher im Wege des Anscheinsbeweises schließen, dass der Produzent des jüngeren Werkes das ältere Werk bewusst (Plagiat) oder unbewusst (unbewusste Entlehnung) benutzt hat.[135] Diesen Anscheinsbeweis müsse der in Anspruch genommene Schöpfer

---

[135] BGH GRUR 1988, 810, 811 – Fantasy; BGH GRUR 1971, 266, 268 – Magdalenenarie; BGH GRUR 1991, 533, 535 – Brown Girl II; *Loewenheim* in Schricker/Loewenheim (2020), UrhG § 23 Rn. 35; *Schulze* in Dreier/Schulze (2022), UrhG § 23 Rn. 88.

des jüngeren Werkes widerlegen, indem er darlegt und notfalls beweist, dass sich die Übereinstimmungen auf andere Weise als durch ein Zurückgreifen auf das ältere Werk erklären lassen. Die Doppelschöpfung ist demnach ein individuelles Werk, für das der Anscheinsbeweis widerlegt ist. In ihrem Ausgangspunkt und Ergebnis wird man der herrschenden Praxis zustimmen können. Das darf aber nicht darüber hinwegtäuschen, dass sich die Problematik nicht auf die einem Tatsachenbeweis zugängliche Frage reduziert, ob der Produzent des jüngeren Werkes das ältere gekannt und kopiert hat, sondern tiefer geht und primär den Werkbegriff und die Urheberschaft an den betroffenen Werken betrifft.

E41   Angenommen zwei verschiedene Personen führen geistige Gegenstände in den Kommunikationskreislauf ein, die für die Adressaten verständlich Identisches oder Ähnliches ausdrücken. Dann steht zunächst fest, dass sie ihr Produkt ganz oder wenigstens in Teilen nach denselben Regeln hervorgebracht haben. Theoretisch gibt es drei Möglichkeiten zu erklären, wie die Übereinstimmungen zustande gekommen sind:

Szenario (1) Beide Personen haben sich an den auf ihrem Tätigkeitsgebiet bestehenden, üblichen und bekannten Techniken und Regeln orientiert, um sich gegenüber den Adressaten ihres Kommunikationsakts verständlich auszudrücken. Dieser Sachverhalt ist der Normalfall mit der Konsequenz, dass beide Personen keine Urheber sind. Das Problem der Unterscheidung zwischen Doppelschöpfung und unbewusster Entlehnung stellt sich nicht.

Szenario (2) Für die identisch übereinstimmenden Werke oder Werkteile kann ausgeschlossen werden, dass sie nach vorbestehenden Regeln geschaffen wurden. Dann sind sie nach (Ind7) als individuell einzustufen. Doch wer ist ihr Urheber? Beide Werkproduzenten oder nur einer von ihnen? Die Anscheinsvermutung der herrschenden Auffassung greift ein. Kann sie nicht entkräftet werden, dann gibt es nur einen Urheber, nämlich diejenige Person, die das übereinstimmende Werk oder den entsprechenden Werkteil früher entäußert hat. Die später tätig werdende Person verletzt folglich dessen Urheberrecht. Ist sie dagegen widerlegt, ist ausgeschlossen, dass diese Person nach den von dem früheren Schöpfer gesetzten Regeln geschaffen hat. Beide haben unabhängig voneinander eine Doppelschöpfung hervorgebracht. Beide sind also Urheber, die ihre Ausschließlichkeitsrechte selbstständig gegen dritte Personen durchsetzen können.

Szenario (3) Die Situation gegenüber dem vorstehenden Szenario ändert sich, wenn die gegenüberstehenden Werke nicht identisch übereinstimmen, sondern Ähnliches ausdrücken. Beiden Szenarien ist gemeinsam, dass beide Werke nicht nach überkommenen Gepflogenheiten geschaffen wurden. Sie unterscheiden sich aber darin, dass der Produzent des jüngeren Werks einen Abstand zu dem älteren einhält, der schöpferisch ist oder nicht. Die Anscheinsvermutung, die für den Schöpfer des älteren Werkes sprechen könnte, lässt beide Möglichkeiten offen. Es ist zwar möglich, dass der Produzent des jüngeren Werkes sich an den Regeln seines Vorgängers orientiert und diese unschöpferisch in einem neuen Objekt umgesetzt hat. Dann gibt es nur einen Urheber und der Produzent des zweiten Werkes verletzt das Urheberrecht des ersten. Es ist aber genauso gut möglich, dass er davon abweichende Regeln kreiert und eine schöpferische Leistung erbracht hat. In diesem Fall gibt es zwei Urheber. Die schöpferische Bearbeitung oder andere Umgestaltung i. S. v. §§ 3, 23 UrhG sind Beispiele dafür. Und eine schöpferische Bearbeitung oder Umgestaltung eines älteren Werkes ist nicht immer eine abhängige Schöpfung, deren Verwertung das Urheberrecht des ursprünglichen Urhebers verletzt. Sie kann eine freie Benutzung sein.

Entsprechend der drei Szenarien stehen dem Beklagten in einem Zivilprozess, der wegen einer Urheberrechtsverletzung in Anspruch genommen wird, weil er einen gleichen oder ähnlichen geistigen Gegenstand wie der Kläger produziert hat, theoretisch drei Einwendungen zur Verfügung, um der Verurteilung zu entgehen. Er kann dem Kläger erstens entgegenhalten, die übereinstimmenden Züge, auf die dieser seine Klage stützt, stammten aus einem noch älteren Werk oder seien aus dem vorhandenen Allgemeingut unschöpferisch entwickelt worden. Er kann sich aber auch zweitens darauf berufen, sein Werk sei eine Doppelschöpfung oder sei drittens in freier Benutzung des älteren geschaffen worden. In der Rechtsprechung, in der das Vorliegen einer Doppelschöpfung bejaht wurde, werden die Unterschiede zwischen den drei Szenarien nicht immer ausreichend beachtet.

Ein Beispiel, in dem die Szenarien (1) und (2) miteinander verwechselt wurden, bildet eine neuere Entscheidung des OLG Hamburg.[136] Die vom Kläger und Beklagten komponierten Musikstücke auf dem Gebiet der Rockmusik stimmten insoweit überein, als der Anfangsteil der klägerischen Komposition (16 Takte) in dem Musikstück des Beklagten wiederkehrte. Das Gericht begründete sein klageabweisendes Urteil damit, es sei dem Kläger nicht gelungen zu beweisen, dass es sich bei dem Werk des Beklagten um keine Doppelschöpfung, sondern um eine unfreie Benutzung der klägerischen Komposition gehandelt habe. Der gerichtlich bestellte Sachverständige habe nämlich belegt, dass der übernommene Anfangsteil aus dieser zwar an der unteren Grenze der kleinen Münze anzusiedeln sei, ihn aber gleichwohl als eine naheliegende Lösung bewertet, auf die ein Gitarrenspieler im Bereich der Rockmusik bereits durch Fingerübungen kommen könne und die zu den bekannten Bausteinen gehöre, aus welchen im Bereich der Rock- und Popmusik strukturell musikalisch stimmige Gefüge erzeugt würden. Es liege ein Geschehensablauf nahe, nach dem sich die Übereinstimmungen auch auf andere Weise als durch ein Zurückgreifen des Schöpfers des neuen Werks auf das ältere erklären lasse. Es sei kein Grund für die Annahme ersichtlich, dass hier eine Doppelschöpfung ferner liege als eine (bewusste oder unbewusste) Übernahme des Klagemusters in das Werk des Beklagten. Diese Begründung überzeugt nicht, weil nicht der Kläger zu beweisen hat, dass das

---

[136] OLG Hamburg ZUM 2019, 262.

jüngere Werk des Beklagten keine Doppelschöpfung ist, sondern der Beklagte, dass sie eine ist. Die Frage, ob eine unbewusste Entlehnung oder eine Doppelschöpfung vorliegt, stellt sich vielmehr erst, wenn feststeht, dass die übereinstimmenden Werke oder Werkteile auf individuellem Schaffen beruhen, d. h. nicht nach bestehenden, üblichen und bekannten Regeln und Techniken geschaffen wurden. Das muss hinreichend sicher ausgeschlossen werden können. Ist es dagegen nicht ausgeschlossen, dass der Produzent eines geistigen Gegenstands den überkommenen Regeln gefolgt ist, dann ist dieser nicht individuell. Wenn also wie in dem vom OLG Hamburg entschiedenen Fall das *Klagemuster* mit hoher Wahrscheinlichkeit „vorbekannten Werkteilen aus dem Bereich der Rock- oder Popmusik entspricht", dann hätte folglich das Gericht die Schutzfähigkeit der übereinstimmenden Werkteile verneinen und *aus diesem Grund* die Klage abweisen müssen.

E44   Die BGH-Entscheidung „Magdalenenarie"[137] ist ein weiteres Beispiel, in dem es allerdings zu einer Verwechslung der Szenarien (2) und (3) gekommen ist. Es ging hier um die Frage, ob der Hauptsatz der Arie der Magdalena aus der 1895 uraufgeführten Oper „Der Evangelimann" in den Refrain des populären Schlagers „Mitternachtstango", der 1961 erschien, in unzulässiger Weise übernommen wurde – Die urheberrechtliche Schutzfrist für die Oper war zu diesem Zeitpunkt noch nicht abgelaufen. Nach den Feststellungen der Vorinstanzen wiesen beide Melodien teilweise erhebliche Übereinstimmungen und im Übrigen Ähnlichkeiten auf. Wie die Vorinstanzen kam der BGH zu dem Ergebnis, beide Komponisten hätten sich von Melodienelementen inspirieren lassen, die schon in verschiedenen Volksliedern und Werken von Schubert, Mozart, Weber und Wagner enthalten gewesen seien. Diese Elemente („wandernde Melodien"[138]) seien in den genannten zum musikalischen Kulturgut gehörenden Werken in eigenschöpferischer Weise zu Melodien verarbeitet worden, von denen sich die *beiden* strittigen Kompositionen im musikalischen Gesamteindruck auffällig unterschieden. Den Anscheinsbeweis zu Gunsten des Schöpfers der Magdalenenarie sah der BGH aber als erschüttert an, weil beide Kompositionen in Melodienelementen übereinstimmten, die schon in noch älteren Werken enthalten und jeweils nicht zu Melodien von starker Eigenart verarbeitet worden seien. Da sich gleiche Stimmungen und Gefühle auch gleich oder ähnlich ausdrücken und künstlerische Gestalt gewinnen könnten, sei gerade auf dem Gebiet der einfachen musikalischen Kompositionen nicht auszuschließen, dass zwei Komponisten unabhängig voneinander eine ähnliche Stimmungslage in ähnlicher Weise melodisch ausdrückten. Dieser Begründung ist zwar insoweit zuzustimmen, als der BGH den Anscheinsbeweis zugunsten des Opernkomponisten nicht zur Geltung brachte.[139] Ihr kann aber nicht darin gefolgt werden, dass eine Doppelschöpfung vorliegt. Wenn sich beide Kompositionen

---

[137] BGH GRUR 1971, 266 ff. – Magdalenenarie.
[138] BGH GRUR 1971, 266, 268 – Magdalenenarie, unter Bezugnahme auf *Ulmer* (1980), S. 275.
[139] So BGH GRUR 1971, 266, 268 f. – Magdalenenarie.

I. Individualität **E44**

in ihrem jeweiligen akustischen Gesamteindruck von vorbekannten zum Gemeingut gehörenden Melodien deutlich unterscheiden, dann kann angesichts der gegebenen unbegrenzten Gestaltungsspielräume mit hinreichender Sicherheit ausgeschlossen werden, dass ihre Schöpfer lediglich vorgegebene und übliche Regeln und Techniken angewendet und sie in neuen Objekten umgesetzt haben.[140] Im Verhältnis zum vorbestehenden musikalischen Kulturgut sind somit beide Werke jeweils als individuell einzustufen. Doch wie sieht es im Verhältnis zwischen den beiden Komponisten aus, die um die Urheberschaft streiten? Da eine Doppelschöpfung nur dann vorliegt, wenn sie individuell ist, muss zweierlei ausgeschlossen werden können, nämlich dass ihr Schöpfer sie sowohl nach den überkommenen Formungsregeln als auch nach den vom früheren Schöpfer kreierten Regeln geschaffen hat. Ersteres konnte hier ausgeschlossen werden, Letzteres dagegen nicht. Es handelte sich nämlich jeweils um Vokalmusik. Dafür, was sie ausdrückt, spielt auch der Inhalt des jeweils verwendeten Textes und sein Titel eine Rolle, weil damit mehr oder weniger konkretisiert wird, wie die mit ihm verbundene Musik zu interpretieren ist, ob und auf welche Gegenstände, Gefühle, Zustände und Ereignisse sie sich bezieht und wie sie sie akustisch schildert (→ Rn. C85 f.). Fragt man dementsprechend, was die Arie und der Refrain des Schlagers jeweils ausdrücken, dann wird deutlich, dass die Übereinstimmungen und Ähnlichkeiten im Notenbild und in stilistischen Elementen („auf und abschwellende Melodienelemente") im Wesentlichen nur formaler Natur waren. Beide Kompositionen drückten zwar sehnsüchtige Stimmungen und Gefühle aus. Diese hatten aber ganz unterschiedliche Inhalte. Während im Evangelimann Magdalena mit ihrem Gesang sich wehmütig an ihre schönen Jugendtage erinnert, wird im Refrain des Mitternachtstangos das schwärmerische Träumen eines verliebten Tanzpaares geschildert, was dadurch unterstrichen wird, dass die Musik im Tangorhythmus ausgeführt ist. Ein solcher markanter Tanzrhythmus hätte den Ausdruckscharakter der Arie empfindlich gestört, wenn nicht gar zunichte gemacht. Beide Melodien drückten trotz ihrer formalen Ähnlichkeiten deutlich Verschiedenes aus. Wenn ein Komponist der leichten Muse eine Melodie hervorbringt, die mit einem einfachen Lied aus einer bekannten Oper übereinstimmt, aber etwas Verschiedenes ausdrückt, ist es natürlich möglich, dass er sie eigenständig und unabhängig aus dem vorhandenen Allgemeingut entwickelt hat. Es ist aber genauso gut möglich, dass er, wenn auch unbewusst, auf das Lied aus der Oper zurückgegriffen hat. Um eine Doppelschöpfung annehmen zu können, muss diese Möglichkeit mit hinreichender Sicherheit ausgeschlossen werden. Und dies gelingt nur unter außergewöhnlichen Umständen, etwa wenn zwischen beiden Schöpfern keine Beziehungen bestanden und sie ihre Werke etwa zur gleichen Zeit entäußert haben oder irgendwann später ein Exemplar eines unbekannten gebliebenen, früher

---

[140] In seiner Anmerkung hält *Bielenberg* (GRUR 1971, 269) dem BGH deshalb zu Unrecht entgegen, dass schon die Magdalenenarie nicht schöpferisch sei, weil ihr Komponist eine längst vorbekannte, allgemein seit langem verwendete Tonreihe benutzt habe.

geschaffenen Werkes auftaucht.[141] Dann ist es erfahrungsgemäß praktisch unmöglich, dass der eine nach den Regeln des anderen geschaffen hat. Ein anderes Beispiel wäre, wenn sie jeweils in voneinander abgeschotteten Kulturkreisen tätig waren und auf der Grundlage unterschiedlicher Traditionen schufen.[142] Im Fall Magdalenenarie lagen solche Ausnahmeumstände nicht vor. Die Oper war nach ihrer Uraufführung 1895 längere Zeit im deutschsprachigen Raum und auch im Ausland populär. Sie wurde zwar in den letzten Jahrzehnten kaum noch gespielt.[143] Dies schließt aber keineswegs aus, dass der deutsche Schlagerkomponist die Arie aus der ehemals populären Oper im Laufe seines Schaffens wahrgenommen hat und sie ihm beim Komponieren des Mitternachtstangos ohne konkrete Erinnerung wieder eingefallen ist.[144]

E45 Der Sachverhalt dieser Entscheidung fällt also nicht in die zweite Fallgruppe, sondern entspricht Szenario (3). Es ist folglich zu fragen, wie er unter dieser Prämisse entschieden hätte werden müssen. Um diese Frage zu beantworten, unterstellen wir, der Schlagerkomponist habe *bewusst* auf die Arie zurückgegriffen. Angesichts des deutlich unterschiedlichen Ausdruckscharakters beider Kompositionen, kann mit hinreichender Sicherheit ausgeschlossen werden, dass er ausschließlich nach den Regeln des Opernkomponisten gearbeitet hat. Also muss er eigene Entscheidungen getroffen haben, um sein Ergebnis zu erzielen. Der Schlagerrefrain müsste danach wenigstens als eine schöpferische Bearbeitung oder andere Umgestaltung der Arie i. S. v. § 23 UrhG bewertet werden. Er könnte aber auch in freier Benutzung von ihr geschaffen worden sein. Ob das eine oder das andere anzunehmen ist, richtet sich nach einer Interessenabwägung im Einzelfall, deren Kriterien oben (→ Rn. C221 ff.) bereits herausgearbeitet wurden. Für die Annahme einer freien Benutzung spricht, dass das Lied der Arie nach den Feststellungen der Vorinstanzen und des gerichtlich bestellten Sachverständigen nicht von besonderer Eigenart war, so dass bereits geringfügige schöpferische Veränderungen aus dem Schutzbereich herausführen.[145] Solche lagen hier zweifellos vor. Unter Berücksichtigung seiner Kunstfreiheit wird man dem Schlagerkomponisten gem. § 23 Abs. 1 S. 2 UrhG zugestehen müssen, ein Lied, das nicht von einem hohen Maß an Individualität geprägt ist und aus einer vielfach abgewandelten Melodie heraus entwickelt wurde, zu einem Werk mit deutlich unterschiedlichem Ausdruckscharakter[146] verarbeiten zu dürfen,

---

[141] S. o. → Rn. B115.
[142] Als Beispiel für Letzteres könnte der Sachverhalt eines Urteils des LG Mannheim (NJW-RR 1998, 45, 46 f.) herangezogen werden, wo es den Beklagten gelang zu beweisen, dass sie sich zur Gestaltung ihrer vermenschlichten Nilpferdfiguren durch eine in Taiwan erworbene Serie von Steinzeugfiguren anregen ließen.
[143] Wikipedia, Stichwort „Der Evangelimann" (aufgerufen am 24.7.2023).
[144] BGH GRUR 1971, 266, 268 – Magdalenenarie; vgl. auch *A. Nordemann* in Fromm/Nordemann (2018), UrhG § 24 Rn. 62.
[145] Z. B. BGH GRUR 1991, 533, 534 – Brown Girl II.
[146] In der Entscheidung „Goldrapper" (GRUR 2015, 1189 Rn. 111) weist der BGH dementsprechend darauf hin, dass ein sog. „Genre-Sprung" von der musikalischen Stilrichtung des „Gothic" zum „Rap", in der es unter anderem um Gewalt geht und in der eine vom durch-

ohne das Urheberrecht an dem benutzten Werk zu verletzen. Erst recht muss dies gelten, wenn er sich *unbewusst* an die Arie angelehnt hätte. Ob er sie gekannt hat oder nicht, spielt somit keine Rolle. Im Ergebnis hat der BGH im Einklang mit den Vorinstanzen eine Urheberrechtsverletzung zu Recht verneint. Möglicherweise sah sich der BGH durch den „starren" Melodienschutz des früheren und inzwischen aufgehobenen § 24 Abs. 2 UrhG (§ 23 Abs. 1 S. 1 UrhG) daran gehindert, diesen Weg zu gehen, um sein intuitiv befriedigendes Ergebnis zu begründen. Die Berechtigung dieser Vorschrift war umstritten.[147] Teilweise wurde ihr entgegengehalten, sie schränke die Schaffensfreiheit von Komponisten zu sehr ein.[148] Überwiegend wurde ihr aber mit Recht nur eine klarstellende Funktion zugewiesen, die keine Ausnahme für Musikwerke begründet,[149] da insbesondere bei Schlager- und Unterhaltungsmusik die Melodie meist das tragende individuelle Element ist,[150] welches zum Erfolg führt und an den sich nicht selten andere Stückeschreiber anhängen wollen. Der Schutz von Musikwerken ist nicht auf Melodien beschränkt. Auch andere Gestaltungsmerkmale, z. B. Aufbau, Harmonik, Instrumentierung, Orchestrierung, Rhythmus usw. können zusammen mit einer Melodie dazu beitragen, dass sie individuell ist, und bestimmen, was ihr Schöpfer mit ihr ausdrückt. Im Fall „Magdalenenarie" hätte daher nichts dagegengesprochen, die zur Bestimmung des schöpferischen Abstands heranzuziehenden Kriterien anzuwenden und eine freie Benutzung auch nach § 24 Abs. 2 UrhG a. F. zu bejahen.

Als Fazit dieser Überlegungen ist festzuhalten, dass sich Kriterium (Ind7) auch in den Sonderfällen bewährt, in denen die Unterscheidung zwischen Doppelschöpfung und unbewusster Entlehnung relevant wird, und zu intuitiv befriedigenden Ergebnissen führt. Es hat sich auch gezeigt, dass es ein objektives Kriterium ist, da es nicht darauf ankommt, ob der Schöpfer eines Werkes subjektiv etwas Neues geschaffen hat, sondern darauf, ob er ausschließlich nach vorgegebenen Regeln gearbeitet hat oder nicht. Eine Doppelschöpfung liegt nur vor, wenn der zweite Schöpfer im Verhältnis zu den überkommenen Gepflogenheiten eine individuelle Leistung erbracht hat und praktisch ausgeschlossen ist, dass er sich an den Regeln eines anderen Schöpfers orientiert hat.

b) Die Lehre vom Gestaltungsspielraum neu interpretiert

Die Plausibilität des Ausschlusskriteriums (Ind7) beruht auf der Annahme, dass auf den verschiedenen Gebieten des Werkschaffens Gestaltungsspielräume vorhanden sind, die der Urheber nutzen kann und muss, um ein individuelles Werk

---

schnittlichen Hörer als unangemessen empfundene Sprache verwendet wird, ein Gesichtspunkt ist, der eine Rolle bei der Prüfung des erforderlichen Abstands eine Rolle spielt.

[147] *Loewenheim* in Schricker/Loewenheim (2020), UrhG § 24 Rn. 34, m. w. N.
[148] *Bullinger* in Wandtke/Bullinger Urheberrecht, 5. Aufl. 2019, UrhG § 24 Rn. 16.
[149] *A. Nordemann* in Fromm/Nordemann (2018), UrhG § 24 Rn. 54; *Schulze* in Dreier/Schulze (2022), UrhG § 23 Rn. 60; *Haberstumpf* in Büscher/Dittmer/Schiwy (2015), UrhG § 24 Rn. 26 f.
[150] Vgl. BGH GRUR 1991, 533, 535 – Brown Girl II.

zu schaffen. Dies liegt auf der Linie der Rechtsprechung des BGH, der z. B. in der Entscheidung „Geburtstagszug"[151] hervorhebt, eine eigene geistige Schöpfung des Urhebers setze voraus, dass ein Gestaltungsspielraum bestehe und vom Urheber dazu genutzt werde, seinen schöpferischen Geist in origineller Weise zum Ausdruck zu bringen. Bei der *Gestaltung von Gebrauchsgegenständen* wird dieser Grundsatz jedoch eingeschränkt: Nur solche Merkmale könnten den Urheberrechtsschutz begründen, die nicht technisch bedingt, d. h. ohne die sie nicht funktionieren könnten, sondern auch künstlerisch gestaltet seien.[152] Ebenso fordert der EuGH in ständiger Rechtsprechung, dass für den Schöpfer ein hinreichender Spielraum gegeben sein muss, um freie kreative Entscheidungen treffen zu können.[153] Daraus schließt der Gerichtshof, dass das Kriterium der Originalität von solchen Komponenten nicht erfüllt werde, die nur von ihrer technischen Funktion gekennzeichnet seien, weil andernfalls Gedanken und Ideen zum Schaden des technischen Fortschritts und der industriellen Entwicklung durch das Urheberrecht monopolisiert würden.[154] In dieser Version schließt die *Lehre vom Gestaltungsspielraum* technisch oder funktional geprägte sowie insgesamt praktisch regel- oder sachbezogene Formen vom Urheberrechtsschutz aus.[155] Gebrauchsgegenstände können danach zwar grundsätzlich urheberrechtlichen Schutz genießen. Der Gebrauchszweck wirkt sich aber so aus, dass er den Gestaltungspielraum für deren Produzenten einschränkt.[156] In ihrem Ausgangspunkt leuchtet sie ein. Wo für den Produzenten eines geistigen Werkes keine Gestaltungsspielräume bestehen, ist die Entfaltung von Individualität nicht möglich. Für sie kann zusätzlich ins Feld geführt werden, dass auch in anderen Systemen des Immaterialgüterrechts rein technisch bedingte Merkmale vom jeweiligen Schutz ausgenommen sind (→ Rn. E30).[157]

E48 Um die Lehre vom Gestaltungsspielraum für eine Definition des Individualitätsbegriffs heranziehen zu können, muss sie allerdings ergänzt werden. Sie lässt nämlich die Frage unbeantwortet, ob der Produzent eines Erzeugnisses bereits dann eine individuelle Leistung erbringt, wenn er im Einzelfall auf einem Gebiet arbeitet, auf dem Gestaltungsspielräume vorhanden sind, oder ob er etwa gegebene Spielräume durch individuelles Handeln ausfüllen muss.[158] Diese Lücke

---

[151] BGH GRUR 2014, 175 Rn. 41 – Geburtstagszug.
[152] BGH GRUR 2023, 571 Rn. 15 – Vitrinenleuchte; BGH GRUR 2012, 58 Rn. 19 ff. – Seilzirkus. Ebenso das Schrifttum, z. B. *Loewenheim/Leistner* in Schricker/Loewenheim (2020), UrhG § 2 Rn. 56; *Schulze* in Dreier/Schulze (2022), UrhG § 2 Rn. 47; *A. Nordemann* in Fromm/Nordemann (2018), UrhG § 2 Rn. 143; *Bullinger* in Wandtke/Bullinger (2022), § 2 Rn. 97a.
[153] Z. B. EuGH GRUR 2020, 736 Rn. 22 f. – Brompton. Einen Überblick über die Rechtsprechung gibt *Leistner* ZGE 2013, 4, 19 ff.
[154] EuGH GRUR 2020, 736 Rn. 24 ff. – Brompton.
[155] *Leistner* ZGE 2013, 4, 24.
[156] *Zech* ZUM 2020, 801, 802.
[157] BGH GRUR 2012, 58 Rn. 21 – Seilzirkus.
[158] *Zech* ZUM 2020, 801, 802, scheint Ersteres bejahen zu wollen, während der BGH in der Entscheidung „Seilzirkus" (GRUR 2012, 58 Rn. 27 ff.) zusätzlich eine künstlerische Gestaltungsleistung verlangt. Vgl. dazu auch *Barudi* (2013), S. 32 ff.

könnte geschlossen werden, indem man zusätzlich das Ausschlusskriterium (Ind7) ins Spiel bringt, etwa wie folgt:

(Ind8) Ein Werk ist individuell, wenn seinem Urheber ein hinreichend großer, nicht durch technische Erwägungen, Regeln oder andere Zwänge beschränkter Gestaltungsspielraum zur Verfügung stand und auszuschließen ist, dass er sein Geistesprodukt, d. h. das, was er unter Verwendung von Zeichen eines sozial geregelten Kommunikationssystems ausdrückt (was er zu verstehen, welche Bedeutung, welchen Inhalt, Sinn, er ihm gibt), allein nach sonstigen vorbestehenden, üblichen und bekannten Regeln und Konventionen geschaffen hat.

Gegenüber (Ind7) ist der in (Ind8) definierte Individualitätsbegriff insoweit enger, als er dessen Anwendungsbereich weitgehend auf nichttechnische Gestaltungen reduziert. Es bestehen aber erhebliche Zweifel, ob die gegenüber (Ind7) gemachte Einschränkung gerechtfertigt ist. Wissenschaftliche Werke schließen Werke technischen Inhalts ein, was der Gesetzgeber dadurch bekräftigt hat, dass er Computerprogramme und Darstellungen wissenschaftlicher oder technischer Art ausdrücklich in den Beispielskatalog der schützbaren Werke gem. § 2 Abs. 1 Nr. 1 und Nr. 7 UrhG aufgenommen hat. Nun wird man schwerlich bestreiten können, dass die Entwicklung einer Darstellung technischer Art oder eines Computerprogramms, auch wenn in ihm keine programmbezogene Erfindung im Sinne des Erfinderrechts[159] zum Ausdruck kommt, von technisch-funktionalen Erwägungen geprägt ist. Also müsste man sie entgegen dem Gesetzeswortlaut und dem Willen des Gesetzgebers vom Urheberrechtsschutz ganz oder zumindest zu einem großen Teil ausnehmen. Wie oben herausgearbeitet wurde (→ Rn. C164, C191 f.), umfasst der Urheberrechtsschutz für ein Werk, das eine Gebrauchsfunktion besitzt, niemals dessen Funktionalität. Daraus könnte man allenfalls schließen, dass die Gebrauchsfunktion bei der Frage nach der Schutzbegründung und der Rechtsverletzung keine entscheidende Rolle spielt, nicht aber, dass sie den Schutz ausschließt oder einschränkt. Letzteres müsste gesondert begründet werden. Es besteht deshalb Anlass, die beiden Grundannahmen der Lehre vom Gestaltungsspielraum (→ Rn. E31) einer kritischen Überprüfung zu unterziehen.

aa) Die Funktionstheorie

Die These, technisch bedingte Merkmale eines Gebrauchsgegenstands seien dem Urheberrechtsschutz nicht zugänglich, hat *Schulze* prägnant wie folgt formuliert:

„Formen, die der Gebrauchszweck eines Gegenstandes verlangt, um funktionieren zu können, oder die zur Lösung der gestellten Aufgabe unumgänglich sind, entspringen nicht der schöpferischen Phantasie des Urhebers. Vielmehr sind sie von jenen Zwecken vor-

---
[159] Dazu *Mes* (2020), PatG § 1 Rn. 131 ff.

gegeben und bedingt. Sie gehören als praktische, organisatorische oder technische Neuerungen nicht zum urheberrechtlichen Schutzbereich." [160]

Der EuGH begründet diese These, die den Namen „urheberrechtliche Funktionstheorie" erhalten soll, mit folgendem Argument:

Prämisse 1   Gedanken bzw. Ideen dürfen nicht durch das Urheberrecht monopolisiert werden.
Prämisse 2   Gibt die technische Funktion eines Gegenstands vor, was er ausdrückt, fallen ausgedrückter Gedanke bzw. ausgedrückte Idee und Ausdruck zusammen.
Konklusion   Also darf der Ausdruck eines Gegenstands in diesen Fällen nicht durch das Urheberrecht monopolisiert werden.[161]

Die so formulierte Funktionstheorie stellt eine Beziehung zwischen der Funktion und der Form eines Gegenstandes her, so dass gilt: Die Funktion bestimmt die Form. Dafür reicht es nicht aus, dass beides irgendwie aufeinander bezogen ist. Sie muss eine notwendige Beziehung sein, weil andernfalls die Funktion eines Gegenstands den Gestaltungsspielraum, ihn zu formen, nicht beschränken könnte. Die Position des Funktionalismus hat in der Kunsttheorie[162] und in der Philosophie des Geistes[163] eine Reihe gewichtiger Anhänger gefunden. Gewöhnlich wird die Funktion-Form-Beziehung als eine physikalisch-technische Beziehung aufgefasst, was bedeutet, dass die Form kausale Wirkung der Funktion ist:[164] Die Funktion verhält sich zur Form wie Ursache und Wirkung in einem physikalischen Zusammenhang. Der Begriff der Funktion bezeichnet in diesem Sinn die kausale Rolle eines materiellen Gegenstands oder eines komplexeren Systems. Funktionale Eigenschaften von Gegenständen sind also definiert durch ihre charakteristischen kausalen Wirkungen. Ein Getränkeautomat beispielsweise ist durch die Funktion definiert, auf die Eingabe von Geldmünzen Getränkedosen oder -flaschen auszuwerfen.[165] Der Begriff der Funktion ist jedoch nicht auf technisch-physikalische Sachverhalte beschränkt. Auch diejenigen (geistigen) Gegenstände, die nach § 1 Abs. 3 PatG vom Patentschutz ausgeschlossen sind, haben eine Funktion. Entdeckungen, wissenschaftliche Theorien und mathematische Modelle müssen wahr sein, weil sie sonst nicht als gute Gründe für unser menschliches Handeln dienen können. Pläne, Regeln für gedankliche Tätigkeiten, für Spiele oder für geschäftliche Tätigkeiten sowie Programme für Datenverarbeitungs-

---

[160] *Schulze* (1983), S. 154.
[161] EuGH GRUR 2020, 736 Rn. 27 – Brompton.
[162] *Dorschel* in Kolmer/Wildfeuer (2011) Bd. 1, Stichwort „Form", S. 775 ff.
[163] *Beckermann* (2008), S. 142 ff.
[164] Offensichtlich geht die Lehre vom Gestaltungsspielraum von dieser Deutung aus, so EuGH GRUR 2020, 736 Rn. 36 – Brompton; vgl. auch *Zech* ZUM 2020, 801, 803.
[165] *Esfeld* in Kolmer/Wildfeuer (2011) Bd.1, Stichwort „Funktion", S. 842, 850. Zum Funktionalismus in der Philosophie des Geistes, der versucht, mentale Zustände auf funktionale Zustände zu reduzieren, ausführlich *Beckermann* (2008), S. 142 ff.

I. Individualität

anlagen taugen nichts, wenn mit ihnen die gesetzten Ziele nicht erreicht werden können. Und Künstler und Literaten müssen ihre jeweiligen Ausdrucksmittel so wählen und kombinieren, dass mit ihnen dasjenige ausgedrückt wird, was sie ausdrücken wollen. Man kann den Begriff der Funktion also auch auf nichttechnische Sachverhalte erweitern. Wendet man nun das Argument der urheberrechtlichen Funktionstheorie auf solche Sachverhalte an, besagt es: Wer sich für ein bestimmtes Ziel entscheidet, legt sich gleichzeitig auf eine als effektiv erkannte Weise fest, es zu erreichen. In diesem allgemeinen nichttechnischen Sinne verhalten sich Funktion und Form zueinander wie Zweck und Mittel.[166] Ein Beispiel aus der Rechtsprechung bildet die Entscheidung „Staatsexamensarbeit", wo der BGH ausführt, dass sich aus der Wahl des gleichen Forschungsgegenstands, hier Untersuchung und Beschreibung einer bestimmten Calamitenart (Zweck), zwangsläufig die gleichen Formulierungen (Ausdrucksform) ergeben würden.[167]

Es liegt auf der Hand, dass mit Hilfe des Funktionsbegriffs unabhängig davon, ob man ihn in einem technischen oder in einem nichttechnischen Sinn verwendet, nicht begründet werden kann, dass bei der Gestaltung von Gebrauchsgegenständen keine oder nur eingeschränkte Spielräume bestehen. Der Funktionstheorie stehen zwei Einwände entgegen, die ihr den Boden entziehen: die multiple Realisierbarkeit von Funktionen und die Multifunktionalität von Gegenständen. Funktionale Eigenschaften, die die kausale Rolle eines materiellen Gegenstands charakterisieren, können in verschiedenen materiellen Gegenständen realisiert sein. Das heißt, dieselbe Funktion eines bestimmten Typs kann in materiellen Dingen und Erscheinungen realisiert sein, die ganz unterschiedliche sinnlich wahrnehmbare Gestalten annehmen.[168] Und man ist nicht auf ein einziges Mittel festgelegt, um einen bestimmten Zweck zu erreichen. Es gilt also: Ein und dieselbe Funktion kann in mehreren Gestaltungen realisiert sein. Umgekehrt haben selbst ganz einfache Gegenstände nicht nur eine einzige Funktion, sondern mehrere, die häufig in Konkurrenz zueinanderstehen. Die Erfüllung einer bestimmten Funktion hat Nebenwirkungen in Bezug auf andere. Um sie zu vereinbaren, müssen Kompromisse eingegangen werden. Je komplexer ein Gegenstand und die Anforderungen an ihn sind, desto größer ist die Zahl der einzugehenden Kompromisse.[169] Es gilt also auch: Eine Gestaltung kann mehrere Funktionen haben. Die Funktion eines Nagels besteht darin, als Vorrichtung zum Aufhängen von Kleidern oder anderen Dingen zu dienen, wenn er nicht vollständig in eine Wand oder ein senkrecht stehendes Möbelteil hineingetrieben wird. Diese Funktion erfüllt aber auch ein an einer Wand oder einem Möbelstück angebrachter Haken oder eine Schraube, obwohl Nagel, Haken und Schraube anders aussehen. Ein Nagel hat die Funktion eines Verbindungsmittels, wenn er vollständig in zwei aneinander liegende Materialien

---

[166] *Dorschel* in Kolmer/Wildfeuer (2011) Bd. 1, Stichwort „Form", S. 776.
[167] BGH GRUR 1981, 352, 355 – Staatsexamensarbeit.
[168] Vgl. *Esfeld* in Kolmer/Wildfeuer (2011) Bd. 1, Stichwort „Funktion", S. 842, 847 ff.
[169] *Dorschel* in Kolmer/Wildfeuer (2011), Bd. 1, Stichwort „Form", S. 777.

geschlagen wird. Diese Funktion könnte ebenfalls mit einer Schraube oder mit Klebstoff erfüllt werden, obwohl die Schraube anders aussieht als ein Nagel und der Klebstoff zudem aus ganz anderen Materialien zusammengesetzt ist. Ein Nagel ist multifunktional und teilt seine Funktionen mit anderen Gegenständen, die sie ebenfalls erfüllen. Beide Phänomene gleichgültig, ob sie sich auf technische oder nichttechnische Sachverhalte beziehen, eröffnen Spielräume für individuelles Gestalten.

E52   Wir nehmen an, ein Produktgestalter stellt sich der Aufgabe, einen Stuhl zu entwerfen. Ein Stuhl hat die Funktion, als Sitzgelegenheit zu dienen. Der Gestalter ist damit aber nicht auf einen bestimmten Formtyp oder auf bestimmte Arten von Formtypen festgelegt. Ein Stuhl kann die geometrische Form eines Würfels oder Quaders, einer umgedrehten Pyramide oder eines Kegels, deren Spitze auf einer Standfläche angebracht ist, einer Kugel oder eines Zylinders haben. Er kann aus den verschiedensten Materialien, Holz, Metall, Kunststoff, Glas usw. bestehen oder aus ihnen zusammengesetzt sein. Er kann ein oder mehrere geradlinige oder geschwungene Beine haben, mit ähnlich geformten Arm- oder Rückenlehnen versehen sein oder nicht. Ihm können die verschiedensten ästhetischen Qualitäten zugeschrieben werden. Er kann hart oder bequem sein, langweilig, elegant, grazil oder überladen, protzig, klobig, rustikal oder majestätisch (Thron) usw. Nicht alle Stühle sind zum Sitzen da oder werden zu diesem Zweck erworben. Die Funktion eines Stuhles kann auch sein, Räume zu füllen, zu repräsentieren und andere Menschen zu beeindrucken.[170] Die kubische Form der Stahlrohrstühle von Mart Stam und Gerhard Stüttgen[171] beispielsweise war weder eine Konsequenz der technischen Lösung, einen hinterbeinlosen Stuhl aus einem Rohrstrang zu bauen,[172] noch wurde sie ihr als ästhetischer Überschuss quasi aufgepfropft, sondern ist Ergebnis ästhetischer Entscheidungen, die im Stil der Neuen Sachlichkeit auf ornamentale Überladungen verzichtete und die Verwendung einfacher geometrischer Körper präferierte.[173] Umgekehrt ist der Erwerb des Patentschutzes nicht ausgeschlossen, wenn der mit einer neuen Lehre erreichte Erfolg auf ästhetischem Gebiet liegt.[174] Ein schönes Beispiel bildet der eigens von dem Künstler Ives Klein entwickelte Farbtyp Ultramarinblau, für dessen chemische Zusammensetzung er ein Patent anmeldete (→ Rn. C62). Funktionen und Formen von Gegenständen ergeben sich nicht aus der Natur der Sache und sind nicht einfach aus der Natur ablesbar. Es sind vielmehr Menschen, die sie ihnen zuschreiben oder verleihen. Und diese Tätigkeiten sind geistige Tätigkeiten des gestalterischen Menschen, der keine Grenzen gesetzt sind.

---

[170] *Dorschel* in Kolmer/Wildfeuer (2011) Bd. 1, Stichwort „Form", S. 779.
[171] S. BGH GRUR 1961, 635 ff. – Stahlrohrstuhl I.
[172] Vgl. dazu im Kontrast die geschwungene Form des hinterbeinlosen Stahlrohrstuhles von Mies van der Rohe: *Schulze* (1983), S. 328 Abb. 11.
[173] *Dorschel* in Kolmer/Wildfeuer (2011) Bd. 1, Stichwort „Form", S. 782.
[174] BGH GRUR 1967, 590, 591 – Garagentor; BGH GRUR 1966, 249, 250 f. – Suppenrezept. *Mes* (2020), PatG § 1 Rn. 76.

bb) Technische und sonstige Zwänge

Mit der Ablehnung der Funktionstheorie ist die Lehre vom Gestaltungsspielraum in der Version von (Ind8) allerdings noch nicht vom Tisch. Die Aussage des EuGH, der Urheberrechtsschutz sei ausgeschlossen, wenn die Schaffung eines Gegenstands „durch Regeln oder durch andere Zwänge" bestimmt wird,[175] kann nämlich auch in einer anderen Weise interpretiert werden. Richtet man das Augenmerk auf die Zwänge, denen Urheber beim Werkschaffen ausgesetzt sind, dann geht es nicht mehr allein darum, ob technische Überlegungen angestellt oder technische Regeln angewendet werden, sondern darum, wann sie dem gestalterischen Menschen eine bestimmte Ausdrucksform aufzwingen. Insoweit hat der EuGH natürlich Recht. Wo Zwänge herrschen, gibt es keine freien Entscheidungen. Nun ist aber jeder Werkschaffende wie jeder Bürger in ein Netz von Vorschriften, Regeln und Normen eingewoben. Er darf mit dem Ergebnis seines Werkschaffens nicht gegen ethische und gesellschaftliche Normen und die Vorschriften des Strafgesetzbuches verstoßen. Er muss geltende technische Normen, Umweltstandards und Vorschriften zum Schutz der Volksgesundheit, der öffentlichen Sicherheit und der Verbraucher einhalten und ist dem Diktat der Mode, des Zeitgeschmacks und sonstiger auf seinem Schaffensgebiet herrschender Konventionen und Gepflogenheiten unterworfen. Bei der jetzt zu diskutierenden Frage, ob und inwieweit solche Zwänge die Gestaltungsspielräume ausschließen oder beschränken, sollen rechtliche und moralische Normen sowie bestehende künstlerische Schaffenskonventionen beiseitegelassen werden, weil die Produktion eines Werks rechts- oder sittenwidrigen Inhalts nach herrschender Auffassung dem Erwerb des Urheberrechts nicht entgegen steht[176] und Künstler und Literaten es als Manifestation ihrer künstlerischen Freiheit ansehen, sich über die herrschenden Gepflogenheiten hinwegzusetzen. Wir wollen uns daher auf technische Regeln und Gesetzmäßigkeiten konzentrieren, die in der Urheberrechtspraxis im Vordergrund des Interesses stehen. Die Frage lautet: Wann eröffnen technische Vorschriften und Regeln Gestaltungsspielräume für schöpferisches Gestalten und wann schließen sie sie aus?

Das obige Argument des EuGH könnte man dementsprechend so umformulieren, dass es zu der jetzigen Fragestellung passt:

Prämisse 1* Gedanken bzw. Ideen dürfen nicht durch das Urheberrecht monopolisiert werden.

Prämisse 2* Erzwingen technische Regeln und Gesetzmäßigkeiten die Form eines Gegenstandes, die etwas ausdrückt, fallen ausgedrückter Gedanke bzw. ausgedrückte Idee und Ausdruck zusammen.

---

[175] EuGH GRUR 2020, 736 Rn. 24 – Brompton; EuGH GRUR 2019, 1185 Rn. 31 – Cofemel.
[176] Z. B. *Loewenheim/Leistner* in Schricker/Loewenheim (2020), UrhG § 2 Rn. 70; *Obergfell*, in Büscher/Dittmer/Schiwy (2015), UrhG § 2 UrhG Rn. 11.

Konklusion* Also darf die durch die Anwendung technischer Regeln und Gesetzmäßigkeiten erzeugte Ausdrucksform nicht durch das Urheberrecht monopolisiert werden.

Der Unterschied zur Funktionstheorie besteht darin, dass nicht die Funktion des Gegenstands entscheidend ist, sondern die Regeln und Gesetzmäßigkeiten, nach denen er geformt wurde. Wann erzwingen technische Regeln und Gesetzmäßigkeiten die Form und den Ausdruck eines Gegenstands?

E55   Die Antwort hängt offenbar davon ab, wie die jeweils herangezogene Regel gefasst ist. Je strikter sie ist, desto geringer sind die Anwendungsspielräume. Die in einer Patentschrift niedergelegte Lehre muss inhaltlich klar und deutlich sein, damit der Fachmann sie ausführen kann.[177] Das könnte ein starker Hinweis dafür sein, dass zumindest patentgeschützte Lehren strikte Regeln sind, die bestimmen, welche Form die mit ihrer Anwendung erzielbaren Ergebnisse haben und was sie ausdrücken? Davon scheint der EuGH auszugehen, wenn er in den Mittelpunkt seines Arguments den Fall rückt, in dem Ausdruck eines Gegenstands und die ihm zugrundeliegende technische Idee zusammenfallen. Ein Blick auf die Praxis zum Erfinderrecht zeigt aber, dass dieser Fall nicht der Normalfall ist. Bei einem Erzeugnispatent beispielsweise ist Gegenstand der Erfindung die in einem bestimmten Erzeugnis verkörperte technische Lehre, nicht aber der körperliche Gegenstand selbst, der in Umsetzung der technischen Lehre als einzeln identifizierbarer Gegenstand geschaffen wird. Jene ist geistig, dieser materiell. Der Patentschutz bezieht sich also auf diejenigen Eigenschaften eines materiellen Gegenstands, die vorhanden sein müssen, damit mit seiner bestimmungsgemäßen Verwendung das in der Lehre beschriebene Ziel erreicht wird. Die geschützte Lehre klassifiziert somit alle Erzeugnisse zusammen, die die von ihr definierten Merkmale und Eigenschaften miteinander teilen. Diese Klasse kann abhängig von dem Allgemeinheitsgrad der verwendeten Begriffe eine mehr oder weniger große Zahl von Ausführungsformen enthalten, die sich in Herstellungsart, Material oder Aussehen deutlich unterscheiden. Wie jede Beschreibung eines Gegenstands beschreibt auch eine technische Lehre die unter sie fallenden Gegenstände nicht vollständig, sondern nur unter einem bestimmten Aspekt. Das bedeutet, dass die von der Lehre erfassten Objekte *mehr Eigenschaften* haben, als die zugrunde liegende Lehre aufzeigt. Insofern beschränkt die technische Bedingtheit des Erzeugnisses den Spielraum für einen Produktgestalter also nicht. Er kann ihn deshalb ohne Weiteres nutzen, um einen geistigen Gehalt hervorzubringen, der im Sinne von (Ind7) schöpferisch ist. Technische Lehren und Gesetzmäßigkeiten erzwingen normalerweise keine bestimmte Form. Künstler machen sich nicht selten gerade die kausalen Eigenschaften von bestimmten Materialien oder vorhandenen Gegenständen zunutze, um mit ihnen zu experimentieren, sie zu kombinieren und auszuloten, welche Gestaltungsmöglichkeiten sie bieten. Ein sehr eindrucksvolles Beispiel bildet die Lehre, die dem berühmten Stierkopf von Picasso, bestehend aus einem Fahrrad-

---

[177] *Mes* (2020), PatG § 34 Rn. 74.

sattel und einer Rennradlenkstange, die übereinander so angeordnet sind, dass der Sattel mit dem spitzen Ende nach unten und die darauf befindliche Lenkstange mit den Griffen nach oben weist, zugrunde lag.[178] Ein anderes Beispiel aus der Rechtsprechung bildet die Entscheidung „Kristallfiguren", in der nach Ansicht des BGH die Licht- und Farbwirkung von geschliffenem Kristallglas dazu beitrug, die strittigen Tierfiguren als geschützte Werke zu betrachten.[179] Das kann, wie das Beispiel des Künstlers Ives Klein zeigt, sogar so weit gehen, dass Künstler Materialien und technische Verfahren erst erfinden, um sie für ihr Schaffen zu verwenden. Und selbstverständlich ist es auch möglich, einem Gebrauchsgegenstand, der wie der berühmte Flaschentrockner von Duchamp nach einem technischen Verfahren hergestellt wurde und nichts anderes bedeutet, als ein Flaschentrockner zu sein, einen über ihn hinausgehenden Sinn zu verleihen, indem ein Künstler ihn in einen anderen Sinnzusammenhang stellt, in einer anderen Umgebung zusammen mit anderen Objekten präsentiert oder mit einem Titel versieht (→ Rn. C54). Technische Lehren setzen der gestalterischen Freiheit zwar gewisse Grenzen, eröffnen aber auch Spielräume, die die Freiheiten von Werkschaffenden erweitern. Neue Technologien bieten nicht nur neue Möglichkeiten, materielle Vorkommnisse von Werken hervorzubringen und diese zu verbreiten, sondern auch schöpferisch tätig zu werden.[180] Für diese Normalfälle ist also schon Prämisse 2* im Argument des EuGH widerlegt.

Dennoch könnten die Anhänger der Lehre vom Gestaltungsspielraum darauf beharren, dass jedenfalls in den Fallkonstellationen, in denen eine technische Idee mit einem bestimmten Ausdruck zusammenfällt, der Ausdruck technisch notwendig und damit schöpferisches Gestalten unmöglich ist, was den Erwerb des Urheberrechts ausschließt.[181] Um wieder auf das Erfinderrecht zurückzugreifen, könnte ein solcher Ausnahmefall dann gegeben sein, wenn ein Patentanspruch in Verbindung mit der Beschreibung und den beigefügten Zeichnungen das Aussehen des patentgemäßen Erzeugnisses genau beschreibt und beispielsweise durch Verwendung exakter Zahlen- und Maßangaben deutlich gemacht wird, dass sich das erstrebte Patent allein auf diese Ausführungsform bezieht.[182] Urheberrechtlich gesprochen wäre somit die so beschriebene Ausführungsform ein singuläres Werk (→ Rn. E14f.), das es nur einmal gibt, falls die zugrunde liegende Lehre auf individuellem Schaffen beruht.[183] Normalerweise sind die Patentansprüche zwar nicht so eng gefasst, weil ein Patentanmelder E56

---

[178] Dazu *Schulze* (1983), S. 158, 323 Abb. 5.
[179] BGH GRUR 1988, 690, 692f. – Kristallfiguren.
[180] Das ambivalente Verhältnis zwischen Kunst und Technik begleitet die Geschichte des Deutschen Werkbunds, dessen Ziel es ist, Kunst und Industrie zusammen zu bringen, von Anfang an, s. *Campbell* (1989), S. 15, 37, 68.
[181] So *Zech* ZUM 2020, 801, 803.
[182] Vgl. BGH GRUR 2011, 701 Rn. 23 f., 35 – Okklusionsvorrichtung; *Scharen* in Benkard (2015), PatG § 14 Rn. 23 ff.; *Mes* (2020), PatG § 14 Rn. 21.
[183] Vgl. *Goodman* (1998), S. 181, der darauf aufmerksam macht, dass die Forderung nach absoluter und starrer Kontrolle durch die angewendete Regel in ein rein autografisches, d. h. singuläres Werk mündet.

bestrebt sein wird, seiner Erfindung einen weiteren Anwendungsbereich zu eröffnen und deshalb die angeführten Ausführungsformen und Zeichnungen regelmäßig nur dazu dienen, als Beispiele den Sinn der Patentansprüche näher zu erläutern, was auch für exakte Zahlen- und Maßangaben gilt.[184] Das heißt aber nicht, dass es Fallkonstellationen, in denen eine technische Idee mit einer bestimmten Ausdrucksform zusammenfällt, nicht gibt. Für solche Fallkonstellationen träfe Prämisse 2* in der Argumentation des EuGH zu: Wäre die einzige von einem Patentanspruch erfasste Ausführungsform auch durch das Urheberrecht geschützt, hätte der Erfinder bis zum Ablauf der urheberrechtlichen Schutzfrist ein Monopolrecht an ihr, auch wenn der Patentschutz längst schon erloschen ist. Folgt daraus aber schon die Richtigkeit der Konklusion*? Das wäre der Fall, wenn man Prämisse 1* akzeptieren müsste. Daran bestehen aber ebenfalls Zweifel. Oben (→ Rn. C164) habe ich ausführlich dargelegt, dass sich Urheberrecht und Erfinderrecht nicht gegenseitig ausschließen. Dort ging es um die Frage, ob der gedankliche Inhalt der in einer Patentschrift formulierten Lehre auch urheberrechtlich geschützt sein kann. Diese Frage habe ich bejaht. Jetzt haben wir uns mit einer anderen Frage zu befassen, nämlich ob ein patentgemäßes Erzeugnis, das etwas ausdrückt, vom Urheberrecht ausgeschlossen ist, wenn es die einzige Ausführungsform des Patents ist.

E57 Nehmen wir an, ein Produktgestalter oder ein Künstler experimentiert mit bestimmten Materialien oder Dingen und kombiniert sie so, dass sein Ergebnis etwas darstellt oder bestimmte Empfindungs- und Gefühlsinhalte ausdrückt. Nehmen wir weiter an, er habe sich dabei von den auf seinem Schaffensgebiet bestehenden üblichen und bekannten Darstellungskonventionen und Formungsregeln entfernt, dann ist sein Ergebnis nach Kriterium (Ind7) individuell und urheberrechtlich geschützt. Verliert er nun sein Urheberrecht oder hat er es nie gehabt, wenn er erkennt, dass er nach einer technischen Regel gehandelt hat und diese durch einen findigen Patentanwalt in einer Patentanmeldung formulieren lässt, die sein Produkt genau beschreibt und ggfs. zeichnerisch abbildet? Macht es einen Unterschied, wenn seine Anmeldung nicht zum Erfolg führt, etwa weil er auf das Patent verzichtet, die festgesetzten Gebühren nicht zahlt oder das Patentamt die Anmeldung zurückweist? Wohl kaum.[185] Eines ist, eine Regel festzusetzen, d. h. sie zu formulieren, Anderes ist, sie anzuwenden. Wir haben es mit unterschiedlichen Tätigkeiten zu tun (→ Rn. C192). Wenn also ein Urheber erkennt, dass seinem Originalexemplar, etwa einem Gemälde oder einer Skulptur, eine technische Lehre zugrunde liegt und er sie in einer Patentschrift formuliert, müsste man vielmehr annehmen, dass er Urheber und Erfinder in Personalunion ist und die Schutzrechte des Urheberrechts und des Erfinderrechts nebeneinander in Anspruch nehmen kann, nicht aber dass bei der Gestaltung seines materiellen Objekts keine oder nur eingeschränkte Gestaltungsspielräume bestanden

---

[184] BGH GRUR 2002, 511, 512 – Kunststoffrohrteil; BGH GRUR 2002, 515, 517 – Schneidmesser I. Vgl. auch *Mes* (2020), PatG § 14 Rn. 126 ff.

[185] So auch *Tolkmitt* GRUR 2021, 383, 386.

hätten. Es wäre abwegig, einem Künstler das Urheberrecht zu verweigern, wenn etwa ein Kunsthistoriker ein Werk von ihm eingehend analysiert und die spezifischen Regeln, nach denen er geschaffen hat, die Besonderheiten seines persönlichen Stils herausarbeitet und in einer eigenen Arbeit formuliert. Ein Beispiel, in dem dies verkannt wird, bildet die BGH-Entscheidung „Seilzirkus". Der BGH führt in Übereinstimmung mit der Vorinstanz aus, die Entwicklung des strittigen Kletternetzes sei zunächst eine technische Idee gewesen. Sie habe die technische Aufgabe gelöst, ein zum Klettern geeignetes Spielgerät aus einem Mast und Seilen zu konstruieren. Die technische Zielrichtung komme insbesondere darin zum Ausdruck, dass die Konstruktion für die Erteilung eines Patents angemeldet worden sei – wegen eigener neuheitsschädlicher Veröffentlichungen des anmeldenden Konstrukteurs ist es zu einer Erteilung allerdings nicht gekommen. Die Produkte der Klagepartei hätten das technische Konzept einfach und rationell umgesetzt. Soweit die Netze eine ästhetische Wirkung erzielten, beruhe dies auf der technischen Konstruktion. Es könne deshalb nicht angenommen werden, dass es sich bei den Kletternetzen um Schöpfungen individueller Prägung und damit um ein Werk der angewandten Kunst handele.[186] Die Klagepartei habe nicht dargetan, durch welche individuellen Gestaltungsmerkmale ihre Kletternetze über die von der Funktion vorgegebenen Form hinaus künstlerisch gestaltet worden seien. Dem Umstand, dass es zahlreiche Möglichkeiten zur Gestaltung von Klettergerüsten gibt, hat der BGH in diesem Zusammenhang keine Bedeutung beigemessen.[187] Ganz offenbar ist dem bedauernswerten Konstrukteur zum Verhängnis geworden, dass er seine Konstruktion zum Patent anmeldete, um auf diese Weise Ausschließlichkeitsrechte zu erwerben. Hätte er sie dagegen von Anfang an nur als eine gestalterische Leistung präsentiert, hätte der BGH sich sehr schwergetan, mit seiner gegebenen Begründung den Schutz des Urheberrechts zu verweigern. Wie sollte ein Produktgestalter die alleinige technische Bedingtheit seines Produkts anders ausschließen können als darauf hinzuweisen, dass es Gestaltungsspielräume und zahlreiche Möglichkeiten der Gestaltung auf seinem konkreten Schaffensgebiet gibt? Es ist bemerkenswert, dass der BGH in der späteren Entscheidung „Vitrinenleuchte" auf der Basis derselben Grundsätze zu einem diametral anderen Ergebnis gelangte.[188] Für die streitgegenständliche Vitrinenleuchte kam ein Schutz nach dem Erfinderrecht ganz offensichtlich nicht in Betracht, der für sie bestehende Designschutz war abgelaufen. Sie war nach folgender Regel gestaltet: Baue eine Vitrinenleuchte, bestehend aus drei Elementen, einem Ständer und einem Arm unterschiedlicher Länge, die durch ein

---

[186] BGH GRUR 2012, 58 Rn. 27 – Seilzirkus.
[187] BGH GRUR 2012, 58 Rn. 28 ff. – Seilzirkus. In seiner späteren Entscheidung „Papierspender" (GRUR 2021, 473 Rn. 39, 40), wo es um die technische Bedingtheit eines auch als Patent geschützten Geschmacksmusters ging, hat der BGH dagegen sehr wohl das Bestehen alternativer Geschmacksmuster, mit denen sich dieselbe technische Funktion erfüllen lässt, als einen Umstand bezeichnet, der bei der Prüfung der technischen Bedingtheit des Klagemusters zu beachten ist; ebenso EuGH GRUR-RS 2023, 2900 Rn. 23 – Packing Device.
[188] BGH GRUR 2023, 571 Rn. 22 – Vitrinenleuchte. Vorinstanz OLG Hamburg GRUR-RS 2021, 58851.

weitgehend unsichtbares und stufenlos verstellbares Scharnier verbunden sind. In Übereinstimmung mit der Vorinstanz sah der BGH in der Kombination dieser drei Elemente den Ausdruck einer eigenschöpferischen Leistung und stellte die Leuchte gem. § 2 Abs. 1 Nr. 4, Abs. 2 UrhG unter Urheberrechtsschutz.[189] Das wirft eine Reihe von Zweifelsfragen auf. Wieso soll diese Regel keine technische sein? Gerade die Konstruktion eines weitgehend unsichtbaren stufenlos verstellbaren Scharniers zur Verbindung der beiden anderen Elemente ist doch eine Aufgabe, die nicht künstlerisch, sondern technisch zu lösen ist. Waren denn die Proportionen des Ständers und des Arms zueinander nicht weitgehend von der Funktion abhängig, in bestimmten einheitlich gestalteten Boutiquen so eingebaut zu werden, dass die Leuchten nie in Konkurrenz zu den angeleuchteten Waren treten?[190] Und schließlich was rechtfertigt die Annahme, dass die angewandte Regel eine vom Produktgestalter selbst gesetzte individuelle Regel und nicht die Fortsetzung einer etwa auf dem Gebiet der Gestaltung von Tisch- und Stehleuchten bereits praktizierten allgemeinen Gestaltungsregel war?[191] Die vorhandenen vielfältigen Angebote von Leuchtenherstellern schließen dies jedenfalls prima facie nicht aus, sondern legen dies eher nahe, so dass offenkundig nicht ausgeschlossen werden kann, dass die fragliche Vitrinenleuchte nach vorgegebenen Regeln geschaffen wurde. Statt die Feststellungen der Vorinstanz einer Prüfung zu unterziehen, hat sie der BGH einfach übernommen, ohne zu fragen, ob die als maßgeblich bezeichneten Gestaltungselemente technisch bedingt sind und ohne eine Begründung dafür zu geben, inwiefern sie auf individuellem künstlerischem Schaffen beruhen. Dass sich die strittige Vitrinenleuchte geringfügig im Gesamteindruck von vorhandenen Leuchten unterschied,[192] darf nicht dazu verleiten, auf dem Gebiet der angewandten Kunst auf das Kriterium der Individualität zu verzichten.[193] Die Frage, ob ein in einen Urheberrechtsprozess eingeführtes Erzeugnis auf individuellem Schaffen beruht und was nach der Meinung der entscheidenden Richter an ihm künstlerisch ist, ist eine Rechtsfrage, die sie und nicht die Prozessparteien beantworten müssen. Ihrer Aufgabe können sie sich nicht dadurch entziehen, dass sie dem Urheber wie im Fall Seilzirkus kaum zu erfüllende Darlegungslasten auferlegen, indem sie von ihm verlangen, die konkreten Elemente aufzuzählen, aus denen sich der urheberrechtliche Schutz ergeben soll[194] oder ihn wie im Fall Vitrinenleuchte in der Revisionsinstanz als Tatsachenfeststellung des Berufungsgerichts ungeprüft bejahen.[195]

---

[189] BGH GRUR 2023, 571 Rn. 11 f., 22. – Vitrinenleuchte.
[190] Vgl. die Vorinstanz OLG Hamburg GRUR-RS 2021, 58851 Rn. 61.
[191] OLG Hamburg GRUR-RS 2021, 58851 Rn. 63. S. u. zum Designrecht → Rn. E101 f.
[192] OLG Hamburg GRUR-RS 2021, 58851 Rn. 68 ff.
[193] Darauf macht *Stieper* (GRUR 2023, 675, 676) in seiner Anmerkung zur Entscheidung „Vitrinenleuchte" nachdrücklich aufmerksam; ebenso *Peifer* ZUM 2023, 535, 536.
[194] BGH GRUR 2012, 58 Rn. 23 f. – Seilzirkus; BGH GRUR 2023, 571 Rn. 21 – Vitrinenleuchte. Anders aber BGH GRUR 1981, 820, 822 – Stahlrohrstuhl II. Zum Ganzen näher → Rn. E26, E61 ff.
[195] BGH GRUR 2023, 571 Rn. 19 – Vitrinenleuchte. Das kritisiert *Peifer* (ZUM 2023, 535, 536) ebenfalls mit Recht.

Es ist auch keineswegs ausgemacht, dass diejenige technische Lehre, die E58
einem Urheber bei der Befassung mit den technischen Aspekten seines Schaffens einfällt, die einzige ist, auf die man kommen könnte. Eine andere Person
könnte sein Produkt als eine mögliche Ausführungsform einer ganz anderen
technischen Lehre erkennen und für sie Patentschutz erwerben. Im Softwarerecht ist z. B. allgemein anerkannt, dass die Benutzeroberfläche eines Computerprogramms keine Ausdrucksform des Programms ist.[196] Sie umfasst die Art und
Weise der Bedienung des Programms sowie die Art der Informationsausgabe
bzw. -darstellung zur Kommunikation mit dem Nutzer. Die Benutzeroberfläche wird durch die Befehle und Grafikdateien des Programms erzeugt und
beim Programmablauf sichtbar gemacht. Ihre Funktion besteht nicht darin, das
Programm auszuführen, sondern die Kommunikation zwischen ihm und dem
Benutzer zu ermöglichen.[197] Da die gleiche Benutzeroberfläche durch unterschiedliche Computerprogramme erzeugt werden kann, kann sie einen eigenständigen Schutz als Werk i. S. v. § 2 Abs. 1 Nr. 1, 4 oder 7 UrhG genießen, wenn
sie individuell sind.[198] Die Anweisungen und Regeln, die in einem bestimmten
Computerprogramm codiert sind, erzwingen keine bestimmte Benutzeroberfläche und umgekehrt. Letzteres kann verallgemeinert werden. Die Ergebnisse, die
der Ablauf eines bestimmten Computerprogramms erzeugt, können auch durch
andere Computerprogramme hervorgebracht werden.

Aus diesen Überlegungen folgt: Technische Regeln und andere Gesetzmäßigkeiten entfalten ihre zwingende Wirkung nur, wenn sich ein Produktgestalter E59
oder Künstler an sie hält, d. h. wenn er sich durch sie zwingen lässt. Er wird nicht
schöpferisch tätig. Sie haben diese Wirkung dagegen nicht, wenn er während des
Schaffensprozesses bewusst oder unbewusst neue findet und danach handelt,
also wenn er sich von den vorbestehenden Konventionen *nicht zwingen* lässt,
indem er von ihnen abweicht, sie modifiziert oder sich gar über sie hinwegsetzt.
Insoweit stehen ihm unbegrenzte Gestaltungsspielräume zur Verfügung, wie es
für die gesamte geistige Betätigung des Menschen charakteristisch ist. Insoweit
unterscheiden sich technische Regeln nicht von nichttechnischen Regeln, Darstellungs- und Formungskonventionen. Im Urheberrecht geht es gerade darum,
dass sich ein schöpferischer Mensch nicht vollständig an *vorbestehenden* Gepflogenheiten orientiert. Dass er möglicherweise Sanktionen ausgesetzt ist, wenn er
gegen außerhalb des Urheberrechts bestehende Normen verstößt, spielt aus urheberrechtlicher Sicht keine Rolle. Das Monopolrecht des Urhebers beruht darauf, dass er *eigenständige* Regeln gefunden hat und sie in einem Werk umsetzt.

---

[196] EuGH GRUR 2011, 220 Rn. 41, 46 – BSA/Kulturministerium; *Haberstumpf* in Büscher/
Dittmer/Schiwy (2015), UrhG § 69a Rn. 7; *Grützmacher* in Wandtke/Bullinger (2022), UrhG
§ 69a Rn. 14; *Spindler* in Schricker/Loewenheim (2020), UrhG § 69a Rn. 7, jeweils mit weiteren
Nachweisen.
[197] EuGH GRUR 2011, 220 Rn. 35 ff. – BSA/Kulturministerium; EuGH GRUR 2012, 814
Rn. 38 – SAS Institute.
[198] EuGH GRUR 2011, 220 Rn. 51 – BSA/Kulturministerium; *Grützmacher* in Wandtke/
Bullinger (2022), UrhG § 69a Rn. 14; *Spindler* in Schricker/Loewenheim (2020), UrhG § 69a
Rn. 7.

Und dafür ist nicht maßgebend, ob sie technischer oder nichttechnischer Natur sind.[199] Urheberrecht und Erfinderrecht schließen sich deshalb auch in Bezug auf die Produktion von Erzeugnissen nicht aus, sondern können nebeneinander gegeben sein. Ich halte somit auch Prämisse 1* aus dem Argument des EuGH für widerlegt. An der Definition (Ind7) ist festzuhalten.

E60 Das Fazit ist: Die Lehre vom Gestaltungsspielraum in der vom EuGH präsentierten Form trägt zur Bestimmung, wann ein Werk individuell ist, nichts Entscheidendes bei. Versteht man sie im Sinne der urheberrechtlichen Funktionstheorie, ist sie falsch. Versteht man sie in dem Sinne, dass technische Überlegungen eine bestimmte Ausdrucksform erzwingen, bringt sie nur die Trivialität zum Ausdruck, dass jemand nicht schöpferisch tätig wird, wenn er sich an einer vorbestehenden technischen Regel orientiert. Es geht nicht darum, ob dem schöpferischen Mensch Gestaltungsspielräume offenstehen – solche sind immer vorhanden –, sondern was er aus ihnen macht. Die Parole lautet nicht: Je größer der Gestaltungsspielraum für das betreffende Werk ausfällt, desto eher ist auch Urheberrechtsschutz zu bejahen,[200] sondern: Je weniger sich ein Werkschaffender von vorbestehenden Regeln hat leiten lassen, desto höher ist das Maß der Individualität. Interpretiert man dagegen die Lehre vom Gestaltungsspielraum im Sinn von (Ind7) als ein negatives Ausschlusskriterium um, fallen die gegen sie vorgebrachten Einwände in sich zusammen. Eine Person wird durch die Ausschließlichkeitsrechte des Urheberrechts nur dann privilegiert, wenn sie von den bestehenden Regeln und Gepflogenheiten abweicht oder sich über sie hinwegsetzt. Die von *Stallberg* formulierte These, individuelles Handeln bestehe in einen regelhaften Regelbruch,[201] hat sich bestätigt. Damit kann erklärt werden, warum die Urheberrechtsordnungen Sprachwerke technischen oder wissenschaftlichen Inhalts, Darstellungen wissenschaftlicher oder technischer Art und Werke der angewandten Kunst sowie Werke mit rechts- oder sittenwidrigem Inhalt in ihren Anwendungsbereich einbeziehen.

c) Das Werk im Prozess

E61 Wann ein bestimmtes geistiges Produkt eine Schöpfung ist, ist eine Rechtsfrage, die die Parteien im Urheberrechtsprozess nicht unstreitig stellen können. Im Streitfall hat derjenige, der sich auf den Schutz des Urheberrechts beruft, die Schutzfähigkeit seines Werkes darzulegen und gegebenenfalls zu beweisen. Die neuere Rechtsprechung verlangt, dass der Urheber im Verletzungsprozess nicht nur ein Exemplar des betreffenden Werkes vorzulegen, sondern grundsätzlich auch die konkreten Gestaltungselemente darzulegen hat, aus denen sich der urheberrechtliche Schutz ergeben soll.[202] Damit werden aber die Darlegungslasten

---

[199] So auch OLG Schleswig ZUM-RD 2015, 108.
[200] *Schulze* in Dreier/Schulze (2022), UrhG § 2 Rn. 33.
[201] *Stallberg* (2006), S. 313 f.
[202] BGH GRUR 2023, 571 Rn. 21 – Vitrinenleuchte; BGH GRUR 2012, 58 Rn. 23 f. – Seilzirkus.

I. Individualität

des Urhebers überspannt (→ Rn. E57).[203] Denn die Individualität eines bestimmten Werkes ist keine Resultante von konkreten individuellen Einzelelementen (Wörter eines Sprachwerks, Bildpunkte eines Gemäldes, Töne eines Musikstücks usw.), sondern beruht auf der Anwendung einer selbst gesetzten Regel, die von den vorhandenen Konventionen abweicht und die verwendeten Einzelelemente zu einer in sich geschlossenen, aus Form und Inhalt bestehenden Sinneinheit zusammenführt. Diese aufeinander bezogenen Elemente eines Werkes isoliert herauszulösen und sie säuberlich in künstlerische, d. h. individuelle, und technische, d. h. nicht individuelle, zu separieren,[204] funktioniert nicht, wie sich schon bei der Analyse des BGH-Urteiles „Perlentaucher" deutlich gezeigt hat (→ Rn. C134). Sie funktioniert auch nicht bei den Werken der angewandten Kunst. Die Entscheidung „Vitrinenleuchte" belegt das ebenfalls eindrucksvoll, wo der BGH mit keinem Wort begründet, inwiefern die als maßgeblich herausgestellten Gestaltungselemente auf individuellem Schaffen beruhen (→ Rn. E57). Geht man dagegen davon aus, dass auf allen Gebieten des Werkschaffens unbegrenzte Gestaltungsspielräume bestehen und lässt sich im Einzelfall auf den ersten Blick ausschließen, dass ein Gestalter nach *vorgegebenen* Regeln gearbeitet hat, dann spricht für ihn wenigstens die Vermutung, dass er die gegebenen Gestaltungsspielräume tatsächlich genutzt hat, um sein geistiges Produkt hervorzubringen. Legen die auf seinem Gebiet praktizierten und üblichen Verarbeitungsweisen und Konventionen ihn nicht auf sein Ergebnis fest, bleibt ihm schließlich nichts anderes übrig als eigene Entscheidungen zu treffen, um es zu erzielen, es sei denn, er hat ein schon existierendes fremdes Werk einfach übernommen.[205] Für den Erwerb des Urheberrechts an Computerprogrammen gilt nichts anderes.[206] Dem entsprechen die von der Rechtsprechung aufgestellten traditionellen Regeln zur Darlegung und Beweislast der Schutzfähigkeit und zur Unterscheidung zwischen Doppelschöpfung und unbewusster Entlehnung. Danach genügt der klagende Urheber seiner Obliegenheit, die Schutzfähigkeit seines Werkes darzulegen und zu beweisen, in der Regel dadurch, dass er ein Werkexemplar vorlegt oder im Softwareverletzungsprozess eine für die entscheidenden Richter verständliche Beschreibung des Programms und seiner Besonderheiten präsentiert. Die Vorlage eines Exemplars des strittigen Werkes versetzt sie meistens in die Lage, die Individualität des in ihm vorkommenden geistigen Gehalts beurteilen zu können, ohne die Hilfe von Sachverständigen in Anspruch nehmen zu müssen. Neben ihrer juristischen Fachkompetenz verfügen sie wie andere Bildungsbürger über die Kompetenz, mit Sprach-, Bild-, Musik- und choreo-

---

[203] So BGH GRUR 1981, 820, 822 – Stahlrohrstuhl II.
[204] *Finke* (2022), S. 46 ff., versucht das anhand einer Gegenüberstellung der schöpferischen Figur der Pippi Langstrumpf und der nicht schöpferischen Nebenfiguren Tommy und Annika zu demonstrieren. Dabei übersieht er, dass auch diese Nebenfiguren untrennbar in das insgesamt schöpferische Handlungsgefüge der Romane von Astrid Lindgren ebenso eingewoben sind wie einzelne klischeehafte Schilderungen von Landschaften und Begebenheiten.
[205] *Haberstumpf* (2000), Rn. 97, 98.
[206] Begr. RegE, BT-Drs. 12/4022, S. 9 f.; BGH GRUR 2005, 860, 861 f. – Fash 2000.

grafischen Werken umzugehen und diese zu verstehen. Schließlich gehören sie auch zu den Adressaten, an die sich ein Schöpfer unter Verwendung von Zeichen eines *öffentlichen* Kommunikationssystems richtet.[207] Im Fall des Brompton-Fahrrads[208] beispielsweise kann man ihnen ohne weiteres unterstellen, dass sie sich mit Fahrrädern auskennen und wissen, wie sie üblicherweise aussehen. Sie können deshalb beurteilen, dass das Erscheinungsbild des Brompton-Fahrrads mit seinen für Erwachsenenfahrräder ungewöhnlich kleinen Rädern, dem extrem hochgezogenen Sattel und Lenker und der sehr tief liegenden nach oben gebogenen Mittelstange sich nicht bloß von vorbestehenden Fahrradformen unterscheidet, sondern auch keine Fortsetzung der für Fahrräder üblichen Formungsregeln ist.

E62 Verteidigt sich der wegen Urheberrechtsverletzung in Anspruch genommene Beklagte mit dem Einwand, das streitgegenständliche Werk sei nicht schutzfähig oder der Schutzumfang sei eingeschränkt, weil der Urheber auf vorbekannte Gestaltungen zurückgegriffen habe, ist es seine Sache, die Existenz und das Aussehen dieser Gestaltungen darzulegen und zu beweisen.[209] Ist ihm gelungen, die Existenz eines noch früheren Werkes zu beweisen, das in den wesentlichen Zügen dem im Streit befindlichen gleicht, steht fest, dass der klagende Urheber und sein Vorgänger nach denselben Regeln geschaffen haben. Um der Klageabweisung mangels Individualität seines Werkes zu entgehen, bleibt ihm nur noch übrig, die jetzt gegen ihn sprechende Anscheinsvermutung, er habe bewusst oder unbewusst auf das ältere Werk zurückgegriffen und keine schöpferische Leistung erbracht, zu widerlegen und darzutun, dass sein Werk eine individuelle Doppelschöpfung ist.[210] Er muss also ausschließen können, dass er nach den individuellen Regeln seines Vorgängers geschaffen hat. Das gelingt nur in seltenen Ausnahmefällen, wenn z. B. zwischen den beiden Urhebern keine Beziehungen bestanden und sie ihre Werke etwa zur selben Zeit entäußert haben oder irgendwann später ein Exemplar eines unbekannt gebliebenen Werks auftaucht. Ein anderes Beispiel wäre, wenn sie jeweils in voneinander abgeschotteten Kulturkreisen tätig waren und auf der Grundlage unterschiedlicher Traditionen schufen. Dasselbe gilt natürlich, wenn der Beklagte für sich den Anspruch erhebt, eine Doppelschöpfung geschaffen zu haben.

---

[207] Ausführlich *Haberstumpf* UFITA 2018, 495, 529 ff.
[208] EuGH GRUR 2020, 736. Eine Abbildung dieses Fahrrads und der angegriffenen Verletzungsform befindet sich im Schlussantrag des Generalanwalts Bordona vom 6.2.2020 (BeckRS 2020, 732 Rn. 21, 24). Den Hinweis auf das Brompton-Fahrrad verdanke ich Prof. Dr. Ansgar Ohly.
[209] BGH GRUR 1981, 820, 822 – Stahlrohrstuhl II; BGH GRUR 1991, 449, 451 f. – Betriebssystem; GRUR 2005, 860, 861 – Fash 2000.
[210] BGH GRUR 1971, 266 ff. – Magdalenenarie; BGH GRUR 1988, 810, 811 – Fantasy; BGH GRUR 1988, 812, 814 – Ein bißchen Frieden; *Loewenheim* in Schricker/Loewenheim (2020), UrhG § 23 Rn. 34 ff.; *Schulze* in Dreier/Schulze (2022), UrhG § 23 Rn. 88.

d) Warum schützt das Urheberrecht individuelle Werke durch Gewährung von Ausschließlichkeitsrechten?

Aus der These, individuelles Handeln bestehe in einem regelhaften Regelbruch, darf allerdings nicht der Schluss gezogen werden, jeder regelhafte Regelbruch begründe Individualität. Wer z. B. einen Gebrauchsgegenstand entgegen der Gebrauchsanleitung dauernd zweckentfremdend oder zweckwidrig verwendet oder als Musiker sein Instrument nicht beherrscht und immer wieder falsche Töne hervorbringt, ist damit noch kein Urheber. Und die Mitglieder einer Diebesbande, die sich in schöner Regelmäßigkeit aufmachen, in Gebäude einzubrechen oder Autos zu knacken, um daraus Wertgegenstände zu entwenden, erst recht nicht. Der bloße Verstoß gegen bestehende Normen, Regeln, Konventionen, der bloße Tabubruch reicht nicht aus. Man setzt sich zwar über sie hinweg, bleibt aber in ihnen gefangen. Zu einem Urheber wird eine Person nur, wenn ihr regelbrechendes Verhalten von selbst auferlegten Regeln und Gesetzmäßigkeiten bestimmt wird, die sie an die Stelle derjenigen Regeln setzt, von der sie abweicht. Aber auch das reicht nicht. Selbstbestimmtes Handeln kann auch Unsinn produzieren. Dies durch Gewährung von Ausschließlichkeitsrechten zu fördern, ist sicherlich nicht Zweck des Urheberrechts. Individuelle Werke des Urheberrechts müssen daher Sinn haben, sie müssen etwas für unser menschliches Handeln und Verhalten Bedeutsames zum Ausdruck bringen (→ Rn. D25). Das mündet in folgende Definition des Werkbegriffs ein:

E63

(W) Ein nach dem Urheberrecht geschütztes Werk ist ein geistiger Gegenstand, den eine menschliche Person hervorgebracht hat, mit dem sie unter Verwendung von Zeichen eines sozial geregelten Kommunikationssystems etwas ausdrückt (etwas zu verstehen gibt, ihm einen Inhalt, Sinn, verleiht), und auszuschließen ist, dass sie ihn allein nach vorbestehenden Regeln geschaffen hat.

aa) Die Bedeutung des Werkbegriffs für die Rechtfertigung des Urheberrechts

Der Werkbegriff bestimmt, wie die Beziehung zwischen Urheber und seinem Werk geartet ist. Alle modernen nationalen und internationalen Urheberrechtsordnungen[211] weisen Urhebern in mehr oder weniger großem Umfang Ausschließlichkeitsrechte zu, die ihnen die Rechtsmacht verleihen, anderen einen Eingriff in diese Beziehung zu untersagen. Vordringliches Ziel des europaweit harmonisierten Urheberrechts ist nach Erw.grd. 9 der InfoSoc-RL, die Erhaltung und Entwicklung kreativer Tätigkeit im Interesse der Urheber, ausübenden Künstler, Hersteller, Verbraucher, von Kultur und Wirtschaft sowie der breiten Öffentlichkeit sicherzustellen.[212] Dieses Ziel soll nach dem Willen des Richtliniengebers durch ein hohes Schutzniveau erreicht werden, d. h. durch Gewäh-

E64

---

[211] Vgl. Art. 6bis, 8, 9, 11 – 12, 14, 14bis RBÜ, der aktuell (Stand: Juni 2022) 181 Verbandsländern angehören.
[212] Vgl. auch Erw.grd. 11 der Schutzdauer-RL.

rung weitreichender eigentumsähnlicher Exklusivrechte. Sie dienen laut Erw. grd. 10 der InfoSoc-RL auch dazu, Urhebern und ausübenden Künstlern für die Nutzung ihrer Werke eine angemessene Vergütung zu sichern, damit sie weiter schöpferisch und künstlerisch tätig sein können. Diese Ziele könnten zwar auch auf anderen Wegen erreicht werden. Dass aber alle Urheberrechtsordnungen Ausschließlichkeitsrechte gewähren, ist ein klarer Hinweis darauf, dass dies als das geeignetste und effektivste Mittel angesehen wird, die Schöpferkraft der Menschen einer Nation oder gar der Menschheit zu fördern und zu erhalten. Die Rechtfertigung für ein solches Vorgehen besteht somit erstens in dem Gebot an den Gesetzgeber einer Kulturnation, die kreative Tätigkeit ihrer Mitglieder zu entwickeln und zu erhalten, und zweitens in der Überzeugung, die Gewährung exklusiver Rechte für den Urheber eines geschützten Werkes sei das geeignetste Mittel zur Erreichung dieses Ziels, woraus folgt, dass die Etablierung solcher Rechte ebenfalls gesollt ist.[213] Der Schluss ist allerdings nicht zwingend. Die Idee des geistigen Eigentums, die zur Entwicklung der modernen Urheberrechtsordnungen geführt hat, ist in Europa erst in der Neuzeit aufgekommen. In der Antike und im Mittelalter gab es kein Urheberrecht, ohne dass man sagen könnte, die damaligen Menschen hätten in einer geistigen Wüste gelebt. Das Grundkonzept der Urheberrechtsordnung wird ferner gerade im Zeitalter von Digitalisierung und weltweiter Vernetzung zunehmend mit dem Argument in Zweifel gezogen, es stehe der unbeschränkten Verfügbarkeit von Werken, Informationen, Wissen und Kultur und damit der sozialen, technischen und wirtschaftlichen Weiterentwicklung der Gesellschaft entgegen (s. o. → Rn. A23). Die Kritik kulminierte in lautstarken und heftigen Protesten gegen Art. 17 DSM-RL, der die Verantwortlichkeit von Internetplattformen für Urheberrechtsverstöße vorsieht, die ihre Nutzer durch Heraufladen von geschützten Inhalten begehen, und sie nach Ansicht der Kritiker faktisch zwinge, sog. Up-Load-Filter zu installieren und Zensur auszuüben. Wenn sich auch inzwischen der Pulverdampf wieder verzogen hat, besteht Anlass, sich über die Gründe zu vergewissern, die für das Grundkonzept der Urheberrechtsordnung sprechen.

E65   Jede Art der Legitimation des Urheberrechts in seiner modernen Form muss ihren Ausgangspunkt beim Werkbegriff nehmen. Je nachdem wie man ihn definiert, ergeben sich unterschiedliche Konsequenzen für das Legitimationsproblem. Im deutschen Schrifttum hat sich mit ihm *Stallberg* wohl am gründlichsten auseinandergesetzt.[214] Die von ihm diskutierten und denkbaren Begründungsmodelle teilt er in zwei Gruppen ein, die er individualistisch und kollektivistisch nennt. Rechtfertige man das Urheberrecht individualistisch, so schwanke man zwischen der Handlung, der Person und dem Werk des Urhebers – dazu würde ein Werkbegriff passen, der den Begriff der Schöpfung personalistisch im obigen Sinn interpretiert. Sei die Rechtfertigung des Urheberrechts kollektivistisch, so

---

[213] *Stallberg* (2006), S. 29, 40 ff.
[214] *Stallberg* (2006), S. 331 ff., in seiner abschließenden Bewertung der Begründungsmodelle.

I. Individualität E65–E66

bewege sie sich zwischen Schranken, Effizienz und Demokratie – das passende Korrelat wäre eine rein werkorientierte Deutung des Werkbegriffs. Beide Perspektiven, die jeweils gravierende Mängel aufwiesen, stünden im Konfliktfall unversöhnlich gegenüber. Zur Überwindung dieses Gegensatzes schlägt Stallberg vor, das Urheberrecht sprechakttheoretisch zu rekonstruieren. Ausgangspunkt sei, dass geistige Werke Ergebnisse von Sprechakten seien, deren Vollzug konventionale Regeln der menschlichen Sprache in Anspruch nehme. Die Berechtigung des Urheberrechts folge dann nicht aus moralischen Vorrechten des Urhebers oder der Gesellschaft, sondern aus der Sprache als deren gemeinsamer Daseinsform. Es ist unverkennbar, dass diesem Rechtfertigungsmodell ein Werkbegriff zugrunde liegt, wie wir ihn mit der Definition (W) zu bestimmen versucht haben. Dieser Ansatz soll weiterverfolgt werden.[215] Zwei Fragen sind zu beantworten: Warum schützen die Urheberrechtsordnungen die Ergebnisse kreativer Handlungen und warum schützen sie sie durch Gewährung ausschließlicher Rechte an ihre Urheber? Kann mit dem Werkbegriff (W) eine hinreichend überzeugende Antwort gegeben werden, hätte man eine weitere Bestätigung dafür, dass er adäquat ist.

bb) Förderung kreativen Handelns

Geschützte Werke sind Ergebnisse menschlicher Kommunikationsakte, mit denen Personen versuchen, die Welt, d. h. die Natur, uns selber, unsere Lebensäußerungen und -formen zu deuten und zu verändern.[216] Wie wir gesehen haben, sind geistige Gegenstände nicht kausal wirksam. Ihre Wirkung besteht darin, dass sie als – gute oder schlechte – Gründe für menschliches Handeln bzw. Unterlassen dienen können. Menschliches Verhalten erklären wir gewöhnlich damit, dass wir nach den Motiven fragen, warum eine Person sich so verhält, wie sie sich verhält: Sie wünscht bzw. wünscht nicht, dass ein bestimmter Sachverhalt besteht (Zweck), und glaubt, dass die Ausführung bzw. Nichtausführung eines bestimmten Handlungstyps diesen Zustand herbeiführt bzw. dessen Nichtausführung ihn vermeidet (Mittel). Also führt sie eine Handlung dieses Typs aus bzw. unterlässt es, Handlungen zu vollziehen, die das unerwünschte

E66

---

[215] Eine Festlegung auf den von Stallberg favorisierten Rekurs auf die Sprechakttheorie von *Searle* (Sprechakte, 1977) ist damit nicht verbunden. Ich halte sie nicht für geeignet, das Urheberrecht moralisch zu begründen. Das Verhalten eines Plagiators ist nicht deshalb unmoralisch, weil er einen fehlerhaften Sprechakt vollzieht (so *Stallberg* (2006), S. 317 ff.), sondern weil er mit Täuschungsabsicht falsche Informationen über die Entstehungsgeschichte des von ihm präsentierten Werks verbreitet, also gegen das moralische Gebot verstößt: Du sollst nicht lügen! Mit der Verletzung dieses Gebots durch einen Plagiator begründen zu wollen, dass es ein exklusives Urheberrecht geben soll, gelingt nur, wenn man voraussetzt, dass es ein exklusives Urheberrecht geben soll. Dass die Sprechakttheorie in der Version von *Searle* nicht unbesehen zur Lösung urheberrechtlicher Fragen herangezogen werden kann, zeigt dessen Analyse des Sprechakts des Versprechens (Sprechakte (1977), S. 280 ff.), wo er versucht, aus der Tatsache, dass jemand einem anderen etwas verspricht, das Sollensgebot abzuleiten, es erfüllen zu müssen; s. die Kritik bei *v. Kutschera* (1982), S. 31 Fn. 32.
[216] *Stallberg* (2006), S. 317, 322.

Ziel herbeiführen würden.[217] Überall kommen hier geistige Gegenstände ins Spiel. Unsere Erkenntnisbemühungen im Alltag, in den verschiedenen Wissenschaften, in Literatur und Kunst, im Recht und in der Moral zielen darauf ab, die Welt zu deuten, Ziele vor Augen zu führen, auf die wir uns hinbewegen können oder sollen, und Möglichkeiten aufzuzeigen, wie wir sie verwirklichen können. Sie sind mehr oder weniger erfolgreiche Versuche, sich in der Wirklichkeit zurecht zu finden, die uns beständig vor praktische Probleme stellt. Warum verfolgt nun die Urheberrechtsordnung das Ziel, die Entwicklung und Unterhaltung kreativer Tätigkeit zu fördern?

E67   Kreatives Handeln besteht darin, dass der Handelnde von den überkommenen Konventionen und Gepflogenheiten abweicht. Verharren aber einzelne Personen, Gruppen oder Gemeinschaften in den überkommenen Konventionen und Gepflogenheiten, indem sie sich, um eine Anleihe aus der Computersprache zu benutzen, gleichsam in einer Endlosschleife bewegen, verarmt ihr geistiges Leben. Reagieren sie auf neuartige Probleme in dogmatischer Weise nur mit ihren traditionellen Regeln, Rezepten und Lösungen, auch wenn diese sich bislang bewährt haben, werden sie auf längere Sicht gegenüber anderen Gemeinschaften, die flexibler reagieren, weniger Erfolg haben. Mit neuen innovativen Ideen und Konzepten können solche Defizite beseitigt werden. Es sind die schöpferischen Menschen, die neue Seh- und Hörgewohnheiten in den Kulturkreislauf einführen, neue Horizonte eröffnen und neue Lösungen für unser praktisches Handeln auf allen Lebensbereichen im Alltag, in Wirtschaft, Kultur, Wissenschaft und Technik und Politik anbieten. Das ist der Grund, weshalb das Urheberrecht die kreative Betätigung von Menschen unter besonderen rechtlichen Schutz stellt.

cc) Förderung kreativen Handelns durch Gewährung ausschließlicher Rechte

E68   Wer in seinem Werkschaffen von den gewohnten Bahnen abweicht, kann hoffen, nicht aber damit rechnen, dass seine geistigen Produkte Beachtung finden, ihm Ruhm und Ehre einbringen und wirtschaftlichen Ertrag abwerfen. Nicht selten stoßen sie gar auf Ablehnung, und ihre Schöpfer sind Sanktionen gesellschaftlicher Gruppen, staatlicher Behörden, religiöser Gemeinschaften oder sonstiger Organisationen usw. ausgesetzt. Auch wenn seit der frühen Neuzeit in Europa die Produktion von Neuem durch Abkehr von hervorgebrachtem Wissen, Werten und Sehweisen schrittweise gleichsam zu einer gesellschaftlichen Norm erklärt wurde,[218] bedarf es nach wie vor eines gewissen Mutes und eines hinreichenden Selbstwertgefühls, mit neuen Ideen und Gedanken aus der Anonymität herauszutreten und sich der öffentlichen Kritik zu stellen. Schöpfer müssen ferner befürchten, dass andere die Bedeutung ihrer Arbeiten erkennen, sie ausschlachten, verfälschen, in den Hintergrund drängen und die erhoffte An-

---

[217] Mit den verschiedenen Formen des praktischen Schließens befasst sich eingehend u. a. *v. Wright* (1974), S. 89, 93 ff.; *v. Wright* (1977), S. 41 ff.
[218] *Giesecke* (1991), S. 430 ff.; *Bappert* (1962), S. 105 ff.

I. Individualität   E68–E70

erkennung und den wirtschaftlichen Erfolg für sich vereinnahmen. Kreativ tätige Personen stehen immer vor der Frage, ob sich der Aufwand an Arbeit, Zeit und Kosten lohnt, um individuelle Werke zu schaffen, sie aus ihrem privaten Bereich zu entlassen und zu veröffentlichen. Damit sie ihre Skrupel und Zweifel leichter überwinden können, sind Anreize vonnöten.

In der Antike bildeten das Streben nach Ruhm und Anerkennung sowie die wirtschaftliche Unterstützung durch reiche Auftraggeber und Gönner, deren berühmtester Maecenas war,[219] hinreichend starke Antriebskräfte, um den kulturellen Kommunikationskreislauf durch Produktion neuer Werke und deren Verbreitung in Gang zu setzen und zu erhalten. Auch im Mittelalter herrschte Nachahmungsfreiheit. Klöster- und Bischofsitze mit ihren Domschulen widmeten sich der Aufgabe, Hüter der gelehrten und literarischen Überlieferung zu sein, mit Leidenschaft und beherbergten einen geschlossenen Kreislauf der Buchkultur von Autoren, Herausgebern, Schreibern, Korrektoren, Illustratoren, Kopisten Buchbindern und Lesern.[220] Werkschaffen war gottgefälliges Tun, das allenfalls im Jenseits eine Entlohnung fand, eine materielle Honorierung im Diesseits jedoch ausschloss. Als Auftraggeber für den Bau von Gotteshäusern und Kathedralen gaben Bischöfe und Klöster entscheidende Impulse für die Entwicklung neuer Architektur- und Bildformen. Erst im Hohen Mittelalter mehrten sich im Zusammenhang mit der höfischen Literatur Zeugnisse, in denen ein gesteigertes Urheberbewusstsein zum Ausdruck kam, sei es, dass man sich stolz namentlich zu seinem Werk bekannte, sei es, dass man auch aus persönlichem Interesse auf die Erhaltung der Werkintegrität Wert legte.[221] In rechtlichen Formen schlug sich das jedoch noch nicht nieder.   E69

Die Erfindung der Buchdruckerkunst, die Gutenberg 1454 oder 1455 mit der Herstellung seiner berühmten 42-zeiligen Bibel vollendet hatte und die sich in Europa mit rasender Geschwindigkeit verbreitete, brachte eine entscheidende Wende. Sie bedeutete nicht bloß eine technische Verbesserung der Vervielfältigung schriftlicher Vorlagen, sondern führte zu einer Medienrevolution, mit der allenfalls in neuester Zeit die Digitalisierung mittels Computertechnologie und Internet verglichen werden könnte. Durch die Möglichkeit der massenhaften Herstellung identischer Texte bot die neue Kunst die Gewähr, dass Wissen bewahrt, vermehrt und breiteren Bevölkerungsschichten zugeführt werden konnte,[222] was letztlich auch zur Standardisierung und Aufwertung der Volkssprachen gegenüber der Universalsprache Latein führte. Rechtlich stellten sich vor allem durch den Nachdruck neuartige Ordnungsprobleme. Der Buchdruck erforderte hohe Investitionen und bedeutete ein großes wirtschaftliches Wagnis, dem bereits einige der Frühdrucker, die von Anfang an ihr Gewerbe außerhalb der Schranken von Zunftordnungen nach Marktgesetzen ausübten, zum Opfer   E70

---

[219] Zum Mäzenatentum in der Antike und in der frühen Neuzeit s. *Bappert* (1962), S. 50, 113 f.
[220] *Wittmann* (1999), S. 16.
[221] *Bappert* (1962), S. 83 ff.
[222] *Giesecke* (1991), S. 147 ff.

fielen.²²³ Der Nachdruck, der in den Anfangsjahren noch hingenommen wurde, wurde im Zeichen zunehmender Konkurrenz als Bedrohung der wirtschaftlichen Existenz wahrgenommen. Der Nachdrucker ersparte sich nicht nur die Kosten und Mühen bei der Suche nach Textvorlagen und deren Überarbeitung. Auch die Umsetzung schon ausgedruckter Bücher fiel erheblich leichter als der Erstdruck. Naturgemäß bemächtigten sich die Nachdrucker nicht der weniger erfolgreichen Titel, die im Betrieb des Erstdruckers mitfinanziert wurden, sondern derjenigen, die sich am Markt durchgesetzt hatten, und brachten dadurch die Kalkulation der Originaldrucker durcheinander. Die Forderungen der geschädigten Drucker, Verleger und der mit ihnen verbundenen Autoren,²²⁴ diesen unlauteren Wettbewerb, dem mit den bestehenden Handelsgesetzen und Zunftordnungen nicht begegnet werden konnte, mit rechtlichen Mitteln zu beseitigen, fielen bei den staatlichen Autoritäten auf fruchtbaren Boden. Ihre Antwort war der feudalen Staatsordnung entsprechend nicht der Erlass eines allgemeinen Gesetzes, sondern die Privilegierung, die sich in Europa seit den 20iger Jahren des 16. Jhdts. überraschend und schnell durchsetzte.

E71   Druckprivilegien, die nicht nur Druckern und Verlegern, sondern auch Autoren, bildenden Künstlern und Komponisten erteilt wurden, sprachen Verbote gegenüber Dritten aus, die diesen untersagten, die drucktechnische Erscheinung der privilegierten Werke nachzumachen sowie entgegen dem Verbot gedruckte Exemplare einzuführen oder zu verkaufen.²²⁵ In der rechtshistorischen Forschung ist umstritten, ob und in welcher Hinsicht in den Druckprivilegien, insbesondere in den Autorenprivilegien, bereits Gedanken des Urheberschutzes zum Ausdruck kamen.²²⁶ Einerseits scheint zwar die Auffassung kaum begründbar, mit der Erteilung eines Autorenprivilegs sei die Anerkennung eines im Augenblick der Werkschöpfung entstandenen, dem Urheber zustehenden ausschließlichen Rechts auf wirtschaftliche Nutzung verbunden gewesen.²²⁷ Dagegen spricht vor allem die stets mitverfolgte wirtschaftspolitische und polizeiliche Zielsetzung der Privilegienerteilung²²⁸ sowie die Druckbezogenheit auch der Autorenprivilegien.²²⁹ Auf der anderen Seite ist aber nicht zu übersehen, dass die staatlichen Autoritäten mit der Erteilung eines solchen Privilegs auch das Ziel verfolgten, Anreize für die Produktion neuer Werke zu schaffen²³⁰ und durch Nachdruckverbote die Beziehung zwischen Autor und Werk zu schützen. Verfestigt und besiegelt wurde sie durch die Angabe der Autorennamen auf den Titelblättern von Druckwerken, die seit Mitte des 16. Jhdts. zur Regel und Pflicht

---

[223] Näher *Wittmann* (1999), S. 30 ff.
[224] S. *Giesecke* (1991), S. 445 ff.
[225] Näher *Bappert* (1962), S. 182 ff.
[226] Vgl. die Auseinandersetzung zwischen *Bappert* GRUR 1961, 441 ff., 503 ff., 553 ff., und *Pohlmann* GRUR 1962, 9 ff.
[227] So *Pohlmann* GRUR 1962, 9, 12 f.
[228] *Dölemeyer/Klippel* (1991), Bd. I, S. 189 ff.
[229] Vgl. *Kohler* (1907), S. 33.
[230] *Giesecke* (1991), S. 427 ff., 660 ff.

wurde.²³¹ In den Begründungen für die Privilegienerteilung finden sich dementsprechend Wendungen, die dem Interesse von Autoren, Herausgebern, Bearbeitern, Illustratoren und Komponisten auf Wahrung ihrer Urheberehre, auf Bewahrung der Werkreinheit und auf alleiniger Veröffentlichungsbefugnis mehr oder weniger explizit Rechnung trugen.²³² Nur wenn einer Privatperson aus der Offenbarung ihres privaten Wissens keine allzu schweren Nachteile entstehen, kann die Sozialisierung dieses Wissens²³³ durch den Buchdruck zu einer selbstverständlichen Gepflogenheit werden. „Eine Stärkung der Rechte der Privatperson lag insofern im wohlverstandenen Interesse der Gemeinschaft."²³⁴ Die Druckprivilegien einschließlich der Autorenprivilegien wirkten sowohl als Motivationsverstärker für Individuen, sich um die Schaffung neuer Geistesprodukte zu bemühen, als auch für Drucker und Verleger, das Wagnis einzugehen, diese in gedruckter Form zu vervielfältigen und einem breiten Publikum zugänglich zu machen.²³⁵ Und sie funktionierten in dieser Weise nicht nur im Hinblick auf die Produktion von schöpferischen Werken, sondern auch im Hinblick auf andere schützenswerte Geistesprodukte und nützliche Gebrauchsgegenstände. Es nimmt deshalb nicht wunder, dass sich auf dem Gebiet des Deutschen Reiches eine größere Zahl von Privilegien zugunsten von Erfindern und zum Schutz von Warenzeichen nachweisen lassen.²³⁶

Das Zeitalter der Aufklärung läutete eine neue Entwicklungsphase ein, die mit der naturrechtlich begründeten Theorie des geistigen Eigentums das moderne Verständnis vom Urheberrecht als einem ursprünglichen und umfassenden exklusiven Recht des Urhebers an seiner geistigen Schöpfung wesentlich förderte. Die neue Lehre setzte sich in den europäischen Staaten in unterschiedlichem Tempo durch. Während England 1709 mit dem Act 8 Anne und Frankreich mit den Revolutionsgesetzen von 1791 und 1793 über die „propriété littéraire et artistique" vorausgingen, hielt sich in Deutschland dagegen das Privilegienwesen in einzelnen Teilstaaten noch bis ins 19. Jhdt. hinein, obwohl vor allem in der 2. Hälfte des 18. Jhdts. eine heftige Auseinandersetzung um das Für und Wider des Nachdrucks geführt wurde, an der sich u. a. so bedeutende Autoren wie Pütter, Cella, Fichte, Kant, Hegel und Schopenhauer beteiligten.²³⁷ Dass diese Aus-

---

²³¹ *Giesecke* (1991), S. 442.
²³² *Bappert* (1962), S. 123, 151 ff., 163 ff.; *Giesecke* (1991), S. 452 ff., 457 ff.; *Flechsig* (2017), S. 125 f., 240 ff., am Beispiel des kaiserlichen Privilegs vom 25.8.1530 zugunsten des Geheimsekretärs Jakob Spiegel für dessen Wirken als Schriftsteller und Herausgeber. Speziell zur alleinigen Veröffentlichungsbefugnis des Autors s. *Bappert* (1962), S. 129, 162, 167 ff.; *Bappert* GRUR 1961, 503, 504 und GRUR 1961, 553, 554 f.
²³³ Werden in einem wissenschaftlichen Werk zum Ausdruck gebrachte schöpferische Inhalte, Ideen und Gedanken nicht durch das Urheberrecht geschützt, führt dies zur Förderung der Geheimwissenschaft, s. *Haberstumpf* ZUM 2012, 529, 536 f.
²³⁴ So *Giesecke* (1991), S. 461.
²³⁵ *Giesecke* (1991), S. 433 ff., 445 ff.
²³⁶ *Götting* (2020), S. 16 ff.; speziell zu den Erfinderprivilegien *Pohlmann* GRUR 1960, 272 ff.
²³⁷ *Bappert* (1962), S. 262 ff., 266 ff.

einandersetzung zugunsten des geistigen Eigentums der Urheber ausging, hat ihren Grund nicht zuletzt in der gleichzeitig stattfindenden Leserevolution. Die allgemeine Lesewut des Bürgertums ließ ganz neue Literaturgattungen entstehen und die literarische Produktion sprunghaft ansteigen.[238] Der freie Schriftsteller – und Künstler –, der sich in zunehmendem Maße aus der Abhängigkeit von Mäzenen, Potentaten, Auftraggebern und Verlegern löste, betrat den Markt. Die Suche nach ständig neuen Lesestoffen und Autoren rückte den wirtschaftlichen Wert deren geistiger Leistung, die in früheren Zeiten von der Leistung der Drucker und Verleger noch verdeckt worden war, nun stärker in den Vordergrund. Die Schriftsteller vertraten dementsprechend auch ihre materiellen Interessen mit immer größerem Nachdruck.[239] Ein entscheidender Durchbruch zur praktischen Durchsetzung der Idee des geistigen Eigentums gelang 1795 Wieland, der in einem Musterprozess durchsetzte, dass er den Verleger einer Gesamtausgabe seiner Schriften frei wählen durfte (nämlich Göschen) und nicht an die Einzelverträge seines bisherigen Verlages Weidmann Erben und Reich gebunden war.[240] Verleger erwarben das ausschließliche Vervielfältigungs- und Verbreitungsrecht nicht mehr originär in eigener Person, sondern nur mittels einer Rechtsübertragung durch den allein berechtigten Urheber. In Deutschland wurde dieses neue Rechtsverständnis erstmals im Allgemeinen Preußischen Landrecht von 1794, im Beschluss der Bundesversammlung des Deutschen Bundes von 1837 und nach der Reichsgründung durch die Gesetze von 1871 und 1876 gesetzlich anerkannt.[241]

E73 An die Stelle von Nachdruckverboten in Privilegien zugunsten einzelner Personen war ein System von allgemeinen Normen getreten, das in der Folgezeit weiter ausgebaut und verfeinert wurde und Urhebern ausschließliche Rechte an ihren individuellen Geistesprodukten zuweist. An der Funktion der Ausschließlichkeitsrechte, Anreize für kreatives Schaffen zu geben und den kulturellen Kommunikationskreislauf in Gang zu halten, hat sich dagegen nichts geändert. Das Urheberrechtssystem ist ein umfassendes Regelungssystem, das die teils widerstreitenden Einzelinteressen der am kulturellen Kommunikationskreislauf Beteiligten in Einklang zu bringen hat. Überlagert werden deren Individualinteressen von dem allgemeinen Interesse an der Aufrechterhaltung und Optimierung dieses Kreislaufs. Das Allgemeininteresse macht sich nicht nur da bemerkbar, wo es um Beschränkungen der urheberrechtlichen Monopolrechte geht, wie es dem traditionellen Ansatz beim Schutz des geistigen Eigentums entspricht, sondern dient auch der Schutzgewährung selbst. Es erfordert zunächst die Sicherung ausreichender Arbeits- und Lebensbedingungen der schöpferisch Tätigen, damit sie in die Lage versetzt und motiviert werden, den kulturellen Kreislauf durch Schaffung neuer individueller Werke in Gang zu setzen und

---

[238] Anschaulich *Wittmann* (1999), S. 186 ff.
[239] *Wittmann* (1999), S. 156 ff., 175 ff. am Beispiel Klopstocks und Goethes; vgl. auch *Barudi* (2013), S. 112 ff.
[240] *Wittmann* (1999), S. 173. Zum Prozessverlauf näher *Vogel* (1982), S. 423 ff.
[241] Zur Entstehungsgeschichte dieser Gesetze *Wadle* (1991), Bd. I, S. 116 ff.

unter Wahrung ihrer persönlichkeitsrechtlichen Interessen durch Verfügung über ihre ausschließlichen Verwertungsrechte eine angemessene Vergütung für die Nutzung ihrer Werke erwirtschaften zu können. Es erfordert eine Regelung der vertraglichen Beziehungen zu Werkverwertern, damit diese sie an das Abnehmerpublikum heranführen können. Der Kreislauf schließt sich, indem die Rezipienten Werke ihrerseits verarbeiten und durch geändertes Verhalten auf die Umwelt einwirken.[242] Insofern muss das Urheberrecht gewährleisten, dass der Zugang zu geschützten Werken nicht übermäßig beschränkt ist und die geistige Auseinandersetzung mit ihnen ermöglicht wird. Wenn Werkrezipienten ein Werk nicht bloß konsumieren, sondern sie zu eigenem Schaffen benutzen wollen, zwingt ein effektiver Urheberrechtsschutz sie dazu, sich tatsächlich mit seinen Inhalten schöpferisch auseinanderzusetzen und sie nicht bloß zu kopieren. Insofern kommt es also auf einer höheren Ebene zu dem erwünschten Wettbewerb der Gedanken und Ideen.[243] Das ist der Grund, weshalb die Urheberrechtsordnung die Entfaltung kreativer Tätigkeiten durch Gewährung ausschließlicher Rechte zu fördern sucht.

II. Gestaltungshöhe

Der Grad der Individualität kann von verschiedener Stärke sein: Je weniger Vorgegebenes der Urheber in seinem Werk verwendet, desto mehr eigene Entscheidungen hat er im Laufe des Schöpfungsprozesses getroffen und desto höher ist das Maß der Individualität. Die unterste Grenze liegt da, wo überhaupt Individualität zutage tritt. In ihrer stärksten Form kommt die Individualität des Schöpfers zum Ausdruck, wenn er seinem Werk den Stempel seiner Persönlichkeit aufdrückt. Dieses unterschiedliche Niveau wird allgemein als Gestaltungs-, Schöpfungs- bzw. Leistungshöhe bezeichnet.[244] Seinen Ursprung hatte der Begriff der Gestaltungshöhe im Bereich der angewandten Kunst zur Abgrenzung gegenüber dem Geschmacksmusterrecht. Im Laufe der Zeit wurde er jedoch durch die Rechtsprechung in unterschiedlicher Weise auch auf andere Werkarten ausgedehnt, um die Schutzuntergrenze zu bestimmen, wo der Urheberrechtsschutz beginnt. Er hat aber auch für den Schutzumfang Relevanz, den ein Werk, das die untere Schutzschwelle überschritten hat, im Einzelfall genießt. Während es immer umstritten war, ob eine bestimmte Gestaltungshöhe überhaupt oder nur für einzelne Werkarten als Schutzschwelle zu fordern ist,[245] ist man sich in Rechtsprechung und Literatur einig, dass der Schutzumfang vom Maß der jeweils zu Tage tretenden Individualität abhängt: Je größer der Grad

---
[242] Näher *Giesecke* (1991), S. 591 ff.
[243] Vgl. *Lehmann* GRUR Int. 1983, 356, 358 ff., zur Funktion der Schutzrechte des Immaterialgüterrechts als übertragbare, absolute Exklusivrechte aus ökonomischer Sicht.
[244] *Loewenheim/Leistner* in Schricker/Loewenheim (2020), UrhG §2 Rn. 51f.
[245] Kritisch vor allem *Schricker* (1994), S. 715, 719 ff.; *Schricker* (1991) Bd. II, S. 1105 f. Rn. 28 ff.

der Individualität ist, desto größer ist der Schutzumfang. Die Frage, ob ein bestimmtes Mindestmaß an Individualität zu fordern ist, ist zu unterscheiden von der Frage, welchen Schutzumfang ein dieses Maß übersteigendes Werk im Einzelfall genießt. Letztere Frage stellt sich nur, wenn das Werk nicht identisch reproduziert, sondern irgendwie verändert präsentiert wird.

E75 Überwiegend tendiert die Rechtsprechung dazu, kein bestimmtes Maß an Individualität für den Erwerb des Urheberrechts zu verlangen, was sich insbesondere in der Behandlung der kleinen Münze zeigt. Das Kriterium (Ind7) schließt einfache Individualitäten, also geistige Gegenstände, die gerade die Grenze zur Individualität überschreiten, die sog. *kleine Münze* des Urheberrechts ein.[246] Es schließt aber auch nicht aus, die Schutzschwelle für alle Werke der Literatur, Wissenschaft und Kunst oder wenigstens für einzelne Werkarten anzuheben und für den Erwerb des Urheberrechtsschutzes ein *erhöhtes Mindestmaß an Individualität*, eine bestimmte Gestaltungs-, Schöpfungs- oder Leistungshöhe zu fordern. Dagegen spricht zwar, dass in den drei europäischen Richtlinien, aus denen der EuGH seinen Werkbegriff entwickelte, explizit geregelt ist, dass zur Bestimmung der Schutzfähigkeit „keine anderen Kriterien" anzuwenden sind.[247] Darunter versteht der europäische Richtliniengeber „qualitative oder ästhetische Vorzüge" eines Computerprogramms[248], die „Qualität" oder den „ästhetischen Wert" einer Datenbank[249] und den „Wert" oder die „Zwecksetzung" einer Fotografie.[250] Es wäre somit durchaus vertretbar, eine bestimmte Gestaltungshöhe als ein unbeachtliches qualitatives Kriterium im Sinne dieser Richtlinien aufzufassen.[251] Auf der anderen Seite überlässt es der Gerichtshof aber ausdrücklich den nationalen Gerichten zu bestimmen, wann bestehende Gestaltungsspielräume durch eigene freie Entscheidungen des Urhebers ausgefüllt werden.[252] Insofern wäre es mit der Rechtsprechung des EuGH vereinbar, einheitlich ein bestimmtes Maß an Originalität, eine bestimmte Gestaltungshöhe, für alle Werke oder wenigstens für bestimmte Arten von Werken der Schutzgewährung zugrunde zu

---

[246] Das entspricht dem Willen des Gesetzgebers (BT-Drs. IV/270, S. 38; BT-Drs. 12/4022, S. 9) und der herrschenden Meinung in Deutschland (z. B. *Loewenheim/Leistner* in Schricker/Loewenheim (2020), UrhG § 2 Rn. 63.). In seiner gründlichen rechtsvergleichenden Untersuchung zur Problematik der kleinen Münze kommt *Knöbl* (2002, S. 301, 305 f.) zu dem Ergebnis, dass trotz der grundlegend verschiedenen Ausgangslage in den konkurrierenden Systemen des kontinental-europäischen Urheberrechts und des US-amerikanischen Copyright die Werke der „kleinen Münze" überall großzügig geschützt werden, weil die bei der Prüfung der Schutzfähigkeit tatsächlich verwendeten Kriterien sich immer weiter annähern. S. auch *Schricker* (1991), Bd. II, S. 1105 Rn. 30.; *Eva-Irina v. Gamm* (2004), S. 233 ff.

[247] Art. 3 Abs. 3 S. 2 Software-RL; Art. 3 Abs. 1 S. 2 Datenbank-RL, Art. 6 S. 2 Schutzdauer-RL.

[248] Erw.grd. 8 der Software-RL.

[249] Erw.grd. 16 der Datenbank-RL.

[250] Erw.grd. 16 der Schutzdauer-RL.

[251] So z. B. *Leistner* ZGE 2013, 4, 30 ff.

[252] So schon EuGH GRUR 2009, 1041 Rn. 51 – Infopaq/DDF und später EuGH GRUR 2020, 736 Rn. 37 f. – Brompton; vgl. auch *Schulze* in Dreier/Schulze (2022), UrhG § 2 Rn. 22; *Schulze* GRUR 2009, 1019, 1021 f.

legen.²⁵³ Der vom EuGH entwickelte Werkbegriff präjudiziert nicht, wie hoch oder wie niedrig die unterste Schutzschwelle anzusetzen ist.²⁵⁴ Ob man sich für eine großzügigere Handhabung entsprechend der herrschenden Praxis entscheidet oder an den – vermeintlich – höheren Schutzanforderungen festhält, die speziell für den Schutz von Werken der angewandten Kunst verlangt wurden, hängt davon ab, wie man sich zum Problem der kleinen Münze stellt und wie sich Urheberrecht und Designrecht (Geschmacksmusterrecht) zueinander verhalten.

1. Das Problem der kleinen Münze

Auch wenn sich national und international die Tendenz in Richtung einer großzügigeren Auslegung des Schöpfungsbegriffs durchgesetzt hat, hat die Debatte um den Begriff der kleinen Münze ihre Aktualität nicht verloren.²⁵⁵ Die Haltung des deutschen Gesetzgebers ist eindeutig. Im Regierungsentwurf zum UrhG 1965 stellte er klar, dass in Übereinstimmung mit dem damals geltenden Recht auch Werke von geringem schöpferischem Wert, die sog. „Kleine Münze", Schutz genießen sollen.²⁵⁶ Er bekräftigte dies später noch einmal im Entwurf eines Gesetzes zur Umsetzung der Software-RL in deutsches Recht, in dem er sich auf den Standpunkt stellte, die Software-RL erfordere auch den Schutz der einfachen persönlichen Schöpfung, der sog. „kleinen Münze", und sich ausdrücklich gegen die Entscheidung des BGH „Inkassoprogramm" wandte,²⁵⁷ wo der BGH für den Schutz von Computerprogrammen ein deutliches Überragen in Auswahl, Sammlung, Anordnung und Einteilung der Informationen und Anweisungen gegenüber dem allgemeinen Durchschnittskönnen eines Programmierers verlangte.²⁵⁸ Diese strenge Auffassung hat der BGH dementsprechend später wieder aufgegeben.²⁵⁹ Worin liegt nun das Problem der kleinen Münze?

Mit ihm haben sich im deutschen Schrifttum u.a. Thoms, Schulze und Knöbl ausführlich kritisch auseinandergesetzt. *Thoms* befürwortet die Einführung eines verwandten Schutzrechts für Leistungsergebnisse, die neu sind und deren Erstellung Mühe und Kosten verursacht.²⁶⁰ Weitergehend plädiert *Schulze* für die Schaffung eines allgemeinen Leistungsschutzgesetzes, das nicht nur die Werke der kleinen Münze des Urheberrechts umfassen soll, sondern auch

---

²⁵³ So *Schulze* (2005), S. 523, 532.
²⁵⁴ *Metzger* GRUR 2012, 118, 121; *Schulze* GRUR 2009, 1019, 1022.
²⁵⁵ *Peifer* (2017), S. 23 ff.
²⁵⁶ Begr. RegE BT-Drs. IV/270, S. 38.
²⁵⁷ Begr. RegE BT-Drs. 12/4022, S. 9.
²⁵⁸ BGH GRUR 1985, 1041, 1047 f. – Inkassoprogramm; ebenso BGH GRUR 1984, 659, 661 – Ausschreibungsunterlagen; BGH GRUR 1991, 449, 452– Betriebssystem; BGH GRUR 1993, 34, 36 – Bedienungsanweisung; OLG Schleswig GRUR 1985, 289, 290 f. – Tonfiguren; *Otto-Friedrich v. Gamm* (1968), § 2 Rn. 16. Diese Rechtsprechung stieß auch in der Literatur überwiegend auf heftige Kritik, s. *Haberstumpf* (1993), II Rn. 39 mit Nachweisen in Fn. 109.
²⁵⁹ BGH GRUR 1994, 39 – Buchhaltungsprogramm; BGH GRUR 2000, 317, 318 – Werbefotos.
²⁶⁰ *Thoms* (1980), S. 331, 349.

rein gewerbliche, organisatorische und praktische Leistungen, Ideen, Werbemethoden, die verwandten Schutzrechte des Urheberrechts, Muster und Modelle sowie die kleine Münze im Patent- und Gebrauchsmusterrecht.[261] Er meint, ein solches Leistungsschutzgesetz würde eine beachtliche Lücke zwischen den in erster Linie am individuellen Arbeitsergebnis ausgerichteten Sonderschutzgesetzen einerseits und dem primär das lautere Verhalten regelnden Wettbewerbsrecht andererseits schließen. Im Ergebnis ähnlich spricht sich *Knöbl* für die Einfügung eines leistungsschutzrechtlichen Sondertatbestands in das UWG aus, der ohne Vorliegen eines Wettbewerbsverhältnisses Arbeitsergebnisse vor unlauterer Übernahme und Verwertung schützen soll.[262] Diesen Vorschlägen ist gemeinsam, die Werke der kleinen Münze aus der Domäne des Urheberrechts herauszulösen und sie einem Bereich zuzuordnen, in dem unabhängig von der Frage, ob Individualität vorliegt, ein generelles Schutzbedürfnis besteht. Abgesehen davon, dass keine gesetzgeberischen Bestrebungen in diese Richtung zu erkennen sind, ist die Frage erlaubt, was damit gewonnen wäre. *Schulze* sieht die Problematik der kleinen Münze des Urheberrechts darin, dass im Prozess die Grenze zwischen Schutzfähigem und Schutzlosem im Urheberrecht schwierig und selten eindeutig zu bestimmen sei.[263] Wenn auch die in Rechtsprechung und Literatur präsentierten Vorschläge, den Werkbegriff angemessen zu explizieren, Mängel aufweisen, heißt das aber nicht, dass es aussichtslos ist, mit Hilfe des Begriffs der Individualität die Grenze zu ziehen. Einen plausiblen und praxistauglichen Vorschlag haben wir mit Kriterium (Ind7) gemacht. Wenn es nach den Gegenvorschlägen der Kritiker der kleinen Münze nicht darauf ankommt, ob die damit bezeichneten Werke individuell sind, haben sie sich zwar des Problems der Grenzziehung zwischen individuellem und nicht individuellem Schaffen entledigt,[264] sich aber stattdessen zwei gravierendere Probleme eingehandelt: Wo liegt die untere Grenze eines noch einzuführenden verwandten oder wettbewerbsrechtlich geprägten Schutzrechts oder eines allgemeinen Leistungsschutzrechts und wo hören diese Schutzrechte auf und der Schutz des Urheberrechts beginnt? Die erste Frage beschreibt ein Problem, für das die Kritiker der kleinen Münze keine Lösung anbieten und das sich für jedes bestehende und neu einzuführende Schutzrechtssystem auftut. Es zu lösen, ist grundsätzlich Aufgabe des Gesetzgebers. Seinen Willen umzusetzen, gehört zum gerichtlichen Alltag auch im Urheberrecht. Und es ist nicht so, dass ein Mangel an Schutzrechten, die die nicht schöpferischen Leistungen von Verfassern wissenschaftlicher Ausgaben, Herausgebern von nachgelassenen Werken, Lichtbildnern, ausübenden Künstlern Tonträger-, Datenbank-, Filmherstellern, Sendeunternehmen, Entdecker oder Züchtern von Pflanzensorten, Entwerfern von Halbleitertopografien, Herstellern wettbewerblich eigenartiger Erzeugnisse usw. bestehen würde. Sie gesetzgeberisch unter einen Hut zu bringen, dürfte praktisch unmöglich sein.

---

[261] *Schulze* (1983), S. 301 ff.
[262] *Knöbl* (2002), S. 426 ff.
[263] *Schulze* (1983), S. 4.
[264] So *Knöbl* (2002), S. 334 f.

II. Gestaltungshöhe

Will man auf die zweite Frage eine Antwort geben, ist es unerlässlich, eine bestimmte Schöpfungshöhe festzulegen. Während Knöbl dies gar nicht erst versucht, stellt *Schulze* einen umfangreichen – nicht vollständigen – Katalog von 24 Indizien vor,[265] die darauf hindeuten sollen, wann im Einzelfall ein geschütztes Werk geschaffen wurde, die mal stärker oder mal schwächer ins Gewicht fallen und die der Richter jeweils zu bewerten und gegeneinander abzuwägen hat.[266] In einem Indizienprozess um Mord und Totschlag beispielsweise haben die entscheidenden Richter eine ziemlich klare Vorstellung davon, worauf die von der Staatsanwaltschaft in das Verfahren eingeführten Indizien hindeuten sollen, nämlich dass der Angeklagte das Opfer vorsätzlich getötet hat – ob sie allerdings ausreichen, steht auf einem anderen Blatt. Wenn dagegen ein Richter in einer Urheberrechtssache mit dem von Schulze vorgeschlagenen Indizienkatalog arbeiten soll, geht es nicht darum, tatsächliche Umstände in einen juristischen Begriff einzuordnen, sondern ihm erst eine Vorstellung zu vermitteln, was er unter dem Begriff des schöpferischen Werks und einer bestimmten Schöpfungshöhe zu verstehen hat. Verfügt er dagegen über keinen solchen Begriff, dann verlieren die Indizien ihren Wert, weil nicht beurteilt werden kann, welche Relevanz und welches Gewicht sie im Einzelfall jeweils haben und wann sich die einen gegen die anderen durchsetzen.

Die Probleme, die mit der Festlegung einer bestimmten Schöpfungshöhe zum Erwerb des Urheberrechts verbunden sind, können anschaulich anhand der in der BGH-Entscheidung „Inkassoprogramm" formulierten Grundsätze illustriert werden:[267] Die Frage des hinreichenden Eigentümlichkeitsgrads bemesse sich nach dem geistig-schöpferischen Gesamteindruck der konkreten Gestaltung, und zwar im Gesamteindruck gegenüber vorbestehenden Gestaltungen. Ließen sich nach Maßgabe des Gesamtvergleichs mit dem Vorbekannten schöpferische Eigenheiten feststellen, so seien diese dem Schaffen eines Durchschnittsprogrammierers gegenüber zu stellen. Das Können eines Durchschnittsgestalters, das rein Handwerksmäßige, die mechanisch-technische Aneinanderreihung und Zusammenfügung des Materials liege außerhalb jeder Schutzfähigkeit. Erst in einem erheblich weiteren Abstand beginne die untere Grenze der Urheberrechtsschutzfähigkeit, die ein deutliches Überragen der Gestaltungstätigkeit in Auswahl, Sammlung, Anordnung und Einteilung der Informationen gegenüber dem allgemeinen Durchschnittskönnen voraussetze. Abgesehen davon, dass sich diese Rechtsprechung nicht durchgesetzt hat, gibt sie keine überzeugenden Gründe an, die Werke der kleinen Münze aus der Domäne des Urheberrechts zu verbannen. Der Einwand, das rein Handwerksmäßige, die mechanisch-technische Aneinanderreihung und Zusammenfügung des Materials liege außerhalb jeder Schutzfähigkeit, trifft sie nicht, weil sie definitionsgemäß Schöpfungen

---
[265] *Schulze* (1983), S. 145 ff.
[266] *Schulze* (1983), S. 174 ff.
[267] BGH GRUR 1985, 1041, 1047 f. – Inkassoprogramm unter Berufung auf BGH GRUR 1984, 659, 661 – Ausschreibungsunterlagen. Ebenso OLG Schleswig GRUR 1985, 289, 290 – Tonfiguren; BGH GRUR 1995, 581, 582 – Silberdistel.

wenn auch von geringer Schöpfungshöhe sind. Eine nachvollziehbare Antwort auf die Frage, wie groß der Abstand (wovon?) sein muss, bleibt der BGH schuldig.

E79 Die Anforderungen, die für den Erwerb des Urheberrechts gestellt werden, korrelieren mit den Voraussetzungen für die Annahme einer freien Benutzung: Je höher der schöpferische Eigentümlichkeitsgrad geschraubt wird, desto mehr wird der kulturelle, technische und wissenschaftliche Fortschritt auf Gebieten blockiert, die durch solchermaßen geschützte Werke besetzt sind. Dies kann mit einem einfachen Gedankenexperiment belegt werden. Angenommen die hohen Anforderungen hätten die Folge, dass 5 % aller geistigen Produkte urheberrechtlich geschützt sind, wie der damalige Vorsitzende des I. Zivilsenats des BGH *Otto-Friedrich v. Gamm* in Bezug auf Computerprogramme vertreten hat,[268] dann bedeutet dies nicht bloß, dass 95 % von ihnen schutzlos bleiben – insoweit könnte der wettbewerbsrechtliche Leistungsschutz zu einem Teil in die Bresche springen, falls ein Wettbewerbsverhältnis besteht –, sondern auch, dass der Urheber eine absolute Monopolstellung an seinem Werk hätte und praktisch jede von ihm nicht autorisierte schöpferische Auseinandersetzung und Weiterentwicklung seines Werkes durch andere verbieten könnte. Werden solchermaßen geschützte Werke nämlich bearbeitet und will der Bearbeiter gem. § 3 UrhG das Urheberrecht erwerben, müssten an seine Leistung dieselben Anforderungen gestellt werden wie an das bearbeitete Werk, weil das Bearbeiterurheberrecht volles Urheberrecht ist. Es könnten dann auch nur 5 % von 5 % aller Originalwerke schöpferische Bearbeitungen sein. Um nun zu einer freien Benutzung zu gelangen, bedarf es eines weiteren erheblichen Qualitätssprungs, der ebenfalls den Anforderungen des BGH genügen muss. In unserem Beispiel wären somit nur 0,0125 % aller geistigen Produkte freie Benutzungen von anderen schöpferischen Werken. Noch schlimmer sähe es aus, wenn man den von *A. Nordemann/ Heise*[269] wiedergegebenen Berechnungen folgen würde, wonach nur 2,5 % aller Designerleistungen deutlich überdurchschnittlich und damit urheberrechtlich geschützt seien. Werkschaffen durch Auseinandersetzung und Weiterentwicklung mit und von schöpferischen Gedanken und Ideen wäre praktisch nicht möglich. Es läge allein im Belieben von genialen Schöpfern, ob und von wem ihre Ideen für das weitere geistige Leben einer Gemeinschaft fruchtbringend genutzt werden können. Um solche Ergebnisse zu vermeiden, müssten somit Schrankenbestimmungen eingeführt werden, die letztlich darauf hinauslaufen, ihnen ihre starke Rechtsposition wieder zu beschneiden. Einer Person ein starkes Urheberrecht einzuräumen und es ihr gleichzeitig im Interesse der künstlerischen oder wissenschaftlichen Auseinandersetzung und Weiterentwicklung wieder wegzunehmen, gibt wenig Sinn. Sinnvoller und mit dem Zweck des Urheberrechts, kreative Tätigkeiten zu fördern und zu erhalten, ohne weiteres ver-

---

[268] GRUR 1986, 731.
[269] *A. Nordemann/Heise* ZUM 2001, 128, 135 f. Dazu auch *Eva-Irina v. Gamm* (2004), S. 120.

einbar ist es dagegen, nicht nur geniale Schöpfungen, sondern auch einfache individuelle Leistungen unter Schutz zu stellen. Das Mehr an Urheberrechtsschutz wird durch einen geringeren Schutzumfang ausgeglichen, was nicht nur der ständigen und gefestigten Rechtspraxis entspricht,[270] sondern auch auf der Rechtsfolgenseite eine am Einzelfall orientierte Interessenabwägung im Rahmen des Rechtsinstituts der freien Benutzung ermöglicht.[271]

2. Abgrenzung zum Geschmacksmusterrecht

a) Stufentheorie

Der Ruf nach einer besonderen Gestaltungshöhe hatte seinen rechtshistorischen Ursprung in Deutschland in der Notwendigkeit, das Kunsturheberrecht vom Geschmacksmusterrecht abzugrenzen. Das Gesetz betreffend das Urheberrecht an Mustern und Modellen vom 11. Jan. 1876[272] schützte nach seinem § 1 Abs. 2 gewerbliche Muster und Modelle, die neu und eigentümlich sind. Unter Neuheit verstand man dabei objektive Neuheit im Unterschied zum Urheberrecht, das auch subjektive Neuheiten, also Doppelschöpfungen, in den Schutz einbezog. Wegen der Seltenheit der Doppelschöpfung war dieser Unterschied jedoch in der Praxis wenig relevant. Der Begriff der Eigentümlichkeit war dagegen urheberrechtlich geprägt und wurde mit dem Begriff der Individualität gleichgesetzt.[273] Als erforderlich wurde eine *schöpferische* Leistung angesehen, die über das Können eines Durchschnittsgestalters und damit über das rein Handwerksmäßige hinausgeht.[274] Als durch § 2 Abs. 2 KUG[275] im Jahre 1907 Erzeugnisse des Kunstgewerbes und Bauwerke, soweit sie künstlerische Zwecke verfolgen, in den Schutz für Werke der bildenden Künste einbezogen wurden, wurde die Abgrenzung zum Musterschutzgesetz von 1876 dringend.[276] Als richtungweisend erwies sich die Entscheidung des RG vom 10.6.1911 zum Fall „Schulfraktur":[277] Die Aufrechterhaltung des Musterschutzgesetzes von 1876 hätte keinen Sinn gehabt, wenn jeder Gegenstand, den man bisher gegen Entgelt unter Erfüllung von Formvorschriften auf die Dauer von 15 Jahren als Geschmacksmuster habe schützen lassen können, ohne weiteres auch den unentgeltlichen, von selbst eintretenden und länger dauernden Kunstschutz genießen könnte. Der Zweck des

---

[270] Z. B. BGH GRUR 2014, 175 Rn. 41 – Geburtstagszug; BGH GRUR 2011, 803 Rn. 63 – Lernspiele; BGH GRUR 1993, 34, 35 – Bedienungsanweisung; *Schulze* in Dreier/Schulze (2022), UrhG § 2 Rn. 34 und § 23 Rn. 41.
[271] S. o. → Abschnitt C IV 5 c (Rn. C183 ff.)
[272] RGBl. 1876, S. 11.
[273] *Allfeld* (1908), KUG § 1 Anm. 23, § 2 Anm. 2, 5; *Riezler* (1909), S. 459; vgl. auch *Mezger* (2017), S. 77.
[274] Z. B. BGH GRUR 1975, 81, 83 – Dreifachkombinationsschalter; BGH GRUR 1980, 235, 236 – Play-family; BGH GRUR 1965, 198, 199 – Küchenmaschine.
[275] Gesetz, betreffend das Urheberrecht an Werken der bildenden Künste und der Fotographie, vom 9. Jan. 1907 (RGBl. 1907, S. 7).
[276] Vgl. *Kur* (1995), S. 503, 507 ff.
[277] RGZ 76, 399, 344 – Schulfraktur.

neu geschaffenen § 2 KUG gehe vielmehr nur dahin, einem Werk der bildenden Kunst den Schutz nicht deshalb zu versagen, weil es zugleich Gebrauchszwecken zu dienen bestimmt sei. Man müsse daher geschmacksmusterschutzfähige Industrieerzeugnisse in solche mit und ohne Kunstschutz einteilen, wobei der Unterschied ein gradueller sei. „Ein Werk der angewandten Kunst liegt nur dann vor, wenn der zu der Zweckmäßigkeit der Form hinzukommende ästhetische Überschuß, gleichgültig welches sein künstlerischer Wert ist, einen Grad erreicht, daß nach den im Leben herrschenden Anschauungen von Kunst gesprochen werden kann." Damit legte das RG den über 100 Jahre gültigen Grundsatz eines graduellen Unterschieds zwischen Geschmacksmuster- und Urheberrecht („Stufentheorie") fest. Während sich das Geschmacksmusterrecht mit einem bescheidenen Niveau ästhetischer Eigentümlichkeit begnügt, wird für den Urheberrechtsschutz ein höherer Grad künstlerischer Gestaltungshöhe vorausgesetzt.[278] Worin sich dieses Stufenverhältnis ausdrückt, blieb allerdings unklar und umstritten.

b) Prävalenztheorie, ästhetischer Gehalt und die Auffassung der mit Kunst vertrauten Kreise

E81 Die Begründung des RG in der Entscheidung „Schulfraktur" legt die Annahme nahe, dass zu dem Gebrauchszweck des betreffenden Erzeugnisses ein ästhetischer Überschuss hinzukommen müsse, der dessen Gebrauchszweck überwiegt. Diese als Prävalenztheorie bezeichnete Auffassung hat sich jedoch mit Recht nicht durchgesetzt. In der Entscheidung „Stahlrohrstuhl I" lehnte der BGH sie ausdrücklich ab.[279] Für die Schutzfähigkeit eines Werkes kommt es nämlich nicht darauf an, ob es zu ästhetischen Zwecken oder Gebrauchszwecken und a fortiori überwiegend zu ästhetischen oder nützlichen Zwecken geschaffen wurde und verwendet wird.[280]

E82 Ein anderer Vorschlag, das Stufenverhältnis zwischen Geschmacksmuster- und Urheberrecht abzubilden, fokussiert sich auf den jeweils ausgedrückten Gehalt des fraglichen Erzeugnisses. Er geht dahin, die Abgrenzungsfrage danach zu entscheiden, ob die fragliche ästhetische und individuelle Gestaltung einen Gehalt im Sinne einer *künstlerischen Darstellung* besitzt, in der auf einen – realen oder fiktionalen – Gegenstand referiert und dieser in einer bestimmten Weise visuell anschaulich gemacht wird, oder ob sie bloß durch Verwendung von Farben und Formen ästhetisch wirkt. Insoweit entspricht er weitgehend der Bildwerkstheorie, die vor allem von *Kohler*[281] und *Schanze*[282] entwickelt wurde.[283] Für ihn sprach die Begründung zur Einführung des KUG, wo es u. a. heißt:

---

[278] *Schricker* (1991) Bd. II, S. 1105.
[279] BGH GRUR 1961, 635, 638 – Stahlrohrstuhl I.
[280] S. o. → Rn. C80 ff. und Rn. E52. *Haberstumpf* (1991) Bd. II, S. 1160 Rn. 54 f.; *Mezger* (2017), S. 38 ff., 92 f.
[281] *Kohler* (1908), S. 25 ff., 28.
[282] *Schanze* GRUR 1929 I, 168 ff.
[283] Ebenso *Haberstumpf* (1991) Bd. II, S. 1130 ff. Rn. 7 – 11, S. 1157 f. Rn. 50 f., S. 1169 f. Rn. 65 f.

II. Gestaltungshöhe E82–E84

„[...] Formschöpfungen, welche, ohne als Werke der bildenden Künste angesprochen werden zu können, als Vorbilder für die geschmackvolle Darstellung gewerblicher Erzeugnisse dienen sollen. [...] Hierunter werden namentlich die Linienmuster der Textilgewebe und der Tapetenindustrie, die Vorlagen der Konfektion und der Bekleidungsindustrie, ferner einfache Kombinationen, plastische Bildwerke ohne ausgeprägte individuelle Formung, bloße Zierstücke und ähnliches zu zählen sein."[284]

Demnach käme allein die Anwendung des Geschmacksmusterrechts für als gewerbliche Muster geschaffene Ornamente, Arabesken, geometrische Figuren, Farbkombinationen, Drucktypen, Dekorationen, Verzierungen usw. in Betracht, während Schutzmöglichkeiten nach beiden Rechtssystemen bestehen sollen, wenn Muster und Modelle einen darstellenden Ausdruckscharakter haben. Obwohl in der folgenden Rechtsprechung Gestaltungen, die etwas darstellen, deutlich größere Chancen hatten, den Urheberrechtsschutz zu erlangen,[285] konnte sich auch dieser Abgrenzungsvorschlag nicht durchsetzen. In der Entscheidung „Schulfraktur" hat das Reichsgericht schon sehr früh die Bildwerkstheorie explizit abgelehnt.[286] Ihr entscheidendes Manko ist, dass sie nichtgegenständliche Werke der bildenden Künste und der Musik, die nichts darstellen, aus dem Kreis der nach § 2 Abs. 1 Nr. 4 UrhG schutzfähigen Werke ausschließt, gleichgültig ob sie einen Gebrauchszweck erfüllen und individuell sind oder nicht.[287] E83

Geblieben ist dagegen bis in die neueste Zeit die von der Rechtsprechung ständig benutzte Formel, dass der ästhetische Gehalt einer Gestaltung einen solchen Grad erreichen müsse, dass nach der Auffassung der für Kunst empfänglichen und mit Kunstanschauungen einigermaßen vertrauten Kreise von einer „künstlerischen Leistung" gesprochen werden könne.[288] Ob ein Werk der bildenden Künste nur den Schutz des Geschmacksmusterrechts in Anspruch nehmen kann oder daneben auch urheberrechtlichen Schutz genießt, hängt also vom Urteil der auf dem betreffenden Schaffensgebiet bewanderten Personen bzw. der in ihm tätigen Fachleute ab. Oben habe ich ausführlich dargelegt (→ Rn. E18 ff.), dass mit dem Rückgriff auf die Auffassung dieser Kreise die Individualität eines Werkes nicht angemessen erfasst werden kann. Umso weniger kann es mit ihm gelingen, die Forderung nach einer gesteigerten individuellen Gestaltungshöhe zu begründen. Denn es ist alles andere als klar, dass sie überhaupt zu einer Erhöhung der Schutzschwelle für den Erwerb des Urheberrechts im Verhältnis zum Geschmacksmusterrecht führt, von den Schwierigkeiten, den Begriff der Kunst zu fassen, einmal ganz abgesehen. Ready-mades wie z. B. der Flaschentrockner und das Pissoirbecken von Marcel Duchamp oder die Brillo E84

---

[284] Zitiert nach *Kur* (1995), S. 508.
[285] *Haberstumpf* (1991) Bd. II, S. 1166 Rn. 61 mit Nachweisen.
[286] RGZ 76, 339, 344.
[287] S. o. → Rn. C41, C60 ff.; vgl. auch *Mezger* (2017), S. 93 unter Verweis auf entsprechende Vorschläge im Schweizer Recht.
[288] BGH GRUR 2023, 571 Rn. 13 – Vitrinenleuchte; BGH GRUR 2022, 899 Rn. 28 – Porsche 911; BGH GRUR 2014, 175 Rn. 15 – Geburtstagszug. Weitere Nachweise aus der älteren Rechtsprechung *Haberstumpf* (1991) Bd. II, S. 1142 Rn. 29 Fn. 62.

Boxes von Andy Warhol sind gewöhnliche Alltagsgegenstände, die von einem Künstler ausgewählt und evtl. zusätzlich in einer für Kunstwerke typischen Weise (auf einem Podest, signiert etc.) an einem besonderen Ort (in einer Galerie, einem Kunstmuseum) präsentiert werden. Durch den Akt der Auswahl und seine Einführung in die Kunstwelt wird er von den ihr angehörenden Kreisen als Kunstwerk behandelt und anerkannt.[289] Dasselbe geschieht, wenn ein Künstler die Kopie eines bekannten Werkes zusätzlich mit seinem Namen oder seinem Künstlerzeichen versieht und sie als Werk der „appropriation art" der Kunstwelt präsentiert. Werden Objekte, die äußerlich von solchen Werken ununterscheidbar sind, etwa in Verkaufskatalogen von Unternehmen,[290] in Supermärkten oder in Auslagen von Geschäften angeboten und ausgestellt, sind sie nach der Auffassung derselben Kunstkreise dagegen keine Kunstwerke. Würde ein Normalsterblicher wie z. B. der Verfasser dieses Buches sich in gleicher Weise irgendein Objekt in gleicher Weise herausgreifen oder eine Kopie eines bekannten Werkes signieren und als eigenständiges Kunstwerk vorstellen, hätte er wohl kaum eine Chance, die Anerkennung als Kunstwerk zu gewinnen, sondern würde sich eher lächerlich machen. Es gibt also insbesondere in der modernen Kunst Werke, die dadurch gekennzeichnet sind, dass sie nur von dem-und-dem geschaffen und nur in dem-und-dem Kontext präsentiert werden. Sie sind singuläre Werke im Sinne von Kriterium (Ind4), die es nur einmal gibt.[291] Das bedeutet, dass sie nicht vervielfältigt werden können, weil die Präsentation eines vorgefundenen Gegenstands keine Kopie von ihm ist und die Reproduktion desselben Gegenstands in einem anderen historischen und/oder geografischen Kontext jeweils ein eigenständiges Werk verkörpern würde, das das Urheberrecht an dem als Kunstwerk von den Kunstkreisen anerkannten Werk nicht verletzt. Die Kunstformel des BGH zur Bestimmung einer gesteigerten Gestaltungshöhe bezieht somit auch Kunstwerke ein, die im Sinne der Kummer'schen Lehre statistisch einmalig und nicht individuell sind, weil für ihre Schutzfähigkeit schon genügen würde, dass sie als Kunstwerke in die Kunstwelt eingeführt wurden (→ Rn. E13).

E85 Von den vielfältigen Versuchen, eine bestimmte Gestaltungshöhe als untere Schutzschwelle festzulegen, bleibt also nur übrig, für den Erwerb des Urheberrechts an Werken der angewandten Kunst ein besonderes, überdurchschnittliches Maß an Individualität zu fordern, wovon der BGH in der Entscheidung „Silberdistel" noch ausging.[292] Wie aber bei der Diskussion der BGH-Entscheidung „Inkassoprogramm" gezeigt werden konnte, hat sich auch dieser Versuch nicht als erfolgversprechend erwiesen.

---

[289] *Reicher* (2010), S. 155 ff.
[290] S. *Schäfer/A. Nordemann* (2017), S. 39, 42, in Bezug auf den Flaschentrockner von Marcel Duchamp.
[291] *Reicher* (2019), S. 43.
[292] BGH GRUR 1995, 581, 582 – Silberdistel.

c) Die Lage nach der BGH-Entscheidung „Geburtstagszug"

Eine entscheidende Wende läutete der BGH mit der Entscheidung „Geburtstagszug"[293] ein. Der Leitsatz 1 lautet:

„An den Urheberrechtsschutz von Werken der angewandten Kunst i. S. von § 2 I Nr.4, II UrhG sind grundsätzlich keine anderen Anforderungen zu stellen als an den Urheberrechtsschutz von Werken der zweckfreien bildenden Kunst oder des literarischen und musikalischen Schaffens. Es genügt daher, dass sie eine Gestaltungshöhe erreichen, die es nach Auffassung der für Kunst empfänglichen und mit Kunstanschauungen einigermaßen vertrauten Kreise rechtfertigt, von einer „künstlerischen" Leistung zu sprechen. Es ist dagegen nicht erforderlich, dass sie die Durchschnittsgestaltung deutlich überragen."

Er begründet dies mit der Neugestaltung durch die Geschmacksmusterreform im Gesetz vom 12.3.2004[294], mit dem die Musterschutz-Richtlinie[295] in deutsches Recht transformiert wurde. Der Gesetzgeber habe damit ein eigenständiges gewerbliches Schutzrecht geschaffen und den engen Bezug zum Urheberrecht beseitigt. Die nunmehr vom Urheberrecht abweichende Schutzrichtung des Geschmacksmusterrechts werde darin deutlich, dass dessen Schutz nach seiner Neugestaltung nicht mehr die Eigentümlichkeit (§ 1 Abs. 2 GeschmMG a. F.), sondern die Eigenart (§ 2 Abs. 1 und 3 GeschmMG 2004, jetzt § 2 Abs. 1 und 3 DesignG) und damit die Unterschiedlichkeit zum vorbekannten Formenschatz des Musters voraussetze. Geschmacksmusterschutz und Urheberrechtsschutz schlössen sich nicht aus, sondern könnten nebeneinander bestehen. Der Geschmacksmusterschutz werde nicht überflüssig. Eine Gestaltung könne aufgrund ihrer Unterschiedlichkeit zum vorbekannten Formenschatz einem Geschmacksmusterschutz zugänglich sein, ohne die für den Urheberrechtsschutz erforderliche Gestaltungshöhe zu erreichen. Auch wenn bei Werken der angewandten Kunst keine höheren Anforderungen an die Gestaltungshöhe eines Werkes zu stellen seien als bei Werken der zweckfreien Kunst, sei zu berücksichtigen, dass der Urheberrechtsschutz eine eigene geistige Schöpfung voraussetze, d. h. dass ein Gestaltungsspielraum bestehe und vom Urheber dafür genutzt werde, seinen schöpferischen Geist in origineller Weise zum Ausdruck zu bringen.[296]

Die Entscheidung hat zwei Konsequenzen. Durch die Aufgabe der Forderung nach einer besonderen Gestaltungshöhe führt sie erstens zu einer einheitlichen Schutzuntergrenze für alle nach dem Urheberrecht geschützten Werke und damit zu der allgemeinen Anerkennung der kleinen Münze. Damit wird der Werkbegriff von all den Problemen entlastet, die gerade erörtert wurden. Das ist zu begrüßen.[297] Sie hat zweitens zur Folge, dass der Geschmacksmusterschutz

---

[293] BGH GRUR 2014, 175 – Geburtstagszug.
[294] Gesetz über den rechtlichen Schutz von Mustern und Modellen (BGBl. I 2004, S. 390), neu bekannt gemacht im DesignG vom 24.2.2014 (BGBl. I 2014, S. 122).
[295] Richtlinie 98/71/EG des Europäischen Parlaments und des Rates vom 13.10.1998 über den rechtlichen Schutz von Mustern und Modellen, ABl. 1998 Nr. L 289, S. 28.
[296] BGH GRUR 2014, 175 Rn. 35 ff. – Geburtstagszug.
[297] *Obergfell* GRUR 2014, 621; so schon *Schricker* (1991) Bd. II, S. 1105 f. Rn. 30.

seine ihm vorher zugedachte Funktion als Unterbau des wesensgleichen Urheberrechtsschutzes für Werke der angewandten Kunst verliert, so dass im Einzelfall bezüglich desselben Erzeugnisses beide Schutzsysteme zur Anwendung kommen können. Das entspricht dem national und international geltenden Kumulationsprinzip, wonach die einzelnen Immaterialgüterrechte nebeneinander anwendbar sind, soweit ihre jeweilgen Schutzvoraussetzungen vorliegen und die jeweils gesetzlich gewährten Rechte reichen.[298]

E88 Für Irritationen hat der BGH allerdings gesorgt, indem er die reduzierten Anforderungen an den Erwerb des Urheberrechts bei Werken der angewandten Kunst mit derselben Formel umschreibt, mit der die vorher geltende erhöhte Schutzschwelle begründet wurde.[299] Das mündet in folgendes Dilemma: Interpretiert man die Entscheidung so, dass Werke der angewandten Kunst den Schutz des Urheberrechts genießen, wenn sie individuell sind *und* nach Auffassung der Kunstwelt eine künstlerische Leistung darstellen, dann hat sich gegenüber dem vorherigen Rechtszustand praktisch nichts verändert.[300] Oder aber man schließt aus der Gleichstellung zwischen angewandter und freier Kunst, dass im Verhältnis zum Geschmacksmusterschutz das Merkmal der Individualität aufzugeben ist. Dafür spricht, dass nach der vom BGH verwendeten Kunstformel auch Gestaltungen als Kunstwerke anerkannt sind, die nicht individuell sind (→ Rn. E84), und ausübende Künstler gem. §73 UrhG künstlerische Leistungen erbringen müssen, obwohl sie normalerweise durch ihre Darbietung keine schöpferischen Werke schaffen, sondern schöpferische Werke nur interpretieren.[301] Das hätte zur Folge, dass im Bereich der angewandten Kunst Urheberrechtsprozesse nunmehr zu kleinen Designprozessen würden, in denen der Kläger nachzuweisen habe, dass die von ihm gefundene Gestaltung gegenüber dem vorbekannten Formenschatz objektiv neu ist.[302] Dann käme das Geschmacksmusterrecht aber unter denselben Druck, wie er 1907 bestand, als nach §2 Abs. 2 KUG Erzeugnisse des Kunstgewerbes in den Schutz des Urheberrechts einbezogen wurden. Folglich müsste man erneut, diesmal allerdings auf einem niedrigeren Niveau unterhalb der mit dem Begriff der Individualität beschriebenen Schutzschwelle über ein Stufenverhältnis zwischen Geschmacksmuster- und Urheberrechtsschutz nachdenken. Beide Alternativen sind nicht akzeptabel. Wie kommt man aus diesem Dilemma heraus? Die richtige Antwort kann nur darin bestehen, dass man die von der Rechtsprechung verwendete Kunstfor-

---

[298] Vgl. Art. 16 Geschmacksmuster-RL 98/71/EG, §13 Abs. 2 MarkenG. EuGH GRUR 2020, 631 Rn. 51 ff. – Gömböc Kft.: zum Verhältnis zwischen Geschmacksmuster- und Urheberrecht, Patent-, Gebrauchsmuster- und Markenrecht; EuGH GRUR 2011, 216 Rn. 28 ff. – Flos/Semeraro: zum Verhältnis zwischen Geschmacksmuster- und Urheberrecht; BGH GRUR 2021, 473 Rn. 23 – Papierspender; BGH GRUR 2014, 175 Rn. 39 – Geburtstagszug.
[299] So auch BGH GRUR 2021, 1290 Rn. 57 – Zugangsrecht des Architekten, für Werke der Baukunst.
[300] So z. B. *Mezger* (2017), S. 142; *Klawitter* GRUR-Prax 2014, 30,32.
[301] So *Grünberger* in Schricker/Loewenheim (2020), UrhG §73 Rn. 25, der zur Charakterisierung der künstlerischen Leistung eines Darbietenden die Kunstformel des BGH heranzieht.
[302] *Peifer* (2017), S. 28 f.; ders. ZUM 2023, 535, 536.

mel aus der Urheberrechtsdogmatik ersatzlos streicht. Ein Verlust ist damit nicht verbunden, da sie weder dazu taugt, die untere Schwelle für den Erwerb des Urheberrechts zu markieren noch eine bestimmte Gestaltungshöhe zu bestimmen. Die Devise zur Abgrenzung zwischen Geschmacksmusterrecht und Urheberrecht lautet also nicht: hier Neuheit und Eigenart, dort Individualität plus künstlerische Leistung bzw. nur künstlerische Leistung, sondern: *hier Neuheit und Eigenart, dort Individualität.* Urheberrechtlich geschützte Werke müssen individuell sein, geschütztes Design dagegen nicht. Beide Schutzsysteme schließen sich somit nicht gegenseitig aus.

d) Das Verhältnis von Neuheit und Eigenart zur Individualität

Ein Nebeneinander von Muster- und Urheberschutz ergibt allerdings nur dann Sinn, wenn man davon ausgeht, dass es Erscheinungsformen von Erzeugnissen gibt, die zwar neu und eigenartig, aber nicht individuell sind. Bisher haben wir das als selbstverständlich vorausgesetzt. Aber so selbstverständlich ist das nicht. Nach der Neubestimmung des Geschmacksmusterrechts gibt es nämlich nach wie vor viele Gemeinsamkeiten mit dem Urheberrecht. Auch ein schöpferisch tätiger Werkschaffender, der von den vorbestehenden Konventionen abweichende Regeln findet und danach handelt, bringt etwas Neues und irgendwie Eigenartiges hervor. Auch die zwei- oder dreidimensionale Erscheinungsform eines Erzeugnisses ist ein geistiger Gegenstand, ein *Formtyp*, der in einer Vielzahl von verschiedenen einzeln identifizierbaren materiellen Vorkommnissen realisiert sein kann. Mit der Einführung eines gesonderten Geschmacksmusterrechts verfolgt der europäische Gesetzgeber gleichfalls das Ziel, „nicht nur den Beitrag einzelner Entwerfer zu der herausragenden Gesamtleistung der Gemeinschaft" auf dem Anwendungsgebiet des Geschmacksmusterrechts zu fördern, sondern „auch zur Innovation und zur Entwicklung neuer Erzeugnisse sowie zu Investitionen für ihre Herstellung" zu ermutigen.[303] Um das Problem der Abgrenzung zwischen Muster- und Urheberrechtsschutz abzurunden, muss daher eine Erklärung nachgeliefert werden, worin genau sich beide Rechtssysteme, von den formellen Schutzanforderungen abgesehen, inhaltlich unterscheiden.

aa) Neuheit und Eigenart

Nach den einschlägigen europäischen und nationalen Regelwerken gilt ein „Geschmacksmuster" („Design") als neu, wenn vor einem bestimmten Stichtag kein identisches Muster öffentlich zugänglich gemacht (offenbart) worden ist. Muster gelten als identisch, wenn sich ihre Merkmale nur in unwesentlichen Einzelheiten unterscheiden. Ein Muster hat Eigenart, wenn sich der Gesamteindruck, den es beim informierten Benutzer hervorruft, von dem Gesamteindruck unterscheidet, den ein anderes Muster bei diesem Benutzer hervorruft, das der Öffentlichkeit vor dem Stichtag zugänglich gemacht worden ist, wobei der Grad

---

[303] Erw.grd. 7 GGV.

der Gestaltungsfreiheit des Entwerfers bei der Entwicklung des Musters zu berücksichtigen ist.[304] Das entscheidende inhaltliche Kriterium zum Erwerb des Geschmacksmusterschutzes besteht danach in der Unterschiedlichkeit im jeweiligen Gesamteindruck der zu vergleichenden Muster, wobei bereits ein ganz geringer Unterschied zur Neuheit führt, während das Merkmal der Eigenart ein *bestimmtes Maß* an Unterschiedlichkeit vom vorbekannten Formenschatz,[305] einen *qualifizierten Abstand*, bedingt. Da sowohl die Prüfung der Neuheit als auch der Eigenart anhand eines Einzelvergleichs mit den vorhandenen Mustern durchzuführen ist, kommt dem Merkmal der Neuheit in der Praxis keine Bedeutung zu. Wenn nämlich keine Eigenart feststellbar ist, kann dahinstehen, ob das fragliche Muster neu ist.[306] Hat es dagegen Eigenart, dann unterscheidet es sich wesentlich von den vorhandenen Gestaltungen und ist neu.[307] Parallel zum Begriff der Schöpfung im Urheberrecht beschreibt somit das Merkmal der Eigenartigkeit die *Schutzschwelle zum Erwerb des Geschmacksmusterrechts* und bildet den Grund und die Rechtfertigung, Designern und Entwerfern von Mustern Ausschließlichkeitsrechte zu gewähren. Nicht alles, was sich irgendwie vom Vorbestehenden abhebt, verdient einen ausschließlichen Schutz.

E91 Für die Frage, wann Eigenartigkeit zu bejahen ist, ist die Sicht des informierten Benutzers maßgebend, der den Gesamteindruck des zu beurteilenden Musters mit demjenigen vergleicht, den ein oder mehrere ältere Muster vermitteln. Nach inzwischen gefestigter Rechtsprechung[308] ist dieser keine reale Person, sondern ein *normativ* definierter Menschentyp, der die verschiedenen Muster, die es in dem betreffenden Wirtschaftszweig gibt, kennt, gewisse Kenntnisse in Bezug auf die Elemente besitzt, die sie gewöhnlich aufweisen, und diese Produkte aufgrund seines Interesses an ihnen mit verhältnismäßig großer Aufmerksamkeit ihrem Zweck entsprechend benutzt.[309] Informierte Benutzer sind somit die Adressaten, an die sich Musterentwerfer richten und die die Kompetenz erworben haben, mit den visuellen – oder haptischen[310] – Erscheinungsformen von industriell oder handwerklich gefertigten Erzeugnissen umzugehen, sie als einheitliche Gestaltungen zu deuten,[311] miteinander zu vergleichen und eine Präferenzentscheidung über die relevante Unterschiedlichkeit nach ihrem Er-

---

[304] Art. 4, 5 Geschmacksmuster-RL; Art. 5, 6 GGV; §§ 2 Abs. 2, 3 DesignG.

[305] Z. B. BGH GRUR 2014, 175 Rn. 36 – Geburtstagszug; BGH GRUR 2010, 718 Rn. 32 – Verlängerte Limousinen; *Steinberg* in Büscher/Dittmer/Schiwy (2015) DesignG § 2 Rn. 5; GGV Art. 6 Rn. 5.

[306] EuG BeckRS 2019, 9423 Rn. 61 – Fertigkuchen; *Bagh* in BeckOK DesignR (Stand 15.11.2020), DesignG § 2 Rn. 9 f.

[307] *Ruhl* in Ruhl/Tolkmitt (2019), GGV Art. 5 Rn. 2, 12.

[308] EuG GRUR-RS 2021, 14311 Rn. 36 f. – Davide Groppi/EUIPO; einen Überblick gibt *Hartwig* GRUR 2020, 798 ff.

[309] Z. B. EuG GRUR-RS 2019, 10560 Rn. 28 f. – Rietze/EUIPO; BGH GRUR 2016, 803 Rn. 34 – Armbanduhr; ausführlich *Ruhl* in Ruhl/Tolkmitt (2019), GGV Art. 6 Rn. 33 ff.

[310] S. *Steinberg* in Büscher/Dittmer/Schiwy (2015), GGV Art. 3 Rn. 4.

[311] Die Sicht des informierten Benutzers ist somit auch der entscheidende Maßstab, die Identität und Ähnlichkeit der zu vergleichenden Muster zu bestimmen; s. *Ruhl* in Ruhl/Tolkmitt (2019), GGV Art. 5 Rn. 10.

scheinungsbild zu treffen.³¹² Informierte Benutzer sind somit auch die Richter in einem Musterprozess, wenn sie als Benutzer des strittigen Erzeugnisses eigene Kenntnisse über den vorhandenen Formenschatz besitzen oder sich durch den Vortrag der Parteien und eine etwa erforderliche Beweisaufnahme einen Überblick verschafft haben. Anders als EuGH und EuG meinen,³¹³ gehören zu ihnen insbesondere auch die Musterentwerfer selbst, da sie zum einen als mögliche Benutzer in Frage kommen und zum anderen sich zumindest in die Adressaten ihrer Produkte hineindenken und vorwegnehmen müssen, wie diese sie wahrnehmen und verwenden. Im Urheberrecht haben sie ihre Entsprechung in den Lesern, Betrachtern oder Anhörern von Werkvorkommnissen, die aufgrund ihrer erworbenen Sprach-, Bild oder Musikkompetenz das für das betreffende Werk erforderliche intellektuelle Verständnis besitzen.³¹⁴

bb) Gestaltungsfreiheit und Musterdichte

Bei der Beurteilung der Eigenart ist der Grad der Gestaltungsfreiheit des Musterentwerfers zu berücksichtigen. Nach der Rechtsprechung des EuG³¹⁵ sind damit insbesondere Vorgaben gemeint, die sich aus den durch die technische Funktion des Erzeugnisses oder eines Bestandteils bedingten Merkmalen oder aus den auf das Erzeugnis anwendbaren gesetzlichen Vorschriften ergeben. Diese Vorgaben führen zu einer Standardisierung bestimmter Merkmale, die dann zu gemeinsamen Merkmalen aller bei dem betreffenden Erzeugnis verwendeten Geschmacksmuster werden. Daraus schließt der EuG: Je größer die Gestaltungsfreiheit des Entwerfers sei, desto weniger reichten kleine Unterschiede zwischen den einander gegenüberstehenden Mustern aus, um beim informierten Benutzer einen unterschiedlichen Gesamteindruck hervorzurufen. Je beschränkter umgekehrt die Gestaltungsfreiheit des Entwerfers sei, desto eher genügten kleine Unterschiede, dass er einen unterschiedlichen Gesamteindruck gewinne. Ob dieser Schluss gerechtfertigt ist und der behauptete unmittelbare Zusammenhang zwischen dem Gestaltungsspielraum eines Designers auf der einen Seite und dem Gesamteindruck des von ihm entworfenen Musters, den ein informierter Benutzer gewinnt, besteht, ist allerdings zweifelhaft. Im Urheberrecht besteht ein solcher Zusammenhang zwischen Gestaltungsfreiheit und Individualität nicht, wie gezeigt wurde. Warum das im Geschmacksmusterrecht im Hinblick auf den Begriff der Eigenart anders sein soll, bedarf einer näheren Überprüfung.

Wenn man von der Prämisse ausgeht, die geschmacksmusterrechtliche Eigenart eines Erzeugnisses setze nicht voraus, dass es Ergebnis individuellen Schaffens ist, dann muss jetzt die Frage gestellt werden, ob auch dann ein Ge-

---

³¹² Dazu eingehend *Ruhl* in Ruhl/Tolkmit (2019), GGV Art. 6 Rn. 33 f., 51 ff.
³¹³ Z. B. EuG GRUR-RS 2021, 14311 Rn. 37 – Davide Groppi/EUIPO; EuGH GRUR 2012, 506 Rn. 59 – PepsiCo; EuG GRUR-RS 2019, 10560 Rn. 28 – Rietze/EUIPO; EuG GRUR-RR 2010, 425 Rn. 47 – Fernmeldegerät.
³¹⁴ *Haberstumpf* UFITA 2018, 495, 529 ff.; *Haberstumpf* GRUR 2021, 1249, 1257.
³¹⁵ Z. B. EuG GRUR-RS 2021, 14311 Rn. 39 ff. – Davide Groppi/EUIPO; EuG BeckRS 2019, 935 Rn. 22 f. – Eglo/EUIPO; EuG GRUR Int. 2012, 66 Rn. 32 – Verbrennungsmotor.

staltungsspielraum für einen Designer gegeben ist, wenn er sich an die für sein geschaffenes Muster vorgegebenen Standards und Regeln hält. Designer sind wie Urheber an eine Reihe von funktionalen, technischen und insbesondere ästhetischen Vorgaben gebunden, die auf das Aussehen ihrer Produkte Einfluss haben und auf ihren Tätigkeitsgebieten Standard sind. Diese Standardvorgaben hindern Designer aber genauso wenig wie Urheber daran, neue Muster zu erzeugen, die sich von vorhandenen deutlich unterscheiden, was die Existenz einer Vielzahl von Mustern auf den verschiedenen Betätigungsgebieten eines Designers beweist. Funktionale, technische und ästhetische Vorgaben regeln eben auch hier nicht alles. Sie schließen freies Gestalten nur dann aus, wenn sie strikt sind und das Aussehen des fraglichen Erzeugnisses genau festlegen. Das aber ist ein uninteressanter Ausnahmefall. Dass ein Produktgestalter keine Gestaltungsfreiheit hat, wenn die ihm vorgegebenen Regeln das Aussehen seines Produkts genau festlegen, ist eine Trivialität. Andere Personen können dessen Erscheinungsform nur identisch oder wesentlich identisch reproduzieren, aber kein neues und eigenartiges Muster schaffen, wenn sie sich an die Regeln halten; es sei denn, sie setzen in ihrem Schaffen eigene neue Standards. Dann sind sie aber keine Musterentwerfer, sondern Urheber. Ein solcher Ausnahmefall könnte allenfalls dann vorkommen, wenn man die Erzeugnisklasse, in die das fragliche Muster fällt, ganz eng begrenzt, etwa auf die Klasse „Baureihe des Personenkraftwagens Porsche 911" statt auf „Personenkraftwagen im Allgemeinen".[316] Der Schutz des Geschmacksmusterrechts geht dagegen davon aus, dass es Muster gibt, die nicht von vornherein nur einem oder ganz wenigen konkreten Erzeugnissen zugeordnet werden können.[317] Ist ein Gestalter wie im Normalfall nicht auf eine bestimmte Erscheinungsform seines Produkts festgelegt, muss er den gegebenen Gestaltungsspielraum, ob er nun größer oder kleiner ist, ausfüllen, um ein neues und eigenartiges Erzeugnis zu schaffen. Auch insoweit bestehen Parallelen zum Urheberrecht. Ob etwas vom vorbekannten Formenschatz Unterschiedliches herausgekommen ist, hängt folglich nicht vom Grad des Gestaltungsspielraums ab, den ihm vorgegebene Regeln lassen – denn diese sind für die auf dem fraglichen Gebiet Tätigen gleich –, sondern wie er ihn ausfüllt. Es sind deshalb auch nicht die Standardvorgaben, mit denen der informierte Benutzer das fragliche Muster vergleicht. Die Praxis und Rechtswissenschaft sind sich darin einig, dass er kein TÜV-Ingenieur oder ein sonstiger sachverständiger Experte ist, der ein neues Produkt und dessen Erscheinungsform daraufhin überprüft, ob es normgerecht ist.[318] Sein Vergleichsmaßstab ist vielmehr der jeweilige Gesamteindruck von früheren Erzeugnissen, die bis zum Prioritätstag

---

[316] S. EuG GRUR-RR 2019, 350 Rn. 55, 36 ff. – Porsche/EUIPO. Zur Erzeugnisbezogenheit des Geschmacksmusters vgl. *Ruhl* in Ruhl/Tolkmitt (2019), GGV Art. 3 Rn. 5 f.

[317] *Steinberg* in Büscher/Dittmer/Schiwy (2015) GGV Art. 3 Rn. 3; *Hartwig* GRUR 2020, 1260, 1267.

[318] EuGH GRUR 2012, 506 Rn. 59 – PepsiCo; EuG GRUR-RS 2019, 10560 Rn. 28 – Rietze/EUIPO; EuG GRUR-RR 2019, 350 Rn. 29 – Porsche/EUIPO; *Ruhl* in Ruhl/Tolkmitt (2019), GGV Art. 6 Rn. 31; *Steinberg* in Büscher/Dittmer/Schiwy (2015), GGV Art. 6 Rn. 7.

von anderen Musterentwerfern unter Beachtung der gegebenen Vorgaben und Regeln in unterschiedlicher Weise erzeugt wurden.

Betrachtet man nun die Lage aus der Sicht eines Designers, der eine neue Erscheinungsform für eine bestimmte Klasse von Erzeugnissen kreieren will, stehen auch für ihn nicht die zu beachtenden Standardvorgaben im Vordergrund, sondern die Musterlandschaft, die er vorfindet. Denn alles Gestalten ist regelhaftes Verhalten und Handeln. Die Existenz vorgegebener Regeln und Konventionen kann zwar die menschliche Gestaltungsfreiheit einschränken, ist aber gleichzeitig notwendige Bedingung dafür, dass freies Gestalten überhaupt möglich ist. Für Designer ist es daher die „Musterdichte"[319] oder „Sättigung"[320], d. h. die mehr oder weniger große Anzahl unterschiedlicher Muster auf ihrem Betätigungsgebiet, die ihr Gestalten wesentlich beeinflusst. Zwischen Musterdichte bzw. Sättigung und Gestaltungsfreiheit besteht kein direkter Zusammenhang dergestalt, dass eine geringe Musterdichte stets mit einem großen Gestaltungsspielraum einhergeht und umgekehrt. Manchmal ist es so, manchmal aber auch nicht. Dass „Geschmacksmuster, die keine erheblichen Unterschiede aufweisen, beim informierten Benutzer denselben Gesamteindruck hervorrufen" und „hinreichend deutliche Unterschiede zwischen den Geschmacksmustern beim informierten Benutzer einen unähnlichen Gesamteindruck hervorrufen",[321] folgt gerade nicht aus dem Grad der Gestaltungsfreiheit, sondern ist eine analytische Wahrheit, die sich allein schon aus der Bedeutung der Worte „identisch" und „ähnlich" ergibt. Eine geringe Musterdichte kann genauso gut Ausdruck mangelnden Einfallsreichtums der auf dem betreffenden Gebiet tätigen Designer sein, etwa weil sie sich an die Erwartungshaltung und den Zeitgeschmack des Publikums angepasst haben. Welche Musterdichte ein Designer vorfindet, hängt daher nicht von einem bestimmten Grad an Gestaltungsfreiheit ab, sondern vielmehr davon, wie seine Vorgänger die bestehenden Spielräume ausgeschöpft haben.[322] Der europäische Gesetzgeber verfolgt nach Erw.grd. 7 GGV das Ziel, den Beitrag einzelner Musterentwerfer zur Gesamtleistung im Anwendungsbereich des Geschmacksmusterrechts zu fördern und auch zur Innovation und Entwicklung neuer Erzeugnisse zu ermutigen. Wäre die Musterdichte bloße Resultante des Grades an Gestaltungsfreiheit, der Designern zur Verfügung steht, bedürfte es keines besonderen gesetzlichen Anreizes, sie zur Schaffung unterschiedlicher Muster zu ermutigen.

---

[319] Vgl. BGH GRUR 2016, 803 Rn. 31 f. – Armbanduhr; BGH GRUR 2011, 142 Rn. 17 – Untersetzer; BGH GRUR 2013, 285 Rn. 31 – Kinderwagen II; BGH GRUR 2011, 1117 Rn. 35 – ICE; *Hartwig* GRUR 2015, 845 ff. Die Kritik von *Ruhl* in Ruhl/Tolkmitt (2019) GGV Art. 6 Rn. 60, Art. 10 Rn. 45 ff., am Begriff der Musterdichte ist insoweit berechtigt, als der BGH mit ihm die Gestaltungsfreiheit des Entwerfers einschränken will; sie ist aber unberechtigt, wenn er diesem Begriff für die Bestimmung der Eigenart jede Relevanz abspricht.

[320] EuG GRUR Int. 2013, 383 Rn. 81 ff. – Thermosiphons für Heizkörper; vgl. dazu *Steinberg* in Büscher/Dittmer/Schiwy (2015) GGV Art. 6 Rn. 12.

[321] So EuG GRUR-RS 2021, 14311 Rn. 41 – Davide Groppi/EUIPO.

[322] So *Ruhl* GRUR 2011, 145 ff., Anmerkung zur BGH-Entscheidung „Untersetzer" (GRUR 2011, 142).

E95 Angenommen ein Designer findet eine große Anzahl unterschiedlicher Muster vor, die ihm als Vorbilder für sein Schaffen dienen können, dann fällt es ihm verhältnismäßig leicht, ein Ergebnis zu erzielen, indem er eines oder mehrere von ihnen nach seinem Geschmack aussucht und ggfs. hier und da geringfügig abändert. Will oder muss er von ihnen einen merklichen Abstand einhalten, etwa weil sie durch Ausschließlichkeitsrechte zugunsten anderer Personen geschützt sind, ist er dagegen genötigt, sich etwas einfallen zu lassen und besondere Anstrengungen zu unternehmen, um sein gefundenes Ergebnis als etwas Neues präsentieren zu können. Im umgekehrten Fall, in dem der Designer auf nur wenige Vorbilder trifft und keine große Auswahl hat, muss er zwar ebenfalls Anstrengungen unternehmen, die gegebenen Gestaltungsspielräume auszufüllen, tut sich dabei aber erheblich leichter, etwas von ihnen deutlich Unterschiedliches hervorzubringen. Wenn sein Ergebnis aber viele Übereinstimmungen mit den vorhandenen wenigen Mustern des Formenschatzes hat, dann ist das folglich kein Ausdruck großer Gestaltungsfreiheit, sondern ein Zeichen von geringer Innovationskraft, weil er sich ersichtlich keine besondere Mühe gemacht hat, sich vom Formenschatz abzuheben. Er verdient dann den Schutz des Geschmacksmusterrechts nicht. Das Geschmacksmusterrecht kann auf diese Weise wie ein Motivationsverstärker für Individuen wirken, sich ihnen in den Weg stellende Hindernisse, ob sie von Außen oder von ihrem Inneren kommen, zu überwinden und sich um die Schaffung substanziell neuer Designprodukte zu bemühen sowie das wirtschaftliche Wagnis für ihre Herstellung einzugehen.

E96 Diese Sicht des Musterentwerfers spiegelt sich in der Wahrnehmung eines von ihm verschiedenen informierten Benutzers wider. Ihm kann und muss nicht nur die Kenntnis des vorbekannten Formenschatzes, sondern auch das Bewusstsein unterstellt werden, mit welchen Schwierigkeiten ein Musterentwerfer auf seinem Betätigungsgebiet zu kämpfen hat. Er ist deshalb auch in der Lage, vor dem Hintergrund der Zielsetzung des Geschmacksmusterrechts Übereinstimmungen und Unterschiede eines neuen Musters im Verhältnis zu vorbekannten zu *gewichten*,[323] indem er je nach Musterdichte bzw. Sättigung mal den Unterschieden mal den Übereinstimmungen größere Aufmerksamkeit schenkt.[324] Würde man ihm nicht die Kompetenz zusprechen, die Übereinstimmungen und Unterschiede gewichten zu können, wäre er als Kunstfigur nutzlos. Denn alle Erzeugnisse, die in eine oder mehrere Erzeugnisklassen fallen, ähneln sich. Und es genügt nicht, dass zwei Muster (Zeichen) ähnlich ausschauen. Damit sie dasselbe Muster (Zeichen) sind,[325] müssen sie dieselbe Bedeutung haben, dasselbe ausdrücken. Um das zu beurteilen, braucht man auf keinen „informierten Benutzer" oder einen anders definierten besonderen Menschentyp zurückzugreifen. Bloße Bildkompetenz würde genügen.

---

[323] BGH GRUR 2019, 398 Rn. 43 – Meda Gate; BGH GRUR 2016, 803 Rn. 35 – Armbanduhr; *Ruhl* in Ruhl/Tolkmitt (2019), GGV Art. 6 Rn. 50.
[324] EuG GRUR Int. 2013, 383 Rn. 81, 89 – Thermosiphons für Heizkörper.
[325] *Wittgenstein* (1973), S. 331.

Ich komme zusammenfassend zu dem Ergebnis, dass der Grad der Gestaltungsfreiheit ausnahmsweise Eigenart nur dann ausschließt, wenn die zu beachtenden funktionalen, technischen oder ästhetischen Vorgaben das Aussehen und die Gestalt eines Erzeugnisses ganz genau festlegen. Ist dies wie gewöhnlich nicht der Fall, eröffnet er dagegen erst den Möglichkeitsraum zur Entwicklung von Neuem und bestimmt nicht, wie Gestalter ihre Freiheit nutzen. Die Eigenart der Erscheinungsform eines Erzeugnisses zeigt sich darin, dass der Entwerfer eines geschützten Designs sich an die ihm gegebenen Standardvorgaben hält und unter Ausfüllung der Spielräume, die sie lassen, etwas Neues hervorbringt. Der Urheber schafft zwar ebenfalls etwas Neues, tut dies aber dadurch, dass er eigene nicht vorgegebene Standards entwickelt und nach diesen handelt. Den wesentlichen Einfluss auf die gestalterische Leistung, die ein Musterentwerfer erbringt, wenn er den Formenschatz durch ein neues und eigenartiges Muster bereichert, hat daher nicht der Grad der Gestaltungsfreiheit, sondern die am Prioritätstag vorhandene Musterdichte bzw. Sättigung. Vom Grad der Eigenart, d. h. dem Abstand zum vorbekannten Formenschatz, hängt auch ab, welchen Schutzumfang ein geschütztes Muster im Einzelfall genießt.[326]

cc) Regelfolgen im Geschmacksmusterrecht

Ein Einwand gegen die hier skizzierte Interpretation der Eigenart im Geschmacksmusterrecht liegt nahe. Wie ist es möglich, dass jemand durch Befolgung einer gegebenen Regel etwas Neues schafft? Ist es denn nicht plausibler anzunehmen, dass regelkonformes Handeln durch dieselbe oder verschiedene Personen immer die gleichen Ergebnisse liefert? Beispiele wurden oben genannt. Wie wir oben aber gesehen haben, sind die Regeln und Vorgaben, die Designer vorfinden, nicht von dieser Art. Sie schreiben normalerweise kein Gestalten nach konstanten Größen, Maßen, Farben, Oberflächenstrukturen usw. vor, sondern sind allgemeine Schemata, die Leerstellen enthalten und ausgefüllt werden müssen, damit konkrete Ergebnisse herauskommen. Sie ermöglichen es daher, ständig neue Erzeugnisse zu produzieren, die sich von den bisher produzierten deutlich unterscheiden. Wir erinnern uns an die oben dargestellte Regel zur Anfertigung von Telefonbüchern und Adressverzeichnissen.

Um zu demonstrieren, wie die Entwicklung neuer und eigenartiger Muster unter Beachtung bestehender Vorgaben und Regeln vonstattengehen kann, nehmen wir an, jemand möchte einen besonders leistungsfähigen Hammer konstruieren. Die funktionalen und ästhetischen Vorgaben, die das Aussehen eines Hammers beeinflussen, geben ihm vor, dass sein Produkt aus einem Kopf in einem harten Material und einem starren Stiel, an dem der Kopf zu befestigen ist, bestehen muss. Ein Hammer hat gewöhnlich die Funktion, mit ihm andere Materialien bearbeiten, glätten, verformen, zerstören, zerkleinern, Nägel einschlagen usw. zu können. Diese Vorgaben sind aber nicht strikt, sondern haben

---

[326] BGH GRUR 2019, 398 Rn. 14f. – Meda Gate; BGH GRUR 2018, 832 Rn. 21 – Ballerinaschuh, mit weiteren Nachweisen.

Leerstellen. Sie schreiben die Farbe von Kopf und Stiel nicht vor, welche Materialien zu wählen sind, welche genauen Größen Kopf und Stiel haben müssen und in welchem Größenverhältnis sie zueinander zu stehen haben. Nehmen wir weiter an, unser Konstrukteur wählt einen gewöhnlichen Hammer aus einem der Baumärkte als Vorbild und vergrößert maßstabsgetreu sukzessive Kopf und Stiel und ihr Verhältnis zueinander, ohne sonst etwas zu verändern. Solche quantitativen Veränderungen, sollte man meinen, sind nicht geeignet, den Gesamteindruck seines Produkts gegenüber dem Vorbild wesentlich zu beeinflussen und vom informierten Benutzer wahrgenommen zu werden.[327] Das mag zwar meist zutreffend sein, ist aber nicht immer so. Rein quantitative Vergrößerungen oder Verkleinerungen eines Produkts können nämlich durchaus in einen qualitativ beachtlichen Unterschied umschlagen. Aus einem gewöhnlichen, einhändig benutzbaren Hammer kann ein „Vorschlaghammer" geworden sein, der nicht mehr für feinere Arbeiten und zum Einschlagen von Nägeln geeignet ist, dessen Einsatz die Benutzung beider Hände erfordert und mit einem Vorgehen von zerstörerischer Wucht und Rücksichtslosigkeit assoziiert wird. Gegenüber einem gewöhnlichen Hammer hat ein Vorschlaghammer nicht nur einen anderen Namen, eine andere Funktion,[328] sondern drückt auch etwas anderes aus. Hier kann man ohne Weiteres sagen, der Konstrukteur habe im Verhältnis zu seinem Vorbild und denen in Funktion und Ausdruck ähnlichen Hämmern einen Hammer von *eigener Art* geschaffen, ohne schöpferisch tätig geworden zu sein. Sein Schaffen verlässt die vorgegebenen Regeln nicht, sondern setzt sie nur in einem neuen und eigenartigen Erzeugnis fort.

E100 Ein konkretes Beispiel aus der Rechtspraxis, das belegt, wie bloße Größenveränderungen eines vorbestehenden Musters zu einer eigenartigen neuen Erscheinungsform führen können, bildet die Entscheidung des BGH „Verlängerte Limousinen".[329] An dieser Entscheidung interessiert in erster Linie der Vergleich zwischen den beiden als Gemeinschaftsgeschmacksmuster eingetragenen Klagemustern der klagenden Daimler AG, die jeweils eine verlängerte Limousine zeigen, mit der Standardversion der S-Klasse der Baureihe W 221, für die ein prioritätsälteres Gemeinschaftsgeschmacksmuster ebenfalls zugunsten der Daimler AG eingetragen war. Die Beklagte, die den Klagemustern sehr ähnliche verlängerte Limousinen vertrieb, erhob Widerklage auf Feststellung der Nichtigkeit der Klagemuster u. a. mit dem Einwand, die Klagemuster seien bereits durch die Standardversion vorweggenommen worden und daher nicht eigenartig. Der BGH hat im Einklang mit dem Berufungsgericht diesen Einwand als nicht durchgreifend erachtet. Der wesentliche Unterschied zur Standardversion lag nach der Beurteilung des Berufungsgerichts ungeachtet der Übernahme der Erscheinungsmerkmale der Front- und Heckpartie in ihrer markanten Verlängerung, die die Proportionen auffallend verändere und einen anderen Gesamtein-

---

[327] So EuG GRUR-RS 2021, 14311 Rn. 45 – Davide Groppi/EUIPO.
[328] Vgl. *Scholz* (2004), S. 183 f.
[329] BGH GRUR 2010, 718, mit kritischer Anmerkung *Ruhl* GRUR 2010, 692, 694.

druck hervorrufe. Der BGH ist dem gefolgt und hat den Klagemustern Eigenart zugesprochen (Rn. 41, 36). In technischer Hinsicht bedeutete die Verlängerung, dass ein an die Kontur der übrigen Karosseriestücke angepasster Mittelteil eingefügt werden musste, was die Beklagte zum Anlass nahm, den Einwand zu erheben, dies sei technisch bedingt und daher nicht schutzwürdig. Der BGH wies ihn zu Recht mit dem lapidaren Hinweis zurück, die vorliegenden Konturen der Standardversion seien schon nicht ausschließlich technisch bedingt und folglich die an sie angepassten Verlängerungsstücke auch nicht (Rn. 45). In diesem Fall folgte also die Funktion des Mittelteils aus der Form der Karosserie. Wir haben hier einen weiteren Beleg dafür, dass der Satz, die Form eines Gegenstands folge aus seiner Funktion, in seiner Allgemeinheit nicht stimmt.[330] Dem BGH ist auch zuzustimmen, dass dies keine schöpferische Leistung ist (Rn. 42). Wer wie hier die Formel, die zur Errechnung der Kontur der Standardversion angewendet wurde, abändert, indem er in ihre Variablenstellen andere Werte (hier größere Längenwerte) einsetzt, verändert die Regel nicht, sondern setzt sie unschöpferisch fort. Als einzig interessante Frage blieb also übrig, ob die bloße Längenveränderung den Klagemustern Eigenart verlieh. Dass sie zu bejahen ist, wird wohl ernsthaft nicht in Zweifel gezogen werden können.[331] Es ist nämlich nicht bloß eine irgendwie verlängerte Limousine herausgekommen, sondern eine „Stretchlimousine", die nicht nur ein anderes Aussehen hat als eine gewöhnliche Limousine, sondern auch eine andere Funktion. Diese besteht nicht darin, am gewöhnlichen Straßenverkehr teilzunehmen und wie ein Kleinbus eine größere Anzahl von Personen zu befördern, sondern anlässlich besonderer Anlässe (z. B. Hochzeiten) besonderen Luxus, Komfort und Reichtum auszustrahlen. Der Besitzer oder Eigentümer will Aufmerksamkeit erregen und zeigen, dass er es sich leisten kann, ein teures für den gewöhnlichen Straßenverkehr weniger geeignetes Fahrzeug zu benutzen. Wie im Hammerbeispiel hat das neue Produkt einen anderen Ausdruck, eine andere Funktion und eine eigene Bezeichnung, die es rechtfertigen, es als *Erzeugnis einer eigenen Art* anzusprechen und Geschmacksmusterschutz zu gewähren.

Eine übliche und bekannte, etwa von Fliesenherstellern verwendete Regel besagt: Wähle eine Grundform (z. B. Quadrat). Schneide an einer oder zwei Seiten geometrische Figuren (z. B. Kreisbogen) ab und setze sie an anderen Seiten wieder an, so dass die Grundform konvexe und konkave Seiten erhält. Kombiniere die Fliesenformen so, dass sie jeweils passend aneinander liegen. Die bloße Anwendung dieser Regel ist nicht schöpferisch. Sie eröffnet aber Gestaltungsspielräume, indem sie viele Leerstellen in Bezug auf die Wahl der Grundform, der geometrischen Figuren, die Größenverhältnisse, die Oberflächenstruktur und das Material sowie der Farbe der Fliesen enthält. Durch Ausfüllung der Gestaltungsspielräume können verschiedenste Netzstrukturen erzeugt wer-

---

[330] *Ruhl* in Ruhl/Tolkmitt (2019) GGV Art. 3 Rn. 18.
[331] *Ruhl* GRUR 2010, 692, 694, hält zu Unrecht die vorgenommenen Proportionsveränderungen für zu gering, um einen anderen Gesamteindruck hervorzurufen.

den, wie ein Blick in die gängigen Kataloge von Fliesenherstellern und -händlern zeigt, die sich untereinander und vom vorhandenen Formenschatz deutlich unterscheiden und vom informierten Benutzer als eigenartig wahrgenommen werden. Häufig erhalten sie auch eigene Bezeichnungen und drücken etwas anderes aus. Die Anwendung dieser Regel ist nicht auf flächige Muster beschränkt, sondern kann auch in die Gestaltung und Kombination von körperlichen Erzeugnissen transformiert werden; dann erhält das so entstehende Erzeugnis regelmäßig auch eine andere Funktion. Es ist aber auch nicht ausgeschlossen, dass ein Designer die Leerstellen schöpferisch ausfüllt, indem er eigene Regeln entwickelt und sie in seinem Produkt umsetzt.

E102 Der kleine Exkurs zum Geschmacksmusterrecht hat es bestätigt: Eigenart und Individualität sind tatsächlich etwas anderes und nicht aufeinander rückführbar. Die Neuheit und Eigenart eines Erzeugnisses sind nicht hinreichend für den Erwerb des Urheberschutzes, weil nach (Ind7) nicht ausgeschlossen werden kann, dass sein Entwerfer sich an vorgegebenen Regeln orientiert hat. Und umgekehrt folgt aus dem Bestehen eines Urheberschutzes nicht, dass die visuelle Erscheinungsform des Erzeugnisses neu und eigenartig ist; sie kann eine individuelle Doppelschöpfung sein. Beide Schutzsysteme überschneiden sich nicht, können aber nebeneinander anwendbar sein, sofern die jeweiligen Schutzvoraussetzungen gegeben sind.

III. Bearbeitungen und Sammelwerke

E103 Persönliche geistige Schöpfungen werden nicht nur bei der Schaffung von Originalwerken i. S. v. § 2 UrhG erbracht, sondern können auch auf bereits vorhandenen Werken beruhen, die schöpferisch verändert oder nach individuellen Regeln gesammelt oder angeordnet werden (§§ 3, 4 UrhG). Durch Zerlegung und Zusammensetzung, Aufteilung von Ganzen in Teile und deren Neukomposition zu Komplexen, Ordnung und Gewichtung, Tilgung und Ergänzung[332] führt der kreative Mensch neue Seh- und Hörgewohnheiten in den Kulturkreislauf ein und präsentiert neue Lösungen für unser praktisches Handeln in allen Lebensbereichen. Er arbeitet dabei nicht im luftleeren Raum, sondern bedient sich der auf seinem Schaffensgebiet bestehenden traditionellen Konventionen und Regeln, indem er sie in nicht vorgegebener Weise abändert, ergänzt oder durch andersartige Regeln ersetzt (→ Rn. E67 f.). Die Bestimmungen für Bearbeitungen und Sammelwerke gem. §§ 3, 4 UrhG fügen sich in dieses Bild nahtlos ein, heben nur einzelne Aspekte schöpferischen Handelns hervor und stellen klar, dass die Gegenstände, die in schöpferischen Bearbeitungen und Sammelwerken bearbeitet bzw. gesammelt werden, ihrerseits persönliche geistige Schöpfung nach § 2 Abs. 2 UrhG sind bzw. sein können. Ihre Bedeutung besteht im Wesentlichen darin zu bestimmen, wie sich das Urheberrecht an dem bearbeiteten Werk bzw.

---

[332] *Goodman* (1990), S. 20 ff.

den gesammelten Werken zum Urheberrecht an der Bearbeitung bzw. dem Sammelwerk verhält und welcher Schutzbereich ihnen jeweils zukommt. Die Ausnahme für gemeinfreie visuelle Werke nach § 68 UrhG (Art. 14 DSM-RL) spielt für Bearbeitungen und Sammelwerke keine Rolle, weil sie eigene geistige Schöpfungen sind.

Die Regelung des § 3 UrhG entspricht im internationalen Recht Art. 2 Abs. 3, Art. 8, 12 RBÜ, wonach Übersetzungen, Bearbeitungen, musikalische Arrangements und andere Umarbeitungen den gleichen Schutz wie Originalwerke genießen. Das TRIPS-Übereinkommen verweist in Art. 9 Abs. 1 auf diese Bestimmungen, so dass der Schutz der Bearbeitung auch über dieses Übereinkommen gewährleistet ist. Das harmonisierte europäische Recht enthält zwar keine ausdrückliche Regelung für schöpferische Bearbeitungen und Umgestaltungen eines Werkes. Es ist aber selbstverständlich, dass auch nach europäischen Maßstäben der Urheberrechtsschutz sich auf sie erstreckt, da die Bestimmungen des TRIPS-Übereinkommens im Bereich der europäischen Union als unmittelbar geltendes Recht anzuwenden sind.[333] Auch der Schutz von Sammelwerken ist im internationalen Recht gem. Art. 2 Abs. 5 RBÜ, Art. 10 Abs. 2 TRIPS und Art. 5 WCT verankert. Im Unionsrecht haben Datenbankwerke in Art. 3 bis 6 Datenbank-RL eine explizite Regelung erfahren.

1. Bearbeitungen

Die Frage, welche Rechte der Bearbeiter eines vorhandenen Werks besitzt, beantwortet § 3 UrhG dahingehend, dass die schöpferische Bearbeitung ein eigenständiges und gegenüber jedermann – einschließlich des Originalurhebers – durchsetzbares volles Bearbeiterurheberrecht begründet, das mit der Entäußerung der Bearbeitung in der Person des Bearbeiters entsteht und 70 Jahre nach dessen Tod erlischt. Die Antwort auf die Frage, wie sich das Urheberrecht an einer Bearbeitung zu dem Urheberrecht am Originalwerk verhält, ergibt sich aus § 23 Abs. 1 und 2 UrhG. Das Urheberrecht an einer Bearbeitung ist insoweit ein abhängiges Urheberrecht, als Bearbeitungen oder andere Umgestaltungen eines Werkes nur mit Zustimmung des Originalurhebers veröffentlicht oder verwertet werden dürfen. In bestimmten Fällen (§§ 23 Abs. 2, 69c Nr. 2 UrhG) bedarf bereits die Herstellung einer Bearbeitung oder anderen Umgestaltung dessen Zustimmung. Damit ist klargestellt, dass der urheberrechtliche Schutz auch schöpferische Werkveränderungen einbezieht. § 23 Abs. 3 UrhG bestimmt, dass die Absätze 1 und 2 auf ausschließlich technische Änderungen eines Werkes bei Nutzungen nach §§ 44b Abs. 2, 60d Abs. 1, 60e Abs. 1 sowie 60f Abs. 2 UrhG nicht anzuwenden sind. Insoweit wird letztlich nur eine Selbstverständlichkeit ausgedrückt, da rein technisch bedingte Änderungen, die den geistigen Gehalt des betroffenen Werkes unverändert lassen, keinen schöpferischen Charakter haben können.

---

[333] EuGH GRUR 2012, 593 Rn. 39 f. – SCF.

E106 Das Recht des Urhebers, auch schöpferische Bearbeitungen und Umgestaltungen kontrollieren zu können, ist Teil eines umfassenden Regelungsgeflechts,[334] das die persönlichkeitsrechtlich geprägten Interessen des Urhebers schützt, darüber zu bestimmen, in welcher Gestalt seine Schöpfung der Mit- und Nachwelt zugänglich gemacht wird und bleibt.[335] Dem Urheberrecht ist ein grundsätzliches Änderungsverbot immanent. International findet es seine rechtliche Grundlage in Art. 6bis Abs. 1 RBÜ. Europarechtlich ist es nicht harmonisiert.[336] Im Zentrum steht § 14 UrhG, das für alle relevanten Sachverhalte gilt und ein allgemeines Änderungs- und Beeinträchtigungsverbot aufstellt, das allerdings gleichzeitig durch das Gebot der Interessenabwägung relativiert ist. Die Reichweite dieses allgemeinen Persönlichkeitsrechts wird durch eine Reihe von Vorschriften für bestimmte Anwendungsfälle präzisiert, nämlich für die vertragliche Verwertung (§ 39 UrhG), für die Nutzung im Rahmen der Schrankenbestimmungen (§ 62 UrhG) und im Filmbereich (§ 93 UrhG). In diesen Gesamtkomplex fügt sich das Bearbeitungsrecht des § 23 UrhG nahtlos ein. Unter Entstellungen oder anderen Beeinträchtigungen i. S. v. § 14 UrhG sind Handlungen oder sonstige Maßnahmen zu verstehen, die auf materielle Objekte und Erscheinungen einwirken oder sie hervorbringen, so dass in ihnen das Werk in einem anderen als vom Urheber geschaffenen geistigen Gesamteindruck vorkommt.[337] Und das ist bei jeder Verwertung oder Herstellung einer Bearbeiterfassung der Fall. Um sein Interesse, der nicht erlaubten Veröffentlichung und Verwertung schöpferischer Umgestaltungen seines Werkes entgegentreten zu können, bedarf es angesichts der Norm des § 23 UrhG somit keines Rückgriffs auf das Entstellungsverbot. Diese Vorschrift kommt allenfalls dann ins Spiel, wenn Nutzungen erfolgen, die weder mit einer Veröffentlichung noch mit einer Verwertung der Bearbeitung verbunden sind. Beispiele sind Nutzungen im privaten Bereich und verändernde Eingriffe in die Substanz eines im öffentlichen Raum befindlichen Werkstücks. Was die Herstellung von Bearbeitungsexemplaren und verändernde Manipulationen an Werkstücken im privaten Bereich angeht, besteht mit Ausnahme der Fälle des § 23 Abs. 2 UrhG Herstellungsfreiheit (→ Rn. E114), was aber durchaus im Einklang zu § 14 UrhG steht, weil die ideellen Interessen des Urhebers erst berührt werden, wenn zu befürchten ist, dass das geänderte Werk der Öffent-

---

[334] *Peukert* in Schricker/Loewenheim (2020), UrhG § 14 Rn. 5 ff.; *Haberstumpf* in Büscher/Dittmer/Schiwy (2015), UrhG § 14 Rn. 4. Eine Differenzierung zwischen einem allgemeinen urheberrechtlichen Änderungsverbot und einem persönlichkeitsrechtlich ausgeprägten Entstellungsverbot, wovon der BGH in der Entscheidung „Kirchen-Innenraumgestaltung" (GRUR 1982, 107, 109) noch ausging, ist weder sachlich noch semantische begründbar (so auch BGH GRUR 1999, 230, 231 – Treppenhausgestaltung).
[335] BGH GRUR 2008, 984 Rn. 23 – St. Gottfried; BGH GRUR 1982, 107, 109 – Kirchen-Innenraumgestaltung; BGH GRUR 1974, 675, 676 – Schulerweiterung; BGH GRUR 1971, 35, 37 – Maske in Blau; RGZ 79, 397, 399 – Felseneiland mit Sirenen.
[336] Erw.grd. 19 InfoSoc-RL.
[337] BGH GRUR 1989, 106, 107 – Oberammergauer Passionsspiele II; OLG München GRUR Int 1993, 332, 333, 310 – Christoph Columbus; *Peukert* in Schricker/Loewenheim (2020), UrhG § 14 Rn. 13; *Schulze* in Dreier/Schulze (2022), UrhG § 14 Rn. 10.

lichkeit zur Kenntnis gelangt.[338] Neben § 23 hat das Entstellungsverbot des § 14 UrhG im Wesentlichen dann ein Residuum, wenn Manipulationen mit Bearbeitungscharakter an Originalexemplaren oder sonstigen Werkstücken der bildenden Künste und der Baukunst vorgenommen werden, die sich bereits im öffentlichen Raum befinden, und dadurch die betroffenen Werke weder veröffentlicht noch verwertet werden. Beispiele sind die Bemalung einer Pferdeplastik,[339] das Neuarrangement von Teilen einer Skulptur[340] und Eingriffe in die Bausubstanz von Baukunstwerken.[341] Wann solche Eingriffe die berechtigten geistigen und persönlichen Interessen des Urhebers an seinem Werk gefährden, entscheidet sich aufgrund einer umfassenden Interessenabwägung.

a) Begriff der Bearbeitung oder anderen Umgestaltung in §§ 3, 23 UrhG

Der Begriff der Bearbeitung in § 3 UrhG ist in einem weiten Sinn zu verstehen. Die Vorschrift nennt als wichtigstes Beispiel einer Bearbeitung zwar ausdrücklich nur die Übersetzung, bezieht sich aber auch auf die Dramatisierung oder Verfilmung eines Werkes sowie jede andere schöpferische Umgestaltung, auch wenn der Bearbeiter nicht den Zweck verfolgt, das Originalwerk zur Geltung zu bringen, sondern das Ergebnis seiner Arbeit als eigenes Werk ausgeben will oder bei dem Versuch scheitert, das fremde Werk frei zu benutzen, weil er sich von ihm nicht genügend frei machen kann.[342] Die vom Gesetzgeber zu § 23 UrhG getroffene Unterscheidung zwischen Bearbeitung und anderer Umgestaltung wirkt sich deshalb weder im Rahmen von § 3 noch von § 23 UrhG aus.[343] Im Folgenden soll terminologisch nicht zwischen diesen Erscheinungsformen schöpferischer Werkveränderungen unterschieden und einheitlich der Begriff der Bearbeitung verwendet werden. Eine Bearbeitung in diesem Sinn setzt zunächst voraus, dass ein geschütztes oder nach Ablauf der urheberrechtlichen Schutzfrist nicht mehr geschütztes Werk verändert wird. Aktuellen Schutz genießt in letzterem Fall nur die bearbeitete Fassung, während das Ausgangswerk gemeinfrei bleibt. Schöpferische Umgestaltungen schutzunfähigen Materials bringen dagegen keine Bearbeitung, sondern ein Originalwerk hervor. Gegenstand einer

E107

---

[338] RGZ 79, 397, 401 – Felseneiland mit Sirenen; *Dustmann* in Fromm/Nordemann (2018), UrhG § 14 Rn. 16; *Peukert* in Schricker/Loewenheim (2020), UrhG § 14 Rn. 25; *Schack* (2019), Rn. 388.

[339] LG Mannheim GRUR 1997, 364, 365 – Freiburger-Holbein-Pferd.

[340] OLG Köln GRUR-RR 2010, 182, 186 – Pferdeskulptur.

[341] Entgegen der neueren Rspr. des BGH, GRUR 2019, 609 – Hhole (for Mannheim), kann die vollständige Vernichtung des Originalexemplars oder eines sonstigen Exemplars eines Werkes der bildenden Künste und der Baukunst nicht unter das Entstellungsverbot fallen, da das darin verkörperte geistige Werk weder vernichtet wird; es kommt vielmehr in dem vernichteten Exemplar einfach nicht mehr vor, *Haberstumpf* in Büscher/Dittmer/Schiwy (2015), UrhG § 14 Rn. 7; *Peukert* ZUM 2019, 567 ff. Näher oben → Rn. B106 ff.

[342] Begr. RegE BT-Drs. IV/270, S. 38, 51.

[343] Sie spielt aber für die Anwendung der Auslegungsvorschrift des § 37 Abs. 1 UrhG eine Rolle, s. *Haberstumpf* in Büscher/Dittmer/Schiwy (2015), UrhG § 23 Rn. 5, § 37 Rn. 4.

Bearbeitung kann auch die Bearbeitung eines anderen Werkes sein, so dass sich nicht selten mehrfach gestufte Rechtsverhältnisse ergeben.[344]

b) Persönliche geistige Schöpfung des Bearbeiters

E108 Die Voraussetzungen für den Erwerb des Bearbeiterurheberrechts sind die gleichen wie für Originalwerke. Sie bestimmen sich nach § 2 Abs. 2 UrhG. Es reichen somit auch hier die einfachen Individualitäten der kleinen Münze[345] im Sinn des oben (→ Rn. E38) formulierten Ausschlusskriteriums (Ind7) aus. Der Bearbeiter erwirbt danach ein eigenständiges Urheberrecht gem. § 3 UrhG, wenn auszuschließen ist, dass seine an einem vorhandenen Werk vorgenommenen Veränderungen allein nach bestehenden, üblichen und bekannten Techniken und Regeln vorgenommen wurden. Das lässt sich gut anhand der Übersetzung demonstrieren, die das Gesetz als typisches Beispiel für die Bearbeitung eines Sprachwerks hervorhebt. Die Übertragung eines Werkes von einer Sprache in eine andere erschöpft sich bei halbwegs komplexen Texten wegen der Verschiedenheit der jeweiligen Sprachkonventionen normalerweise nicht in der bloßen Ersetzung von Worten und Satzkonstruktionen durch bedeutungsgleiche Ausdrücke der Zielsprache, sondern verlangt Einfühlungsvermögen und stilistische Fähigkeiten, die Raum zur Entfaltung von Individualität des Übersetzers lassen.[346] Anders als bei streng normierten Kunstsprachen fließen in die Ausdrucksformen und Kombinationsregeln der gebräuchlichen natürlichen Sprachen historische, gesellschaftliche und umweltliche Gegebenheiten ein. Ein Übersetzer muss sich deshalb nicht nur in den Sinngehalt des Ausgangstextes vollständig hineindenken, sondern auch die Regeln der Zielsprache so abändern oder gar erst neue kreieren, um dessen Sinn möglichst originalgetreu wiederzugeben (→ Rn. C103). In den meisten Fällen ist daher auszuschließen, dass der Übersetzer sich ausschließlich an gegebenen Regeln und Techniken orientiert hat. An einer individuellen Leistung fehlt es dagegen im Fall der routinemäßigen Übersetzung einfacher Texte, z. B. von Geschäftsbriefen, Speisekarten, Gebrauchsanweisungen usw., und bei den Ergebnissen eines Übersetzungscomputers, da sie sich an die etwa in einem Wörterbuch festgelegten Transformationsregeln halten. Schöpferische Bearbeitungen können nicht nur erbracht werden, wenn der geistige Gehalt des Ausgangswerks irgendwie verändert wiederkehrt, sondern auch dann, wenn Teile von ihm wörtlich oder formidentisch übernommen und beispielsweise in Form von Textkollagen neu zusammengestellt oder in ein anderes geistiges Produkt so eingefügt werden, dass sie integraler Bestandteil eines eigenen künstlerischen Ausdrucks des Übernehmenden werden.[347]

---
[344] Beispiele bei *A. Nordemann* in Fromm/Nordemann (2018), UrhG § 3 Rn. 13.
[345] Z. B. BGH GRUR 1991, 533, 534 – Brown Girl II; BGH GRUR 1992, 382, 385 – Leitsätze; BGH GRUR 2000, 144, 145 – Comic-Übersetzungen II.
[346] BGH GRUR 2000, 144 – Comic-Übersetzungen II; OLG Zweibrücken GRUR 1997, 363 – Jüdische Friedhöfe.
[347] BGH GRUR 2002, 532, 534 – Unikatrahmen. Die vom BVerfG (GRUR 2001, 149, 152 – Germania 3) mit Recht eingeforderte kunstspezifische Betrachtung des Urheberrechts im Fall

III. Bearbeitungen und Sammelwerke   E109–E110

In Rechtsprechung und Literatur wird verbreitet die Auffassung vertreten, die **E109**
Individualität einer Bearbeitung hänge auch von dem schöpferischen Eigentümlichkeitsgrad des bearbeiteten Werks ab: Je ausgeprägter dieser sei, desto ausgeprägter müsse auch die Gestaltungshöhe der Bearbeitung ausfallen, um selbstständig geschützt sein zu können.[348] Ihr ist nicht zu folgen. Sie verwechselt den Schutzumfang, den das bearbeitete Werk genießt, mit dem Grund, seine schöpferische Bearbeitung zu schützen. Der Grad der Individualität ist für den Schutzumfang eines Werks maßgeblich und bestimmt u. a., welche Bearbeitungsfälle noch der Herrschaftsmacht seines Urhebers unterliegen und wann die freie Benutzung beginnt. Die Individualität von Veränderungen an einem Werk hängt davon aber nicht ab, sondern davon, ob der Bearbeiter ausschließlich nach vorgegebenen Regeln gearbeitet oder etwas Eigenes hinzugefügt hat und damit die einheitlich geltenden Voraussetzungen des § 2 Abs. 2 UrhG erfüllt.[349] Ebenso wie bei Originalwerken ist eine besondere Gestaltungshöhe für den Erwerb des Bearbeiterurheberrechts nicht zu fordern.

Keine schöpferischen Bearbeitungen und Umgestaltungen sind normalerweise bloße Kürzungen, Streichungen, Erweiterungen, die Herstellung von Auszügen und kurzen Zusammenfassungen, Änderungen der Größenverhältnisse, der Dimension, des Werkstoffs und die Werkinterpretation,[350] da sie sich im Rahmen der vom Urheber des bearbeiteten Werks vorgegebenen Regeln bewegen. Werke und andere typenartige geistige Gegenstände sind nicht in jeder Hinsicht vollständig bestimmt. Die Regeln und Konventionen, nach denen sie gebildet sind, sind nur selten strikt (→ Rn. E55 ff.), sondern haben Leerstellen. Diese können in verschiedener Weise ausgefüllt werden, wodurch unterschiedliche Versionen des betroffenen Werkes entstehen, ohne die zugrunde liegende Regel verlassen zu müssen. Wer eine neue Version eines vorhandenen Werkes produziert, ohne eigene Regeln zu setzen, ist kein schöpferischer Bearbeiter. Auf das oben ausführlich diskutierte Beispiel der Veränderung der Größenverhältnisse einer Kfz-Limousine (→ Rn. E100) wird Bezug genommen. Aus diesen Gründen stellt die Interpretationsleistung ausübender Künstler, die das dargebotene Werk in bestimmter Weise näher konkretisieren, ebenfalls keine schöpfe-   **E110**

---

der bearbeitenden Textkollage von wörtlichen Zitaten aus fremden Werken sollte allerdings dogmatisch nicht innerhalb der Zitatausnahme des § 51 UrhG verortet werden, sondern im Rahmen der nach § 23 Abs. 1 S. 2 UrhG erforderlichen Interessenabwägung Berücksichtigung finden. Der Anwendungsbereich der Zitatschranke wird nämlich verlassen, wenn identisch übernommene Teile eines Werkes nicht als fremder Bestandteil kenntlich gemacht, sondern zu einem integralen Bestandteil eines eigenen künstlerischen Ausdrucks des Übernehmenden werden, s. *Haberstumpf* ZUM 2020, 809, 812.

[348] BGH GRUR 1972, 143, 144 – Biografie: Ein Spiel; *Loewenheim* in Schricker/Loewenheim (2020), UrhG § 3 Rn. 14; *Schulze* in Dreier/Schulze (2022), UrhG § 3 Rn. 11; *Ahlberg/Lauber-Rönsberg* in BeckOK UrhR (Stand 1.5.2023), UrhG § 3 Rn. 10.

[349] *Haberstumpf* in Mestmäcker/Schulze (August 2005), UrhG § 3 Rn. 8; *Ahlberg* in Möhring/Nicolini (2018), UrhG § 3 Rn. 10; *Bullinger* in Wandtke/Bullinger (2022), UrhG § 3 Rn. 16 f.; *A. Nordemann* in Fromm/Nordemann (2018), UrhG § 3 Rn. 19.

[350] Näher *Loewenheim* in Schricker/Loewenheim (2020), UrhG § 3 Rn. 16 ff. und *A. Nordemann* in Fromm/Nordemann (2018), UrhG § 3 Rn. 25 ff., mit weiteren Beispielen.

rische Bearbeitung dar (→ Rn. F115 f.). Das alles schließt natürlich nicht aus, dass Interpreten eines Werkes, die gegebenen Gestaltungsspielräume individuell nutzen, indem sie eigene Regeln entwickeln und auf nicht vorgegebene Weise abweichende Inhalte zum Ausdruck bringen. Typische Beispiele sind Theaterregisseure, die sich unter den Bedingungen des modernen Spielbetriebes immer wieder von einer werkgetreuen Inszenierung abwenden und Gestaltungen wählen, die sich inhaltlich weit von dem ursprünglichen Werk entfernen.[351]

E111   Für Werke der Musik sieht § 3 S. 2 UrhG eine Sonderregelung vor: „Die nur unwesentliche Bearbeitung eines nicht geschützten Werkes der Musik wird nicht als selbstständiges Werk geschützt." Die Vorschrift ist sehr umstritten. Teilweise wird sie für verfassungswidrig gehalten,[352] teilweise wird sie so interpretiert, dass für gemeinfreie Werke der Volksmusik eine besondere Bearbeitungshöhe eingeführt werden sollte,[353] während die wohl überwiegende Meinung in der Kommentarliteratur ihr nur eine klarstellende Funktion zumisst.[354] Mit dieser Bestimmung wollte der Gesetzgeber die Pflege „echter Volksmusik" in Heimatvereinen und Trachtengruppen fördern. Volksmusikveranstaltungen waren in der Vergangenheit mit nicht unerheblichen Forderungen der GEMA für die Aufführung von Bearbeitungen gemeinfreier Volksmusikstücke ausgesetzt. Dem sollte entgegengetreten und verhindert werden, dass öffentliche Aufführungen von Volksmusik allein durch unwesentliche Bearbeitungen GEMA-pflichtig werden. Bei Veranstaltungen mit ausschließlich volksmusikalischem Programm könne es keine Vermutung für die Wahrnehmungsbefugnis einer Verwertungsgesellschaft geben.[355] Die Fassung der Vorschrift bringt jedoch die vom Gesetzgeber gewollte Beschränkung auf Werke der echten Volksmusik nicht zum Ausdruck, sondern ist allgemein formuliert. Entscheidend für ihre Interpretation und Einordnung in das Urheberrechtssystem ist, was man unter einer *unwesentlichen Bearbeitung* eines Musikwerks zu verstehen hat. Der Begriff der unwesentlichen Bearbeitung ist dabei nicht zu verwechseln mit dem Wesentlichkeitskriterium, das im Rahmen der Interessenabwägung zur Bestimmung des Schutzumfangs eines Werkes eine Rolle spielt (→ Rn. C217 ff.). Dort bezieht es sich auf die Qualität und den Umfang der aus einem fremden Werk übernommenen Elemente, hier auf die Qualität und den Umfang der vorgenommenen Veränderungen. In einer nur unwesentlichen Veränderung einer benutzten Vorlage ist regelmäßig nicht mehr als eine Vervielfältigung i. S. v. § 16 UrhG zu sehen.[356] Die Begriffspaare we-

---

[351] *Loewenheim* in Schricker/Loewenheim (2020), UrhG § 3 Rn. 20 f.; *A. Nordemann* in Fromm/Nordemann (2018), UrhG § 3 Rn. 30 f.; *Schulze* in Dreier/Schulze (2022), UrhG § 3 Rn. 23.

[352] *Ahlberg* in Möhring/Nicolini (2018), UrhG § 3 Rn. 40 f.

[353] *Bullinger* in Wandtke/Bullinger (2022), UrhG § 3 Rn. 29 f.; *Schack* (2019), Rn. 273.

[354] *Schulze* in Dreier/Schulze (2022), UrhG § 3 Rn. 28; *A. Nordemann* in Fromm/Nordemann (2018), UrhG § 3 Rn. 32; *Loewenheim* in Schricker/Loewenheim (2020), UrhG § 3 Rn. 28; *Ahlberg/Lauber-Rönsberg* in BeckOK UrhR (Stand 1.5. 2023), UrhG § 3 Rn. 38.

[355] BT-Drs. 10/3360, S. 18.

[356] BGH GRUR 2014, 65 Rn. 37 – Beuys-Aktion; BGH GRUR 1990, 669, 673 – Bibelreproduktion.

sentlich–unwesentlich und schöpferisch–unschöpferisch sind nicht unmittelbar miteinander korreliert. Geringfügige inhaltliche Veränderungen an dem geistigen Gehalt eines vorhandenen Werkes sind zwar meist unschöpferisch, müssen es aber nicht sein, während umgekehrt größere Veränderungen nicht immer auf einer schöpferischen Tätigkeit beruhen.

Gesetzestechnisch bildet § 3 Satz 2 eine Ausnahme von der in Satz 1 getroffenen Regelung, woraus folgt, dass unwesentliche Bearbeitungen schöpferische Bearbeitungen sein müssen. Das steht aber in Widerspruch zur Gesetzesbegründung. Danach liegt eine unwesentliche Bearbeitung vor, wenn es bei dem überlieferten melodischen, harmonischen und rhythmischen Grundmuster der Volksmusik verbleibe; Bearbeitungen von Werken der Volksmusik könnten nur dann als persönliche geistige Schöpfungen angesehen werden, wenn sie über diesen Rahmen hinausgingen.[357] Der Bearbeiter eines Volksmusikstücks würde demnach Urheberschutz nur erlangen, wenn das Stück unüberhörbar von seiner eigenen Individualität geprägt ist.[358] Sofern sich aber Heimatvereine und Trachtengruppen der Aufgabe widmen, die traditionellen Formen, Regeln und Konventionen der Musik und des Tanzes zu bewahren und in ihnen zu verharren, werden keine schöpferischen Leistungen erbracht (→ Rn. E67). Reduziert man dementsprechend den Anwendungsbereich der Vorschrift auf Veranstaltungen mit ausschließlich volksmusikalischem Programm, hätte sie somit lediglich klarstellenden Charakter und brächte zum Ausdruck, dass an unschöpferischen Bearbeitungen gemeinfreier Werke der echten Volksmusik und des Tanzes kein Bearbeiterurheberrecht nach § 3 S. 1 UrhG entsteht. Geht man dagegen vom Wortlaut und dem systematischen Zusammenhang der Vorschrift aus, müssten auch geringfügige Veränderungen gemeinfreier Musikwerke über den Rahmen der überlieferten Konventionen hinausgehen und auf selbst gesetzten Regeln des Bearbeiters beruhen. Für solche Bearbeitungen könnte somit das Urheberrecht nur dann erlangt werden, wenn sie eine bestimmte Bearbeitungshöhe erreichen, die eine bestimmte Wesentlichkeitsschwelle überschreitet.[359] Das entspricht aber nicht der gefestigten Rechtsprechung, die auch bei der Bearbeitung von gemeinfreien Volksliedern einfache Individualität im Sinne der kleinen Münze für ausreichend erachtet.[360] Zudem handelt man sich die Schwierigkeiten ein, die mit der Einführung einer besonderen Gestaltungshöhe verbunden sind (→ Rn E78 ff.), und, was letztlich entscheidend ins Gewicht fällt, man diskriminiert Bearbeiter von gemeinfreien Musikwerken ungerechtfertigt gegenüber Bearbeitern von gemeinfreien Werken anderer Werkarten. Die verfassungsrechtlichen Bedenken, die aus der Eigentumsgarantie und dem Gleichheitsgrundsatz nach Art. 14, 3 GG gegen diese Interpretation von § 3 S. 2 UrhG vorgebracht wer-

---

[357] BT-Drs. 10/3360, S. 18.
[358] *Schack* (2019), Rn. 273.
[359] So *Schack* (2019), Rn. 273.
[360] BGH GRUR 1991, 533 – Brown Girl II; BGH GRUR 1968, 321, 324 – Haselnuß; RG GRUR 1937, 84 – Horst-Wessel-Lied.

den,³⁶¹ sind somit berechtigt. Man kann ihnen aber entgehen, indem man dem Willen des Gesetzgebers entspricht und den Anwendungsbereich von § 3 S. 2 UrhG auf Bearbeitungen gemeinfreier Werke der echten Volksmusik reduziert, die sich im Rahmen der traditionellen Konventionen bewegen und nicht schöpferisch sind. Ich schlage mich deshalb auf die Seite der überwiegenden Kommentarmeinung.

c) Inhalt des Bearbeiterurheberrechts

E113   Schöpferische Bearbeitungen und Umgestaltungen genießen neben dem Urheberrecht an dem bearbeiteten oder umgestalteten Werk einen eigenständigen urheberrechtlichen Schutz, den auch der Schöpfer des benutzten Werks zu respektieren hat. Dem Bearbeiter wachsen dieselben Ausschließlichkeitsrechte wie diesem zu. Sie umfassen das Urheberpersönlichkeitsrecht und die Verwertungsrechte. Der Schutz bezieht sich allerdings nur auf die von ihm geschaffene Bearbeiterfassung, deren Verwertung er auch in schöpferisch veränderter Form nach Maßgabe des § 23 UrhG kontrollieren kann. Er bezieht sich nicht auf das Ausgangswerk, das somit durch verschiedene Urheber bearbeitet werden kann. Die Zweitbearbeitung greift daher erst dann in den Schutzbereich einer schöpferischen Erstbearbeitung ein, wenn deren individuelle Züge in der Zweitbearbeitung wiederkehren, nicht aber wenn die Übereinstimmungen darauf beruhen, dass dasselbe Ausgangswerk benutzt wurde.³⁶²

d) Verhältnis zum Urheberrecht an dem bearbeiteten Werk

Das Urheberrecht des Bearbeiters ist zwar eigenständig, aber insoweit vom Urheberrecht am Ausgangswerk abhängig, als seine Bearbeiterfassung nur mit Zustimmung dessen Urhebers veröffentlicht oder verwertet werden darf (§ 23 Abs. 1 S. 1 UrhG). Die Abhängigkeit besteht, solange die Schutzfrist an dem bearbeiteten Werk noch nicht abgelaufen ist. Ist Gemeinfreiheit eingetreten, entfällt sie.

aa) Herstellungsfreiheit

E114   Handelt es sich um die Verfilmung eines Werkes, die Ausführung von Plänen und Entwürfen eines Werkes der bildenden Künste, den Nachbau eines Werkes der Baukunst oder die Bearbeitung oder Umgestaltung eines Datenbankwerks, so bedarf bereits das Herstellen der Bearbeitung oder Umgestaltung der Zustimmung des Urhebers (§ 23 Abs. 2 UrhG). Dasselbe gilt gem. § 69c Nr. 2 UrhG für Übersetzungen, Bearbeitungen, Arrangements und andere Umarbeitungen eines Computerprogramms. Nach den Vorstellungen des Gesetzgebers handelt es sich bei diesen Fällen um Handlungen, die sich in der Regel

---

³⁶¹ Ausführlich *Ahlberg/Lauber-Rönsberg* in BeckOK UrhR (Stand 1.5.2023), UrhG § 3 Rn. 37 ff.
³⁶² Beispiel BGH GRUR 1959, 379 ff. – Gasparone.

III. Bearbeitungen und Sammelwerke   E114–E116

nicht im privaten Bereich abspielen und mit der Absicht vorgenommen werden, das betroffene Werk wegen der dabei entstehenden Kosten gewerblich zu verwerten;[363] damit soll einem Konflikt zwischen Urheber und Bearbeiter vorgebeugt werden. Sofern diese Ausnahmefälle nicht vorliegen, ist die Herstellung körperlicher Exemplare auch von schöpferischen Bearbeitungen und anderen Umgestaltungen im nicht öffentlichen Bereich frei, auch wenn dadurch das bearbeitete Werk vervielfältigt wird. § 23 Abs. 1 S. 1 UrhG enthält insoweit eine Sonderregelung, die §§ 15 und 16 vorgeht. Die Herstellungsfreiheit dient nicht nur dazu, die für den Urheber in der Regel ohnehin schwer zugängliche Privatsphäre von Nutzern möglichst unangetastet zu lassen, sondern auch Freiraum für den experimentellen Umgang mit Vorlagen zu schaffen, die urheberrechtlich geschützte Werke enthalten. Solange die Öffentlichkeit davon keine Kenntnis erlangt, sind die Interessen des Urhebers nicht spürbar tangiert, wenn ein Bearbeiter sich mit seinem Werk auseinandersetzt und Bearbeitungsexemplare herstellt (→ Rn. C219). Erst wenn er seine Bearbeiterfassung mittels körperlicher Exemplare oder unkörperlicher Wiedergaben der Öffentlichkeit im Sinne von § 6 UrhG zugänglich macht, bedarf es der Zustimmung des Originalurhebers.

bb) Veröffentlichung und Verwertung

Der Begriff der Veröffentlichung bestimmt sich nach § 12 Abs. 1 i. Verb.m. § 15 Abs. 3 UrhG. Die Streitfrage, ob das Erstveröffentlichungsrecht des Urhebers gem. § 12 Abs. 1 UrhG mit seiner erstmaligen Ausübung auch im Hinblick auf spätere Bearbeitungen verbraucht und erloschen ist[364] oder bei jedem selbstständigen Werk wieder neu entsteht,[365] spielt in der Praxis eine untergeordnete Rolle. In der Regel übt der Urheber sein Erstveröffentlichungsrecht nämlich im Zusammenhang mit dem Abschluss eines Verwertungsvertrages aus, weil dort festgelegt zu werden pflegt, wie sein Werk an das Publikum herangeführt werden soll. Die Veröffentlichung einer schöpferisch veränderten Fassung des Werks geht daher meist mit einer Verwertungshandlung einher, für die der Verwerter ohnehin die Zustimmung des Originalurhebers braucht, unabhängig davon ob das Ausgangswerk schon veröffentlicht wurde oder nicht.   E115

Unter Verwertung sind Handlungen zu verstehen, die unter die in § 15 Abs. 1 und 2 UrhG beispielhaft aufgeführten ausschließlichen Rechte der körperlichen Vervielfältigung, Ausstellung, Verbreitung und der unkörperlichen öffentlichen Wiedergabe fallen. Ihnen ist gemeinsam, dass sie sich auf geistige Gegenstände   E116

---

[363] Begr. RegE, BT-Drs. IV/270, S. 51.
[364] *Ahlberg* in Möhring/Nicolini (2018), UrhG § 23 Rn. 11; *Dreyer* in Dreyer/Kotthoff/Meckel (2013), UrhG § 23 Rn. 9; *Ulmer* (1980), S. 211; *Plassmann* (1996), S. 258 ff., 266.
[365] So die überwiegende Meinung: OLG Düsseldorf GRUR 2012, 173, 176 – Beuys-Fotoreihe; *Loewenheim* in Schricker/Loewenheim (2020), UrhG § 23 Rn. 17; *Schulze* in Dreier/Schulze (2022), UrhG § 23 Rn. 34; *Bullinger* in Wandtke/Bullinger (2022), UrhG § 23 Rn. 11; *Haberstumpf* in Büscher/Dittmer/Schiwy (2015), UrhG § 23 Rn. 8; *A. Nordemann* in Fromm/Nordemann (2018), UrhG § 23/24 Rn. 24.

beziehen, die einen anderen Inhalt haben als das bearbeitete Werk und gleichzeitig dessen Inhalt zwar verändert, aber ganz oder teilweise wiedererkennbar reproduzieren. Das ergibt sich deutlich aus der Interpretation, die der EuGH dem in Art. 2 InfoSoc-RL harmonisierten Vervielfältigungsbegriff gibt.[366] Dem entspricht auch die ständige Rechtsprechung des BGH, der jede Bearbeitung oder andere Umgestaltung i. S. des § 23 Abs. 1 UrhG, soweit sie körperlich festgelegt ist, zugleich als eine besondere Form der Vervielfältigung i. S. des § 16 UrhG ansieht,[367] was konsequenterweise auch für unkörperliche Wiedergaben gelten muss. In der Literatur wird dieser Ansicht teilweise entgegengehalten, dass § 23 Abs. 1 S. 1 UrhG überflüssig wäre, wenn jede Bearbeitung eine Vervielfältigung darstelle und ihre Verwertung nur mit Zustimmung des Schöpfers des bearbeiteten Werks zulässig sei; man müsse daher terminologisch deutlich zwischen Vervielfältigung (unveränderte Reproduktion), anderer Umgestaltung (unschöpferische Veränderung) und Bearbeitung (schöpferische Veränderung) unterscheiden.[368] Dagegen spricht aber, dass in all diesen Verwertungsfällen der geistige Gehalt des benutzten Werks wiedererkennbar vorkommt und stets die Zustimmung des Urhebers erforderlich ist, sofern nicht eine der Schrankenvorschriften eingreift. Die Übergänge zwischen der identischen und der ähnlichen Nutzung sind fließend, so dass es vom Ergebnis her nicht zweckmäßig ist, zwischen diesen Nutzungsformen streng zu unterscheiden. Es ist deshalb konsequent, wenn der EuGH auch die verändernde aber wiedererkennbare Nutzung als eine Vervielfältigung wertet. Dadurch wird § 23 UrhG nicht überflüssig. Aus der Gesetzesbegründung geht klar hervor, dass der deutsche Gesetzgeber Bearbeitungen und andere Umgestaltungen gleichbehandeln und schöpferische Umgestaltungen des benutzten Werks grundsätzlich der Herrschaftsmacht des Urhebers unterwerfen wollte.[369] Das ist nicht selbstverständlich. Insbesondere ergibt sich aus der Regelung des Vervielfältigungsrechts in § 16 UrhG und der Schrankenvorschrift des § 53 UrhG nicht, dass, von den Ausnahmen des § 23 Abs. 2 UrhG abgesehen, Exemplare von schöpferisch bearbeiteten und umgestalteten Versionen des Werkes generell frei hergestellt werden dürfen. Die Vorschrift steht zudem in einem engen Zusammenhang mit dem Rechtsinstitut der freien Benutzung, was der deutsche Gesetzgeber durch die Transformation von § 24 UrhG a. F. in § 23 Abs. 1 S. 2 UrhG bekräftigt hat.[370] § 23 UrhG wurde daher

---

[366] EuGH GRUR 2019, 929 Rn. 31 – Pelham/Hütter; vgl. auch EuGH GRUR 2014, 972 Rn. 20 – Vrijheidsfonds/Vandersteen. Schöpferische Karikaturen, Parodien und Pastiches, in denen ein fremdes Werk benutzt wird, sind daher immer Bearbeitungen und Umgestaltungen i. S. v. § 23 UrhG; s. *Haberstumpf* ZUM 2020, 809, 814; *Stieper* GRUR 2020, 792, 793.

[367] BGH GRUR 2022, 899 Rn. 56 – Porsche 911; BGH GRUR 2016, 1157 Rn. 17 – auf fett getrimmt; BGH GRUR 2014, 65 Rn. 36 – Beuys-Aktion; *Loewenheim* in Schricker/Loewenheim (2020), UrhG § 23 Rn. 3.

[368] Vor allem A. *Nordemann* in Fromm/Nordemann (2018), UrhG § 23/24 Rn. 8 ff., 28; *Kroitzsch/Götting* in Möhring/Nicolini (2018), UrhG § 16 Rn. 10; *Dreyer* in Dreyer/Kotthoff/Meckel (2013), UrhG § 16 Rn. 9.

[369] Begr. RegE BT-Drs. IV/270, S. 51.

[370] Begr. RegE BT-Drs. 19/27426, S. 78.

III. Bearbeitungen und Sammelwerke   E116–E118

stets als eine Vorschrift interpretiert, die im Zusammenwirken mit der freien Benutzung den Schutzumfang eines Werks regelt.³⁷¹

cc) Freie Benutzung

Auch wenn der Schutz, den ein Werk genießt, sehr weit geht, kann er nicht grenzenlos sein. Ohne auf Leistungen früherer Urheber aufzubauen, ist schöpferisches Schaffen nicht denkbar. Der kreative Umgang mit bereits entäußerten Werken, der das kulturelle Leben einer Gemeinschaft bereichert und neue Lösungen für unser praktisches Handeln auf allen Lebensgebieten anbietet, darf nicht durch ein zu weit gestecktes Urheberrecht behindert werden (→ Rn. E66 f.). Deshalb muss es eine allgemeine jeder Urheberrechtsordnung immanente Grenze³⁷² geben, die die Interessen von Nutzern, sich mit dem geistigen Gehalt vorhandener Werke kreativ auseinander setzen zu können, und das Interesse der Allgemeinheit am kulturellen Fortschritt einerseits und das Interesse von Werkschöpfern andererseits, ihr Geistesprodukt wirtschaftlich angemessen auszuwerten, wahrt. Sie zu ziehen, kann nicht durch ein System von detailliert gefassten Schrankenregelungen, die sich weitgehend mit identischen Nutzungen befassen und eine Reihe von Partikularinteressen befriedigen, bewerkstelligt werden (→ Rn. C198 ff.). Sie ist nicht starr, sondern folgt aus einer Interessenabwägung im Einzelfall, weil sämtliche Werkarten und somit ganz unterschiedliche Sachverhalte betroffen sind und die abzuwägenden Rechte und Belange der in einem Streitfall involvierten Parteien unterschiedliches Gewicht haben (→ Rn. C225). Ist sie überschritten, entfällt die Abhängigkeit einer Bearbeitung vom Urheberrecht an dem Ausgangswerk.   E117

Nach einhelliger Auffassung und gefestigter Rechtsprechung in Deutschland, die ihren Niederschlag in §§ 13 LUG, 16 KUG und 24 UrhG a. F. gefunden hatte, markierte das Rechtsinstitut der freien Benutzung die allgemeine inhaltliche Grenze des Urheberrechts. Diese Gewissheit ist durch die Entscheidung des EuGH „Pelham/Hütter" ins Wanken geraten, wonach es den Mitgliedstaaten nicht gestattet sei, außerhalb der in Art. 5 InfoSoc-RL erschöpfend und ausdrücklich aufgeführten Ausnahmen und Beschränkungen Abweichungen von den ausschließlichen Rechten des Urhebers und des Tonträgerherstellers vorzusehen.³⁷³ In seiner Reaktion auf diese Entscheidung folgerte der BGH in „Metall auf Metall IV" daraus, dass der Schutzbereich eines Verwertungsrechts nicht durch § 24 Abs. 1 UrhG (a. F.) in der Weise (immanent) beschränkt werde, dass ein selbstständiges Werk, das in freier Benutzung eines Werks oder der Leistung   E118

---
³⁷¹ Z. B. *Loewenheim* in Schricker/Loewenheim (2020), UrhG § 23 Rn. 1, § 24 Rn. 3. Das schließt nicht aus, die Norm auch als Gewährung eines Verwertungsrechts zu interpretieren; *Haberstumpf* in Büscher/Dittmer/Schiwy (2015), UrhG § 23 Rn. 2 f.; *Schulze* in Dreier/Schulze (2022), UrhG § 23 Rn. 26; *A. Nordemann* in Fromm/Nordemann (2018), UrhG § 23/24 Rn. 2.
³⁷² Auch den anderen Immaterialgüterrechtssystemen ist eine solche allgemeine Grenze immanent, so z. B. im Markenrecht die Zeichen- und Produktähnlichkeit und im Patentrecht der Äquivalenzbereich, s. *Ohly* ZUM 2021, 745, 746,
³⁷³ EuGH GRUR 2019, 929 Rn. 56 – 65 – Pelham/Hütter.

eines Leistungsschutzberechtigten geschaffen worden sei, ohne Zustimmung des Rechtsinhabers verwertet werden dürfe. Da eine außerhalb der urheberrechtlichen Verwertungsbefugnisse und Schrankenbestimmungen angesiedelte allgemeine Interessenabwägung nicht in Betracht komme, könnten sich Nutzer nach Ablauf der Umsetzungsfrist der InfoSoc-RL nicht mehr auf das Recht zur freien Benutzung nach § 24 UrhG (a. F.) berufen.[374]

(1) Hinreichender Abstand zum benutzten Werk (§ 23 Abs. 1 S. 2 UrhG n. F.)

E119 Der deutsche Gesetzgeber hat auf die Rechtsprechung des EuGH durch Aufhebung von § 24 UrhG reagiert und dessen Inhalt teilweise in § 23 Abs. 1 S. 2 UrhG n. F. verschoben sowie eine neue Schranke für Karikaturen, Parodien und Pastiches geschaffen.[375] Dabei ließ er sich von der Annahme leiten, dass die aufgehobene Vorschrift zwei Funktionen erfüllt habe: Sie habe – im Zusammenspiel mit § 23 UrhG a. F. – die Grenze des Schutzbereichs des Urheberrechts definiert, also die Unterscheidung zwischen freier Benutzung und einwilligungsbedürftiger Bearbeitung. Diese Funktion übernehme künftig § 23 Abs. 1 S. 2 UrhG. Die zweite Funktion als gesetzliche Nutzungserlaubnis (Schranke) insbesondere für Karikaturen und Parodien finde sich in dem neu geschaffenen § 51a UrhG (Art. 5 Abs. 3 lit k InfoSoc-RL) wieder.[376] Ob es dem deutschen Gesetzgeber gelungen ist, dem Diktum des EuGH zu entgehen, außerhalb der in Art. 5 InfoSoc-RL vorgesehenen Ausnahmen und Beschränkungen dürfe es keine immanente Beschränkung des Urheberrechts und der verwandten Schutzrechte geben, ist fraglich. Die neu eingeführte Schranke des § 51a für Karikaturen, Parodien und Pastiches deckt nämlich nicht alle Fälle ab, in denen die Abgrenzung zwischen zustimmungsbedürftiger Bearbeitung und freier Benutzung relevant wird. Diese Rolle soll ja § 23 Abs. 1 S. 2 UrhG übernehmen. Dann wirkt aber diese Vorschrift wie eine allgemeine Beschränkung,[377] die die Mitgliedstaaten laut EuGH nicht vorsehen dürfen.[378] Die Alternative wäre, alle Abgrenzungsfälle in den Begriff des Pastiche hineinzupacken.[379] Das wiederum würde gegen Art. 5 Abs. 5 InfoSoc-RL und damit gegen europäisches Recht verstoßen, wonach die in der InfoSoc-RL vorgesehenen Ausnahmen und Beschränkungen nur in bestimmten *Sonderfällen* angewendet werden dürfen.

E120 In seiner Entscheidung „Porsche 911" versucht der BGH, auf der Grundlage der neuen Vorschrift des § 23 Abs. 1 S. 2 UrhG Konkordanz zwischen seiner traditionellen Rechtsprechung zur freien Benutzung und der Rechtsprechung des EuGH herzustellen, indem er das Kriterium des Verblassens mit dem

---

[374] BGH GRUR 2020, 843 Rn. 32 ff. – Metall auf Metall IV.
[375] Mit Wirkung zum 7.6.2021 durch Gesetz vom 31.5.2021, BGBl. I 2021, S. 1204.
[376] Begr. RegE. BT-Drs. 19/27426, S. 78; BGH GRUR 2022, 899 Rn. 45 – Porsche 911; vgl. auch Schulze (2018), S. 504, 506 f.; *ders.* GRUR 2020, 128, 129.
[377] So BGH GRUR 2022, 899 Rn. 45, 48 ff. – Porsche 911.
[378] So die Kritik von *Lauber-Rönsberg* (ZUM 2020, 733, 737) an der Abstands-Regelung des § 23 Abs. 1 S. 2 UrhG n. F.
[379] So OLG Hamburg ZUM 2022, 563 ff.; dazu *Haberstumpf* ZUM 2022, 795, 799 ff.

Merkmal der fehlenden Wiedererkennbarkeit der schutzbegründenden eigenschöpferischen Elemente, das in der Pelham/Hütter-Entscheidung des EuGH eine zentrale Rolle spielt,[380] gleichsetzt. Dieser Rechtsprechung sei eindeutig zu entnehmen, dass sich der Schutzbereich der Verwertungsrechte zwar einerseits auf eine Nutzung von urheberrechtlich geschützten Werken und Leistungen erstrecke, andererseits aber auf eine Nutzung dieser Werke und Leistungen in wiedererkennbarer Form beschränkt sei. Da sich die Beschränkung aus einer *Auslegung der Verwertungsrechte*[381] und nicht aus einer Schrankenregelung ergebe, könne in dem Kriterium der fehlenden Wiedererkennbarkeit eine immanente Beschränkung des Schutzbereichs der Verwertungsrechte gesehen werden. Mit dieser Maßgabe könne auf die gem. § 24 Abs. 1 UrhG a. F. geltenden Grundsätze auch unter Geltung des § 23 Abs. 1 S. 2 UrhG n. F. zurückgegriffen werden.[382] Der BGH wendet sich also von seiner in der Entscheidung „Metall auf Metall IV" noch vertretenen Auffassung ab und kehrt zu seiner traditionellen Rechtsprechung zurück. Eine freie Benutzung im Sinn der schutzbereichsbegrenzenden Funktion des § 24 Abs. 1 UrhG a. F. setzt also voraus, dass die neue Gestaltung die Anforderungen an ein urheberrechtlich geschütztes Werk erfüllt und damit eine schöpferische Bearbeitung oder andere Umgestaltung i. S. v. § 23 Abs. 1 S. 1 UrhG ist.[383] Damit sie den Schutzbereich verlässt, muss sie einen so großen schöpferischen Abstand von der Vorlage wahren, dass es gerechtfertigt erscheint, sie als selbstständiges Werk anzusehen, für das das ältere Werk nur als Vorlage diente,[384] was eine Interessenabwägung im Einzelfall erforderlich macht. Deren Kriterien wurden oben (→ Rn. C213 ff.) ausführlich dargelegt.

In der Sache ist dem BGH zu folgen. Er irrt aber, wenn er meint, sich damit dem Verdikt des EuGH, neben den Schrankenvorschriften gebe es keine allgemeine immanente Beschränkung des Schutzbereichs, entziehen zu können.[385] Eine Beschränkung des Schutzbereichs der Verwertungsrechte bleibt eine Beschränkung, gleichviel ob sie sich aus einer Schranke ableitet, aus einer Auslegung der Verwertungsrechte ergibt oder auf ein sonstiges Rechtsprinzip gründet. Die Begriffe des Verblassens und der Wiedererkennbarkeit beziehen sich in diesem Zusammenhang selbstverständlich nur auf die schutzbegründenden Ele-

---

[380] EuGH GRUR 2019, 929 Rn. 31, 39, 74 – Pelham/Hütter.
[381] So auch *v. Ungern-Sternberg* GRUR 2022, 1777, 1778 ff.
[382] BGH GRUR 2022, 899 Rn. 47, 50 – Porsche 911.
[383] BGH GRUR 2022, 899 Rn. 52, 56 – Porsche 911.
[384] BGH GRUR 2022, 899 Rn. 56 f. – Porsche 911.
[385] Ihm entkommt man auch dann nicht, wenn man den Begriff der Wiedererkennbarkeit in einem nicht wörtlichen Sinn versteht und ihn und die Verwertungsrechte so auslegt, dass ein angemessener Ausgleich zwischen den involvierten Grundrechten und Interessen der Beteiligten ermöglicht wird, wie *v. Ungern-Sternberg* (GRUR 2022, 1777, 1778 ff.) meint. Der EuGH verwendet den Begriff der Wiedererkennbarkeit sehr wohl in einem wörtlichen Sinn, was deutlich aus seiner Definition des Vervielfältigungsbegriffs hervorgeht (EuGH GRUR 2019, 929 Rn. 31 – Pelham/Hütter). Wenn der vom Unionsrecht geforderte Interessensausgleich abschließend in Art. 5 InfoSoc-RL verankert ist (EuGH GRUR 2019, 929 Rn. 60, 62 ff. – Pelham/Hütter), dann ist für eine allgemeine Interessenabwägung außerhalb dieses Rahmens kein Raum.

mente des bearbeiteten Werks, sind aber nicht deckungsgleich.[386] Wenn sie verblassen, bleiben sie wenn auch undeutlich erkennbar. Sind sie dagegen in einer anderen Gestaltung nicht mehr erkennbar, verblassen sie nicht, sondern kommen in ihr überhaupt nicht vor. Wann ein geistiger Gegenstand in einer Sache oder einer unkörperlichen Erscheinung wiedererkennbar ist, ergibt sich nicht aus einer Auslegung des Begriffs der Vervielfältigung (oder Wiedergabe), sondern aus der *Logik jedes ausschließlichen Immaterialgüterrechts*, nämlich dass in ihnen ein geschützter geistiger Gegenstand identisch oder ähnlich vorkommt (→ Rn. C1 f.). Deshalb wird der Schutzbereich der Verwertungsrechte auch des Urheberrechts nicht durch das Kriterium der Wiedererkennbarkeit beschränkt, sondern erst eröffnet (→ Rn. C214 ff.). Sein Gegenteil, die Nichtwiedererkennbarkeit, beschreibt deshalb weder eine immanente noch explizite Beschränkung des Schutzbereichs, sondern stellt lediglich eine tautologische Trivialität dar, aus der keine inhaltlichen Konsequenzen gezogen werden können.[387] Nicht alle wiedererkennbaren Nutzungen von Werken und anderen Schutzgegenständen sind aber rechtsverletzende Vervielfältigungs- oder unkörperliche Wiedergabehandlungen; manche müssen wegen überwiegender individueller Gegeninteressen oder der Allgemeinheit frei bleiben. Soweit es um identische oder nahezu identische Nutzungen geht, werden diese durch die bestehenden Schrankenbestimmungen berücksichtigt. Soweit die Schutzgegenstände verändert, aber wiedererkennbar in neuen Gestaltungen wiederkehren, kann zwar auf die Schranke für Karikaturen, Parodien und Pastiches zurückgegriffen werden, mit der die Grundrechte auf Meinungs-, Presse- und Kunstfreiheit von Medienschaffenden und Künstlern gewahrt werden sollen. Soweit ihr Anwendungsbereich aber nicht eröffnet ist – was wesentlich von der Bedeutung des Begriffs des Pastiche abhängt[388] –, muss ebenfalls eine Grenze gezogen werden, die die Abgrenzung zwischen unfreier Bearbeitung und freier Benutzung unter Abwägung der involvierten Rechte und Interessen ermöglicht.[389] Auch das Unionsrecht *erzwingt* eine solche Abgrenzung.[390] Wenn der BGH sie in dem Bereich, wo keine europäische Schrankenregelung eingreift, nach den traditionellen Grundsätzen und Kriterien der freien Benutzung vornimmt, mag er sich nicht im Einklang mit der Rechtsprechung des EuGH befinden, wohl aber mit dem Unionsrecht.[391] Geboten ist folglich nicht, die freie Benutzung abzuschaffen, sondern die Rechtsprechung des EuGH mit dem Unionsrecht in Übereinstimmung zu bringen und anzuerkennen, dass es auch hier eine allgemeine Grenze gibt, an der die Ausschließlichkeitsrechte des Urhebers enden und dass auch die explizit auf-

---

[386] *Döhl* UFITA 2020, 236, 258.
[387] Ähnlich *Ohly* GRUR 2017, 964, 968; vgl. auch *Peifer* GRUR 2022, 967, 969.
[388] *Haberstumpf* ZUM 2020, 809, 814 ff.
[389] Eine solche Abwägung fordert im Übrigen auch der EuGH in „Pelham/Hütter" (GRUR 2019, 929 Rn. 59 ff.), geht aber davon aus, dass sie bereits durch die erschöpfend aufgeführten Ausnahmen und Beschränkungen des Art. 5 InfoSoc-RL vorgenommen worden sei.
[390] So *Ohly* ZUM 2021, 745, 746.
[391] *Haberstumpf* ZUM 2022, 795, 804 f.; *ders.* ZGE 2015, 425, 448 ff.; *v. Ungern-Sternberg* GRUR 2022, 1777, 1780.

III. Bearbeitungen und Sammelwerke   E121–E123

geführten Ausnahmen und Beschränkungen des Unionsrechts begrenzt sind (s. u. → Rn. E122 f.).

(2) Ausnahme für Karikaturen, Parodien und Pastiches

Die Annahme des Gesetzgebers, § 24 UrhG habe neben der Grenzziehung zwischen Bearbeitung und freier Benutzung die Funktion einer Schranke insbesondere für Karikaturen und Parodien gehabt, ist nicht überzeugend. Gemeint ist offenbar, dass in diesen Fällen die allgemeine (äußere) Grenze zwischen Bearbeitung und freier Benutzung nach innen verschoben ist und bereits dann überschritten wird, wenn das benutzte Werk in der Karikatur oder Parodie erkennbar bleibt.[392] Der Gesetzgeber nahm in diesem Zusammenhang explizit auf die Rechtsprechung des BGH zu den bekannten Figuren aus der Asterix-Comic-Serie Bezug.[393] Der BGH betonte dort zwar, die künstlerische Auseinandersetzung könne es erforderlich machen, dass die eigenpersönlichen Züge des benutzten Werkes, soweit sie Gegenstand der Auseinandersetzung seien, in dem neuen Werk erkennbar blieben. Er ließ es aber nicht dabei bewenden, dass die angegriffenen Zeichnungen überwiegend parodistischen oder karikaturistischen Charakter hatten,[394] sondern verlangte in allen Fällen, dass das neue Werk zu den entlehnten eigenpersönlichen Zügen des älteren Werks aufgrund eigenschöpferischen Schaffens einen so großen inneren Abstand halte, dass das neue Werk seinem Wesen nach als selbstständig anzusehen sei. Auch in einem solchen Fall würden die entlehnten eigenpersönlichen Züge in dem neuen Werk in einem weiteren Sinn „verblassen"; sie würden von dessen eigenschöpferischem Gehalt überlagert.[395] Dies traf nach der Wertung des BGH nicht in allen Einzelfällen zu. Es kann somit keine Rede davon sein, dass er in seiner traditionellen Rechtsprechung zur Parodie und Karikatur das Rechtsinstitut der freien Benutzung wie eine Schranke behandelt hat, die bereits dann eingreift, wenn die angegriffene Verletzungsform unter den Begriff der Parodie oder der Karikatur subsumiert werden kann. Es ging vielmehr auch hier stets um die Abgrenzung zwischen unfreier Bearbeitung und freier Benutzung und um die Frage, wo die allgemeine Grenze des Urheberrechts liegt, was nicht ohne eine Interessenabwägung im Einzelfall beurteilt werden kann.

Mit der Einführung der neuen Schranke für Karikaturen, Parodien und Pastiches in § 51a UrhG soll nach dem Willen des Gesetzgebers damit nun Schluss sein: Ein „Verblassen" des Originalwerks sei – anders als bei § 23 Abs. 1 S. 2 UrhG – nicht mehr erforderlich. Ebenso sei nicht erforderlich, dass durch die Benutzung des fremden Werkes eine neue persönliche geistige Schöpfung entstehe.[396]

E122

E123

---

[392] Vgl. *Ohly* ZUM 2021, 745, 747.
[393] Begr. RegE BT-Drs. 19/27426, S. 78: BGH GRUR 1994, 191, 193 – Asterix-Persiflagen; BGH GRUR 1994, 206, 208 – Alcolix.
[394] BGH GRUR 1994, 191, 195, 202, 205 – Asterix-Persiflagen; BGH GRUR 1994, 206, 208 – Alcolix.
[395] BGH GRUR 1994, 206, 208 – Alcolix.
[396] Begr. RegE BT-Drs. 19/27426, S. 90, unter Bezugnahme auf EuGH GRUR 2014, 972 Rn. 21 – Vrijheidsfonds/Vandersteen und BGH GRUR 2016, 1157 Rn. 24 ff. – auf fett getrimmt.

Entscheidend sei vielmehr, ob die Nutzung des geschützten Werks den Begriffen der Karikatur, der Parodie oder des Pastiche unterfalle und einer inhaltlichen oder künstlerischen Auseinandersetzung mit dem Werk oder einem anderen Bezugsgegenstand diene. Das heißt: Ein Nutzer kann sich danach immer auf die Schranke des § 51a UrhG berufen, wenn er einem fremden Werk eine humoristische oder satirische Färbung gibt und auf es oder irgendwas anderes oder irgendwen anderen Bezug nimmt, ohne einen einzigen schöpferischen Gedanken beigetragen zu haben. Unkreativen Personen und Plagiatoren wird auf diese Weise ungehinderter Zugriff auf die schützenswerten Leistungen kreativer Menschen gestattet. In seiner Begründung zu § 51a UrhG missachtet somit der Gesetzgeber das Grundrecht des Urhebers auf Schutz seines geistigen Eigentums nach Art. 14 GG (Art. 17 Abs. 2 EU-GrCh) und räumt stattdessen den Grundrechten der Meinungsfreiheit,[397] der Pressefreiheit und der Kunstfreiheit von Nutzern nach Art. 11 Abs. 1, Abs. 2, Art. 13 EU-GrCh einseitig den Vorrang ein. Das kann nicht gewollt sein und steht auch nicht mit dem europäischen Recht im Einklang, das in Art. 5 Abs. 5 InfoSoc-RL fordert, dass die Ausnahmen und Beschränkungen der InfoSoc-RL nur in bestimmten Sonderfällen angewendet werden dürfen, in denen die normale Verwertung des Werks oder des sonstigen Schutzgegenstands nicht beeinträchtigt wird und die *berechtigten Interessen des Rechtsinhabers nicht ungebührlich verletzt* werden. Spielen die Rechte und Interessen der Rechtsinhaber im Ergebnis aber keine Rolle, werden sie nicht bloß ungebührlich verletzt, sondern überhaupt nicht berücksichtigt. Folglich muss auch nach europäischem Recht bei der Anwendung der Schranke für Karikaturen, Parodien und Pastiches eine Interessenabwägung stattfinden, die die Belange und Rechte der Inhaber von Urheber- und verwandten Schutzrechten nach Art. 17 Abs. 2 EU-GrCh auf der einen Seite und dem Schutz der Interessen und Grundrechte der Nutzer von Schutzgegenständen und der Allgemeinheit auf der anderen Seite sicherstellt. Dementsprechend weist der EuGH in der Entscheidung „Pelham/Hütter" ausdrücklich auf den Drei-Stufen-Test des Art. 5 Abs. 5 InfoSoc-RL hin, der diesen angemessenen Ausgleich gewährleisten soll.[398] Es macht auch innerhalb des Anwendungsbereichs der Schranke des § 51a UrhG (Art. 5 Abs. 3 lit. k InfoSoc-RL) einen relevanten Unterschied, ob kleine Teile benutzt werden oder wesentliche, ob das Übernommene schöpferisch ist und ob es ein hohes oder niedriges Maß an Individualität aufweist. Es macht auch einen Unterschied, was der Übernehmende mit dem Übernommenen macht, ob seine Veränderungen einen größeren oder geringeren Umfang haben, schöpferisch sind und ob er es zu künstlerischen oder wissenschaftlichen Zwecken oder nur zu kommerziellen Zwecken verwendet. Die auf der zweiten und dritten Stufe des Drei-Stufen-Tests durchzuführende Interessenabwägung muss diese Faktoren berücksichtigen. Das bedeutet, dass die im Rahmen des Rechtsinstituts der freien Benutzung entwickelten Abwägungskriterien auch darüber entscheiden,

---

[397] Zur Abwägung mit dem Grundrecht der Meinungsfreiheit s. o. → Rn. C227.
[398] EuGH GRUR 2019, 929 Rn. 62, 32 – Pelham/Hütter.

wann ein urheberrechtlich geschütztes Werk, das in einer Karikatur, einer Parodie oder einem Pastiche verändert aber wiedererkennbar (→ Rn. C209, C212) verwertet wird, frei benutzt werden darf. Das ist zunächst der Fall, wenn die übernommenen Teile so gering sind, dass die wirtschaftlichen und persönlichen Interessen des Urhebers nicht spürbar berührt werden (→ Rn. C218 f.). Ist die Übernahme wesentlich, kommt es auf den Abstand an, den die karikierende, parodierende oder nachahmende Bearbeitung des Ausgangswerks wahrt. Da der Schutzumfang eines individuellen Werks auch schöpferische Bearbeitungen umfasst, muss der Abstand ein schöpferischer sein. Dabei reicht nicht aus, dass die Bearbeitung überhaupt individuelle Züge aufweist und damit nach § 3 UrhG geschützt ist. Erforderlich ist vielmehr, dass der Abstand so groß ist, dass der schöpferische Gehalt der vorgenommenen Veränderungen die aus dem Ausgangswerk übernommenen individuellen Züge überlagert (→ Rn. C222 f., C225). Für die Bestimmung des hinreichenden Abstands spielt insbesondere eine Rolle, dass diejenigen, die sich auf die Ausnahme des Art. 5 Abs. 3 lit. k InfoSoc-RL berufen können, meist in Ausübung ihrer Meinungs-, Presse- und Kunstfreiheit handeln, so dass die Grenze zur freien Benutzung schneller erreicht wird als bei einer kommerziellen Nutzung (→ Rn. C226 ff.). Ist die Grenze zur freien Benutzung überschritten, kann auch über das Entstellungsverbot des § 14 UrhG kein abweichendes Ergebnis begründet werden (→ Rn. C229). Um die Ausnahme für Karikaturen, Parodien und des Pastiche in Übereinstimmung mit dem europäischen Recht zu bringen, hätte es der Aufhebung von § 24 UrhG a. F. nicht bedurft.[399]

2. Sammelwerke und Datenbankwerke

Durch das UrhG 1965 wurde der Begriff des Sammelwerks über den Inhalt der Vorgängervorschriften der §§ 4 LUG und 6 KUG hinaus auf alle Sammlungen von Werken und anderen Beiträgen erweitert, also auch auf solche Sammlungen, die Beiträge ohne eigene Schutzfähigkeit zusammenfassen, vorausgesetzt natürlich, ihre Auslese oder Anordnung stellt eine schöpferische Leistung dar.[400] Damit ging der Gesetzgeber über die Mindestvorgaben der RBÜ hinaus, die in Art. 2 Abs. 5 nur Sammlungen von Werken der Literatur oder Kunst wie z. B. Enzyklopädien und Anthologien unter Schutz stellt. Ihr jetziges Gesicht erhielt § 4 UrhG durch Art. 7 IuKDG[401], das die europäische Datenbank-RL in das UrhG transformierte und dabei gleichzeitig das neuartige Schutzrecht des Datenbankherstellers gem. §§ 87a ff. UrhG einführte. In § 4 Abs. 2 UrhG sind nun schutzfähige Datenbankwerke eigens erwähnt, während die Änderungen in Abs. 1 den Erfordernissen der Richtlinie Rechnung tragen und durch die Einbeziehung von

E124

---

[399] *Haberstumpf* ZUM 2022, 795, 804 f.; *Peifer* GRUR 2022, 967, 969; *v. Ungern-Sternberg* GRUR 2022, 1777, 1779.
[400] Begr. RegE BT-Drs. IV/270, S. 39.
[401] Gesetz zur Regelung der Rahmenbedingungen für Informations- und Kommunikationsdienste vom 22.7.1997, BGBl. 1997 I, S. 1870.

Daten und anderen unabhängigen Elementen hervorheben, dass bloße Daten und Einzelangaben Inhalte eines Sammelwerkes sein können. § 4 UrhG ist daher richtlinienkonform auszulegen. Datenbankwerke bilden eine Untergruppe der Sammelwerke, die dadurch näher qualifiziert sind, dass ihre Elemente systematisch oder methodisch angeordnet und einzeln mit Hilfe elektronischer Mittel oder auf andere Weise zugänglich sind. Da aber auch die Elemente der klassischen Sammelwerke meist systematisch oder methodisch angeordnet und einzeln zugänglich sind, ist eine scharfe Abgrenzung zwischen den Anwendungsbereichen der beiden Absätze von § 4 UrhG nicht möglich und wegen derselben Rechtsfolgen auch nicht nötig. Bei der folgenden Diskussion der Frage, was Schutzgegenstand von Sammel- und Datenbankwerken ist und welcher Schutzbereich ihnen zukommt, werden wir daher zwischen beiden Formen geschützter Sammlungen keinen Unterschied machen.

E125 Sammel- und Datenbankwerke bilden eine eigenständige Werkkategorie, die nicht unmittelbar unter den Katalog des § 2 Abs. 1 UrhG gebracht werden kann.[402] Ihre Besonderheit erklärt sich daraus, dass für ihre Schutzfähigkeit nur einzelne Aspekte schöpferischen Schaffens maßgebend sind, nämlich die Auslese und/oder Anordnung vorhandener Gegenstände, die einen eigenständigen Charakter haben. Nachdem alle Arten von unabhängigen Elementen den Inhalt eines Sammelwerkes bilden können, dürften keine Bedenken mehr bestehen, auch Sammlungen von materiellen Dingen wie Briefmarken, Münzen, Insekten und dgl. in den Anwendungsbereich der Vorschrift einzubeziehen.[403] Sofern die Elemente eines Werkes inhaltlich aufeinander bezogen sind, indem sie sich ergänzen, erläutern, fortführen, verzieren usw. und so einen in sich geschlossenen geistigen Gehalt hervorbringen, liegt ein Originalwerk oder eine Bearbeitung nach §§ 2, 3 UrhG vor. Neben der Definition des geschützten Sammel- bzw. Datenbankwerks besteht die Bedeutung von § 4 UrhG darin, das Verhältnis zwischen dem Urheberrecht an der Sammlung und den Rechten an den gesammelten Elementen zu regeln. Diese Rechte können Urheberrechte oder verwandte Schutzrechte sein. Bestehen keine Rechte an den Einzelelementen, kommt gleichwohl ein Schutz vor ihrer Entnahme oder Weiterverwendung zugunsten des Datenbankherstellers gem. § 87b UrhG in Betracht (s. u.→ Rn. F204 ff.). Das Urheberrecht am Sammel- bzw. Datenbankwerk ist rechtlich von etwaigen Rechten an Einzelelementen zu trennen. Beide existieren unabhängig voneinander und stehen regelmäßig unterschiedlichen Rechtsinhabern zu, so dass auch unterschiedliche Schutzfristen laufen. Aus der Schutzfähigkeit eines Sammel- bzw. Datenbankwerks kann nicht auf die Schutzfähigkeit der Einzelelemente geschlossen werden, wie auch deren Schutzfähigkeit keine Aussage über die Schutzfähigkeit der Sammlung zulässt. Werden allerdings durch die Herstellung und/oder Ver-

---

[402] *Leistner* in Schricker/Loewenheim (2020), UrhG § 4 Rn. 2; *Schierholz/Müller* (2004), S. 115, 118.

[403] Zu dieser Streitfrage vgl. *Dreier* in Dreier/Schulze (2022), UrhG § 4 Rn. 10; *Leistner* in Schricker/Loewenheim (2020), UrhG § 4 Rn. 14; a. A. *Czychowski* in Fromm/Nordemann (2018), UrhG § 4 Rn. 29.

III. Bearbeitungen und Sammelwerke E125–E126

wertung einer Sammlung in die Rechte der Rechtsinhaber an den Einzelelementen eingegriffen, müssen diese zustimmen und entsprechende Nutzungsrechte entweder dem Herausgeber der Sammlung direkt oder seinem Verwerter, z. B. dem Verleger, einräumen. Welcher Art diese Nutzungen sind und welchen Inhalt sie haben, richtet sich im Fall urheberrechtlich geschützter Beiträge nach §§ 38 UrhG, 43 bis 45 VerlG.

a) Begriff des Sammelwerks und Datenbankwerks

aa) Sammelwerk

Der Begriff des Sammelwerks i. S. v. § 4 Abs. 1 UrhG umfasst jede Sammlung von Werken, die die Voraussetzungen des § 2 Abs. 2 UrhG erfüllen, sowie von Daten und anderen unabhängigen Elementen. Der Begriff „andere Elemente" als Oberbegriff für die möglichen Inhalte von Sammelwerken hat Auffangfunktion, unter den Inhalte, die keine Werke oder Gegenstände der verwandten Schutzrechte sind, sowie materielle Objekte gebracht werden können. Das Merkmal der Unabhängigkeit verwendet die Vorschrift zwar nur im Zusammenhang mit dem Begriff der anderen Elemente, ist aber auch für die sonstigen möglichen Inhalte eines Sammelwerkes konstitutiv. Es dient nämlich der Abgrenzung des Sammelwerks von den Originalwerken des § 2 Abs. 1 UrhG und ihren schöpferischen Bearbeitungen nach § 3 UrhG. Da Worte eines Romans, Töne eines Musikstücks und Bildpunkte eines Bildes zwanglos als Elemente eines Werkes oder als Daten aufgefasst werden können, vor allem wenn sie in digitaler Form vorliegen, bedarf es eines Kriteriums, das die Abgrenzung ermöglicht. Die Einzelelemente einer Sammlung müssen demnach in dem Sinne unabhängig voneinander sein, dass sie einen eigenständigen, in sich geschlossenen informativen, literarischen oder musikalischen Wert haben, der durch ihre Herauslösung aus der Sammlung weder verloren geht noch den der anderen berührt, aber auch von der Struktur der Sammlung unterscheidbar bleibt.[404] Die Daten eines Telefonbucheintrages oder die Datensätze einer elektronischen Datenbank beispielsweise sind solche unabhängigen Elemente, deren Informationswert erhalten bleibt und in anderen Zusammenhängen genutzt werden kann, wenn man sie voneinander trennt.[405] Das schließt das Bestehen von Zusammenhängen nicht aus, da unter bestimmten Auswahl- oder Ordnungsgesichtspunkten gesammelte und angeordnete Daten im Hinblick auf sie gleich oder zumindest ähnlich sein müssen. Die Leistung eines Sammelwerksurhebers besteht ja gerade darin, durch Erarbeitung einer individuellen Konzeption solche Gemeinsamkeiten herauszuarbeiten, sichtbar und nutzbar zu machen. Der geistige Gehalt eines Sammelwerkes fügt daher der bloßen Addition der Einzelelemente etwas Zusätzliches hinzu. Wie *Leistner* bildlich sagt, knüpft er an die unabhängigen Elemente sozusagen „von außen" E126

---

[404] EuGH GRUR 2005, 254 Rn. 29 – Fixtures-Fußballspielpläne II; BGH GRUR 2005, 857, 858 – HIT BILANZ; BGH GRUR 2005, 940, 941 – Marktstudien; eingehend *Leistner* GRUR Int. 1999, 819, 821 ff.; *Haberstumpf* in Mestmäcker/Schulze (April 2010), UrhG § 87a Rn. 6 f.

[405] Vgl. auch *Czychowski* in Fromm/Nordemann (2018), UrhG § 4 Rn. 26.

an. Bei inhaltlich aufeinander bezogenen oder miteinander in einem einheitlichen Schaffensprozess verschmolzenen Elementen entsteht demgegenüber eine neuartige Aussage, die sich mit den Kriterien der Auswahl und Anordnung nicht erschöpfend erfassen lässt.[406] Ein Originalwerk hat also eine erheblich komplexere Struktur als ein Sammelwerk, das seine Elemente regelmäßig nur kumulativ zusammenführt.

E127   In Rechtsprechung und Literatur wurde die Einordnung von analogen topografischen Landkarten in die Gruppe der Sammlungen und Datenbanken mit dem Argument bestritten, die ihnen zu entnehmenden Einzelinformationen, wie die Erdoberfläche an den einzelnen Koordinatenpunkten beschaffen ist, seien aufeinander bezogen. Erst im Zusammenhang mit weiteren Angaben ergebe sich für den Kartennutzer eine werthaltige Information.[407] Der EuGH ist dieser Sicht jedoch entgegengetreten und hat entschieden, dass geografischen Daten, die von einem Dritten aus einer topografischen Landkarte herausgelöst werden, um eine andere Karte herzustellen und zu vermarkten, nach ihrer Herauslösung ein hinreichender Informationswert bleibe, um als unabhängige Elemente einer Datenbank angesehen werden zu können.[408] Es ist sicherlich richtig, dass die Einzelinformation, welche Beschaffenheit die Erdoberfläche an einem bestimmten Koordinatenpunkt hat, erst in Kombination mit weiteren Informationen für den Kartennutzer wertvoll ist. Das stellt aber die Unabhängigkeit der Einzelinformationen nicht in Frage. Eine Landkarte ist nämlich keine einfache Sammlung, die unabhängige Elemente nur nach einem Auswahlgesichtspunkt zusammenfasst und anordnet, sondern enthält über die Legende eine Vielzahl von Zusammenstellungen unterschiedlicher Einzeldaten (Wald, Gewässer, Straßen, Gebäude usw.). Insoweit kann man sie als eine Sammlung von Sammlungen bezeichnen, wie sie häufig bei Datenbanken anzutreffen ist (s. u. → Rn. E135). Ein Originalwerk wird sie dadurch nicht, weil die nach verschiedenen Kriterien zusammengefassten Einzeldaten regelmäßig nur kumulativ miteinander verbunden sind. Die Entscheidung des EuGH hat deshalb nicht die Folge, dass jedwede Entnahme von Elementen eines Sammel- bzw. Datenbankwerks einzeln oder in Kombination, etwa über den Verlauf von Gewässern oder Radwegen, das Urheberrecht verletzt. Das ist vielmehr erst dann der Fall, wenn so viele kombinierte Einzeldaten entnommen werden, dass die Entnahme der geschützten Konzeption entspricht, d. h. wenn sie deren individuelle Struktur erkennen lässt.[409] Das ist im Übrigen bei Originalwerken nicht anders.

---

[406] *Leistner* GRUR Int. 1999, 819, 821.
[407] OLG München GRUR 2014, 75, 77 – Topografische Karte; *Hertin* GRUR 2004, 646, 649; *Czychowski* in Fromm/Nordemann (2018), UrhG § 4 Rn. 28, § 87a Rn. 9; so noch *Haberstumpf* in Mestmäcker/Schulze (April 2010), UrhG § 87a Rn. 8; vgl. auch BGH GRUR 2014, 1197 Rn. 21 – TK 50.
[408] EuGH GRUR 2015, 1187 Rn. 29 – Freistaat Bayern/Verlag Esterbauer; ebenso jetzt BGH GRUR 2016, 930 Rn. 21 – TK 50 II; *Leistner* in Schricker/Loewenheim (2020), UrhG § 4 Rn. 29; *Leistner* GRUR 2016, 42 f.; *Wiebe* GRUR 2017, 338, 339.
[409] So *Leistner* GRUR 2016, 42, 43.

bb) Datenbankwerk

Datenbankwerke i. S. v. § 4 Abs. 2 UrhG sind Sammelwerke, deren Elemente systematisch oder methodisch geordnet und einzeln mit Hilfe elektronischer Mittel oder auf andere Weise zugänglich sind. Ein zur Schaffung des Datenbankwerks oder zur Ermöglichung des Zugangs zu dessen Elementen verwendetes Computerprogramm (§ 69a UrhG) ist nicht Bestandteil des Datenbankwerks. Gegenüber dem Begriff des Sammelwerks ist der Begriff des Datenbankwerks durch die systematische oder methodische Anordnung und die Einzelzugänglichkeit der Elemente näher spezifiziert. Große Unterschiede ergeben sich daraus allerdings nicht, weil die Auslese von Einzelelementen und ihre Anordnung in einer individuellen Sammlung nicht zufällig geschieht, sondern sich an bestimmten Kriterien und Gesichtspunkten orientiert und Einzelzugänglichkeit besteht.

Mit dem Merkmal der systematischen oder methodischen Anordnung, die auch ästhetischer Natur[410] sein kann, werden nach allgemeiner Ansicht daher nur zufällig oder willkürlich entstandene Datenhaufen, sog. Rohdaten, vom Datenbankbegriff ausgenommen.[411] Ausreichend ist jede Zusammenstellung nach Ordnungsgesichtspunkten, die den Zugriff auf die einzelnen unabhängigen Elemente ermöglicht. Bei elektronischen Datenbanken ist dieses Merkmal regelmäßig erfüllt. Unerheblich ist es dagegen, ob die physische Speicherung der Daten in geordneter Weise erfolgt.[412] Beispiel für eine bloße Datenanhäufung ist das World Wide Web, das eine gleichsam naturwüchsige Ansammlung von Einzelelementen, den Websites, aus verschiedenster Herkunft darstellt.[413]

Welche Bedeutung dem Kriterium der Einzelzugänglichkeit der Elemente zukommt, erschließt sich aus der Legaldefinition nicht ohne Weiteres. Mit Sicherheit kann gesagt werden, dass bei einer elektronischen Datenbank das benutzte Such- und Abfragesystem auf die gesammelten einen eigenen Informationsgehalt besitzenden Elemente ausgerichtet sein muss. Dieses Kriterium charakterisiert so die Elemente und unterstreicht das Begriffsmerkmal der Unabhängigkeit. Daraus folgt, dass es nicht auf die rein technische Zugänglichkeit ankommt, da diese auch für jede Einheit unterhalb von unabhängigen Elementen, etwa für ein Wort, einen Bildpunkt eines digitalisierten Werks oder einen hexadezimalen Block eines Computerprogramms gegeben ist.[414] Es ist nicht maßgebend, mit welchem Verfahren die Einzelzugänglichkeit technisch bewerkstelligt wird; die Datenbank-RL nennt ausdrücklich elektronische, elektromagnetische, elektrooptische oder ähnliche analoge Verfahren.[415] Bei einer nichtelektronischen

---

[410] *Leistner* (2000), S. 53 f.
[411] *Dreier* in Dreier/Schulze (2022), UrhG § 4 Rn. 17, § 87a Rn. 7; *Vogel* in Schricker/Loewenheim (2020), UrhG § 87a Rn. 24.
[412] Erw.grd. 21 der Datenbank-RL; EuGH GRUR 2005, 254 Rn. 30 – Fixtures-Fußballspielpläne II.
[413] *Czychowski* in Fromm/Nordemann (2018), UrhG § 4 Rn. 35.
[414] *Dreier* in Dreier/Schulze (2022), UrhG § 87a Rn. 9; *Vogel* in Schricker/Loewenheim (2020), UrhG § 87a Rn. 12 f.
[415] Erw.grd. 13 der Datenbank-RL.

Datenbank in Printform, etwa einem Telefonbuch, reicht beispielsweise die alphabetische Anordnung aus, um Einzelzugänglichkeit für den Benutzer herzustellen.[416] Einzelzugänglichkeit fehlt bei rein intern bleibenden Datensammlungen, die nur zu dem Zweck angelegt werden, um von einem Computerprogramm bearbeitet zu werden und somit dem Nutzer vollkommen verborgen bleiben. Sie fehlt bei neuronalen Netzen und den internen Schnittstellen des Datenbankmanagementsystems einer Datenbank, auch wenn sie deren Struktur abbilden müssen, um mit ihr kommunizieren zu können.[417] Ob dies bei wissensbasierten Expertensystemen der Fall ist, hängt davon ab, ob diese auf Anfrage nur Schlussfolgerungen präsentieren oder auch den Zugang zu der Wissensbasis zulassen.[418] Beispiele für Datenbanken sind Unternehmensdatenbanken, Fachinformationssammlungen und Zusammenstellungen wie Telefon- und Adressbücher, Lexika, Nachschlagewörter und Wörterbücher in analoger oder digitaler Form, Internetsuchmaschinen usw.[419]

b) Schutzvoraussetzungen

E131 Ein urheberrechtlich geschütztes Sammelwerk bzw. Datenbankwerk ist eine Sammlung bzw. Datenbank in dem dargestellten Sinn, die aufgrund der Auswahl oder Anordnung ihrer Elemente eine persönliche geistige Schöpfung gem. § 2 Abs. 2 UrhG ist, d. h. deren Auswahl und/oder Anordnung nach individuellen Kriterien, Regeln, Gesichtspunkten, Konzeptionen erfolgt (→ Rn. E26 ff.). Es entsteht so ein neuer geistiger Gehalt, der über die Summe der Gehalte der Einzelwerke bzw. Einzelelemente hinausgeht.[420] Bei der Umsetzung der Datenbank-RL hat der deutsche Gesetzgeber anders als bei der Computerrechts-RL davon abgesehen, die etwas andere Formulierung in Art. 3 Abs. 1 Datenbank-RL („eigene geistige Schöpfung ihres Urhebers")[421] zu übernehmen und gemeint, dass die Regelung in § 2 Abs. 2 UrhG dem schon entspricht.[422] Dieser Einschätzung ist im Einklang mit der ganz überwiegenden Meinung in Rechtsprechung

---

[416] Erw.grd. 14 Datenbank-RL; BGH GRUR 1999, 923, 925 – Tele-Info-CD; BGH GRUR 2005, 857, 858 – HIT-Bilanz; BGH GRUR 2005, 940 – Marktstudien; so jetzt auch (gegen Vorauflage) *Czychowski* in Fromm/Nordemann (2018), UrhG § 87a Rn. 13.

[417] *Grützmacher* (1999), S. 65 f., 172; *Vogel* in Schricker/Loewenheim (2020), UrhG § 87a Rn. 13.

[418] Näher *Grützmacher* (1999), S. 64 f., 172.

[419] Vgl. die umfangreichen Nachweise aus der Rechtsprechung und Literatur bei *Vogel* in Schricker/Loewenheim (2020), UrhG § 87a Rn. 33 und *Dreier* in Dreier/Schulze (2022), UrhG § 87a Rn. 10.

[420] Die Ansicht des EuGH GRUR 2012, 386 Rn. 41, 46 – Football Dataco/Yahoo, es sei unerheblich, ob durch die Auswahl oder Anordnung eine „wesentliche Bedeutung" hinzugefügt werde, bedeutet nicht, dass eine schöpferische Sammlung gar keine über die bloße Summe der Elemente hinausgehende Bedeutung hat, sondern nur, dass es allein auf die Originalität (Individualität) der Sammlung ankommt. Beispielsweise besagt auch ein nicht schöpferisches Adressverzeichnis einer Stadt nicht bloß, dass es eine Liste von Hausadressen und ihrer Bewohner ist, sondern dass es die Adressen *vollständig* enthält.

[421] Vgl. dazu EuGH GRUR 2012, 386 Rn. 37 ff. – Football Dataco/Yahoo.

[422] Begr. RegE BT-Drs. 13/7934, S. 43.

und Literatur zuzustimmen.⁴²³ Es ist damit klargestellt, dass auch hier bereits dasjenige geschützt ist, was in der deutschen Urheberrechtstradition als kleine Münze bezeichnet wird, also diejenigen Gestaltungen, die gerade die Grenze zur Individualität überschreiten. Es könnte allenfalls diskutiert werden, ob die Formulierung des europäischen Gesetzgebers verlangt, dass der mit dem Begriff der einfachen Individualität bezeichnete Standard etwa in Richtung des angelsächsischen Begriffs der Originalität (→ Rn. E8 f.) zu unterschreiten ist. Dem steht aber die Entstehungsgeschichte der Datenbank-RL deutlich entgegen. Das Vereinigte Königreich hat sich ihr dementsprechend durch Anhebung seines bisherigen Schutzstandards angepasst.⁴²⁴

aa) Auswahl

Die Auswahl bezieht sich auf die Frage, welche Elemente in die Sammlung aufgenommen werden. Ob hier ausreichende Entscheidungsspielräume bestehen, wird häufig mit dem Hinweis bezweifelt, dass sie auf Vollständigkeit angelegt seien.⁴²⁵ Wenn auch viele Sammlungen und Datenbanken insgesamt oder zumindest in bestimmten Beziehungen auf Vollständigkeit angelegt sind, schließt dies die Entfaltung von Individualität nicht aus. Das Kriterium der Vollständigkeit ist nämlich ein relatives, das die Existenz von Gesichtspunkten voraussetzt, bezüglich derer erst sinnvoll gefragt werden kann, ob die aufgenommenen Elemente vollständig berücksichtigt wurden oder nicht.⁴²⁶ Dies erfordert die Wahl eines bestimmten Themas oder innerhalb eines umfassenden Themas die Erarbeitung von Auswahlkriterien, die entscheiden, welche unter das Thema fallenden Elemente aufgenommen und welche ausgeschieden werden. Bei beiden Aspekten kann Individualität entfaltet werden, so dass auch bei der Anwendung des nicht individuellen Auswahlkriteriums der Vollständigkeit eine schöpferische Sammlung entstehen kann, wenn die Themenwahl vom Üblichen abweicht. Hat der Urheber die Auswahlkriterien genau festgelegt, dann besteht allerdings kein gestalterischer Spielraum mehr. Die Entscheidung, mit welchen Elementen die Sammlung zu füllen ist, ist dann nur noch eine Entscheidung zwischen „richtig" oder „falsch" und kann auch von einem Computer getroffen werden.⁴²⁷

Wir erinnern uns an den Index verborum et rerum aus der Sammlung Monumenta Germaniae Historica, der in mittelalterlichen Briefen vorkommende Vo-

---

⁴²³ BGH GRUR 2007, 685 Rn. 21 – Gedichttitelliste I; *Leistner* in Schricker/Loewenheim (2020), UrhG § 4 Rn. 19 ff.; *Dreier* in Dreier/Schulze (2022), UrhG § 4 Rn. 19. Die abweichende Ansicht von *Czychowski* in Fromm/Nordemann (2018), UrhG § 4 Rn. 32 und *Ahlberg* in Möhring/Nicolini (2018), UrhG § 4 Rn. 25, beruht auf der inzwischen überwundenen Auffassung (→ Rn. E76 ff.), dass § 2 Abs. 2 UrhG eine besondere Schöpfungshöhe verlangt.
⁴²⁴ *Gaster* (1999), Rn. 130 ff., 140; *Leistner* (2000), S. 68 f.
⁴²⁵ Z. B. *Ahlberg* in Möhring/Nicolini (2018), UrhG § 4 Rn. 30; *Gaster* (1999), Rn. 148; *Hoebbel* (1993), XXII Rn. 19.
⁴²⁶ *Grützmacher* (1999), S. 56 f., 207.
⁴²⁷ *Leistner* (2000), S. 81. *Hoebbel* (1993), XXII Rn. 19, schließt zu Unrecht von der unschöpferischen Suche und Einordnung der Elemente auf die mangelnde Individualität der festgelegten Auswahlkriterien, die die Auswahl leiten.

kabeln und Begriffe in alphabetischer Anordnung auflistete (→ Rn. E35). Dieser sollte eine etymologische Untersuchung über den Bedeutungswandel bestimmter lateinischer Idiome in mittelalterlichen Texten ermöglichen.[428] Das Thema und der geistige Gehalt des Index bestand in Folgendem: Dies ist eine Zusammenstellung von lateinischen Vokabeln und Begriffen, die in den Briefen aus Bd. IV der Abteilung Epistolae vorkommen und eine Untersuchung über ihren Bedeutungswandel ermöglichen. Abgesehen davon, dass schon die Themenwahl ungewöhnlich war, bedurfte es einer Interpretation der Briefe und der Erarbeitung einer wissenschaftlichen Konzeption, die die Auswahl der indexierten Begriffe leitete. Diese war in den gesammelten Briefen nicht vorgegeben. Der Indexverfasser musste vielmehr erst eigene Regeln finden, um sie zur Auswahl der für seine Konzeption relevanten Vokabeln und Begriffe anwenden zu können, weshalb der BGH hier mit Recht eine individuelle Leistung als gegeben ansah. Dass die Anordnung der Vokabeln und Begriffe konventionell in alphabetischer Reihung erfolgte, spielte keine Rolle mehr. Ein weiteres schönes Beispiel für eine allein durch Auswahl schöpferische Sammlung bildet der Sachverhalt der Entscheidung „Gedichttitelliste I".[429] Die Auswahl der Elemente der fraglichen Liste war durch die Entscheidung des Klägers gekennzeichnet, die wichtigsten Gedichte der Zeit zwischen 1730 und 1900 anhand weniger Anthologien, die unter tausenden solcher Sammlungen ausgesucht wurden, zu ermitteln, dabei eine bestimmte Bibliografie zu verwenden und ein bestimmtes statistisches Kriterium anzuwenden. Auch in diesem Fall waren weder die Themenwahl noch die entwickelten Auswahlkriterien vorgegeben oder üblich, so dass der BGH ebenfalls mit Recht der so entstandenen Gedichttitelliste schöpferischen Charakter zusprach. Gegenbeispiele sind Adress- und Fernsprechbücher, die durch das konventionelle Thema, Sammlung der örtlichen Haushalte bzw. Telefonteilnehmer, das Kriterium der Vollständigkeit und die alphabetische Ordnung geprägt sind (→ Rn. E35). Hält sich der Verfasser des Buches an diese Regeln, erbringt er keine schöpferische Leistung.

E134 Aber auch wenn der Hersteller einer Sammlung oder einer Datenbank ein konventionelles Thema wählt, ist er nicht unbedingt auf ein bestimmtes Ergebnis festgelegt. Selbst die ganz banale Aufgabe, eine Datenbank sämtlicher BGH-Entscheidungen zum Mietrecht anzulegen, lässt Raum für individuelle Auswahlentscheidungen: Sind nur Entscheidungen aufzunehmen, die allein im Leitsatz Mietrechtsparagrafen anführen, oder auch solche, die bloß in den Gründen hierauf Bezug nehmen? Sollen nur Entscheidungen eingefügt werden, die sich im Schwerpunkt mit Fragen des Mietrechts befassen oder auch solche, die es nur am Rande oder obiter dicta berühren? Welche Nebengesetze zum Mietrecht sollen berücksichtigt werden? Wie steht es mit dem Pachtrecht? Auch Nichtabhilfebeschlüsse können im Zusammenhang mit den zugehörigen Berufungsentscheidungen interessant sein, insbesondere wenn sie Kurzbegründungen enthalten. Schließlich kann die Frage gestellt werden, ob die aufzunehmenden Entschei-

---

[428] BGH GRUR 1980, 227, 231 – Monumenta Germaniae Historica.
[429] BGH GRUR 2007, 685 – Gedichttitelliste I.

dungen in voller Länge oder – nach welchen Kriterien? – gekürzt Eingang in die Sammlung finden. Je nachdem, welche Entscheidungen gefällt werden, wird sie ein deutlich unterschiedliches Gesicht haben.[430] Für kompliziertere Datenbankaufgaben, etwa das Design einer Unternehmensdatenbank, gilt dies erst recht. Jede umfangreiche Datenbanklösung muss verschiedenen Anforderungen genügen, z. B. Effizienz, Widerspruchsfreiheit, Datensicherheit, Datenschutz, die zum Teil miteinander in Konflikt stehen. So kollidiert das Bestreben, möglichst viele Daten, also nicht bloß notwendige, sondern irgendwann einmal nützliche zu sammeln, mit den Erfordernissen des Datenschutzes und der Effizienz. Die konfligierenden Anforderungen müssen im Einzelfall gegeneinander abgewogen und in Einklang gebracht werden, was die Auswahl der aufzunehmenden Elemente nicht unberührt lässt. Wenn es auch durchaus Erfahrungen und allgemeine Regeln gibt, wie solche Zielkonflikte aufgelöst werden können, bilden sie jedoch nach dem Urteil der betroffenen Fachwelt nur einen Rahmen, der eine Fülle von Wahlmöglichkeiten offenlässt.

In Erwägungsgrund 20 hebt die Datenbank-RL hervor, dass sich der Schutz auch auf Elemente erstrecken kann, die wie beispielsweise der Thesaurus oder Index für den Betrieb oder die Abfrage bestimmter Datenbanken erforderlich sind. Sie nehmen in einer Datenbanklösung insofern eine Sonderstellung ein, als sie für sich schon als Sammlung in der Sammlung aufgefasst werden können.[431] Der Index listet etwa im Beispielsfall einer Literaturdatenbank für die aufgenommenen Werke besonders aussagekräftige Begriffe, sog. Deskriptoren, auf, während der Thesaurus ein Verzeichnis von Verweisen auf Synonyma, auf Ober- und Unterbegriffe ist.[432] Für sie kommt ein urheberrechtlicher Schutz in ihrer Einbindung in die Struktur, aber auch als selbstständiger Teil der Datenbank in Betracht. Letzteres wird wie im Fall einer einfachen Fachinformationssammlung umso wichtiger, je weniger individuell die Auswahl und Anordnung des zusammengestellten Inhalts ist, der mittels Index oder Thesaurus erschlossen werden soll. Auch Index und Thesaurus sind im Hinblick auf die Auswahl ihrer Elemente selbstständig geschützt, wenn nicht vorgegebene Auswahlkriterien entwickelt und angewendet werden. Beispielhaft ist hier der mehrfach angesprochene Index verborum et rerum aus der Entscheidung „Monumenta Germaniae Historica". Da es wesentlich auf die Erarbeitung eigener Auswahlkriterien ankommt, steht der Individualität eines Index nicht entgegen, wenn die Suche nach Deskriptoren und ihre Einstellung in den Index automatisch mittels eines Suchprogramms erfolgt.[433] Deshalb können Internet-Suchmaschinen im Einzelfall individuelle Datenbanken sein.

---

[430] Zu diesem Beispiel auch näher *Leistner* (2000), S. 76 f.
[431] *Vogel* in Schricker/Loewenheim (2020), UrhG § 87a Rn. 37.
[432] *Bund* (1991), S. 264 ff.; *Grützmacher* (1999), S. 52 ff.; *Zehnder* (2005), S. 205 ff.
[433] A. A. *Grützmacher* (1999), S. 218 f., der übersieht, dass sich der Mensch bei der Schaffung individueller Werke einer Maschine bedienen kann, sofern er sie steuert.

bb) Anordnung

E136 Die Anordnung der ausgewählten Elemente spiegelt sich in der Art und Weise wider, wie sie zusammengefasst und welche Beziehungen zwischen ihnen hergestellt werden. Häufig wird mit ihr bezweckt, dem Nutzer der Sammlung deren Inhalt zu erschließen, vor allem wenn es sich um eine Vielzahl von Elementen handelt. Sie kann aber natürlich auch dazu dienen, bestimmte Elemente hervorzuheben oder in Gruppen zusammenzufassen, um ihrer Anordnung dadurch einen neuen geistigen Gehalt zu verleihen. Im Fall einer elektronischen Datenbank konkretisiert sie sich im Datenschema, das in separaten Dateien für den Nutzer verborgen als sog. Metadaten[434] abgelegt wird. Für die Schutzfähigkeit der Anordnung des Inhalts einer solchen Datenbank kann es deshalb nicht entscheidend sein, wie sie technisch verwirklicht wird und wie sie sich für den Benutzer am Bildschirm darstellt. Mit den von der Benutzeroberfläche vorgegebenen Such- und Abfrageoptionen wird ihm nur die Möglichkeit gegeben, aufgrund eigener Auswahlentscheidungen selektiv auf die Inhalte der Datenbank zuzugreifen; die Gesamtstruktur der Datenbank bleibt davon unberührt.[435] Eine andere Frage ist es natürlich, was der Nutzer mit den gewonnenen Daten macht. Durch ihre Verarbeitung mit anderen Elementen oder ihre Neugruppierung kann er einen eigenen Schutzgegenstand schaffen.

E137 Auch bei der Entscheidung für eine bestimmte Anordnung der Elemente sind Spielräume vorhanden, die der Hersteller der Sammlung bzw. Datenbank individuell nutzen kann. Orientieren sich die verwendeten Ordnungskriterien jedoch an den für den betreffenden Themenbereich konventionellen oder durch ihn nahegelegten Einteilungsgesichtspunkten, etwa an der numerischen, chronologischen oder alphabetischen Ordnung, wie es bei einem Großteil der analogen Sammlungen der Fall ist, wird keine schöpferische Leistung erbracht.[436] Erst recht gilt dies, wenn die Elemente in einer Weise angeordnet werden, die kein zugrunde liegendes Ordnungsprinzip erkennen lässt.[437] Der Schwerpunkt der Fälle, in denen der Hersteller durch die Anordnung der gesammelten Elemente schöpferisch tätig wird, liegt dementsprechend bei den elektronischen Datenbanken.

E138 Elektronische Datenbanksysteme bestehen aus einer Sammlung von Daten, etwa den Kundendaten eines Unternehmens, die in einer logischen Beziehung miteinander verknüpft sind (Datenbasis), und von einem eigenen Programm,

---

[434] *Leistner* (2000), S. 43; *Haberstumpf* GRUR 2003, 14, 16; *Vogel* in Schricker/Loewenheim (2020), UrhG § 87a Rn. 7.

[435] *Leistner* (2000), S. 83, gegen die Ansicht von *Hoebbel* (1973), XXII Rn. 17, 22 f. und *Grützmacher* (1999), S. 192 f., bei Datenbanken werde der schöpferische Schritt der Informationsreduktion erst vom Benutzer durch seine Datenbankabfrage vollzogen. Vgl. auch LG Berlin ZUM 2006, 343, 344 – „ebay"-Angebotsdatenbank; *Hermes* in Wandtke/Bullinger (2022), UrhG § 87a Rn. 31 f.

[436] BGH GRUR 1999, 923, 924 f. – Tele-Info-CD; OLG Nürnberg GRUR 2002, 607 f. – Stufenaufklärung nach Weissauer.

[437] BGH GRUR 1990, 669, 673 – Bibelreproduktion.

dem Datenbankmanagementsystem (DBMS), verwaltet werden.[438] Die Datenbasis ist von dem DBMS und den sonstigen zum Einsatz kommenden Programmen und Hardwaresystemen zu trennen. Der Entwurf einer Datenbank setzt die Entwicklung von logischen Strukturen voraus, die alle in sie zu übernehmenden Sachverhalte und ihre gegenseitigen Beziehungen beschreibt. Das Ergebnis der Entwurfsarbeit ist das sog. Datenschema.[439] Es ist der langlebigste Teil einer Datenbank, auf dessen Entwicklung größte Sorgfalt zu legen ist. Die Stabilität des Datenschemas ist Voraussetzung dafür, dass die betroffenen Daten dauerhaft und widerspruchsfrei nachgeführt werden können und das DBMS optimal arbeitet. In ihm drückt sich die Struktur der Datenbank aus. Zur Speicherung des Datenschemas werden eigene – dem Benutzer nicht erkennbare – Kataloge mit Daten über die verwalteten Daten, sog. Metadaten, angelegt.[440] Auf diese Weise können höchst komplexe Datenbankstrukturen erzeugt werden.[441]

Der in der Urheberrechtsliteratur verbreitet anzutreffenden Ansicht, die Strukturierung einer Datenbank sei eine weitgehend schematische Angelegenheit, die durch die bei Ihrer Herstellung und im Rahmen des Such- und Abfragesystems benutzte Software bestimmt werde,[442] steht nicht nur Art. 1 Abs. 1 und die Erwägungsgründe 23 und 20 der Datenbank-RL entgegen, wonach der Begriff der Datenbank nicht auf die für ihre Herstellung oder den Betrieb[443] der Datenbank verwendeten Computerprogramme anzuwenden ist; sie ist auch sachlich unzutreffend. Ihr ist zwar zuzugeben, dass die Informationstheorie Verfahren und Methoden zur Strukturierung von Datenbanken entwickelt hat. So besteht ein bedeutender Teil der Theorie des relationalen Datenmodells[444] in der Formulierung von Normalisierungsverfahren, um komplexe Tabellen auf einfachere zurückzuführen und Redundanzen zu vermeiden. Solche Methoden und Verfahren sind jedoch nicht so starr und abschließend, dass sie die Verwirklichung eigener Entscheidungen des Datenbankingenieurs ausschlössen. Die schon erwähnten Zielkonflikte (→ Rn. E134) machen sich auch auf der Ebene der Strukturierung bemerkbar. So besteht eine ganz wichtige Forderung darin, dass alle gespeicherten Daten korrekt sein müssen; sie müssen u. a. der realen Welt entsprechen, widerspruchsfrei sein und dürfen ihre Konsistenz auch bei Datenmanipulationen nicht verlieren. Ihre Strukturierung muss ferner gewährleisten, dass sie einerseits ungehindert verfügbar sind und andererseits der Zugriff durch Unbefugte verhindert wird. Die optimale Erfüllung dieser und anderer Anforderungen führt naturgemäß zu sehr umfangreichen und

E139

---

[438] *Zehnder* (2005), S. 34 ff.
[439] *Zehnder* (2005), S. 61 ff.
[440] *Leistner* (2000), S. 42 f.; *Haberstumpf* GRUR 2003, 14, 16; jeweils unter Hinweis auf die einschlägige informationstheoretische Literatur.
[441] *Schicker* (2000), S. 136 ff.; instruktiv das Beispiel für den Entwurf einer Datenbank „Reiseorganisator" unter Anwendung des Datenbankprogramms Access bei *Zehnder* (2005), S. 146.
[442] *Dreier* in Dreier/Schulze (2022), UrhG § 4 Rn. 19; *Grützmacher* (1999), S. 192 ff., 210 ff.; *Mehrings* (1990), S. 125 ff., 129; *Hoebbel* (1973), XXII Rn. 17.
[443] S. dazu *Gaster* (1999), Rn. 97 f., 68 ff.; *Haberstumpf* GRUR 2003, 14, 18.
[444] Eingehend *Zehnder* (2005), S. 72 ff., *Schicker* (2000), S. 64 ff.; *Bund* (1991), S. 255 ff.

komplizierten Strukturen, die wiederum den einfachen Umgang mit der Datenbank erschweren, ihre Effizienz beeinträchtigen und ihre Entwicklung verteuern. Es sind deshalb vielfache Entscheidungen zu treffen, um im Einzelfall zwischen diesen und ähnlichen Konflikten einen Ausgleich herbeizuführen. Die Entwurfsarbeit zur Strukturierung der aufzunehmenden Daten ist folglich keine triviale, an vorgegebenen Regeln orientierte Tätigkeit, die den Entwickler auf ein bestimmtes Ergebnis festlegt. Das gilt auch dann, wenn er sich des Entwicklungswerkzeuges eines Standarddatenprogramms wie z. B. ORACLE oder Access bedient. Dieses kann die Strukturierung nur unterstützen, nicht aber überflüssig machen.

c) Schutzgegenstand

E140 Schutzgegenstand ist der konkrete geistige Gehalt, den der Hersteller seiner Sammlung bzw. Datenbank durch individuelle Auswahl und/oder Anordnung der in sie aufgenommenen Elemente verleiht. Gemeinhin bezeichnet man ihn als Struktur der Sammlung.[445] Sie kann wie insbesondere bei den klassischen Sammlungen sehr einfach sein und allein darin bestehen, die Einzelelemente in bestimmter Weise zu klassifizieren. Bei größeren Datenbanken ist sie regelmäßig komplex, indem sie die Elemente nicht nur unter bestimmten Gesichtspunkten zusammenfasst, sondern auch beschreibt, in welchen Beziehungen (Relationen) sie zueinanderstehen. Auf jeden Fall muss ihr geistiger Gehalt einen über die bloße Summe der Einzelelemente hinausgehenden Inhalt haben. Ein solcher fehlt bei ungeordneten Datenhaufen. Daraus folgt, dass sich der Schutz des § 4 UrhG nicht auf die Elemente der Sammlung bezieht, was nicht ausschließt, dass sie für sich genommen geschützte Gegenstände des Urheberrechts, der verwandten Schutzrechte oder anderer Schutzsysteme sein können. Die Schutzfähigkeit einer Sammlung und ihrer Elemente sind getrennt zu beurteilen, wie § 4 Abs. 1 UrhG hervorhebt. Entstehende Rechte an einem Sammel- bzw. Datenbankwerk und an Einzelelementen stehen daher regelmäßig unterschiedlichen Personen zu, die sie gegenseitig zu beachten haben. So bedarf die Aufnahme eines geschützten Werks in ein Sammelwerk und dessen Verwertung der Zustimmung der Inhaber der Rechte an den aufgenommenen Werken und anderen Schutzgegenständen, soweit darin eine relevante Verwertungshandlung liegt.[446] In der Beschränkung des Schutzes auf die Struktur liegt eine Schwäche des urheberrechtlichen Schutzes für Sammlungen. Eine Verletzungshandlung kann nämlich nur dadurch dann begangen werden, dass die Struktur ganz oder in einem selbstständig schützbaren Teil übernommen wird. Gegen die von ihm nicht erlaubte Entnahme der Elemente kann sich der Schöpfer des Sammelwerkes aus eigenem Recht nur wehren, wenn diese in einer Kombination herausgelöst werden, die dessen Struktur widerspiegelt (s. u. → Rn. E142). Solange dies

---

[445] *Leistner* in Schricker/Loewenheim (2020), UrhG § 4 Rn. 59, unter Verweis auf Erw.grd. 15 S. 2 der Datenbank-RL.
[446] Vgl. BGH GRUR 1973, 216, 217 f. – Handbuch moderner Zitate.

nicht zutrifft, darf durchaus eine große Anzahl von Elementen vervielfältigt, verwertet und auch neu zusammengestellt werden, es sei denn an ihnen bestehen eigenständige Rechte, die dem Sammelwerksurheber eingeräumt oder übertragen wurden. Bei einem Großteil der elektronischen Sammlungen ist dies aber nicht der Fall. Diese Schutzlücke schließt nun das neue verwandte Schutzrecht des Datenbankherstellers nach §§ 87a ff. UrhG.

Eine weitere Konsequenz der Schutzbeschränkung auf die Struktur ist, dass die Computerprogramme, die für die Schaffung einer elektronischen Datenbank oder zur Ermöglichung des Zugangs zu dessen Elementen eingesetzt werden, am Schutz des Datenbankwerks nicht teilhaben (§ 4 Abs. 2 S. 2 UrhG, Art. 1 Abs. 3 Datenbank-RL). Die dazu eingesetzten Computerprogramme, die gem. § 69a UrhG selbstständigen Schutz genießen können, unterscheiden sich von der Datenbankstruktur dadurch, dass sie Befehls- und Steuerungsfunktion besitzen. Zu ihnen gehört vor allem das Datenbankmanagementsystem (DBMS), mit dem der Zugriff, die Änderung, Ausgabe und Löschung der Daten und damit der Betrieb der Datenbank bewirkt wird. Das DBMS strukturiert ebenso wie die Benutzeroberfläche die Daten nicht, sondern setzt eine bestimmte Struktur voraus. Das ist beim Index und Thesaurus anders, weshalb sie zu Recht als Teile des Datenbankwerks angesehen werden. Computerprogramme sind aber auch die Entwicklungswerkzeuge, die benötigt werden, um die Datensammlung erst aufzubauen und zu organisieren. Auch sie entscheiden nicht, welche Daten aufgenommen werden und wie sie zu strukturieren sind.[447] Dies macht vielmehr der Datenbankingenieur, der sich ihrer bedient. Die am Markt befindlichen Datenbankprogramme wie z. B. ORACLE stellen üblicherweise sowohl ein DBMS wie auch die Entwicklungssoftware bereit.

E 141

d) Schutzumfang

In den Schutzbereich eines Sammel- bzw. Datenbankwerks wird eingegriffen, wenn der geistige Gehalt des Werks insgesamt vervielfältigt oder wiedergegeben wird. Da aber eine Urheberrechtsverletzung auch dann in Betracht zu ziehen ist, wenn Teile des Werks entlehnt werden, die für sich genommen schutzfähig sind,[448] kann auch die Entnahme von Elementen das Urheberrecht verletzen. Vorausgesetzt ist jedoch, dass die übernommenen Elemente in einer Kombination verwertet werden, die bereits die individuelle Struktur hinsichtlich der Auslese und Anordnung des Stoffes erkennen lässt.[449] Wann dies der Fall ist, hängt vom Einzelfall ab und kann nicht danach entschieden werden, ob die entlehnten

E 142

---

[447] Die gegenteilige Ansicht von *Hoebbel* (1973), XXII Rn. 6 ff., übersieht, dass die Ausdrucksform eines Computerprogramms nicht mit den Ergebnissen zusammenfällt, die durch seine Anwendung erzielt werden können (→ Rn. C163 f.); vgl. dazu ausführlich *Haberstumpf* (1973), II Rn. 50, 125.

[448] BGH GRUR 1999, 923, 924 f. – Tele-Info-CD; BGH GRUR 1961, 631, 633 – Fernsprechbuch.

[449] BGH GRUR 2013, 1213 Rn. 57 – SUMO; BGH GRUR 2007, 685 Rn. 25 – Gedichttitelliste I; BGH GRUR 1992, 382, 384 – Leitsätze; BGH GRUR 1982, 37, 39 f. – WK-Dokumentation;

Elemente in quantitativer oder qualitativer Hinsicht einen wesentlichen Teil des Sammelwerks ausmachen; dies ist vielmehr für die Verletzung des Rechts des Datenbankherstellers nach § 87b Abs. 1 UrhG maßgeblich. Als grobe Faustregel kann allenfalls gelten: Je größer die Anzahl der entnommenen Elemente im Verhältnis zu ihrer Gesamtzahl ist, desto eher ist die Wertung gerechtfertigt, dass es gleichzeitig zu einer Übernahme der im Ausgangswerk verwendeten individuellen Auswahl- oder Anordnungskriterien gekommen ist. Im Fall „Gedichttitelliste I" hat der BGH[450] aus der Entnahme von 98 % der zusammengestellten Gedichte auf eine Verletzung des Sammelwerks geschlossen, während im Fall „Leitsätze"[451] die Verwendung von 8 Leitsätzen aus 63 nicht ausreichte.

E143 Eine Verletzung des Urheberrechts am Sammelwerk kann aber auch dadurch begangen werden, dass ein Dritter allein dessen Struktur übernimmt und sie mit anderen Elementen anreichert. Ein solcher Fall ist z. B. gegeben, wenn die Struktur einer fremden Unternehmensdatenbank verwendet wird, um sie mit den notwendig verschiedenen (Kunden-, Mitarbeiter-, Produkt-)Daten des eigenen branchengleichen Unternehmens zu füllen. Ein anderes Beispiel wäre die Übertragung des besonderen Auswahl- und Ordnungssystems eines regionalen Branchentelefonbuchs auf eines, das für eine andere Region herausgegeben wird.[452] Ebenso kann sich das Recht des Sammelwerkurhebers auch auf eine Neuauflage oder auf eine neue Ausgabe einer periodischen Sammlung erstrecken, wenn die schöpferische Art der Auswahl oder Anordnung der Einzelbeiträge beibehalten wird.[453] Der Gehalt der Einzelelemente ist jeweils verschieden, aber die individuelle Struktur gleich. In der Praxis dürfte ein solcher Verletzungsfall in erster Linie bei Datenbanken vorkommen, die eine Vielzahl nicht geschützter Daten organisieren. Zu beachten ist allerdings, dass die Struktur des Sammelwerks nur dann identisch wiedergegeben wird, wenn sie mit artgleichen Elementen angereichert wird. Der Gehalt der Einzelelemente, die ein Sammel- oder Datenbankwerk in einer individuellen Auswahl oder Anordnung präsentiert, beeinflusst nämlich auch deren Struktur. Von der Norm abweichende individuelle Auswahl- oder Ordnungskriterien, die z. B. die Sammlung von Gedichten leiten, werden ohne eine Anpassung oder Überarbeitung regelmäßig nicht geeignet sein, etwa Musikstücke gesammelt zu präsentieren und damit einen ähnlichen Gesamteindruck hervorzurufen, weil hier ein anderes Thema betroffen ist und daher andere Auswahlentscheidungen getroffen werden müssen. Wird die individuelle Struktur einer Sammlung mit artfremden Inhalten angereichert, führt dies deshalb regelmäßig zu einer Veränderung

---

KG GRUR 1973, 602, 603 f. – Hauptmann-Tagebücher; *Dreier* in Dreier/Schulze (2022), UrhG § 4 Rn. 15; *Leistner* in Schricker/Loewenheim (2020), UrhG § 4 Rn. 34.

[450] BGH GRUR 2007, 685 Rn. 26 – Gedichttitelliste I.

[451] BGH GRUR 1992, 382, 384 – Leitsätze.

[452] Vgl. auch das Klassifikationssystem im Fall „Deutsche Bauzeitschrift" (OLG Hamm GRUR 1970, 97, 98 f.).

[453] OLG Frankfurt Schulze OLGZ 107, 7 ff.; *Leistner* in Schricker/Loewenheim (2020), UrhG § 4 Rn. 36.

der Struktur. Orientiert sich z. B. der Herausgeber einer Sammlung geschützter Werke an der Struktur eines Sammelwerks, das deutlich andersartige Werke zusammenfasst, wird deshalb meist die Wertung gerechtfertigt sein, dass diese nur als Vorbild für eigenes Schaffen gedient hat und eine freie Benutzung vorliegt.

F. Der Werkbegriff und die Schutzgegenstände der verwandten Schutzrechte

Eine Theorie des Werkbegriffs wäre unvollständig, wenn sie nicht auch die Schutzgegenstände der verwandten Schutzrechte (sog. „Leistungsschutzrechte") einbeziehen würde. Die in Teil 2 und 3 des UrhG einzeln geregelten Rechte sind laut amtlicher Begründung[1] „Rechte, die nicht wie das Urheberrecht die schöpferische Leistung schützen, sondern Leistungen anderer Art, die der schöpferischen Leistung des Urhebers ähnlich sind oder in Zusammenhang mit den Werken der Urheber erbracht werden." Entsprechend dem international geltenden Kumulationsprinzip sind sie untereinander und im Verhältnis zum Urheberrecht unabhängig.[2] Rechtssystematisch lassen sie sich grob unterteilen in die wirtschaftlichen, industriell begründeten Rechte der Tonträgerhersteller, Sendeunternehmer, Datenbankhersteller, Filmhersteller, Presseverleger und Herausgeber nachgelassener Werke (§§ 85, 87, 87a ff., 94, 95, 87f, 71 UrhG) und die mehr persönlichkeitsgeprägten Leistungen der Lichtbildner, Verfasser wissenschaftlicher Ausgaben und ausübenden Künstler (§§ 72, 70, 73 UrhG). Europaweit erstreckt sich die Harmonisierung der verwandten Schutzrechte auf ausübende Künstler, Hersteller von Tonträgern, Filmhersteller, Sendeunternehmen (Art. 3 Schutzdauer-RL, Art. 2 lit. b bis e InfoSoc-RL), Datenbankhersteller (Art. 7 Datenbank-RL), Presseverleger (Art. 15 DSM-RL) und Herausgeber zuvor nicht veröffentlichter Werke (Art. 4 Schutzdauer-RL). Hinsichtlich kritischer und wissenschaftlicher Ausgaben von gemeinfrei gewordenen Werken und nicht schöpferischen Fotografien sind die Mitgliedstaaten dagegen nicht verpflichtet, Ausschließlichkeitsrechte zu gewähren (Art. 5, 6 Schutzdauer-RL).[3] Es handelt sich insoweit um Regelungen, die europaweit nicht harmonisiert sind.

Das UrhG trägt den unterschiedlichen Interessen der Rechtsinhaber durch eine differenzierte Rechtsgewährung Rechnung. Teilweise sind ihre Rechte durch Verweis auf die Bestimmungen des ersten Teils des UrhG denen der Urheber mehr oder weniger gleichgestellt, teilweise wie im Fall der ausübenden Künstler und Datenbankhersteller detailliert umschrieben. Da diese Leistungen nicht auf schöpferischem Schaffen beruhen, haben sie einen geringeren Schutz-

---

[1] Begr. RegE BT-Drs. IV/270, S. 33 f.
[2] *Dreier* in Dreier/Schulze (2022), UrhG vor §§ 70 ff. Rn. 4; *Grünberger* in Schricker/Loewenheim (2020), UrhG vor §§ 73 ff. Rn. 2, 46, 50. Insbesondere besteht kein genereller Vorrang des Urheberrechts gegenüber den verwandten Schutzrechten, s. *Anger* (2022), S. 108 ff.
[3] Einen Überblick über die unterschiedliche Rechtslage zum Schutz nicht schöpferischer Lichtbilder in den Mitgliedstaaten gibt *Schiessel* (2020), S. 307 ff.

umfang, was sich insbesondere darin ausdrückt, dass sie keine rechtlichen Mittel bereitstellen, gegen schöpferische Bearbeitungen und Umgestaltungen ihrer jeweiligen Schutzgegenstände vorzugehen. Art. 14 DSM-RL, der dies im Hinblick auf gemeinfreie visuelle Werke bekräftigt, bringt insoweit nur eine Trivialität zum Ausdruck, die für alle verwandten Schutzrechte gilt (→ Rn. F3, F32, F70), gleichgültig, ob das betroffene Leistungsschutzrecht im Zusammenhang mit noch geschützten oder gemeinfreien Werken steht und um welche Arten von Werken es sich handelt. Den Leistungsschutzrechten ist gemeinsam, dass sie sich auf die Produktion und Verbreitung von materiellen Dingen und unkörperlichen Erscheinungen beziehen, die – nicht notwendig schöpferische – geistige Gegenstände enthalten und zum Ausdruck bringen. Wie die gewährten Rechte im Einzelnen ausgestaltet sind, soll allerdings im Folgenden nicht im Fokus stehen, da aus dem Inhalt von Ansprüchen, die der Durchsetzung der Rechte dienen (z. B. §§ 97 ff. UrhG), nicht auf den jeweiligen Schutzgegenstand und dessen Umfang geschlossen werden kann.[4] Was hier vielmehr interessiert, ist das Verhältnis zwischen ihren Schutzgegenständen und dem Begriff des schöpferischen Werkes. Beziehen sich die Ausschließlichkeitsrechte der Leistungsschutzrechte auf materielle oder geistige Gegenstände, auf Handlungen oder die Ergebnisse, die sie hervorbringen? Wie ist der jeweilige Schutzgegenstand umschrieben, welche Kriterien bestimmen die *Schwelle zum Erwerb des Schutzrechts* und treten an die Stelle des Merkmals der Schöpfung im Urheberrecht und der Eigenart im Geschmacksmusterrecht? Die Antworten auf diese Fragen haben Auswirkungen auf den *Schutzumfang*, den das jeweilige Leistungsschutzrecht genießt. Ist Schutzgegenstand die Leistung, die sich in materiellen körperlichen Dingen (z. B. Tonträgern, Filmträgern) oder unkörperlichen Erscheinungen (z. B. Sendesignalen) niederschlägt, dann wird das Schutzrecht nur durch Handlungen verletzt, die kausal auf den Gegenstand zurückführbar sind, den der Rechtsinhaber ursprünglich produziert hat (*Urform*) und die ihn identisch oder verändert reproduzieren. Bestimmt man dagegen das Schutzobjekt als den geistigen (immateriellen) Gehalt, der in dem ursprünglichen materiellen Leistungsergebnis des Rechtsinhabers seinen Ausdruck gefunden hat, dann müsste man in den Schutzumfang auch unabhängig von dieser *Urform* produzierte Leistungsergebnisse einbeziehen, die deren geistigen Inhalt identisch oder verändert wiederholen.[5] Insoweit können die verwandten Schutzrechte in drei Gruppen eingeteilt werden:

---

[4] So *Franz Hofmann* (2017), S. 63 ff., S. 481 ff.: Thesen 12, 14.; vgl. auch *Grünberger* in Schricker/Loewenheim (2020), UrhG § 77 Rn. 30.

[5] Mit diesen Strukturfragen der verwandten Schutzrechte befasst sich *Anger* (2022), S. 32 ff., 50 ff., 111 ff. Zu den besonderen Merkmalen von ausschließlichen immateriellen Leistungsschutzrechten zählt er das kausale Verhältnis zwischen den Leistungen der originär Berechtigten und den Rechtsgegenständen der einzelnen Rechte. Dabei verkennt er aber, dass die Identität zwischen dem geistigen Gehalt der materiellen Urform und seiner sonstigen Vorkommnisse keine kausale Beziehung ist, sondern durch Konvention hergestellt wird, s. o. → Rn. C4 f., C26 Fn. 86.

- in die Leistungsergebnisse von Lichtbildnern und Verfassern wissenschaftlicher Ausgaben nach §§ 72, 70 UrhG, deren Herstellungsprozesse denen von Urhebern ähneln, sowie von Herausgebern nachgelassener Werke gem. § 71 UrhG,
- in die Leistungen ausübender Künstler, die Werke oder Ausdrucksformen der Volkskunst (§ 73 UrhG) durch persönliche Darbietung interpretieren und so geistige Gehalte einem Publikum vermitteln,[6]
- in die Leistungen der übrigen Inhaber von Leistungsschutzrechten, die sich der Organisation, Produktion und Verbreitung von körperlichen oder unkörperlichen Vorkommnissen von schöpferischen Werken und nicht geschützten Inhalten widmen.

I. Schutz von Lichtbildern, wissenschaftlichen Ausgaben und nachgelassenen Werken

1. Lichtbildschutz

Der Lichtbildschutz hat in Deutschland eine etwas verwickelte Geschichte hinter sich.[7] Ursprünglich umfasste das Kunsturhebergesetz von 1907 (§§ 1, 3 KUG) alle Fotografien einschließlich Film- und Fernseheinzelbilder und Werke, die durch ein der Fotografie ähnliches Verfahren hergestellt werden, womit auch solche einbezogen waren, die wie die meisten Amateuraufnahmen nicht Ergebnisse schöpferischer Tätigkeit sind.[8] Dafür wurde anders als bei den Werken der bildenden Künste die Schutzfrist auf 25 Jahre abgekürzt. In den früheren Entwürfen, die der großen Urheberrechtsreform von 1965 vorausgingen, tendierte der Gesetzgeber zunächst dahin, für die Fotografie nur ein Leistungsschutzrecht vorzusehen. Der Entwurf von 1932 z. B. begründete dies damit, dass sie keine eigentümliche Gestaltung des Geschauten oder innerlich Erlebten sei, sondern nur eine mit technischen Mitteln bewirkte bildliche Festlegung eines Ausschnitts der Außenwelt, wie geschickt und künstlerisch diese Mittel im einzelnen Fall auch gehandhabt sein mögen.[9] Der Gesetzgeber des UrhG 1965 ist dem letztlich aber nicht gefolgt, sondern bezog schöpferische Fotografien als Lichtbild*werke* gem. § 1 Abs. 1 Nr. 5 in den vollen urheberrechtlichen Schutz ein und gewährte daneben den unschöpferischen Erzeugnissen der Fotografie (Lichtbilder) in § 72 UrhG ein Leistungsschutzrecht, für das inzwischen eine Schutzfrist von 50 Jahren gilt. Bei der Ausgestaltung dieses Schutzrechts ließ er sich von der Annahme leiten, die Abgrenzung zwischen Lichtbildwerken und Lichtbildern

---

[6] *Grünberger* in Schricker/Loewenheim (2020), UrhG vor §§ 73 ff. Rn. 1.
[7] Näher *Schiessel* (2020), S. 25 ff.
[8] Begr. RegE BT-Drs. IV/270, S. 37; vgl. auch *Voigtländer/Elster/Kleine* (1952), § 1 Anm. III H 1.
[9] Zitiert nach *Runge* (1948–1953), S. 333; zur Diskussion in Deutschland und anderen europäischen Ländern vgl. auch *Ulmer* (1980), S. 151 ff.

F3–F4 F. Werkbegriff, Schutzgegenstände verwandter Schutzrechte

würde in der Praxis „unüberwindliche Schwierigkeiten" bereiten, und sah für beide Schutzgegenstände im Einklang mit dem vorherigen Recht einen im Umfang gleichen Schutz vor.[10] Im Gerichtsalltag kann somit dahinstehen, ob ein bestimmtes Foto nur ein Lichtbild oder schon ein Lichtbildwerk ist, solange die für Lichtbilder kürzere Schutzfrist noch nicht abgelaufen ist. In diesen Fällen steht die Frage im Vordergrund, wo die untere Schutzschwelle für das Leistungsschutzrecht anzusetzen ist. Die Frage nach der Individualität wird aber akut, wenn kein Lichtbildschutz mehr besteht und das Urheberrecht an einem Foto gem. § 2 Abs. 1 Nr. 5 UrhG innerhalb der laufenden Fristen der §§ 64 ff. UrhG reklamiert wird.[11] Sie wird ferner akut, wenn es um den Umfang des Schutzes geht, den ein bestimmtes Lichtbild im Einzelfall genießt. Bei Lichtbildwerken hängt der Schutzumfang vom Maß der Individualität ab und schließt schöpferische Bearbeitungen und Umgestaltungen nach § 23 UrhG ein. Bei unschöpferischen Lichtbildern das Bearbeitungsrecht des Lichtbildners auf Veränderungen schöpferischer Art zu erstrecken, kommt dagegen nicht in Betracht. Es wäre abwegig, unkreativen Personen die Herrschaft über die Leistungsergebnisse schöpferischer Menschen zu gestatten.[12] Der Schutz von Lichtbildern und Lichtbildwerken ist deshalb voneinander unabhängig gegeben. Das Ziel, die Praxis von der Abgrenzung zwischen schöpferischen und nichtschöpferischen Fotografien zu entlasten, erreicht der Gesetzgeber somit nur in einem begrenzten Maße.

F4 Seine Entscheidung, einen im Verhältnis zum Urheberrecht gleichen Schutz für Lichtbilder einzuführen, wirft zwei grundsätzliche Fragen auf: (1) Lassen sich individuelle Lichtbildwerke und bloße Lichtbilder wirklich nur unter kaum überwindlichen Schwierigkeiten unterscheiden und (2) wo beginnt die Schutzschwelle für den Erwerb des Lichtbildschutzes? Es handelt sich um eine generelle Problematik, die bereits oben bei der Behandlung der kleinen Münze des Urheberrechts angesprochen wurde (→ Rn. E77). Dass es praktisch kaum möglich sei, individuelle Lichtbildwerke von Lichtbildern zu trennen, leuchtet prima facie nicht ein. Warum sollte diese Unterscheidung, die notwendige Bedingung und Rechtfertigung für den Erwerb des Urheberrechts ist, nicht auch im Hinblick auf Fotografien vorgenommen werden können? Den Bestimmungen des UrhG zum Schutz von Fotografien liegen nämlich keine zwingende rechtssystematische, sondern pragmatische Erwägungen zugrunde. Erweisen sie sich als nicht stichhaltig, dann verliert die Entscheidung des Gesetzgebers einen Großteil seiner Grundlage, und die Frage wird dringlich, unter welchen Voraussetzungen unschöpferische Lichtbilder überhaupt einen Schutz durch Gewährung von Ausschließlichkeitsrechten verdienen.

---

[10] Begr. RegE BT-Drs. IV/270, S. 37, 88.
[11] Vgl. OLG Düsseldorf ZUM 1997, 486, 488 – Beuys-Fotografien.
[12] *Vogel* in Schricker/Loewenheim (2020), UrhG § 72 Rn. 46 f.

I. Schutz von Lichtbildern, wissenschaftlichen Ausgaben   F5–F6

a) Die Abgrenzungsfrage

Für die weitgehende Gleichstellung beider Schutzsysteme spricht, dass Licht- F5 bildwerke und Lichtbilder sich im Herstellungsvorgang gleichen. Knipsbilder, künstlerische Fotos sowie Lichtbilder, die in einem der Fotografie ähnlichen Verfahren hergestellt werden, sind jeweils Abbildungen von vorhandenen Gegenständen, wobei technische Apparate die wesentliche Rolle spielen. Ihr Bezugsgegenstand ist im Normalfall das Objekt, das Licht auf eine lichtempfindlich beschichtete Fläche reflektiert. Ein mögliches Nebenmotiv für die Entscheidung des Gesetzgebers könnte auch gewesen sein, dass er sich hier – anders als bei der angewandten Kunst – nicht auf eine Abgrenzung anhand des Kunstbegriffs einlassen und keinen Trennstrich zwischen künstlerischer und gewerblicher Fotografie ziehen wollte.[13] Wie dem auch sei, beide Erwägungen rechtfertigen nicht die Annahme, die Abgrenzung würde der Praxis im Gegensatz zu den Werken der anderen Arten besondere Schwierigkeiten bereiten.[14]

Ob ein bestimmtes Geistesprodukt ein Kunstwerk ist oder nicht, ist generell F6 kein geeignetes Kriterium, zwischen individuellen und unschöpferischen Leistungsergebnissen zu unterscheiden, was bereits ausführlich dargelegt wurde (→ Rn. E19 ff., E84). Die schwierige Abgrenzung von Kunst zur Nichtkunst kann folglich keine Rechtfertigung für die Entscheidung des Gesetzgebers abgeben. Es ist aber auch kein Spezifikum von Lichtbildwerken, dass bei ihrer Herstellung technische Verfahren angewandt und Apparate eingesetzt werden. Alle Vorkommnisse urheberrechtlich geschützter Werke sind materielle Gegenstände und werden als solche produziert. Welche materielle Beschaffenheit sie haben und auf welche Weise sie erzeugt werden, ist gleichgültig. Die technischen Probleme, die in den Anfangszeiten des Fotografierens überwunden werden mussten, um qualitativ hochstehende Fotos zu erzeugen, und daher mehr im Vordergrund des Interesses standen, haben sich dank verbesserter Aufnahme- und Entwicklungstechniken sowie leistungsfähigerer Aufnahmegeräte stark reduziert. Hinzu kommt, dass bilderzeugende Apparaturen in immer weitere Bereiche vordringen. Aus dem Argument, dass bei Fotografien in einem für ihr Entstehen entscheidenden Zeitpunkt der Apparat an die Stelle des schaffenden Menschen tritt und das Zeichnen und Malen durch die menschliche Hand ersetzt, kann daher in einer Zeit kein Einwand gegen den Urheberrechtsschutz mehr hergeleitet werden, in der auch sonst für schöpferische Leistungen ungeachtet des Einsatzes von Apparaturen Schutz gewährt wird.[15] Die Technologie des Fotografierens nimmt dem Menschen zwar gewisse manuelle Tätigkeiten ab, schafft aber gleichzeitig neue Möglichkeiten für individuelles Gestalten (→ Rn. E36). Es ist daher wie in allen anderen Bereichen des Werkschaffens ent-

---

[13] Vgl. *Runge* (1948–1953), S. 331 ff.
[14] So auch *Schiessel* (2020), S. 258.
[15] So *Ulmer* (1980), S. 151.

scheidend, was Fotografien ausdrücken¹⁶ und ob sie ausschließlich nach vorgegebenen Regeln technischer oder nichttechnischer Art geschaffen wurden oder nicht. Fotografen stoßen zwar auf ihren jeweiligen Betätigungsfeldern ebenfalls auf eine Reihe von funktionalen, technischen und ästhetischen Vorgaben, die sie beachten müssen, um gelungene Abbildungen zu erzeugen. Diese werden in der Ausbildung zum Fotografen, in Fotofachschulen und an universitären Einrichtungen erlernt und finden ihren Ausdruck in den zahlreichen Anleitungen für professionelle Fotografen und Laien. Sie regeln aber nicht alles, sondern lassen Spielräume, die Fotografen nutzen können, um auf unkonventionelle Weise etwas darzustellen, besondere Stimmungen, Gefühls- und Empfindungsinhalte zu entäußern¹⁷ und neue Sehgewohnheiten zu etablieren. Sie regeln z. B. nicht – jedenfalls nicht zwingend –, welches Motiv gewählt und wie es arrangiert (Bildkomposition), welche Aspekte des abgebildeten Gegenstands hervorgehoben werden (Ausschnitt, Kontraste, Helligkeitsverteilung), aus welcher Perspektive er aufgenommen, welches Einzelbild aus einer Fotoserie z. B. bei Bewegungsaufnahmen gewählt, wie das Bild nachträglich bearbeitet, mit anderen Bildern zusammengefügt wird usw.¹⁸ Es besteht kein Grund zur Annahme, es sei praktisch unmöglich, festzustellen, wann sich ein Fotograf ausschließlich an bestehenden, üblichen und bekannten Techniken und Regeln orientiert hat, und nach dem Ausschlusskriterium (Ind7) den Schluss zu ziehen, dass er die ihm immer gegebenen Gestaltungsspielräume in schöpferischer Weise ausgefüllt hat, wenn Ersteres ausgeschlossen werden kann. Auf den Abschnitt über das Verhältnis von Neuheit und Eigenart im Geschmacksmusterrecht zur Individualität wird ergänzend Bezug genommen (→ Rn. E89 ff.).

F7 Als ein Beispiel kann der Sachverhalt der Entscheidung des OLG Düsseldorf „Beuys-Fotografien"¹⁹ herangezogen werden. Das Gericht hatte über verschiedene Abbildungen von Werken und zweier Portraits des Künstlers Joseph Beuys zu befinden, die die Klägerin anlässlich von Ausstellungen in den Jahren 1961 und 1963 angefertigt hatte. Es verneinte den Urheberrechtsschutz gem. § 2 Abs. 1 Nr. 5 UrhG für Aufnahmen von Zeichnungen des Künstlers, weil es darum gegangen sei, die flächigen Kunstwerke möglichst korrekt wiederzugeben. Wie man eine Zeichnung zur Aufnahme bestens ausleuchte, welches Filmmaterial und Fotopapier man verwende, wie man belichte und entwickle, betreffe die handwerkliche Seite der Fotografiertätigkeit. Der richtige Aufnahmestandpunkt sei bei flächigen Objekten ohnehin vorgegeben. Der Werkcharakter der strittigen Fotografien könne nicht aus dem Kunstwerkcharakter der abgelichteten Zeichnun-

---

¹⁶ *A. Nordemann* in Fromm/Nordemann (2018), UrhG § 2 Rn. 196; *Loewenheim/Leistner* in Schricker/Loewenheim (2020) UrhG § 2 Rn. 213.
¹⁷ Vgl. OLG Hamburg GRUR 1999, 717 – Wagner-Familienfotos.
¹⁸ Vgl. EuGH GRUR 2012, 166 Rn. 89 ff. – Painer; BGH GRUR 2003, 1035, 1037 – Hundertwasser-Haus; OLG Hamburg GRUR 1999, 717 f. – Wagner-Familienfotos; ausführlich *A. Nordemann* in Fromm/Nordemann (2018), UrhG § 2 Rn. 197; *Loewenheim/Leistner* in Schricker/Loewenheim (2020) UrhG § 2 Rn. 213; *Schulze* in Dreier/Schulze (2018), UrhG § 2 Rn. 194.
¹⁹ OLG Düsseldorf ZUM 1997, 486 ff.

gen hergeleitet werden. Mit dieser Begründung weist das OLG Düsseldorf darauf hin, dass diese Aufnahmen ausschließlich nach vorgegebenen (handwerklichen) Regeln gefertigt wurden; nach dem oben entwickelten Kriterium (Ind7) fehlte es somit an der Entfaltung von Individualität. Keinen Zweifel am Werkcharakter hatte das Gericht dagegen hinsichtlich der beiden Portraits des Künstlers, die in Verbindung mit Haltung und Umgebung einen starken Eindruck von seiner Persönlichkeit vermittelten,[20] und der Aufnahmen von den Ausstellungsräumen, die eine hohe gestalterische Leistung erkennen ließen, indem die Klägerin in sehr persönlicher Weise den Aufnahmestandpunkt und die Beleuchtung gewählt sowie den Bildaufbau komponiert habe. Auch diese Begründung ist nachvollziehbar. Sie stellt zutreffend darauf ab, dass die Fotografin sich nicht ausschließlich an vorgegebenen handwerklichen Vorgaben gehalten und wenigstens in geringem Maße eigene Regeln gefunden hat, um ihr Ergebnis zu erzielen. Es ist also für die Praxis sehr wohl möglich zu unterscheiden, wann ein Fotograf allein nach vorgegebenen Regeln geschaffen und wann er die vorhandenen Spielräume durch eigene Entscheidungen ausgefüllt hat.[21] Aus der Begründung des OLG Düsseldorf darf allerdings nicht der Schluss gezogen werden, dass es für den Lichtbildschutz und seine Abgrenzung zum Urheberrecht einen entscheidenden Unterschied macht, ob zwei- oder dreidimensionale Vorlagen abgelichtet werden.[22] Der geistige Ausdruck eines Reliefs einerseits ergibt sich gewöhnlich aus seiner Vorderansicht und nicht aus seiner Rücken- oder Seitenansicht, während andererseits ein Gemälde durchaus eine plastische Oberflächenstruktur haben kann; man denke nur an das Spätwerk von *Vincent van Gogh*.[23]

b) Schutzuntergrenze beim Lichtbildschutz

Nach den Vorstellungen des Gesetzgebers geht es beim Schutz für Lichtbilder um den Schutz „einer rein technischen Leistung, die nicht einmal besondere Fähigkeiten verlangt".[24] Danach ist jede Person, die ein technisches Verfahren in Gang setzt, das ein Bild unter Benutzung strahlender Energie erzeugt, ein Lichtbildner i. S. v. § 72 UrhG.[25] Darunter fallen nicht nur Fotografien, sondern auch Erzeugnisse wie etwa Röntgen- oder Wärmebilder, die ähnlich wie Lichtbilder hergestellt werden.[26] Wenn im Folgenden von „Fotografie" oder „Lichtbild" die Rede ist, sind solche Erzeugnisse stets mitgemeint. Die Begriffsbestimmung trifft

---

[20] Vgl. dazu eindrucksvoll auch OLG Hamburg GRUR 1999, 717 f. – Wagner-Familienfotos.
[21] In seiner Anmerkung zu BGH GRUR 2019, 284 ff. – Museumsfotos hält *Zech* (GRUR 2019, 291) es dementsprechend für angebracht, den urheberrechtlichen Ballast der Gesetzesbegründung von 1965 („unüberwindliche Schwierigkeiten") über Bord zu werfen.
[22] So aber *Stang* (2011), S. 164.
[23] *Schiessel* (2020), S. 90; s. u. → Rn. F33.
[24] Begr. RegE BT-Drs. IV/270, S. 88.
[25] Vgl. BGH GRUR 2019, 284 Rn. 23 – Museumsfotos; BGH GRUR 1990, 669, 673 – Bibel-Reproduktion; *Vogel* in Schricker/Loewenheim (2020), UrhG § 72 Rn. 23; *Schulze* in Dreier/Schulze (2022), UrhG § 72 Rn. 6; *A. Nordemann* in Fromm/Nordemann (2018), UrhG § 72 Rn. 8.
[26] Näher *Vogel* in Schricker/Loewenheim (2020), UrhG § 72 Rn. 26.

aber auch auf reine Reproduktionshandlungen mittels fotografischer Verfahren wie beispielsweise Foto-, Scan-, Mikro- oder Makrokopien oder im Labor angefertigte Abzüge von Negativen oder Diapositiven zu.[27] In Rechtsprechung und Literatur[28] ist man sich mit Recht einig, dass ein rein technisch definierter Begriff des Lichtbilds den Zweck des Leistungsschutzrechts verfehlt. Welchen Sinn hätte es nämlich, einem Lichtbildner ein *ausschließliches* Vervielfältigungsrecht zuzuweisen, wenn jede Person, die sein Lichtbild mittels fotografischer Technik identisch reproduziert, gleichfalls ein mit einem ausschließlichen Vervielfältigungsrecht ausgestatteter Lichtbildner ist? Das Verhältnis zwischen Originallichtbildner und Kopierer wäre keine Beziehung zwischen einem Rechtsinhaber und einem potenziellen Verletzer, sondern zwischen verschiedenen Rechteinhabern, die bezüglich desselben immateriellen Bildes gleiche Rechte besitzen. Man müsste sie – parallel zum Begriff der Doppelschöpfung – als „Doppel"-Lichtbildner bezeichnen. Sein Vervielfältigungsrecht könnte ein Lichtbildner somit allenfalls gegen Personen zur Geltung bringen, die sein Lichtbild auf andere Weisen oder mittels anderer Techniken reproduzieren. Doch welche sollten das sein? Ersichtlich kommen nur solche Herstellungsverfahren und -techniken in Betracht, mit denen ein Kopierer das fragliche fotografische Lichtbild per Hand oder maschinengestützt nachmalt oder nachzeichnet oder in einer pantomimischen Darstellung nachstellt.[29] Der Maler, der Zeichner und Pantomime geben zwar dasselbe Motiv auf gleiche Weise wieder, beuten aber die Leistung des Lichtbildners nicht aus, sondern verwenden ganz andere Mal-, Zeichnungs- und Tanztechniken. Ein guter Fotograf muss kein guter Maler oder Zeichner sein und umgekehrt. Man hätte somit das absurde Ergebnis, dass er fotografische Reproduktionen nicht untersagen könnte, wohl aber solche, deren Herstellung ein ganz anderes Herstellungsverfahren und einen ganz anderen Aufwand als seine kopierte Vorlage erfordert. Das wäre wiederum mit dem Zweck des Lichtbildschutzes nicht verträglich. Die Zuweisung von Ausschließlichkeitsrechten an geistigen Gegenständen hat nur Sinn, wenn es materielle Vorkommnisse gibt, die denselben geistigen Gegenstand identisch oder verändert, körperlich oder unkörperlich wiedergeben und die Ausschließlichkeitsrechte verletzen können. Das verkennt der BGH in der Entscheidung „skai-cubana", wenn er ausführt, dass der Lichtbildschutz sich auf die „konkrete Aufnahme als körperlicher Gegenstand" beschränkt.[30] Materielle körperliche Gegenstände haben aber aus kategorialen Gründen keine Exemplare (→ Rn. E8), da materielle Körper – ebenso

---

[27] Statt aller *A. Nordemann* in Fromm/Nordemann (2018), UrhG § 72 Rn. 8.
[28] Z. B. BGH GRUR 2019, 284 Rn. 23 – Museumsfotos; *A. Nordemann* in Fromm/Nordemann (2018), UrhG § 72 Rn. 9; *Stang* (2011), S. 165.
[29] Vgl. den jeweiligen Sachverhalt der Entscheidungen des OLG Hamburg ZUM-RD 1997, 217, 219 – Troades-Inszenierung, des LG München I GRUR 1988, 36 – Hubschrauber mit Damen und des OLG Hamburg GRUR 2000, 43 ff. – Klammerpose. Dazu näher *Bullinger/Garbers-von Boehm* GRUR 2008, 24 ff.
[30] BGH GRUR 1967, 315, 316 – skai-cubana. Dem BGH folgen *Lauber-Rönsberg* in Beck-OK UrhG (Stand 1.5.2023) UrhG § 72 Rn. 32; *Thum* in Wandtke/Bullinger (2022), UrhG § 72 Rn. 81; *Erdmann* (2014), 761, 768.

wie unkörperliche physikalische Erscheinungen – nicht an verschiedenen Orten zur selben Zeit existieren können. Jede körperliche Reproduktion eines körperlichen Gegenstands ist deshalb begrifflich eine andere Sache. Gegenstand des Lichtbildschutzes ist daher nicht die körperliche Aufnahme, sondern das durch die Aufnahme entstehende Bild als immaterielles Gut.[31] Viele Missverständnisse rühren daher, dass man das Bild mit seinen materiellen Vorkommnissen, das Originalexemplar eingeschlossen, gleichsetzt oder es auf sie reduziert.[32]

Der an rein technischen Kriterien orientierte Lichtbildschutz muss folglich eingeschränkt werden. In Rechtsprechung und Literatur werden dabei zwei Ansatzpunkte verfolgt, die meist miteinander kombiniert werden. Zum einen wird der Schutz auf das sog. *Urbild* beschränkt, das als solches originär geschaffen ist, zum anderen ein *Mindestmaß an persönlicher geistiger Leistung* verlangt.[33] In seiner neueren Rechtsprechung kombiniert der BGH beides.[34]

aa) Urbildtheorie

Die Eingrenzung des Lichtbildschutzes auf das fotografische Urbild vermeidet einen Teil der diskutierten Schwierigkeiten, wenn man darunter nicht das Ergebnis des angewendeten Aufnahmeverfahrens, das *Urbildexemplar*, versteht, sondern das dadurch exemplifizierte immaterielle Bild.[35] Dieses kann verschiedene materielle Exemplare haben, in denen es identisch vorkommt, etwa indem man das Urbildexemplar oder eine davon angefertigte Kopie als Vorlage benutzt und es z. B. abfotografiert oder das in ihm verkörperte Bild auf andere Weise vervielfältigt oder unkörperlich wiedergibt. Exemplare und damit Vervielfältigungen des Urbildes wären aber auch Fotografien, Gemälde und Zeichnungen, die ohne das Urbildexemplar oder ein von ihm abgeleitetes Lichtbild als Vorlage zu verwenden, den in ihm dargestellten Gegenstand wiedergeben und ihn in dersel-

---

[31] So *Zech* (2012), S. 370.
[32] Auf diesem Missverständnis beruht vor allen die von *Peukert* (2018), S. 126 ff., S. 196 Theses 47, vertretene realistische artefaktbasierte Deutung der Immaterialgüterrechte, die insbesondere die Schutzgegenstände der verwandten Schutzrechte auf die *rohe physische Existenz* des Master-Artefakts reduziert (S. 126). Beim Lichtbildschutz wäre demnach Schutzgegenstand das Urbildexemplar (→ Rn. F10), beim Recht des Tonträgerherstellers das Masterband (→ Rn. F146), beim Recht des Sendeunternehmens die Sendesignale (→ Rn. F159) und beim Recht des Filmherstellers die Nullkopie (→ Rn. F178), in denen der jeweils geschützte geistige Gehalt erstmals materialisiert ist.
[33] *Zech* (2012), S. 372 ff. Die Forderung nach einem gewissen Mindestmaß an persönlicher geistiger Leistung ist allerdings nicht unumstritten. *A. Nordemann* in Fromm/Nordemann (2018), UrhG § 72 Rn. 10 und *Schulze* in Dreier/Schulze (2022), UrhG § 72 Rn. 9, halten es nicht für erforderlich. Dazu näher *Schiessel* (2020), S. 65 ff.
[34] Z. B. BGH GRUR 2019, 284 Rn. 23 – Museumsfotos mit Anm. *Zech*; BGH GRUR 1990, 669, 673 – Bibelreproduktion; *Vogel* in Schricker/Loewenheim (2020), UrhG § 72 Rn. 34.
[35] Daraus folgt nicht, dass ein geschütztes Lichtbild einen dreidimensionalen Gegenstand abbilden muss; er kann durchaus auch flächig sein, etwa eine Zeichnung auf einem Bogen Papier; BGH GRUR 2019, 284 Rn. 25 f. – Museumsfotos; *Lauber-Rönsberg* in BeckOK UrhG (Stand 1.5.2023) UrhG § 72 Rn. 18 f.; *Thum* in Wandtke/Bullinger (2022), UrhG § 72 Rn. 17, 21; *Schulze* in Dreier/Schulze (2022), UrhG § 72 Rn. 10.

ben Weise charakterisieren, also dasselbe ausdrücken. Nach allgemeiner Ansicht sind solche Vervielfältigungen aber nicht vom Lichtbildschutz erfasst, weil er *keinen Motivschutz* begründet.[36] Wer also ohne Vorlage ein fotografisches Lichtbild herstellt, das auf denselben Gegenstand eines anderen Lichtbildes referiert und ihn auf dieselbe Weise darstellt, verletzt nicht die Rechte des Lichtbildners der älteren Abbildung, sondern erwirbt selbst ein originäres Schutzrecht gem. § 72 UrhG.[37] Beide haben schließlich eine vergleichbare technische Leistung erbracht. Der zweite Fotograf beutet die in dem ursprünglichen Lichtbild des ersten steckende technische Leistung nicht aus. Wir haben es insoweit mit einem Fall des doppelten Lichtbildschutzes zu tun. Hätte beispielsweise die Schülerin im Fall „Cordoba"[38] statt des streitgegenständlichen Fotos für ihr Schülerreferat ein eigenes verwendet, das von derselben Stelle aus, an der täglich Scharen von fotografierenden Touristen vorbeigehen, denselben Blick auf die alte Römerbrücke und die Mezquita-Kathedrale freigibt, verwendet, hätte der Kläger mit Hilfe seines Lichtbildschutzes somit keine rechtliche Handhabe gehabt, gegen sie vorzugehen. Der Begriff der Kopie ist nicht deckungsgleich mit dem Begriff der Vervielfältigung.[39] Das Beispiel belegt auch, dass die Doppellichtbildschaft kein so seltenes Phänomen wie die Doppelschöpfung im Urheberrecht ist,[40] so dass die Anscheinsvermutung zugunsten des früheren Lichtbildners nicht eingreift. Im Streitfall müsste folglich der Lichtbildner darlegen und notfalls beweisen, dass er seine Fotografie originär geschaffen, also nicht kopiert hat. Neuheit oder Eigenart ist keine Voraussetzung für den Erwerb des Lichtbildschutzes. Aus der Sicht der Urbildtheorie bedeutet das:

(Libi1) Ein mittels fotografischer Techniken erzeugtes Lichtbild ist gem. § 72 UrhG geschützt, wenn es nicht kopiert ist.[41]

F11 Doch welcher Schutzumfang resultiert aus der Herstellung eines nicht kopierten originären Urlichtbilds? Handelt es sich um ein *schöpferisches Lichtbildwerk*, erstrecken sich die Ausschließlichkeitsrechte zweifellos auf alle Vervielfältigungen mittels fotografischer oder anderer Techniken und Produktionsweisen einschließlich schöpferischer Bearbeitungen. Hier spielt es im Prozess keine Rolle, ob der Verletzungsgegenstand kausal auf das Originalexemplar zurückführbar ist (→ Rn. C4f.). Es ist klar, dass der Schutzumfang, den ein nicht schöpferisches Lichtbild genießt, nicht so weit gehen kann. Versteht man das Kriterium des Nicht-Kopiert-Seins i. S. v. (Libi1) jedoch nicht bloß als eine notwendige,

---

[36] *Vogel* in Schricker/Loewenheim (2020), UrhG § 72 Rn. 45; *Schulze* in Dreier/Schulze (2022), UrhG § 72 Rn. 14.
[37] *Vogel* in Schricker/Loewenheim (2020), UrhG § 72 Rn. 45 m. w. N.; *Anger* (2022), S. 117 f. Unter Motiv wird dabei nicht der Gegenstand verstanden, den eine fotografische oder sonstige bildnerische Darstellung zeigt, sondern *wie* sie ihn zeigt (s. o. → Rn. C33, C47 ff.).
[38] BGH GRUR 2017, 514 – Cordoba I.
[39] S. o. → Rn. E8; *Haberstumpf* UFITA 2021, 334, 340.
[40] Vgl. *Bullinger/Garbers-von Boehm* GRUR 2008, 24, 29.
[41] (Libi1) entspricht somit dem oben (→ Rn. E8) diskutierten Kriterium (Ind2).

sondern als hinreichende Bedingung für die Schutzgewährung, wäre man gezwungen, den Schutzbereich auf alle Reproduktionen des Urbildexemplars auszudehnen, bei denen der Kopierer dessen Inhalt in einem Gemälde, einer Zeichnung wiedergibt oder in einer pantomimischen Darstellung[42] nachstellt. In der Literatur wird zwar erwogen, in den Lichtbildschutz auch solche Kopien und Veränderungen einzubeziehen, solange keine freie Benutzung i. S. des § 23 Abs. 1 S. 2 (früher § 24 UrhG) anzunehmen ist.[43] Dagegen spricht aber, dass Personen, die, ohne fotografische Techniken zu benutzen, nachschaffend den Inhalt eines Lichtbildes reproduzieren, eigene persönliche Leistungen erbringen, die der Leistung des Urbildfotografen gleichkommen, sie sogar übertreffen können. Nach der Urbildtheorie unterfallen also einem geschützten Lichtbild nur solche Vervielfältigungen, die *unmittelbar oder mittelbar kausal* auf das Urbildexemplar zurückführbar sind, d. h. für die das Urbildexemplar oder eine von ihm gefertigte Kopie als Vorlage gedient hat,[44] *und mittels fotografischer Techniken* erzeugt wurden. Es ist nicht einzusehen, dass ein Lichtbildner ohne Weiteres auch von der zeichnerischen Verwertung seines Urlichtbildes profitieren sollte. Wenn es keinen Motivschutz vor eigenständigen fotografischen Reproduktionen desselben Inhalts gibt, dann muss dies erst recht gelten, wenn keine fotografischen Techniken zum Einsatz kommen.[45] Beurteilt man den Schutzumfang eines geschützten Lichtbilds allein aus der Sicht der Urbildtheorie, spielt das Rechtsinstitut der freien Benutzung keine Rolle. Daraus folgt u. a., dass mittels Zeichenprogrammen auf dem Computerbildschirm erzeugte Bilder keine Lichtbilder i. S. v. § 72 UrhG sind, da deren Inhalte nicht fotografisch wiedergegeben, sondern eigenständig gezeichnet werden.[46] Das Kriterium des Nicht-Kopiert-Seins

---

[42] Vgl. den jeweiligen Sachverhalt der Entscheidungen des OLG Hamburg ZUM-RD 1997, 217, 219 – Troades-Inszenierung, des LG München I GRUR 1988, 36 – Hubschrauber mit Damen und des OLG Hamburg GRUR 2000, 43 ff. – Klammerpose. Dazu näher *Bullinger/Garbers-von Boehm* GRUR 2008, 24 ff.

[43] *A. Nordemann* in Fromm/Nordemann (2018), UrhG § 72 Rn. 21; *Schulze* in Dreier/Schulze (2022), UrhG § 72 Rn. 17; *Vogel* in Schricker/Loewenheim (2020), UrhG § 72 Rn. 48; *Thum* in Wandtke/Bullinger (2022), UrhG § 72 Rn. 84.

[44] Diese Deutung der Urbildtheorie ist mit der von *Kripke* (1981, S. 107 ff.) entwickelten sog. kausalen Theorie der Referenzbedeutung verwandt, die die Bedeutung von Eigennamen auf eine Art Taufereignis zurückführt, das in einer historischen („kausalen") Kette von Verwendungsereignissen weitergegeben wird; s. o. → Rn. C26 Fn. 86.

[45] Das verkennt das OLG München in der Entscheidung „Scharping/Pilati" (ZUM 2003, 571 ff.), in der Lichtbildschutz für ein Badeszenenfoto gewährt wurde, dessen Inhalt in einer satirischen Zeichnung benutzt wurde. Für das OLG München spielte es keine Rolle, ob die Umgestaltung des Fotos durch eine digitale Bildbearbeitung, oder durch Überzeichnung der Vorlage und Nachkolorieren im Rahmen eines Nachbildproduktionsprozesses geschehen ist. Zu Unrecht hat es auch dem Umstand keine Bedeutung beigemessen, dass das Foto in eine eigene Aussage des Magazins eingeflossen ist, die sich zwar nicht mit dem Inhalt der Vorlage kritisch auseinandersetzt, aber mit dem Verhalten des abgebildeten früheren Verteidigungsministers, so dass man sie durchaus als eine zulässige Parodie oder Satire bewerten hätte können (s. BGH GRUR 1994, 191, 202, 205 – Asterix-Persiflagen; BGH GRUR 2003, 956, 958 – Gies-Adler).

[46] So die wohl h. M., z. B. *Vogel* in Schricker/Loewenheim (2020), UrhG § 72 Rn. 28 m. w. N. A. A. *Schulze* in Dreier/Schulze (2022), UrhG § 72 Rn. 7.

gem. (Libi1) kann deshalb keine hinreichende Bedingung für den Erwerb des Lichtbildschutzes sein. Die Urbildtheorie muss vielmehr mit einem zusätzlichen qualitativen Schutzkriterium, das die *Schwelle* zum Erwerb des Lichtbildrechts bestimmt, angereichert werden.

F12   Ihre Unzulänglichkeit macht sich vor allem dann bemerkbar, wenn nicht das gesamte Bild, sondern nur Teile von ihm fotografisch kopiert werden. Aus ihr folgt nämlich, dass die fotografische Übernahme ganz kleiner Teile, z. B. einzelner Pixelpunkte aus einer digitalen Fotografie, schon als eine rechtsverletzende Vervielfältigungshandlung zu bewerten ist.[47] Wir stehen vor einer Problematik, die sich beim Recht des Tonträgerherstellers gem. § 85 UrhG in paralleler Weise auftut und in einem seit mehr als 20 Jahre durch alle möglichen Instanzen geführten Rechtsstreit um die Entnahme kleinster Tonfetzen aus einem geschützten Tonträger bislang keiner endgültigen und befriedigenden Lösung zugeführt werden konnte. In seiner ersten Entscheidung „Metall auf Metall I" führte der BGH aus, dass derjenige, der auf einem fremden Tonträger aufgezeichnete Töne und Klänge für eigene Zwecke verwenden möchte, durch das Recht des Tonträgerherstellers nicht daran gehindert sei, „sie selbst einzuspielen". Wenn dies möglich sei, sei auch die Regelung des § 24 Abs. 1 UrhG nicht entsprechend anzuwenden.[48] Das bedeutet: Hätten die Beklagten dieses Rechtsstreits die strittigen Tonfetzen selbst auf einen Tonträger eingespielt, hätten sie das Recht des früheren Tonträgerproduzenten nicht verletzt, ohne dass es darauf ankommt, ob die Voraussetzungen für die Annahme einer freien Benutzung vorliegen oder ob sie zitierend in einem selbstständigen Werk oder in einer Parodie benutzt werden. Warum das selbstständige Einspielen von Tönen und Klängen, die auf einem fremden Tonträger fixiert sind, auf einen eigenen Tonträger nicht das Recht dessen Herstellers verletzen soll, sagt der BGH zwar explizit nicht. Der Grund dafür liegt aber auf der Hand: Der Einspielende erbringt eine vergleichbare wirtschaftliche und organisatorische Leistung wie der Produzent des früheren Tonträgers und erwirbt deshalb an seiner Einspielung die ausschließlichen Rechte nach § 85 UrhG, die er diesem entgegensetzen kann. Wir haben hier ein Beispiel für eine Doppelaufnahme vor uns, die jedem der beiden Tonträgerhersteller ein Ausschließlichkeitsrecht zuweist, das sie in ihrem Verhältnis zueinander respektieren müssen, aber gegenüber Dritten durchsetzbar ist. Das Kriterium der gleichwertigen Nachspielbarkeit macht somit nicht nur das Rechtsinstitut der freien Benutzung, sondern auch die Schranken für Zitate, Parodien, Karikaturen und Pastiches nach §§ 51, 51a UrhG (Art. 5 Abs. 3 lit. d und lit. k InfoSoc-RL) überflüssig. Das Recht des Tonträgerherstellers entsteht nur

---

[47] Für einen solchen Pixelschutz haben sich z. B. ausgesprochen OLG Naumburg ZUM-RD 2020, 318, *Lauber-Rönsberg* in BeckOK UrhG (Stand 1.5.2023) UrhG § 72 Rn. 35, *Schulze* in Dreier/Schulze (2022), UrhG § 72 Rn. 15. Dagegen *Thum* in Wandtke/Bullinger (2022), UrhG § 72 Rn. 74; *Ohly* (2014), F 40 und wohl auch *Vogel* in Schricker/Loewenheim (2020), UrhG § 72 Rn. 49a ff.

[48] BGH GRUR 2009, 403 Rn. 14, 17, 23 – Metall auf Metall I. Ebenso *Schulze* in Dreier/Schulze (2022), UrhG § 85 Rn. 25.

an der *erstmaligen Festlegung* von Tönen und Klängen auf einem Tonträger und nicht an Kopien von Erstaufnahmeexemplaren, wie § 85 Abs. 1 S. 3 UrhG klarstellt.[49] Nach der referierten Entscheidung des BGH verhindert es aber nicht, dass ein anderer dieselben Töne und Klänge zu einer eigenständigen Tonträgeraufnahme benutzt. Der Sache nach überträgt der BGH das Modell der Urbildtheorie unmittelbar auf das Recht des Tonträgerherstellers mit der Folge, dass die Kopie selbst kleinster Tonfetzen, wie es beispielsweise beim Sampling von Tönen und Klängen aus einer anderen Aufnahme geschieht, stets eine rechtsverletzende Vervielfältigungshandlung ist.[50]

Die Entscheidung ist im Schrifttum auf Kritik gestoßen[51] und vom BVerfG nicht gebilligt worden[52]. Das BVerfG hält der vom BGH gegebenen Begründung mit Recht entgegen, dass mit ihr kein angemessener Ausgleich zwischen den Eigentumsinteressen der Tonträgerproduzenten und dem Interesse an einer ungehinderten künstlerischen Fortentwicklung hergestellt werde. Das eigene Nachspielen eines Sample könne sich als sehr aufwendig erweisen und führe für Kunstschaffende zu erheblichen rechtlichen Unsicherheiten. Das Kriterium der gleichwertigen Nachspielbarkeit entfalte damit eine abschreckende Wirkung. Diesen Beschränkungen der künstlerischen Betätigungsfreiheit stehe hier nur ein geringfügiger Eingriff in das Tonträgerherstellerrecht gegenüber.[53] Eine verfassungskonforme Rechtsanwendung, die hier und in vergleichbaren Fallkonstellationen eine Nutzung von Tonaufnahmen zu Zwecken des Sampling erlaube, könne beispielsweise auch durch eine einschränkende Auslegung von § 85 Abs. 1 UrhG erreicht werden, wonach das Sampling erst dann einen Eingriff in das Tonträgerherstellerrecht darstelle, wenn die wirtschaftlichen Interessen des Herstellers in erheblicher Weise berührt würden.[54] Nicht jede kopierende Übernahme des geistigen Gehalts eines geschützten Tonträgers insgesamt oder in Teilen verletzt somit das Recht des Tonträgerherstellers. Das bedeutet aber auch: Nicht jede nicht kopierende, d. h. nachschaffende Vervielfältigung ist frei; denn eine solche Nutzung kann die wirtschaftlichen Interessen des Tonträgerherstellers ebenfalls erheblich tangieren.[55]

---

[49] Vgl. z. B. BGH GRUR 1999, 577, 578 – Sendeunternehmen als Tonträgerhersteller – unter Berufung auf Art. 3 lit. c Rom-Abkommen; *Vogel* in Schricker/Loewenheim (2020), UrhG § 85 Rn. 24 ff.; *Boddien* in Fromm/Nordemann (2018), UrhG § 85 Rn. 20 ff.; *Schulze* in Dreier/Schulze (2022), UrhG § 85 Rn. 20.

[50] BGH GRUR 2009, 403 Rn. 14 ff., 23 f. – Metall auf Metall I.

[51] Z. B. *v. Ungern-Sternberg* GRUR 2020, 386, 387; *Vogel* in Schricker/Loewenheim (2020), UrhG § 85 Rn. 52.

[52] BVerfG GRUR 2016, 690 Rn. 81 ff. – Metall auf Metall.

[53] BVerfG GRUR 2016, 690 Rn. 100 f. – Metall auf Metall.

[54] BVerfG GRUR 2016, 690 Rn. 110 – Metall auf Metall.

[55] Dass die nachschaffende Übernahme eines geschützten Leistungsergebnisses ein eigenes Recht des Nachschaffenden begründen kann, bedeutet daher nicht, dass eine Rechtsverletzung ausgeschlossen ist; so aber *Anger* (2022), S. 119 ff. Die schöpferische Bearbeitung eines Werkes lässt nach § 3 UrhG ebenfalls ein eigenständiges Urheberrecht des Bearbeitenden entstehen, dessen Verwertung nach § 23 Abs. 1 S. 1 UrhG aber von der Einwilligung des Urhebers des bearbeiteten Werks abhängt; s. auch unten → Rn. F148.

F14 Leider werden die nachfolgenden Entscheidungen des EuGH[56] und des BGH[57], in denen wesentlich auf das Kriterium der Wiedererkennbarkeit abgestellt wurde, diesen Grundsätzen des BVerfG nicht gerecht und argumentieren am Kern der Problematik vorbei. Danach ist nämlich das Tonträgerherstellerrecht bereits dann verletzt, wenn kleinste Tonfetzen in wiedererkennbarer Weise in einem anderen Tonträger fixiert sind, gleichgültig, ob die zweite Tonaufnahme eine Kopie der ersten ist, ob die wirtschaftlichen Interessen des Erstaufnehmenden überhaupt berührt werden und gleichgültig, ob der Übernehmende in Ausübung seiner Kunst- oder Wissenschaftsfreiheit handelt oder nicht.[58] Das Kriterium der Wiedererkennbarkeit bleibt damit sogar hinter dem Kriterium der gleichwertigen Nachspielbarkeit zurück. Der Tonträgerhersteller hätte auf diese Weise einen nicht akzeptablen Superschutz, der denjenigen, den das Urheberrecht für die Komponisten der aufgenommenen Musikwerke bereithält, weit in den Schatten stellt.

F15 Für die Parallelproblematik des Lichtbildschutzes folgt aus der Entscheidung des BVerfG, dass nicht jede kopierende Übernahme des Inhalts eines geschützten Lichtbilds insgesamt oder in Teilen mit fotografischen Mitteln eine rechtsverletzende Vervielfältigungshandlung ist. Aus ihr folgt aber auch, dass nicht jede Reproduktion des Inhalts eines geschützten Lichtbilds insgesamt oder in Teilen, ohne fotografische Techniken anzuwenden, frei ist. Das hat Rückwirkungen auf die Schutzgewährung. Denn wenn eine Vervielfältigung das Recht des Urbildners nur dann verletzt, wenn sie seine Leistung in erheblicher Weise berührt, dann muss der Urbildfotograf ebenfalls eine erhebliche Leistung erbracht haben, damit sie unzulässig ausgebeutet werden kann. Gibt es keine qualitative Schutzschwelle für den Erwerb des Lichtbildschutzes an einem Urbild, dann sind die Rechte des Urlichtbildner immer schon verletzt, wenn es irgendwie nachgeahmt wird. Ein solch weitreichender Superschutz ist beim Lichtbildschutz ebenso wenig akzeptabel wie beim Recht des Tonträgerherstellers.

bb) Mindestmaß an persönlicher geistiger Leistung

F16 Die vielfach erhobene Forderung nach einem gewissen Mindestmaß an persönlicher geistiger Leistung für den Erwerb des Lichtbildschutzes könnte der Notwendigkeit Rechnung tragen, der Urbildtheorie ein einschränkendes Schwellenkriterium zur Seite zu stellen. Doch was heißt das genau? Worauf bezieht sich das gewisse Mindestmaß: auf die persönliche Leistung, die ein Urlichtbildner erbringen muss, auf das Geistige, das seine Fotografie ausdrückt, oder auf beides? Bezieht man es auf die *persönliche* Leistung, dann kommt es darauf an, in welchem Umfang der Fotograf durch Festlegung der Aufnahmebedingungen Einfluss auf den technischen Prozess genommen hat.[59] Dieser reicht von der bloßen

---

[56] EuGH GRUR 2019, 929 Rn. 31, 36 – Pelham/Hütter.
[57] BGH GRUR 2020, 843 Rn. 28 ff. – Metall auf Metall IV.
[58] *Haberstumpf* ZUM 2020, 809, 816 ff.
[59] Vgl. BGH GRUR 2019, 284 Rn. 26 – Museumsfotos; *Vogel* in Schricker/Loewenheim (2020), UrhG § 72 Rn. 34; *Thum* in Wandtke/Bullinger (2022), UrhG § 72 Rn. 22 f.

Betätigung des Auslösers bis hin zur Bereitstellung komplizierter Apparate, die besonders eingestellt, programmiert und ausgerichtet werden müssen, damit das gewünschte Ergebnis erzielt wird. Bezieht man das Mindestmaß auf den geistigen Gehalt des Lichtbildes, dann geht es um die Bildqualität. Hier gibt es ebenfalls eine Bandbreite, weil auch bei der Anwendung fotografischer Techniken einiges schiefgehen kann: Der Fotograf richtet seine Kamera auf eine bestimmte Person oder einen anderen Gegenstand, doch bedauerlicherweise ist auf dem Bild, das herausgekommen ist, nur ein brauner Fleck zu sehen. Oder das Bild ist verwackelt oder so unscharf, dass das abgebildete Objekt kaum zu erkennen ist. Davon ausgehend könnte man das Mindestmaßkriterium wie folgt präzisieren:

(Libi2) Ein mittels fotografischer Techniken erzeugtes Lichtbild ist gemäß § 72 UrhG geschützt, wenn es nicht kopiert ist und ein gewisses Maß an persönlicher geistiger Leistung aufweist, d. h. wenn ein Mensch nennenswerten Einfluss auf das technische Verfahren genommen hat und/oder das entstehende Lichtbild von guter technischer Qualität ist.

Dafür spricht einiges. Rechtspolitisch ist es nämlich nur schwer einzusehen, durch Gewährung von Ausschließlichkeitsrechten Anreize zu schaffen, handwerklich schlechte Fotografien anzufertigen oder Aufnahmen zu fördern, bei denen die persönliche Einflussnahme allein darin besteht, das Aufnahmegerät auf irgendeinen Gegenstand zu halten, den Auslöser zu betätigen und den Rest von dem Gerät erledigen zu lassen. Waren in den Anfangszeiten der Fotografie, als der Lichtbildschutz eingeführt wurde, fotografische Aufnahmen noch Unikate, werden inzwischen Fotos milliardenfach erzeugt und in den sozialen Medien geteilt, ohne dass es eines rechtlichen Anreizes noch bedürfte. Die Einführung eines Mindestmaßkriteriums könnte diesen Bedenken entgegenkommen. Auf der Rechtsfolgenseite hätte es einen größeren Schutzumfang zur Folge, indem es alle fotografischen Kopien und sonstige Vervielfältigungen einbezieht, die die persönliche geistige Mindestmaßleistung des Urbildfotografen ausbeuten. Damit wäre grundsätzlich auch ein Schutz vor Vervielfältigungen verbunden, die den Inhalt des geschützten Lichtbildes verändert wiedergeben.[60]

Dennoch kann (Libi2) nicht ganz befriedigen. Ein höheres Maß an persönlicher Einflussnahme auf das Aufnahmeverfahren geht zwar häufig mit einer höheren Qualität des Lichtbildes einher. Notwendig ist das aber nicht. Nehmen wir das typische Beispiel eines Bustouristen, dem bei einen Fotostopp an einem Aussichtspunkt die Gelegenheit gegeben wird, Aufnahmen von einer interessanten Landschaftsformation oder einem Kulturobjekt zu machen. Wenn er nun seine Digitalkamera oder sein Handy auf diese Objekte richtet und den Auslöser betätigt, womöglich ohne auf dem Display etwas Näheres erkannt zu haben, weil die Lichtverhältnisse ungünstig sind, hat er weder bei der Vorbereitung noch bei der Aufnahme selbst einen nennenswerten persönlichen Einfluss genommen. Dennoch kann sein Lichtbild das anvisierte Objekt in einer Quali-

---

[60] Vgl. *Schulze* in Dreier/Schulze (2022), UrhG § 72 Rn. 13 ff.

tät wiedergeben, die einer Aufnahme durch einen professionellen Fotografen kaum nachsteht. Ein Gegenbeispiel böte der Naturfotograf,[61] der umfangreiche Recherchen anstellt und aufwendige Vorbereitungen trifft, um herauszufinden und nachzuweisen, dass es Exemplare einer als ausgestorben geglaubten Tierart gibt, und dem es tatsächlich gelingt, ein solches Exemplar ganz kurz vor die Linse zu bekommen. Die Aufnahme zeigt das scheue Tier aber nur schemenhaft. Was gibt in diesen Beispielen den Ausschlag, die technische Qualität der Aufnahme oder das Maß der persönlichen Einflussnahme? Fragt man in den beiden Beispielen, welches der jeweiligen Bilder eher den Lichtbildschutz verdient, wird man sicherlich intuitiv geneigt sein, dem Foto des Naturfotografen den Zuschlag zu geben und der technischen Qualität seines Lichtbildes keine entscheidende Relevanz beizumessen.[62] Verlagert man aber dementsprechend das Mindestmaßkriterium auf die persönliche Einflussnahme des Fotografen beim Aufnahmeprozess, dann ist es erforderlich anzugeben, wann es erreicht wird. In der Rechtsprechung wird das Mindestmaßkriterium ersichtlich aber nur dazu verwendet, Lichtbilder von nicht schutzfähigen technischen Reproduktionen abzugrenzen.[63] Nähere Angaben, wann im Einzelfall die Schutzschwelle überschritten wird, fehlen weitgehend. Der Lichtbildschutz wird vielmehr regelmäßig ohne nähere Begründung gewährt, ohne den Urbildfotografen etwa aufzufordern, darzulegen und notfalls zu beweisen, dass und wie er persönlich Einfluss auf das Aufnahmeverfahren genommen hat. Das Einzige, was beispielsweise in der BGH-Vorlage „Cordoba"[64] von der Person des Klägers bekanntgegeben wurde, ist, dass er Berufsfotograf ist.[65] Das besagt aber nicht, dass er gegenüber touristischen Handyfotografen, die von seinem Aufnahmeort aus denselben Blick auf die andalusische Stadt festhalten, einen größeren persönlichen Aufwand getrieben hat, um sein Bild zu schießen; möglicherweise tat er dies sogar im Pulk einer solchen Reisegruppe während einer Studienfahrt. Das in (Libi2) skizzierte Mindestmaßkriterium findet in der Rechtspraxis keinen nachhaltigen Widerhall.[66]

---

[61] Weitere Beispiele wären Kriegsberichterstatters (s. *Apel* [2017], S. 205, 221) oder Sportfotografen, die sich u. a. um Zugang zu günstigen Stellen in Stadien bemühen müssen, die einen ungehinderten Blick auf das Sportgeschehen freigeben.
[62] So z. B. *Vogel* in Schricker/Loewenheim (2020), UrhG § 72 Rn. 27; *A. Nordemann* in Fromm/Nordemann (2018), UrhG § 72 Rn. 10.
[63] *Lauber-Rönsberg* in BeckOK UrhG (Stand 1.5.2023), UrhG § 72 Rn. 15; *Stang* (2011), S. 170 ff.
[64] BGH ZUM 2017, 514.
[65] Nach *Schiessel* (2020), S. 279 ff., sollte § 72 UrhG dergestalt geändert werden, dass in den Genuss des Lichtbildschutzes nur Berufsfotografen kommen, die durch eine Kennzeichnung den Lichtbildschutz für sich reklamieren. Das ist nicht überzeugend, da auch der Lichtbildschutz nur die Leistung schützt und nicht die Ausübung eines bestimmten Berufszweigs. Auch Berufsfotografen sind nicht davor gefeit, schlampige Leistungsergebnisse abzuliefern.
[66] Eine Ausnahme bildet LG Berlin GRUR-RR 2016, 318, 319 f.

cc) Schutz des wirtschaftlichen und organisatorischen Aufwands eines Lichtbildners

Die zurückhaltende Position der Rechtspraxis, das erforderliche Mindestmaßkriterium substanziell anzureichern, lässt somit die grundsätzliche Problematik des massenhaften Schutzes selbst einfachster Abbildungen und des Teileschutzes ungelöst. Um es in den Griff zu bekommen, wird im neueren Schrifttum teilweise dafür plädiert, den Lichtbildschutz des § 72 UrhG einfach abzuschaffen und ihn dem wettbewerbsrechtlichen Leistungsschutz nach §§ 3, 4 Nr. 3 UWG zu überantworten.[67] Ein solch radikaler Schnitt würde zwar eine Reihe der angesprochenen Probleme entfallen lassen, reißt aber gleichzeitig Schutzlücken auf.[68] Es ist ja schließlich nicht so, dass fotografische Aufnahmen, die mit hohem Aufwand unter Einsatz von Arbeit, Zeit und finanziellen Mitteln hergestellt wurden, ohne dass sie auf individuellem Schaffen beruhen, nur vernachlässigbare Randphänomene betreffen. Es wäre nicht gerecht, wenn derart erzeugte Fotografien von jedermann zu beliebigen Zwecken reproduziert und benutzt werden könnten. Der ergänzende wettbewerbsrechtliche Leistungsschutz wäre allenfalls teilweise geeignet, in die Bresche zu springen, weil er nur Mitbewerber davor schützt, dass ihre Leistungen mit unlauteren Mitteln oder Methoden nachgeahmt werden. Schützenswerte Fotos werden aber nicht nur in gewerblichen Unternehmen hergestellt und genutzt, sondern auch von Privatpersonen außerhalb eines Wettbewerbsverhältnisses.

Um diesen berechtigten Schutzbedürfnissen von Fotografen entgegenzukommen, schlägt *Apel* vor, eine Anleihe beim Recht des Datenbankherstellers zu machen und den geltenden § 72 UrhG in ein wirtschaftlich-organisatorisch begründetes Leistungsschutzrecht umzuwandeln, das sich nur auf Lichtbilder erstreckt, deren Erzeugung eine wesentliche Investition an Geld, Zeit und/ oder Mühen (Organisationsaufwand) erfordert.[69] Dieser Organisationsaufwand besteht nicht allein darin, das jeweils gewählte Aufnahmegerät optimal zu bedienen, sondern beginnt bereits damit, dass sich der Fotograf ein Konzept zurechtlegt, welche Gegenstände er ablichten will und wie er sie arrangiert. Das bedingt, neben der Wahl des Motivs auch den Aufnahmeort zu bestimmen, sich dort hinzubewegen und etwa erforderliche Erlaubnisse von Eigentümern und Inhabern des Hausrechts sowie von Rechtsinhabern einzuholen, die Vervielfältigungsrechte an den abzulichtenden Gegenständen besitzen, wenn es sich beispielsweise um Exemplare urheberrechtlich geschützter Werke handelt. Die Wahl des Motivs und des Aufnahmeortes hat ferner Einfluss auf die Wahl des Aufnahmegerätes, der Perspektive, des Bildausschnittes, der Schärfe, der Blende, die Belichtungszeit usw. Eine wesentliche Investitionsleistung kann schließlich auch noch während des Entwicklungsprozesses und in der Nachbearbeitung des

---

[67] So vor allem *Ohly* (2014), F 36 ff., F 126 These 5; *Schack* (2013), S. 9, 10 ff., 20.
[68] *Schiessel* (2020), S. 270 ff., S. 306 These (8).
[69] *Apel* (2017), S. 205, 222 ff.; *Schulze* in Dreier/Schulze (2022), UrhG § 72 Rn. 10; ähnlich schon *Katzenberger* GRUR Int. 1989, 116, 117. Ablehnend *Stang* (2011), S. 181.

angefertigten Lichtbildes erbracht werden. Lichtbildner wäre demnach diejenige Person, die als „Herr der Aufnahme" diese Aufnahmebedingungen bestimmt und verantwortet sowie die zu ihrer Verwirklichung getätigten Investitionen erbringt. Dies können auch mehrere Personen sein,[70] die analog zu § 8 UrhG eine Gesamthandsgemeinschaft bilden. Im Sinne dieses Vorschlags kann das Mindestmaßkriterium wie folgt definiert werden:

(Libi3) Ein mittels fotografischer Techniken erzeugtes Lichtbild ist gemäß § 72 UrhG geschützt, wenn es nicht kopiert ist und dessen Erzeugung einen wesentlichen Aufwand an Zeit, Arbeit oder finanziellen Mitteln erforderte.

F21 Mit einer an die Investitionsleistung anknüpfenden *Schutzschwelle* lassen sich die geschilderten Probleme theoretisch widerspruchsfrei lösen. Einfache Handyfotografien, Knipsbilder oder Digilisate, die von Museen und anderen Einrichtungen des Kulturerbes zur Sicherung ihrer Bestände etwa durch automatisches Einscannen angefertigt werden,[71] sind vom Schutz ausgeschlossen, da sie ohne nennenswerten Aufwand hergestellt werden. Die Einführung eines qualitativen Schwellenkriteriums hat Auswirkungen auf den *Schutzumfang*, den ein geschütztes Lichtbild nach (Libi3) genießt. Im Verhältnis zur Urbildtheorie ist er einerseits eingeengt und erstreckt sich zunächst nur auf solche fotografischen Kopien, mit deren Verwertung die wesentliche Investitionsleistung des Urbildfotografen übernommen und ausgebeutet wird. Vollständige oder teilweise Kopien, die die Investitionsleistung nicht wesentlich tangieren, sind folglich frei. Er ist andererseits insofern weiter, als er auch Fälle einschließt, in denen ein anderer Fotograf denselben Gegenstand in derselben Weise unter Einsatz vergleichbarer Mittel ablichtet, ohne das Urbildexemplar oder ein kausal auf es zurückführbares Vervielfältigungsstück zu kopieren. Der geistige Gehalt des früher gefertigten Lichtbildes wird zwar nicht kopiert, aber identisch vervielfältigt, so dass die Verwertungsinteressen des Lichtbildners wesentlich tangiert sein können. Eine nicht kopierende identische Vervielfältigung stellt aber nicht immer eine Verletzung des Rechts des früheren Lichtbildners dar. Sie könnte ausnahmsweise parallel zur Doppelschöpfung im Urheberrecht eine Doppellichtbildschaft darstellen, die nach den oben dargestellten Grundsätzen zu behandeln ist (→ Rn. E40 ff.). Kopierende und nicht kopierende Vervielfältigungen mit fotografischen Mitteln können aber auch ihrerseits Urlichtbilder sein, insbesondere wenn sie den geistigen Inhalt des früheren Urlichtbildes verändert wiedergeben[72] und dennoch die vermögenswerten Interessen dessen Lichtbildners erheblich berühren. Wann dies der Fall ist und wann nicht, ergibt sich aus der Urbildtheorie nicht. Die Begriffsbestimmung in (Libi3) ermöglicht es daher auch, in solchen Fällen auf das Rechtsinstitut der freien Benutzung in analoger

---

[70] Vgl. Österr. OGH ZUM-RD 2001, 224, 227 f. – Standbilder von Gebirgsaufnahmen.

[71] *Schulze* in Dreier/Schulze (2022), UrhG § 72 Rn. 10.

[72] *Erdmann* (2014), 761, 767, hält es dagegen zu Unrecht für ausgeschlossen, dass es nach § 72 UrhG geschützte Lichtbildbearbeitungen gibt.

Anwendung von § 23 Abs. 1 S. 2 UrhG zurückzugreifen und eine Interessenabwägung im Einzelfall vorzunehmen, insbesondere die Kunst- und Wissenschaftsfreiheit von Nutzern zur Geltung zu bringen.[73] Zu beachten ist allerdings, dass der erforderliche Abstand, den eine verändernde Nutzung zum Urbild einhalten muss, um dessen Schutzbereich zu entkommen, kein schöpferischer ist und schon dann erreicht wird, wenn die im Urbild steckende Investitionsleistung nicht mehr wesentlich tangiert wird. Das ist insbesondere für den Teileschutz relevant; denn jede wiedererkennbare Integration nur eines Teils eines Lichtbildes in einem Lichtbild, das einen anderen Inhalt hat, führt schon rein begrifflich dazu, dass der Inhalt des benutzten Bildes in dem neuen verändert wiederkehrt. Mit der Einführung einer Mindestschutzschwelle kann schließlich ein gewichtiges Argument, das gegen die Berechtigung des Lichtbildschutzes in der bislang praktizierten Form vorgebracht wurde,[74] entschärft werden. Zur Durchsetzung seiner Rechte könnte der Lichtbildner nicht einfach auf einen bestehenden Lichtbildschutz verweisen, sondern müsste nachprüfbar darlegen und notfalls beweisen, welche Investitionen er jeweils getätigt hat, um dem Gegner bzw. im Prozess dem Gericht die Möglichkeit zu geben, einzuschätzen, ob sie ausreichen. Er läuft somit das Risiko, dass sich seine Rechtsverfolgung als ungerechtfertigt erweist. Es spricht einiges dafür, dass dadurch die Zahl der Abmahnungen wegen der Nutzung schlichter Fotos abnehmen wird.[75]

Die für Lichtbildwerke eingreifenden Schrankenvorschriften bleiben ebenfalls entsprechend anwendbar. Die Zitatschranke beispielsweise greift ein, wenn durch die Anfertigung oder Verwendung einer vollständigen oder teilweisen fotografischen Kopie eines Urbildexemplars die Investitionsleistung des Lichtbildners wesentlich berührt wird und *in Bezug auf das Urbild* ein nach § 51 S. 2 Nr. 1 oder 2 UrhG zulässiger Zitatzweck verfolgt wird, etwa indem eine Auseinandersetzung mit dessen besonderen Eigenschaften in einem davon unabhängigen Werk stattfindet. Meistens ist es aber so, dass sich die Auseinandersetzung nicht auf das Urbild bezieht, sondern auf das in ihm Abgebildete. Ist der abgelichtete Gegenstand seinerseits ein Exemplar eines geschützten Werks, darf eine Kopie des Urbildexemplars aus der Sicht des Urheberrechts erlaubnisfrei angefertigt und benutzt werden, wenn die Nutzung im Hinblick auf das in ihm vorkommende Werk durch Verfolgung eines Zitatzwecks gerechtfertigt ist. Damit ist aber die Frage aufgeworfen, ob unabhängig davon die Erlaubnis des Urbildfotografen erforderlich ist. Auf § 51 S. 2 Nr. 1 oder 2 UrhG kann sich nämlich der Nutzer der Kopie insoweit nicht berufen, da er nicht das Urbild zitiert, sondern das Werk, das es[76] zeigt. Um das Zitieren von Werken auf diese Weise nicht zusätzlich zu

---

[73] S. o. näher → Rn. C216 ff., C219, C224 ff.; *Vogel* in Schricker/Loewenheim (2020), UrhG § 72 Rn. 47 f.; BVerfG GRUR 2016, 690 Rn. 81 ff. – Metall auf Metall, zum Recht des Tonträgerherstellers; vgl. dazu auch *Dreier* ZGE 2017, 135, 141.
[74] S. *Ohly* (2014), F 37 f., F 41.
[75] *Ohly* (2014), F 38.
[76] Näher *Dreier* ZGE 2017, 135, 141 f.

erschweren, hat der Gesetzgeber mit Wirkung zum 1.3.2018[77] einen neuen Satz 3 in § 51 UrhG eingeführt, der die Zitierbefugnis auch auf die Nutzung einer Abbildung oder sonstigen Vervielfältigung des benutzten Werkes erstreckt, auch wenn dieses selbst durch das Urheberrecht oder ein verwandtes Schutzrecht geschützt ist. Dahinter steckt offenbar der Gedanke: Wenn es urheberrechtlich erlaubt ist, eine fotografische Kopie eines Werkexemplars anzufertigen und mit ihr das darin enthaltene Werk zu zitieren, kann dies nicht aus anderen Gründen verboten werden. Eine entsprechende Regelung erfolgte mit Wirkung zum 1.7.2021 durch Satz 2 des neuen § 51a UrhG[78], der eine Ausnahme für Karikaturen, Parodien und Pastiches vorsieht.

F23 Gegen das in (Libi3) formulierte Konzept ist eingewandt worden, es fehle die vom Gesetzgeber geforderte Verbindung zwischen der Aufnahme und dem Lichtbildner.[79] Ein anderer Einwand geht dahin, es bestehe die Gefahr der Verwechslung oder Überschneidung mit der geistigen Leistung eines Fotografie-Urhebers, da die Kriterien zur Bestimmung des Mindestmaßes – wenigstens zum Teil – Gestaltungsmerkmale beschrieben, die zur Annahme eines individuellen Lichtbildwerkes führen müssten.[80] Beide Einwände überzeugen nicht. Die Planung, Vorbereitung und Durchführung einer Lichtbildaufnahme sind – solange sie nicht möglicherweise in ferner Zukunft vollständig durch eine starke Künstliche Intelligenz übernommen werden[81] – keine rein mechanische von menschlicher Einflussnahme abgelöste Angelegenheiten. Die Verbindung zwischen dem Ergebnis einer Lichtbildaufnahme und einer bestimmten menschlichen Person oder einer Mehrzahl von Personen herzustellen, ist also grundsätzlich möglich. Das trifft auch zu, wenn die erforderlichen wesentlichen Investitionen in einem Unternehmen oder einer Organisation erbracht und die maßgebenden Aufnahmebedingungen von Personen, die für sie tätig sind, festgelegt werden.[82]

F24 Und das Handeln dieser Personen ist eine geistige Tätigkeit, da sie insbesondere bei aufwändig erzeugten Urlichtbildern Vieles bedenken müssen. Natürlich kann sich ihr Handeln in einem schöpferischen Lichtbildwerk niederschlagen. Notwendig ist das aber nicht, weil der Aufwand an Kosten, Zeit und Arbeit kein entscheidendes Merkmal für die Individualität eines geistigen Produkts ist.[83]

---

[77] Art. 4 Urheberrechts-Wissensgesellschaftsgesetz (UrhWissG) vom 1.9.2017, BGBl. I, S. 3346.

[78] Gesetz zur Anpassung des Urheberrechts an die Erfordernisse des digitalen Binnenmarktes vom 31.5.2021, BGBl. I, S. 1204.

[79] So *Talke* ZUM 2010, 846, 852.

[80] *A. Nordemann* in Fromm/Nordemann (2018), UrhG § 72 Rn. 11, § 2 Rn. 198 f.; *W. Nordemann* GRUR 1987, 15, 18.

[81] S. o. → Rn. D9 ff.

[82] Beispiel LG Düsseldorf ZUM-RD 2018, 16, 20 – Nutzung von Fotografien im Internet; *A. Nordemann* in Fromm/Nordemann (2018), UrhG § 72 Rn. 26; *Vogel* in Schricker/Loewenheim (2020), UrhG § 72 Rn. 57 f.; *Schulze* in Dreier/Schulze (2022), UrhG § 72 Rn. 32 f.; vgl. auch LG Berlin GRUR 1990, 270 – Satellitenfotos.

[83] Z. B. *Loewenheim/Leistner* in Schricker/Loewenheim (2020), UrhG § 2 Rn. 69. Der Aufwand für die Erzeugung eines geistigen Gegenstands kann aber indizielle Wirkung haben

I. Schutz von Lichtbildern, wissenschaftlichen Ausgaben   F24–F26

Auch ein spontaner Geistesblitz kann dazu führen, dass ein schöpferisches Werk entsteht. Nehmen wir wieder das Beispiel des Naturfotografen, der sich zwar viele Gedanken machen muss, aber nicht schöpferisch tätig wird. Sein Ziel ist nicht, ein Exemplar des gesuchten Tieres in einer besonderen Weise unter bestimmten Aspekten darzustellen oder sein Aussehen und Verhalten zu studieren und über es neue Erkenntnisse zu gewinnen, sondern eines zu entdecken und zu dokumentieren, dass noch welche existieren.[84] Ein an (Libi3) orientiertes Schutzkriterium ließe sich folglich durchaus mit der gesetzlichen Regelung vereinbaren, ohne den Wortlaut von § 72 UrhG ändern zu müssen. Daraus folgt allerdings, dass der Lichtbildschutz ebenso wenig wie der Geschmacksmusterschutz im Verhältnis zu den Werken der angewandten Kunst als Unterbau für den urheberrechtlichen Schutz von Lichtbildwerken dienen kann, sondern eigenständig ist.

Es ist nicht zu leugnen, dass eine Wesentlichkeitsschwelle nach Art von   F25
(Libi3) zu Rechtsunsicherheiten führt, zumal in der Rechtspraxis der Gerichte bislang keine konsequenten Versuche unternommen wurden, sie zu bestimmen. Die damit verbundenen Abgrenzungsschwierigkeiten sind aber kein Spezifikum des Lichtbildschutzes, sondern jeder Einführung eines ausschließlichen Schutzrechts immanent, gleichviel ob es sich um ein Urheberrecht oder verwandtes Schutzrecht,[85] ein Design-, Erfinder- oder Markenrecht handelt. Warum sie beim Lichtbildschutz nicht gemeistert werden könnten, ist a priori nicht einzusehen. Ausgangspunkt muss sein, nur solche Urlichtbilder in den Schutz einzubeziehen, deren Hersteller besondere Anstrengungen unternommen hat, die sich dann als vergeblich erweisen, wenn jedermann ihr Ergebnis zu beliebigen Zwecken ausbeuten könnte. Es geht also wie im Datenbankherstellerrecht um eine Gesamtbetrachtung und eine wertende Entscheidung unter dem Gesichtspunkt des Investitionsschutzes.[86] Dabei sind nicht nur seine wirtschaftlichen Amortisationsinteressen, sondern auch seine ideellen Interessen relevant, etwa darüber zu bestimmen, ob und unter welchen Umständen es der Öffentlichkeit zugänglich gemacht wird, darauf hinzuwirken, dass bei einer Verwertung sein Name genannt wird,[87] und dagegen vorgehen zu können, wenn sein Lichtbild verfälscht präsentiert wird.

Als nicht schutzwürdig erweisen sich danach die unzähligen Fotos, die durch   F26
spontanes Abknipsen bei beliebigen Beleuchtungsverhältnissen an für den Fotografen zugänglichen Orten entstehen. Kein nennenswerter Aufwand wird auch erbracht, wenn jemand Passbilder von sich an einem Bildautomaten anfertigt[88]

(*Schulze* [1983], S. 171), weil einer Person, die sich hierbei Mühe macht, eher etwas Unkonventionelles einfällt.
[84] S. o. → Rn. C 160 f.
[85] Vgl. *Ohly* (2014), F 37.
[86] *Vogel* in Schricker/Loewenheim (2020), UrhG § 87a Rn. 51.
[87] LG Hamburg ZUM 2004, 675, 677 f. – Becker-Setlur.
[88] A. A. die überwiegende Meinung, s. *Vogel* in Schricker/Loewenheim (2020), UrhG § 72 Rn. 27.

oder ein Selfie macht. Den Gegenpol bilden Luftbilder, Satellitenfotos, Röntgenaufnahmen, bei denen zwar der eigentliche Vorgang automatisch abläuft, aber hochkomplizierte Aufnahmegeräte zum Einsatz kommen, die Aufnahmebedingungen durch umfangreiche Planung, Einstellung und Steuerung bestimmt werden und nicht selten eine Auswertung und Bearbeitung erforderlich ist.[89] Dass Kameramänner für Einzelbilder aus ihren Film- oder Fernsehaufnahmen den Lichtbildschutz erwerben, dürfte ebenfalls kaum auf Widerspruch stoßen;[90] denn auch sie müssen normalerweise aufwändige Maßnahmen ergreifen, um die Bedingungen für die Bildersequenzen und damit auch für jedes Einzelbild zu bestimmen, auch wenn sie nach den Regieanweisungen des Regisseurs arbeiten.

Für die restlichen Lichtbilder, die nicht so eindeutig in die eine oder andere Kategorie fallen, wird es auf eine Bewertung des Einzelfalles ankommen, wann die Schutzschwelle überschritten ist. Die Anforderungen an die Wesentlichkeit der Investitionen dürfen dabei wie im Datenbankherstellerrecht[91] nicht allzu hochgeschraubt werden, weil anderenfalls einseitig diejenigen Fotografien bevorzugt würden, die in größeren Projekten und wirtschaftlich bedeutenden Unternehmen hergestellt werden, was der Leistung von daran nicht beteiligten Lichtbildnern nicht gerecht würde. Geht man davon aus, wird man den Investitionsaufwand, den etwa Sport-, Produkt-, Mode- oder Museumsfotografen gewöhnlich erbringen, regelmäßig als schützenswert erachten können. Im Hinblick auf Aufnahmen von Gemälden durch einen Museumsfotografen, die für einen Museumskatalog vorgesehen waren, hat das KG[92] überzeugend ausgeführt, dass neben der Bereitstellung eines geeigneten Equipments und der Wahl einer passenden Aufnahmeposition (Standort, Entfernung, Winkel) bereits die Ausrichtung und Beleuchtung der Motive einen erheblichen Aufwand erforderten, um möglichst naturgetreue Fotos der Gemälde mit treffenden Details, Farben und Schattierungen zu erzeugen und störende Spiegelungen und Verzerrungen zu vermeiden. Er muss ferner sorgfältig darauf achten, dass die Aufnahme die wertvollen Exponate etwa durch Verwendung von Blitzlicht nicht beschädigen kann. Hinzu kommt, was das KG nicht erwähnt hat, dass in den genannten Fallgruppen die abzulichtenden Gegenstände gewöhnlich nicht allgemein zugänglich sind und der Fotograf, um einen passenden Aufnahmeort und -zeitpunkt, an dem die Objekte nicht von Besuchern umlagert sind, zu finden, sich darum bemühen muss, einen Auftrag oder wenigstens die Erlaubnis von deren Eigentümern, Inhabern des Hausrechts und zusätzlich von Urhebern

---

[89] *Katzenberger* GRUR Int. 1989, 116, 118 f.; *Vogel* in Schricker/Loewenheim (2020), UrhG § 72 Rn. 27; *Lauber-Rönsberg* in BeckOK UrhG (Stand 1.5.2023) UrhG § 72 Rn. 20; vgl. auch OGH ZUM-RD 2001 224, 228 – Standbilder von Gebirgsaufnahmen.

[90] BGH GRUR 2014, 363 Rn. 19 ff. – Peter Fechter; *Vogel* in Schricker/Loewenheim (2020), UrhG § 72 Rn. 24; *A. Nordemann* in Fromm/Nordemann (2018), UrhG § 72 Rn. 13; *Thum* in Wandtke/Bullinger (2022), UrhG § 72 Rn. 39 f.; *Schulze* GRUR 1994, 855, 859.

[91] H. M., BGH GRUR 2011, 724 Rn. 23 – Zweite Zahnarztmeinung II; *Vogel* in Schricker/Loewenheim (2020), UrhG § 87a Rn. 42 m. w. N.

[92] KG BeckRS 2017, 142191 Rn. 13; Vorinstanz LG Berlin GRUR-RR 2016, 318; vgl. auch BGH GRUR 2019, 284 Rn. 26 – Museumsfotos.

einzuholen, wenn es sich um Werke handelt, deren Schutzfrist noch nicht abgelaufen ist. Solche Aufwendungen fallen dagegen bei Lichtbildern nicht an, die von öffentlich zugänglichen Orten aus angefertigt werden und Exemplare von urheberrechtlich geschützten Werken zeigen. Dazu bedarf es wegen der Schranke des § 59 UrhG nämlich nicht der Erlaubnis des Urhebers des jeweiligen Werkes und nach herrschender Literaturmeinung auch nicht des Eigentümers des abgelichteten Objekts oder des Grundes, auf dem es sich befindet.[93] Dennoch können auch hier im Einzelfall wesentliche Investitionen getätigt werden, wenn etwa professionelle Fotografen Lichtbilder als Vorlagen für Postkarten, Reiseführer, Werbeprospekte usw. anfertigen und nachbearbeiten, um die abgelichteten Objekte möglichst effektiv in Szene zu setzen. Die in (Libi3) formulierten Kriterien erweisen sich damit auch für die Praxis grundsätzlich für geeignet, den Lichtbildschutz auf schützenswerte Leistungsergebnisse einzuschränken.

c) Ausnahme für Fotografien von gemeinfreien Werken

In Umsetzung von Art. 14 DSM-RL hat der deutsche Gesetzgeber mit Wirkung ab 7.6.2021[94] in § 68 UrhG eine vornehmlich auf den Lichtbildschutz gemünzte Bereichsausnahme eingeführt. Vervielfältigungen gemeinfreier visueller Werke werden nicht durch verwandte Schutzrechte nach §§ 70 bis 95 UrhG geschützt. Nach den Vorstellungen des Gesetzgebers bezieht sich die Bereichsausnahme auf Werke, die im Geltungsbereich des UrhG niemals geschützt waren oder an denen ein einmal bestehendes Urheberrecht nach Ablauf der urheberrechtlichen Schutzfrist erloschen ist. Sie gilt für Reproduktionen, die nach Inkrafttreten der Vorschrift gefertigt werden, aber auch für Bestandsfälle. Die Bereichsausnahme ist nicht anwendbar auf fotografische Reproduktionen, in denen sonstiges frei benutzbares Gemeingut, die Natur, Landschaften, Ansichten von Städten Gebäuden, Personen, nicht schöpferische Lichtbilder oder Darbietungen, Geschehnisse usw., abgelichtet werden, weil hier kein Bezug zum Gedanken der Gemeinfreiheit besteht.[95] Unter Berufung auf Erw.grd. 53 der DSM-RL soll mit

---
[93] Z. B. *Dreier* in Dreier/Schulze (2022), UrhG § 59 Rn. 14; *Vogel* in Schricker/Loewenheim (2020), UrhG § 59 Rn. 5. Umstritten ist jedoch, ob es eine Eigentumsverletzung darstellt, wenn der Eigentümer des Grundstücks oder des Objekts den Zugang ausschließt oder einschränkt und ein Fotograf seine Aufnahmen unter Verletzung solcher aus dem Eigentumsrecht fließenden Zugangsregeln anfertigt; dafür zuletzt BGH GRUR 2013, 623 Rn. 14 ff. – Preußische Gärten und Parkanlagen II; kritisch u. a. *Vogel* in Schricker/Loewenheim (2020), UrhG § 59 Rn. 8; zum Diskussionsstand ausführlich *Schulze* in Dreier/Schulze (2022), UrhG § 59 Rn. 14; *Czychowski* in Fromm/Nordemann (2018), UrhG § 59 Rn. 16 ff.; *Maaßen* GRUR 2010, 880 ff.
[94] Art. 5 S. 1 des Gesetzes vom 31.5.2021, BGBl. I 2021, 1204.
[95] *Lauber-Rönsberg* in BeckOK UrhG (Stand 1.5.2023) UrhG § 72 Rn. 24. *Schiessel* (2020), S. 124 ff., macht auf den sich hieraus ergebenden Wertungswiderspruch aufmerksam, der sich ergibt, wenn Exemplare unschöpferischer geistiger Gegenstände, z. B. Texte, Lichtbilder, Gebärden, menschliche Bewegungen usw., fotografiert oder gefilmt werden. Hierfür besteht der Lichtbildschutz bis zu seinem zeitlichen Ende fort, während er dagegen mit dem Ablauf der urheberrechtlichen Schutzfrist vorzeitig endet, wenn das Lichtbild das Exemplar eines schöpferischen Werkes zeigt.

dieser Bestimmung der Zugang der Allgemeinheit zum kulturellen Erbe gefördert und die Verbreitung von Reproduktionen gemeinfreier Werke über das Internet erleichtert werden. Ein rechtssicherer Zugang zu Abbildungen gemeinfreier Werke sei aber nur möglich, wenn die Anwendung des Art. 14 DSM-RL unabhängig davon sei, zu welchem Zeitpunkt die Vervielfältigung angefertigt worden sei. Andernfalls könnten vor Inkrafttreten der Neuregelung erstellte einfache Reproduktionen in der Bundesrepublik Deutschland je nach Einzelfall faktisch noch bis zu 100 Jahre lang geschützt sein.[96]

F29 Es leuchtet ein, dass eine unbegrenzte Remonopolisierung von urheberrechtlich geschützten Werken nach Ablauf ihrer Schutzfrist durch verwandte Schutzrechte verhindert werden muss. Ob es dazu aber tatsächlich kommt und dies mit der Neuregelung gelingt, ohne das Grundrecht von Inhabern verwandter Schutzrechte auf Schutz ihres geistigen Eigentums nach Art. 17 Abs. 2 GrCh, Art. 14 Abs. 1 GG sowie den Gleichheitsgrundsatz des Art. 3 GG zu verletzen, ist zweifelhaft. Das Urheberrechtssystem und die Systeme der verwandten Schutzrechte beruhen auf unterschiedlichen Schutzgründen, gewähren nicht dieselben Rechte und sehen unterschiedliche Schutzfristen vor. Im Einzelfall können sie daher ebenso wie z. B. Urheber- und Designrecht nebeneinander bestehen.[97] Die Neuregelung sorgt dagegen für einen Gleichlauf der jeweils zu beachtenden Schutzfristen und schlägt damit den umgekehrten Weg ein, den der Gesetzgeber des KUG verfolgte, als er die Schutzfrist für Werke der Fotografie, gleichgültig ob es sich um Lichtbildwerke oder nichtschöpferische Fotografien handelt, einheitlich auf 25 Jahre verkürzte. Wie oben (→ Rn. F3) dargestellt wurde, hat sich dieser Weg als nicht gangbar erwiesen. Ob es sich aber im Gegenschluss als gerechtfertigt erweist, die Ausübung der verwandten Schutzrechte, wenn die von ihnen betroffenen Leistungen im Zusammenhang mit urheberrechtlich geschützten Werken erbracht werden, nur innerhalb der für diese geltenden Schutzfristen zuzulassen und das Nebeneinander der jeweiligen Schutzsysteme in einem wesentlichen Punkt zu beseitigen, versteht sich nicht von selbst. Der BGH hat in seiner Entscheidung „Museumsfotos" mit guten Gründen das Argument, durch den Lichtbildschutz für Fotografien gemeinfreier Werke könne die urheberrechtliche Schutzfrist beliebig verlängert werden, als nicht für durchschlagend erachtet.[98] Diese Entscheidung dürfte zwar durch die Neuregelung des § 68 UrhG obsolet geworden sein.[99] Deren Auswirkungen bleiben aber nicht auf das besondere Verhältnis zwischen Urheber- und Lichtbildschutz und die

---

[96] Begr. RegE, BT-Drs. 19/27426, S. 105 f.

[97] *Dreier* in Dreier/Schulze (2022), UrhG vor §§ 70 ff. Rn. 2 ff.; *Grünberger* in Schricker/Loewenheim (2020), UrhG vor §§ 73 ff. Rn. 50, 73.

[98] BGH GRUR 2019, 284 Rn. 30 – Museumsfotos; zustimmend *Lauber-Rönsberg* ZUM 2019, 341, 342 f.; *dies.* in BeckOK UrhR (Stand 1.5.2023), UrhG § 72 Rn. 21, 24; *A. Nordemann* in Fromm/Nordemann (2018), UrhG § 72 Rn. 11. Für eine teleologische Reduktion des § 72 UrhG für fotografische Reproduktionen urheberrechtlich schutzfähiger zweidimensionaler Werke auf die Dauer des Urheberrechtsschutzes hat sich u. a. ausgesprochen *Stang* (2011), S. 182 ff.

[99] Die Vorverhandlungen, die zum Erlass von Art. 14 DSM-RL geführt haben, lassen vermuten, dass diese Vorschrift eine unmittelbare Reaktion auf diese BGH-Entscheidung war und

sog. Reproduktionsfotografie gemeinfreier Werke beschränkt, sondern haben das Potenzial, die Grundlagen der europäischen und nationalen verwandten Schutzrechte überhaupt in Frage zu stellen.

aa) Anwendungsbereich von § 68 UrhG

Der Anwendungsbereich von § 68 UrhG ist mit „Vervielfältigungen gemeinfreier visueller Werke" umschrieben. Die deutsche Sprachfassung von Art. 14 DSM-RL spricht von „Material, das im Zuge einer Handlung der Vervielfältigung" eines „Werkes der bildenden Kunst" entstanden ist. In der englischsprachigen Originalfassung ist die Rede von „any material resulting from an act of reproduction" of a „work of visual art". Bei der Umsetzung von Art. 14 DSM-RL hat sich der deutsche Gesetzgeber von der englischen Sprachfassung der Richtlinie leiten lassen. Er bezieht sich dabei auf Ziffer 3 des Anhangs zur Richtlinie über die Nutzung verwaister Werke[100] (Ziff. 3 der Anlage zu § 61a UrhG), der neben Fotografien, Illustrationen, Design- und Architektenwerke die Werke der bildenden Künste nur als eine weitere Beispielskategorie für visuelle Werke aufzählt. Seiner Ansicht nach geht es nicht allein um Werke der bildenden Kunst im Sinne von § 2 Abs. 1 Nr. 4 UrhG, sondern allgemein um *Kunstwerke, die visuell wahrnehmbar sind*, womit auch weitere Werkarten erfasst wären.[101]

Doch was sind visuell wahrnehmbare Kunstwerke? Die Frage ist nicht einfach zu beantworten, weil es visuell wahrnehmbare Kunstwerke im Sinne des Urheberrechts streng genommen gar nicht gibt. Die Werke des Urheberrechts sind nämlich geistige Gegenstände, zu deren charakteristischen Eigenschaften gehört, dass sie *nicht sinnlich wahrnehmbar*, sondern intellektuell erfassbar sind.[102] Visuell (akustisch, haptisch) wahrnehmbar können vielmehr nur die körperlichen und unkörperlichen Vorkommnisse eines Werkes sein, die es als abstrakten Typ exemplifizieren und ihm gleichzeitig unterfallen. Unter Vervielfältigungen gemeinfreier visueller Werke sind folglich *visuell wahrnehmbare Erscheinungsformen (Vorkommnisse) gemeinfreier Werke* zu verstehen. Geht man davon aus, dann stimmt es in der Tat, dass works of visual arts nicht auf die Werke der bildenden Kunst beschränkt bleiben, sondern alle Werkarten des Katalogs von § 2 Abs. 1 UrhG umfassen. Visuell wahrnehmbare Vorkommnisse haben neben den Werken der bildenden Kunst nämlich auch Lichtbildwerke, Filmwerke, Darstellungen wissenschaftlicher oder technischer Art, pantomimische und choreografische Werke[103], ja sogar Schriftwerke und Werke der Musik. Gedruckte oder handschriftlich niedergeschriebene Exemplare von

---

speziell bezweckt war, Reproduktionsfotografien gemeinfreier Werke vom Lichtbildschutz auszuschließen, s. *Schiessel* (2020), S. 112 f.

[100] Richtlinie 2012/28/EU über bestimmte zulässige Formen der Nutzung verwaister Werke, ABl. EU 2012 Nr. L 299, S. 5.

[101] Begr. RegE BT-Drs. 19/27426, S. 105; *Dreier* in Dreier/Schulze (2022), UrhG § 68 Rn. 5.

[102] S. o. → Rn. B100; *Haberstumpf* ZGE 2012, 284, 299.

[103] Das Argument von *Dreier* in Dreier/Schulze (2022), UrhG § 73 Rn. 8, § 68 UrhG bleibe für ausübende Künstler weitestgehend ohne Auswirkungen, weil visuelle Werke, zu denen er

Schriften, Notenblättern und Partituren drücken zwar ihre geistigen Inhalte mittels Sprachzeichen aus, zeigen aber auch ein bestimmtes Schrift*bild*, das als solches von höchstem künstlerischem Wert sein kann. Man denke nur an die reich ausgestatteten Handschriften des Mittelalters und Inkunabeldrucke der frühen Neuzeit.

F32 Im Hinblick auf den Lichtbildschutz erweist sich auch das Wort „Vervielfältigungen" als interpretationsbedürftig. Versteht man nämlich darunter nur *Kopien* von Vorkommnissen gemeinfreier Werke, wäre der Lichtbildschutz nicht betroffen, weil er keinen Schutz vor der eigenständigen fotografischen Reproduktion solcher Exemplare vorsieht[104] und auch keinen Schutz vor sonstigen Vervielfältigungen bietet, sofern sie die Investitionsleistung des Urlichtbildners nicht wesentlich tangieren. Gegen eine solche Deutung spricht aber, dass die Richtlinie einen eindeutigen Bezug zum Ablauf der urheberrechtlichen Schutzfrist herstellt, der das Vervielfältigungsrecht und das Recht der unkörperlichen Werkwiedergabe des Urhebers nicht nur im Hinblick auf *Kopien*, sondern vollständig erlöschen lässt, so dass der geistige Gehalt des gemeinfreien Werkes in jeder Hinsicht identisch oder verändert reproduziert werden kann. Dagegen spricht insbesondere die in Art. 14 DSM-RL gemachte Ausnahme, wonach Material, das eine eigene geistige Schöpfung darstellt, nicht betroffen ist. Und das können nur Ergebnisse schöpferischer Bearbeitungen oder anderer Umgestaltungen sein. Es ist deshalb konsequent, wenn der deutsche Gesetzgeber den sachlich überflüssigen Hinweis auf die Weitergeltung schöpferischer Bearbeitungen oder anderer Umgestaltungen, die innerhalb oder außerhalb der Schutzfrist entstehen, weggelassen hat und lediglich die Schutzgegenstände der verwandten Schutzrechte erwähnt; denn diese sind nicht Ergebnisse individuellen Handelns und können deshalb ihren Rechtsinhabern nicht die Befugnis geben, *schöpferische* Bearbeitungen oder andere Umgestaltungen ihrer geschützten Leistungen oder des jeweils inmitten stehenden Werks zu erlauben oder zu verbieten (→ Rn. F41, F69, F95). Dafür spielt es keine Rolle, ob für das Werk, auf das sich ein verwandtes Schutzrecht bezieht, die urheberrechtliche Schutzfrist schon abgelaufen ist oder nicht. Die Bereichsausnahme des § 68 UrhG bezieht sich folglich auf alle körperlichen oder unkörperlichen Resultate unschöpferischer Vervielfältigungshandlungen, die ein gemeinfreies, visuell wahrnehmbares Werk im oben dargestellten Sinn wiedergeben, unabhängig davon, welches technische oder untechnische Verfahren angewendet wird.[105]

F33 Anders als im Wortlaut von Art. 14 DSM-RL ist in Erw.grd. 53 von „originalgetreuen Vervielfältigungen" („faithful reproductions") die Rede. In der Literatur wird diese Wendung unterschiedlich interpretiert. *Stang* misst ihr im Hinblick

---

auch choreografische und pantomimische Werke zählt, in aller Regel nicht dargeboten werden könnten, trifft allerdings nicht zu; dazu näher u. → Rn. F138.

[104] S. o. → Rn. F10 ff. Ebenso BGH GRUR 2019, 284 Rn. 30 – Museumsfotos; OLG Stuttgart GRUR 2017, 905 Rn. 81 f. – Reiss-Engelhorn-Museen; LG Berlin GRUR-RR 2016, 318, 320.

[105] *Stang* ZUM 2019, 668, 672, und *Schiessel* (2020) S. 116, weisen zutreffend darauf hin, dass die Vorschrift technologieneutral ausgestaltet ist.

darauf, dass Material, das eine eigene geistige Schöpfung darstellt, ausgenommen ist, keinen praktischen Regelungsgehalt bei, weil in originalgetreuen Reproduktionen gerade keine schöpferischen Fähigkeiten zum Ausdruck gebracht werden können.[106] In der Begründung zu § 68 UrhG kommt dementsprechend das Adjektiv „originalgetreu" an keiner Stelle vor. *Schulze* weist ihr dagegen entscheidende Bedeutung zu und meint, von originalgetreuen Vervielfältigungen im Sinne von Erw.grd. 53 könne man nur bei zweidimensionalen Werken sprechen; Fotos von dreidimensionalen Werken seien nicht originalgetreu, da sie nur aus einem jeweils verschiedenen Blickwinkel gemacht werden könnten.[107] Baukunstwerke und Werke der angewandten Kunst fielen daher nicht in den Anwendungsbereich der Richtlinie. Die Annahme, nur fotografische Ablichtungen von zweidimensionalen Werkexemplaren könnten originalgetreue Vervielfältigungen sein, ist aber wenig plausibel. Der Frage, ob der Gegenstand einer Fotografie ein dreidimensionales oder zweidimensionales Objekt ist, wird damit ein viel zu großes Gewicht beigemessen. Der geistige Ausdruck eines Reliefs beispielsweise ergibt sich aus seiner Vorderansicht und nicht aus dessen Rücken- oder Seitenansicht, und ein Gemälde kann durchaus eine plastische Oberflächenstruktur haben. Man wird der Vervielfältigung einer Skulptur, die durch Verwendung identischer Gussformen oder von Ablichtungen mittels dreidimensionaler Scans und deren Umsetzung durch einen 3-D-Drucker erzeugt wird, kaum die Originaltreue absprechen können.[108] Will man sich von der gewöhnlichen Bedeutung des Wortes „originalgetreu" nicht allzu weit entfernen, kann man es im Zusammenhang des Urheberrechts doch wohl nicht anders verstehen, als dass damit Vervielfältigungen bezeichnet sind, in denen das betreffende Werk *identisch* vorkommt.[109] Und das ist nicht nur dann der Fall, wenn ein zweidimensionales Werkexemplar abgelichtet, Wort für Wort abgeschrieben, nachgemalt oder nachgezeichnet wird, sondern auch dann wenn ein dreidimensionales Werkexemplar identisch nachgebildet wird. Auch musikalischen oder choreografischen Aufführungen, in denen durch ausübende Künstler das aufgeführte Werk werkgetreu wiedergegeben wird, sowie deren exakte Fixierung auf Ton-, Bildträgern oder in filmischen Aufzeichnungen kann Originaltreue generell nicht mit dem Argument abgesprochen werden, ausübende Künstler würden das aufgeführte Werk durch eine zusätzliche Interpretationsleistung interpretieren (s. u. → Rn. F115). Werke sind nicht vollständig bestimmt. Ausübende Künstler füllen die vom Urheber gelassenen Unbestimmtheitsstellen in einer jeweils bestimmten Weise, die durchaus unterschiedlich sein kann, auf.[110] Nichts

---

[106] *Stang* ZUM 2019, 668, 672 f.
[107] *Schulze* GRUR 2019, 779, 782, 783; *Stang* (2011), S. 185. Vgl. dagegen *Dreier* in Dreier/Schulze (2022), UrhG § 68 Rn. 6.
[108] So auch *Schiessel* (2020), S. 116 f.
[109] Zur Identifizierung und Identität von geistigen Gegenständen allgemein und von Bildwerken, musikalischen und choreografischen Werken im Besonderen näher *Haberstumpf* UFITA 2018, 495, 529, 534 ff.
[110] Beispiel: Die in vielerlei Hinsicht unbestimmte literarische Figur des edlen Indianerhäuptlings Winnetou in den Karl-May-Romanen wird durch den Schauspieler Pierre Brice in

anderes macht ein Fotograf, der das Originalexemplar oder ein anderes Vervielfältigungsstück ablichtet. Auch er kann den geistigen Gehalt des Werkes nicht vollständig erfassen, sondern nur unter einem bestimmten Aspekt, und erwirbt das Schutzrecht erst, wenn er dabei einen wesentlichen Aufwand an Zeit, Arbeit oder finanziellen Mitteln treibt (Libi3). Im Ergebnis bedeutet also die Beschränkung auf originalgetreue Vervielfältigungen, dass jede beliebige unschöpferische Veränderung des geistigen Gehalts des betroffenen Werkes, die der Inhaber eines verwandten Schutzrechts vornimmt, nicht in den Anwendungsbereich von § 68 UrhG fällt (→ Rn. F138) und das jeweilige Schutzrecht entstehen lässt. Schlägt sich nämlich der wesentliche Aufwand eines Fotografen darin nieder, dass seine Fotografie das Werkexemplar nur unter einem bestimmten Aspekt zeigt, wird das darin enthaltene Werk nicht mehr originalgetreu wiedergegeben. Entgegen § 68 UrhG bliebe ihm der Monopolschutz des § 72 UrhG voll erhalten. Lichtet er dagegen ohne nennenswerten Aufwand ein Werkexemplar ab, erwirbt er das Schutzrecht nicht, so dass es der Ausnahme nicht bedarf. Die Vorschrift liefe weitgehend leer. Es gibt also durchaus Sinn, wenn der Text von Art. 14 DSM-RL und § 68 UrhG das Adjektiv „originalgetreu" nicht enthält.

bb) Konsequenzen für die Systeme der verwandten Schutzrechte

F34 Die Konsequenzen der Neuregelung sind weitreichend. Nach ihrem Wortlaut fallen in ihren Anwendungsbereich somit nicht nur Lichtbilder im Sinne von § 72 und Filme i. S. v. §§ 94, 95 UrhG, sondern z. B. auch Ballettaufführungen gemeinfreier choreografischer Werke und deren filmische Aufzeichnungen. In beiden Fällen wird nämlich visuell wahrnehmbares Material in Form von Bewegungen und körperlichen Bildträgern erzeugt, die Ergebnisse von Vervielfältigungshandlungen des gemeinfreien Werkes sind. An ihnen kann also nach dem Wortlaut von Art. 14 DSM-RL (§ 68 UrhG) kein Schutzrecht zugunsten der Tänzer nach Art. 2 lit. b InfoSoc-RL (§ 73 UrhG) und auch kein Schutz zugunsten des Herstellers der Bildfolgen gem. Art. 2 lit. d und e InfoSoc-RL (§§ 87, 94, 95 UrhG) entstehen. Und weil es keinen sachlichen Grund gibt, Musiker, die gemeinfreie Werke der Musik aufführen, und Tonträgerhersteller, die solche Aufführungen auf einem Tonträger fixieren, anders zu behandeln und insoweit besser zu stellen, müsste man ihnen konsequenterweise ebenfalls die Rechte nach Art. 2 lit. b und c InfoSoc-RL (§§ 73 und 85 UrhG) absprechen. Der Darbietung eines Schauspielers, Pantomimen, Musikers und Künstlers geht nämlich nicht immer eine Fixierung in einer Notation oder einer Bild- oder Tonträgeraufnahme des dargebotenen Werks voraus, die sie mit ihrer Darbietung interpretieren. Ein geschütztes Werk kann auch in einer spontanen Live-Aufführung erstmals hervorgebracht werden, die die originale Werkentäußerung darstellt und keiner zusätzlichen Werkinterpretation bedarf (→ Rn. F105 f.). Zum anderen leuchtet

---

den bekannten Winnetou-Filmen in einer bestimmten Kleidung, in Gestik, im Verhalten usw. verkörpert, ohne dass man sagen kann, er habe sich von der fiktiven Romanfigur zu sehr entfernt.

I. Schutz von Lichtbildern, wissenschaftlichen Ausgaben F34–F36

nicht ein, weshalb die Festlegung eines musikalischen oder pantomimischen Werkes auf einem körperlichen Träger nicht identisch durch Personen dargeboten werden könnte. Insbesondere bei Konzertaufführungen klassischer Meister ist die Originaltreue ein wichtiges Qualitätsmerkmal.

In den Anwendungsbereich von § 68 UrhG fallen ferner die Tatbestände, die F35
die Schutzrechte für wissenschaftliche Ausgaben nach § 70 UrhG und an zuvor unveröffentlichten Werken gem. Art. 4 Schutzdauer-RL („editio princeps", § 71 UrhG) begründen. Ersteres erwirbt der Verfasser einer Ausgabe eines nicht geschützten, also gemeinfreien Werkes, wenn sie das Ergebnis einer wissenschaftlich sichtenden Tätigkeit ist. Als Werke kommen dabei alle Werkarten des § 2 Abs. 1 UrhG in Betracht.[111] Letzteres entsteht für denjenigen, der ein nicht erschienenes gemeinfreies Werk erstmals erscheinen lässt, d. h. eine genügende Anzahl von Vervielfältigungsstücken herstellt, der Öffentlichkeit anbietet oder in Verkehr bringt (§ 6 Abs. 2 S. 1 UrhG) oder es erstmals einer Mehrzahl von Personen der Öffentlichkeit unkörperlich wiedergibt. Dieser erwirbt dadurch das Recht, das darin enthaltene Werk auf die Dauer von 25 Jahren ab Erscheinen bzw. öffentlicher Wiedergabe ausschließlich zu verwerten. Das bedeutet, dass eine *echte Remonopolisierung nachgelassener gemeinfreier Werke* stattfindet.[112] Welcher Werkart das Werk angehört, spielt ebenfalls keine Rolle.[113] Auch wenn die Bereichsausnahme des Art. 14 DSM-RL (§ 68 UrhG) Exemplare und öffentliche Wiedergaben, bei denen ihr sprachlicher oder akustischer Inhalt im Vordergrund steht (Bücher, Schriften, Partituren, Aufzeichnungen von Musikwerken), nicht ergreift, verbleibt ihr auf der Domäne der bildenden Kunst, der Fotografie und des Films immer noch ein beträchtlicher Anwendungsbereich, der das Entstehen dieser Schutzrechte ausschließt.

In Erwägungsgrund 53 der DSM-RL und den Materialien des Gesetzes, das F36
die RL in deutsches Recht transformierte, fehlt allerdings jeder Hinweis auf diese Konsequenzen. Der Wortlaut der angesprochenen verwandten Schutzrechte ist ebenfalls nicht verändert worden. Das Schweigen des europäischen und deutschen Gesetzgebers lässt sich natürlich so deuten, dass beide die Problematik in seiner Schärfe einfach nicht erkannt und es deshalb unterlassen haben, ihr durch eine Änderung bei den jeweiligen Schutzfristen der verwandten Schutzrechte Rechnung zu tragen. Dass sie insoweit einem Redaktionsversehen aufgesessen sind, erscheint jedoch angesichts der weitreichenden und kaum zu übersehenden Konsequenzen als unwahrscheinlich. Das könnte wiederum dafür sprechen, dass das Nebeneinander von Urheberrecht und verwandter Schutzrechte auch im Fall der Wiedergabe von gemeinfreien Werken grundsätzlich nicht angetastet und die Bereichsausnahme auf den engen Bereich der originalgetreuen

---

[111] Zum Verhältnis zwischen dem Schutz der wissenschaftlichen Ausgabe und dem Grundsatz der Gemeinfreiheit näher *Stang* (2011), S. 135 ff.

[112] *Lauber-Rönsberg* in BeckOK UrhR (Stand 1.5.2023), UrhG § 71 Rn. 1, 6, 26; *Thum* in Wandtke/Bullinger (2022), UrhG § 71 Rn. 1a; *Loewenheim* in Schricker/Loewenheim (2020), UrhG § 71 Rn. 4; *Stieper* GRUR 2012, 1083, 1085 f.; *Stang* (2011), S. 141.

[113] *Loewenheim* in Schricker/Loewenheim (2020), UrhG § 71 Rn. 6.

fotografischen Reproduktion gemeinfreier Werke beschränkt werden sollte.[114] Dafür, dass nur sie gemeint sein sollten, spricht die Bemerkung in Erw.grd. 53 der DSM-RL, wonach die mit der Erhaltung des Kulturerbes betrauten Einrichtungen nicht daran gehindert seien, Reproduktionen von gemeinfreien Werken wie etwa Postkarten zu verkaufen. Dafür spricht insbesondere die namentliche Hervorhebung des Lichtbildschutzes nach § 72 im Regierungsentwurf zum deutschen Umsetzungsgesetz.[115] Welchen Willen der Gesetzgeber bei der Einführung von Art. 14 DSM-RL hatte, wird sich wohl nicht mehr zweifelsfrei klären lassen. Im Folgenden soll es jedoch zunächst um den Lichtbildschutz gehen, um einschätzen zu können, ob und inwiefern der Ausschluss gemeinfreier visueller Werke auf dem eng begrenzten Bereich des Lichtbildschutzes zu rechtfertigen ist. Welche Auswirkungen die Neuregelung auf die anderen betroffenen Schutzrechte im Einzelnen hat, wird bei deren Erörterung behandelt.

cc) Ist der generelle Ausschluss des Lichtbildschutzes für Fotografien gemeinfreier Werke gerechtfertigt?

F37 Unterstellt man, der Gesetzgeber habe tatsächlich nur den Ausschluss des Lichtbildschutzes für Reproduktionsfotografien gemeinfreier Werke beabsichtigt, dann stellt sich die Frage nach seiner Rechtfertigung. Gibt es wirklich keine Fälle, in denen Lichtbildner Leistungen erbringen, die auch nach Ablauf der urheberrechtlichen Schutzfrist schützenswert und durch Gewährung von Ausschließlichkeitsrechten anzuerkennen sind? Der europäische Gesetzgeber begründet seine Entscheidung in Erw.grd. 53 in erster Linie mit dem folgenden Argument:

(i) Im Bereich der bildenden Kunst („in the field of visual arts") trägt die Verbreitung von originalgetreuen Vervielfältigungen gemeinfreier Werke zum Zugang zur Kultur und ihrer Förderung und zum Zugang zum kulturellen Erbe bei.

(ii) In einem digitalen Umfeld ist der Schutz solcher Vervielfältigungen durch das Urheberrecht oder verwandte Schutzrechte nicht mit dem Ablauf des urheberrechtlichen Schutzes eines Werkes in Einklang zu bringen.

(iii) Also sollten bestimmte Vervielfältigungen von gemeinfreien Werken der bildenden Kunst („works of visual arts") nicht durch das Urheberrecht oder verwandte Schutzrechte geschützt werden.

Prämisse (i) ist sicherlich zutreffend, wobei anzumerken ist, dass die Verbreitung von originalgetreuen Vervielfältigungen nicht nur im Bereich der bildenden Kunst, sondern in allen Bereichen des Werkschaffens und selbstverständlich auch während des Laufes der urheberrechtlichen Schutzfrist zur Förderung unseres kulturellen Lebens beiträgt. Es ist schließlich Zweck des Urheberrechts, Anreize zu schaffen, dass Menschen die Mühe auf sich nehmen, individuelle Werke zu schaffen, und das wirtschaftliche Risiko eingehen, sie durch Herstel-

---

[114] *Schiessel* (2020), S. 112 f.
[115] Begr. RegE BT-Drs. 19/27426, S. 105.

I. Schutz von Lichtbildern, wissenschaftlichen Ausgaben   F37–F39

lung und Verbreitung von materiellen Vorkommnissen in den kulturellen Kreislauf einzuführen.¹¹⁶

Anders sieht es jedoch mit Prämisse (ii) aus. Warum der Richtliniengeber   F38
sich veranlasst sah, den trivialen Hinweis zu geben, die Aufrechterhaltung des Urheberrechts an originalgetreuen Vervielfältigungen von Werken, deren urheberrechtliche Schutzfrist abgelaufen ist, stehe nicht mit dem *Erlöschen des Urheberrechts* in Einklang, ist rätselhaft. Das Gegenteil annehmen zu wollen, wäre logischer Unsinn und ist bislang von niemandem erwogen worden. Ebenso ist klar, dass mit Ablauf der für ein bestimmtes Urlichtbild geltenden Schutzfrist jeder befugt ist, ein Exemplar dieses Lichtbilds zu kopieren, seinen Inhalt sonst wie zu vervielfältigen und körperlich oder unkörperlich zu verbreiten.¹¹⁷ Kein logischer Unsinn ist es dagegen, sich auf den Standpunkt zu stellen, der Ablauf der urheberrechtlichen Schutzfrist führe nicht automatisch zum Erlöschen von verwandten Schutzrechten, die sich auf die Herstellung und Verbreitung von materiellen körperlichen oder unkörperlichen Vorkommnissen gemeinfreier oder gemeinfrei gewordener Werke beziehen. Mit der Schaffung dieser Rechte verfolgt der Gesetzgeber nämlich das Ziel, die Herstellung und Verbreitung von Produkten wie Tonträger, Filme oder Multimediaprodukte sowie Dienstleistungen, die sie z. B. auf Abruf anbieten, zu fördern und sicherzustellen, dass die damit verbundenen Investitionen sich *innerhalb der jeweils geltenden Schutzfristen* amortisieren können.¹¹⁸

Prämisse (ii) wird deshalb in Bezug auf den Lichtbildschutz in der Tat nur   F39
stimmig, wenn man ihre Aussage auf *fotografische Abbildungen* von Werkexemplaren reduziert, in denen ein gemeinfreies Werk vorkommt, und es zutrifft, dass ein daran entstehender Lichtbildschutz ein Monopolrecht an *diesem Werk* begründet oder die urheberrechtliche Schutzfrist für *dieses Werk* faktisch verlängert. Anders als bei der editio princeps, wo die Remonopolisierung gemeinfreier Werke in Kauf genommen wird, geht es hier nicht darum, das Werk *erstmals* der Öffentlichkeit zugänglich zu machen, sondern um Abbildungen von vorhandenen Werkexemplaren anzufertigen und zu verbreiten. Typische Beispiele sind Reproduktionsfotografien von gemeinfreien Gemälden oder Skulpturen, die in Museen und Galerien zu besichtigen sind. Handelt es sich um ein Gemälde beispielsweise von Albrecht Dürer, das im Anwendungsbereich des UrhG nie geschützt war, dann würde der Fotograf, wenn man Prämisse (ii) akzeptiert, in seiner Person mit dem Erwerb des Schutzrechts nach § 72 UrhG die Ausschließlichkeitsrechte ausüben können, die der Künstler nie besessen hat. Handelt es sich um ein Gemälde einer später verstorbenen Person,¹¹⁹ für deren Werke die

---

¹¹⁶ Erw.grd. 9 bis 11 der InfoSoc-RL; näher oben → Rn. E73.
¹¹⁷ Die Kritik von *Schiessel* (2020), S. 124 ff., Abbildungen gemeinfrei gewordener Lichtbilder seien bei unmittelbarer Anwendung von Art. 14 DSM-RL weiterhin geschützt, während Abbildungen gemeinfreier Werke der bildenden Kunst nicht mehr schutzfähig seien, ist deshalb nicht gerechtfertigt.
¹¹⁸ So Erw.grd. 10 der InfoSoc-RL.
¹¹⁹ Der RegE (BT-Drs. 19/ 27426, S. 105) zum Gesetz zur Umsetzung der DSM-RL nennt

urheberrechtliche Schutzfrist noch läuft, könnte der Fotograf mit dem Erwerb des Lichtbildschutzes sie für sich verlängern, wenn er kurz vor ihrem Ablauf seine Fotografien macht.[120] Dass Fotografen auf diese Weise in die Lage versetzt werden, das Urheberrecht anderer Personen für sich usurpieren zu können, wäre zweifellos nicht akzeptabel.

F40 Aber hat der Lichtbildschutz wirklich diese Folgen? Wie oben herausgearbeitet wurde, bezieht er sich nur auf die Abbildung, nicht auf das Abgebildete. Er schützt daher nur davor, dass dritte Personen ohne Erlaubnis des Urlichtbildners dessen fotografische Abbildung vervielfältigen, nicht aber davor, dass sie das abgebildete Werkexemplar mit erheblichem Aufwand ebenfalls ablichten und damit ein eigenständiges Urbild erzeugen oder es auf irgendeine andere Weise reproduzieren. Er begründet nämlich grundsätzlich keinen Motivschutz. Der Fotograf erzeugt zwar ein weiteres Vorkommnis des Werkes, das in dem abgelichteten Exemplar vorkommt und der Rechtsmacht dessen Urhebers unterliegt, erwirbt aber in seiner Person nicht das Recht, anderen die Produktion von fotografischen Urbildern und sonstigen körperlichen oder unkörperlichen Vorkommnissen des betroffenen Werks zu erlauben oder zu verbieten und zwar unabhängig davon, ob er das Lichtbild innerhalb oder außerhalb der urheberrechtlichen Schutzfrist anfertigt. Das Urheberrecht steht dem Erwerb eines davon unabhängigen Lichtbildschutzes, der dem Lichtbildner Ansprüche gegen Dritte gewährt, also nicht entgegen. Und der Lichtbildner hat selbstverständlich keine Handhabe gegen die Ausübung des Urheberrechts durch den Urheber. Urheberrecht und Lichtbildschutz sind unabhängig voneinander gegeben. Ein Dritter, der eine *fotografische Kopie eines geschützten Lichtbilds*, das ein Werkexemplar darstellt, verwertet, ist folglich Ansprüchen sowohl des Urhebers als auch des Lichtbildners ausgesetzt. Bestätigt wird dies durch die Regelungen in §§ 51 S. 3 und 51a S. 2 UrhG. Der Fotograf, der ein Werkexemplar abbildet, produziert ein weiteres Exemplar des darin enthaltenen Werks. Wenn er seine Abbildung verwerten will, muss er somit vom Urheber die Erlaubnis einholen oder es greift zu seinen Gunsten eine Schrankenvorschrift ein. Um dieses Ergebnis zu erzielen, bedarf es der beiden Regelungen nicht. Sie kommen aber dann ins Spiel, wenn eine dritte Person eine fotografische Kopie des Lichtbilds anfertigt und verwertet. Dies darf sie aus der Sicht des Urhebers nur tun, wenn eine gesetzliche Schrankenvorschrift ihr das gestattet, also wenn sie z. B. im Hinblick auf das in ihm enthaltene Werk einen zulässigen Zitatzweck verfolgt; sie hat ja schließlich neben dem schon existierenden abgebildeten Werkexemplar und der kopierten Abbildung ein drittes Werkexemplar erzeugt. Wenn nun die Regelungen in §§ 51 S. 3 und 51a S. 2 UrhG bestimmen, dass die Ausnahmen für Zitate und Parodien auch Abbildungen des zitierten oder parodierten Werks umfassen, machen sie folglich nur dann Sinn, wenn an dem Lichtbild ein vom Urheberrecht unabhän-

---

in diesem Zusammenhang das Werkschaffen der im Jahre 1907 verstorbenen Malerin Paula Modersohn-Becker.

[120] Vgl. *W. Nordemann* GRUR 1987, 15, 18, mit einer Reihe von weiteren konkreten Beispielen.

I. Schutz von Lichtbildern, wissenschaftlichen Ausgaben   F40–F42

giges ausschließliches Recht besteht, d. h. wenn man von einem Nebeneinander der beiden Schutzsysteme ausgeht.

Die Rechtslage ändert sich, wenn die Schutzfrist für das betroffene Werk ausläuft und es gemeinfrei wird. Niemand muss auf das vorher bestehende Urheberrecht Rücksicht nehmen, auch Fotografen und Kopierer von Abbildungen eines Werkexemplars des gemeinfrei gewordenen Werks nicht. Das vorher gegebene Nebeneinander von Urheberrecht und Lichtbildschutz endet zwar, was aber keinen Einfluss auf den Fortbestand des Lichtbildschutzes hat, wie umgekehrt das zeitliche Ende des Lichtbildschutzes das Fortbestehen eines daneben bestehenden Urheberrechtsschutzes nicht tangiert. Da der Hersteller eines nach § 72 UrhG geschützten Lichtbilds vor Ablauf der urheberrechtlichen Schutzfrist schon nicht die Rechte des Urhebers an dem in ihm wiedergegebenen Werk ausüben kann, kann er sie nach deren Ablauf erst recht nicht wahrnehmen, so dass es nicht zu einer Verlängerung der urheberrechtlichen Schutzfrist kommt.[121] Niemand, der ein gemeinfreies Werk verwerten will, ist gezwungen, dazu eine bestimmte Abbildung eines bestimmten Werkexemplars zu benutzen, sondern kann dazu jedes irgendwo existierende Vervielfältigungsstück verwenden, dieses mit beliebigen Mitteln kopieren[122] oder sonstige Werkvorkommnisse, die das Werk identisch oder verändert enthalten, aus dem Gedächtnis herstellen und mittels körperlicher Vervielfältigungsstücke oder über das Internet verbreiten. Die Annahme des deutschen Gesetzgebers, die Existenz eines Leistungsschutzrechts würde die Verbreitung von originalgetreuen oder sonstigen Reproduktionen gemeinfreier Werke über das Internet erschweren, ist daher schlichtweg unzutreffend.[123]   F41

Dass z. B. Museumsfotografen, die Exponate mit Erlaubnis der Museumsleitung fotografieren, einen Vorteil gegenüber anderen Personen haben, die über keine solche Erlaubnis verfügen, liegt nicht daran, dass sie möglicherweise einen ausschließlichen Lichtbildschutz für ihre Erzeugnisse genießen, sondern daran, dass das Museum dem allgemeinen Publikum nur innerhalb der Öffnungszeiten gegen Zahlung eines Eintrittsgeldes Zugang zu ihren Exponaten gewährt und manchmal als Eigentümer oder Inhaber des Hausrechts ein generelles oder eingeschränktes Fotografierverbot ausspricht[124], gleichgültig ob die Ausstellungs-   F42

---

[121] Ebenso *Schiessel* (2020), S. 105 ff.
[122] S. BGH GRUR 1966, 503, 505 – Apfel-Madonna.
[123] Beispiel: Das Gemälde von Dürer für den Landaueraltar in Nürnberg befindet sich als Originalexemplar im Kunsthistorischen Museum in Wien und in Form von Kopien im Germanischen Nationalmuseum in Nürnberg sowie in der Landauerkapelle. In der Kapelle besteht kein Fotografierverbot, in den beiden Museen ist Fotografieren zu privaten Zwecken erlaubt, wobei darauf hingewiesen wird, dass die Nutzung eines Fotos zu nicht privaten Zwecken gegen das Urheberrecht verstoßen kann. Wer aber eines dieser Exemplare fotografiert und damit ein Urbild herstellt und dieses nutzt, verletzt weder ein Urheberrecht an dem Gemälde noch eines anderen Lichtbildners, gleichgültig ob die Nutzung zu privaten oder nicht privaten Zwecken erfolgt.
[124] Vgl. z. B. BGH GRUR 2019, 284 Rn. 34 ff. – Museumsfotos. Dazu näher *Stieper* GRUR 2012, 1083, 1084 f.

stücke (Original)Exemplare gemeinfreier oder noch geschützter Werke sind oder nicht. Daran ändert sich nichts, wenn man den Lichtbildschutz wegdenkt oder ihn vollständig abschafft. Museumsfotografen könnten deshalb nur dann eine Art faktischer Monopolstellung erlangen, wenn das einer solchen Zugangsbeschränkung unterworfene Exemplar das *einzig existierende* ist oder sämtliche existierenden Exemplare des gemeinfreien Werkes solchen Zugangsbeschränkungen unterliegen. Und das trifft in den allerseltensten Fällen zu. Ich halte deshalb Prämisse (ii) für widerlegt.

F43 Der europäische Gesetzgeber schiebt allerdings ein zusätzliches Argument nach, was seine Schlussfolgerung (iii) retten könnte: Unterschiede zwischen den nationalen Urheberrechtsgesetzen, die den Schutz von originalgetreuen Vervielfältigungen gemeinfreier Werke der bildenden Kunst („works of visual arts") regeln, würden zu Rechtsunsicherheit führen und sich auf die grenzüberschreitende Verbreitung solcher Werke auswirken. Ein solches Ergebnis ist sicherlich schwer mit dem Ziel in Einklang zu bringen, das in den Mitgliedstaaten geltende Recht zu vereinheitlichen, rechtfertigt aber nicht den Ausschluss des Lichtbildschutzes an Fotografien von Exemplaren gemeinfreier Werke. Denn der Lichtbildschutz ist europaweit nicht harmonisiert. Art. 6 S. 3 Schutzdauer-RL stellt es vielmehr den Mitgliedstaaten ausdrücklich frei, einen Schutz von nicht individuellen Fotografien vorzusehen. Es ist daher keine Angelegenheit des europäischen, sondern des nationalen Rechts, ob die Mitgliedstaaten einen Lichtbildschutz einführen und wie sie ihn regeln.[125] Daraus resultierende Unterschiede beruhen auf einer Entscheidung des europäischen Gesetzgebers und können nicht herangezogen werden, in die Gesetzgebungshoheit der Mitgliedstaaten einzugreifen. Um sie zu beseitigen, müsste er sich vielmehr entschließen, den Lichtbildschutz einheitlich zu harmonisieren oder abzuschaffen. Beides ist aber nicht geschehen.

F44 In der Begründung des Regierungsentwurfs zu § 68 UrhG heißt es ferner, ein rechtssicherer Zugang zu Abbildungen gemeinfreier Werke sei nur möglich, wenn die Anwendung von Art. 14 DSM-RL unabhängig davon sei, zu welchem Zeitpunkt die Vervielfältigung angefertigt worden sei. Andernfalls könnten vor Inkrafttreten der Neuregelung erstellte einfache Reproduktionen in der Bundesrepublik Deutschland je nach Einzelfall faktisch noch bis zu 100 Jahre geschützt sein, was zu nicht hinnehmbaren Unsicherheiten im Rechtsverkehr führen würde, zumal das Aufnahmedatum von Fotos für den Nutzer oft nicht ermittelbar sei. In dieser Begründung werden unterschiedliche Gesichtspunkte zusammengeworfen, die weder einzeln noch zusammengenommen überzeugen. Ihr ist dreierlei entgegen zu halten: *Erstens* hat niemand einen Anspruch darauf, unbeschränkten Zugang zu Werkexemplaren zu haben, wovon der Gesetzgeber des § 68 UrhG ersichtlich ausgeht und was von der Open-Content- und Piratenbewegung gefordert wird. Es besteht deshalb kein natürliches Recht eines Jeden auf

---

[125] Vgl. *Katzenberger/Metzger* in Schricker/Loewenheim (2020), UrhG § 64 Rn. 30. Eine Übersicht über die Rechtslage in den Mitgliedstaaten gibt *Schiessel* (2020), S. 40 f., 307 ff.

Nutzung geistiger Güter, das durch das Urheberrecht und andere Schutzrechte des geistigen Eigentums nur künstlich beschränkt ist und wieder auflebt, wenn die jeweiligen Schutzfristen abgelaufen sind.[126] Die Schutzsysteme des geistigen Eigentums sind nebeneinander anwendbar, sofern ihre jeweiligen Schutzvoraussetzungen vorliegen und die jeweils gewährten Rechte reichen. Deshalb hat auch niemand – ausgenommen Urheber, Lichtbildner und Verfasser wissenschaftlicher Ausgaben gem. § 25 UrhG – aus urheberrechtlicher Sicht ein Recht, sich Zugang zu einem Werkexemplar ohne das Einverständnis des Eigentümers zu verschaffen.[127] *Zweitens* führt der Lichtbildschutz des § 72 UrhG schon nach bisherigem Recht nicht dazu, dass fotografische Reproduktionen von Exemplaren gemeinfreier Werke faktisch noch 100 Jahre nach Ablauf der urheberrechtlichen Schutzfrist geschützt sein können, wie gerade herausgearbeitet wurde. *Drittens* sind Rechtsunsicherheiten beim Umgang mit Lichtbildern wie auch mit anderen Vervielfältigungen systembedingt. Sie resultieren daraus, dass Lichtbilder im Einzelfall nach verschiedenen Rechtssystemen geschützt sein können, die unterschiedliche Schutzvoraussetzungen haben, unterschiedliche Rechte gewähren und für die unterschiedliche Schutzfristen gelten. Die Veröffentlichung einer fotografischen Abbildung kann ein Produkt zeigen, das in den Anwendungsbereich des Geschmacksmusterrechts,[128] des Urheber-, Erfinder- oder Markenrechts fällt oder dem Lichtbildschutz unterliegt. Die Schwierigkeiten bei der Prüfung der Frage, wann ihre jeweiligen Schutzvoraussetzungen im Einzelfall gegeben sind und wie sie sich voneinander unterscheiden, sind grundsätzlich unvermeidbar, da der Gesetzgeber, der ein Schutzrecht an einem immateriellen Gut einführt, nicht ein für alle Mal eindeutig festlegen kann, welche künftigen Fälle dem Schutzrecht unterfallen. Sie verschwinden natürlich, wenn man die Immaterialgüterrechte wieder abschafft, nicht aber wenn man Änderungen am Lauf der Schutzfristen vornimmt. Der Nutzer einer fotografischen Abbildung, die ein Sprachwerk, ein Werk der bildenden Kunst, ein Filmwerk oder eine Darstellung wissenschaftlicher oder technischer Art wiedergibt, ist im Normalfall nur bei alten Werken und ganz bekannten Autoren und Künstlern in der Lage, einigermaßen sicher abzuschätzen, ob die urheberrechtliche Schutzfrist abgelaufen ist. Bei der großen Masse neuerer Werke gibt ihm der Name des Urhebers, falls er überhaupt im Zusammenhang mit der Verwertung seines Werkes erwähnt wird, keinen Aufschluss über dessen Lebensdaten. Zu ermitteln, wann eine Fotografie erschienen ist, erstmals öffentlich wiedergegeben oder hergestellt wurde, ist insbesondere dann, wenn sie im Internet auf einer Webseite erscheint, erheblich einfacher, als den Todeszeitpunkt eines nicht bekannten Urhebers zu eruieren. Der durchschnittliche Nutzer des Internets sollte inzwischen hinreichend sensibilisiert sein, dass dort angebotene Abbildungen einem Schutzrecht ihres Fotografen unterliegen können, gleichgültig ob sie Landschaften, Per-

---

[126] Vgl. *Haberstumpf* ZGE 2014, 470, 473, unter Berufung auf *Kohler* (1878), S. 157 f.

[127] Ein solcher Anspruch könnte sich allenfalls in Ausnahmefällen aus dem Auftrag einer öffentlich zugänglichen Einrichtung des Kulturerbes ergeben, s. *Stang* (2011), S. 316 ff.

[128] *Ruhl/Tolkmitt* (2019), Art. 19 GGV Rn. 63.

sonen, Stadtansichten, Bauwerke, Denkmäler, Skulpturen oder Werkexemplare klassischer oder zeitgenössischer Kunstwerke festhalten. Er kann daher, ohne die Herkunft und die Quelle der Fotografie zu überprüfen, nicht darauf vertrauen, dass er sie zu beliebigen Zwecken verwenden darf, auch wenn in ihm ein altes Kunstwerk wiedergegeben wird.[129] Das Internet ist kein rechtsfreier Raum.

dd) § 68 UrhG und das Recht am geistigen Eigentum des Lichtbildners

F45 Sämtliche Rechtfertigungsversuche, die Schutzfristen für Lichtbilder mit der urheberrechtlichen Schutzfrist zu verknüpfen, haben sich als nicht durchgreifend erwiesen, was die Frage aufwirft, ob die Neuregelung einer verfassungsrechtlichen Überprüfung standhalten kann. Wie die anderen Leistungsschutzrechte unterliegt das Schutzrecht des Lichtbildners der Eigentumsgarantie des Art. 14 UrhG.[130] Im Einzelnen ist es Sache des Gesetzgebers im Rahmen der inhaltlichen Gestaltung des jeweiligen Leistungsschutzrechts nach Art. 14 Abs. 1 S. 2 GG sachgerechte Maßstäbe festzulegen, die eine der Natur und der sozialen Bedeutung des Rechts entsprechende Nutzung und angemessene Vergütung sicherstellen. Dabei hat er zwar einen weiten Beurteilungs- und Gestaltungsspielraum. Diesen darf er jedoch nicht beliebig ausfüllen.[131] Er steht vielmehr vor der Aufgabe, bei der durch Art. 14 Abs. 1 S. 2 GG gebotenen Ausgestaltung des Schutzrechts die Belange der Urheber, der Inhaber des Leistungsschutzrechts und der Nutzer ihrer Leistungen aufeinander abzustimmen und in einen gerechten Ausgleich zu bringen.[132] Dieser Aufgabe sind der deutsche und europäische Gesetzgeber, der sich zwar nicht an Art. 14 GG, aber nach denselben Grundsätzen im Rahmen von Art. 17 Abs. 2 GrCh orientieren muss, nicht gerecht geworden. Eine Abwägung der involvierten Interessen und Rechte fand nicht statt. Ohne sich auf eine Grundrechtsposition berufen zu müssen, wurde vielmehr dem Interesse von Nutzern des Internets, dort angebotene Reproduktionen gemeinfreier Werke frei und kostenlos nutzen zu können, ohne rechtfertigenden Grund der Vorrang vor dem Schutz des geistigen Eigentums von Inhabern verwandter Schutzrechte nach Art. 17 Abs. 2 EU-GrCh bzw. Art. 14 GG eingeräumt.

F46 Da für das Entstehen des Lichtbildschutzes die Überschreitung einer bestimmten Schutzschwelle zu fordern ist, betrifft die Neuregelung ausschließlich mit fotografischen Mitteln erzeugte Urlichtbilder, die deshalb schützenswert sind, weil ihre Herstellung einen wesentlichen investitorischen Aufwand erfordert.[133] Als deutliches Beispiel sei die Herstellung der Faksimile-Ausgabe einer reichhaltigen und mit Miniaturen versehenen mittelalterlichen Handschrift oder eines Inkunabeldrucks genannt. Üblicherweise werden dabei foto-

---

[129] So BGH GRUR 2019, 813 Rn. 83 – Cordoba II.
[130] BVerfG GRUR 2016, 690 Rn. 72 – Metall auf Metall, und BVerfG GRUR 1990, 183, 184 – Vermietungsvorbehalt, im Hinblick auf das Recht des Tonträgerherstellers; BVerfG GRUR 1990, 438, 441 – Bob Dylan, im Hinblick auf das Recht der ausübenden Künstler.
[131] So z. B. BVerfG GRUR 1972, 481, 483 – Kirchen- und Schulgebrauch.
[132] BVerfG GRUR 1990, 183, 184 – Vermietungsvorbehalt.
[133] So *Schiessel* (2020), S. 261 ff.

grafische Scan-Verfahren eingesetzt. Der erforderliche Aufwand an Arbeit, Zeit und finanziellen Mitteln ist enorm. Neben der Bereitstellung der entsprechenden Geräte bedarf es der Suche, Auswahl und der Erlaubnis des Eigentümers eines gut erhaltenen Exemplars, das so vorbereitet werden muss, dass durch das Einscannen keine Beschädigungen an der wertvollen Vorlage entstehen. Der Aufnahme folgt in der Regel eine Nachbearbeitung und Nachkolorierung, um die Schrifttypen sauber hervortreten zu lassen und die verblassten Farben wieder im alten Glanz erstrahlen zu lassen. Ein Lichtbildwerk ist eine Faksimile-Ausgabe regelmäßig nicht, weil die aufgezählten Tätigkeiten nach vorgegebenen Regeln vorgenommen werden und deshalb keine schöpferischen Handlungen sind. Nach § 68 UrhG kann aber auch kein Lichtbildschutz entstehen, weil ein Exemplar eines gemeinfreien visuellen Kunstwerkes abgelichtet wurde. Für den Sachverhalt, der der Entscheidung des BGH „Bibelreproduktion"[134] zugrunde lag, würde dies z. B. bedeuten, dass der Verlag, der der Klägerin dieses Rechtsstreits selbst gefertigte Negativ-Filme von Kupferstichen aus dem Jahre 1630 zur Herstellung einer bebilderten Bibelausgabe überlassen hatte, über keinen Lichtbildschutz für die Filme verfügt und sie auch nicht hätte lizenzieren können, wovon der BGH aber im Einklang mit den Vorinstanzen implizit ausgegangen war.[135] Gibt es keinen Lichtbildschutz für diese fotografischen Aufnahmen der Kupferstiche, dann kann es auch keinen Lichtbildschutz für die fotografischen Kopien der Aufnahmen geben, die im Auftrag des klagenden Verlags angefertigt wurden. Die in dieser Entscheidung angesprochenen Probleme hätten sich bereits im Vorfeld erledigt. Wie dargestellt wurde, können ähnlich aufwändige Leistungen auch bei der Reproduktionsfotografie gemeinfreier Exponate in Museen und anderen Einrichtungen des kulturellen Erbes erbracht werden, gleichgültig, ob die Vorlagen zwei- oder dreidimensionaler Natur sind. Dem Hersteller eines solchen Produkts den Lichtbildschutz zu verweigern und ihn gegenüber Lichtbildnern zu benachteiligen, die mit gleichem oder gar geringerem Aufwand Aufnahmen von Exemplaren nicht visueller gemeinfreier Werke anfertigen, ist nicht sachgerecht.

Hinzu kommt, dass der Ausschluss des Lichtbildschutzes für Ablichtungen gemeinfreier visueller Werke gegen den Gleichheitsgrundsatz des Art. 3 GG verstößt. Fotografen, die Gegenstände des sog. Allgemeingutes, also Naturgegenstände, Landschaften, Gebäude, Personen usw. festhalten und dabei eine schützenswerte Leistung erbringen, sind nicht betroffen und behalten ihren vollen Schutz, während er Lichtbildnern, die mit größerem Aufwand Exemplare gemeinfreier Werke ablichten, verweigert wird.[136] Eine derartige Ungleichbehandlung ergibt sich auch, wenn man den Lichtbildschutz mit dem Schutz des Herstellers von Tonaufnahmen gem. § 85 UrhG vergleicht. Dessen Schutz bezieht

---
[134] BGH GRUR 1990, 669 ff. – Bibelreproduktion; Vorinstanz OLG Köln GRUR 1987, 42 ff. – Merian-Bibel.
[135] BGH GRUR 1990, 669, 674 – Bibelreproduktion.
[136] Auf diesen Wertungswiderspruch machen auch *Schiessel*, (2020), S. 124 ff., und *Lauber-Rönsberg* in BeckOK UrhR (Stand 1.5.2023), § 72 UrhG Rn. 21, aufmerksam.

sich auf Erstaufnahmen von Klängen und Tönen und deren Fixierung auf einem Tonträger, auch wenn sie mit geringem technischem und wirtschaftlichem Aufwand hergestellt werden.[137] Das Recht entsteht somit auch bei der Aufnahme einer *akustisch wahrnehmbaren Darbietung* eines gemeinfreien Musikwerks und endet nicht, wenn die Schutzfrist für das aufgenommene Musikwerk abgelaufen ist. Für eine Besserstellung gegenüber anderen verwandten Schutzrechten einschließlich des Lichtbildschutzes, die sich auf die aufwändige Produktion von Exemplaren und unkörperlichen Wiedergaben gemeinfreier Werke beziehen, besteht kein rechtfertigender Grund. Ich halte deswegen die Neuregelung für verfassungswidrig, wobei anzumerken ist, dass ihre Überprüfung bezogen auf den Lichtbildschutz am Maßstab des Art. 14 Abs. 1 S. 2 und des Gleichheitsgrundsatzes gem. Art. 3 GG dem BVerfG und nicht dem EuGH obliegt, weil es sich bei § 72 UrhG nicht um europäisches, sondern um nationales deutsches Recht handelt.[138]

2. Schutz wissenschaftlicher Ausgaben

F48 Wie der Lichtbildschutz ist das in § 70 UrhG geregelte Schutzrecht für Verfasser wissenschaftlicher Ausgaben nicht europaweit harmonisiert. Das UrhG macht insoweit von der Ermächtigung in Art. 5 Schutzdauer-RL Gebrauch, die es den Mitgliedstaaten freistellt, verwandte Schutzrechte zum Schutz von kritischen und wissenschaftlichen Ausgaben gemeinfrei gewordener Werke beizubehalten oder einzuführen.[139] Die Schutzfrist hat allerdings höchstens 30 Jahre ab dem Zeitpunkt der ersten erlaubten Veröffentlichung der Ausgabe zu betragen. In Deutschland blieb deshalb das bereits 1965 eingeführte Recht, für das eine Schutzfrist von 25 Jahren ab Erscheinen bzw. ab Herstellung bei Nichterscheinen vorgesehen ist, unverändert. Der Gesetzgeber begründete seine Entscheidung damit, dass ein anzuerkennendes Bedürfnis bestehe, die Herausgabe urheberrechtlich nicht geschützter Werke und Texte unter Schutz zu stellen, sofern sie eine bedeutende wissenschaftliche Arbeit und die Aufwendung hoher Kosten erfordere.[140] Diese Begründung ähnelt nicht rein zufällig an Formulierungen in Druck- und Autorenprivilegien, mit denen mitunter die Privilegienerteilung gerechtfertigt wurde. In dem Druckprivileg Kaiser Karls V. vom 15.11.1537[141] zugunsten von Johann Walder heißt es, dass dieser sich bemühe, bestimmte Werke bedeutender klassischer Autoren in möglichst reiner Form und richtig herauszugeben, diese Werke habe er teils aus entfernten Orten unter Aufwendung erheblicher Geldmittel gekauft, teils von Gelehrten erworben, die sie mit großer Mühe in eine bessere Form gebracht hätten. In einem etwas früher erteilten

---

[137] Vgl. *Boddien* in Fromm/Nordemann (2018), UrhG § 85 Rn. 25; *Schulze* in Dreier/Schulze (2022), UrhG § 85 Rn. 24; *Stang* in BeckOK UrhR (Stand 15.1.2022), UrhG § 85 Rn. 14. Dazu näher unten → Rn. F150 f.
[138] S. dazu *Haberstumpf* ZGE 2022, 117, 150 ff.
[139] Erw.grd. 19 der Schutzdauer-RL.
[140] Begr. RegE BT-Drs. IV/270, S. 87.
[141] Wiedergegeben bei *Bappert* (1962), Abb. 14 nach S. 192.

Autorenprivileg zugunsten von Jakob Spiegel vom 25.8.1530 bringt der Kaiser zum Ausdruck, dass er die benannten Bücher und Schriften, für die eben dieser Spiegel in vielen Nachtwachen fleißige Arbeit erbracht habe, möglichst fehlerfrei ediert sehen möchte und wünsche, dass ein Kupferstecher oder Drucker, wer auch immer von dem oben genannten Spiegel so bezeichnet oder angewiesen werde, Werke oder Autoren zusammen mit den Kommentaren und Scholien desselben mit größter Sorgfalt und auch größten Einsatz mit Typen drucke und für seinen Aufwand sicher sein könne.[142] Beim Druck von tradierten Texten war die Mitwirkung von Gelehrten unverzichtbar, bei der Sammlung und Bearbeitung, Einleitung und Kommentierung der Handschriften, die als Druckvorlagen dienten, aber vor allem bei der Beratung des Druckprogramms der Druckereien. Jeder damalige Drucker und Verleger, der Wert auf Texttreue und Fehlerfreiheit seiner Ausgaben legte, beschäftigte solche gelehrte „Kastigatoren", die fest verpflichtet oder frei mitwirkend Anspruch auf angemessene Gegenleistung hatten. Das bekannteste Beispiel dafür sind der Humanist Erasmus von Rotterdam und der Verleger Froben in Basel.[143] Man mag sich darüber streiten können, ob in den Druckprivilegien der frühen Neuzeit bereits Gedanken des Urheberschutzes zum Ausdruck kamen (→ Rn. E71). Kaum zweifelhaft dürfte aber sein, dass mit der Privilegienerteilung häufig auch bezweckt war, die wissenschaftliche Leistung, die bei der Erarbeitung einer druckfähigen, möglichst fehlerfreien und authentischen Vorlage alter Schriften und Kompositionen erbracht wurde, zu fördern und durch den Ausspruch von Nachdruckverboten rechtlich abzusichern.

Wissenschaftliche Ausgaben befassen sich typischerweise mit Werken, bei denen aufgrund einer erschwerten Quellenlage zweifelhaft ist, ob sie bislang der Allgemeinheit in ihrer authentischen Gestalt zugänglich waren. Ältere Texte sind häufig nur anhand divergierender oder partiell erhaltener Abschriften rekonstruierbar, wobei die Fortentwicklung der Sprache und Veränderung der Schrift zusätzliche Probleme bereiten. Musikwissenschaftliche Editionen stehen überwiegend vor dem Problem, verfügbare Notentexte von den Schlacken der Überlieferung zu befreien[144] und der musikalischen Praxis zu Aufführungsmaterialien von gesteigerter Qualität zu verhelfen. Ziel der wissenschaftlichen Ausgabe ist, der Gegenwart eine wissenschaftlich fundierte, möglichst authentische Werkfassung bereit zu stellen, mit denen die Benutzer besser arbeiten können, ohne auf die erschlossenen originalen Quellen zurückgreifen zu müssen.[145]

F49

---

[142] Abgedruckt und übersetzt in *Flechsig* (2017), S. 242–244.
[143] *Wittmann* (1999), S. 42.
[144] *Klaus Hofmann* (1982), S. 17.
[145] *Seiffert* (1971) Bd. 2, S. 67 ff.; vgl. auch *Hertin* in Schulze/Mestmäcker (April 2006), UrhG § 70 Rn. 1 f.

F50–F52   F. Werkbegriff, Schutzgegenstände verwandter Schutzrechte

a) Ausgabe urheberrechtlich nicht geschützter Werke oder Texte

F50 Der Begriff der Ausgabe ist nach allgemeiner Ansicht nicht im verlagstechnischen Sinne[146] zu verstehen, sondern bezeichnet das immaterielle Leistungsergebnis des Wissenschaftlers, das sich in einem körperlichen Exemplar (Manuskript, Buch, CD, DVD, Datenspeicher eines Computergeräts, Tonträger usw.) niederschlägt.[147] Fehlt es an einer körperlichen Festlegung wie z. B. bei einem bloßen Vortrag, der nicht in Form eines Manuskripts vorliegt, entsteht das Schutzrecht nicht.[148] Das ergibt sich aus § 70 Abs. 3 UrhG, der den Lauf der Schutzfrist an das Erscheinen bzw. an die Herstellung der Ausgabe anknüpft und nicht wie bei den meisten anderen verwandten Schutzrechten an eine frühere öffentliche Wiedergabe.

aa) Rekonstruktion des geistigen Gehalts eines nicht geschützten Werkes oder Textes

F51 Das Schutzrecht entsteht nur, wenn sich die wissenschaftlich sichtende Tätigkeit des Verfassers auf die Rekonstruktion des geistigen Gehalts eines fremden urheberrechtlich nicht geschützten Werks oder Textes bezieht. Mit dem Begriff des Werks wird auf den Werkkatalog des § 2 Abs. 1 UrhG verwiesen. Aus welchem Grund es nicht geschützt sind, ist unerheblich. Das ist z. B. der Fall, wenn das Werk nie den urheberrechtlichen Schutz genossen hat, für es die Schutzfrist abgelaufen ist, es sich um ein amtliches Werk nach § 5 UrhG oder Werk eines ausländischen Urhebers, das gem. §§ 120 ff. UrhG im Inland nicht geschützt ist, handelt. Texte sind Sprachgebilde, die die Voraussetzungen des § 2 Abs. 2 UrhG nicht erreichen. Strittig ist, ob für Materialien wie z. B. für Bilder, die keine Texte sind, ebenfalls auf das Kriterium der Individualität verzichtet werden kann.[149] Besinnt man sich auf den Zweck des § 70 UrhG, die wissenschaftliche Leistung zu prämieren, die sich der Wiederherstellung des geistigen Gehalts von urheberrechtlich nicht geschützten Werken oder Texten widmet, kann es keinen Unterschied machen, ob in dem untersuchten Material aus heutiger Sicht ein individuelles Werk gemäß § 2 Abs. 2 UrhG vorkommt oder nicht.

F52 Das Tatbestandsmerkmal des fehlenden Urheberrechtsschutzes für das Werk oder den Text, dem sich eine wissenschaftliche Ausgabe widmet, verhindert also das Entstehen des Leistungsschutzrechts, wenn die Schutzfrist für das Werk

---

[146] S. *Ulmer-Eilfort/Obergfell* (2021), VerlG § 5 Rn. 5.
[147] *Thum* in Wandtke/Bullinger (2022), UrhG § 70 Rn. 8; *Lauber-Rönsberg* in BeckOK UrhR (Stand 1.5.2023), UrhG § 70 Rn. 7; *Loewenheim* in Schricker/Loewenheim (2020), UrhG § 70 Rn. 7; *Dreier* in Dreier/Schulze (2022), UrhG § 70 Rn. 6; *A. Nordemann* in Fromm/Nordemann (2018), UrhG § 70 Rn. 10.
[148] *A. Nordemann* in Fromm/Nordemann (2018), UrhG § 70 Rn. 10.
[149] Dagegen *Thum* in Wandtke/Bullinger (2022), UrhG § 70 Rn. 6; *Dreier* in Dreier/Schulze (2022), UrhG § 70 Rn. 5. Dafür *A. Nordemann* in Fromm/Nordemann (2018), UrhG § 70 Rn. 11; *Hertin* in Schulze/Mestmäcker (April 2006), UrhG § 70 Rn. 9. Eine analoge Anwendung befürworten *Loewenheim* in Schricker/Loewenheim (2020), UrhG § 70 Rn. 5; *Lauber-Rönsberg* in BeckOK UrhR (Stand 1.5.2023), UrhG § 70 Rn. 5.

noch nicht abgelaufen ist;¹⁵⁰ insoweit stellt sie nur eine Vervielfältigung des betreffenden Werkes dar, das noch der Rechtsmacht seines Schöpfers unterliegt. Daraus folgt, dass die wissenschaftlich sichtende Tätigkeit des Verfassers der Ausgabe keine schöpferische sein darf. Schließlich handelt es sich um ein Recht, das eine Leistung unter Schutz stellt, die auf die Rekonstruktion des geistigen Gehalts *existierender Werkexemplare* zielt – darin unterscheidet es sich von der editio princeps nach § 71 UrhG – und nicht die Produktion oder Präsentation neuer individueller Inhalte prämieren soll. Der Leistungsschutz nach § 70 UrhG gewährt deshalb auch keinen subsidiär zum Tragen kommenden wesensgleichen Schutz unterhalb des Urheberrechts; beide Schutzsysteme schließen sich vielmehr bezüglich *derselben Ausgabe* gegenseitig aus.¹⁵¹ Darin liegt der wesentliche Unterschied zu den Schutzgegenständen der anderen Leistungsschutzrechte, die sich auf die Produktion von Vorkommnissen geistiger Gegenstände beziehen, deren Inhalte erkennbar sind unabhängig davon, ob sie schöpferischen Charakter haben oder nicht.

bb) Abgrenzung zum Urheberrecht

Dem steht allerdings nicht entgegen, dass anspruchsvolle wissenschaftliche Editionen neben der wiederhergestellten Fassung des analysierten Werkes oder Textes gewöhnlich Teile enthalten, die von ihrem Herausgeber stammen und individuell sind. Hierfür kommen insbesondere der gewöhnlich mitveröffentlichte „wissenschaftliche Apparat", d. h. der text- und quellenkritische Bericht des oder der Verfasser in Form eines Vor- oder Nachworts, von Anmerkungen, Kommentaren und Abhandlungen sowie Sach- und Personenregister in Betracht.¹⁵² Der wissenschaftliche Apparat enthält meist eine Schilderung der Entstehungsgeschichte der Ausgabe, die Angabe, welche Quellen verwendet und miteinander verglichen wurden, eine Erläuterung des wissenschaftlichen Vorgehens und der verwendeten Methoden sowie eine Begründung, warum die vorgelegte Fassung nach Ansicht des Verfassers diejenige ist, die der nicht oder nicht genau bekannten Urfassung des Werkes oder Textes am nächsten kommt. Er kann natürlich die Voraussetzungen des § 2 Abs. 2 UrhG erfüllen und wird sie in der Regel

---

¹⁵⁰ *Lauber-Rönsberg* in BeckOK UrhR (Stand 1.5.2023), UrhG § 70 Rn. 2; a. A. *Loewenheim* in Schricker/Loewenheim (2020), UrhG § 70 Rn. 3.
¹⁵¹ *Thum* in Wandtke/Bullinger (2022), UrhG § 70 Rn. 31, 33; *Dreier* in Dreier/Schulze (2022), UrhG § 70 Rn. 7; a. A. *Gounalakis* GRUR 2004, 996, 1001. Das von *Loewenheim* in Schricker/Loewenheim (2020), UrhG § 70 Rn. 3 und *Dreier* in Dreier/Schulze (2022), UrhG § 70 Rn. 3, beschriebene Nebeneinander von Leistungsschutz und Urheberrechtsschutz, steht dem nicht entgegen. Es bezieht sich nämlich nicht auf dieselbe wissenschaftliche Ausgabe, sondern auf Erläuterungen, Beschreibungen, Anmerkungen usw., die der Verfasser der Ausgabe beifügt und kein Teil von ihr sind.
¹⁵² KG GRUR 1991, 596, 597 f. – Schopenhauer-Ausgabe; *Loewenheim* in Schricker/Loewenheim (2020), UrhG § 70 Rn. 3; *Thum* in Wandtke/Bullinger (2022), UrhG § 70 Rn. 32. Ein schönes Beispiel ist die von *Klaus Hofmann* (1982), S. 24 ff., wiedergegebene Edition einer Bach-Kantate im Rahmen der Neuen Bach-Ausgabe, herausgegeben vom Johann-Sebastian-Bach-Institut Göttingen.

auch erfüllen, wenn der Verfasser seine erwogenen Interpretationshypothesen darstellt und seine vorgenommenen Abwägungsentscheidungen näher begründet.[153] Notwendig ist das aber nicht, weil Beschreibungen und die Anwendung wissenschaftlicher Methoden sich auch an vorgegebenen Regeln orientieren können; dann bleibt der wissenschaftliche Apparat schutzlos. Gleiches gilt für die Beifügung eines Personen- und Sachregisters, die den Inhalt des Textes erschließen sollen.[154]

F54   Wie solche angefügten Teile zu bewerten sind, hat keine Auswirkungen auf die Schutzfähigkeit der von ihnen *trennbaren* eigentlichen Ausgabe und umgekehrt.[155] Diese kann für sich genommen eine persönliche geistige Schöpfung, Ergebnis einer wissenschaftlichen sichtenden Tätigkeit i. S. v. § 70 UrhG oder nach keinem dieser Systeme geschützt sein. Im Hinblick auf die Rekonstruktion von griechischen Urtexten des Neuen Testaments in den Ausgaben „Novum Testamentum Graece" und „Greek New Testament" vertritt *Gounalakis* demgegenüber die Ansicht, es handele sich um eine urheberrechtlich schutzfähige Sammlung und Anordnung von Lesarten dieser Texte.[156] Das würde verallgemeinert bedeuten, dass die quellenkritische Analyse mehrerer Texte regelmäßig eine urheberrechtlich schutzfähige Leistung begründet. Dem ist nicht zu folgen. Es ist zwar sicherlich richtig, dass der Verfasser einer solchen Ausgabe den Inhalt der herangezogenen Quellen miteinander vergleichen und verschiedene Interpretationsmöglichkeiten gegenseitig abwägen muss. Im geistigen Gehalt der Ausgabe kommen aber sie und die zugrunde gelegten Abwägungskriterien nicht zum Ausdruck; dies geschieht vielmehr, wenn überhaupt im wissenschaftlichen Apparat. Der Verfasser sammelt sie nicht und ordnet sie auch nicht in bestimmter Weise an, sondern präsentiert vielmehr nur *eine Lesart*, von der er mit mehr oder weniger guten Gründen meint, dass sie die richtige ist. Die Anwendung des Ergebnisses eines individuellen Erkenntnisprozesses muss nicht seinerseits individuell sein.[157] Die wissenschaftlich sichtende Tätigkeit i. S. v. § 70 UrhG erfordert zwar, dass Entscheidungen getroffen werden, die darauf abzielen, die Regeln zu ergründen, nach denen die Schöpfer und Autoren der untersuchten Werke oder Texte gearbeitet haben, nicht aber eigene Regeln einzuführen, um einen neuen individuellen geistigen Gehalt hervorzubringen.

---

[153] S. o. → Rn. C153.

[154] Das KG (GRUR 1991, 596, 598) hat im Fall der Herausgabe einer Gesamtausgabe der Werke Schopenhauers in 5 Bänden das mit Angaben zu den Lebensdaten und das Wirken der in der Ausgabe genannten Personen angefügte Personenregister sowie das Sachregister unter Hinweis auf BGH GRUR 1980, 227, 231 – Monumenta Germaniae Historica – als urheberrechtlich geschützt angesehen.

[155] Aus der Sicht des Wissenschaftlers ist beides nicht trennbar, aus der für die Verletzungsfrage maßgeblichen Sicht eines Benutzers der Ausgabe aber sehr wohl, s. *Klaus Hofmann* (1982), 18 f.

[156] *Gounalakis* GRUR 2004, 996, 997 ff. Dagegen auch *Thum* in Wandtke/Bullinger (2022), UrhG § 70 Rn. 39 und *Hertin* in Schulze/Mestmäcker (April 2006), UrhG § 70 Rn. 12.

[157] BGH GRUR 1959, 251, 252 – Einheitsfahrschein; näher oben → Rn. C191.

I. Schutz von Lichtbildern, wissenschaftlichen Ausgaben F55–F56

Ein gutes Beispiel, in dem die urheberrechtliche Schutzfähigkeit einer quellenkritischen Ausgabe zu bejahen war, bildet der Sachverhalt der Entscheidung des LG Stuttgart „Lutherbibel 1984".[158] Die Möglichkeit, dass auch ein Leistungsschutzrecht nach § 70 UrhG entstanden sein könnte, hat das Gericht dabei mit Recht nicht in Betracht gezogen. Das LG bewertete die strittige Revisionsfassung des neuen Testaments der Lutherbibel insgesamt als eine urheberrechtlich geschützte Bearbeitung gem. § 3 UrhG.[159] Es konzedierte zwar, dass an einigen Stellen eine bloße Textrevision vorgenommen wurde, bei der im Wege „handwerksmäßiger" Lektoratarbeit sprachliche Anpassungen stattfanden. Die Verfasser beschränkten sich aber nicht auf den Abgleich verschiedener deutscher Textfassungen und Stilfragen, sondern übersetzten einzelne Textteile, an denen gegenüber der Lutherbibel bessere griechische Urtexte zur Verfügung standen, ins Deutsche und übertrugen Textbereiche aus der frühhochdeutschen Fassung Luthers in eine moderne Sprache. Insoweit entfalteten sie schöpferische Tätigkeiten, weil es ja nicht darauf ankam, den Inhalt des Urtextes einfach in die heutige Sprache zu transportieren, sondern wie bei allen anspruchsvolleren Übersetzungen die jeweiligen unausgesprochenen Untertöne, Anklänge und Anspielungen wiederzugeben, die auf Grund des ganz anderen kulturellen und sprachlichen Hintergrundes in heutiger Zeit nicht ohne weiteres verständlich sind.[160] Es wurden ferner ganze Satzpassagen umgestellt und angepasst, was nach Ansicht des LG Stuttgart der Revisionsfassung der Lutherbibel 1984 insgesamt einen neuen geistigen Gehalt von individueller Art verlieh.

F55

Der urheberrechtliche Schutz kann ferner in Betracht kommen, wenn ein Werk oder Text nur bruchstückhaft überliefert ist und der Verfasser die vorhandenen Lücken ausfüllt. Das heißt aber nicht, dass die lückenfüllenden Teile stets schöpferischen Charakter haben. Wer den Inhalt von Quellen rekonstruiert und erkennt, nach welchen Regeln ihr Autor gearbeitet hat, kann durchaus in der Lage sein, durch Anwendung und Fortsetzung dieser Regeln Lücken zu schließen, insbesondere wenn sie klein sind. Man kann sich das als die Rekonstruktion eines fehlenden Puzzlestücks in einem größeren Ganzen vorstellen. Ist dies im Einzelfall etwa wegen der Größe der Lücken nicht möglich, dann muss sich der Verfasser eigene Gedanken machen und eigene Regeln finden, um die Bruchstücke zu einem Ganzen zusammenzufügen. Das wiederum heißt nicht, dass die zusammengesetzte Ausgabe in einen individuellen und in einen unschöpferischen Teil zerfällt.[161] Denn beides ist anders als bei der Hinzufügung eines wissenschaftlichen Apparats normalerweise nicht trennbar. Das Ergebnis seiner

F56

---

[158] LG Stuttgart GRUR 2004, 325. Ebenso *Thum* in Wandtke/Bullinger (2022), UrhG § 70 Rn. 38.
[159] Genau genommen handelt es sich nicht um eine Bearbeitung i. S. v. § 3 UrhG, sondern um ein Originalwerk gem. § 2 UrhG, da ein gemeinfreies Werk bearbeitet wurde, s. *Loewenheim* in Schricker/Loewenheim (2020), UrhG § 3 Rn. 10.
[160] LG Stuttgart GRUR 2004, 325, 326 – Lutherbibel 1984.
[161] So anscheinend *Loewenheim* in Schricker/Loewenheim (2020), UrhG § 70 Rn. 3; *Hertin* in Schulze/Mestmäcker (April 2006), UrhG § 70 Rn. 12.

Bemühungen ist dann vielmehr insgesamt als eine schöpferische Bearbeitung der zusammengefügten Bruchstücke zu werten. Dies lässt sich gut anhand des Sachverhalts der BGH-Entscheidung „Reichswehrprozess"[162] demonstrieren. Es ging um die Rekonstruktion und Dokumentation des sog. Ulmer Reichswehrprozesses, der im September und Oktober 1930 vor dem Reichsgericht in Leipzig stattfand, in dessen Verlauf auch Adolf Hitler als Zeuge vernommen wurde. Den drei angeklagten Wehrmachtsoffizieren wurde vorgeworfen, durch Verteilung von Flugblättern zu einer nationalen Volkserhebung im Sinne der NSDAP aufgerufen zu haben. Sie wurden wegen Hochverrats zu 18 Monaten Festungshaft verurteilt.[163] Ein Historiker rekonstruierte und dokumentierte die achttägige Hauptverhandlung in einem 1967 veröffentlichten Buch. Als Quellen standen ihm die Anklageschrift des Oberreichsanwalts, der Schriftwechsel zwischen Oberreichsanwalt und Reichswehr- und Reichsjustizminister, das Tagebuch des vernehmenden Offiziers, die Gnadenakte des Reichsanwalts und der Nachlass des Reichswehrministers Groener zur Verfügung. Die Prozessakten selbst waren unauffindbar. Diese Lücke schloss der Historiker, indem er Gerichtsreportagen aus verschiedenen Tageszeitungen heranzog, sie miteinander verglich und in Fußnoten kritisch würdigte. Das teils unterschiedliche und unvollständige Zeitungsmaterial klassifizierte er dabei nach Wahrscheinlichkeits- und Häufungsgesichtspunkten. Der BGH konstatierte im Einklang mit der Vorinstanz, dass auf diese Weise die Äußerungen der Prozessbeteiligten aus einer Kombination verschiedener Zeitungszitate mosaikartig zusammengesetzt wurden mit dem Ziel, den Prozessverlauf darzustellen, wie er sich aus der Sicht des Historikers tatsächlich abgespielt habe.[164] Er habe eine wissenschaftlich sichtende Tätigkeit entfaltet, dessen Ergebnis eine geschützte Ausgabe gem. § 70 UrhG gewesen sei. Insoweit wird man dem BGH jedoch nicht folgen können. Die Arbeit des Historikers widmete sich nämlich nicht der Rekonstruktion des geistigen Gehalts von nicht geschützten Werken oder Texten – dieser war ja ohne weiteres erkennbar –, sondern eines tatsächlichen Geschehens. Die kritische Würdigung des umfangreichen Zeitungsmaterials diente nicht dazu, dessen Inhalt herauszuarbeiten, sondern darauf zu überprüfen, ob und inwiefern sie den Prozessverlauf und die Äußerungen der Prozessbeteiligten wahrheitsgetreu wiedergaben. Seine wissenschaftliche Tätigkeit entsprach vielmehr der eines Historikers, der vorhandene oder selbst herbeigeschaffte Zeugnisse deutet und in einen Sinnzusammenhang bringt mit dem Ziel, eine bestimmte (zeitlich, räumlich oder sozial definierte) historische Situation in ihrer Eigenart möglichst genau und angemessen zu durchschauen. Wie oben näher dargelegt wurde, ist diese Forschertätigkeit eines Geschichtswissenschaftlers eine grundsätzlich schöpferische.[165] Die Dokumentation und Rekonstruktion des Gangs der Hauptverhandlung

---

[162] BGH GRUR 1975, 667 – Reichswehrprozess.
[163] Wikipedia, Stichwort „Ulmer Reichswehrprozess", abrufbar unter https://wikipedia.org/wiki/Ulmer_Reichswehrprozess (aufgerufen am 17.4.2023).
[164] BGH GRUR 1975, 667 f. – Reichswehrprozess.
[165] S. o. → Rn. C153.

hätte daher nicht als eine Ausgabe i. S. v. § 70 UrhG,¹⁶⁶ sondern als ein eigenständiges schöpferisches Werk gem. § 2 Abs. 2 UrhG gewertet werden müssen.¹⁶⁷ Das konzediert letztlich auch der BGH, wenn er in Übereinstimmung mit der Vorinstanz feststellte, dass die Form des Protokolls, in die der Historiker den Gang der Hauptverhandlung gebracht habe, eigentlich keine Rekonstruktion, sondern seine „Konstruktion" der Tatsachen sei.¹⁶⁸ Warum der BGH nicht die sich daraus ergebenden Schlüsse zog und stattdessen auf das Schutzrecht für wissenschaftliche Ausgaben auswich, lag möglicherweise daran, dass die Rechtsprechung generell wenig geneigt ist, den Ergebnissen geschichtswissenschaftlicher Forschung urheberrechtlichen Schutz zu gewähren, weil sie überwiegend nur nicht schützbare historische Fakten wiedergäben.¹⁶⁹

Schließlich kann nach § 4 UrhG Urheberrechtsschutz erworben werden, wenn ein Herausgeber mehrere Ausgaben von Werken oder Texten desselben Autors¹⁷⁰ oder verschiedener Autoren in einem Sammel- oder Datenbankwerk zusammenfügt und aufgrund der Auswahl oder der Anordnung dieser Elemente eine eigene persönliche Schöpfung erbringt. Sein Urheberrecht erstreckt sich nur auf die individuelle Struktur des Sammelwerkes (→ Rn. E142 f.), nicht aber auf die aufgenommenen Einzelausgaben. **F57**

b) Wissenschaftlich sichtende Tätigkeit und Unterschiedlichkeit zu anderen Ausgaben

Die wissenschaftlich sichtende Tätigkeit des Verfassers und die wesentliche Unterscheidbarkeit zu vorher bekannten Ausgaben bilden das qualitative Schwellenkriterium für den Erwerb des Schutzrechts. **F58**

aa) Wissenschaftlich sichtende Tätigkeit

Schutzbegründend ist die sichtende, ordnende und abwägende Tätigkeit des Verfassers nur, wenn sie nach wissenschaftlichen Methoden erfolgt.¹⁷¹ Das bloße Auffinden eines alten Schriftstücks begründet das Schutzrecht nicht.¹⁷² Es reicht auch nicht aus, den Text eines alten Werks lediglich nachzudrucken und dabei den Schreibgebrauch des Autors an die Normen unserer heutigen Schreibweise anzupassen, offenkundige Schreibfehler zu korrigieren, veraltete Wörter und Wendungen durch geläufige zu ersetzen und sie in ein gängiges Format zu bringen, wie es beispielsweise bei der üblichen Lektorenarbeit in Ver- **F59**

---

¹⁶⁶ So auch *Thum* in Wandtke/Bullinger (2022), UrhG § 70 Rn. 35.
¹⁶⁷ So die Kritiker der BGH-Entscheidung: *Gounalakis* GRUR 2004, 996, 998 m. w. N.; *Nordemann*, Anm. zu BGH „Reichswehrprozess", GRUR 1975, 669.
¹⁶⁸ BGH GRUR 1975, 667, 668 – Reichswehrprozess.
¹⁶⁹ Dazu näher oben → Rn. C152.
¹⁷⁰ Beispiel: Ausgabe Schopenhauers Werke KG GRUR 1991, 596, 598 – Schopenhauer-Ausgabe.
¹⁷¹ BGH GRUR 1975, 667, 668 – Reichswehrprozess.
¹⁷² Begr. RegE BT-Drs. IV/270, S. 87.

lagen und Medienunternehmen geschieht. Ziel der wissenschaftlichen Quellenarbeit ist vielmehr, die untersuchte Quelle in ihrem Wort- bzw. Zeichenverlauf genau wiederzugeben und gleichzeitig herauszuarbeiten, was ihr Autor gemeint und ausgedrückt hat.[173] In den typischen Fällen der Edition historisch-kritischer Ausgaben von philosophischen oder literarischen Schriftwerken oder alten musikalischen Kompositionen stehen geisteswissenschaftliche Methoden im Vordergrund. Die Sache wird komplizierter, wenn ein Autor zu seinen Lebzeiten nicht mehr dazu gekommen ist, seine Manuskripte, Entwürfe und Notizen veröffentlichungsreif fertigzustellen und die Herausgeber seiner posthumen Werke vor der Aufgabe stehen, sie in seinem Sinne zusammenzustellen, zu ordnen und zu ergänzen.[174] Oder wenn von einem Werk verschiedene Handschriften und gedruckte Fassungen vorhanden sind, die womöglich zu ganz verschiedenen Zeiten angefertigt wurden.[175] In jedem Fall muss der Verfasser, um das Schutzrecht zu erwerben, die Schritte, die vom Quellenbefund zum Text der Ausgabe führen, offenlegen und nachvollziehbar begründen, warum er sich für die eine oder andere Lesart der herangezogenen Quelle entschieden hat.[176] Ein beigefügter wissenschaftlicher Bericht des Verfassers, der das methodische Vorgehen dokumentiert, kann zum Nachweis der Wissenschaftlichkeit der Arbeit herangezogen werden. Fußnoten und Anmerkungen in der eigentlichen Ausgabe weisen sie zwar normalerweise nicht nach, werden aber im Schrifttum als Indiz dafür gewertet.[177] Nicht maßgebend ist allerdings, ob das Ergebnis der Arbeit wissenschaftlich vertretbar ist.[178]

F60 Die wissenschaftlich fundierte philologische (geisteswissenschaftliche) Quellenarbeit findet ihre Grenzen, wenn das untersuchte Material teilweise nicht leserlich, beschädigt, überschrieben, übermalt oder restauriert worden ist, so dass nicht oder nicht sicher beurteilt werden kann, was der Autor der Quelle ausgedrückt hat. Um dies zu ermitteln und der Forschung eine authentische Fassung des Werkes oder Textes bereitzustellen, muss mit naturwissenschaftlichen Methoden und Techniken das materielle Substrat der Quelle untersucht werden. Auch hier besteht das Ziel darin, eine wissenschaftlich fundierte Ausgabe des Werkes oder Textes herzustellen, aus der die Intentionen seines Schöpfers oder Autors ablesbar und erkennbar sind. Hieraus wird deutlich, dass Gegenstand einer wissenschaftlichen Ausgabe i. S. v. § 70 UrhG nicht nur literarische

---

[173] *Seiffert* (1971) Bd. 2, S. 67 ff., in Bezug auf literarische Quellen; *Klaus Hofmann* (1982), S. 17 f., in Bezug auf musikalische Kompositionen.

[174] Ein schönes Beispiel ist der Nachlass des Philosophen *Wittgenstein*. Den Herausgebern seines posthum veröffentlichten Spätwerks lag eine große Vielzahl von Manuskripten und Notizen vor, die er beabsichtigte, in einem Buch zu veröffentlichen (*Wittgenstein* [1971], S. 9). Bei diesen Werkausgaben handelt es sich somit um redigierte und ausgewählte Texte, die er nie als endgültig autorisiert hat.

[175] S. *Seiffert* (1971) Bd. 2, S. 72 ff.

[176] *Klaus Hofmann* (1982), S. 17 f.

[177] *Loewenheim* in Schricker/Loewenheim (2020), UrhG § 70 Rn. 6.

[178] *Dreier* in Dreier/Schulze (2022), UrhG § 70 Rn. 7; *Thum* in Wandtke/Bullinger (2022), UrhG § 70 Rn. 10.

oder musikalische Notentexte, sondern auch Werke und Objekte der bildenden Künste, Lichtbilder, Lichtbildwerke und Filme sein können.

bb) Wesentliche Unterscheidbarkeit von bisher bekannten Ausgaben

(1) Unterscheidbarkeit

Nach der amtlichen Begründung dient dieses Tatbestandsmerkmal der Rechtssicherheit und soll die praktische Durchsetzung des Schutzrechts gewährleisten. Gibt es mehrere Ausgaben müsse insbesondere bei der Verwertung musikwissenschaftlicher Ausgaben mit hinreichender Sicherheit festgestellt werden können, welche Ausgabe benutzt worden sei.[179] Es auf die praktische Durchsetzbarkeit des Schutzrechts und dessen Schutzumfang zu reduzieren,[180] wird aber der Bedeutung des Kriteriums nicht gerecht. Insoweit gibt es nämlich keine Antwort auf die Frage, wann das Schutzrecht entsteht, wenn vorher keine wissenschaftlich fundierten Ausgaben der untersuchten Gegenstände existieren.[181] Um seine ganze Bedeutung zu ermessen, muss man es vielmehr als ein Schwellenkriterium behandeln, das zusammen mit der wissenschaftlichen sichtenden Tätigkeit das Schutzrecht erst begründet, gleichgültig ob schon andere Ausgaben desselben Quellenmaterials vorhanden sind oder nicht. Es bedeutet, dass eine geschützte Ausgabe *objektiv neu* sein muss,[182] d. h. dass sie eine neue Lesart der analysierten Quelle bereitstellt und damit das Wissen über gemeinfreie Werke oder Texte bereichert. Es wäre schwerlich mit dem Gedanken der Gemeinfreiheit in Einklang zu bringen, wenn die mehr oder weniger identische Wiedergabe des geistigen Gehalts eines gemeinfreien Werkes oder Textes in einer modernen Form bereits das Schutzrecht entstehen ließe.[183] Daraus folgt allerdings nicht, dass die Möglichkeit einer doppelten, nebeneinander schutzfähigen Ausgabe desselben Inhalts ausscheidet.[184] Sie kann aber nur auf extrem seltene Ausnahmefälle beschränkt bleiben, weil einem Wissenschaftler, der mit wissenschaftlichen Methoden eine bestimmte Quelle untersucht, unterstellt werden kann, dass er bereits vorhandene Ausgaben kennt und sie in die Analyse einbezogen hat. Wenn zwei inhaltlich gleiche Ausgaben derselben Quelle hergestellt wurden, dann kommt der Schutz des §70 UrhG normalerweise nur für diejenige in Betracht, die früher hergestellt wurde. Wie sich nämlich aus §70 Abs. 3 S. 1 UrhG ergibt, ist das Entstehen des Schutzrechts an die Herstellung der Ausgabe ge-

---

[179] Begr. RegE BT-Drs. IV/270, S. 87.
[180] So aber *Thum* in Wandtke/Bullinger (2022), UrhG §70 Rn. 11 f., der dem Kriterium lediglich die Wirkung einer schutzausschließenden Beschränkung beimisst.
[181] *Loewenheim* in Schricker/Loewenheim (2020), UrhG §70 Rn. 7; *Dreier* in Dreier/Schulze (2022), UrhG §70 Rn. 8.
[182] Vgl. oben → Rn. E 10 ff. zur Diskussion des Verhältnisses zwischen Neuheit und Individualität.
[183] *Unverricht* (1982), S. 6: Würde die wesentliche Unterscheidbarkeit aufgegeben, „wäre eine Art *ewiges* Urheberrecht die Folge".
[184] A.A. *Dreier* in Dreier/Schulze (2022), UrhG §70 Rn. 8; *Thum* in Wandtke/Bullinger (2022), UrhG §70 Rn. 11; *A. Nordemann* in Fromm/Nordemann (2018), UrhG §70 Rn. 17.

knüpft, d. h. an die Erstellung des Manuskripts oder Festlegung auf Bild- oder Tonträger.[185] Er bleibt auch dann erhalten, wenn vor der Veröffentlichung der früher hergestellten Ausgabe die zweite erscheint.

F62 Das Schutzrecht entsteht also nicht, wenn der geistige Gehalt einer wissenschaftlichen Ausgabe sich nicht wesentlich von dem geistigen Gehalt der untersuchten gemeinfreien Werke oder Texte in ihrer überlieferten Form oder anderer bereits bekannter Ausgaben unterscheidet. Anknüpfungspunkte für die Beurteilung der Unterschiedlichkeit sind somit im Fall einer Erstausgabe der Inhalt der gemeinfreien Quelle und im Fall von Zweit- oder Drittausgaben die bisher bekannten Ausgaben. Die Bemühungen eines Wissenschaftlers, der erkennt, dass die analysierte Quelle oder eine andere Ausgabe von ihr die Intentionen ihres Schöpfers oder Autors schon authentisch wiedergibt, begründen zwar nicht das Schutzrecht, bleiben aber nicht automatisch schutzlos. Er ist ja nicht daran gehindert, urheberrechtlichen Schutz für seine Erkenntnisse in Anspruch nehmen zu können, indem er sie in einer gesonderten Abhandlung, die sich mit der Quelle kritisch auseinandersetzt, darlegt und nachprüfbar begründet. Sofern sich seine wissenschaftliche Auseinandersetzung auf nach § 70 UrhG noch geschützte Ausgaben bezieht, greift zu seinen Gunsten ergänzend die Zitatschranke des § 51 Abs. 2 Nr. 1 oder 2 UrhG ein, wenn es erforderlich ist, diese ganz oder teilweise unter Verfolgung eines zulässigen Zitatzwecks in seine Abhandlung aufzunehmen oder anzuführen.[186]

(2) Wesentlichkeit

F63 In der Literatur betrachtet man das Merkmal der Wesentlichkeit überwiegend unter dem Aspekt der Rechtssicherheit und hält es für gegeben, wenn im Verletzungsrechtsstreit mit Sicherheit festgestellt werden kann, welche Ausgabe benutzt wurde.[187] Dabei werden keine hohen Anforderungen an das Merkmal gestellt und es bereits dann bejaht, wenn ein Fachmann auf dem betreffenden Gebiet Unterschiede ausmachen kann.[188] Eine Gegenansicht verlangt dagegen einen Abstand, wie er für die Annahme einer freien Benutzung eines Werkes erforderlich ist.[189] Aus den bereits dargelegten Gründen halte ich die überwiegende Ansicht nicht für überzeugend, weil sie die Situation von Verfassern einer

---

[185] *Thum* in Wandtke/Bullinger (2022), UrhG § 70 Rn. 26; *Loewenheim* in Schricker/Loewenheim (2020), UrhG § 70 Rn. 12; *Klinkenberg* GRUR 1985, 419, 420 f.

[186] *Thum* in Wandtke/Bullinger (2022), UrhG § 70 Rn. 13 und *Hertin* in Schulze/Mestmäcker (April 2006), UrhG § 70 Rn. 19, jeweils unter Berufung auf *Hubmann* (1982), S. 46 f. Die Befürchtungen von *Berke* (1982), S. 34 ff., durch das Kriterium der wesentlichen Unterscheidbarkeit blieben die berechtigten Interessen der Verfasser wissenschaftlicher Ausgaben auf der Strecke, erweisen sich somit als unbegründet.

[187] *A. Nordemann* in Fromm/Nordemann (2018), UrhG § 70 Rn. 16; *Thum* in Wandtke/Bullinger (2022), UrhG § 70 Rn. 13; *Loewenheim* in Schricker/Loewenheim (2020), UrhG § 70 Rn. 7.

[188] *Thum* in Wandtke/Bullinger (2022), UrhG § 70 Rn. 14 ff.; *A. Nordemann* in Fromm/Nordemann (2018), UrhG § 70 Rn. 16.

[189] *Hertin* in Schulze/Mestmäcker (April 2006), UrhG § 70 Rn. 19; *Meckel* in Dreyer/Kott-

I. Schutz von Lichtbildern, wissenschaftlichen Ausgaben   F63–F64

Erstausgabe außer Acht lässt und es nicht darauf ankommt, ob Fachleuten Unterschiede auffallen, sondern den Benutzern der Ausgabe, an die sich ihr Verfasser richtet. Es wäre ungereimt, von dem Verfasser einer Erstausgabe keinen wesentlichen Abstand von der untersuchten Quelle zu verlangen, um in den Genuss des Schutzrechts zu gelangen, von dem Verfasser einer Zweitausgabe, der die Erstausgabe bearbeitet, aber schon. Die Gegenansicht, der ich mich anschließe, berücksichtigt ferner, dass der Umfang eines Immaterialgüterrechts in Relation zu dem Grad der jeweils geschützten Leistung steht. Mit ihr lässt sich insbesondere auch das Problem des Teileschutzes in den Griff kriegen.

Wann Unterschiede für den Schutzerwerb und den -umfang wesentlich sind, hängt somit vom Schutzzweck der Vorschrift ab. Dieser besteht darin, das Leistungsergebnis eines Wissenschaftlers zu honorieren, der eine gemeinfreie Quelle in einer Fassung vorlegt, die möglichst authentisch wiedergibt, was deren Autor zum Ausdruck gebracht hat. Sein wissenschaftliches Vorgehen soll gewährleisten, dass die Benutzer seiner Ausgabe sich darauf verlassen können.[190] Implizite Voraussetzung ist, dass aus der analysierten Quelle die Intentionen ihres Verfassers für einen Leser oder Betrachter, der gelernt hat, die verwendeten sprachlichen, musikalischen oder bildlichen Zeichentypen zu verstehen, nicht ohne weiteres erkennbar sind. Diese Unklarheiten sollen mit der Ausgabe beseitigt werden. Damit sie geschützt ist, muss sich ihr geistiger Gehalt folglich von dem geistigen Gehalt der Quelle unterscheiden. Und der Unterschied muss so groß sein, dass ein Benutzer einer bestimmten Ausgabe mit hinreichender Sicherheit erkennen kann, dass er sie und nicht die analysierte Quelle oder eine andere Ausgabe benutzt. Für Benutzer kaum erkennbare Unterschiede, etwa weil der Verfasser die Quelle oder eine andere Ausgabe mehr oder weniger abgeschrieben oder sonstwie kopiert hat, sind nicht wesentlich, weil sie unser Wissen über die Quelle nicht bereichern. Das stets mitverfolgte Bestreben, eine für die Zeitgenossen in Format und Form leichter benutzbare und lesbare Werkfassung vorzulegen, reicht allein nicht aus. Denn dazu braucht man den Wissenschaftler nicht. Bei musikwissenschaftlichen Editionen müssen sich deshalb wesentliche Abweichungen im Fall der Aufführung eines Notentextes *für die Musiker* hörbar niederschlagen.[191] Unterschiede, die Experten anhand des typografisch differenzierten Werktextes ablesen können, nicht aber für aufführende Musiker hörbar sind, sind nicht wesentlich.[192]

F64

---

hoff/Meckel (2013), UrhG § 70 Rn. 10; *Otto-Friedrich v. Gamm* (1968), UrhG § 70 Rn. 7; *Stang* (2011), S. 136 f.
[190] *Seiffert* (1971), Bd. 2, S. 66 f.
[191] *Hertin* in Schulze/Mestmäcker (April 2006), UrhG § 70 Rn. 16.
[192] A. A. *Berke* in Hubmann (1982), S. 37 f. und ihm folgend *Thum* in Wandtke/Bullinger (2022), UrhG § 70 Rn. 15, die es genügen lassen, wenn die Abweichungen im Notentext optisch sichtbar sind. Ein Experte, der sich nur für die typografische Form und Struktur von Zeichen eines Notentextes interessiert, ohne ein reales Klangerlebnis in seinem Kopf zu haben, (s. o. → Rn. C70), erfasst nicht, was der Komponist ausgedrückt hat. Er ist kein Musikwissenschaftler, sondern ein Schriftsachverständiger, was allerdings nicht ausschließt, dass der Herausgeber

F65 Die vorstehenden Überlegungen können in folgender Definition der geschützten Ausgabe zusammengefasst werden:

(WA) Eine in körperlicher Form vorliegende Ausgabe, die ein urheberrechtlich nicht geschütztes Werk oder einen sonstigen geistigen Gegenstand (Text) enthält, ist nach § 70 UrhG geschützt, wenn sie unter Anwendung wissenschaftlicher Methoden und Techniken erstellt wurde und darauf abzielt, dessen geistigen Gehalt möglichst authentisch zu rekonstruieren, und sich ihr Inhalt von dem geistigen Inhalt des betroffenen Werkes bzw. Textes oder auch von anderen bereits vorhandenen Ausgaben wesentlich unterscheidet.

c) Schutzumfang

F66 Gegenstand des Schutzes ist die vom Verfasser geschaffene Fassung des gemeinfreien Werkes bzw. Textes, nicht das analysierte Quellenmaterial. Dieses bleibt frei. Die Rechte des Verfassers werden nicht nur dann verletzt, wenn seine Fassung als Ganzes vervielfältigt, verbreitet oder öffentlich wiedergegeben wird, sondern auch dann, wenn Teile übernommen werden, in denen sich seine wissenschaftliche Leistung verkörpert. Die Trennung zwischen geschützten und ungeschützten Teilen gestaltet sich allerdings mitunter schwierig. Sie kann nicht einfach so vorgenommen werden, dass man die Passagen und Wendungen, die mit dem Wort- und Zeichenverlauf der Quelle übereinstimmen, in die Kategorie der ungeschützten Teile steckt und diejenigen, bei denen inhaltliche Abweichungen feststellbar sind, der anderen zuordnet. Denn der Sinn, der in den abweichenden Passagen zum Ausdruck gebracht wird, hat normalerweise Auswirkung auf den Sinn der anderen und umgekehrt. Der Teileschutz bezieht sich folglich nur auf in sich geschlossene Sinneinheiten, in denen sich die wissenschaftliche Leistung des Verfassers verkörpert, und die vom Inhalt der anderen Teile der Ausgabe trennbar sind.

F67 Inhaltlich entspricht der Schutz des § 70 UrhG dem des Urheberrechts. Neben den persönlichkeitsrechtlichen Befugnissen hat der Verfasser insbesondere das ausschließliche Recht der Vervielfältigung, Verbreitung und der öffentlichen Wiedergabe seiner Edition, was einschließt, ihre *unschöpferische* Bearbeitung oder andere Umgestaltung analog § 23 UrhG zu erlauben oder zu verbieten. Die Grenze bildet § 23 Abs. 1 S. 2 UrhG.[193] Während die Anwendung von § 23 Abs. 1 S. 2 im Urheberrecht einen hinreichend großen Abstand in schöpferischer Hinsicht erfordert, kommt es hier auf den Grad der Unterschiedlichkeit an. Er muss so groß sein, dass unter Abwägung der Grundrechte und Interessen der Beteiligten die wirtschaftlichen Interessen des Verfassers nicht oder nicht mehr er-

---

einer musikwissenschaftlichen Ausgabe sich gelegentlich der Hilfe eines solchen Experten bedienen muss.

[193] BGH GRUR 1975, 667, 668 – Reichswehrprozess; vgl. *Hertin* in Schulze/Mestmäcker (April 2006), UrhG § 70 Rn. 20.

heblich berührt werden.¹⁹⁴ Ein gutes Beispiel, in dem der erforderliche Abstand nicht erreicht wurde, bildet der Sachverhalt der BGH-Entscheidung „Reichswehrprozess", auch wenn man dem BGH folgt, der Verfasser habe nur eine gem. § 70 UrhG schutzwürdige Leistung erbracht.¹⁹⁵ Die von einem Wissenschaftler in einem Buch vorgelegte Rekonstruktion der Hauptverhandlung des Ulmer Reichswehrprozesses fand Eingang in das Drehbuch eines Fernsehdokumentarspiels. Nach den Feststellungen der Vorinstanz wurden nicht etwa nur einzelne aus dem Zusammenhang gerissene Äußerungen der damaligen Prozessbeteiligten übernommen, sondern ihre vom Verfasser mosaikartig zusammengestellten Aussagen in vollständigen zusammenhängenden Abschnitten ohne Veränderung der Anordnung oder des Wortlauts. Dass die Prozessszenen nicht den gesamten Inhalt des Fernsehspiels ausmachten, führe nicht zur Annahme einer freien Benutzung. Sie bildeten vielmehr den dramatischen Höhepunkt, das Kernstück der Sendung, und traten damit nicht in den Hintergrund. Einen gegenüber der wissenschaftlichen Leistung des Buchautors eigenständig schutzfähige Leistung wurde folglich auch unter der Ägide des § 70 UrhG nicht erbracht.

In dem Spezialfall, in dem sich zwei verschiedene Fassungen derselben Quelle gegenüberstehen, lassen sich dem Wortlaut von § 70 UrhG die entscheidenden Hinweise auf die im Rahmen von § 23 Abs. 1 S. 2 UrhG anzustellende Interessenabwägung entnehmen. Weist die Fassung einer wissenschaftlichen Ausgabe gegenüber der prioritätsälteren geschützten Erstfassung wesentliche Unterschiede auf, dann hat der Zweitverfasser im Verhältnis zum Verfasser der Erstausgabe eine eigenständige Leistung erbracht, die sich von dessen Leistung absetzt. Ihm wachsen gleichfalls die Ausschließlichkeitsrechte von Teil 1 des UrhG zu, die er den Rechten des Verfassers der Erstausgabe und auch Dritten entgegensetzen kann, die seine Zweitfassung benutzen. Da die Möglichkeit einer doppelt geschützten Ausgabe desselben Inhalts in der Praxis kaum relevant wird, kommt es im Normalfall nicht darauf an, ob der Verfasser einer Zweit- oder Drittausgabe die Erstausgabe gekannt und bearbeitet oder sie unabhängig davon aus derselben Quelle oder aus anderen Ausgaben entwickelt hat.¹⁹⁶ Die Interessen von Wissenschaftlern, die sich der Rekonstruktion des Inhalts gemeinfreier Werke oder Texte widmen, und der Allgemeinheit werden in einen angemessenen Ausgleich gebracht. Wer unser geistiges Leben dadurch bereichert, dass er eine wissenschaftliche fundierte und leichter verständliche Fassung unklarer historischer Quellen zur Verfügung stellt, ist vor ihrer identischen oder wesentlich identischen Aneignung und Verwertung geschützt. Dem Grundrecht auf Wissenschaftsfreiheit ist Genüge getan, indem anderen Wissenschaftlern ermöglicht wird, sich denselben Quellen zuzuwenden oder andere Ausgaben zu bearbeiten und wesentlich unterschiedliche neue Fassungen hervorzubringen,

---

¹⁹⁴ BVerfG GRUR 2016, 690 Rn. 100f. – Metall auf Metall.
¹⁹⁵ BGH GRUR 1975, 667, 668 – Reichswehrprozess.
¹⁹⁶ Auch einem wissenschaftlichen Autor, der eine inhaltlich gleiche Ausgabe derselben Quelle produziert hat, kann entgegen der Ansicht von *Anger* (2022), S. 119 f., nicht ohne weiteres abgenommen werden, dass er die frühere Ausgabe nicht gekannt und benutzt hat.

die das Interesse der Allgemeinheit befriedigt, verlässlich Auskunft darüber zu bekommen, was längst verstorbene Urheber und Autoren in ihren Hinterlassenschaften zum Ausdruck gebracht haben.

d) Ausnahme für wissenschaftliche Ausgaben gemeinfreier visueller Werke

F69 Der Schwerpunkt des § 70 UrhG liegt auf der Edition philosophischer, literarischer Schriftwerke oder alter musikalischer Kompositionen. Da es sich insoweit um keine visuellen Werke i. S. v. § 68 UrhG handelt, hat die Neuregelung nicht die gravierenden Auswirkungen wie beim Lichtbildschutz. Dennoch verbleibt ihr ein beachtenswerter Anwendungsbereich, wenn der Bildcharakter von gemeinfreien Notentexten, Handschriften, Buchdrucken, Filmen, Fotografien oder Gemälden mittels wissenschaftlicher Methoden und Techniken wiederhergestellt wird. Als Beispiel möchte ich das gemeinfreie Werk „Der Sachsenspiegel" von *Eike von Repgow* anführen. Von diesem Werk sind noch 4 Bilderhandschriften überliefert, die wiederum Abschriften eines verlorenen Urtyps sind.[197] Sie enthalten auf jeder Seite einen Text- sowie einen Bildteil, der die Rechtstexte kommentiert und anschaulich macht. Wir nehmen an, ein Wissenschaftler unterzieht sich der Aufgabe, durch eingehende Analyse der vorhandenen Abschriften des Sachsenspiegels eine Fassung zu erarbeiten, die dem Urtyp am nächsten kommt. Dabei nimmt er auch Änderungen und Ergänzungen an lückenhaften und kaum erkennbaren Stellen im Bildteil der von ihm gewählten Handschrift vor. Seine Fassung soll als Vorlage für eine Faksimileausgabe dienen. Es dürfte kaum ein Zweifel darüber bestehen, dass dem Wissenschaftler an seinem Arbeitsergebnis das verwandte Schutzrecht des § 70 UrhG zuwachsen kann. Da aber seine wissenschaftlich sichtende Tätigkeit zumindest auch einem gemeinfreien visuellen Werk gewidmet ist, kommt § 68 UrhG ins Spiel mit dem Ergebnis: Seine Vorlage und der anschließende Faksimiledruck sind danach nicht durch das Recht des § 70 UrhG oder ein anderes verwandtes Schutzrecht geschützt. Der Verleger der Faksimileausgabe benötigt zwar nicht die Erlaubnis des Verfassers, kann aber auch kein ausschließliches Vervielfältigungs- und Verbreitungsrecht an ihr erwerben, so dass Verfasser und Verleger keine rechtliche Handhabe besitzen, der beliebigen Verwertung dieser Ausgabe durch Dritte entgegen zu treten. Die gemeinfreie Quelle wird auch nicht schöpferisch bearbeitet, weil der Verfasser keine eigenständigen Regeln entwickelt, um einen neuen geistigen Gegenstand hervorzubringen, sondern die Regeln zu ermitteln trachtet, nach denen der Schöpfer der Quelle gearbeitet hat.

F70 An diesem Beispiel lässt sich noch deutlicher als beim Lichtbildschutz zeigen, wie wenig die Neuregelung in § 68 UrhG durchdacht ist. Auf Art. 14 DSM-RL kann sie hier nicht gestützt werden, weil der europäische Gesetzgeber in Art. 5 der Schutzdauer-RL seine Gesetzgebungshoheit bezüglich kritischer und wissenschaftlicher Ausgaben an die Mitgliedstaaten abgegeben hat. Auch das

---

[197] *Eike von Repgow*, Der Sachsenspiegel, herausgegeben von Clausdieter Schott, 2. Aufl., Zürich 1991, Nachwort des Herausgebers, S. 382 ff.

Argument, die Existenz des Schutzrechts stehe mit dem Ablauf des urheberrechtlichen Schutzes nicht in Einklang und könne zur Verlängerung der urheberrechtlichen Schutzfrist führen, zieht nicht. Schutzgegenstand ist der geistige Gehalt der wissenschaftlichen Ausgabe, nicht der analysierten Quelle. Die Quelle bleibt gemeinfrei. Da der Verfasser der Ausgabe einen wesentlichen Abstand zum geistigen Gehalt der Originalquelle und anderer bereits existierender Ausgaben einhalten muss, um das Schutzrecht zu erwerben, kommt es auch zu keiner faktischen Remonopolisierung des gemeinfreien Werkes oder Textes.[198] Es verhindert oder erschwert den Zugang der Allgemeinheit zum kulturellen Erbe nicht, worauf der deutsche Gesetzgeber in seiner Begründung zu § 68 UrhG abstellt.[199] Im Gegenteil trägt der Schutz wissenschaftlicher Ausgaben dazu bei, dass ihre Verfasser ermutigt werden, einen verlässlichen und erleichterten Zugang für die weitere Forschung und das allgemeine Publikum zu gewährleisten.[200] Schließlich verstößt es gegen den Gleichheitsgrundsatz, wenn Verfasser, die sich der Rekonstruktion des geistigen Gehalts sprachlicher oder musikalischer Werke oder Texte widmen, in den Genuss des Schutzrechts kommen, Wissenschaftler, die eine vergleichbare Leistung bei der Wiederherstellung von Werken der bildenden Künste, Lichtbildwerken oder Filmen erbringen, dagegen nicht.

e) Verhältnis zu den Schutzrechten des § 71 und § 72 UrhG

Die Schutzrechte der §§ 70, 71 und 72 UrhG sind voneinander unabhängig, können aber nebeneinander entstehen, wenn ihre jeweiligen Voraussetzungen erfüllt sind. So treffen die Tatbestandsvoraussetzungen des § 70 mit dem Schutz nachgelassener Werke gem. § 71 zusammen, wenn der Verfasser einer wissenschaftlichen Ausgabe gleichzeitig die Erstausgabe eines bisher *unbekannten* gemeinfreien Werkes bewirkt, indem er sie erstmals erscheinen lässt oder öffentlich wiedergibt. Der Hersteller einer solchen Ausgabe kann dann beide Rechte ausüben. Das bedeutet aber nicht, dass beide Rechte gleichlaufen. Das Schutzrecht des § 70 UrhG entsteht bereits mit der Herstellung eines körperlichen Exemplars, in dem sich die wissenschaftliche Leistung ihres Verfassers niederschlägt (§ 70 Abs. 3 UrhG). Der Erwerb des Schutzrechts gem. § 71 UrhG ist dagegen an das erstmalige Erscheinen in Form von körperlichen Vervielfältigungstücken des nachgelassenen Werkes oder dessen öffentliche Wiedergabe geknüpft, wenn diese früher erfolgt (§ 71 Abs. 3 UrhG). Daraus resultiert, dass unterschiedliche Schutzfristen zu beachten sind, auch wenn beide Rechte in einer Hand zusammenfallen.[201] Eine andere Frage ist es dagegen, ob der Herausgeber eines nachgelassenen Werkes der Verwertung einer zeitlich nachfolgenden wissenschaftlichen Ausgabe oder einer sonstigen Bearbeitung des gemeinfreien

F71

---

[198] So *Stang* (2011), S. 136 f.
[199] Begr. RegE BT-Drs. 19/27426, S. 105.
[200] *Stang* (2011), S. 136.
[201] *Klinkenberg* GRUR 1985, 419, 420 ff.

Werks entgegentreten kann. Diese Frage betrifft den Schutzumfang,[202] den das Recht des § 71 UrhG bietet, und ist dort zu behandeln. Folgt dagegen umgekehrt die Herausgabe einer editio princeps der Herstellung einer wissenschaftlichen Ausgabe nach, sind die Rechte des Verfassers der Ausgabe nur berührt, wenn das gemeinfreie Werk in der von ihm erarbeiteten Fassung verwertet wird. Gibt die editio princeps dagegen lediglich den Inhalt der gemeinfreien Quelle wieder, macht ihr Herausgeber nur von deren Gemeinfreiheit Gebrauch und tangiert die Rechte des Verfassers nicht.[203] Beide Schutzrechte haben somit auch einen unterschiedlichen Schutzumfang.

F72 Der Schutz für eine wissenschaftliche Ausgabe und der Lichtbildschutz sind ebenfalls unabhängig voneinander, können sich aber im Einzelfall überschneiden. Beispiel: Der Verfasser erarbeitet eine schutzfähige Ausgabe, die als Vorlage für eine aufwändig mittels fotografischer Verfahren erzeugte Faksimile-Ausgabe dienen soll. Ein Verleger, der sie vervielfältigt und verbreitet oder öffentlich wiedergibt, muss sich die entsprechenden Rechte sowohl vom Verfasser der Ausgabe als auch von demjenigen einräumen lassen, der die fotografische Reproduktion der Ausgabe erstellt hat (→ Rn. F40, F46).

3. Schutz nachgelassener Werke

F73 Anders als die Schutzrechte der §§ 70, 72 UrhG ist der Schutz nachgelassener Werke gem. Art. 4 Schutzdauer-RL europaweit harmonisiert. Der deutsche Gesetzgeber hat den Erlass der Richtlinie zum Anlass genommen, im 3. Urheberrechtsänderungsgesetz mit Wirkung zum 1.7.1995[204] den Wortlaut des § 71 UrhG an Art. 4 Schutzdauer-RL anzupassen.[205] Mit der Einführung des Schutzrechts bezweckte der Gesetzgeber des UrhG 1965, ein Schutzrecht für denjenigen bereit zu stellen, der eine Erstausgabe nachgelassener Werke („editio princeps") bewirkt. Es soll keine wissenschaftliche Leistung voraussetzen, sondern an die Tatsache geknüpft sein, dass jemand ein bisher unbekanntes oder nur durch mündliche Überlieferung bekanntes Werk nach Ablauf der urheberrechtlichen Schutzfrist der Öffentlichkeit zugänglich macht. Das Sammeln alter Märchen, von Volksliedern oder Volkstänzen, das Auffinden alter Schriften oder Kompositionen und die Herausgabe solcher Werke erforderten oft einen erheblichen Arbeits- und Kostenaufwand, der es gerechtfertigt erscheinen lasse, dem Herausgeber für eine gewisse Zeit das ausschließliche Recht zur Verwertung der Ausgabe zu gewähren.[206] Begünstigt ist nach der Umsetzung von Art. 4 Schutzdauer-RL durch die 3. Urheberrechtsnovelle nicht nur derjenige, der ein nach-

---

[202] Sie ist kein Problem der Priorität, wie *v. Becker* (2017), S. 204 ff., meint.
[203] *Loewenheim* in Schricker/Loewenheim (2020), UrhG § 70 Rn. 4, ist dagegen der Ansicht, dass sich der Herausgeber sich das Recht der Vervielfältigung, Verbreitung und öffentlichen Wiedergabe vom Verfasser einräumen lassen muss.
[204] BGBl. I, 1995 S. 842.
[205] Zur Entstehungsgeschichte näher *Loewenheim* in Schricker/Loewenheim (2020), UrhG § 71 Rn. 2 ff.
[206] Begr. RegE BT-Drs. IV/270, S. 87 f.

gelassenes Werk erlaubterweise i. S. v. § 6 Abs. 2 UrhG erscheinen lässt, sondern auch, wer erlaubterweise die erstmalige öffentliche Wiedergabe i. S. v. § 15 Abs. 2 UrhG besorgt. Das Leistungsschutzrecht ist rechtspolitisch umstritten. Die Kritik entzündet sich hauptsächlich daran, dass Schutzgegenstand der editio princeps das in ihr enthaltene gemeinfreie Werk ist, so dass es zu seiner Remonopolisierung kommt. Sie richtet sich vorwiegend gegen die konkrete Ausgestaltung der Vorschrift.[207] Gelegentlich wird ihre völlige Abschaffung gefordert.[208] Unabhängig von den einzelnen Kritikpunkten, ist jedenfalls eine zurückhaltende Schutzgewährung angesagt, da die Vorschrift eine Ausnahme vom Grundsatz der Gemeinfreiheit vorsieht.

a) Nachgelassenes Werk

Bezugsobjekte sind Werke, deren urheberrechtlicher Schutz abgelaufen ist (Art. 4 Schutzdauer-RL). Im Zuge der Umsetzung der Richtlinie hat ihnen der deutsche Gesetzgeber Werke gleichgestellt, die im Geltungsbereich des UrhG niemals geschützt waren, deren Urheber aber schon länger als 70 Jahre tot sind. Er begründete diese Abweichung vom Wortlaut des Art. 4 Schutzdauer-RL damit, dass eine Beschränkung auf inländische Vorgänge das Ziel der Richtlinie, den Schutz für nachgelassene Werke in der EU bzw. im EWR zu harmonisieren, offensichtlich verfehlen würde. Der Sinn und Zweck von Art. 4 Schutzdauer-RL gehe dahin, auch solche nachgelassenen Werke einzubeziehen, die historisch bedingt oder wegen fehlender internationaler Vereinbarungen im Geltungsbereich des UrhG niemals urheberrechtlich geschützt waren, deren Schutz jedoch unter Anwendung des geltenden Rechts abgelaufen wäre.[209] Würde man nämlich darauf abstellen, wann das UrhG in Kraft getreten oder in Deutschland der Schutz des Urhebers in Laufe des 19. Jhdts. gesetzlich kodifiziert wurde, ergäbe sich z. B. eine erhebliche Distanz zur Situation in England, wo 1709 mit Act 8 Anne das erste neuzeitliche Urheberrechtsgesetz erlassen wurde, oder zu Frankreich, wo die Revolutionsgesetze von 1791 und 1793 den Durchbruch schafften.[210] Der Schutz der editio princeps ist ja gerade für alte Werke interessant, bei denen es eher vorkommt, dass verloren geglaubte Exemplare wieder auftauchen. Nicht einzusehen ist auch, dass er nicht eingreifen sollte, wenn es um nachgelassene Werke ausländische Urheber geht, die mangels entsprechender zwischenstaatlicher Abkommen in Deutschland (§ 121 Abs. 4 UrhG) nie geschützt waren.[211]

---

[207] Z. B. *Loewenheim* in Schricker/Loewenheim (2020), UrhG § 71 Rn. 3 ff.; *Lauber-Rönsberg* in BeckOK UrhR (Stand 1.5.2023), UrhG § 71 Rn. 1; *Thum* in Wandtke/Bullinger (2022), UrhG § 71 Rn. 2b ff.
[208] *v. Becker* (2017), S. 201 ff.
[209] Begr. RegE BT-Drs. 13/781, S. 11, 14.
[210] Näher *Stieper* GRUR 2012, 1083, 1086 f. Fn. 47; *Lauber-Rönsberg* in BeckOK UrhR (Stand 1.5.2023), UrhG § 71 Rn. 9.1, 9.2; *Thum* in Wandtke/Bullinger (2022), UrhG § 71 Rn. 20. A. A. *Eberl* GRUR 2006, 1009 f.
[211] So aber *Hertin* in Schulze/Mestmäcker (Dezember 2009), UrhG § 71 Rn. 23; *Loewenheim* in Schricker/Loewenheim (2020), UrhG § 71 Rn. 9.

F75 Auf das Schutzrecht ist nach § 71 Abs. 1 S. 3 auch § 5 UrhG sinngemäß anwendbar. Daraus schließt ein Teil der Kommentarliteratur, dass für die Herausgabe historischer Gesetze, Erlasse und Dekrete das Schutzrecht nicht entstehen könne.[212] Das ist zu überdenken. Der Zweck von § 5 UrhG, die möglichst weite Verbreitung amtlicher Werke und sonstiger hoheitlicher Äußerungen zu gewährleisten, betrifft in erster Linie nur aktuell noch geltende amtliche Werke, nicht aber solche, die vor langer Zeit ergangen sind, das Verhalten der Rechtsunterworfenen nicht mehr bestimmen und an deren Kenntnisnahme nur noch ein historisches Interesse besteht.[213] In diesen Fällen wird der Erwerb des Schutzrechts allerdings meist daran scheitern, dass historisch bedeutsame Gesetzgebungsakte der Öffentlichkeit zur Kenntnis gebracht wurden und erschienen waren.

F76 Ein nachgelassenes Werk muss ein Werk im Sinne des Beispielkatalogs von § 2 Abs. 1 UrhG sein, das eine persönliche geistige Schöpfung gem. Abs. 2 darstellt. Schutzunfähige Texte oder sonstige menschliche Artefakte sind daher keine Gegenstände einer editio princeps. Es fragt sich, ob die Schutzfähigkeit eines alten Werkes nach dem heutigen Maßstab des § 2 Abs. 2 UrhG überhaupt beurteilt werden kann. Es ist natürlich richtig, dass die meist nicht genau bekannte historische Situation in die Bewertung einfließen muss.[214] Die Schwierigkeiten sind aber beherrschbar. Wie oben herausgearbeitet wurde (→ Rn. E25 ff.), wird die Individualität eines geistigen Gegenstands in einem Rechtsstreit nicht dadurch festgestellt, indem man ihn mit vorbekannten Gestaltungen vergleicht, sondern danach fragt, ob er ausschließlich nach vorgegebenen Regeln und Konventionen erzeugt wurde. Insoweit hat ein heutiger Richter gegenüber einem historischen Richter zur Zeit der Schöpfung keinen entscheidenden Nachteil und kann anhand des ihm vorgelegten Exemplars die Rechtsfrage, ob in ihm ein individuelles Werk vorkommt, normalerweise beurteilen. Er muss nicht danach fahnden, ob schon vorher Gestaltungen existierten, die dasselbe ausdrücken. Geht es in einem Rechtsstreit um die Verletzung des Schutzrechts für ein nachgelassenes Werk, ist es deshalb nicht Aufgabe des Klägers, darzulegen und zu beweisen, dass das herausgegebene Werk nicht bereits durch ein anderes vorweggenommen worden war, sondern des Beklagten, dass es so ist, wenn er dessen urheberrechtliche Schutzfähigkeit bestreitet.[215] In dem Aufsehen erregenden Rechtsstreit um die Himmelsscheibe von Nebra fand das LG Magdeburg[216] dementsprechend keinen Anhaltspunkt dafür, dass es vor der Entstehung des Fundstücks andere Exemplare der Himmelsscheibe gab, und hat daher deren Schutzfähigkeit nicht problematisiert, unabhängig davon ob man sie als ein Exemplar

---

[212] *Loewenheim* in Schricker/Loewenheim (2020), UrhG § 71 Rn. 6; *Dreier* in Dreier/Schulze (2022), UrhG § 71 Rn. 6.

[213] *Hertin* in Schulze/Mestmäcker (Dezember 2009), UrhG § 71 Rn. 24; *Thum* in Wandtke/Bullinger (2022), UrhG § 71 Rn. 42.

[214] *A. Nordemann* in Fromm/Nordemann (2018), UrhG § 71 Rn. 11.

[215] S. o. → Rn. E62. So auch *Thum* in Wandtke/Bullinger (2022), UrhG § 71 Rn. 9a.

[216] LG Magdeburg GRUR 2004, 672, 674 – Himmelsscheibe von Nebra.

eines Kunstwerks oder einer Darstellung wissenschaftlicher oder technischer Art ansieht. Die Frage, ob insbesondere für alte Werke der angewandten Kunst eine besondere Gestaltungshöhe zu fordern wäre, ist durch die neuere Rechtsprechung des BGH zugunsten der kleinen Münze ohnehin geklärt.[217]

b) Erstmaliges Erscheinen und erstmalige öffentliche Wiedergabe

Die Begriffe des Erscheinens und der öffentlichen Wiedergabe sind zentral für das Verständnis der Vorschrift. Nach herrschender Ansicht korrespondiert das Tatbestandsmerkmal, wonach das nachgelassene Werk vor seiner Herausgabe nirgendwo und zu keiner Zeit erschienen sein darf, mit der Entscheidung des Gesetzgebers, dass nur derjenige das Schutzrecht erwirbt, der es *erstmals* erscheinen lässt. Da es auch mit der erstmaligen öffentlichen Wiedergabe entsteht, folgt daraus in gleicher Weise, dass es vorher nicht öffentlich wiedergegeben worden sein darf.[218] Anders als im Urheberrecht und bei den anderen verwandten Schutzrechten schließt das Merkmal „erstmals" die Möglichkeit einer doppelten Herausgabe desselben nachgelassenen Werkes aus. Die Begriffe des Erscheinens und der öffentlichen Wiedergabe haben somit einen negativen und einen positiven Aspekt. Sofern sie sich auf Handlungen beziehen, die sich in der Vergangenheit vor Eintritt der Gemeinfreiheit abgespielt haben, stehen sie dem Erwerb des Schutzrechts entgegen, gleichgültig, ob der Herausgeber das gemeinfreie Werk später wieder erscheinen lässt oder es öffentlich wiedergibt.[219] Handlungen, die danach erfolgen, haben dagegen schutzrechtsbegründenden Charakter.

F77

aa) Verschollene Werke

Eine Gegenansicht[220] will es auch dann entstehen lassen, wenn das betroffene Werk zwar schon einmal erschienen war, aber danach verschollen ist, weil keine Vervielfältigungsstücke mehr vorhanden sind und es dem Bewusstsein der Allgemeinheit entschwand. Dafür spricht, dass der Aufwand derjenigen, die nicht erschienene, nicht öffentlich wiedergegebene oder verschollene gemeinfreie Werke der Öffentlichkeit zugänglich machen, meist vergleichbar ist. Dennoch gebührt der herrschenden Meinung der Vorzug. Beiden Ansichten liegen nämlich unterschiedliche Szenarien zugrunde. Im ersten Fall ist es dem Schöpfer des nachgelassenen Werkes aus welchen Gründen auch immer nicht gelungen, sein Werk durch Anfertigung einer genügenden Anzahl von Vervielfältigungsstücken

F78

---

[217] S. o. → Rn. E86; vgl. auch *A. Nordemann* in Fromm/Nordemann (2018), UrhG § 71 Rn. 11.
[218] BGH GRUR 2009, 942 Rn. 21 – Montezuma; *Thum* in Wandtke/Bullinger (2022), UrhG § 71 Rn. 10, 12; *Hertin* in Schulze/Mestmäcker (Dezember 2009), UrhG § 71 Rn. 20; *Loewenheim* in Schricker/Loewenheim (2020), UrhG § 71 Rn. 7; *Dreier* in Dreier/Schulze (2022), UrhG § 71 Rn. 5.
[219] *A. A. Rühberg* ZUM 2006, 122, 129, der nur ein früheres Erscheinen, nicht aber eine frühere öffentliche Wiedergabe berücksichtigen will.
[220] *A. Nordemann* in Fromm/Nordemann (2018), UrhG § 71 Rn. 17 f.

oder durch eine öffentliche Wiedergabe einer größeren Zahl von Mitgliedern der Öffentlichkeit bekannt zu machen. Dies holt nun der spätere Herausgeber nach, indem er ein Werkexemplar findet oder sich eine mündliche Erzählung zu eigen macht und als erster das Erscheinen oder die öffentliche Wiedergabe des gemeinfreien Werkes bewirkt. Für diese Leistung wachsen ihm gem. § 71 UrhG auf eine Zeitspanne von 25 Jahren die Rechte zu, die dem Schöpfer zustehen würden, wenn er noch leben würde, die er aber nicht oder nicht ausreichend ausgeübt hat. Die damit verbundene Remonopolisierung des Werks ist insoweit mit dem Gedanken der Gemeinfreiheit verträglich, weil der Herausgeber es an Stelle des verstorbenen Urhebers überhaupt erst nachhaltig in den allgemeinen Kommunikationskreislauf einführt und anderen Personen ermöglicht, das Werk zur Kenntnis zu nehmen und sich mit ihm auseinanderzusetzen.[221] Im zweiten Fall ist die Ausgangslage eine andere. Hier hat der Schöpfer das Werk bereits erscheinen lassen oder öffentlich wiedergegeben und damit alles getan, um sein Werk bekannt zu machen, aber bedauerlicherweise das Schicksal vieler hoffnungsvoller Urheber erlitten, dass sein Werk kein nachhaltiges Interesse bei dem anvisierten Publikum gefunden hat und nicht in das allgemeine Gedächtnis der Öffentlichkeit eingegangen ist. Es erneut bekanntzumachen, mag eine verdienstvolle Leistung sein, rechtfertigt aber nicht, vom Grundsatz der Gemeinfreiheit abzuweichen und dem Herausgeber das ausschließliche Recht zuzuweisen, aus der Gemeinfreiheit des Werks Nutzen ziehen und andere Personen davon ausschließen zu können.[222]

bb) Begriff des Erscheinens

F79 Entsprechend der international gebräuchlichen Terminologie sind unter veröffentlichten Werken i. S. v. Art. 4 Schutzdauer-RL erschienene Werke zu verstehen.[223] Für den Begriff des Erscheinens gem. § 71 UrhG ist deshalb nicht § 6 Abs. 1, sondern § 6 Abs. 2 UrhG maßgebend. Eine Veröffentlichung, die nicht zum Erscheinen des Werkes führt oder mit einer öffentlichen Wiedergabe nach § 15 Abs. 2, 3 UrhG verbunden ist, begründet den Erwerb des Schutzrechts nicht, steht ihm aber auch nicht entgegen, wenn sie vor Eintritt der Gemeinfreiheit erfolgte.

F80 Ein Werk ist gem. § 6 Abs. 2 S. 1 UrhG erschienen, wenn mit Zustimmung des Berechtigten Werkstücke nach ihrer Herstellung in genügender Zahl der Öffentlichkeit angeboten oder in Verkehr gebracht worden sind, d. h. in einer Zahl, die ausreicht, dass entsprechend der Marktlage voraussichtlich der normale Bedarf des anvisierten Publikums gedeckt werden kann.[224] Nach § 6 Abs. 2 S. 2 UrhG

---

[221] *Stang* (2011), S. 143 ff.
[222] BGH GRUR 2009, 942 Rn. 12 – Montezuma; OLG Düsseldorf GRUR 2006, 673, 675 f. – Montezuma.
[223] Art. 3 Abs. 3 RBÜ; Art. VI WUA; Art. 3 lit. d Rom-Abkommen. *A. Nordemann* in Fromm/Nordemann (2018), UrhG § 6 Rn. 5 ff.; *Katzenberger/Metzger* in Schricker/Loewenheim (2020), UrhG § 6 Rn. 58.
[224] Vgl. z. B. BGH GRUR 2009, 942 Rn. 33 – Montezuma.

gilt ein Werk der bildenden Künste auch dann als erschienen, wenn das Original oder ein Vervielfältigungsstück des Werkes mit Zustimmung des Berechtigten bleibend der Öffentlichkeit zugänglich ist. Damit soll dem Umstand Rechnung getragen werden, dass Werke der bildenden Künste in der Regel nicht durch das Angebot oder Inverkehrbringen einer genügenden Anzahl von Vervielfältigungsstücken der Öffentlichkeit zugänglich gemacht werden, sondern durch eine bleibende Ausstellung eines Exemplars an öffentlichen Plätzen, in Museen usw.[225] Im Schrifttum wird unter Berufung auf den internationalen Sprachgebrauch überwiegend die Ansicht vertreten, dass diese Bestimmung im Rahmen des § 71 UrhG nicht anwendbar sei.[226] Dem ist nicht zu folgen. Für die h. M. spricht zwar, dass nach Art. 3 Abs. 3 S. 2 RBÜ die Ausstellung eines Werkes der bildenden Künste und die Errichtung eines Baukunstwerkes keine qualifizierten Veröffentlichungen im Sinne des Erscheinens darstellen. Dagegen spricht aber, dass die *bleibende* Ausstellung auch nur *eines* Werkexemplars an einem öffentlich zugänglichen Ort oder in einer öffentlich zugänglichen Kultureinrichtung eine durchaus vergleichbar intensive Werknutzung sein kann wie die Verbreitung einer Mehrzahl von Werkstücken in die Öffentlichkeit oder die öffentliche Wiedergabe gegenüber einer Mehrzahl von Personen. Ein Künstler, dem es gelingt, ein oder mehrere Exemplare seines Werkes bleibend der Öffentlichkeit zu präsentieren, hat wie ein Literat oder Komponist, der sein Werk erscheinen lässt, normalerweise alles getan, um es hinreichend bekannt zu machen. Die Anwendbarkeit von § 6 Abs. 2 S. 2 UrhG bedeutet, dass das Schutzrecht erworben wird, wenn etwa ein Museum ein Exemplar eines unbekannt gebliebenen gemeinfreien Werkes der bildenden Künste erstmals bleibend ausstellt. Das Argument der Gegenansicht, dass nach internationalem Sprachgebrauch veröffentlichte Werke nur solche sind, die in genügender Anzahl verbreitet werden,[227] steht dem nicht entgegen. Art. 3 Abs. 3 S. 2 RBÜ betont zwar, dass die Ausstellung eines Werkes der bildenden Künste und die Errichtung eines Werkes der Baukunst keine Veröffentlichung darstellt, bekräftigt dies aber auch für die Aufführung eines dramatischen, dramatisch musikalischen oder musikalischen Werkes, die Vorführung eines Filmwerkes, den öffentlichen Vortrag eines literarischen Werkes sowie die Übertragung oder die Rundfunksendung von Werken der Literatur oder Kunst. Daraus kann man schließen: Wenn nach europäischem und internationalem Recht die bleibende Ausstellung eines Werkes der bildenden Künste und die Errichtung eines Baukunstwerks als eine der öffentlichen Werkwiedergabe gleichkommende Art der Werknutzung aufzufassen ist, die der Allgemeinheit bleibenden Besitz vom schöpferischen Gehalt des präsentierten Werkexemplars sichern kann,[228] und nach Art. 4 Schutzdauer-RL die öffentliche

---

[225] Begr. RegE BT-Drs. IV/270, S. 40.
[226] Z. B. *Loewenheim* in Schricker/Loewenheim (2020), UrhG § 71 Rn. 8; *Stieper* GRUR 2012, 1083, 1088.
[227] A. A. *Thum* in Wandtke/Bullinger (2022), UrhG § 71 Rn. 11; *Loewenheim* in Schricker/Loewenheim (2020), UrhG § 71 Rn. 8.; *Stieper* GRUR 2012, 1083, 1087.
[228] Vgl. *Stieper* GRUR 2012, 1083, 1088.

Wiedergabe ebenfalls eine dem Erscheinen gleichkommende Art der Veröffentlichung ist, dann kommt die bleibende Ausstellung auch dem Erscheinen gleich. Daraus folgt, dass sowohl das frühere Erscheinen als auch die frühere öffentliche Wiedergabe[229] oder die bleibende Ausstellung des gemeinfreien Werkes im öffentlichen Raum den Erwerb des Schutzrechts ausschließt. In der Praxis dürfte die Frage nach der Anwendbarkeit von § 6 Abs. 2 S. 2 UrhG allerdings eher selten relevant werden, da die bleibende öffentliche Ausstellung oder Präsentation eines Werkes der bildenden Kunst oder eines Baukunstwerks heutzutage wie auch früher in der Regel mit der Verbreitung von Vervielfältigungsstücken in Form von Ausstellungskatalogen, Plakaten, Fotografien, Werbeankündigungen oder einer Internetveröffentlichung einhergeht, was auch zum Erscheinen und zur öffentlichen Wiedergabe dieser Werke führen kann.[230]

cc) Begriff der öffentlichen Wiedergabe

F81 Mit dem Begriff der öffentlichen Wiedergabe wird auf die Definitionen in § 15 Abs. 2, 3 und §§ 19 bis 22 UrhG verwiesen.[231] Vereinzelt wird dagegen eingewandt, dieser Begriff habe im europäischen Recht eine abweichende Bedeutung als im deutschen; gemeint sei eine Übertragung auf Distanz, wie sie insbesondere beim öffentlichen Zugänglichmachen im Internet gem. § 19a UrhG oder bei Sendungen nach §§ 20 bis 20b UrhG geschehe.[232] Dem Einwand ist zuzugeben, dass Art. 3 Abs. 1 InfoSoc-RL das Recht der öffentlichen Wiedergabe nur für Wiedergabehandlungen im Sinne eines Maximalschutzes harmonisiert, die sich an ein am Ort der Wiedergabe *abwesendes* Publikum richten.[233] Das heißt aber keineswegs, dass Akte der Wiedergabe, die sich an Mitglieder der Öffentlichkeit richten, die am Ort der Wiedergabe anwesend sind, keine öffentlichen Wiedergabehandlungen nach europäischem Recht sind. Sie sind zwar durch Art. 3 Abs. 1 InfoSoc-RL nicht harmonisiert, beruhen aber auf Vorgaben der RBÜ, deren Art. 1 bis 21 integraler Bestandteil des Unionsrechts sind.[234] Für die Wiedergabearten mittels persönlicher Darbietung gem. § 19 Abs. 1 und 2 UrhG, die Art. 11ter Abs. 1 Nr. 1 und Art. 11 Abs. 1 Nr. 1 RBÜ entsprechen, hat dies der EuGH auch explizit bekräftigt.[235] Dem Vorführungsrecht nach § 19 Abs. 4 und den Rechten der §§ 21, 22 UrhG, die Wiedergaben für ein am Ort

---

[229] *Loewenheim* in Schricker/Loewenheim (2020), UrhG § 71 Rn. 7; *Thum* in Wandtke/Bullinger (2022), UrhG § 71 Rn. 12; *Dreier* in Dreier/Schulze (2022), UrhG § 71 Rn. 5; a. A. A. *Nordemann* in Fromm/Nordemann (2018), UrhG § 71 Rn. 18; offengelassen von BGH GRUR 2009, 942 Rn. 21 – Montezuma.

[230] *Thum* in Wandtke/Bullinger (2022), UrhG § 71 Rn. 10 ff.

[231] Z. B. *Loewenheim* in Schricker/Loewenheim (2020), UrhG § 71 Rn. 8.

[232] *Lauber-Rönsberg* in BeckOK UrhR (Stand 1.5.2023), UrhG § 71 Rn. 22; *Stieper* GRUR 2012, 1083, 1087.

[233] Erw.grd 23, 24 InfoSoc-RL. Zum Ganzen eingehend *Haberstumpf* in Büscher/Dittmer/Schiwy (2015), UrhG § 15 Rn. 3, 6.

[234] EuGH GRUR 2012, 156 Rn. 189 – Football Association Premier League; EuGH GRUR 2012, 593 Rn. 39 – SCF.

[235] EuGH GRUR Int. 2012, 150 Rn. 35 – Citrcul Globus Bucureşti.

der Wiedergabe versammeltes Publikum mittels technischer Einrichtungen betreffen, entsprechen Art. 14 Abs. 1 Nr. 2, Art. 14bis Abs. 1 i. Verb.m. Art. 14 Abs. 1 Nr. 2, Art. 11 Abs. 1 Nr. 1, Art. 11ter Abs. 1 Nr. 1, Art. 11bis Abs. 1 Nr. 3 RBÜ.[236] Der Begriff der öffentlichen Wiedergabe gem. Art. 4 Schutzdauer-RL umfasst daher zweifellos alle in den §§ 19 bis 22 UrhG definierten Wiedergabearten.

dd) Beweisprobleme

Die Ausdehnung des Tatbestands auf öffentliche Wiedergabearten ist auf Kritik gestoßen. In Übereinstimmung mit der Ansicht des Gesetzgebers des UrhG 1965 wird in erster Linie bemängelt, dass damit der Rechtssicherheit nicht gedient werde, weil im Gegensatz zur Verbreitung von Vervielfältigungsstücken, die der Allgemeinheit bleibenden Besitz vermittle, eine öffentliche Wiedergabe keine Spuren hinterlasse und bei alten Werken kaum jemals mit Sicherheit festgestellt werden könne, ob sie bereits früher einmal öffentlich wiedergegeben worden seien.[237] Das Argument der Kritik, in der Regel vermittle nur das Erscheinen eines Werkes der Allgemeinheit bleibenden Besitz an ihm, die öffentliche Wiedergabe dagegen nicht, ist jedoch anfechtbar. Werke sind geistige Gegenstände, die nicht nur in körperlichen Objekten und unkörperlichen Erscheinungen vorkommen, sondern auch in den Köpfen ihrer Produzenten und von Lesern, Hörern oder Betrachtern existieren. Weil die Identität eines geistigen Gegenstands dadurch hergestellt wird, dass er innerhalb eines sozialen Kommunikationssystems regelhaft gebildet wird, löst sich sein weiteres Schicksal von der Entstehungsgeschichte ab.[238] Die Existenz und Weiterexistenz eines Werkes hängt daher nicht entscheidend davon ab, ob und in welcher Zahl es in körperlichen Werkstücken festgehalten wurde, sondern ob und wie fest es Eingang in das Gedächtnis von Menschen gefunden hat und in ihm verhaftet bleibt. Der Einzug der Schriftlichkeit in die menschliche Kultur und die damit verbundene Fixierbarkeit von geistigen Gegenständen in körperlichen Objekten hat die Überlieferung durch den mündlichen Vortrag von Texten und Liedern oder durch persönliche Darbietung von Tänzen usw., d.h. durch öffentliche Wiedergaben,[239] nicht verdrängt. Umgekehrt garantiert die bloße Verbreitung von Werkstücken nicht, dass das in ihnen verkörperte Werk Spuren hinterlässt. Ihr Angebot findet nicht selten kein Interesse beim Zielpublikum. In Verkehr gebrachte Werkexemplare unterliegen einem natürlichen Zerfallsprozess oder kommen in sonstiger Weise abhanden, so dass ebenfalls nicht selten der Fall eintritt, dass keine mehr

---

[236] EUGH GRUR 2012, 156 Rn. 188 ff., 192 – Football Association Premier League, im Hinblick auf die Übertragung durch Rundfunk gesendeter Werke über einen Fernsehbildschirm und Lautsprecher für die sich in einer Gastwirtschaft aufhaltenden Gäste. Dazu näher *Haberstumpf* in Büscher/Dittmer/Schiwy (2015), UrhG § 15 Rn. 3.
[237] Begr. RegE BT-Drs. IV/270, S. 88. *Loewenheim* in Schricker/Loewenheim (2020), UrhG § 71 Rn. 3; *A. Nordemann* in Fromm/Nordemann (2018), UrhG § 71 Rn. 22; *Thum* in Wandtke/Bullinger (2022), UrhG § 71 Rn. 3, 5.
[238] S. o. → Rn. B32, C4, C51, C90.
[239] So Begr. RegE BT-Drs. IV/270, S. 88.

existieren und sich keiner mehr an das Werk erinnert. Die Verbreitung kann der Allgemeinheit bleibenden Besitz an dem Werk vermitteln, bewirkt dies aber nicht immer. Es ist natürlich möglich, dass öffentliche Wiedergaben keine nachhaltigen Spuren hinterlassen. Das ist aber ebenfalls nicht immer der Fall.

F83 Auch die angesprochenen Beweisprobleme rechtfertigen es nicht, einen Unterschied zwischen dem Erscheinen und der öffentlichen Wiedergabe zu machen. Sofern sich der Herausgeber einer editio princeps im Streitfall darauf beruft, er habe ein gemeinfreies Werk erscheinen oder öffentlich wiedergeben lassen, ist es ihm ohne weiteres zuzumuten, den vollen Beweis für diese Behauptung zu führen; denn diese Handlungen erfolgten innerhalb seiner Einflusssphäre. Der Beweis seiner Behauptung, er habe ein niemals erschienenes oder ein nie öffentlich wiedergegebenes gemeinfreies Werk herausgegeben, fällt natürlich erheblich schwerer, weil er damit eine negative Tatsache beweisen muss und es sich in der Regel um sehr alte Werke handelt, deren Schicksal er nicht aus eigener Sicht beurteilen kann. Den generellen Schwierigkeiten, denen sich die mit dem Beweis einer negativen Tatsache belastete Partei gegenübersieht, ist nach der Rechtsprechung im Rahmen der Zumutbarkeit dadurch zu begegnen, dass sich der Prozessgegner nicht mit dem bloßen Bestreiten begnügen darf, sondern substanziiert darlegen muss, welche Umstände für das Vorliegen dieser Tatsache sprechen, um der beweisbelasteten Partei die Möglichkeit zu geben, sie zu widerlegen. Es ist daher nicht zu befürchten, dass bei der Anwendung der zum Nachweis negativer Tatbestandsmerkmale entwickelten Grundsätze dem Anspruchsteller eine Beweisführung praktisch unmöglich wäre und die Norm des § 71 UrhG faktisch leerliefe.[240] Diese Grundsätze gelten unterschiedslos, gleichgültig, ob der Anspruchsteller beweisen muss, dass das fragliche Werk nicht erschienen war bzw. dass es nicht öffentlich wiedergegeben wurde. Manchmal fällt es sogar leichter, Feststellungen über eine frühere öffentliche Wiedergabe des Werks zu treffen. Der Fall „Montezuma" ist ein markantes Beispiel dafür. Hier stand nämlich als historische Tatsache fest, dass die von Vivaldi komponierte Oper Montezuma im Jahre 1733 unter seiner Leitung in dem der Öffentlichkeit zugänglichen Theater und Opernhaus Teatro San Angelo in Venedig *uraufgeführt* und damit i. S. v. § 19 Abs. 2 UrhG bühnenmäßig aufgeführt wurde.[241] Und wenn Erzählungen, Märchen, Sagen, Lieder oder Tänze zum Volksgut geworden sind, ohne schriftlich aufgezeichnet worden zu sein, steht gleichfalls fest, dass sie sich durch öffentliche Vorträge, Darbietungen und Aufführungen der Nachwelt erhalten haben.[242]

---

[240] BGH GRUR 2009, 942 Rn. 17 f. – Montezuma, m. w. N.
[241] OLG Düsseldorf GRUR 2006, 673, 677 – Montezuma; BGH GRUR 2009, 942 – Montezuma. Hätte sich der BGH, statt die Frage nach dem Erscheinen des Notenmaterials zu diskutieren, hierauf bezogen, hätte er sich erheblich leichter getan, sein klageabweisendes Urteil zu begründen.
[242] Begr. RegE BT-Drs. IV/270, S. 88. Dass der Gesetzgeber des UrhG 1965 die schriftliche Aufzeichnung und Erstausgabe solcher volkstümlicher Werke noch als Beispiele für nachgelassene Werke aufführte, lag daran, dass er die editio princeps explizit nicht auf öffentliche

Dem Anspruchsteller weitergehende Erleichterungen der Beweisführung, etwa durch eine Beweislastumkehr[243] oder eine Reduzierung des Beweismaßes[244] zu gewähren, sind ebenfalls nicht gerechtfertigt.[245] Dafür besteht umso weniger Anlass, als der Schutz der editio princeps eine Ausnahme vom Grundsatz der Gemeinfreiheit bildet und eine Ausnahme bleiben soll. Ist es dagegen nur wahrscheinlich, dass das gemeinfreie Werk früher erschienen ist oder öffentlich wiedergegeben wurde, geht die Unaufklärbarkeit dieser Tatsache zu Lasten dessen, der das Schutzrecht für sich beansprucht. Denn ein solches non liquet muss hier zugunsten des Rechtsgrundsatzes der Gemeinfreiheit ausgehen.[246] Das gilt insbesondere dann, wenn bei sehr alten Funden überhaupt keine gesicherten Anhaltspunkte dafür vorliegen, wie das betreffende Artefakt genutzt wurde. In dem Fall „Himmelsscheibe von Nebra" hat daher das LG Magdeburg daher zu Unrecht aus der Tatsache, dass die Scheibe über einen sehr langen Zeitraum im Boden verborgen war, geschlossen, dass sie früher niemals der Öffentlichkeit zugänglich gemacht wurde. Es ist zwar möglich, dass das gefundene Exemplar der Scheibe als reines Kultobjekt nur eingeweihten Priestern zugänglich gewesen war. Es ist aber genauso gut möglich, dass sie als Darstellung des Kosmos im vorgeschichtlichen Europa zu astronomischen Zwecken hergestellt und von einer (womöglich begrenzten) Öffentlichkeit von kundigen Sterndeutern verwendet und in weniger aufwändigen, nicht mehr vorhandenen Exemplaren reproduziert wurde.[247] **F84**

ee) Qualifizierte Art der Verbreitung und der öffentlichen Wiedergabe

Zweck der Vorschrift ist, demjenigen die urheberrechtlichen Ausschließlichkeitsrechte zuzuordnen, der es unternimmt, ein unbekanntes gemeinfreies Werk unter Aufwendungen von Arbeit und Kosten der Allgemeinheit erneut in einer Weise zur Verfügung zu stellen, die geeignet ist, ihr bleibenden Besitz an dem geistigen Gehalt des Werkes zu vermitteln. Um sie zu erwerben, muss also ein qualitatives *Schwellenkriterium* erreicht werden. Lässt der Herausgeber es i. S. v. § 6 Abs. 2 UrhG erscheinen, ist es regelmäßig erfüllt. Das Erscheinen stellt nämlich nicht nur eine qualifizierte Form der Veröffentlichung, sondern auch der Verbreitung des Werkes dar. Es reicht nicht aus, dass Werkstücke überhaupt der Öffentlichkeit angeboten oder in den Verkehr gebracht werden. Sie müssen vielmehr in genügender Anzahl *sowohl hergestellt als auch der Öffentlichkeit angeboten* oder sonst in Verkehr gebracht werden.[248] Werbeaufforderungen beispiels- **F85**

Wiedergaben ausdehnen wollte. Diese Einstellungen hat er jedoch später im 3. UrhÄndG von 1995 korrigiert.

[243] *Thum* in Wandtke/Bullinger, Urheberrecht 3. Aufl. 2009, UrhG § 71 Rn. 13.
[244] *Götting/Lauber-Rönsberg* GRUR 2006, 638, 644.
[245] BGH GRUR 2009, 942 Rn. 18 – Montezuma, mit umfangreichen Nachweisen aus dem Schrifttum; OLG Düsseldorf GRUR 2006, 673, 674 f., 678 f. – Montezuma.
[246] *Peukert* (2012), S. 188; *Stieper* GRUR 2012 1083, 1086 f.
[247] *Eberl* GRUR 2006, 1009.
[248] Begr. RegE BT-Drs. IV/270, S. 40, 88; BGH GRUR 2009, 942 Rn. 33 – Montezuma; *A. Nor-*

weise, Bücher zu subskribieren, mit deren Herstellung bis zum Eingang einer ausreichenden Anzahl von Bestellungen zugewartet wird, bewirken daher das Erscheinen des betreffenden Werkes noch nicht[249]. Die Anzahl der hergestellten und angebotenen Werkstücke ist dann genügend, wenn sie zur Deckung des normalen Bedarfs ausreicht, d. h. wenn dem interessierten Publikum ausreichend Gelegenheit zur Kenntnisnahme des Werkes gegeben wird. Hierbei kommt es wesentlich auf die Art des Werkes und seine Verwertung an.[250] Der Herausgeber des gemeinfreien Werkes muss also Investitionen an Arbeit, Zeit und Geld erbringen, um eine genügende Anzahl von Werkstücken herzustellen, diese werblich anzubieten und Personen der Öffentlichkeit den Besitz oder das Eigentum an ihnen zu verschaffen. Die für seine Leistung gewährten Ausschließlichkeitsrechte sollen nicht nur einen Anreiz geben, sich dieser Aufgabe zu unterziehen, sondern es ihm ermöglichen, seine Aufwendungen innerhalb der 25jährigen Schutzfrist zu amortisieren. Sie versetzen ihn insbesondere in die Lage, einem Werkvermittler im Wege der Vorausverfügung über seine Ausschließlichkeitsrechte eine gesicherte Rechtsposition[251] zu verschaffen, damit dieser für ihn das Wagnis übernehmen kann, die erforderlichen Werkstücke dem interessierten Publikum zuzuführen, wenn er die dazu nötigen Aufwendungen nicht selbst erbringen kann. Indem er die erforderlichen Ausschließlichkeitsrechte gem. § 71 Abs. 2 UrhG abtritt oder gem. § 31 Abs. 1, 3 UrhG einräumt, verschafft er dem Werkvermittler ein Anwartschaftsrecht, das zum Vollrecht erstarkt, wenn dieser vertragsgemäß das Werk erscheinen lässt. Er hat das seinerseits Erforderliche getan, und es hängt nur noch von der Leistung des Werkvermittlers und dem Interesse des Publikums ab, dass das Werk der angesprochenen Öffentlichkeit bekannt wird. Daraus folgt auch, dass nicht der Werkvermittler, etwa ein Verleger, Inhaber des Schutzrechts wird, sondern der Herausgeber, der das Erscheinen veranlasst.[252]

F86 Der Begriff des Erscheinens gibt auch den Beurteilungsmaßstab vor, welche Qualität die öffentliche Wiedergabe haben muss, um dem Zweck der editio princeps entsprechend das Schutzrecht erwerben zu können. Auch hier kann es nicht darum gehen, das Werk überhaupt einer Mehrzahl von Personen der Öffentlichkeit unkörperlich zugänglich zu machen. Die öffentliche Wiedergabe muss vielmehr so intensiv sein, dass sie dem anvisiertem Zielpublikum bleiben-

---

demann in Fromm/Nordemann (2018), UrhG § 71 Rn. 12; *Katzenberger/Metzger* in Schricker/Loewenheim (2020), UrhG § 6 Rn. 42.

[249] *Katzenberger/Metzger* in Schricker/Loewenheim (2020), UrhG § 6 Rn. 42.

[250] BGH GRUR 2009, 942 Rn. 33 – Montezuma; BGH GRUR Int. 1975, 361, 363 – August Vierzehn; BGH GRUR 1981, 360, 362 – Erscheinen von Tonträgern.

[251] Zur Vorausverfügung bei der Einräumung von Nutzungsrechten *Haberstumpf* in Büscher/Dittmer/Schiwy (2015), UrhG § 31 Rn. 7.

[252] Begr. RegE BT-Drs. IV/270, S. 88; *Loewenheim* in Schricker/Loewenheim (2020), UrhG § 71 Rn. 14; *Dreier* in Dreier/Schulze (2022), UrhG § 71 Rn. 9. Nach anderer Ansicht soll dagegen die verlegerische, wettbewerbliche Leistung geschützt sein; s. BGH GRUR 1975 447, 448 – Te Deum; *v. Gamm* (1968), UrhG § 71 Rn. 1, 4; *Schack* (2019), Rn. 738; *Thum* in Wandtke/Bullinger (2022), UrhG § 71 Rn. 32.

den Besitz an dem geistigen Gehalt des herausgegebenen Werkes vermitteln kann. Nur dann kann sie als eine dem Erscheinen gleichwertige Art der Werkverbreitung angesehen werden. Die Problematik der Ausdehnung des Schutzrechts auf öffentliche Wiedergabearten liegt nicht darin, dass sie keine Spuren hinterließen und bei alten Werken kaum jemals feststellbar seien, sondern darin, *wann* sie sich im Einzelfall als eine dem Erscheinenlassen gleichwertige Leistung erweisen. Die Dauer der Zugänglichkeit[253] und die Zahl der erreichbaren Mitglieder der Öffentlichkeit sind zwar wichtige Kriterien, aber nicht allein. Bietet beispielsweise der Herausgeber das betreffende gemeinfreie Werk erstmals auf seiner Webseite im Internet an, so dass die ans Internet angeschlossenen Nutzer es ansehen, anhören und herunterladen können, ist noch nicht gewährleistet, dass sie es überhaupt zur Kenntnis nehmen und es nicht in den Weiten des World Wide Web verschwindet. Jede Internetseite ist zwar von allen angeschlossenen Nutzern abrufbar. Das heißt aber nicht, dass das Angebot alle Nutzer anspricht und faktisch erreicht. Anbieter von Inhalten im Netz konkurrieren miteinander und sprechen je nach Ausrichtung, Attraktivität, Beliebtheit unterschiedliche Personenkreise mit unterschiedlichen Nutzergewohnheiten an.[254] Um sein Zielpublikum zu erreichen, genügt es daher nicht, dass der Herausgeber eine Internetseite einrichtet und das Werk gem. § 19a UrhG zum Abruf bereithält oder es auf irgendeine Plattform hochlädt. Er muss zusätzliche Anstrengungen unternehmen, um auf sein Angebot aufmerksam zu machen und zu gewährleisten, dass die angesprochenen Nutzer es auch in nennenswertem Umfang abrufen. Wann sie ausreichen, hängt auch hier wesentlich von der Art des Werkes und dem anvisierten Zielpublikum ab. Richtet es sich etwa im Fall der Herausgabe eines wissenschaftlichen Werkes an ein begrenztes Publikum, wird es ausreichen, dass das Werk von einem hierfür spezialisierten Webseitenbetreiber auf Dauer zugänglich gemacht wird. Angebote an die allgemeine Öffentlichkeit, die sich einer größeren Konkurrenz ausgesetzt sehen, sind dagegen intensiver zu bewerben. Der Herausgeber muss die erforderlichen Aufwendungen nicht selbst erbringen, sondern kann natürlich einen geeigneten Webseitenbetreiber mit der Verbreitung des gemeinfreien Werkes im Internet beauftragen. Er hat dann auch insoweit alles seinerseits Erforderliche getan, und es hängt nur noch von der Leistung des Werkvermittlers und dem Interesse des Publikums ab, dass das Werk der angesprochenen Öffentlichkeit bekannt wird. Entsprechendes gilt, wenn es gem. §§ 20 bis 20b UrhG gesendet wird.

Die Frage, welche Qualität die öffentliche Wiedergabe haben muss, wird vor allem akut, wenn sich die Veranstaltung an ein anwesendes Publikum richtet, da die jeweils gewählte Örtlichkeit die Zahl der teilnehmenden Personen begrenzt. Kein Zweifel dürfte darüber bestehen, dass der erstmalige Vortrag, die erstmalige Vorführung oder Uraufführung eines dramatischen Werkes, eines musikalischen Werks oder eines Filmwerks bei einer bedeutenden Openair-Veranstal-

---

[253] Vgl. dazu *Lauber-Rönsberg* in BeckOK UrhR (Stand 1.5.2023), § 71 Rn. 21.
[254] Vgl. *Haberstumpf* JIPITEC 2019, 187, 196.

tung oder in einem großen Konzertsaal, Opernhaus oder Veranstaltungsort das Schwellenkriterium erreicht, zumal dies normalerweise nicht ohne werbliche Ankündigungen in den einschlägigen Medien geschieht und das Ereignis nachträglich besprochen wird. Denn solche Veranstaltungen sind geeignet, dass sich das Werk bei den teilnehmenden Besuchern einprägt und die Nachfrage weckt. Veranstaltungen dieser Art auf kleinen Bühnen und Sälen werden dagegen erst ausreichen, wenn sie darauf angelegt sind, das Werk mehrfach etwa im Rahmen einer Vortragserie oder auf einer Tournee wahrnehmbar zu machen.

F88 Das skizzierte Schwellenkriterium bestimmt ferner, wann eine der Herausgabe des gemeinfreien Werks vorausgehende frühere Veröffentlichung dem Erwerb des Schutzrechts entgegensteht, d. h. wann es vorher noch nie erschienen war oder öffentlich wiedergegeben wurde. Naturgemäß kommt es hierbei bei alten Werken auf die damals herrschenden Verbreitungspraktiken an.[255] Bereits in der griechischen und römischen Antike stand das Bibliothekswesen und der Handel mit Handschriften in hoher Blüte. Im römischen Reich gab es Buchhandlungen, die zunächst im Rom später aber auch in den größeren Provinzhauptstädten Bücher auf Vorrat oder Bestellungen vertrieben.[256] Tragödien und Komödien wurden anlässlich von Spielen in öffentlichen Theatern vor einem großen Publikum aufgeführt, was nicht nur den Schauspielern und Autoren Ruhm und Ehre einbrachte, sondern auch dafür sorgte, dass deren Inhalte in das Gedächtnis der Zuschauer einflossen und von ihnen weitertradiert wurden. Insbesondere bei namentlich bekannten und berühmten Autoren und Dichtern des Altertums dürfte es daher dem Herausgeber eines bisher nicht bekannten Werkes sehr schwerfallen, den Nachweis zu führen, dass es vorher weder erschienen noch in qualifizierter Form öffentlich wiedergegeben worden war. Als Beispiel möchte ich das zweite Buch der Poetik über die Komödie von *Aristoteles* anführen, das in dem Bestsellerroman „Der Name der Rose" von Umberto Eco eine Hauptrolle spielt. Dieses Buch gilt als verschollen. Manche bezweifeln, dass der Philosoph seine im ersten Buch angekündigte Absicht, eine Abhandlung über die Komödie und das Lächerliche schreiben zu wollen, überhaupt verwirklicht hat. Wir wollen nun annehmen, es werde irgendwo eine Handschrift dieses Buches entdeckt und von dem Entdecker in einer genügenden Anzahl von Kopien veröffentlicht. Um das Schutzrecht zu erwerben, müsste der Herausgeber darlegen und beweisen, dass es vorher weder erschienen noch öffentlich wiedergegeben wurde. Durch Vorlage und wissenschaftliche Untersuchung der Handschrift könnte man zwar mehr oder weniger sicher feststellen, dass es sich um dieses Werk handelt, nicht aber, dass es vorher nie erschienen war. Angesichts der Bedeutung des großen Philosophen spricht im Gegenteil einiges dafür, dass es mehrfach kopiert und wenigstens in den großen Bibliotheken von Alexandria und Pergamon längere Zeit für die Öffentlichkeit bereitgehalten und von Ge-

---

[255] Ausführlich OLG Düsseldorf GRUR 2006, 673, 674 f., 677 – Montezuma; *Hertin* in Mestmäcker/Schulze (Dezember 2009), UrhG § 71 Rn. 14 ff.; *Peukert* (2012), S. 188.
[256] *Wittmann* (1999), S. 13 ff.

lehrten zur Kenntnis genommen und zu wissenschaftlichen Zwecken benutzt wurde, zumal neuere Forschungsergebnisse es nahelegen, dass eine anonyme Handschrift aus dem 9. Jhdt. existiert, das wahrscheinlich eine Zusammenfassung der Hauptpunkte aus den zweiten Buch der Poetik enthält.[257]

Nach dem Untergang des weströmischen Reiches brach der kommerzielle Buchhandel zusammen. Die Klöster und die Bischofssitze mit ihren Domschulen wurden zu den Hütern der gelehrten und literarischen Überlieferung. Sie widmeten sich dieser Aufgabe mit Leidenschaft und beherbergten einen „geschlossenen Kreislauf" von Autoren, Herausgebern, Schreibern, Korrektoren, Illustratoren Kopisten und auch Lesern. Das heißt aber nicht, dass die Herstellung und Nutzung auf den jeweils internen Gebrauch der Geistlichen beschränkt gewesen wären. Neben den kostspieligen, zu Repräsentationszwecken angefertigten Prachtcodices entstand in den Skriptorien eine unüberschaubare Fülle einfacher Gebrauchshandschriften, die zwischen den Mönchgemeinschaften ausgetauscht wurden, um sie zu kopieren und die Kopie der eigenen Bibliothek einzuverleiben. In wachsendem Maße kopierten die Mönche neben antiker und frühchristlicher Literatur zeitgenössische Texte, die sie auch weltlichen Interessenten überließen.[258] Nicht vergessen werden darf, dass daneben die mündliche Überlieferung durch fahrende Troubadoure, Minnesänger und Vorleser auf den Höfen und Adelssitzen die Verbreitung insbesondere der zeitgenössischen Dicht- und Gesangskunst wesentlich förderte.

Erst im ausgehenden Mittelalter setzte in zunehmendem Maße ein nennenswerter Handel mit Handschriften und Notentexten ein, bis sich mit der Erfindung der Buchdruckerkunst in atemberaubender Geschwindigkeit in ganz Europa ein umfassendes Druck- und Verlagswesen etablierte. Die Verbreitung neuer Werke durch öffentliche Wiedergaben trat demgegenüber zurück, spielte aber nach wie vor eine wichtige Rolle. Das sei anhand des Sachverhalts der BGH-Entscheidung „Montezuma" illustriert. Die Oper Montezuma wurde im Jahre 1733 unter der Leitung des Komponisten Antonio Vivaldi am Teatro San Angelo in Venedig öffentlich uraufgeführt. Das Notenmaterial galt als verschollen. 2002 entdeckte ein Musikwissenschafter im Archiv einer Singakademie in Berlin die nicht ganz vollständige handschriftliche Kopie der Partitur der Oper, von der dann 50 Faksimile-Kopien gefertigt und im Internet zum Kauf angeboten wurden. Die Klage richtete sich gegen die viermalige vom Herausgeber nicht gestattete Aufführung der Opernmusik im Jahr 2005. Sie blieb erfolglos. Der BGH ging davon aus, dass entsprechend der damals in Venedig herrschenden Übung bereits die Übergabe des Notenmaterials an die Beteiligten der Uraufführung, selbst wenn es anschließend wieder eingesammelt wurde, und die Hinterlegung eines „originale" beim Opernhaus, von dem Interessenten durch gewerbliche Kopisten Abschriften fertigen konnten, das Erscheinen des Musikwerkes be-

---

[257] Sog. Tractatus Croislinianus; *Janko*, Aristotle on Comedy, London 2002, S. 77 ff., 90.
[258] *Wittmann* (1999), S. 16 ff.

wirkt hätten.[259] Diese Begründung überzeugt nicht,[260] weil die Übergabe des Notenmaterials an die beteiligten Musiker nur für eine einzige Aufführung kein Angebot an die Öffentlichkeit ist und die zusätzliche Anfertigung eines einzigen hinterlegten Exemplars nicht ausreicht, einen zu erwartenden Bedarf zu decken.[261] Im vorausgegangenen Verfahren wegen einstweiliger Verfügung hatte das OLG Düsseldorf als Vorinstanz[262] erheblich zurückhaltender argumentiert und auch dem Umstand Gewicht beigemessen, dass das 2002 aufgefundene Exemplar eine „Reisekopie" war, die zusätzlich zu dem hinterlegten „originale" von einem venezianischen Kopisten gefertigt wurde, um es an irgendeinen deutschen Hof zu schicken. Es ist letztlich von einem non liquet ausgegangen, weil bei dieser Sachlage weder der negative Beweis des Nichterscheinens noch der positive Beweis des Erscheinens geführt worden sei. Beide Gerichte hätten es sich allerdings leichter machen können, ihr zutreffendes Ergebnis zu begründen, wenn sie den Fokus nicht auf das Erscheinen des Notenmaterials, sondern darauf gerichtet hätten, dass es zu einer Uraufführung der Oper verwendet wurde. Denn die bloß vorübergehende Überlassung von Notentexten an die Musiker und die Hinterlegung einer Partitur am Opernhaus wären kaum geeignet gewesen, dem Opernpublikum ausreichend Kenntnis von der Komposition zu geben.[263] Entscheidender war vielmehr, dass die Notentexte dazu verwendet wurden, die Oper an einem öffentlichen Opernhaus in einer der Kulturhauptstädten Europas vor einem breiteren Publikum aufzuführen. Gelingt dies einem Komponisten, hat er allein dadurch alles getan, das Interesse zu wecken und seinem Werk zu einem Durchbruch in der Publikumsgunst zu verhelfen. Der Fall „Montezuma" ist ein gutes Beispiel, in dem sogar positiv festgestellt werden kann, dass das in dem später aufgefundenen Exemplar verkörperte Musikwerk bereits früher in einer qualifizierten Form öffentlich wiedergegeben worden war. Der Erwerb des Schutzrechts war schon aus diesem Grund nicht möglich.

c) Erlaubtes Erscheinen und erlaubte öffentliche Wiedergabe

F91 Was der Begriff „erlaubterweise" bedeutet, ist weder in der Schutzdauer-RL noch in der Begründung des 3. UrhÄndG näher erläutert. Das hat eine Reihe von Zweifelsfragen aufgeworfen. Klar ist nur, dass es sich nicht um die Erlaubnis des Urhebers oder seiner Erben handeln kann, da es um die Herausgabe gemeinfreier Werke geht. Im Schrifttum wird teilweise die Ansicht vertreten, dass diesem Kriterium keine Bedeutung zukommt.[264] Nach h. M. soll es dagegen zumindest verhindern, dass das Schutzrecht entsteht, wenn der Herausgeber das zur Her-

---

[259] BGH GRUR 2009, 942 Rn. 21, 40 – Montezuma; BGH GRUR 1986, 69, 71 – Puccini.
[260] Hertin in Mestmäcker/Schulze (Dezember 2009), UrhG § 71 Rn. 19.
[261] So OLG München GRUR 1983, 295, 297 – Oper Toska, bestätigt von BGH GRUR 1986, 69, 71 – Puccini.
[262] OLG Düsseldorf GRUR 2006, 673, 674, 678 – Montezuma.
[263] So aber BGH GRUR 2009, 942 Rn. 40 – Montezuma.
[264] Hertin in Mestmäcker/Schulze (Dezember 2009), UrhG § 71 Rn. 30; vgl. auch Thum in Wandtke/Bullinger (2022), UrhG § 71 Rn. 24 m. w. N.

stellung einer genügenden Anzahl von Vervielfältigungsstücken oder zur Veranstaltung einer öffentlichen Wiedergabe benutzte Exemplar des gemeinfreien Werkes durch Verletzung von Eigentums- oder Besitzrechten erworben hat.[265] Raubgräber, Diebe oder Personen, die sich unbefugt Zutritt zu Privaträumen oder Geheimarchiven verschafft haben, sollen aus solchen Rechtsverletzungen und Straftaten keinen Nutzen ziehen dürfen und nicht *zusätzlich* damit belohnt werden, dass sie Ausschließlichkeitsrechte an dem geistigen Gehalt des gestohlenen oder unterschlagenen Diebesguts erwerben. Das leuchtet ein. Hier handelt es sich um Taten, die nicht bloß Individualrechte berühren, sondern die öffentliche Ordnung und Sicherheit bedrohen.

Umstritten ist jedoch, ob der Herausgeber das Schutzrecht erwirbt, wenn er ohne eine derart schwerwiegende Rechtsverletzung in den Besitz des Werkexemplars gelangt ist und das in ihm verkörperte gemeinfreie Werk erscheinen lässt oder öffentlich wiedergibt, aber dafür über keine Erlaubnis des Eigentümers oder Besitzers verfügt. Ein Beispiel wäre ein Wissenschaftler, der in einer Bibliothek oder in einem ihm zugänglich gemachten Archiv ein Werkexemplar auffindet, erkennt, dass dessen geistiger Gehalt bislang noch nie erschienen war oder öffentlich wiedergegeben wurde und mittels einer angefertigten Kopie eine Herausgabe des in ihm verkörperten gemeinfreien Werks bewirkt. Überwiegend wird diese Frage verneint,[266] woraus allerdings folgt, dass weder der Herausgeber noch der Eigentümer das Schutzrecht des § 71 UrhG erwirbt:[267] der Herausgeber nicht, weil er ohne ausdrückliche Erlaubnis des Eigentümers handelt, der Eigentümer nicht, weil er keine nach dieser Vorschrift schützenswerte Leistung erbringt. Dass sich auf diese Weise Herausgeber und Eigentümer gegenseitig blockieren können, dürfte aber kaum mit dem Zweck von Art. 4 Schutzdauer-RL und § 71 UrhG in Einklang zu bringen sein. Es ist natürlich richtig, dass der Eigentümer oder Besitzer eines Werkstücks, in dem ein bislang noch nicht erschienenes oder öffentlich wiedergegebenes gemeinfreies Werk vorkommt, befugt ist, den Zugang zu ihm auszuschließen oder zu beschränken und somit faktisch näher dran ist, das Schutzrecht zu erwerben. Eine gesicherte Rechtsposition, etwa im Sinne einer Anwartschaft, erwächst ihm daraus jedoch nicht.[268] Das sachenrechtliche Eigentum an einem Werkexemplar ist von dem Recht an dem Immaterialgut, welches in ihm verkörpert ist, strikt zu unterscheiden. Beide Rechte sind unabhängig voneinander mit der Folge, dass ein Eingriff in das Eigentumsrecht nach § 823 Abs. 1 BGB dem Erwerb eines Urheberrechts oder eines anderen Immaterialgüterrechts grundsätzlich nicht ent-

---

[265] *Dreier* in Dreier/Schulze (2022), UrhG § 71 Rn. 8; *Thum* in Wandtke/Bullinger (2022), UrhG § 71 Rn. 25.

[266] LG Magdeburg GRUR 2004, 672, 673 – Himmelsscheibe von Nebra; *Thum* in Wandtke/Bullinger (2022), UrhG § 71 Rn. 26 f.; *Dreier* in Dreier/Schulze (2022), UrhG § 71 Rn. 8; *Lauber-Rönsberg* in BeckOK UrhR (Stand 1.5.2023), UrhG § 71 Rn. 24 ff.; *A. Nordemann* in Fromm/Nordemann (2018), UrhG § 71 Rn. 24; *Stang* (2011), S. 139 f. Fn. 67.

[267] So aber explizit *Thum* in Wandtke/Bullinger (2022), UrhG § 71 Rn. 28; *Dreier* in Dreier/Schulze (2022), UrhG § 71 Rn. 8.

[268] So aber *Lauber-Rönsberg* in BeckOK UrhR (Stand 1.5.2023), UrhG § 71 Rn. 25.2.

gegensteht. Die Inhaber der jeweiligen ausschließlichen Rechte müssen sich zwar gegenseitig respektieren, können aber die Rechte der anderen nicht ausüben. Im Fall aufgedrängter Graffiti-Kunst durch Besprühen der ehemaligen Berliner Mauer hat der BGH dementsprechend betont, dass der Eigentümer der Mauerstücke zwar berechtigt ist, mit ihnen nach Belieben zu verfahren, sie zu zerstören, zu verkaufen oder die Beseitigung des rechtswidrigen Störungszustands zu verlangen, nicht aber, die ihm aufgedrängten Kunstwerke selbstständig wirtschaftlich zu verwerten[269] und die Künstler daran zu hindern, eigene Vervielfältigungsstücke herzustellen, zu verbreiten und Abwehransprüche gegen Dritte durchzusetzen. Bestätigt wird dieser Befund durch einen Blick auf die anderen Immaterialgüterrechte. Im Beispiel des Markenrechts steht nur ein absolutes Schutzhindernis etwa wegen Verstoßes gegen die öffentliche Ordnung oder die guten Sitten nach § 8 Abs. 1 Nr. 5 MarkenG (Art. 7 Abs. 1 lit. f GMV) der Entstehung des Markenrechts entgegen, nicht aber prioritätsältere Individualrechte gem. § 13 MarkenG (Art. 53 Abs. 2 GMV), die nicht von Amts wegen zu berücksichtigen, sondern nur auf Antrag oder auf Klage des Rechtsinhabers geltend zu machen sind (§§ 51, 53, 55 MarkenG; Art. 53 Abs. 2 GMV). Bleibt der Inhaber des prioritätsälteren Rechts untätig, behält die Marke ihre volle Wirksamkeit. Daraus kann geschlossen werden: Nur gravierende Eingriffe in fremde Rechte, die mit einer Störung der öffentlichen Ordnung oder mit einem Verstoß gegen die guten Sitten verbunden sind,[270] rechtfertigen es, dem Herausgeber, der eine nach § 71 UrhG schützenswerte Leistung erbringt, das Schutzrecht aus der Hand zu schlagen, nicht jedoch dingliche oder vertraglich begründete Rechtspositionen wie etwa von Museen aufgestellte Fotografierverbote.[271] Dass sie den jeweiligen Rechtsinhabern manchmal die rechtliche Befugnis geben, die *Ausübung* der Rechte des Herausgebers gem. § 71 UrhG ganz oder teilweise zu untersagen, steht dem nicht entgegen. Um solche Schwierigkeiten zu vermeiden, wird es zwar tunlich sein, dass der Herausgeber die Erlaubnis des Eigentümers oder Besitzers einholt. Zum Erwerb des Schutzrechts ist sie aber nicht erforderlich. Erst recht muss dies gelten, wenn er wie in dem oben angeführten Beispielsfall ohne Verstoß gegen solche Rechtspositionen sich den Zugang zu dem benutzten Exemplar des nachgelassenen Werkes verschafft. Einer ausdrücklichen Erlaubnis des Eigentümers oder Besitzers zur Herstellung von Vervielfältigungsstücken und deren Benutzung, um das gemeinfreie Werk in qualifizierter Form körperlich oder unkörperlich ausschließlich verbreiten zu dürfen, bedarf es somit nicht.[272]

F93 Auch hier sollen die vorstehenden Überlegungen in einer Definition des geschützten nachgelassenen Werkes zusammengefasst werden:

---

[269] BGH GRUR 1995, 673, 675 – Mauer Bilder.
[270] Vgl. auch § 2 Abs. 1 PatG.
[271] Vgl. BGH GRUR 2019, 284 Rn. 34 ff. – Museumsfotos.
[272] So auch *Stieper* GRUR 2012, 1083, 1089; *Hertin* in Mestmäcker/Schulze (Dezember 2009), UrhG § 71 Rn. 30.

(EP) Eine Ausgabe, die ein gemeinfreies Werk i. S. v. § 2 Abs. 2 UrhG enthält, ist nach § 71 UrhG geschützt, wenn ihr Herausgeber sie erscheinen lässt oder in einer gleichwertigen (qualifizierten) Art öffentlich wiedergibt, sich nicht durch eine Verletzung von Eigentums- oder Besitzrechten Zugang zu dem dafür benutzten Werkexemplar verschafft hat und der geistige Gehalt des in ihm enthaltenen Werks vorher weder erschienen ist noch in einer gleichwertigen (qualifizierten) Art öffentlich wiedergegeben wurde.

d) Schutzumfang

Dem Herausgeber einer editio princeps wachsen gem. § 71 Abs. 1 S. 3 UrhG die in §§ 15 bis 23 definierten ausschließlichen Verwertungsrechte und die Vergütungsansprüche der §§ 26 und 27 UrhG zu, nicht aber das Urheberpersönlichkeitsrecht. Die früher geltende Beschränkung auf öffentliche Wiedergaben unter Benutzung eines Vervielfältigungsstücks der Ausgabe[273] ist im Zuge der Umsetzung von Art. 4 Schutzdauer-RL entfallen. Dem Herausgeber ist somit die alleinige wirtschaftliche Nutzung des in seiner Ausgabe vorkommenden geistigen Gehalts des nachgelassenen Werkes vorbehalten. Er hat auch das Bearbeitungsrecht und kann die Verwertung des Werkes in veränderter Form untersagen. Diese Gleichstellung mit der Rechtsposition des Urhebers ist auf Kritik gestoßen. v. Becker bemängelt, dass ein Verlag, der die Veröffentlichung eines gemeinfreien Werkes oder einer wissenschaftlichen Ausgabe i. S. v. § 70 UrhG plane, damit rechnen müsse, dass es prioritätsältere Ausgaben gebe, die qua Remonopolisierung des Alt-Textes nicht nur nachfolgende weitere Veröffentlichungen, sondern auch spätere wissenschaftliche Ausgaben verhindern könnten. Die dem Herausgeber verliehenen Ausschließlichkeitsrechte dürften nicht gegen Personen eingesetzt werden, die ihrerseits, sei es etwa durch Bearbeitung gem. § 3 UrhG oder durch die Herstellung einer wissenschaftlichen Ausgabe, ein Recht an dem gemeinfreien Werk erwerben.[274]

Der Kritik ist zuzugeben, dass ein solches Ergebnis nicht akzeptabel wäre. Sie erweist sich aber als unbegründet, weil der Schutzumfang, den eine editio princeps genießt, nicht so weit geht. Das Schutzrecht schützt nicht die schöpferische Leistung, die in dem gemeinfreien Werk ihren Ausdruck gefunden hat, sondern stellt nur ein verwandtes Schutzrecht bereit. Das Wunder der Wiederauferstehung des verstorbenen Urhebers in Gestalt des Herausgebers findet somit nicht statt. Der Gesetzgeber hat mit Bedacht bestimmt, dass die in § 71 Abs. 1 S. 3 UrhG aufgezählten Bestimmungen nicht unmittelbar, sondern nur *sinngemäß* anzuwenden sind. Auch der Wortlaut von Art. 4 Schutzdauer-RL besagt nur, dass der Herausgeber eines zuvor unveröffentlichten Werkes einen den vermögensrechtlichen Befugnissen des Urhebers entsprechenden Schutz genießt,

---

[273] Begr. RegE BT-Drs. IV/270, S. 88; BGH GRUR 1975, 447, 448 – TE DEUM.
[274] v. Becker (2017), S. 201, 204 ff.; ebenso Loewenheim in Schricker/Loewenheim (2020), UrhG § 71 Rn. 4.

nicht aber, dass der Umfang des Schutzes so groß sein muss, wie er während der Laufzeit der Schutzfrist bestehen würde. Die Anwendung dieser Vorschriften muss vielmehr dem Umstand Rechnung tragen, dass die Schutzfrist abgelaufen ist und der Herausgeber nicht schöpferisch tätig wird. Sein Bearbeitungsrecht entsprechend § 23 Abs. 1 S. 1 UrhG kann deshalb individuelle Bearbeitungen oder andere Umgestaltungen des herausgegebenen Werkes nicht umfassen. Es wäre abwegig, unschöpferischen Personen die Herrschaftsmacht über Schöpfungen anderer zu geben. Der gem. § 23 Abs. 1 S. 2 UrhG für die Annahme einer freien Benutzung erforderliche Abstand muss hier anders als im Urheberrecht deshalb kein schöpferischer sein. Er wird auch dann erreicht, wenn nur Teile aus dem nachgelassenen Werk übernommen werden oder eine unschöpferische Bearbeitung bzw. Umgestaltung stattfindet und dadurch die wirtschaftlichen Interessen des Herausgebers nur unwesentlich berührt werden, weil die übernommenen Teile geringfügig sind und deshalb nicht ins Gewicht fallen oder der Bearbeiter eine Leistung erbringt, die gegenüber der Leistung des Herausgebers selbstständig ist (→ Rn. F12 ff., F21, F63, F67). Ein Beispiel für Letzteres bildet die wissenschaftliche Ausgabe i. S. v. § 70 UrhG. Sie ist nämlich für ihren Verfasser nur dann geschützt, wenn er sie nach wissenschaftlichen Methoden oder Techniken hergestellt hat und sich der Inhalt des rekonstruierten gemeinfreien Werkes vom Inhalt der untersuchten Quelle wesentlich unterscheidet. Widmet sich der Verfasser einer Ausgabe der Quelle, die vorher ein anderer erstmals erscheinen ließ oder öffentlich wiedergab, muss er also einen wesentlichen Abstand zu ihr einhalten und eine eigenständige Leistung erbringen, die unter Berücksichtigung seiner Wissenschaftsfreiheit erheblich ist und die Leistung des Herausgebers überdeckt.[275] Der Schutzumfang der editio princeps bezieht sich somit nur auf identische Vervielfältigungen und unschöpferische Bearbeitungen oder Umgestaltungen. Er findet seine Grenze, wenn das herausgegebene Werk in veränderter Gestalt verwertet und nach den für das Rechtsinstitut der freien Benutzung entwickelten Abwägungskriterien[276] ein hinreichend großer Abstand eingehalten wird. Um die kritisierten Unzuträglichkeiten zu vermeiden, ist es daher weder erforderlich, die Rechtsfolgen des § 71 UrhG teleologisch zu reduzieren noch die Vorschrift als nicht mehr zeitgemäß einfach abzuschaffen.[277]

e) Ausnahme für nachgelassene visuelle Werke?

F96 Nach Art. 14 DSM-RL, umgesetzt in § 68 UrhG, entstehen an Vervielfältigungen gemeinfreier visueller Werke keine verwandten Schutzrechte, was den Schutz der editio princeps einschließt. Soweit keine visuellen Werke betroffen sind, bleibt also die Anwendbarkeit von § 71 unberührt.[278] Da auch hier der Schwerpunkt auf der Herausgabe von Schrift- und Musikwerken liegt, sind die Aus-

---

[275] Ebenso *Thum* in Wandtke/Bullinger (2022), UrhG § 71 Rn. 2a, 2b.
[276] *Haberstumpf* UFITA 2020, 36, 117.
[277] So aber *v. Becker* (2017), S. 201, 205 f.
[278] *Dreier* in Dreier/Schulze (2022), UrhG § 71 Rn. 2a.

wirkungen der neuen Vorschrift zwar begrenzt, aber im Bereich der bildenden Künste (Beispiel: Himmelsscheibe von Nebra) durchaus spürbar und gewinnen zunehmende Bedeutung, je mehr im Laufe der Zeit Lichtbildwerke, Filmwerke, pantomimische und choreografische Werke sowie Darstellungen wissenschaftlicher oder technischer Art gemeinfrei werden.

Ausgenommen sind *Vervielfältigungen* dieser Werke; Art. 14 DSM-RL spricht insoweit von Material, das im Zuge einer Handlung der Vervielfältigung entstanden ist. Das wirft die Frage auf, ob die Ausnahme auch dann eingreift, wenn der Herausgeber das nachgelassene visuelle Werk nicht durch Herstellung einer genügenden Anzahl von Vervielfältigungsstücken erscheinen lässt, sondern es erstmals öffentlich wiedergibt etwa mittels einer Aufführung vor einem großen Publikum oder durch ein Angebot im Internet, ohne extra dafür Kopien anzufertigen. Orientiert man sich am Ziel der Neuregelung, die Reproduktion von gemeinfreien Werken zu erleichtern und so den Zugang der Allgemeinheit zum kulturellen Erbe zu fördern, müsste die Antwort auf diese Frage wohl bejahend ausfallen. Als Begründung könnte man anführen, dass der Begriff der „Vervielfältigung" nach Art. 2 InfoSoc-RL nicht auf die Herstellung körperlicher Werkstücke beschränkt ist, sondern gem. Art. 5 Abs. 1 InfoSoc-RL (§ 44a UrhG) auch vorübergehende unkörperliche Erscheinungen und Vorgänge umfasst. Denn auch solche Erscheinungen ermöglichen es, ein Werk zu reproduzieren, es drahtlos oder drahtgebunden über ein Kommunikationsnetz zu verbreiten und Zuschauern oder Hörern als „Bildschirmkopie"[279] auf dem Monitor so zu präsentieren, dass sie es visuell und akustisch aufnehmen und intellektuell verarbeiten können.[280] Ob aber der europäische und deutsche Gesetzgeber den Vervielfältigungsbegriff des Art. 14 DSM-RL und § 68 UrhG in diesem extrem weit ausgedehnten Sinn verstanden wissen wollte, ist allerdings fraglich. Dagegen spricht der mehrfach geäußerte Hinweis auf die Reproduktionsfotografie in Museen und anderen Einrichtungen zur Erhaltung des kulturellen Erbes,[281] deren unmittelbares Ergebnis immer eine körperliche Kopie des abgelichteten Werkexemplars ist und keine unkörperliche öffentliche Wiedergabe bewirkt; dazu bedarf es zusätzlicher Handlungen des Wiedergebenden. Welche Auswirkungen die Neuregelung auf den Schutz nachgelassener Werke im Einzelnen überhaupt hat, bleibt somit unklar.

Wie schon bei den Schutzrechten der §§ 72 und 70 UrhG festgestellt wurde, diskriminiert die Neuregelung die Inhaber von Schutzrechten, deren Leistungen sich auf visuelle Werke beziehen, gegenüber denjenigen, bei denen dies nicht der Fall ist. Die Ungleichbehandlung beider Gruppen ist hier noch weniger gerechtfertigt als dort. Denn die Gewährung eines Schutzrechts für nachgelassene Werke lässt sich in keinem Fall mit dem Ablauf des urheberrechtlichen Schutzes in Einklang bringen, weil es gerade die Remonopolisierung des gemeinfreien

---

[279] EuGH GRUR 2014, 654 Rn. 21, 26 – PRCA/NLA.
[280] Näher *Haberstumpf* in Büscher/Dittmer/Schiwy (2015), UrhG § 15 Rn. 3, § 16 Rn. 5.
[281] Erw.grd. 53 zur DSM-RL; Begr. RegE BT-Drs. 19/ 27426, S. 105.

Werkes nach sich zieht, gleichgültig ob ein visuelles oder nichtvisuelles Werk betroffen ist. Unterschiede zwischen den nationalen Urheberrechtsgesetzen können keine Rolle spielen, da dieses Schutzrecht europaweit harmonisiert ist. Um die nicht gerechtfertigte und grundrechtswidrige Diskriminierung von Herausgebern nachgelassener visueller Werke zu vermeiden, bleiben somit nur zwei Alternativen: Entweder man schafft Art. 4 Schutzdauer-RL (§ 71 UrhG) ab oder Art. 14 DSM-RL (§ 68 UrhG). Dass das Pendel zugunsten der zweiten Alternative ausschlagen sollte, dürfte nach dem bisher Gesagten kaum mehr zweifelhaft sein.

II. Schutz des ausübenden Künstlers und des Veranstalters

F99 Die §§ 73 bis 80, 82 Abs. 1 und 83 UrhG regeln den Schutz der ausübenden Künstler, die urheberrechtlich schutzfähige Werke oder Ausdrucksformen der Volkskunst darbieten. Daneben steht der Schutz des Veranstalters (§§ 81, 82 Abs. 2, 83 UrhG), der die Darbietung eines ausübenden Künstlers wirtschaftlich organisiert und das Auswertungsrisiko trägt. Ausübende Künstler sind keine Urheber. Sie bringen keine geistigen Schöpfungen hervor. Ihre besondere persönliche Leistung besteht darin, dass sie als Werkvermittler den geistigen Gehalt von Werken oder Ausdrucksformen der Volkskunst *interpretieren*:[282] Urheber schaffen Werke, ausübende Künstler interpretieren sie. Durch ihre Interpretationsleistung tragen sie nicht unwesentlich zur Bekanntheit der dargebotenen Werke bei. Nicht selten werden Werke berühmten Künstlern, Solisten, Sängern, Schauspielern sogar auf den Leib geschrieben und mit deren Namen identifiziert, während die Person des Urhebers in den Hintergrund tritt und dem breiten Publikum weitgehend unbekannt bleibt. Das Interpretenrecht der ausübenden Künstler hat im Laufe der Zeit eine deutliche Aufwertung erfahren. International ist es im Rom-Abkommen, in der TRIPS-Übereinkunft und dem WPPT fundiert.[283] Europarechtlich ist es durch Art. 3 Abs. 1 lit. b Vermiet- und Verleihrechts-RL, Art. 3 Schutzdauer-RL und Art. 2 lit. b, Art. 3 Abs. 2 lit. a InfoSoc-RL harmonisiert. Mit dem Erlass der Richtlinien will der europäische Gesetzgeber u. a. seinen Verpflichtungen aus den internationalen Abkommen nachkommen.[284] Das bedeutet, dass nicht nur die Verwertungsrechte der ausübenden Künstler, sondern auch deren Persönlichkeitsrechte nach Maßgabe von Art. 5 WPPT sowie der Darbietungsbegriff (Art. 3 lit. a Rom-Abkommen, Art. 2 lit. a WPPT) und damit auch der Schutzgegenstand unionsweit harmonisiert und richtlinien-

---

[282] *Grünberger* in Schricker/Loewenheim (2020), UrhG vor §§ 73 ff. Rn. 1, 79.

[283] Die genannten Abkommen sind abgedruckt in UrhR Beck-Texte im dtv, 20. Aufl., München 2021, Nr. 29, 31, 25b. Ausführlich dazu *Grünberger* in Schricker/Loewenheim (2020), UrhG vor §§ 73 ff. Rn. 48 ff.

[284] Erw.grd. 15 der Schutzdauer-RL in Bezug auf das Rom-Abkommen und Erw.grd. 15 der InfoSoc-RL bezüglich des WPPT.

konform auszulegen sind.²⁸⁵ Die dem ausübenden Künstler zugewiesenen vermögenswerten Ausschließlichkeitsrechte orientieren sich nicht an dem für das Urheberrecht maßgebenden Beispielskatalog des §15 UrhG, sondern sind in den §§77, 78 Abs. 1 UrhG abschließend aufgeführt und bleiben vor allem beim Recht der öffentlichen Wiedergabe hinter den urheberrechtlichen Vorschriften zurück.²⁸⁶ Dementsprechend verbieten auch die in §§74, 75 UrhG einzeln geregelten Persönlichkeitsrechte des ausübenden Künstlers die analoge Anwendung weiterreichender Bestimmungen aus dem Teil 1 des UrhG.²⁸⁷

Im Zentrum des Interpretenrechts steht der in §73 UrhG definierte Begriff der künstlerischen Darbietung. Er bestimmt den immateriellen Schutzgegenstand und gleichzeitig den ausübenden Künstler als Inhaber des Leistungsschutzrechts. Anders als bei den zuvor behandelten Leistungsschutzrechten erfolgt die Schutzgewährung nicht durch Verweis auf die urheberrechtlichen Vorschriften, sondern ist detailliert beschrieben. In der folgenden Untersuchung soll allerdings nicht so sehr die Frage nach dem Inhalt der gewährten Verwertungs- und Persönlichkeitsrechte, sondern nach dem Schutzgegenstand im Vordergrund stehen; beides ist auseinanderzuhalten.²⁸⁸ Was ist eine Darbietung und welche Qualität muss sie haben, damit ein ausübender Künstler oder ein an ihr künstlerisch Mitwirkender das Schutzrecht erwirbt?

1. Darbietung eines Werks oder einer Ausdrucksform der Volkskunst

Der Begriff der Darbietung setzt sich aus zwei Elementen zusammen: erstens aus einer Aufzählung der Handlungsformen, die der ausübende Künstler vollziehen muss oder an der ein künstlerisch Mitwirkender mitwirkt, und zweitens aus der Bestimmung des Gegenstands, auf die sich die Darbietung bezieht. Die Forderung, dass die Darbietung eine künstlerische sein muss, darf dagegen nicht in den Begriff der Darbietung hineingezogen werden. Es handelt sich nämlich um ein Schwellenkriterium, das dazu dient, aus den tagtäglich massenhaft vollzogenen Darbietungen diejenigen hervorzuheben, die den Schutz des §73 UrhG verdienen. Um zu klären, was man unter einer künstlerischen Darbietung zu verstehen hat, ist es unerlässlich, sich zunächst darüber zu vergewissern, was man sich unter einer Darbietung überhaupt vorzustellen hat.

a) Darbietungsformen

Der nicht abschließende Katalog der in Frage kommenden Darbietungshandlungen in §73 UrhG²⁸⁹ in der ab 13.9.2003 geltenden Fassung zählt als Handlungsformen das Aufführen, Singen, Spielen oder Darbieten auf andere

---

²⁸⁵ *Grünberger* in Schricker/Loewenheim (2020), UrhG §73 Rn. 6 f.
²⁸⁶ *Grünberger* in Schricker/Loewenheim (2020), UrhG §77 Rn. 2, §78 Rn. 5.
²⁸⁷ *Vogel* in Schricker/Loewenheim (2020), UrhG §74 Rn. 2, §75 Rn. 2.
²⁸⁸ *Grünberger* in Schricker/Loewenheim (2020), UrhG §77 Rn. 30.
²⁸⁹ In der ab 13.9.2003 geltenden Fassung durch das Gesetz zur Regelung des Urheberrechts in der Informationsgesellschaft vom 10.9.2003, BGBl. I, S. 1774.

Weise auf. Die Darbietung fungiert dabei als Oberbegriff. Aufführen, Singen und Spielen sind Tätigkeiten, die den Oberbegriff beispielhaft erläutern. Vom Wortlaut des Art. 2 lit. a WPPT weicht § 73 UrhG insoweit ab, als er „vortragen", „vorlesen" und „interpretieren" nicht eigens anführt. Eine inhaltliche Änderung ist damit aber nicht verbunden und vom Gesetzgeber auch nicht beabsichtigt gewesen.[290] Aus der beispielhaften Aufzählung wird jedenfalls klar, dass Handlungen gemeint sind, die eine Person unter Einsatz ihres Körpers vollzieht.

F103 Die Vorschrift bezieht sich jedoch nicht auf Handlungen, die etwa ein Walzertänzer zu einer bestimmten Zeit und an einem bestimmten Ort auf das Parkett legt, sondern auf bestimmte Handlungsformen bzw. *Handlungstypen*, die er mit seinen Bewegungen realisiert.[291] Die oben (→ Rn. B100 f.) eingeführte kategoriale Unterscheidung zwischen geistigem Zeichentyp und seinen materiellen Zeichenvorkommnissen ist direkt auf die Unterscheidung zwischen immaterieller Darbietungsform (Darbietungstyp) und ihren konkreten raum-zeitlich unterschiedlichen Realisierungen übertragbar. Beides ist nicht identisch und kann auch nicht aufeinander zurückgeführt werden. Ein typisches Beispiel für die Typus-Realisierungs-Beziehung ist die Beziehung zwischen dem physikalischen Element eines Musikwerks und den Aufführungen des Werks. Das physikalische Element eines Musikwerks ist seinerseits ein Typus, der eine bestimmte Tonfolge oder Klangstruktur aufweist (→ Rn. C67). Dasselbe gilt für den Vortrag eines Sprachwerks, der ebenfalls eine bestimmte Sprachlautstruktur hat. Die Realisierungen eines Musikstücks sind dagegen konkrete Tonfolgen und Klangstrukturen, wie sie etwa von einem Orchester, Sänger oder Chor erzeugt werden. Jeder Typus kann grundsätzlich beliebig oft realisiert werden; deshalb kann auch jede Darbietung eines Musikwerks beliebig oft aufgeführt werden.[292] Die Darbietung desselben Gegenstands durch dieselbe Person in derselben Weise zu einem anderen Zeitpunkt oder an einem anderen Ort ist daher keine neue Darbietung,[293] sondern nur ein *neues Vorkommnis desselben Darbietungstyps*. Darbietungen i. S. v. § 73 UrhG sind also immaterielle Typen von Tonfolgen, Klang- oder Bewegungsstrukturen. An der Vermengung des geistigen, intellektuell erfassbaren und unveränderlichen Darbietungstyps mit seinen sinnlich wahrnehmbaren materiellen Vorkommnissen kranken viele Versuche, die schutzwürdige Leistung des ausübenden Künstlers zu definieren.[294]

F104 Doch wie verhält sich der Darbietungstyp, der in einer raum-zeitlich bestimmten Aufführung eines bestimmten Musikwerks, eines choreografischen

---

[290] Begr. RegE BT-Drs. 15/38, S. 23.

[291] *v. Kutschera* (1975), S. 17.

[292] Eingehend *Reicher* (2014), S. 180, 186 ff.

[293] So aber *Grünberger* in Schricker/Loewenheim (2020), UrhG 73 Rn. 37; *Dreier* in Dreier/Schulze (2022), UrhG § 73 Rn. 10; *Hartwieg* GRUR 1971, 144, 145. Dagegen mit Recht *Dünnwald* GRUR 1970, 274 f.

[294] So deutlich *Kruse* (2013), S. 68, der den unveränderlichen Darbietungstyp mit den vergänglichen Vorkommnissen verwechselt, die ihn exemplifizieren und ihm unterfallen.

Werkes oder in einem bestimmten Vortrag eines literarischen Werkes realisiert ist, zu dem geistigen Gehalt des Werkes, das aufgeführt bzw. vorgetragen wird? Diese Frage wird insbesondere akut, wenn es sich um ein sog. darbietungsfähiges Werk aus den Werkarten der § 2 Abs. 1 Nr. 1 bis 3 UrhG[295] handelt. Vor allem in der Rechtsprechung wird teilweise explizit die Auffassung vertreten, die geschützte Leistung des ausübenden Künstlers bestehe darin, ein ursprünglich als Sprache oder Musik empfundenes Werk, das zum Zweck der Erhaltung in ein anderes Medium etwa in Form einer Schrift- oder Notennotierung gebracht worden sei, in sein ursprüngliches Medium zurück zu transponieren.[296] Bei der bühnenmäßigen Aufführung[297] liege es auf der Hand, dass sie ohne Interpretation nicht auskomme; für die Rücktransponierung von der Schrift- in die Sprach- bzw. Musikform fehle es nämlich an einer hinreichend genauen Notierung, die es ermöglichen könnte, die Rücktransponierung ohne Interpretation vorzunehmen.[298] *Breuer*[299] meint, erst durch die körperliche Realisierung durch den Interpreten komme bei diesen Werken die geistige Schöpfung zu ihrer eigentlichen ästhetischen Realität, der Interpret werde so zu einer ästhetischen Notwendigkeit. Objekt des Publikumsgenusses sei die lebendige Darbietung. Das Publikum sehe die geistige Leistung des Urhebers und die körperliche Leistung des Interpreten als Einheit. Jede Darbietung sei wegen der körperlichen Individualität des Interpreten statistisch einmalig.

Die Auffassung, eine Darbietung transponiere *stets* das dargebotene Werk in seine ursprüngliche Form, ist jedoch wenig plausibel. Aufführungen von Musikwerken, von choreografischen Werken oder Vorträge von Sprachwerken sind nicht notwendig von einer vorherigen Notation oder einer vorherigen Fixierung in einem Tonträger abhängig. Darbietungen von Sprachwerken, musikalischen oder choreografischen Werken enthalten über ihre konkrete Klang- bzw. Bewegungsstruktur hinaus auch ein Bedeutungselement. Musikalische und choreografische Werke erschöpfen sich daher nicht in einem Klangstruktur- bzw. Bewegungsstruktur-Typus[300] – sonst wären sie bloße Geräusche oder Bewegungen –, sondern haben eine darüberhinausgehende Bedeutung. Im Fall der Vokalmusik, Tonmalerei und Programmmusik ergibt sie sich daraus, dass ihr Komponist auf außermusikalische Gegenstände, Gefühle, Zustände oder Ereignisse Bezug nimmt und sie akustisch schildert. Werke der nichtgegenständlichen („reinen") Musik haben zwar keine Darstellungsbedeutung, ihr Sinn besteht aber darin, unbestimmte Gefühle, Empfindungen Haltungen oder allgemeine geistig-see-

---
[295] *Hertin* in Mestmäcker/Schulze (Dezember 2005), UrhG § 73 Rn. 6; *Büscher* in Wandtke/Bullinger (2022), UrhG § 73 Rn. 7, *Grünberger* in Schricker/Loewenheim (2020), UrhG 73 Rn. 16.
[296] BGH GRUR 1981, 419, 420 f. – Quizmaster; LG Hamburg GRUR 1976, 151, 153 – Rundfunksprecher.
[297] Zu den Realisierungsformen von Schauspielwerken näher *Reicher* (2014), S. 180, 193 f.
[298] LG Hamburg GRUR 1976, 151, 153 – Rundfunksprecher.
[299] *Breuer* ZUM 2010, 301, 303 ff.; ebenso *Grünberger* in Schricker/Loewenheim (2020), UrhG vor §§ 73 ff. Rn. 71.
[300] S. o. → Rn. C67 ff., C93 ff.; *Haberstumpf* (2017), S. 3, 5 f.

lische Inhalte auszudrücken.[301] Gleiches gilt für sprachliche Werke. Sie können in Form von Sprachlautstrukturtypen etwa durch Vortrag oder Vorlesen, aber auch in Form von Schriftzeichenstrukturtypen etwa mittels eines Manuskripts realisiert werden. Je nach Art des Werkes stehen manchmal die eine oder die andere Realisierungsform oder mehrere im Vordergrund.[302] *Darbietungsfähige Werke sind nicht immer darbietungsbedürftig.* In der Terminologie der Typenontologie[303] verhält sich der Typus „Werk" zu seinen konkreten Realisierungen und seinen Realisierungsformen wie der Typus „Baum" zu den einzelnen Bäumen und Baumarten. Der geistige Gehalt eines Werkes ist somit ein Megatyp (→ Rn. C9), den seine einzelnen materiellen Werkvorkommnisse exemplifizieren und die ihm gleichzeitig unterfallen. Diese exemplifizieren wiederum verschiedene Realisierungstypen, die ebenfalls dem Megatyp unterfallen. Realisierungen von Musikwerken und choreografischen Werken beispielsweise sind Realisierungen desselben Werkes, wenn sie nach den oben definierten Kriterien (Mu3) und (P1)[304] als Zeichen eines sozial geregelten Kommunikationssystems dieselbe Bedeutung haben (dasselbe ausdrücken, dasselbe zu verstehen geben, denselben Inhalt haben). Zwischen den unterschiedlichen Realisierungsformen von Werken besteht kein ontologischer Vorrang zugunsten der einen oder der anderen. Sie sind gleichwertig. Der Urheber legt fest, welche Eigenschaften sein Werk haben muss und welche Realisierungen ihm unterfallen. Realisierungen von Werken und die ihnen unterfallenden Realisierungstypen müssen aber nicht in jeder Hinsicht gleich sein. Die vom Urheber definierten Eigenschaften seines Werktyps legen nämlich nur einige seiner Realisierungen fest, *niemals aber alle*. Nicht nur bei der Realisierung von Werken mittels einer persönlichen Darbietung bestehen Gestaltungsspielräume, sondern auch sonst. Aus diesem Grund kann es z. B. deutlich unterschiedliche Aufführungen aber dennoch korrekte (originalgetreue) Aufführungen desselben Musikwerks geben.[305]

F106 Eine weitere Konsequenz der kritisierten Auffassung ist, dass der Urheber eines darbietungsfähigen Werks durch eine persönliche Darbietung sein Werk nicht original entäußern könnte, sondern es vorher in einer Partitur, einer Tanzschrift oder sonst wie niederlegen müsste, damit er oder andere Personen es interpretieren können. Komponisten haben aber ihre Kompositionen nicht immer fertig im Kopf und schreiben sie in einem Notentext nieder, sondern experimentieren mit Klängen etwa auf dem Klavier und entäußern ihr fertiges Musikstück bei einer Live-Aufführung vor einem Publikum, in einem Tonstudio oder in einer Notation. Choreografen richten sich beim Werkschaffen nicht immer nach einem zeichnerisch oder in einer Tanzschrift niedergelegten Plan, sondern gehen häufig direkt in den Tanzsaal und probieren die Bewegungen selbst aus

---

[301] S. o. → Rn. C85; *v. Kutschera* (1988), S. 493 ff., 524 f.; *Reicher* (2014), S. 180, 192 f.; *Haberstumpf* (2017), S. 3, 9 ff.
[302] *Margolis* (1979), S. 209 ff.; *Reicher* (2014), S. 180, 194 f.
[303] *Reicher* (2014), S. 180 ff.
[304] S. o. → Rn. C90, C99.
[305] *Reicher* (2014), S. 188 f.

oder erarbeiten sie mit ihren Tänzern. Auf diese Weise entstehen auch schon vor der endgültigen Fertigstellung Vorstufen und einzelne Bewegungssequenzen, die für sich genommen urheberrechtlich für den Choreografen und gem. § 73 UrhG zugunsten der Tänzer geschützt sein können und für Verletzungen anfällig sind.[306] Der Urheber eines interpretationsfähigen Werks kann also sehr wohl sein Werk mittels einer persönlichen Darbietung original entäußern und auf diese Weise bestimmen, welche Eigenschaften es hat. Seine Darbietung ist dann nicht nur das Original des Werkes, sondern auch die geschützte originale Interpretationsleistung des Urheberinterpreten, was natürlich nicht ausschließt, dass es nachfolgend unterschiedliche Interpretationen des Werkes und unterschiedliche Versionen der Interpretationsleistung gibt (→ Rn. F116). Notwendig ist aber nicht, dass der Urheber sein Werk mittels einer persönlichen Darbietung erstmals entäußert; er kann es genauso gut als Original in einer Notation oder in einer Zeichnung festhalten. Nachfolgende Fixierungen oder Aufführungen eines erstmals in unkörperlicher Form präsentierten Werkes sind folglich nicht die erste Festlegung, sondern nur Vervielfältigungen in körperlicher oder unkörperlicher Form.[307] Die h. M. ist sich daher mit Recht einig, dass ein ausübender Künstler zugleich ein Werkschöpfer und umgekehrt sein kann.[308] Der betreffenden Person wachsen sowohl das Urheberrecht wie auch das Recht des ausübenden Künstlers zu. Beide Rechte sind unabhängig voneinander, ein grundsätzlicher Vorrang des Urheberrechts besteht nicht.[309] Die Rechtsprechung[310] macht allerdings eine Ausnahme in den Fällen, in denen etwa bei der schöpferischen Filmgestaltung durch den Filmregisseur und die künstlerisch mitwirkende Regieleistung als einheitliche Leistung untrennbar zusammenfielen (sog. Absorptionsregel). Eine echte Ausnahme ist das aber nicht. Die schöpferische Leistung des Filmregisseurs besteht – ggfs. in Zusammenarbeit mit anderen schöpferisch Tätigen – nämlich darin, dass er vorbestehende Werke individuell zusammenführt. Sie drückt sich in seinen Regieanweisungen aus, an denen sich die Schauspieler und die sonstigen am Entstehen des Filmwerkes Beteiligten zu orientieren haben. Insoweit ist er weder ein ausübender Künstler noch ein künstlerisch Mitwirkender am Filmwerk, sondern dessen Urheber. Seine Leistung fällt also überhaupt nicht – und schon gar nicht untrennbar – mit den Leistungen der ausübenden Künstler und künstlerisch Mitwirkenden zusammen. Das schließt aber keineswegs aus, dass er zusätzlich als Schauspieler, Kameramann usw. bei der Realisierung des Filmwerks mitwirkt, so dass in seiner Person durchaus ver-

---

[306] *Murza* (2012), S. 68.

[307] BGH GRUR 1985, 529 – Happening; *Loewenheim/Leistner* in Schricker/Loewenheim (2020), UrhG § 2 Rn. 47.

[308] BGH GRUR 1984, 730, 732 – Filmregisseur; *Grünberger* in Schricker/Loewenheim (2020), UrhG § 73 Rn. 37; *Dreier* in Dreier/Schulze (2022), UrhG § 71 Rn. 15; *Schaefer* in Fromm/Nordemann (2018), UrhG § 73 Rn. 25.

[309] *Grünberger* in Schricker/Loewenheim (2020), UrhG vor §§ 73 ff. Rn. 72 ff.

[310] BGH GRUR 1984, 730, 732 – Filmregisseur. Die h. M. folgt dem BGH insoweit, *Grünberger* in Schricker/Loewenheim (2020), UrhG 73 Rn. 37; *Dreier* in Dreier/Schulze (2022), UrhG § 73 Rn. 15; a. A. *Schricker* GRUR 1984, 733, 734 in seiner Anmerkung zu BGH – Filmregisseur.

schiedene Schutzgegenstände entstehen können. Es besteht insoweit auch kein Unterschied zu einem Komponisten, der seine Kompositionsanweisungen in einer Partitur niederlegt, bei einer Darbietung seines Musikwerkes als Dirigent oder Solist persönlich auftritt und es womöglich bei verschiedenen Aufführungen auch unterschiedlich interpretiert.

F107 Unter den *Begriff der Darbietung* fallen also alle Handlungstypen, die eine Person unter Einsatz ihres Körpers vollzieht, sofern in ihnen ein Werk oder eine Ausdrucksform der Volkskunst vorkommt. Dafür ist es unerheblich, ob sie gegenüber einem öffentlichen oder einem nichtöffentlichen Publikum oder ob sie für den Darbietenden selbst erfolgt. Die Gefahr der unbefugten Ausbeutung seiner Leistung besteht nämlich auch dann, wenn seine Darbietung nicht zur Wahrnehmung für andere Personen bestimmt ist. Die Entscheidung, ob Aufnahmen von unveröffentlichten Proben oder Selbstdarbietungen hergestellt und anderen Personen zugänglich gemacht werden sollen, weist das Interpretenrecht in § 77 Abs. 1 UrhG vielmehr ausschließlich dem ausübenden Künstler zu, weil diese Verwertung seine materiellen und ideellen Interessen bereits berührt.[311] Den Schutz vor unerlaubten Aufnahmen von Selbstdarbietungen allein dem allgemeinen Persönlichkeitsrecht zu überantworten,[312] wird dem Zweck des Interpretenrechts nicht gerecht.

b) Gegenstand der Darbietung (Interpretationsgegenstand)

aa) Werk

F108 Gegenstand der Darbietung muss ein Werk oder eine Ausdrucksform der Volkskunst sein. Mit dem Begriff Werk verweist der Gesetzgeber des UrhG 1965 auf § 2 UrhG.[313]

Als Werkarten sollen nach wohl h. M. nur Sprach-, Musik- und pantomimische Werke gem. § 2 Abs. 1 Nr. 1 bis 3 UrhG in Betracht kommen, weil Werke der bildenden Künste, Lichtbildwerke und Filmwerke nicht darbietungsfähig seien.[314] Ich halte diese Auffassung für nicht überzeugend. Wieso sollte es ausgeschlossen oder lediglich theoretisch denkbar sein, dass eine Zeichnung, ein Gemälde, ein Lichtbildwerk oder eine Skulptur, die Menschen in einer bestimmten Pose oder in einer bestimmten Bewegung und damit in einer bestimmten Darbietungsform zeigen, nicht ihrerseits durch Personen nachgestellt werden können? Wer wird ernsthaft bestreiten wollen, dass z. B. die berühmten Gemäl-

---

[311] Ausführlich *Grünberger* in Schricker/Loewenheim (2020), UrhG § 73 Rn. 26; *Hertin* in Schulze/Mestmäcker (Dezember 2005), UrhG § 73 Rn. 31.

[312] *Dreier* in Dreier/Schulze (2022), UrhG § 73 Rn. 10; *Stang* in BeckOK UrhR (Stand 15.1.2022), UrhG § 73 Rn. 11.

[313] Begr. RegE BT-Drs. IV/270, S. 90.

[314] *Grünberger* in Schricker/Loewenheim (2020), UrhG 73 Rn. 16; *Dreier* in Dreier/Schulze (2022), UrhG § 73 Rn. 8; *Hertin* in Mestmäcker/Schulze (Dezember 2005), UrhG § 73 Rn. 6. Anders *Stang* in BeckOK UrhR (Stand 15.1.2022), UrhG § 73 Rn. 5.1 und *Büscher* in Wandtke/Bullinger (2022), UrhG § 73 Rn. 7, die es bei den anderen Werkarten theoretisch für möglich halten, dass sie dargeboten werden können.

de von *Edgar Degas*, in denen der Maler vielfach Ballettszenen und Posen von Balletttänzerinnen auf der Leinwand verewigte, durch lebendige Tänzerinnen in gleicher oder ähnlicher Weise nachvollzogen werden könnten? Anschauliche Gegenbeispiele aus der Rechtsprechung bilden die Sachverhalte der Entscheidungen „Happening"[315] und „Klammerpose".[316] Im ersten Fall ging es um die Durchführung eines Happenings nach dem Gemälde „Der Heuwagen" von Hieronymus Bosch, im zweiten um die Verwendung eines Fotos, das ein Tanzpaar in einer besonderen Klammerpose zeigte, die wiederum von einem anderen Tanzpaar in ähnlicher Weise dargeboten und dann fotografisch festgehalten wurde. Und selbstverständlich ist es auch möglich, den Inhalt eines Filmwerkes in einer bühnenmäßigen Aufführung nachzuspielen. Darbietungen sind eben nur Realisierungsformen unter anderen. Dass sie bei den Werkarten des § 2 Abs. 1 Nr. 1 bis 3 UrhG häufiger vorkommen als bei den Werkarten des § 2 Abs. 1 Nr. 4 bis 7 UrhG hat seinen Grund nicht darin, dass diese nicht darbietungsfähig wären, sondern dass ihre Darbietung das einem Werk der bildenden Kunst, einem Lichtbild- oder Filmwerk jeweils zugrundeliegende Kommunikationssystem verlässt. Die Grenzen zwischen den verschiedenen Kommunikationssystemen bilden zwar Barrieren, sind aber offen. Um das Ergebnis einer Ausdruckshandlung in ein Werk einer anderen Werkgattung erfolgreich zu transferieren, ist es erforderlich, sich der dort etablierten Gebrauchsweisen zu bedienen, oder wenn solche fehlen, neue Regeln einzuführen und verständlich zu machen, dass mit ihnen ein identischer oder ähnlicher Sinn zum Ausdruck kommt. Deshalb erschöpft sich die Leistung eines Künstlers, der ein Werk der bildenden Künste, ein Lichtbildwerk oder ein Filmwerk unter Einsatz seines Körpers darbietet, häufig nicht in einer bloßen Interpretation, sondern schafft in freier Benutzung ein neues selbstständig urheberrechtlich geschütztes Werk (→ Rn. C103).

Keine interpretationsfähigen Werke sind dagegen wissenschaftliche Werke, Darstellungen wissenschaftlicher oder technischer Art und Computerprogramme. Hier ist es kaum vorstellbar, dass die Leerstellen, die auch sie enthalten (s. u. → Rn. F115 ff.), durch Personen unter Einsatz ihres Körpers ausgefüllt werden könnten. Reproduziert jemand ihren geistigen Gehalt identisch oder verändert, handelt es sich daher nicht um eine Interpretation i. S. v. § 73 UrhG, sondern um eine Vervielfältigung, eine unschöpferische oder schöpferische Bearbeitung oder andere Umgestaltung gem. § 23 Abs. 1 S. 1 oder um eine freie Benutzung gem. § 23 Abs. 1 S. 2 UrhG. In der Literatur wird diskutiert, ob und wann das Spielen eines Computerspiels das Schutzrecht begründen kann.[317] Normalerweise ist

---

[315] BGH GRUR 1985, 529 – Happening. Der BGH nahm hier mit Recht an, dass das Happening das Gemälde nicht bloß interpretierte, sondern eine eigenständige persönliche geistige Schöpfung gem. § 2 Abs. 2 UrhG darstellte.
[316] OLG Köln GRUR 2000, 43 – Klammerpose. Das OLG Köln kam hier jedoch zum Ergebnis, dass die Nachahmung der Klammerpose nicht die Voraussetzungen einer freien Benutzung erfüllte.
[317] *Grünberger* in Schricker/Loewenheim (2020), UrhG § 73 Rn. 16, 25; *Philip Hofmann* ZUM 2013, 279, 281 ff.

dies nicht der Fall. Bei den meisten Spielen handelt es sich um solche, bei denen es um Gewinnen und Verlieren oder das Sammeln möglichst vieler Punkte geht. Sie interpretieren und verändern die Spielregeln nicht, sondern spielen das Spiel nach den vom Computerprogramm vorgegebenen Regeln. Insoweit sind sie mit Fußball- oder Schachspielen vergleichbar (→ Rn. E33). Etwas anderes könnte allenfalls für Strategie- oder Rollenspiele angenommen werden. Diese beschreiben ein bestimmtes Ausgangsszenario, bestimmen die handelnden Charaktere und deren Grundfähigkeiten, stellen ihnen eine Auswahl von Ressourcen bereit, derer sie sich bedienen können, und geben damit nur einen Rahmen vor, innerhalb dessen die Spieler das Ausgangsszenario in einer eigenen Geschichte weiterspinnen können. Das Ergebnis ist offen. Das Verhältnis zwischen den Vorgaben des Strategiespiels und dem Spielergebnis gleicht dem zwischen einer Skizze oder einer Spielidee und deren Vollendung oder Ausführung in einem bestimmten Spielgeschehen. Die Spieler interpretieren normalerweise den vorgegebenen Rahmen nicht, sondern füllen ihn durch eine eigene Geschichte aus. Ihre Spielhandlungen können schöpferisch sein; sie sind dann Urheber an der von ihnen gestalteten Geschichte. Sie können sich aber auch ausschließlich an bekannten Klischees orientieren. Dann bleibt ihr Spielergebnis schutzlos.

F110 Aus dem Verweis des Gesetzgebers auf § 2 UrhG folgt, dass das dargebotene Werk eine persönliche geistige Schöpfung i. S. v. § 2 Abs. 2 sein muss, was indes durch die Einbeziehung der Ausdrucksformen der Volkskunst zweifelhaft geworden ist. Nicht erheblich ist allerdings, dass das Werk aktuell geschützt ist, ob dessen Schutzfrist abgelaufen ist oder ob es nach internationalen Übereinkommen Schutz in Deutschland genießt.[318] Weitgehender Konsens herrscht auch darüber, dass das dargebotene Werk keine bestimmte Schöpfungs- bzw. Gestaltungshöhe aufweisen muss.[319] Unklar bleibt jedoch, was das im Einzelnen bedeutet. Nachdem der BGH in der Entscheidung „Geburtstagszug" keine besondere Gestaltungshöhe zum Erwerb des Urheberrechts mehr fordert und durch die allgemeine Anerkennung der kleinen Münze eine einheitliche untere Schutzschwelle festgelegt hat, bleibt diese Aussage in der Praxis folgenlos. Die Lage ändert sich aber, wenn man sie auch auf einfache Individualitäten ausdehnt, was zur Folge hat, dass das Recht des ausübenden Künstlers nicht nur dann entstehen kann, wenn man sie auf ein konkret schutzfähiges Werk,[320] sondern auch auf ein *der Art nach* schutzfähiges, aber im Einzelfall nicht schöpferisches Werk bezieht.[321] Dafür spricht, dass seit der Urheberrechts-Novelle 2003[322] auch Aus-

---

[318] Begr. RegE BT-Drs. IV/270, S. 90.

[319] Z. B. LG München I GRUR ZUM 2018, 386, 390; *Büscher* in Wandtke/Bullinger (2022), UrhG § 73 Rn. 6; *Dreier* in Dreier/Schulze (2022), UrhG § 73 Rn. 8.

[320] So BGH GRUR 1981, 419, 420 – Quizmaster; *Grünberger* in Schricker/Loewenheim (2020), UrhG § 73 Rn. 15; *Schaefer* in Fromm/Nordemann (2018), UrhG § 73 Rn. 9; *Hertin* in Mestmäcker/Schulze (Dezember 2005), UrhG § 73 Rn. 4.

[321] LG Hamburg GRUR 1976, 151, 153 – Rundfunksprecher; *Dreier* in Dreier/Schulze (2022), UrhG § 73 Rn. 8; *Stang* in BeckOK UrhR (Stand 15.1.2022), UrhG § 73 Rn. 6.

[322] Gesetz zur Regelung des Urheberrechts in der Informationsgesellschaft vom 10.9.2003, BGBl. I, S. 1774.

drucksformen der Volkskunst relevante Darbietungsgegenstände darstellen. Ausdrucksformen der Volkskunst sind zwar sicherlich zu einem großen Teil gemeinfreie schutzfähige Werke, aber nicht immer. Für eine Erweiterung des Schutzrechts auf Darbietungen nicht schöpferischer Gegenstände spricht ferner, dass bei den verwandten Schutzrechten der Lichtbildner, der Hersteller von Tonträgern und der Hersteller von Laufbildern,[323] die ebenfalls Leistungen von Werkvermittlern unter Schutz stellen, das jeweilige Schutzrecht entstehen kann, auch wenn sie sich auf solche Inhalte beziehen.

Die dadurch bewirkte Abkoppelung des Schutzrechts vom Werkbegriff ist aber höchst problematisch. Die Last, aus den tagtäglich massenhaft vollzogenen Darbietungen diejenigen herauszufiltern, die den Schutz des § 73 UrhG verdienen, läge dann allein auf dem schillernden Begriff des Künstlerischen, dessen adäquate Explikation mit dem Begriff der Darbietung jedoch ein einigermaßen festes Fundament benötigt, um darauf aufbauen zu können. Der Vergleich zu den Schutzrechten der §§ 72, 85 und 95 UrhG ist nur bedingt aussagekräftig. Hier handelt es sich um qualifizierte Leistungen, die den besonderen wirtschaftlich-technischen und organisatorischen Aufwand ihrer Rechtsinhaber unter Schutz stellen und die nicht jedermann erbringen kann. Dagegen kann jede Person durch Vortragen, Vorlesen, Aufführen, durch Bewegungen und Spielen irgendetwas darbieten. Auch Darbietungen sind regelhaft gebildete, d. h. normative Handlungsformen, die es erlauben zu entscheiden, wann ein Darbietender sie mehr oder weniger gut vollzieht.[324] Auch ein langweiliger Vortrag, eine schlampige Aufführung oder die ungelenke Aufführung eines Musikstücks bzw. einer Bewegungsabfolge, ist ein Vortrag bzw. eine Aufführung des dargebotenen Inhalts und unterfällt dem Darbietungstyp. Sportliche und akrobatische Leistungen unterscheiden sich in ihrem äußeren Erscheinungsbild häufig nicht von den Bewegungsfolgen, mit denen Tänzer oder Pantomimen choreografische Werke darbieten. Artisten, Akrobaten, Varietékünstler werden aber normalerweise nicht zu den ausübenden Künstlern gezählt.[325] Es dürfte kaum mit dem Zweck des Interpretenrechts in Einklang zu bringen sein, Darbietungen jedweden Inhalts unter Schutz zustellen. Nach den einschlägigen Definitionen in Art. 3 lit. a Rom-Abkommen und Art. 2 lit. a WTTP sind ausübende Künstler Personen, die *Werke der Literatur und/oder Kunst* oder Ausdrucksformen der Volkskunst darbieten. Der Begriff des Werks der Literatur und der Kunst ist deckungsgleich mit den in der RBÜ und dem WUA verwendeten Begriffen; diese internationalen Abkommen betreffen wiederum ausschließlich urheberrechtlich schutzfähige Werke.[326]

---

[323] Zum Lichtbildschutz *Vogel* in Schricker/Loewenheim (2020), UrhG § 72 Rn. 13; zum Tonträgerherstellerrecht *Vogel* in Schricker/Loewenheim (2020), UrhG 85 Rn. 22; Zum Recht des Herstellers von Laufbildern *Katzenberger/N. Reber* in Schricker/Loewenheim (2020), UrhG § 95 Rn. 3.
[324] S. o. → Rn. C11, C47, C98.
[325] *Grünberger* in Schricker/Loewenheim (2020), UrhG § 73 Rn. 17; *Hertin* in Mestmäcker/Schulze (Dezember 2005), UrhG § 73 Rn. 57.
[326] *Grünberger* in Schricker/Loewenheim (2020), UrhG 73 Rn. 10.

F111–F112   F. Werkbegriff, Schutzgegenstände verwandter Schutzrechte

Auch die InfoSoc-RL stellt in ihrem Erw.grd. 9 einen engen Bezug zwischen den Leistungen der ausübenden Künstler und der kreativen Tätigkeit von Urhebern her. Es besteht deshalb kein Grund, die Werkakzessorietät des Rechts des ausübenden Künstlers aufzugeben.[327] Sie ist allerdings eine „gelockerte" Akzessorietät,[328] weil nicht in allen Ausdrucksformen der Volkskunst urheberrechtlich schutzfähige Werke vorkommen. Die Funktion, den Gegenstand der Darbietung zu bestimmen, übernimmt hier der Begriff der Volkskunst.

bb) Ausdrucksformen der Volkskunst (Folklore)

F112   Die Erweiterung des Interpretenrechts auf „Ausdrucksformen der Volkskunst" („expressions of folklore") basiert auf Art. 2 lit. a WTTP. Der Begriff der Folklore ist danach gekennzeichnet, dass er sich auf Ausdrucksweisen bezieht, durch die das traditionelle kulturelle Erbe einer ethnisch, geografisch, religiös oder historisch bestimmbaren Gemeinschaft hervorgebracht und erhalten wird. Sie entspringen in aller Regel kollektiven Traditionen und sind keiner einzelnen Person zuordenbar. Ob es sich im Einzelfall um schutzfähige Werke handelt oder nicht, spielt keine Rolle. Dazu zählen insbes. Volksmärchen, Volksdichtung, Volkslieder, Volkstänze, Stücke (Passionsspiele), Paraden und Rituale.[329] Um die Pflege echter Volksmusik in Heimatvereinen und Trachtengruppen zu fördern, hat der Gesetzgeber in der Novelle von 1985[330] bestimmt, dass für nur unwesentliche Bearbeitungen nicht geschützter Werke kein Bearbeiterurheberrecht entsteht (s. o. → Rn. E111 f.). Wer also tradierte Volksmusik nur leicht abwandelt, mag kein Urheber i. S. v. § 3 S. 1 UrhG sein, kann aber sehr wohl das Schutzrecht des § 73 UrhG erwerben, wenn er eine solche Version singt oder aufführt und seine Darbietung künstlerisch ist.[331] §§ 3 S. 2 und 73 UrhG zielen zwar darauf ab, das kulturelle Erbe im Bereich der Volksmusik zu erhalten, verfolgen dieses Ziel aber auf unterschiedliche Weise.

---

[327] Es ist bezeichnend, dass der Definitionsvorschlag von *Kruse* (2013), S. 86 ff., der für die völlige Aufhebung der Werkakzessorietät plädiert, gerade nicht die geschützte Leistung eines ausübenden Künstlers umreißt, sondern auf jede Handlung zutrifft, durch die ein Schriftsteller mittels handschriftlicher oder maschinenschriftlicher Niederschrift, ein Maler durch Bemalung einer Leinwand, ein Skulpteur durch eigenhändige Bearbeitung eines Marmorblocks, ein Pianist durch Betätigung der Tasten seines Klaviers usw. eine persönliche geistige Schöpfung i. S. v. § 2 Abs. 2 UrhG erstmals entäußert. Konsequenterweise kommt seiner Meinung nach die Leistung eines ausübenden Künstlers der eines Werkschöpfers gleich (S. 164), was in meinen Augen absurd ist.
[328] So *Grünberger* in Schricker/Loewenheim (2020), UrhG § 73 Rn. 13.
[329] *Grünberger* in Schricker/Loewenheim (2020), UrhG § 73 Rn. 18 f.; *Hertin* in Mestmäcker/Schulze (Dezember 2005), UrhG § 73 Rn. 7 ff.
[330] Gesetz vom 24.6.1985, BGBl. I 1985, S. 1137.
[331] Als Beispiel führt *A. Nordemann* in Fromm/Nordemann (2018), UrhG § 3 Rn. 32 den Schlager „Wooden Heart" von Elvis Presley an, dessen Musik auf dem deutschen Volkslied „Muss i denn zum Städtele hinaus" basiert.

2. Künstlerische Darbietung

a) Problemaufriss

Das Grundproblem des Interpretenrechts besteht darin, dass bislang keine abschließende und befriedigende Umschreibung des Schwellenkriteriums gefunden wurde, das die untere Grenze zum Erwerb des Schutzrechts markiert. In Rechtsprechung und Literatur ist man sich nur darin einig, dass der geschützten Interpretenleistung ein künstlerisches Moment zukommen muss und eine bloße Werkwiedergabe nicht ausreicht.[332] Dies folgt zum einen aus dem Begriff des ausübenden *Künstlers* und zu anderen daraus, dass ein Mitwirkender an einer Darbietung das Schutzrecht nur dann erwirbt, wenn er an ihr künstlerisch mitwirkt. Doch wann ist eine Darbietung künstlerisch? Weitgehende Einigkeit herrscht, dass eine bestimmte Gestaltungshöhe nicht zu fordern ist (→ Rn. F110); entscheidend sei vielmehr, ob gerade noch von einem künstlerischen Eigenwert gesprochen werden könne.[333] Teilweise wird der Begriff des Künstlerischen personalistisch gedeutet und die schutzbegründende Leistung des ausübenden Künstlers darin gesehen, dass sie unmittelbarster Ausdruck seiner individuellen Persönlichkeit sei.[334] Teilweise wird auf die Kunstformel des BGH zurückgegriffen und der erforderliche künstlerische Eigenwert danach bestimmt, ob es nach der Auffassung der für Kunst empfänglichen und mit Kunstdingen einigermaßen vertrauten Kreise gerechtfertigt sei, von einer künstlerischen Leistung zu sprechen.[335] Verbreitet wird auch eine Formulierung des BGH[336] verwendet, wonach die künstlerische Interpretation eines Sprachwerkes voraussetze, dass der Hörer mit den Ausdrucksmöglichkeiten der Sprache unabhängig vom sachlichen Inhalt einen Sinneseindruck empfängt, der seine Stimmung, sein Empfinden, sein Gefühl oder seine Phantasie anregt.[337]

All diese Vorschläge überzeugen deswegen nicht, weil sie sich weitgehend mit den Kriterien decken, die zur Bestimmung des Merkmals der Schöpfung herangezogen werden. Geschützte Darbietungen i. S. v. § 73 UrhG sind aber keine Schöpfungen. Wäre die schutzwürdige Leistung eines ausübenden Künstlers unmittelbarster Ausdruck seiner individuellen Persönlichkeit, wäre sie statistisch einmalig (→ Rn. F103, E14 f.). Jede Darbietung, in der ein Werk, eine Ausdrucks-

---

[332] Z. B. BGH GRUR 1981, 419, 420 f. – Quizmaster; *Grünberger* in Schricker/Loewenheim (2020), UrhG § 73 Rn. 23 f.; *Hertin* in Mestmäcker/Schulze (Dezember 2005), UrhG § 73 Rn. 22 f.

[333] BGH GRUR 1981, 419, 421 – Quizmaster; *Grünberger* in Schricker/Loewenheim (2020), UrhG § 73 Rn. 25.

[334] *Grünberger* in Schricker/Loewenheim (2020), UrhG § 73 Rn. 24, unter Berufung auf BVerfG NJW 1985, 261 – Anachronistischer Zug.

[335] *Grünberger* in Schricker/Loewenheim (2020), UrhG § 73 Rn. 25.

[336] BGH GRUR 1981, 419, 421 – Quizmaster.

[337] Die Definitionen des Künstlerischen bei *Bünte* (2000), S. 78 f., und *Kruse* (2013), S. 86 ff., stellen ebenfalls auf den sinnlichen Eindruck ab, den Hörer oder Betrachter der Darbietung empfangen. Zustimmend *Hertin* in Mestmäcker/Schulze (Dezember 2005), UrhG § 73 Rn. 27 und *Grünberger* in Schricker/Loewenheim (2020), UrhG § 73 Rn. 24.

form der Volkskunst oder irgendein anderer geistiger Gehalt identisch oder ähnlich vorkommt, wäre somit gleichfalls Ausdruck der unverwechselbaren Persönlichkeit des jeweils Darbietenden. Der ausübende Künstler könnte nicht gegen Nachahmungen und deren Festlegungen vorgehen, in denen seine geschützte Darbietung identisch oder leicht verändert vorkommt, aber andere Personen auftreten (→ Rn. F103, E5). Dass die Person eines Darbietenden ein unverwechselbares Individuum ist, heißt also weder, dass ihre Darbietung eine Schöpfung, noch dass sie künstlerisch ist. Ob eine bestimmte Darbietung künstlerisch ist, ist eine Rechtsfrage, deren Beantwortung nicht ausschließlich der Meinung der auf dem betreffenden Gebiet bewanderten Kreise oder dem Urteil von Sachverständigen überlassen werden kann (→ Rn. E18 ff.). Schließlich ist es kein Spezifikum für Darbietungen von Werken und traditionellen Ausdrucksformen der Volkskunst, dass sie einen Sinneseindruck vermitteln, der die Stimmung, das Empfinden, das Gefühl oder die Phantasie ihrer Adressaten anregt.[338] Diese Aufgabe erfüllen auch die anderen Vermittler geistiger Inhalte wie z. B. Verleger, Hersteller von Tonträgern, Sendeunternehmen, die sie durch Herstellung von sinnlich wahrnehmbaren körperlichen Gegenständen oder unkörperlichen Erscheinungen dem allgemeinen Publikum zugänglich machen. Auch Bücher, Gemälde, Skulpturen, abgespielte Bild- oder Tonträger sollen ihren Lesern, Betrachtern und Hörern einen ihre Gefühle, Empfindungen oder Phantasie anregenden Sinneseindruck vermitteln.

b) Gestaltungsspielräume für ausübende Künstler

F115 Um den Begriff des Künstlerischen zu explizieren, muss deshalb ein anderer Ansatz gefunden werden. Ausgangspunkt ist, dass ein ausübender Künstler kein Schöpfer ist. Das heißt, dass er sich an Regeln und Konventionen orientiert, die ihm vom Schöpfer des dargebotenen Werkes oder durch die überlieferten Gepflogenheiten der Volkskunst vorgegeben werden. Er darf aber auch keine Person sein, die den Gegenstand seiner Darbietung bloß wiedergibt. Innerhalb dieser Spannbreite ist das Schwellenkriterium zu suchen. Die Suche kann allerdings nur dann erfolgreich sein, wenn die dem ausübenden Künstler vom Urheber vorgegebenen Regeln und Konventionen auch dann Gestaltungsspielräume lassen, die er gestalterisch ausfüllen kann,[339] wenn er sich an sie hält. Wie wir u. a. bei der Abgrenzung zwischen Urheber- und Geschmacksmusterrecht gesehen haben (→ Rn. E93 ff., E98 ff.), scheitert daran jedoch der Erwerb des Schutzrechts nicht. Nur wenn sie ausnahmsweise ganz strikt gefasst sind, schränken sie seine Gestaltungsmöglichkeiten ein. Werke und die überkommenen Ausdrucksformen der Volkskunst sind nämlich ebenfalls Gebilde, die nicht in jeder Hin-

---

[338] *Goodman* (1998), S. 54 f.: „Der Gesichtsausdruck eines Schauspielers braucht weder dadurch hervorgerufen zu sein, daß er die entsprechende Emotion empfindet, noch muß er diese hervorrufen.", „Das zum Ausdruck Gebrachte kann etwas anderes sein als ein Gefühl oder eine Emotion".

[339] *Stang* in BeckOK UrhR (Stand 15.1.2022), UrhG § 73 Rn. 9.

sicht vollständig bestimmt sind. Die Regeln und Konventionen, nach denen sie gebildet werden, haben Leerstellen. Deren Unbestimmtheit ist ein charakteristisches Merkmal typenartiger Gegenstände. Sie macht es möglich, dass ein- und derselbe Interpretationsgegenstand in *qualitativ* und nicht bloß in numerisch verschiedenen konkreten Dingen und Erscheinungen, d. h. in verschiedenen Interpretationen und Aufführungen eines Klavierkonzerts, in verschiedenen Inszenierungen eines Dramas oder in verschiedenen Abzügen einer Fotografie usw. realisiert sein kann, die alle Realisierungen dieses Gegenstands sind.[340] Ins Auge fallende Beispiele für solche Leerstellen sind die verbalen Tempobezeichnungen (z. B. „presto", „allegro", „andante", „adagio" usw.), mit denen Komponisten zuweilen bestimmen, in welchem Tempo die Musiker das Musikstück oder Teile davon zu spielen haben und welche Dauer es hat. Sie allein schon lassen normalerweise beträchtliche Spielräume für Interpretationen, weil jedes Tempo als schnell oder langsam oder als zwischen schnell und langsam ohne Ende beschrieben werden könnte.[341] Für die meisten Musikstücke kann also konstatiert werden, dass ihre Realisierungen allein schon hinsichtlich ihrer Dauer (innerhalb gewisser Grenzen) voneinander abweichen können, ohne dass man bestreiten könnte, sie seien originalgetreue Realisierungen desselben Stücks.[342] Analoges geschieht bei Verfilmungen von fiktionalen Romangeschichten und literarischen Figuren oder Inszenierungen von Werken der Schauspielkunst. Schauspielwerke sind meist nur hinsichtlich des Sprechtextes einigermaßen bestimmt. Der Rest (die Kleidung der Personen, ihre Gesten, die Beschaffenheit der Räume, in denen sie sich bewegen usw.) ist regelmäßig nur angedeutet und die wichtigste Aufgabe des Regisseurs ist es, solche Unbestimmtheitsstellen auszufüllen.[343] Werke und Ausdrucksformen der Volkskunst können folglich inhaltlich unterschiedlich interpretiert werden. Wer Leerstellen (Variable) in vorgegebenen Regeln ausfüllt, ohne sie abzuändern, verlässt sie nicht, kann aber Interpret sein. Schöpferisch tätig muss er dabei nicht werden.

Was zu Werken und Ausdrucksformen der Volkskunst gesagt wurde, gilt auch für die Formen, in denen sie dargeboten werden. Denn auch sie sind geistige Typen, die in dieselbe ontologische Kategorie fallen wie die Werke selbst und von den konkreten, sich in Raum und Zeit abspielenden Ereignissen zu unterscheiden sind, in denen sie vorkommen.[344] Die besondere Leistung der ausübenden Künstler besteht darin, die Unbestimmtheitsstellen, die die dargebotenen Gegenstände lassen, auszufüllen, indem sie sie vervollständigen und damit Weisen aufzeigen, wie sie in konkreten Aufführungen oder Inszenierungen realisiert werden können. Es entsteht so ein anderer geistiger Gegenstand, der etwas vollständiger ist als das ursprüngliche Werk, aber immer noch Leerstellen hat; denn

---

[340] Dazu näher *Reicher* (2019), S. 51 ff.
[341] *Goodman* (1998), S. 176.
[342] *Reicher* (2019), S. 52.
[343] *Reicher* (2019), S. 69; *Künne* (2007), S. 304 f., in Bezug auf die Romanfigur der Sherlock Holmes.
[344] Die folgenden Überlegungen beruhen auf *Reicher* (2019), S. 67 ff.

alle Unbestimmtheitsstellen können nie ausgefüllt werden. Als unveränderlicher Typus kann dieselbe musikalische Darbietung, dieselbe Inszenierung – wie der dargebotene Interpretationsgegenstand selbst – mehrmals an verschiedenen Orten, durch verschiedene Personen und auf verschiedene Weise aufgeführt werden. Was ihre Bestimmtheit angeht, liegen die Darbietungsformen sozusagen zwischen dem Werk und ihren vollständig bestimmten Realisierungen. Es ist deshalb selbstverständlich auch möglich, dass derselbe Darbietungstyp nicht nur identisch, sondern auch ähnlich in einer konkreten Aufführung oder einer Inszenierung vorkommt. Das Gesetz weist dementsprechend dem ausübenden Künstler das ausschließliche Recht zu, seine Darbietung auf Bild- oder Tonträger aufzunehmen, solche Aufnahmen zu vervielfältigen und zu verbreiten (§ 77 UrhG), sie nach Maßgabe von § 78 Abs. 2 UrhG Mitgliedern der Öffentlichkeit zugänglich zu machen, sowie Entstellungen oder anderen Beeinträchtigungen entgegen zu treten, sofern sie geeignet sind, sein Ansehen oder seinen Ruf zu gefährden (§ 75 UrhG). Das alles schließt natürlich nicht aus, dass ein ausübender Künstler die immer gegebenen Gestaltungsspielräume individuell nutzt, indem er sich nicht ausschließlich an die vom Schöpfer des dargebotenen Werkes vorgegebenen Regeln und Konventionen orientiert und neue Inhalte präsentiert. Dann ist er allerdings kein ausübender Künstler i. S. v. § 73 UrhG mehr, sondern schöpferischer Bearbeiter gem. § 3 UrhG. Beispiele sind Theaterregisseure, die sich unter den Bedingungen des modernen Spielbetriebs immer häufiger von einer werkgetreuen Inszenierung abwenden und Gestaltungen wählen, die mit dem ursprünglichen Werk nicht mehr allzu viel zu tun haben.[345]

F117 Wann die Darbietung eines Werkes oder einer Ausdrucksform der Volkskunst eine schöpferische Bearbeitung, die schutzwürdige Leistung eines ausübenden Künstlers oder eine bloße Werkwiedergabe ist, hängt also davon ab, ob die betreffende Person die vorhandenen Gestaltungsspielräume *überhaupt und vor allem wie* sie sie ausfüllt. Das ist bei Werken der bildenden Künste, die zu den nicht darbietungsfähigen Werken gezählt werden, grundsätzlich nicht anders, obwohl ein Gemälde gewöhnlich gleichzeitig mit seiner konkreten Realisierung auf der Leinwand entsteht.[346] Der Schutz des § 2 Abs. 1 Nr. 4 UrhG beschränkt sich nämlich nicht auf fertige Werke, sondern wie allgemein auch auf individuelle Entwürfe – zu Computerprogrammen vgl. § 69a Abs. 1 UrhG –, Skizzen, Pläne, Modelle, Vor- und Zwischenstufen, die ausgeführt werden müssen, um ein konkretes Vorkommnis des darin enthaltenen geistigen Gehalts herzustellen. Deren Ausführung kann in einer schöpferischen oder unschöpferischen Veränderung dieses Gehalts bestehen, aber auch durch die als verwandtes Schutzrecht geschützte Leistung eines Werkvermittlers etwa eines Lichtbildners gem. § 72 oder eines Tonträgerherstellers gem. § 85 UrhG erfolgen.

---

[345] *Loewenheim* in Schricker/Loewenheim (2020), UrhG § 3 Rn. 21.
[346] *Reicher* (2019), S. 70 Fn. 30.

c) Wann ist eine Darbietung künstlerisch?

Um sich dieser Frage zu nähern, wird es auch hier zweckmäßig sein, sich zunächst darüber klar zu werden, wann eine Darbietung keine künstlerische ist. Das ist unstrittig dann der Fall, wenn ein Darbietender den Gegenstand seiner Darbietung bloß wiedergibt, d. h. wenn er das Werk in der vom Urheber entäußerten Form bzw. in der traditionell überlieferten Form der Volkskunst reproduziert. Dann konkretisiert er den Gegenstand seiner Darbietung nicht, sondern übernimmt dessen geistigen Gehalt einschließlich der vorhandenen Unbestimmtheitsstellen. Er interpretiert ihn nicht, sondern vervielfältigt ihn. Beispiele: Ein Rundfunksprecher liest einen Text Wort für Wort vor;[347] die Mitglieder einer Laienspieltruppe leiern ihren auswendig gelernten Text herunter; ein Musiker hält sich genau an die Kompositionsanweisungen und spielt die Partitur Note für Note ab; ein Tänzer kopiert Punkt für Punkt die Bewegungen und Sprünge, die ihm der Choreograf vorgemacht hat; jemand trällert ein Volkslied vor sich hin. Nicht jede Darbietung ist also eine Interpretation. Folgt daraus im Umkehrschluss, dass eine Darbietung, die die Unbestimmtheitsstellen des dargebotenen Gegenstandes verringert, automatisch eine künstlerische ist? Nicht nur auf den ersten Blick erscheint es intuitiv nicht einleuchtend, einem Schauspieler, Musiker oder Tänzer, dessen Leistung man als Interpretationsleistung werten könnte, sich aber ganz eng an den geistigen Gehalt seines Interpretationsgegenstands anlehnt, so dass sie von ihm kaum zu unterscheiden ist, bereits Ausschließlichkeitsrechte zuzuweisen. Offensichtlich gilt auch: Nicht alle Interpretationsleistungen sind künstlerisch. Dies spricht dafür, ein qualitatives Schwellenkriterium einzuführen, das den Erwerb des Schutzrechts rechtfertigt. Andererseits ist aber nicht zu übersehen, dass die Forderung nach einer besonderen Gestaltungshöhe oder die Frage, ob der Darbietende ausschließlich oder überwiegend ästhetische Zwecke verfolgt, auf die bereits mehrfach angesprochenen Einwände stößt. Wie kommt man aus diesem Dilemma heraus? **F118**

Wir sind mit einer Situation konfrontiert, die deutliche Analogien zu der Frage nach dem maßgeblichen Schwellenkriterium für den Erwerb des Schutzrechts des § 70 UrhG für wissenschaftliche Ausgaben aufweist. Dort ging es um die möglichst authentische Rekonstruktion des geistigen Gehalts des analysierten Werkes oder Textes, um eine wissenschaftlich fundierte Lesart der untersuchten Quelle bereit zu stellen, die sich von der Quelle selbst und von anderen existierenden und bekannten Ausgaben wesentlich unterscheidet (→ Rn. F61 f., F63 ff.). Der Verfasser einer solchen Ausgabe muss Unklarheiten beseitigen, Leerstellen, die die Quelle aufweist, auffüllen und dadurch einen objektiv neuen geistigen Gehalt hervorbringen, ohne schöpferisch tätig zu sein. Derselben Aufgabe unterzieht sich der Interpret, wenn er sich in den Interpretationsgegenstand hineindenkt oder hineinfühlt und eine neue Version von ihm produziert, die dessen geistigen Gehalt näher konkretisiert, ohne etwas Schöpferisches hervorzubringen. Insoweit ist es sicherlich nicht falsch zu sagen, er habe eine neue **F119**

---
[347] LG Hamburg GRUR 1976, 151 – Rundfunksprecher.

akustische Lesart oder eine neue Spielart von ihm kreiert. Um festzustellen, wann eine bestimmte Darbietung ihren Gegenstand nicht bloß wiedergibt, ist es ferner erforderlich, sie von ihm unterscheiden zu können. Und die Unterschiedlichkeit muss wesentlich sein. Dafür reicht es nicht aus, dass einem auf dem betreffenden Gebiet spezialisierten Fachmann irgendwelche Unterschiede auffallen, sondern den Hörern und Betrachtern, an die sich die Darbietung richtet und die über das für den Darbietungsgegenstand erforderliche intellektuelle Verständnis verfügen (→ Rn. F63 f., E91, C2). Dasselbe gilt, wenn man eine bestimmte Darbietung in Vergleich zu anderen bereits vorhandenen Darbietungen desselben Gegenstands setzt. Ein ausübender Künstler, der sich an eine solche Darbietung anlehnt und sie nur zu einer anderen Zeit und an einem anderen Ort vollzieht, erbringt keine wesentliche Interpretationsleistung, sondern gibt die Vorlage mehr oder weniger identisch wieder. Ich schlage deshalb vor, das maßgebliche Schwellenkriterium in Analogie zum Schutz wissenschaftlicher Ausgaben[348] zu bestimmen und den Schutzgegenstand des § 73 UrhG für den ausübenden Künstler wie folgt zu definieren:

(aK1) Die Leistung eines ausübenden Künstlers, der, ohne schöpferisch tätig zu sein, ein Werk oder eine Ausdrucksform der Volkskunst persönlich darbietet, ist nach § 73 UrhG geschützt, wenn sich der geistige Inhalt seiner Darbietung vom Inhalt des dargebotenen Werkes bzw. einer Ausdrucksform der Volkskunst oder auch von anderen bereits vorhandenen Darbietungen wesentlich unterscheidet.

Die geschützte Darbietung i. S. v. (aK1) erscheint als ein geistiger Gegenstand, der dem Typus des dargebotenen Werks oder der dargebotenen Ausdrucksform der Volkskunst unterfällt. Sie ist normalerweise eine besondere Form der unschöpferischen Bearbeitung des Dargebotenen, die dessen Inhalt zwar übernimmt, aber konkretisiert. Im schöpferischen Bereich entspricht ihr weitgehend die Übersetzung. Die Definition erfasst aber auch die Fälle, in denen der Urheber sein Werk mittels einer persönlichen Darbietung erstmals original entäußert. Wegen des schöpferischen Gehalts des Dargebotenen unterscheidet sich seine Darbietung notwendigerweise von allen anderen bereits vorhandenen Werkinterpretationen und Formen der Volkskunst wesentlich.

F120 Wenn es nach (aK1) nicht auf eine besondere ästhetische oder künstlerische Qualität einer geschützten Darbietung ankommt, könnte man einwenden: Wo bleibt denn dann das Künstlerische? Meine Antwort ist: Es steckt bereits in dem jeweiligen Interpretationsgegenstand. Wie gesagt (→ Rn. F108 f.), handelt es sich bei den sog. darbietungsfähigen Werken in erster Linie um literarische, musikalische, pantomimische oder choreografische Werke, um Lichtbild- oder Filmwerke. Ausgeklammert bleiben wissenschaftliche Sprachwerke, Darstellungen wissenschaftlicher oder technischer Art und Computerprogramme (→ Rn. F109). Denn hier ist es kaum vorstellbar, dass eine Person ihre Leerstellen

---

[348] S. o. Definition (WA) → Rn. F65.

durch Aufführen, Singen, Vortragen, Vorlesen ausfüllen könnte. Sie erhalten ihre Konkretisierungen vielmehr in inhaltlicher Auseinandersetzung mittels einer unschöpferischen oder schöpferischen Bearbeitung in analogen oder digitalen Notationen, Zeichnungen und Modellen. Da die darbietungsfähigen Werke im landläufigen Sinn als Kunstwerke angesehen werden, die ein Künstler geschaffen hat, kann eine Person, die sich mit einem solchen Werk in einer Darbietung interpretatorisch auseinandersetzt und eine neue Version des Kunstwerks hervorbringt, mit Fug und Recht gleichfalls als ein Künstler bezeichnet werden. Dass Ausdrucksformen der Volkskunst ebenfalls der Kunst zuzurechnen sind, ergibt sich schon aus ihrem Namen. Mit der Einbeziehung von Folklore war bezweckt, den Begriff des Künstlerischen von elitären Vorstellungen über „höhere Kunst" zu lösen, wie sie sich z. B. in der Unterscheidung zwischen Kunstlied und Volkslied ausdrückten, und ihn auch auf die in bestimmten Gruppierungen des Volkes gepflegten Kunstformen auszudehnen.[349]

d) Künstlerisch Mitwirkende

Ausübender Künstler ist nicht nur, wer eine künstlerische Darbietungshandlung in eigener Person vollzieht, sondern auch, wer „an einer solchen Darbietung künstlerisch mitwirkt". Man kann die Gesetzesformulierung wie folgt deuten: (1) Persönlich agierende Künstler erbringen eine schützenswerte Leistung, der der künstlerisch Mitwirkende eine eigenständige künstlerische Interpretationsleistung hinzufügt.[350] Konsequenz dieser Deutung der Vorschrift wäre, dass unmittelbar persönlich Darbietende und künstlerisch Mitwirkende jeweils eigenständige künstlerische Interpretationsleistungen erbringen, die unabhängig voneinander geschützt sind. Man kann sie aber auch (2) dahingehend verstehen, dass unmittelbar Darbietende und künstlerisch Mitwirkende ihre jeweiligen Beiträge so zusammenfügen, dass eine einheitliche, in sich geschlossene Version des jeweiligen Interpretationsgegenstands entsteht. Für welche Alternative man sich entscheidet, hat auch Auswirkungen auf die Frage, ob der Beitrag des Mitwirkenden zeitlich mit der Darbietung zusammenfallen muss oder auch vor ihr oder nach ihr erfolgen kann.[351] Die Änderung des Wortlauts der Vorschrift durch das Gesetz zur Regelung des Urheberrechts in der Informationsgesellschaft vom 10.9.2003,[352] wo das Wort „bei" durch „an" ersetzt wurde, stellt zwar klar, dass die künstlerische Einflussnahme der eigentlichen Darbietung vorausgehen kann,[353] lässt aber offen, ob sie ihr nicht auch nachfolgen kann. Letzteres würde z. B. für einen Tonmeister, der eine stattgefundene persönliche Darbie-

---

[349] *Hertin* in Mestmäcker/Schulze (Dezember 2005), UrhG § 73 Rn. 10.
[350] In diese Richtung gehend *Grünberger* in Schricker/Loewenheim (2020), UrhG § 73 Rn. 30.
[351] Dazu näher *Grünberger* in Schricker/Loewenheim (2020), UrhG § 73 Rn. 29 f.; *Stang* in BeckOK UrhR (15.1.2022), UrhG § 73 Rn. 16 f.; *W. Nordemann* GRUR 1980, 568, 570; *Dünnwald* UFITA (1973), S. 131 f.
[352] BGBl. I 2003, S. 1774.
[353] Begr. RegE BT-Drs. 15/38, S. 23.

tung bearbeitet und damit beiträgt, dass die Wesentlichkeitsschwelle überschritten wird, bedeuten, dass er künstlerisch Mitwirkender an *dieser* Darbietung ist.

F122 Fragt man jedoch nach dem Sinn des Interpretenrechts und den Willen des Gesetzgebers, kann sich die Waagschale nur auf die Seite von Alternative (2) neigen. Die amtliche Begründung zum UrhG 1965[354] zählt zu den künstlerisch Mitwirkenden insbesondere den Dirigenten und den Regisseur und betont, dass bei Ensembledarbietungen eines Werkes wie Chor-, Orchester- und Bühnenaufführungen alle Mitwirkenden als ausübende Künstler geschützt sein sollen, also nicht lediglich der Dirigent, der Regisseur und die Solisten, sondern auch jedes einzelne Orchester- oder Chormitglied. Das technische Personal ist nicht erfasst. Von dem Schutzumfang, den eine einzeln identifizierbare Werkinterpretation genießt, sollen also alle künstlerisch Beteiligten profitieren, ohne Rücksicht auf Umfang und Intensität ihrer Mitwirkung und gleichviel ob sie bei der Darbietung in Erscheinung treten (Bsp. Dirigent) oder nicht (Bsp. Regisseur). Es spielt auch keine Rolle, ob mit einer Darbietung etwa bei einem spontanen Live-Auftritt das dargebotene Werk erstmals entäußert wird (→ Rn. F106) oder sie sich einem bereits existierenden Werk widmet. Entscheidend ist vielmehr, ob und wann die Beteiligten einen bestimmenden Einfluss auf die Interpretationsleistung als *Gesamtgestaltung* nehmen. Es muss ein inhaltlicher Zusammenhang zwischen ihrem Beitrag und dem Ergebnis der Darbietung bestehen.[355]

F123 Die bei einer schutzfähigen Darbietung anwesenden Künstler und die an ihr künstlerisch Mitwirkenden bilden folglich eine einheitliche Gruppe. Exemplarisches Beispiel ist das Zusammenwirken von Dirigent und Orchester bei einer Konzertaufführung.[356] Ihr Pendant im Urheberrecht ist die Miturheberschaft (vgl. § 80 Abs. 1 UrhG), sofern sich ihre Anteile nicht gesondert verwerten lassen. Das schließt keinesfalls aus, dass einzelne Gruppen oder Personen innerhalb einer solchen Gesamtdarbietung an in sich geschlossenen und einzeln verwertbaren Teilen und Partien (Bsp. Opernarie) ein eigenständiges Schutzrecht nach § 73 UrhG erwerben, das sie nach dem Vorbild des § 9 UrhG gemeinsam mit den anderen ausübenden Künstlern in einer Verwertungsgesellschaft[357] oder aber auch gesondert verwerten können. Um die künstlerisch Mitwirkenden einzubeziehen, ist die in (aK1) vorgeschlagene Definition des Schutzgegenstands zu erweitern:

(aK2) Die Leistung eines ausübenden Künstlers, der, ohne schöpferisch tätig zu sein, ein Werk oder eine Ausdrucksform der Volkskunst persönlich darbietet, ist gegebenenfalls im Zusammenwirken mit anderen Personen nach § 73 UrhG geschützt, wenn sich der geistige Inhalt ihrer Darbie-

---

[354] Begr. RegE BT-Drs. IV/270, S. 90.
[355] BGH GRUR 1974, 672, 673 – Celestina; BGH GRUR 1983, 22, 25 – Tonmeister I; *W. Nordemann* GRUR 1980, 568, 570; *Grünberger* in Schricker/Loewenheim (2020), UrhG § 73 Rn. 29; *Büscher* in Wandtke/Bullinger (2022), UrhG § 73 Rn. 18; *Stang* in BeckOK UrhR (15.1.2022), UrhG § 73 Rn. 17.
[356] LG Köln ZUM-RD 2008, 211.
[357] Dazu ausführlich *Grünberger* in Schricker/Loewenheim (2020), UrhG § 80 Rn. 19 ff.

tung vom Inhalt des dargebotenen Werkes bzw. einer Ausdrucksform der Volkskunst oder auch von anderen bereits vorhandenen Darbietungen wesentlich unterscheidet.

Eine nachträgliche Beeinflussung dieser Gesamtgestaltung ist somit nicht möglich,[358] weil dadurch deren Inhalt nicht berührt, sondern bearbeitet oder bloß reproduziert wird. Das ist nicht der Fall, wenn ein künstlerisch Mitwirkender bereits im Vorfeld der eigentlichen Darbietung eingeschaltet ist, um in Absprache mit der Gruppe der Darbietenden deren Inhalt mitzubestimmen.[359] Das ist aber auch dann nicht der Fall, wenn es zum Plan der Gruppe gehört, etwa eine Studiodarbietung durch einen Tonmeister bearbeiten zu lassen, und sie gemeinsam mit ihm bestimmen, in welcher Version ihre Darbietung akzeptiert und möglicherweise verwertet werden soll;[360] der Tonmeister ist dann mitwirkender Künstler an ihr.

3. Persönlichkeits- und Verwertungsrechte, Schutzumfang

a) Zu den Rechten des ausübenden Künstlers

Parallel zu den Persönlichkeitsrechten des Urhebers nach §§ 13, 14 UrhG haben ausübende Künstler das ausschließliche Recht auf Anerkennung und Bestimmung der Künstlerbezeichnung sowie auf Wahrung der Integrität ihrer Darbietung (§§ 74 Abs. 1, 75 UrhG). Da sie keine Schöpfung hervorbringen, sind die maßgebenden Schutzfristen kürzer (§ 76 UrhG). Anders sieht es bei den Verwertungsrechten aus. Das Gesetz orientiert sich nicht an dem umfassenden Beispielskatalog des § 15 UrhG, sondern gewährt nur eine Reihe abschließend aufgeführter Befugnisse. Diese umfassen das ausschließliche Recht, ihre Darbietung auf Bild- oder Tonträger aufzunehmen und den Bild- oder Tonträger, auf den sie aufgenommen worden ist, zu vervielfältigen und zu verbreiten (§ 77 UrhG) sowie nach Maßgabe von § 19a UrhG öffentlich zugänglich zu machen, zu senden, sofern die Darbietung nicht erlaubterweise auf Bild- oder Tonträger aufgenommen worden ist, die erschienen oder erlaubterweise öffentlich zugänglich gemacht worden sind, und sie – vergleichbar § 19 Abs. 3 UrhG – außerhalb des Raumes, wo die Darbietung stattfindet, mittels Bildschirm, Lautsprecher oder ähnliche technische Einrichtungen öffentlich wahrnehmbar zu machen (§ 78 Abs. 1 Nr. 1 bis 3 UrhG). Daneben sind sie Inhaber zahlreicher Vergütungsansprüche.[361] Während beim Vervielfältigungs-, Verbreitungs- und Vermietrecht eine große Übereinstimmung zum Urheberrecht besteht, bleiben ihre Rechte bei der öffentlichen Wiedergabe deutlich hinter denen der Urheber zurück. So stehen ihnen die Rechte des Vortrags, der Aufführung und der Vorführung nach § 19 Abs. 1, 2 und 4 UrhG nicht

---

[358] BGH GRUR 1983, 22, 25 – Tonmeister I.
[359] BGH GRUR 1983, 22, 25 – Tonmeister I.
[360] So *Grünberger* in Schricker/Loewenheim (2020), UrhG § 73 Rn. 33, im Hinblick auf den Producer einer Schallaufnahme; *Rossbach/Joos* (1995), S. 333, 375.
[361] Einzelheiten bei *Grünberger* in Schricker/Loewenheim (2020), UrhG vor §§ 73 ff. Rn. 6.

zu. Der Schutzinhalt des Senderechts gem. § 78 Abs. 1 Nr. 2 UrhG bezieht sich nur auf die Sendung einer Live-Darbietung und unerlaubt aufgenommene Darbietungen. Erlaubterweise gesendete Darbietungen sind aber vergütungspflichtig (§ 78 Abs. 2 Nr. 1). Ebenso sind die Zweitverwertungsrechte der §§ 21 und 22 UrhG zu Vergütungsansprüchen herabgestuft (§§ 78 Abs. 2 Nr. 2, 3 UrhG).

aa) Aufnahme, Vervielfältigung und Verbreitung

F125 In der Unterscheidung zwischen dem Recht auf Aufnahme der Darbietung gem. § 77 Abs. 1 und dem Recht der Vervielfältigung und Verbreitung der Aufnahme gem. § 77 Abs. 2 UrhG drückt sich nach Auffassung von *Grünberger* die Besonderheit des Interpretenrechts aus: Erst mit der Festlegung einer geschützten Darbietung verliere sie ihren vergänglichen Charakter und ihre Ortsgebundenheit und werde „zum (!) verkehrsfähigen immateriellen Gegenstand".[362] Dem ist aus den oben aufgeführten Gründen (→ Rn. F105 ff.) zu widersprechen. Es ist nicht die körperliche Fixierung, die eine Darbietung zu einem verkehrsfähigen immateriellen Gut macht, sondern der Darbietungstyp, der durch eine konkrete raum-zeitlich bestimmte Aufführung bzw. einen konkreten Vortrag exemplifiziert wird. Erfüllt die Aufführung oder der Vortrag die Schutzvoraussetzungen des § 73 UrhG, bildet deshalb nicht ihre Aufnahme auf einen Bild- oder Tonträger den Schutzgegenstand, sondern der durch sie exemplifizierte Darbietungstyp. Die Festlegung der Aufführung bzw. des Vortrags auf einem Träger stellt vielmehr nur eine weitere Realisierung des exemplifizierten Darbietungstyps in körperlicher Form (Vervielfältigung) dar.[363] Infolge seiner *regelhaften Bildung* löst er sich nicht nur von der Person des Darbietenden, sondern auch von seiner Entstehungsgeschichte ab (→ Rn. C5, E6) und kann, wie bereits Fichte im Hinblick auf den Inhalt eines Buches zutreffend festgestellt hat (→ Rn. B56), das gemeinsame Eigentum von Vielen sein. Derselbe Darbietungstyp kann deshalb in den verschiedensten körperlichen Exemplaren festgehalten und beliebig oft unkörperlich wiedergegeben werden. Und selbstverständlich ist es auch möglich, dass er im Gedächtnis des Interpreten und von Zuhörern oder Zuschauern verhaftet bleibt und von diesen identisch reproduziert wird.

F126 Die kritisierte Auffassung, die die kategoriale Unterscheidung zwischen geistigem Typ und seinen materiellen Vorkommnissen missachtet, hat in Verbindung mit der in der Kommentarliteratur unisono vertretenen Ansicht, das Aufnahmerecht des § 77 Abs. 1 UrhG beziehe sich nur auf die *erstmalige Festlegung der geschützten originalen Urdarbietung*[364] auf einem Bild- oder Tonträger,[365] für den ausübenden Künstler sehr unangenehme Folgen. Bezieht man

---

[362] *Grünberger* in Schricker/Loewenheim (2020), UrhG § 77 Rn. 26.
[363] BGH GRUR 1985, 529 – Happening.
[364] Die kritisierte Auffassung weist unübersehbare Parallelen zur Urbildtheorie beim Lichtbildschutz auf, → Rn. F11 ff.
[365] Z. B. *Grünberger* in Schricker/Loewenheim (2020), UrhG § 77 Rn. 28; *Büscher* in Wandtke/Bullinger (2022), UrhG § 77 Rn. 4; *Dreier* in Dreier/Schulze (2022), UrhG § 77 Rn. 4.

das Aufnahmerecht nämlich nur auf das erstmals gefertigte Originalexemplar der Darbietung und besteht das Vervielfältigungs- und Verbreitungsrecht des § 77 Abs. 2 UrhG nur darin, Vervielfältigungen *dieser Festlegung* und deren Verbreitung zu erlauben oder zu verbieten, wäre das Aufnahmerecht mit seiner erstmaligen Ausübung durch den Interpreten – parallel zum Veröffentlichungsrecht des Urhebers nach § 12 UrhG – verbraucht und erloschen. Das Vervielfältigungs- und Verbreitungsrecht des § 77 Abs. 2 UrhG bezöge sich dann nur auf Kopien eben dieses Exemplars, d. h. auf körperliche Gegenstände, die kausal auf es zurückführbar sind.[366] Damit wäre das Recht des Interpreten auf körperliche Verwertung seiner Urdarbietung weitgehend entwertet. Er hätte keine rechtliche Möglichkeit, gegen die unerlaubte Aufnahme von Wiederholungen derselben bereits festgelegten Darbietung und gegen von ihnen angefertigte Kopien vorzugehen. Aufnahmen von Wiederholungsdarbietungen sind nämlich keine Erstaufnahmen und, was noch wichtiger ist, keine Aufnahmen einer geschützten Darbietung, weil sich ihr geistiger Gehalt von der bereits festgelegten originalen Urdarbietung nach Definition (aK2) nicht unterscheidet. Sie sind aber auch keine Kopien der Erstaufnahme i. S. v. § 77 Abs. 2 UrhG, weil sie eigenständig erzeugt und nicht von ihr kopiert wurden. Dabei macht es keinen Unterschied, ob es der ursprüngliche Interpret ist, der seine Originaldarbietung wiederholt oder dies eine andere Person tut.[367] Die Interpretationsleistung eines Orchesters oder einer Band bleibt dieselbe, wenn Mitglieder oder Solisten durch andere ersetzt werden müssen. Man denke auch an einen der zahlreichen Elvis-Presley-Imitatoren, der anhand einer der legendären Auftritte oder von Aufnahmen des Künstlers nicht nur dessen Songs, sondern auch den Klang seiner Stimme so exakt nachahmt, dass er von dem echten Elvis nicht zu unterscheiden ist. Ist es wirklich plausibel zu sagen, der Imitator habe allein wegen der fehlenden Personenidentität eine eigenständige Interpretationsleistung erbracht, die nicht dem von Elvis Presley kreierten Darbietungstyp unterfällt?

Die Verwertungsinteressen von ausübenden Künstlern sind somit nicht angemessen berücksichtigt, wenn sie nur von der Erstaufnahme und den auf sie zurückführbaren Kopien wirtschaftlich profitieren könnten. Oft dienen sie dazu, den Künstler überhaupt bekannt zu machen, um die Nachfrage nach seiner Darbietungsleistung zu wecken und an Engagements zu kommen, mehrfach aufzutreten und vom Verkauf von Aufzeichnungen wirtschaftlich zu profitieren. Ihn von der Kontrolle und wirtschaftlichen Verwertung von Wiederholungsdarbietungen abzuschneiden, ist somit nicht sachgerecht. Ihren gesetzlichen Niederschlag findet diese Sicht in § 53 Abs. 7 UrhG. Selbst private Mitschnitte von öffentlichen Vorträgen, Aufführungen und Vorführungen eines Werkes und damit der in ihnen vorkommenden Darbietungsleistungen sind stets nur mit Einwilligung der Berechtigten zulässig. Die für die Nutzung von Werken vor-

---

[366] Der Begriff der Kopie ist nicht deckungsgleich mit dem Begriff der Vervielfältigung, s. o. → Rn. E8.

[367] So aber *Grünberger* in Schricker/Loewenheim (2020), UrhG § 77 Rn. 33; *Anger* (2022), S. 118.

gesehenen Schrankenbestimmungen sind auf die Leistungen von ausübenden Künstlern entsprechend anwendbar (§ 83 UrhG).

F128 Die genannten Schwierigkeiten werden vermieden, wenn man den Begriff der Aufnahme i. S. v. § 77 Abs. 1 UrhG als das begreift, was eine Aufnahme auf Bild- oder Tonträger tatsächlich ist, nämlich eine körperliche Vervielfältigung (§ 16 Abs. 2 UrhG) des Aufnahmegegenstands,[368] gleichgültig ob sie eine Erstaufnahme ist und wie oft sie vorgenommen wird. Die gegenteilige Ansicht der h. M. kann sich insbesondere nicht auf die zwingenden Vorgaben in Art. 7 Abs. 1 Vermiet- und Verleihrechts-RL und Art. 2 lit. b InfoSoc-RL stützen.[369] Im Gegenteil. Art. 7 Abs. 1 Vermiet- und Verleihrechts-RL verwendet das Wort „Aufzeichnung" zwar im Singular. Dass damit aber nicht nur eine einzige Aufzeichnung, die Erstaufnahme, gemeint sein soll, folgt aus Art. 9 Abs. 1 lit. a dieser Richtlinie, der sich dem Verbreitungsrecht widmet und in dem das Wort „Aufzeichnung" im Plural vorkommt. Also muss es eine Mehrzahl von Aufzeichnungen derselben Darbietung geben, die dem Verbreitungsrecht unterfallen. Ein ausschließliches Verbreitungsrecht für nur eine einzige Aufzeichnung einzuführen, gibt ja auch keinen rechten Sinn. Die in Art. 9 Abs. 1 Vermiet- und Verleihrechts-RL genannten „Kopien" können ebenfalls nicht gemeint sein; denn die Kopie einer Aufzeichnung einer Darbietung ist nicht die Aufzeichnung der Darbietung. Auch Art. 2 lit. b InfoSoc-RL spricht insoweit eine deutliche Sprache. Diese RL strebt ein hohes Schutzniveau für das Urheberrecht und die verwandten Schutzrechte an, um sicher zu stellen, dass Urheber und ausübende Künstler eine angemessene Vergütung aus der Nutzung ihrer Schutzgegenstände erhalten können, weshalb die Definition der unter das Vervielfältigungsrecht fallenden Handlungen weit gefasst ist.[370] Unter den weiten Vervielfältigungsbegriff des Art. 2 InfoSoc-RL fällt *jede* unmittelbare oder mittelbare, vorübergehende oder dauerhafte Vervielfältigung auf jede Art und Weise und in jeder Form.[371] Da nun jede Aufnahme (Aufzeichnung) einer Darbietung auf Bild- oder Tonträger eine dauerhafte körperliche Vervielfältigung des in der aufgenommenen Darbietung exemplifizierten Darbietungstyps ist, unterfällt folglich nicht nur die Erstaufnahme, sondern auch *jede weitere Aufnahme (Aufzeichnung)* sowie jede körperliche Kopie einer solchen Aufnahme (Aufzeichnung) dem harmonisierten Vervielfältigungsbegriff, sofern in ihr dieselbe geschützte Darbietung vorkommt. Dem Verbreitungs- und Vermietrecht des ausübenden Künstlers unterfällt deshalb nicht nur die Aufzeichnung der Originaldarbietung, sondern auch jede weitere Aufzeichnung sowie jede Kopie davon (Art. 9 Abs. 1 lit. a Vermiet- und Verleihrechts-RL).

---

[368] So auch *Apel* (2011), S. 267; *Dünnwald* ZUM 2004, 161, 164 f.
[369] So aber *Grünberger* in Schricker/Loewenheim (2020), UrhG § 77 Rn. 28.
[370] Erw.grd. 9, 10, 21 der InfoSoc-RL.
[371] In diesem Zusammenhang kann es dahinstehen, ob der europäische Vervielfältigungsbegriff nicht sogar auf unkörperliche Reproduktionen des jeweils präsentierten geistigen Gehalts auszudehnen ist, wofür in *Haberstumpf* in Büscher/Dittmer/Schiwy (2015), UrhG § 15 Rn. 3 f., § 16 Rn. 5, und *ders.* GRUR Int. 2013, 627, 633 ff. plädiert wird.

bb) Öffentliche Wiedergabe

Im Bereich des Urheberrechts umfasst nach der Rechtsprechung des EuGH der unionsweit einheitlich anzuwendende Begriff der öffentlichen Wiedergabe, der auch im Interpretenrecht anzuwenden ist,³⁷² alle Wiedergaben, durch die ein Werk mittels technischer Einrichtungen einer *anwesenden* Öffentlichkeit wahrnehmbar gemacht (§§ 19 Abs. 4, 21, 22 UrhG) sowie alle Vorgänge, durch die es drahtgebunden oder drahtlos am Ort der Wiedergabe *abwesenden* Mitgliedern zugänglich gemacht wird (§§ 19a, 20 bis 20b UrhG).³⁷³ Die Rechte der öffentlichen Wiedergabe durch persönliche Darbietung gem. § 19 Abs. 1 und 2 UrhG gehören zwar nicht zum harmonisierten Recht der öffentlichen Wiedergabe, sind aber dennoch Bestandteil des europäischen Rechts, weil mit ihnen die Mindestrechte der RBÜ (hier Art. 11 Abs. 1 RBÜ) umgesetzt sind,³⁷⁴ die in allen Mitgliedstaaten der EU unmittelbar geltendes Recht bilden.

F129

Anders als in § 15 Abs. 2 UrhG sind die dem ausübenden Künstler zugewiesenen Rechte jedoch abschließend aufgeführt und bleiben hinter den Befugnissen des Urhebers deutlich zurück (→ Rn. F124). § 78 UrhG unterscheidet dabei zwischen Verwertungsakten der öffentlichen Wiedergabe, die dem Interpreten ausschließlich zugewiesen sind (Abs. 1) und solchen, die nur eine Vergütungspflicht auslösen (Abs. 2). Seine Ausschließlichkeitsrechte des § 78 Abs. 1 UrhG betreffen im Wesentlichen Erstverwertungsakte von Live-Darbietungen, während Vergütungsansprüche für Zweitverwertungshandlungen nach Abs. 2 gegeben sind, die eine auf einem erlaubterweise hergestellten Bild- oder Tonträger festgelegte oder gesendete Darbietung öffentlich wahrnehmbar machen oder auf einer vorausgehenden Sendung oder öffentlichen Zugänglichmachung beruhen.

F130

Uneingeschränkt steht ihm allerdings nach § 78 Abs. 1 Nr. 1 UrhG das Recht zu, seine Darbietung drahtgebunden oder drahtlos in einer Weise zugänglich zu machen, dass sie Mitgliedern der Öffentlichkeit von Orten und Zeiten ihrer Wahl zugänglich ist (§ 19a UrhG; Art 3 Abs. 2 lit a InfoSoc-RL). Der maßgebende Verwertungsakt besteht in dem Angebot eines Werkes oder eines anderen Schutzgegenstands in einem öffentlichen Kommunikationsnetz. Ihm geht voraus, dass die Darbietung des ausübenden Künstlers auf dem Rechner eines Computergeräts, der mit dem Netz verbunden ist, gespeichert (aufgezeichnet) wurde und eine gewisse Zeit bereitgehalten wird, so dass die an das Netz angeschlossenen Mitglieder der Öffentlichkeit sie von Orten und zu Zeiten ihrer Wahl abrufen können. Art. 3 Abs. 2 lit. a InfoSoc-RL bezieht deshalb zutreffend das Recht der öffentlichen Zugänglichmachung auf Aufzeichnungen von Darbietungen, nicht aber auf vorausgehende Funksendungen; denn die Funksignale einer Sendung

F131

---

³⁷² *Grünberger* in Schricker/Loewenheim (2020), UrhG § 78 Rn. 15.

³⁷³ *v. Ungern-Sternberg* in Schricker/Loewenheim (2020), UrhG § 15 Rn. 339 f.; *Haberstumpf* JIPITEC 2019, 187, 189. Zum System der Verwertungsrechte im harmonisierten Urheberrecht eingehend *Haberstumpf* in Büscher/Dittmer/Schiwy (2015), UrhG § 15 Rn. 3 ff.

³⁷⁴ EuGH GRUR Int. 2012, 150 Rn. 35 – Circul Globus București; EuGH GRUR 2012, 156 Rn. 201 f. – Football Association Premier League.

sind mit ihrer Ausstrahlung verbraucht und können nicht über eine gewisse Zeit bereitgehalten werden.³⁷⁵ Die technisch notwendige dauernde Festlegung einer Darbietung auf einem Computerspeicher bleibt also nicht frei, sondern ist ohne Weiteres dem Begriff der Aufnahme auf Bild- oder Tonträger und deren Vervielfältigung gem. § 77 Abs. 1 und 2 UrhG zuzuordnen, weil deren Inhalte wiederholt auf dem Bildschirm wiedergegeben, ausgedruckt und auf andere Bild- oder Tonträger übertragen werden können (§ 16 Abs. 2 UrhG).³⁷⁶

F132 Keine besonderen Auslegungsprobleme bereitet § 78 Abs. 1 Nr. 3 UrhG. Die Norm entspricht inhaltlich § 19 Abs. 3 UrhG. Verwickelter ist dagegen das Senderecht in § 78 Abs. 1 Nr. 2 UrhG geregelt. Es umfasst die Ausstrahlung von Sendesignalen, die direkt von einer konkreten Darbietung ausgestrahlt werden sowie solche, die vorher ohne Erlaubnis oder mit Erlaubnis des ausübenden Künstlers aufgezeichnet worden ist.³⁷⁷ Im letzteren Fall gilt aber eine Ausnahme dann, wenn das Sendeunternehmen die Aufzeichnungen erlaubterweise hat erscheinen lassen oder öffentlich zugänglich gemacht hat.³⁷⁸ In solchen Ausnahmefällen hat das Sendeunternehmen allerdings eine angemessene Vergütung zu zahlen (§ 78 Abs. 2 Nr. 1 UrhG). Was das im Einzelnen bedeutet, soll hier nicht näher beleuchtet werden. Interessanter dürfte sein, ob sich aus der Entscheidung des Gesetzgebers, Abstriche von den Rechten des Urhebers zu machen, Konsequenzen für den Schutzgegenstand des Interpretenrechts ergeben.

F133 Die Erstverwertungsrechte, ein Werk persönlich oder durch technische Einrichtungen einem am Ort der Wiedergabe anwesenden Publikum wahrnehmbar zu machen (§ 19 Abs. 1, 2, 4 UrhG), sind im Interpretenrecht nicht vorgesehen. Die Zweitverwertungsrechte der §§ 21 und 22 UrhG sind zwar berücksichtigt, aber nicht als Ausschließlichkeitsrechte ausgebildet, sondern zu schuldrechtlichen Vergütungsansprüchen herabgestuft worden. Anders als der Urheber des dargebotenen Werks kann der ausübende Künstler den wiederholten Vortrag, die Aufführung und die Vorführung seiner geschützten Darbietung nicht kontrollieren und von seiner Erlaubnis abhängig machen. Diese Verwertungshandlungen sind also für jedermann und zu beliebigen Zwecken frei. Heißt das, dass jedermann ohne seine Erlaubnis von einer „freien" Darbietung Aufzeichnungen und Kopien davon herstellen, diese verbreiten, sie zu einer Sendung benutzen oder im Internet anbieten könnte? Das wäre fatal und nicht mit dem Zweck des Leistungsschutzrechts vereinbar. Glücklicherweise wird die Rechtspraxis nicht auf diese Konsequenzen festgelegt. Denn die den Urhebern und Inhabern ver-

---

[375] So auch *Grünberger* in Schricker/Loewenheim (2020), UrhG § 78 Rn. 29, gegen die amtliche Begründung (BT-Drs. 15/38, S. 24) und *Stang* in BeckOK (Stand 15.1.2022), UrhG § 78 Rn. 4.
[376] *Grünberger* in Schricker/Loewenheim (2020), UrhG § 77 Rn. 29, unter Berufung auf Art. 2 lit. c WPPT.
[377] Vgl. § 55 Abs. 1 UrhG: Ist dem Sendeunternehmen das Recht zur Sendung eingeräumt worden, darf es das Werk bzw. die Darbietung auf Bild- oder Tonträger übertragen, um es zur Sendung zu nutzen. Umgekehrt gilt das jedoch nicht. Aus der Befugnis, eine Darbietung aufzuzeichnen, folgt nicht die Befugnis, sie zu senden.
[378] Vgl. *Grünberger* in Schricker/Loewenheim (2020), UrhG § 78 Rn. 41.

wandter Schutzrechte zugewiesenen Ausschließlichkeitsrechte sind unabhängig voneinander und müssen nicht alle gewährt werden. Der Ausschluss oder die Beschränkungen einzelner Rechte hat deshalb keinen Einfluss auf die anderen. Dem ausübenden Künstler bleibt also weiterhin die Befugnis, alle Aufzeichnungen und Kopien von persönlichen Vorträgen und Aufführungen oder Vorführungen, die seine geschützte Darbietung enthalten, sowie deren Verbreitung (→ Rn. F126 ff.), deren Sendung und öffentliche Zugänglichmachung nach Maßgabe von § 78 Abs. 1 UrhG zu erlauben oder zu verbieten.

b) Schutzumfang

Von der Frage nach dem Inhalt der gewährten Verwertungsrechte ist die Frage zu trennen, welchen Schutzumfang eine geschützte Darbietung genießt, wenn sie gem. §§ 77, 78 UrhG verwertet wird. Klar ist jedenfalls, dass Handlungen, die sie identisch verwerten, in den Schutzbereich fallen. Wie steht es aber, wenn eine Vervielfältigung oder unkörperliche Wiedergabe sie irgendwie verändert enthält? Ein Bearbeitungsrecht ist im Interpretenrecht explizit nicht vorgesehen. Das wirft die Frage auf, ob und inwieweit § 23 UrhG anzuwenden ist. Die h. M.[379] im Schrifttum verneint sie mit dem Argument, die Rechte des ausübenden Künstlers seien in den §§ 77 und 78 UrhG abschließend aufgeführt. Wann er gegen die Verwertung seiner geschützten Darbietung in veränderter Form vorgehen oder sie erlauben könne, hänge davon ab, ob sie unter den unionsweit harmonisierten Vervielfältigungsbegriff zu subsumieren sei. Nach der Rechtsprechung des EuGH trifft dies aber zu. Der EuGH stellt in der Entscheidung „Pelham/Hütter" zum Leistungsschutzrecht des Tonträgerherstellers – und der ausübenden Künstler, die das benutzte Musikstück dargeboten haben[380] – fest, dass es keinen Eingriff in das Vervielfältigungsrecht nach Art. 2 lit. c InfoSoc-RL darstelle, wenn der Schutzgegenstand in geänderter und beim Hören in nicht wiedererkennbarer Form genutzt werde.[381] Daraus folgt logisch, dass der geistige Gehalt eines Schutzgegenstands der verwandten Schutzrechte einschließlich des Rechts des ausübenden Künstlers immer dann vervielfältigt wird, wenn er in einem körperlichen Gegenstand (geändert oder identisch) wiedererkennbar vorkommt. Auch in der Rechtsprechung des BGH sind Bearbeitungen und Umgestaltungen nur besondere Formen der Vervielfältigung.[382] Dasselbe muss gelten, wenn er (geändert oder identisch) wiedererkennbar unkörperlich wiedergegeben wird.

Zu beachten ist allerdings, dass eine unmittelbare Anwendung von § 23 UrhG auf verwandte Schutzrechte nicht in Frage kommt, da nach der Gesetzesbegrün-

---

[379] *Grünberger* in Schricker/Loewenheim (2020), UrhG § 77 Rn. 42 f.; *Büscher* in Wandtke/Bullinger (2022), UrhG § 77 Rn. 8; *Stang* in BeckOK (Stand 15.1.2022), UrhG § 77 Rn. 7.
[380] *Grünberger* ZUM 2022, 579, 583.
[381] EuGH GRUR 2019, 929 Rn. 31 – Pelham/Hütter; BGH GRUR 2022, 899 Rn. 49 – Porsche 911.
[382] BGH GRUR 2022, 899 Rn. 56 – Porsche 911; BGH GRUR 2016, 1157 Rn. 17 – auf fett getrimmt; BGH GRUR 2014, 65 Rn. 36 – Beuys-Aktion.

dung und wohl überwiegender Meinung die Norm der Klarstellung dient, dass auch schöpferische Bearbeitungen und andere Umgestaltungen in den Schutzbereich einbezogen sind, die urheberrechtlich geschützte Werke genießen.[383] Die Leistungsergebnisse der Inhaber von verwandten Schutzrechten einschließlich der ausübenden Künstler beruhen aber nicht auf einer schöpferischen Leistung. Deshalb kann im Interpretenrecht der Schutzumfang nur auf *unschöpferische Vervielfältigungen und unkörperliche Wiedergaben* ausgedehnt sein, die die geschützte Darbietung verändert enthalten. Weil aber die Interessenlage im Vergleich zum Urheberrecht vergleichbar ist, steht einer analogen Anwendung der Norm nichts im Wege.

F136   Doch wie weit reicht der Schutzumfang und nach welchen Kriterien bemisst er sich? Nach Ansicht von *Stang* beurteilt sich diese Frage nicht nach § 23 Abs. 1 S. 2 UrhG n. F. („hinreichender Abstand"), sondern allein anhand der vom EuGH in der Entscheidung „Pelham/Hütter" festgelegten Kriterien.[384] Das Dumme ist jedoch, dass der EuGH nicht einmal andeutungsweise angibt, nach welchen Kriterien sich die Rechtspraxis zur Festlegung des Schutzumfangs von Werken und anderen Schutzgegenständen zu richten hat. Seine triviale und daher nichtssagende Antwort besagt ja nur, dass die nicht wiedererkennbare Nutzung eines Schutzgegenstands keine Vervielfältigungshandlung ist. Das heißt: Wenn z. B. geschützte Darbietungen oder Teile davon in nicht wiedererkennbarer Weise genutzt werden, werden sie weder identisch noch verändert genutzt, sondern überhaupt nicht. Die fehlende Wiedererkennbarkeit kann deshalb auch nicht als immanente Beschränkung des Schutzbereichs der Verwertungsrechte angesehen werden.[385] Der springende Punkt ist vielmehr, *wann* die wiedererkennbare und verändernde Nutzung in den Schutzumfang des Rechts des ausübenden Künstlers fällt. Dies beurteilt sich auch hier nicht nach einer starren Regel, sondern verlangt eine flexible Interessenabwägung im Einzelfall nach den Kriterien der freien Benutzung, die den Umfang der Übernahme und deren künstlerische Qualität sowie den Umfang und die künstlerische Qualität der Veränderungen im Licht der Grundrechte des ausübenden Künstlers und des Nutzers zu berücksichtigen und zu gewichten hat. Es hängt somit auch hier von einem hinreichend großen Abstand ab, den die geänderte Version von der benutzten Darbietung wahren muss, um frei zu sein. Das bedeutet wiederum, dass der Nutzer eine gegenüber der benutzten Darbietung eigenständige Darbietungsleistung erbringen muss, die sich im Sinne des Schwellenkriteriums (aK2) von jener wesentlich unterscheidet und so intensiv ist, dass sie die Eigenart der

---

[383] Begr. RegE BT-Drs. IV/270, S. 51; BGH GRUR 2014, 65 Rn. 36 f. – Beuys-Aktion; OLG Düsseldorf GRUR 1990, 263, 266 – Automatenspielplan; *Loewenheim* in Schricker/Loewenheim (2020), UrhG § 23 Rn. 3; *Haberstumpf* in Büscher/Dittmer/Schiwy (2015), UrhG § 23 Rn. 4: a. A. *Nordemann* in Fromm/Nordemann (2018), UrhG § 23/24 Rn. 7 ff. und *Bullinger* in Wandtke/Bullinger (2022), UrhG § 23 Rn. 7 f., die auch unschöpferische Veränderungen einbeziehen wollen.

[384] *Stang* in BeckOK (Stand 15.1.2022), UrhG § 77 Rn. 7.

[385] So aber BGH GRUR 2022, 899 Rn. 49 – Porsche 911. Dazu eingehend *Haberstumpf* ZUM 2022, 795, 797 ff.

benutzten Darbietung überlagert. Der Schutzumfang bestimmt sich somit parallel zum Urheberrecht nach den traditionellen Abwägungskriterien der freien Benutzung.[386]

Dagegen kann nicht ins Feld geführt werden, dass es nach der Rechtsprechung des EuGH den Mitgliedstaaten nicht freisteht, Ausnahmen und Beschränkungen *außerhalb* der in der InfoSoc-RL ausdrücklich vorgesehenen Ausnahmen anzuordnen.[387] Die Grundsätze und Kriterien der freien Benutzung dienen dazu, einen angemessenen Ausgleich zwischen Urhebern und Inhabern verwandter Schutzrechte am Schutz ihres Rechts am geistigen Eigentum auf der einen Seite und dem Schutz der Interessen und Grundrechte der Nutzer von Schutzgegenständen sowie der Allgemeinheit herbeizuführen.[388] Sie sind somit immanenter Bestandteil auch des europäischen Rechts.[389] Ihre Anwendung führt – anders als die EuGH-Rechtsprechung zur Parodieausnahme[390] – gerade nicht aus dem Kontext des Urheberrechts und der Schranken heraus. Fällt eine verändernde Benutzung einer geschützten Darbietung in den Anwendungsbereich der Schranke für Karikaturen, Parodien und Pastiches – abhängig davon, was man unter einem Pastiche verstehen will – nach Art. 5 Abs. 3 lit. k InfoSoc-RL, sind sie auf der zweiten und dritten Stufe des Drei-Stufen-Tests gemäß Art. 5 Abs. 5 InfoSoc-RL zu berücksichtigen.[391] Greift keine solche Schranke ein wie z. B. im Fall eines wissenschaftlichen Werkes oder einer Darstellung wissenschaftlicher oder technischer Art, sind sie analog § 23 Abs. 1 S. 2 UrhG unmittelbar anwendbar. Denn auch für diese Werkarten muss es eine inhaltliche Grenze geben, die den Schutzbereich absteckt.

c) Ausnahme für Darbietungen gemeinfreier visueller Werke und Ausdrucksformen der Volkskunst

Geschützte Darbietungen ausübender Künstler sind Handlungen, die Werke oder Ausdrucksformen der Volkskunst interpretieren. Sie konkretisieren deren Inhalte und unterscheiden sich von ihnen wesentlich (aK2), ohne selbst schöpferisch zu sein. Das wirft die Frage auf, ob für geschützte Darbietungen und ihre Aufzeichnungen überhaupt der Anwendungsbereich von § 68 UrhG bzw. Art. 14 DSM-RL eröffnet ist. Folgt man dem Wortlaut der beiden Vorschriften, wird die Antwort auf diese Frage zumindest für einige Darbietungstypen bejahend ausfallen. Visuell wahrnehmbar sind zunächst Darbietungen von pantomimischen und choreografischen Werken, aber auch von Schauspiel- und sonstigen Bühnenwerken, soweit nicht der Vortrag des Textes und der akustisch wahrnehmbare Teil des Bühnenwerkes betroffen ist. Ihre Aufzeichnung und die Herstel-

---

[386] BGH GRUR 2022, 899 Rn. 52 ff. – Porsche 911.
[387] EuGH GRUR 2019, 929 Rn. 64 f. – Pelham/Hütter.
[388] EuGH GRUR 2019, 929 Rn. 59 – Pelham/Hütter.
[389] *Haberstumpf* ZUM 2022, 795, 804 ff.
[390] EuGH GRUR 2014, 972 Rn. 29 ff. – Vrijheidsfonds/Vandersteen, dazu *Haberstumpf* ZUM 2022, 795, 803.
[391] EuGH GRUR 2019, 929 Rn. 62 – Pelham/Hütter.

lung von Kopien nach § 77 UrhG sind zweifellos Vervielfältigungshandlungen i. S. v. Art. 2 InfoSoc-RL und § 16 UrhG (→ Rn. F128), auch wenn sie den Darbietungsgegenstand nicht identisch wiedergeben (→ Rn. F134). *Dreier* hält diesem Ergebnis entgegen, dass es nach Erw.grd. 53 der DSM-RL entscheidend auf die Originaltreue der Vervielfältigung ankomme und daher das Recht des ausübenden Künstlers von der Neuregelung unberührt bleibe.[392] Das heißt: Erfüllt die Darbietung eines gemeinfreien visuellen Werks das Schwellenkriterium, ist sie zwar künstlerisch und damit geschützt, aber nicht originalgetreu, weil sich ihr Inhalt vom Inhalt des dargebotenen Werks oder der dargebotenen Ausdrucksform der Volkskunst wesentlich unterscheidet, so dass sie nicht in den Anwendungsbereich des § 68 UrhG fällt. Es gilt aber auch das Umgekehrte: Gibt die Darbietung das gemeinfreie Werk originalgetreu, d. h. identisch, wieder, dann begründet sie das Schutzrecht nicht und bleibt ohnehin schutzlos, so dass es zu keiner Kollision mit dem Gedanken der Gemeinfreiheit kommt. Analoge Situationen treten auch bei anderen verwandten Schutzrechten auf, zu deren Erwerb wie beispielsweise im Fall des Schutzrechts für wissenschaftliche Ausgaben nach § 70 UrhG (→ Rn. F69 f.) ein qualitatives Schwellenkriterium erreicht werden muss. Selbst beim Lichtbildschutz sind sie zu beobachten (→ Rn. F33). Im Ergebnis spielt es also keine Rolle, ob der jeweilige Schutzgegenstand das dargebotene Werk originalgetreu wiedergibt, ob er visuell oder akustisch wahrnehmbar gemacht wird oder es sich um ein gemeinfreies Werk handelt. Will man den neuen Vorschriften des § 68 UrhG und Art. 14 DSM-RL überhaupt einen Anwendungsbereich geben, kann der Vervielfältigungsbegriff nicht auf originalgetreue Vervielfältigungen (öffentliche Wiedergaben) beschränkt bleiben.

F139 Ist für die Auslegung des Art. 14 DSM-RL und § 68 UrhG der weite Vervielfältigungsbegriff des europäischen und deutschen Urheberrechts maßgebend, der wiedererkennbare aber veränderte Werkversionen einschließt, kommt es zur Kollision mit dem Grundrecht der Rechtsinhaber auf Schutz ihres geistigen Eigentums nach Art. 17 Abs. 2 EU-GrCh, Art. 14 GG, wie sich auch bei den bisher behandelten verwandten Schutzrechten gezeigt hat. Deutlich wird dies vor allem bei Darbietungen von gemeinfreien traditionellen Ausdrucksformen der Volkskunst, zu denen visuell wahrnehmbare Tanzformen, Bewegungsmuster, Zeremonien und Rituale gehören,[393] und bei Aufführungen klassischer Ballette und Bühnenwerke. Erbringen Schauspieler oder Tänzer dabei eine eigenständige künstlerische Interpretationsleistung, die sich wesentlich von den bereits vorhandenen unterscheidet und auch nach europäischem Recht schutzbedürftig ist, bleiben sie schutzlos. Ein solches Ergebnis steht aber mit der Zielsetzung der InfoSoc-RL nicht in Einklang. Nach Erw.grd. 9 zur InfoSoc-RL strebt der europäische Gesetzgeber vielmehr auch für ausübende Künstler ein hohes Schutzniveau an, das ihr Grundrecht auf Schutz ihres geistigen Eigentums beachtet. Unter dem grundrechtlich verankerten Gleichheitsgrundsatz ist es ferner nicht

---

[392] *Dreier* in Dreier/Schulze (2022), UrhG § 68 Rn. 6.
[393] Vgl. *Hertin* in Mestmäcker/Schulze (Dezember 2005), UrhG § 73 Rn. 13 f.

einzusehen, dass ausübende Künstler, die gemeinfreie visuelle Werke künstlerisch darbieten, gegenüber Musikern, die gemeinfreie Werke der Musik künstlerisch akustisch interpretieren, diskriminiert sein sollen.

4. Schutz des Veranstalters (§ 81 UrhG)

Schutzgegenstand des Veranstalterrechts nach § 81 UrhG ist die *veranstaltete Darbietung* eines ausübenden Künstlers. Die Vorschrift gewährt dem Veranstalter für seine organisatorische, technische und wirtschaftliche Leistung, die sich in einer veranstalteten Darbietung manifestiert, ein selbstständiges verwandtes Schutzrecht, das neben die Rechte des Künstlers tritt. Ihm wachsen ebenfalls die Ausschließlichkeitsrechte der §§ 77 Abs. 1 und Abs. 2 S. 1 sowie 78 Abs. 1 UrhG zu, die er unabhängig von ihm ausüben kann. Das Nebeneinander der Schutzrechte hat die Folge, dass Künstler und Veranstalter ihre Ausschließlichkeitsrechte nur in gegenseitiger Abstimmung nach dem Grundsatz von Treu und Glauben ausüben können, was in der Praxis in den ohnehin abzuschließenden Verträgen geschieht.[394]

Zum Erwerb des Schutzrechts bedarf es zweierlei. Es muss eine nach § 73 UrhG geschützte künstlerische Darbietung stattgefunden haben, was sich nach den oben dargestellten Kriterien richtet, und es muss ein Unternehmen geben, das sie veranstaltet hat. In dem zweiten Tatbestandsmerkmal steckt das zum Erwerb des Schutzrechts erforderliche Schwellenkriterium. Damit soll klargestellt werden, dass nicht jeder, der eine künstlerische Darbietung veranstaltet, Veranstalter i. S. v. § 81 UrhG ist. Der Gesetzgeber wollte damit sicherstellen, dass die wirtschaftlichen Interessen von Bühnen- und Konzertunternehmen oder dergl., die sich mit Mühe und Kosten Darbietungen widmen, berücksichtigt werden.[395] Die schutzwürdige Veranstalterleistung bedingt ein gewisses Maß an Investition[396] und liegt in der organisatorischen und wirtschaftlichen Vorbereitung und Durchführung der Darbietung. Dazu gehören der Abschluss der Verträge mit den Künstlern und den Urhebern der darzubietenden Werke, die Gestaltung des Programms, die Beschaffung der Veranstaltungsstätte, die Übernahme von Nebengeschäften, Werbung, Kartenverkauf sowie ggfs. technische Unterstützungsleistungen.[397] Bei nicht öffentlichen und privaten Darbietungen sind derart aufwändige Maßnahmen in der Regel nicht erforderlich. Das Recht des Veranstalters beschränkt sich deshalb im Wesentlichen auf solche, die für ein

---

[394] Vor allem von *Vogel* in Schricker/Loewenheim (2020), UrhG § 81 Rn. 11 ff., wird in dem Nebeneinander der gleichlaufenden Ausschließlichkeitsrechte eine unverhältnismäßige Beschränkung des Interpretenschutzes gesehen und die Abschaffung von § 81 UrhG befürwortet. Die wohl überwiegende Meinung will dagegen nicht so weit gehen und weist auf die Vertragspraxis hin, wodurch dem Problem ein Großteil seiner Schärfe genommen wird; so *Hertin* in Mestmäcker/Schulze (Dezember 2005), UrhG § 81 Rn. 3; *Dreier* in Dreier/Schulze (2022), UrhG § 81 Rn. 1; *Büscher* in Wandtke/Bullinger (2022), UrhG § 81 Rn. 2.
[395] Begr. RegE BT-Drs. IV/270, S. 94.
[396] *Dreier* in Dreier/Schulze (2022), UrhG § 81 Rn. 3.
[397] Vgl. z. B. *Dreier* in Dreier/Schulze (2022), UrhG § 81 Rn. 5.

öffentliches Publikum bestimmt sind.³⁹⁸ Nicht erheblich sollte sein, ob das Veranstalterunternehmen mit Gewinnerzielungsabsicht oder aus ideellen Gründen handelt, sofern nur sein investitorischer Aufwand wirtschaftlich ins Gewicht fällt.³⁹⁹

F142 Die Ausschließlichkeitsrechte des Veranstalters entsprechen denen des ausübenden Künstlers gem. §§ 77 Abs. 1, Abs. 2 S. 1, 78 Abs. 1 UrhG. Nicht beteiligt ist der Veranstalter dagegen an den Vergütungsansprüchen aus §§ 77 Abs. 2 S. 2, 78 Abs. 2 UrhG. Welchen Umfang die Ausschließlichkeitsrechte des Veranstalters haben, richtet sich nach den Grundsätzen, die für die Rechte der darbietenden Künstler maßgeblich sind (→ Rn. F134 ff.).

III. Recht des Tonträgerherstellers, des Sendeunternehmens und des Filmherstellers

1. Recht des Tonträgerherstellers (§ 85 UrhG)

F143 Neben den Rechten des Veranstalters (§ 81), des Sendeunternehmens (§ 87) und des Filmherstellers (§§ 94, 95) gehört das Recht des Tonträgerherstellers zu den verwandten Schutzrechten, die die organisatorische, technische und wirtschaftliche Leistung schützen sollen, welche mit der Herstellung ihrer zur Verbreitung geeigneten Schutzgegenstände gewöhnlich verbunden ist.⁴⁰⁰ International hat das Recht des Tonträgerherstellers in einer Reihe von Abkommen⁴⁰¹ seine Anerkennung gefunden und ist auf europäischer Ebene durch die Vermiet- und Verleihrechts-RL, die Schutzdauer-RL und die InfoSoc-RL weitgehend harmonisiert.⁴⁰² Dem Inhaber des Rechts stehen nach § 85 Abs. 1 die ausschließlichen Rechte der Vervielfältigung, der Verbreitung und der öffentlichen Zugänglichmachung zu. Die Ausnahme des § 68 UrhG erfasst das Schutzrecht nicht, weil die Töne und Klänge eines Musikwerks keine visuellen Gegenstände sind.

a) Schutzgegenstand

F144 Obwohl das Schutzrecht die organisatorische, technische und wirtschaftliche Leistung des Tonträgerherstellers schützen soll, ist sein Schutzgegenstand weder das hergestellte Tonträgermaterial, noch die Leistung selbst, sondern das Leistungsergebnis, in dem sich der geistige Gehalt der in dem Tonträger fixierten

---

³⁹⁸ *Vogel* in Schricker/Loewenheim (2020), UrhG § 81 Rn. 20; *Dreier* in Dreier/Schulze (2022), UrhG § 81 Rn. 3; *Hertin* in Mestmäcker/Schulze (Dezember 2005), UrhG § 81 Rn. 9; *Büscher* in Wandtke/Bullinger (2022), UrhG § 81 Rn. 5.

³⁹⁹ *Dreier* in Dreier/Schulze (2022), UrhG § 81 Rn. 4, gegen *Vogel* in Schricker/Loewenheim (2020), UrhG § 81 Rn. 26 f.

⁴⁰⁰ Begr. RegE BT-Drs. IV/270, S. 86 f., 95 f.

⁴⁰¹ Art. 10 Rom-Abkommen, Art. 2 Genfer Tonträgerabkommen, Art. 14 TRIPS, Art. 11 WPPT, abgdr. in UrhR, Beck-Texte im dtv, 20. Aufl., München 2021, Nr. 29, 32, 31, 25b.

⁴⁰² Einzelheiten bei *Vogel* in Schricker/Loewenheim (2020), UrhG § 85 Rn. 9.

Töne verkörpert.⁴⁰³ Im Verletzungsfall wird ja schließlich nicht danach gefragt, ob der Verletzer Tonträger hergestellt hat, die gleich oder ähnlich aussehen, aus gleichen oder ähnlichen Materialien bestehen oder gleiche oder ähnliche kausale Wirkungen haben, sondern ob in dem Verletzungsgegenstand identische oder ähnliche Klänge und Töne vorkommen. Der in § 85 Abs. 1 UrhG verwendete Begriff der Vervielfältigung eines Tonträgers darf daher nicht dahingehend missverstanden werden, als gehe es um die Reproduktion des Trägermaterials.⁴⁰⁴ Das Recht des Tonträgerherstellers bezieht sich vielmehr auf ein immaterielles Gut, das in den unterschiedlichsten Sachen und unkörperlichen Erscheinungen materialisiert sein kann. Wenn der BGH dagegen in seinen früheren Entscheidungen im Fall Metall auf Metall⁴⁰⁵ auf die Leistung des Tonträgerherstellers selbst abstellt und daraus folgert, dass auch kleinste Teile der festgelegten Tonfolge geschützt seien, weil für sie die erforderlichen Mittel genauso bereitgestellt werden müssten wie für die gesamte Aufnahme, ist dem nicht zu folgen. Der BGH vermischt Schutzgegenstand, d. h. das Leistungsergebnis, mit dem rechtfertigenden Grund, es zu schützen.⁴⁰⁶ Ob die ganze oder teilweise Übernahme der auf einem Tonträger fixierten Tonfolge eine Verletzung des Rechts ihres Herstellers verletzt oder nicht, hängt davon ab, wie sich ihr Inhalt zum Inhalt des benutzten Tonträgers verhält (→ Rn. F155 ff.).

aa) Erstmalige Festlegung von Tönen auf einem Tonträger

Nach der Gesetzesbegründung soll das Schutzrecht für das technische Können und die wirtschaftlichen Aufwendungen gewährt werden, die für die Aufnahme einer Werkdarbietung oder einer sonstigen Tonfolge auf einen Tonträger erforderlich sind.⁴⁰⁷ Tonträger ist gem. § 16 Abs. 2 UrhG jede Vorrichtung zur wiederholten Wiedergabe von Tonfolgen. Als mögliche Aufnahmegegenstände kommen nach Art. 3 lit. b Rom-Abkommen nicht nur akustische Darbietungen von Musikstücken, sondern auch andere Töne wie Tierstimmen oder Geräusche in Betracht. Musikinstrumente, akustische Anlagen oder sonstige Vorrichtungen, auf die nichts aufgenommen wird, sondern mit denen Musik gemacht wird, fallen nicht darunter.⁴⁰⁸ Tonträger sind demnach sämtliche Vorrichtungen, die

F145

---

⁴⁰³ So die h. M. *Vogel* in Schricker/Loewenheim (2020), UrhG § 85 Rn. 21; *Schulze* in Dreier/Schulze (2022), UrhG § 85 Rn. 15; *Boddien* in Fromm/Nordemann (2018), UrhG § 85 Rn. 3; *Schaefer* in Wandtke/Bullinger (2022), UrhG § 85 Rn. 2; *Schorn* GRUR 1982, 644; *Anger* (2022), S. 55.
⁴⁰⁴ So aber *Dünnwald* UFITA 76 (1976), 165, 167; *Rupp* (2021), S. 48.
⁴⁰⁵ BGH GRUR 2009, 403 Rn. 14 – Metall auf Metall I; BGH GRUR 2013, 614 Rn. 18 – Metall auf Metall II; BGH GRUR 2017, 895 Rn. 19 – Metall auf Metall III.
⁴⁰⁶ So mit Recht *v. Ungern-Sternberg* GRUR 2014, 209, 216; *Vogel* in Schricker/Loewenheim (2020), UrhG § 85 Rn. 15.
⁴⁰⁷ Begr. RegE BT-Drs. IV/270, S. 96.
⁴⁰⁸ Das schließt allerdings nicht aus, dass elektronische Musikinstrumente wie z. B. Keyboards oder Synthesizer Tonträgeraufnahmen enthalten, deren Inhalte mitabgespielt werden; s. *Boddien* in Fromm/Nordemann (2018), UrhG § 85 Rn. 11; *Schulze* in Dreier/Schulze (2022), UrhG § 85 Rn. 16 f.

F145–F147   F. Werkbegriff, Schutzgegenstände verwandter Schutzrechte

„Töne tragen", solange sie geeignet sind, die aufgenommenen Tonfolgen wiederholbar wiederzugeben.[409] Das bedeutet, dass das Festlegungsexemplar ein körperlicher Gegenstand von einer gewissen Dauer sein muss. Vorübergehende flüchtige Speicherungen etwa im Arbeitsspeicher eines Computergerätes genügen nicht.[410] Ist allerdings einmal eine schutzbegründende Tonträgeraufnahme erfolgt, bleibt das Recht des Herstellers erhalten, auch wenn das Erstaufnahmeexemplar vernichtet wird, verloren geht oder sein Inhalt gelöscht wird.[411] Mit seiner Fixierung auf einem Tonträger löst sich der geistige Gehalt der festgehaltenen Tonfolge wie bei den anderen Immaterialgütern von seiner Entstehungsgeschichte ab und ist nicht mehr an die Weiterexistenz des originalen Exemplars gebunden (→ Rn. C4f., C26).

F146   Nicht jeder, der mit einem gewissen Aufwand Klänge und Tonfolgen auf einen Tonträger aufnimmt, erwirbt das Schutzrecht, sondern nur derjenige, der sie *erstmals* fixiert.[412] In der Musikproduktion wird die erstmalige Festlegung der Tonfolge gewöhnlich als „Master" bezeichnet, der als Vorlage zur Herstellung und Verbreitung weiterer Tonträger sowie für das Angebot im Internet dient.[413] § 85 Abs. 1 S. 3 UrhG stellt dementsprechend klar, dass das Recht nicht durch Vervielfältigung eines schon vorhandenen Tonträgers erworben werden kann, also z. B. nicht durch Überspielung einer Schallplatte oder durch Mitschneiden einer durch Rundfunk gesendeten Tonaufnahme.[414] Das leuchtet ein. Denn wer den Inhalt eines schon vorhandenen Tonträgers auf einen anderen überträgt, ihn also auf einen anderen Tonträger kopiert, erbringt keine eigene Leistung, die den Schutz des § 85 UrhG verdient, sondern benutzt die Leistung des früheren Herstellers. Unklar ist jedoch, was das für die Schutzgewährung und für den Schutzumfang des Tonträgerherstellerrechts genau bedeutet.

F147   Als gesichert kann jedenfalls festgehalten werden: Der Schutz des § 85 UrhG beschränkt sich nur auf Aufnahmen, die eigenständig hergestellt und nicht lediglich kopiert sind. Die erstmalige Fixierung von Tönen und Klängen auf einem Tonträger ist zumindest eine notwendige Bedingung für den Erwerb des Schutzrechts. Ist sie aber auch dafür hinreichend? Davon geht die h. M. im Schrifttum aus, wenn gesagt wird, dass jedes erneute Einspielen derselben Klänge und Tonfolgen – unbeschadet des Originals – ein originäres Tonträgerherstellerrecht zugunsten des Einspielenden begründe; es handele sich ebenfalls um eine Erstaufnahme, weil die Klänge und Tonfolgen aus dem originalen Tonträ-

---

[409] *Boddien* in Fromm/Nordemann (2018), UrhG § 85 Rn. 9f.; *Vogel* in Schricker/Loewenheim (2020), UrhG § 85 Rn. 24.
[410] *Boddien* in Fromm/Nordemann (2018), UrhG § 85 Rn. 10; *Vogel* in Schricker/Loewenheim (2020), UrhG § 85 Rn. 24.
[411] *Schulze* in Dreier/Schulze (2022), UrhG § 85 Rn. 20.
[412] Art. 3 lit. c Rom-Abkommen.
[413] *Vogel* in Schricker/Loewenheim (2020), UrhG § 85 Rn. 24; *Schulze* in Dreier/Schulze (2022), UrhG § 85 Rn. 20; *Boddien* in Fromm/Nordemann (2018), UrhG § 85 Rn. 20; *Schaefer* in Wandtke/Bullinger (2022), UrhG § 85 Rn. 4.
[414] Begr. RegE BT-Drs. IV/270, S. 96.

gerexemplar nicht übernommen würden.⁴¹⁵ Auch der BGH hat diese Ansicht in seinen beiden ersten Metall-auf-Metall-Urteilen vertreten: Sei derjenige, der die auf einem fremden Tonträger aufgezeichneten Töne oder Klänge für eigene Zwecke verwenden möchte, im Stande, diese selbst herzustellen, stünden die Rechte des Tonträgerherstellers einer Fortentwicklung des Kulturschaffens nicht im Wege.⁴¹⁶ Wer also Klänge und Tonfolgen, die auf einem geschützten Tonträger fixiert sind, identisch oder verändert auf einen anderen Tonträger aufspielt, ohne sie zu kopieren, erwirbt ein eigenständiges ausschließliches Recht nach § 85 Abs. 1 UrhG, das er dem Recht des früheren Tonträgerherstellers entgegensetzen und gegenüber Dritten durchsetzen kann. Man könnte die Ansicht, jede selbstständige Aufnahme von Tönen auf einen Tonträger begründe ein eigenständiges Recht, wie folgt formulieren:

(Tt1)   Eine Tonträgeraufnahme ist gem. § 85 Abs. 1 UrhG geschützt, wenn die aufgenommenen Töne und Klänge nicht von einem bereits vorhandenen Tonträger kopiert sind.

Diese Umschreibung des Schutzgegenstands entspricht ziemlich genau der Urbildtheorie beim Lichtbildschutz (→ Rn. F10 ff.). Hier wie dort ist sie aber nicht geeignet, ihn zutreffend zu bestimmen. Aus ihr folgt nämlich erstens, dass *jede* kopierende Übernahme der festgelegten Töne und Klänge aus einem fremden geschützten Tonträger ganz oder teilweise, wie dies z. B. beim Sampling erfolgt, eine Verletzungshandlung ist, und zweitens, dass *jede* nichtkopierende (nachschaffende) Übernahme keine Verletzungshandlung darstellt, also frei ist. Beides ist falsch. In seinem Urteil „Metall auf Metall" von 2016 hat das BVerfG nachdrücklich darauf hingewiesen, dass die von Art. 5 Abs. 3 S. 1 GG geforderte kunstspezifische Betrachtung verlange, die Übernahme von Ausschnitten urheberrechtlich oder leistungsschutzrechtlich geschützter Gegenstände als Mittel künstlerischen Ausdrucks und künstlerischer Gestaltung anzuerkennen. Die Übernahme der strittigen Tonsequenzen und ihre Nutzung müsse unabhängig von der Nachspielbarkeit grundsätzlich möglich sein.⁴¹⁷ Das heißt: Nicht alle kopierende Übernahmen von geschützten Tonfolgen und Klängen verletzen das Tonträgerherstellerrecht. Daraus folgt aber auch das Umgekehrte. Nicht jede nicht kopierende Übernahme geschützter Töne ist frei.⁴¹⁸ Wir nehmen an, ein Orchester bringt an mehreren aufeinanderfolgenden Tagen etwa in demselben Konzerthaus oder auf einer Tournee dasselbe Musikwerk in derselben Darbietungsform zur Aufführung. Die erste dieser Darbietungen wird von einem lizenzierten Tonträgerhersteller aufgenommen und auf einem zur Verbreitung geeigneten Tonträger fixiert. Ein anderer Tonträgerproduzent fertigt bei einer der

F148

---

⁴¹⁵ *Boddien* in Fromm/Nordemann (2018), UrhG § 85 Rn. 37, 22 f.; *Schulze* in Dreier/Schulze (2022), UrhG § 85 Rn. 34; *Vogel* in Schricker/Loewenheim (2020), UrhG § 85 Rn. 25.
⁴¹⁶ BGH GRUR 2009, 403 Rn. 23 – Metall auf Metall I; BGH GRUR 2013, 614 Rn. 13 – Metall auf Metall II.
⁴¹⁷ BVerfG GRUR 2016, 690 Rn. 92, 97 ff. – Metall auf Metall.
⁴¹⁸ Vgl. → Rn. F15 zum Lichtbildschutz.

späteren Aufführungen mittels eines eingeschmuggelten Rekorders unerlaubt einen Mitschnitt („bootleg"), den er aufwändig nachbearbeitet, zur Produktion und Verbreitung von Tonträgern nutzt und dessen Inhalt im Internet öffentlich zugänglich macht. Kann der erste Tonträgerhersteller aufgrund seiner Ausschließlichkeitsrechte gegen den zweiten vorgehen? Nach (Tt1) und der oben wiedergegebenen herrschenden Meinung muss die Antwort verneinend ausfallen. Der zweite Hersteller hat den Inhalt des Tonträgers des Erstaufnehmenden zwar vervielfältigt, aber nicht kopiert, sondern dieselbe musikalische Darbietung eigenständig eingespielt. Für das Entstehen des Tonträgerrechts ist es irrelevant, ob die Aufnahme rechtmäßig zustande kommt, ob z. B. gegen das Urheberrecht des Komponisten oder Leistungsschutzrechte der ausübenden Künstler verstoßen wird.[419] Also hat der zweite Hersteller ein eigenständiges ausschließliches Recht an seiner Aufnahme erworben, das der erste respektieren muss.[420]

F149 Akzeptabel ist dieses Ergebnis nicht. So wie es grundsätzlich möglich sein muss, dass die kopierende Übernahme des Inhalts eines geschützten Tonträgers das Recht des Herstellers nicht verletzt, muss es grundsätzlich möglich sein, dass die nicht kopierende Vervielfältigung dessen Inhalts eine rechtsverletzende Handlung ist. Wie beim Lichtbildschutz (→ Rn F21) und beim Recht des ausübenden Künstlers (→ Rn. F126 f.) erscheint es nicht sachgerecht, wenn Tonträgerhersteller nur von der Erstaufnahme und kausal auf das Uraufnahmeexemplar zurückführbare Kopien wirtschaftlich profitieren könnten und keine rechtliche Handhabe hätten, gegen sonstige Vervielfältigungen und ihre Verbreitung im Internet vorzugehen; denn auch solche Handlungen können ihre Verwertungsinteressen erheblich tangieren, wie das Beispiel zeigt. Der im europäischen Recht vollständig harmonisierte weite Vervielfältigungsbegriff des Art. 2 InfoSoc-RL ist einheitlich im Urheberrecht wie auch bei den verwandten Schutzrechten anzuwenden und umfasst auch nicht kopierende Vervielfältigungen (→ Rn. F128). Das Kriterium des Nicht-Kopiert-Seins kann deshalb keine hinreichende Bedingung für den Erwerb des Schutzrechts sein. Es bedarf somit eines zusätzlichen qualitativen Schwellenkriteriums, das darüber bestimmt, wann die erstmalige Festlegung von Tönen durch einen Tonträgerhersteller schutzwürdig ist und wann ihre Nachahmung in einen anderen Tonträger dessen Recht verletzt. Ohne ein solches Schwellenkriterium vorauszusetzen, kann insbesondere die Problematik der verändernden und teilweisen Reproduktion des Inhalts fremder geschützter Tonträger nicht angemessen bewältigt werden.

---

[419] BGH GRUR 2016, 176 Rn. 24 – Tauschbörse I; *Vogel* in Schricker/Loewenheim (2020), UrhG § 85 Rn. 47; *Schulze* in Dreier/Schulze (2022), UrhG § 85 Rn. 19; *Boddien* in Fromm/Nordemann (2018), UrhG § 85 Rn. 17.

[420] Die oben unter → Rn. F147 Fn. 415 nachgewiesene h. M. ist insoweit inkonsequent, als sie das Mitscheiden eines Live-Ereignisses generell mit dem Argument als nicht schutzbegründend ansieht, es fehle an einem organisatorischen, wirtschaftlichen und technischen Aufwand; s. *Boddien* in Fromm/Nordemann (2018), UrhG § 85 Rn. 26; *Vogel* in Schricker/Loewenheim (2020), UrhG § 85 Rn. 26; *Schulze* in Dreier/Schulze (2022), UrhG § 85 Rn. 26. Das kann z. B. bei privaten Mitschnitten zum eigenen Gebrauch der Fall sein, aber wie im Beispielsfall nicht immer.

bb) Maß des wirtschaftlichen, organisatorischen und technischen Aufwands

Das Schrifttum fordert überwiegend ein gewisses Mindestmaß an wirtschaftlichem, organisatorischem und technischem Aufwand, um das Schutzrecht entstehen zu lassen. Die Anforderungen werden dabei niedrig angesetzt.[421] Wann die Schutzschwelle erreicht wird, bleibt aber unbestimmt. Einen Unterschied zwischen gewerblich und nicht gewerblich tätigen Herstellern zu machen, ist nach dem Willen des Gesetzgebers jedenfalls nicht gerechtfertigt.[422] Auch die Übertragung von Tierstimmen oder anderen Geräuschen auf Tonträger durch Amateure können das Schutzrecht begründen. Der Gesetzgeber ging davon aus, dass allein die Herstellung eines zum Vertrieb geeigneten bespielten Tonträgers mit einer hochwertigen technischen Leistung und mit großen wirtschaftlichen Aufwendungen verbunden ist.[423] Diese Einschätzung mag zur Zeit der großen Urheberrechtsreform 1965, wo die Schallplatte das vorherrschende Trägermaterial war, zutreffend gewesen, dürfte aber dank stark verbesserter Aufnahmetechniken und mit dem Aufkommen verbilligter Geräte und Tonträger generell nicht mehr aufrecht zu erhalten sein. Besonders im Bereich der elektronischen Musik lassen sich professionell verwertbare Ergebnisse mit elektronischen Hilfsmitteln, die zu erschwinglichen Preisen verfügbar sind, erzeugen, aufnehmen und auf einen fungiblen Tonträger aufspielen. Sowohl im Profi- wie auch im Amateurbereich ist ein unerwartet radikaler musiktechnologischer Wandel eingetreten. An die Seite von Produktionsunternehmen treten verstärkt selbst produzierende Solomusiker, die zu Hause zur Verbreitung geeignete Tonträger herstellen.[424] Die neuen Formate und das Aufkommen des Internets haben nicht nur die Produktion von Tonträgern begünstigt, sondern auch den illegalen Musikkonsum erleichtert. Es ist eine Entwicklung eingetreten, wie sie auch beim Lichtbildschutz zu beobachten ist. (→ Rn. F17). Wer unter den heutigen technischen und ökonomischen Bedingungen ohne nennenswerten Aufwand Klänge und Töne auf einen Tonträger aufspielt, um ihn anschließend zu verwerten, verdient den Schutz des § 85 UrhG nicht:[425]

(Tt2) Eine Tonträgeraufnahme ist gem. § 85 Abs. 1 UrhG geschützt, wenn die aufgenommenen Töne und Klänge nicht von einem bereits vorhandenen Tonträger kopiert sind und ihre Herstellung einen wesentlichen organisatorischen, technischen und wirtschaftlichen Aufwand erforderte.

---

[421] *Vogel* in Schricker/Loewenheim (2020), UrhG § 85 Rn. 33; *Boddien* in Fromm/Nordemann (2018), UrhG § 85 Rn. 24 f.; *Stang* in BeckOK (Stand 15.1.2022), UrhG § 85 Rn. 14. Nach *Schulze* in Dreier/Schulze (2022), UrhG § 85 Rn. 24, kann es dagegen dahinstehen, ob die Aufnahme mehr oder weniger umfangreich und aufwändig ist.
[422] Begr. RegE, BT-Drs. IV 270, S. 96.
[423] Begr. RegE, BT-Drs. IV/270, S. 95 f.
[424] *Weßling* (1995), S. 31 ff.; *Rupp* (2021), S. 191.
[425] So auch *Rupp* (2021), S. 232 ff., der vergleichbar zum Datenbankherstellerrecht die Einführung einer qualitativen Schutzvoraussetzung im Sinn eines Wesentlichkeitskriteriums für erforderlich hält.

F151   Zum maßgeblichen Aufwand zählen die Übernahme der wirtschaftlichen Verantwortung durch Abschluss der erforderlichen Verträge mit Musikern, Sprechern oder sonstigen beteiligten Personen, der Erwerb der erforderlichen Nutzungsrechte von Musikurhebern und ausübenden Künstlern oder sonstigen Rechtsinhabern, die Bereitstellung des technischen Equipments einschließlich eines Tonstudios, die Übernahme der Materialkosten sowie die organisatorische Vorbereitung, Durchführung und Überwachung der Tonaufnahme.[426] Dass dies zusammengenommen, einen wesentlichen Aufwand bedeutet, steht außer Frage. Den Gegenpol bildet die keine besonderen Kosten verursachende Aufnahme von vorhandenen Geräuschen, zu denen der Aufnehmende einen leichten Zugang hat. Oder der Mitschnitt einer musikalischen Aufführung oder eines Vortrags unter Verwendung eines einfachen Tonbandgeräts, Rekorders, Diktiergeräts oder eines Smartphones, ohne sie nachzubearbeiten und die Erlaubnis der darbietenden Künstler und Urheber einzuholen. Der dabei anfallende Aufwand ist nicht wesentlich.[427] Um das Schutzrecht zu erwerben, muss der Hersteller des Tonträgers also dieses Niveau merklich überschreiten. Wann dies der Fall ist, lässt sich generell nicht quantifizieren. Entscheidend dürfte sein, ob seine Aufwendungen so hoch sind, dass das Auftauchen von Kopien, Vervielfältigungen und das Angebot im Internet ihre Amortisation merklich gefährdet.

F152   Die Problematik lässt sich gut an der umstrittenen Frage illustrieren, ob das sog. Remastering, d. h. die technische Klangaufbereitung eines geschützten Tonträgers, der mit wesentlichem Aufwand produziert wurde, etwa durch Beseitigung von Nebengeräuschen oder mittels Digitalisierung ein eigenständiges Herstellerrecht entstehen lässt. Ein Teil des Schrifttums lehnt dies mit dem Argument ab, das Tonmaterial werde nicht erstmalig aufgenommen, sondern wiederholt festgelegt,[428] also kopierend vervielfältigt. Die Gegenmeinung wendet ein, beim Remastering würden regelmäßig jene technischen, organisatorischen und wirtschaftlichen Leistungen erbracht, die den Leistungen bei der originären Aufnahme in nichts nachstünden und klanglich etwas Neues hervorbrächten, das in dieser Form erstmals fixiert werde.[429] Die Argumente der Gegenmeinung überzeugen nicht. Das Recht des Tonträgerherstellers entsteht nach (Tt2) nicht schon dann, wenn die Aufnahme einen wesentlichen Aufwand erfordert, sondern erst dann, wenn die aufbereiteten Klänge des verwendeten Tonträgers nicht kopiert werden. Und das ist beim Remastering gerade nicht der Fall. Es mag sein, dass der Kopierer eines Tonträgers, der die geschützte Klangfolge einer musikalischen Darbietung in verbesserter Form präsentiert, ebenfalls wesentliche

---

[426] *Vogel* in Schricker/Loewenheim (2020), UrhG § 85 Rn. 37; *Schulze* in Dreier/Schulze (2022), UrhG § 85 Rn. 4.

[427] *Boddien* in Fromm/Nordemann (2018), UrhG § 85 Rn. 26; *Schulze* in Dreier/Schulze (2022), UrhG § 85 Rn. 26.

[428] *Schulze* in Dreier/Schulze (2022), UrhG § 85 Rn. 21; *Vogel* in Schricker/Loewenheim (2020), UrhG § 85 Rn. 28.

[429] Vor allem *Boddien* in Fromm/Nordemann (2018), UrhG § 85 Rn. 30 ff.; *Schaefer* in Wandtke/Bullinger (2022), UrhG § 85 Rn. 16; *Dünnwald* UFITA 76 (1976), 165, 176.

Aufwendungen hat. Er erspart sich aber die Lizenzzahlungen, die von dem originären Tonträgerhersteller den mit ihm vertraglich verbundenen ausübenden Künstlern und Komponisten zu entrichten waren, und macht diesem parasitäre Konkurrenz. Etwas anderes könnte allenfalls in Ausnahmefällen angenommen werden, wenn beim Remastering neue vom Inhalt des geschützten Tonträgers unterscheidbare Klänge und Tonfolgen etwa durch Vermischung mit anderen Klängen entstehen. Das ist aber in erster Linie eine Frage des Schutzumfangs, den der bearbeitete Tonträger genießt. Wie sich im Fall Metall auf Metall gezeigt hat (→ Rn. F148 f.), ist die verändernde Übernahme des Inhalts eines geschützten Tonträgers nicht immer frei. In diesen Fällen kann ein unabhängiges Schutzrecht, das das Recht an der originalen Uraufnahme nicht verletzt, nur dann entstehen, wenn die neu festgelegte Klangfolge einen hinreichend großen gestalterischen Abstand zu ihr aufweist.[430]

b) Schutzumfang

Nach dem bisher Gesagten unterliegt es keinem Zweifel, dass die Herstellung, Verbreitung und öffentliche Zugänglichmachung eines Tonträgers, in dem die gesamten Klänge und Töne eines geschützten Tonträgers *identisch* fixiert sind, in dessen Schutzbereich fällt, gleichgültig, ob sie von ihm übertragen oder eigenständig eingespielt wurden. Ob dies auch für die Verwertung des Inhalts eines Tonträgers in veränderter Form zutrifft, ist unklar. Anders als beim Recht des Filmherstellers (§ 94 Abs. 1 S. 2 UrhG) ist dem Tonträgerhersteller ein Recht, Entstellungen oder Kürzungen seines Tonträgers zu verbieten, die geeignet sind, seine berechtigten Interessen an diesen zu gefährden, nicht explizit zugewiesen. Daraus wird vielfach gefolgert, dass für ihn das Recht zur Verwertung seines Tonträgers in bearbeiteter Form ausscheidet.[431] Ob dieser Schluss gerechtfertigt ist, hängt indes von dem Begriff der Vervielfältigung ab. Speziell für das Recht des Tonträgerherstellers hat der EuGH geklärt, dass die Entnahme eines Audiofragments aus einem geschützten Tonträger in geänderter, aber wiedererkennbarer Form eine Vervielfältigung i. S. v. Art. 2 lit. c InfoSoc-RL darstellt.[432] Dementsprechend geht auch der BGH in ständiger Rechtsprechung davon aus, dass jede Bearbeitung oder andere Umgestaltung i. S. v. § 23 Abs. 1 S. 1 UrhG, soweit sie körperlich festgelegt ist, zugleich eine Vervielfältigung gem. § 16 UrhG ist.[433]

F153

---

[430] OLG Köln ZUM-RD 1998, 371, 378 – Remix-Version; *Schulze* in Dreier/Schulze (2022), UrhG § 85 Rn. 22. *Boddien* in Fromm/Nordemann (2018), UrhG § 85 Rn. 39, *Schaefer* in Wandtke/Bullinger (2022), UrhG § 85 Rn. 15 und *Vogel* in Schricker/Loewenheim (2020), UrhG § 85 Rn. 28, wollen dagegen in einer neuen Abmischung („Remix") stets ein eigenständiges Schutzrecht entstehen lassen.

[431] *Vogel* in Schricker/Loewenheim (2020), UrhG § 85 Rn. 59; *Boddien* in Fromm/Nordemann (2018), UrhG § 85 Rn. 50; *v. Lewinski* (1997), S. 253 ff.

[432] EuGH GRUR 2019, 929 Rn. 31 – Pelham/Hütter; BGH GRUR 2022, 899 Rn. 49 – Porsche 911.

[433] BGH GRUR 2022, 899 Rn. 56 – Porsche 911; BGH GRUR 2016, 1157 Rn. 17 – auf fett getrimmt; BGH GRUR 2014, 65 Rn. 36 – Beuys-Aktion.

Die Ansicht, das Recht des Tonträgerherstellers kenne kein Bearbeitungsrecht, lässt sich somit vor dem Hintergrund des harmonisierten Vervielfältigungsbegriffs nicht halten. Vor *schöpferischen* Bearbeitungen oder Umgestaltungen bietet er allerdings keinen Schutz.

F154 Die verändernde, aber wiedererkennbare Übernahme von Klängen und Tönen insgesamt oder in Teilen aus einem geschützten Tonträger kann somit eine rechtswidrige Vervielfältigungshandlung sein, muss es aber nicht. Wann sie es ist, hängt nach der Entscheidung des BVerfG von 2016, wo es um die Verwendung von kleinen Tonfetzen durch Sampling ging (→ Rn. F13 ff.), von einer Abwägung zwischen dem Eigentumsgrundrecht des Tonträgerherstellers und der in Art. 5 Abs. 3 S. 1 GG verankerten Freiheit der Kunst ab.[434] Die Interessenabwägung könne im Rahmen einer entsprechenden Anwendung von § 24 Abs. 1 UrhG (jetzt § 23 Abs. 1 S. 2) erfolgen oder auch durch eine einschränkende Auslegung von § 85 Abs. 1 UrhG erreicht werden, wonach das Sampling erst dann einen Eingriff in das Tonträgerherstellerrecht darstelle, wenn die wirtschaftlichen Interessen des Tonträgerherstellers in erheblicher Weise berührt würden. Ebenso erscheine ein Rückgriff auf das Zitatrecht nach § 51 UrhG denkbar.[435] Der Verweis auf das Zitatrecht scheidet allerdings als ernsthafte Alternative aus, den Schutzumfang zu bestimmen, weil Bearbeitungen und andere Umgestaltungen die benutzten Schutzgegenstände nicht zitieren, sondern benutzen (→ Rn. C200 ff.).

F155 Aber auch die vom BVerfG aufgezeigte zweite Alternative löst das Problem nicht wirklich. Wann die wirtschaftlichen Interessen des Tonträgerherstellers in erheblicher Weise berührt werden, kann nämlich nicht durch eine feste Grenze bestimmt werden, sondern ist Ergebnis einer Interessenabwägung im Einzelfall, die den Umfang der Übernahme oder den zeitlichen und inhaltlichen Zusammenhang mit dem Originaltonträger zu berücksichtigen hat[436] und letztlich darauf hinausläuft, die traditionellen Kriterien des Rechtsinstituts der freien Benutzung zur Anwendung zu bringen. Der Sachverhalt des Falls Metall auf Metall weist die Besonderheit auf, dass die Beklagten dieses Rechtsstreits der Tonspur des Titels „Metall auf Metall" eine Rhythmussequenz von zwei Sekunden entnommen und diese ihrem Titel „Nur mir" unterlegt hatten, wobei die Sequenz in der Geschwindigkeit um 5% verlangsamt fortlaufend wiederholt wurde („Loop").[437] Es wurden also nur sehr kleine Teile aus dem geschützten Tonträger entnommen und in einen Sprechgesang mit dem Titel „Nur mir" integriert, dessen beide Versionen nach der Einschätzung des BVerfG als Kunstwerke i. S. v. Art. 5 Abs. 3 S. 1 GG „freie schöpferische Gestaltungen, in denen Eindrücke, Erfahrungen und Erlebnisse der Künstler durch das Medium einer bestimmten Formensprache, hier der Musik, zur Anschauung gebracht werden", darstel-

---

[434] BVerfG GRUR 2016, 690 Rn. 75 ff. – Metall auf Metall.
[435] BVerfG GRUR 2016, 690 Rn. 110 – Metall auf Metall.
[436] BVerfG GRUR 2016, 690 Rn. 108 – Metall auf Metall; *Boddien* in Fromm/Nordemann (2018), UrhG § 85 Rn. 49d.
[437] BGH GRUR 2009, 403 – Metall auf Metall I; BVerfG GRUR 2016, 690 – Metall auf Metall.

len.⁴³⁸ Trifft diese Einschätzung zu, dann erscheint es unverständlich, warum der Fokus dieses Rechtsstreits ausgerechnet auf das Tonträgerherstellerrecht der beiden Kläger gelegt wurde, die als alleinige Mitgesellschafter einer Gesellschaft bürgerlichen Rechts die von ihnen zusammen mit einem weiteren Mitglied der Gruppe „Kraftwerk" dargebotene Aufführung des Musikstücks „Metall auf Metall" auf einen Tonträger einspielten und in Personalunion über sämtliche Rechte sowohl des Komponisten wie auch der ausübenden Künstler und des Tonträgerherstellers verfügten.⁴³⁹ Denn wie bei allen verwandten Schutzrechten gewährt weder das Tonträgerherstellerrecht noch das Recht des ausübenden Künstlers Schutz vor schöpferischen Bearbeitungen oder Umgestaltungen ihrer Leistungsergebnisse (→ Rn. F3, F67, F95, F135). Die Klage hätte daher erfolgreich nur auf das in ihre Gesellschaft eingebrachte Urheberrecht des Klägers zu 1), des Komponisten des Stücks „Metall auf Metall", gestützt werden können, was die Möglichkeit geboten hätte, § 24 Abs. 1 UrhG a. F. unmittelbar anzuwenden und die Klage ohne größeren argumentativen Aufwand abzuweisen.⁴⁴⁰

Als verhängnisvoll für den weiteren Verfahrensfortgang hat sich insbesondere erwiesen, dass sich der BGH in seiner ersten Metall-auf-Metall-Entscheidung auf den Standpunkt stellte, selbst die Entnahme kleinster Tonfetzen begründe bereits einen rechtswidrigen Eingriff in das ausschließliche Recht des Tonträgerherstellers, weil die erforderlichen Mittel für jeden Teil der Aufnahme genauso bereitgestellt werden müssten wie für die gesamte Aufnahme.⁴⁴¹ Der BGH machte sich auf diese Weise für einen nicht akzeptablen Superschutz des Tonträgerherstellers stark, der denjenigen des Urhebers und der ausübenden Künstler an dem dargebotenen musikalischen Werk deutlich übertrifft (→ Rn. F14f.);⁴⁴² denn weder das Urheberrecht noch das Recht des ausübenden Künstlers erstrecken sich auf jeden Teil des dargebotenen Werks. Der berücksichtigungsfähige Aufwand des Tonträgerherstellers besteht nicht allein in einer technischen Leistung, sondern unter anderem auch darin, die Einwilligung der Komponisten und der ausübenden Künstler einzuholen. Es wäre deshalb vom Ergebnis her absurd, seiner Leistung einen höheren Schutzumfang als diesen Rechtsinhabern auch dann zuzubilligen, wenn er ohne deren Erlaubnis handelt (→ Rn. F148). Es ist zwar richtig, dass sich sein Aufwand auch in Teilen der Aufnahme verkörpert, aber eben nur zu einem Teil. Die Kläger dieses Rechtsstreits haben ihren Aufwand schließlich nicht bloß den strittigen Rhythmussequenzen gewidmet, sondern dem gesamten Inhalt ihres Tonträgers, woraus allerdings nicht folgt, dass nur die Übernahme des gesamten Inhalts rechtsverletzend ist. Im Hinblick auf

---

⁴³⁸ BVerfG GRUR 2016, 690 Rn. 89 – Metall auf Metall; so auch OLG Hamburg ZUM 2011, 748, 749f. und OLG Hamburg ZUM 2022, 563, 569ff.
⁴³⁹ Vgl. die Sachverhaltsdarstellung im erstinstanzlichen Urteil des LG Hamburg vom 8.10.2004, BeckRS 2013, 7726.
⁴⁴⁰ So jetzt OLG Hamburg ZUM 2022, 563, 571.
⁴⁴¹ BGH GRUR 2009, 403 Rn. 14 – Metall auf Metall I; ebenso die Vorinstanzen LG Hamburg BeckRS 2013, 7726 und OLG Hamburg ZUM 2006, 758; *Schulze* in Dreier/Schulze (2022), UrhG § 85 Rn. 25; *Schaefer* in Wandtke/Bullinger (2022), UrhG § 85 Rn. 25.
⁴⁴² So explizit BGH GRUR 2009, 403 Rn. 16 – Metall auf Metall I.

die wirtschaftlichen Amortisierungsinteressen des Tonträgerherstellers macht es einen gewaltigen Unterschied, ob der gesamte Inhalt seines Tonträgers, ein wesentlicher Teil oder kleinste Tonfetzen davon übernommen werden. Es macht ferner einen Unterschied, was der Übernehmende mit dem Übernommenen macht, ob er es verändert oder in ein größeres Ganzes integriert, ob seine Veränderungen einen größeren oder kleineren Umfang haben, ob sie schöpferisch sind oder nicht oder ob er es auch zu künstlerischen oder wissenschaftlichen Zwecken oder nur zu kommerziellen Zwecken verwendet.[443] All diese für den Schutzumfang und die Verletzungsfrage relevanten Gesichtspunkte finden in dem Urteil des BGH keine Berücksichtigung, weshalb es das BVerfG mit Recht aufgehoben hat. Erforderlich ist vielmehr eine Interessenabwägung im Einzelfall, die all diese Gesichtspunkte in den Blick nimmt und sie vor dem Hintergrund der Grundrechtspositionen der Beteiligten gewichtet. Die traditionellen Kriterien der freien Benutzung, die oben ausführlich erörtert wurden (→ Rn. C213 ff. C222), bieten hierfür einen angemessenen und flexiblen Rahmen. Es ist also zu fragen, ob der Nutzer des Inhalts eines geschützten Tonträgers oder eines Teils davon einen hinreichend großen Abstand zu diesem wahrt. Dazu reicht es allein nicht aus, dass er eine vergleichbare, gem. § 85 UrhG schutzwürdige organisatorische, wirtschaftliche und technische Leistung wie der frühere Hersteller erbringt; er muss sich von ihr absetzen. Je geringer der Umfang der Entnahme und je größer die Veränderungen sind, die der Nutzer vornimmt, desto weniger werden die wirtschaftlichen Interessen des Tonträgerherstellers berührt. Für den Fall Metall auf Metall bedeutet dies konkret: Der Umfang der strittigen Tonfetzen ist gering. Sie wurden in ein Werk integriert, dessen Bedeutung durch einen Sprechgesang im Stil des Hip-Hop geprägt ist. Sie erhielten dadurch einen stark verändernden Charakter. Wie das BVerfG ausführt, ist der Einsatz von Samples eines der stilprägenden Elemente des Hip-Hop. Dass in anderen Bereichen Samples auch oder vorrangig zum Zweck der Kostenersparnis eingesetzt werden, dürfe nicht dazu führen, den Einsatz dieses genrespezifischen Gestaltungsmittels auch dort unzumutbar erschweren, wo es stilprägend ist.[444] Angesichts des geringen Umfangs der entnommenen Klangsequenzen dürfte daher kaum ernsthaft bezweifelt werden können, dass ihre verändernde Überführung und Integration in ein genreverschiedenes Musikstück einen hinreichend großen Abstand von der Vorlage einhält und die wirtschaftlichen Interessen der klagenden Tonträgerhersteller wenn überhaupt nur noch unerheblich berührt. Die Rechtsprechung hat deshalb zu Recht im Einklang mit dem Urteil des BVerfG und Teilen der Literatur die analoge Anwendung von § 24 UrhG a. F. (jetzt § 23 Abs. 1 S. 2 UrhG) und der in ihrem Rahmen entwickelten Abwägungskriterien auf die Gegenstände der verwandten Schutzrechte befürwortet.[445] Jede Urheberrechts-

---

[443] *Haberstumpf* ZUM 2022, 795, 802.

[444] BVerfG GRUR 2016, 690 Rn. 99 – Metall auf Metall. Zum Begriff des Genres in der Musik eingehend und vertiefend *Döhl* UFITA 2020, 236, 261 ff.

[445] BVerfG GRUR 2016, 690 Rn. 66, 80, 102 – Metall auf Metall; BGH GRUR 2008, 693 Rn. 28 ff. – TV Total; BGH GRUR 2000, 703, 705 f. – Mattscheibe; *Schulze* in Dreier/Schulze,

ordnung einschließlich der Systeme der verwandten Schutzrechte benötigt eine Regel, die den Schutzumfang des jeweiligen Schutzgegenstands bei verändernder und wiedererkennbarer Nutzung begrenzt.[446]

c) Verhältnis zu anderen Schutzrechten

Tonträgerhersteller befinden sich meist in einer Doppelrolle als Inhaber eigener Leistungsschutzrechte und Verwerter urheberrechtlich geschützter Musikwerke und geschützter Darbietungen ausübender Künstler, die das Musikwerk aufgeführt haben. In ihrer Person können aber auch weitere Leistungsschutzrechte entstehen, etwa wenn sie als Sendeunternehmen eine Konzertaufführung aufzeichnen und die Aufzeichnung zu einer Funksendung verwenden (§ 87 Abs. 1 UrhG) oder als Filmhersteller gem. § 94 UrhG Sprache und Musik zusammen mit Bildmaterial auf einem Bildtonträger festhalten. Diese Rechte haben unterschiedliche Schutzvoraussetzungen und einen unterschiedlichen Schutzumfang; die zu beachtenden Schutzfristen können im Einzelfall auseinanderfallen. Auch wenn sie grundsätzlich nebeneinander anwendbar sind und von dem jeweiligen Rechtsinhaber unabhängig von den anderen Rechtsinhabern ausgeübt werden können,[447] stehen sie nicht beziehungslos nebeneinander. Wird ein Musikwerk und deren Darbietung aufgenommen und mittels Vervielfältigungsstücken verbreitet oder öffentlich wiedergeben, bedarf es der Einräumung oder Übertragung entsprechender Nutzungsrechte durch den Komponisten und der ausübenden Künstler. Bei Aufnahmen auf Bildtonträger werden die Tonträgerherstellerrechte durch die weiter reichenden Rechte des Filmherstellers nach §§ 94, 95 UrhG überlagert, so dass das Recht des § 85 Abs. 1 UrhG im Ergebnis nur dann zum Tragen kommt, wenn die gesondert aufgenommene und mit dem Filmträger nicht verbundene Tonspur ausgewertet wird.[448] Im Verhältnis zum Recht des Sendeunternehmens ist das Tonträgerherstellerrecht des Sendeunternehmens an aufgenommenen Darbietungen zwar durch § 87 Abs. 4 UrhG, der die Vergütung für private Überspielungen ausschließt, eingeschränkt, was aber dann nicht gilt, wenn es wie jeder andere Produzent Schallplatten, CDs oder sonstige Tonträger herstellt und am Markt verbreitet.[449]

UrhG, 6. Aufl. 2018, UrhG § 24 Rn. 10; *A. Nordemann* in Fromm/Nordemann (2018), UrhG §§ 23/24 Rn. 52a; *Loewenheim* in Schricker/Loewenheim (2010), UrhG § 24 Rn. 4; *Döhl* UFITA 2020, 236, 275; *Schulze* GRUR 2020, 128, 131.

[446] *Haberstumpf* ZUM 2022, 795, 804 ff.

[447] BGH GRUR 1999, 577, 578 – Sendeunternehmen als Tonträgerhersteller; *Vogel* in Schricker/Loewenheim (2020), UrhG § 85 Rn. 23.

[448] H. M. z. B. *Schulze* in Dreier/Schulze (2022), UrhG § 85 Rn. 11, § 94 Rn. 13, 30; *Vogel* in Schricker/Loewenheim (2020), UrhG § 85 Rn. 31 f.; → Rn. F184.

[449] BGH GRUR 1999, 577, 578 – Sendeunternehmen als Tonträgerhersteller; *Schulze* in Dreier/Schulze (2022), UrhG § 85 Rn. 12; *Vogel* in Schricker/Loewenheim (2020), UrhG § 85 Rn. 46.

2. Schutz des Sendeunternehmens (§ 87 UrhG)

F158 Das verwandte Schutzrecht des Sendeunternehmens schützt den kostspieligen technischen und wirtschaftlichen Aufwand, den die Veranstaltung einer Funksendung gewöhnlich erfordert. Diese Leistung soll sich ein Dritter nicht mühelos zunutze machen können, indem er die Sendung zur Weitersendung übernimmt, auf Bild- oder Tonträgern vervielfältigt oder öffentlich wiedergibt.[450] International genießen Sendeunternehmen für ihre Sendungen Schutz nach dem Rom-Abkommen, dem Brüsseler Satellitenabkommen, dem TRIPS-Abkommen und dem Europäischen Abkommen zum Schutz von Fernsehsendungen.[451] Auf europäischer Ebene ist es in weiten Teilen harmonisiert durch Art. 7 Abs. 2, Art. 8 Abs. 3, Art. 9 Abs. 1 lit. d Vermiet- und Verleihrechts-RL, Art. 4 Satelliten- und-Kabel-RL, Art. 3 Abs. 4 Schutzdauer-RL und Art. 2 lit. e, Art. 3 Abs. 2 lit. d InfoSoc-RL.[452] Dem Inhaber des Rechts stehen nach § 87 Abs. 1 UrhG die ausschließlichen Rechte zu, seine Funksendung weiterzusenden und öffentlich zugänglich zu machen, seine Funksendung auf Bild- oder Tonträger aufzunehmen, Lichtbilder von seiner Funksendung herzustellen, sowie die Bild- oder Tonträger oder Lichtbilder zu vervielfältigen, und zu verbreiten (ausgenommen das Vermietrecht), ferner an Stellen, die der Öffentlichkeit nur gegen Zahlung eines Eintrittsgeldes zugänglich sind, öffentlich wahrnehmbar zu machen.

a) Schutzgegenstand

F159 Schutzgegenstand ist nicht die Leistung, die ein Sendeunternehmen durch funktechnisches Ausstrahlen von drahtgebundenen oder drahtlosen Sendesignalen erbringt, sondern der geistige Inhalt des Sendeguts, das in den Sendesignalen materialisiert ist und bei seiner ersten Ausstrahlung der Öffentlichkeit zugänglich gemacht wurde.[453] Anders als im Fall des Tonträgerherstellerrechts knüpft das Schutzrecht nicht an die erstmalige Herstellung eines körperlichen Gegenstands an (→ Rn. F145), sondern an die Produktion nicht körperlicher physikalischer Erscheinungen. Als immaterieller geistiger Gegenstand ist er jedoch nicht an seine ursprüngliche Erscheinungsform gebunden, sondern kann identisch oder verändert in den verschiedensten materiellen Dingen und Erscheinungen etwa in Bild- oder Tonträgern, in Sendungen, in Angeboten im Internet oder in einer Wiedergabe mittels technischer Einrichtungen vorkommen.

---

[450] Begr. RegE BT-Drs. IV/270. S. 97.
[451] Die Abkommen sind abgedr. in UrhR, Beck-Texte im dtv, 20. Aufl., München 2021, Nr. 29, 34, 31, 36. Zu Einzelheiten *v. Ungern-Sternberg* in Schricker/Loewenheim (2020), UrhG § 87 Rn. 16 ff.
[452] Näher *v. Ungern-Sternberg* in Schricker/Loewenheim (2020), UrhG § 87 Rn. 1 ff.
[453] *v. Ungern-Sternberg* in Schricker/Loewenheim (2020), UrhG § 87 Rn. 63; *Boddien* in Fromm/Nordemann (2018), UrhG § 87 Rn. 5; *Dreier* in Dreier/Schulze (2022), UrhG § 87 Rn. 9.

aa) Erstmalige Ausstrahlung einer Funksendung

Das Schutzrecht entsteht nur, wenn eine Funksendung veranstaltet wird. Der Begriff der Funksendung wird in § 87 UrhG auf zweierlei Weise verwandt, einmal zur Beschreibung des technischen Vorgangs, der das Schutzrecht zum Entstehen bringt und gem. Abs. 3 den Lauf der Schutzfrist in Gang setzt, und zweitens zur Bezeichnung des Schutzgegenstands, wie er in Abs. 1 angesprochen ist.[454] Beides ist aufeinander bezogen. Mit dem schutzbegründenden technischen Vorgang der „ersten Funksendung" i. S. v. § 87 Abs. 3 UrhG wird gleichzeitig der Schutzgegenstand festgelegt (exemplifiziert). Es ist der geistige Inhalt des Sendeguts, den die ausgestrahlten oder in ein Kabelnetz eingespeisten Sendesignale enthalten.

F160

Die das Schutzrecht begründende erste Funksendung muss eine Sendung i. S. v. §§ 20, 20a Abs. 3 UrhG sein. Gemeint ist der Akt der Ausstrahlung von programmtragenden Signalen durch Funk, wie Ton- und Fernsehrundfunk, Satellitenrundfunk, Kabelfunk oder ähnliche technische Mittel, der es Mitgliedern der Öffentlichkeit, die am Ort der Ausstrahlung bzw. Einspeisung nicht anwesend sind und über geeignete Empfangsanlagen verfügen, ermöglicht, die Sendesignale und ihren Inhalt gleichzeitig zu empfangen.[455] Im Fall der Satellitensendung ist die unter der Kontrolle und Verantwortung des Sendeunternehmens stattfindende Eingabe der für den öffentlichen Empfang bestimmten programmtragenden Signale in eine ununterbrochene Übertragungskette, die zum Satelliten und zurück zur Erde führt, maßgeblich. Beispiele sind die drahtlose terrestrische Sendung, die Sendung über Satelliten und der Kabelfunk. Unerheblich ist, ob sich die Sendung digitaler oder analoger Signale bedient und ob diese verschlüsselt sind. Dazu gehören auch alle Formen des PayTV und Free-TV und die Formen des Internet-Rundfunks (Web-Radio) und Internet-Fernsehens (Web-TV), durch die Programme zeitgleich der Öffentlichkeit zugänglich gemacht werden.[456] Andere Akte der unkörperlichen Wiedergabe von Inhalten, die ein Sendeunternehmen bereitstellt und die die Voraussetzungen einer Funksendung nicht erfüllen, begründen das Schutzrecht nicht. Dies trifft insbesondere auf Angebote im Internet zu, die Mitgliedern der Öffentlichkeit an Orten und zu Zeiten ihrer Wahl zugänglich sind (§ 19a UrhG). Wer inhaltliche Programme auf diese Weise im Internet anbietet, strahlt auch dann keine Sendesignale aus, wenn es zu einem Abruf durch Internetnutzer kommt; dies ist nämlich ein individueller Übertragungsakt, den nicht der Anbieter, sondern der Nutzer kausal in Gang setzt.[457] Sendevorgänge finden ebenfalls nicht statt, wenn eine Funksendung i. S. v. § 22 UrhG durch technische Einrichtungen Mitgliedern der Öffentlichkeit

F161

---

[454] Ausführlich *Hillig* in Möhring/Nicolini (2018), UrhG § 87 Rn. 10 ff.; *v. Ungern-Sternberg* in Schricker/Loewenheim (2020), UrhG § 87 Rn. 60 ff.; *Dreier* in Dreier/Schulze (2022), UrhG § 87 Rn. 8 ff.

[455] *Haberstumpf* in Büscher/Dittmer/Schiwy (2015), UrhG § 20 Rn. 1; *Dreier* in Dreier/Schulze (2022), UrhG § 20 Rn. 1.

[456] Einzelheiten bei *v. Ungern-Sternberg* in Schricker/Loewenheim (2020), UrhG § 20 Rn. 8 ff., 80 ff.

[457] *Haberstumpf* in Büscher/Dittmer/Schiwy (2015), UrhG § 15 Rn. 12, § 19a Rn. 13.

wahrnehmbar gemacht werden, die am Ort der Wiedergabe anwesend sind. Sofern keine Livesendungen veranstaltet werden, müssen Sendeunternehmen ihr Programm normalerweise auf Bild- oder Tonträger aufzeichnen, um sie später für die Sendung zu benutzen. Solange und sofern es nicht zu einer Sendung kommt, sind sie vor einer unzulässigen Nutzung des aufgezeichneten Sendegutes nach § 87 UrhG ebenfalls nicht geschützt; insoweit kommt aber ein Schutz als Tonträgerhersteller nach § 85 oder als Filmhersteller nach §§ 94, 95 UrhG in Betracht (→ Rn. F157).[458]

F162 Für den Erwerb des Schutzrechts ist es notwendig, dass die Funksendung überhaupt Inhalte enthält, nicht aber welche. Es ist daher unerheblich, ob an ihnen Urheber-, Leistungsschutzrechte oder sonstige Rechte bestehen und ob das Sendeunternehmen die dazu nötigen Senderechte erworben hat. Der Begriff der Funksendung umfasst das gesamte Programm vom Sendebeginn bis zum Sendeschluss. Die Frage, ob die Nutzung von Teilen des gesendeten Programms das Recht des Sendeunternehmers verletzt, ist keine Frage des Schutzrechtserwerbs, sondern des Schutzumfangs, den es im Einzelfall genießt.

F163 Notwendige Bedingung für den Erwerb des Schutzrechts ist ferner, dass es sich um eine *Erstsendung* handelt.[459] Das ergibt sich nicht nur aus der Fassung von § 87 Abs. 3 UrhG, mit der Art. 3 Abs. 4 der Schutzdauer-RL in das deutsche Recht transformiert wurde,[460] sondern bereits aus der Logik des Schutzrechts. Es ist nicht sachgerecht, jedem, der bestimmte Inhalte mit funktechnischen Mitteln aussendet, Ausschließlichkeitsrechte zuzuordnen, auch wenn er damit den Inhalt eines bereits ausgestrahlten Sendegutes übernimmt. Art. 7 Abs. 3 der Vermiet- und Verleihrechts-RL stellt dementsprechend klar, dass einem weiterverbreitenden Kabelsendeunternehmen, das lediglich Sendungen anderer Sendeunternehmen über Kabel weiterverbreitet, kein eigenes Aufzeichnungsrecht zusteht. Die Inhalte einer Funksendung sind also für den Sendenden nur dann geschützt, wenn sie nicht von einer bereits ausgestrahlten Sendung kopiert sind. Vom Schutzerwerb ausgeschlossen sind folglich zeitgleiche oder zeitversetzte Weitersendungen, ebenso die erneute Ausstrahlung desselben Sendegutes oder die Wiederholungssendung durch das ursprüngliche Unternehmen oder einen Dritten, sofern sie kausal auf den Vorgang der ursprünglichen Sendung zurückführbar ist, etwa weil eine von ihr gefertigte Aufzeichnung benutzt wurde. Anders verhält es sich nach allgemeiner Ansicht jedoch, wenn dasselbe Material von unterschiedlichen Sendeunternehmen zeitgleich oder zeitversetzt unabhängig voneinander, also nicht kopiert, gesendet wird. Dann soll für beide Sendeunternehmen das ausschließliche Recht des § 87 Abs. 1 UrhG entstehen,[461] das sie dem jeweils anderen entgegensetzen können. Wie weiter unten gezeigt wird, be-

---

[458] *Hillig* in Möhring/Nicolini, (2018), UrhG § 87 Rn. 14, 50, 51.
[459] Z. B. *v. Ungern-Sternberg* in Schricker/Loewenheim (2020), UrhG § 87 Rn. 67; *Dreier* in Dreier/Schulze (2022), UrhG § 87 Rn. 6, 9; *Boddien* in Fromm/Nordemann (2018), UrhG § 87 Rn. 21; *Hillig* in Möhring/Nicolini (2018), UrhG § 87 Rn. 16.
[460] S. Begr. RegE zum 4. UrhÄndG BT-Drs. 13/781, S. 15.
[461] *v. Ungern-Sternberg* in Schricker/Loewenheim (2020), UrhG § 87 Rn. 69; *Dreier* in Drei-

deutet der Erwerb eines eigenständigen Schutzrechts für das zweite Unternehmen jedoch nicht ohne weiteres, dass es die Rechte des Erstunternehmens nicht verletzen kann (→ Rn. F167 f.).

bb) Sendeunternehmen

Inhaber des Schutzrechts ist diejenige natürliche oder juristische Person, die die Erstsendung veranlasst und für die Ausstrahlung bzw. Einspeisung des gesendeten Programms organisatorisch und wirtschaftlich verantwortlich ist.[462] Sie stellt das Programm zusammen und sorgt dafür, dass es gesendet wird. Es ist weder erforderlich, dass sie selbst die Programminhalte herstellt, noch dass sie eine eigene Sendeanlage betreibt. Das Sendeunternehmen kann sich selbstverständlich technischer Dienstleistungen Dritter bedienen und andere Unternehmen beauftragen, die gewünschten Inhalte zu produzieren. Diejenigen, die für es nur technische Dienstleistungen erbringen oder die zu sendenden Inhalte produzieren, erwerben das Schutzrecht nicht, da sie nicht dafür verantwortlich sind, dass das Programm ausgestrahlt wird.[463] Keine Sendeunternehmen i. S. v. § 87 UrhG sind daher Kabelunternehmen, Betreiber von Gemeinschaftsantennen oder Anbietern von Bouquets[464], die fremde Programme unverändert weitersenden. Betreiber von Mehrkanaldiensten, die von ihnen zusammengestellte Programme über verschiedene Kanäle an unterschiedliche Nutzergruppen verbreiten, können dagegen das Schutzrecht erwerben, auch wenn ihr Programmmaterial von Dritten hergestellt wurde.[465]

F164

An das Maß des organisatorischen, technischen und wirtschaftlichen Aufwands für die Beschaffung des Sendegutes und dessen Ausstrahlung an die Öffentlichkeit über eine Sendestelle werden nach allgemeiner Ansicht keine besonderen Anforderungen gestellt. Grundsätzlich genügt es, dass der Leistung des Sendeunternehmens nicht lediglich Funksendungen anderer Unternehmen zugrunde liegen.[466] Anders als beim Lichtbildschutz und beim Tonträgerherstellerrecht, wo es möglich ist, dass die Leistungen von Lichtbildnern und Herstellern von bespielten Tonträgern ohne nennenswerten Aufwand erbracht werden (→ Rn. F21, F150), muss der Veranstalter einer Funksendung gewöhnlich eine

F165

---

er/Schulze (2022), UrhG § 87 Rn. 6; *Boddien* in Fromm/Nordemann (2018), UrhG § 87 Rn. 21; *Hillig* in Möhring/Nicolini (2018), UrhG § 87 Rn. 16.

[462] *Boddien* in Fromm/Nordemann (2018), UrhG § 87 Rn. 12, 14; *Hillig* in Möhring/Nicolini (2018), UrhG § 87 Rn. 3; *Dreier* in Dreier/Schulze (2022), UrhG § 87 Rn. 5; *v. Ungern-Sternberg* in Schricker/Loewenheim (2020), UrhG § 87 Rn. 52.

[463] *Boddien* in Fromm/Nordemann (2018), UrhG § 87 Rn. 12, 16; *v. Ungern-Sternberg* in Schricker/Loewenheim (2020), UrhG § 87 Rn. 51, 55.

[464] S. EuGH GRUR Int. 2011, 1058 Rn. 47 – Airfield und Canal Digitaal; *v. Ungern-Sternberg* in Schricker/Loewenheim (2020), UrhG § 87 Rn. 51; *Ehrhardt* in Wandtke/Bullinger (2022), UrhG § 87 Rn. 18.

[465] Beispiel: BGH GRUR 2004, 669, 670 – Musikmehrkanaldienst; *v. Ungern-Sternberg* in Schricker/Loewenheim (2020), UrhG § 87 Rn. 53.

[466] OLG München ZUM 2012, 54, 60; *v. Ungern-Sternberg* in Schricker/Loewenheim (2020), UrhG § 87 Rn. 52; *Boddien* in Fromm/Nordemann (2018), UrhG § 87 Rn. 15.

sehr aufwändige Leistung erbringen, um sie *erstellen und senden* zu können. Ein darüberhinausgehendes Mindestmaß an organisatorischem, technischem und wirtschaftlichem Aufwand ist daher nicht zu fordern. Insoweit nimmt das Recht des Sendeunternehmens eine Sonderstellung ein. Zusammenfassend kann das Schutzrecht des Sendeunternehmens wie folgt bestimmt werden:

(SU) Eine Funksendung ist für ihren Veranstalter gem. § 87 Abs. 1 UrhG geschützt, wenn ihre Inhalte nicht von einer bereits ausgestrahlten Funksendung kopiert sind.

b) Schutzumfang

F166 Das Sendeunternehmen ist nach § 87 Abs. 1 UrhG davor geschützt, dass Dritte ohne seine Erlaubnis seine Funksendung weitersenden, öffentlich zugänglich machen, mittels Bild- oder Tonträger vervielfältigen und an Stellen, die der Öffentlichkeit nur gegen Zahlung eines Eintrittsgeldes zugänglich sind, öffentlich wahrnehmbar machen. Die gewährten Ausschließlichkeitsrechte beruhen auf Vorgaben internationaler Abkommen insb. des Rom-Abkommens (Art. 13) und des Unionsrechts nach Maßgabe von Art. 7 Abs. 2, 3, Art. 8 Abs. 3, Art. 9 Abs. 1 lit. d Vermiet- und Verleihrechts-RL und Art. 2 lit. e, Art. 3 Abs. 2 lit. d InfoSoc-RL.

aa) Aufzeichnung, Vervielfältigung und öffentliche Wiedergabe des Sendegutes

F167 In den Schutzbereich fallen zunächst zweifellos die in § 87 Abs. 1 beschriebenen Handlungen, wenn sie durch eine zeitgleiche und unveränderte Weitersendung auf die geschützte Erstsendung oder ihre Aufzeichnung kausal zurückführbar sind und dabei deren Programminhalte *identisch* wiedergegeben werden. Doch wie steht es, wenn ein Sendeprogramm gleichen Inhalts *zeitversetzt* durch ein anderes Sendeunternehmen ausgestrahlt wird, das unabhängig produziert wurde? Nach allgemeiner Ansicht entsteht für beide Sendeunternehmen das ausschließliche Recht des § 87 Abs. 1 UrhG, das sie dem jeweils anderen entgegensetzen können, so dass das später sendende Unternehmen die Rechte des Erstsendenden nicht verletzt. Angesichts der Vielgestaltigkeit der Sendeprogramme dürfte jedoch die identische Nutzung einer Erstsendung den extrem seltenen Ausnahmefall einer „Doppel"-Sendung bilden, der tatsächlich kaum vorkommt, so dass in der Praxis davon auszugehen ist, dass das zweite Unternehmen das Sendegut des Erstsendenden kopiert hat (→ Rn. F163).

F168 Für die Rechtspraxis gewinnt die gestellte Frage deshalb vor allem dann Relevanz, wenn die verschiedenen Sendeunternehmen *ähnliche* Programminhalte anbieten, sei es, dass das später sendende Unternehmen die Erstsendung in veränderter Form oder in Teilen sendet oder öffentlich zugänglich macht. Hier kann man sich nicht nur theoretisch vorstellen, dass das zweite Unternehmen, ohne die Erstsendung im Sinn von (SU) zu kopieren, gegenüber dem ersten ein selbstständiges Schutzrecht erwirbt. Beispiel: Ein auf eine bestimmte Musikrichtung (z. B. Jazz, Musik mit klassischer Gitarre, internationale Schlager der 70ger Jahre)[467] spezialisierter Musikkanaldienst lehnt sich so eng an das erfolgreiche Repertoire eines anderen an, dass er den Großteil dessen Musikstücke in etwas geänderter Reihenfolge und Häufigkeit sendet, so dass beide Programme kaum voneinander zu unterscheiden sind. Dafür muss er nicht unmittelbar das Sendegut des Konkurrenzunternehmens übernehmen, sondern kann es sich auf andere Weise beschaffen und sich wie jenes die erforderlichen Senderechte von den einschlägigen Verwertungsgesellschaften einräumen lassen. In der Literatur werden als weitere Beispiele die nachträgliche Kolorierung eines Schwarz-Weiß-Filmes, die Bearbeitung eines Filmes in synchronisierter Fassung oder die Umwandlung eines Stummfilms in einen Tonfilm und deren Sendung genannt;[468] auch hier muss das zweite Unternehmen nicht auf einen Mitschnitt der Erstsendung oder eine Kopie der Erstaufzeichnung zurückgreifen, sondern kann sich einer von dem Hersteller des Filmes in Verkehr gebrachten und am Markt erhältlichen Vorlage bedienen. In all diesen Beispielsfällen wird man annehmen können, dass das zweite Sendeunternehmen einen wesentlichen organisatorischen, technischen und wirtschaftlichen Aufwand tätigt und an seinen gesendeten Programminhalten die Rechte des § 87 Abs. 1 UrhG erwirbt, die Dritte zu respektieren haben. Wie sieht es aber in seinem Verhältnis zu dem Sendeunternehmen aus, dessen Inhalte es nutzt? Kann die Tätigkeit des zweiten Unternehmens das Recht des ersten verletzen? Soweit diese Frage in der Literatur explizit angesprochen wird, wird sie ebenfalls verneint.[469] Wie aber schon bei den bisher behandelten Leistungsschutzrechten erörtert wurde,[470] sind Zweifel angebracht.

Für die Ansicht, die Sendung eines eigenständig produzierten Programms, sein Angebot im Internet oder die Herstellung von Aufzeichnungen davon greife nicht in die Rechte des Erstsendenden gem. § 87 Abs. 1 UrhG ein, könnte ins Feld geführt werden, dass Art. 7 Abs. 2 Vermiet- und Verleihrechts-RL für Sendeunternehmen das ausschließliche Recht vorsieht, die „Aufzeichnung ihrer Sendungen" zu erlauben oder zu verbieten, und ihnen in Art. 2 lit. e, Art. 3 Abs. 2 lit. d InfoSoc-RL das Vervielfältigungsrecht und das Recht der öffentlichen Zugänglichmachung „in Bezug auf die Aufzeichnungen ihrer Sendungen" gewährt wird. Daraus wird verbreitet geschlossen, dass beide Richtlinien zwischen der *Erstaufzeichnung* der geschützten Sendung (Art. 7 Abs. 2 Vermiet- und Verleihrechts-RL) und weiteren unmittelbaren oder mittelbaren Vervielfältigungen *dieser* Erstaufzeichnung (Art. 2 lit. e InfoSoc-RL) unterscheiden, woraus unter anderem folgt, dass die Aufzeichnung einer Live-Sendung nicht dem Verviel-

---

[467] Vgl. BGH GRUR 2004, 669 f. – Musikmehrkanaldienst.
[468] *Boddien* in Fromm/Nordemann (2018), UrhG § 87 Rn. 22.
[469] *v. Ungern-Sternberg* in Schricker/Loewenheim (2020), UrhG § 87 Rn. 69, 76; *Dreier* in Dreier/Schulze (2022), UrhG § 87 Rn. 6; *Anger* (2022), S. 121.
[470] Zum Recht des Tonträgerherstellers s. o. → Rn. F153 ff., zum Recht des ausübenden Künstlers s. o. → Rn. F126 ff. und zum Recht des Filmherstellers s. u. → Rn. F181.

fältigungsrecht unterfällt, weil sie auf keiner Erstaufzeichnung beruht.[471] Beim Schutz des ausübenden Künstlers findet diese Unterscheidung ihre Entsprechung im Erstaufnahmerecht des § 77 Abs. 1 und im Vervielfältigungsrecht des § 77 Abs. 2 UrhG (→ Rn. F125 ff.). Folgt man dieser Auslegung der beiden Richtlinien, dann ist es in der Tat fraglich, ob die zeitlich nachfolgende identische oder verändernde Sendung des Programminhalts einer geschützten Erstsendung durch ein zweites Sendeunternehmen die Rechte an ihr verletzen kann. Die zeitlich versetzte oder veränderte Ausstrahlung des geschützten Sendeguts ist nämlich keine Weitersendung i. S. v. § 87 Abs. 1 Nr. 1 UrhG. Um sie vornehmen zu können, ist es zwar erforderlich, dass das Zweitunternehmen seine Programminhalte auf Bild- oder Tonträger aufnimmt, um sie zur Sendung oder zum Angebot im Internet i. S. v. § 19a UrhG nutzen zu können. Mit diesen Handlungen würde es aber auch nicht in das Vervielfältigungsrecht des § 87 Abs. 1 Nr. 2 UrhG eingreifen, weil es keine bereits vorhandene Erstaufzeichnung kopiert, sondern eine Erstaufzeichnung für sein eigenes Programm herstellt. Der von der h. M. vorgeschlagene Weg, mittelbar über das Vervielfältigungsrecht i. Verb.m. § 96 Abs. 1 UrhG diesem zu ermöglichen, gegen die unerlaubte zeitversetzte oder veränderte Wiedersendung seines Sendgutes vorzugehen,[472] ist danach nicht gangbar.

F170 Ein solches Ergebnis berücksichtigt aber die berechtigten Schutzbedürfnisse von Sendeunternehmen nicht ausreichend und kann so nicht akzeptiert werden. Es wird vermieden, wenn man die Unterscheidung zwischen dem Begriff der Erstaufzeichnung und ihrer weiteren Vervielfältigung aufgibt und unter Erstaufzeichnung das versteht, was sie ist, nämlich eine körperliche Vervielfältigung des Sendegutes gem. Art. 2 lit. e InfoSoc-RL, § 16 UrhG. Wie oben beim Recht des ausübenden Künstlers (→ Rn. F128) bereits ausführlich dargelegt, steht die Gleichsetzung von „Aufzeichnung" und „Vervielfältigung" mit der Regelung des Art. 7 Abs. 2 Vermiet- und Verleihrechts-RL durchaus im Einklang. Sie ist nach europäischem Recht insbesondere auch deshalb geboten, weil nach allgemeiner Ansicht die teilweise oder veränderte Nutzung einer geschützten Funksendung das Schutzrecht verletzen kann.[473] Für das verwandte Schutzrecht des Tonträgerherstellers hat der EuGH klargestellt, dass die veränderte aber wiedererkennbare Nutzung eine Vervielfältigung des Schutzgegenstands ist.[474] Nichts anderes kann für das Recht des Sendeunternehmens gelten. Auch das Europäische

---

[471] *Katzenberger* GRUR Int. 2006, 190, 193 ff.; *v. Ungern-Sternberg* in Schricker/Loewenheim (2020), UrhG § 87 Rn. 11; a. A. *Leistner* ZGE 2013, 312, 316 ff.

[472] *Hillig* in Möhring/Nicolini (2018), UrhG § 87 Rn. 24; *Dreier* in Dreier/Schulze (2022), UrhG § 87 Rn. 13; Ehrhardt in Wandtke/Bullinger (2022), UrhG § 87 Rn. 18; *Boddien* in Fromm/Nordemann (2018), UrhG § 87 Rn. 27; *v. Ungern-Sternberg* in Schricker/Loewenheim (2020), UrhG § 87 Rn. 66; *Hertin* in Mestmäcker/Schulze (Dezember 2009), UrhG § 87 Rn. 30.

[473] BGH GRUR 2016, 368 Rn. 11 – Exklusivinterview; öOGH GRUR Int. 1991, 653, 654 – Oberndorfer Gschichtn; *v. Ungern-Sternberg* in Schricker/Loewenheim (2020), UrhG § 87 Rn. 72 ff.; *Dreier* in Dreier/Schulze (2022), UrhG § 87 Rn. 12; *Hillig* in Möhring/Nicolini (2018), UrhG § 87 Rn. 23.

[474] EuGH GRUR 2019, 929 R. 28 ff. – Pelham/Hütter.

Fernsehabkommen vom 22.6.1960 macht für die in seinen Anwendungsbereich fallenden Sendeunternehmen[475] in Art. 1 Nr. 1 lit. d und e keinen Unterschied und bezieht jede Festlegung der Sendung und jede Vervielfältigung einer solchen Festlegung sowie die Weitersendung, Übertragung durch Drahtfunk oder öffentliche Wiedergabe mittels einer Festlegung oder Vervielfältigung in seinen Schutzbereich ein. Die vom Erstunternehmen nicht erlaubte Herstellung von Vervielfältigungsstücken, gleichgültig ob sie unmittelbar mittels eines Mitschnitts einer Live- oder anderen Sendung oder durch Vervielfältigung einer bereits vorhandenen Aufzeichnung hergestellt wurden, kann also auch dann eine Verletzung seiner Rechte darstellen, wenn der Nutzer in seiner Person – parallel zum Urheberrecht gem. § 23 Abs. 1 S. 1 UrhG – die Schutzvoraussetzungen des § 87 UrhG erfüllt. Sie dürfen auch nicht zu einer Sendung oder einer öffentlichen Zugänglichmachung benutzt werden (§ 96 Abs. 1 UrhG).

Nutzer von geschützten Sendungen können sich gem. 87 Abs. 4 UrhG auf die Schrankenbestimmungen der §§ 44a ff. UrhG berufen,[476] was u. a. bedeutet, dass Mitschnitte oder sonstige Vervielfältigungen von Sendungen zum privaten und sonstigen eigenen Gebrauch nach § 53 UrhG erlaubnisfrei angefertigt werden dürfen.[477] Unternehmen, die geschützte Funksendungen zeitversetzt oder verändert senden oder im Internet öffentlich zugänglich machen, können sich auf das Privileg nicht berufen, weil das Vervielfältigungsstück nicht mehr für den privaten und eigenen Gebrauch, sondern für eine öffentliche Wiedergabe benutzt wird (§ 53 Abs. 6 UrhG). Die Zulässigkeit der Aufzeichnung von geschützten Sendungen zum privaten und sonstigen eigenen Gebrauch präjudiziert allerdings nicht, dass Sendeunternehmen an den in § 54 Abs. 1 UrhG vorgesehenen Vergütungsansprüchen zu beteiligen sind, wie § 87 Abs. 4 UrhG explizit bestimmt; das hängt davon ab, was unter einem „gerechten Ausgleich" gem. Art. 5 Abs. 2 lit. a InfoSoc-RL zu verstehen ist.[478]

bb) Schutzumfang bei Nutzung von Teilen oder in veränderter Form

Es ist unstrittig, dass die unerlaubte Nutzung geschützten Sendegutes in Teilen oder in veränderter Form die Rechte des Erstsendeunternehmens nach § 87 Abs. 1 UrhG verletzen kann.[479] Unklar ist jedoch, wann dies der Fall ist: Teilweise wird – parallel zum Tonträgerherstellerrecht (→ Rn. F156) – argumentiert, der Schutzbereich umfasse auch ganz kurze Ausschnitte aus der Funksendung, z. B.

---

[475] Abgedr. in Beck-Texte im dtv UrhR, 20. Aufl., München 2021, Nr. 36 (S. 603 ff.); dazu näher *Katzenberger/Metzger* in Schricker/Loewenheim (2020), UrhG vor §§ 120 ff. Rn. 87 ff.

[476] Näher *Hillig* in Möhring/Nicolini (2018), UrhG § 87 Rn. 40 f.

[477] Zu Unrecht hält dagegen *v. Ungern-Sternberg* in Schricker/Loewenheim (2020), UrhG § 87 Rn. 105, 11, den Mitschnitt einer Live-Sendung generell für zulässig; ebenso *Katzenberger* GRUR Int. 2006, 190, 192 ff. Dagegen *Leistner* ZGE 2013, 316 ff.

[478] Die Regelung ist umstritten; zur Problematik ausführlich *Hillig* in Möhring/Nicolini (2018), UrhG § 87 Rn. 41.1., mit umfangreichen Nachweisen.

[479] Statt aller *v. Ungern-Sternberg* in Schricker/Loewenheim (2020), UrhG § 87 Rn. 72; aus der Rechtsprechung neuerdings OLG Köln GRUR 2023, 50, 57 – Berliner Runde.

einzelne Sätze, ein Einzelbild oder einzelne Töne, weil sich die organisatorische, technische und wirtschaftliche Leistung des Sendeunternehmens in jedem Einzelelement verkörpere.[480] Dieser Auffassung kann für das Recht des Sendeunternehmens gleichfalls nicht gefolgt werden. Die Leistung des Sendeunternehmen ist zwar der Grund, sie zu schützen, nicht aber der Schutzgegenstand.[481] Entscheidend ist vielmehr, wann die Nutzung der gesendeten Programminhalte die wirtschaftlichen Verwertungsmöglichkeiten des Erstsendeunternehmens erheblich tangiert,[482] was eine Interessenabwägung im Einzelfall nach den Kriterien der freien Benutzung analog § 23 Abs. 1 S. 2 UrhG bedingt (→ Rn. F21, F67f., F95, F136, F156). Die Amortisationsinteressen des Sendeunternehmens werden normalerweise nicht erheblich beeinträchtigt, wenn nur einzelne kurze Elemente des geschützten Sendeguts identisch oder verändert wiederkehren, was allerdings nicht ausschließt, dass für solche Elemente der Schutz des Urheberrechts oder eines anderen Schutzrechts etwa nach §§ 72, 85 UrhG in Anspruch genommen werden kann.[483] Nicht jede wiedererkennbare Nutzung geschützten Sendeguts verletzt das Schutzrecht, wie auch nicht jede verändernde Wiedergabe frei ist. Um den Schutzbereich der geschützten Erstsendung zu verlassen, muss der Nutzer mit seinen eigenen Programminhalten einen hinreichend großen Abstand einhalten, der unter Berücksichtigung der Interessen und Grundrechte der Beteiligten die Leistung des Erstsendeunternehmens überlagert. Für die Interessenabwägung im Einzelfall ist zu berücksichtigen, welchen Umfang und Bedeutung die übernommenen Teile haben, ob sie identisch oder verändert verwendet werden, ob eine künstlerische oder wissenschaftliche Auseinandersetzung[484] stattfindet und ob und inwieweit sie in ein größeres Ganzes integriert werden. Im obigen Beispielsfall der konkurrierenden Musikkanaldienste könnte danach eine Verletzung des Rechts nach § 87 UrhG allenfalls dann angenommen werden, wenn das zweite Unternehmen sein ähnliches Programm weitgehend aus Mitschnitten von Sendungen des ersten zusammenstellt und dessen Musikstücke nur in anderer Reihenfolge und Häufigkeit ausstrahlt, nicht aber wenn es sein Programm aus anderen Quellen bezieht und mit eigenen Kommentaren und Beiträgen versieht. Unter Berücksichtigung seiner Kunstfreiheit wird man ihm zugestehen müssen, zwar ähnliche aber eigenständig produzierte oder beschaffte Programminhalte anbieten zu dürfen. Bei der Nutzung von größeren Programmteilen wie in den Beispielsfällen bearbeiteter Spielfilme ist von einem Eingriff in das Recht des Erstsendeunternehmens ebenfalls in der Regel nur aus-

---

[480] BGH GRUR 2016, 368 Rn. 11 – Exklusivinterview; öOGH GRUR Int. 1991, 653, 654 – Oberndorfer Gschichtn; *Hillig* in Möhring/Nicolini (2018), UrhG § 87 Rn. 23; *Hertin* in Mestmäcker/Schulze (Dezember 2009), UrhG § 87 Rn. 29; *v. Münchhausen* (2001), S. 146 f.

[481] So *v. Ungern-Sternberg* in Schricker/Loewenheim (2020), UrhG § 87 Rn. 74 ff.; *Dreier* in Dreier/Schulze (2022), UrhG § 87 Rn. 12.

[482] BGH GRUR 2016, 368 Rn. 33 – Exklusivinterview.

[483] Vgl. BGH GRUR 2012, 1062 Rn. 16 – Elektronischer Programmführer, für Text- und Bildbeiträge zur Vorankündigung und Bewerbung von Sendeprogrammen.

[484] BGH GRUR 2008, 693 Rn. 38 – TV-Total; BGH GRUR 2016, 368 Rn. 33 ff. – Exklusivinterview.

zugehen, wenn es sich um Eigenproduktionen handelt und die Qualität und der Umfang der Veränderungen hinter dessen Leistung zurückbleiben.

cc) Ausnahme für gemeinfreie visuelle Sendeinhalte

Wenn auch reine Musik- und Nachrichtensendungen von der Ausnahmevorschrift des § 68 UrhG bzw. Art. 14 DSM-RL unberührt bleiben und die Bildbestandteile von Fernsehsendungen meist keine Werke i. S. von § 2 UrhG oder Schöpfungen sind, für die die urheberrechtliche Schutzfrist noch nicht abgelaufen ist, bleibt doch ein nicht ganz unbedeutender Rest übrig, der in den Anwendungsbereich der Ausnahme fällt. Zu denken wäre etwa an die Aufnahme und Sendung von Operndarbietungen oder Aufführungen von Bühnenstücken klassischer Meister. Der visuell wahrnehmbare Teil der Darbietung kann für das aufnehmende und sendende Unternehmen nicht nach § 87 UrhG geschützt sein,[485] der akustisch wahrnehmbare Teil aber schon, obwohl sich sein schutzwürdiger wirtschaftlicher, technischer und organisatorischer Aufwand in beidem verkörpert. Das ist ungereimt und zeigt die Fragwürdigkeit der Regelung erneut exemplarisch auf (→ Rn. F139).

F173

c) Verhältnis zu den anderen Schutzrechten

Der Inhalt einer Funksendung ist regelmäßig das Leistungsergebnis einer größeren Zahl von Personen, an deren Beiträgen Urheber- und Leistungsschutzrechte bestehen können. Um sie in sein Programm einverleiben und zur Funksendung nutzen zu können, muss sich das Sendeunternehmen die dafür erforderlichen Senderechte einräumen oder übertragen lassen.[486] Es ist deshalb meist auch Inhaber abgeleiteter Rechte, die je nach Vertragsgestaltung über die in § 87 Abs. 1 UrhG gewährten Befugnisse hinausgehen können. Neben dem Recht aus § 87 können Sendeunternehmen aber auch andere Leistungsschutzrechte für sich reklamieren, sofern sie die jeweiligen Schutzvoraussetzungen erfüllen. Das trifft namentlich auf das Recht des Tonträgerherstellers nach § 85 UrhG, wenn sie den Inhalt ihrer Funksendungen erstmals auf einen Tonträger aufzeichnen, und auf das Recht des Filmherstellers gem. §§ 94, 95 UrhG zu, wenn sie Filme auf Bildträger oder Bild- und Tonträger aufnehmen. Der vom Sendeunternehmen dafür zu erbringende organisatorische und wirtschaftliche Aufwand reicht regelmäßig zum Erwerb dieser Schutzrechte aus. Ihre praktische Bedeutung besteht darin, dass sie schon vor der eigentlichen Funksendung Schutz vor der unerlaubten Verwertung aufgezeichneter Eigenproduktionen gewähren und für Vervielfältigungen dieser Aufzeichnungen die Vergütungsansprüche der §§ 54 Abs. 1, 47 Abs. 2 S. 2 UrhG nicht nach § 87 Abs. 4 UrhG ausgeschlossen sind.[487] Das Sendeun-

F174

---

[485] So *Dreier* in Dreier/Schulze (2022), UrhG § 87 Rn. 24a.
[486] Die Berechtigung zur Sendung ist auch Voraussetzung dafür, nach § 55 UrhG Vervielfältigungen des Sendegutes für nicht live ausgestrahlte Sendungen anfertigen zu dürfen; vgl. *Dreier* in Dreier/Schulze (2022), UrhG § 55 Rn. 1.
[487] BGH GRUR 1999, 577, 578 – Sendeunternehmen als Tonträgerhersteller.

ternehmen kann im Einzelfall aber auch Veranstalter gem. § 81 UrhG sein oder wettbewerbsrechtliche Ansprüche geltend machen.

3. Schutz des Filmherstellers (§§ 94, 95 UrhG)

F175 Das verwandte Schutzrecht des Filmherstellers ist parallel zum Recht des Tonträgerherstellers und des Sendeunternehmens konstruiert und soll die organisatorische, technische und wirtschaftliche Leistung schützen, die gewöhnlich erforderlich ist, die Beiträge eines größeren Kreises von Personen in einem Film zu vereinen. Er erhält gem. § 94 UrhG ein originäres Schutzrecht, das er unabhängig von den ihm nach §§ 88 ff. UrhG eingeräumten Rechten der Urheber, ausübenden Künstler und sonstigen Beteiligten ausüben kann. Nicht notwendig ist, dass der entstehende Film ein Filmwerk i. S. v. § 2 Abs. 1 Nr. 6, Abs. 2 UrhG ist. Auf Laufbilder, d.h. Bildfolgen und Bild- und Tonfolgen ohne Werkcharakter, ist § 94 entsprechend anzuwenden (§ 95 UrhG). Unter „Film" werden im Folgenden deshalb auch Laufbilder verstanden. Im Unionsrecht ist das Schutzrecht des Filmherstellers in Art. 3 Abs. 1 lit. c Vermiet- und Verleihrechts-RL, Art. 3 Abs. 3 Schutzdauer-RL und Art. 2 lit. d, Art. 3 Abs. 2 lit. c InfoSoc-RL weitgehend harmonisiert. Darüber hinaus existieren keine internationalen Abkommen zu seinem Schutz.[488]

a) Schutzgegenstand

F176 Was Gegenstand des Schutzrechts gem. §§ 94, 95 UrhG ist, wird nicht einheitlich beurteilt. Teilweise wird er mit dem Filmstreifen, d.h. dem Bildträger oder Bild- und Tonträger, auf den der Film erstmals aufgenommen wurde, gleichgesetzt.[489] Nach Ansicht des BGH ist Schutzgegenstand die im Filmträger verkörperte organisatorische und wirtschaftliche Leistung des Filmherstellers, woraus er schließt, dass sich das Schutzrecht auf jeden kleinsten Partikel bezieht.[490] Eine dritte Position betont dagegen, dass Schutzgegenstand nicht der Filmträger sei, sondern das immaterielle Gut, das sich in ihm niederschlage.[491] In diesen drei Positionen spiegelt sich recht gut die grundlegende Problematik wider, den jeweiligen Schutzgegenstand der verwandten Schutzrechte und deren Umfang zu bestimmen. Der ersten Position ist entgegen zu halten, dass der physische Filmträger, auf dem der Film aufgezeichnet wurde, aus kategorialen Gründen als Gegenstand des Schutzrechts ausscheidet, weil er nicht körperlich vervielfältigt,

---

[488] Näher *J. B. Nordemann* in Fromm/Nordemann (2018), UrhG § 94 Rn. 7.

[489] Begr. RegE BT-Drs. IV/270, S. 102; *J. B. Nordemann* in Fromm/Nordemann (2018), UrhG § 94 Rn. 32; *Peukert* (2018), S. 126 Fn. 16; *Vohwinkel* in BeckOK UrhR (Stand 15.7.2022), UrhG § 94 Rn. 24 f.

[490] BGH GRUR 2018, 400 Rn. 19 – Konferenz der Tiere; BGH GRUR 2008, 693 Rn. 16 – TV-Total; *Hertin* in Mestmäcker/Schulze (Dezember 2009), UrhG § 94 Rn. 15; *Diesbach/Vohwinkel* in Möhring/Nicolini (2018), UrhG § 94 Rn. 24.

[491] *Katzenberger/N. Reber* in Schricker/Loewenheim (2020), UrhG § 94 Rn. 9; *Schulze* in Dreier/Schulze (2022), UrhG § 94 Rn. 20; *Anger* (2022), S. 83.

gesendet oder sonstwie unkörperlich wiedergegeben werden kann (→ Rn. F8); denn jedes Exemplar, jede Vorführung eines Filmes ist ein konkreter Einzelgegenstand oder ein konkretes Ereignis, welches als solches unwiederholbar ist. Ergebnisse solcher Reproduktionshandlungen sind jeweils neue raum-zeitlich identifizierbare materielle Dinge und Erscheinungen, die in ihren physikalischen Eigenschaften mitunter keinerlei Gemeinsamkeiten mit denen des originären Filmträgers aufweisen, aber dennoch Reproduktionen desselben Filmes sind. Um feststellen zu können, wann in verschiedenen Filmträgern oder unkörperlichen Wiedergaben derselbe Film identisch oder verändert vorkommt und eine Verletzungshandlung vorliegt, muss man verstehen können, welcher geistiger Gehalt in ihnen ausgedrückt wird. Die zweite Position verwechselt Schutzgegenstand mit Schutzgrund (→ Rn. F144). Dass mit dem Schutzrecht der Aufwand des Filmherstellers geschützt werden soll, den er bei der Aufnahme des Films auf einen Filmträger erbringt, heißt nicht, dass der geistige Gehalt, den der Filmträger verkörpert und der die Identität des Filmes konstituiert, bedeutungslos ist. Die organisatorische und wirtschaftliche Leistung des Filmherstellers ist vielmehr der Grund, sein *Leistungsergebnis* zu schützen. Dieses aber ist der Film, d. h. der geistige Gehalt, der in dem Filmträger erstmals fixiert wurde. Als immaterieller Gegenstand ist er nicht an seine Erstfixierung gebunden, sondern kann in den verschiedensten materiellen Dingen und unkörperlichen Erscheinungen identisch oder verändert wiederkehren. Ich schließe mich deshalb der dritten Position an.

aa) Erstmalige Fixierung auf einem Filmträger

Das Schutzrecht entsteht nur, wenn ein Film auf einen Bildträger oder einen Bild- und Tonträger (Filmträger) aufgenommen worden ist. Wegen der entsprechenden Anwendbarkeit von § 94 UrhG auf Laufbilder (§ 95 UrhG) spielt es keine Rolle, ob der Film Werkcharakter besitzt. Filme sind Bildfolgen mit oder ohne Ton, die durch Aneinanderreihung fotografischer oder fotografieähnlicher Einzelbilder den Eindruck einer bewegten Bildfolge entstehen lassen,[492] genauer die ein Geschehen oder Ereignis zeigen und bei einer Vorführung, Sendung oder Übermittlung über ein Kommunikationsnetz realisiert werden. Unter den Filmbegriff fallen Kino- und Fernsehfilme, Live-Übertragungen von Sportereignissen oder Aufführungen ausübender Künstler, Dokumentar-, Zeichentrickfilme, die am Bildschirm wahrnehmbare Erscheinungsform von Computerspielen usw. Was ein Filmträger ist, richtet sich nach § 16 Abs. 2 UrhG.

F177

Wie sich u. a. aus Art. 2 lit. d, Art. 3 Abs. 2 lit c InfoSoc-RL ergibt, ist notwendige Bedingung für den Erwerb des Schutzrechts, dass der Filmhersteller den Film erstmals auf einem Filmträger fixiert, d. h. in der Regel, dass er ein Negativ herstellt, das man verbreitet auch als „Nullkopie" bezeichnet.[493] Der

F178

---

[492] *Loewenheim/Leistner* in Schricker/Loewenheim (2020), UrhG § 2 Rn. 215; *Schulze* in Dreier/Schulze (2022), UrhG § 2 Rn. 204.
[493] OLG Düsseldorf GRUR 1979, 53, 54 – Laufbilder; *J. B. Nordemann* in Fromm/Norde-

betreffende Film darf keine Kopie eines bereits vorhandenen Films sein. Von der Nullkopie gezogene Vervielfältigungsstücke, um sie etwa zur Vorführung, Sendung und zum Angebot im Internet zu nutzen, begründen daher kein neues Schutzrecht an dem Film. Dies gilt auch für die erstmalige Aufzeichnung einer Live-Sendung mittels eines Mitschnitts durch Empfänger, weil der Mitschnitt einen bereits vorhandenen Film kopiert.[494] Aus diesem Grund begründet wie im Fall des Remastering beim Recht des Tonträgerherstellers (→ Rn. F152) die technische Verbesserung und Restaurierung alter Filme normalerweise kein neues Schutzrecht. Anders kann es jedoch sein, wenn durch Nachkolorierung, Synchronisation, durch Anwendung digitaler Verfahren oder durch Neuproduktion des Filmstoffs geänderte Filminhalte entstehen und dabei ein erheblicher Aufwand angefallen ist.[495] Das Entstehen eines eigenen Schutzrechts an solchen Bearbeitungen heißt aber nicht, dass sie nicht in den Schutzbereich des ursprünglichen Filmherstellers fallen könnten (s. u. → Rn. F181).

bb) Aufwand des Filmherstellers

F179 Filmhersteller und damit Inhaber des Schutzrechts ist diejenige juristische oder private Person, die die Herstellung der Erstfixierung des Filmes inhaltlich und organisatorisch steuert, wirtschaftlich verantwortet und die erforderlichen Verträge mit den Mitwirkenden im eigenen Namen und auf eigene Rechnung schließt.[496] Ein bestimmter Mindestaufwand wird von der h. M. nicht vorausgesetzt, so dass auch Amateurfilmer das Schutzrecht erwerben können.[497] Das leuchtet für die Produzenten von Kino- oder Fernsehfilmen unmittelbar ein, da der von ihnen gewöhnlich erbrachte Aufwand immens ist und es im Vergleich zu Tonträgerherstellern und Sendeunternehmen nicht gerechtfertigt wäre, seine Leistung ungeschützt zu lassen. Da ein nennenswerter Aufwand auch von Privatpersonen erbracht werden kann, spielt es keine Rolle, ob der Film zu privaten oder kommerziellen Zwecken hergestellt wurde. Nicht überzeugend ist aber, dass jede körperliche Fixierung einer Bildfolge das Schutzrecht entstehen lassen soll, auch wenn damit kein wirtschaftliches Risiko verbunden ist und die Tätig-

---

mann (2018), UrhG § 94 Rn. 34; *Katzenberger/N. Reber* in Schricker/Loewenheim (2020), UrhG § 94 Rn. 12.

[494] *Katzenberger/N. Reber* in Schricker/Loewenheim (2020), UrhG § 94 Rn. 14; *Schulze* in Dreier/Schulze (2022), UrhG § 94 Rn. 21. Der Mitschnitt einer musikalischen Live-Darbietung kann aber das Recht des § 85 UrhG entstehen lassen, → Rn. F148 f.

[495] *Katzenberger/N. Reber* in Schricker/Loewenheim (2020), UrhG § 94 Rn. 15, 17; *Schulze* in Dreier/Schulze (2022), UrhG § 94 Rn. 17, 27; *J. B. Nordemann* in Fromm/Nordemann (2018), UrhG § 94 Rn. 29 ff.; *Hertin* in Mestmäcker/Schulze (Dezember 2008), UrhG § 94 Rn. 25 ff.

[496] BGH GRUR 1993, 472 f. – Filmhersteller, OLG Hamburg GRUR-RR 2010, 409, 411 – Konzertfilm; nähere Einzelheiten bei *Katzenberger/N. Reber* in Schricker/Loewenheim (2020), UrhG vor §§ 88 ff. Rn. 31 ff.; *J. B. Nordemann* in Fromm/Nordemann (2018), UrhG § 94 Rn. 8 ff.; *Schulze* in Dreier/Schulze (2022), UrhG § 94 Rn. 4 ff.

[497] OLG Hamburg GRUR-RR 2010, 409, 411 – Konzertfilm; *Katzenberger/N. Reber* in Schricker/Loewenheim (2020), UrhG § 94 Rn. 16; *Schulze* in Dreier/Schulze (2022), UrhG § 94 Rn. 24; a. A. *J. B. Nordemann* in Fromm/Nordemann (2018), UrhG § 94 Rn. 18.

keit im Wesentlichen darin besteht, ein Handy oder eine einfache Videokamera zu benutzen, um ein sich gerade abspielendes Geschehen festzuhalten.[498] Wie beim Lichtbildschutz (→ Rn. F17, F20 ff.) und beim Recht des Tonträgerherstellers (→ Rn. F150) ist es sachlich nicht gerechtfertigt, wirtschaftlich und organisatorisch unbedeutende Leistungen durch Gewährung von Ausschließlichkeitsrechten zu privilegieren. Es muss also auch hier das Erreichen einer *qualitativen Mindestschutzschwelle* gefordert werden. Wie groß der Aufwand sein muss, um das Schutzrecht zu erwerben, lässt sich generell nicht angeben. Automatisch erzeugte Aufnahmen etwa durch Überwachungskameras oder Videoaufzeichnungen von leicht zugänglichen Ereignissen und Geschehnissen mittels gängiger Geräte erreichen zumindest das Schutzniveau nicht. Es erscheint deshalb als bedenklich, wenn der BGH Videoaufnahmen von dem tödlich verlaufenden Fallschirmsprung des Politikers Jürgen Möllemann, die ein ebenfalls an Bord des Flugzeuges anwesender Fallschirmspringer, der als einziger über eine Helmkamera verfügte, gemacht hatte, ohne weiteres Laufbildschutz gewährte.[499] Dessen Interesse, dass seine Aufnahmen wegen seines freundschaftlichen Verhältnisses zu dem Politiker nicht in der Presse veröffentlicht werden, hätte allenfalls mittels seines allgemeinen Persönlichkeitsrechts gem. § 823 Abs. 1 BGB berücksichtigt werden können. Insoweit ergibt sich ein Unterschied zum Recht des Sendeunternehmens, wo die erforderliche Schutzschwelle bereits durch die Veranstaltung einer Funksendung in der Regel erreicht wird (→ Rn. F165). Dort genügt es nicht, das Sendegut zusammenzustellen und es auf einem körperlichen Träger zu fixieren. Es bedarf der Sendetätigkeit, die auch unter den heutigen Bedingungen besondere wirtschaftliche und technische Aufwendungen erfordert. Zusammenfassend kann das Schutzrecht des Filmherstellers wie folgt bestimmt werden:

(FH) Die Aufnahme einer bewegten Bildfolge oder Bild- und Tonfolge (Film) auf einen Bildträger oder Bild- und Tonträger (Filmträger) ist nach §§ 94, 95 UrhG geschützt, wenn sie nicht von einem bereits vorhandenen Filmträger kopiert ist und ihre Herstellung einen wesentlichen organisatorischen, technischen und wirtschaftlichen Aufwand erforderte.

b) Schutzumfang

Die Verwertungsrechte des Filmherstellers erstrecken sich nach §§ 94 Abs. 1 S. 1, 95 UrhG auf die Vervielfältigung und Verbreitung des Filmträgers sowie dessen Benutzung zur öffentlichen Vorführung, Funksendung und öffentlicher Zugänglichmachung i. S. v. §§ 16, 17, 19 Abs. 4, 20 ff., 19a UrhG. Das zusätzlich gewährte Recht, jede Entstellung oder Kürzung des Filmträgers zu verbieten, die geeignet ist, seine berechtigten Interessen an diesem zu gefährden (§ 94 Abs. 1 S. 2 UrhG), ist zwar den Persönlichkeitsrechten der Urheber und ausübenden

---

[498] Ebenso *J. B. Nordemann* in Fromm/Nordemann (2018), UrhG § 94 Rn. 18.
[499] BGH ZUM 2013, 406 Rn. 16; Vorinstanz OLG Hamm BeckRS 2009, 23472.

Künstlern gem. §§ 14, 39, 75 UrhG nachgebildet, schützt aber nur die wirtschaftlichen Interessen des Filmherstellers.[500] Die praktische Bedeutung dieses Rechts ist gering, da auch die Verwertungsrechte Schutz vor einer veränderten und wiedererkennbaren Nutzung bieten, wenn die wirtschaftlichen Interessen des Filmherstellers erheblich tangiert werden, was ebenfalls eine Interessenabwägung im Einzelfall bedingt. Praktisch relevant wird es im Wesentlichen erst, wenn für die Geltendmachung von Persönlichkeitsrechten der am Film Mitwirkenden gem. §§ 14, 75 UrhG keine Aktivlegitimation des Filmherstellers besteht, etwa weil diese in Entstellungen oder Kürzungen ihrer Leistungsergebnisse eingewilligt haben oder sich gem. § 93 UrhG nur gegen gröbliche Entstellungen wehren können.[501]

F181 Die Problematik der Bestimmung des Schutzgegenstands spiegelt sich bei der Frage wider, welchen Schutzumfang ein gemäß (FH) produzierter Film genießt. Überwiegend wird auch hier die Meinung vertreten, dass sich die Leistung des Filmherstellers in jedem kleinsten Teil des Films verkörpert und sich der Schutzumfang auf jeden Ausschnitt unabhängig von Größe und Länge erstreckt,[502] also auf die Nutzung der Tonspur oder der Bildfolge eines Tonfilmes, auf jeden Satz der Dialoge, jeden Fetzen der Filmmelodie sowie auf jedes Einzelbild[503]. Die Gegenposition ist, die Übernahme eines Filmes, wenn er als Ganzes oder in Teilen Eingang in einen anderen Film gefunden hat, der unabhängig von der geschützten Erstfixierung auf einen Filmträger aufgespielt wurde, mit dem Argument frei zu halten, es werde dadurch ein eigenständiges Recht nach §§ 94, 95 UrhG begründet (→ Rn. F177). Wie bei den bisher behandelten verwandten Schutzrechten bereits ausführlich dargelegt,[504] sind beide Positionen nicht haltbar. Der ersten steht entgegen, dass sie die Rechte und Interessen von Nutzern

---

[500] *Katzenberger/N. Reber* in Schricker/Loewenheim (2020), UrhG § 94 Rn. 6, 26; *J. B. Nordemann* in Fromm/Nordemann (2018), UrhG § 94 Rn. 45; *Schulze* in Dreier/Schulze (2022), UrhG § 94 Rn. 43, 20.

[501] *Katzenberger/N. Reber* in Schricker/Loewenheim (2020), UrhG § 94 Rn. 27; *Schulze* in Dreier/Schulze (2022), UrhG § 94 Rn. 45; *J. B. Nordemann* in Fromm/Nordemann (2018), UrhG § 94 Rn. 48 f.

[502] BGH GRUR 2018, 400 Rn. 19 – Konferenz der Tiere; BGH ZUM 2013, 406 Rn. 16; BGH GRUR 2008, 693 Rn. 19 – TV Total; OLG Hamburg ZUM-RD 2022, 686, 690; *Katzenberger/N. Reber* in Schricker/Loewenheim (2020), UrhG § 94 Rn. 25; *J. B. Nordemann* in Fromm/Nordemann (2018), UrhG § 94 Rn. 41; *Schulze* in Dreier/Schulze (2022), UrhG § 94 Rn. 29; *Manegold/Czernik* in Wandtke/Bullinger (2022), UrhG § 94 Rn. 6.

[503] Dies wird gelegentlich zu Unrecht mit dem Argument bestritten, Einzelbilder eines Films unterlägen generell nicht dem Filmbegriff, so OLG München GRUR-RR 2008, 228, 230 – filmische Verwertung, *Hertin* in Mestmäcker/Schulze (Dezember 2008), UrhG § 94 Rn. 54. Zweierlei spricht dagegen: erstens kann auch ein Einzelbild ein bewegtes Geschehen vermitteln (*Wollheim* [1982], S. 54 ff.) und zweitens sind die Einzelbilder zweifellos Teile des Films, woraus allerdings nicht folgt, dass sie im Einzelfall nicht in den Schutzbereich fallen könnten. Dass mit der isolierten Verwertung eines Einzelbildes keine filmische Verwertung i. S. v. § 89 Abs. 4 UrhG verbunden ist und der Kameramann dem Filmhersteller im Zweifel nicht das Recht zu einer solchen Nutzung einräumt (BGH GRUR 2010, 620 Rn. 18 – Film-Einzelbilder), steht auf einem anderen Blatt.

[504] Zum Lichtbildschutz → Rn. F11 ff., F21; zum Recht des ausübenden Künstlers

des Films nicht angemessen berücksichtigt und dem Filmhersteller einen nicht akzeptablen Superschutz zubilligt. Die Gegenposition vernachlässigt demgegenüber die Rechte und Interessen der Rechtsinhaber und übersieht, dass der Begriff der Vervielfältigung auch Nutzungen umfasst, die den geistigen Gehalt des Schutzgegenstands verändert aber wiedererkennbar wiederholen. Und das geschieht auch dann, wenn geschützte Filminhalte mit vergleichbarem Aufwand ausschnittsweise etwa in einem Zitat oder in veränderter Form etwa in einer Parodie eigenständig auf einem Filmträger aufgezeichnet und zur öffentlichen Wiedergabe benutzt werden. Diese Position macht auf diese Weise nicht nur das Rechtsinstitut der freien Benutzung überflüssig, sondern auch die Schrankenbestimmungen der §§ 51 und 51a UrhG. Auch Handlungen, die ein eigenes Herstellerrecht gem. §§ 94, 95 UrhG entstehen lassen, können in den Schutzumfang eines früher hergestellten Films fallen.

Maßgebend für die Bestimmung des Schutzumfangs des Filmherstellerrechts im Einzelfall ist vielmehr auch hier die Zielsetzung des Gesetzgebers, die beträchtlichen Investitionen des Filmherstellers zu schützen, damit ein zufriedenstellender Ertrag sichergestellt werden kann.[505] Seine wirtschaftlichen Verwertungsinteressen können nicht nur gefährdet sein, wenn der Inhalt des Filmträgers der Erstfixierung ganz oder teilweise identisch kopiert, sondern auch dann, wenn er eigenständig produziert und auf einen Filmträger aufgespielt wird. Wird er geändert aber wiedererkennbar genutzt, macht es ebenfalls keinen Unterschied, ob der Träger der Erstfixierung als Vorlage verwendet oder sein geänderter Inhalt eigenständig auf einem anderen Filmträger festgelegt wurde. Die Amortisierungsinteressen des Filmherstellers sind jeweils in gleichem Maße betroffen. Die Nutzung kleiner Ausschnitte aus den Dialogen der Schauspieler, von kurzen Fragmenten aus der Filmmusik und einzelner Standbilder aus einem Video[506] tangieren seine Interessen normalerweise nicht erheblich, so dass es nicht gerechtfertigt wäre, solche Nutzungen generell in den Schutzbereich einzubeziehen. Insoweit ist der Filmhersteller darauf angewiesen, sich auf abgeleitete Rechte etwa der Drehbuchverfasser und ausübenden Künstler, der Komponisten und der Kameraleute zu stützen, falls sie geschützte Werke oder Leistungsergebnisse beigesteuert und ihm die entsprechenden ausschließlichen Nutzungsrechte eingeräumt bzw. übertragen haben. Werden dagegen größere Teile benutzt etwa die Tonspur allein oder die isolierte Bildfolge oder größere Veränderungen an ihnen vorgenommen, hängt die Verletzungsfrage von einer Interessenabwägung im Einzelfall nach den Kriterien der freien Benutzung ab. Der Nutzer muss einen so

---

→ Rn. F126, F134 ff.; zum Recht des Tonträgerherstellers → Rn. F153; zum Recht des Sendeunternehmens → Rn. F168 ff.
[505] Erw.grd. 9 S. 2 und 3 zur InfoSoc-RL.
[506] Die Möglichkeit, ein einzelnes Standbild aus einem Video über ein bestimmtes Unternehmensprojekt wirtschaftlich für Chroniken, Unternehmenspräsentationen oder auch Zusammenstellungen nutzen zu können, belegt entgegen des Ansicht des OLG Hamburg (ZUM-RD 2022, 686, 694) gerade nicht, dass die Amortisationsinteressen des Unternehmens betroffen sind, wenn es in einem kritischen Pressebericht über das Unternehmen verwendet wird. Denn diese wirtschaftlichen Auswertungsmöglichkeiten bleiben davon völlig unberührt.

großen Abstand vom Inhalt des benutzten Films erreichen, dass seine Leistung die des Filmherstellers überdeckt. Hierfür spielt auch eine wesentliche Rolle, ob der Nutzer in Ausübung seiner Kunst- oder Wissenschaftsfreiheit handelt oder nicht. Ist der Abstand erreicht, kann der Filmhersteller sich auch nicht auf das Entstellungs- und Kürzungsverbot des §94 Abs. 1 S. 2 UrhG berufen. Auf die Darstellung der Kriterien der freien Benutzung im Allgemeinen (→ Rn. C213 ff.) und zum Recht des Tonträgerherstellers im Besonderen (→ Rn. F156) wird ergänzend Bezug genommen.

c) Ausnahme für filmisch festgehaltene gemeinfreie Werke

F183 Da Filme einen visuell wahrnehmbaren geistigen Gehalt ausdrücken, fällt das Recht des Filmherstellers nach §§ 94, 95 UrhG zweifellos in den Anwendungsbereich der Ausnahmevorschrift des § 68 UrhG (Art. 14 DSM-RL). Vereinzelt wird das jedoch mit dem Argument in Frage gestellt, die Ausnahme beziehe sich nur auf originalgetreue Vervielfältigungen gemeinfreier visueller Werke und bei einer originalgetreuen Abbildung von Filmwerken und Laufbildern entstehe das Schutzrecht nicht.[507] Das Argument ist nur dann schlüssig, wenn man den Begriff der originalgetreuen Vervielfältigung auf die *Kopie* eines Werkexemplars des betreffenden gemeinfreien Werkes reduziert. Notwendige Bedingung für den Erwerb des Schutzrechts ist aber, dass der auf einem Filmträger fixierte Film nicht von einem bereits vorhandenen Filmträger kopiert wurde, da andernfalls nicht von seiner erstmaligen Festlegung gesprochen werden kann (→ Rn. F178). Geht man davon aus, dann spielt die Ausnahmevorschrift des § 68 UrhG für das Recht des Filmherstellers in der Tat keine Rolle. Dann läuft sie wie auch bei den anderen verwandten Schutzrechten leer.[508] Sämtliche bisher behandelten verwandten Schutzrechte knüpfen nämlich daran an, dass ihr Inhaber eine eigenständige *Urform*, d. h. einen körperlichen oder unkörperlichen Gegenstand (Urlichtbild, Master, Nullkopie, Urdarbietung, Erstsendung usw.)[509], hervorbringt, der den jeweils ausgedrückten immateriellen Schutzgegenstand exemplifiziert und keine Kopie ist, d. h. nicht kausal auf ein bereits vorhandenes Vorkommnis dieses Schutzgegenstands zurückgeführt werden kann. Der Bereichsausnahme des § 68 UrhG, Art. 14 DSM-RL verbleibt folglich nur dann ein Anwendungsbereich, wenn man den Begriff „Vervielfältigung" bzw. „Material, das im Zuge der Vervielfältigung entstanden ist" allgemein im Sinne von Art. 2 InfoSoc-RL, § 16 UrhG versteht, der nicht nur Kopien, sondern auch eigenständig erzeugte Werkvorkommnisse umfasst, die ein gemeinfreies Werk identisch oder ver-

---

[507] *Dreier* in Dreier/Schulze (2022), UrhG § 68 Rn. 5 f.

[508] Vgl. oben zum Lichtbildschutz → Rn. F33 f., zum Recht des ausübenden Künstlers → Rn. F138.

[509] Zum Lichtbildschutz → Rn. F10 ff., zum Schutz wissenschaftlicher Ausgaben → Rn. F50, F61, zum Schutz nachgelassener Werke → Rn. F77, zum Recht des Tonträgerherstellers → Rn. 146, zum Recht des ausübenden Künstlers → Rn. F119, zum Recht des Sendeunternehmens → Rn. F161.

ändert und wiedererkennbar enthalten.⁵¹⁰ Nur dann ist es überhaupt möglich, dass ein verwandtes Schutzrecht in Kollision mit dem Ablauf der urheberrechtlichen Schutzfrist an einem gemeinfreien Werk gerät.

Nicht angebracht ist es auch, zwischen dem Schutz des Herstellers eines Filmwerks gem. § 94 und dem Schutz des Herstellers von Laufbildern nach § 95 UrhG zu differenzieren.⁵¹¹ Der Schwerpunkt des Laufbildschutzes liegt zwar auf der filmischen Aufzeichnung aktueller Ereignisse wie z. B. einer Sportveranstaltung, eines Naturgeschehens oder einer Theater- oder Opernaufführung, weil sich die filmische Darstellung nicht auf ein Filmwerk bezieht. Das schließt aber nicht aus, dass die Aufzeichnung solcher Ereignisse im Einzelfall ein schöpferisches Filmwerk hervorbringt,⁵¹² so dass das Schutzrecht des § 94 UrhG ins Spiel kommt. Andererseits ist aber ebenfalls nicht ausgeschlossen, dass nach § 95 UrhG geschützte Laufbilder wie im Beispiel der Aufnahme einer Theateraufführung urheberrechtlich geschützte Werke, die keine Filmwerke sind, enthalten. Auch Filmträger, die Laufbilder erstmals fixieren, können somit Vervielfältigungen eines urheberrechtlich schützbaren Werkes sein, für das die Schutzfrist abgelaufen ist.

F184

Nicht betroffen von der Ausnahmevorschrift ist der akustische Teil des Films, der sich in der Tonspur niederschlägt, mit der die Bildfolge unterlegt ist. Enthält der übernommene akustische Teil gemeinfreie Werke oder Werkteile, steht dies folglich dem Entstehen des Schutzrechts nicht entgegen. Wer beispielsweise mit wesentlichem Aufwand die Aufführung eines klassischen Balletts filmisch aufzeichnet und die Aufzeichnung erstmals auf einem Filmträger festhält, erwirbt das Schutzrecht des § 95 UrhG, auch wenn damit ein gemeinfreies Musikwerk identisch wiedergegeben wird. Wer dagegen mit wesentlichem Aufwand die Bildfolge eines gemeinfreien Stummfilms in Schwarz-Weiß in einen bunten Tonfilm umwandelt, etwa indem er dieselben Szenen durch andere Schauspieler nachspielen lässt, ihn nachträglich koloriert, mit Dialogen versieht und ihn musikalisch untermalt, bleibt schutzlos. Diese Diskriminierung der Produzenten von Bildfolgen gegenüber Produzenten von Klangfolgen ist sachlich nicht gerechtfertigt und verstößt gegen den Gleichheitsgrundsatz des Art. 3 GG. Wie bereits beim Lichtbildschutz herausgearbeitet wurde (→ Rn. F40 ff., F45 ff.), führt das Entstehen des Schutzrechts an einem Film, der eine gemeinfreie Bildfolge enthält, nicht zu einer Verlängerung der Schutzfrist des in ihr enthaltenen Werks. Dieses bleibt gemeinfrei. Jeder kann es, ohne gegen ein Urheberrecht zu verstoßen, benutzen. Niemand ist gezwungen, dabei auf einen bestimmten Filmträger zurückzugreifen, der den Inhalt des gemeinfreien Werks aufwändig in einer eigenständigen Version wiedergibt. Der Schutz des Filmherstellers bezieht sich nur auf die von ihm eigenständig erzeugte und auf einen Filmträger aufgespielte Version des verwendeten Werkes und nicht auf dieses. Auch das ver-

F185

---

⁵¹⁰ EuGH GRUR 2019, 929, Rn. 31, 36 – Pelham/Hütter.
⁵¹¹ So *Dreier* in Dreier/Schulze (2022), UrhG § 68 Rn. 1 und *Schulze* ebenda, UrhG § 95 Rn. 24.
⁵¹² *Katzenberger/N. Reber* in Schricker/Loewenheim (2020), UrhG § 95 Rn. 9 ff.

wandte Schutzrecht des Filmherstellers existiert unabhängig von einem Urheberrecht an dem Inhalt des Films. Ihm sein Recht abzusprechen, wenn er eine unter Verwendung eines gemeinfreien Werks schutzwürdige Leistung erbringt, missachtet das Grundrecht auf Schutz seines Eigentums gem. Art. 14 GG, Art. 17 Abs. 2 EU-GrCh.

d) Verhältnis zu den anderen Schutzrechten

F186 Neben seinem originären Leistungsschutzrecht ist der Produzent eines Filmwerks oder von Laufbildern in der Regel Inhaber abgeleiteter Ausschließlichkeitsrechte, die er von Urhebern, ausübenden Künstlern und sonstigen Leistungsschutzberechtigten etwa der Hersteller der Einzelbilder nach Maßgabe der §§ 88 ff. UrhG vertraglich erwirbt. Der Erwerb dieser Rechte gehört zu seinem schutzbegründenden organisatorischen und wirtschaftlichen Aufwand. Beim Vorgehen gegen die nicht erlaubte Nutzung seines Films kann er zwischen den verschiedenen unabhängig voneinander bestehenden Rechtspositionen wählen. Daneben können Filmhersteller aber auch Inhaber anderer eigenständiger Leistungsschutzrechte sein, sofern sie deren Schutzvoraussetzungen in ihrer Person erfüllen. Das trifft namentlich auf das Recht des Tonträgerherstellers nach § 85 UrhG zu, wenn sie Klänge und Töne erstmals auf der Tonspur ihres Filmes festhalten. Da aber beim Film Bild und Ton eine Einheit bilden, werden die Rechte an der Tonspur durch die weiterreichenden Rechte des Filmherstellers nach §§ 94, 95 UrhG überlagert, so dass dieser auch gegen die isolierte Verwertung der aufgenommenen Klänge und Töne vorgehen kann,[513] sofern diese Teilnutzung des Films seine wirtschaftlichen Interessen wesentlich berührt. (→ Rn. F181 f.). Nimmt er den Tonteil erstmals auf einen Tonträger auf, um ihn unverbunden mit dem Filmträger beispielsweise als Soundtrack zu verwerten, ist der Filmhersteller dagegen auf seine Rechte nach § 85 UrhG zurückgeworfen. Soweit ein Sendeunternehmen einen Film selbst produziert, ist es gleichzeitig Filmhersteller. Sendet er ihn anschließend, wachsen ihm zusätzlich die in § 87 Abs. 1 UrhG gewährten Rechte zu, die ebenfalls selbstständig durchsetzbar sind.[514]

IV. Recht des Datenbankherstellers und des Presseverlegers

1. Schutz des Datenbankherstellers (§ 87a UrhG)

F187 Das Schutzrecht des Datenbankherstellers soll Anreize schaffen, in moderne Datenspeicherungs- und Verarbeitungssysteme auch dort zu investieren, wo für die in der Datenbank gesammelten Elemente kein Schutz besteht oder ihre Zusammenstellung auf unschöpferischen Gesichtspunkten beruht, aber ihre Her-

---

[513] *Schulze* in Dreier/Schulze (2022), UrhG § 94 Rn. 13; *Katzenberger/N. Reber* in Schricker/Loewenheim (2020), UrhG § 94 Rn. 11; *J. B. Nordemann* in Fromm/Nordemann (2018), UrhG § 94 Rn. 62.
[514] *Schulze* in Dreier/Schulze (2022), UrhG § 94 Rn. 12.

stellung den Einsatz erheblicher Mittel erfordert. Datenbanken sind für die Entwicklung des Informationsmarktes von großer Bedeutung. Ohne sie lässt sich die Informationsflut nicht mehr bewältigen. Die Investition in solche Systeme ist jedoch erheblich gefährdet, wenn die gesammelten Inhalte mit einem Bruchteil von Kosten kopiert und abgefragt werden können, ohne dass der Hersteller der Datenbank gegen eine solche von ihm nicht genehmigte Verwertung einschreiten könnte.[515] Das europäische sui-generis-Recht des Datenbankherstellers hat wie die anderen verwandten Schutzrechte, die unternehmerische Leistungen unter Schutz stellen, keinen urheberrechtlichen Charakter. Das schließt nicht aus, dass die hergestellte Datenbank ein Datenbankwerk i. S. v. § 4 UrhG ist. Das sui-generis-Recht und das Urheberrecht stehen dann nebeneinander, können sich überschneiden und stehen meist verschiedenen Rechtsinhabern zu.[516] Unberührt bleiben auch andere verwandte Schutzrechte und sonstige Rechte an den gesammelten Inhalten: das Urheberrecht an dem eingesetzten Computerprogramm, Patentrechte, Kennzeichenrechte, das Kartellrecht, das Recht des unlauteren Wettbewerbs usw. (Art. 13 Datenbank-RL). Die Vorschriften der §§ 87a bis 87e UrhG beruhen auf der europäischen Richtlinie 96/9/EG über den rechtlichen Schutz von Datenbanken[517] und sind richtlinienkonform auszulegen. International hat es kein Vorbild. Obwohl das Recht des Datenbankherstellers zweifellos wettbewerbsrechtliche Wurzeln hat, hat der deutsche Gesetzgeber es zutreffend als ausschließliches Immaterialgüterrecht in das System der verwandten Schutzrechte eingegliedert, da die zu erbringende technische, organisatorische und wirtschaftliche Leistung durchaus derjenigen eines Tonträger-, Filmherstellers oder Sendeunternehmens vergleichbar ist.[518]

a) Schutzgegenstand

aa) Datenbank als immaterieller Gegenstand

Gegenstand des Schutzrechts ist eine Datenbank, d. h. eine Sammlung von Werken, Daten, oder anderen unabhängigen Elementen, die systematisch oder methodisch angeordnet und einzeln mit elektronischen Mitteln oder auf andere Weise zugänglich sind (Art. 1 Abs. 2 Datenbank-RL). Sie ist nach § 87a Abs. 1 S. 1 UrhG geschützt, wenn die Beschaffung, Überprüfung oder Darstellung ihrer Elemente eine nach Art und Umfang wesentliche Investition erforderte. Die Ausschließlichkeitsrechte des Datenbankherstellers umfassen die Vervielfältigung, Verbreitung und öffentliche Wiedergabe der Datenbank insgesamt oder eines nach Art oder Umfang wesentlichen Teils. Die Verwertung unwesentlicher Teile steht dem gleich, wenn sie wiederholt und systematisch geschieht und einer normalen Auswertung der Datenbank zuwiderläuft oder die berechtigten Interessen des Datenbankherstellers unzumutbar beeinträchtigt (§ 87b Abs. 1 UrhG). Was

---

[515] Erw.grd. 7 bis 12, 38 Datenbank-RL.
[516] BGH GRUR 2007, 685 Rn. 27 – Gedichttitelliste I.
[517] ABl. EG 1996 Nr. L 77, S. 20.
[518] *Vogel* in Schricker/Loewenheim (2020), UrhG vor §§ 87a ff. Rn. 18.

dies für die Bestimmung des Schutzgegenstands genau bedeutet, wird unterschiedlich beurteilt.[519]

F189 Obwohl der wesentliche Investitionsaufwand geschützt werden soll, ist dieser als solcher nicht Schutzgegenstand, sondern sein Leistungsergebnis.[520] Die Investition ist wie bei den anderen aufwandsbezogenen Leistungsschutzrechten Schutzgrund, nicht Schutzgegenstand.[521] Auch wenn sich das Leistungsergebnis regelmäßig in einem materiellen Datenträger niederschlägt, der die Datenbank enthält, bezieht sich der Schutz ebenfalls nicht auf diesen, sondern auf den geistigen Gehalt, den er exemplifiziert. Das ergibt sich klar aus den Definitionen in Art. 7 Abs. 2 Datenbank-RL, die die Begriffe der Entnahme und der Weiterverwendung gleichsetzen mit der Übertragung bzw. Verfügbarmachung der Gesamtheit oder eines wesentlichen Teils des Inhalts der Datenbank. Rechtsverletzende Entnahme- und Weiterverwendungshandlungen sind daher nicht auf das physische Kopieren der in dem Trägermaterial enthaltenen Elemente beschränkt.[522] Dementsprechend sind auch die in § 87b UrhG verwendeten Begriffe der Vervielfältigung, Verbreitung und öffentlichen Wiedergabe so auszulegen, dass sie alle Reproduktionshandlungen umfassen, in denen der Inhalt der Datenbank identisch oder ähnlich vorkommt,[523] ohne dass es darauf ankommt, welche Mittel dazu eingesetzt werden und in welcher Form dies geschieht.[524] Das Recht des Datenbankherstellers erweist sich somit wie die Schutzrechte der Tonträgerhersteller, Sendeunternehmen und Filmhersteller als ein genuines Leistungsschutzrecht an einem immateriellen Gut.[525] Das heißt aber nicht, dass der Inhalt der Datenbank schlechthin geschützt ist und die Entnahme oder Weiterverwendung auch kleinster Teile die Ausschließlichkeitsrechte des Datenbankherstellers berührt.[526] Die Rechte an einer geschützten Datenbank können vielmehr nur dann verletzt werden, wenn es zur Übertragung eines wesentlichen Teils des Inhalts der Datenbank oder zu der Übertragung unwesentlicher Teile kommt, die wegen ihres wiederholten und systematischen Charakters dazu führt, dass ein wesentlicher Teil dieses Inhalts wiedererstellt wird.[527] Obwohl jede Datenbank eine bestimmte Struktur besitzt, die die gesammelten Einzel-

---

[519] Eingehend *Leistner* (2000), S. 144 ff.; *Grützmacher* (1999), S. 327.
[520] Erw.grd. 39 Datenbank-RL.
[521] Zum Recht des Tonträgerherstellers → Rn. F144; zum Recht des Sendeunternehmens → Rn. F172; zum Recht des Filmherstellers → Rn. F176; *Grützmacher* (1999), S. 329 f.
[522] EuGH GRUR 2008, 1077 Rn. 25 ff. – Directmedia Publishing, gegen BGH GRUR 2007, 688 Rn. 27 – Gedichttitelliste II.
[523] Vgl. EuGH GRUR 2019, 929, Rn. 31, 36 – Pelham/Hütter: zum Begriff der Vervielfältigung im europäischen Recht; dazu auch → Rn. F181.
[524] EuGH GRUR 2008, 1077 Rn. 35 – Directmedia Publishing.
[525] *Vogel* in Schricker/Loewenheim (2020), UrhG vor §§ 87a ff. Rn. 29, 35 f.; *Haberstumpf* in Büscher/Dittmer/Schiwy (2015), UrhG § 87a Rn. 3; *Czychowski* in Fromm/Nordemann (2018), UrhG § 87a Rn. 6; *Hermes* in Wandtke/Bullinger (2022), UrhG § 87a Rn. 2; *Leistner* (2000), S. 148 f.
[526] *Leistner* (2000), S. 148.
[527] EuGH GRUR 2008, 1077 Rn. 60 – Directmedia Publishing.

elemente in bestimmter Weise miteinander verknüpft⁵²⁸ und die investitorische Leistung ihres Herstellers sich auch in ihr niederschlägt,⁵²⁹ ist sie ebenfalls nicht Schutzgegenstand.⁵³⁰ Wer nämlich die Struktur aus einer konkreten Datenbank abstrahierend herauslöst und sie verwendet, um sie mit anderen Inhalten zu füllen, entnimmt gerade nicht die Gesamtheit oder einen wesentlichen Teil des Inhalts der benutzten Datenbank. Das Herstellerrecht bezieht sich somit nicht auf die Struktur des Inhalts – insoweit kommt ein urheberrechtlicher Schutz nach § 4 Abs. 2 UrhG (→ Rn. E140) in Betracht –, sondern auf die *Gesamtheit der strukturierten Elemente (Inhalt)* der Datenbank.

bb) Begriff der Datenbank

Die Datenbank-RL definiert in Art. 1 Abs. 2 den Begriff der Datenbank für den urheberrechtlichen Schutz wie auch für den Schutz sui-generis gleich. Der deutsche Gesetzgeber hat demgegenüber in § 87a Abs. 1 UrhG den Begriff der Datenbank weiter gefasst, um den Schutzgegenstand des Datenbankherstellerrechts zu umschreiben. Dennoch stimmen beide Definitionen überein. Danach ist eine Datenbank, wie in § 4 Abs. 2 UrhG beschrieben, eine Sammlung von Werken, Daten oder anderen unabhängigen Elementen, die systematisch oder methodisch angeordnet und einzeln mithilfe elektronischer Mittel oder auf andere Weise zugänglich sind. Im Einzelnen kann auf die obigen Erläuterungen zum Schutz von Datenbankwerken Bezug genommen werden (→ Rn. E128 ff.). Der Unterschied zum Datenbankwerk i. S. v. § 4 Abs. 2 UrhG besteht darin, dass dieses eine Struktur aufweisen muss, die die gesammelten Elemente in schöpferischer Weise auswählt oder anordnet.⁵³¹

b) Investition bei der Beschaffung, Überprüfung oder Darstellung des Inhalts

aa) Berücksichtigungsfähige Investitionen

Die das Schutzrecht begründende Investition kann in der Bereitstellung von finanziellen Mitteln oder auch im Einsatz von Zeit, Arbeit und Energie bestehen (Erw.grd. 40 Datenbank-RL). Als berücksichtigungsfähige Investitionen kommen nur solche in Betracht, die sich auf die Beschaffung, Überprüfung oder Darstellung der Elemente der Datenbank beziehen. Sie müssen der Erstellung der Datenbank als solche gewidmet sein, d. h. die Daten zu recherchieren oder für die Aufnahme in die Datenbank nutzbar zu machen, ihre Richtigkeit zu überprüfen und sie in methodischer oder systematischer Weise darzustellen. Von diesen berücksichtigungsfähigen Aufwendungen sind diejenigen abzugrenzen, die

---

⁵²⁸ Näher *Haberstumpf* GRUR 2003, 14, 16.
⁵²⁹ EuGH GRUR 2005, 252 Rn. 27 – Fixtures Fußballspielpläne I; EuGH GRUR 2005, 254 Rn. 43 – Fixtures Fußballspielpläne II.
⁵³⁰ *Hermes* in Wandtke/Bullinger (2022), UrhG § 87a Rn. 3; a. A. *Zech* (2012), S. 361.
⁵³¹ Umfangreiche Übersichten für Beispiele aus der Rechtsprechung finden sich u. a. bei *Vogel* in Schricker/Loewenheim (2020), UrhG § 87a Rn. 33 und *Dreier* in Dreier/Schulze (2022), UrhG § 87a Rn. 10.

aufgewendet werden, um die Elemente, aus denen der Inhalt der Datenbank besteht, erst zu erzeugen und auf Richtigkeit zu überprüfen.[532] Schutz findet somit nur der Mehrwert, den der Hersteller der Datenbank schafft, indem er einen eigenständigen Informationswert besitzende Einzelelemente systematisch oder methodisch anordnet und sie einzeln zugänglich macht.[533]

F192 Zum berücksichtigungsfähigen Aufwand für die *Beschaffung des Inhalts* gehören in erster Linie Aufwendungen für die Suche nach vorhandenen unabhängigen Elementen einschließlich des Entgelts für ihren Erwerb, etwa aus nicht öffentlichen Quellen,[534] oder Lizenzgebühren für den Erwerb von Nutzungsrechten an geschützten Werken und Leistungen. Die Kosten für den Erwerb einer Datenbank oder die Lizenzierung einer fremden Datenbank begründen dagegen das Herstellerrecht beim Käufer oder Lizenznehmer nicht, da dieser die Investition in deren Aufbau und Betrieb nicht geleistet hat. Aufwendungen zur *Überprüfung des Datenbankinhalts* umfassen diejenigen Mittel, die bei der Prüfung der Daten auf Richtigkeit und der Aktualisierung der Datenbestände anfallen. Hier schlagen in erster Linie die Kosten für das eingesetzte Personal[535] und den laufenden Unterhalt der Hardware, etwa Nebenkosten für Strom und Material und anteilige Miete zu Buche.[536] Die *Darstellung* betrifft die Strukturierung des Materials, die der systematischen oder methodischen Anordnung der Elemente und ihrer Einzelzugänglichkeit gewidmet ist.[537] Anders als bei der Beschaffung und Überprüfung des Inhalts sind Darstellungsinvestitionen auch dann relevant, wenn sie sich auf selbst erzeugte Daten beziehen.[538] Der dafür anfallende Aufwand spiegelt sich im Wesentlichen in der Arbeit des Datenbankingenieurs und in den finanziellen Mittel zum Erwerb und für die Programmierung der erforderlichen Computerprogramme wider. Bei einer nichtelektronischen Datenbank sind an die Kosten für den Druck des Printmediums zu denken.

F193 Die Abgrenzung von den unbeachtlichen Kosten zur Erzeugung der Daten und deren Überprüfung ist nicht immer leicht zu treffen. Es handelt sich um die Aufwendungen, die getätigt werden, die Werte oder Angaben zu ermitteln, die in die vom Datenbankhersteller vorgesehenen Tabellen seiner Datenbank einzutragen sind. Sind die Werte schon bekannt, besteht dessen Aufgabe darin, sie ausfindig zu machen und ggfs. von Dritten zu erwerben. Sind sie dagegen nicht bekannt, weil er z. B. von einer neuartigen Fragestellung ausgeht, oder sind sie nicht vollständig vorhanden, muss er die geforderten Antworten selbst geben

---

[532] EuGH GRUR 2005, 244 Rn. 36 – BHB-Pferdewetten; BGH GRUR 2009, 852 Rn. 28 – Elektronischer Zolltarif; BGH GRUR 2010, 1004 Rn. 18 – Autobahnmaut.
[533] EuGH GRUR 2015, 1187 Rn. 22 ff. – Freistaat Bayern/Verlag Esterbauer.
[534] EuGH GRUR 2009, 572 Rn. 68 – Apis/Lakorda; BGH GRUR 2009, 852 Rn. 24 – Elektronischer Zolltarif.
[535] BGH GRUR 2011, 724 Rn. 21 – Zweite Zahnarztmeinung II.
[536] OLG Dresden ZUM 2001, 595 f.
[537] BGH GRUR 2009, 852 Rn. 27 – Elektronischer Zolltarif.
[538] EuGH GRUR 2005, 244 Rn. 34, 42 – BHB-Pferdewetten; BGH GRUR 2009, 852 Rn. 28 – Elektronischer Zolltarif.

und die gefragten Werte selbst ermitteln. Ob und in welchem Umfang die dabei anfallenden Investitionen zur Begründung des Herstellerrechts herangezogen werden können, ist in den Einzelheiten streitig. Weitgehend einig ist man sich, dass solche Investitionen auszuscheiden sind, die lediglich dazu dienen, dass eine an sich unabhängige Vorleistung als Neben- oder Abfallprodukt noch für eine Datenbank verwendet wird, sog. Spin-off-Theorie.[539] Beispielsweise ist die Akquisition von Kunden und damit deren Daten kein berücksichtigungsfähiger Aufwand, da sie eine Investition in das Unternehmen, nicht aber in dessen Datenbank sind, auch wenn die Kundendaten als Werte der Kundendatei natürlich in diese aufgenommen werden. Der BGH hat dementsprechend die Erhebung von Telefonbuchdaten nicht für die Herstellereigenschaft berücksichtigt.[540] Der Entscheidung des OLG Dresden „Printmedium als Datenbank", in der auch der Aufwand des Herstellers eines Anzeigenblatts für die Abonnentenverwaltung, Kundenbetreuung und Buchhaltung einbezogen wurden,[541] ist daher nicht zu folgen. Kein berücksichtigungsfähiger Aufwand liegt auch in der Aufstellung einer vom Veranstalter gefertigten Liste von Pferden, die an Rennen teilnehmen, oder von Spielplänen von Sportwettkämpfen; denn dieser ist nicht einer Datenbank gewidmet, sondern dient der Durchführung der Wettkämpfe.[542] Anders ist es natürlich, wenn ein Dritter eine Datenbank mit Spielplänen erstellt, die er erst bei den Veranstaltern der Sportwettkämpfe zusammensuchen muss; die Kosten, die er dem Dritten zahlen muss, sind berücksichtigungsfähiger Beschaffungsaufwand. Typische Beispiele für schutzfähige Datenbanken sind Informationssysteme, die das vernetzte Suchen innerhalb großer Informationsangebote etwa mittels Suchmaschinen und den von ihnen bereitgestellten Such- und Abfragehilfen, Indices und Thesauri im Internet ermöglichen.[543]

Als eigentlich problematisch erweisen sich dagegen die Fälle, in denen das Datenbankkonzept verlangt, dass bestimmte noch nicht vorhandene Daten empirisch ermittelt werden müssen. Die erforderlichen Aufwendungen für ihre Gewinnung, d. h. für die Beobachtung, Messung und Überprüfung der Messergebnisse sowie die benötigten Geräte und Vorrichtungen, kommen zwar der Datenbank unmittelbar zugute. Das ändert aber nichts daran, dass die erzeugten, einen eigenständigen Informationswert besitzenden Daten neben und wirtschaftlich unabhängig von ihrer Aufnahme in eine Datenbank betrachtet und etwa durch Verkauf verwertet werden können, so dass es nicht gerechtfertigt erscheint, die dafür aufgewendeten Investitionen zusätzlich noch zur Begründung des Datenbankschutzes heranzuziehen.[544] Beispielsweise haben die von Inter-

---

[539] *Vogel* in Schricker/Loewenheim (2020), UrhG § 87a Rn. 56; *Dreier* in Dreier/Schulze (2022), UrhG § 87a Rn. 13; *Hermes* in Wandtke/Bullinger (2022), UrhG § 87a Rn. 41; *Czychowski* in Fromm/Nordemann (2018), UrhG § 87a Rn. 21.
[540] BGH GRUR 1999, 923, 926 – Tele-Info-CD.
[541] OLG Dresden ZUM 2001, 596 f. – Printmedium als Datenbank.
[542] EuGH GRUR 2005, 244 Rn. 38 – BHB-Pferdewetten; EuGH GRUR 2012, 386 Rn. 35 f. – Football Dataco/Yahoo; EuGH GRUR 2005, 252 Rn. 31 – Fixtures Fußballspielpläne I.
[543] *Haberstumpf* GRUR 2003, 14, 17.
[544] *Vogel* in Schricker/Loewenheim (2020), UrhG § 87a Rn. 49; *Haberstumpf* in Büscher/

netplattformen oder Foren gesammelten Daten über das Verhalten ihrer Nutzer unabhängig davon, ob sie in einer Datenbank mit anderen Informationen verknüpft und aufgewertet werden, einen so großen wirtschaftlichen Wert, dass mit ihrer Veräußerung erhebliche Gewinne gemacht werden können.

F195 Die überwiegende Gegenmeinung unterscheidet demgegenüber zwischen Daten, die unabhängig von der Tätigkeit des Datenbankherstellers in der Natur bereits vorhanden sind und von jedermann gesammelt werden könnten, und solchen, die dem Datenbankhersteller durch eigene Tätigkeit selbst bekannt werden. Die Kosten für die Ermittlung von bereits vorhandenen Daten seien stets berücksichtigungsfähig, während die Kosten für ihre Gewinnung, d. h. für die Beobachtung und Messung, dann angesetzt werden könnten, wenn Datenerzeugung und Datenbankherstellung in einer Hand zusammenfielen.[545] Diese Unterscheidung überzeugt nicht, da es in der „Natur vorhandene Daten" streng genommen nicht gibt. Die Natur antwortet nicht, wenn sie nicht gefragt wird. Daher gibt es wenig Sinn anzunehmen, Antworten auf Fragen zu Naturphänomenen seien schon vorhanden, weil es die Natur gibt. Genauso wenig ist die Annahme plausibel, Daten über kulturelle Phänomene seien bereits vorhanden, weil es Menschen gibt, die in ihrer natürlichen und sozialen Umwelt agieren. Die Tatsache, dass sich Dinge und Menschen in bestimmter Weise verhalten, ist kein Datum. Zu einem Datum wird sie erst, wenn sich jemand dafür interessiert, eine entsprechende Beobachtung macht und ein Datum dadurch erzeugt, dass er deren Inhalt verbal oder nonverbal ausdrückt. Es kann in diesem Zusammenhang keinen Unterschied machen, ob etwa ein Meinungsforschungsunternehmen mittels Telefoninterviews das Konsumverhalten bestimmter Verbrauchergruppen ermittelt oder ein Forscherteam in technisch aufwendigen Versuchsreihen das Verhalten von Elementarteilchen erforscht. Folgt man der Gegenmeinung, wäre man auf die Konsequenz festgelegt, dass es überhaupt keine selbst erzeugten Daten gibt, weil Natur- und Kulturphänomene jedermann zugänglich sind, und sich prinzipiell jedermann die gewünschten Informationen mit dem dafür erforderlichen Aufwand beschaffen könnte. Das Problem der Unterscheidung zwischen vorhandenen und erzeugten Daten ist vielmehr danach zu entscheiden, ob die im Hinblick auf eine bestimmte Fragestellung relevanten Antworten bereits gegeben wurden oder erst noch gegeben werden müssen. Daraus folgt, dass es nicht darauf ankommt, ob der Datenbankhersteller selbst oder ein Dritter die für eine bestimmte Datenbank relevanten Daten generiert. In keinem Fall sind die anfallenden Aufwendungen berücksichtigungsfähige Beschaffungs- und Überprüfungsinvestitionen. Die Datengenerierung zielt darauf ab, den in den Daten selbst steckenden Wert zu schaffen. Welchen wirtschaftli-

---

Dittmer/Schiwy (2015), UrhG § 87a Rn. 10. Vgl. auch EuGH GRUR 2012, 386 Rn. 42 – Football Dataco/Yahoo, zur parallelen Beurteilung für Datenbankwerke (s. o. → Rn. E131).

[545] BGH GRUR 2010, 1004 Rn. 19 – Autobahnmaut; BGH GRUR 2005, 857, 859 – HIT Bilanz; *Leistner* (2000), S. 151 f.; *Czychowski* in Fromm/Nordemann (2018), UrhG § 87a Rn. 21; *Hermes* in Wandtke/Bullinger (2022), UrhG § 87a Rn. 49 ff.; *Kotthoff* in Dreyer/Kotthoff/Meckel (2013), UrhG § 87a Rn. 27; so auch noch *Haberstumpf* GRUR 2003, 14, 26.

chen Wert erzeugte Daten objektiv verkörpern, entspricht nicht den Kosten, die zu ihrer Erzeugung aufgewendet wurden, sondern richtet sich letztlich nach den Erlösen, die am Markt für die Überlassung der Daten erzielt werden können. Ein Datenbankhersteller, der sich von Dritten erzeugte Daten gegen Entgelt verschafft, zahlt somit nicht die Erzeugerkosten, sondern den Marktpreis. Dasselbe gilt im Hinblick auf die vom Hersteller selbst generierten Daten. Auch hier kann er bei ihrer Vermarktung nicht die Generierungskosten umlegen, sondern den – möglicherweise sogar höheren – Preis verlangen, den Abnehmer bereit sind zu zahlen. Der Wert, der den aufgenommenen Daten innewohnt oder den er gerade für Nutzer hat, ist deshalb kein erhebliches Kriterium bei der Beurteilung, ob ihre Entnahme oder Weiterverwendung in qualitativer Hinsicht wesentlich ist.[546] Wie ein dritter Datenerzeuger ist er nicht gezwungen, seine selbst generierten Daten auch noch in einer Datenbank zu verwerten und in dieser Weise der Öffentlichkeit zur Verfügung zu stellen. Entschließt sich also ein Datenerzeuger dazu, die dafür erforderlichen Investitionen auf sich zu nehmen, um seine Daten in einer Datenbank i. S. v. § 87a Abs. 1 UrhG zu präsentieren, stellen seine selbst erzeugten Daten ebenfalls nur ein an sich unabhängiges Vorprodukt dar, das noch in einer Datenbank verwendet wird.[547] Ein Unterschied zu den vom EuGH zu Sportwetten und Fußballspielplänen entschiedenen Fällen ist somit nicht zu erkennen. Im Rechtsstreit hat deshalb der Datenbankhersteller bei der Darlegung der Schutzfähigkeit seiner Datenbank stets diejenigen Kosten herauszurechnen, die er für die Datengenerierung aufgebracht hat.[548] Diese Interpretation beugt einerseits der Gefahr vor, dass im Fall hoher Generierungsaufwendungen Datenerzeuger in den Genuss des Rechts sui generis gelangen, ohne wesentliche Investitionen in die Erstellung der Datenbank selbst getätigt zu haben. Sie bietet umgekehrt einen Anreiz dafür, dass Datenerzeuger ihre Produkte unmittelbar vermarkten und so ihre Informationen der Allgemeinheit verfügbar machen. An einen Missbrauch marktbeherrschender Stellung ist vielmehr erst zu denken, wenn die Daten überhaupt nicht oder zu kartellrechtswidrigen überhöhten Preisen angeboten werden.[549]

bb) Wesentlichkeit der Investitionsleistung

Damit das Schutzrecht entsteht, ist eine in qualitativer oder quantitativer Hinsicht wesentliche Investition erforderlich. Das Kriterium der Wesentlichkeit, das wir bereits bei den anderen verwandten Schutzrechten kennen gelernt haben,[550]

F196

---

[546] So EuGH GRUR 2005, 244 Rn. 72. 78 – BHB-Pferdewette; EuGH GRUR 2009, 572 Rn. 67 – Apis/Lacorda.
[547] So explizit *Vogel* (2005), 581, 587.
[548] EuGH GRUR 2005, 252 Rn. 29 – Fixtures Fußballspielpläne I; EuGH GRUR 2005, 244 Rn. 79 f. – BHB Pferdewetten; *Vogel* in Schricker/Loewenheim (2020), UrhG § 87a Rn. 49.
[549] *Vogel* in Schricker/Loewenheim (2020), UrhG vor §§ 87a ff. Rn. 50 ff., § 87a Rn. 50; *Hermes* in Wandtke/Bullinger (2022), UrhG vor §§ 87a ff. Rn. 41; *Haberstumpf* in Büscher/Dittmer/Schiwy (2015), UrhG § 87a Rn. 6; EuGH GRUR 2004, 524 – IMS Health.
[550] Lichtbildschutz → Rn. F20 ff.; wissenschaftliche Ausgaben → Rn. F63 ff.; nachgelassene

beschreibt die entscheidende Schutzschwelle zum Erwerb des Rechts. Auf die Frage, wann sie überschritten wird, geben weder die Datenbank-RL noch das deutsche Umsetzungsgesetz eine Antwort. Lediglich in Erwägungsgrund 19 der Richtlinie wird eigentlich nur eine Selbstverständlichkeit ausgedrückt, nämlich dass die Zusammenstellung mehrerer Aufzeichnungen musikalischer Darbietungen auf einer CD normalerweise keine ausreichende Investitionsleistung darstellt. Es bleibt somit der Rechtsprechung überlassen, diesen unbestimmten Rechtsbegriff auszufüllen. Ausgangspunkt der Wesentlichkeitsprüfung ist, ob überhaupt berücksichtigungsfähige Investitionen, die auch sukzessiv erfolgen können, bei der Beschaffung, Überprüfung oder Darstellung der Elemente vorliegen. Nicht entscheidend ist, wie sich die Aufwendungen auf diese Kategorien verteilen. Maßgeblich ist eine Gesamtbetrachtung und eine wertende Entscheidung anhand des Schutzzwecks und des Schutzgegenstands des Recht des Datenbankherstellers.[551] Entscheidend ist daher nicht, welches geistiges Niveau die bei der Erstellung der Datenbank erbrachten Leistungen erreichen, insbesondere ob sie eine Schöpfung i. S. v. § 2 Abs. 2 UrhG darstellen, da es hier um Investitionsschutz geht. Ebenso wenig kommt es darauf an, dass sie wettbewerblich eigenartig ist, da auch Datenbanken außerhalb des geschäftlichen Verkehrs geschützt sein können.

F197   Für die Praxis steht im Vordergrund des Interesses, welche Anforderungen an den *quantifizierbaren Umfang* der Investitionen zu stellen sind. Die höchstrichterliche Rechtsprechung hat sie z. B. bejaht:

- bei Beschaffungskosten in Höhe von nahezu 93 Mio. DM für den Ankauf von über 30 Mio. Datensätzen[552]
- bei einem Aufwand von etwa 20 Mio. DM für den Aufbau und den Betrieb einer Sammlung von Veranstalterdaten über einen Zeitraum von 10 Jahren[553]
- bei Kosten von insgesamt 34.900 € für die Erstellung einer Gedichttitelliste über einen Zeitraum von etwa zweieinhalb Jahren[554]
- bei einem Aufwand für Personalkosten von rd. 900.000 € zur Programmwartung, laufenden Überprüfung und Einbringung der Daten von Zolltarifen über einen Zeitraum von 3 Jahren.[555]

F198   Da in den meisten Fällen sich die Wesentlichkeit einer Investition bereits aus ihrem Umfang ergibt und qualitativ wesentliche Investitionen mit quantitativ erheblichen zusammenfallen, hat das Kriterium, wann eine *nach Art wesentliche Investition* vorliegt, hauptsächlich eine Ergänzungsfunktion, um auch Datenbanken einbeziehen zu können, die relativ geringe Datenmengen zusammenfas-

---

Werke → Rn. F85 ff.; ausübende Künstler → Rn. F119 ff.; Tonträgerhersteller → Rn. F150 ff.; Sendeunternehmen → Rn. F165; Filmhersteller → Rn. F179 f.

[551] *Vogel* in Schricker/Loewenheim (2020), UrhG § 87a Rn. 51.
[552] BGH GRUR 1999, 923, 927 – Tele-Info-CD.
[553] KG CR 2000, 812, 813.
[554] BGH GRUR 2007, 688 – Gedichttitelliste II.
[555] BGH GRUR 2009, 852 Rn. 27 – Elektronischer Zolltarif.

IV. Recht des Datenbankherstellers und des Presseverlegers   F198–F199

sen.⁵⁵⁶ Wesentlich qualitative Leistungen können vor allem in einer innovativen Idee liegen, die Daten und andere Elemente nach neuartigen Kriterien einteilt, kombiniert oder darstellt.⁵⁵⁷

In Literatur und Rechtsprechung finden sich Stimmen, die Investitionen von substanziellem Gewicht für erforderlich halten,⁵⁵⁸ aber auch solche, die sich mit einem Minimalaufwand begnügen wollen, der lediglich Allerweltsinvestitionen etwa in Adressenverzeichnissen geringen Umfangs ausschließt.⁵⁵⁹ Die herrschende Meinung hat sich auf den Standpunkt gestellt, dass dem Zweck der Richtlinie entsprechend keine allzu hohen Maßstäbe anzulegen sind und es ausreicht, dass bei objektiver Betrachtung keine ganz unbedeutende, von jedermann leicht zu erbringende Aufwendungen erbracht werden, um die Datenbank zu erstellen.⁵⁶⁰ Für sie spricht, dass andernfalls nur die großen Datenbanken begünstigt würden, bei denen stets Aufwendungen von substanziellem Gewicht anfallen, womit die Gefahr der Monopolisierung der gesammelten Inhalte in der Hand des Datenbankherstellers erhöht würde. Durch das Schutzrecht sollen schließlich Anreize gegeben werden, neue Datenbankkonzepte zu entwickeln und sie in Datenbanken umzusetzen. Diesem Ziel würde es nicht entsprechen, in erster Linie die schon am Markt etablierten Datenbanklösungen zu fördern. Auf der anderen Seite wäre es aber gleichfalls nicht gerechtfertigt, Hersteller von Sammlungen bereits dann mit Ausschließlichkeitsrechten auszustatten, wenn sie überhaupt etwas in sie investiert haben, weil kein Anreiz gegeben wäre, etwas Innovatives beizutragen. Der Gesetzgeber verlangt ja nicht von ungefähr eine wesentliche Investition und schließt die Zusammenstellung mehrerer Aufzeichnungen musikalischer Darbietungen auf einer CD vom Anwendungsbereich des Rechts sui generis aus, weil die dabei getätigten Investitionen nicht ausreichend erheblich seien.⁵⁶¹ Die Lage erinnert deutlich an die Situation beim Lichtbildschutz, beim Recht des Tonträgerherstellers und des Filmherstellers. Hier wie dort kann es nicht gerechtfertigt sein, jemandem schon dann ein Ausschließlichkeitsrecht zuzuweisen, wenn er ohne nennenswerten Aufwand mit Hilfe eines überall erhältlichen Tabellen- oder E-Mail-Programms ein Adressbuch erstellt, ein Urlichtbild, eine erstmalige Videoaufnahme fertigt (→ Rn. F20, F179) oder Klänge und Töne erstmals auf einen Tonträger fixiert (→ Rn. F150). Es wird daher auch für den Erwerb des Rechts sui generis eine *nicht zu niedrige Mindestschutzschwelle* überschritten werden müssen. Diese auszuloten, wird Aufgabe der Rechtsprechung sein.⁵⁶²

---

⁵⁵⁶ *Hermes* in Wandtke/Bullinger (2022), UrhG §87a Rn. 67; *Leistner* (2000), S. 161; *Vogel* in Schricker/Loewenheim (2020), UrhG §87a Rn. 59.
⁵⁵⁷ *Leistner* (2000), S. 156 f.
⁵⁵⁸ LG Köln CR 2000, 400, 401; *Schack* (2019), Rn. 745: strenger Maßstab.
⁵⁵⁹ *Leistner* (2000), S. 162 ff.; *Gaster* (1999), Rn. 476; *Hermes* in Wandtke/Bullinger (2022), UrhG §87a Rn. 54.
⁵⁶⁰ BGH GRUR 2011, 724 Rn, 23 – Zweite Zahnarztmeinung II; *Vogel* in Schricker/Loewenheim (2020), UrhG §87a Rn. 54.
⁵⁶¹ Erw.grd. 19 Datenbank-RL.
⁵⁶² *Hermes* in Wandtke/Bullinger (2022), UrhG §87a Rn. 65.

c) Neue Datenbank

aa) Wesentliche Neuinvestition

F200 § 87a Abs. 1 S. 2 UrhG fingiert eine in ihrem Inhalt nach Art oder Umfang wesentlich geänderte Datenbank als neu, um für diese den Lauf einer neuen 15-jährigen Schutzfrist in Gang zu setzen. Das kann dazu führen, dass das Herstellerrecht an einer laufend aktualisierten Datenbank zeitlich unbegrenzt gültig ist. Die Schutzfristverlängerung setzt voraus, dass die wesentliche Inhaltsänderung auf einer wesentlichen Neuinvestition beruht. Gemeint ist in erster Linie das Hinzufügen, die Löschung oder sonstige Veränderung der gesammelten Elemente. Aus der Gesetzesformulierung kann aber nicht geschlossen werden, dass nur eine wesentliche Veränderung des Inhalts eine neue Datenbank i. S. v. § 87a Abs. 1 S. 2 UrhG hervorbringt. Dem Schutzzweck des Herstellerrechts entsprechend ist auch hier allein maßgebend, ob die Neuinvestition wesentlich ist.[563] Eine relevante Neuinvestition kann nämlich auch darin bestehen, dass die Datenbank mit weiteren Funktionen versehen wird, die die aufgenommenen Elemente besser oder unter neuen Gesichtspunkten zugänglich machen. Es wäre ungereimt, den Betreiber einer bestehenden Datenbank nicht in den Genuss der verlängerten Schutzfrist kommen zu lassen, wenn er bei wesentlich gleichem Inhalt wesentliche Neuinvestitionen bezüglich der Darstellung dieses Inhalts vornimmt. Man ist sich dementsprechend weitgehend einig, dass sich die Neuinvestition nicht in einer sichtbaren Änderung des Inhalts der Datenbank niederschlagen muss.[564] Wenn nach Erwägungsgrund 55 der Datenbank-RL die wesentliche Neuinvestition, die zu einer neuen Schutzfrist führt, in einer eingehenden Überprüfung des Inhalts der Datenbank bestehen kann, ist der Schluss unausweichlich, dass eine solche Tätigkeit auch dann ausreicht, wenn der Inhalt unverändert bleibt.

F201 An den Begriff der Wesentlichkeit sind keine anderen Anforderungen zu stellen als bei einer Erstinvestition (→ Rn. F199). Für eine Absenkung der Wesentlichkeitsschwelle könnte zwar sprechen, dass die Änderung und Überprüfung einer bestehenden Datenbank typischer Weise weniger aufwändig ist als ihre erstmalige Herstellung. Daraus ist jedoch nicht zu schließen, dass unterschiedliche hohe Anforderungen an die jeweils zu erbringenden Leistungen gestellt werden dürfen. Dagegen spricht der Wortlaut der einschlägigen Bestimmungen, in denen jeweils von einer wesentlichen Investition die Rede ist und nach denen jeweils derselbe Schutz mit neuen Fristen begründet werden soll. Noch niedrigere Schutzschwellen bei Neuinvestitionen würden vielmehr nur die bereits etablierten Datenbankhersteller ungerechtfertigt gegenüber den Herstellern neuer Datenbanken begünstigen. Wie bei der Erstinvestition können die relevanten Investitionen sukzessiv erbracht werden. Die laufende Aktualisierung, Überprü-

---

[563] *Vogel* in Schricker/Loewenheim (2020), UrhG § 87a Rn. 61 f., 67; *Leistner* (2000), S. 203; *Kotthoff* in Dreyer/Kotthoff/Meckel (2013), UrhG § 87a Rn. 39.

[564] *Vogel* in Schricker/Loewenheim (2020), UrhG § 87a Rn. 67; *Czychowski* in Fromm/Nordemann (2018), UrhG § 87a Rn. 31; *Haberstumpf* in Büscher/Dittmer/Schiwy (2015), § 87a Rn. 16; *Leistner* (2000), S. 205 f.

fung und Darstellung des Inhalts lassen daher ab dem Zeitpunkt eine neue Datenbank entstehen, zu dem der darauf gerichtete Aufwand erstmals als wesentlich bezeichnet werden kann.[565]

bb) Schutzgegenstand der neuen Datenbank

Auch wenn das Herstellerrecht den Investitionsschutz bezweckt, kann daraus nicht geschlossen werden, dass bei Neuinvestitionen sich der Schutz nur auf die von ihnen betroffenen Teile bezieht.[566] Abgesehen davon, dass diese Auffassung kaum lösbare Darlegungs- und Beweisprobleme mit sich brächte,[567] steht ihr vor allem der Wortlaut von § 87a Abs. 1 S. 2 UrhG entgegen, der zum Ausdruck bringt, dass die Datenbank insgesamt als neu anzusehen ist, wenn die inzwischen erfolgte Investition wesentlich war. Daran zeigt sich, dass auch die Neuinvestition nur Schutzgrund ist, nicht aber Schutzgegenstand. Die Neuinvestition verkörpert sich vielmehr in der Gesamtheit der veränderten Datenbankversion. Den Schutzgegenstand bilden somit die mit wesentlichem Aufwand erzeugten strukturierten Elemente als immaterielles Gut, die insgesamt den Inhalt der neuen Datenbank ausmachen.[568]

Was den Umfang des Schutzes angeht, den eine neue Datenbank genießt, kann jedoch nicht außer Acht gelassen werden, dass in ihr auch Investitionen stecken können, die schon länger als 15 Jahre zurückliegen und sich somit innerhalb der dem Datenbankhersteller zugebilligten Schutzfrist bereits amortisieren konnten. Entscheidender Maßstab für die Beurteilung der Frage, ob ein entnommener oder weiter verwendeter Teil einer geschützten Datenbank als wesentlich i. S. v. § 87b Abs. 1. S. 1 UrhG angesehen werden kann, ist nämlich, ob durch die Entnahme oder Weiterverwendung der Investition geschadet und verhindert wird, dass sie sich amortisieren kann (Erw.grd. 42 Datenbank-RL). Nutzungshandlungen, die lediglich länger als 15 Jahre zurückliegende Investitionsleistungen tangieren, vermögen deshalb die Wesentlichkeit eines entnommenen Datenbankteils nicht mehr begründen.[569] Unüberwindbare Beweisprobleme sind damit nicht verbunden. Hat die Neuinvestition ihren Schwerpunkt in der Überprüfung und/oder Darstellung des ansonsten gleichbleibenden Inhalts, dann schadet jede wesentliche Entnahme oder Weiterverwendung des Inhalts dieser Investition. Insoweit besteht kein Unterschied zu einer erstmals erstell-

---

[565] *Vogel* in Schricker/Loewenheim (2020), UrhG § 87a Rn. 64; *Hermes* in Wandtke/Bullinger (2022), UrhG § 87a Rn. 121.
[566] *Gaster* (1999), Rn. 651 f.
[567] *Vogel* in Schricker/Loewenheim (2020), UrhG § 87a Rn. 69; *Hermes* in Wandtke/Bullinger (2022), UrhG § 87a Rn. 127.
[568] *Vogel* in Schricker/Loewenheim (2020), UrhG § 87a Rn. 69; *Hermes* in Wandtke/Bullinger (2022), UrhG § 87a Rn. 127 f.; *Dreier* in Dreier/Schulze (2022), UrhG § 87d Rn. 8; *Leistner* (2000), S. 212.
[569] *Vogel* in Schricker/Loewenheim (2020), UrhG § 87a Rn. 68 f., § 87d Rn. 7; *Hermes* in Wandtke/Bullinger (2022), UrhG § 87d Rn. 10; *Dreier* in Dreier/Schulze (2022), UrhG § 87d Rn. 8; a. A. *Czychowski* in Fromm/Nordemann (2018), UrhG § 87d Rn. 5.

ten Datenbank, bei der keine oder keine nennenswerten Beschaffungskosten angefallen sind (s. u. → Rn. F208). Machen sich die Neuinvestitionen auch beim Inhalt der Datenbank bemerkbar, dann gefährdet in gleicher Weise die wesentliche Entnahme des veränderten Inhalts der geänderten Datenbank die Amortisationsinteressen ihres Herstellers. Anders ist es nur, wenn aus einer neuen Datenbank lediglich auf einen Altbestand zurückgegriffen wird, der vor mehr als 15 Jahren für die Ursprungsdatenbank angeschafft und nicht aktualisiert wurde, dann sind nur die damaligen Beschaffungsinvestitionen betroffen, nicht aber die Neuinvestition. Im Ergebnis entspricht dieser Fall der Entnahme oder Weiterverwendung selbst erzeugter Daten, deren Beschaffungskosten bei der Prüfung, ob in qualitativer Hinsicht ein wesentlicher Teil der Datenbank entnommen wurde, nach der Rechtsprechung des EuGH[570] keine Rolle spielen. Es macht für die Darlegung und den Beweis einer Verletzung keinen Unterschied, ob ein Nutzer der Datenbank nur selbst erzeugte Daten herauszieht oder solche, die sich schon amortisiert haben. So oder so muss der Inhaber des Herstellerrechts im Streitfall darlegen und beweisen, dass dies nicht der Fall war, was ihm auch ohne Weiteres zumutbar ist, weil es sich um Umstände handelt, die in seiner Einflusssphäre liegen.

d) Schutzumfang des Herstellerrechts

F204 § 87b UrhG legt in Umsetzung von Art. 7 Datenbank-RL abschließend fest, welche ausschließlichen Rechte dem Datenbankhersteller zugewiesen sind und wie weit ihr Schutzumfang gezogen ist. Nach der Konzeption der Richtlinie setzt sich das Recht des Datenbankherstellers aus zwei Teilrechten zusammen, die als Entnahme- und Weiterverwendungsrecht definiert sind. Der deutsche Gesetzgeber hat bei der Umsetzung die Terminologie der Richtlinie in die vertrauten Begriffe der Vervielfältigung, Verbreitung und öffentlichen Wiedergabe übersetzt und damit die Verwertungsrechte des Datenbankherstellers mit denselben Kategorien wie diejenigen des Urhebers und der übrigen Leistungsschutzberechtigten umschrieben. Trotz dieser terminologischen Abweichung stimmt die Regelung mit den normativen Vorgaben der Richtlinie überein. Mit der Einführung des Begriffs der Wesentlichkeit ist es dem europäischen Gesetzgeber gelungen, ein in sich schlüssiges theoretisches Konzept zu entwickeln, das das Schwellenkriterium zum Schutzerwerb unmittelbar verknüpft mit dem Kriterium, das den Schutzumfang bestimmt: Die identische Entnahme oder Weiterverwendung des gesamten Inhalts der Datenbank ist immer wesentlich, die nicht identische Entnahme oder Weiterverwendung des Datenbankinhalts nur dann eine rechtsverletzende Handlung, wenn sie einen nach Art oder Umfang wesentlichen Teil betrifft. Das Wesentlichkeitskriterium beschreibt sowohl die Schutzschwelle wie auch die äußerste inhaltliche Grenze des Schutzrechts. Auf das Rechtsinstitut der freien Benutzung braucht deshalb selten nur dann zurückgegriffen werden, wenn ein Nutzer wesentliche Teile einer fremden Datenbank in eine eigene mit

---

[570] EuGH GRUR 2005, 244 Rn. 79 f. – BHB-Pferdewetten.

einem deutlich unterschiedlichen Charakter einbaut⁵⁷¹ oder sie in anderen Zusammenhängen verwendet. Wann er in solchen Fällen das Recht des Datenbankherstellers verletzt, ist anhand einer Interessenabwägung im Einzelfall zu beantworten. In dem Maße, wie die entnommenen Elemente durch die Entnahme- oder Weiterverwendungshandlungen des Nutzers ein anderes Gesicht bekommen, treten die Amortisationsinteressen des Datenbankherstellers zurück. Der Preis ist, dass mit dem Kriterium der Wesentlichkeit ein sehr unbestimmter Rechtsbegriff eingeführt wird, der sich einer präzisen dogmatischen Festlegung entzieht und letztlich durch Einzelfallentscheidungen ausgefüllt werden muss.

aa) Vervielfältigung (Entnahme), Verbreitung und öffentliche Wiedergabe (Weiterverwendung)

Der *Begriff der Entnahme* gem. Art. 7 Abs. 2 lit. a Datenbank-RL entspricht dem europäischen Vervielfältigungsbegriff in Art. 2 InfoSoc-RL. Nach der Rechtsprechung des EuGH ist er weit zu verstehen und bedeutet jede unerlaubte Aneignung der Gesamtheit oder eines Teils des Inhalts der Datenbank. Nicht nur das dauerhafte oder vorübergehende Kopieren auf ein anderes Trägermedium ist umfasst, sondern auch die Benutzung der Datenbank als Informationsquelle durch Abtippen oder die vorübergehende Abspeicherung ihrer Inhalte in den Arbeitsspeicher eines Computers. Unerheblich ist ferner, ob die Inhalte unmittelbar der Datenbank entnommen werden oder die Entnahme anhand einer Kopie erfolgt und welcher Zweck damit verfolgt wird.⁵⁷² Eine rechtsverletzende Entnahmehandlung kann somit auch dann vorliegen, wenn Nutzer des Internets Inhalte einer geschützten Datenbank abfragen, sofern für deren Darstellung auf dem Bildschirm die ständige oder vorübergehende Übertragung der Gesamtheit oder eines wesentlichen Teils dieses Inhalts der Datenbank erforderlich ist.⁵⁷³ Dies deckt sich mit dem, was der EuGH zum Vervielfältigungsbegriff nach Art. 2 lit. a InfoSoc-RL in einem anderen Zusammenhang ausgeführt hat.⁵⁷⁴ Der Begriff der Entnahme ist daher nicht wie in § 16 UrhG auf die Herstellung körperlicher Vervielfältigungsstücke begrenzt, sondern auch auf vorübergehende unkörperliche Erscheinungen und Vorgänge ausgedehnt, in denen der Schutzgegenstand des Datenbankherstellerrechts vorkommt.⁵⁷⁵ Die Schwierigkeiten, die z. B. bei den verwandten Schutzrechten des ausübenden Künstlers

F205

---

⁵⁷¹ Vgl. BGH GRUR 2009, 852 Rn. 29 – Elektronischer Zolltarif.
⁵⁷² EuGH GRUR 2009, 572 Rn. 40 ff. – Apis/Lacorda; EuGH GRUR 2008, 1077 Rn. 46, 47, 53 – Directmedia Publishing; EuGH GRUR 2005, 244 Rn. 48, 52 – BHB-Pferdewetten.
⁵⁷³ EuGH GRUR 2008, 1077 Rn. 53 – Directmedia Publishing; BGH GRUR 2011, 1018 Rn. 44 ff. – Automobil-Onlinebörse.
⁵⁷⁴ EuGH GRUR 2012, 156 Rn. 159 ff. – Football Association Premier League; in der Entscheidung „PRCA/NLA" (EuGH GRUR 2014, 654 Rn. 21, 26) ist insoweit ausdrücklich von einer „Bildschirmkopie" die Rede.
⁵⁷⁵ *Vogel* in Schricker/Loewenheim (2020), UrhG § 87b Rn. 39; *Haberstumpf* in Büscher/Dittmer/Schiwy (2015), UrhG § 87b Rn. 2. Der Begriff der Vervielfältigung in § 16 UrhG ist dementsprechend richtlinienkonform auch auf unkörperliche Reproduktionen der Schutzgegenstände des Urheberrechts und der verwandten Schutzrechte auszudehnen, sofern sie sich

und des Tonträgerherstellers durch die Unterscheidung zwischen Erstaufnahme und nachfolgender Vervielfältigung[576] hervorgerufen werden, treten hier nicht auf, so dass auch insoweit die Regelung des Rechts sui generis als Vorbild für die Auslegung der anderen verwandten Schutzrechte herangezogen werden kann.

F206 Das Setzen eines Hyperlinks auf eine geschützte Datenbank stellt keine Entnahmehandlung dar, da der Link nur eine elektronische Verknüpfung der den Link enthaltenden Datei mit einer anderen in das Internet eingestellten Datei ist. Erst wenn der Nutzer den Link anklickt und Inhalte aus der Datenbank abruft, kann es zu einer relevanten Vervielfältigung des Datenbankinhalts im Bereich des Nutzers kommen.[577] In vergleichbarer Weise kommt es zu keiner Vervielfältigung und Weiterverwendung im Fall des „Michel-Katalogs", wenn Briefmarkensammler die Michel-Katalognummern in ein anderes Katalogisierungssystem eintragen und mit Nummern dieses Systems verknüpfen, um so eine Konkordanzliste zu erstellen und diese auch im Austausch mit anderen Sammlern zu verwenden.[578] Die Michel-Nummern allein sind nämlich keine Daten als kleinste Informationseinheiten, sondern nur in ihrer Verbindung mit einer Briefmarke, deren Wert und ggfs. sonstigen Informationen (s. o. → Rn. E126). Eine unter Verwendung der Michel-Nummern erstellte Konkordanzliste entnimmt somit nicht die Datensätze des Michel-Katalogs, sondern verweist nur auf sie. Die Frage, ob die Übernahme der Michel-Nummern sich auf wesentliche oder unwesentliche Teile des Michel-Katalogs bezieht und in welchem Umfang die Schrankenregelung des § 87c Abs. 1 Nr. 1 UrhG eingreift,[579] stellt sich folglich nicht.

F207 Auch der Begriff der Verbreitung und öffentlichen Wiedergabe (*Weiterverwendung*) ist weit zu verstehen. Er bezieht sich auf jede Handlung, die darin besteht, den Inhalt der Datenbank ganz oder teilweise in jeder Form und Art gegenüber Mitgliedern der Öffentlichkeit zu verbreiten.[580] Gemeint ist die Verbreitung von körperlichen Datenträgern i. S. v. § 17 UrhG, das öffentliche Zugänglichmachen, die Sendung und sonstige öffentliche Wiedergaben i. S. d. §§ 19 bis 22 UrhG. Der BGH hat diesen Begriff deshalb zu Recht auch auf das Bereithalten von Datenbankinhalten im Internet zum Online-Abruf durch Nutzer gem. § 19a UrhG ausgedehnt, sofern diese eine Öffentlichkeit bilden, auch wenn der jeweils abrufende Nutzer dadurch das Recht des Datenbankherstellers in seiner Per-

---

nicht in der Öffentlichkeit abspielen; dazu eingehend *Haberstumpf* in Büscher/Dittmer/Schiwy (2015), UrhG § 15 Rn. 3 ff., § 16 Rn. 6 ff.

[576] Zum Recht des ausübenden Künstlers → Rn. F126 ff.; zum Tonträgerherstellerrecht → Rn. F149.

[577] BGH GRUR 2011, 1018 Rn. 48 – Automobil-Onlinebörse; BGH GRUR 2003, 958, 961 – Paperboy.

[578] BGH GRUR 2006, 493 Rn. 25 f. – Michel-Nummern.

[579] Vgl. OLG München ZUM-RD 2003, 306, 311 – Briefmarkenkatalog.

[580] EuGH GRUR 2014, 166 Rn. 32 ff. – Innoweb/Wegener; EuGH GRUR 2012, 1245 Rn. 20 f. – Football Dataco/Sportradar; EuGH GRUR 2005, 244 Rn. 52 ff. – BHB-Pferdewetten.

son nicht verletzt⁵⁸¹ (→ Rn. F205). In einem Sonderfall hat der EuGH⁵⁸² bereits den Betrieb einer Metasuchmaschine als Weiterverwendung der Inhalte fremder Datenbanken angesehen, wenn diese dem Endnutzer eigene Suchformulare zur Verfügung stellt, mit deren Hilfe in Echtzeit die Fremdinhalte durchsucht werden können, und dem Endnutzer die gefundenen Ergebnisse unter dem Erscheinungsbild der Webseite der Metasuchmaschine in einer Reihenfolge präsentiert, die mit der Darstellung der durchsuchten Datenbank vergleichbar ist. In einem solchen Fall verweist der Betreiber der Metasuchmaschine nämlich nicht bloß auf die fremde Datenbank und deren Inhalte, sondern schiebt sich zwischen Nutzer und Datenbank, indem er sich deren Inhalte zu Eigen macht und verhindert, dass deren Hersteller seine Investitionen etwa durch Werbung auf seiner Webseite amortisieren kann. Diese Fallgestaltung ist direkt vergleichbar mit derjenigen, in der sich jemand fremde verlinkte Webseiteninhalte etwa durch Framing oder vergleichbare Techniken in sein eigenes Internetangebot einverleibt und diese erneut gem. § 19a UrhG öffentlich zugänglich macht.⁵⁸³

bb) Nach Art oder Umfang wesentlicher Teil

Für die Reichweite des Schutzes kommt es entscheidend darauf an, ob ein wesentlicher Teil der geschützten Datenbank übernommen wird. Die Regelung in § 87b Abs. 1 S. 2 UrhG steht dem nur scheinbar entgegen. Sie dient nämlich dem Zweck, einer Umgehung des Herstellerrechts durch die wiederholte und systematische Entnahme oder Weiterverwendung von unwesentlichen Teilen entgegentreten zu können. Die wiederholten und systematischen Nutzungen unwesentlicher Teile müssen in ihrer Summe das Ausmaß der Nutzung eines in qualitativer oder quantitativer Hinsicht wesentlichen Teils der Datenbank i. S. v. Abs. 1 S. 1 erreichen.⁵⁸⁴ Die Recherche in einer Datenbank und das gezielte Suchen nach einzelnen Informationen bleibt also grundsätzlich frei. Was allerdings einen wesentlichen Teil einer Datenbank ausmacht, wird weder in der Richtlinie noch in der Begründung des Umsetzungsgesetzes näher definiert. Ausgangspunkt ist naturgemäß der Zweck, die Investitionsleistung des Datenbankherstel-

F208

---

⁵⁸¹ BGH GRUR 2010, 1004 Rn. 34 ff. – Autobahnmaut; wohl auch EuGH GRUR 2012, 1245 Rn. 21 f. – Football Dataco/Sportradar.
⁵⁸² EuGH GRUR 2014, 166 Rn. 40 ff. – Innoweb/Wegener.
⁵⁸³ *Haberstumpf* in Büscher/Dittmer/Schiwy (2015), UrhG § 87b Rn. 3, § 19a Rn. 11 ff. Die Kritik von *v. Ungern-Sternberg* (GRUR 2014, 209, 218; so auch *Vogel* in Schricker/Loewenheim [2020], UrhG § 87b Rn. 30) an dieser Entscheidung, der EuGH übergehe den Wortlaut von Art. 7 Abs. 2 lit. b Datenbank-RL, wo nur von „Online-Übermittlung oder durch andere Formen der Übermittlung" die Rede sei, ist nicht berechtigt. Mit „Online-Übermittlung" hat der Richtliniengeber sicherlich nicht die durch eine Datenbankabfrage *eines Nutzers in Gang gesetzte Übertragung* von Daten gemeint, weil dies ein Akt der individuellen unkörperlichen Vervielfältigung ist (→ Rn. F205), der sich nicht an die Öffentlichkeit richtet, sondern das Übertragung voraussetzende Zugänglichmachen der Daten gem. § 19a UrhG in der Weise, dass sie Mitgliedern der Öffentlichkeit von Orten und zu Zeiten ihrer Wahl zugänglich sind.
⁵⁸⁴ EuGH GRUR 2005, 244 Rn. 85 ff. – BHB-Pferdewetten; *Dreier* in Dreier/Schulze (2022), UrhG § 87b Rn. 11.

lers zu schützen. Gemeint sind nach der Formulierung in Erw.grd. 42 der Datenbank-RL Handlungen, die der Investition schaden und verhindern, dass sie sich amortisieren kann. Die Verbotsrechte beziehen sich somit nicht nur auf parasitäre Konkurrenzprodukte, sondern auf alle Handlungen, die in qualitativer oder quantitativer Hinsicht einen erheblichen Schaden für die Investition verursachen.[585] Deshalb kann nicht generell gesagt werden, dass als wesentlich nur ein Teil in Betracht kommt, in dem sich die schutzbegründende Investition niedergeschlagen hat,[586] weil auch die Entnahme oder Weiterverwendung anderer Teile durchaus geeignet ist, das Amortisationsinteresse des Herstellers insgesamt zu beeinträchtigen. Ein Beispiel ist, wenn der Inhalt einer Datenbank allein aus selbst erzeugten Daten besteht und sich ihr Schutz nur aus den Investitionen für die Darstellung dieser Daten ergibt.[587] Aus diesem Grund ist auch der Maxime, je wesentlicher die in der Datenbank verkörperte Gesamtinvestition ist, desto kleinere Teile sind geschützt, nur bedingt zuzustimmen. Entscheidend sind wie üblich die Umstände des Einzelfalls.

F209   Bei der Beurteilung, ob entnommene Teile *in quantitativer Hinsicht* wesentlich sind, kommt es nach der Rechtsprechung des EuGH auf das Verhältnis des entnommenen Datenvolumens zum Gesamtvolumen der benutzten Datenbank an. Werden Daten nur aus einer selbstständig geschützten Unterdatenbank innerhalb einer umfassenderen Datenbank (→ Rn. E135) entnommen, ist der Vergleich zum Volumen dieser Teildatenbank entscheidend.[588] Der Forderung nach einem Volumenvergleich liegt die Überlegung zugrunde, dass der Anteil der Investitionen, die in einen wesentlichen Teil des Datenbankinhalts geflossen sind, proportional ebenfalls wesentlich sind. In dieser Sicht korrespondiert also die geschützte Gesamtinvestition (maximal 100 %) mit der Gesamtheit der gesammelten Elemente und nimmt proportional ab, je nachdem in welchem Umfang die Elemente entnommen oder weiterverwendet werden. Daran schließt sich die Frage an, ab welchem Anteil die entnommenen Teile ihre Wesentlichkeit in Bezug auf die Gesamtinvestition verlieren. Der vom EuGH geforderte Volumenvergleich findet seine Rechtfertigung in dem Umstand, dass geschützte Datenbanken aus Elementen bestehen können, deren Beschaffungs- und Überprüfungsaufwand nicht nennenswert ins Gewicht fällt, weil sie ohne weiteres aus jedermann zur Verfügung stehenden Quellen gewonnen werden konnten, als Generierungsaufwand nicht berücksichtigungsfähig ist (→ Rn. F193 ff.) oder sich bei einer neuen Datenbank i. S. v. § 87a Abs. 1 S. 2 UrhG bereits amortisieren konnten (→ Rn. F203). Die dann allein in der Darstellung der Elemente steckende Gesamtinvestition wird in diesen Fällen gleichwohl gefährdet, wenn sie in ihrer Gesamtheit oder in einem wesentlichen Umfang entnommen oder

---

[585] EuGH GRUR 2005, 244, Rn. 47 f. – BHB-Pferdewetten. Näher *Leistner* (2000), S. 171 ff.

[586] So aber *Czychowski* in Fromm/Nordemann (2018), UrhG § 87b Rn. 7 f. Dagegen *Leistner* (2000), S. 172 f.

[587] Vgl. BGH GRUR 2009, 852 Rn. 27 f. – Elektronischer Zolltarif.

[588] EuGH GRUR 2009, 572 Rn. 59, 62 f. – Apis/Lacorda; EuGH GRUR 2005, 244, Rn. 70 – BHB-Pferdewetten.

weiterverwendet werden. Ab welchen Entnahmevolumen dies angenommen werden kann, wird sich losgelöst vom Einzelfall nur schwer quantifizieren lassen.[589] Es bietet sich an, als theoretischen Bezugspunkt den Investitionsbetrag zu wählen, der für die Schutzfähigkeit der Datenbank gem. § 87a Abs. 1 S. 1 UrhG (→ Rn. F196 ff.) maßgebenden Wesentlichkeitsschwelle entspricht. Liegt der proportionale Entnahmeanteil unter dieser Grenze, ist er auch nicht wesentlich i. S. v. § 87b Abs. 1 S. 1 UrhG. Je höher die Investitionsaufwendungen im Verhältnis zu dieser Schutzuntergrenze sind, desto höher ist folglich der Schutzumfang in quantitativer Hinsicht. Der reine Volumenvergleich findet jedoch seine Grenze und muss durch eine qualitative Bewertung ergänzt bzw. ersetzt werden, wenn sich die geschützte Investition auch oder gar nahezu im Aufwand für die Beschaffung und/oder Überprüfung der Elemente niederschlägt. In diesen in der Praxis wohl am häufigsten vorkommenden Fällen ist deshalb eine am Einzelfall orientierte Prüfung der quantitativen und qualitativen Aspekte geboten.[590]

Der Begriff des *qualitativ wesentlichen Teils* bezieht sich auf die Bedeutung der mit der Beschaffung, Überprüfung oder Darstellung des Gegenstands der Entnahme- oder Weiterverwendungshandlung verbundenen Investition, unabhängig davon, ob der Gegenstand der Entnahme- oder Weiterverwendungshandlung einen quantitativ wesentlichen Teil des allgemeinen Inhalts der Datenbank darstellt.[591] Denn auch ein im Umfang geringerer Teil des Datenbankinhalts kann, was die Beschaffung, Überprüfung oder Darstellung angeht, einen ganz erheblichen menschlichen, technischen oder finanziellen Aufwand erfordern. Für die qualitative Beurteilung steht dabei der Umfang der für die Beschaffung und Überprüfung der Elemente getätigten Aufwendungen im Vordergrund. Die Wesentlichkeitsgrenze wird in qualitativer Hinsicht jedenfalls dann überschritten, wenn sich in dem übernommenen Teil des Datenbankinhalts eine wesentliche Investition des Herstellers niederschlägt, so dass der entnommene Teil selbst die Voraussetzungen einer schutzfähigen Datenbank nach § 87a Abs. 1 S. 2 UrhG erfüllt.

Daraus lassen sich zusammenfassend folgende Grundsätze ableiten:

(i) Bezieht sich die Entnahme oder Weiterverwendung auf Teile des Datenbankinhalts, für die der Hersteller bei der Beschaffung oder Überprüfung eine nach Art oder Umfang wesentliche Investition i. S. v. § 87a Abs. 1 S. 1 UrhG erbringen musste (→ Rn. F210), ist bereits ein qualitativ wesentlicher

---

[589] S. *Vogel* in Schricker/Loewenheim (2020), UrhG § 87b Rn. 26; *Czychowski* in Fromm/Nordemann (2018), UrhG § 87b Rn. 10; *Hermes* in Wandtke/Bullinger (2022), UrhG § 87b Rn. 15.

[590] *Hermes* in Wandtke/Bullinger (2022), UrhG § 87b Rn. 13 ff.; *Vogel* in Schricker/Loewenheim (2020), UrhG § 87b Rn. 26.

[591] EuGH GRUR 2009, 572 Rn. 66 – Apis/Lacorda; EuGH GRUR 2005, 244, Rn. 69, 71, 76, 82 – BHB-Pferdewetten; BGH GRUR 2009, 852 Rn. 47 – Elektronischer Zolltarif; BGH GRUR 2011, 724 Rn. 30 – Zweite Zahnarztmeinung II.

F211 F. Werkbegriff, Schutzgegenstände verwandter Schutzrechte

Teil betroffen. Auf einen quantitativen Volumenvergleich kommt es dann nicht mehr an.⁵⁹² Insofern hat die Datenbank den weitesten Schutzbereich.
(ii) Sind dagegen bei der Beschaffung und Überprüfung keine berücksichtigungsfähigen oder keine nennenswerten Aufwendungen entstanden, erfolgt die Beurteilung der Wesentlichkeit anhand eines Vergleichs des Volumens der Entnahme mit dem Gesamtvolumen der Datenbank (→ Rn. F209), ohne dass es auf die qualitative Bedeutung der entnommenen Elemente ankommt.⁵⁹³ Die betroffene Datenbank hat insbesondere dann einen deutlich geringeren Schutzbereich, wenn die Elemente in anderer Weise zusammengestellt oder außerhalb einer Datenbank in anderen Zusammenhängen benutzt werden, weil dadurch die Darstellungsinvestitionen des Herstellers umso weniger berührt werden, je größer die Unterschiede in der Darstellung der verwendeten Elemente sind (→ Rn. F204).
(iii) Tangiert die Entnahme die Gesamtinvestition bei der Beschaffung, Überprüfung und Darstellung des Datenbankinhalts, entscheidet eine Gesamtabwägung von quantitativen und qualitativen Aspekten darüber, ob sie wesentlich ist oder nicht.⁵⁹⁴ Die Abwägung könnte im Idealfall so vorgenommen werden, dass man zunächst den qualitativen Wert der entnommenen Elemente in Bezug auf ihren Beschaffungs- und damit verbundenen Überprüfungsaufwand ermittelt und danach einen prozentualen Aufschlag aus den Darstellungsinvestitionen vornimmt, der dem proportionalen Anteil des Entnahmevolumens im Verhältnis zum Gesamtvolumen entspricht. Liegt der so ermittelte Gesamtwert unterhalb der für die Schutzfähigkeit der Datenbank maßgebenden Wesentlichkeitsschwelle, ist weder ein nach Art noch Umfang wesentlicher Teil betroffen.

---

⁵⁹² Beispiel BGH GRUR 2009, 852 Rn. 47 f. – Elektronischer Zolltarif: Übernahme von aktualisierten Daten, die mit einem jährlichen Aufwand von etwa 200.000 Euro laufend auf dem neuesten Stand gehalten wurden. Dieser Überprüfungsaufwand bedeutete bereits eine wesentliche Investition.
⁵⁹³ Beispiel EuGH GRUR 2005, 244 Rn. 74, 79 – BHB-Pferdewetten: Die Entnahme von einzelnen Informationen, betreffend die Namen aller an Pferdrennen teilnehmenden Pferde, das Datum, die Uhrzeit und Bezeichnung der Rennen und die Namen der Pferderennbahnen, aus einer umfassenden Pferdesportdatenbank betraf nur einen sehr geringen Anteil des Gesamtumfangs der benutzten Datenbank. Ihrer Art nach war sie schon deshalb nicht wesentlich, weil der darin steckende Generierungsaufwand keine Berücksichtigung finden konnte.
⁵⁹⁴ Beispiel BGH GRUR-RR 2010, 232 Rn. 18 – Gedichttitelliste III: Übernahme von 75% der Titel aus einer mit wesentlichem Beschaffungs-, Überprüfungs- und Darstellungsaufwand erstellten Gedichttitelliste ist eine nach Art und Umfang wesentliche Entnahme.
Gegenbeispiel BGH GRUR 2011, 724 Rn. 29, 32 – Zweite Zahnarztmeinung II: Übernahme von 10% der Daten aus einem Bewertungsportal für Zahnärzte, das mit insgesamt wesentlichen Beschaffungs-, Überprüfungs- und Darstellungsaufwendungen hergestellt wurde, ist weder ein quantitativer noch qualitativer wesentlicher Teil.

cc) Wiederholte und systematische Nutzung unwesentlicher Teile

Die Nutzung unwesentlicher Teile einer geschützten Datenbank ist grundsätzlich erlaubnis- und vergütungsfrei. Das ergänzende Verbot des § 87b Abs. 1 S. 2 UrhG dient dem Zweck, eine Umgehung des Herstellerrechts durch erlaubnisfreie Nutzungen zu verhindern, sofern sie in ihrer schädlichen Wirkung im Ergebnis der Nutzung wesentlicher Teile gleichzustellen ist. Die *wiederholten und systematischen Nutzungen* müssen objektiv darauf gerichtet sein, durch ihre kumulative Wirkung die Gesamtheit oder einen wesentlichen Teil des Inhalts der Datenbank wieder zu erstellen oder der Öffentlichkeit zur Verfügung zu stellen, und dadurch die Investition des Datenbankherstellers schwerwiegend beeinträchtigen.[595] Die Verletzung des Herstellerrechts setzt voraus, dass die Entnahme- oder Weiterverwendungshandlungen wiederholt und planmäßig vorgenommen werden und einer normalen Auswertung der Datenbank zuwiderlaufen oder die berechtigten Interessen ihres Herstellers unzumutbar beeinträchtigen. Die Anwendung der Umgehungsklausel erfordert nicht, dass der Handelnde mit Schädigungsabsicht handelt, noch dass die Wesentlichkeitsgrenze bereits überschritten ist. Es reicht vielmehr aus, dass die einzelnen Verwertungshandlungen darauf gerichtet sind und im Fall ihrer Fortsetzung dazu führen würden, die Datenbank insgesamt oder einen nach Art oder Umfang wesentlichen Teil zu vervielfältigen, zu verbreiten oder öffentlich wiederzugeben.[596] Die wiederholte Nutzung des Datenbankinhalts muss sich nicht auf denselben Datenbankteil beziehen und nicht auf dieselbe Weise geschehen. Sie muss aber auf einem systematischen Vorgehen beruhen. Dieses Kriterium ist erforderlich, um zufällige oder wahllose Nutzungen auszuschließen und die einzelnen Verwertungshandlungen als zusammengehörig bewerten zu können. Es muss also erkennbar sein, dass die mehrfache Nutzung nach einem Plan, einem Prinzip, dem sachliche und logische Erwägungen zugrunde liegen, erfolgt.[597] Dafür kann als Indiz herangezogen werden, dass die Zugriffe auf die Datenbank in einem engen zeitlichen Zusammenhang geschehen oder die entnommenen Teile sich inhaltlich ergänzen.

Die wiederholten und systematischen Handlungen müssen einer *normalen Auswertung der Datenbank* zuwiderlaufen oder die berechtigten Interessen des Datenbankherstellers unzumutbar beeinträchtigen. Für die Auslegung beider Alternativen ist maßgeblich, ob die Art der wiederholten und systematischen Auswertung geeignet ist, seine wirtschaftlichen Verwertungsinteressen ernsthaft zu gefährden. Worin die normale Auswertung der Datenbank besteht, gibt der Hersteller vor. Er bestimmt den Charakter und Zweck seiner Datenbank

---

[595] EuGH GRUR 2005, 244 Rn. 89 – BHB-Pferdewetten.
[596] BGH GRUR 2011, 724 Rn. 35 – Zweite Zahnarztmeinung II; ebenso jetzt die h. M. z. B. *Vogel* in Schricker/Loewenheim (2020), UrhG § 87b Rn. 60.; *Hermes* in Wandtke/Bullinger (2022), UrhG § 87b Rn. 70.
[597] *Dreier* in Dreier/Schulze (2022), UrhG § 87b Rn. 11; *Hermes* in Wandtke/Bullinger (2022), UrhG § 87b Rn. 69.

und legt durch die Art, wie er sie der Öffentlichkeit zur Verfügung stellt, die Nutzungsmöglichkeiten fest. Knüpft er ihre Auswertung im Rahmen des nach § 87e UrhG an bestimmte Bedingungen,[598] so läuft es der normalen Auswertung zuwider, wenn sich sein Vertragspartner nicht an die Bedingungen hält. Gleiches gilt, wenn er den Zugang zu seiner Datenbank durch technische Maßnahmen beschränkt und ein Dritter sie umgeht.[599] Durch Umgehung vertraglicher oder technischer Beschränkungen verschafft sich der Nutzer unerlaubt Zugang zu den Inhalten und erspart sich den Abschluss eines regulären Lizenzvertrages.[600]

F214 Die wiederholte und systematische Nutzung unwesentlicher Teile beeinträchtigt die *berechtigten Interessen des Datenbankherstellers* unzumutbar, wenn sich die Auswertung zwar noch im Rahmen der normalen Nutzung bewegt, aber in sonstiger Weise die Investition schädigt.[601] In diese Alternative können zunächst die Fälle eingeordnet werden, in denen der Verletzer die entnommenen Teile des Datenbankinhalts dazu benutzt, ein parasitäres Konkurrenzprodukt aufzubauen und dieses zu vertreiben (Erw.grd. 42 Datenbank-RL). Die berechtigten Interessen des Rechtsinhabers können aber auch dann betroffen sein, wenn er durch die Aktivitäten des Nutzers daran gehindert wird, sich mit seiner Datenbank am Markt zu etablieren und nahe liegende Märkte zu erschließen. Der Schutzumfang kann deshalb grundsätzlich auch auf solche Handlungen ausgedehnt sein, die die geschützte Datenbank ersetzen, also substituieren.[602] Hierbei ist jedoch Vorsicht geboten. Da das Recht des Datenbankherstellers nicht dazu führen darf, dass ihm ein Monopol an den gesammelten Inhalten zuwächst, kann ihm nicht zugebilligt werden, den Schutzbereich auf alle denkbaren Märkte auszuweiten, die durch die Nutzung seiner Inhalte erschlossen werden könnten. Es ist nicht Ziel des Rechts sui generis, die Entwicklung neuer Datenbankkonzepte übermäßig zu behindern. In solchen Fällen ist eine Interessenabwägung im Einzelfall erforderlich (→ Rn. F204). Die Grenze ist jedenfalls dort erreicht, wo Abnehmerkreise angesprochen werden, die der Datenbankhersteller mit dem Zuschnitt seiner Datenbank nicht erreicht.

F215 In der Praxis wird der Umgehungstatbestand vornehmlich in Fällen diskutiert, in denen Recherche- und Auskunftsdienste oder Internetsuchmaschinen fremde elektronische Datenbanken wiederholt und systematisch nach bestimmten Kriterien durchsuchen und die gefundenen Informationen ihren Kunden zur Verfügung stellen. Klar ist, dass die bloße Verlinkung auf die Seite des Datenbankherstellers dessen Amortisationsinteressen nicht unzumutbar beeinträchtigt, weil durch die Verlinkung nur auf den fremden Datenbankinhalt aufmerk-

---

[598] Näher *Haberstumpf* in Mestmäcker/Schulze (August 2010), UrhG § 87e Rn. 11 f.
[599] *Kotthoff* in Dreyer/Kotthoff/Meckel (2013), UrhG § 87b Rn. 15.
[600] *Leistner* (2000), S. 181 f.
[601] *Czychowski* in Fromm/Nordemann (2018), UrhG § 87b Rn. 28.
[602] *Vogel* in Schricker/Loewenheim (2020), UrhG § 87b Rn. 63; *Hermes* in Wandtke/Bullinger (2022), UrhG § 87b Rn. 73; *Czychowski* in Fromm/Nordemann (2018), UrhG § 87b Rn. 27; a. A. *Dreier* in Dreier/Schulze (2022), UrhG § 87b Rn. 14.

IV. Recht des Datenbankherstellers und des Presseverlegers   F215

sam gemacht und dieser nicht ersetzt wird.[603] Das Setzen eines Deep-Links, der nicht auf die Homepage des betreffenden Datenbankherstellers, sondern auf tiefer liegende Seiten verweist, könnte problematisch sein, wenn er mit Werbeeinschaltungen auf seiner Homepage Einnahmen erzielt und so seine Investitionen amortisieren will. Da aber ein Datenbankhersteller, der seine Datenbank zu kommerziellen Zwecken online zur Verfügung stellt, damit rechnen muss, dass Recherchedienste und Suchmaschinen diese durchsuchen und anhand der Suchkriterien oder ggfs. im Quelltext hinterlegter Suchwörter auf tiefer liegende Seiten verweisen, wird die Abwägung der Interessen in der Regel zu Lasten des Datenbankherstellers ausfallen. Will er dieses Ergebnis vermeiden, kann ihm nämlich zugemutet werden, durch technische Maßnahmen die Umgehung seiner Homepage zu verhindern oder seine Werbeeinschaltungen so zu platzieren, dass sie bei jedem Aufruf der Webseite erscheinen.[604] Gleichfalls stellt die Zusammenstellung der Suchergebnisse in Form einer Linkliste, in der die Fundstellen angegeben und kurze Textfragmente und Überschriften wiedergegeben werden, keine unzumutbare Beeinträchtigung der Amortisationsinteressen der betroffenen Datenbankhersteller dar.[605] Die Situation ändert sich aber, wenn die Suchergebnisse in das eigene Angebot des Recherche- oder Auskunftsdienstes so inkorporiert werden, dass das Angebot des Datenbankherstellers nicht ausreichend wahrgenommen wird. Der Dienst setzt sich auf diese Weise an dessen Stelle und substituiert dessen Leistung.[606] Nach einer Entscheidung des OLG Hamburg[607] verletzt der Vertrieb einer Software, die es ermöglicht, in einem automatischen Verfahren Suchanfragen bei mehreren Online-Automobilbörsen gleichzeitig durchzuführen, und von dort Daten zu entnehmen, nicht das Herstellerrecht der Automobilbörsen. Die Software vervielfältigt nämlich nicht deren Daten und stellt auch keine Verlinkung dar, sondern verbessert nur deren Abfragemöglichkeiten durch die Anwender der Software mit der Folge, dass sie die Seiten der Börsen nicht mehr einzeln aufsuchen müssen. Nach einer Entscheidung des OLG Frankfurt[608] läuft die Tätigkeit eines Vermittlers von Flugtickets, der Flugdaten aus öffentlich zugänglichen Fluginformationssystemen von Fluggesellschaften herausliest (sog. screen scraping), seinen Kunden die verschiedenen Angebote gegenüberstellt und es ihnen ermöglicht, bei der gewünschten Fluggesellschaft zu buchen, weder der normalen Nutzung der Datenbank der Fluggesellschaften zuwider noch beeinträchtigt sie deren Interessen unzumutbar, auch wenn die Werbeeinschaltungen der Fluggesellschaften nicht mehr wahrgenommen werden. Der Flugvermittler befriedigt vielmehr ein be-

---
[603] BGH GRUR 2003, 958, 962 – Paperboy.
[604] Vgl. BGH GRUR 2010 628 Rn. 33 ff. – Vorschaubilder; OLG Köln CR 2001, 708, 710 ff. – Deep Links in Suchdienst für Zeitungsartikel.
[605] *Dreier* in Dreier/Schulze (2022), UrhG § 87b Rn. 17; *Czychowski* in Fromm/Nordemann (2018), UrhG § 87b Rn. 29.
[606] EuGH GRUR 2014, 166 Rn. 40 ff. – Innoweb/Wegener; OLG Dresden ZUM 2001, 595, 597; LG Köln CR 1999, 593 f.
[607] OLG Hamburg GRUR-RR 2009, 293 ff. – AUTOBINGOOO.
[608] OLG Frankfurt MMR 2009, 400; zustimmend *Deutsch* GRUR 2009, 1027, 1030.

rechtigtes Interesse der Verbraucher, kostengünstige Angebote zu finden, und führt letztlich den Gesellschaften Kunden zu.

2. Schutz des Presseverlegers (§§ 87f, 87g UrhG)

F216 Das Leistungsschutzrecht für Presseverleger gem. §§ 87f ff. UrhG gehört zu den rechtspolitisch umstrittensten Änderungen des UrhG. Seine jetzige Gestalt erhielt es durch das Gesetz zur Anpassung des Urheberrechts an die Erfordernisse des digitalen Binnenmarktes v. 31.5.2021 (BGBl. 2021 I, 1204), mit dem Art. 15 DSM-RL in das deutsche Recht transformiert wurde. Der europäische Gesetzgeber hat damit ein zwingendes, in allen Mitgliedstaaten einzuführendes zweijähriges Schutzrecht für Presseverleger hinsichtlich der kommerziellen Nutzung ihrer Presseveröffentlichungen durch Anbieter von Diensten der Informationsgesellschaft geschaffen.[609] Mit dem Schutzrecht soll der organisatorische und finanzielle Beitrag gewürdigt, den Verlage bei der Produktion von Presseveröffentlichungen leisten, und sie in dieser Tätigkeit bestärkt werden, um so die Verfügbarkeit verlässlicher Informationen zu fördern. Durch das Auftreten neuer Online-Dienste wie Nachrichtenaggregatoren oder Medienbeobachtungsdiensten im Internet, für die die Weiterverwendung von Presseveröffentlichungen wichtiger Bestandteil ihres Geschäftsmodells und Einnahmequelle ist, sahen sich Verlage vor Probleme bei der Vergabe von Lizenzen für die Online-Nutzung ihrer Veröffentlichungen gestellt, was ihnen eine Amortisierung ihrer Investitionen erschwert.[610] Ob diese Begründung hinreicht, die Einführung des Schutzrechts zu legitimieren und ob das anvisierte Ziel erreicht wird,[611] soll hier dahinstehen. Wie bei den anderen bisher behandelten verwandten Schutzrechten wollen wir uns darauf konzentrieren, was Schutzgegenstand des Rechts des Presseverlegers ist, ob ein bestimmtes Schwellenkriterium für den Schutzerwerb zu fordern ist und welcher Umfang ihm zukommt.

a) Presseveröffentlichung

F217 Nach § 87g Abs. 1 UrhG hat der Presseverleger das ausschließliche Recht, seine Presseveröffentlichungen im Ganzen oder in Teilen für die Online-Nutzung durch Anbieter von Diensten der Informationsgesellschaft öffentlich zugänglich zu machen und zu vervielfältigen. Der Begriff der Presseveröffentlichung ist in § 87f Abs. 1 UrhG definiert, dessen Fassung nahezu wörtlich der Formulierung in Art. 2 Nr. 4 DSM-RL entspricht. Das Schutzobjekt ist durch folgende Merkmale charakterisiert:

---

[609] Zur Vorgeschichte und zu ihrer Umsetzung näher *Graef* in BeckOK UrhR (Stand 1.2.2023), UrhG § 87f Rn. 1 ff.; *Dreier* in Dreier/Schulze (2022), UrhG § 87f Rn. 2 ff.
[610] Erw.grd. 55, 54 zu Art. 15 DSM-RL.
[611] Zweifel äußern u. a. *Stieper* in Schricker/Loewenheim (2020), UrhG vor §§ 87f ff. Rn. 14a, § 87f Rn. 3a; *Anger* (2022), S. 224 ff.

- Es muss eine Sammlung sein, die hauptsächlich aus Schriftwerken journalistischer Art besteht, aber auch sonstige Werke oder sonstige Schutzgegenstände enthalten kann,
- die als Einzelausgabe einer periodischen Sammlung unter einem einheitlichen Titel erscheint oder regelmäßig aktualisiert wird und Veröffentlichungen von allgemeinem oder besonderem Interesse enthält,
- die dem Zweck dient, die Öffentlichkeit über Nachrichten oder andere Themen zu informieren,
- unabhängig vom Medium auf Initiative eines Presseverlegers unter seiner redaktionellen Verantwortung und Aufsicht veröffentlicht wird
- und kein Periodikum ist, das für wissenschaftliche oder akademische Zwecke verlegt wird.

Presseveröffentlichungen sind danach unter einem einheitlichen Titel auf periodische Veröffentlichungen angelegte Sammlungen (Einzelausgaben) von journalistischen Beiträgen. Zu ihnen gehören beispielsweise periodisch erscheinende Tageszeitungen oder Zeitschriften einschließlich abonnierter Zeitschriften von allgemeinem oder besonderem Interesse, regelmäßig aktualisierte Nachrichtensendungen von Sendeunternehmen („ARD-Tagesschau", „Heute-Journal")[612] und anderer Telemedienanbieter sowie Nachrichtenwebseiten.[613] Ob sie in Printform oder unkörperlich veröffentlicht werden, ist also unerheblich. Presseveröffentlichungen im Sinn von Art. 2 Nr. 4 DSM-RL enthalten vorwiegend Textbeiträge, zunehmend aber auch andere Arten von Werken und Schutzgegenständen, insbesondere Fotografien und Videos, wobei der Textanteil überwiegen muss.[614] In Übereinstimmung mit den Vorgaben der DSM-RL ist dabei davon auszugehen, dass es sich um urheberrechtlich geschützte Schriftwerke (§ 2 Abs. 1 Nr. 1 UrhG) oder Gegenstände verwandter Schutzrechte z. B. gem. § 72 UrhG handelt. Das mindert den Wert des Schutzrechts für Presseverleger deutlich, da Verleger von Zeitschriften und Tageszeitungen von ihren hauptberuflich fest angestellten Redakteuren und Redakteurinnen erheblich weiter reichende ausschließliche Nutzungsrechte an ihren Wort-, Bild- und Audiobeiträgen eingeräumt erhalten.[615] Für nicht tariflich gebundene Verfasser von Beiträgen für Zeitschriften gilt gem. § 38 Abs. 1 UrhG im Zweifel dasselbe, so dass das Schutzrecht in der Praxis letztlich nur für Beiträge von freien Mitarbeitern an Tageszeitungen[616] interessant ist. Das Merkmal der Informationsvermittlung schließt lediglich Presseveröffentlichungen aus, die ausschließlich der Unter-

---

[612] *Jani* in Wandtke/Bullinger (2022), UrhG § 87f Rn. 14.
[613] Erw.grd. 56 zu Art. 15 DSM-RL.
[614] *Jani* in Wandtke/Bullinger (2022), UrhG § 87f Rn. 7: zu mehr als der Hälfte.
[615] § 12 Manteltarifvertrag für Redakteure und Redakteurinnen an Zeitschriften, § 17 Manteltarifvertrag für Redakteure und Redakteurinnen an Tageszeitungen, Beck-Texte im dtv UrhR, 20. Aufl., München 2021, Nr. 10b, 10c.
[616] Vgl. § 13 Tarifvertrag für arbeitnehmerähnliche freie Journalistinnen und Journalisten an Tageszeitungen, Beck-Texte im dtv UrhR, 20. Aufl., München 2021, Nr. 10; § 38 Abs. 3 UrhG.

haltung (z. B. Comic-Zeitschriften) dienen.[617] Art. 15 DSM-RL soll nach seinem Erwägungsgrund 54 den Qualitätsjournalismus fördern. Deshalb kommen in den Genuss des Schutzrechts nur Ausgaben, die auf Initiative eines Presseverlegers unter seiner redaktionellen Verantwortung und Aufsicht herausgegeben werden. Blogs, die dieses Merkmal nicht erfüllen, unterfallen somit dem Schutzrecht nicht.[618] Verleger von wissenschaftlichen Zeitschriften sind ebenfalls nicht betroffen. Bei ihnen wird offensichtlich davon ausgegangen, dass sie ihre Interessen durch Ausübung der ihnen eingeräumten oder übertragenen Nutzungsrechte an den veröffentlichten Inhalten ausreichend durchsetzen können.

b) Schutzgegenstand

F219 Wie bei den anderen verwandten Schutzrechten, die organisatorische, wirtschaftliche und technische Leistungen betreffen, stellt sich auch hier die Frage, worin genau der Schutzgegenstand liegt. Mit der Definition des Begriffs der Presseveröffentlichung ist sie noch nicht beantwortet. In dem Regierungsentwurf zur Einführung des Rechts des Presseverlegers in seiner früheren Fassung hat der deutsche Gesetzgeber ausgeführt, es sei „nicht das Presseerzeugnis selbst Schutzgegenstand, sondern die zur Festlegung des Presseerzeugnisses erforderliche wirtschaftliche, organisatorische und technische Leistung des Presseverlegers".[619] Er orientierte sich dabei am Recht des Tonträgerherstellers, bei dem ebenfalls nicht der Tonträger selbst den Schutzgegenstand bilde. Dass das Leistungsschutzrecht des Presseverlegers nicht das konkrete materielle Erzeugnis, die Printausgabe, die Sendung oder das Online-Angebot schützt, in der sich eine Presseveröffentlichung materialisiert, ist klar.[620] Auf das Medium der Veröffentlichung kommt es laut § 87f Abs. 1 Nr. 3 UrhG (Art. 2 lit. 4 c DSM-RL) nämlich nicht an. Insoweit stimmt die Parallele zum Recht des Tonträgerherstellers. Der Gesetzesbegründung ist aber nicht zu folgen, wenn man sie dahingehend versteht, dass die organisatorische, wirtschaftliche und technische Leistung des Presseverlegers selbst den Schutzgegenstand ausmacht. Wie bei den anderen Leistungsschutzrechten ist die Leistung des Rechtsinhabers Schutzgrund, nicht Schutzgegenstand.[621] Schutzgegenstand ist vielmehr auch hier das immaterielle Leistungsergebnis, das geistige Gut, das sich in der erstmaligen Materialisierung der Presseveröffentlichung ausdrückt.[622] Es ist die *Gesamtheit des Inhalts* der in einer Einzelausgabe einer periodischen Sammlung zusammengestellten journalistischen Beiträge. Bestehende Rechte an den einzelnen Beiträgen bleiben un-

---

[617] *Jani* in Wandtke/Bullinger (2022), UrhG § 87f Rn. 13.
[618] Erw.grd. 56 zu Art. 15 DSM-RL.
[619] Begr. RegE zum 7. Gesetz zur Änderung des Urheberrechts vom 14.11.2012, BT-Drs. 17/11470, S. 8; *Stieper* in Schricker/Loewenheim (2020), UrhG § 87f Rn. 7.
[620] *Anger* (2022), S. 51 bemerkt: „Es ist allgemeines Prinzip des geistigen Eigentums, dass die Rechtsgegenstände Leistungsergebnisse darstellen, nicht beliebige Leistungssubstrate."
[621] Zum Tonträgerherstellerrecht → Rn. F144; zum Recht des Filmherstellers → Rn. F176; zum Recht des Datenbankherstellers → Rn. F189.
[622] *Anger* (2022), S. 205 f.

berührt.⁶²³ Ob eine Verletzung des Schutzrechts vorliegt, wird schließlich nicht danach beurteilt, ob der Verletzer eine geringere oder größere organisatorische, wirtschaftliche und technische Leistung erbringt, sondern ob er den gesamten Inhalt der Presseveröffentlichung oder Teile davon in einer Weise ausbeutet, dass die wirtschaftlichen Interessen des Presseverlegers beeinträchtigt werden.

Damit ist sofort die Frage aufgeworfen, worin es sich vom Datenbankherstellerrecht unterscheidet, dessen Schutzgegenstand in dem mit wesentlichem Aufwand erzeugten Inhalt der Datenbank liegt (→ Rn. F188). Presseveröffentlichungen sind ebenfalls Sammlungen von journalistischen Beiträgen (Elementen) in einer Einzelausgabe, die nicht willkürlich zusammengestellt werden und einzeln zugänglich sind. Und die Zusammenstellung einzelner journalistischer Beiträge in einer Einzelausgabe einer auf periodisches Erscheinen angelegten Sammlung und deren Veröffentlichung erfordert sicherlich erhebliche Investitionen, die denen eines Datenbankherstellers nicht nachstehen. In der Literatur wird das Verhältnis zwischen dem Schutz des Presseverlegers und des Datenbankherstellers nur selten angesprochen und grundsätzlich davon ausgegangen, dass beide Leistungsschutzrechte nebeneinander bestehen können. *Stieper* führt in diesem Zusammenhang einschränkend aus:⁶²⁴ Wenn aus Zeitungs- und Zeitschriftenartikeln, die in einer Datenbank gespeichert seien, einzelne kleinere Bestandteile an Internetnutzer übermittelt würden, um diesen einen Anhalt zu geben, ob der Abruf für sie sinnvoll sei, liege darin allerdings nach Ansicht des BGH⁶²⁵ keine unter § 87b Abs. 1 S. 2 UrhG fallende Nutzungshandlung. Eine Beeinträchtigung des Datenbankherstellerrechts komme vielmehr nur insoweit in Betracht, als alle Artikel durch sog. Crawler abgerufen werden, um dem Nutzer aus den Volltexten Nachrichtenübersichten mit selbst kreierten Textschnipseln, sog. Snippets, zur Verfügung zu stellen. Nach der Neugestaltung des Schutzrechts durch Art. 15 DSM-RL sollen aber Presseverleger genau davor geschützt werden, dass Anbieter von Diensten in der Informationsgesellschaft, d. h. im wesentlichen Online-Nachrichtenaggregatoren und Suchmaschinendienste,⁶²⁶ auf diese Weise Presseveröffentlichungen nutzen. Folglich würden das Recht des Datenbankherstellers und des Presseverlegers nicht nur im Hinblick auf die Schutzbegründung, sondern auch im Schutzumfang zusammenfallen. Wegen der weiterreichenden Ausschließlichkeitsrechte des Datenbankherstellers entfiele damit ein praktisches Bedürfnis für das neue Leistungsschutzrecht des Presseverlegers.

---

⁶²³ *Stieper* in Schricker/Loewenheim (2020), UrhG vor §§ 87f ff. Rn. 15.
⁶²⁴ *Stieper* in Schricker/Loewenheim (2020), UrhG vor §§ 87f ff. Rn. 17; *Spindler* WRP 2013, 967, 973 ff.
⁶²⁵ BGH GRUR 2003, 958, 962 – Paperboy.
⁶²⁶ *Dreier* in Dreier/Schulze (2022), UrhG § 87f Rn. 10; *Jani* in Wandtke/Bullinger (2022), UrhG § 87g Rn. 22. Die a. A. von *Stieper* in Schricker/Loewenheim (2020), UrhG § 87f Rn. 35, vor §§ 87f ff. Rn. 17 Fn. 105, beruht auf der durch Art 15 DSM-RL überholten Auffassung, das Crawlen, Speichern und Darstellen der aufgefundenen Artikel mittels selbst erzeugter Ausschnitte (sog. Snippets) in der Datenbank einer Suchmaschine falle nicht in den Anwendungsbereich des § 87f Abs. 1 a. F. UrhG.

F221 Glücklicherweise muss dieser Schluss nicht gezogen werden. Blickt man nämlich auf die Investitionen, die Presseverleger für ihre Veröffentlichungen und Datenbankhersteller zur Herstellung ihrer Datenbank jeweils erbringen müssen, unterscheiden sich die beiden Leistungsschutzrechte deutlich. Der Aufwand eines Presseverlegers dient nicht dem Aufbau einer Datenbank i. S. v. § 87a Abs. 1 UrhG, sondern der Erzeugung und Veröffentlichung von Informationen, also der Datengenerierung. Das ist kein für das Datenbankherstellerrecht berücksichtigungsfähiger Aufwand (→ Rn. F193 ff.). Nicht ausgeschlossen ist natürlich, dass ein Presseunternehmen daneben ein Archiv betreibt, in das die von ihren Mitarbeitern geschaffenen journalistischen Beiträge als unabängige Elemente systematisch oder methodisch angeordnet und einzeln zugänglich Aufnahme finden. Insoweit kann es daneben das Recht des Datenbankherstellers in Anspruch nehmen, wenn die Inhalte des Archivs i. S. v. § 87b Abs. 1 UrhG von einem Dritten genutzt werden. Eine solche Nutzung muss nicht gleichzeitig ein Eingriff in das Recht des Presseverlegers sein, weil die Anlage eines solchen Archivs wirtschaftlich nur sinnvoll ist, wenn seine Elemente aus einer Vielzahl von Einzelausgaben und sonstiger Informationen bestehen. Umgekehrt kann natürlich das systematische Durchsuchen von Presseveröffentlichungen im Internet anhand bestimmter Kriterien, deren Speicherung in einer Datenbank einer Suchmaschine und die Darstellung der Suchergebnisse in einer Linkliste[627] ggfs. zusammen mit mehr oder weniger kurzen Ausschnitten aus den gefundenen Artikeln das Recht des Presseverlegers verletzen. Hierin liegt nach Erw.grd. 58 zu Art. 15 DSM-RL gerade die Hauptstoßrichtung des neuen Schutzrechts. Beide Leistungsschutzrechte überschneiden sich daher eher selten.

F222 Ein bestimmtes Mindestmaßkriterium benennt das Gesetz anders als beim Datenbankherstellerrecht nicht. Es spricht viel dafür, es dabei zu belassen. Deutlich wird das, wenn man einen Vergleich zum Recht des Tonträgerherstellers zieht. Eine Tonträgeraufnahme ist geschützt, wenn die aufgenommenen Töne und Klänge nicht von einem bereits vorhandenen Tonträger kopiert sind und ihre Herstellung einen wesentlichen organisatorischen, technischen und wirtschaftlichen Aufwand erfordert (→ Rn. F150). Für den Erwerb des Tonträgerherstellerrechts muss also eine bestimmte Schutzschwelle überschritten werden, weil ohne nennenswerten Aufwand hergestellte Tonträgeraufnahmen den Ausschließlichkeitsschutz nicht verdienen. Um eine Presseveröffentlichungen i. S. v. § 87f Abs. 1 S. 1 UrhG herzustellen, müssen dagegen regelmäßig erhebliche Investitionsleistungen getätigt werden. Es geht ja nicht nur um die Herstellung einer Einzelausgabe von journalistischen Beiträgen. Die Einzelausgabe muss Teil einer auf periodisches Erscheinen angelegten Sammlung sein, die zudem

---

[627] Vgl. LG Berlin CR 1999, 388 f.; LG Köln CR 1999, 593 f.; LG Köln CR 2000, 400; LG München I ZUM 2001, 1008, 1010; KG GRUR-RR 2001, 102. Die Entscheidung des BGH „Paperboy" (GRUR 2003, 958, 962) bringt nichts Abweichendes zum Ausdruck. Dass die ausgewerteten Presseartikel Bestandteile von Datenbanken sind, wird vom BGH nicht behauptet, sondern konnte zugunsten der Klagepartei unterstellt werden, weil die angegriffenen Handlungen ein etwaiges Datenbankherstellerrecht schon nicht verletzten.

IV. Recht des Datenbankherstellers und des Presseverlegers   F222–F223

veröffentlicht sein muss. Das bedeutet, dass der Presseverleger einen Stab von Mitarbeitern vorhalten muss, die damit beschäftigt sind, periodisch erscheinende Einzelausgaben zusammenzustellen und für ihre Veröffentlichung zu sorgen. Der dabei anfallende Aufwand ist regelmäßig erheblich höher als bei der Herstellung eines bespielten Ton- oder Filmträgers. Die Investitionen des Presseverlegers lassen sich somit eher mit dem Aufwand eines Sendeunternehmens vergleichen, das nicht nur ein bestimmtes Programm zusammenstellt, sondern auch für seine Sendung an die Öffentlichkeit sorgt (→ Rn. F165). Ein besonderes investitorisches Mindestmaß ist daher auch hier nicht zu fordern.

c) Inhalt der Verwertungsrechte und Schutzumfang

Der Presseverleger hat nach § 87g Abs. 1 UrhG das ausschließliche Recht, seine   F223
Presseveröffentlichung im Ganzen oder in Teilen für die Online-Nutzung durch Anbieter von Diensten der Informationsgesellschaft öffentlich zugänglich zu machen und zu vervielfältigen. Angesprochen sind die in Art. 2 und Art. 3 Abs. 2 InfoSoc-RL (§§ 16, 19a UrhG) definierten Rechte. Alle sonstigen in der InfoSoc-RL und in § 15 Abs. 1 Nr. 2 und 3, Abs. 2 Nr. 1, 3 bis 5 UrhG aufgeführten Rechte stehen dem Presseverleger nicht zu. Die ihm gewährten Rechte sind zudem auf *Online-Nutzungen durch Anbieter von Diensten der Informationsgesellschaft* beschränkt. Dienste der Informationsgesellschaft sind solche, die in der Regel gegen Entgelt elektronisch im Fernabsatz und auf individuellen Abruf eines Empfängers Dienstleistungen erbringen, also im Wesentlichen Dienste von Online-Nachrichten-Aggregatoren und Suchmaschinen.[628] Online-Nutzungen sind Nutzungen, die in Kommunikationsnetzen stattfinden, unabhängig davon, ob das System seinerseits ein öffentliches ist. Die laufende Verbreitung von Presseveröffentlichungen in einem lokalen Netzwerk, zu dem nur ein begrenzter Kreis von Personen, etwa die Arbeitsgemeinschaft eines Betriebes, Zugang hat, kann die Investitionen des betroffenen Presseverlegers ebenso beeinträchtigen wie die Individualkommunikation per E-Mail, die Versendung von Newslettern oder die Übermittlung von Nachrichten nach individuellen Wünschen oder Bestellungen von Endnutzern. Diese Handlungen stehen zwar nicht im Zusammenhang mit einem öffentlichen Zugänglichmachen gem. § 19a UrhG, stellen aber relevante Vervielfältigungshandlungen i. S. v. § 87g Abs. 1 UrhG dar.[629] Nicht vom Leistungsschutzrecht erfasst sind insbesondere interne Vervielfältigungshandlungen, die die Funktionsfähigkeit von Suchmaschinen im Internet sicherstellen, d. h. die technisch notwendige Vervielfältigung einer Webseite oder eines Dokuments zur Aufnahme in den Index einer Suchmaschine (Cache). Bei derartigen

---

[628] Art. 1 Abs. 1 lit. b der Richtlinie (EU) 2015/1535 (ABl. EU 2015 Nr. L 241, S. 1) i. Verb.m. Anhang I, der die nicht erfassten Dienstleistungen auflistet.
[629] Begr. RegE BT-Drs. 19/27426, S. 112; *Dreier* in Dreier/Schulze (2022), UrhG § 87g Rn. 4; *Jani* ZUM 2019, 674, 677; zur Abgrenzung des Rechts nach § 19a UrhG zu solchen dem Vervielfältigungsrecht zuzuordnenden Handlungen vgl. *Haberstumpf* in Büscher/Dittmer/Schiwy (2015), UrhG § 19a Rn. 3, 6.

F223–F224   F. Werkbegriff, Schutzgegenstände verwandter Schutzrechte

rein internen Vervielfältigungen handelt es sich nicht um eine vom Schutzrecht erfasste Online-Nutzung der Presseveröffentlichung.[630] Durch intern bleibende Vervielfältigungen wird die wirtschaftliche Verwertung der Presseveröffentlichung noch nicht beeinträchtigt, wohl aber dann, wenn sie erfolgen, um eine gem. §87g Abs.1 UrhG relevante Online-Nutzung zu ermöglichen. Dies entspricht der Regelung des Art. 5 Abs. 1 InfoSoc-RL (§44a UrhG).[631] §87g Abs. 2 UrhG enthält in Nr. 1 bis 3 nähere Bestimmungen, die den Anwendungsbereich und Inhalt der Ausschließlichkeitsrechte klarstellen und präzisieren sollen, während Nr. 4 die Aufgabe hat, ihren Umfang nach unten zu begrenzen.

F224   Die Rechte des Presseverlegers umfassen nicht die Nutzung der in einer Presseveröffentlichung enthaltenen Tatsachen (§87 Abs. 2 Nr. 1 UrhG). Diese Regelung erinnert an die Form-Inhalt-Dichotomie im Urheberrecht (→ Rn. C124ff.) und ist hier wie dort irreführend. Der deutsche Gesetzgeber nimmt in diesem Zusammenhang auf Erw.grd. 57 der DSM-RL Bezug, wo von „reinen Fakten" die Rede ist, und meint, das Leistungsschutzrecht diene nicht dem Schutz einer Information an sich, sondern der Art und Weise, wie der Presseverleger sie in die Presseveröffentlichung aufnehme und der Öffentlichkeit vermittle.[632] Doch was sind Informationen an sich, reine Fakten und Tatsachen? Der Qualitätsjournalismus, dessen Schutz sich Art 15 DSM-RL (Erw.grd. 54) zu eigen gemacht hat, nimmt für sich in Anspruch, nicht irgendwelche Informationen zu veröffentlichen, sondern solche, die aufgrund sorgfältiger Recherche ermittelt und auf ihren Wahrheitsgehalt überprüft wurden. Die in Presseveröffentlichungen enthaltenen Kommentare und Berichte sollen nicht der bloßen Propaganda dienen und irgendwelche Meinungen präsentieren, sondern solche, die auf wahren Annahmen basieren, um den Leser in die Lage zu versetzen, sich auf der Grundlage der wiedergegebenen Fakten und Tatsachen eine eigene fundierte Meinung zu bilden. Aus der Sicht des Qualitätsjournalismus sind Fakten bzw. Tatsachen folglich Informationen, die wahrheitsgemäße Aussagen enthalten. Wenn sich nun das Schutzrecht nicht auf Fakten und Tatsachen in diesem Sinne bezieht, dann kommt der Schutz des §87g UrhG folglich nur für die Veröffentlichung und Verbreitung von „Fake News" in Betracht, was absurd ist. Das kann nicht gemeint sein. Ersichtlich will der Gesetzgeber darunter dasjenige verstehen, worauf in einer Darstellung, einem Bericht usw. Bezug genommen und was in einer bestimmten Weise dargestellt oder geschildert wird.[633] Dann drückt aber die Bestimmung in §87g Abs. 2 Nr. 1 UrhG eine nichtssagende Trivialität aus. Der geistige Gehalt einer Darstellung, Schilderung, Information fällt niemals

---

[630] Begr. RegE BT-Drs. 19/27426, S. 112.
[631] Vgl. *Haberstumpf* in Büscher/Dittmer/Schiwy (2015), UrhG §16 Rn. 7.
[632] Begr. RegE BT-Drs. 19/27426, S. 112.
[633] In der Terminologie des Sprachphilosophen *Searle* (2018), S. 10 ff., 70 ff., auf die *Peukert* (2018), S. 40 ff., seine artefakt-basierte Theorie des Immaterialgüterrechts stützt, wären Tatsachen in diesem Sinne „rohe" Tatsachen, die wie z. B. die Tatsache, dass der Gipfel des Mt. Everest von Schnee und Eis bedeckt ist, sprachunabhängig existieren. Dem ist allerdings entgegen zu halten, dass diese Tatsache nur deshalb als Tatsache angesehen wird, weil sie in einer *sprachlichen* Aussage formuliert ist, von der wir mit Recht annehmen können, dass sie wahr ist.

mit ihrem Bezugsgegenstand zusammen (→ Rn. C124 ff., C137 ff.). Durch das Recht des Presseverlegers ist daher niemand gehindert, sich in anderer Weise auf Dinge und Ereignisse zu beziehen, die Gegenstand einer Presseveröffentlichung sind. Wann und in welchem Umfang Presseveröffentlichungen durch Dienste in der Informationsgesellschaft identisch übernommen werden dürfen, ob sie nun wahre Informationen enthalten oder nicht, hängt vielmehr von der Aufgreifschwelle des § 87g Abs. 2 Nr. 4 UrhG ab.[634]

Der Ausschluss der privaten und nichtkommerziellen Nutzung durch einzelne Nutzer aus dem Anwendungsbereich des Leistungsschutzrechts gem. § 87g Abs. 2 Nr. 2 UrhG hat nur eine geringe Bedeutung, weil sie normalerweise keine Anbieter von Diensten in der Informationsgesellschaft sind. Als Beispiel nennt die Gesetzesbegründung[635] einen Nutzer, der zu privaten Zwecken einen Tweet absetzt, der sich auf eine Presseveröffentlichung bezieht, auch wenn die Plattform (hier: Twitter) kommerzielle Zwecke verfolgt. Denn insoweit kommt es allein auf den vom Nutzer verfolgten – nichtkommerziellen – Zweck an. Das Gesetz geht ersichtlich davon aus, dass derartige Nutzungen die Investitionen des Presseverlegers nicht ernsthaft gefährden.

§ 87g Abs. 2 Nr. 3 UrhG enthält eine wichtige Klarstellung: das Setzen eines Hyperlinks ist keine relevante Verwertungshandlung. Dabei ist es unerheblich, ob die Linksetzung zu kommerziellen oder nichtkommerziellen Zwecken erfolgt. Das gilt aber nur für offen verweisende Links, durch die, wenn man sie anklickt, man auf die Webseite des Presseverlegers gelangt. Durch den Link wird der Inhalt der Presseveröffentlichung nämlich nicht reproduziert und auch nicht erneut öffentlich zugänglich gemacht.[636] Er bewirkt vielmehr, dass die Webseite mit der Presseveröffentlichung, auf die verlinkt wird, gefunden wird. Durch eine solche Nutzung wird das wirtschaftliche Amortisationsinteresse des Presseverlegers nicht beeinträchtigt, sondern vielmehr gefördert. Anders sind jedoch die Fälle zu beurteilen, in denen verdeckte Links die Funktion haben, die Inhalte von Presseveröffentlichungen von einer fremden Webseite auf der eigenen verlinkenden Internetseite erscheinen zu lassen oder mittels Framing oder anderer Techniken in die eigene Webseite zu integrieren, ohne dass es eines Aufrufs der einbezogenen Seite bedarf oder dass es erkennbar wird, dass es sich um eine fremde Seite handelt.[637] Solche Nutzungen durch Anbieter von Diensten in der Informationsgesellschaft machen dem Presseverleger Konkurrenz und sind geeignet, seine wirtschaftlichen Verwertungsinteressen zu gefährden.[638]

---

[634] Vgl. *Peukert* ZUM 2023, 233, 235.
[635] Begr. RegE BT-Drs. 19/27426, S. 112 f.
[636] BGH GRUR 2003, 958, 961 – Paperboy; *Dreier* in Dreier/Schulze (2022), UrhG § 87g Rn. 9; *Jani* ZUM 2019, 674, 678.
[637] BGH GRUR 2010, 616 Rn. 21 – marions.kochbuch.de; OLG Düsseldorf MMR 2012, 118 – Embedded Content; allgemein *Haberstumpf* in Büscher/Dittmer/Schiwy (2015), UrhG § 19a Rn. 12.
[638] *Peukert* ZUM 2023, 233, 237.

F227 Anders als die gerade behandelten Klarstellungen enthält § 87g Abs. 2 Nr. 4 UrhG eine *inhaltliche Begrenzung des Schutzumfangs*, den eine geschützte Presseveröffentlichung genießt: Vom Schutz ist nicht umfasst die Nutzung einzelner Worte oder sehr kurzer Auszüge aus einer Presseveröffentlichung. Damit soll ein angemessener Ausgleich zwischen den Exklusivitätsinteressen von Presseverlagen und den Zugangsinteressen von Nutzern hergestellt werden.[639] In der Begründung zur Einführung des Leistungsschutzrechts für Presseverleger in der früheren Fassung ging der deutsche Gesetzgeber davon aus, dass Schutzgegenstand die wirtschaftliche, organisatorische und technische Leistung des Presseverlegers sei. Dessen unternehmerische Leistung umfasse jeden Teil des Presseerzeugnisses. Wie im Fall des Tonträgerherstellerrechts greife auch derjenige in das Schutzrecht ein, der nur kleine Teile nutze.[640] Diese Auffassung ist durch die Neubestimmung des Rechts des Presseverlegers nach Art. 15 DSM-RL überholt und im Übrigen auch für das Recht des Tonträgerherstellers so nicht haltbar (→ Rn. F156). Eine nähere Bestimmung, wann von einzelnen Worten und sehr kurzen Ausschnitten gesprochen werden kann, fehlt indes. Aus der Bemerkung in Erw.grd. 54 der DSM-RL, die Nutzung einzelner Wörter und sehr kurzer Ausschnitte aus Presseveröffentlichungen würden die Investitionen, die Presseverlage für die Herstellung ihrer Inhalte getätigt hätten, wohl nicht zunichtemachen, kann man aber schließen, dass die Verwertung von Teilen aus Presseveröffentlichungen erst dann in das Schutzrecht eingreift, wenn dadurch die Investitionen des Presseverlegers nachweislich erheblich gefährdet werden.[641] Da der Begriff der Presseveröffentlichung als Einzelausgabe einer periodisch herausgegebenen Sammlung definiert ist, ist nur diese Einzelausgabe der Bezugspunkt, an der auszurichten ist, wann ein bestimmter Auszug noch als sehr kurz anzusehen ist und die Amortisationsinteressen des Presseverlegers gefährdet.[642] Da Presseveröffentlichungen häufig neben Textbeiträgen auch Grafiken, Bilder, Audio- und Videosequenzen enthalten, kann deshalb die Verwendung auch solcher Elemente im Einzelfall je nach Umfang zulässig sein.[643] Das gilt auch, wenn mehrere solcher Elemente eines Beitrags kumulativ genutzt werden.[644]

F228 Danach dürfte die Praxis von Suchmaschinenbetreiber, Hyperlinks auf im Netz angebotenen Presseveröffentlichungen mit Textschnipseln (Snippets), Vorschaubildern oder Tonfetzen zu versehen, um den Inhalt der der verlinkten Seite anzudeuten und den Nutzer in die Lage zu versetzen zu entscheiden, ob er dem

---

[639] *Peukert* ZUM 2023, 233, 234, 236.
[640] Begr. RegE BT-Drs. 17/11470, S. 8 unter Bezugnahme auf das Urteil des BGH „Metall auf Metall" (GRUR 2009, 403 Rn. 14 – Metall auf Metall I).
[641] *Peukert* ZUM 2023, 233, 234.
[642] *Dreier* in Dreier/Schulze (2022), UrhG § 87g Rn. 10; a. A. *Jani* in Wandtke/Bullinger (2022), UrhG § 87g Rn. 25.
[643] *Dreier* in Dreier/Schulze (2022), UrhG § 87g Rn. 10. Zur Tätigkeit von Suchmaschinen, News-Aggregatoren und Web-Content-Feeds eingehend *Peukert* ZUM 2023, 233, 238 ff.
[644] Begr. RegE BT-Drs. 19/27426, S. 113.

IV. Recht des Datenbankherstellers und des Presseverlegers F228

Link folgen möchte oder nicht, das Recht des Presseverlegers nicht verletzen.[645] Die gescheiterten Versuche deutscher und spanischer Presseverlage, mittels des Leistungsschutzrechts bei der Suchmaschine Google Lizenzeinnahmen zu kreieren, haben gezeigt, dass diese Art der teilweisen Nutzung ihrer Presseveröffentlichungen der Investition nicht schadet, sondern geeignet ist, sie zur Entfaltung zu bringen. Als Google in Reaktion darauf, dass bestimmte Presseverlage die Erteilung einer Gratislizenz verweigerten, deren Produkte nicht mehr in den Suchergebnissen auflistete, gingen nämlich deren Einnahmen drastisch zurück.[646] Bei der Auslegung von § 87g Abs. 2 Nr. 4 UrhG sollte deshalb kein kleinlicher Maßstab angelegt werden, sondern geprüft werden, ob die teilweise Nutzung des Inhalts einer Presseveröffentlichung geeignet ist, der Investition des Presseverlegers zu schaden. Um gegen nicht erlaubte Nutzungen vorgehen zu können, die nicht in den Schutzbereich des Presseverlegerrechts fallen, sind Presseunternehmen darauf angewiesen, die ihnen eingeräumten oder übertragenen weitergehenden Ausschließlichkeitsrechte an den einzelnen Inhalten auszuüben.

---

[645] *Dreier* in Dreier/Schulze (2022), UrhG § 87g Rn. 10; *Stieper* in Schricker/Loewenheim (2020), UrhG § 87f Rn. 43.
[646] *Anger* (2022), S. 225 f.

G. Eine (kurze) Theorie des Werkbegriffs

1. Der Werkbegriff des deutschen und europäischen Urheberrechts wird durch die Merkmale „persönlich", „geistig" und „Schöpfung" konstituiert, die notwendig und zusammengenommen hinreichend dafür sind, dass ein urheberrechtlich geschütztes Werk entstanden ist. **G1**
Def.: Ein nach dem Urheberrecht geschütztes Werk ist ein geistiger Gegenstand, den eine menschliche Person hervorgebracht hat, mit dem sie unter Verwendung von Zeichen eines sozial geregelten Kommunikationssystems etwas ausdrückt (etwas zu verstehen gibt, ihm einen Inhalt, Sinn verleiht), und auszuschließen ist, dass sie ihn allein nach vorbestehenden Regeln geschaffen hat (→ Rn. E63).
1.1. Das Merkmal „persönlich" bedeutet, dass das Werk von einem Menschen geschaffen sein muss. Das gilt auch für die von einem System der Künstlichen Intelligenz hervorgebrachten Produkte, selbst wenn diese zukünftig in der Lage sein sollten, sich eigene Ziele zu setzen, Lösungen zu entwickeln, wie sie erreicht werden können, und kraft eigener Entscheidung dementsprechend zu handeln. Die Entscheidung, ob und wann ein Gegenstand etwas für unsere menschliche Lebensform Bedeutsames ausdrückt, muss Menschen vorbehalten bleiben (→ Rn. D27). **G2**
1.2. Alle Werke sind objektive, geistige, einzeln identifizierbare Gegenstände (→ Rn. B86), die nicht sinnlich wahrnehmbar (→ Rn. B99 ff.), zeitlos und unveränderlich (→ Rn. B112 ff.) und kausal nicht wirksam (→ Rn. B123) sind. **G3**
1.2.1. Als geistige (immaterielle) Gegenstände („Typen") sind sie von den materiellen Dingen und Erscheinungen („Vorkommnisse": z. B. Originalexemplar, Vervielfältigungsstück, Vortrag, Aufführung, Funksignale usw.), in denen sie vorkommen, kategorial verschieden. Sie können deshalb nicht mit ihren materiellen Vorkommnissen gleichgesetzt oder auf sie zurückgeführt werden. Die Verwechslung beider Kategorien oder ihre Vermischung führt zu logischen Paradoxien (→ Rn. B79 ff.), aus denen man Beliebiges ableiten kann. **G4**
1.2.2. Werke sind nur solche geistigen Gegenstände, die einen Sinn haben, die etwas für unser menschliches Handeln und Verhalten Bedeutsames ausdrücken. Sie stellen entweder etwas dar, indem ihr Produzent auf etwas Bezug nimmt und den Referenzgegenstand in bestimmter Weise sprachlich charakterisiert bzw. visuell oder akustisch schildert oder ohne Dar- **G5**

stellungscharakter Inhalte von Empfindungen, von Gefühlen oder sonstige geistig-seelische Inhalte ausdrückt (→ Rn. C53 ff., C59 ff., C84 ff.).

G6 1.2.3. Die Produktion geistiger Gegenstände ist regelfolgendes Handeln. Ihren Sinn erhalten sie dadurch, dass ihr Produzent unter Verwendung eines unserer sozial geregelten Kommunikationssysteme (Sprache, Bild, Musik, Choreografie) etwas Bedeutsames ausdrückt, zu verstehen gibt (→ Rn. C31, C58, C90, C99).

G7 1.2.4. Die Werke des Urheberrechts sind Sinneinheiten, die sich aus Form und Inhalt zusammensetzen. Sie sind inhaltlich gedeutete Formen bzw. geformte Inhalte (→ Rn. C135). Die im Urheberrecht weitverbreitete Unterscheidung zwischen geschützter Form und ungeschütztem Inhalt lässt sich nicht aufrechterhalten. Sie ist deshalb aus der Urheberrechtsdogmatik zu streichen.

G8 1.2.5. Die allgemein akzeptierte Unterscheidung zwischen freier Idee und geschützter Ausdrucksform markiert keinen kategorialen Unterschied, weil Gedanken und Ideen Inhalte von Ausdrucksformen sind. Ideen und Gedanken sind vielmehr nur dann frei, wenn sie in einer bestimmten Weise einer bestimmten Ausdrucksform zugrunde liegen, d. h. in einer bestimmten Relation zu einer bestimmten Ausdrucksform stehen (→ Rn. C179). Ideen und Gedanken sind im Verhältnis zu einer bestimmten Ausdrucksform frei, wenn sie aufgrund einer umfassenden (schrankenbasierten) Interessenabwägung zu Gunsten der Freiheit der künstlerischen und wissenschaftlichen Auseinandersetzung vom Urheberrechtsschutz auszunehmen sind (→ Rn. C184 f.).

G9 1.2.6. Die maßgebenden Kriterien zur Interessenabwägung fallen in den meisten Fällen mit den Tatbeständen der gesetzlich normierten Schrankenbestimmungen zusammen, die jedoch überwiegend nur identische oder wesentlich identische Nutzungen umfassen. Soweit diese Auslegungsspielräume eröffnen oder gar fehlen wie z. B. bei der verändernden Nutzung von wissenschaftlichen und technischen Werken oder anderen Werken sachlichen Inhalts, ergeben sie sich aus den im Rahmen des Rechtsinstituts der freien Benutzung entwickelten Kriterien (→ Rn. C194 f.). Das Rechtsinstitut der freien Benutzung ist durch die Rechtsprechung des EuGH in Sachen „Pelham/Hütter" nicht obsolet geworden. Es ist vielmehr immanenter Bestandteil jeder nationalen und damit auch der europäischen Urheberrechtsordnung, weil es in jeder Urheberrechtsordnung eine inhaltliche Grenze geben muss, die bestimmt, wo die Ausschließlichkeitsrechte des Urhebers enden (→ Rn. C205). Was die Ausnahme für Karikaturen, Parodien und Pastiches nach Art. 5 Abs. 3 lit. k InfoSoc-RL (§ 51a UrhG) angeht, findet die auch vom EuGH ausdrücklich geforderte Interessenabwägung nach den Kriterien der freien Benutzung auf der zweiten und dritten Stufe des Drei-Stufen-Tests gem. Art. 5 Abs. 5 InfoSoc-RL statt (→ Rn. C211 f.).

G. Eine (kurze) Theorie des Werkbegriffs

G10–G11

1.2.7. In die Prüfung, ob ein Werk frei benutzt wurde, ist einzusteigen, wenn das benutzte Werk oder ein in sich geschlossener individueller Teil davon verändert, aber wiedererkennbar in ein anderes Werk übernommen wird (→ Rn. C216). Ist der Eingriff in qualitativer oder quantitativer Hinsicht unwesentlich, so dass die Interessen des Urhebers nur geringfügig berührt werden, fällt die Interessenabwägung insbesondere dann zugunsten des Nutzers aus, wenn er in Ausübung seiner Kunst- oder Wissenschaftsfreiheit handelt (→ Rn. C217). Die wesentliche Nutzung eines Werks ist dann frei, wenn der Nutzer einen so großen schöpferischen Abstand von dem benutzten Werk einhält, dass dessen Individualität trotz der Übereinstimmungen von der Individualität des neuen Werks überlagert wird und dieses in einer wertenden Gesamtschau als selbständig anzusehen ist (→ Rn. C222). Je ausgeprägter die schöpferische Eigenart der übernommenen Ideen und Gedanken ist, desto weniger tritt sie gegenüber der Individualität des neu geschaffenen Werks zurück, während umgekehrt aus einem geringen Maß an Individualität ein entsprechend engerer Schutzbereich folgt. Wird ein Werk im Rahmen einer künstlerischen oder wissenschaftlichen Auseinandersetzung benutzt, ist der erforderliche schöpferische Abstand schneller erreicht als im Fall eines neuen Werks, mit dem versucht wird, sich am wirtschaftlichen Erfolg des benutzten Werks zu beteiligen oder sich eigene Arbeit zu ersparen, weil hier zugunsten des Nutzers das Grundrecht der Kunst- und Wissenschaftsfreiheit ins Spiel kommt (→ Rn. C225, C229).

G10

1.2.8. Es gibt daher keinen überzeugenden Grund, die in wissenschaftlichen und technischen Werken vorgestellten Erkenntnisse, Theorien und Lehren generell vom Urheberrechtsschutz auszunehmen. Sie geben keine vorgegebenen Fakten wieder, sondern stellen Versuche dar, bestimmte natürliche und kulturelle Phänomene zu erklären und sie auf Ihren Wahrheitsgehalt zu testen. Die wissenschaftliche Theorien- und Hypothesenbildung und deren Überprüfung anhand der aus ihnen ableitbaren Aussagen ist eine Tätigkeit, die regelmäßig schöpferische Erfindungskraft erfordert (→ Rn. C149). Die Abgrenzung zu den technischen Schutzrechten verlangt den Ausschluss von wissenschaftlichen Erkenntnissen und Lehren nicht, weil beide Rechtssysteme jeweils Schutz vor verschiedenen Handlungen gewähren (→ Rn. C164). Der Gefahr der Monopolisierung von Erkenntnissen in der Hand einzelner Wissenschaftler ist dadurch zu begegnen, dass im Einzelfall die Interessen und Rechte von Wissenschaftlern auf Schutz ihres geistigen Eigentums und die Interessen und Rechte von Nutzern, sich mit fremden Erkenntnissen auseinandersetzen zu können, mittels einer Interessenabwägung in einen Ausgleich zu bringen ist (→ Rn. C194 ff.). Die bloße Anwendung einer wissenschaftlichen oder technischen Lehre und die Verwertung der Anwendungsergebnisse tangiert ein an der Lehre bestehendes Urheberrecht ohnehin nicht (→ Rn. C191).

G11

G12 1.3. Ausgangspunkt zur Beantwortung der Frage, wann ein von einem Menschen geschaffener geistiger Gegenstand als eine Schöpfung angesehen werden kann, ist, dass alles geistiges Schaffen regelfolgendes Handeln im Rahmen eines unserer Kommunikationssysteme ist. Deshalb wird weder eine allein auf die Person des Schöpfers bezogene noch eine rein an den Eigenschaften des Werks orientierte Deutung dem Wesen des Schöpfungsbegriffs gerecht. Es muss vielmehr der konkrete Schaffensprozess in den Fokus gerückt werden (→ Rn. E25).

G13 1.3.1. Ein Werk ist individuell, wenn sein Schöpfer nicht nach vorgegebenen Konventionen, Gepflogenheiten und Regeln gehandelt hat. Das bedeutet, dass er sich von den auf seinem Schaffensgebiet vorhandenen und praktizierten Gestaltungsregeln absetzen muss, indem er eigene Regeln setzt und nach ihnen handelt. Groß muss die Normabweichung nicht sein. Es reicht aus, wenn er innerhalb seines Schaffensprozesses irgendwann eigene Entscheidungen getroffen hat. Die einfachen Individualitäten der kleinen Münze sind daher in den Schutzbereich des Urheberrechts eingeschlossen.

G14 1.3.2. Bestehende Regeln und Konventionen, gleichgültig ob sie technischer oder nicht technischer Natur sind, schränken den Gestaltungsspielraum für den Produzenten eines geistigen Gegenstands nur dann ein, wenn er sich ausschließlich an ihnen orientiert. Lässt sich dies im Einzelfall ausschließen, kann geschlossen werden, dass er während des Schaffensprozesses eigene Entscheidungen getroffen hat. Der Begriff der Schöpfung kann daher mittels eines negativen Ausschlusskriteriums definiert werden:
Def.: Ein Werk ist individuell, wenn auszuschließen ist, dass der Urheber sein Geistesprodukt allein nach bestehenden, üblichen und bekannten Techniken und Regeln geschaffen hat (→ Rn. E38).

G15 1.3.3 Mittels eines Ausschlusskriteriums der vorgestellten Art kann die Unterscheidung zwischen Doppelschöpfung und unbewusster Entlehnung erklärt werden. Eine Doppelschöpfung liegt vor, wenn der zweite Schöpfer im Verhältnis zu den überkommenen Gepflogenheiten eine individuelle Leistung erbracht hat und auszuschließen ist, dass er sich an den Regeln eines früheren Schöpfers orientiert hat. Die Doppelschöpfung ist daher individuell. Im Fall der unbewussten Entlehnung lässt sich letzteres nicht ausschließen. Sie ist daher nicht individuell (→ Rn. E44).

G16 1.3.4. Das Urheberrecht wird auch erworben, wenn eine Person kein Originalwerk schafft, sondern ein vorhandenes schöpferisches Werk schöpferisch bearbeitet oder umgestaltet. Der Schutz bezieht sich dann auf die vom Bearbeiter geschaffene Werkversion. Sammel- und Datenbankwerke fassen Daten und andere unabhängige Elemente zusammen, deren Auswahl oder Anordnung nicht mittels vorgegebener Regeln erfolgt. Der urheberrechtliche Schutz bezieht sich nicht auf die gesammelten Elemente, sondern auf die Struktur der Sammlung (→ Rn. E140).

1.3.5. Wann ein bestimmtes geistiges Produkt eine Schöpfung ist, ist eine Rechtsfrage, die die Parteien im Urheberrechtsprozess nicht unstreitig stellen können. In der Regel kommt der Urheber seiner Obliegenheit, die Schutzfähigkeit seines Werkes darzulegen und zu beweisen, dadurch nach, dass er ein Werkexemplar vorlegt. Da der Urheber sein Werk unter Verwendung von Zeichen eines öffentlichen und damit auch den entscheidenden Richterinnen und Richtern zugänglichen Kommunikationssystems geschaffen hat, sind sie anhand des vorgelegten Exemplars normalerweise in der Lage, festzustellen, ob sich derjenige, der das Urheberrecht für sich reklamiert, ausschließlich an vorgegebenen Techniken und Regeln orientiert hat oder nicht. Von ihm zu verlangen, die konkreten Gestaltungselemente zu benennen, aus denen sich der urheberrechtliche Schutz ergeben soll, überspannt seine Darlegungslasten. Denn die Individualität eines Werkes ergibt sich nicht aus der Individualität der Elemente, aus denen es sich zusammensetzt, sondern aus der Anwendung einer selbst gesetzten Regel, die von den vorhandenen Konventionen abweicht und die verwendeten Einzelelemente (Wörter, Bildpunkte, Töne) aufeinander bezogen in einer in sich geschlossenen Sinneinheit zusammenführt. Verteidigt sich der wegen Urheberrechtsverletzung in Anspruch genommene Beklagte mit dem Einwand, das streitgegenständliche Werk sei nicht schutzfähig, weil der Urheber auf vorbekannte Gestaltungen zurückgegriffen habe, ist es seine Sache, die Existenz und das Aussehen dieser Gestaltungen darzulegen und zu beweisen (→ Rn. E61 f.).

1.3.6. Ein besonderes Maß an Individualität, eine bestimmte Schöpfungs-, Gestaltungshöhe, ist zum Erwerb des Urheberrechts nicht erforderlich. Für alle Werke gilt eine einheitliche Schutzschwelle, die die einfachen Individualitäten der sog. kleinen Münze einschließt. Durch die Neugestaltung des Geschmacksmusterrechts 2004 hat das Geschmacksmuster seine vorher ihm zugedachte Funktion als Unterbau eines wesensgleichen Urheberrechtsschutzes für Werke der angewandten Kunst verloren (→ Rn. E87).

1.3.7. Geschmacksmuster- und Urheberschutz sind unabhängig voneinander gegeben. Der Urheber füllt die ihm gegebenen Gestaltungsspielräume aus, indem er von den vorhandenen Konventionen abweichende Regeln setzt und danach handelt, während der Designer die vorhandenen Konventionen nicht verlässt, sondern ihre Leerstellen, die sie lassen, ausfüllt und in einem neuen und eigenartigen Erzeugnis fortsetzt (→ Rn. E98).

2. Der Urheber ist davor geschützt, dass andere Personen ohne seine Erlaubnis materielle Dinge oder Erscheinungen hervorbringen, in denen sein von ihm geschaffener schöpferischer Gehalt vorkommt. Der Schutz umfasst sowohl identische oder wesentlich identische als auch verändernde Nutzungen, die den schöpferischen geistigen Gehalt seines Werkes wiedererkennbar übernehmen. Er erfasst nicht jedes Werkelement, sondern nur solche in sich geschlossene Werkteile, bei denen

ausgeschlossen werden kann, dass sie nach bestehenden, üblichen und bekannten Techniken und Regeln geschaffen wurden. Aufgabe der gesetzlichen Schrankenvorschriften ist, im Fall der identischen oder wesentlich identischen Nutzung das Urheberrecht zu begrenzen.

G21 2.1. Einbezogen in den Urheberrechtsschutz sind auch schöpferische Bearbeitungen und Umgestaltungen des Werkes, sofern in ihnen der schöpferische Gehalt des bearbeiteten oder umgestalteten Werks wiedererkennbar bleibt. Die Grenze wird durch das Rechtsinstitut der freien Benutzung markiert, das eine Interessenabwägung im Einzelfall ermöglicht und erfordert. (→ Rn. E117). Das gilt auch für die Karikatur, die Parodie und den Pastiche (→ Rn. E122).

G22 3. Die Schutzgegenstände der verwandten Schutzrechte (Leistungsschutzrechte) unterscheiden sich von urheberrechtlichen Werken dadurch, dass sie nicht auf schöpferischem Schaffen beruhen. Trotz ihrer unterschiedlichen Ausformung durch den Gesetzgeber weisen die Leistungsschutzrechte viele strukturelle Gemeinsamkeiten mit dem Urheberrecht auf. Sie schützen nur geistige Leistungsergebnisse und verlangen zu ihrem Erwerb ein Mindestmaß an organisatorischer, technischer oder wirtschaftlicher Leistung. Welche Qualität dieses Mindestmaß haben muss, ergibt sich meistens aus den gesetzlichen Tatbestandsvoraussetzungen. Wo das Gesetz wie im Fall des Lichtbildschutzes, des Rechts des Tonträgerherstellers und des Filmherstellers dazu schweigt, muss es in den Tatbestand hineininterpretiert werden (→ Rn. F20, F150, F179).

G23 3.1. Obwohl die Leistungsschutzrechte nur bestimmte qualifizierte Leistungen unter Schutz stellen, ist die erbrachte Leistung nicht der Schutzgegenstand, sondern Schutzgrund. Schutzgegenstand ist auch nicht das materielle Leistungsergebnis (Lichtbild, Tonträger, Filmträger, Sendung, Aufführung etc.), sondern der geistige (immaterielle) Gegenstand, der in ihm vorkommt (z. B. zum Recht des Tonträgerherstellers → Rn. F144). Der Schutz, den die jeweils gewährten Leistungsschutzrechte gewähren, beschränkt sich deshalb nicht nur auf Kopien, die kausal auf das materielle Leistungsergebnis, in dem der Schutzgegenstand erstmals realisiert wurde, zurückführbar sind, sondern bezieht sich auch auf sonstige Vervielfältigungen und unkörperliche Erscheinungen, die das geistige Leistungsergebnis identisch oder verändert, aber wiedererkennbar enthalten (z. B. zum Recht des ausübenden Künstlers → Rn. F125).

G24 3.2. Die verwandten Schutzrechte entstehen und enden unabhängig von einem etwaigen Urheberrecht an ihrem immateriellen Leistungsergebnis. Ihre Ausübung tangiert das Urheberrecht nicht und umgekehrt. Davon macht § 68 UrhG (Art. 14 DSM-RL) eine Ausnahme: Vervielfältigungen gemeinfreier visueller Werke werden nicht durch verwandte Schutzrechte geschützt. Betroffen sind nicht nur Lichtbildner, Hersteller von Filmwerken und ausübende Künstler, die ein gemeinfreies choreografisches Werk darbieten, sondern auch die Inhaber der sonstigen Leistungsschutzrechte. Diese Vorschrift hält einer verfassungsrechtlichen Überprüfung am Maßstab des Art. 17 Abs. 2 EU-GrCh (Art. 14 GG) und des Gleichheitsgrundsatzes nach Art. 20 EU-GrCh (Art. 3 GG) nicht stand. Sie missachtet ohne rechtfertigenden Grund (→ Rn. F40 ff.) das Recht der Rechtsinhaber auf Schutz ihres geistigen Eigentums und diskriminiert diejenigen, die im Umgang mit gemeinfreien visuellen Werken eine schützenswerte Leistung erbracht haben, gegenüber denjenigen, die sich mit gleichem oder gar geringerem Aufwand nicht visuellen Werken widmen (→ Rn. F46 f., F70, F98, F139, F173, F185).

3.3. Abhängig vom Inhalt der jeweils gewährten Ausschließlichkeitsrechte sind die Inhaber der Leistungsschutzrechte davor geschützt, dass Dritte ohne ihre Erlaubnis materielle Dinge oder Erscheinungen hervorbringen, in denen ihr immaterielles Leistungsergebnis identisch, wesentlich identisch oder verändert und wiedererkennbar vorkommt. Wann die verändernde und wiedererkennbare Nutzung im Einzelfall in den Schutzbereich fällt, hängt von einer Interessenabwägung im Lichte der Grundrechte der Beteiligten nach den Kriterien der freien Benutzung ab (z. B. → Rn. C224, F155 f.). Ein schöpferischer Abstand ist nicht erforderlich, weil schöpferische Veränderungen an einem Schutzgegenstand das Urheberrecht begründen und unkreativen Leistungserbringern die Herrschaftsmacht über individuelle Leistungen von Urhebern nicht zugebilligt werden kann. Um den Schutzbereich zu verlassen, muss aber dennoch ein Abstand eingehalten werden, der sich daran orientiert, in welcher Weise und in welchem Umfang die organisatorische, technische und wirtschaftliche Leistung des Rechtsinhabers beeinträchtigt wird. Je größer dessen Leistung ist, desto größere Anstrengungen muss der Nutzer unternehmen. Je geringer der Umfang der Entnahme und je größer die Veränderungen sind, desto weniger fallen die Interessen des Rechtsinhabers ins Gewicht (→ Rn. F156). Die Entnahme einzelner kurzer Textausschnitte, einzelner Bildpunkte oder kleiner Tonfetzen tangiert normalerweise die wirtschaftlichen Interessen der Rechtsinhaber nicht (→ Rn. F21, F156, F172, F227).

3.4. Ein mittels fotografischer Techniken erzeugtes Lichtbild ist gemäß § 72 UrhG geschützt, wenn es nicht kopiert ist und dessen Erzeugung einen wesentlichen Aufwand an Zeit, Arbeit oder finanziellen Mitteln erforderte (→ Rn. F20).

3.5. Eine in körperlicher Form vorliegende Ausgabe, die ein urheberrechtlich nicht geschütztes Werk oder einen sonstigen geistigen Gegenstand (Text) enthält, ist nach § 70 UrhG geschützt, wenn sie unter Anwendung wissenschaftlicher Methoden und Techniken erstellt wurde und darauf abzielt, dessen geistigen Gehalt möglichst authentisch zu rekonstruieren, und sich ihr Inhalt von dem geistigen Inhalt des betroffenen Werkes bzw. Textes oder auch von anderen bereits vorhandenen Ausgaben wesentlich unterscheidet (→ Rn. F65).

G28 3.6. Eine Ausgabe eines gemeinfreien Werks, das die Anforderungen des § 2 Abs. 2 UrhG erfüllt, ist nach § 71 UrhG geschützt, wenn ihr Herausgeber sie erscheinen lässt oder in einer gleichwertigen (qualifizierten) Art öffentlich wiedergibt, sich nicht durch eine Verletzung von Eigentums- oder Besitzrechten Zugang zu dem dafür benutzten Werkexemplar verschafft hat und der geistige Gehalt des in ihr enthaltenen Werks vorher weder erschienen ist noch in einer gleichwertigen (qualifizierten) Art öffentlich wiedergegeben wurde (→ Rn. F93).

G29 3.7. Die Leistung eines ausübenden Künstlers, der, ohne schöpferisch tätig zu sein, ein Werk oder eine Ausdrucksform der Volkskunst persönlich darbietet, ist gegebenenfalls im Zusammenwirken mit anderen Personen nach § 73 UrhG geschützt, wenn sich der geistige Inhalt ihrer Darbietung vom Inhalt des dargebotenen Werkes bzw. einer Ausdrucksform der Volkskunst oder auch von anderen bereits vorhandenen Darbietungen wesentlich unterscheidet (→ Rn. F123).

G30 3.7.1. Schutzgegenstand einer geschützten Darbietung ist nicht die konkrete Handlung, die ein ausübender Künstler unter Einsatz seines Körpers zu einer bestimmten Zeit und an einem bestimmten Ort vollzieht, sondern der geistige Darbietungstyp, den er mit seiner Handlung exemplifiziert und die ihm gleichzeitig unterfällt. Es ist nicht erforderlich, dass das dargebotene Werk oder die dargebotene Ausdrucksform der Volkskunst vorher in einer Notation schriftlich niedergelegt oder in einem Bild- oder Tonträger fixiert wurde (→ Rn. F106).

G31 3.7.2. Um gem. § 73 UrhG geschützt zu sein, muss die Darbietung künstlerisch sein. Der Begriff des Künstlerischen kann nicht mit den Kriterien umschrieben werden, die gemeinhin zur Bestimmung des Merkmals der Schöpfung herangezogen werden. Ausübende Künstler schaffen keine Werke oder Ausdrucksformen der Volkskunst, sondern interpretieren sie. Sie verlassen die vom Urheber gesetzten Regeln und die Traditionen der Volkskunst nicht, sondern füllen deren Unbestimmtheitsstellen aus. Sie erzeugen eine neue etwas vollständigere Version des Interpretationsgegenstands, ohne selbst schöpferisch zu sein (→ Rn. F115 f.). Die Darbietung darf daher nicht bloß das Werk in der vom Urheber entäußerten Version bzw. den überkommenen Formen der Volkskunst wiedergeben. Sie muss sich davon und von anderen bereits vorhandenen Darbietungen wesentlich unterscheiden (→ Rn. F123). Sie kann deswegen als künstlerisch bezeichnet werden, weil die darbietungsfähigen Werke und Ausdrucksformen der Volkskunst zwanglos dem Bereich der Literatur und Kunst und nicht der Wissenschaft zuzuordnen sind (→ Rn. 120).

G32 3.7.3. Der Begriff der Vervielfältigung i. S. v. § 77 Abs. 2 S. 1 UrhG ist nicht auf Exemplare beschränkt, die kausal auf die Erstaufnahme gem. § 77 Abs. 1 UrhG zurückführbar sind, sondern bezeichnet allgemein jede dauerhafte oder vorübergehende Festlegung des Darbietungstyps i. S. v. Art. 2

G. Eine (kurze) Theorie des Werkbegriffs   G32–G40

lit. b InfoSoc-RL (§ 16 Abs. 1 UrhG), einschließlich der Erstaufnahme (→ Rn. F126, F128).

3.7.4. Der Schutzbereich erstreckt sich auch auf verändernde und wiedererkennbare Nutzungen des Darbietungstyps. Wann er endet, bestimmt sich wie auch sonst nach den Kriterien der freien Benutzung (→ Rn. F136). **G33**

3.8. Eine Tonträgeraufnahme ist gem. § 85 Abs. 1 UrhG geschützt, wenn die aufgenommenen Töne und Klänge nicht von einem bereits vorhandenen Tonträger kopiert sind und ihre Herstellung einen wesentlichen organisatorischen, technischen und wirtschaftlichen Aufwand erforderte (→ Rn. F150). **G34**

3.9. Eine Funksendung ist für ihren Veranstalter gem. § 87 Abs. 1 UrhG geschützt, wenn ihre Inhalte nicht von einer bereits ausgestrahlten Funksendung kopiert sind (→ Rn. F165). **G35**

3.10. Die Aufnahme einer bewegten Bildfolge oder Bild- und Tonfolge (Film) auf einen Bildträger oder Bild- und Tonträger (Filmträger) ist nach §§ 94, 95 UrhG geschützt, wenn sie nicht von einem bereits vorhandenen Filmträger kopiert ist und ihre Herstellung einen wesentlichen organisatorischen, technischen und wirtschaftlichen Aufwand erforderte (→ Rn. F179). **G36**

3.11. Eine Sammlung von Werken, Daten oder anderen unabhängigen Elementen, die systematisch oder methodisch angeordnet sind und einzeln mit Hilfe elektronischer Mittel oder auf andere Weise zugänglich sind (Datenbank), ist gem. § 87a Abs. 1 UrhG geschützt, wenn deren Beschaffung, Überprüfung oder Darstellung eine nach Art oder Umfang wesentliche Investition erfordert. Der Aufwand zur Erzeugung der enthaltenen Elemente und deren Überprüfung gehört nicht zu den berücksichtigungsfähigen Investitionen (→ Rn. F195). **G37**

3.11.1. Schutzgegenstand sind weder die Einzelelemente der Datenbank noch die investitorische Leistung – diese ist nur Schutzgrund – noch die Struktur der Datenbank an sich, sondern die Gesamtheit der strukturierten Elemente (Inhalt) als immaterielles Gut (→ Rn. F189). **G38**

3.11.2. Die Ausschließlichkeitsrechte des Datenbankherstellers umfassen die Vervielfältigung, Verbreitung und öffentliche Wiedergabe der Datenbank oder eines nach Art oder Umfang wesentlichen Teils. Dem ist gleichgestellt die Entnahme und Weiterverwendung nach Art oder Umfang unwesentlicher Teile, wenn dies wiederholt und systematisch geschieht und einer normalen Auswertung der Datenbank zuwiderläuft oder die berechtigten Interessen des Datenbankherstellers unzumutbar beeinträchtigt. Diese Kriterien beschreiben nicht nur die Aufgreifschwelle, sondern auch die äußerste Grenze des Schutzrechts. Auf das Rechtsinstitut der freien Benutzung braucht nicht zurückgegriffen zu werden (→ Rn. F204). **G39**

3.12. Eine Presseveröffentlichung ist gem. § 87f UrhG geschützt, wenn sie als Einzelausgabe einer periodischen Sammlung unter einem einheitlichen **G40**

Titel erscheint oder regelmäßig aktualisiert wird, die hauptsächlich aus Schriftwerken journalistischer Art besteht, dem Zweck dient, die Öffentlichkeit über Nachrichten oder andere Themen zu informieren, unabhängig vom Medium auf Initiative eines Presseverlegers unter seiner redaktionellen Verantwortung und Aufsicht veröffentlicht wird und kein Periodikum ist, das für wissenschaftliche oder akademische Zwecke verlegt wird (→ Rn. F217).

G41 3.12.1. Schutzgegenstand ist auch hier nicht die organisatorische, technische und wirtschaftliche Leistung, sondern das immaterielle Leistungsergebnis, d.h. die Gesamtheit der Inhalte der in einer Einzelausgabe einer periodischen Sammlung zusammengestellten journalistischen Beiträge (→ Rn. F219).

G42 3.12.2. Ein Mindestmaßkriterium als Schwelle zum Erwerb des Schutzrechts ist wie beim Recht des Sendeunternehmens nicht zu fordern, weil die Veröffentlichung einer auf periodisches Erscheinen angelegten Einzelausgabe regelmäßig einen erheblichen Aufwand erfordert (→ Rn. F222). Vom Schutz ausgeschlossen ist die Nutzung einzelner Worte oder sehr kurzer Auszüge aus einer Presseveröffentlichung. Derartige Nutzungen gefährden die Amortisationsinteressen des Presseverlegers nicht (→ Rn. F227).

Literaturverzeichnis

Alexy, Robert, Theorie der juristischen Argumentation, Frankfurt a. M. 1983; zit. *Alexy* (1983)

Allfeld, Philipp, Kommentar zum Gesetz über das Urheberrecht an Werken der bildenden Künste und Photographie, München 1908; zit. *Allfeld* (1908)

Altenpohl, Martina, Der urheberrechtliche Schutz von Forschungsresultaten, Bern 1987; zit. *Altenpohl* (1987)

Anderegg, Johannes, Literaturwissenschaftliche Stiltheorie, Göttingen 1977; zit. *Anderegg* (1977)

Anger, Nils Christian, Verwandte Schutzrechte, Tübingen 2022; zit. *Anger* (2022)

Apel, Simon, Der ausübende Künstler im Recht Deutschlands und der USA, Tübingen 2011; zit. *Apel* (2011)

ders., Überlegungen zu einer Reform des Lichtbildschutzrechts (§72 UrhG), in: v. Olenhusen/Gergen (Hrsg.), Festschrift für Martin Vogel, Hamburg 2017, S. 205 ff.; zit. *Apel* (2017)

Austin, John L., Zur Theorie der Sprechakte, (How to do things with Words), Stuttgart 1972; zit. *Austin* (1972)

Bappert, Walter, Wider und für den Urhebergeist im Privilegienzeitalter, Teil 1 bis 3, GRUR 1961, 441 ff., 503 ff., 553 ff.

ders., Wege zum Urheberrecht, Frankfurt a. M. 1962; zit. *Bappert* (1962)

Bartel, Hans/Anthes, Erhard, Mengenlehre, München 1975; zit. *Bartel/Anthes* (1975)

Barudi, Malek, Autor und Werk – eine prägende Beziehung?, Tübingen 2013; zit. *Barudi* (2013)

Barwise, Jon/Etchemendy John, Sprache, Beweis und Logik, Paderborn Bd. I 2005, Bd. II 2006; zit. *Barwise/Etchemendy* (2005), (2006)

BeckOK DesignR, hrsg. von Vohwinkel, BeckOK Designrecht, zit. *Bearbeiter* in BeckOK DesignR

BeckOK UrhR, hrsg. von Ahlberg/Götting/Lauber-Rönsberg, BeckOK Urheberrecht; zit. *Bearbeiter* in BeckOK UrhR

v. Becker, Bernhard, Die entstellende Parodie, GRUR 2015, 336 ff.

ders., Eine nachgelassene Vorschrift – Warum §71 UrhG abgeschafft gehört in: Dreier/Peifer/Specht (Hrsg.), Festschrift für Gernot Schulze, München 2017, S. 201 ff.; zit. *v. Becker* (2017)

Beckermann, Ansgar, Analytische Einführung in die Philosophie des Geistes, 3. Aufl. Berlin, New York 2008; zit. *Beckermann* (2008)

Benkard, Georg, Patentgesetz, 11. Aufl., München 2015; zit. *Bearbeiter* in Benkard (2015)

Berke, Dietrich, Schutz wissenschaftlicher Leistung durch Urheberrecht oder Arbeitsschutzrecht?, in: Hubmann (Hrsg.), Rechtsprobleme musikwissenschaftlicher Editionen, München 1982, S. 32 ff.; zit. *Berke* (1982)

Literaturverzeichnis

Berking, Christina, Die Unterscheidung von Inhalt und Form im Urheberrecht, Baden-Baden 2002; zit. *Berking* (2002)

dies., Kein Urheberschutz für Fernsehformate, GRUR 2004, 109 ff.

Bisges, Marcel, Die persönliche geistige Schöpfung zwischen Rechtsprechung und Medienpsychologie, Baden-Baden 2022; zit. *Bisges* (2022)

De Boor, Hans-Otto, Urheberrecht und Verlagsrecht, Stuttgart 1917; zit. *de Boor* (1917)

Borges, Georg, Rechtliche Rahmenbedingungen für autonome Systeme, NJW 2018, 977 ff.

Braitenberg, Valentin, Künstliche Wesen, Braunschweig 1986; zit. *Braitenberg* (1986)

Braun, Johann, Kunstprozesse von Mendel bis Beuys, München 1995; zit. *Braun* (1995)

Brauns, Christian, Die Entlehnungsfreiheit im Urheberrecht, Baden-Baden 2001; zit. *Brauns* (2001)

Breuer, Lars, Die körperliche Individualität des Interpreten, ZUM 2010, 301 ff.

Buchmüller, Hans-Jürgen, Urheberrecht und Computersoftware, Diss. Münster 1986; zit. *Buchmüller* (1986)

Bünte, Rudolf, Die künstlerische Darbietung als persönliches und immaterielles Rechtsgut, Baden-Baden 2000; zit. *Bünte* (2000)

Büscher, Wolfgang/Dittmer, Stefan/Schiwy, Peter (Hrsg.), Gewerblicher Rechtsschutz Urheberrecht Medienrecht, 3. Aufl., Köln 2015; zit. *Bearbeiter* in Büscher/Dittmer/Schiwy (2015)

Bullinger, Wilfried/Garbers-von Boehm, Katharina, Der Blick ist frei. Nachgestellte Fotos aus urheberrechtlicher Sicht, GRUR 2008, 24 ff.

Bund, Elmar, Einführung in die Rechtsinformatik, Berlin, Heidelberg, New York, London, Paris, Tokyo, Hong Kong 1991; zit. *Bund* (1991)

Campbell, Joan, Der Deutsche Werkbund 1907–1934, München 1989; zit. *Campbell* (1989)

Canaris, Afra, Melodie, Klangfarbe und Rhythmus im Urheberrecht, Baden-Baden 2012; zit. *Canaris* (2012)

Carnap, Rudolf, Die physikalische Sprache als Universalsprache der Wissenschaft, Erkenntnis Bd. 2 (1931), 432 ff.

ders., Psychologie in physikalischer Sprache, Erkenntnis Bd. 3 (1932), 107 ff.

Deutsch, Askan, Die Zulässigkeit des so genannten „Screen Scraping" im Bereich der Online-Flugvermittler, GRUR 2009, 1027 ff.

Dieth, Mathias, Musikwerk und Musikplagiat im deutschen Urheberrecht, Baden-Baden 2000; zit. *Dieth* (2000)

Döhl, Frédéric, Systemwechsel – Vom Verbot des Verblassens zum Gebot der Interaktion, UFITA 2020, 236 ff.

Dölemeyer, Barbara/Klippel, Diethelm, Der Beitrag der deutschen Rechtswissenschaft zur Theorie des gewerblichen Rechtsschutzes und des Urheberrechts, in: Beier/Kraft/Schricker/Wadle (Hrsg.), Festschrift zum 100jährigen Bestehen der Deutschen Vereinigung für gewerblichen Rechtsschutz und ihrer Zeitschrift, Bd I Weinheim 1991, S. 185 ff.; zit. *Dölemeyer/Klippel* (1991)

Donellan, Keith S., Reden über Nichts, in: Wolf (Hrsg.), Eigennamen, Frankfurt a. M. 1985, S. 274 ff.; zit. *Donellan* (1985)

Dreier, Thomas, Grundrechte und Schranken des Urheberrechts, GRUR 2019, 1003 ff.

ders., Bilder im Zeitalter ihrer vernetzten Kommunizierbarkeit, ZGE 2017, 135 ff.

Dreier, Thomas/Schulze, Gernot, Urheberrechtsgesetz, 7. Aufl., München 2022; zit. *Dreier/Schulze* (2022)

Dreyer, Gunda/Kotthoff, Jost/Meckel, Astrid, Urheberrecht, 3. Aufl., Heidelberg 2013; zit. *Bearbeiter* in Dreyer/Kotthoff/Meckel (2013)
Dünnwald, Rolf, Zum Begriff des ausübenden Künstlers, UFITA 52 (1972), 49 ff.
ders., Interpret und Tonträgerhersteller, GRUR 1970, 274 ff.
ders., Inhalt und Grenzen des künstlerischen Leistungsschutzes, in: Herschel/Klein/Rehbinder (Hrsg.), Festschrift für Georg Roeber, Berlin 1973, S. 127 ff.; zit. *Dünnwald* (1973)
ders., Zum Leistungsschutz an Tonträgern und Bildtonträgern, UFITA 76 (1976), 165 ff.
ders., Die Neufassung des künstlerischen Leistungsschutzrechts, ZUM 2004, 161 ff.
Eberl, Wolfgang, Himmelsscheibe von Nebra, GRUR 2006, 1009 ff.
Engisch, Karl, Einführung in das juristische Denken, 4. Aufl., Stuttgart 1968; zit. *Engisch* (1968)
Elster, Alexander, Formgebung und Ausdrucksmittel in ihrer Bedeutung für das Recht des Urhebers, UFITA Bd. II (1929), 595 ff.
Erdmann, Willi, Möglichkeiten und Grenzen des Urheberrechts, CR 1986, 249 ff.
ders., Der urheberrechtliche Schutz von Lichtbildwerken und Lichtbildern, in: Büscher/Erdmann/Haedicke/Köhler/Loschelder (Hrsg.), Festschrift für Joachim Bornkamm, München 2014, S. 761 ff.; zit. *Erdmann* (2014)
Ernst, Gerhard, Einführung in die Erkenntnistheorie, 3. Aufl., Darmstadt 2011; zit. *Ernst* (2011)
Essler, Wilhelm K., Wissenschaftstheorie II, Theorie und Erfahrung, Freiburg, München 1971; zit. *Essler* (1971)
ders., Wissenschaftstheorie III, Wahrscheinlichkeit und Induktion, Freiburg, München 1973; zit. *Essler* (1973)
ders., Wissenschaftstheorie IV, Erklärung und Kausalität, Freiburg, München 1979; zit. *Essler* (1979)
Fezer, Karl-Heinz, Markenrecht, 4. Aufl., München 2009; zit. *Fezer* (2009)
Fichte, Johann Gottlieb, Beiträge zur Berichtigung der Urteile des Publikums über die Französische Revolution, in: J. H. Fichte (Hrsg.), Johann Gottlieb Fichte's sämmtliche Werke, Bd. VI, Berlin 1846, S. 39 ff.; zit. *Fichte* (1793a)
ders., Beweis der Unrechtmässigkeit des Büchernachdrucks, in: J. H. Fichte (Hrsg.), Johann Gottlieb Fichte's sämmtliche Werke, Bd. VIII, Berlin 1846, S. 223 ff.; zit. *Fichte* (1793b)
Finke, Moritz, Werk und Veränderung, Tübingen 2022; zit. *Finke* (2022)
Flechsig, Norbert P., Schottus adversus Egenolphum, Passau, Wien 2017; zit. *Flechsig* (2017)
Frankena, Wilhelm K., Analytische Ethik, München 1972; zit. *Frankena* (1972)
Frege, Gottlob, Der Gedanke Eine logische Untersuchung, Beiträge zur Philosophie des Deutschen Idealismus I 1918, 58 ff.; zit. *Frege* (1918)
ders., Die Verneinung, Beiträge zur Philosophie des Deutschen Idealismus I 1919, 143 ff.; zit. *Frege* (1919)
ders., Sinn und Bedeutung, in: Patzig (Hrsg.), Funktion, Begriff, Bedeutung, 3. Aufl. Göttingen 1969, 40 ff.; zit. *Frege* (1969)
Fromm/Nordemann, hrsg. v. A. Nordemann/J. B. Nordemann/Czychowski, Urheberrecht, 12. Aufl. Stuttgart 2018; zit. *Bearbeiter* in Fromm/Nordemann (2018)
Gabriel, Markus, Warum es die Welt nicht gibt, Berlin 2013, zit. *Gabriel* (2013)
v. Gamm, Eva-Irina, Die Problematik der Gestaltungshöhe im deutschen Urheberrecht, Baden-Baden 2004; zit. *Eva-Irina v. Gamm* (2004)

v. Gamm, Otto-Friedrich, Urheberrechtsgesetz, München 1968; zit. *Otto-Friedrich v. Gamm* (1968)
Gaster, Jens L., Der Rechtsschutz von Datenbanken, Köln, Berlin, Bonn, München 1999; zit. *Gaster* (1999)
Gervais, Daniel, Is Intellectual Property Law Ready for Artificial Intelligence?, GRUR Int. 2020, 117 ff.
v. Gierke, Otto, Deutsches Privatrecht, Bd. I, Leipzig 1895, zit. *Gierke* (1895)
Giesecke, Michael, Der Buchdruck in der frühen Neuzeit, Frankfurt a. M. 1991; zit. *Giesecke* (1991)
Gieseke, Ludwig, Die geschichtliche Entwicklung des deutschen Urheberrechts, Göttingen 1957; zit. *Gieseke* (1957)
Gödel, Kurt, Die Vollständigkeit der Axiome des logischen Funktionenkalküls, Monatshefte für Mathematik und Physik Bd. 37 (1930), 349 ff.
ders., Über formal unentscheidbare Sätze der Principia Mathematica und verwandter Systeme I, Monatshefte für Mathematik und Physik Bd. 38 (1931), 173 ff.
Götting, Horst-Peter, Der Schutz wissenschaftlicher Werke, in: Loewenheim (Hrsg.), Festschrift für Wilhelm Nordemann, München 2004, S. 7 ff.; zit. *Götting* (2004)
ders., Gewerblicher Rechtsschutz, 11. Aufl., München 2020; zit. *Götting* (2020)
Götting, Horst-Peter/Lauber-Rönsberg, Anne, Der Schutz nachgelassener Werke, GRUR 2006, 638 ff.
Goldschlager, Les/Lister, Andrew, Informatik, 3. Aufl., München 1990; zit. *Goldschlager/Lister* (1990)
Goodman, Nelson, Weisen der Welterzeugung, Frankfurt a. M. 1990; zit. *Goodman* (1990)
ders., Sprachen der Kunst, 2. Aufl., Frankfurt a. M. 1998; zit. *Goodman* (1998)
ders., Über die Identität von Kunstwerken, in: Schmücker (Hrsg.), Identität und Existenz, 4. Aufl., Münster 2014, S. 102 ff.; zit. *Goodman* (2014)
Gorny, Kategorien von Softwarefehlern, CR 1986, 673 ff.
Gounalakis, Georgios, Urheberrechtsschutz für die Bibel?, GRUR 2004, 996 ff.
Grünberger, Michael, Metall auf Metall: Eine weitere Zwischenstation auf einer unendlichen Reise, ZUM 2022, 579 ff.
Grüneberg, Christian (Hrsg.), Bürgerliches Gesetzbuch, 82. Aufl. München 2023; zit. *Bearbeiter* in Grüneberg (2023)
Grützmacher, Malte, Urheber-, Leistungs- und Sui-generis-Schutz von Datenbanken, Baden-Baden 1999; zit. *Grützmacher* (1999)
Haberstumpf, Helmut, Die Formel vom Anstandsgefühl aller billig und gerecht Denkenden in der Rechtsprechung des Bundesgerichtshofs, Berlin 1976, zit. *Haberstumpf* (1976)
ders., Bemerkungen zu einigen Paradoxien der deontischen Logik, ARSP 1981, 407 ff.
ders., Zur Individualität wissenschaftlicher Sprachwerke, Freiburg 1982; zit. *Haberstumpf* (1982)
ders., Gedanken zum Urheberrechtsschutz wissenschaftlicher Werke, UFITA 96 (1983), 41 ff.
ders., Grundsätzliches zum Urheberrechtsschutz von Computerprogrammen nach dem Urteil des BGH vom 9. Mai 1985, GRUR 1986, 222 ff.
ders., Urheberrechtlich geschützte Werke und verwandte Schutzrechte, in: Beier/Kraft/Schricker/Wadle (Hrsg.), Festschrift zum 100jährigen Bestehen der Deutschen Vereinigung für gewerblichen Rechtsschutz und ihrer Zeitschrift, Bd. II, Weinheim 1991, S. 1125 ff.; zit. *Haberstumpf* (1991)

ders., Der urheberrechtliche Schutz von Computerprogrammen, in: Lehmann (Hrsg.), Rechtsschutz und Verwertung von Computerprogrammen, 2. Aufl., Köln 1993, II S. 69 ff., zit. *Haberstumpf* (1993)

ders., Handbuch des Urheberrechts, 2. Aufl., Neuwied, Kriftel 2000, zit. *Haberstumpf* (2000)

ders., Wem gehören Forschungsergebnisse?, ZUM 2001, 819 ff.

ders., Der Schutz elektronischer Datenbanken nach dem Urheberrechtsgesetz, GRUR 2003, 14 ff.

ders., Anmerkung zu BGH, Urteil vom 1. Dezember 2010 – I ZR 12/08 – Perlentaucher, ZUM 2011, 158 ff.

ders., Die markenmäßige Benutzung, ZGE 2011, 151 ff.

ders., Der Handel mit gebrauchter Software im harmonisierten Urheberrecht, CR 2012, 561 ff.

ders., Das Urheberrecht – Feind des Wissenschaftlers und des wissenschaftlichen Fortschritts?, ZUM 2012, 529 ff.

ders., Die Paradoxien des Werkbegriffs, ZGE 2012, 284 ff.

ders., Anmerkung zu OLG Frankfurt, Urteile vom 1.11.2011 – 11 U 75/06 und 76/07, ZUM 2012, 159 ff.

ders., System der Verwertungsrechte im harmonisierten Urheberrecht, GRUR Int. 2013, 627 ff.

ders., Josef Kohler und die Erschöpfungslehre, ZGE 2014. 470 ff.

ders., Freie Benutzung im harmonisierten Urheberrecht, ZGE 2015, 425 ff.

ders., Verkauf immaterieller Güter, NJOZ 2015, 793 ff.

ders., Nichtgegenständliche Werke im Urheberrecht, in: Dreier/Peifer/Specht (Hrsg.), Festschrift für Gernot Schulze, München 2017, S. 3 ff.; zit. *Haberstumpf* (2017)

ders., Kap. 7 Urheberrecht, in: Erdmann/Rojahn/Sosnitza (Hrsg.), Handbuch des Fachanwalts Gewerblicher Rechtsschutz, 3. Aufl., Köln 2018; zit. *Haberstumpf* (2018)

ders., Urheberrecht zwischen Materialismus und Idealismus, UFITA 2018, 495 ff.

ders., Recht der öffentlichen Wiedergabe im harmonisierten Urheberrecht, jipitec 2019, 187 ff.

ders., Die freie Benutzung darf nicht sterben, ZUM 2020, 809 ff.

ders., Der europäische Werkbegriff und die Lehre vom Gestaltungsspielraum, GRUR 2021, 1249 ff.

ders., Die freie Benutzung lebt!, ZUM 2022, 795 ff.

Haedicke, Maximilian, Beschränkungen der Parodiefreiheit durch europäisches Urheberrecht, GRUR Int. 2015, 664 ff.

Hare, R. M., Die Sprache der Moral, Frankfurt a. M. 1972; zit. *Hare* (1972)

Hartmann, Nicolai, Ethik, 4. Aufl., Berlin, Boston 1962; zit. *Hartmann* (1962)

ders., Zur Grundlegung der Ontologie, Berlin, New York 1965; zit. *Hartmann* (1965)

Hartwieg, Oskar, Die künstlerische Darbietung, GRUR 1971, 144 ff.

Hartwig, Henning, Musterdichte und Mustervielfalt im Geschmacksmusterrecht, GRUR 2015, 845 ff.

ders., Gestaltungsfreiheit im Gemeinschaftsgeschmacksmusterrecht, GRUR 2020, 1260 ff.

ders., Die Rechtsprechung zum Designrecht in den Jahren 2018 und 2019 (Teil 1), GRUR 2020, 798 ff.

Hegel, Georg Wilhelm Friedrich, Werke Bd. 7, Grundlinien der Philosophie des Rechts, 1979; zit. *Hegel* (1979)

v. Hellfeld, Axel, Sind Algorithmen schutzfähig?, GRUR 1989, 471 ff.

Literaturverzeichnis

Hempel, Carl Gustav, Philosophie der Naturwissenschaften, München 1974; zit. *Hempel* (1974)

Hertin, Paul W., Datenbankschutz für topografische Landkarten?, GRUR 2004, 646 ff.

Hetmank, Sven/Lauber-Rönsberg, Anne, Künstliche Intelligenz – Herausforderungen für das Immaterialgüterrecht, GRUR 2018, 574 ff.

Hilty, Reto, Urheberrecht, Bern 2011; zit. *Hilty* (2011)

Hoebbel, Christoph, Der Schutz von elektronischen Datenbanken nach deutschem und kommendem europäischem Recht, in: Lehmann (Hrsg.), Rechtsschutz und Verwertung von Computerprogrammen, 2. Aufl., Köln 1993, XXII S. 1015 ff.; zit. *Hoebbel* (1993)

Hoeren, Thomas, Softwareüberlassung als Sachkauf, München 1989; zit. *Hoeren* (1989)

Hofmann, Franz, Der Unterlassungsanspruch als Rechtsbehelf, Tübingen 2017; zit. *Franz Hofmann* (2017)

ders., Die Systematisierung des Interessenausgleichs am Beispiel der öffentlichen Wiedergabe, ZUM 2018, 641 ff.

Hofmann, Klaus, Rechtsbeziehungen zwischen Editionsinstitut, Herausgeber und Verlag, in: Hubmann, (Hrsg.), Rechtsprobleme musikwissenschaftlicher Editionen, München 1982, S. 17 ff.; zit. *Klaus Hofmann* (1982)

Hofmann, Philip, Verdient digitales Spielen ein Leistungsschutzrecht?, ZUM 2013, 279 ff.

Hofstadter, Douglas R., Gödel Escher Bach, 18. Aufl., Stuttgart 2008; zit. *Hofstadter* (2008)

Homar, Philipp, Enge Handlungsspielräume für das Sampling, ZUM 2019, 731 ff.

Hubmann, Heinrich, Das Recht des schöpferischen Geistes, Berlin 1954; zit. *Hubmann* (1954)

ders., Der Rechtsschutz der Idee, UFITA 24 (1957), 1 ff.

ders., Urheber- und Verlagsrecht, 4. Aufl., München 1978; zit. *Hubmann* (1978)

ders., Rechtsprobleme musikwissenschaftlicher Editionen, München 1982; zit. *Hubmann* (1982)

Husserl, Edmund, Erfahrung und Urteil, Prag 1939; zit. *Husserl* (1939)

Ingarden, Roman, Das literarische Kunstwerk, 2. Aufl., Tübingen 1960; zit. *Ingarden* (1960)

ders., Untersuchungen zur Ontologie der Kunst, Tübingen 1962; zit. *Ingarden* (1962)

Ingerl/Rohnke/Nordemann, Nordemann, Axel/Nordemann-Schiffel, Anke (Hrsg.), Markengesetz, 4. Aufl., München 2023; zit. *Bearbeiter* in Ingerl/Rohnke/Nordemann (2023)

Jakl, Bernhard, Das Recht der Künstlichen Intelligenz, MMR 2019, 711 ff.

Jakob, Jan, Ausschließlichkeitsrechte an immateriellen Gütern, Tübingen 2010; zit. *Jacob* (2010)

Jani, Ole, Das europäische Leistungsschutzrecht für Presseverleger, ZUM 2019, 674 ff.

Joerden, Jan C., Logik im Recht, Berlin, Heidelberg 2005; zit. *Joerden* (2005)

Kamlah, Wilhelm/Lorenzen, Paul, Logische Propädeutik, 2. Aufl., Mannheim, Wien, Zürich 1973; zit. *Kamlah/Lorenzen* (1973)

Kant, Immanuel, Kritik der praktischen Vernunft, 1788, Akademieausgabe Bd. V, Berlin 1908; zit. *Kant* (1788)

ders., Kritik der Urteilskraft, Reclam Stuttgart 1963; zit. *Kant* (1963)

Katzenberger, Paul, Urheberrecht und Naturwissenschaften, Naturwissenschaften Bd. 62 (1975), 555 ff.

ders., Neue Urheberrechtsprobleme der Photographie, GRUR Int. 1989, 116 ff.

ders., Vergütung der Sendeunternehmen für Privatkopien aus der Sicht der europäischen Urheberrechtsrichtlinien, GRUR Int. 2006, 190 ff.
Kayser, Wolfgang, Das sprachliche Kunstwerk, 19. Aufl., Bern, München 1982; zit. *Kayser* (1982)
Kersting, Transzendentalphilosophische und naturrechtliche Eigentumsbegründung, ARSP 67 (1981), 157 ff.
Kertscher, Jens/Müller, Jan, Praxis als Konstitution und als Form, in: Kertscher/Müller (Hrsg.), Lebensform und Praxisform, Münster 2015, S. 121 ff.; zit. *Kertscher/Müller* (2015)
Kittler, Friedrich, Es gibt keine Software, in: Kittler, Draculas Vermächtnis, 1993, S. 225 ff.; zit. *Kittler* (1993)
Klawitter, Christian, Urheberschutz für Designleistungen: Kehrtwendung oder Randkorrektur?, GRUR-Prax 2014, 30 ff.
Klinkenberg, Henning, Urheber- und verlagsrechtliche Aspekte des Schutzes wissenschaftlicher Ausgaben nachgelassener Texte, GRUR 1985, 419 ff.
Klug, Ulrich, Juristische Logik, 3. Aufl., Berlin, Heidelberg, New York 1966; zit. *Klug* (1966)
Knöbl, Harald Peter, Die „kleine Münze" im System des Immaterialgüter- und Wettbewerbsrechts, Hamburg 2002; zit. *Knöbl* (2002)
König, Mark Michael, Das Computerprogramm im Recht, Köln 1991; zit. *König* (1991)
Kohler, Josef, Deutsches Patentrecht, 1878; zit. *Kohler* (1878)
ders., Autorrecht, 1880; zit. *Kohler* (1880)
ders., Forschungen aus dem Patentrecht, Mannheim 1888; zit. *Kohler* (1888)
ders., Die Idee des geistigen Eigenthums, AcP 82 (1894), 141 ff.
ders., Urheberrecht an Schriftwerken und Verlagsrecht, Stuttgart 1907; zit. *Kohler* (1907)
ders., Kunstwerkrecht, Stuttgart 1908; zit. *Kohler* (1908)
Köhler, Helmut/Bornkamm, Joachim/Feddersen, Jörn, Gesetz gegen den unlauteren Wettbewerb, 41. Aufl., München 2023; zit. *Bearbeiter* in Köhler/Bornkamm/Feddersen (2023)
Kolmer, Petra/Wildfeuer, Armin G., Neues Handbuch philosophischer Grundbegriffe, Bd. 1–3, Freiburg 2011; zit. *Kolmer/Wildfeuer* (2011)
Kopp, Lisa, Die Freiheit der Idee und der Schutz von Schriftwerken, Tübingen 2014; zit. *Kopp* (2014)
Kripke, Saul A., Name und Notwendigkeit, Frankfurt a. M. 1981; zit. *Kripke* (1981)
ders., Wittgenstein über Regeln und Privatsprache, 2. Aufl., Frankfurt a. M. 2014; zit. *Kripke* (2014)
Kruse, Till, Die rechtlichen Differenzierungen zwischen Urhebern und ausübenden Künstlern unter besonderer Berücksichtigung des § 79 UrhG, Hamburg 2013; zit. *Kruse* (2013)
Kühn, Clemens, Formenlehre der Musik, 8. Aufl., Kassel, Basel, London, New York, Prag 2007; zit. *Kühn* (2007)
Künne, Wolfgang, Abstrakte Gegenstände, 2. Aufl., Frankfurt a. M. 2007; zit. *Künne* (2007)
ders., Die Philosophische Logik Gottlob Freges, Frankfurt a. M. 2010; zit. *Künne* (2010)
ders., Ausdrücke und literarische Werke als Typen, in: Schmücker (Hrsg.), Identität und Existenz, 4. Aufl., Münster 2014, S. 141 ff.; zit. *Künne* (2014)
Kummer, Max, Das urheberrechtlich schützbare Werk, Bern 1968; zit. *Kummer* (1968)
Kuhn, Thomas S., Die Struktur wissenschaftlicher Revolutionen, 2. Aufl., Frankfurt a. M. 1967; zit. *Kuhn* (1967)

Kur, Annette, Verwertung von Design, in: Beier/Götting/Lehmann/Moufang (Hrsg.), Urhebervertragsrecht, Festgabe für Gerhard Schricker, München 1995, S. 503 ff.; zit. *Kur* (1995)

Kurzweil, Ray, The Singularity is Near, New York 2005; zit. *Kurzweil* (2005)

v. Kutschera, Franz/Breitkopf, Alfred, Einführung in die moderne Logik, 3. Aufl., Freiburg, München 1974; zit. *v. Kutschera/Breitkopf* (1974)

v. Kutschera, Franz, Wissenschaftstheorie I, München 1972; zit. *v. Kutschera* (1972)

ders., Sprachphilosophie, 2. Aufl., München 1975; zit. *v. Kutschera* (1975)

ders., Grundlagen der Ethik, Berlin, New York 1982; zit. *v. Kutschera* (1982)

ders., Ästhetik, Berlin, New York 1988; zit. *v. Kutschera* (1988)

ders., Carnap und der Physikalismus, Erkenntnis Bd. 35 (1991), 305 ff.

ders., Philosophie des Geistes, Paderborn 2009; zit. *v. Kutschera* (2009)

v. Laban, Rudolf, Tanzschrift und Urheberrecht, UFITA Bd. II (1929), 631 ff.

Lauber-Rönsberg, Anne, Parodien urheberrechtlich geschützter Werke, ZUM 2015, 658 ff.

dies., Autonome „Schöpfung" – Urheberschaft und Schutzfähigkeit, GRUR 2019, 244 ff.

dies., Fotografien gemeinfreier Museumsexponate, ZUM 2019, 341 ff.

dies., Reform des Bearbeitungsrechts und neue Schrankenregelung für Parodien, Karikaturen und Pastiches, ZUM 2020, 733 ff.

Lenzen, Manuela, Künstliche Intelligenz, 3. Aufl., München 2019; zit. *Lenzen* (2019)

Leistner, Matthias, Der neue Rechtsschutz des Datenbankherstellers, GRUR Int. 1999, 819 ff.

ders., Der Rechtsschutz von Datenbanken im deutschen und europäischen Recht, München 2000; zit. *Leistner* (2000)

ders., Der europäische Werkbegriff, ZGE 2013, 4 ff.

ders., Der Ausschluss der Sendeunternehmen von der Geräte- und Leermedienvergütung aus europarechtlicher Sicht, ZGE 2013, 313 ff.

ders., Urheberrecht an der Schnittstelle zwischen Unionsrecht und nationalem Recht, GRUR 2014, 1145 ff.

ders., Was lange währt …: EuGH entscheidet zur Schutzfähigkeit geografischer Karten als Datenbanken, GRUR 2016, 42 ff.

ders., „Ende gut, alles gut"… oder „Vorhang zu und alle Fragen offen"?, GRUR 2019, 1008 ff.

Locke, John, An Essay Concerning Human Understanding, in der Übersetzung von Kirchmann, 1872, Book III; zit. *Locke* (1872)

ders., Two Treatises on Government, Cambridge 1960; zit. *Locke* (1960)

Lehmann, Michael, Eigentum, geistiges Eigentum, gewerbliche Schutzrechte, GRUR Int. 1983, 356 ff.

v. Lewinski, Silke, Verwandte Schutzrechte, in: Schricker (Hrsg.), Urheberrecht auf dem Weg zur Informationsgesellschaft, Baden-Baden 1997, S. 219 ff.; zit. *v. Lewinski* (1997)

Luf, Gerhard, Philosophische Strömungen in der Aufklärung und ihr Einfluss auf das Urheberrecht, in: Dittrich (Hrsg.), Woher kommt das Urheberrecht und wohin geht es?, Wien 1988, S. 9 ff.; zit. *Luf* (1988)

Maaßen, Wolfgang, Panoramafreiheit in den preußischen Schlossgärten, GRUR 2010, 880 ff.

Margolis, Joseph, Die Identität eines Kunstwerkes, in: Henckmann (Hrsg.), Ästhetik, Darmstadt 1979, S. 209 ff.; zit. *Margolis* (1979)

Markowitsch, Warum wir keinen freien Willen haben, Psychologische Rundschau 55 (2004), 163 ff.

Marly, Jochen, Urheberrechtsschutz für Computersoftware in der Europäischen Union, München 1995; zit. *Marly* (1995)
ders., Praxishandbuch Softwarerecht, 5. Aufl., München 2009; zit. *Marly* (2009)
McDowell, John, Wittgenstein on following a rule, Synthese 58 (1984), 325 ff.
Mehrings, Josef, Der Rechtsschutz computergestützter Fachinformationen, Baden-Baden 1990; zit. *Mehrings* (1990)
Meixner, Uwe, Einführung in die Ontologie, Darmstadt 2004; zit. *Meixner* (2004)
ders., Ontologie, Metaphysik und der ontologische Idealismus, in: Hösle/Müller (Hrsg.), Idealismus heute, Darmstadt 2015, S. 69 ff.; zit. *Meixner* (2015)
Mes, Peter, Patentrecht Gebrauchsmusterrecht, 5. Aufl., München 2020; zit. *Mes* (2020)
Mestmäcker/Schulze, Kommentar zum deutschen Urheberrecht (Loseblatt), hrsg. v. Hertin/Marcel Schulze/Walter, München; zit. *Mestmäcker/Schulze*
Metzger, Axel, Der Einfluss des EuGH auf die gegenwärtige Entwicklung des Urheberrechts, GRUR 2012, 118 ff.
Mezger, Lukas, Die Schutzschwelle für Werke der angewandten Kunst im deutschen und europäischen Urheberrecht, Göttingen 2017; zit. *Mezger* (2017)
Miljković, Natascha, Mehr Schaden als Nutzen? Problematischer Einsatz von Textvergleichungsprogrammen zur vermeintlichen Plagiatsvermeidung GMS Bibl. Inf. 2015, 15 ff.
Möhring/Nicolini, hrsg. v. Ahlberg/Götting, Urheberrecht, 4. Aufl., München 2018; zit. *Bearbeiter* in Möhring/Nicolini (2018)
v. Moltke, Bertram, Das Urheberrecht an den Werken der Wissenschaft, Baden-Baden 1992; zit. *v. Moltke* (1992)
Morris, Charles W., Ästhetik und Zeichentheorie, in: Henckmann (Hrsg.), Ästhetik, Darmstadt 1979, S. 269 ff.; zit. *Morris* (1979)
Müller, Jan, „Lebendige Normativität"?, in: Kertscher/Müller (Hrsg.), Lebensform und Praxisform, Münster 2015, S. 263 ff.; zit. *Müller* (2015)
Münchener Kommentar zum BGB, Bd. 1 Allgemeiner Teil, 9. Aufl., München 2021; zit. *Bearbeiter* in Münchener Kommentar (2021)
v. Münchhausen, Christine, Der Schutz der Sendeunternehmen nach deutschem, europäischem und internationalem Recht, Baden-Baden 2001; zit. *v. Münchhausen* (2001)
Müsse, Hans-Gabriel, Das Urheberpersönlichkeitsrecht unter besonderer Berücksichtigung der Veröffentlichung und der Inhaltsmitteilung, Tübingen Diss. 1999; zit. *Müsse* (1999)
Murza, Maja, Urheberrecht von Choreografen, Berlin, Boston 2012; zit. *Murza* (2012)
dies., Ist das mein Tanz oder dein Tanz?, in: Bulliger/Grunert/Ohst/Wöhrn (Hrsg.), Festschrift für Artur-Axel Wandtke, Berlin, Boston 2013, S. 61 ff.; zit. *Murza* (2013)
Nagel, Thomas, What Is It Like to be a Bat?, übersetzt und herausgegeben von Ulrich Diehl, Stuttgart 2016; zit. *Nagel* (2016)
Nagel, Ernest/Newman, James R., Der Gödelsche Beweis, Wien, München 1964; zit. *Nagel/Newman* (1964)
Neumann, Ulfrid, Juristische Argumentationslehre, Darmstadt 1986; zit. *Neumann* (1986)
Neustetel, Leopold Joseph, Der Büchernachdruck nach römischem Recht betrachtet, 1824; zit. *Neustetel* (1824)
Newen, Albert, Kontext, Referenz und Bedeutung, Paderborn, München, Zürich 1996; zit. *Newen* (1996)
Newen, Albert/Schrenk, Markus A., Einführung in die Sprachphilosophie, Darmstadt 2008; zit. *Newen/Schrenk* (2008)
Nordemann, Wilhelm, Das Leistungsschutzrecht des Tonmeisters, GRUR 1980, 568 ff.

ders., Lichtbildschutz für fotografisch hergestellte Vervielfältigungen?, GRUR 1987, 15 ff.
Nordemann, Axel/Heise, Friedrich Nicolaus, Urheberrechtlicher Schutz für Designleistungen in Deutschland und auf europäischer Ebene, ZUM 2001, 128 ff.
Oberndörfer, Pascal, Die philosophische Grundlage des Urheberrechts, Baden-Baden 2005; zit. *Oberndörfer* (2005)
Obergfell, Eva Inés, Tanz als Gegenwartskunst im 21. Jahrhundert, ZUM 2005, 621 ff.
dies., Das Zitat im Tanz, in: Bulliger/Grunert/Ohst/Wöhrn (Hrsg.), Festschrift für Artur-Axel Wandtke, Berlin, Boston 2013, S. 71 ff.; zit. *Obergfell* (2013)
dies., Abschied von der „Silberdistel" Zum urheberrechtlichen Schutz von Werken der angewandten Kunst, GRUR 2014, 621 ff.
Oechsler, Jürgen, Die Idee als persönliche geistige Schöpfung – Von Fichtes Lehre vom Gedankeneigentum zum Schutz von Spielideen, GRUR 2009, 1101 ff.
Ohly, Ansgar, Gutachten F zum 70. Juristentag, München 2014; zit. *Ohly* (2014)
ders., Hip-Hop und die Zukunft der freien Benutzung im EU-Urheberrecht, GRUR 2017, 964 ff.
ders., Urheberrecht im digitalen Binnenmarkt – Die Urheberrechtsnovelle 2021 im Überblick, ZUM 2021 745 ff.
Ory, Stephan/Sorge, Christoph, Schöpfung durch Künstliche Intelligenz?, NJW 2019, 710 ff.
Oster, Jan, Haftung für Persönlichkeitsverletzungen durch Künstliche Intelligenz, UFITA 2018, 14 ff.
Panofsky, Erwin, Zum Problem der Beschreibung und Inhaltsdeutung der bildenden Kunst, in: Kaemmerling (Hrsg.), Bildende Kunst als Zeichensystem Bd. I, Ikonographie und Ikonologie, Köln 1979, S. 185 ff.; zit. *Panofsky* (1979a)
ders., Ikonographie und Ikonologie, in: Kaemmerling (Hrsg.), Bildende Kunst als Zeichensystem Bd. I, Ikonographie und Ikonologie, Köln 1979, S. 207 ff.; zit. *Panofsky* (1979b)
Patzig, Günther, Funktion, Begriff, Bedeutung, 3. Aufl., Göttingen 1969; zit. *Patzig* (1969)
ders., Sprache und Logik, 2. Aufl., Göttingen 1981; zit. *Patzig* (1981)
ders., Über den ontologischen Status von Kunstwerken, in: Schmücker (Hrsg.), Identität und Existenz, 4. Aufl., Münster 2014, S. 107 ff.; zit. *Patzig* (2014)
Peifer, Nikolaus, Kleine Münze und Kunst – Werkbegriff in Not?, in: Dreier/Peifer/Specht (Hrsg.), Festschrift für Gernot Schulze, München 2017, S. 23 ff.; zit. *Peifer* (2017)
ders., Mit dem Porsche auf der Standspur?, GRUR 2022, 967 ff.
ders., Es ist nicht alles Kunst, was leuchtet, ZUM 2023, 535 ff.
Peirce, Charles S., Semiotische Schriften Bd. 1, hrsg. v. Kloesel und Pape, Frankfurt a. M. 2000; zit. *Peirce* (2000)
Peukert, Alexander, Kritik der Ontologie des Immaterialgüterrechts, Tübingen 2018; zit. *Peukert* (2018)
ders., Die Gemeinfreiheit, Tübingen 2012; zit. *Peukert* (2012)
ders., Die Zerstörung eines Werkstücks. Ein Fall von § 14 UrhG?, ZUM 2019, 567 ff.
ders., Schutzbereich und Fungibilität des Presseleistungsschutzrechts, ZUM 2023, 233 ff.
Pierson, Matthias/Ahrens Thomas/Fischer Karsten, Recht des geistigen Eigentums, 2. Aufl., München 2010; zit. *Pierson/Ahrens/Fischer* (2010)
Plassmann, Clemens, Bearbeitung und andere Umgestaltungen in § 23 Urheberrechtsgesetz, Berlin 1996; zit. *Plassmann* (1996)
Pötzlberger, Florian, Pastiche 2.0: Remixing im Licht des Urheberrechts, GRUR 2018, 675 ff.

Pohlmann, Hans-Jörg, Neue Materialien zur Frühentwicklung des deutschen Erfinderschutzes im 16. Jahrhundert, GRUR 1960, 272 ff.
ders., Das neue Geschichtsbild der deutschen Urheberrechtsentwicklung, 1961; zit. *Pohlmann* (1961)
ders., Zur notwendigen Revision unseres bisherigen Geschichtsbildes auf dem Gebiet des Urheberrechts und des gewerblichen Rechtsschutzes, GRUR 1962, 9 ff.
Popper, Karl R., Logik der Forschung, 6. Aufl., Tübingen 1976; zit. *Popper* (1976)
ders., Objektive Erkenntnis, Hamburg 1993; zit. *Popper* (1993)
ders., Ausgangspunkte, München, Zürich 2004; zit. *Popper* (2004)
Priester, Jens-Michael, Rechtstheorie als analytische Wissenschaftstheorie, in: Jahr/Maihofer (Hrsg.), Rechtstheorie, Frankfurt a. M. 1971, S. 13 ff.; zit. *Priester* (1971)
Quante, Michael, Einführung in die Allgemeine Ethik, 6. Aufl., Darmstadt 2017; zit. *Quante* (2017)
Ramge, Thomas, Mensch und Maschine, 6. Aufl., Stuttgart 2018; zit. *Ramge* (2018)
Raue, Peter, Zum Dogma von der restriktiven Auslegung der Schrankenbestimmungen des Urheberrechtsgesetzes, in: Loewenheim (Hrsg.), Festschrift für Wilhelm Nordemann, München 2004, S. 327 ff.; zit. *Raue* (2004),
Rehbinder, Manfred, Urheber- und Verlagsrecht, 10. Aufl., München 1998; zit. *Rehbinder* (1998)
Rehbinder, Manfred/Peukert, Alexander, Urheberrecht und verwandte Schutzrechte, 18. Aufl., München 2018; zit. *Rehbinder/Peukert* (2018)
Reicher, Maria E., Einführung in die philosophische Ästhetik, 2. Aufl., Darmstadt 2010; zit. *Reicher* (2010)
dies., Eine Typenontologie der Kunst, in: Schmücker (Hrsg.), Identität und Existenz, 4. Aufl., Münster 2014, S. 180 ff.; zit. *Reicher* (2014)
dies., Werk und Autorschaft, Paderborn 2019; zit. *Reicher* (2019)
Reimer, Dietrich, Zum Urheberrechtsschutz von Darstellungen wissenschaftlicher oder technischer Art, GRUR 1980, 572 ff.
Rieble, Volker, Das Wissenschaftsplagiat, Frankfurt a. M. 2010; zit. *Rieble* (2010)
Riezler, Deutsches Urheber- und Erfinderrecht, 1909; zit. *Riezler* (1909)
Rossbach, Claudia/Joos, Ulrich, Vertragsbeziehungen im Bereich der Musikverwertung unter besonderer Berücksichtigung des Musikverlags und der Tonträgerherstellung, in: Beier/Götting/Lehmann/Moufang (Hrsg.), Festschrift für Gerhard Schricker, München 1995, S. 333 ff.; zit. *Rossbach/Joos* (1995)
Rühberg, Michael, Mo(n)tezumas späte Rache, ZUM 2006, 122 ff.
Ruhl, Oliver, Anmerkung zur geschmacksmusterrechtlichen Entscheidung des BGH „Verlängerte Limousinen", GRUR 2010, 692 ff.
Ruhl, Oliver/Tolkmitt, Jan, Gemeinschaftsgeschmacksmuster, 3. Aufl., Köln 2019; zit. *Bearbeiter* in Ruhl/Tolkmitt (2019)
Runge, Kurt, Urheber- und Verlagsrecht, Bonn Hannover Stuttgart 1948, 1949, 1953; zit. *Runge* (1948–1953)
Rupp, Hajo, Die Rechtfertigung der Leistungsschutzrechte des Tonträgerherstellers, Baden-Baden 2021; zit. *Rupp* (2021)
Ryle, Gilbert, Der Begriff des Geistes, Stuttgart 1969; zit. *Ryle* (1969)
Sachs-Hombach, Klaus, Das Bild als kommunikatives Medium, 3. Aufl., Köln 2013; zit. *Sachs-Hombach* (2013)
v. Savigny, Eike, Die Überprüfbarkeit der Strafrechtssätze, Freiburg, München 1967; zit. *v. Savigny* (1967)

ders., Grundkurs im wissenschaftlichen Definieren, München 1970; zit. *v. Savigny* (1970)
ders., Die Philosophie der normalen Sprache, Frankfurt a. M. 1969; zit. *v. Savigny* (1969)
ders., Die Rolle der Dogmatik – wissenschaftstheoretisch gesehen, in: v. Savigny unter Mitarbeit von Neumann und Rahlf, Juristische Dogmatik und Wissenschaftstheorie, München 1976, S. 100 ff.; zit. *v. Savigny* (1976a)
ders., Übereinstimmende Merkmale in der Struktur strafrechtsdogmatischer und empirischer Argumentation, in: v. Savigny unter Mitarbeit von Neumann und Rahlf, Juristische Dogmatik und Wissenschaftstheorie, München 1976, S. 120 ff.; zit. *v. Savigny* (1976b)
ders., Zum Begriff der Sprache, Stuttgart 1983; zit. *v. Savigny* (1983)
ders., Wittgensteins „Philosophische Untersuchungen", Bd. I, 2. Aufl., Frankfurt a. M. 1994; zit. *v. Savigny* (1994)
Schack, Haimo, Appropriation Art und Urheberrecht, in: Loewenheim (Hrsg.), Festschrift für Wilhelm Nordemann, München 2004, S. 107 ff.; zit. *Schack* (2004)
ders., Urheberrechtliche Schranken, übergesetzlicher Notstand und verfassungskonforme Auslegung, in: Ohly/Bodewig/Dreier/Götting/Haedicke/Lehmann (Hrsg.), Festschrift für Gerhard Schricker, München 2005, S. 511 ff.; zit. *Schack* (2005)
ders., Weniger Urheberrecht ist mehr, in: Bullinger/Grunert/Ohst/Wöhrn (Hrsg.), Festschrift für Arthur-Axel Wandtke, Berlin, Boston 2013, S. 9 ff.; zit. *Schack* (2013)
ders., Urheber- und Verlagsrecht, 9. Aufl., Tübingen 2019; zit. *Schack* (2019)
Schäfer, Martin/Nordemann, Axel, Die Neubestimmung des Schutzumfangs urheberrechtlich geschützter Werke der angewandten Kunst nach der Entscheidung Seilzirkus und Geburtstagszug, in: Dreier/Peifer/Specht (Hrsg.), Festschrift für Gernot Schulze, München 2017, S. 39 ff.; zit. *Schäfer/Nordemann* (2017)
Schanze, Die Bildwerkstheorie, GRUR 1929 I, 168 ff.
Scheer, Brigitte, Einführung in die philosophische Ästhetik, Darmstadt 1997; zit. *Scheer* (1997)
Scheler, Max, Der Formalismus in der Ethik und die materiale Wertethik, Bern 1954; zit. *Scheler* (1954)
Schicker, Edwin, Datenbanken und SQL, 3. Aufl., Stuttgart, Leipzig, Wiesbaden 2000; zit. *Schicker* (2000)
Schierholz, Anke/Müller, Ulf, Der Herausgeber im Urheberrecht in: Loewenheim (Hrsg.), Festschrift für Wilhelm Nordemann, München 2004, S. 115 ff.; zit. *Schierholz/Müller* (2004)
Schiessel, Ilva Johanna, Reichweite und Rechtfertigung des einfachen Lichtbildschutzes gem. § 72 UrhG, Baden-Baden 2020; zit. *Schiessel* (2020)
Schlatter-Krüger, Sybille, Zur Urheberrechtsschutzfähigkeit choreografischer Werke in der Bundesrepublik Deutschland und der Schweiz, GRUR Int. 1985, 299 ff.
Schmidt, Christian, Die zwei Paradoxien des geistigen Eigentums, DZPhil 52 (2004), 755 ff.
Schmücker, Reinold, Kunstwerke als intersubjektiv-instantiale Entitäten, in: Schmücker (Hrsg.), Identität und Existenz, 4. Aufl., Münster 2014, S. 149 ff.; zit. *Schmücker* (2014)
Scholz, Oliver R., Bild, Darstellung, Zeichen, 1. Aufl., Freiburg, München 1991; zit. *Scholz* (1991)
ders., Bild, Darstellung, Zeichen, 2. Aufl., Frankfurt a. M 2004; zit. *Scholz* (2004)
Schorn, Franz, Zur Frage der Änderung von § 87 Absatz 3 und anderer Vorschriften des Urheberrechtsgesetzes im Rahmen der Urheberrechtsreform, GRUR 1982, 644 ff.
Schramm, Carl, Die schöpferische Leistung, Berlin 1957; zit. *Schramm* (1957)

Schricker, Gerhard, Anmerkung zu BGH GRUR 1988, 812 – Ein bißchen Frieden, GRUR 1988, 815 f.

ders., Hundert Jahre Urheberrechtsentwicklung, in: Beier/Kraft/Schricker/Wadle (Hrsg.), Festschrift zum 100jährigen Bestehen der Deutschen Vereinigung für gewerblichen Rechtsschutz und ihrer Zeitschrift, Bd. II, Weinheim 1991, S. 1095 ff.; zit. *Schricker* (1991)

ders., Abschied von der Gestaltungshöhe?, in: Becker/Lerche/Mestmäcker (Hrsg.), Festschrift für Reinhold Kreile, Baden-Baden 1994, S. 715 ff.; zit. *Schricker* (1994)

ders., Der Urheberrechtsschutz von Werbeschöpfungen, Werbeideen, Werbekonzeptionen und Werbekampagnen, GRUR 1996, 815 ff.

ders., Urheberrechtsschutz für Spiele, GRUR Int. 2008, 200 ff.

Schricker/Loewenheim, Urheberrecht, hrsg. v. Loewenheim/Leistner/Ohly, 6. Aufl. 2020, München; zit. *Bearbeiter* in Schricker/Loewenheim (2020)

Schulze, Gernot, Die Kleine Münze und ihre Abgrenzungsproblematik bei den Werkarten des Urheberrechts, Freiburg 1983; zit. *Schulze* (1983)

ders., Mehr Urheberrechtsschutz oder mehr Leistungsschutz?, in: Ohly/Bodewig/Dreier/Götting/Lehmann (Hrsg.), Festschrift für Gerhard Schricker, München 2005, S. 523 ff.; zit. *Schulze* (2005)

ders., Urheberschutz für Parfum und andere Duftkombinationen?, in: Hilty/Drexel/Nordemann (Hrsg.), Festschrift für Ulrich Loewenheim, München 2009, S. 275 ff.; zit. *Schulze* (2009)

ders., Schleichende Harmonisierung des urheberrechtlichen Werkbegriffs?, GRUR 2009, 1019 ff.

ders., Urheber- und Leistungsschutzrechte des Kameramanns, GRUR 2014, 855 ff.

ders., Gedanken zur freien Benutzung und zu einer allgemeinen Grundrechtsschranke am Beispiel *Metall auf Metall*, in: v. Lewinski/Wittmann (Hrsg.), Festschrift für Michel Walther, Wien 2018, S. 504 ff.; zit. *Schulze* (2018)

ders., Fotos von gemeinfreien Werken der bildenden Kunst, GRUR 2019, 779 ff.

ders., Die freie Benutzung im Lichte des EuGH-Urteils „Pelham", GRUR 2020, 128 ff.

Schurz, Gerhard, Einführung in die Wissenschaftstheorie, 3. Aufl., Darmstadt 2011; zit. *Schurz* (2011)

Schwintowski, Hans-Peter, Wird Recht durch Robotik und Künstliche Intelligenz überflüssig?, NJOZ 2018, 1601 ff.

Searle, John R., Sprechakte, Frankfurt a. M. 1977; zit. *Searle* (1977)

ders., Minds, Brains and Programs, The Behavioral And Brain Sciences 3 (1980), 417 ff.

ders., Ausdruck und Bedeutung, Frankfurt a. M. 1982; zit. *Searle* (1982)

ders., Intentionalität, Frankfurt a. M. 1991; zit. *Searle* (1991)

ders., Geist, Hirn und Wissenschaft, 4. Aufl., Frankfurt a. M. 2016; zit. *Searle* (2016)

ders., Die Konstruktion der gesellschaftlichen Wirklichkeit, 4. Aufl., Frankfurt a. M. 2018; zit. *Searle* (2018)

Seiffert, Helmut, Einführung in die Wissenschaftstheorie, Bd. 1, 3. Aufl., Bd. 2, 2. Aufl., München 1971; zit. *Seiffert* (1971)

Sellnick, Hans-Joachim, Der Gegenstand des Urheberrechts, Sinzheim 1995; zit. *Sellnick* (1995)

Sibley, Frank, Ästhetische Begriffe, in: Henckmann (Hrsg.), Ästhetik, Darmstadt 1979, S. 230 ff.; zit. *Sibley* (1979)

Spindler, Gerald, Das neue Leistungsschutzrecht für Presseverlage, WRP 2013, 967 ff.

Stallberg, Christian Gero, Urheberrecht und moralische Rechtfertigung, Berlin 2006; zit. *Stallberg* (2006)
Stang, Felix, Das urheberrechtliche Werk nach Ablauf der Schutzfrist, Tübingen 2011; zit. *Stang* (2011)
ders., Art. 14 der neuen DSM-Richtlinie, ZUM 2019, 668 ff.
Staudinger, BGB, Buch 1 Allgemeiner Teil §§ 90 bis 124, 130 bis 133, 2017; zit. *Bearbeiter* in Staudinger (2017)
Staudt, Monika, Der Berechtigungsvertrag, in: Kreile/Becker/Riesenhuber (Hrsg.), Recht und Praxis der GEMA, Kap. 10, Berlin 2005; zit. *Staudt* (2005)
Stegmüller, Wolfgang, Probleme und Resultate der Wissenschaftstheorie und der Analytischen Philosophie, Bd. I Studienausgabe Teil 1, Berlin, Heidelberg, New York 1974; zit. *Stegmüller* (1974)
ders., Hauptströmungen der Gegenwartsphilosophie, Bd. II, 6. Aufl., Stuttgart 1979; zit. *Stegmüller* (1979)
ders., Probleme und Resultate der Wissenschaftstheorie und der Analytischen Philosophie, Bd. II 3. Teilband, Die Entwicklung des Strukturalismus, Berlin, Heidelberg, New York 1986; zit. *Stegmüller* (1986)
Stieper, Malte, Geistiges Eigentum an Kulturgütern, GRUR 2012, 1083 ff.
ders., Digital ist besser – Die Bereitstellung digitaler Inhalte als eigenständiger Vertragstyp?, in: Alexander/Bornkamm/Buchner/Fritzsche/Lettl (Hrsg.), Festschrift für Helmut Köhler, München 2014, S. 729 ff.; zit. *Stieper* (2014)
ders., Der Trans Europa Express ist aus Luxemburg zurück – auf dem Weg zu einer Vollharmonisierung der urheberrechtlichen Schranken, ZUM 2019, 713 ff.
ders., Brauchen wir eine Schranke für Karikaturen, Parodien oder Pastiches?, GRUR, 2020, 699 ff.
ders., Entwurf einer Schranke für Karikaturen, Parodien und Pastiches, GRUR 2020, 792 ff.
Strawson, Peter F., Logico-Linguistic-Papers, London, New York 1971; zit. *Strawson* (1971)
ders., Einzelding und logisches Subjekt (Individuals), Stuttgart 1972; zit. *Strawson* (1972)
Strömholm, Stig, Was bleibt vom Erbe übrig? – Überlegungen zur Entwicklung des heutigen Urheberrechts, GRUR Int. 1989, 15 ff.
Sturma, Dieter, Philosophie des Geistes, Leipzig 2005; zit. *Sturma* (2005)
Talke, Armin, Lichtbildschutz für digitale Bilder von zweidimensionalen Vorlagen, ZUM 2010, 846 ff.
Tarski, Alfred, Die semantische Konzeption der Wahrheit und die Grundlagen der Semantik, in: Skirbekk (Hrsg.), Wahrheitstheorien, Frankfurt a. M. 1977, S. 140 ff.; zit. *Tarski* (1977)
Tetens, Holm, Geist, Gehirn, Maschine, Stuttgart 1994; zit. *Tetens* (1994)
ders., Philosophisches Argumentieren, 2. Aufl., München 2006; zit. *Tetens* (2006)
Thoms, Frank, Der urheberrechtliche Schutz der kleinen Münze, München 1980; zit. *Thoms* (1980)
Tolkmitt, Jan, Gestaltungsfreiheit und Gestaltungshöhe, GRUR 2021, 383 ff.
Tretter, Felix/Grünhut, Christine, Ist das Gehirn der Geist?, Göttingen 2010; zit. *Tretter/Grünhut* (2010)
Troller, Alois, Urheberrecht und Ontologie, UFITA 50 (1967), 385 ff.
ders., Immaterialgüterrecht, Bd. I 1983; zit. *Troller* (1983)
Tugendhat, Ernst, Tarskis semantische Definition der Wahrheit und ihre Stellung innerhalb der Geschichte des Wahrheitsproblems im logischen Positivismus, in: Skirbekk (Hrsg.), Wahrheitstheorien, Frankfurt a. M. 1977, S. 189 ff.; zit. *Tugendhat* (1977)

Literaturverzeichnis

Ulmer, Eugen, Der Urheberrechtsschutz wissenschaftlicher Werke unter besonderer Berücksichtigung der Programme elektronischer Rechenanlagen, München 1967; zit. *Ulmer* (1967)

ders., Der urheberrechtliche Werkbegriff und die moderne Kunst, GRUR 1968, 527 ff.

ders., Urheber- und Verlagsrecht, 3. Aufl., München 1980; zit. *Ulmer* (1980)

Ulmer, Constanze/Obergfell, Eva Inés, Verlagsrecht, 2. Aufl., München 2021; zit. *Ulmer-Eilfort/Obergfell* (2021)

v. Ungern-Sternberg, Joachim, Die Rechtsprechung des Bundesgerichtshofs zum Urheberrecht und zu den verwandten Schutzrechten in den Jahren 2008 und 2009 (Teil II), GRUR 2010, 386 ff.

ders., Die Rechtsprechung des EuGH und des BGH zum Urheberrecht und zu den verwandten Schutzrechten im Jahr 2013, GRUR 2014, 209 ff.

ders., Verwendungen des Werkes in veränderter Form im Lichte des Unionsrechts, GRUR 2015, 533 ff.

ders., Die Rechtsprechung des EuGH und des BGH zum Urheberrecht und zu den verwandten Schutzrechten im Jahr 2022, GRUR 2022, 1777 ff.

Unseld, Christopher, Anmerkung zu EuGH „Vrijheidsfonds/Vandersteen", EuZW 2014, 914 f.

Unverricht, Hubert, Gegenstand, Dauer und Ergänzung des Schutzes der wissenschaftlichen Ausgabe und der editio princeps, in: Hubmann (Hrsg.), Rechtsprobleme musikwissenschaftlicher Editionen, München 1982, S. 3 ff.; zit. *Unverricht* (1982)

Vogel, Martin, Deutsche Urheberrechts- und Verlagsgeschichte, Diss. Tübingen 1978; zit. *Vogel* (1978)

ders., Urhebervertragsrechtsprobleme am Ende des 18. Jahrhunderts, in: Herschel/Hubmann/Rehbinder (Hrsg.), Festschrift für Georg Roeber, Freiburg 1982, S. 423 ff.; zit. *Vogel* (1982)

ders., Von Johann Stephan Pütter und von der Rechtsprechung des Europäischen Gerichtshofs zum Datenbankherstellerrecht, in: Ohly/Bodewig/Dreier/Götting/Haedicke/Lehmann (Hrsg.), Festschrift für Gerhard Schricker, München 2005, S. 581 ff.; zit. *Vogel* (2005)

Voigtländer/Elster/Kleine, Urheberrecht, 4. Aufl., Berlin 1952; zit. *Voigtländer/Elster/Kleine* (1952)

Wadle, Elmar, Der Weg zum gesetzlichen Schutz des geistigen und gewerblichen Schaffens – Die deutsche Entwicklung im 19. Jahrhundert, in: Beier/Kraft/Schricker/Wadle (Hrsg.), Festschrift zum 100jährigen Bestehen der Deutschen Vereinigung für gewerblichen Rechtsschutz und ihrer Zeitschrift, Weinheim Bd. I 1991, S. 93 ff.; zit. *Wadle* (1991)

Waiblinger, Julian, Zum Plagiat in der Wissenschaft, UFITA 2011/II, 323 ff.

Walleij, Linus, Copyright existiert nicht Hackerkultur und Leitbild der Szene, Winnenden 2011; zit. *Walleij* (2011)

Walther, Jürgen, Philosophisches Argumentieren, Freiburg, München 1990; zit. *Walther* (1990)

Wandtke, Artur-Axel, Der Schutz choreographischen Schaffens im Urheberrecht der ehemaligen DDR und der Bundesrepublik Deutschland, ZUM 1991, 115 ff.

Wandtke, Artur-Axel/Bullinger, Winfried, Praxiskommentar Urheberrecht, 6. Aufl., München 2022; zit. *Bearbeiter* in Wandtke/Bullinger (2022)

Weissthanner, Margot, Urheberrechtliche Probleme neuer Musik, 1974; zit. *Weissthanner* (1974)

dies., Urheberrechtliche Probleme experimenteller Musik, GRUR 1974, 377 ff.
Weitemeier, Hannah, Yves Klein 1928–1962 International Klein Blue, Köln 2001; zit. *Weitemeier* (2001)
Weizenbaum, Joseph, Die Macht der Computer und die Ohnmacht der Vernunft, 14. Aufl., Frankfurt a. M. 2018; zit. *Weizenbaum* (2018)
Weßling, Bernhard, Der zivilrechtliche Schutz gegen digitales Sound-Sampling, Baden-Baden 1995; zit. *Weßling* (1995)
Wiebe, Andreas, Schutz von Maschinendaten durch das sui-generis-Schutzrecht für Datenbanken, GRUR 2017, 338 ff.
Wittgenstein, Ludwig, Tractatus logico-philosophicus, 7. Aufl., Frankfurt a. M. 1969; zit. *Wittgenstein* (1969)
ders., Philosophische Untersuchungen, Frankfurt a. M. 1971; zit. *Wittgenstein* (1971)
ders., Philosophische Grammatik, Frankfurt a. M. 1973; zit. *Wittgenstein* (1973)
Wittmann, Reinhard, Geschichte des deutschen Buchhandels, 2. Aufl., München 1999; zit. *Wittmann* (1999)
Wollheim, Richard, Objekte der Kunst, Frankfurt a. M. 1982; zit. *Wollheim* (1982)
ders., Sind die Identitätskriterien, die in den verschiedenen Künsten für ein Kunstwerk gelten, ästhetisch relevant?, in: Schmücker (Hrsg.), Identität und Existenz, 4. Aufl., Münster 2014, S. 76 ff.; zit. *Wollheim* (2014)
Wolterstorff, Nicholas, Auf dem Weg zu einer Ontologie der Kunstwerke, in: Schmücker (Hrsg.), Identität und Existenz, 4. Aufl., Münster 2014, S. 47 ff.; zit. *Wolterstorff* (2014)
v. Wright, Georg Henrik, Erklären und Verstehen, Frankfurt a. M. 1974; zit. *v. Wright* (1974)
ders., Handlung, Norm und Intention, Berlin, New York 1977; zit. *v. Wright* (1977)
Zech, Herbert, Information als Schutzgegenstand, Tübingen 2012; zit. *Zech* (2012)
ders., Vom Buch zur Cloud, ZGE 2013, 368 ff.
ders., Artificial Intelligence: Impact of Current Developments in IT on Intellectual Property, GRUR Int. 2019, 1145 ff.
ders., Urheberrecht und Technik, ZUM 2020, 801 ff.
Zehnder, Carl August, Informationssysteme und Datenbanken, 8. Aufl., Zürich 2005; zit. *Zehnder* (2005)
Ziff, Paul, Kunst und das „Objekt der Kunst", in: Schmücker (Hrsg.), Identität und Existenz, 4. Aufl., Münster 2014, S. 11 ff.; zit. *Ziff* (2014)

Personen- und Stichwortverzeichnis

Abbildungsbeziehung C38
Abstracts C129, C181, C194f., C219
Algorithmus B75, C151, C164, C175, D22f.
Apel, Simon F20
appropriation art C54, C229, E84
Aristoteles F88
Artefakt B34, D14
artefaktbasierte IP-Theorie B34
Ästhetik C74, C77, C80ff.
ästhetische Eigenschaften C76, C82, C95
äußerer Abstand C221
äußere Form B10ff., C112ff.
Aufzeichnung F128
ausübende Künstler F99ff.
- Ausdrucksform der Volkskunst F112ff.
- darbietungsfähige Werke F108f.
- Darbietungsformen F104, F102
- Darbietungstyp F103, F107, F116, F125
- Erstaufnahme F126, F128
- Gestaltungsspielraum F105, F115ff., F117
- künstlerische Darbietung F113ff., F118ff.
- künstlerisch Mitwirkende F121ff.
- Schutzgegenstand F108ff., F123
- Schutzumfang F136ff.
- Urdarbietung F125
- Verhältnis zum Urheberrecht F105f.
- Werkakzessorietät F110f.
- wesentliche Unterscheidbarkeit F119

Bearbeitung E103ff.
- Bearbeiterurheberrecht E105
- Begriff der E107
- einfache Individualität E108f.
- unwesentliche, nicht geschützter Musikstücke C218, E111f.
v. Becker, Bernhard F94
Benutzeroberfläche E58, E136, E141
Beuys, Joseph C55, E5, F7
Bilder C32ff.
- darstellende C33
- nicht gegenständliche C59ff.
Bildkompetenz C45, C53, C56, C64
Bildwerkstheorie C39ff., E82
Bisges, Marcel E21
Bosch, Hieronymus F108
Braitenberg, Valentin D20
Brecht, Bertold B120, C132
Breuer, Lars F104
Buchdruck A15, E70

Carnap, Rudolf B41
Chopin, Frédéric B114f.
choreografische und pantomimische Werke C93
Church-Turing-These B75, D22f.
computergenerierte Erzeugnisse D6f.
Computerprogramme B19ff., C164, C171, C191, E141
- Ausdrucksform C171
- zugrunde liegende Ideen oder Grundsätze C171
Computerspiele F109

Darbietung F102ff.
Darlegungslast E61ff., F21
- des Urhebers E61ff.
- des Beklagten im Urheberrechtsprozess E62
- des Lichtbildners F21

577

Darstellung C33, C56, C124 ff., C137 ff., F224
- sprachliche C33, C138
- bildliche C41, C138
- musikalische C84 ff., C138
- Weisen der C124 ff., C138, C175
Datenbank, Begriff der F190
Datenbankherstellerrecht F187 ff.
- Datengenerierung F193 ff.
- Investition F191 ff.
- nach Art oder Umfang wesentlicher Teil F204, F208 ff.
- neue Datenbank F200 ff.
- normale Auswertung der Datenbank F214
- Nutzung unwesentlicher Teile F208, F212
- Schutzgegenstand F189 f., F202
- Schutzgrund F191 ff., F202
- Schutzumfang F203 ff.
- Wesentliche Investitionsleistung F196 ff., 201
Datenbankmanagementsystem (DBMS) E138, E141
Datenbankwerk E124, E128
- Anordnung der Elemente E136 ff.
- Auswahl der Elemente E132 ff.
- Elemente E125
- Entnahme F205
- Schutzgegenstand E125, E140
- Schutzumfang E142
- Struktur E138 f., E140 f., E143
- Weiterverwendung F207
Datenschema E138
deduktiv-nomologisches Erklärungsmodell C155 f.
Degas, Edgar F108
Designrecht A9, E89 ff.
Dienste der Informationsgesellschaft F223
Dölemeyer, Barbara/*Klippel*, Diethelm A15
Donatello B36
Doppelschöpfung A8, B87, B114 f., E10, E12, E15, E39 ff.
Dreier, Thomas F138

Drei-Stufen-Test C211 f., E123
Drei-Welten-Lehre B7, B82
Dualismus B7, A19
- philosophischer B7
- im Urheberrecht A19
Duchamp, Marcel D6, E55, E84
Dürer, Albrecht B36, C48, F39

Eco, Umberto F88
editio princeps s. nachgelassene Werke
Eigenart E86, E89, E91, E99 f.
Eigenschaften geistiger Gegenstände B85 ff.
- nicht sinnliche Wahrnehmbarkeit B99 ff.
- keine kausale Wirksamkeit B123 ff.
- Objektivität B86 ff.
- Unkörperlichkeit B99
- Unveränderlichkeit B106 ff.
- Wirklichkeit B118 ff.
- Zeitlosigkeit B112 ff.
Einmaligkeit, statistische E13, E17, E84
Einzigartigkeit E14
Empfindungen B58 f., B62, B76
Entdeckung B92, C160 f.
Entstellungsverbot C210, C230 ff., E106
Entwurfsmaterial B22
Erasmus von Rotterdam F48
Erfinderrecht C161 ff., E55 ff.
- Abgrenzung zum Urheberrecht A5, C161, C163 ff., E55 ff.
- Patentschrift C163, E56
Erfindung C160 f.
Erkenntnisse, Theorien, Lehren C141 ff., C229
Erschöpfung des Verbreitungsrechts A3
Exemplifikation B101, C16, C107, C111, F31, F105, F125

Fakten C142 ff., F224
Falsifikation C148
Fichte, Johann Gottlieb A16 f., B8, B55 ff., B86, B125, C104, C109 f., C121 f., C201, E4 f., E16, E72, F125
Fiktion B118 ff., C137 ff.
Filmherstellerrecht F175 ff.

- Erstaufnahme auf Filmträger F177f.
- freie Benutzung F182
- gemeinfreie visuelle Filme F183f.
- Nullkopie F178, F183
- Schutzgegenstand F176
- Schutzgrund F179
- Schutzumfang F180ff.

Folgerecht B35
Fontana, Lucio C59
Form C104ff.
- äußere Form B10, C112ff.
- innere Form C116ff.
- sprachliche C125
- in der bildenden Kunst C125
- in der Musik C125

Formalismus in der Kunst C68, C94, C96
Form-Inhalt-Dichotomie A5, C104ff., C118
- Einheit von Form und Inhalt A5, C135ff., C138, C166

Frege, Gottlob B7, B91, B123f., C139
freie Benutzung C205, C213ff., E117ff., F136, F155ff.
freie Idealitäten B105
Funktionalität C191, E50
Funktionstheorie E50ff.

v. Gamm, Otto-Friedrich E79
gebundene Idealitäten B105
Gefühlsausdruckstheorie C87ff.
geistiger Gehalt B100
geistiges Eigentum A20
- Theorie des A15f., E64, E72

gemeinfreie visuelle Werke F30ff.
- originalgetreue Vervielfältigung F33
- visuelle Wahrnehmbarkeit F31
- Fotografien F37ff.
- wissenschaftliche Ausgaben F69f.
- nachgelassene Werke F96f.
- ausübende Künstler F138f.
- Sendeunternehmen F173

Gemeingut C99, C180, C186ff., E27
Genieästhetik B117
Genre C175, D7
Gepflogenheiten B65, C12, E32, E59

Gesamteindruck C9
Geschichtswissenschaften C152ff.
Geschmacksmuster (Design) E10, E86ff.
- Abgrenzung zum Urheberrecht A9f., E18, E75, E80ff., E87ff.
- Neuheit und Eigenart E86, E90ff.
- Musterdichte E92ff.

Gesetzesauslegung C157f.
Gestaltungsfreiheit (Gestaltungsspielraum) E26ff., E92ff., F115ff.
- für ausübende Künstler F115ff.
- im Geschmacksmusterrecht (Designrecht) E30, E92ff.
- im Urheberrecht E26ff.

Gestaltungshöhe (Schöpfungshöhe) A9, E74ff., E87
Gewebetheorie C167f.
v. Gierke, Otto E3
Gödel, Kurt C151
Goethe, Johann Wolfgang C133
van Gogh, Vincent F7, F33
Goodman, Nelson B33, C46, C103, D23, E14
Gounalakis, Georgios F54
Grünberger, Michael F125

Handlungsschemata (Handlungstyp) C8, C11f., C22, C51, C90, C101, F103
Hansen, Gerd A24
Happening F108
Hartmann, Nicolai B92
Hegel, Georg Wilhelm Friedrich A16, E72
Hempel, Carl Gustav C147, C149
Herstellungsfreiheit E114
Hofstadter, Douglas R. D23
Hubmann, Heinrich B11, B13, B53, B92, C112, C116, C140, E3
Hyperlinks F206, F215, F226
Hypothesenbildung A5, C145ff.

I-A-Matrix C190ff., C215
Idealismus B6, B11
- subjektiver B8, B51ff.
- objektiver B9, B82ff.

Idee B91, C171ff., C138ff.

579

- Idee an sich B91
- Begriff der C173 ff.
- freie Idee C138 ff., C171
Idee-Ausdruck-Dichotomie (idea/expression-dichotomy) A6, C171 ff.
Idee-Ausdruck-Relation C179 ff.
Identität A4, C1 ff.
- des geistigen Gehalts A4, C1 ff.
- von Sprachwerken und Texten C3 ff.
- von Bildwerken und Bildern C32 ff.
- von Musikwerken und Musikstücken C65 ff.
- von choreografischen und pantomimischen Werken C93 ff.
Identitätsthese B40 ff.
Index E133, E135, E141
ikonische Zeichen C38
Ikonologie C126
Immaterialgüterrecht A18
Individualität A8, E1
- einfache E75
- Prüfung durch Rechtsprechung E61
- werkbezogene E7 ff.
- urheberbezogene E3 ff.
informierter Benutzer E91, E94 ff.
innerer Abstand C222
inneres Bild B52, C43
innere Form C116 ff.
Intellectual Property B2
intentionale Zustände B76, B91
Interessenabwägung C157, C184 ff, C194 ff., C230 ff.
- freie Benutzung A6, C198, E79, E123
- Einfluss der Grundrechte C226 ff.
- innerhalb der Schranken A6, C197
- Entstellungs-, Änderungsverbot C230 ff.
- zugrunde liegende Idee C184 ff., C194 ff.
Interpretation B111, C25, E110, F99
- durch ausübende Künstler A10, F99
- durch den Produzenten eines geistigen Gegenstands B111, C25, C50, E110

Jacob, Jan A24
juristischer Syllogismus C154 ff., E36

Kant, Immanuel E37, E72
Karikatur C206, C223, E119, E121 ff.
Kayser, Wolfgang C135
Klein, Ives C59, C62, E52, E55
kleine Münze A9, B87, E75 ff., E87, E108, E131
Knöbl, Harald Peter E77
König, Mark Michael B16, B18
Kohler, Josef A18 f., B98, B99, C39, C43, C112, C116, C160 f., E82
Kollage C132, C204, C229
konkrete Musik C78, C88
Konventionen B65, C12 ff., C45 ff., C90 ff., C98
- ästhetische E31
- sprachliche B65, C12, C20, C25 ff., C101
- bildliche B65, C45 ff., C52, C60, C101
- musikalische C90 ff., C101
- choreografische C98, C101
Kopie C4, D12, E8, E16, F10 ff., F126, F147 ff., F183
Kopp, Lisa C171
Kreativität E67
Kriterien der Interessenabwägung C214 ff.
Kühn, Clemens C70, C91, C135
Künne, Wolfgang B90, B101, B105, B114 f., C3
künstlerisch Mitwirkender F121 ff.
künstlerische Darbietung F113 ff.
künstlerische Werke C75
Künstliche Intelligenz (KI) A7, D2 ff.
Kummer, Max B42, C53, C106, C136, E13, E17, E22, E84
Kumulationsprinzip E87
Kunst C41, C74, C76, C78
Kunstformel A9, B42, C74, C78, E18, E21, E84, E86, E80, F113
Kunstfreiheit C204, C216, C228
Kunstwerk B33 f., C76

Lehre vom Gestaltungsspielraum E28 ff., E47 ff.
Leib-Seele-Problem B4

Leistner, Matthias E126
Leonarda da Vinci B36, D5
Lernalgorithmen D10
Lichtbildschutz F3 ff.
- Abgrenzung zum Lichtbildwerk F5 ff.
- Begriff des Lichtbilds F8
- Urbildexemplar F10 ff., F183
Liszt, Franz C86
Locke, John A16, B58
logische Struktur C120 ff.

Malewitsch, Kasimir C59
Master-Artefakt (Original) B31, B34
Materialismus B13 ff., B39 ff., B79
- philosophischer B5, B9, B13 ff., B39 ff.
- in den Neurowissenschaften B 79, D11
- im Urheberrecht B13 ff.
materielle Objekthypothese B29, B50
Megatyp C9, F105
Merger-doctrin C178
Metapher C48, C134
v. Moltke, Bertram C196
monistische Theorie A19
Multifunktionalität E51
Multirealisierbarkeit B48 ff., B77, E51 f.
Murza, Maja C94
Musikkompetenz C90
Musterdichte E93 ff.

nachgelassene Werke F73 ff.
- Begriff F74 ff,
- Erscheinen F79 ff., F85
- gemeinfreie visuelle Werke F96 ff.
- öffentliche Wiedergabe F81 ff., F86 ff.
- Schutzumfang F94
- verschollene Werke F78
Nagel, Thomas D25
Namen C16, C21 ff.
Namensgebungsakt C25 f.
natürliche Tatsachen C144 ff.
Naturrecht A16 ff.
Neuheit E10 ff.
- im Geschmacksmusterecht E10
- im Patentrecht E10

- im Urheberrecht E10 ff.
neuronale Netze B75 ff., D10
Notation C65, C67

Objektivität geistiger Gegenstände B85 ff.
objets trouvés C54
Original B31 ff., B101, C107, E8 f.
Originalität A8, E1, E25
originalgetreue Vervielfältigung F33

Panofsky, Erwin C37, C126
Paradoxie A3
- des kretischen Lügners B96
- des Materialismus B79, D12
- der Form B81, C119, D12
- Kategorienverwechslung A3, B101, D12, F126
Parodie C206, C223, C227, C229, E119, E121 ff.
Pastiche C206, C223, E119, E122 ff.
Peirce, Charles S. B100
persönliche, geistige Schöpfung A1, B1, E1 ff.
Persönlichkeitsrecht A18
Person D1 ff.
Peukert, Alexander B9, B34
Philosophie des Geistes A2, B4 ff.
physikalische Sprache B48
Physikalismus B41
physische Eigenschaften B40 ff.
Picasso, Pablo E55
Pixel A11, C34, F12
Popper, Karl R. B7
Präsentationstheorie C53, C78 f., E22
Prävalenztheorie E81
Presley, Elvis F126
Presseverlegerrecht F216 ff.
- Abgrenzung zum Datenbankhersteller- recht F220 f.
- Dienste der Informationsgesellschaft F223
- Fakten F224
- Hyperlinks F226 f.
- Presseveröffentlichung F217 f.
- Schutzgegenstand F217, F219

- Schutzgrund F219, F222, F227
- Schutzumfang F227 f.
Prioritätsgrundsatz B87
Privatheit von Empfindungen B58 f., B62
Privatsprache B62 ff., B86, C21
Privilegien A15, E71, F48
Programmiersprache B22
Pseudonym C28

Rauschenberg, Robert C59
RBÜ E104, E106, F81, F129
regelfolgendes Handeln A8, C11 ff., C192, E32, E98 ff.
regelhafter Regelbruch E37, E60, E63
Regeln A8
- technische A10, E30 f.
- ästhetische A10, E31
von Repgow, Eike F69
Reproduktionsfotografie F47
Rezension C219

Sacheigentum B16 ff., B20 ff.,
Sacheinheiten B24 ff.
Sachgesamtheiten B24 ff.
Sammelwerk E124 f., E126
Sampling C216, C229, F12 f., F154
Schanze C39, C43, E82
Schmücker, Reinold B109
Schopenhauer, Arthur A16, E72
schöpferischer Abstand C209, C213, C221 ff., E119
Schöpfung A8, E1
Schöpfungshöhe (Gestaltungshöhe) A9, C57, E74 ff., E87
schrankenbasierte Interessenabwägung A6, C194 ff.
Schulze, Gernot E50, E77
Schutzgegenstand der verwandten Schutzrechte A11
- Lichtbildschutz F8
- wissenschaftliche Ausgabe F50
- nachgelassene Werke F93
- ausübende Künstler F108 ff., F123
- Tonträgerhersteller F144
- Sendeunternehmen F159, F172

- Filmhersteller F176
- Datenbankhersteller F189 f., F202
- Presseverleger F217, 219
Schutzgrund der verwandten Schutzrechte F16 ff., F59 ff., F85 ff., F113 ff., F150 ff., F191 ff.,
- Lichtbildschutz F16 ff., F19 ff.
- wissenschaftliche Ausgabe F59 ff.
- nachgelassene Werke F85 ff., F91 ff.
- ausübende Künstler F113 ff., F118 ff.
- Tonträgerhersteller F150 ff.
- Sendeunternehmen F165, F172
- Filmhersteller F179
- Datenbankhersteller F191 ff.
- Presseverleger F219, F222, F227
Schutzumfang C202 ff., F66 ff., F136 ff., F153 ff., F166 ff., F203 ff.
- des Urheberrechts C202, C207, E106
- des Lichtbildschutzes F21
- wissenschaftliche Ausgabe F66 ff.
- nachgelassene Werke F95
- ausübende Künstler F136 ff.
- Tonträgerhersteller F153 ff.
- Sendeunternehmen F166, F172 ff.
- Datenbankhersteller F203 ff.
- Filmhersteller F180 ff.
- Presseverleger F226 f.
Searle, John R. D10, D14, D17, D18, D21
Semmelweis, Ignaz C147 ff., C156, C175
Sendeunternehmen F158 ff.
- Aufzeichnung F167 ff., F169
- Begriff des F164
- Erstsendung F160 ff., F183
- gemeinfreie Sendeinhalte F173
- Schutzgegenstand F159, 172
- Schutzgrund F165, F172
- Schutzumfang F166 ff., F172 ff.
serielle Musik C89
Sein und Sollen B120
singuläre Werke E14, E84
Sellnick, Hans-Joachim C170, C196
Snippets A11, C219, F220, F228
Software B9, B15
Spin-off-Theorie F193

sportliche und akrobatische Leistungen C98ff., E33, F111
Sprechakttheorie E33, E65
Stallberg, Christian Gero A24, D26, E37, E60, E65
Stang, Felix F136
starke KI D9ff.
Stegmüller, Wolfgang C170
Stieper, Malte F220
Strawson, Peter B105
Strukturalismus C170
Stufentheorie A10, E80

Tarski, Alfred B91
Taufhandlung C22ff., C28
technische Bedingtheit E31
technische Notwendigkeit E56
technische Lehre C163f., E55, E57
technische Regeln E26, E31, E53ff., E57
Teileschutz F12, F15, F156, F172, F227
theoretische Begriffe B46, C158
Theorienbildung A5, C145ff.
Theorie des geistigen Eigentums A15f., E72
Thesaurus E135, E141
Thoms, Frank E77
Token (Vorkommnis) B100, C2, F126
Tonfetzen A11, C219, F12, F156, F228
Tonträgerherstellerrecht F143ff.
- Erstaufnahme F145ff., F149
- Master F146, F183
- Remastering F152
- Schutzgegenstand F144, F146f.
- Schutzgrund F144, F150ff.
- Schutzumfang F153ff.
- Uraufnahme F149, F152
Topografische Landkarte als Datenbank E127
Turing, Alan D16
Turing-Test D16
Type B100, C2, C17, C34, C38, C67, C95, C112, E52, E89, F103ff., F115

Übersetzung E108
Ulmer, Eugen C167, E6

Umgestaltung, schöpferische E107
unbewusste Entlehnung A8, C4, E9, E15, E39ff.
Unterscheidungseignung von Kennzeichnungen C17
Unveränderlichkeit von geistigen Gegenständen B71, B106ff.
Urbildtheorie F10ff., F148

Veranstalter F140ff.
Verblassen des Originalwerks C221, E121f.
Vervielfältigung E8, F32, F126ff.
- gemeinfreier visueller Werke F30ff.
Verwandte Schutzrechte (Leistungsschutzrechte) F1ff.
visuelle Werke F30ff.
Vivaldi, Antonio F83, F90
Vokalmusik C85f., E44
Volksmusik E111
Vorschaubilder F228

Wagner, Richard E6
wahrnehmbare Form B99
Waiblinger, Julian C196
wandernde Melodien E44
Warhol, Andy E84
Wehrli, Ursus C112
Weizenbaum, Joseph D16
Whitehead, Alfred North, *Russell*, Bertrand C151
Wesentlichkeit C213, C217ff.
- unwesentliche Bearbeitung C218, E111
- wesentliche Investition C218, F204, F208ff.
- unwesentliche Investition F208, F212ff.
- unwesentliche Nutzung C219
Wiedererkennbarkeit A4, B84, C1, C203, C214ff., C222, C231, E116, E121, F136, F154
Wieland, Christoph Martin E72
Wirklichkeit B118ff.
wissenschaftliche Ausgabe F48ff.
- Abgrenzung zum Urheberrecht F53ff.

- Verhältnis zu anderen Leistungsschutzrechten F71
- wissenschaftlich sichtende Tätigkeit F59 ff.
- wesentliche Unterscheidbarkeit F61 ff.

wissenschaftliche Werke C141 ff., C165 ff.

Wissenschaftsfreiheit C204, C228, C229

Wittgenstein, Ludwig B60 ff., B86, C21, C169, E32, E34

Wollheim, Richard B29, B66

Zeichentyp B100, C114

Zeichenvorkommnis B39, B100, C107

Zitat C199 ff., F22, F154

Zweck C74 ff., E29 ff., E60 ff.
- ästhetischer C74, C80 f.
- funktionaler C80 f., E29 ff., E50 ff.
- technischer C80, E29 ff., E60 ff.

Zweckfreiheit C80

Zweckneutralität des Urheberrechts C81

Geistiges Eigentum und Wettbewerbsrecht

herausgegeben von
Peter Heermann, Axel Metzger,
Ansgar Ohly und Olaf Sosnitza

Im Informationszeitalter hat das geistige Eigentum, insbesondere die Patent-, Urheber- und Kennzeichenrechte, erheblich an Bedeutung gewonnen. Zugleich wird die Rechtspraxis mit zahlreichen neuen Fragen konfrontiert. Die Rechtswissenschaft konnte mit dieser stürmischen Entwicklung kaum Schritt halten. Nach wie vor wird die Literatur von vorwiegend praxisorientierten Darstellungen dominiert, in denen wissenschaftliche Grundfragen häufig zu kurz kommen. Nachdem die allgemeine Zivilrechtswissenschaft zunächst nur das Sachenrecht als natürliches Betätigungsfeld ansah, nimmt sie zunehmend auch die Bedeutung des Immaterialgüterrechts in den Blick. Die Reihe legt deshalb besonderes Augenmerk auf Schriften, die sich Grundlagenfragen des Rechts des geistigen Eigentums einschließlich der historischen, philosophischen und ökonomischen Bezüge widmen und so zur Entwicklung eines „Allgemeinen Teils des Geistigen Eigentums" beitragen, den es bisher nicht als gesetzliche Regelung gibt. Da die europäische Rechtsangleichung im Immaterialgüter- und Wettbewerbsrecht besonders weit fortgeschritten ist und zudem zahlreiche internationale Übereinkommen diese Rechtsgebiete prägen, werden auch die internationalen Bezüge in der Reihe berücksichtigt.

ISSN: 1860-7306
Zitiervorschlag: GEuWR

Alle lieferbaren Bände finden Sie unter *www.mohrsiebeck.com/geuwr*

Mohr Siebeck
www.mohrsiebeck.com